ISBN 978-1-5280-5888-9
PIBN 10933827

1 MONTH OF
FREE
READING

at

www.ForgottenBooks.com

By purchasing this book you are eligible for one month membership to ForgottenBooks.com, giving you unlimited access to our entire collection of over 1,000,000 titles via our web site and mobile apps.

To claim your free month visit: www.forgottenbooks.com/free933827

JOURNAL

DES

ÉCONOMISTES

REVUE

DE LA SCIENCE ÉCONOMIQUE

ET DES

QUESTIONS AGRICOLES, MANUFACTURIÈRES ET COMMERCIALES.

TOME TRENTE-UNIÈME.

(11e année. — Janvier à Avril 1851.)

PARIS

CHEZ GUILLAUMIN, LIBRAIRE,

Éditeur du *Dictionnaire d'Economie politique* et de la *Collection des principaux économistes.*

Rue Richelieu, 14.

—

1852

153289

JOURNAL

DES

ÉCONOMISTES.

~~~~~~

INTRODUCTION

A LA ONZIÈME ANNÉE.

———

Le *Journal des Économistes* a achevé sa première période décennale et commence, avec ce numéro, la onzième année de sa publication, et son trente et unième volume.

Ce n'est pas sans un juste sentiment de satisfaction que les fondateurs, les rédacteurs et les abonnés, protecteurs éclairés de ce recueil, peuvent jeter leurs regards vers le passé; il témoigne, de la part de tous, d'un zèle soutenu pour les progrès de la science, auxquels, jusqu'à un certain point, peuvent se mesurer de nos jours ceux de la civilisation.

Lorsque cette œuvre a commencé, son succès pouvait paraître douteux, et plus d'un avertissement sinistre a retenti aux oreilles de notre courageux éditeur. Jusque-là, en effet, plusieurs tentatives de ce genre avaient échoué, et peu d'années auparavant Théodore Fix n'avait pu faire vivre la *Revue d'économie politique*, à laquelle collaborait cependant l'éminent Simonde de Sismondi.

Le *Journal des Économistes* a été plus heureux. Grâce au concours que lui ont prêté tous les économistes, et à l'appui qu'il a trouvé dans l'Europe entière, il a pu constituer un organe spécial et complet des doctrines et des faits économiques, satisfaisant à la fois les besoins des hommes d'étude et ceux des hommes d'Etat, des administrateurs et des producteurs.

Bien que l'année qui vient de s'écouler ait été principalement consacrée aux préoccupations politiques en vue des éventualités de 1852, l'Assemblée législative a néanmoins voté quelques mesures économiques, parmi lesquelles se distinguent : une loi, relativement assez libérale, sur le Régime douanier entre la métropole et l'Algérie; une loi depuis longtemps attendue sur le régime de la propriété dans ce même pays, et une loi très-libérale sur le roulage ; mais il est juste de dire que cette dernière n'a été acceptée, pour ainsi dire, sans discussion, qu'à la faveur des émotions de la politique. M. Bineau, alors ministre des travaux publics, s'est heureusement trouvé d'accord avec une Commission spéciale qui avait élaboré la loi, et dont notre honorable collaborateur, M. Dupuit, ingénieur en chef de la ville de Paris, était le rapporteur. Cette loi proclame la liberté du roulage ; elle émancipe l'industrie des transports par terre, entravée jusqu'ici par des règlements nuisibles et surannés.

Deux autres lois ont enfin autorisé le gouvernement à concéder à des compagnies la ligne de l'Ouest et la ligne plus importante de Lyon à Avignon.

L'Assemblée a encore discuté et voté une très-innocente loi sur l'organisation des colonies agricoles, des Chambres et des Conseils d'agriculture ; une loi instituant des Banques coloniales, deux lois sur les Monts-de-piété et sur les Hospices et les Hôpitaux, et enfin une nouvelle loi sur les Sucres, qui, après avoir été péniblement élaborée, ne pourra peut-être jamais être appliquée, parce qu'elle est fondée sur l'exactitude d'un instrument jusqu'à présent fort peu saccharimétrique.

En ajoutant à cette énumération l'enquête sur l'impôt des Boissons, et le rejet de la proposition de M. Sainte-Beuve pour une réforme douanière, après une discussion étranglée, et un habile mais pitoyable discours de M. Thiers, nous aurons dit toute la besogne économique de cette Assemblée qui votait, hélas ! vers la fin de l'année précédente, une aggravation des lois d'usure.

Nous ne pourrions que répéter encore aujourd'hui ce que nous disions l'an dernier sur l'état des esprits en France relativement aux doctrines antiéconomistes, qui ne nous semblent avoir ni gagné, ni perdu de terrain.

Il y a eu *statu quo* dans la plupart des questions relatives aux améliorations financières et autres. L'Assemblée législative a laissé en chemin la Réforme hypothécaire ; elle n'a pas commencé la discussion relative au Crédit foncier.

Si nous jetons maintenant un coup d'œil sur le mouvement des questions et des faits économiques en Europe, nous trouvons à signaler la Réforme douanière dans le Piémont, l'annexion du Hanovre au Zollverein, le règlement de la Dette publique en Espagne, et avant tout l'Exposition universelle de l'industrie de tous les pays à Londres.

Le Piémont, qui a le bonheur d'avoir à sa tête des hommes aussi recommandables par l'intelligence que par l'amour du progrès et la connaissance des conditions auxquelles ce progrès est réalisable, a accompli une première réforme douanière, demandée par le pouvoir et votée par les Assemblées comme le prélude d'améliorations futures. M. de Cavour, ministre du commerce et des finances, et la majorité du Parlement ont bien mérité de la science et de leur pays, non-seulement dans cette remarquable discussion, mais encore dans celle qu'avait soulevée le renouvellement du traité de commerce avec l'Angleterre et avec la Belgique.

Nous venons de nommer un autre pays sur lequel il est également consolant de porter son attention, et chez lequel on voit aussi un gouvernement inspiré par l'amour du bien et se rendant compte des conditions nécessaires à la tranquillité et à la prospérité d'un État, faire appel aux lumières de la science pour extirper progressivement des lois économiques les erreurs de la balance du commerce et de la protection, suivant en cela l'exemple du pays le plus voisin, la Hollande, dont nous signalions, l'an dernier, l'intelligence économique au sujet des lois de navigation.

Un certain mouvement libéral travaille l'Allemagne pour ainsi dire à son insu. Le traité du Zollverein devant finir dans deux ans, on se préoccupe dans tous les États de la Confédération germanique des conditions auxquelles il sera renouvelé, et tout porte à croire jusqu'ici que cette féconde association non-seulement se maintiendra, mais prendra de plus larges développements. Déjà le Hanovre, qui avait eu d'abord la prétention de former, sous le nom de Stuerverein, une union dont il serait le pivot, a décidé, d'accord avec ses alliés, qu'il entrerait en 1854 dans le Zollverein ; et l'Autriche, après avoir supprimé les lignes de douanes entre ses États, fait depuis quelque temps des efforts persévérants pour contracter la même alliance; ce qui donnerait à l'union des douanes allemandes une grande extension, et établirait positivement le libre échange entre la Prusse et l'Autriche, entre ces deux États et les autres États de la Confédération. Ce premier pas franchi, on pourrait espérer que par la force des choses, par le progrès des lumières, et grâce aux efforts des amis intelligents et dévoués que la liberté du commerce a rencontrés en Allemagne, le tarif de ce grand cercle concentrique européen s'abaisserait progressivement, ainsi que celui des autres nations, pour n'être plus qu'un tarif fiscal, de plus en plus productif pour le trésor de chaque peuple, de moins en moins nuisible à l'industrie européenne.

Mais le fait économique qui caractérisera particulièrement l'année que nous venons de traverser, c'est l'Exposition de Londres, magnifique congrès des industries du monde et qui restera dans l'histoire de ce siècle, quoi qu'il arrive désormais, comme l'expression d'un grand progrès accompli dans l'esprit de tous les peuples, comme un symbole de fraternité passée et future, comme un magnifique enseignement économique et moral de toutes les nations, auquel il n'aura manqué ni l'éclat de la réussite, ni la mesquine opposition des préjugés et de la routine.

L'an dernier, à pareille époque, les esprits étaient préoccupés des effets que pourrait produire l'abondance de l'or extrait des placers de Californie. C'était, depuis La Haye jusqu'à Lisbonne et Madrid, une véritable panique. Ici, on songeait à se précautionner contre l'invasion des *guillaumes*; à Lisbonne, on prohibait l'entrée des pièces de *vingt francs* avec autant de raison et aussi peu d'efficacité que jadis on défendait, sous peine de mort, la sortie de la *moeda d'ouro*! Il a été bientôt reconnu que la production de la Californie, quoique très-réelle et devant progressivement amener la baisse de la valeur de l'or et de l'argent, ne faisait pas courir les périls fantastiques qu'on redoutait, et qu'elle était d'ailleurs absorbée en grande partie par les besoins encore très-grands de la circulation. Depuis, on a pu annoncer la découverte de gîtes nouveaux et très-riches, dit-on, en Australie, sans susciter une nouvelle panique.

Un autre grand fait économique doit encore être signalé ici dans ce sommaire coup d'œil sur l'année 1851; c'est le commencement des travaux d'un chemin de fer à travers l'isthme de Suez. Depuis longtemps Méhemet Ali avait songé à rouvrir cette ancienne artère commerciale, soit par un canal, soit par un chemin de fer. Les susceptibilités politiques s'y étaient toujours opposées. Son successeur aura été plus heureux. La diplomatie, absorbée par d'autres difficultés, n'a pu empêcher que les obstacles que cette affaire amenait entre le grand-turc et le pacha, son vassal, fussent aplanis, et qu'une compagnie fût enfin autorisée à construire une ligne de fer pour l'exploiter ensuite. Mais, dit-on, c'est là un intérêt européen, et la Turquie ou l'Egypte ne devraient pas avoir seules la souveraineté sur cette grande artère. A cela nous répondons qu'une fois le chemin construit, tout le monde y passera; car ce sera l'intérêt des propriétaires de la ligne, quels qu'ils soient, d'attirer le plus possible de voyageurs et de marchandises. Il en sera de la ligne d'Alexandrie à la mer Rouge, comme de celle de Marseille au Havre, ou de Trieste à Ostende. Qu'on laisse d'abord faire la route; on réclamera plus tard, si les Turcs ou les Egyptiens y interdisent le passage. Mais, dit-on encore, un canal eût mieux convenu; car tous les pavillons en eussent profité. C'est là une question fort difficile à traiter à *priori*. Nous disons que le chemin de fer est préférable, simplement parce qu'il y a des capitaux qui se risquent à l'entreprendre. D'autres capitaux construiront plus tard un canal, s'ils le jugent profitable.

Le chemin de Suez est donc en voie d'exécution. D'autre part, les travaux se poursuivent sur quelques points du continent américain, à l'isthme de Panama et au-dessus, et le temps n'est peut-être pas loin maintenant où la locomotive et le bateau à vapeur mettront tous les océans en communication par le chemin le plus court, et réaliseront des vœux qu'on n'osait former il y a quelques années, de peur d'utopie.

C'est encore en 1851 qu'aura réussi, entre la France et l'Angleterre, l'application du télégraphe électrique sous-marin, cet autre instrument d'émancipation intellectuelle et de fraternité internationale.

JOSEPH GARNIER.

DES PROCÉDÉS

ET

DES FORMES DE L'ADMINISTRATION /.

Par quels procédés, dans quelles formes l'administration remplit-elle sa mission? Ces formes sont-elles les plus simples, les plus rapides? Offrent-elles, tant au public qu'aux particuliers, les garanties qui leur sont dues? Digne sujet d'observation et d'étude, car des règles que suit l'administration peuvent dépendre la fortune de l'Etat, la gestion ruineuse ou féconde de ses intérêts, les droits des citoyens, leur liberté. La forme n'est jamais à dédaigner, et dans les affaires publiques son influence n'est pas moins grande que dans les affaires privées. On n'aurait donc qu'une imparfaite connaissance de l'administration, de ses œuvres, des secours qu'elle prête à l'Etat et aux citoyens, si l'on ne se rendait pas compte des règles que les lois lui tracent ou qu'elle s'impose à elle-même dans l'exercice de ses fonctions.

Au moment où la loi du 28 pluviôse an VIII fut présentée au Corps législatif, l'orateur du gouvernement, M. Rœderer, décomposait l'administration publique en trois ordres de fonctions : 1° l'agence de transmission des lois aux administrés et des plaintes des administrés au gouvernement; 2° l'action directe sur les choses et les personnes privées, dans toutes les parties mises sous l'autorité immédiate des administrateurs; 3° enfin, la *procuration d'action* dans les parties d'administration remises à des subordonnés. Ce que M. Rœderer appelait la procuration d'action comprenait, selon lui, onze ordres de pouvoirs qu'il énumérait sous les noms d'*instruction*, *impulsion*, *direction*, *inspection*, *surveillance*, *sanction des propositions utiles*, *contrôle des actes suspects*, *censure*, *réformation*, *redressement*, *punition*.

Cette analyse des fonctions administratives était plus subtile qu'exacte et créait des distinctions qui peuvent être vraies, mais que l'esprit saisit difficilement : on a quelque peine à reconnaître les nuances qui distinguent l'impulsion de la direction, la surveillance de l'inspection, la réformation du redressement. D'autre part, la transmission des lois aux administrés, érigée en fonction principale, paraît rentrer dans la pro-

---

* Ce fragment, qui a été lu à l'Académie des sciences morales et politiques dans le mois de novembre dernier, est extrait de la deuxième édition des *Études administratives* que M. Vivien prépare en ce moment.

curation d'action et ne pas avoir assez d'importance pour être considérée à elle seule comme une branche de l'administration.

Si nous ne nous trompons, il est possible de ramener l'ensemble des faits administratifs à des termes plus simples et moins métaphysiques.

Les actes de l'administration peuvent être rangés en quatre catégories distinctes :

1° Ceux par lesquels, en vertu d'une délégation générale ou spéciale, en vue de subvenir à des besoins publics ou de compléter la loi, elle prescrit d'une manière générale des mesures obligatoires pour tous les citoyens.

2° Ceux par lesquels elle imprime le mouvement aux affaires publiques, en organisant les services dont elle a la direction, en donnant l'impulsion aux agents chargés de l'exécution, en les éclairant, en leur traçant des devoirs.

3° Ceux qui interviennent sur une affaire spéciale ou à l'égard d'une personne désignée, pour l'exécution de la loi ou des services publics.

4° Ceux qui s'accomplissent pour l'instruction des réclamations dirigées contre les décisions ou prescriptions de l'administration.

Chacune de ces espèces d'actes a son caractère particulier et est soumise à des formes spéciales.

I.

Des formes des actes du pouvoir réglementaire.

A tous les degrés de la hiérarchie politique, les dépositaires du pouvoir administratif sont chargés, sous les conditions et dans les limites fixées par les lois, de prendre les mesures réglementaires que réclament les intérêts dont la garde leur est confiée. Les Parlements, qui avaient mis la main sur la législation et l'administration, s'étaient autrefois attribué ce pouvoir qui participe de l'une et de l'autre. Depuis 1789, l'administration seule l'exerce. Il est défendu aux tribunaux de prononcer par voie de disposition générale et réglementaire (Code civil, article 5), et toute invasion de la justice sur l'administration est interdite.

Le pouvoir réglementaire appartient au gouvernement pour toute la République, aux préfets pour leur département, aux maires pour leur commune. Le premier fait des règlements d'administration publique, les autres font des arrêtés. A Paris, le préfet de police rend des ordonnances.

Parmi les formes des règlements d'administration publique, il en est auxquelles ils sont tous soumis ; il en est, au contraire, qui ne sont exigées que pour ceux à l'égard desquels la loi les a spécialement prescrites.

Tous les règlements d'administration publique doivent satisfaire à deux conditions. En premier lieu, ils doivent être précédés d'une délibération du Conseil d'Etat.

Assurer l'unité d'application des règles administratives; empêcher que, pour des cas semblables, les solutions ne varient avec les services ou avec les départements ministériels; donner à la rédaction l'ordre, la simplicité, la clarté qui en sont les mérites essentiels et trop peu appréciés : tel est l'office du Conseil d'Etat. Son étude constante est de renfermer chaque pouvoir dans sa sphère. De même que, dans la préparation des lois, il n'admet point des articles purement réglementaires, de même, dans les règlements, il écarte les dispositions de pure exécution, qui doivent être laissées à l'appréciation de l'administration.

Un autre soin le préoccupe. Il évite d'insérer dans les règlements des dispositions copiées dans la Constitution ou dans les lois. Cette transposition les amoindrit en diminuant leur autorité. Les citoyens qui trouvent une disposition dans un simple décret ne savent pas toujours qu'elle est revêtue de l'autorité de la loi. Le gouvernement pourrait lui-même s'y tromper dans des décrets ultérieurs et les modifier comme purement réglementaires. D'autre part, en séparant les articles d'une loi de ceux qui les précèdent ou les suivent, on peut en altérer le sens, comme il arrive de la phrase qu'on détache du livre d'un écrivain. On est même quelquefois amené à en changer le texte pour les placer dans un nouveau cadre; la loi est ainsi atteinte et dans sa lettre et dans son esprit. Le règlement ne doit donc pas s'approprier l'œuvre du législateur. C'est une règle que le Conseil d'Etat observe toujours et à laquelle des ordonnances, rendues sans son concours, ont quelquefois dérogé. On peut citer pour exemple celle du 31 mai 1838, sur la comptabilité, qui a glané dans la Charte, dans les lois et les règlements une foule d'articles dont la réunion forme l'assemblage le plus disparate.

Tels sont quelques-uns des avantages attachés à la délibération obligée du Conseil d'Etat, et l'on comprend aisément que le législateur, considérant l'importance des règlements d'administration publique, ait voulu qu'ils fussent au moins éclairés des lumières d'un corps où l'expérience pratique se trouve à un si haut degré unie à la science des lois.

Il était d'autant plus nécessaire d'exiger à leur égard un examen attentif et approfondi, qu'en raison de leur caractère semi-législatif, ces règlements ne sont pas susceptibles d'être attaqués directement par la voie contentieuse, alléguât-on qu'ils ont porté atteinte à un droit; tout au plus a-t-on quelquefois admis les citoyens à se pourvoir contre les actes particuliers qui leur en faisaient l'application; d'un autre côté, le droit accordé aux tribunaux de ne point prononcer, s'ils les trouvent illégaux, les peines qui s'attacheraient à leur violation, n'est qu'un remède indirect et incomplet. Le recours au gouvernement lui-même, la réclamation devant le pouvoir législatif, restent donc, à peu près, les seuls moyens de redressement ; et comme ces moyens sont tous d'un ordre purement discrétionnaire, il fallait prendre à l'avance des précautions contre l'erreur ou la précipitation.

La seconde condition imposée aux règlements d'administration publique est la promulgation ; ils doivent, dans la même forme que la loi dont, ils sont les appendices, être portés à la connaissance des citoyens et rendus exécutoires pour tous.   .

Indépendamment de ces conditions, certains règlements doivent être préparés par une instruction administrative dont les bases sont déterminées. Ainsi, lorsqu'ils peuvent avoir pour conséquence d'imposer des taxes aux citoyens ou des servitudes à la propriété, des enquêtes ou des expertises sont prescrites, des avis sont demandés ; par ce moyen les intéressés sont admis à présenter leurs observations, soit par eux-mêmes, soit par l'intermédiaire des conseils électifs qui les représentent, et il est fait appel à la science des hommes de l'art et des conseils administratifs.

Nous venons de dire quelles formes sont imposées aux règlements d'administration publique : il convient à présent de rechercher quelles mesures sont, par leur nature, assujetties à ces formes, ou, en d'autres termes, exigent qu'un règlement de cette espèce soit rendu. Cette question n'est pas sans difficulté, parce qu'aucune loi ne l'a résolue en principe, et qu'en fait des mesures réglementaires sont prises par de simples décrets, tandis que les formes des règlements d'administration publique sont suivies, parfois même légalement ordonnées, pour des mesures qui n'ont pas le caractère réglementaire.

Souvent les lois décident que, pour leur exécution, il interviendra un règlement d'administration publique. Dans ce cas, aucun doute ne s'élève, et la Cour de cassation ne reconnaît pas la force obligatoire aux décrets qui sont rendus sans que le Conseil d'Etat ait été consulté. Mais quand le règlement n'est pas expressément prescrit, à quelle espèce de dispositions doit-on en appliquer les formes ? Où finit l'empire du décret, où commence celui du règlement ? On peut dire que toutes les fois qu'il s'agit de dispositions qui statuent d'une manière générale et permanente, qui imposent des devoirs aux citoyens et donnent lieu, en cas d'infraction, à une répression pénale, il y a lieu de recourir à un règlement d'administration publique ; mais cette règle n'est écrite nulle part et n'a pas reçu la sanction de la jurisprudence.

Au second degré des pouvoirs autorisés à faire des règlements, se trouvent les préfets, comme représentants de l'Etat dans leurs départements respectifs. Leur droit diffère de celui du gouvernement en ce qu'il est circonscrit dans le territoire du département et ne peut s'exercer qu'à l'égard d'intérêts, même généraux, qui le touchent. Le principe s'en trouve dans la nécessité de procurer satisfaction aux besoins publics, de conjurer les périls imminents, de pourvoir au bien-être collectif des citoyens. Il tient plus du pouvoir réglementaire de l'autorité municipale, dont il sera parlé ci-après, que de celui du gouvernement qui vient d'être exposé. Il prend son origine dans la loi du 22 décembre 1789, qui avait chargé les administrations départementales « de toutes les parties de l'administration et notamment de celles qui étaient relatives au maintien de la salubrité, de la sûreté et de la tranquillité publique. » Les préfets ayant été substitués, en l'an VIII, aux administrations départementales, ont hérité de cette attribution, à laquelle était attaché le pouvoir réglementaire.

Les arrêtés qu'ils rendent à ce titre ne sont soumis à aucune forme déterminée. Peut-être la loi devrait-elle les obliger à prendre au moins l'avis préalable du Conseil de préfecture, à défaut de celui du Conseil général, qui, ne siégeant pas d'une manière permanente, ne pourrait pas être consulté en toute occasion. Au reste, comme ces arrêtés sont toujours susceptibles, sauf les droits des tiers, d'être rapportés ou modifiés par l'autorité supérieure et par le préfet lui-même, et que les parties intéressées ont le droit de faire des réclamations, les erreurs commises ne sont jamais irréparables.

D'un autre côté, les arrêtés réglementaires des préfets, comme les règlements d'administration publique, ont pour sanction les peines que l'autorité judiciaire applique aux contrevenants, et celle-ci refuse toute force aux dispositions par lesquelles un préfet aurait excédé la limite de ses pouvoirs ou méconnu les conditions auxquelles la loi en avait subordonné l'exercice.

Indépendamment de cette attribution générale, des lois ont conféré aux préfets, pour des objets et à des conditions déterminés, un pouvoir réglementaire. Ainsi la loi du 15 mai 1818 les charge de faire des règlements sur les frais de poursuites en matière de contributions directes. Ces règlements ne peuvent, toutefois, être exécutés qu'après avoir reçu l'autorisation du gouvernement. La loi du 21 mai 1836 sur les chemins vicinaux charge également les préfets de faire des règlements pour l'exécution de ses dispositions. Mais elle en exige la communication au Conseil général, dont les observations sont transmises au ministre qui approuve le règlement. Enfin, la loi du 3 mai 1844, sur la chasse, confère un droit analogue aux préfets. Les règlements qu'elle leur remet le soin de faire ne sont pas soumis à l'approbation de l'autorité supérieure, mais ils ne peuvent être rendus que sur l'avis du Conseil général.

Parmi les magistrats investis du pouvoir réglementaire, les maires occupent la place la moins élevée, mais non la moins considérable. Chargés « de faire jouir les habitants des avantages d'une bonne police, notamment de la propreté, de la salubrité et de la tranquillité dans les rues, lieux et édifices publics (loi du 14 décembre 1789), ils sont, pour tout ce qui se rapporte à ces objets essentiels, les législateurs de la commune. Leur droit est inhérent à leurs fonctions mêmes ; seulement quand les arrêtés qu'ils rendent ont un caractère réglementaire, l'exécution en est suspendue pendant un mois, pour que l'autorité supérieure, à qui ils sont tenus de les communiquer, puisse, si elle le trouve convenable, en prononcer l'annulation ; précaution sage à l'égard de fonctionnaires qui ne présentent pas tous les garanties de capacité et d'instruction nécessaires à cette partie si importante de leur ministère.

Le droit d'annulation réservé à l'autorité supérieure et le contrôle indirect de l'autorité judiciaire, qui ne prête force qu'aux arrêtés rendus dans les limites de la loi, sont les seules garanties qui existent à l'égard des maires. Aucune forme ne leur est tracée; aucun conseil ne les éclaire. Quelques-uns consultent officieusement le Conseil municipal ; le plus grand nombre s'en abstient ; nul n'y est tenu. L'avis de ce Conseil paraîtrait utile dans tous les cas, bien qu'on ne puisse se dissimuler qu'il en est où cette délibération préalable serait de nature à créer quelques difficultés. Dans plusieurs pays, ces sortes d'arrêtés sont pris par le Conseil municipal lui-même ou par l'assemblée qui en tient lieu. D'ailleurs, il est bon, en général, que l'administration agisse, autant que possible, de concert avec ceux qui représentent auprès d'elle les vœux et les besoins publics. Cette participation leur donne une connaissance plus réelle des difficultés pratiques que soulèvent les affaires ; elle fait peser sur eux une solidarité qui adoucit les résistances et déjoue souvent les oppositions, en les forçant à s'expliquer.

C'est ainsi que, dans l'Etat, dans le département, dans la commune, s'exerce le pouvoir réglementaire, moins solennel, moins stable que la loi elle-même, mais atteignant les citoyens dans des intérêts plus nombreux, plus immédiats, plus intimement liés à leurs besoins journaliers et à tous les détails de la vie commune.

II.

Des formes des actes de direction et d'impulsion.

La direction supérieure de l'administration part du centre, et, sans intermédiaires ou en passant par ceux qui sont placés entre le gouvernement et ses agents secondaires, elle se répand sur tous les points du territoire. Elle est un des instruments les plus énergiques et les moins offensifs de la centralisation, car elle tend à maintenir l'unité, l'ordre, l'activité commune qui en sont le but et le bienfait. La Cour de cassation, le Conseil d'Etat préposés à la conservation de ces intérêts précieux, n'agissent que dans des cas spéciaux, quand ils y sont expressément conviés ; plus active, plus constamment éveillée, l'administration centrale est toujours en exercice et incessamment occupée à imprimer le mouvement et à l'entretenir.

Par la loi, par les règlements, sont fondés des services publics.

Il devient nécessaire de les organiser, de régler leur marche, leur fonctionnement, de déterminer le nombre des agents qui y seront attachés, d'assigner à chacun son grade, sa fonction, ses devoirs. L'administration y pourvoit d'abord par des décrets ou des arrêtés.

Comme les décrets rendus à cet effet ne doivent recevoir leur application qu'à l'égard de personnes ou de choses qui dépendent de l'administration, ils n'ont pas besoin d'être entourés des mêmes formalités que les règlements d'administration publique. Ils sont signés par le chef de l'Etat, qui peut toujours les modifier ou les rapporter, selon les besoins et les circonstances. Cependant, il arrive souvent que la loi pour l'exécution de laquelle ils sont faits exige qu'ils soient rendus *dans la forme des règlements d'administration publique*, ou *le Conseil d'Etat entendu*, locutions différentes, mais dont la signification est la même. Quelquefois aussi l'administration, bien qu'elle en soit dispensée, juge convenable de consulter le Conseil d'Etat, afin de profiter de ses avis et de donner au décret plus d'autorité.

Quand l'administration ne croit pas nécessaire de recourir à un décret, de simples arrêtés ministériels organisent les services. Ils ont une autorité suffisante pour tout ce que le ministre serait autorisé à prescrire lui-même, car on ne peut lui refuser le droit d'établir par disposition générale ce qu'il pourrait ordonner successivement et pour chaque cas particulier; mais ils ne présentent pas autant de garanties que les décrets. Les ministres peuvent toujours les rapporter, et se croient permis d'y déroger à leur gré. En outre, ces arrêtés n'ont d'autorité que pour le département du ministre qui les a faits, et souvent ils ne durent pas plus longtemps que lui ; en général, ils ne reçoivent pas de publicité. On peut d'ailleurs en contester la valeur dès qu'ils ne s'appliquent pas exclusivement à des objets et à des individus qui ne sont pas immédiatement et entièrement sous la main du ministre. Ainsi, un simple arrêté ministériel a réglé le service intérieur des prisons, la discipline et le régime des détenus ; cet arrêté, qui contenait les dispositions les plus sages et qui a été exécuté sans opposition, n'excédait pas, peut-être, les pouvoirs du ministre, mais il en était l'application la plus extrême, et il est permis de penser que les mesures qu'ils prescrivait n'auraient rien perdu à être prises par décret, si ce n'est par règlement d'administration publique.

C'est après que la loi a reçu son complément par les règlements d'administration publique, les décrets, les arrêtés d'organisation, que commence la direction administrative proprement dite. Elle concerne soit l'ensemble d'un service, soit une affaire ou un agent particulier; en d'autres termes, elle est générale ou spéciale. Considérons-la sous ces deux aspects.

Les actes que fait l'administration supérieure pour diriger les services publics dans leur ensemble ont pour objet ou l'interprétation de la loi ou l'indication de règles de conduite.

Une loi bien rédigée doit être brève, claire, explicite; mais la brièveté, qui évite les développements secondaires, nuit quelquefois à la clarté même, et la disposition la plus explicite peut encore présenter un sens ambigu. Il faut s'être appliqué à la préparation des lois pour comprendre combien la rédaction en est difficile, malgré le génie de notre langue si simple, si précise, si logique. Il n'est donc pas de loi qui ne soulève des doutes; quand ces doutes atteignent un droit privé, il appartient aux juridictions de les résoudre, mais les procès doivent être évités, et plus l'administration prévient les plaintes et écoute attentivement les réclamations, mieux elle accomplit sa mission. D'ailleurs, l'application de la loi ne met pas toujours des droits en question, et quand elle touche seulement à des intérêts qu'aucune juridiction ne défend, nul n'est plus intéressé que le gouvernement à la mettre en harmonie avec la pensée du législateur.

A ce besoin répondent les instructions et les circulaires. Le gouvernement y dépose le résultat de son expérience et de ses études; il y retrace le véritable esprit de la loi, qu'il a le plus souvent présentée lui-même au Corps législatif, et dont il connaît le sens pour en avoir suivi la discussion; il la rapproche des précédents dont il possède la tradition et des principes généraux du droit dont il est pénétré.

Quoique, par leur nature, ces sortes d'instructions rentrent dans les pouvoirs en quelque sorte internes de l'administration, leur importance est telle que l'Assemblée constituante de 1789 ne dédaigna pas de faire elle-même celles qui étaient nécessaires pour l'exécution de certaines lois, notamment des lois qui fondaient le nouveau système administratif. Elle pensa sans doute que nul ne pouvait mieux qu'elle en révéler l'esprit et en assurer la fidèle application. Les circonstances, la nouveauté du sujet, l'absence d'un gouvernement bien assis, expliquent cette dérogation au partage régulier des attributions; en effet, dans les temps ordinaires, il n'appartient qu'au gouvernement de faire des instructions interprétatives de la loi, et il ne peut rien émaner du pouvoir législatif qui n'ait la valeur et le titre de loi.

Les instructions ne servent pas seulement à l'interprétation de la loi; elles ont aussi pour but d'en régler l'exécution. Le ministre fait connaître à ses subordonnés les devoirs qu'elle leur impose, l'époque où ils doivent les accomplir, les droits dont ils sont armés, et l'usage qu'il convient qu'ils en fassent. Il lève les difficultés qui lui sont signalées, dissipe les incertitudes, corrige les applications vicieuses, empêche les diversités qui porteraient atteinte au principe fondamental de l'unité.

Parfois, la circulaire a un caractère politique. En effet, les lois dont l'exécution est remise au gouvernement ne se refusent pas, malgré leurs termes absolus, à une appréciation discrétionnaire. Selon l'état des esprits, les besoins de la société et les circonstances, l'application peut en être tolérante ou rigoureuse. Il est des moments où les lois d'ordre public doivent être appliquées avec fermeté; il en est où elles peuvent sommeiller, comme l'épée dans le fourreau. Les lois d'impôt elles-mêmes, quelque expresses qu'en soient les dispositions, reçoivent quelquefois des tempéraments commandés par les souffrances des populations, par la dureté des saisons, par l'invasion d'un fléau, et l'administrateur bien avisé n'oublie point qu'il est une âpreté de poursuites qui nuit plus au trésor public qu'elle ne lui profite, et que l'Etat, comme tout autre créancier, s'expose à tout perdre, s'il ne veut rien concéder. Voilà ce que les circulaires expliquent aux subordonnés. L'administration y assume une responsabilité, à laquelle ils ne pourraient s'exposer d'eux-mêmes. Elle y remplit son véritable office, celui d'entendre le vœu des populations, et, sans enfreindre la volonté du législateur, d'accéder à ce vœu dans la mesure indiquée par la justice et la politique.

Par les circulaires, l'administration s'attache encore à propager les institutions utiles qui sont dues au zèle privé des citoyens, et qu'elle prend sous son patronage, sans prétendre les diriger. C'est ainsi que les salles d'asile, les caisses d'épargne et les crèches, établissements si dignes à des titres divers d'encouragement et d'appui, ont reçu des circulaires la plus favorable impulsion. On a vu aussi des ministres recommander, par ce moyen, des publications ou des entreprises particulières; mais il faut que l'intérêt public s'y trouve manifestement engagé, pour qu'un tel moyen d'influence soit accordé à des intérêts privés.

L'autorité des circulaires est purement morale. La loi ne peut en recevoir aucune atteinte; exprimer une opinion, donner une direction, c'est toute leur portée. Elles ne peuvent créer aucune obligation pour les citoyens. Plusieurs arrêts de la Cour de cassation et du Conseil d'Etat l'ont expressément décidé. Mais elles lient les agents mêmes de l'administration, sauf le droit qui leur est toujours réservé, de ne point se rendre à une interprétation qui leur paraîtrait erronée, et d'adresser des représentations sur la conduite qui leur est tracée, si leur conscience y résiste.

Lorsque M. François de Neufchateau quitta pour la seconde fois le ministère de l'intérieur, il fit imprimer le recueil des circulaires qui avaient marqué le cours de ses deux administrations. Cette publication a depuis été faite par les soins du gouvernement et continuée jusqu'en 1839. On y trouve les plus précieux documents sur des branches du service public qui composent aujourd'hui trois ministères. Le jurisconsulte, l'administrateur, l'économiste peuvent la consulter avec fruit. Si le temps a emporté un grand nombre des questions qui y sont traitées, il ne leur a pas fait perdre leur intérêt historique, et beaucoup d'autres n'ont pas cessé d'occuper l'administration.

Il serait très-important que dans chaque branche du gouvernement on réprît toutes les circulaires déjà faites, afin de les coordonner et d'en composer, pour ainsi dire, un corps de doctrine administrative.

On ne serait pas arrêté par les obstacles qui s'opposent à la codification des lois et des règlements. Il dépend, en effet, de chaque ministre, de chaque chef de service, de faire, d'abroger, de modifier les circulaires qui le concernent. Cette refonte ferait cesser une confusion fâcheuse. Les circulaires se succèdent, se remplacent et parfois se contredisent. L'agent qui leur demande une règle de conduite ne la trouve pas toujours clairement tracée, et les contradictions des instructions administratives viennent s'ajouter à celles de lois rédigées avec précipitation et sans vues d'ensemble. Au département de la justice, entre autres, les officiers du ministère public ont reçu, depuis quarante ans, des instructions qui forment une collection, dépareillée dans la plupart des parquets, et aussi volumineuse qu'incohérente. Un garde des sceaux avait entrepris de les résumer toutes, en reproduisant avec ordre et méthode ce qui en était encore applicable, mais ce projet n'a pas eu de suite.

On a longtemps considéré le secret comme une condition nécessaire de la politique, des finances, de l'administration, et même de la justice. Sous le régime nouveau a disparu ce préjugé, et l'expérience en a démontré le vice. La publicité a préservé de la déloyauté la politique, du gaspillage les finances, et de l'arbitraire la justice. Elle n'a pas été moins utile à l'administration, et ses avantages constatés ont contribué à l'étendre. Toutes les circulaires qui ont un caractère général et permanent sont publiées. Les plus importantes sont insérées au *Moniteur*, les autres dans des recueils officiels ou semi-officiels, publiés dans le sein des diverses administrations. Par ce moyen, les administrés, informés de la pensée qui préside à l'exécution des lois, peuvent la juger, la discuter ; les agents ont sans cesse un guide sous les yeux. Cependant, on comprend que l'administration ne peut rendre toutes ses communications publiques. Qu'elle exprime des craintes sur une disette que fait prévoir l'état de la récolte, sur des signes précurseurs d'une épidémie, sur des troubles avant-coureurs d'une insurrection, et qu'elle ordonne, en conséquence, des mesures de précaution ou de sûreté, publier ses circulaires, ce serait jeter la perturbation dans les affaires, inquiéter les populations, et peut-être aggraver le mal au lieu de le conjurer. Mais les circulaires qui doivent demeurer confidentielles sont les moins nombreuses, et les considérations les plus impérieuses peuvent seules motiver une exception, qui n'est le plus souvent que momentanée, à la règle générale de la publicité.

C'est dans les administrations centrales que s'élaborent toutes les instructions des ministres et des chefs des grands services publics. Là sont recueillis les documents parlementaires, les archives administratives, les notions pratiques et d'ensemble, que le mouvement des affaires procure chaque jour ; là sont réunis en grand nombre des hommes laborieux et exercés qui rassemblent les matériaux des circulaires, en discutent les principes, en rédigent le texte et en font rapport au ministre ou au chef qui leur donne le sceau de son autorité; là est le foyer de la direction administrative.

En général, l'administration centrale correspond avec les chefs placés à la tête des départements ou des autres circonscriptions territoriales, préfets, procureurs généraux, préposés intermédiaires des services spéciaux; ceux-ci, à leur tour, sont chargés de diriger leurs subordonnés respectifs; les préfets donnent aux sous-préfets ou aux maires des instructions qui sont imprimées et publiées dans le recueil des actes administratifs que chaque département possède; les procureurs généraux correspondent avec les procureurs de la République, ceux-ci avec les juges de paix; la même succession de rapports s'établit entre les chefs secondaires des services spéciaux et leurs inférieurs. Ainsi, de proche en proche, la direction s'exerce, la pensée du Gouvernement se transmet et tous les rouages reçoivent l'impulsion.

Cette impulsion ne consiste pas seulement dans l'enseignement collectif et général dont les circulaires sont les conducteurs; elle embrasse aussi les affaires spéciales et jusqu'aux moindres détails de l'administration; elle stimule le zèle, brise les obstacles, combat la négligence, lutte contre les passions locales, impose l'exactitude et défend les intérêts légitimes. A cet effet, des ordres sont donnés, des explications demandées, des états de situation exigés; une surveillance constante s'attache aux agents; ils sont mandés pour rendre compte de leur conduite; des commissaires vont les remplacer et accomplir les obligations qu'ils ont refusé ou négligé de remplir eux-mêmes; des punitions disciplinaires sont infligées. Une correspondance, entretenue sans relâche entre le chef et ses subordonnés, assure l'autorité de l'un et l'obéissance des autres.

Le style et le ton de cette correspondance se modifient avec les temps et avec les hommes. Le laconisme et la rudesse y trahissent les gouvernements et les ministres aux yeux de qui la dureté du langage est un signe de force. On y retrouve la politesse du monde avec ceux qui pensent que l'autorité ne perd rien à observer les règles de l'urbanité et qu'une volonté ferme n'est pas nécessairement hautaine et impérieuse.

Tels sont les moyens que l'administration emploie pour diriger les affaires publiques et pour en assurer la conduite régulière. Ainsi, le pouvoir réglementaire a complété la loi ou l'a suppléée, la direction administrative a établi les ressorts par lesquels le mouvement se communique et elle les a mis à la disposition de l'Etat: c'est alors que l'administration entre dans tous les détails de l'exécution relativement aux affaires particulières et aux citoyens qui s'y trouvent engagés. Quelles sont les formes qu'elle suit dans cette partie de ses fonctions? C'est ce que nous allons rechercher.

III.

**Des formes des actes de l'administration relatifs à des affaires spéciales
ou à des personnes privées.**

L'administration est incessamment en contact avec les citoyens,
soit pour l'exercice de la police administrative, soit pour l'accomplissement des fonctions qui lui sont remises dans un intérêt général
d'ordre et de police, soit enfin pour la gestion des services publics.
Les formes de son action varient selon qu'elle agit pour l'un ou l'autre
de ces objets.

Pour l'exercice de la police administrative, l'office principal de l'administration est de constater les contraventions et de saisir les juridictions investies du droit de les réprimer. Ses agents dressent des
procès-verbaux, les affirment devant un magistrat, si la loi l'exige,
et les transmettent aux tribunaux judiciaires ou administratifs.

· Ici encore se retrouve cette faculté d'appréciation qui est de l'essence du pouvoir administratif. Si les infractions n'étaient pas constatées à l'égard de tous, si des distinctions personnelles étaient faites,
le grand principe de l'égalité de tous les citoyens devant la loi serait
violé. L'administration manquerait à ses premiers devoirs si tous ne
pesaient pas du même poids dans sa balance; mais elle n'est pas tenue
dans tous les cas, à toutes les époques, de déployer la même sévérité.
Il lui appartient d'user de tempérament, par exemple, lorsque la loi
est nouvelle et que ceux qu'elle concerne la connaissent mal et n'ont
pas encore contracté les habitudes qu'elle doit créer. L'administration
peut donner d'abord des avertissements amiables et ne provoquer des
poursuites que dans le cas où ses conseils sont méprisés ; les circonstances sont encore prises en considération. Ainsi, quand des maladies
pestilentielles désolent les populations, l'exécution des lois qui intéressent la salubrité est surveillée avec une inflexible activité et aucune infraction ne trouve grâce. C'est entrer dans les vues du législateur de chercher avant tout le but qu'il s'est proposé et de ne jamais
faire sortir de ses prescriptions d'inutiles rigueurs.

On a demandé quelquefois si l'administration avait le droit de supprimer les procès-verbaux dressés par ses agents et de les soustraire
ainsi à l'examen de l'autorité judiciaire. En principe, ce droit ne lui
appartient pas. Son mandat expire au moment où celui de la justice
commence, par la constatation officielle d'un fait punissable. La question a été ainsi résolue à l'égard des commissaires des chemins de fer
qui y avaient donné lieu. D'après la loi, tous leurs procès-verbaux
doivent être transmis au procureur de la République appelé à les
apprécier et à requérir ou non une information. Ce magistrat exerce
donc un droit d'examen préalable, mais ce droit est de l'essence de

ses fonctions, et il l'exerce à un autre point de vue que l'administration, à un point de vue exclusivement judiciaire.

Constater les contraventions est, en cette partie des pouvoirs de l'administration, son principal, mais non pas son seul devoir. Elle a encore, au nom de la sûreté publique, le droit de prescrire certaines mesures spéciales ou accidentelles. Pour préserver la salubrité publique, elle ordonne qu'un foyer d'infection sera supprimé; pour arrêter les progrès d'un incendie, elle ordonne que des constructions seront démolies; pour rendre la circulation libre, elle ordonne que des matériaux placés sur la voie publique seront enlevés. Elle agit ainsi au nom de tous et dans l'intérêt commun. A cet effet, les préfets et les maires prennent des arrêtés qui ne sont soumis à aucune forme spéciale, à l'avis préalable d'aucun conseil. L'urgence résisterait le plus souvent aux délais qu'entraînerait une instruction quelconque. Ces arrêtés sont obligatoires . qui les enfreint ou refuse de les exécuter peut être traduit devant les tribunaux et puni des peines de police.

D'autres pouvoirs sont, dans des intérêts analogues, conférés à l'administration. Quelques lois ont subordonné à son autorisation préalable l'exercice de certaines facultés. Quelquefois elle est autorisée à faire des concessions, en matière de mines, par exemple. En général, elle est tenue, avant de statuer, de remplir des formalités dont l'objet est d'avertir les tiers intéressés, d'appeler le public à contredire, de constater les avantages et les inconvénients de l'autorisation ou de la concession. Si l'importance des droits qu'il s'agit de conférer réclame un examen approfondi, l'avis du Conseil d'Etat doit être pris. Ainsi, il est exigé pour l'autorisation à donner aux établissements dangereux, insalubres ou incommodes de première classe, et pour les concessions de mines.

Dans l'exercice de ces pouvoirs, l'administration est investie d'une pleine autorité; elle peut accorder ou refuser. La loi s'en est entièrement remise à sa sagesse. Mais il faut bien se garder de confondre le pouvoir discrétionnaire dont elle jouit, avec le pouvoir arbitraire. Le premier est soumis à des conditions et à des règles. Quand la loi, qui ne peut tout prévoir et tout régler, délègue son droit à un appréciateur plus flexible, plus rapproché des citoyens, mieux constitué pour ne négliger aucun élément de solution, elle entend qu'il n'écoute que la justice et l'utilité publique, et loin de permettre que ces deux bases d'un bon gouvernement soient ébranlées, c'est au contraire pour les maintenir qu'elle se substitue l'administration. Le pouvoir arbitraire, elle le dénie; il est l'ennemi de la règle, l'attribut du despotisme, et ne peut trouver place dans la législation d'une société libre.

Au droit de refuser l'autorisation ou la concession se lie nécessairement celui d'y attacher des conditions, mais il faut qu'elles soient dictées par l'intérêt même en vue duquel l'administration a été appelée à autoriser ou à concéder. Ainsi, elle prescrit les mesures qui assaini-

ront un établissement classé comme insalubre; elle astreint le concessionnaire de la mine à observer certaines précautions dans l'exploitation. Toute autre condition serait contraire au droit. Il y aurait con-
cussion à exiger une redevance pécuniaire, fût-ce au profit du Trésor; excès de pouvoir à imposer des charges en faveur d'un tiers ou
même d'un immeuble de l'État; violation de la loi à prescrire, même
dans l'intérêt public et de l'aveu du concessionnaire, des dérogations
au droit public. L'administration est fidèle à cette règle, et quand
dans des vues d'ailleurs fort honorables, elle a proposé de s'en écarter, le Conseil d'État l'y a rappelée.

Telle est la forme de l'action administrative dans l'exercice des
fonctions qui se rattachent à la police publique. Étudions maintenant
celle des actes relatifs aux services confiés à l'administration, nous
voulons parler des actes de gestion, d'intendance, si l'on peut ainsi
dire, que nécessitent les propriétés, les revenus de l'État et les transactions qu'il est appelé à faire.

Les grands services publics, et spécialement l'impôt et la comptabilité, ont leurs formes et leurs règles particulières, dont la description
ne peut entrer incidemment dans cet aperçu général. Nous en parlerons à part avec les détails qu'elles comportent. Il n'est question en ce
moment que des actes qui sont communs à toutes les branches de la
gestion administrative.

D'accord avec le pouvoir législatif et sous son autorité, cette gestion s'effectue sans interruption, par les soins de l'administration :
disposition et affectation des immeubles, achats nécessités par les besoins de l'État, emploi des objets et des denrées qu'il possède, toutes
les opérations enfin qui se rapportent à la fortune publique et aux
affaires de l'État sont ou décidées, ou exécutées ou réglées par décrets,
arrêtés, ordres écrits.

Des traités sont passés entre l'administration et des tiers; il faut
faire des contrats, acheter, vendre, louer, entreprendre des travaux,
se procurer des draps pour vêtir les détenus et l'armée, du blé pour
les nourrir, des fourrages pour alimenter les chevaux, des matériaux
pour les routes, les édifices, etc. Comme tous ces actes sont également
faits pour le compte de l'État, et que, divers seulement pour leur objet,
ils sont intrinsèquement les mêmes, la loi et les règlements les ont
soumis à des règles communes.

D'abord l'administration, pour les contrats qu'elle passe, est son
propre notaire; elle leur confère l'authenticité : prérogative justement
accordée au caractère des agents qui la représentent, à la régularité
de sa marche, à la publicité qui entoure ordinairement ses transactions, à la nature enfin des objets dont elle traite. Il est naturel, en
effet, qu'elle n'ait pas besoin de recourir à des officiers publics institués par elle-même, pour suppléer à l'inexpérience ou à l'inattention
des parties privées. Seulement, il faut que ses actes soient réguliers,

qu'ils émanent de l'autorité établie par la loi pour les souscrire, et, quand une approbation ultérieure est requise, que cette approbation ait été donnée. A ces conditions, l'authenticité est entière, avec toutes les conséquences qui y sont attachées, l'hypothèque, la force exécutoire, etc.

Cette exception s'explique encore par une autre condition qui est imposée à l'administration, et qui tient à la position exceptionnelle de ses agents. Il y a, en effet, cette différence entre un particulier stipulant pour lui-même et l'administrateur stipulant pour l'Etat, que le premier est convié par son intérêt personnel à exiger les meilleures conditions, à débattre rigoureusement celles qui lui sont proposées, à ne faire aucune concession non compensée, tandis que l'autre, par négligence, par complaisance, si ce n'est par collusion, peut donner les mains à des arrangements qui ne sont onéreux qu'au public. D'un autre côté, la bonne renommée de l'administration fait partie de cet ascendant moral, qui est sa principale force ; et s'il importe qu'elle ne faillisse point, il n'importe pas moins peut-être qu'elle ne soit jamais accusée, soupçonnée même d'avoir failli. Ces graves considérations ont fait admettre, à l'égard des marchés passés par le gouvernement, une règle qu'on a considérée à la fois comme une garantie de la fortune publique et de la réputation des administrateurs. Ces marchés doivent être faits avec publicité et concurrence ; la publicité appelle les offres, la concurrence les fait entrer en lutte.

On doit l'adoption de cette règle au souvenir de marchés qui, à d'autres époques, ont révolté la conscience publique, compromis les finances de l'Etat, et [déshonoré plus encore les ministres qui les signèrent que les traitants qui y trouvèrent une fortune scandaleuse. Le remède adopté a pu mettre un terme à des fraudes honteuses, mais l'Etat y trouve-t-il tous les profits qui lui étaient promis ? Il est permis d'en douter. La concurrence, soit par un effet naturel, soit par suite de concerts illicites, ne fait pas toujours triompher les entrepreneurs qui offrent le plus de capacité, de solvabilité, de moralité ; excessive, elle réduit les prix à un taux tellement bas que les hommes prudents se retirent, et que ceux qui traitent ne peuvent tenir leurs engagements ou s'y ruinent ; insuffisante, elle contraint les gouvernements à payer plus cher que s'ils avaient traité de gré à gré. Cependant des précautions sont prises pour prévenir ces abus. Selon les cas, l'administration, en dressant à l'avance la liste des concurrents qu'elle admet à entrer en lice, écarte ceux qui ne satisfont pas aux conditions nécessaires : elle fixe le prix au-dessus duquel elle n'admet aucune proposition ; des cautionnements sont exigés ; les concerts coupables qui auraient pour but d'écarter les enchérisseurs sont poursuivis et punis. Ces précautions corrigent les vices du système de la concurrence, mais elles ne les effacent point. On ne peut nier que des marchés de gré à gré, passés avec discernement, intelligence et probité, procureraient souvent de meilleurs résultats; mais comment défendre l'Etat contre l'insouciance ou la fraude de ses agents, contre les défiances d'une opinion malveillante et passionnée, contre les attaques des compétiteurs éconduits?

Heureusement, la règle de la publicité et de la concurrence admet des exceptions nombreuses, que la nécessité commandait. S'il y a urgence, si l'opération exige le secret, si elle réclame des artistes éprouvés, si elle n'a lieu qu'à titre d'essai, si elle porte sur des valeurs trop faibles pour comporter les frais et l'appareil d'une adjudication, si là concurrence est impossible, parce que l'objet du marché est dans une seule main, le gouvernement est autorisé à traiter de gré à gré.

Lorsqu'il est procédé par voie d'adjudication, des annonces sont faites et publiées à l'avance ; les conditions proposées par l'administration sont énumérées dans un cahier de charges très-détaillé, destiné à prévoir tous les incidents d'une longue opération. L'administration a raison de prendre toutes ses sûretés, mais elle a souvent le tort d'imposer aux entrepreneurs des conditions très-onéreuses, de se réserver une latitude très-arbitraire, de les rendre ainsi plus exigeants, et d'écarter, par suite, en les effrayant, ceux dont la loyauté se refuse à chercher dans des profits illicites la compensation de ces charges.

Après l'adjudication ou le marché de gré à gré, il appartient à l'administration de veiller à l'exécution des engagements pris envers elle. S'il y est fait infraction, elle applique les clauses pénales insérées dans le marché. S'il s'agit de fournitures en cours de livraison, de travaux en cours d'exécution, la déchéance de l'adjudicataire est prononcée, et une nouvelle adjudication lui donne un successeur. Dans le cas où il est impossible d'y procéder, une régie est établie, c'est-à-dire que l'administration exécute elle-même les fournitures ou les travaux, au moyen d'achats directs ou d'ouvriers qu'elle paye et dirige, aux frais de l'entrepreneur mis en déchéance.

Quelquefois, sans traiter avec les tiers, l'administration a recours à la régie. C'est ce qui arrive quand elle veut faire des expériences, se rendre compte des prix réels d'achat et de main-d'œuvre, ou quand les opérations sont de trop peu d'importance pour réclamer le secours d'un intermédiaire; mais ces cas sont fort rares : la régie se concilie mal avec les habitudes de l'administration, elle donne lieu à des erreurs et à des mécomptes, et n'offre pas à l'Etat des garanties suffisantes.

IV.

Des formes de l'instruction du contentieux administratif.

Les formes que l'administration est ordinairement tenue de suivre ou qu'elle s'impose volontairement sont instituées en vue des intérêts publics. Les garanties qu'elles offrent ne suffisent pas au citoyen qui, en son nom individuel et privé, la loi ou un contrat à la main, élève ou combat une prétention qui engage sa propriété, sa fortune, sa condition personnelle ; la loi lui doit la protection dont les droits privés sont constamment entourés dans les sociétés bien ordonnées.

Dans les cas exceptionnels où les tribunaux sont appelés à prononcer, les formes judiciaires sont nécessairement observées, et nous n'avons à nous occuper que des contestations portées devant les juridictions administratives.

Nous avons déjà retracé l'organisation de ces juridictions et les règles générales de leur compétence. Nous n'y revenons en ce moment que relativement aux formes qui sont observées devant elles.

Pour apprécier jusqu'à quel point ces formes satisfont aux conditions d'une bonne justice, il faut distinguer entre les juridictions qui ont une existence propre, et celles qui, mêlées à l'action administrative même, se confondent, pour ainsi dire, avec elle, telles que la juridiction des ministres.

Devant les premières, presque toutes les formes de la procédure ordinaire sont suivies : citations, discussion contradictoire, sentence motivée, tout s'y retrouve. Il en est cependant qui, en raison de leur caractère spécial et de la nature des intérêts soumis à leur examen, sont placées sous un régime exceptionnel. Ainsi, les conseils de révision, institués par la loi du recrutement, ont une procédure sommaire que commandait la nécessité d'arrêter promptement la liste des jeunes gens appelés sous les drapeaux, et de prononcer la libération de ceux qui n'étaient pas atteints. Le débat est purement oral ; la décision est immédiate ; l'opposition n'est point reçue ; point de recours, si ce n'est pour incompétence ou excès de pouvoirs. Ainsi encore, les réclamations relatives au service de la garde nationale sont jugées sommairement, à la suite d'un débat oral, en première instance par les conseils de recensement, en appel par les jurys de révision. La formation d'un jury avait pour conséquence la souveraineté de la décision, l'opposition non admise, le recours autorisé seulement pour incompétence, excès de pouvoirs ou violation de la loi. Ainsi, enfin, la Cour des comptes est également investie d'une juridiction souveraine, quant au fait, conséquence nécessaire du caractère tout spécial et pour ainsi dire technique des matières qu'elle juge ; mais l'instruction y est écrite et l'opposition admise.

A part ces exceptions, les formes adoptées par les juridictions administratives diffèrent peu de celles que les lois ont établies devant les tribunaux ordinaires. En règle générale, l'instruction s'y fait par écrit. Un collége spécial d'avocats en est chargé devant le Conseil d'Etat. La plaidoirie publique y est en outre autorisée ; elle ne l'est point devant les Conseils de préfecture, les Conseils privés des colonies, les Commissions de desséchement, etc. Cependant les avocats, les parties et leurs mandataires sont admis, par tolérance, sur leur demande et quand les circonstances le permettent, à présenter des observations orales. Des décrets ont organisé la procédure auprès du Conseil d'Etat ; celle que suivent les Conseils de préfecture n'est tracée par aucun acte de l'autorité publique ; elle a été, en grande partie, réglée par la jurisprudence du Conseil d'Etat, qui a considéré comme substantielles certaines règles empruntées, soit à son propre règlement, soit au Code de procédure civile.

Comme on le voit, il reste peu de chose à faire à l'égard des juridictions dont nous venons de parler. Il n'en est pas de même de celle des ministres. Le caractère mixte de cette juridiction s'opposait à l'emploi des formes ordinaires.

Point de citation proprement dite. S'agit-il d'une réclamation de l'Etat contre un citoyen ? Si la réclamation a pour objet le recouvrement d'une somme, on délivre contre le débiteur prétendu une contrainte, c'est-à-dire un ordre de payer, qui est exécutoire, mais contre lequel le pourvoi est admis pendant un délai déterminé, passé lequel la contrainte est définitive. Si la réclamation de l'Etat a un autre objet, le ministre prend une première décision, susceptible, à la vérité, d'opposition, comme n'ayant pas été précédée d'un débat contradictoire, mais qui forme, contre la partie intéressée, un premier préjugé dont elle a droit de s'inquiéter. S'agit-il, au contraire, d'une réclamation contre l'Etat ? Le citoyen adresse sa demande au ministre, mais il n'a pas toujours le moyen de s'assurer qu'elle lui parviendra.

Point de défense orale. La partie a seulement le droit de fournir des mémoires. Elle peut obtenir d'être entendue par les employés qui préparent la décision du ministre et par le ministre lui-même, si l'affaire en vaut la peine ; mais ces conférences sont de pure faveur. En matière de comptes, de liquidations d'entreprises ou de fournitures, l'avis des agents qui ont suivi les opérations est demandé et communiqué à la partie pour qu'elle y réponde. Tout cela se fait avec loyauté, avec un juste souci des droits privés ; mais tout cela pourrait être refusé, aucune loi, aucun règlement ne l'exigeant.

La décision du ministre est rendue et doit être notifiée. Mais sur ce point encore, il n'y a qu'arbitraire et incertitude. Les décisions ministérielles sont rendues dans des formes très-différentes et ne portent pas toujours le signe de l'autorité qui s'y attache. Tantôt, un subordonné fait un rapport au ministre, qui y donne son approbation par sa signature, quelquefois par un simple parafe. Tantôt le ministre prononce par un seul mot le rejet de la demande. On en informe l'intéressé par l'intermédiaire d'un subordonné ou directement par une lettre qui lui apprend simplement que sa réclamation n'a pas été accueillie. Ni considérant, ni dispositif, rien qui indique un acte de juridiction. Selon la matière, le même acte ministériel a le caractère d'un jugement ou d'un simple refus de payement. Ainsi, dans les contestations qui sont de la compétence des Conseils de préfecture, dans celles par exemple qui sont relatives aux entreprises de travaux publics, l'acte par lequel le ministre rejette les réclamations qui lui sont soumises est rendu dans la même forme que ceux par lesquels il statue comme juge ; les plus cruels mécomptes résultent de cette confusion. Tantôt, pour qu'on n'oppose pas un jour l'autorité de la chose jugée, les avocats font intenter, par précaution, des pourvois qu'ils croient eux-mêmes inutiles. Tantôt la partie qui ne se rend pas un compte exact de la notification qu'elle a reçue, n'y voit qu'une simple communication officieuse et laisse s'écouler les délais sans se pourvoir, ou écrit au ministre pour solliciter un plus ample informé. Aucun soin n'est pris pour la détromper. Le temps se passe, le pourvoi cesse d'être recevable, et trop souvent le droit le plus manifeste est ainsi mis à néant. La jurisprudence du Conseil d'Etat constate de ces regrettables surprises. Depuis longtemps déjà on a signalé la nécessité d'en empêcher le retour par l'adoption de formes sacramentelles. Quelques améliorations ont été introduites. Il est des ministères où les décisions sont prises dans une teneur juridique, avec des motifs et un dispositif, et où la partie est expressément informée du délai dans lequel elle peut exercer son recours ; mais il en est encore où ces sages précautions sont négligées.

Il serait nécessaire que toutes les formes à suivre devant les ministres fussent tracées avec précision, les délais fixés, les moyens de recours indiqués, en un mot, que devant une juridiction si exceptionnelle, les citoyens fussent au moins à l'abri des embûches. Il y va de leur droit, de leurs intérêts les plus précieux, non moins que de l'honneur même de l'administration.

Après la notification et quand la décision est devenue définitive, il y a lieu de l'exécuter. Si les mesures qui en sont la conséquence rentrent dans les attributions de l'administration, elle les prend elle-même ; autrement elle procède par les voies du droit commun, notamment par saisie, vente des biens, contrainte par corps, s'il y a lieu à recouvrement de deniers.

Sur ce simple exposé, on peut juger des formes de l'instruction contentieuse administrative. Régulières et protectrices devant les juridictions proprement dites, elles sont dépourvues de garanties légales devant les ministres. C'est, dans notre système administratif, une lacune qui doit attirer l'attention de quiconque pense que la liberté publique est atteinte toutes les fois qu'un droit privé peut être offensé, de quelque manière que ce soit.

V.

Considérations générales.

Si l'on examine dans leur ensemble les [formes et les moyens d'action dont nous venons de présenter le tableau, il est juste d'en louer la régularité, la méthode, l'ordonnance; mais en leur rendant cet hommage, on ne peut dissimuler combien l'administration française est lente, embarrassée, chargée de complication. Elle défend les intérêts de l'Etat, mais à grands frais; elle sert·les citoyens, mais au prix d'une longue attente; elle atteint son but, mais à travers mille obstacles.

On peut assigner plusieurs causes à ces graves défauts.

Le désir de contrôle et de garantie a été porté à l'excès. On oblige l'administration à recueillir de toutes parts des avis et des renseignements. On la tient dans une tutelle permanente. Chaque jour, les lois instituent des Conseils nouveaux et s'ingénient à leur créer des attributions, sans prendre garde à ceux qui existent déjà, sans rechercher s'il est nécessaire d'en augmenter le nombre. Conseils municipaux, Conseils cantonaux, Conseils de préfecture, Conseils académiques, Conseils généraux, Conseils d'agriculture, Conseils de salubrité, Conseils d'hygiène; il est telle affaire qui, successivement soumise à toutes ces Assemblées, ne peut recevoir une solution, qu'après avoir passé par cette interminable filière. Chacun des avis exigés entraîne des délais, des convocations, des délibérations, des expéditions de pièces, des correspondances. Ici, on exige une expertise, là, une enquête. L'administration n'excite que défiance. Tout est mis en doute . ses lumières, son impartialité, souvent même sa bonne foi. Sans contredit, il est indispensable qu'elle soit avertie, tenue en respect, défendue contre les ombrages du public, contre ses propres erreurs. Mais les liens dont on la garrotte ne compriment-ils pas ses mouvements, loin de les régler, et de tant de précautions prises, ne sort-il pas le plus souvent l'obscurité au lieu de la lumière, une responsabilité amoindrie· parce qu'elle est partagée, le doute à la place de l'affirmation, des opinions fausses qui autorisent des décisions injustes, une hésitation qui dicte des termes moyens, dont le but est de ménager tout le monde et le résultat ordinaire de ne contenter personne, et enfin une langueur qui paralyse tous les ressorts?

L'esprit judiciaire s'est imprégné dans les lois administratives. Il ne faut pas s'en étonner. Longtemps l'administration est restée dans les mains des Parlements. Les anciens règlements portent le cachet des habitudes de procédure et de la préoccupation des formes dont ces grands corps ne pouvaient pas se dégager. De nos jours même, les magistrats, les hommes de loi, nombreux dans nos assemblées, y ont, par l'autorité de leurs lumières et de leurs talents, fait prévaloir les mêmes sentiments. Sous leur influence, les matières les plus simples ont été hérissées de notifications, de délais, de recours. Les pratiques du greffe se sont introduites dans l'esprit du législateur.

A ces complications créées par l'esprit judiciaire viennent se joindre celles qu'a inventées la routine administrative; ce n'est pas assez des formalités légales, on multiplie, comme à plaisir, les travaux des fonctionnaires publics. On les accable de tableaux à dresser, de comptes à rendre, de documents à rassembler. Ce que l'on demande à un maire de village, on ne saurait le décrire. Dans ce surcroît d'occupations, les recherches statistiques occupent une place considérable. Ces recherches sont utiles, sans doute; elles profitent à la science et éclairent l'administration ; mais elles devraient être circonscrites dans le cercle des faits officiels, authentiques, non contestables et susceptibles de vérification. Interroger, comme on le fait, tous les maires de la République sur des faits insaisissables qu'ils ignorent et dont ils ne peuvent s'assurer, leur demander des appréciations morales qui dépassent l'intelligence du plus grand nombre, c'est s'exposer à donner cours, sous la garantie de l'autorité publique, aux assertions les plus inexactes, et couvrir l'erreur d'un manteau officiel. Dressez donc la statistique judiciaire, celle des prisons, des établissements de bienfaisance, nul n'y contredira, à condition toutefois que ces travaux théoriques n'arrêteront, ni ne suspendront la marche des affaires ; mais si vous prétendez constater ainsi la production agricole ou manufacturière, indiquer les causes du mouvement de la population, faire des investigations pour lesquelles il n'existe aucune méthode certaine, résoudre enfin les problèmes les plus ardus de la science, vous ne recueillez que des hypothèses, chacun vous répond à sa manière et d'après ses idées personnelles, et beaucoup vous trompent sciemment, dans la crainte que quelque impôt ou quelque mesure vexatoire ne soit le but auquel tendent vos investigations. Les inconvénients de ces innombrables enquêtes statistiques n'ont pour correctif que l'impossibilité où l'administration se trouve le plus souvent d'en tirer parti. Combien en est-il, en effet, qui vont mourir dans les cartons et ne voient jamais le jour !

On prodigue la correspondance et les écritures. La signature seule de ces myriades de pièces consume un temps énorme. Président de la République, ministres, directeurs, préfets, ceux qui réunissent en leurs mains des pouvoirs nombreux, sont écrasés de signatures. Leur vie entière s'y épuise. Aucun ne peut lire ce qu'on met sous sa plume, et par conséquent la signature n'est qu'une formalité illusoire. Celui, en effet, qui voudrait connaître, même superficiellement, les actes sur lesquels il engage ainsi sa responsabilité, y dépenserait ses jours et ses nuits, et ne pourrait consacrer un instant aux pensées généralés, aux études, aux projets de réforme et d'amélioration qui doivent tenir la première place dans l'esprit des hommes publics, investis d'une autorité élevée. Bien autre est la condition des ministres dans un pays où cette administration paperassière est inconnue. Un jour, un ami de M. Canning allant lui faire visite, au moment d'une grande lutte parlementaire, le trouvait occupé à lire Horace pour se délasser l'esprit. On trouverait un ministre français, en semblable occasion, donnant des signatures pour vider ses portefeuilles.

Pour la moindre difficulté, l'instruction d'une affaire est suspendue; les pièces sont renvoyées, des explications demandées; de nou-velles formalités prescrites. Pour la plus simple transmission, une lettre est faite. Toute lettre est écrite par un commis, qui la soumet au chef ou sous-chef, expédiée ensuite par un autre employé et envoyée à la signature. On croit nécessaire de garder minute de toutes les dépêches; de là, d'innombrables copies. Si le chef de l'Etat doit si-gner, il en est fait une pour lui, une autre pour l'agent qui sera chargé de l'exécution, une troisième pour les archives. Le résultat le plus certain de cette multiplication de papiers est que tout classe-ment devient impossible, et qu'à force de tout conserver, on ne re-trouve rien.

Aux divers échelons administratifs les mêmes choses se passent. Tout bureau est un atelier d'écritures. La lettre du ministre est en-voyée aux préfets ; elle donne lieu, dans l'intérieur de la préfecture, puis à la sous-préfecture, à des opérations semblables. Elle passe aux agents extérieurs chargés de l'exécution; ceux-ci se livrent à une nouvelle correspondance. Par suite de ces procédés, il a été constaté que le nombre des lettres administratives qui, écrites de fonction-naire à fonctionnaire, sont franches de port, s'élève à 16 millions par an [1], soit 44 mille environ par jour, y compris les jours fériés, et sans compter les lettres écrites par les fonctionnaires à des particuliers, lesquelles ne jouissent pas de la franchise. C'est ainsi que le temps se perd, que les dossiers enflent et que des légions de commis deviennent nécessaires.

On se ferait difficilement une idée des lenteurs qui résultent de cette organisation, et des précautions minutieuses qui viennent en-core les prolonger. Une pièce arrive au ministère ; le secrétaire géné-ral l'arrête au passage pour l'enregistrer. Transmise ensuite dans la division qu'elle concerne, elle y est enregistrée de nouveau. Un temps considérable est absorbé par le voyage des dossiers. Il faut calculer par mois, si ce n'est par année, la durée d'une affaire qui doit être ren-voyée dans les départements, adressée à une Commission ou au Con-

---

[1] 16,863,956 lettres en 1843; elles pesaient 980,000 kil., c'est-à-dire, d'après le poids moyen des lettres des particuliers, autant que 130,529,450 lettres simples. (V. Rapport de M. Chégaray à la Chambre des députés sur la réforme postale, séance du 5 juillet 1844.)

seil d'Etat, ou sortir de toute autre façon d'un ministère ou d'une division, pour recevoir un complément d'instruction. La rédaction, la correction, l'expédition, la signature, confiées à des mains différentes, sont autant d'étapes où la moindre lettre doit successivement s'arrêter. La signature surtout se fait souvent attendre pendant de longs jours. Les pièces qui y aspirent vont s'engouffrer dans d'énormes portefeuilles, où elles demeurent jusqu'à ce que l'heure de la délivrance ait sonné pour elles.

Les communes, les particuliers qui ne peuvent se plier à ces lenteurs finissent par ne plus prendre souci de l'administration; on passe outre, et on la laisse délibérer gravement sur des questions qui sont résolues en fait. Plus d'une fois, on l'a vue examiner encore si une construction serait autorisée, une rue ouverte, longtemps après que la dernière pierre avait été posée et que le public circulait librement. Voilà où conduit l'abus des écritures et la longueur des formalités.

Nous avons indiqué ailleurs les réformes qui doivent être introduites dans le système de la centralisation, pour obvier à quelques-uns de ces inconvénients si fâcheux. Il est d'autres mesures qui sont indépendantes de ce système : des formules imprimées d'avance pour tout ce qui est de pure forme, des signatures données par bordereaux pour tout ce qui n'est pas susceptible de vérification, de simples annotations au lieu de copies, des transmissions faites par un ordre écrit en marge au lieu de lettres, d'autres simplifications encore qu'il serait facile d'adopter, corrigeraient des habitudes créées sans doute par des commis inutiles, qui voulaient se donner quelque chose à faire. Il est juste de dire que quelques ministres sont entrés dans cette voie. Il importe que leur exemple soit suivi, et qu'en dépit de la routine et des résistances des bureaux, la réforme s'étende à tous les services publics.

Il faudrait donner plus aux rapports personnels et directs. Rien n'est plus trompeur que l'administration assise et toujours armée d'une plume. Trop souvent, celui qui a envoyé une lettre croit que son devoir est accompli, et qu'un acte ordonné est un acte fait. Le commandement ne vaut que par l'obéissance qu'il obtient. Il n'y a donc de bonne administration que celle qui voit par ses yeux, qui se montre et qui parle. A la vérité, il y faut plus de soins, plus d'activité, plus d'efforts, et à écrire beaucoup on gagne d'être jugé sur les moyens plus que sur les effets. Il est vrai aussi que la médiocrité des traitements et le défaut d'indemnités spéciales empêchent, non moins que la masse des travaux sédentaires imposés par le régime actuel, que les délégués de l'administration ne s'exposent à la perte de temps et aux dépenses qu'occasionnent des déplacements fréquents; mais ces obstacles peuvent être levés. Aucune dépense ne serait plus utile que celle qui réduirait le nombre des correspondances, et permettrait, entre les citoyens et les administrateurs, des rapports plus nombreux, et ces rapports mêmes auraient pour résultat nécessaire d'alléger les travaux de cabinet.

En Angleterre, dans les rares administrations que le service de l'État a fait constituer, on procède avec bien plus de simplicité qu'en France. Ce qui se passe à la douane de Londres peut être cité comme exemple. Un particulier réclame; il apporte sa demande, et reçoit en échange un bulletin portant le numéro d'ordre dont elle a été marquée, avec invitation de se représenter le lendemain. La demande est soumise sur-le-champ à un Comité (*board*) qui siège en permanence. S'il est besoin de prendre l'avis de quelque agent extérieur, la demande lui est communiquée sans délai; il écrit son avis en marge et la rend. Le Comité en délibère sans désemparer. Dès le lendemain, le réclamant peut se représenter; il produit son bulletin et reçoit sa demande même, sur laquelle est consignée la décision prise. Point de correspondance, de minute, d'expédition, et par conséquent point de temps perdu. Aussi deux employés suffisent aux travaux d'ordre que nécessite ce travail, et, chaque année, 14,000 affaires sont ainsi expédiées[1]. Voilà comme on agit dans un pays qui, si attaché qu'il soit aux formes juridiques, apprécie avant tout la valeur du temps et les inconvénients des formes inutiles.

Si l'on comparait les procédés de l'administration publique avec ceux des administrations privées, celles-ci fourniraient également des exemples dignes d'être imités. L'industrie particulière se garde bien d'adopter des usages qui causent tant de lenteurs et de dommages. Il est telle direction de chemin de fer, de canaux, tel banquier, tel notaire, tel avoué qui, avec un petit nombre d'auxiliaires, fait plus d'affaires que les grandes administrations publiques où, auprès d'employés consciencieux, modestes, actifs, dévoués à leurs devoirs, il en est tant qui viennent chaque jour donner à un travail stérile les heures qu'ils ne dépensent point en distractions oisives.

Notre administration ressemble à ces vieilles armées qui ne pouvaient faire un pas sans traîner à leur suite un lourd et embarrassant attirail, qui s'astreignaient aux lois d'une stratégie timide et méthodique, et s'exposaient plus volontiers presque à perdre une bataille, qu'à la livrer contrairement aux règles reçues.

Ces vieilles pratiques n'existent plus. Les mouvements ont été simplifiés, les transports allégés; on poursuit le succès, sans trop se soucier des théories de l'art.

Les procédés de l'administration provoquent une réforme analogue. Qu'elle devienne plus rapide, moins formaliste, et, si l'on peut ainsi parler, plus mobile; il n'en résultera aucune atteinte à ce qui fait la force et la nécessité de la centralisation, et l'on maintiendra l'unité sans violence, l'ordre sans suspension du mouvement, et la hiérarchie sans lenteur.   VIVIEN.

---

[1] V. Bailly, *Finances du Royaume-Uni*, t. Ier, p. 39.

DU PROGRÈS.

DISCOURS PRONONCÉ A L'OUVERTURE DE SON COURS AU COLLÉGE DE FRANCE,

PAR M. MICHEL CHEVALIER [1].

MESSIEURS,

C'est du progrès en général, et du progrès dans l'ordre des faits
économiques en particulier, que je vous entretiendrai aujourd'hui.
Notre siècle a soif de progrès. Il s'agite pour l'obtenir. Il peut lui arriver et il lui est arrivé, en effet, plus d'une fois de concevoir l'espoir
d'un progrès chimérique et de se tromper dans le choix du chemin à
prendre pour bien arriver. Ces illusions et ces écarts ont attiré des
malheurs sur la société. Mais en soi, le désir du progrès est parfaitement légitime. La Providence, en plaçant l'homme sur cette terre,
l'a créé perfectible ; elle lui a assigné, sous condition, une destination meilleure, vers laquelle notre existence ici-bas est un acheminement successif. La preuve que nous marchons ainsi est dans la mobilité des institutions humaines et dans les caractères de cette mobilité.
L'individu et la société se transforment, non à l'aventure et au gré
du hasard, mais par degrés, suivant des lois qu'il est possible de découvrir, et à la recherche desquelles des esprits éminents se sont consacrés avec succès.

Pour parvenir à connaître la loi et la portée de ces changements
successifs, on peut prendre deux voies différentes : on peut s'en remettre, avec soumission et foi, à ce que la révélation religieuse nous
enseigne ; on peut, au contraire, procéder philosophiquement, emprunter à Bacon et à Descartes leurs procédés défiants d'investigation, interroger l'ensemble et le détail des faits et forcer à s'expliquer
la sibylle de l'histoire. Mais, comme la bonne philosophie est au fond
en parfait accord avec la religion, ces deux voies, qu'au premier
abord on croirait opposées, nous conduisent à la même conclusion,
pourvu que nous les suivions fidèlement sans nous laisser détourner
par aucune passion. Et quelle est cette conclusion que la philosophie
et l'histoire s'accordent à indiquer ? La voici.

L'homme est sur la terre pour s'y relever. Soit qu'on envisage
l'homme individuellement, soit que l'on considère les grandes agglomérations qui constituent les Etats, l'homme ici-bas se montre tout

---

[1] Le 8 janvier 1852.

à la fois comme le privilégié de la création et comme l'objet de pénibles épreuves toujours renaissantes. Il y avait un emblème curieux de
la vie de l'individu et de celle du genre humain dans les expériences
que subissaient les initiés aux mystères de l'antiquité. A travers ces
épreuves par lesquelles passent les individus et les générations, les
sentiments s'épurent, l'intelligence s'éclaire et étend son domaine, la
puissance du genre humain sur la nature augmente et se manifeste
par une industrie de plus en plus florissante, par une richesse toujours croissante. De là une multitude d'acquisitions, celles-ci de
l'ordre moral, celles-là de l'ordre intellectuel, d'autres de l'ordre matériel. Elles viennent toutes se résumer en un double progrès qui se
rapporte, par une de ses faces, à l'homme pris individuellement en
lui-même, par l'autre, à l'homme observé dans ses relations avec ses
semblables.

Pour ce qui est de l'individu considéré en lui-même, il devient,
dans la série des âges, de plus en plus digne de la liberté, et à mesure
qu'il en devient digne, il la possède. On a la mesure exacte de l'avancement que l'homme a ainsi acquis et du titre qu'il s'est créé à la
liberté par le degré de responsabilité qu'il est en état de porter. L'autre aspect du progrès, celui qui concerne l'homme dans ses rapports
avec ses semblables, se manifeste plus particulièrement de deux façons. D'une part, au sein de chaque Etat, une force irrésistible tend
à élever les humbles et à égaliser les conditions. D'autre part, les nations et les races obéissent à un mouvement majestueux, aisé à suivre dans l'enchaînement des faits historiques, quoique, comme le
mouvement des planètes dans l'espace, il soit sujet à des perturbations. Les nations et les races se rapprochent les unes des autres,
elles apprennent à se connaître, à s'aimer et à se servir réciproquement.

En d'autres termes, l'homme est un être à la fois personnel et sociable, le plus personnel et le plus sociable de tous les êtres. Tous ses
attributs peuvent se rapporter à l'un ou à l'autre de ces aspects de la
vie. Le progrès a sa manifestation dans la personnalité humaine par
le développement de la liberté. Dans la sociabilité, il se révèle, entre
autres signes, par le degré auquel est possible la fusion des classes au
sein de chaque Etat, la fusion des nations et des races au sein de la
civilisation.

Insistons davantage sur ces généralités, messieurs; elles ont, vous
le verrez bientôt, le lien le plus direct avec notre sujet. Quand vous
vous les serez bien assimilées en détail par une attentive analyse, vous
aurez la clef de l'économie politique. Ce sont, en effet, les principes
fondamentaux de la science économique elle-même. Celui qui possède
bien les principes est comme le voyageur qui est parvenu à un sommet d'où l'on domine un vaste pays; il distingue clairement son chemin, il est certain de ne pas s'égarer.

Une des faces essentielles du progrès consiste, ai-je dit, dans le développement de la liberté, et celle-ci se mesure à la dose de responsabilité que les hommes ont la force de porter. Dans les sociétés primitives, l'homme avait si peu de force morale pour soutenir la responsabilité de lui-même, que le législateur était forcé de le suivre dans les détails de la vie pour lui prescrire impérieusement tout ce qu'il avait à faire. La ration de liberté qui était accordée alors à l'homme se trouvait ainsi infiniment modique. De nos jours, l'homme s'est tellement fortifié, par rapport à la responsabilité, que le législateur juge plus que superflues une multitude de prescriptions dont étaient encombrés les codes des premiers peuples.

Tels faits, qui sont expressément interdits par les lois de Manou, et même par les lois de Moïse, sont des crimes impossibles aujourd'hui; ou du moins la conscience de chacun est réputée une gardienne assez vigilante et investie d'assez d'autorité pour l'en garantir. Tels actes supposés avantageux à l'homme ou à la société, qu'autrefois le législateur enjoignait sous des peines plus ou moins sévères, sont laissés de même au libre arbitre de l'individu, toujours par la raison que la conscience et le sentiment de la responsabilité sont actuellement considérés comme des guides assez sûrs, non-seulement pour des individus d'élite, mais pour la masse des populations.

Ainsi, la liberté n'est pas un droit absolu, imprescriptible, comme on l'a cru et dit à une autre époque. C'est une acquisition de l'homme, une propriété qui est infiniment respectable, car elle est acquise à titre fort onéreux. Elle est, en effet, le fruit d'efforts soutenus de génération en génération. Disons mieux, c'est une dignité à laquelle l'homme s'élève peu à peu par l'exercice de la plus noble des vertus, l'empire de soi, et qui, pour être sauve, réclame absolument que la même vertu lui serve de sentinelle. Un homme, un peuple peut fastueusement se proclamer libre. Pour qu'il le soit en effet, et pour que la liberté, après qu'il se l'est arrogée, ne soit pas balayée au loin par le souffle des vents, il faut qu'il sache commander à ses passions, modérer et régler ses instincts, repousser les illusions, reconnaître et déjouer le mensonge et l'erreur, et enfin employer avec constance ses facultés pour lui-même et pour ses semblables.

Depuis l'origine, le grand nombre a beaucoup gagné sous le rapport de la liberté. En principe, la liberté est proclamée à son profit, et elle est inscrite au frontispice des Codes. En fait, les liens de l'antique dépendance sont brisés et la classe la plus nombreuse est en possession de la liberté civile. On recherche de tous côtés les meilleures combinaisons pour lui assurer la liberté politique qui est, en effet, un magnifique apanage : il est un grand pays où ce problème difficile a été résolu heureusement et où la solution fonctionne avec une régularité très-satisfaisante. Je veux parler des Etats-Unis.

Dans l'ordre des faits qui concernent l'homme dans ses rapports avec ses semblables, le progrès n'est pas moins éclatant que pour ce qui est relatif à l'homme envisagé individuellement. Le commun des hommes a été voué à la condition la plus avilissante ; il a été esclave, puis il a été serf, plus tard il a été vilain et roturier, tandis que les chefs des Etats et les castes supérieures touchaient pour ainsi dire le ciel de leur front orgueilleux, car ils se donnaient pour des dieux, ou pour les fils des dieux, ou pour les préférés des dieux. Je n'exagère rien. Souvenez-vous de l'origine attribuée aux bramines par la cosmogonie des Indous, du culte dont s'entouraient les rois de Perse et les autres princes de l'Orient, de la généalogie olympienne des héros de la Grèce, des autels qu'on érigeait aux empereurs romains. La doctrine du droit divin érigée en loi de l'Etat par Louis XIV, et le rituel dont ce prince entoura l'existence tout entière des rois par des ordonnances qui ont duré jusqu'en 1789, sont les derniers reflets de ce système d'apothéose. Par les transformations successives qu'a reçues la société, la distance a été graduellement amoindrie entre ceux qui occupaient le faîte et la foule qui était à la base de la pyramide. Désormais, chez les peuples les plus avancés, le droit public ne reconnaît plus que des citoyens, tous égaux devant la loi, sans acception de la naissance. La prérogative des classes privilégiées d'autrefois a cédé la place au droit commun, et une force mystérieuse contre laquelle rien ne prévaut met de plus en plus en relief la distinction personnelle. Ou bien, si la loi permet en faveur de quelqu'un une préférence particulière, l'esprit moderne commande que ce soit pour le pauvre et le faible, afin de les aider à se relever. Les faveurs autrefois étaient, en droit comme en fait, pour le fort et le puissant.

Un autre phénomène qui tient de très-près à celui-ci et qui n'est pas moins facile à constater dans l'histoire, est le mouvement qui rapproche les unes des autres les nations et les races jusque-là divisées. Le patriotisme ne s'éteint pas, mais il change de caractère. Il perd l'esprit exclusif et l'humeur farouche qu'il eut jadis ; il s'élargit, il devient sympathique. Depuis quarante ans surtout, les peuples civilisés se sont déshabitués de croire qu'ils dussent chercher leur grandeur dans l'abaissement des voisins, leur richesse dans l'appauvrissement du reste du genre humain. Si l'abbé de Saint-Pierre sortait du tombeau, il trouverait admise comme un axiome cette pensée chère à son cœur honnête et bon, que désormais toute guerre européenne serait odieuse à l'égal d'une guerre civile.

Le progrès de l'homme, tel que nous venons de le voir attester par la philosophie de l'histoire, a sa sanction dans la religion. Il a été préparé par elle. Le christianisme se distingue de toutes les religions par le ressort qu'il donne à la conscience et par l'assistance que de cette manière il prête à la liberté. Le christianisme a reculé singulièrement les bornes de la responsabilité humaine. Dans le polythéisme antique, l'homme se dérobait à la responsabilité en invoquant l'aveugle destin, divinité sans entrailles et sans intelligence, qui pourtant faisait courber devant ses arrêts la volonté des dieux mêmes. Dans le monothéisme des musulmans, l'individu se soustrait de même à la responsabilité par la croyance à la fatalité. Dans le monothéisme même du peuple hébreu, le sentiment de la responsabilité était à demi voilé, puisque les hommes n'avaient alors qu'une notion vague de la vie future qui offre en perspective la récompense et le châtiment de la vie présente.

Le christianisme sanctionne plus explicitement encore le progrès dans les rapports de l'homme avec le prochain : il peut en revendiquer l'initiative. C'est lui qui a enseigné aux hommes que tous, les Gentils comme les Juifs, sont frères, étant les enfants chéris d'un même Dieu. C'est pour le salut de tous les hommes, sans exception de caste ni de race, que le Christ s'est immolé sur la croix. La charité chrétienne est le mobile du progrès qui a successivement fait tomber les fers des esclaves et les entraves des serfs, et qui a abaissé les barrières, jusque-là insurmontables, entre les classes dans le même Etat, entre les nations dans le monde. Elle est l'expression la plus élevée et la plus étendue de la sociabilité, elle embrasse toutes les autres.

Pour qu'une modification des institutions sociales soit digne du nom de progrès, il faut qu'elle rentre à peu près dans le programme qui précède, c'est-à-dire qu'elle soit de nature à accroître la liberté effective des populations, et à éveiller ou fortifier en elles le sentiment de la responsabilité; qu'elle affermisse le sentiment du droit commun ou de l'égalité devant la loi, et qu'elle facilite l'expansion des nations les unes vers les autres. Elle ne mérite pas d'être qualifiée de progrès, si elle ne satisfait pas à l'ensemble de ces conditions.

Arrivons maintenant à la notion du progrès dans l'ordre des faits économiques.

La science que je suis chargé de professer ici n'embrasse dans son domaine qu'une série bien délimitée parmi les phénomènes sociaux, à savoir, les transactions qui consistent à acheter et à vendre, ou, pour dire la même chose autrement, les services que les hommes se rendent entre eux lorsque ces services donnent lieu à une rétribution exprimée ou pouvant s'exprimer en argent. Le nombre de ces transactions ou de ces services est extrêmement grand, et le devient chaque jour davantage pour deux motifs : premièrement, les besoins de l'homme se multiplient exactement en raison du développement qu'acquièrent ses facultés; secondement, la spécialité s'introduit de plus en plus dans les labeurs des hommes, au grand avantage de la société. De cette manière, chacun a de plus en plus recours aux autres, en même temps qu'il fournit lui-même un contingent de plus en plus considérable. Mais peu importe, pour ce que j'ai à vous dire en ce moment, que le domaine de l'économie politique soit plus ou moins vaste. Elle est une des sciences sociales. Cela suffit pour que le progrès humain, dans l'ordre spécial des faits qui relèvent d'elle, ait le même principe que le progrès général dont je viens de vous parler, soit subordonné aux mêmes causes et se trouve absolument impliqué par la formule générale que je vous ai présentée.

En économie politique donc, pour traiter utilement du progrès, il convient, d'après ce qui précède, de diriger sa pensée tour à tour à droite, vers la liberté et la responsabilité individuelle, à gauche, vers le droit commun et l'égalité devant la loi, quand il s'agira de transactions accomplies entre citoyens d'un même Etat, ou vers la réciprocité ou la fusion des intérêts des peuples, quand les parties contractantes ne seront pas de la même nation.

De cette manière, l'économie politique a ses points d'appui dans tout ce que le droit public le plus avancé a de plus respectable ; elle fait descendre ses raisonnements des points culminants de la civilisation ; elle a ses racines dans les principes mêmes de la morale philosophique, dans les préceptes les plus sacrés et les plus vénérés de la religion.

En cela rien qui puisse surprendre des esprits judicieux. La doctrine générale qui est accréditée dans une société contient la théorie de tout ce qu'y font les hommes. Elle préside à la marche de l'industrie par la même raison qu'elle règle tous les autres modes de l'activité humaine. Que vous considériez les nations les plus éclairées, les plus sages, les plus puissantes, ou que vous observiez les peuplades les plus arriérées et les plus grossières, l'industrie n'est que l'application des notions acquises à l'esprit humain, de ses découvertes et de ses méthodes, à la satisfaction de certaines catégories de besoins. De là il résulte immédiatement que le degré d'avancement et les traits les plus saillants de l'industrie chez un peuple dépendent de son avancement spirituel et se conforment aux caractères et aux tendances de l'esprit qui l'anime, caractères et tendances dont la clef est donnée par la doctrine qui est dominante chez ce peuple. Et cette doctrine est nécessairement une religion et une philosophie, une religion d'abord, une philosophie ensuite.

Ceci entendu, dans l'économie politique, à cause de la nature spéciale des faits qui composent le domaine de cette science, la notion de la liberté et de la responsabilité, celle du droit commun au sein de l'Etat, celle de la réciprocité et de l'union entre les nations, doivent prendre, vous le concevez, un sens local et restreint.

Ainsi, en économie politique, la liberté dont il s'agit est une liberté spéciale et précise, la liberté du travail. Elle consiste dans la faculté pour chacun d'exercer la profession qui lui plaît, de la manière qu'il lui convient, sous la réserve de ne pas nuire à autrui et de ne pas porter atteinte à l'ordre public, qu'on a justement appelé la liberté collective de la société.

Dans l'ordre économique, la liberté a une garantie strictement indispensable, qui est le respect de la propriété. Certes, le respect de la propriété se justifie autrement que par des considérations économiques ; mais ce n'est point une raison pour que, dans l'ordre économique, le respect de la propriété ne soit pas une des fondations les plus fermes de l'édifice. L'économie politique recommande le respect de la propriété dans le sens le plus large. Il ne s'agit pas seulement d'empêcher des individus rapaces de s'emparer du champ du voisin, ou de cueillir les fruits suspendus aux arbres de son verger. Il s'agit pareillement d'affranchir les hommes des prescriptions réglementaires par lesquelles, dans des temps qui étaient peu libéraux et avaient leurs raisons pour ne pas l'être davantage, l'autorité s'immisçait dans les transactions relatives à la production ou à la répartition de la richesse, afin d'augmenter arbitrairement la part de celui-ci en diminuant la part de celui-là, ou d'enfler artificiellement la valeur des services rendus par l'un en amoindrissant la valeur des services d'un autre.

La sanction de la liberté gît, avons-nous dit d'une manière générale, dans la responsabilité. Dans l'ordre économique, celle-ci se traduit par cette règle, que chacun ait à pourvoir à son existence et à celle de sa famille par son travail et par le produit légitime du capital qui est sa propriété. Du moment que vous avez introduit dans l'économie politique la notion de la responsabilité, vous vous trouvez avoir prononcé sur le mérite actuel des institutions nécessaires en d'autres temps, je le veux bien, qui conféraient à telle ou telle catégorie de personnes le droit de prélever une part sur les fruits du travail du commun des hommes, pour se faire à eux-mêmes une belle existence, sans rendre, en retour, des services qu'en bonne conscience on puisse regarder comme équivalents. Avec la notion de la responsabilité, vous éloignez tout ce qui, de près ou de loin, est de nature à mettre systématiquement l'existence et le bien-être d'une classe quelconque à la charge de la communauté, et vous restreignez les subsides que les individus peuvent recevoir à une assistance momentanée, prêtée comme un bienfait et acceptée au même titre avec reconnaissance et soumission. Vous vous imposez même le devoir de ne fournir, autant que possible, cette assistance que dans les formes les plus propres à réveiller le sentiment de la responsabilité, à l'exclusion de celles qui pourraient l'assoupir.

En prenant le sentiment de la responsabilité pour l'un de vos pivots, vous atteignez un autre résultat très-avantageux au progrès social. Vous donnez à l'activité industrielle un ressort extrêmement énergique.

C'est par la concurrence principalement que l'homme industrieux ressent le mobile de la responsabilité. Il est bien connu que la concurrence est l'origine de perfectionnements incessants dans les arts. Elle tient l'homme constamment en haleine. Par les améliorations qu'elle provoque, elle pousse sans cesse au bon marché, ce qui revient à dire à l'abondance des produits qui répondent à une quantité déterminée de travail, et, sous ce rapport, elle est très-avantageuse au grand nombre qui n'a que la ressource de son travail. Il faut cependant le dire, l'aiguillon de la concurrence est quelquefois extrêmement acéré, et, sous cette forme, la responsabilité est, mainte fois aussi, pénible à subir. Pour ne pas succomber à la peine, il faut que les hommes aient un fonds beaucoup plus grand qu'autrefois de prévoyance et de sagesse; il est indispensable de plus, pour parer à l'imprévu, qu'il existe dans la société de certains moyens d'assistance.

C'est un fait à remarquer ici que la liberté a agrandi sa place dans l'ordre économique, en même temps qu'elle s'étendait dans l'organisation civile de la société et dans la constitution politique. A partir de 1789, une grande impulsion a été donnée à la liberté civile et politique en France et sur le continent européen. 1789 vit aussi subitement grandir la liberté économique. La glorieuse Assemblée constituante de 1789 proclama toutes les libertés en même temps, parce qu'elle sentait bien qu'elles sont toutes solidaires, que ce sont les divers aspects d'une seule et même chose, les diverses facettes du même diamant.

La formule générale du progrès, en ce qui concerne l'homme considéré dans ses rapports avec ses semblables, se transporte facilement aussi dans l'ordre économique. Le principe du droit commun, conquête moderne de la politique, se traduit dans l'ordre économique par l'unité de loi, l'égalité de droits, la réciprocité complète entre le producteur et le consommateur, le vendeur et l'acheteur, l'entrepreneur d'industrie et l'ouvrier. Il ordonne la suppression de tout privilége de fabrication, de tout monopole commercial. De même le sentiment de la sainte alliance des peuples, que, dans un langage plus philosophique et plus religieux, vous appelleriez la fraternité du genre humain ou l'unité de la famille humaine, a dans l'ordre économique sa figure nettement dessinée; il s'y présente sous les traits de la liberté du commerce.

Ce que je viens de vous exposer, messieurs, est à une double fin; j'ai voulu vous faire apercevoir le lien qui rattache l'économie politique aux principes les plus élevés de la civilisation. J'ai aussi eu l'intention de laver à vos yeux les études économiques de l'accusation de matérialisme qui leur a été souvent adressée, qui l'est encore tous les jours, quoique ce soit une bien grande injustice. L'économie politique n'est quelque chose, elle n'a une base certaine que parce que, vous venez de le voir, elle se fonde sur ce que la raison et le sentiment ont de plus haut et de plus large. Bien plus, c'est par une fausse vue qu'on représente comme une sorte de Mammon l'objet particulier des études de l'économie politique, l'industrie. Par là je n'entends pas seulement les manufactures, ainsi qu'on le fait quelquefois, je veux dire l'ensemble des arts utiles, tant agricoles que manufacturiers et commerciaux.

L'avancement industriel d'un peuple indique tout autre chose que le triomphe des appétits matériels et le culte du veau d'or. Et d'abord l'industrie, si vous l'observez bien, se montrera à vous comme la domination du monde matériel par l'intelligence. Par l'industrie, l'esprit humain ploie la nature brute à ses besoins qui sont nombreux, et dont la satisfaction convenablement réglée importe à son avancement intellectuel et à son avancement moral. Assurément la richesse peut être employée à assouvir les instincts d'un sensualisme grossier; mais il n'arrive rien ici qui ne se retrouve partout. L'homme, puisqu'il est investi du libre arbitre, peut abuser de toute chose. Son intelligence, il peut l'employer à combiner des desseins pervers et infâmes; ses sentiments, il peut les outrer et les dénaturer, et en faire des passions odieuses. La richesse est, comme tous les autres modes de la puissance de l'homme, ni plus ni moins, susceptible d'être tournée vers le bien ou vers le mal, selon que nous usons bien ou mal de notre libre arbitre. Elle peut devenir un engin de corruption et de bassesse, tout comme il lui est donné d'être le soutien du travail honnête et fécond et l'instrument de la bienfaisance; mais si vous supposez que la société soit raisonnable et morale, la richesse alors est un admirable auxiliaire de la saine morale et de la raison. Il n'y a pas à demander d'elle autre chose. La richesse réagit même avantageusement sur la morale; la misère, en effet, pousse l'homme au mal; ce ne sont pas les économistes modernes qui ont inventé, pour le besoin de leur cause, que la faim était une mauvaise conseillère. C'est le poëte antique, en cela approuvé de siècle en siècle par tous les gens de bon sens, qui lui donna, il y a plus de dix-huit cents ans, cette qualification sévère (*malesuada fames*).

La proposition générale que le progrès moral et intellectuel engendre le progrès industriel peut être retournée, en ce sens que, réciproquement, le progrès industriel et le développement de la richesse, lorsqu'ils se présentent avec le caractère de la continuité, peuvent être donnés à bon droit comme des preuves de l'avancement moral. Quoi! vous écrierez-vous, de ce qu'un peuple filera plus habilement la laine et le coton, en élaborera des masses toujours croissantes et saura de mieux en mieux disposer des couleurs sur les tissus, de ce qu'il coulera, forgera et limera une plus grande quantité de fer et de cuivre, et s'en acquittera à un prix toujours réduit, vous voudriez conclure que ce peuple marche intellectuellement, et que sa moralité est en progrès?

Messieurs, lorsque je dis que l'avancement industriel est une présomption du progrès de la science et de la diffusion des connaissances, je crois énoncer une vérité qui n'est pas contestable. L'industrie n'avance que parce qu'on fait de nouvelles découvertes, qu'on sait les appliquer, et que l'intelligence des ouvriers s'y prête bien; mais recherchons le côté moral du sujet qui ne s'aperçoit pas aussi aisément. L'avancement de l'industrie suppose qu'il se soit formé des capitaux, car tous les perfectionnements industriels, pour être appliqués, réclament des capitaux considérables : or, comment forme-t-on des capitaux? par l'épargne, qui elle-même suppose l'empire de soi. Le progrès industriel exige l'usage du crédit sur une grande échelle : or, comment le crédit existerait-il si les hommes n'avaient confiance les uns dans les autres, et comment cette confiance se maintiendrait-elle et grandirait-elle si la grande majorité des hommes ne la justifiaient par leur bonne foi? L'expédition d'une masse d'affaires dans un court espace de temps ne peut se faire qu'autant que la moralité de la généralité des hommes soit parvenue à ce point qu'on puisse se dispenser de précautions minutieuses. Comment une nation se livrerait-elle sans relâche et avec ardeur à la production de la richesse, si chacun n'était assuré de jouir des fruits de son travail, c'est-à-dire, si la propriété n'était parfaitement garantie? Or, le respect de la propriété, quand il est parfait, est le signe d'une civilisation avancée, le symptôme d'un état moral très-satisfaisant. Je raisonne dans l'hypothèse qu'il s'agisse d'un avancement industriel qui soit soutenu, d'une richesse publique qui aille en croissant d'une manière régulière pendant un laps de temps assez considérable. Quand ces conditions de durée et de continuité sont remplies, il est extrêmement probable que la raison publique est ferme et que la morale publique n'est pas sujette à de grandes défaillances; car lorsque l'une et l'autre sont faibles et caduques, le cours des événements amène des crises industrielles, politiques et sociales où le progrès des arts utiles est suspendu, où la richesse collective de la nation est dévorée au lieu de s'accroître. Tout au moins alors cette richesse est-elle exposée à être gaspillée dans de folles entreprises nées de l'orgueil ou de l'intempérance des désirs, comme ont été la plupart des guerres qui ont tant de fois, jusqu'à nos jours, ensanglanté, désolé et appauvri l'Europe.

J'espère donc, messieurs, que vous emporterez d'ici l'opinion que la corrélation la plus intime existe entre le progrès dans l'ordre économique et le progrès intellectuel et moral. Tout récemment l'Europe a eu devant les yeux un beau spectacle qui a donné de ce que j'avance ici une démonstration éclatante. Les produits de l'industrie de tous les peuples du monde ont été réunis à Londres, dans une solennité qui laissera une trace profonde dans l'histoire. Cette exposition universelle a attiré l'attention de quiconque pense, de quiconque est sensible à ce qui honore le genre humain, à ce qui tend à resserrer dans le même faisceau les peuples autrefois ennemis. Elle mérite de nous laisser, à nous Français, un immortel souvenir, car notre patrie y a brillé au delà même de ses espérances. Si quelque chose en est ressorti clairement, c'est la confirmation de la thèse qui m'occupe aujourd'hui, que l'avancement industriel des nations est subordonné à l'avancement de leurs idées générales et de leurs sentiments généraux, ou, en d'autres termes, de leur savoir, de leur raison et de leur moralité.

Au milieu de cette immense exposition, l'observateur reconnaissait bientôt que, pour ne pas s'y perdre comme dans un dédale, il fallait réunir les peuples divers en un certain nombre de groupes, et que le seul mode efficace, utile, de composer ces groupes industriels consistait à prendre pour base, quoi? les croyances religieuses. A chacune des grandes divisions religieuses entre lesquelles se répartit le genre humain correspond en effet une civilisation particulière qui a son ordre d'idées et de sentiments, un mode d'existence et d'activité industrielle qui lui est propre. Ainsi un premier groupe industriel est formé des peuples chrétiens. A l'exposition de Londres c'était le premier de tous, parce que la doctrine chrétienne et le sentiment chrétien sont incomparablement supérieurs à la manière de comprendre et de sentir qui caractérise les autres religions professées par les hommes.

Parmi les peuples chrétiens, il en est trois qui, dans le Palais de Cristal, ont primé notoirement tous les autres, c'est la France, l'Angleterre et l'Allemagne [1].

Or, maintenant, supposez que, laissant l'industrie pour un moment à l'écart, je vous demande d'indiquer quels sont en Europe les peuples les plus avancés en civilisation, ceux qui par le côté intellectuel sont les premiers, ceux qui se sont le mieux assimilé les meilleurs, les plus nobles et les plus féconds sentiments qui puissent faire battre les cœurs, ceux qui ont les tendances les plus libérales et les plus humaines, ceux chez lesquels le grand nombre est en état de porter la plus grande responsabilité, ceux qui se sont approprié le mieux le principe de l'égalité devant la loi et du droit commun, ceux qui se sont le plus soustrait aux préjugés d'un patriotisme exclusif, ceux, en un mot, qui sont les plus fidèles représentants du progrès dans le monde : vous n'hésiterez pas à nommer la France, l'Angleterre, l'Allemagne, les mêmes trois coryphées de l'Exposition universelle de Londres.

Voici maintenant la contre-épreuve de ce premier jugement. On peut citer, en Europe, des nations qui, sous le rapport industriel, sont fort en arrière de l'Angleterre, de l'Allemagne ou de la France. Comment celles-là sont-elles classées par ordre d'avancement intellectuel et moral? En ce moment, c'est de l'Italie centrale et méridionale, de l'Espagne et du Portugal que je veux parler. Les idées générales et les sentiments généraux de ces peuples sont à l'unisson de leur degré d'avancement industriel. Ils vivent, je veux dire la masse de la population y vit dans une profonde ignorance. Les préjugés que les Français, les Anglais, les Allemands ont secoués depuis longtemps,

---

[1] En m'exprimant ainsi, je considère comme des dépendances de l'une ou de l'autre de ces grandes nations plusieurs petites mais très-intéressantes nationalités qui tournent dans le même cercle d'idées qu'elles, et qui sont moralement et intellectuellement leurs satellites, mais des satellites pourvus d'une lumière qui leur appartient. Tels sont la Belgique, la Hollande, la Suisse et le Piémont.

leur troublent la vue, leur bornent les idées, leur rétrécissent ou leur faussent les sympathies, et c'est pour cela que depuis quelques siècles jusqu'à ce jour, où il faut dire que ces peuples se livrent à des efforts dignes d'encouragement, ils ont fait une si médiocre figure dans les arts industriels.

On a prétendu que l'Espagne et le Portugal étaient pauvres et sans industrie, parce qu'ils avaient trouvé des mines d'or et d'argent en Amérique. C'est une erreur presque puérile. L'Amérique, au contraire, tendait à donner une vive impulsion aux manufactures, à l'agriculture et au commerce de la Péninsule, car elle leur offrait, parmi la population riche qui exploitait les mines d'or et d'argent, un débouché admirable. Un peuple chez lequel le ressort intellectuel et moral n'eût pas été brisé fût devenu plus industrieux que jamais par la découverte des mines d'Amérique et la prise de possession des colonies magnifiques dont s'emparèrent les couronnes d'Espagne et de Portugal. Mais à la même époque où les mines des métaux précieux livraient leurs trésors, un déplorable système de gouvernement et d'éducation anéantissait la liberté chez les généreux compatriotes de Fernand Cortez et de Vasco de Gama, y condamnait l'intelligence à la torpeur et y comprimait l'élan des grands sentiments. C'est la décadence intellectuelle et morale de l'Espagne et du Portugal, et c'est cela seul qui y a subitement arrêté l'essor de l'industrie. L'industrie n'a de nerf et le progrès ne se manifeste par les faits de l'ordre économique qu'autant que les nations suivent une bonne hygiène sous le rapport intellectuel et surtout sous le rapport moral ; car lorsque le moral va bien, tout prospère, tout s'anime.

Parmi les enseignements divers qu'a fournis l'exposition universelle étalée dans le Palais de Cristal, j'en choisis encore quelques-uns, qui mettent en évidence les conditions principales du progrès dans l'ordre économique. L'Angleterre, la France et l'Allemagne sont à la tête du mouvement industriel dans le monde : ce n'est pas à dire pourtant qu'à elles trois ces nations soient toute l'industrie, et qu'elles puissent, sans éprouver elles-mêmes un grand préjudice, se passer de toutes les autres.

D'abord, il est des productions naturelles en grand nombre, auxquelles leur climat ne se prête pas, et pour lesquelles il faut, de nécessité, recourir à des régions plus chaudes ; mais laissons de côté ces articles qui sont des matières premières. En dehors de ces trois reines de l'industrie, il y a beaucoup à observer, même pour la mise en œuvre des matières. Il n'est pas de grande agglomération d'hommes qui n'ait quelque mérite industriel tout spécial, qui ne soit douée, pour quelques fabrications, d'un génie particulier. Pour ce qui tient à la dextérité et à la souplesse des doigts, les Orientaux de l'Asie extrême, les nations diverses et si populeuses de l'Inde, de la Chine et du Japon, l'emportent sur le reste du monde. Nous, gens de l'Europe occidentale, nous avons donc des tours de main à apprendre d'eux en grand nombre. Ils avaient aussi beaucoup de secrets inventés par eux que nous avons été fort heureux de recevoir; il y en a qu'ils ne nous ont pas livrés encore. Et puis, quelle élégance dans les formes, quel art dans l'arrangement des couleurs les Indous ne possèdent-ils pas ! Nous l'emportons de bien des façons sur ces peuples de l'Orient reculé. Grâce aux dispositions propres à notre esprit, qui n'est peut-être pas plus perçant, mais qui ne se rebute pas, qui dans une conquête voit avant tout le moyen d'une acquisition nouvelle, nous avons cultivé les sciences avec plus de succès, et ainsi nous avons eu sans cesse de quoi renouveler et perfectionner les procédés de l'industrie. Plus domina- teurs qu'eux, nous nous sommes infiniment mieux qu'eux approprié les forces de la nature, telles que les chutes d'eau, la vapeur, et ainsi nous nous sommes créé un puissant arsenal pour dompter la matière. Il est une autre chose que nous avons plus qu'eux, un précieux talis- man, auquel j'attribue la plupart de nos avantages : c'est le sens moral, la notion du juste et de l'injuste, avec une âme énergique qui se pas- sionne volontiers pour la justice, et qui finit par la faire prévaloir. C'est à ce mobile que nos sociétés ont dû de se constituer enfin, après des siècles d'épreuves, avec des lois plus équitables, protectrices de la liberté et de la propriété; et de cette manière l'homme industrieux a pu faire, en Europe, ce qui lui était interdit dans l'Orient, c'est-à- dire travailler sans crainte de la spoliation, profiter de sa sécurité pour perfectionner les arts, les rendre plus fructueux pour ses semblables et pour lui, et accroître la richesse sociale en développant la sienne propre. Et cependant, ne le perdons pas de vue, quelle que soit notre supériorité par rapport aux peuples de la civilisation orientale, nous avons encore à leur faire des emprunts, nous avons des inspira- tions à recevoir d'eux. Nous pouvons leur donner beaucoup, mais ce ne sera pas sans retour.

Au surplus, quels que soient les dons que nous ayons aujourd'hui à leur apporter, il faut avouer que nous en avons été payés d'avance. Ce que nous avons acquis des Orientaux est incalculable. Si le groupe des peuples de la civilisation occidentale, les peuples aujourd'hui chrétiens, au lieu d'avoir le génie expansif et dominateur qui les dis- tingue, et d'être avides de s'assimiler tout ce qu'il y a de bon au de- hors, se fussent, comme les Chinois, garantis par une muraille contre l'introduction des idées et des choses de l'étranger, nous serions pri- vés d'un nombre incalculable d'objets qui répandent un grand bien- être sur notre existence, un grand lustre sur notre société. Nous ne connaîtrions ni la soie, ni le coton, deux textiles dont nous faisons tant de produits merveilleux; nous n'aurions pas davantage la laine de cachemire. Nous serions privés de cette savoureuse liqueur qui délectait Voltaire, et que Fontenelle défendait contre ses détracteurs par le mot spirituel que vous savez. Nous manquerions de sucre et de

vingt substances médicinales des plus renommées. Nous n'aurions pas
la boussole, sans laquelle il n'y a pas de navigation lointaine, et, par
conséquent, l'Amérique serait encore à découvrir. Nous ignorerions
la numération décimale avec l'ingénieuse règle de position qui consiste
à attribuer une valeur décuple à chaque chiffre, à mesure qu'il avance
d'un rang vers la gauche. Tout cela et bien d'autres choses que je pourrais citer, nous est venu de l'Orient reculé. Bien plus, c'est un peuple
de l'Orient, le peuple arabe, qui nous a amorcés à la civilisation, du
temps que nous étions des barbares, et qui nous a rendu le dépôt des
lettres et des sciences, enseveli des mains brutales de nos pères sous les
ruines de l'empire romain.

C'est ainsi qu'en observant l'exposition universelle de l'industrie,
et en se laissant aller aux réflexions qu'elle suggère, on conçoit combien la politique d'isolement est funeste au progrès de la civilisation
en général, au progrès industriel en particulier. Tous les peuples sont
une même famille, nous dit la religion. La politique proclame à son
tour que toute nation qui, contrevenant à ce précepte divin, s'isole et
se replie sur elle-même, est assurée de consommer sa propre décadence. A quoi l'économie politique ajoute : cette même nation se
suscite par cela même une cause d'infériorité industrielle et de pauvreté.

L'exposition universelle de Londres mettait en relief de plus d'une
façon cette pensée salutaire, que les nations désormais tendront
très-énergiquement à l'union ; que la politique de la paix et de l'harmonie des peuples est la seule à suivre. Elle prouve que l'Europe
occidentale, je ne dis pas assez, toute la civilisation occidentale, depuis le fond de la Russie jusques aux limites les plus reculées des
Etats-Unis, n'est déjà plus, à proprement parler, qu'une vaste communauté industrielle, malgré le caractère restrictif qu'une époque de
guerre acharnée imprima provisoirement, il y a une cinquantaine
d'années, à la législation commerciale, et malgré le succès avec lequel
un certain nombre d'intérêts particuliers se sont appliqués, dans les
différents Etats, à maintenir plusieurs de ces dispositions adoptées
alors comme passagères. Au moins peut-on dire que l'industrie, dans
sa variété infinie, est une dans tout l'espace occupé par la civilisation
occidentale.

Elle a les mêmes bases, car elle procède partout des mêmes sciences. Elle emploie les mêmes forces de la nature soumises à nos desseins ,
par les mêmes moyens, car ce sont les sciences d'application cultivées
en commun qui lui ont procuré et la connaissance de ces forces et le
moyen de les asservir. Partout dans les contrées où est établie la civilisation occidentale, parmi les matières premières du labeur industriel, les principales sont tirées des mêmes lieux. Ainsi le coton vient
des Etats-Unis ; la plus grande partie de la laine, de l'Australie, ou de la
Hongrie, ou des Etats barbaresques ; une partie du chanvre, de la Russie ;

plusieurs des substances tinctoriales les plus usuelles : l'indigo, la cochenille, les bois de teinture, les laques, des Indes Orientales ou Occidentales. Partout les fonderies recherchent la fonte d'Ecosse, et les cuivres que les Anglais retirent des minerais par eux colligés dans tout l'univers. La partie vive de tous les outils est faite d'acier, et celui-ci se tire principalement de l'Angleterre et de l'Allemagne. Enfin les réactifs les plus employés dans les arts, les acides, les alcalis, les substances cristallines, s'ils ne se puisent aux mêmes sources, se font par des procédés d'une précision mathématique qui sont les mêmes partout.

Il y a déjà longtemps que, par l'effet de l'unité de civilisation dans toute la chrétienté, les procédés de fabrication sont nécessairement les mêmes dans les différents Etats chrétiens. Ce sont les sciences qui servent de guides aux hommes dans l'industrie, Or, déjà du temps d'Abeilard, les sciences s'enseignaient de la même manière dans toute la chrétienté, et les hommes studieux, sans distinction de nation, se réunissaient dans les mêmes universités autour des mêmes maîtres. Les communications s'étant perfectionnées, l'imprimerie et la poste ayant semé partout les livres et les recueils où les inventions sont décrites et les idées applicables exposées, le concours des efforts à la fois scientifiques et industriels a dû devenir de plus en plus actif. La confraternité des savants, devenus plus qu'autrefois les conseillers de l'industrie, a résisté aux plus formidables épreuves. L'Académie des sciences en donnait chez nous un éclatant témoignage, il y a quarante-trois an, lorsqu'au plus fort de l'hostilité entre la France et l'Angleterre, elle décernait à Humphry Davy le grand prix de chimie pour sa belle découverte de la réduction des alcalis. L'assistance réciproque des nations pour l'avancement de l'industrie par des inventions nouvelles est telle aujourd'hui que, dans la plupart des cas, il devient impossible de savoir quel est l'auteur véritable des découvertes les plus renommées et à quelle nation il faut en reporter la gloire. Demandez quel est l'inventeur de la machine à vapeur ? En France, on vous nommera Salomon de Caus ou Papin ; en Angleterre, le marquis de Worcester, alors que, prisonnier dans la tour de Londres, il y faisait modestement son ménage de ses mains. Parlez de la machine à vapeur appliquée à l'art de la navigation : les Espagnols citeront un personnage qui, dit-on, fit marcher un navire devant Philippe II, dans le port de Barcelone, sans le secours de la rame ni de la voile ; les Français produiront la preuve que, sous Louis XVI, le marquis de Jouffroi eut un bateau bel et bien à vapeur sur la Seine, et les Américains réclameront avec énergie pour Robert Fulton. S'il s'agit de la locomotive, machine à laquelle les chemins de fer doivent leur excellence, les Anglais s'écrieront qu'incontestablement le genre humain est redevable de cet admirable appareil à George Stephenson. Les Français réclameront pour un des frères Séguin, qui, avant Stephenson, s'était servi de la chaudière tubulaire, laquelle est véritablement l'âme de la machine locomotive. Les Anglais alors répliqueront par le nom de Trevithick, dont les faits et gestes remontent à 1802. Sur quoi les Français, le prenant de plus haut, se prévaudront du mécanicien Cugnot, dont la machine existe encore au Conservatoire des arts et métiers. Mais les Américains, intervenant dans le débat, prouveront que leur Olivier Evans avait, au commencement de ce siècle ou à la fin de l'autre, construit une machine qui marcha dans les rues de Philadelphie.

S'agit-il de l'éclairage au gaz, découverte qui a plus de portée, peut-être, qu'on ne le penserait au premier abord? Les Anglais s'en donnent pour les inventeurs. Le fait est qu'ils ont été les premiers à l'employer en grand : mais les Français en revendiquent l'honneur pour un des leurs, l'ingénieur Lebon, qui, en 1786, c'est-à-dire plusieurs années avant l'Anglais Murdoch, avait conçu et monté son *thermolampe*; sur quoi les Anglais répliquent que le véritable inventeur est le docteur Clayton qui, dès 1737, avait parlé des gaz qu'il appelait l'*esprit de houille*. Parlerai-je de l'art qui consiste à substituer dans le travail des métaux les courants électriques à l'action du feu ? C'est un art qui a déjà réalisé des merveilles et auquel de grandes autorités ont prédit un immense avenir. On nommera aussitôt *ex æquo* M. de Ruolz et M. Elkington, dont chez nous des décisions judiciaires réitérées ont déclaré le brevet d'invention parfaitement valable. Il y a arrêt, dit-on, donc il n'y a plus qu'à se soumettre. Je m'incline devant la justice, et je reconnais que, la législation des brevets d'invention étant ce qu'elle est, M. de Ruolz et M. Elkington sont légalement les inventeurs de cet art nouveau. Il n'en est pas moins vrai qu'en me plaçant sur le terrain de l'histoire technologique, je constate que MM. de Ruolz et Elkington ont été précédés par le professeur Jacobi (de Saint-Pétersbourg), dont les beaux essais de 1837 et 1838 eurent tant de retentissement. Bien plus, des tentatives de M. Jacobi est sorti non-seulement l'art de la dorure et de l'argenture par l'électricité, mais un autre art plus varié encore, celui de la préparation d'articles quelquefois très-volumineux et massifs en d'autres métaux; la statuaire électro-chimique en est venue, et l'on sait que par ce procédé, aujourd'hui, on fabrique des statues de grandeur naturelle. Il existait dès l'Exposition française de 1844 un beau Christ obtenu ainsi, et plus récemment une imitation de la colonne Vendôme, de deux mètres d'élévation, a été faite de même. L'Exposition du Louvre abondait en beaux échantillons du même genre. Cependant dès que j'en suis à M. Jacobi, mon embarras s'accroît. La preuve est acquise qu'un Anglais, M. Spencer, arrivait de son côté et en même temps à des résultats semblables. Mais pendant que nous sommes à décerner la même auréole à Jacobi et à Spencer, on nous produit une lettre de Brugnatelli, disciple du fameux Volta, d'où il résulte qu'en 1801 il s'était livré à des tentatives du même genre, non sans succès.

Je pourrais multiplier encore les exemples analogues ; j'aime mieux vous renvoyer à un ouvrage fort instructif qu'a publié récemment un jeune et savant professeur de Montpellier, M. Louis Figuier, sur l'*Histoire des principales découvertes modernes.* Vous y trouverez à peu près dans tous les cas la répétition de ce que je viens de vous dire.

Les procès auxquels donnent lieu les brevets d'invention offrent très-fréquemment cet incident que tel qui croit, de bonne foi, avoir découvert une nouveauté, est déclaré déchu par les tribunaux parce que la partie adverse produit à l'audience un document imprimé, anglais, ou allemand, ou américain, duquel il résulte que l'idée et le mécanisme ont été déjà imaginés, proposés, ou même mis à exécution.

La vérité est que, depuis un laps de temps fort long, mais plus que jamais depuis un siècle ou deux, l'esprit humain, fécondé par une même doctrine, celle de la philosophie chrétienne, est en enfantement de toute part dans la civilisation occidentale, pour l'avancement de toutes les institutions sociales en général, pour le progrès de l'industrie en particulier. Chaque époque, chaque année lègue aux générations un héritage de pensées, d'espérances et de projets qui sont lancés dans la circulation, et qui y restent, lors même qu'aux yeux d'un observateur superficiel ils semblent enterrés. Ceux qui viennent après s'en assimilent quelque chose, sans y songer, rien qu'en respirant l'air de l'atmosphère, pour ainsi dire. Chaque époque, chaque peuple, je veux dire les hommes distingués de chaque peuple, ajoutent quelque chose à cet héritage, tantôt par un contingent d'idées nouvelles, tantôt par le perfectionnement de ce qui était déjà connu. Ainsi, dans le plus grand nombre des cas, les inventions industrielles, pour ne parler que d'elles, sont dues, chacune, à beaucoup d'inventeurs qui peuvent bien être et qui sont souvent de nations différentes, qui tous ont leur part au mérite, qui tous ont à la reconnaissance de leurs semblables un droit proportionnel à l'importance de ce qu'ils ont fourni.

Ce serait une histoire curieuse à tracer que celle des voyages qu'ont accomplis les idées d'utilité industrielle, franchissant les barrières qui séparaient les provinces des provinces, les Etats des Etats, et recueillant à chaque station un degré nouveau de perfection. Un chimiste allemand, Margraff, observe que la betterave contient un sucre exactement pareil à celui de la canne. Le fait reste acquis aux chimistes, et au commencement du siècle, M. Achard (de Berlin) a l'idée, qui paraît alors téméraire, qu'il serait possible de baser une industrie sur la culture de la betterave pour en tirer du sucre, et en conséquence il fonde en Silésie une fabrique de sucre de betterave qui ne réussit pas. Un peu plus tard survient le blocus continental ; le prix du sucre est décuplé sur le continent ; cette prime élevée encourage les hommes industrieux. La découverte de Margraff et la tentative d'Achard leur reviennent en mémoire. L'empereur Napoléon favorise leurs efforts, et la fabrication du sucre indigène s'organise en France en 1809. Actuellement elle prospère dans dix États du continent; il est vraisemblable qu'avant peu elle passera dans ces mêmes îles britanniques dont les hommes d'Etat naguère la maudissaient de tout leur cœur ou la raillaient avec amertume, selon qu'ils en croyaient le succès probable ou qu'ils le supposaient impossible.

A propos de la pérégrination que les découvertes industrielles subissent pour arriver à la perfection, et de la coopération qu'y donnent plusieurs peuples, je citerai un autre exemple propre à montrer le rôle que les passions humaines remplissent quelquefois dans cette œuvre, et l'étrange façon dont elles sont déjouées dans leurs desseins. Lorsque l'empereur Napoléon eut décrété le blocus continental, dans le but de tarir les canaux où l'Angleterre puisait les moyens de lui faire la guerre et de lui susciter des ennemis, il conçut le dessein de mettre les peuples continentaux en état de se passer du coton, substance exotique dont l'Angleterre fabriquait déjà en abondance des tissus qui étaient fort recherchés sur le continent, et d'y substituer d'autres substances textiles d'une nature passablement analogue, que les continentaux pouvaient retirer de leur propre sol en quantité indéfinie, le lin et le chanvre. Le bas prix relatif auquel les Anglais vendaient les articles en coton provenait principalement de ce que la filature du coton se faisait à la mécanique, tandis que le lin et le chanvre, jusque-là, ne se filaient qu'à la main. Il résolut donc de provoquer, par l'appât d'une récompense extraordinaire, la découverte d'un procédé mécanique pour la filature du lin et du chanvre. Il promit la somme d'un million à qui résoudrait le problème. Plusieurs personnes s'y appliquèrent, entre autres un ingénieur français, qui récemment est mort dans le dénûment, M. Philippe de Girard. Cet esprit ingénieux s'était approché du but, lorsque les événements de 1814 renversèrent le trône impérial, et le décret d'un million disparut dans la catastrophe. M. Philippe de Girard alla, vers cette époque, s'établir à Varsovie, où le gouvernement russe lui offrait une position avantageuse. Là, tout en vaquant à ses autres travaux, il reprenait de temps en temps ses essais de filature mécanique pour le lin et le chanvre. Quelques voyageurs anglais remarquèrent ses appareils, et, revenus dans leur patrie, ils en parlèrent. Ce fut assez pour que la maison Marshall, de Leeds reprît la tentative pour son compte. Elle s'informa du point où était parvenu Philippe de Girard, et en fit son point de départ. Elle compléta la solution du problème, et érigea pour la filature mécanique du lin et du chanvre un vaste établissement que d'autres ont imité. La filature mécanique du lin et du chanvre est devenue bientôt une grande et florissante industrie, qui a grandi à côté de l'industrie cotonnière sans porter préjudice à celle-ci, et elle contribue ainsi à faire prospérer la nation dont, dans la pensée de son promoteur, elle devait ébranler la fortune.

Mais voici une preuve plus manifeste de ce que j'ai appelé l'unité de l'atelier européen. On pourrait citer aujourd'hui un assez grand nombre de produits manufacturés à la fabrication desquels ont concouru plusieurs peuples. Ainsi, dans l'exposition de la ville de Glasgow, j'aperçois des tartans dont la laine vient de l'Australie. Importée ainsi des antipodes dans les docks de Londres, cette laine a été filée à Reims, et c'est de là qu'elle est venue se faire tisser dans la capitale manufacturière de l'Ecosse. Voici maintenant un article de ce qu'on appelle la broderie de Paris : le coton dont elle est faite a été récolté en partie dans la Louisiane, en partie à Surate dans l'Inde. De là il a été filé à Manchester ou à Mulhouse. Tissé ensuite en France, il a été brodé dans le canton d'Appenzell, en Suisse, sur des dessins venus de Paris, et il est mis en vente dans un magasin de Londres.

Pour tous les produits en général, l'opinion des hommes éclairés, transformée déjà en loi de l'Etat chez le peuple le plus riche de l'Europe, condamne aujourd'hui, comme un sophisme funeste, la doctrine qui, pour empêcher les échanges internationaux, représente comme un tribut payé à l'étranger l'importation d'une marchandise quelconque produite au dehors.

Du moment que l'étranger est un homme que j'ai cessé de haïr, et que, au contraire, je l'estime, le prisme que les haines internationales me tenaient devant les yeux tombe, et j'aperçois les choses sous des couleurs toutes différentes, sous leurs vraies couleurs. Ma raison se refuse à comprendre que l'échange, qui était réputé avantageux aux deux parties contractantes quand je l'accomplissais avec une personne du même pays que moi, se convertisse en un tribut de ma part du moment qu'un étranger se substitue au Français avec lequel je traitais. Comment peut-il y avoir en France un tributaire par suite de ce marché, quand moi, qui l'ai consommé, je ne le suis pas? Et si le Français, qui a troqué son vin contre l'acier de l'Anglais ou de l'Allemand, est le tributaire de celui-ci, comment est-ce que l'Anglais ou l'Allemand, qui a reçu la marchandise du Français en retour de la sienne, ne serait pas aussi tributaire, et comment les deux parties pourraient-elles l'être en même temps? La libre transmission des produits entre Etats civilisés, sauf certaines dispositions fiscales, destinées à donner des revenus publics, est un des caractères d'un prochain avenir. Les barrières qui subsistent entre les Etats de l'Europe sont destinées à tomber, comme sont tombées celles qui existaient, avant 1789, entre les provinces de la France, et celles qui séparaient, avant 1833, les différents Etats allemands que réunit aujourd'hui le Zollverein. A l'appui de l'opinion que j'exprime ici, j'éprouve le besoin de vous citer les paroles qu'un des philosophes les plus illustres de notre âge prononçait, en 1846, en pleine Académie. Vous verrez qu'il est allé bien plus loin que je ne vais moi-même en ce moment :

« Au risque d'être pris pour ce que je suis, c'est-à-dire pour un philosophe, je déclare, disait M. Cousin en novembre 1846, dans un excellent morceau sur Adam Smith, que je nourris l'espérance de voir se former peu à peu un gouvernement de l'Europe entière à l'image du gouvernement que la Révolution française a donné à la France. La sainte-alliance qui s'est élevée, il y a quelques années, entre les rois de l'Europe, est une semence heureuse que l'avenir développera, non-seulement au profit de la paix, déjà si excellente en elle-même, mais au profit de la justice et de la liberté européenne. Le père de l'économie politique a conçu l'humanité comme une seule famille dont les membres concourent, par leur libre travail, à la prospérité commune. Je ne suis pas économiste, mais, comme philosophe et moraliste, je souscris de toute mon âme à cette grande conception. »

Un mot encore, messieurs : pour compléter la notion du progrès, pour la rendre plus visible à vos regards, j'imiterai les peintres qui font ressortir la lumière par l'ombre, je vous signalerai la cause la plus générale de la rétrogradation et de la chute des sociétés.

Il n'est pas possible à une société de demeurer longtemps stationnaire. Le stationnement semble interdit surtout aux peuples actifs et remuants de notre Occident. Quand dans une société les forces prépondérantes empêchent le développement graduel du progrès, le germe du progrès n'en existe pas moins ; mais alors, au lieu de vivifier le corps social, il y agit comme cause de destruction. La société périt dans des convulsions ou meurt lentement de consomption dans une agonie sans noblesse. L'observateur superficiel croit découvrir l'origine de ces désastres dans des causes extérieures ; il se trompe, le mal est interne. C'est de cette façon, c'est pour n'avoir pas su s'assimiler des progrès pour lesquels le monde était mûr, que les sociétés florissantes de l'antiquité ont tour à tour jonché le sol des débris de leur grandeur. Vous entendez souvent dire que ce sont les barbares qui ont détruit le majestueux empire des Césars. C'est faire à ces hommes grossiers l'honneur d'une insigne victoire qui ne leur appartient pas autant qu'elle le paraît. La Providence qui, selon la parole célèbre de Bossuet, aiguillonne sans cesse les sociétés en leur criant : Marche ! marche ! leur retire inexorablement la vie quand elles n'obéissent pas. La société romaine ne put trouver en elle la force de ramasser le code nouveau que le Christ avait déposé devant elle, et qui lui eût indéfiniment prolongé l'existence ; elle fut impuissante à modeler dans son sein les rapports des hommes entre eux sur la donnée de l'Evangile. Par cela même elle était condamnée à périr. Les liens sociaux dérivés du paganisme ne pouvaient plus subsister, et la société ne savait ou ne voulait pas se consolider au moyen des liens nouveaux : elle tomba donc nécessairement en dissolution. La main des barbares s'appesantissant sur un édifice vermoulu le réduisit aisément en poussière. Cette main grossière fut l'occasion de l'écroulement, elle n'en fut pas la cause.

De nos jours, si la société moderne de l'Europe ne trouvait pas en elle-même l'esprit d'équité et l'énergie qu'il faut pour faire participer, dans une mesure de plus en plus étendue, la seconde couche de ce qu'on nommait jadis le tiers État, aux bienfaits de la civilisation, elle subirait, je ne sais sous quelle forme, une destinée semblable à celle de l'empire romain. Mais, grâce à Dieu, il est à croire qu'un autre avenir lui est réservé. D'immenses efforts ont été faits depuis 1789 en faveur du progrès tel que je le définissais tout à l'heure. Les forces vives de la société, les pouvoirs publics, l'opinion, éclairés et convaincus par les événements, ne manqueront pas d'exercer de plus en plus leur action dans le sens du progrès. Tout nous porte à l'espérer, et le chemin qui a été fait depuis soixante ans semble garantir que nous fournirons heureusement le reste de la carrière. Aujourd'hui, messieurs, en terminant, je crois devoir répéter de toutes mes forces une parole de Bacon, par laquelle je terminai ma première leçon, il y a douze ans, quand je fus appelé à l'honneur d'occuper cette chaire : « Que celui qui repousse des remèdes nouveaux s'apprête à des calamités nouvelles ! »

MICHEL CHEVALIER.

RECHERCHES STATISTIQUES

sur

LES CHEMINS DE FER EN FRANCE

POUR L'ANNÉE 1850.

Dans ce travail, nous avons surtout cherché à connaître quels ont été :

Le coût d'établissement de ces chemins, — leurs recettes brutes, — leurs dépenses d'exploitation, — leurs produits nets, — le tarif moyen perçu par voyageur et par kilomètre, — le tarif moyen perçu par tonne de marchandise et par kilomètre. — Enfin, l'accroissement de circulation en voyageurs et en marchandises résultant de leur ouverture.

Les ouvrages dans lesquels nous avons recueilli les renseignements que nous publions ici sont principalement les comptes annuels présentés aux actionnaires par les conseils d'administration des compagnies. Ces documents sont assez complets sous de certains rapports, mais sous d'autres ils laissent beaucoup à désirer; il est difficile surtout d'établir des parallèles entre plusieurs chemins, les éléments d'appréciation étant classés de manières différentes. Telle compagnie, par exemple, comprendra dans le coût d'établissement les intérêts payés aux actionnaires pendant la durée des travaux, telle autre ne les comprendra pas. Souvent de certaines charges, comme l'impôt du dixième, les détaxes, les subventions, etc., etc., etc., sont confondues avec les frais, tandis que dans d'autres cas il en est tenu un compte à part, etc., etc. Nous avons cherché à éviter, autant que possible, ces chances d'erreur; notre préoccupation a été surtout de présenter un travail impartial et consciencieux, et si quelques-uns de nos chiffres ne sont pas rigoureusement exacts, nous avons la conviction de n'en présenter aucun qui ne soit pratiquement vrai.

I. *Du coût de construction des chemins de fer.*

LIGNES.	COUT D'ÉTABLISSEMENT	LONGUEUR en KILOMÈTRES	PRIX DE REVIENT par kilomètre.
Bordeaux à la Teste......	6,000,000	52	115,300
Mulhouse à Thann........	3,000,000	21	142,800
Montpellier à Cette	4,707,000	27	174,300
Chemins du Gard.........	16,486,000	92	179,200
Montereau à Troyes.......	21,866,000	100	218,600
Dieppe	14,000,000	50	280,000
Amiens à Boulogne.......	38,681,000	123	314,400
Strasbourg à Bâle........	45,052,500	140	321,800
Nord	203,000,000	580	350,000
Saint-Etienne à Lyon.....	24,000,000	60	400,000
Paris à Orléans...........	60,000,000	133	451,100
Paris à Rouen...........	81,000,000	137	591,200
Rouen au Havre..........	58,264,000	95	613,300
Marseille à Avignon.......	92,000,000	120	766,600
TOTAL ET MOYENNE..	668,056,500	1,730	386,159

Les dépenses d'établissement ont généralement dépassé les devis. La construction du chemin de *Bordeaux à la Teste*, qui ne devait coûter que 5 millions, en a exigé 6, soit par kilomètre 115,300 fr.

Le capital de la compagnie du chemin de Mulhouse à Thann, de 21 kilomètres, a été porté de 2,600,000 fr. à 3 millions, soit par kilomètre 142,800 fr.

La Compagnie du chemin de *Montpellier à Cette*, de 27 kilomètres, établie au capital de 3 millions, a été obligée d'emprunter et de consacrer la majeure partie de ses bénéfices à améliorer sa ligne construite trop légèrement dans l'origine ; le coût total se monte à 4,707,000 fr., soit par kilomètre 174,300 fr.

Les *chemins du Gard*, de 92 kilomètres, ont coûté 16,486,000 fr., soit par kilom. 179,200 fr.

Le chemin de *Montereau à Troyes*, qui ne devait coûter que 20 millions, en coûte aujourd'hui 21,866,000 fr., soit par kilomètre 218,600 fr.

Le prix d'établissement du chemin de *Dieppe*, de 50 kilomètres, est de 14 millions, soit par kilomètre 280,000 fr.

Le capital de la compagnie du chemin d'*Amiens à Boulogne*, de 123 kilomètres, était primitivement de 35 millions, il a été postérieurement porté à 38,681,000 fr., soit par kilomètre 314,400 fr.

La compagnie du chemin de *Strasbourg à Bâle*, de 140 kilomètres, formée au capital de 42 millions, a emprunté plus tard 3,052,500 fr. ; le coût total est donc 45,052,500 fr., soit par kilomètre 321,800 fr.

Le chemin du Nord, de 580 kilomètres, coûtera 203 millions, c'est 23 millions de plus que les devis, la compagnie s'étant constituée au capital de 200 millions, dont 20 millions pour la ligne de Fampoux, qui a été abandonnée depuis.

Le premier chemin de fer construit en France a été celui de *Saint-Étienne à Lyon*, de 60 kilomètres, dont la compagnie a porté son capital primitif de 11 à 24 millions, soit par kilomètre 400,000 fr.

Le chemin de *Paris à Orléans*, de 133 kilomètres, ne devait coûter, suivant les estimations de M. le ministre des travaux publics, en 1838, que 22 millions. La Compagnie qui obtint la concession quelque temps après, s'établit au capital de 40 millions ; son œuvre n'était pas achevée qu'elle avait contracté un emprunt de 10 millions, et l'accroissement de circulation rendit nécessaire, en 1847, un nouvel emprunt de 10 millions pour agrandissement des gares et augmentation de matériel. Le coût total est donc de 60 millions, soit par kilomètre 451,100 fr.

Le capital du chemin de *Paris à Rouen*, originairement fixé à 54 millions, a été porté à 68 millions. Cette compagnie exploite un parcours de 137 kilomètres, mais elle n'en a réellement construit que 130 environ, elle emprunte pour son entrée dans Paris la ligne de Saint-Germain, et il est convenable d'ajouter, à la dépense totale, le capital de 13 millions, qui représente la rente annuelle de 650,000 francs environ qu'elle paye pour ce fait à la compagnie de Saint-Germain. On peut donc admettre, pour un calcul approximatif, que la ligne de Paris à Rouen aurait coûté 68+13 millions, soit 81 millions, ou 591,200 fr. par kilomètre, si la compagnie avait eu à construire à ses frais la totalité du chemin.

Le prix d'établissement du chemin de *Rouen au Havre*, de 95 kilomètres, construit dans un pays très-accidenté, est revenu à 613,300 fr. par kilomètre, soit 58,264,000 fr., somme qui dépasse de 18,264,000 fr. les devis.

Enfin, le chemin de *Marseille à Avignon*, qui devait être établi pour la somme de 57 millions, absorbera celle de 92 millions, soit 766,600 fr. par kilomètre.

Nous regrettons de ne pas connaître le chiffre des sommes dépensées par l'État pour l'établissement des chemins de Paris à Strasbourg, du Centre, d'Orléans à Bordeaux, et de Tours à Nantes, construits suivant la loi du 11 juin 1842; mais nous savons que généralement les devis ont été dépassés.

Nous n'indiquons pas le coût de construction des chemins de Saint-Germain, Versailles et Sceaux, parce que ces chemins sont dans des conditions trop exceptionnelles d'établissement et d'exploitation pour qu'ils puissent se comparer à des lignes d'un plus grand parcours, destinées à des transports réguliers de voyageurs et de marchandises, les seules dont nous voulons nous occuper.

Il résulte du tableau présenté en tête de ce chapitre que 14 chemins de fer, d'une longueur totale de 1,730 kilomètres, ont coûté 668,056,500 fr., soit par kilomètre 386,159 fr. Il serait logique de déduire de ce chiffre les intérêts payés aux actionnaires pendant les travaux et pris sur le capital. En admettant que ces chemins ont été construits dans l'espace de trois ans en moyenne, et en calculant les intérêts au taux de 4 pour 100, le prix de revient de ces chemins devrait être diminué de 6 pour 100 environ. Mais l'opinion générale en France étant que le capital social doit supporter cette charge, nous laisserons subsister le chiffre de 386,159 fr. que nous venons d'indiquer.

On comprend facilement que le coût du kilomètre peut varier notablement d'un chemin à un autre. Telle ligne qui aboutit à une grande ville, ou traverse des terrains soit de grande valeur, soit fort accidentés, coûtera peut-être 5, 6, 800,000 fr. même par kilomètre; tandis que celle qui traverse une contrée sans grande agglomération de population, plate et peu fertile, coûtera, peut-être, 200,000 fr. par kilomètre seulement.

Le principal avantage des chemins de fer est dans la rapidité de la circulation, leur grand inconvénient est dans la chance d'accidents que présente leur parcours.

Pour profiter de l'avantage et diminuer l'inconvénient autant que possible, pour obtenir, en un mot, *vitesse* et *sécurité*, il faut, avant tout, des chemins solides et bien construits. C'est une vérité que MM. les ingénieurs reconnaissent chaque jour davantage; il est donc probable, toutes choses étant égales d'ailleurs, que le prix moyen du kilomètre des chemins à construire éalera au moins le prix moyen du kilomètre des chemins déjà construits.

Le prix de 300,000 fr. par kilomètre généralement admis, il y a quelques années, pour les chemins de fer à construire en France, est évidemment trop faible; et l'on peut conjecturer que, lorsqu'un plus grand nombre de chemins auront été établis, le prix moyen du kilomètre ne s'écartera pas beaucoup, en plus ou en moins, du chiffre de 400,000 fr.

II. Recettes, dépenses et produits nets des chemins de fer en 1850.

NOMS DES LIGNES.	COUT de construction.	LONGUEUR en kilomet.	RECETTE nette.	FRAIS et dépenses d'exploitation.	DIFFÉRENCE nette.	INTÉRÊT sur le coût pr 100.	Proportion des frais à la recette brute pr 100.	RECETTE brute par kilomètre.	RECETTE nette par kilomètre.	OBSERVATIONS.
Bordeaux à la Teste....	6,000,000	33	285,660	297,900	17,100	0 "	99 "	4,520	530	en 1850.
Dieppe..............	14,000,000	50	773,200	560,800	212,540	1 "	73 "	15,480	4,250	du 1er avril 1850 au 31 mars 1851.
Amiens à Boulogne...	38,661,000	132	1,941,600	1,397,900	633,800	1 "	67 "	15,780	5,150	en 1850.
Montereau à Troyes....	91,866,000	100	1,322,300	939,000	380,000	2 "	68 "	12,390	3,690	en 1850.
Strasbourg à Bâle......	45,052,500	140	2,970,300	4,327,000	843,300	2 "	58 "	16,910	6,730	en 1850.
Rouen au Havre.......	58,264,000	95	3,561,900	1,614,500	1,947,400	3 "	45 "	37,480	20,500	du 1er mars 1850 au 23 févr. 1851.
Montpellier à Cette.....	4,707,000	27	486,000	304,900	181,300	3 "	62 "	18,000	6,710	en 1850.
Paris à Rouen.........	81,000,000	137	8,955,000	3,482,400	5,502,060	6 "	38 "	65,380	40,160	en 1850.
Nord................	203,000,000	580	22,674,600	8,858,100	13,816,300	6 "	39 "	39,080	23,830	en 1850.
Chemins de fer du Gard.	16,486,000	98	2,184,500	1,018,100	1,166,400	7 "	46 "	23,740	12,670	du 1er oct. 1849 au 30 sept. 1850.
Saint-Étienne à Lyon...	24,000,000	60	4,860,000	2,565,500	2,294,500	9 "	52 "	81,000	38,240	en 1850.
Paris à Orléans.......	60,000,000	138	10,295,300	3,801,300	6,494,100	10 "	36 "	77,410	45,890	en 1850.
TOTAL........	573,056,500	1,590	59,456,300	28,857,500	33,595,290	5 "	44 "	33,910	12,770	
Centre...............	?	588	3,904,000	1,734,780	2,079,900		45 "	16,480	8,960	en 1850.
Orléans à Bordeaux....	?	115	3,858,700	3,178,440	1,680,300		56 "	39,530	16,610	du 1er juill. 1849 au 30 juin 1850.
Andrezieux à Roanne...	?	68	849,000	591,900	257,300		69 "	12,480	3,780	en 1850.
TOTAL........		2,001	67,968,660	30,339,460	37,616,900		66 "	33,910	12,770	

Nous avons réuni, pour plus de clarté, les chiffres qui se rapportent aux recettes brutes, aux dépenses d'exploitation et aux produits nets des chemins déjà ouverts.

On voit, d'après ce tableau, qu'en 1850, douze lignes de chemins de fer, d'une longueur totale de 1,589 kilomètres, ayant coûté 573,056,500 fr., ont produit, brut, 59,456,500 fr., net, 33,598,800 fr., soit 5 86/00 pour 100 en moyenne, *amortissement non déduit.*

Si, à ces produits, nous ajoutons ceux des chemins du Centre, d'Orléans à Tours, d'Andrezieux à Roanne, aussi ouverts à la circulation, mais dont nous ne connaissons pas le prix d'établissement, nous voyons qu'en 1850, 2,004 kilomètres de chemins de fer ont produit, brut, 67,968,600 fr., net, 37,616,200 fr.; que la proportion des frais, à la recette brute, a été de 44 66/00 pour 100 en moyenne.

Nous n'avons pas donné dans ce tableau les résultats des chemins de Paris à Strasbourg, Tours à Angers, de Marseille à Avignon, parce que ces lignes sont ouvertes depuis peu de temps, et que les chemins, pendant les premiers mois de leur exploitation, sont dans des conditions trop exceptionnelles, pour qu'on puisse tirer des résultats obtenus une conclusion qui ait quelque valeur.

Ces chiffres nous enseignent aussi que, dans l'état actuel des faits, les chemins de fer à grande circulation, tels que le Paris à Orléans, le Paris à Rouen, le Nord, le Saint-Etienne à Lyon, etc., sont les seuls qui rapportent un intérêt satisfaisant, bien que leur coût d'établissement ait été considérable, tandis que les chemins à faible circulation ne donnent qu'un chétif intérêt, bien que leur coût de construction ait été peu élevé.

Ce tableau indique aussi que la proportion des frais, relativement à la recette brute, varie notablement d'un chemin à l'autre. De fortes rampes, des courbes multipliées, des voies navigables qui obligent les chemins de fer à abaisser leurs tarifs, une circulation qui a lieu surtout dans un sens, et force les trains à revenir à vide, etc., etc., toutes ces chances défavorables doivent se présenter à des degrés différents dans une exploitation. On ne peut donc établir, *à priori,* quelle doit être cette proportion ; toutefois, les faits observés jusqu'à ce jour nous autorisent à dire qu'*en général, la proportion des frais, relativement à la recette brute par kilomètre, sur un chemin de fer, est d'autant plus faible que la recette brute est plus élevée.* En effet, si nous faisons un rapprochement entre les divers chemins sus-mentionnés, nous trouvons :

	PRODUIT BRUT par kilomètre.	FRAIS.
Bordeaux à la Teste.........	4,320	92 ½½ p. 100
Montereau à Troyes	12,290	68 ½° —
Andrezieux à Roanne	12,490	69 ½½ —
Dieppe	15,460	72 ½½ —
Amiens à Boulogne.........	15,780	67 ½½ —
MOYENNE........	**12,068**	**74 ½½ p. 100**
Strasbourg à Bâle...........	16,210	58 ½½ p. 100
Centre	16,400	45 ½½ —
Montpellier à Cette.........	18,000	62 ½½ —
Chemins du Gard..........	23,740	46 ½½ —
Orléans à Bordeaux.........	33,550	56 ½½ —
MOYENNE........	**21,580**	**53 ½½ p. 100**
Rouen au Havre...........	37,430	45 ½½ p. 100
Nord	39,080	39 ″
Paris à Rouen.............	65,360	38 ½½ —
Paris à Orléans............	77,410	36 ½½ —
Saint-Etienne à Lyon........	81,000	52 ½½ —
MOYENNE........	**60,068**	**42 ½½ p. 100**

Quelques personnes pensent que les frais iront toujours en diminuant comparativement aux recettes. Elles disent : que les voies de communication se perfectionnant, le prix du combustible tendra toujours à diminuer ; que la science faisant chaque jour de nouveaux progrès, on finira par transporter des poids énormes avec une dépense comparativement minime ; que la circulation tendant sans cesse à augmenter, la charge des trains pourra être beaucoup mieux répartie ; enfin que les frais généraux d'administration n'augmenteront pas en proportion de la circulation.

Nous croyons bien qu'il y aura économie sous plus d'un rapport. Toutefois, nous ferons observer qu'il est une dépense considérable qui ne s'est pas encore fait sentir, parce que les chemins de fer sont de construction trop récente, mais qui incombera inévitablement aux compagnies dans quelques années, c'est celle du renouvellement de la voie de fer et des traverses qui la supportent. On ne sait pas encore au bout de combien de temps ce renouvellement devra avoir lieu ; il dépendra nécessairement de la manière dont la voie a été établie. Autant qu'on en peut juger aujourd'hui, les rails s'usent assez inégalement sur une même voie ; ils sont plus vite détériorés dans les courbes de petit rayon, aux croisements de voies, près des gares, etc. Quoi qu'il en soit, c'est une dépense qui ne peut être appréciée au juste maintenant, mais qui sera considérable un jour. Un ingénieur français, très-expert en pareille matière, estimait, en 1845, un peu arbitrairement, disait-il : « qu'en vue de ce « renouvellement de la voie, il devrait être prélevé annuellement 4,000 fr. par « kilomètre de double voie, c'est-à-dire qu'en vingt ans on payerait ainsi une « somme représentant le prix de la double voie, estimé à 80,000 fr. par kilo-« mètre. »

Nous pensons donc qu'il est imprudent de compter sur une diminution notable de frais, lorsqu'on a une aussi forte augmentation de [dépenses en perspective.

III. *Du tarif moyen perçu par voyageur et par kilomètre sur les chemins de fer, en France.*

Le tarif maximum imposé à presque toutes les compagnies pour les voyageur, est :

Pour la première classe.	Pour la deuxième classe.	Pour la troisième classe.
Dix centimes	Sept centimes et demi	Cinq centimes et demi
(0 fr. 10 c.)	(0 fr. 075 c.)	(0 fr. 055 c.)
par kilomètre.	par kilomètre.	par kilomètre.

Les chemins de Paris à Rouen, et de Rouen au Havre, ont obtenu par exception l'autorisation de percevoir :

Pour la première classe.	Pour le deuxième classe.	Pour la troisième classe.
(0 fr. 125)	(0 fr. 10 c.)	(0 fr. 07 c.)

En 1850, le tarif moyen perçu par voyageur et par kilomètre a été :

		Fr.
Sur les chemins de fer du Gard, de.................		0,050
— — de Saint-Etienne.............		0,06
— — du Nord......................		0,060
— — de Strasbourg à Bâle.........		0,0613
— — d'Orléans à Bordeaux.........		0,0647
— — de Montereau à Troyes.......		0,0644
— — de Paris à Orléans............		0,0666
— — d'Amiens à Boulogne.........		0,0721
— — de Rouen au Havre...........		0,0728
— — de Paris à Rouen.............		,0780

Au moyen des chiffres contenus dans les rapports adressés aux actionnaires, nous avons trouvé que ces chemins ont transporté, en 1850, 439,891,500 voyageurs, ramenés à un kilomètre au prix moyen de : fr. 0,065 (exactement fr. 0,0649).

Il y aurait beaucoup à dire sur cette intéressante question des tarifs ; mais le cadre restreint que nous nous sommes imposé ne nous le permet pas aujourd'hui. Nous nous bornerons à faire observer que les voyageurs circulent maintenant sur les chemins de fer avec une vitesse double des anciennes diligences, en payant moitié moins environ, et ne sont pas obligés de retenir leur place à l'avance.

Les avis sont très-partagés sur l'avantage qui résulterait pour les compagnies d'abaisser leurs tarifs en vue d'augmenter le nombre des voyageurs. Une compagnie bien administrée doit offrir au public un service qui présente les conditions suivantes : *sécurité, régularité, bon marché, vitesse, confort* et *fréquence de convois*. Les gens de loisir préféreront le confort et la vitesse au bon marché, tandis que les classes ouvrières réclameront le bon marché avant tout. Evidemment il n'y a pas de règle absolue à poser en pareille matière. C'est à chaque compagnie en particulier à étudier les besoins des populations que dessert sa ligne, et en procédant par tâtonnements, elle doit arriver au but proposé.

L'expérience des compagnies qui ont organisé des trains de plaisir au prix réduit de fr. 0,02 c. par kilomètre, et réalisé néanmoins des bénéfices, nous porte à croire que le bon marché est une condition indispensable du succès en France.

IV. *Du tarif moyen perçu par tonne de marchandise et par kilomètre sur les chemins de fer en France.*

Les tarifs concédés aux compagnies sont généralement les suivants :

Pour les marchandises transportées avec la vitesse des voyageurs.			0,40 par T. et par k.
—	—	à petite vitesse, 1re classe... 0,18	—
—	—	2e classe... 0,16	—
—	—	3e classe... 0,14	—
Pour la houille	—	—	0,10	—

Les rapports présentés aux actionnaires indiquent bien quel a été le nombre de tonnes qui ont circulé sur les chemins de fer, et quel a été le produit de cette nature de transports ; mais fort peu indiquent quel a été le tarif moyen perçu.

La Compagnie du chemin de Strasbourg à Bâle donna, dans son rapport du 18 avril 1845 (page 7), une note intéressante sur le mouvement des marchandises opéré sur ce chemin en 1844. Il est à regretter qu'elle n'ait pas donné ces détails chaque année, et que les autres compagnies n'aient pas suivi son exemple. Voici cette note :

« Le chiffre des transports de marchandises, huile, etc., en 1844, se décompose ainsi qu'il suit :

	Poids.	Parcours moyen.	Produit.	
70,897 articles de messageries...	851,194 kil.	59,0 kil.	32,494	60 fr.
Marchandise accélérée..........	3,702,930	53,5	74,890	85
Marchandise ordinaire..........	43,797,764	76,9	319,484	40
Marchandise en transit........	6,378,436	136,6	46,733	95
Houille......................	6,086,286	26,8	16,122	15

Au moyen de ces chiffres nous avons trouvé que :

1 tonne d'articles de messagerie avait payé par kilomètre......... 0,647 fr.
1 tonne de marchandises en accéléré   —   — 0,161
1 tonne de marchandises ordinaires   —   — 0,0851
1 tonne de marchandises en transit   —   — 0,0536
1 tonne de houille   —   — 0,0957

et que les marchandises prises en bloc avaient payé en moyenne par tonne et par kilomètre fr. 0,0923.

Les tarifs maxima sont rarement perçus par les Compagnies qui les ont souvent remaniés et presque toujours abaissés pour résister à la concurrence que leur font les grandes routes, les fleuves ou les canaux. Les éléments d'appréciation nous manquent pour indiquer avec quelque précision le tarif moyen perçu en France par tonne et par kilomètre.

M. Ed. Teisserenc, dans sa brochure intitulée : *Statistique des voies de communication en France*, évaluait, en 1845, ce prix moyen à fr. 0,12 c.

En 1848, suivant le rapport adressé aux actionnaires du Paris à Orléans, le prix moyen par tonne, sur ce chemin, a été de 0 fr. 12057; mais on a confondu les bestiaux avec les marchandises, et il n'est pas dit si dans ce chiffre sont comprises les marchandises à grande vitesse.

En 1850, la Compagnie du Nord a perçu fr. 0,096 c. par tonne de marchandise, mais à petite vitesse seulement.

En 1850, la Compagnie du Paris à Rouen a perçu fr. 0,1116 c. par tonne de marchandise (bagages, petite et grande vitesse comprises).

En 1850, le tarif moyen sur les chemins du Gard a été aussi pour les marchandises de fr. 0,1067 c. (houille comprise).

En 1850, le tarif moyen sur le chemin de Rouen au Havre a été de fr. 0,1123 par tonne de marchandise (bagages, petite et grande vitesse comprises).

Ces données sont trop vagues ou trop peu nombreuses pour qu'on puisse en tirer quelque conclusion. Notre opinion personnelle est que ce tarif moyen se trouve compris entre 12 et 10 centimes, avec tendance de se rapprocher de ce dernier chiffre.

V. *De l'accroissement de circulation en voyageurs et en marchandises, sur les chemins de fer en France, résultant de leur ouverture.*

		Le nombre des voyageurs ramenés à la distance entière était avant l'ouverture du chemin de fer de	Depuis l'ouverture du chemin de fer le nombre des voyageurs ramenés à la distance entière a été de	AUGMENTATION.
D'après M. Teisserenc	St-Étienne à Lyon.	61,000 (en 1829)	270,000 (en 1850)	en 22 ans de 340 o/o
» » les évaluat. de	Chemins du Gard..	32,700 (en 1839)	123,000 (en 1850)	en 11 ans » 270 o/o
la Compag. le rapport de M. Dufaure à la Chamb. des députés	Paris à Orléans....	265,000 (en 1839)	466,000 (en 1850)	en 11 ans » 75 o/o
les évaluat. de la Compag.	Tours à Orléans...	152,000 (en 1842)	239,700 (en 1850)	en 7 ans » 56 o/o
M. Teisserenc le rapport de M. Daru à la Chamb. des pairs.......	Rouen au Havre...	154,000 (en 1841)	234,000 (en 1850)	en 9 ans » 52 o/o
»	Paris à Rouen.....	272,000 (en 1842)	404,000 (en 1850)	en 8 ans » 48 o/o
	Marseille à Avignon	164,000 (en 1842)	234,000 (en 1849)	en 7 ans » 42 o/o

Nous regrettons de ne pas avoir les renseignements nécessaires pour pouvoir établir cette comparaison à l'égard des autres chemins.

En général, on calcule que [l'établissement d'un chemin de fer double le nombre des voyageurs; il semblerait, d'après les chiffres que nous venons de donner, que cette estimation est exagérée, ou tout au moins que le doublement n'a lieu qu'au bout d'un certain nombre d'années. On ne peut établir une moyenne sur un si petit nombre d'exemples; toutefois, si pour les chemins à construire, on continue dans les estimations à doubler le nombre des voyageurs, il sera convenable, croyons-nous, de ne compter que sur un tarif moyen très-bas, de manière à ce que s'il y a mécompte sur le nombre des voyageurs, il n'y en ait point sur leur produit.

Quant à l'accroissement de circulation des marchandises, il est plus difficile encore de donner des renseignements précis. On peut facilement constater approximativement le nombre de tonnes qui ont circulé chaque année sur les chemins de fer depuis leur ouverture, mais ces chiffres ne deviennent intéressants que si l'on peut connaître le nombre de tonnes de marchandises qui circulaient sur la route avant l'établissement du chemin de fer. Or, c'est précisément cet élément qui nous manque. Cette évaluation a bien été faite pour les chemins de Paris à Strasbourg, Paris à Lyon, Orléans à Bordeaux, Tours à Nantes, et Marseille à Avignon; mais comme ces lignes sont en exploitation partielle ou incomplète, les renseignements que donnerait leur exploitation seraient sans valeur.

Pour évaluer la circulation probable des marchandises, on suppose que le chemin de fer s'appropriera tous les transports de marchandises, soit à grande, soit à petite vitesse, qui s'opèrent par les voies de terre ordinaires que le chemin de fer est appelé à remplacer, mais qu'aucun transport ne sera enlevé aux voies navigables parallèles ou latérales à la voie de fer. Ce résultat n'est pas obtenu généralement dès les premières années d'exploitation, soit parce que les anciennes habitudes se conservent, soit parce que les compagnies de transport ont un matériel qu'elles veulent employer jusqu'à ce qu'il soit hors de service, soit enfin parce que les premières lignes construites n'ont pas un parcours assez étendu pour que l'économie de transport par la voie ferrée compense les frais de chargement et de déchargement.

On a discuté souvent la question de la supériorité des chemins de fer sur les canaux et rivières pour le transport des marchandises. A notre avis, on a trop voulu tirer des conclusions de quelques cas particuliers, et l'on n'a pas assez envisagé la question d'une manière générale.

On peut dire en faveur des chemins de fer qu'ils ne chôment jamais, tandis que la navigation des rivières et des canaux est souvent interrompue par des crues, des manques d'eau, des gelées ou des brouillards; on peut ajouter encore que les locomotives sont chaque jour perfectionnées, et que la dépense de traction tend constamment à diminuer.

Mais on peut répondre en faveur des voies aquatiques, que les fleuves offrent gratis, à la descente, une force dont se servira toujours le commerce; que des transports réitérés de marchandises lourdes, telles que houille et pierres, useront certainement les chemins de fer; tandis que leur effet est nul sur les canaux; que les longs bois de construction sont de transport difficile sur un chemin, et facile au contraire sur un canal; que si les locomotives sont chaque jour perfectionnées, les progrès de la vapeur peuvent aussi s'appliquer à la navigation ; enfin, que les canaux sont souvent mal entretenus et plusieurs à peine achevés, inconvénients auxquels on peut remédier.

Cette question est complexe, comme on le voit. Dans la pratique, le chemin de fer n'enlève pas tous les transports existants sur les routes de terre, mais il attire à lui une partie des transports par eau, et souvent son établissement fait naître de certaine sindustries qui augmentent sa circulation ¹, en sorte que par le fait le chemin de fer, après un certain laps de temps, a une circulation de marchandises égale à celle qui existait sur la route de terre qu'il a remplacée.

Le nombre de tonnes de marchandises circulant de Paris à Orléans en 1839, avant l'établissement du chemin de fer, était de 122,000 T.

Il a été depuis, en 1844, de 69,000
— — en 1845, de 95,000
— — en 1846, de 121,000
— — en 1850, de 237,000

Nous regrettons vivement de ne pas avoir des données analogues sur la circulation des marchandises des autres chemins, mais les quelques chiffres que nous pourrions donner sont trop isolés et incomplets pour être concluants... Nous nous bornerons à dire que le prolongement des chemins de fer existants aura une influence considérable sur l'accroissement de circulation des marchandises, les frais de chargement et de déchargement toujours onéreux restant les mêmes, quelle que soit la distance parcourue.

VI. — CONCLUSION.

En résumé, les faits produits jusqu'à ce jour nous autorisent à dire :

1° Que le prix moyen d'établissement d'un kilomètre de chemin de fer est de 400,000 fr.

2° Que douze lignes de chemins de fer en exploitation normale, sur une longueur de 1,589 kilom., ont produit net, en 1850, 5 86/00 d'intérêt, *amortissement non déduit*.

3° Que *les lignes à grande circulation*, quoique coûtant d'établissement plus que les autres, sont les seules qui donnent un intérêt satisfaisant.

4° Que la proportion des frais à la recette brute a été, en moyenne, en 1850, de 44 66/00 pour cent.

5° Que cette proportion est, *en général*, d'autant plus faible que la recette brute par kilomètre est forte.

6° Que le tarif moyen perçu par voyageur et par kilomètre en 1850, a été de fr. 0,065. (Moyenne prise sur les chiffres connus de 10 chemins principaux.)

7° Que le tarif moyen perçu par tonne de marchandise et par kilomètre en 1850, est compris entre fr. 0,12 c., et fr. 0,10 c.

8° Que l'établissement d'un chemin de fer double à peine le nombre des voyageurs qui circulaient sur la route de terre qu'il remplace.

Et 9° Que la circulation des marchandises sur un chemin de fer n'égale, en général, celle qui existait sur la route de terre qu'après un laps de temps assez long.

---

¹ En 1848 et 1849, par exemple, le chemin de Paris à Rouen a transporté (à destination de Dieppe pour Londres), 40,000 tonnes de pommes de terre, très-abondantes alors dans les campagnes bordant le chemin de fer, et qui certainement n'auraient pas pu être acheminées aussi loin sans les facilites de la voie de fer. Tout le monde sait que Paris reçoit journellement des fruits, du lait, des primeurs, etc., de villes de province éloignées, qui ne connaissaient pas cette industrie avant l'établissement des chemins de fer.

TABLEAU SYNOPTIQUE INDIQUANT LES PRINCIPAUX RÉSULTATS DE L'EXPLOITATION DES CHEMINS DE FER EN FRANCE PENDANT LE DERNIER EXERCICE.

CHEMINS dont nous ignorons le coût et les produits d'une manière détaillée.	COÛT de construction	LONGUEUR en kilomètres	RECETTE BRUTE	FRAIS et Dépenses d'exploitation	BÉNÉFICE NET	INTÉRÊT sur le cap. pour 100	PROPORTION des frais à la recette brute p. 100	PRIX de revient du kilomètre	RECETTE brute par kilomètre	RECETTE nette par kilomètre	Tarif moyen perçu par voyageur et par kil.	Tarif moyen perçu par tonne de marchandises et par kil.	OBSERVATIONS
	fr.		fr.	fr.	fr.			fr.	fr.	fr.	fr. c.	fr. c.	
Bordeaux à la Teste	6,000,000	52	285,000	207,900	77,100	0 ??	62 ??	115,300	4,330	330	?	?	en 1851.
Dieppe	14,000,000	50	773,500	560,000	212,500	1 ??	72 ??	280,000	15,460	4,250	?	?	du 1er avril 1850 au 31 mars 1851.
Amiens à Boulogne	38,681,000	123	1,941,400	1,307,000	633,500	1 ??	67 ??	314,400	15,790	5,150	0,0721	?	en 1850.
Montereau à Troyes	21,866,000	100	1,229,300	839,000	389,600	1 ??	68 ??	218,000	12,290	3,890	0,0664	?	en 1850.
Strasbourg à Bâle	45,852,000	140	2,770,300	1,827,000	943,300	2 ??	58 ??	321,900	16,210	6,720	0,0613	?	en 1850.
Rouen au Havre	54,384,000	95	3,561,500	1,614,500	1,947,100	3 ??	45 ??	612,300	37,400	20,500	0,0726	0,1523	du 1er mars 1850 au 21 févr. 1851.
Montpellier à Cette	4,797,000	27	486,000	304,800	181,200	3 ??	63 ??	174,300	18,000	6,710	?	?	en 1850.
Paris à Rouen	81,000,000	137	8,955,000	3,452,400	5,502,600	6 ??	38 ??	591,200	65,300	40,160	0,0730	0,1116	en 1850.
Nord	203,000,000	580	22,674,400	8,858,100	13,816,300	6 ??	39 ??	350,000	39,000	23,820	0,0664	?	en 1870.
Chemin de fer du Gard	16,485,000	92	2,184,500	1,018,100	1,166,400	7 ??	46 ??	179,200	23,740	12,670	0,0567	0,1067	en 1850.
St-Étienne à Lyon	24,000,000	60	4,860,000	2,565,500	2,294,500	9 ??	52 ??	800,000	81,000	38,240	0,96	?	du 1er oct. 1849 au 30 sept. 1850.
Paris à Orléans	60,000,000	133	10,295,300	3,801,200	6,494,100	10 ??	36 ??	451,100	77,440	48,820	0,0588	?	en 1850.
TOTAL	573,655,400	1,589	59,456,200	25,857,100	33,599,900	moyenne 5 ??	moyenne 44 ??						
CHEMINS dont nous ignorons le coût, mais dont nous connaissons les produits.	fr.												
Genève	?	232	3,304,000	1,724,700	2,979,000		45 ??	»	16,400	8,365	?	?	en 1850.
Orléans à Tours	?	115	3,158,700	2,133,400	1,680,300		54 ??	»	33,550	14,810	0,0647	?	du 1er juillet 1849 au 30 juin 1850.
Andrezieux à Roanne	?							»					
Ro	?	86	349,000	361,800	257,500		69 ??	»	13,400	3,790	?	?	en 1850.
TOTAL	?	3,094	67,908,000	30,852,900	37,516,200		moyenne 44 ??	765,000 142,000	moyenne 33,900	moyenne 10,770			

Moyenne du coût de 14 chemins ou de 1,730 kilomètres, ... 386,189 — 9,045.

Moyenne du prix de transport d'un voyageur par kilomètre, sur 10 chemins ayant transporté 159,891,500 voyageurs à 1 kilomètre.

12° à 16° Tarif moyen en France d'une tonne de marchandise par kilomètre.

our compléter le tableau ci-dessus, rappelons les chemins ouverts récemment, mais dont l'exploitation n'est pas encore dans une situation normale:

Marseille à Avignon..	120 kilomètres.
Mulhouse à Thann.............................	21 —
Nîmes à Montpellier...........................	52 —
Paris à Châlon...............................	383 —
Tours à Nantes...............................	198 —
Tours à Poitiers (section du chemin d'Orléans à Bordeaux......................................	101 —
Paris à Bar-le-Duc (section du chemin de Paris à Strasbourg)................................	254 —
Nancy à Metz (section du chemin de Paris à Strasbourg...............................	57 —
De Strasbourg à Sarrebourg.....................	71 —
Paris à Chartres..............................	88 —
Total.........................	1,345

Auxquels il faut ajouter les chemins faisant le service de la banlieue de Paris placés dans des conditions exceptionnelles d'établissement et d'exploitation.

Paris à Saint-Germain.........................	22 kilomètres.
Paris à Versailles, R. D......................	22 —
Paris à Versailles, R. G......................	17 —
Paris à Sceaux...............................	11 —
	72

Le nombre des kilomètres de chemins de fer en circulation est de 3,421.

Henri HENTSCH.

RECHERCHES

SUR

LA CIRCULATION DES LETTRES DE CHANGE

DANS LA GRANDE-BRETAGNE, DE 1828 A 1847,

AVEC

UNE ÉVALUATION DES LETTRES DE CHANGE TIRÉES DE LA GRANDE-BRETAGNE
SUR LES PAYS ÉTRANGERS.

I. Bases et éléments du calcul. — II. Analyse des documents recueillis. — III. Classification des lettres de change en groupes. — IV. Historique de la circulation de la lettre de change depuis 1770. — V. Opinion de lord Overstone et de M. Burgess. — VI. Recherches de M. Leatham. — VII. De la manière dont la circulation des lettres est réglée par le système des banques anglaises.

I. INTRODUCTION.

Des quatre principales formes de circulation généralement adoptées en Angleterre, savoir : 1° le billet de la Banque d'Angleterre, 2° ceux des Banques provinciales, 3° la monnaie métallique, 4° la lettre de change, il en est deux dont nous pouvons suivre les fluctuations et constater le montant avec une grande précision : ce sont les deux premières ; on peut encore approcher d'une certaine exactitude pour la troisième. Quant à la quatrième, la lettre de change, nous ne possédons encore aucun ensemble de données un peu étendues et qui aient été constatées avec soin.

C'est cette lacune qui a donné lieu aux recherches qui font le sujet de cet écrit.

L'investigation dans les détails de laquelle je dois entrer a donc eu pour but de parvenir à avoir quelque connaissance de la statistique des *lettres de change* ; de rassembler les faits et d'établir les calculs nécessaires pour pouvoir parler avec quelque confiance du *montant, des fluctuations* et *du progrès* de cette grande portion (la plus importante) du papier négociable mis en circulation dans ce pays, et, enfin, de comprendre dans ces recherches une suite d'années qui ont été remarquables par diverses phases de notre prospérité nationale et commerciale.

Je dois faire observer, en commençant cet exposé, qu'il ne doit être considéré, sous aucun rapport, comme un sujet de controverse sur la question de la circulation. Je n'ai rien à faire ici avec les écrits des personnes distinguées qui ont discuté cette question, si ce n'est de leur emprunter les secours qu'ils peuvent me fournir sur un sujet de même nature, mais d'un caractère parfaitement neutre. Il peut même arriver que les faits que j'ai à constater ne soient pas sans valeur pour les discussions à venir; mais, pour le moment, je n'ai point à anticiper l'application de ces faits, j'ai seulement à les exposer sous une forme et dans un ordre qui concilient, autant que possible, la plus grande clarté avec la plus grande concision.

Je diviserai cette enquête en deux sections principales.

Dans la première, je tâcherai 1° de déterminer le sens que j'ai attaché à la lettre de change dans le cours de ces recherches ; 2° de poser quelques règles de classification, et d'indiquer quelques-unes des causes particulières qui déterminent l'influence et la distribution des différentes subdivisions de la lettre de circulation; 3° de représenter, sous une forme statistique et consécutive, le montant et les fluctuations de cette circulation pendant chacune des vingt années comprises dans cette investigation, ainsi que pendant les périodes et pour les groupes par lesquels ces années et la masse entière des lettres de change ont dû être distingués pour les motifs que j'en donnerai.

Dans la deuxième section, je tâcherai de développer et de mettre plus en lumière les matériaux contenus dans la première section, en les comparant avec d'autres faits statistiques ayant des rapports intimes, soit comme causes, soit comme effets, avec le volume des lettres de change et les vicissitudes de la circulation.

II. — Définition ; bases et éléments des calculs ; méthode suivie.

Dans le cours de cet écrit, j'adopterai le langage reçu parmi les négociants, pour tout ce qui regarde la lettre de change.

L'Irlande n'est point comprise dans ces recherches qui s'appliquent uniquement à la Grande-Bretagne. Ainsi, par lettre de change de l'*intérieur*, j'entends une lettre tirée dans les limites de la *Grande-Bretagne*, et qui, par conséquent, ne peut circuler comme instrument légal qu'autant qu'elle porte le timbre imposé par l'acte de la cinquante-cinquième année de Georges III, chap. 184, passé en 1815, et qui continue d'être en vigueur [1].

Par lettre de change de l'*extérieur*, j'entends celle tirée sur la *Grande-Bretagne* d'une place située en dehors du *Royaume-Uni* [2]. Je sais qu'il existe des cas de procédure dans lesquels des lettres tirées en Écosse et en Irlande sont considérées, au point de vue de la loi, comme lettres *étrangères*. Pour le but que je me propose ici, il convient de n'avoir aucun égard à cette pratique exceptionnelle. Maintenant, comme le droit de timbre sur une lettre de change n'est imposé que dans la localité d'où elle est tirée, il est évident que, pour ce qui regarde la totalité des lettres tirées du dehors sur la Grande-Bretagne, les documents fournis par le bureau du revenu intérieur ne nous sont absolument d'aucun secours. Aussi, à mesure que nous avancerons dans notre tâche, on verra qu'une de nos plus grandes difficultés a été précisément de trouver une méthode exacte pour nous assurer de la quantité de lettres de circulation venues de l'extérieur.

---

[1] Par *Grande-Bretagne* (Great Britain) il faut entendre ici la grande île qui comprend, au sud, l'*Angleterre* proprement dite, et l'*Écosse* au nord. Ce nom de *Grande-Bretagne* appliqué, en commun, aux deux royaumes réunis, a été authentiquement consacré par le traité d'union conclu à Londres le 2 août 1706.

[2] Par *Royaume-Uni*, on entend généralement l'*Angleterre*, l'*Écosse* et l'*Irlande*. (*Note du traducteur.*)

La masse totale des lettres de change constamment en circulation dans la Grande-Bretagne se compose donc de deux parts inégales : la première, et de beaucoup la plus importante, consiste en lettres *tirées et acceptées* dans les limites de la Grande-Bretagne, et, par conséquent, ainsi que je viens de le dire, en *lettres de l'intérieur*, valables seulement quand elles sont timbrées. L'autre part, moins importante, comprend les lettres tirées du dehors du *Royaume-Uni*, mais acceptées ou rendues payables dans l'intérieur de la *Grande-Bretagne*, et, le plus ordinairement, dans la cité de Londres. Ces lettres ne portant aucun timbre qui indique qu'elles aient acquitté un droit quelconque, aucun bureau du revenu de l'Angleterre n'est, par conséquent, à même de nous en faire évaluer le montant. Ce sont ces dernières que j'appelle *lettres de l'extérieur* (foreign bills). On s'épargnera un grand sujet d'ambiguïté, si l'on ne perd pas de vue le sens précis que j'attache ici à ces deux dénominations de *lettres de change de l'intérieur*, et de *lettres de change de l'extérieur (inland and foreign bills)*.

Maintenant il y a toute raison de croire qu'il n'existe peut-être pas de taxe, en Angleterre, qui soit moins sujette à contravention que le droit de timbre sur les lettres de change. Il peut bien ne pas être, dans tous les cas, de l'intérêt du tireur, que son mandat soit écrit sur un papier timbré d'après le montant exact de la taxe; mais il y a, au moins, trois autres parties intéressées dans la transaction, pour lesquelles il peut devenir de la plus haute importance que les prescriptions de la loi soient rigoureusement observées. Ces parties sont l'accepteur, les endosseurs et le payeur; et il est à peu près certain que leur vigilance, sur ce point, assure de la manière la plus efficace l'exécution de l'acte du Parlement. Si donc nous pouvions espérer, dès l'abord, que les comptes fournis par le bureau du timbre nous donnassent immédiatement le genre précis d'informations dont nous avons besoin, nous aurions déjà, dans ces documents, un aperçu fidèle de l'étendue et des fluctuations de la circulation des lettres de change de *l'intérieur*.

Il est, par conséquent, important de commencer par vérifier quelle est la nature de ces renseignements, mais nous ne tarderons pas à nous convaincre que, dans la forme où ils ont été présentés, ils ont besoin d'être passablement élaborés pour pouvoir nous être de quelque utilité.

Le tarif des droits de timbre est soumis à l'application d'un double principe : premièrement, il se proportionne avec le *montant* de la lettre ; secondement, avec son *usance*. Par exemple : une lettre de 20 liv. st. (500 fr.), à deux mois de date, paye une taxe de 2 schellings (2 fr. 50); et une lettre de 50 liv. st., pour la même usance, en paye une de 3 schellings 6 deniers (4 fr. 35). Mais, d'un autre côté, si la lettre de 20 liv. st. est tirée à trois mois au lieu de deux, elle paye alors 2 schellings 6 deniers au lieu de 2 schellings, et si l'usance de la lettre de 50 liv. st. s'étend aussi à trois mois, la taxe, pour elle, s'élève alors de 3 sch. 6 d. à 4 sch. 6 d. (5 fr. 60). Toutefois, le caractère le plus important du tarif, c'est que *la taxe augmente principalement avec le montant de la lettre de change*.

Il devient évident, d'après cette explication, qu'on ne saurait tirer des comptes du bureau du timbre, autre chose qu'une notion très-vague sur la circulation des lettres de change, attendu que ces comptes constatent simplement, en bloc, le montant de la portion du revenu qui a sa source dans la taxe de ces lettres, et qu'ils n'indiquent pas même le montant du produit particulier de chacune des treize catégories de lettres que la loi a établies. Il n'eût pas été moins important que des comptes séparés eussent été aussi donnés pour les différents districts du pays.

Supposons que le bureau du timbre donne aujourd'hui l'état de ses recettes, par exemple, de l'année 1848. Voyons ce que ce document pourrait nous apprendre. Nous voyons par le tableau des taxes qu'un timbre de 3 sch. 6 d., par exemple, doit être apposé sur une lettre de change de 50 à 100 liv. st., à deux mois de date, ou sur une lettre de 30 à 50 liv. st. à trois mois. Supposons que le compte des droits perçus nous apprenne que, pendant l'année 1848, 10,000 timbres pareils, de 3 sch. 6 d., ont été vendus dans la Grande-Bretagne ; il est évident que, même avec le secours de cette importante donnée, nous ne pourrons rien conclure de précis quant au montant total actuel des lettres de change de l'intérieur créées par suite de la vente de ces 10,000 timbres à 3 sch. 6 d. Nous pourrons bien moins encore en conclure avec quelque certitude quel a été le montant moyen de ces lettres en circulation, *à la fois*, pendant l'année 1848. Nous ne pourrons arriver à de pareils résultats, d'abord parce que la classification légale des droits de timbre est très-ample, particulièrement pour les lettres de 50 à 100 liv. st.; ensuite parce que nous n'avons aucun moyen de connaître combien de lettres ont été tirées *à moins* de deux mois de date, ni combien au delà.

Comment donc parvenir à tirer quelque profit des simples éléments de calcul fournis par le bureau du timbre ? Il n'y a évidemment qu'une seule méthode pour y arriver, et cette méthode doit consister à s'assurer de deux faits, par un examen systématique et attentif d'un grand nombre de lettres de change réelles et *bona fide*, timbrées à 3 sch. 6 d. : les deux faits dont il s'agit sont : 1° le *montant moyen*, 2° l'*usance moyenne* de chaque lettre de change.

Si nous supposons que ces deux faits additionnels aient été constatés, la formule sera alors complète, et pourra s'énoncer sous la forme simple que voici : — « Etant donné qu'en 1848 il a été vendu, par exemple, 10,000 timbres à 3 sch. 6 den., sur chacun desquels il a été tiré, par exemple, 46 livres st., à l'usance moyenne, par exemple, de trois mois, quelle a été la circulation *totale* et *moyenne* des lettres de cette catégorie pendant ladite année ? »

Je puis donc maintenant résumer en peu de mots le principal objet de cet écrit en disant : qu'il a pour but d'exposer les méthodes que j'ai employées pour déterminer, par l'observation directe, les éléments de calcul en question, sans lesquels les documents officiels ne peuvent être d'aucune utilité pratique.

Voici quel est le tarif des droits de timbre imposés par l'acte de la cinquante-cinquième année du règne de Georges III, ch. 184, et divisés en trois groupes. J'aurai, plus loin, quelque chose à ajouter au sujet de ces groupes.

TABLEAU I. — *Tarif des droits à payer pour les lettres de change de l'intérieur d'après la loi actuellement en vigueur, rendue en 1815, cinquante-cinquième année du règne de Georges III,* ch. 184.

TIMBRES.	USANCE DE DEUX MOIS.		USANCE AU DELA DE DEUX MOIS.	
1er GROUPE.	liv. st.	liv. st.	liv. st.	liv. st.
1 shelling	de　2	5	»　»	»　»
1 sh. 6 deniers [1]	5	20	de　2	à　5
2 sh.	20	30	5	20
2 sh. 6 d.	20	50	20	30
2e GROUPE.				
3 sh. 6 d.	50	100	20	50
4 sh. 6 d.	100	200	50	100
5 sh.	200	300	100	200
6 sh.	300	500	200	300
3e GROUPE.				
8 sh. 6 d.	500	1,000	300	500
12 sh. 6 d.	1,000	2,000	500	1,000
15 sh.	2,000	3,000	1,000	2,000
25 sh.	3,000	et au-dessus.	2,000	3,000
30 sh.	»	»	3,000	et au-dessus.

III. —Données employées dans ces recherches; renseignements fournis par plusieurs banquiers et agents de change de Londres; tableau analytique de ces documents; importance des résultats obtenus par leur moyen.

Prenant part journellement à l'administration pratique d'une banque, j'ai été désireux, pendant quelque temps, de pouvoir connaître, avec un certain degré d'approximation, l'étendue et les fluctuations de la circulation des lettres de change. A cet effet, j'ai tenté, une fois ou deux, d'obtenir, par différentes voies, dans les bureaux du timbre, quelques renseignements à ce sujet, qui pussent me servir de base pour une investigation plus étendue; mais, soit pour une cause, soit pour une autre, je n'ai jamais pu y parvenir. Enfin, la publication de l'appendice joint au rapport du Comité d'enquête sur la crise commerciale, Comité nommé par la Chambre des communes à l'occasion de la crise financière de 1847, est venue me mettre en possession, sur une grande échelle, des données que j'avais inutilement essayé, pendant longtemps, de me procurer autrement. Les numéros 27 et 29 des appendices de ce rapport contiennent, en effet, le compte détaillé des recettes produites par les droits de timbre sur les lettres de change, dans la *Grande-Bretagne,* le *Lancashire* et le *Cheshire,* pendant la période qui commence au 1er janvier 1830 et qui finit en octobre 1847. En combinant ce document avec un autre contenu dans l'appendice numéro 5, joint au rapport des Communes de 1837 sur les banques par actions (15 juillet 1837, numéro 531), on obtient le compte complet de la vente des timbres, pour lettres de change, dans la *Grande-Bretagne,* pendant une période de vingt années, c'est-à-dire depuis le 1er janvier 1828 jusqu'au 31 décembre 1847. Je dois toutefois mentionner ici que

---

[1] D'après l'*Annuaire du Bureau des longitudes,* la valeur intrinsèque du *schelling ancien* est de 1 fr. 24 c., et celle du nouveau (c'est-à-dire depuis 1818), de 1 fr. 16 c. D'après le *Dictionnaire du commerce et des marchandises* (Guillaumin), le *schelling,* sans distinction, est coté 1 fr. 26 c., et le *denier (penny)* 10 cent. 1/2. (*Note du traducteur.*)

c'est à l'obligeance de M. Porter, secrétaire du bureau du commerce, que je suis redevable des nombres qui m'étaient encore nécessaires pour suppléer à ce qui manquait, à cet égard, au rapport de 1847 (depuis octobre jusqu'en décembre), attendu que, lorsque j'ai entrepris, en 1849, les calculs dont je viens de donner ici les résultats, les tableaux du revenu de 1847 n'étaient point encore publiés. J'aurai occasion, plus loin, de désigner d'une manière spéciale les diverses autorités qui m'ont fourni les faits officiels ; je ne parle encore ici que des circonstances immédiates qui m'ont procuré les premiers éléments de ce travail.

Une fois en possession de matériaux aussi complets que ceux publiés par le bureau du timbre sur le *nombre* de timbres vendus, et sur les *districts* dans lesquels ils ont été distribués, je n'ai pas tardé à me convaincre que la seule méthode rationnelle à employer pour me procurer les deux éléments de calcul qu'il me restait à connaître, savoir : 1° le *montant moyen* des lettres tirées d'après chaque espèce de timbre ; 2° l'*usance moyenne* des lettres appartenant à chaque série, consistait à me procurer un très-grand nombre d'observations directes, conformes à ce double but, en examinant une assez grande masse de lettres de change en circulation *bond fide*, et choisies de manière à représenter d'une manière sincère cette circulation dans le pays. Une pareille investigation ne pouvait se faire qu'avec l'assistance de plusieurs banquiers de la Cité ayant un grand mouvement d'affaires, et entre les mains de qui il passe des lettres de change pour de très-grandes sommes. Grâce aux bontés de M. Tooke, j'ai pu être introduit dans cinq des principales maisons de la Cité, renommées pour l'extension de leurs affaires, et dont les chefs sont des plus éminents soit comme banquiers, soit comme agents de change. C'est ainsi que par la faveur toute spéciale avec laquelle ces messieurs ont bien voulu accueillir ma demande, j'ai pu obtenir de ces maisons des documents statistiques qui sont les résultats d'un examen fait avec soin d'une portion des lettres de change qui se trouvent dans leurs portefeuilles respectifs. Assurément, sans la connaissance des faits que ces communications m'ont permis de constater, il eût été tout à fait inutile de poursuivre une pareille enquête avec quelque chance de succès. J'ai donc les plus grandes obligations aux personnes qui ont bien voulu me faciliter ces recherches, et qui y ont mis autant d'obligeance que d'empressement.

Le nombre total des lettres de change (tant de l'intérieur que de l'extérieur) comprises dans les relevés communiqués par les cinq maisons dont il s'agit, ne s'élève pas à moins de 4,367, représentant une somme totale de 1,216,974 liv. st. (30 millions de francs environ).

Je regarde les détails qui m'ont été communiqués par chaque maison, comme étant d'une nature tout à fait confidentielle ; mais il me sera facile de décrire les moyens d'investigation qui ont été employés, et d'en présenter les résultats généraux sans commettre aucune indiscrétion.

Le tableau suivant est extrait d'un des relevés faits chez l'un des banquiers, et qui ne contient pas moins de deux pages.

TABLEAU II. — *Lettres de change de l'intérieur, au timbre de 3 sch. 6 d., et tirées aux usances suivantes, savoir :*

	A UN MOIS.	A DEUX MOIS.	A TROIS MOIS	A QUATRE M.	A CINQ MOIS.	A SIX MOIS.	TOTAUX ET MOYENNE.
	liv. st.	liv. st.	liv. st.	liv. st.	liv. st.	liv. st.	
	»	34	48	49	»	»	
	»	40	45	43	»	»	
	»	70	35	46	»	»	
	»	96	35	43	»	»	
	»	61	50	48	»	»	
	»	53	47	48	»	»	
	etc.	etc.	etc.	etc.	etc.	etc.	
Totaux.....	200	1,305	7,702	3,102	171	412	12,892
Sommes moyen^{es}.	200	108,7	77,0	54,4	85,5	68,6	72,4
Usance moyenne.	»	»	»	»	»	»	3,7
Nombre de lettres	1	12	100	57	2	6	178
Nombre de mois.	1	24	300	288	10	36	659

On doit remarquer que ce tableau ne renferme absolument que des lettres timbrées à 3 sch. 6 d.

Il a été délivré à chacune des cinq maisons de banque un cahier convenablement réglé et titré, avec un nombre de pages suffisant pour contenir un millier de lettres de change distinctement classées d'après les treize catégories du tarif, et une colonne spéciale pour les lettres tirées de l'extérieur, qui ne portent aucun timbre d'Angleterre. Or, il est important de faire observer ici que la seule chose essentielle qu'avait à faire celui qui était chargé de ce dépouillement pour l'exécuter avec tout le soin possible, consistait simplement à retourner une à une les lettres placées devant lui, et à écrire le montant de chacune d'elles à la page réservée à son timbre de 3 sch. 6 d., ou de 4 sch. 6 d., etc.; et dans la colonne de son usance à 1, 2, 3, etc. mois. J'ai toute raison de croire que ces relevés ont été faits avec la plus grande exactitude, et que les faits qu'ils constatent peuvent être acceptés avec une entière confiance.

Les calculs relatifs à chaque document ont été ensuite exécutés sous ma propre surveillance.

Après avoir concentré tous les faits ainsi fournis par les cinq maisons de banque, je puis en énoncer le résultat général de la manière suivante, savoir :

Que, par l'examen direct de 4,367 lettres de change, tant de l'intérieur que de l'extérieur, représentant la somme importante de 1,216,974 liv. st., et prises au hasard dans une immense quantité de lettres tirées sur Londres, dans les districts manufacturiers, en Écosse, dans les districts agricoles et du dehors, nous sommes certains d'avoir positivement constaté : 1° la somme moyenne, en livres sterling, de toutes les lettres créées dans chaque catégorie du tarif des droits de timbre; et 2° leur usance moyenne. »

Ainsi que j'aurai occasion de le faire ressortir de plus en plus à mesure que nous avancerons, je puis dire que rien, dans ce genre d'investigation, n'avait été fait, jusqu'à présent, d'une manière aussi méthodique et sur une aussi grande échelle. Il ne restait donc plus qu'à faire usage de ces résultats moyens ainsi déduits des relevés des banquiers et agents de change, pour opérer la réduction des données fournies par le bureau du timbre, ce qui n'était plus qu'une affaire de calcul. Je dois avouer toutefois que si, avant de me charger d'une pareille tâche, j'avais pu prévoir la longueur du travail et toute la peine qu'il devait me donner, il n'est pas du tout certain que je me fusse décidé à l'entreprendre. L'emploi des logarithmes m'a permis d'abréger de beaucoup les opérations, et, d'un autre côté, j'ai pris toutes mes précautions pour éviter les erreurs, en faisant usage de feuilles réglées, de manière à ce que chaque nombre particulier y eût sa case spéciale, disposée comme celles d'un échiquier et distinguée au moyen de lignes renforcées.

Les figures suivantes sont un exemple des calculs relatifs aux lettres de change de l'intérieur pour l'année 1847; elles donneront facilement une idée du procédé qui a été suivi pour tous les autres calculs.

Timbres à 8 sch. 6 d. pour l'année 1847. — Grande-Bretagne.

43,628 liv. st. Montant des droits de timbre perçus à 8 sch. 6 d.

428,5   Somme moyenne pour chaque timbre de de 8 sch. 6 d.

3,07   Usance moyenne des lettres de ce timbre exprimée en mois.

0,425   Décimale de 1 liv. st., correspondante au timbre de 8 sch. 6 d.

$$\text{Donc,} \quad 43,628 = \lambda \; 4,6397653$$
$$0,425 = \lambda \; 1,6285889$$
$$\overline{\qquad\qquad 5,0113764}$$

Nombre des timbres vendus........ 102,650
$$102,650 = \lambda \; 5,0113764$$
$$428,5 = \lambda \; 2,6319508$$
$$\overline{\qquad\qquad 7,6433272}$$

En liv. st., le *total* de la somme tirée

ou créée...................... 43,987,000
$$43987000 = \lambda \; 7,6433272$$
$$3,07 = \lambda \; 0,4871584$$
$$\overline{\qquad\qquad 7,1561888}$$

En liv. st., la somme circulant à la fois. 14,328

On peut juger maintenant des résultats généraux auxquels nous sommes arrivé par cette série de calculs tant soit peu formidable; et nous pouvons, en même temps, placer ici convenablement le tableau suivant qui donne le résumé général des 4,567 lettres de change dont les maisons de banque nous ont fourni les relevés.

TABLEAU III. — *Sommaire général des documents communiqués par cinq des principaux banquiers et agents de change de Londres, pour le but spécial de cette enquête.*

TIMBRES. — Lettres de change de l'intérieur. 1	NOMBRE de lettres. 2	USANCE moyenne 3	MONTANT TOTAL des lettres de chaque timbre. 4	MONTANT moyen de chaque lettre. 5	POUR CENT				ÉCHELLE DE M. LEATHAM.	
					DU GROUPE.		DU TOTAL.			
					Nombre. 6	Montant. 7	Nombre. 8	Montant. 9	Lettres moyennes. 10	Usances. 11
sh. d.	»	mois.	liv. st.	liv. st.	pr 100	pr 100	pr 100	pr 100	liv. st.	mois
1 0	»	»	»	»	»	»	»	»	»	3
1 6	138	2,0	2,095	15,2	14,9	9,6	3,1	0,1	15	3
2 0	323	2,9	6,215	19,2	34,9	28,5	7,4	0,5	23	3
2 6	464	3,1	13,438	28,9	50,2	61,9	10,6	1,3	28	3
I.	925	2,7	21,748	21,1	100,0	100,0	21,1	1,9	18,5	3
3 6	570	3,3	26,292	46,1	30,5	12,4	13,0	2,3	50	3
4 6	630	3,7	47,096	74,7	33,8	21,8	14,4	3,8	96	3
5 0	366	8,6	57,472	157,0	19,8	26,8	8,4	4,6	167	3
6 0	298	8,8	84,645	284,0	15,9	39,0	6,8	6,9	270	3
II.	1,864	3,6	215,505	140,4	100,0	100,0	42,6	17,6	145,7	3
8 6	358	3,9	153,429	428,5	48,1	21,9	8,4	12,5	460	3
12 6	227	4,0	181,715	800,5	30,5	26,0	5,3	14,8	875	3
15 0	100	4,1	149,727	1497,2	13,4	21,4	2,3	12,4	1540	3
25 0	27	4,1	70,127	2597,3	3,6	10,0	0,6	5,9	2210	3
30 0	32	4,0	144,189	4505,8	4,4	20,7	0,6	11,8	7000	3
III.	744	3,8	699,187	1965,8	100,0	100,0	17,2	57,4	2417	3
Intérieur . .	3,523	3,4	935,440	265,0	»	»	80,9	76,9	»	»
Extérieur .	834	3,2	280,444	336,2	»	»	19,1	23,1	»	»
TOTAUX.	4,367	3,4	1,216,884	278,6	»	»	100,0	100,0	»	»

Les seules colonnes de ce tableau qui semblent demander quelque explication, sont les quatre colonnes numérotées 6, 7, 8, 9, lesquelles donnent les rapports en centièmes.

Soit, par exemple, le timbre de 3 sch. 6 d. ; si nous lisons de gauche à droite, nous trouvons les résultats suivants : il a été tiré 570 lettres de l'intérieur timbrées à 3 sch. 6 d.; l'usance moyenne de chaque lettre a été de 3,3 mois ; elles ont représenté, à elles toutes, la somme de 26,292 liv. st., et elles ont été, l'une portant l'autre, de 46,1 liv. st. Or, ces 570 lettres égalent les 30,5 pour 100 du nombre total des lettres du groupe II, qui est de 1,864, et les 13 pour 100 de la totalité des lettres comprises dans tout le tableau, laquelle totalité est de 4,367 lettres ; enfin, le montant total des 570 lettres que nous considérons étant de 26,292 liv. st., cette somme est égale aux 12,4 pour 100 du montant de toutes les lettres du même groupe, qui est de 215,505 liv. st., et aux 2,3 pour 100 du montant général de toutes les lettres comprises au tableau, lequel est de 1,216,884 liv. st. Au sujet de ces mêmes lettres au timbre de 3 sch. 6 d., on voit, en outre, que les recherches de M. Leatham leur donnent une usance moyenne de trois mois, et pour montant moyen 50 liv. st.

Les deux colonnes qui expriment les rapports en centièmes, l'une avec les totaux de chaque groupe, l'autre avec ceux du tableau, mettent le lecteur à même de voir simultanément la relation qui existe entre chaque partie du tableau et tout le reste ; il voit, par exemple, que *le nombre* des lettres timbrées 3 sch. 6 d. égale les 13 pour 100 du nombre total des lettres contenues dans le tableau, tandis que *le montant* de ces mêmes lettres n'égale que les 2,3 pour 100 du montant total du tableau. Nous sommes donc autorisés à inférer de ces rapports, que puisque le nombre des observations à 3 sch. 6 d.

constitue une aussi grande portion de la totalité (13 pour 100), nous sommes en droit d'en conclure que les résultats qui concernent cette catégorie de lettres se rapprochent beaucoup de la vérité.

Les *montants moyens* des lettres de chaque groupe (par exemple celui de 21,1 l. st. du premier groupe) ont été obtenus, dans ce tableau, en prenant la moyenne des moyennes composant chaque groupe. L'objet du montant moyen de chaque groupe est, dans ce cas, d'indiquer, d'une manière générale, l'importance relative des lettres qui le composent ; ce qui n'aurait pu avoir lieu si la moyenne des groupes avait été calculée d'après la méthode ordinaire (qui serait la vraie dans toute autre circonstance), en divisant les résultats totaux par le nombre des éléments qui entrent dans ces résultats ; comme, par exemple, dans le groupe I, en divisant 21,748 par 925. — C'est ici le moment de faire remarquer, une fois pour toutes, que la plus scrupuleuse attention a été apportée à tous ces calculs, et particulièrement à ceux des moyennes ; que, dans aucun cas, les nombres que je donne comme telles ne sont de simples déductions de moyennes antérieures, mais bien les résultats fidèles de la comparaison de *tous* les faits avec *tous* les résultats. J'appelle particulièrement l'attention du lecteur sur ce point.

IV. — Division de la masse totale des lettres de change en trois groupes ; motifs de cette division et son utilité ; lettres de change employées dans les différentes branches du commerce.

On aura remarqué que le tableau qui précède se trouve divisé en trois groupes relativement au tarif des droits du timbre. Comme plusieurs des conclusions que nous devons tirer par la suite se trouveront intimement liées avec cette classification des droits, il convient, avant de passer outre, d'exposer les raisons qui nous l'ont fait adopter.

Mais, d'abord, commençons par donner l'extrait suivant (tableau IV) du résumé général qui vient d'être exposé dans le tableau III.

TABLEAU IV. — *Extrait du sommaire général (tableau III) des documents fournis par les cinq maisons de banque.*

TARIF DES DROITS.	CLASSEMENT DES LETTRES d'après la loi.		CLASSEMENT DES LETTRES d'après les documents des banquiers.		
	à deux mois et au dessous.	à plus de deux mois.	Classement.	Somme moyenne.	Usance moyenne.
1er GROUPE.	liv. st.	liv. st.	liv. st.	liv. st.	mois.
1 sh. — 1 sh. 6 d. 2 sh. — 2 sh. 6 d.	2 à 50	2 à 30	15,2 à 28,9	21,1	2,7
2e GROUPE.					
3 sh. 6 d. — 4 sh. 6 d. 5 sh. — 6 sh.	50 à 500	30 à 300	46,1 à 284,0	140,4	3,6
3e GROUPE.					
8 sh. 6 d. 12 sh. 6 d. — 15 sh. 25 sh. — 30 sh.	500 et au-dessus.	300 et au-dessus.	428,5 à 4505,8	1965,8	3,8

On remarquera ici que le groupe I renferme les lettres de moindre importance, pour lesquelles l'extrême limite légale est de 30 liv. st., tandis que le montant moyen de ces lettres, d'après les renseignements des banquiers, est de 21,1 liv. st., avec une usance moyenne de 2,7 mois.

Le groupe II comprend les lettres d'une valeur intermédiaire dont la limite légale extrême est de 300 liv. st., tandis que leur montant moyen réel est de 140,4 liv. st. avec une usance moyenne de 3,6 mois.

Le groupe III comprend toutes les lettres au-dessus de 300 liv. st.

Maintenant, le principal objet de ces classements est d'arriver, si c'est possible, à en tirer quelques notions sur les diverses causes qui influent sur l'étendue et les fluctuations des diverses catégories de la lettre de circulation. Il est très-important, en effet, de ne pas perdre de vue qu'il y a une distinction très-marquée à faire entre ces diverses catégories, et que les lignes de cette démarcation sont principalement en rapport avec l'importance des lettres elles-mêmes.

Si j'ai réussi, selon mes vues, dans cette disposition par groupes, il en résulte que,

1° Le groupe III renferme toutes les lettres qui ont été tirées pour des sommes considérables entre les négociants, les producteurs, les manufacturiers et les marchands en gros, ainsi qu'entre les importateurs et les grands consommateurs de matières premières, et, pour parler plus généralement, entre les négociants et les marchands en gros (*merchants and dealers*).

2° Le groupe II est, de même, censé renfermer la classe de lettres tirées sur les maisons dont les affaires sont moins étendues, et qui font valoir un capital moins puissant, ainsi qu'entre les grandes maisons de vente en gros et les principaux détaillants, ou, en général, entre les marchands en gros et les détaillants (*dealers and retailers*).

3° Le groupe I se composerait, par conséquent, de toutes les petites lettres qui concernent essentiellement le commerce de détail, et qu'on peut considérer, avec le plus de raison, comme tirées entre les détaillants et les consommateurs (*retailers ad consumers*) ; ou bien, dans le cas où l'accepteur ne serait pas lui-même le consommateur immédiat, on peut alors le considérer comme faisant un commerce tellement borné, qu'il ne serait plus autre chose que le dernier échelon qui le sépare des consommateurs qui n'achètent plus que pour leurs besoins personnels.

Le résultat général de tout ceci est donc qu'au moyen de ce mode de groupement des lettres de change, nous avons sous les yeux, d'une manière plus ou moins complète, les trois grands départements entre lesquels tout le commerce de l'Angleterre peut être partagé avec une certaine précision, savoir :

Dans le groupe III, nous avons le commerce qui s'appelle de *première main,* c'est-à-dire exercé par les négociants importateurs, les grands manufacturiers et les marchands en gros de première classe.

Dans le groupe II, nous avons le commerce qu'on peut appeler de *seconde main,* c'est-à-dire fait par les maisons qui se fournissent en grand auprès des importateurs et des manufacturiers, et qui se trouvent en contact, sur une grande étendue, avec les consommateurs directs. Ce groupe comprend aussi les marchands de *première main* et les manufacturiers dont le capital et les relations sont comparativement limitées.

Enfin, dans le premier groupe, nous avons tout le commerce de détail du pays, lequel comprend les boutiquiers, les petits fermiers, les marchands de bestiaux et autres pareils.

Il est maintenant nécessaire de jeter un rapide coup d'œil sur la partie historique de la question qui se rapporte à notre époque.

V. — Esquisse historique de la lettre de change depuis 1770 ; lettres de minime valeur usitées dans le dernier siècle.

Il a été constaté par M. Chitty, que les lettres de change et les billets à ordre n'étaient soumis à aucun droit de timbre, en Angleterre, avant 1782. A cette époque, l'exemption spéciale qui avait été créée en leur faveur par le statut de la cinquième année du règne de Guillaume et de Marie, chap. 21, sect. 5, fut révoquée par l'acte de la vingt-deuxième année du règne de Georges III, chap. 33, lequel leur imposa un tarif de droits qui ont été successivement et rapidement augmentés par une série d'actes du Parlement, dont le dernier est la loi de 1815 (cinquante-cinquième année du règne de Georges III, ch. 184).

Toutefois, antérieurement à la date du premier acte cité plus haut, relatif à l'impôt sur les lettres de change et les billets à ordre, l'attention du Parlement avait été appelée, d'une manière en quelque sorte spéciale, sur certains abus de cette espèce de papier de crédit, abus qui furent signalés comme existant principalement dans le nord de l'Angleterre.

Quelque temps avant 1775, lorsque le nombre des banques provinciales était encore extrêmement restreint, et que les facilités qu'elles procurent au commerce par leurs opérations et l'émission de leurs billets locaux, avaient à peine un commencement d'existence, il paraît qu'il s'était introduit graduellement l'usage qui permettait aux marchands d'une bonne réputation de payer les gages de leurs domestiques et une partie des sommes qu'on venait journellement leur réclamer, par des billets de promesse dont le montant était souvent réellement insignifiant. Cet usage s'étant répandu, des abus s'ensuivirent. Des fraudes considérables furent commises, en introduisant subrepticement dans la rédaction de ces billets des clauses conditionnelles qui laissaient le détenteur sans garantie contre le souscripteur, en cas de faillite.

Le 27 mars 1775, sir Georges Saville, qui représentait alors le comté d'York, exposa cette situation devant le Parlement, et, dans son discours, il signala plusieurs faits que nous aurions de la peine à croire aujourd'hui s'ils nous étaient parvenus d'une manière moins authentique. Dans l'extrait de ce discours cité dans l'*Histoire parlementaire*, il est dit que l'orateur montra de ces billets dont le montant ne s'élevait pas à plus d'un schelling ou d'un schelling et demi (1 fr. 25 à 1 fr. 87). J'ai ouï dire qu'on montrait encore, en Yorkshire, un billet à ordre de *six pence* (12 sous) revêtu de plusieurs endossements. La citation qui se trouve, à ce sujet, dans l'*Histoire parlementaire*, est ainsi conçue : « A. D., 1775, 27 mars, *Billets à ordre de minime valeur*. — Sir Georges « Saville fait une motion pour que la Chambre se forme en comité, afin de « prendre en considération les abus qui résultent de la mise en circulation, « comme moyen de payement, de billets à ordre de petite valeur. Deux té- « moignages ont été entendus, et plusieurs billets de cette nature ont été « produits. Le montant de quelques-uns d'entre eux ne dépasse pas 1 schel- « ling ou 18 pence. Cet abus paraît être confiné dans certains cantons com- « merçants du Yorkshire, où il a eu pour conséquence les plus grandes iniqui-

« tés. Il a été, en conséquence, ordonné qu'un bill serait présenté d'après les
« faits établis, afin d'arrêter le mal dont on s'est plaint. » (*Histoire parlemen-
taire, vol. XVIII, p. 74.)

Le bill en question est devenu, dans le cours de la même session, le statut
de la quinzième année de Georges III, ch. 51 (1775). Il fut continué par celui
de la dix-septième année de Georges III, ch. 30, et rendu perpétuel par celui
de la vingt-septième année de Georges III, ch. 16. Le titre du premier acte de
cette série, qui date de 1775, est ainsi conçu : « Acte ayant pour but de restreindre à une somme limitée la négociation des billets à ordre et des lettres
« de change dans cette partie de la Grande-Bretagne appelée l'Angleterre. »
Quelques considérants du préambule méritent d'être remarqués; tel est celui-
ci : « Attendu, est-il dit, que diverses espèces de billets à ordre, de lettres de
« change et de traites, *d'une somme très-minime, ont été mis en circulation ou né-
« gociés pour remplacer la monnaie* dans cette partie de la Grande-Bretagne qui
« porte le nom d'Angleterre, au grand préjudice du commerce et du crédit
« public, et que beaucoup de ces billets ou traites *étaient payables sous certaines
« stipulations et restrictions* qui font que la classe la plus pauvre des fabricants,
« artisans, cultivateurs et autres, ne peut les accepter sans s'exposer à de
« grandes extorsions et à de grands abus. » L'acte interdit tout billet ou toute
lettre de change au-dessous de 20 schellings (de 25 fr.), sous peine d'une
amende de 20 liv. st. (500 fr.) et de nullité du titre.

L'acte qui suivit (dix-septième année de Georges III, ch. 30) éleva la prohibition de 1 liv. st. à 5 liv. (125 fr.), en constatant que l'acte précédent avait
produit les plus salutaires effets.

Ces mesures législatives atteignirent efficacement leur but, et, depuis, on
n'a plus entendu aucune plainte sur l'irruption de ce papier infinitésimal.

Les billets de petite valeur comparativement (de 10 à 30 liv. st. et au-dessus),
qui circulaient en si grande abondance dans le Lancashire et le Yorkshire pendant la première partie de ce siècle, n'avaient rien de commun avec leurs devanciers d'un crédit si suspect. Ces billets jouissaient, au contraire, d'une
grande faveur parmi les petits fabricants, les marchands de laine, dé bestiaux
et de blé ; ils avaient une réputation proverbiale pour leur saleté, pour la profusion de leurs endossements, et, ce qui valait beaucoup mieux, pour la rareté
des cas où ils n'étaient pas payés [1].

Telle était, en raccourci, la situation assez curieuse des choses dans la première période de notre système moderne de papier de crédit, porté aujour-
d'hui à un si haut degré de perfection. Je ne puis entrer ici plus avant dans ce
sujet, mais il mérite, sous tous les rapports, d'être l'objet d'une investigation
faite avec soin. En attendant, je ne puis mieux faire que de renvoyer simplement au traité de M. Thornton sur le papier de crédit, publié en 1802, ouvrage d'un grand mérite et véritablement extraordinaire pour l'époque où il a
paru [2]. Si l'espace m'avait permis d'en citer ici quelques passages, j'aurais pu

---

[1] « Beaucoup de personnes peuvent encore se souvenir qu'avant la dernière guerre,
« toutes les affaires sur les laines, dans la partie occidentale du Yorkshire, se trai-
« taient en lettres de change à deux mois de date, qui ne s'élevaient pas à plus de 5
« liv. st., qu'elles étaient sur papier libre et payées en or, sans l'intervention des bil-
« lets de banque. » (Leatham, deuxième série de *Lettres sur la circulation*, 1840, p. 38.)

[2] *An inquiry into the nature*, etc., Recherches sur la nature et les effets du papier de
crédit de la Grande-Bretagne, par Henry Thornton. Londres, in-8°, 1802.

faire voir que, déjà en 1802, à l'égard d'une portion considérable du papier de circulation de ce pays, et spécialement de la lettre de change, M. Thornton était arrivé à des conclusions déduites avec tant de pénétration et d'étendue, qu'elles ont, sous beaucoup de rapports, pleinement devancé la plupart des résultats qui n'ont été ultérieurement vérifiés qu'après des recherches laborieuses et soigneusement discutées. Je recommande également la critique que M. Horner a faite de l'ouvrage de M. Thornton, et qui se trouve dans le premier numéro de la *Revue d'Edimbourg.*

WILLIAM NEWMARCH.
Journal de la Société de statistique de Londres, mai 1851,
traduction de M. ATH. GROS.

(*La suite à un prochain numéro.*)

~~~~~~

DE

LA POPULATION EN FRANCE

DE 1772 A NOS JOURS (1849)[1].

V. *Des décès par rapport à la population.*

Il est fort difficile de comparer les décès de nos jours aux époques anciennes. Avant la Révolution et sous l'Empire, les relevés des actes de l'état civil, pour ce qui concerne les décès, sont une des parties les plus incomplètes de la statistique. Outre les négligences des autorités ecclésiastiques, les décès des juifs, des non conformistes et de tous ceux qui n'étaient pas présentés à l'église étaient omis. Depuis la Révolution, les autorités municipales apportent un grand soin à inscrire chaque décès; mais, sous l'Empire, la guerre étrangère faisait périr un grand nombre d'hommes qui n'étaient pas représentés sur les actes de l'état civil; par suite, le rapport entre les naissances et les décès était détruit.

De nos jours, il ne reste qu'une légère et imperceptible cause d'erreur : les émigrations, plus que contrebalancées par les immigrations, ne changent que peu ou point le chiffre des décès et leur rapport avec les naissances. — Sous Louis XIV et Louis XV, il n'en était pas ainsi : nos belles colonies orientales et occidentales appelaient tous ces hommes tourmentés par le vague désir de l'inconnu et l'espoir d'une fortune facile. En Amérique, les Antilles, la Louisiane, le Canada recevaient chaque année une population aventureuse, avide de gain, que les obstacles de tous genres ne pouvaient arrêter. Dans l'Inde, Pondichéry, Madras, etc., peuplés d'individus nés en France, diminuaient d'autant la mortalité sur les actes de l'état civil. Les femmes, à peu d'exceptions près, n'émigrent pas : si le travail leur manque dans le village, la ville

---

[1] Voir le numéro du 15 décembre 1851.

voisine est là pour les recevoir. Rarement le déplacement est plus grand. Pour elles, la guerre, les grands travaux, les spéculations hardies, qui enlèvent et dispersent les hommes avec tant de facilité, sont sans action marquée; les maladies, les épidémies seules ne les épargnent pas plus, moins souvent même que l'autre partie de l'espèce humaine : l'examen des relevés des décès féminins faits à diverses époques confirme ce que nous venons d'avancer. Le chiffre des décès féminins présente toujours une régularité, une concordance beaucoup plus grande avec la population que les décès masculins. Nous nous servirons de cette propriété un peu plus tard.

La moyenne quinquennale pour les décès a été prise comme pour les naissances. Rappelons-nous seulement que les relevés qui s'étendent de 1800 à 1815 présentent de nombreuses lacunes, malgré l'exagération de leurs chiffres.

Tableau des décès par périodes quinquennales.·

1771 à 1780	....	818,491, Necker.
1801	1805.....................	829,386
1805	1810.....................	767,542
1810	1815.....................	789,332
1815	1820.....................	757,035
1820	1825.....................	765,203
1825	1830.....................	815,543 Necker.
1830	1835.....................	856,229
1835	1840.....................	818,737
1840	1845.....................	796,715
1845	1848.....................	843,894

On peut considérer trois époques dans cette longue série : la première, avant la Révolution, donne, selon Necker, 818,491 décès par an, puis les irrégularités des relevés de l'Empire troublent la régularité habituelle. De 1800 à 1805, les décès sont supérieurs à la moyenne de 1771 à 1780, puis ils diminuent et ne se relèvent plus qu'en 1830; là ils atteignent le même taux qu'en 1780, le dépassent même un peu, puis paraissent vouloir s'y maintenir.

Ainsi trois époques pour les décès :

De 1771 à 1780, décès	....	.818,491 par an.
De 1817	1830, —	....	783,273 —
De 1834	1847, —	....	821,359 —

Les décès sont revenus au point de départ; ils excèdent même un peu la moyenne de 1771 à 1780, mais dans l'intervalle ils ont subi une grande diminution : la moyenne annuelle la plus basse a été celle de 1815-1820 (757,035 décès). C'est ce qui a trompé les personnes qui ont cru voir dans la diminution des décès un signe de l'amélioration sociale produite par la première Révolution. Sans méconnaître ce que cette opinion peut avoir de vrai dans une certaine mesure, je trouve que les conséquences que l'on tire de l'abaissement du chiffre des décès ont été un peu exagérées. Voici comment : je prends la moyenne des décès en 1780 et je la mets en présence de celle de 1815-1820 (j'ai déjà exposé pourquoi je passais sous silence les décès de 1809 à 1816); la diminution est considérable : de 818,491, les décès tombent à

757,035 ; 61,456 décès de moins par an de 1815 à 1820, annoncent une grande prospérité, des circonstances bien favorables pour opérer cette réduction, si on ne veut pas faire intervenir une autre cause. Je suis surpris qu'on n'en ait pas déjà fait la remarque : s'il meurt moins de monde en 1815-1820, cela peut tenir aussi à ce que la population a *diminué*. Admettons, pour un instant, que les guerres de la République et de l'Empire aient fait périr 2,000,000 d'hommes (nous le démontrerons plus loin), la population, déduction faite de ces 2,000,000 d'hommes, devait donner, en supposant qu'il mourût 1 personne sur 40, proportion donnée par l'*Annuaire du bureau des longitudes* de 1849, 766,456 décès, en moyenne, par an ; la statistique indique 757,035. Il y a donc seulement 11,451 décès de moins. La proportion des décès à la population serait la même qu'en 1784, à 11,451 près. On comprendrait en effet difficilement comment, au milieu des désastres de la Révolution et de l'Empire, la mortalité aurait pu sensiblement diminuer. C'est seulement depuis 1820 que, malgré l'augmentation de la population, les décès ont suivi une marche plus lente que par le passé.

A dater de 1820, les décès suivent une marche croissante. D'abord 815,000, 856,000, 818,000, et enfin, de 1845 à 1848, 843,894. Deux périodes présentent une légère diminution et font exception : ce sont les années de 1835-1840 et de 1840-1845. La première période, succédant au choléra, ne pouvait offrir un pareil excédant de décès ; mais quoique, comme cela arrive toujours à la suite des grandes épidémies, les décès aient baissé, ils surpassent encore la moyenne de 1825-1830. Il n'y a donc plus que la période de 1840-1845 qui donne un chiffre fort bas pour les décès, 796,715. La prospérité générale de cette époque se fait sentir d'une manière bien heureuse par un notable abaissement des décès. Malheureusement les années qui suivent forment un triste contraste : les décès augmentent, s'élèvent jusqu'à 843,894 en moyenne annuelle ; les naissances diminuent, et le ralentissement de la population en est la conséquence.

De cet examen résulte que tant que les *brèches* faites à la population par la *Révolution* et par l'*Empire* n'ont pas été comblées, la moyenne des décès est restée déprimée ; puis, peu à peu, ils ont augmenté, sans cependant se trouver dans le même rapport avec la population qu'en 1784. Mais la différence n'est pas considérable ; nous l'établirons en parlant de la vie moyenne.

Comme les naissances, les décès varient dans les années heureuses et malheureuses.

Comparons encore les mêmes époques :

En 1830, la Révolution n'a aucune influence sur les décès ; ils tombent même au-dessous de la moyenne précédente, de 815,543 à 808,400. En 1831, ils baissent à 800,000 ; mais en 1832, le choléra fait dépasser de 118,257 décès la moyenne de 1825-1830.

Décès.

Moyenne de 1825-1830, 815,543.

1830................................	808,400
1831................................	800,000
1832................................	933,800
1833................................	812,400
1834................................	918,000
1835................................	816,400

L'année 1833 retombe de suite au-dessous de la moyenne ; elle ne donne
que 812,400 décès. Mais le choléra ayant reparu dans quelques localités en
1834, les décès s'élèvent encore et dépassent de 102,400 la moyenne de
1825-1830. Après ces alternatives de hausse et de baisse, les décès reprennent,
en 1835, le même niveau que la moyenne précédente. L'augmentation est
même si faible jusqu'en 1840, que la moyenne de ces cinq années dépasse
seulement de 3,000 décès celle de 1825-1830. — Quoique presque insensible,
l'augmentation de la mortalité est encore facile à constater dans cette période ;
la suivante, de 1840 à 1845, présente un temps d'arrêt bien marqué, et
même une diminution notable des décès, malgré le grand nombre des naissances. La moyenne annuelle descend à 796,715 : depuis 1815, c'est la première
fois que les décès ne progressent pas. Une succession d'heureuses récoltes, un
travail abondant et suffisamment rémunéré ont rendu la vie plus facile au
peuple. Les effets ne tardent pas à se faire sentir : les décès comme les naissances en font foi. Malheureusement rien de durable ici-bas : à la prospérité
succède la détresse, que le contraste rend d'autant plus pénible. Les trois premières années de la période de 1845-1850 sont déplorables. Je ne sais ce que
la Providence nous réserve. Dès 1846, la crise industrielle se fait sentir sur
les décès ; ils s'élèvent à 831,400 : 34,700 de plus que dans la période précédente.

Décès.

Moyenne de 1840-1845, 796,715.

1846	831,400
1847	856,000
1848	844,000

Dans l'année 1847, 856,000 décès : 60,000 de plus que la moyenne de
1840-1845.

Enfin l'année 1848 donne 844,000 décès, encore 47,000 décès en excédant
sur les années antérieures. Voici trois années qui toutes dépassent de beaucoup la moyenne de 1840-45 ; le choléra en 1849 n'a pas dû améliorer cet
état, la mortalité aura encore suivi sa marche croissante. La disette de
1847 se fait péniblement sentir par une augmentation de 60,000 décès en plus
de la mortalité normale. Les années 1846 et 1848 produisent une aggravation
de la mortalité moins considérable, quoique atteignant encore plus de la moitié de celle produite par la disette de 1847.

A vrai dire, cette dernière n'a augmenté les décès que de 30,000 individus
environ, car déjà la gêne de l'industrie, l'embarras du commerce, la mauvaise
récolte les avait accrus de 34,000 en 1846. La cherté des vivres est une complication qui est venue aggraver la crise déjà existante, dont la baisse des salaires, le chômage des ouvriers étaient déjà le résultat. L'ouvrier agricole ou
industriel peut aussi bien ressentir les effets de la famine par un abaissement
de salaire sans élévation du prix des céréales, que par la hausse du prix du
blé sans augmentation de salaires. Dans l'année 1848, l'ouvrier souffrit de la
famine par insuffisance de son salaire, le prix du blé étant normal : en 1846 et
en 1847, à un salaire déjà trop modique se joint une disette, qui met le
comble à sa détresse.

Pouvant à peine exister en temps normal avec un salaire aussi réduit, il devait en périr un plus grand nombre ; les actes de décès nous en donnent le triste témoignage.

Il est utile de faire ici une remarque sur la différence de l'influence des révolutions, du choléra et des disettes sur les naissances et sur les décès.

En 1830, les naissances diminuent de.......... 8,500
— les décès diminuent de.............. 7,000
1831, les naissances augmentent de.......... 9,000
— les décès diminuent de.............. 15,000
1832, les naissances diminuent de.......... 39,000
— les décès augmentent de............. 118,000
1833, les naissances augmentent de........ 6,300
— les décès diminuent de.............. 3,000
1834 les naissances augmentent de........ 9,900
— les décès augmentent de............. 102,000
1846, les naissances augmentent de........ 3,000
— les décès augmentent de............. 34,700
1847, les naissances diminuent de.......... 62,800
— les décès augmentent de.... 60,000
1848, les naissances diminuent de.......... 31,700
— les décès augmentent de......,....... 47,000

En 1830, l'action de la révolution ne se fait sentir sur les naissances que dans l'année 1831 et le commencement de 1832; aussi cette dernière présente un abaissement de 39,000 naissances ; les décès diminuent plutôt qu'ils n'augmentent, mais d'une quantité insignifiante.

Le choléra agit surtout sur les décès dont il augmente la masse, et peu sur les naissances; loin de les diminuer, il paraît en accroître légèrement le nombre. L'année 1833 donne 6,000 naissances de plus.

La disette de 1847 augmente beaucoup les décès (60,000) ; l'action sur les naissances est un peu moins marquée. En 1848, il naît 31,700 enfants de moins. Ce sont surtout les crises commerciales, causes premières de la plupart des révolutions politiques, et aggravées elles-mêmes par l'instabilité de tout nouveau gouvernement, qui amènent et produisent la plus grande perturbation dans le mouvement des naissances et des décès.

En voici des exemples :

La révolution de 1830 fait baisser en 1832 les naissances de 39,000 individus ; les décès diminuent plutôt un peu.

La crise commerciale de 1846-48 diminue d'abord tout à coup les naissances de 62,000 en 1847, puis de 31,700 en 1848.

Les décès en 1846 augmentent de 34,700.

En 1847, de 60,000.

En 1848, de 47,000.

Ainsi, dans ces trois années, il y a 93,000 naissances de moins et 141,000 décès de plus que pendant les années 1840-45.

Voilà le bulletin de la défaite de l'industrie en trois ans. Il reste sur le champ de bataille 141,000 hommes : 93,000 qui auraient dû naître, pour leur bonheur ne voient pas le jour !

Dans ces considérations je n'ai pu tenir compte de l'année 1848, dont le relevé des naissances n'avait pas encore été publié, Quant aux décès, la mortalité continue (47,000 par an). Les circonstances et les conditions dans lesquelles

se produisent les deux révolutions de 1830 et de 1848 fournissent une observation d'une haute importance. La première, celle de 1830, n'a eu qu'une
seule action : elle empêche de naître 39,000 individus sans augmenter les décès.
Celle de 1848 est précédée d'un malaise tel que les naissances diminuent comme
en 1830, mais de plus les décès augmentent considérablement. La révolution
de 1830 modère le mouvement de la population ; la crise de 1846 non-seulement l'enraye, mais la ramène à de plus justes proportions en la décimant.
Cette différence tient uniquement au grand développement industriel qui
s'était produit dans le pays depuis 1839. Le déclassement de la population
agricole porte ses fruits : dès que le travail diminue, les malheureux ouvriers,
sans autre ressource que leur salaire, sont forcés d'avoir recours à la charité
publique, toujours impuissante pour remédier aux maux de l'humanité. Dans
les grandes villes, quelques secours opportuns peuvent encore entretenir une
misérable existence, mais dans les cités exclusivement industrielles et dans
les campagnes, la maladie et la mort moissonnent tout ce qui ne peut résister
aux privations, résultat inévitable d'un dénûment complet. En 1830, la population ouvrière était loin d'avoir le développement que nous lui voyons
aujourd'hui ; chacun possédant un petit capital, ou pouvant vivre de son propre travail, comme l'ouvrier des champs, échappait à la mort. De nos jours,
avec la division du travail poussée au dernier degré, le manœuvre, car
l'homme tend de plus en plus à le devenir, privé de travail et de salaire, doit
nécessairement tomber dans la plus affreuse misère. L'ouvrier des champs,
quoique souffrant comme l'ouvrier des villes des crises industrielles, peut au
moins se nourrir des produits de son labeur, s'il ne les vend pas ; l'ouvrier
des manufactures doit périr devant des monceaux de richesses, fruit du travail
de ses mains, dont le marché encombré ne veut plus, et qui ne sauraient
remplacer un morceau de pain. C'est, je pense, à cette dernière cause que
l'on peut attribuer la mortalité de ces dernières années, mortalité que l'on
ne remarque pas en 1830, à cause de la meilleure répartition du travail à cette
époque.

Les décès, selon qu'on les considère dans les villes ou dans les campagnes,
présentent les mêmes différences que les naissances ; mais comme je ne possède
pas le relevé des dernières années, et que, dans la période de 1820-25, la
nation n'était pas ce que l'on peut appeler une nation industrielle, le résultat
serait sans intérêt.

Je signalerai seulement combien la mortalité augmente dans les villes de
fabrique, en donnant deux chiffres qui sont tirés du mouvement de la population de la ville de Paris. Tandis qu'il ne meurt qu'une personne sur 65
dans le deuxième arrondissement, il en meurt 1 sur 15 dans le douzième ;
rien à ajouter à de pareils chiffres. M. Léon Faucher, dans ses remarquables
Etudes sur l'Angleterre, indique l'excessive mortalité que l'on observe dans
quelques villes de manufactures.

Tout nous démontre que les décès sont plus communs dans les villes où la
population ouvrière domine ; c'est à sa présence surtout qu'il faut attribuer
la grande mortalité de 1846 à 1849. Maintenant que nous connaissons la
marche des naissances et des décès de 1772 à 1849, nous ferons une remarque
qui nous permettra de remplir, en partie du moins, les lacunes que nous
avons signalées de 1800 à 1816.   JUGLAR.

(*La suite à un prochain numéro.*)

CORRESPONDANCE.

LETTRE DE M. CAREY.

A M. le rédacteur en chef du *Journal des Economistes.*

Comme je ne pouvais être présent à la discussion engagée devant la Société d'économie politique, et qui est rapportée dans votre numéro de novembre, je me sens disposé à vous demander une place dans vos pages pour quelques courtes remarques, et comme elles ne seront pas d'un caractère à provoquer une discussion qui pourrait occuper vos feuilles, j'ai lieu d'espérer que vous me l'accorderez.

En présentant à la Société ma courte esquisse de la théorie de Ricardo, M. Coquelin a dit qu'il la regardait comme « tout au moins contestable », et une opinion semblable a été exprimée ailleurs, mais je n'ai vu nulle part mon erreur indiquée. Vous m'avez vous-même renvoyé à Rossi comme expositeur des doctrines de Malthus et de Ricardo ; et si vos amis veulent qu'il soit accepté comme l'apôtre de la foi véritable, je suis tout prêt à le regarder comme tel. Je désirerais beaucoup savoir qui doit être regardé comme faisant autorité, après quoi il me serait très-agréable de connaître le sens précis que l'on doit donner à ses paroles ; et, pour cela, permettez-moi de suggérer que la théorie qu'il enseigne soit réduite en propositions semblables à celles que j'ai données, afin que le lecteur puisse facilement comprendre ce que Ricardo désirait soutenir, et que je me proposais de réfuter. Une telle exposition de la foi véritable, comme on la trouve dans Rossi, ne demanderait pas plus d'une page du journal.

On m'objecte que la théorie que j'ai avancée tend au système protecteur. Même si elle avait une telle tendance, je demanderais à M. de Molinari : « Serait-elle moins vraie ? » Si elle est vraie, il nous faut la traiter comme cet écrivain dit qu'il faut traiter celle de Ricardo, — la prendre avec toutes ses conséquences. Je nie cependant qu'elle ait cette tendance. Au contraire elle a pour but l'établissement d'une liberté parfaite d'échange entre les hommes et les nations, parce qu'elle tend à nous faire comprendre les causes perturbatrices qui s'opposent partout à l'existence de cette liberté, et à déterminer quels sont les remèdes nécessaires pour les faire disparaître. L'étude profonde de l'anatomie et de la physiologie nous a conduits à la connaissance de la pathologie, et la conséquence en est que nos hôpitaux sont remplis de malades qui autrefois eussent été regardés comme incurables et qu'on faisait rester chez eux. Mais faut-il, pour cette raison, s'élever contre la médecine comme tendant à substituer le sel d'Epsom et la magnésie au pain et à la viande ? Il est quelquefois nécessaire de prendre médecine pour préparer l'estomac à la réception de la nourriture, de se dégager le corps afin de devenir fort, et de faire la guerre pour obtenir la paix ; il est donc possible que nous soyons obligés quelquefois d'avoir recours à la protection comme moyen pour obtenir la liberté d'échange. Ce n'est pas toujours le chemin qui paraît le plus direct qui est le plus court.

Il n'y a personne de plus pénétré que je ne le suis de l'idée des avantages qui peuvent résulter d'une liberté parfaite d'échange. Pendant beaucoup d'années j'ai pensé que nous devions la chercher dans la direction indiquée dans votre journal. Cependant je m'aperçus qu'une masse de faits étaient opposés à cette théorie, et un examen attentif de tous les phénomènes présentés par les opérations commerciales de ce pays depuis 1815, m'ayant convaincu que le pouvoir de consommation avait invariablement augmenté avec rapidité sous un système de protection, et avait décliné tout aussi invariablement après le retrait de ce système ; je fus alors conduit à rechercher pourquoi la théorie et les faits ne concordaient pas. Satisfait sur ce point, je n'hésitai pas à admettre que je m'étais trompé, et qu'on avait eu recours à la protection comme à un remède contre un grand mal, et qu'elle avait été la seule route vers la liberté des échanges. Si je suis maintenant dans l'erreur, il est très-aisé de le prouver. Je n'ai point argué de quelques faits isolés, ni de courtes périodes, mais j'ai donné tous les faits de trente ou même de quarante années, prouvant ainsi que le pouvoir de consommer a crû toujours avec le système de protection ; et comme ce pouvoir est la mesure du pouvoir de protection, il s'ensuit nécessairement que le travail a été mieux rétribué sous le système protecteur. Cette vérité démontrée, nous connaissons de suite le chemin vers le libre échange, car la liberté de l'homme en ce qui concerne la pensée, l'action et l'échange croît toujours avec l'accroissement de son pouvoir à produire les choses à échanger.

Les sociétés sont comme les individus. Elles sont travaillées de maladies différentes qui demandent des traitements différents ; et le médecin politique qui prescrit toujours le même remède est sûr d'obtenir le même résultat que le médecin qui administrerait le même médicament à tous ses malades ; c'est-à-dire qu'il a beaucoup plus de chances de tuer que de guérir. Si j'avais écrit pour la France, j'aurais fait un ouvrage tout différent, et il en est de même si j'avais écrit pour l'Angleterre. Les maladies dont elles souffrent sont différentes des nôtres et demandent une étude spéciale et un traitement différent. Adam Smith écrivait spécialement pour l'Angleterre, et dans son ouvrage il indiqua l'essence de son système, qu'il regardait comme directement opposé à ses plus chers intérêts, et comme « une violation manifeste des droits les plus sacrés des autres nations. » S'il eût écrit tout autre part qu'en Angleterre, il aurait conseillé une autre méthode d'arriver au même but, la liberté d'échange ; et, en lisant son ouvrage, il est essentiel de nous placer au même point que lui, et de nous *pénétrer* de l'erreur qu'il voulait corriger; et, c'est faute de prendre cette précaution qu'on le cite souvent pour soutenir des mesures auxquelles, selon les circonstances, il aurait sans aucun doute refusé son assentiment. J'ose vous adresse avec cette lettre un court examen, imprimé l'année dernière, de sa doctrine sur les échanges, qui pourra peut-être démontrer à quelques-uns de vos amis, que j'ai au moins *étudié* « la *Richesse des nations* », quand même ils persisteraient à croire que je n'ai pas *compris* le sujet.

L'avantage du système que j'ai offert à la considération du public, c'est qu'il offre un moyen d'épreuve qu'aucun ne présente pour l'examen de tous les faits qui se trouvent dans les annales du mouvement des nations. Il est extrêmement simple, et par conséquent très-étendu, comme sont toutes les lois naturelles. Dans mon exposition de cette théorie, je n'ai pas inséré un seul mot derrière lequel je puisse me retrancher en cas de difficulté, comme l'a fait Ricardo quand il dit que les différences dans la qualité du sol, et les avantages de la situation, sont les deux causes du payement du loyer. Je n'ai senti le besoin de rien de pareil. Si ma doctrine est vraie, elle est obligée facilement de rendre raison de *tous les faits bien observés*; et si elle ne peut le faire, elle est entièrement fausse, et, dans ce cas, je tiens à le confesser. Ni vous, monsieur, ni aucun de vos amis ne pouvez en demander davantage.

Quelques-uns de vos amis sont disposés à croire qu'elle peut être aisément réfutée. Je les invite à entreprendre la tâche, commençant par le commencement, comme je l'ai fait avec Ricardo, sans prendre quelques parties isolées, pour entreprendre de les réfuter à l'aide d'arguments qui, autrement appliqués, *anéantissent la théorie qu'ils désirent soutenir*. Cela faisant, je pense qu'ils seront, comme a été M. Bastiat, bientôt convertis à la foi véritable, et qu'ils abandonneront Ricardo et Malthus. — Et je vous prie de remarquer que je ne m'exprime ainsi qu'après avoir lu toutes leurs critiques, dont les erreurs sont très-susceptibles de démonstration.

On dit que M. Bastiat et moi nous avons fait une très-grande injustice à nos prédécesseurs en ce qui regarde l'idée de l'harmonie. A cet égard, je ne puis que répéter ce que j'ai déjà dit, que quoique le *mot* soit partout, la *chose* n'est nulle part. Dans les ouvrages reçus, et je n'en excepterai même pas celui de votre très-estimé maître et ami Rossi, les parties du système sont en conflit perpétuel les unes avec les autres, et les lois tendent à la production de la discorde entre les hommes et les nations ; tandis que dans la théorie que j'ai offerte, *il n'y a pas une seule partie qui ne soit en harmonie parfaite avec toutes les autres*, et le tout tend à la production de l'harmonie entre les portions différentes de la société et entre toutes les nations du monde. Néanmoins, un de vos amis est d'avis que je suis « l'ennemi juré de John Bull », et que je suis aussi aveuglé par ce sentiment envers l'Angleterre, que M. Bastiat supposait que je l'étais à l'égard de la France[1]. Je n'ai aucun sentiment de cette espèce à l'égard de l'un ou de l'autre, mais c'est en vain que j'essayerais de fermer les yeux sur l'erreur de leur système de politique. Chez l'une, je vois une passion effrénée pour la guerre, accompagnée de l'existence de grandes armées et d'un système d'impôts ruineux, et une centralisation politique universelle ; chez l'autre, je vois une passion, également effrénée, pour une centralisation commerciale, dont nous voyons les effets dans la ruine de l'Irlande et des Indes ; et persuadé, comme je suis, que la centralisation commerciale est plus désastreuse que la centralisation politique, je n'hésite pas à constater les faits, dans l'espérance de stimuler d'autres économistes à l'examen de la question. Les deux systèmes sont destructifs des vrais intérêts des nations qui les ont adoptés et de tous ceux qui ont des relations avec elles ; car l'harmonie d'intérêts entre les nations est si parfaite, qu'aucune d'elles ne peut souffrir une perte sans en infliger une aux autres.

Nous désirons tous voir s'établir le règne de la paix et du libre-échange, mais nous différons à l'égard des moyens qui peuvent accomplir l'objet. Or, puisque nous nous entendons quant au but à atteindre, et que nous ne différons que sur la route à prendre pour y arriver, ne pourrait-on conduire la discussion, si toutefois il y a discussion, sans employer de part et d'autre des expressions dédaigneuses? Nous avons devant nous une question scientifique, et je suis fortement disposé à croire que j'ai étudié avec autant de soin, et que je comprends tout aussi bien ce que je propose de démontrer, que ceux qui désirent me réfuter.

J'ajouterai, pour conclure, quelques mots sur les différences des deux systèmes. Quelques-uns de vos amis sont d'avis qu'elles sont plus légères que je ne les ai établies, et cependant ils affirment que ces théories mènent à des résultats directement opposés : l'une à la protection et l'autre au libre échange. Ce n'est pas à moi à concilier ces contradictions, et je me contenterai de dire que les deux systèmes sont aussi opposés que les pôles, et qu'aucun effort ne peut les rapprocher. Si l'on peut prouver que la théorie de Ricardo est véritable *dans aucune de ses parties*, j'admettrai alors que la mienne est *entièrement fausse*. Nous prenons pour point de départ des bases entièrement différentes. Il commence par la culture des terres fertiles des vallées, et moi par celle du sol ingrat des collines, et à chaque pas nous nous éloignons de plus en plus l'un de l'autre. Voilà pourquoi je désire que ceux qui veulent *me réfuter* prennent ma théorie dès le commencement et me suivent jusqu'à la fin, *me réfutant* pas à pas, comme j'ai fait avec la théorie Ricardo-Malthusienne.

Agréez, monsieur, etc.

L. CAREY,
Philadelphie, 15 déc. 1851.

---

[1] Voir le n° de janvier 1851, tom. XXVIII, p. 38, pour la lettre de M. Bastiat.

BULLETIN.

BOURSE DE PARIS. — *Décembre*, 1851. — Le mois de décembre a vu une des hausses les plus fortes qui aient eu lieu à la Bourse de Paris ; les fonds publics et les actions ont généralement atteint leur plus haut cours depuis la révolution de Février, et quelques-unes ont même dépassé le dernier cours de février 1848. La rive droite et la rive gauche, le Bâle, le Centre, le Nord et le Strasbourg parmi les chemins, le gaz Français, le Maberly, la Générale incendie, l'Union incendie, le Phénix incendie, la France incendie, l'Urbaine incendie, et l'Union des ports (maritime), parmi les valeurs industrielles, et le 5 pour 100 napolitain, les fonds autrichiens, espagnols, hollandais, sont dans ce cas. Ce qui caractérise ce mouvement, c'est qu'il a eu lieu jusqu'à présent sans réaction. Le vote des 20-21 décembre, escompté d'avance, n'a ni ralenti ni accéléré l'impulsion. Un mouvement analogue avait eu lieu en mai 1849 (voir le numéro du 15 juin 1849, tome XXIII, page 304) ; mais les diverses valeurs

PAIR.	VERSEMENTS.	BOURSE DE PARIS. DÉCEMBRE 1851. RENTES. — BANQUE. — CHEMINS DE FER.	1er cours.	Plus haut cours.	Plus bas cours.	Dernier cours.
100	Tout.	5 %, jouiss. 22 septembre 1851...............	91 25	103 »	89 10	101 70
100	Tout.	4 1/2 %, jouiss. 22 septembre 1851...........	»	100 »	85 50	91 »
100	Tout.	4 %, jouiss. 22 septembre 1851............	71 »	81 75	71 »	81 75
100	Tout.	3 %, jouiss. 22 décembre 1851............	55 45	67 »	54 75	67 »
1000	Tout.	Banque de France, jouiss. juillet 1851.:...	2120 »	2620 »	2045 »	2565 »
500	Tout.	Paris à Saint-Germain, jouiss. octobre 1851...	»	525 »	410 »	525 »
500	Tout.	Paris à Versailles (rive dr.), jouiss. avril 1847..	»	310 »	257 50	510 »
500	Tout.	——————— (rive g.) jouiss. juillet 1851..	200 »	235 »	200 »	235 »
500	Tout.	Paris à Orléans, jouiss. juillet 1851........	878 75	1050 »	857 50	1047 50
500	Tout.	Paris à Rouen, jouiss. juillet 1851........	577 50	660 »	556 25	660 »
500	Tout.	Rouen au Havre, jouiss. octobre 1851......	213 75	250 »	200 »	250 »
500	Tout.	Avignon à Marseille, jouiss. janv. 1848......	205 »	260 »	185 »	260 »
350	Tout.	Strasbourg à Bâle, jouiss. janvier 1851.......	152 50	199 »	142 50	199 »
500	Tout.	Centre, Orléans à Vierzon, jouiss. juillet 1851.	438 75	507 50	410 »	507 50
500	275	Orléans à Bordeaux, jouiss. juillet 1851......	378 75	427 50	365 »	427 50
500	400	Nord, jouiss. juillet 1851.............	467 50	581 25	447 50	581 25
500	450	Paris à Strasbourg, jouiss. juillet 1851......	368 75	475 »	345 »	475 »
500	425	Tours à Nantes, jouiss. juin 1851.........	258 75	300 »	245 »	300 »
500	Tout.	Montereau à Troyes, jouiss. janvier 1851....	96 25	130 »	95 »	130 »
500	400	Dieppe et Fécamp, jouiss. avril 1851........	»	220 »	200 »	220 »

PAIR.	FONDS DIVERS français et étrangers.	Plus haut.	Plus bas.	PAIR.	SOCIÉTÉS DIVERSES par actions.	Plus haut.	Plus bas.
100	Rentes Ville 5%, j. juill. 1851	»	»	500	Comptoir nat. d'escompte	530 »	475 »
1000	Obl. Ville 1849, j. oct. 1851	1185 »	1125 »	800	Vieille-Mont., j. juill. 1851	3225 »	2500 »
1000	Obl. Seine 1849, j. janv. 1851	1100 »	1095 »	750	Stolberg.............	825 »	735 »
1000	Obl. de Marseil., j. juill. 1851	1095 »	1058 75	1000	Monceaux-sur-Sambre...	1350 »	1350 »
1000	Obl. list. civ. j. mai 1851..	1080 »	1050 »	25	Telég. électr. sous-marin	31 25	25 »
100	Belgiq., 5 %, 1 nov. 1851	102 1/4	99 »	500	Gaz franç. Brunton, Pille.	875 »	750 »
100	———4 1/2 %, 1 nov 1851	93 1/8	90 »	2500	Gaz angl. Marguer., Mauby	5000 »	4300 »
100	———2 1/2 %, j. juill. 1851	»	»	500	Gaz de Belleville, Payn...	1000 »	950 »
1000	———Banq. 1835, j. avril	775 »	775 »	500	Lin Maberly (Amiens)	715 »	530 »
100	Naples, 5 %, j. juill. 1851	100 75	99 75	500	Lin Cobin (Prévent)......	825 »	465 »
100	Piém. 5 %, j. juill. 1851	92 »	78 »	5000	Nationale incendie.......	102%, b.	102%, b.
1000	———Obl. 1834, j. juill. 1851	990 »	940 »	5000	——— Vie..........	101%, b	6%, b.
1000	———Obl. 1848, j. oct. 1851	950 »	865 »	12500	Générale Maritime.......	»	»
1000	———Obl. 1851 j. 1 août 1851	940 »	880 »	5000	——— Incendie........	400%, b.	400%, b.
100	Rome, 5 %, j. juin 1851..	90 »	72 3/8	7500	——— Vie............	30%, b.	26%, b.
100	———5 %, 1850, j. juin 1851.	91 »	73 3/8	5000	Union incendie........	45%, b.	37%, b.
100	Autriche—lots de 1834...	»	432 50	5000	——— Vie............	1%, b.	1%, p.
100	Espag., 3 %, ext. j. juill. 1851	42 3/8	39 3/4	5000	France incendie........	21%, b.	15%, b.
100	———3 %, int. j. juill. 1851	39 1/4	35 »	1000	Phénix incendie.........	»	»
1000	Haïti-Annuités j. janv. 1844	150 »	150 »	5000	Urbaine incendie........	15%, b.	9%, b.
100	Holland. 2 1/2 %, j. 22 juill. 1851	60 1/2	60 1/4	5000	Union des ports maritimes	»	»
100	Russie, 4 %, Baring, j. juill.	103 »	100 »	5000	Lloyd français maritime..	2%, b.	2%, b.

étaient vivement revenues sur leurs pas, et ce n'est qu'après de nombreuses oscil. lations que la hausse avait fini par l'emporter. Cette fois-ci, le mouvement a été graduel et continu ; de plus, presque toutes les valeurs, les rentes françaises et étrangères d'abord, les actions de chemins de fer ensuite, et enfin, en dernier lieu, les diverses valeurs industrielles, ont plus ou moins vivement cédé à l'impulsion.

C'est le comptant qui a, à vrai dire, déterminé le mouvement. Effrayés par l'intensité de la hausse, agents de change et coulissiers ont ralenti, si ce n'est suspendu les affaires de jeu proprement dites, et malgré cela, la liquidation de décembre a été si. gnalée par la suspension de payement de plusieurs coulissiers. On assure même que si la caisse commune de la Compagnie des agents de change n'était venue au secours de plusieurs d'entre eux, certains auraient été fort embarrassés.

On a détaché le 27 décembre, sur les actions de la Banque, un dividende pour le second semestre de 1831, de 50 francs par action ; celui du premier semestre ayant été de 55 francs, cela fait 105 francs pour l'année entière.　　　A. Courtois.

BANQUE DE FRANCE. — *Situations hebdomadaires*. —La situation du 8 janvier, comparée à celle du 4 décembre dernier, présente les variations suivantes :

A l'actif, le numéraire a diminué de près de 19 millions à Paris, et dans les suc. cursales de 10 millions 3/4 ; en tout, près de 30 millions de diminution. Le porte. feuille de Paris a augmenté de 16 millions 2/3, et celui des succursales de 9 mil.

SITUAT. DE LA BANQUE.	AU 11 DÉC.	AU 18 DEC.	AU 2 JANV.	AU 8 JANV.
ACTIF.				
Argent monnayé et lingots à Paris..	457,383,241 13	456,538,036 45	460,820,719 42	459,136,982 96
Idem dans les succursales..........	110,056,427 »	106,045,500 »	106,985,851 »	105,068,664 »
Effets echus hier à recouvrer ce jour	1,465,004 12	291,543 07	5 735,036 77	301,418 91
Portefeuille de Paris¹.............	52,661,471 17	51,524,988 33	55,467,370 67	58,954,087 89
Idem des succursales............	71,840,909 »	73,335,346 »	74,735,771 »	75,995,815 »
Avances sur ling. et monnaies à Paris	2 067,300 »	1 804,700 »	579,700 »	639,700 »
Idem dans les succursales........	2,559,926 »	3,041,397 »	3,193,650 »	2,636,198 »
Avances sur effets pub. franç. à Paris	7,945,826 10	8,929,926 10	14,091,976 10	24,429,079 10
Idem dans les succursales.........	3,150,056 »	2,975,765 »	2,227,243 »	3,267,515 »
Avances à l'État................	125,000,000 »	125,000,000 »	125,000,000 »	125,000,000 »
Avances à la ville de Paris........		10,000,000 »	10,000,000 »	10,000,000 »
Rentes de la réserve............	10,000,000 »	10,000,000 »	10,000,000 »	10,000,000 »
Rentes, fonds disponibles.........	42,677,621 28	42,677,621 28	42,677,621 28	42,677,621 28
Plac. des nouv. succ. en effets publ.	12,952,725 74	12,952,725 74	12,952,725 74	12,952,725 74
Hôtels et mobilier de la Banque...	7,558,746 »	7,429,853 »	7,413,159 »	7,413,160 »
Intérêts dans les compt. nation. d'esc.	308,000 »	308,000 »	308,000 »	308,000 »
Dépenses d'administration.........	1,045,192 89	1,085,458 08	39,400 »	47,122 25
Divers....	2,184,502 24	2,247,111 61	1,911,347 77	4,523,874 16
PASSIF.				
Capital divisé en actions de 1000 fr.	91,250,000 »	91,250,000 »	91,250,000 »	91,250,000 »
Réserve......................	12,980,750 14	12,980,750 14	12,980,750 14	12,980,750 14
Réserve immobilière de la Banque..	4,000,000 »	4,000,000 »	4,000,000 »	4,000,000 »
Billets au port. en circ. de la Banq.	437,350,500 »	444,741,500 »	469,432,400 »	470,092,200 »
Idem des succursales.............	126,496,625 »	125,821,175 »	126,500,500 »	129,216,150 »
Billets à ordre.................	8,140,508 16	8,335,333 42	8,910,954 99	7,525,512 39
Compte courant du Trésor, cred.	66,327,746 »	70,222,700 14	52,186,125 94	57,825,863 38
Comptes courants des partic. à Paris	112,373,820 76	107,489,803 66	117,271,670 19	126,919,920 08
Idem dans les succursales.........	30,434,038 »	31,540,110 »	30,296,482 »	26,202,738 »
Récépissés payables à vue........	14,682,213 »	14,174,303 »	13,935,826 »	12,867,478 »
Dépenses précomptées..........	283,186 49	530,361 65	393,504 79	395,460 29
Escomptes et intérêts divers......	4,386,621 92	3,292,957 65	195,904 82	396,300 76
Réescompte et bénéfices réserves...	323,978 70	323,005 70	408,881 »	408,882 »
Rentrées sur les effets en souffrance	763,204 06	771,315 14	94,871 57	114,070 74
Divers..	1,067,756 44	734,626 16	6,351,900 51	3,106,735 61
TOTAL ÉGAL DE L'ACT. ET DU PASS	910,860,948 67	916,207,971 66	934,245,071 95	943,302,061 29
¹ Dont provenant des succursales	16,761,566 88	16,173,090 37	15,269,077 59	15,559,059 93

lions 1/4 ; en tout plus de 25 millions 1/2 d'augmentation. Les avances sur lingots ont diminué, à Paris, de 1/2 million, et augmenté dans les succursales de 1/3 de million. Les avances sur effets publics français ont triplé à Paris ; dans les succursales, l'augmentation est de 1/3 de million ; en tout, l'augmentation des avances sur effets publics est de plus de 16 millions 3/4.

Au passif, la circulation en billets au porteur a augmenté, à Paris, de 37 millions 1/4, et dans les succursales de 2 millions 1/4 ; en tout 39 millions 1/2 d'augmentation ; les billets à ordre ont augmenté de 1/4 de million. Le compte courant du Trésor a augmenté de 9 millions 3/4. Les comptes courants des particuliers ont augmenté, à Paris, de 12 millions 3/4, et diminué dans les succursales de près de 9 millions.

En résumé, le 8 janvier, le passif exigible à vue (comptes courants, billets au porteur et à ordre, récépissés payables à vue, engagement de prêt envers la ville) montait à 841 millions ; l'actif dont on pouvait immédiatement disposer (numéraire, avances sur lingots), à 567 millions 1/2, ce qui constitue une différence de 273 millions 1/2 ; le 4 décembre, cette différence ne montait qu'à 206 millions 1/4 ; elle a donc augmenté de 67 millions 1/4.

Comme on voit, les chiffres que nous donnons d'après le *Moniteur* signalent une certaine reprise dans les affaires ; d'une part, l'augmentation du portefeuille ; d'autre part, la sortie simultanée des espèces et des billets des caisses de la Banque, témoignent que le numéraire craint moins de s'engager dans des opérations fructueuses. Enfin, l'augmentation excessive des prêts sur rentes prouve suffisamment que l'on désire profiter des cours actuels pour entrer dans les chemins de fer et autres valeurs de Bourse.

Le prêt de la Banque au Trésor, autorisé par traité du 30 juin 1848, a augmenté ce mois-ci des 25 millions dont nous avons parlé dans le dernier numéro.

En outre, sur les 20 millions que la Banque s'est engagée à prêter à la ville de Paris, cette dernière a déjà touché 10 millions.

Le 26 décembre, l'administration de la Banque a fixé le dividende pour le second semestre de 1851, à 50 francs (Voir la Bourse).

On a parlé ces jours-ci de la suppression des receveurs généraux et des receveurs particuliers, et de leur remplacement par la Banque qui, en ce cas, aurait établi des succursales dans tous les chefs-lieux de départements.   A. COURTOIS.

REVUE COMMERCIALE. *Décembre* 1851.—L'ascension des cours des diverses marchandises n'a pas atteint un degré aussi élevé que la hausse des fonds publics. Cela était du reste à prévoir, en ce que la spéculation se portant généralement sur les rentes, de préférence aux marchandises, ces dernières devaient avoir, à conditions égales d'ailleurs, moins de chances d'être, ce que l'on appelle en terme de Bourse, enlevées.

Les *farines* ont continué à monter ce mois-ci ; la boulangerie qui, croyant toujours à la baisse de cette denrée, ne voulait pas acheter, se tient, quoique surprise par la hausse, sur la réserve, et ne traite que pour de petites parties. De forts arrivages d'Amérique n'ont pas influé sur les marchés français et anglais.

La hausse des *céréales* fait chaque jour de nouveaux progrès, soit à Paris, soit sur les divers marchés de la province. Le *blé* a augmenté dans presque tous les départements ; c'est dans le Nord que l'augmentation a été la plus forte ; viennent ensuite la Champagne et les provinces de l'Est et du Centre. A Londres, la vente du blé est difficile, malgré les concessions qu'offrent de faire les détenteurs.

Il s'est manifesté un accroissement notable dans la vente des *bestiaux*, et leurs prix se sont améliorés.

Les *vins* augmentent également, quoique plus lentement. Dans le Midi, les vins vieux commencent à manquer, par suite des demandes de l'Italie, où la maladie des raisins a sévi avec une telle intensité, qu'il n'y a pas eu un vingtième de récolte. En France, les vignobles les mieux réussis sont le Midi, le Bordelais et le Cher. Les prix de ces vins montent, et bientôt ils manqueront ; car, comme nous l'avons dit dans notre dernier numéro, la quantité récoltée est moindre que les autres années.

Les droits de douane, accrus, en Autriche, de 100 fr. par pièce environ à partir du 1er février prochain, ont provoqué dans le Midi de fortes demandes en 3/6 ; les cours s'en sont naturellemet ressentis.

Les *huiles* ont remonté à Marseille, par la demande des fabricants, et à cause de l'absence d'arrivages de Provence.

L'attente d'arrivages importants a suspendu les opérations en *café* ; au Havre, à Nantes et à Bordeaux, comme à Paris, ce n'est que le petit commerce qui achète cette fève pour la consommation.

La loi du 13 juin 1851, sur les *sucres*, avait fait reculer beaucoup de transactions sur cette denrée ; en en remettant l'application au 1er juin prochain, on a favorisé les opérations, et déjà on peut espérer une reprise sérieuse sur les sucres indigènes.

Des avis de Liverpool ont favorisé la hausse des *cotons* sur le marché havrais.

Les *laines* sont très-recherchées pour le peigne, la draperie, la passementerie et la bonneterie. La hausse est de 10 à 15 pour 100 sur les cours du mois de novembre dernier. Les existences des divers marchés de la France sont enlevées, et on attend en conséquence de prochains envois de l'étranger.

Les *soies* gréges sont fort recherchées dans le Midi, et l'on s'attend à voir continuer la hausse de cette demande sur les divers marchés méridionaux.

La fabrication des *soieries* imprime à Lyon et à Saint-Etienne une grande activité, et tout porte à croire que ce mouvement ne s'arrêtera pas de sitôt.

Dans les diverses places manufacturières de la France, les *tissus de laine, de fil et de coton* ont été très-recherchés, et leurs prix ont augmenté. La fabrique est très-occupée en ce moment, et il y a lieu d'espérer un peu d'amélioration matérielle dans le sort des artisans de ces industries.

La hausse sur les produits de l'industrie métallurgique est encore bien insignifiante ; cependant, l'adjudication des grands travaux d'utilité publique, et surtout la reprise des travaux de bâtiments, permettent de présager une amélioration peu éloignée dans les prix.   A. COURTOIS.

BIBLIOGRAPHIE.

———

LETTRES SUR L'EXPOSITION UNIVERSELLE DE LONDRES, *précédées d'un préambule et suivies du rapport présenté à l'Institut national de France*, par M. BLANQUI, (membre de l'Institut). Paris, Capelle, libraire. 1 vol. grand in-18.

M. Blanqui a été heureusement inspiré par l'Exposition de Londres. Les lettres qu'il a écrites sur ce sujet, avec le préambule et le rapport qui les accompagnent, forment l'un des plus charmants ouvrages qu'il ait écrits, et l'un des meilleurs qu'il nous ait été donné de lire depuis longtemps. Ce n'est peut-être qu'une esquisse (et que pouvait-on faire de plus sur l'Exposition de Londres ?), mais c'est une esquisse étincelante d'esprit et de verve, où circule, d'ailleurs, au milieu de toutes les séductions du style, une sève de bon sens malheureusement trop rare par le temps qui court.

Ces lettres avaient déjà paru dans *la Presse*, où bien des gens les avaient lues, et nous-même comme tant d'autres. Mais il semble qu'elles n'y aient rien perdu de leur fraîcheur et de leur nouveauté. On a beau les connaître, on les revoit toujours avec plaisir ; elles attachent même davantage à une seconde lecture. C'est l'effet de cet heureux don, que M. Blanqui possède à un si haut degré, et qu'il n'a révélé nulle part mieux qu'ici, de saisir constamment l'imagination du lecteur et d'animer tout ce qu'il touche.

Il est malheureusement impossible d'analyser un ouvrage de ce genre, qui se refuse par sa nature même à l'analyse. L'auteur n'y a pas suivi un ordre méthodique ; à quoi bon ? Il ne prétendait pas refaire un catalogue des objets exposés, ni faire concurrence aux revues officielles ; il retrace ses impressions à mesure qu'il les reçoit : c'était le meilleur moyen de les rendre dans leur vivacité première et leur sincérité native. Par cela même, il passe facilement d'un sujet à un autre, de l'exposition française, par exemple, à l'exposition indienne, des soieries aux machines, des produits agricoles aux produits des arts, sans s'astreindre à aucun ordre invariable ou régulier. Quelquefois même il échappe tout à coup aux merveilles dont il est entouré, et qu'il vient d'étaler aux yeux de ses lecteurs, pour aller interroger les sources mêmes de la production, c'est-à-dire pour aller visiter les manufactures où les produits industriels s'élaborent, et les exploitations rurales d'où sortent avec tant d'abondance les matières brutes, et il rapporte de chacune de ces excursions des aperçus nouveaux. C'est une suite de tableaux détachés, mais de tableaux vivants, animés, pleins de vivacité et de couleur, et dont chacun porte en outre avec lui d'utiles enseignements.

Quoique économiste, c'est-à-dire livré d'habitude à des études sérieuses et à des travaux sévères, M. Blanqui excelle, on le sait, à saisir le côté artistique des choses. Nul ne le sent mieux que lui, et ne le rend avec plus de vivacité et de bonheur. Il n'en fallait pas moins pour peindre dignement cette Exposition universelle, où se sont associés constamment aux prodiges de l'industrie les merveilles de l'art. Mais à côté de l'artiste ou de l'homme de goût, on retrouve constamment l'économiste, qui veut instruire en même temps que plaire, et qui sait tirer à propos, de chaque objet ou de chaque fait qu'il retrace, de bonnes et solides leçons. Pas une de ces lettres qui n'éclaire autant qu'elle intéresse et qu'elle amuse. Si nous ne craignions d'être injuste envers les autres, nous mentionnerions particulièrement la huitième, celle précisément où il rend compte de son excursion champêtre. C'est un tableau plein d'animation et de fraîcheur, mais le tableau le plus instructif peut-être qu'on puisse offrir à des lecteurs français.

Aux lettres proprement dites, qui sont au nombre de dix-huit, et que bien des gens connaissent déjà, M. Blanqui a joint, comme on l'a vu, un *Préambule plus utile que le livre*, à ce qu'il dit, et un *Rapport* à l'Académie des sciences morales et politiques, qui sont entièrement nouveaux. Dans ces deux pièces importantes, qui sont l'une et l'autre d'une raisonnable étendue, l'économiste se retrouve avec toute l'ampleur de sa pensée. S'il n'est pas vrai que le préambule soit plus utile que le livre, ce que nous refusons d'admettre, il est certain qu'il s'y trouve d'excellentes choses, non meilleures, mais plus condensées qu'elles ne le sont dans les lettres ; et comme ce préambule est nouveau, nous ne nous refuserons pas au plaisir d'en donner quelques extraits.

À la vue de cette Exposition universelle, si bien faite pour inspirer l'idée de l'union commerciale des peuples, et qui en démontre si hautement l'utilité, M. Blanqui rappelle assez naturellement le souvenir récent de la décision prise par l'Assemblée législative sur la proposition de M. Sainte-Beuve, et voici les réflexions fort justes que cette décision lui inspire :

« Au moment même où l'Exposition universelle démontrait d'une manière si éclatate tous les **avantages** d'un rapprochement commercial entre les peuples et la nécessité d'abaisser les barrières qui les séparent, une recrudescence violente de prohibition s'est manifestée en France sous le gouvernement républicain, ajoutant cette calamité à tant d'autres bien faites pour affliger les amis sincères et éclairés du pays. On dirait que la vue de toutes les richesses échangeables du globe et la certitude désormais acquise du bon marché de tant de productions offertes à l'espèce humaine par la bonté infinie du Créateur, ont donné le vertige à certains hommes. C'est sous l'empire d'une Constitution populaire, issue du suffrage universel, qu'une Assemblée française vient proclamer implicitement, *sans distinction d'opinion*, faut-il le dire, que le bas prix des choses était un malheur public, et qu'il fallait conjurer ce malheur par des taxes élevées ou par des prohibitions indéfiniment prolongées.

« Ainsi, ce qui n'était soutenu naguère que par quelques intéressés honteux, et comme mesure transitoire, tend à devenir une espèce de dogme consacré par les grands pouvoirs de l'Etat, et notre pays, accoutumé de tout temps à donner aux nations étrangères l'exemple des idées libérales, rétrograde aujourd'hui de plus d'un siècle vers un régime abandonné de l'Espagne elle-même, de l'Autriche et de toute l'Europe. Des hommes d'Etat éminents ont osé soutenir, à la face d'un peuple qui se croit souverain, que son intérêt est de payer fort cher ce que la Providence a prodigué partout à bon marché, et les représentants de ce peuple ont trouvé de telles doctrines toutes naturelles... Heureusement, les assemblées politiques ne sont pas des conciles, ni leurs décisions des articles de foi. Nous avons vu trop souvent les actes de ces assemblées infirmés par elles-mêmes ou mis à néant par les événements, pour concevoir, à propos des hérésies économiques dont nous sommes témoins, des inquiétudes sérieuses et durables.

« L'expérience des peuples, les lois éternelles du commerce, les chemins de fer, la navigation à la vapeur, la paix générale conspirent de toutes parts en faveur de l'*ordre naturel*, troublé par les saturnales révolutionnaires et économiques de ce temps-ci. Il n'est individualité si haute, ni puissance si absolue, républicaine ou monarchique, qui puisse prévaloir contre les nécessités et les droits imprescriptibles de la société humaine. Le premier de ces droits est celui d'échanger librement les produits créés par le travail de chacun de ses membres, et de vivre de ce travail au meilleur marché possible : toute tentative ayant pour but d'entraver l'exercice d'un tel droit sera considérée un jour comme criminelle, au même chef que les attentats ordinaires contre l'ordre social. J'admire ces peuples d'aujourd'hui qui se repaissent de vaines paroles, d'utopies, de scrutins perpétuels, et qui cherchent dans des agitations sans fin l'amélioration de leur sort, que la Providence a mise à la portée de tous, sous forme d'abondance, tandis que d'ambitieux tribuns s'évertuent à prêcher et à organiser la disette [1]. »

Nous n'avons pas besoin de faire ressortir l'à-propos ni la justesse de ces réflexions, non plus que la vigueur avec laquelle elles sont écrites. Ce ne sont pas les seules que M. Blanqui ait émises sur ce sujet, si bien fait d'ailleurs pour inspirer de tristes pensées à tout homme qui voit et pense. Voici comment il stigmatise un peu plus loin ces mendiants de prohibitions, devenus si vite, d'humbles solliciteurs, dominateurs jaloux, et comment il retourne contre eux les hautes vérités que l'Exposition de Londres a de nouveau mises en lumière.

« Tel qui réclamait timidement comme une faveur, il y a dix ans déjà, une protection de cinq ans, exige aujourd'hui comme droit la prohibition éternelle. Les progrès que nous avons faits, au lieu de compter comme élément d'amélioration dans la voie des réformes de douanes, n'ont figuré que pour mémoire au bilan de cette

---

[1] Page 2 et suivantes.

grave question, et nous en sommes presque revenus, devant le monde ouvert par la vapeur, aux errements et aux doctrines du blocus continental.

« L'Exposition de Londres a fait ressortir, en dépit des intérêts contraires, la vanité impuissante de ces tentatives d'un autre âge. Là, chacun a pu voir par ses propres yeux l'infinie variété de produits que la Providence a mis à la portée du genre humain tout entier. Chacun sait à présent que rien ne manquerait à l'homme sur cette terre, où il se trouve parfois à l'étroit et sur laquelle on le plaint souvent d'être né, s'il ne travaillait lui-même, par de mauvaises lois ou de *mauvaises mœurs politiques*, à défaire l'œuvre de Dieu. Tandis qu'à Buénos-Ayres la viande de bœuf abonde au point qu'on est obligé de la perdre et de ne tirer du bétail que des cuirs et des suifs, ici nos paysans mangent maigre à peu près toute l'année, et nos vignerons ont peine à vendre leurs gros vins 10 centimes le litre. Il est bon de faire savoir aussi que plus certains produits sont parfaits au dehors, plus ils sont prohibés au dedans. Nous prohibons les fontes ouvrées de Berlin, de Birmingham, de Sheffield, qui sont des chefs-d'œuvre d'élégance, d'utilité et de bon marché. Nous prohibons les couteaux qui coupent en faveur des couteaux qui ne coupent pas. Nous chargeons de droits énormes le fer et l'acier, qui sont la matière première de tous les outils existants, et nous applaudissons les orateurs qui prouvent aux ouvriers que cette cherté *est pour leur bien*. Peu s'en faut que les gens qui essayent de prouver le contraire ne soient considérés comme des ennemis publics.

« L'Exposition universelle de Londres n'aura pas peu contribué à réduire à leur juste valeur les arguments de ce régime que certains intérêts coalisés affichent la prétention d'éterniser parmi nous. Ces intérêts agissent exactement comme faisaient, avant la révolution de 1848, d'autres privilégiés, électeurs ceux-là, qui se refusaient à de modestes adjonctions, et qui subirent quelques jours plus tard le suffrage universel. Il ne faut pas croire que le peuple français, si Athénien qu'il puisse être, et disposé à se payer de mots, consente à supporter longtemps le joug des prohibitions, des privations, des visites corporelles, et toutes les autres vexations qui lui sont imposées, moins dans l'intérêt du Trésor public que dans celui de quelques manufacturiers privilégiés. Tout le monde sait maintenant à quoi s'en tenir sur le système protecteur : c'est la taxe de l'opulence levée aux dépens de la pauvreté, je le dis hardiment. Quand l'Exposition de Londres n'aurait fait que mettre cette vérité en relief par la comparaison des prix, elle aurait rendu un service immense à notre pays et à l'humanité [1]. »

Nous ne voudrions pas multiplier outre mesure ces citations, quelque puissant intérêt qui s'y attache. Mais nous éprouvons le besoin d'emprunter encore à l'auteur un argument de fait, dont il nous paraît difficile de méconnaître la portée.

« Si jamais l'utilité, disons mieux, la nécessité des échanges s'est fait sentir quelque part avec une évidence irrésistible, c'est assurément à l'aspect de ce bazar immense qui n'a jamais eu son pareil dans le monde, et qui résoudra la grande question de la liberté commerciale plus sûrement que toutes nos associations. Ce que nos manufacturiers protégés voulaient nous cacher, nous l'avons vu. Nous savons à présent qu'ils sont en état de rivaliser avec les plus habiles fabricants, et qu'ils le seront encore plus sûrement quand on les aura affranchis des taxes qui pèsent sur les matières premières. Nous connaissons les draps, les calicots, les poteries, les cristaux, les fontes ouvrées, et tous les articles de l'étranger prohibés au profit de quelques individualités. Nous savons ce qu'elles y gagnent et ce que le peuple français y perd. Si cette grande expérience ne suffit point pour nous éclairer, restons comme nous sommes ; nous l'aurons bien mérité » (p. 29).

Nous nous sommes presque borné, dans ce compte-rendu, à des citations. C'était

---

[1] Page 10 et suiv.

à nos yeux le meilleur moyen de faire connaître, sinon l'ouvrage même, au moins la manière de l'écrivain. Il ne faudrait pas croire cependant, sur ce qu'on vient de lire, que M. Blanqui ait eu, en écrivant ce livre, le dessein déterminé de combattre le système prohibitif. Il a voulu rendre compte de l'Exposition universelle, et voilà tout ; et il l'a fait en artiste et en peintre autant qu'en homme de science : ce n'est pas sa faute si devant lui s'est dressé, comme une ombre au tableau qu'il avait sous les yeux, ce fantôme de prohibitionisme, qui faisait avec les merveilles de l'Exposition un si hideux contraste.

Dans son rapport à l'Académie des sciences morales et politiques, M. Blanqui a pour ainsi dire résumé et condensé les vérités éparses dans le reste de l'ouvrage, en y ajoutant d'ailleurs quelques réflexions nouvelles appropriées à la gravité de cet illustre corps. Le style en est plus contenu que celui des lettres ou même du préambule ; mais il n'y perd rien pour cela de ses qualités propres. Les vérités y sont énoncées aussi avec plus de réserve ; mais avec une réserve qui n'en altère pas la pureté. Ce rapport est en somme un excellent travail, et un travail complet en soi.

L'Exposition de Londres est déjà loin de nous, mais le souvenir n'en est pas éteint, Dieu merci ! et ce livre restera comme un gracieux monument qui la rappelle.

Ch. COQUELIN.

DES MOYENS PROPOSÉS POUR AMÉLIORER LE SORT DES OUVRIERS AGRICOLES ET METTRE UN TERME A LA DÉPOPULATION DES CAMPAGNES [1], par M. le colonel REPECAUD. Br. in-8.

M. Repecaud, colonel du génie en retraite, occupe utilement ses loisirs, comme le faisait quelquefois le général Bugeaud, à étudier diverses questions économiques, particulièrement en ce qui touche à l'amélioration du sort des classes ouvrières. Il a déjà fait à l'Académie d'Arras, dont il est membre, plusieurs communications sur cet intéressant sujet. La brochure que nous signalons en est une ; et si nous jugeons des autres par celle-ci, nous ne pouvons que féliciter l'Académie d'Arras sur l'heureuse direction de ses travaux. C'est un écrit substantiel et solide où l'auteur réduit à leur juste valeur, par des raisonnements sans réplique, les divers plans qui ont été proposés pour déverser dans les campagnes ce qu'on appelle le trop-plein de la population des villes. Il fait remarquer avec infiniment de raison que, dans l'état présent des choses, il n'est pas exact de dire que les bras manquent dans les campagnes, puisque les salaires y sont, toute proportion gardée, encore inférieurs à ceux des villes, ce qui dénote plutôt la surabondance de la main-d'œuvre que son défaut. Cette situation donnée, si l'on voulait, ajoute-t-il, faire refluer à tout prix, et par des moyens artificiels, les ouvriers des villes dans les campagnes, on ne ferait qu'avilir de nouveau le travail agricole déjà trop mal rémunéré. Les cultivateurs seraient d'ailleurs hors d'état d'employer utilement ces nouveaux venus dont on les surchargerait. Il n'y a donc, selon M. Repecaud, qu'un seul moyen d'attirer ou de retenir dans les campagnes un grand nombre des ouvriers qui affluent dans les villes ; c'est d'améliorer les cultures ; c'est de faire en sorte que le travail agricole se perfectionne et s'étende ; que, par l'emploi de meilleures méthodes, il devienne plus productif, et qu'il puisse en conséquence offrir à un plus grand nombre d'hommes, sans dommage pour les cultivateurs et les propriétaires, de plus amples rémunérations. Tout cela est plein de sens et de justesse. Nous n'y ajouterons qu'une seule réflexion. C'est qu'après tout, l'émigration des campagnes dans les villes, contre laquelle on se récrie tant, est un mouvement naturel de la population, un mouvement nécessaire, inévitable. Les campagnes ont toujours été et seront toujours les pépinières où les villes se recrutent. Vouloir empêcher qu'il n'en soit ainsi, ce serait donc résister, et

---

[1] Lu à l'Académie d'Arras, les 14 et 21 juin 1850. Broch.

résister sans succès, au courant naturel des choses. S'il n'est pas bon de favoriser ce mouvement, qui peut devenir excessif dans certains cas, il ne faut pas non plus entreprendre de le supprimer entièrement. — Cette réflexion n'altère en rien la justesse des observations de M. Repecaud, mais nous pensons qu'elle les complète.

CH. COQUELIN.

DE LA MORALISATION DES CLASSES LABORIEUSES, par M. ALPH. GRUN, avocat, rédacteur en chef du *Moniteur universel*. Broch. in-8 ; chez Guillaumin, 1852.

L'avenir des sociétés européennes, et notamment de la société française, est entre les mains des classes laborieuses des villes et des campagnes, des classes ouvrières et des classes agricoles. C'est à elles surtout qu'il appartient de féconder, par un travail régulier et pacifique, les trésors du sol et de l'industrie ; c'est à elles qu'il est tristement réservé de troubler la paix publique et d'arrêter le développement progressif de la prospérité générale, si leurs yeux ne s'ouvrent pas complétement sur les véritables conditions du salut et du bonheur des nations. Comment leur assurer cette saine intelligence de leur situation et des besoins du corps social dont elles font partie, si ce n'est par la réforme de leurs habitudes vicieuses, par la culture morale et intellectuelle des générations qui grandissent, par le développement du bien-être auquel elles ont droit ? Mais par quel ensemble de moyens ces résultats, si désirables, peuvent-ils être obtenus ? C'est ce que recherche avec l'intelligence d'un publiciste éprouvé et la sincérité d'un honnête homme en dehors des partis, M. Grün, dans la brochure qu'il vient de publier sous le titre suivant : *De la moralisation des classes laborieuses.*

Les gouvernements qui ont eu tour à tour la direction des affaires publiques en France depuis la fin du siècle dernier ont peu fait pour l'éducation des classes laborieuses des villes et des campagnes. On a vu l'enseignement supérieur des lettres et des sciences briller d'un éclat nouveau et que l'Europe a justement admiré et imité. Dans l'enseignement secondaire, bien que la direction donnée aux études n'ait pas été irréprochable, les sacrifices de l'Etat se sont succédé sans interruption : des établissements nouveaux ont été élevés à grands frais sur les différentes parties du territoire. L'enseignement primaire, bien que libéralement doté, ne répandait que des clartés stériles et quelquefois même dangereuses. L'instruction n'était pas assez spéciale, et l'éducation, il faut bien le dire, était nulle. Qu'est-il arrivé en ce qui concerne les classes laborieuses ? Sous l'action d'un travail incessamment répété les mains se font façonnées à remuer la terre, à forger le fer, à travailler le bois, à tisser la laine, la soie et le coton, mais les lois morales dont le germe est déposé en nous par la Providence n'ont pas été expliquées, commentées, rendues claires, intelligibles et pratiques. Dans les écoles ouvertes par chaque commune et l'enseignement primaire, écoles dont nous nous sommes glorifiés avec notre engouement habituel, comment a-t-on entretenu ces enfants sur lesquels devait reposer le salut du pays, des conditions de l'harmonie du monde et des sociétés humaines, des obligations qui pèsent sur toutes les créatures pour leur gloire et pour leur bonheur? Comment a-t-on enseigné à chaque enfant le respect de la famille, du supérieur, le respect de lui-même? Lui a-t-on parlé de la modération, de la sobriété, de l'économie, de toutes les vertus religieuses et laïques qui distinguent l'homme de la bête? Dans l'ordre intellectuel, on a cru préparer un charron, un forgeron, un cultivateur, en lui apprenant à lire, à écrire et à compter. De vaines récriminations seraient aujourd'hui stériles. Les gouvernements et la société ont été à leur insu complices des fautes commises : les gouvernements en manquant de prévoyance et d'initiative, la société en fermant les yeux au danger, et en applaudissant dans ses journaux et sur les théâtres les détestables maximes et les tableaux corrupteurs qui devaient éblouir et égarer une génération sans défense contre de pareils dangers.

A ces maux, M. Grün oppose des remèdes simples et efficaces. Il décompose l'individu et indique pour ses divers éléments les conditions de salut qui lui sont ouvertes. Pour l'âme, une éducation religieuse et la connaissance des lois morales qui régissent l'homme ; pour l'esprit, des connaissances pratiques et appropriées à la vocation et à la destination de chacun ; pour le corps, des soins hygiéniques comme la propreté et la tempérance, des secours en cas de maladie, de la prévoyance pour la vieillesse par les Caisses d'épargne et les Caisses de retraite, des distractions honnêtes et préparées par les pouvoirs publics, pour prévenir les séductions qui naissent du régime actuel.

Ce que demande M. Grün ne ressemble nullement aux programmes d'esprits aventureux, qui s'imaginent découvrir de nouvelles lois morales pour l'humanité. C'est plutôt la réunion méthodique et raisonnée d'opinions émises et d'idées exprimées par des écrivains ou par des orateurs qui l'ont précédé dans cette noble tâche de moraliser les classes laborieuses. Combien de fois l'Académie des sciences morales et politiques s'est préoccupée, dans ses réunions hebdomadaires, de ces intéressants problèmes auxquels s'attachent les noms de MM. Portalis, Troplong, Passy, Ch. Lucas, Léon Faucher ! M. Grün a reconnu leurs efforts en les rappelant au souvenir de ses lecteurs. Pour lui, comme pour eux, la plus douce récompense de tant de veilles et de travaux ne sera vraiment acquise, que le jour où le gouvernement pourra se dégager des stériles débats de la politique pour se vouer tout entier à cette réforme sociale dont la portée est incalculable.   CH. VERGÉ.

DU RECRUTEMENT DE LA POPULATION DANS LES PETITS ÉTATS DÉMOCRATIQUES, avec esquisse historique et statistique sur l'admission d'étrangers et la naturalisation dans la république de Genève, par EDOUARD MALLET. — Broch. in-8 de 122 pages. — Genève, Jullien frères, 1851.

Dans les sociétés anciennes on s'est justement préoccupé des moyens de favoriser le développement de la population. On connaît la nature et l'étendue des encouragements assurés par les lois romaines à la fécondité des mariages ; on sait que la loi *Julia* était destinée à combattre la corruption de l'aristocratie et à la régénérer à travers les siècles. Sous l'ancienne monarchie française, des exemptions d'impôts, des pensions même accordées aux gentilshommes et aux bourgeois pères d'un certain nombre d'enfants, perpétuaient à ce point de vue les traditions du droit romain. Que ces divers moyens d'encourager la fécondité des mariages soient approuvés par l'économie politique, c'est ce qu'on ne saurait aujourd'hui prétendre ; mais on comprend qu'ils aient été considérés comme efficaces et employés en présence de l'appauvrissement des populations et de ces provinces désertes qui composaient une partie de la vieille Europe, pour lesquelles la main de l'homme ne suffisait pas à tirer de la terre les trésors qui ne devaient s'ouvrir qu'au travail persévérant. De nos jours le problème pourrait bien être renversé ; et, par la lecture des principaux économistes qui ont examiné dans leurs écrits les questions de population, ce n'est plus à encourager son développement que devront tendre les efforts des gouvernements. Il s'agit au contraire d'en modérer l'extrême surabondance, soit par des mesures préventives, soit en lui facilitant, pour chaque nation, des débouchés à l'extérieur, rendus nécessaires par l'insuffisance des ressources d'un sol devenu relativement trop étroit.

C'est sous l'empire de la légitime préoccupation qui s'attache à ces intéressants problèmes, dignes à tous les titres d'être étudiés, quels que soient le point de vue particulier de chaque écrivain ou les nécessités de chaque Etat, que la Société d'utilité publique de Genève, pour assurer l'emploi des libéralités d'un de ses concitoyens, M. Gabriel Gellot, a mis au concours les deux questions suivantes :

« Convient-il à un petit Etat démocratique d'accorder des encouragements aux familles qui ont le plus d'enfants ?

« Dans les Etats démocratiques peu étendus, de quelles garanties convient-il d'entourer le recrutement de la population, opéré par voie de naturalisation ou d'établissement d'étrangers? »

D'après l'esprit du testament de M. Gabriel Gallot, les deux parties de la question devaient être traitées en vue du canton de Genève ou des Etats suisses, qui sont dans des conditions analogues. Le programme de la Société d'utilité publique conviait également les concurrents à entrer dans des développements historiques et statistiques propres à jeter du jour sur le sujet, tels que des aperçus sur le développement successif de la population, sur celui des produits du sol ou de l'industrie, sur les changements successifs de la législation et des mœurs.

Le prix de 1,500 fr. a été accordé à M. Edouard Mallet, ancien juge à Genève, qui, sur la première question, conclut en disant : « Non, il ne convient pas à un petit Etat démocratique d'accorder des encouragements aux familles qui ont le plus d'enfants. »

Sur la seconde question, M. Edouard Mallet ne croit ni juste, ni politique, ni même possible de mettre des barrières générales, absolues, permanentes à l'établissement des étrangers dans les petits Etats, ou de ne les admettre que sur un pied d'inégalité ; il faut seulement obtenir des garanties relativement au mode d'admission, et ne jamais laisser absorber l'élément national par l'élément étranger. Pour la naturalisation les garanties individuelles de moralité, de moyens d'existence, les conditions de redevances pécuniaires, de séjour, de présomption d'attachement au pays, permettent aux gouvernements de garder une juste mesure entre la liberté et la prohibition.

Le Mémoire de M. Edouard Mallet se recommande par une saine érudition, par une connaissance approfondie des précédents, des besoins et des intérêts de la nationalité suisse ; et si ses opinions pouvaient prévaloir, il est à espérer que le titre de *citoyen*, que plusieurs cantons ont sans doute accordé trop facilement et qu'aucun Etat ne doit prodiguer, sous peine de compromettre sa considération, ne se délivrera plus à l'avenir que sous le bénéfice des garanties dont il a signalé la valeur et l'urgence.

CH. VERGÉ.

SOCIÉTÉ D'ÉCONOMIE POLITIQUE.

LES IDÉES ÉCONOMIQUES ET LA LÉGISLATION DOUANIÈRE EN BELGIQUE.
DEUXIÈME DISCUSSION SUR LA QUESTION DE LA RENTE DU SOL.

La dernière réunion mensuelle était présidée par M. Horace Say.

Avant de reprendre la suite de la discussion de la rente foncière, M. de Molinari, tout récemment nommé professeur d'économie politique au Musée de l'industrie belge, à Bruxelles, a donné quelques détails intéressants sur le mouvement des idées économiques en Belgique.

On s'occupe, a-t-il dit, beaucoup en Belgique, des questions économiques, et l'on s'en occupe d'une manière sérieuse, pratique. Les sectes socialistes n'y comptent qu'un petit nombre d'adeptes, à l'exception, peut-être, du fouriérisme qui a fait d'assez nombreuses recrues à la suite des prédications de MM. Considérant et Hennequin. Mais la masse des hommes intelligents n'accorde qu'une faible attention aux utopies qui ont réussi à passionner la foule en France. On discute beaucoup les questions d'impôt. On recherche, par exemple, lequel vaut le mieux de l'impôt direct ou de l'impôt indirect, et l'on étudie les moyens d'arriver à l'abolition des octrois, sans porter atteinte aux ressources nécessaires des communes.

Ce bon esprit économique qui se manifeste en Belgique tient surtout à ce que l'économie politique a été, depuis vingt ou trente ans, beaucoup plus enseignée en Belgique qu'en France. L'économie politique fait partie du programme de l'enseignement supérieur. Il y a des cours d'économie politique dans les quatre universités qui existent actuellement en Belgique. Voici quel est le personnel de cet enseignement :

Universités de l'Etat à Liège. . . . . . M. Hennau.
— à Gand. . . . . . M. Derote.
Université catholique à Louvain. . . . M. Périn.
— Libre à Bruxelles. . . M. Orts.

L'économie est encore enseignée à l'Athénée royal de Bruxelles, par M. Morhange, dont un mémoire a été couronné par le Congrès de la paix; à Mons, par M. Lehardy de Beaulieu, ancien secrétaire du Congrès des économistes; à Verviers, par M. Lucien Masson, tous organes des bonnes doctrines économiques. M. Périn, seul, forme une espèce de scission : cet honorable et savant professeur a cru voir du matérialisme dans les écrits des maîtres de la science, et il a entrepris la tâche ardue d'enseigner l'économie politique en démolissant les économistes. Dans les colléges et les athénées du gouvernemen t, l'économie politique fait partie de la section des sciences commerciales. Enfin, il y a des cours purement libres : celui qui vient d'être institué au Musée de l'industrie, à Bruxelles, par exemple. Quelques hommes dévoués, en tête desquels il faut placer l'honorable M. Ch. de Brouckère, bourgmestre de Bruxelles, M. Visschers, M. Arrivabene, M. Ducpétiaux, M. Bourson, etc. s'occupent aussi activement de propager de saines notions économiques.

C'est à cette propagation incessante des doctrines économiques, en même temps qu'au sens droit des populations, qu'il convient d'attribuer le peu de succès que le socialisme a obtenu en Belgique. Malheureusement, les propagateurs de la science n'ont pas toujours réussi à empêcher leur pays de tomber dans un travers qui touche de près aux erreurs socialistes; il s'agit de l'abus de la protection et de l'intervention de l'Etat. A la suite de la révolution de 1830, les débouchés de la Belgique, désormais séparée de la Hollande, s'étant rétrécis, on a cru pouvoir remédier à ce mal en protégeant l'industrie et l'agriculture, de manière à leur assurer le marché national. On a donc établi un régime protecteur passablement rigoureux, et surtout extrêmement compliqué. L'agriculture a eu son échelle mobile; l'industrie, une série de droits quasi-prohibitifs, et la marine même ses droits différentiels. Le tarif belge s'est trouvé composé d'environ 700 articles; mais l'expérience de ce système en a fait voir peu à peu les inconvénients, les abus et les injustices. On a fini par s'apercevoir qu'au lieu de protéger réellement la production nationale, il l'affaiblissait, au contraire, en la privant du stimulant énergique et nécessaire de la concurrence étrangère. En conséquence, le ministère actuel a compris la nécessité d'une réforme et le besoin de marcher dans la voie que sir Robert Peel a si glorieusement ouverte en Angleterre. Il a commencé cette réforme en 1847, par l'abolition de l'échelle mobile des céréales, à laquelle il a substitué un simple droit fixe de 1 franc par hect. Les propriétaires fonciers n'ont pas manqué de se plaindre amèrement de cette réforme; et cependant l'expérience des deux années qui viennent de s'écouler atteste qu'elle leur a été favorable à eux-mêmes. On sait que les économistes demandaient l'abolition des lois céréales, bien moins encore pour abaisser les prix du blé que pour les rendre plus réguliers, pour atténuer les fluctuations auxquelles ces prix sont sujets. Ils assuraient que la liberté du commerce aurait pour effet de niveler les prix de pays à pays, et d'année en année, en facilitant le développement du commerce international des céréales. Eh bien ! leurs prévisions se sont déjà réalisées en Belgique. Les prix des grains sur les marchés belges, où la liberté du commerce existe, sont actuellement *plus élevés* qu'en France, où l'échelle mobile continue à *protéger* l'agriculteur.

Le gouvernement belge, encouragé par la réussite de ce premier essai de la liberté du commerce, a voulu marcher plus avant dans la voie des réformes. Il a supprimé le plus grand nombre des droits de sortie, et il s'occupe aujourd'hui de supprimer ceux qui restent encore. Il a établi ensuite un système d'entrepôts extrêmement libéral pour certains articles. On peut faire entrer, par exemple, des fils de lin en entrepôt, les faire tisser et les remporter, sans payer aucun droit. Enfin, le ministère a entrepris récemment de démolir la loi des droits différentiels, établie en 1844 dans la vue de donner à la Belgique une marine imposante.

Cette loi est, à la vérité, un chef-d'œuvre de complication et d'absurdité. Elle est compliquée à ce point, que les administrateurs de la douane eux-mêmes n'ont pas encore réussi à la débrouiller. En vertu de cette loi (du 21 juillet 1844), les principaux produits exotiques qui alimentent le commerce maritime, sont soumis à des droits qui diffèrent selon :

1° Le pays d'où la marchandise est originaire ;

2° Le pays d'où elle est importée ;

3° Le pavillon du navire qui la transporte ;

4° Le transport direct, ou avec relâche dans un port intermédiaire.

Il y a des produits pour lesquels il existe jusqu'à sept droits différents. La moyenne est de quatre droits.

Ce n'est pas tout : le nombre de ces taxes se trouve encore démesurément accru par suite des conventions commerciales particulières que la Belgique a conclues avec différentes nations. Ainsi, il y a en Belgique un tarif particulier pour les produits français, un autre pour ceux du Zollverein, un troisième plus compliqué pour les Pays-Bas ; un quatrième pour les Deux-Siciles ; un cinquième pour la Russie ; un sixième pour la Bolivie, et enfin un septième pour les Etats sardes. Avec le droit commun, cela ne fait pas moins de huit législations douanières différentes, qu'il s'agit d'appliquer.

Et les prescriptions relatives à leur application sont des plus minutieuses et des plus sévères. Pour connaître le droit qu'il faut appliquer, la douane doit savoir, c'est un un discours de M. le ministre des finances qui nous l'apprend [1], quant aux importations par mer, d'où la marchandise est originaire, où elle a été chargée ; si le navire est venu directement en Belgique, s'il a relâché en route, où, quand, et pendant combien de jours.

L'application des moindres droits fixés pour chaque article est subordonnée à la production de justifications spéciales : en vain tous les papiers de bord

---

[1] Du 26 novembre 1851.

sont-ils réguliers ; la loi du 21 juillet 1844 exige d'autres preuves : il faut des attestations émanées des agents consulaires. Si le capitaine n'en est pas muni, sa cargaison se trouve soumise à des droits exorbitants, et elle est repoussée, en fait, de la consommation. Enfin, le capitaine est obligé de faire un rapport de mer, que la douane est tenue de contrôler par la déposition de l'équipage.

S'il s'agit, au contraire, d'une importation par terre, pour laquelle on invoque les dispositions d'un traité, l'origine ou la provenance doit encore être justifiée.

On conçoit que l'application d'un tarif de cette espèce soit horriblement coûteuse : en 1849, les droits d'entrée ont produit 12,700,000 fr., et le service des douanes a coûté 4 millions, soit 33 pour 100 du revenu.

Quant à l'efficacité de la protection qui en résulte, on en jugera par un fait : le 1er janvier 1838, la marine marchande de la Belgique consistait en 151 navires jaugeant 21,000 tonneaux ; en 1850, après douze années, elle n'était encore que de 156 navires et de 30,000 tonneaux. Or, dans la même période, le commerce extérieur de la Belgique s'était élevé de 187 millions à 267 millions. Voilà comment la loi des droits différentiels a favorisé le développement de la marine marchande de la Belgique !

En présence de ces résultats économiques et fiscaux, le ministère a compris la nécessité de débrouiller un si abominable écheveau de fil protectionniste. Il a saisi l'occasion d'un traité à renouveler avec la Hollande et d'un autre traité en voie de négociation avec l'Angleterre, pour porter un coup mortel à la loi de 1844. L'Angleterre, faisant usage d'une clause réservée dans la suppression de son acte de navigation, frappait les cargaisons des navires belges d'une surtaxe de 20 pour 100. Cette surtaxe vient d'être levée, sous la condition de la réciprocité. Quant au traité avec la Hollande, il a été également négocié sur les bases de la réciprocité. Lorsque cette dernière convention sera votée,—et elle le sera indubitablement, — la loi des droits différentiels aura à peu près disparu.

Mais ces modifications si nécessaires n'en ont pas moins rencontré une vive opposition dans les Chambres belges. Les chefs de l'opposition protectionniste, MM. Malou et Deschamps, ont reproduit, à cette occasion, le fameux discours de M. Thiers ; ils ont accusé le ministère de vouloir ruiner le commerce et l'industrie au profit de la perfide Albion, d'imiter Cobden à contre-sens, etc. M. Deschamps a été jusqu'à affirmer que M. Cobden était protectionniste à l'origine,— à l'époque où il fabriquait des toiles peintes, — et qu'il n'était devenu free-trader que parce qu'il ne se trouvait pas suffisamment protégé ! M. Cobden n'était pas là pour répondre. En revanche, le ministre des finances, M. Frère, a vigoureusement soutenu la lutte. Il a percé à jour les sophismes de ses adversaires, et il a démontré, avec une irrésistible clarté, combien la Belgique gagnerait à entrer dans une voie plus large, en matière de tarif.

« Dans son ensemble, a-t-il dit notamment, notre législation forme un dédale de dispositions douanières où le redevable s'égare et où l'administration elle-même ne se meut qu'à l'aide d'un nombreux personnel, qui lui occasionne de fortes dépenses, dont la déchargerait en partie un tarif simplifié. Enfin, des motifs sérieux, puisés dans des considérations politiques et commerciales du premier ordre, nous font une nécessité de compter avec la situation nouvelle qui résulte pour nous des changements introduits dans le

régime commercial de plusieurs autres pays. La nécessité et l'opportunité de
la révision de nos lois commerciales sont donc évidentes. »

Le ministre de l'intérieur, M. Rogier, l'un des anciens chefs du parti libéral et les autres membres du cabinet partagent, à cet égard, les convictions
de M. le ministre des finances. Il y a donc lieu d'espérer que la Belgique fera
une bonne pointe sur le terrain de la réforme douanière.

La Société accueille cette communication avec beaucoup d'intérêt : M. Rodet, de la Chambre de commerce, et M. Joseph Garnier ajoutent que M. de
Molinari n'a oublié qu'une circonstance dans ce qu'il vient de dire, c'est qu'il
a ouvert son cours au Musée de l'industrie belge par une leçon qu'a publiée
l'*Indépendance belge*, et qui est remarquable par cette finesse des aperçus et
cette élégance de la forme qui distinguent son beau talent.

La conversation s'est ensuite portée de nouveau sur la question de la Rente
du sol, déjà discutée en novembre dernier.

Quelques observations ont d'abord été faites sur la position de la question.
M. Louis Leclerc croit que la discussion devrait porter sur la théorie de la
rente selon Ricardo, précisément attaquée par Bastiat dans la lettre adressée à
la Société d'économie politique, et porter plus particulièrement sur la question
de savoir si les terres de qualité supérieure ont été cultivées les premières,
comme l'avance cet économiste. C'est là la base sur laquelle il s'appuie, et
qu'il s'agit d'examiner. M. le président et le secrétaire répondent successivement qu'on a reconnu, dans l'avant-dernière séance, l'impossibilité de discuter, autrement qu'avec la plume et les textes sous les yeux, sur la doctrine
spéciale de tel ou tel économiste, Ricardo ou M. Carey, par exemple ; que la
Société, en abordant ce sujet, pour se conformer à une recommandation de
Bastiat, avait simplement voulu s'entretenir sur la question principale, à savoir : s'il y a dans le prix des produits une partie quelconque en rémunération
de la fécondité du sol lui-même lorsque tous les frais de production sont remboursés ; et, s'il est possible de ne pas reconnaître la qualité de propriété restreinte, de Monopole et de Privilége, à la propriété foncière, que nient MM. Carey et Bastiat.

M. de Fontenay, auteur des articles récemment publiés par le *Journal des
Economistes*, sur la «rente foncière selon Ricardo», et chargé par Frédéric Bastiat de surveiller, avec M. Paillottet, la seconde édition des *Harmonies économiques*, prend ensuite la parole. Ce membre s'est attaché à répondre spécialement
à la note de M. de Molinari, insérée dans le numéro de novembre. Son argumentation étant entremêlée de chiffres et de citations, on a eu quelque peine
à la suivre, et on l'a prié de vouloir bien la mettre par écrit.

M. Paillottet communique à son tour la note suivante :

Avant de parler de la rente foncière, je dois dire un mot sur la manière dont
la question a été introduite devant vous.

A notre réunion de novembre dernier, on nous a donné lecture d'une lettre de
Frédéric Bastiat, la dernière qu'il ait écrite, et sur cette lettre, on a fait un commentaire qu'a reproduit en entier le *Journal des Economistes*. Ce commentaire, quoique
fort court, me paraît susceptible de trois rectifications essentielles, et je vais les indiquer brièvement.

Notre collègue, M. Joseph Garnier, s'est arrêté sur une phrase de Bastiat, ainsi

conçue : « La direction du *Journal des Économistes* se prononce pour la théorie de
« Ricardo. La raison qu'elle en donne, c'est que cette théorie a pour elle l'autorité
« de Ricardo d'abord, puis tous les économistes, MM. Bastiat et Carey seuls excep-
« tés. L'épigramme est aiguë, et il est certain que l'économiste américain et moi
« nous faisons bien humble figure dans l'antithèse. »

Là-dessus, M. Joseph Garnier a cherché à justifier M. Clément de l'intention d'a-
voir dirigé contre Bastiat une épigramme. Cette justification était surabondante. Jamais
Bastiat, je le sais et l'affirme, n'a douté de la bienveillance de M. Clément. L'épigramme
dont il s'agit était à l'état latent; elle était contenue dans la simple énonciation
d'un fait. Bastiat l'en a extraite lui-même et mise en saillie uniquement pour en venir
à cette conclusion : « Oh! ne croyons pas facilement que Ricardo, Say, Malthus,
« Rossi, que de si grands et solides esprits se sont trompés. Mais n'admettons pas
« non plus légèrement une théorie qui aboutit à de telles monstruosités. »

Le commentaire dit ensuite que Bastiat avait accusé les maîtres de la science d'i-
gnorance et d'aveuglement au sujet de l'Harmonie des intérêts. — Si quelqu'un a
dirigé contre les maîtres de la science une telle accusation, assurément ce n'est pas
Bastiat. C'est au contraire lui qui a pris soin de l'écarter d'eux en ces termes :
« L'Harmonie des intérêts ne saurait être une invention individuelle..., etc., etc. »

Enfin M. Joseph Garnier, après avoir prétendu que Bastiat s'était totalement mépris sur la doctrine de Ricardo, a cherché à expliquer comment avait eu lieu cette
méprise, et voici l'explication qu'il nous a présentée : « Bastiat se préoccupant vive-
« ment des objections socialistes, lisant tous les jours de ses yeux, entendant tous
« les jours de ses oreilles des accusations contre les économistes, avait fini par ou-
« blier ses premières impressions et par croire sans doute que les économistes s'é-
« taient trompés. Absorbé dans les tracas parlementaires, effrayé par les mouvements
« de l'opinion publique, que nous avons vue si crédule et si ignorante sur les ques-
« tions économiques, pressé par la lutte, tourmenté par son mal, qui le minait de lou-
« gue date, Bastiat s'en fia à sa mémoire obscurcie, et n'eut pas la précaution de vé-
« rifier l'origine des accusations qu'il avait à cœur de combattre. »

Ne dirait-on pas, messieurs, d'après ces expressions de M. Joseph Garnier,
que Bastiat ne s'est séparé de Ricardo qu'*in extremis*, à la suite d'un obscurcisse-
ment, d'un affaiblissement de son intelligence? Mais je prierai notre collègue de nous
dire à quelle époque précise il place cette défaillance intellectuelle. Il faut qu'elle remonte bien loin si elle doit être réputée la cause d'un dissentiment avec Ricardo.
Elle existait apparemment en 1849, au moment où furent écrites les *Harmonies* ; en
1848, lorsque furent adressées au *Journal des Débats* les cinq lettres sur la propriété foncière; en 1847, quand fut prononcé à Marseille, dans une réunion publique, le discours que le journal le *Libre-Echange* nous a conservé]; en 1845, quand
parut l'article *Concurrence* dans le *Journal des Economistes* ; en 1845, quand furent publiés les *Sophismes*, dont le XXIᵉ chapitre assimile complétement l'industrie
agricole à l'industrie manufacturière, et contient ces lignes significatives : « Tout est
« travail dans la valeur du blé. Quand je vous vends du blé, ce n'est point le travail
« de la nature que je vous fais payer, mais le mien. » Que dis-je ! nous n'avons pas
encore assez reculé dans le passé, à cette date de 1845. Le chapitre que je viens
de citer n'est que la reproduction d'un opuscule imprimé à Mont-de-Marsan, en
avril 1834, c'est-à-dire onze ans plus tôt. Voilà, tout au moins, jusqu'où devrait remonter la prétendue défaillance [1].

---

[1] L'explication à laquelle répond M. Paillottet était beaucoup plus générale; elle
portait sur les reproches adressés aux économistes, au sujet de l'harmonie des lois éco-

Je n'en dirai pas davantage sur le commentaire de M. Joseph Garnier, et j'aborde le sujet à l'ordre du jour.

En étudiant la question si épineuse et si complexe de la *rente*, j'ai cherché ses côtés les plus accessibles pour moi, et me suis demandé d'abord quelle était, au temps des premiers défrichements, la difficulté de se procurer des subsistances par le travail, et jusqu'à quel point cette difficulté existait à l'époque où nous sommes. Là-dessus, je n'ai pas éprouvé la moindre incertitude, et j'ai complétement accepté l'opinion, plusieurs fois émise par Bastiat, que de nos jours un simple manœuvre acquiert un hectolitre de blé avec beaucoup moins de peine, par beaucoup moins d'efforts que les premiers défricheurs. En d'autres termes, à partir des premiers défricheurs jusqu'à nous, la valeur du blé a subi une forte réduction. Comment ce fait doit-il être expliqué?

Deux forces agissent en sens coutraire sur le prix des subsistances depuis l'origine des temps. C'est, d'une part, l'accroissement de la population, et d'une autre part, le progrès de la domination de l'homme sur la nature : *Multiplicamini et subjicite terram*. Il y a dans ces paroles de la Genèse l'indication précise de ces deux forces rivales, qui luttent l'une contre l'autre depuis plusieurs milliers d'années. Aujourd'hui nous pouvons constater que l'une des deux l'emporte sur l'autre; il n'en faut pas davantage pour m'autoriser à conclure que la supériorité lui a toujours appartenu, que le terrain gagné par le progrès s'est lentement, mais continuellement accru pendant la durée des siècles, et c'est ce qu'a exprimé d'une manière si heureuse J.-B. Say, quand il a dit : « L'âge d'or n'est pas dans le passé; il est dans l'avenir. » Assurément Say ne regardait pas comme né d'hier le mouvement qui emporte l'humanité vers de meilleures destinées. Il l'envisageait comme une loi providentielle dont l'action s'est fait sentir depuis la création du monde. Oui, l'âge d'or est dans l'avenir, et cette belle et consolante vérité ne peut se concilier avec la théorie de la cherté progressive des subsistances, de la difficulté progressive de s'en procurer. Le maximum de difficulté, il était au point de départ, nous y tournons le dos; le maximum de facilité, il est au but, vers lequel l'humanité dirige ses pas.

Je n'entends cependant pas nier les perturbations qui, à certaines époques, ou dans certains pays, ont placé momentanément l'accroissement de la population en avant de la force civilisatrice. Non, je veux dire seulement qu'en général cette dernière force a toujours dû précéder l'autre.

La seconde question que je me suis posée est celle-ci : Dans quel ordre se sont effectués les défrichements depuis l'origine des temps jusqu'à nous? Cet ordre des défrichements est une des bases de la théorie admise jusqu'ici sur la rente. Mais il y a maintenant sur ce point une grande divergence dans les esprits. Les uns disent : les premiers défricheurs ont naturellement choisi les terrains les plus fertiles, et c'est l'accroissement de la population qui nécessite la mise en culture de terrains de plus en plus ingrats. De là dérive une série de conséquences toutes à l'avantage des premiers terrains défrichés. D'autres prétendent que si ce n'est pas précisément l'avantage de fertilité, c'est celui de situation qui a déterminé le choix des premiers dé-

---

nomiques, qu'ils auraient méconnue; au sujet de la doctrine de Malthus mal interprétée dans l'introduction des *Harmonies*; au sujet de diverses opinions prêtées aux économistes (Ricardo compris), et de diverses accusations dirigées contre eux et que Bastiat n'a évidemment pas assez vérifiées. (Jph G.)

fricheurs, et ils tirent de là des conséquences toutes semblables. D'autres encore
soutiennent que la solidité de la théorie de la rente est parfaitement indépendante
de l'ordre quelconque suivi dans les défrichements successifs. Dès qu'il y a des
terres de qualités inégales, cela suffit à leurs yeux pour conférer aux possesseurs
des meilleures qualités le pouvoir d'obtenir de leurs semblables une rémunération
qui n'est motivée par aucun travail accompli, par aucun service rendu. Enfin, lorsque Bastiat, MM. Carey et de Fontenay avancent que le défrichement a commencé
par les terres les plus faciles, et non par les plus fertiles, il est des membres de notre
Société qui s'empressent de déclarer que cela ne fait rien à l'affaire, opinion qui
rentre dans la précédente.

Pour moi, s'il m'est permis d'émettre mon avis à ce sujet, je dirai qu'un ordre
régulier n'a pas pu être suivi dans les défrichements successifs. Ce n'est pas une
seule circonstance, comme celle de fertilité ou celle de facilité, qui a dirigé les agriculteurs, c'est un ensemble de circonstances. Sous cette réserve, j'ajoute que toutes les
vraisemblances me paraissent du côté de ceux qui font commencer les défrichements
par les terres les plus faciles. En effet, lorsque les hommes manquent tout à la fois
d'expérience, d'instruments, de provisions, ils sont dans les conditions les moins
favorables pour risquer des travaux en vue d'une série de rémunérations éloignées.
Alors ils ne s'attaquent pas, ils ne peuvent pas s'attaquer à des terrains où croissent
en profusion des végétaux qu'il faut au préalable extirper pour y substituer des
plantes utiles. C'est donc aux terrains maigres, les moins fertiles à notre point de
vue, les plus fertiles au leur, que les défricheurs primitifs consacrent leurs travaux.

Puis le temps s'écoule; les hommes ont acquis quelque expérience, inventé, perfectionné quelques instruments, accumulé quelques provisions, et en même temps
la population s'est accrue. Par quel motif seront-ils déterminés à cultiver de nouvelles terres, des terres moins dociles et plus puissantes, qui donneront des fruits
plus abondants lorsque`le travail humain les aura conquises ? Sera-ce l'élévation
du prix des subsistances occasionné par l'accroissement de la demande ? Sera-ce le
simple désir d'employer plus avantageusement leur travail ? Peu importe. Ce qui me
paraît certain, c'est que le résultat de ces défrichements nouveaux et possibles pour
des hommes moins dépourvus de ressources que les défricheurs primitifs, sera une
production plus abondante, un profit exceptionnel assuré aux agriculteurs entrés
dans la nouvelle voie.

Si donc l'on compare, dans le moment que j'indique, la rémunération des premiers
défricheurs à celle des seconds, c'est en faveur de ceux-ci qu'un avantage se manifeste; ce sont eux dont on pourrait dire qu'ils ont conquis une *rente*, qu'ils se font
payer quelque chose de plus que le salaire ordinaire d'un travail agricole, si leur
conquête n'était la légitime récompense du progrès qu'ils ont réalisé, de l'initiative
qu'ils ont prise. Bientôt, d'ailleurs, cet avantage leur échappera pour devenir le patrimoine commun des consommateurs; le prix des produits agricoles aura baissé
par l'effet de la concurrence.

Alors qu'arrivera-t-il aux défricheurs de la première époque, à ceux qui ont consacré leurs efforts à des terrains plus faciles? Au lieu de la *rente* que, dans le système contraire à celui que je soutiens, on faisait naître à leur profit, ils voient décroître leur rémunération primitive. Ils se trouvent placés, eux ou leurs ayants droit,
dans la pénible alternative de tirer un moindre résultat de leur travail courant, ou
bien de sacrifier d'anciens travaux préparatoires et d'abandonner leurs terres pour
en défricher de nouvelles. Quelque parti qu'ils prennent, au lieu de recueillir un
profit, ils subissent une perte.

Je n'ai pas besoin de prolonger l'hypothèse, de vous montrer une troisième classe de défricheurs plus habiles que les seconds, mieux pourvus de capital, qui dans leurs entreprises sur des terrains nouveaux, l'emporteront sur leurs devanciers et seront distancés à leur tour par les générations suivantes. Ce que j'ai dit suffit pour indiquer que, même au point de vue des qualités les plus inhérentes au sol, tout se passe dans l'industrie agricole comme dans les autres industries. On n'y commence pas, en ce qui touche les défrichements et le choix des terres, par le mieux pour aller plus tard au pire. C'est le contraire. Les rémunérations les plus fortes y sont la récompense passagère de services supérieurs rendus à la société, et, dans la presque universalité des cas, c'est au travail actuel plutôt qu'au travail ancien qu'elles sont réservées.

Je n'ai pas non plus besoin d'ajouter que la similitude existe *à fortiori* au point de vue des découvertes nouvelles, telles que le perfectionnement des instruments aratoires, la connaissance plus exacte des diverses aptitudes de la terre, de l'emploi des engrais, des soins à donner à l'élève du bétail ou à la conservation des grains, etc., etc., toutes choses qui jouent un rôle si important dans la production agricole, qu'elles diminuent singulièrement l'importance de l'ordre des défrichements.

Laissons donc les considérations relatives à ce dernier sujet, et voyons ce que c'est que la fertilité naturelle.

J'ai sur ce point consulté quelques auteurs, Rossi d'abord, et voici ce qu'il m'a appris. « Un sol mal exploité ne rend pas la centième partie peut-être de ce qu'il pourrait rendre. »... « Ses produits spontanés, naturels, sont sans importance, comparés aux trésors qu'un travail habile et un capital suffisant peuvent lui arracher. » A ce compte-là, messieurs, ne pourrais-je pas déjà m'étonner qu'on ait fait une théorie spéciale pour la propriété foncière ? Les différences qui peuvent exister dans une qualité aussi secondaire que la fertilité naturelle, avaient-elles donc suffisamment motivé l'enfantement de cette théorie ?

Je n'ai pas manqué de consulter aussi M. de Fontenay, qui a posé cette interrogation judicieuse : « Qu'entendez-vous par fertilité primitive ? Est-ce une aptitude générale de la terre à produire quoi que ce soit, ou bien est-ce une aptitude spéciale qui, bien comprise et bien dirigée, peut, le travail aidant, offrir une récolte abondante d'une certaine espèce de végétaux ? —Evidemment l'aptitude générale n'existe pas. L'aptitude spéciale est peut-être partout. Seulement il faut savoir la découvrir, et, l'ayant découverte, la faire concourir à la production par un travail intelligent. Et puis une terre n'est-elle fertile qu'à la condition de pouvoir produire du blé en abondance ? Celle-là sera-t-elle réputée infertile, qui ne serait propre qu'à la production du riz ou à celle des fraises ?

Un auteur anglais, M. Banfield, qui a professé l'économie politique à l'Université de Cambridge, dans un livre intitulé : *Organisation naturelle de l'industrie*, oppose aux classifications exclusives établies par Ricardo, sur la qualité des terres, une classification toute différente dans son principe et ses résultats.

Ricardo suppose une terre dont le produit annuel est de 50 mesures de froment par acre; une seconde, ne produisant que 40 mesures ; une troisième que 30 ; une quatrième que 20 ; une cinquième que 10 ; et il enseigne que la terre de cinquième qualité ne pourra être cultivée sans que celle de première qualité confère à son propriétaire une rente égale à 40 ; celle de seconde, une rente égale à 30, etc.

Or, voici la contre-partie établie par M. Banfield. Suivant lui, une terre bien propre à la culture du blé, et employée à cette destination, produira une valeur de

10 liv. st. Une terre, de même étendue, moins apte à la production du blé, sera consacrée aux plantes textiles, et produira 20 livres. Une troisième, d'aptitude encore moindre au point de vue des céréales, deviendra une prairie artificielle et produira 30 livres. Enfin, les landes de Bagshot, entre les mains d'un jardinier hollandais, produiront 40 livres.

Dans la classification de M. Banfield, la valeur des récoltes est en raison inverse de l'aptitude des terres pour la production du blé. L'unique but que paraît s'être proposé son auteur, est de faire ressortir le vice de celle adoptée par Ricardo, qui n'a tenu nul compte des diverses aptitudes de la terre.

Parlerai-je de certaines aptitudes fort exceptionnelles dont on s'est fait, dès l'apparition des *Harmonies économiques*, un argument contre les idées de Bastiat sur la propriété foncière? On a cité le clos Vougeot, le vignoble de l'Ermitage et d'autres crus fort renommés. Mais une réponse générale a été faite à ce sujet par Bastiat dans la seconde édition de son livre; et, d'un autre côté, je crois que les personnes versées dans l'histoire de la viticulture pourraient sur le même sujet présenter une réponse particulière et décisive. Les aptitudes naturelles de la terre ne sont pas pour beaucoup dans la valeur de ces vignobles devenus fameux. Il est douteux que les récoltes qu'ils donnent représentent un intérêt suffisant du capital qu'on y a placé. C'est le travail intelligent et persévérant qui les a faits lentement ce qu'ils sont.

Mais, en laissant de côté ce qui ne constituerait en tout cas qu'une exception, il est des faits d'un autre ordre qu'il faut apprécier. Je sais des terres ingrates, restées ingrates jusqu'ici du moins, qui sont cultivées, et je sais des terres fertiles qui restent en friche. D'où cela vient-il? De la différence de leur situation. L'avantage de situation me paraît l'élément principal de la valeur communiquée à la terre.

Parmi les avantages de cette espèce, celui qui prédomine, et le seul dont je m'occupe, parce qu'il semble absorber tous les autres, c'est la proximité des centres de consommation. Or, voyez la différence entre l'aptitude d'une terre et sa situation ainsi définie : l'aptitude primitive, c'est la nature qui la donne; la situation, c'est l'homme.

Voilà un petit nombre d'hommes qui fondent une ville, et qui s'approprient les terres environnantes. Ils sont courageux, industrieux, persévérants, et ils ont bien choisi leur emplacement. Leur ville s'accroît, et sa prospérité réagit sur toutes les propriétés qu'elle renferme ou qui l'avoisinent. Plus la population s'y développe, plus la proximité de ce centre de consommation acquiert de prépondérance et communique de valeur au sol. Je ne vois là que la récompense légitime des fondateurs et de ceux qui ont continué l'œuvre. Une population dense, c'est un grand nombre d'hommes en position de rémunérer des services par des services équivalents. Tout instrument de production, de quelque nature qu'il soit, matériel ou immatériel, gagne à un tel voisinage; tout instrument de production, dans de telles circonstances, tend à se perfectionner, et appelle de plus en plus l'intervention du capital. Il peut arriver un moment où, près d'une ville, la terre la plus ingrate, employée à tout autre chose qu'à produire des subsistances, rende de grands services, et que, si on ne lui trouve pas d'emploi plus avantageux, cette terre ingrate, ou réputée l'être, soit convertie, par le travail, en terre excellente, offrant le maximum de fertilité connu. On en fera une manufacture de légumes; on en tirera quatre, cinq, six récoltes par an. J'ai vu de mes yeux s'opérer une telle métamorphose. J'ai vu près du mur d'octroi de Versailles une butte de sable aride se niveler et devenir un magnifique carré de choux.

Et, circonstance bien remarquable, l'intervention de plus en plus large du capital, toujours provoquée par la situation avantageuse, n'a pas pour résultat d'enchérir les produits, mais au contraire de les rendre plus abondants. La terre vaut plus, mais elle rend plus, et le consommateur est allégé en définitive. Ainsi, pour citer ce qui se passe aux environs de Paris, on y voit la culture élémentaire faire place à la culture perfectionnée, les céréales abandonner le terrain à la production horticole, puis les légumes communs, apportés à la halle, s'y vendre moins cher que partout ailleurs.

Si, témoin les villes jadis florissantes qui ne sont plus, et les villes modernes qui s'élèvent, les avantages de situation ne sont point impérissables, point exclusifs, s'ils dépendent essentiellement et toujours d'actes émanés de la volonté et de l'intelligence de l'homme, faut-il les considérer comme affranchis de l'action égalitaire de la concurrence ? Rossi paraît s'être prononcé pour l'affirmative, en disant : « Lorsque les « jardiniers des environs de Paris livrent au luxe de la capitale les produits de leur « savante culture, ils n'ont point à redouter la concurrence des primeurs sponta- « nées de Pise, de Cadix, et de Malaga. »

Ils n'ont pas à redouter cette concurrence, j'en conviens. Leurs produits, réservés aux riches, se vendent à plus haut prix que si elle existait, cela ne fait pas le moindre doute. Si la Providence nous avait accordé le don de l'ubiquité, nous nous en accommoderions peut-être à merveille, je ne dis pas le contraire. Mais de ce qu'elle a mis des bornes plus étroites à sa munificence, il ne s'ensuit nullement que la rémunération des jardiniers de Paris soit excessive, et qu'ils nous rançonnent et se fassent payer ce qu'ils reçoivent gratuitement de la nature. Rien n'empêche de convertir en jardins les terres voisines des leurs. Rien n'empêche aux maraîchers qui cultivent les légumes communs d'entreprendre la culture des primeurs, et cela suffit pour contenir les prétentions dans les limites de la justice.

Nous l'avons dit bien des fois aux protectionnistes qui se défendaient en alléguant la concurrence, souvent très-vive et très-étendue, qu'ils se faisaient entre eux : « Nous reconnaissons, à l'égard de plusieurs d'entre vous, que l'action de cette con- « currence ramène vos profits au taux ordinaire ; mais nous n'en perdons pas moins « ce que vous ne gagnez pas, en vous achetant plus cher des produits que nous au- « rions facilement à meilleur marché, si la douane n'y mettait obstacle. » Quand c'est une loi humaine qui met hors de notre portée le bon marché de certains pro- duits, nous avons à réclamer et nous réclamons ; mais quand c'est une loi provi- dentielle, nous n'avons qu'à nous soumettre docilement.

Il est d'ailleurs consolant d'apercevoir chaque jour les obstacles naturels, notam- ment celui de la distance, s'amoindrir au lieu d'augmenter. Rossi constatait, il y a peu d'années, l'impossibilité, pour les fruits précoces de Pise ou de Cadix, d'arriver sur le marché de Paris. Or, aujourd'hui le successeur de Rossi, en décrivant les effets plus ou moins prochains de la locomotion par la vapeur, peut annoncer, sans crainte de se tromper dans sa prédiction :

« Ce sera l'Algérie, ce sera l'Andalousie, l'Egypte même qui, quelque jour, « approvisionneront couramment les tables des Parisiens, celles des Belges, des « Hollandais et des Anglais. »

De l'exposé rapide, très-incomplet, que je viens de faire, je crois pouvoir tirer les conséquences suivantes :

Sous l'influence des lois naturelles, la cherté des subsistances décroît sans cesse au lieu de s'accroître ;

L'ordre des défrichements, au lieu de contrarier, a dû plutôt favoriser ce ré- sultat.

Devant le progrès des connaissances humaines, les aptitudes diverses de la terre s'égalisent ou s'effacent ;

Les avantages qui dérivent de la situation sont légitimes ; ils ne sont d'ailleurs point particuliers aux terres, et comme ils tendent à la multiplication des produits, ils n'enchérissent point la vie ;

La rente n'est, en définitive, que la rémunération de services humains, et la propriété du sol obéit aux mêmes lois que les propriétés de toute autre nature.

Il n'y a là ni monopole, ni privilége.

Mais en concluant de cette manière, je ne puis passer sous silence une opinion qui s'est produite à notre réunion de novembre, sur le sens et la portée du mot *monopole*.

On a dit deux choses à ce sujet :

1° Que ce mot n'avait été employé par les économistes que dans un sens neutre, qui n'impliquait aucun blâme ;

2° Qu'en effet, scientifiquement, *monopole* n'est pas autre chose qu'un synonyme de *propriété*.

Je me permets de croire que ce dernier se passerait volontiers d'un pareil synonyme, et je ne vois nulle nécessité de réhabiliter le monopole et le privilége quand on les fait entrer dans le langage de la science. Et d'ailleurs, où s'arrêterait-on dans cette voie ? Après avoir changé le sens de ces deux mots, il en faudrait faire autant pour celui d'usurpation. Puis, que répondrait-on à M. Proud'hon, l'auteur de l'aphorisme, *la propriété c'est le vol*, s'il demandait que le mot vol, enrichi d'un sens neutre, entrât dans le vocabulaire scientifique ?

Cela dit sur le sens du mot *monopole*, je contesterai qu'il ait été toujours inoffensif dans la bouche des économistes qui s'en sont servis. Et d'abord je m'adresserai à ceux de nos collègues qui ont pris la parole à la salle Montesquieu ; je leur demanderai si c'est dans un sens approbatif ou seulement dans un sens neutre qu'ils avaient alors coutume de l'employer ? Je suis sûr d'avance qu'ils répondront négativement.

Ensuite, passant de la parole aux écrits, et recourant aux citations faites par Bastiat dans la brochure intitulée : *Propriété et spoliation*, je demanderai si l'économiste qui a dit : « La rente est une portion du revenu des consommateurs qui passe dans la poche du propriétaire » ; et si celui qui a dit : « La rente n'est la récom-« pense d'aucun sacrifice quelconque ; elle est reçue par ceux qui n'ont ni travaillé, « ni fait des avances, mais qui se bornent à tendre la main pour recevoir les offran-« des de la communauté » ; je demanderai si ces deux économistes se seront servis du mot *monopole* dans un sens neutre en l'appliquant à la rente ? Non certes ; c'eût été de leur part une inconséquence. Le sens neutre ne serait logique que dans la bouche de ceux qui se font une idée toute différente de ce phénomène, qui ne le distinguent point de l'intérêt des capitaux, et qui, à l'exemple de Bastiat, refusent de le qualifier de monopole.

M. Ch. Coquelin répond à quelques-unes des propositions avancées par M. de Fontenay dans son travail sur Ricardo et aux conclusions de M. Paillottet.

Il ne pense pas d'abord que, sous l'influence des lois naturelles, la cherté des subsistances décroisse sans cesse. L'assertion contraire lui paraît être davantage l'expression de la vérité. Ce qui va toujours en diminuant, c'est le prix de la main-d'œuvre et des transports, c'est-à-dire les frais de production manufacturière ; mais quant au prix du blé, proprement dit, il augmente dans tous les pays au fur et à mesure qu'ils se civilisent, ou plutôt qu'ils se peuplent

davantage. Cela est encore plus vrai de la viande, que l'on a quelquefois brûlée, faute de savoir qu'en faire, sur les bords du Mississipi, et que l'on pourrait importer du sud de l'Amérique, à 20 et 30 centimes la livre, frais de conservation et de transport compris ; c'est également vrai des matières premières,
qui sont surtout produites dans les pays les moins peuplés.—M. Coquelin admet parfaitement que le travail et le capital employés en plus grande quantité sur la terre, et surtout mieux employés, augmentent beaucoup la
fertilité des champs ; mais ce phénomène, selon lui, n'empêche pas l'autre
de se produire.

M. Coquelin est aussi d'avis que la question de l'ordre dans lequel le défrichement des terres a dû s'opérer n'est pas forcément liée à celle de la rente.
Ce n'est guère que comme exemple et en manière d'hypothèse que Ricardo
a admis que les défrichements des terres de première qualité avaient précédé ceux des terres de seconde qualité. Cette hypothèse est vraie à de certains égards, et fausse à de certains autres ; mais celle de M. Carey, adoptée
par M. de Fontenay, n'est pas plus exacte ; car elle conduirait à supposer que la
culture s'est d'abord attachée aux rochers, et n'est arrivée aux plaines que
successivement. Ce qui est vrai certainement, c'est que les cultivateurs ont
toujours *cherché* les terres de première qualité. Au fond, Ricardo n'a pas
voulu dire autre chose. — Ici, M. Coquelin fait remarquer que, tout en criti-
quant cette partie des idées de M. Carey, il a une grande estime et pour sa
personne et pour plusieurs parties de ses ouvrages, qu'il a été un des premiers, sinon le premier, à faire connaître en France.

Y a-t-il une différence dans les terres et quant à la fertilité et quant à la
situation ? M. Coquelin ne peut en douter. On a accusé Ricardo de s'être attaché à la fertilité seulement. On a eu tort. Ricardo n'a pas omis la situation,
qu'il a mentionnée, et sur laquelle il n'a pas jugé utile d'insister. Il n'est
pas possible, en effet, de nier que la différence des situations par rapport
aux lieux de consommation, au marché, n'en apporte une dans le prix des
produits. Or, cet avantage, on ne peut l'attribuer ni au travail, ni au capital.
Ici M. Coquelin élucide son idée, en mettant en regard les terres vierges de
tout travail, comme celles citées par M. de Parieu et d'autres encore, avec
les terres mises en culture par l'application du travail et du capital. Il prend
aussi pour exemple les diverses catégories de terrains d'une ville, terrains
tout à fait nus, dont la valeur varie si singulièrement d'un quartier à l'autre. Dans ce dernier cas, le travail, le capital, et même la qualité de la terre,
ne sont absolument pour rien ; et la différence de valeur vénale et de Rente
dépend uniquement de la différence de situation..

On a cru expliquer ce phénomène autrement que Ricardo, en disant qu'il
est causé par le travail fait aux environs, par l'influence de la civilisation. Ricardo n'a pas dit le contraire ; mais il n'en est pas moins vrai que l'avantage
de ces terres de première qualité ne provient pas d'un travail directement dépensé pour elles.

M. Coquelin fait encore remarquer que le capital et le travail appliqués à
une terre peuvent ne rien produire, si cette terre est trop distante du lieu de
consommation. C'est encore une raison que la Rente ne dépend pas du travail de l'homme, mais de la différence de fertilité et de situation qui causent
la plus ou moins grande productivité du sol.

M. Coquelin admet donc pleinement la doctrine de Ricardo, quant à l'application du phénomène de la rente ; il n'en est pas de même de toutes les conséquences que Ricardo a pu en tirer. Ces conséquences importent moins, ainsi que l'abus qu'ont pu en faire les socialistes ; mais la vérité n'en est pas moins la vérité, parce qu'il y a des gens qui en abusent.

M. Coquelin dit que la théorie de la rente de la terre s'applique aux travaux des mines et à quelques autres, mais il nie qu'elle s'applique à toutes les industries , comme le prétendent les adversaires de Ricardo. Lorsqu'on considère, par exemple, les usines échelonnées sur le cours de la Marne, dont les produits se vendent à Saint-Dizier et n'ont pas d'autre débouché, la cause qui fait que les propriétaires des usines les mieux situées, les plus voisines du marché, jouissent d'une rente supérieure aux autres, est évidente : elle provient uniquement de leur situation. Mais il n'en est pas de même des autres industries qui peuvent s'établir là où elles veulent, à proximité du marché, tandis que la terre et la mine sont inamovibles.

Enfin M. Coquelin dit qu'on ne peut pas ne pas reconnaître à la terre le caractère du monopole et du privilége ; car la terre n'est point élastique, et la concurrence entre les terres d'une certaine qualité donnée et d'une certaine situation est toujours très-limitée ; mais c'est là un monopole naturel, de la nature de celui que possède Jenny Lind, par exemple, et absolument différent de ceux qu'ont souvent constitués les lois et notamment les lois de douanes. Dans ses discours à l'Association pour la liberté des échanges, M. Coquelin a toujours eu le soin de faire cette distinction fondamentale, contrairement au souvenir de M. Paillottct.

M. de FONTENAY demande comment on peut légitimer la propriété au point de vue de la justice, si l'on admet que la Rente provient d'un avantage de fertilité ou de situation à laquelle l'homme, le propriétaire, ne contribue pas ; et si l'on admet qu'il profite seul néanmoins d'un avantage fourni par la nature, ou résultant des faits sociaux auxquels tous ont concouru.

M. BOUTOWSKI, conseiller de collége au ministère des finances de Russie, et auteur d'un traité sur l'Economie politique, en langue russe, répond que la propriété des avantages résultant d'un sol fertile ou bien situé est aussi légitime que toute autre. D'abord il faut un maître à toute propriété foncière, car sans cela elle resterait inculte, et ne serait d'aucune utilité à personne ; tandis qu'une fois cultivée, elle profite non-seulement au propriétaire, mais à toute la population. En second lieu, cette terre représente l'industrie, les soins, les peines, les sueurs de tous ceux qui l'ont possédée, et elle a été transmise au propriétaire actuel au même titre que tout autre capital représentant l'industrie, les soins, les peines et les sueurs d'autres hommes. En troisième lieu, les premiers possesseurs ont aventuré leur travail et leurs capitaux, et la rente représente les risques qu'ils ont courus.

Que si l'on se plaint de l'inégalité entre les propriétaires qui ont primitivement eu le bonheur de s'adresser à des terres devenues fertiles ou bien situées, qu'on se plaigne aussi de l'inégalité entre les emplois de capitaux, de l'inégalité des facultés de l'esprit, des inégalités physiques ; mais qu'on s'en prenne à celui qui les a faites. Dire que la rente du sol est injuste, c'est attaquer les lois de la Providence et l'arrangement qu'elle a mis dans ce monde. Et, d'autre part, vouloir échapper à cette inégalité en niant, comme l'a fait Bastiat, que le concours des agents naturels est toujours gratuit, c'est proclamer une erreur; accompagner l'assertion de cette erreur des accessoires qu'il y a joints, c'est ouvrir la voie aux sophismes du socialisme.

M. Boutowski ayant émis la proposition de traiter cette question de la gratuité des agents naturels non plus seulement au point de vue de la terre, mais dans toute sa généralité, un membre fait observer qu'elle serait bien mieux traitée par écrit, et M. Paillottet accepte de répondre de cette manière aux objections de M. Boutowski.

La conversation s'est ensuite continuée par un dialogue intéressant, auquel ont pris part MM. de Fontenay, Quijano, Coquelin et Boutowski, mais point assez suivi cependant pour que nous puissions le reproduire.

P. S. Le défaut d'espace nous empêche de publier aujourd'hui la lettre que M. de Fontenay nous a adressée, le lendemain de la séance, plus particulièrement en réponse à une note de M. de Molinari.

CHRONIQUE.

.

SOMMAIRE. — Adjudication du chemin de Lyon à Avignon. — Concession du chemin de Paris à Lyon. — Ajournement de la loi des sucres. — Réunion de la direction des contributions indirectes à celle des Douanes. — Autres décrets relatifs aux rentes du domaine en Algérie, aux banques coloniales, à la pêche de la morue, aux monnaies. — Circulaire sur le travail du dimanche. — Commerce extérieur pendant les onze premiers mois et le mois de novembre 1851. — Le Congrès douanier de Vienne et le discours de M. Schwartzenberg.—L'organisation du travail et la coalition des ouvriers mécaniciens en Angleterre. — Une nouvelle chaire d'économie politique à Bruxelles. — L'enquête de la Chambre de commerce de Paris.

Conformément à la loi votée par l'Assemblée législative le 1° décembre 1851, et à des décrets présidentiels en date des 9 et 16 du même mois, l'adjudication du chemin de Lyon à Avignon a eu lieu le 3 janvier.

Elle a été faite à la Compagnie dite des maîtres de forges. Par décret du même jour, 3 janvier, MM. Génissieu, Boigues et C°, Emile Martin et C°, Edouard Blount, Parent (Basile), Drouillard, Benoist et C°, sont et demeurent définitivement concessionnaires du chemin de fer de Lyon à Avignon, moyennant le rabais de 11 millions sur le chiffre de la subvention à fournir par l'Etat, exprimé dans leur soumission, et sous toutes les clauses et conditions, tant de la loi du 1ᵉʳ décembre 1851 que du cahier des charges y annexé, et des décrets des 9 et 16 du même mois.

L'Assemblée législative avait ajourné sa décision sur la première partie de cette grande ligne, de Paris à Lyon. Un décret présidentiel du 5 janvier a autorisé le ministre des travaux publics à concéder directement à l'industrie privée aux conditions d'un cahier de charges annexé à ce décret.

Par décret du même jour, la ligne a été concédée à MM. Ernest André, Baring frères, Bartholony frères, Blanc (Matthieu), Thomas Brassey, Edward Ladd Betts, Auguste Dassier, Ch. Devaux, F. Durand, duc de Galliera, Salomon Heine, Hottinguer, J. Kennard, Locke, Mallet frères, Marcuard, John Masterman, Matthieu Uzielli, Samuel Morton Peto, B. Paccard-Dufour, Perrier frères, Pillet-Will, de Rothschild frères, N. M. Rothschild et fils de Londres, Florentin-Achille Seillière, et A. de Warn.

Cette Compagnie anglo-française s'engage à rembourser au trésor public 114 millions pour les travaux déjà faits, dont 49 millions feront face à la subvention promise à la Compagnie de Lyon à Avignon, et 65 millions « pourront, dit le ministre des finances, être consacrés au soulagement de la dette flottante, ou à l'exécution d'autres grands travaux. » La Compagnie est chargée de faire à ses frais tous les travaux restant à faire, soit pour la ligne de Paris à Lyon, soit pour la traversée. La durée de la concession est de quatre-vingt-dix-neuf ans à partir de 1856. Pendant les cinquante premières années la Compagnie jouit, sur un capital qui ne peut excéder 200 millions, d'une garantie d'intérêt de 4 pour 100 par an.

Après quinze années, à partir de 1856, les bénéfices excédant 6 pour 100 du capital dépensé par la Compagnie et des remboursements effectués par elle, sont partagés par moitié entre elle et l'Etat.

— On sait que la nouvelle loi sur les sucres a substitué à l'ancienne base des types servant d'élément à l'assiette de l'impôt, l'appréciation de la richesse saccharine à l'aide d'un instrument et le rendement au raffinage ; et que, de plus, elle a assujetti les raffineries à l'exercice. Aux termes de cette loi, un règlement d'administration publique devait déterminer les détails de toutes ces modifications ; mais le Conseil d'Etat n'ayant pas achevé son travail avant sa dissolution, le ministre des finances, M. Fould, a proposé d'ajourner l'application de la loi, qui devait commencer le 1er janvier, jusqu'au 1er juin 1852. Un décret en date du 21 décembre a été rendu dans ce but.

Il paraît, si nous sommes bien informés, que ces retards administratifs ne sont pas la seule cause de l'ajournement. Le saccharimètre, sur lequel on avait compté pour apprécier la richesse des sucres, est loin de fonctionner aussi exactement qu'on l'avait dit à l'Assemblée.

— Sur la proposition du même ministre, la direction des contributions indirectes a été réunie à celle des douanes, et concentrée dans les mains de M. Greterin, directeur actuel des douanes. M. Fould dit dans son rapport à M. le président : « En remettant à une direction unique et puissante le soin d'opérer l'utile transformation dont je vous soumets le projet, vous aurez donné une preuve éclatante de votre juste sollicitude pour le recouvrement de l'impôt indirect, et vous aurez témoigné que, tout en tenant compte des légitimes susceptibilités des populations, tout en recherchant les améliorations et les réformes, *vous avez la résolution de maintenir fermement un régime d'impôts qui importe à la fortune et à la prospérité de la France.* »

Cette dernière allusion a, sans doute, trait aux bruits qui avaient couru d'une prochaine suppression de l'impôt des boissons.

— Plusieurs autres décrets présidentiels ont été portés depuis notre dernier numéro, relativement à des matières économiques.

Un décret du 19 décembre 1851 réduit de moitié toutes rentes constituées en Algérie au profit du domaine, pour prix de vente ou de concessions d'immeubles, ainsi que l'avait statué un décret de 1850, et prescrit diverses dispositions à cet égard.

Un décret du 22 décembre 1851 règle les mesures à prendre pour l'établissement des banques coloniales et pour la surveillance de ces institutions de crédit.

Un autre décret du 29 décembre 1851 est relatif aux primes pour la pêche de la morue, en exécution de la loi récente du 22 juillet.

Un autre décret du 3 janvier porte : « Les monnaies d'or, d'argent et de bronze porteront sur la face l'effigie du Président de la République, et, en légende, *Louis-Napoléon Bonaparte.*

« Sur le revers seront gravés les mots *République française*, et, au milieu d'un encadrement de feuilles de chêne et de laurier, la valeur de la pièce et l'année de la fabrication. ,

« La tranche des pièces de vingt francs et de cinq francs portera ces mots en relief : *Dieu protége la France.*

« Sont maintenues les dispositions relatives au diamètre, aux poids et aux tolérances des monnaies, prescrites par le décret du 3 mai 1848. »

Un autre décret du 6 janvier ouvre un crédit de 4,802,000 francs pour un grand nombre de lignes télégraphiques.

—M. de Morny, ministre de l'intérieur, a adressé une circulaire aux préfets relativement aux prescriptions légales existantes sur le travail du dimanche. Le ministre invite les préfets à « donner des ordres pour qu'à l'avenir, autant qu'il dépendra de l'autorité, les travaux publics cessent le dimanche et les jours fériés. » Il a ajouté : « Le gouvernement ne prétend pas, dans des questions de cette nature, faire peser une sorte de contrainte sur la volonté des citoyens. Chaque individu reste libre d'obéir aux inspirations de sa conscience. »

— Le revenu de la douane, provenant des droits sur les importations, est toujours en voie de diminution. Le relevé des onze premiers mois ne s'élève qu'à 107,4 millions; il a été, en 1850, de 114,8 millions, et, en 1849, de 117,5 millions.

Le mois de novembre présente aussi une diminution notable. Il avait produit 10,8 millions en 1849, et 10 millions en 1850 ; il n'a produit que 9 millions cette année. Cette diminution provient surtout du coton, des fils de lin et de chanvre, de l'huile d'olive, des laines et des sucres étrangers.

— Nos lecteurs se rappellent qu'il y a près de deux ans [1], M. de Bruck, alors ministre du commerce en Autriche, adressait à la Commission fédérale centrale de Francfort, succédant au vicariat de l'empire, et aux différents gouvernements de la Confédération germanique, un mémoire traitant des moyens d'asseoir sur une base commune les rapports économiques de toute l'Allemagne. C'était une publication en vue de préparer surtout les esprits à un plan d'union douanière. Ce projet de l'Autriche n'a point été abandonné, et des conférences douanières viennent de se réunir à Vienne sous la présidence de M. Schwartzenberg, président du Conseil des ministres autrichien. Cette espèce de congrès se compose de trois délégués envoyés par la Bavière, et d'un délégué envoyé par chacun des États suivants : la Saxe, le Hanovre, le Wurtemberg, Bade, Hesse électorale, Hesse ducale, Brunswick, Holdenbourg, Francfort, les villes libres (Brême, Lubeck et Hambourg), Nassau, qui ont déclaré vouloir prendre part aux délibérations sur des questions de douane et de commerce d'un intérêt général.

M. de Schwartzenberg a ouvert la séance par un discours dans lequel, après des précautions oratoires en faveur des associations douanières existantes, il a dit qu'à l'occasion du renouvellement du traité du Zollverein, il pourrait y être introduit des modifications favorables à une plus grande extension, sans

[1] Voir le numéro 107, 15 février 1850, t. XXV, p. 313.

trop de difficultés et sans effrayer les intérêts, si l'on admet en principe que toute transition trop brusque doit être évitée, et si « chaque membre, faisant abstraction de ses intérêts et appréciant le but grandiose et commun, lui fait un sacrifice faible en proportion du résultat. »

Le ministre aulique a continué en disant que l'Autriche pourrait se suffire à elle-même, mais que « pour réaliser la pensée grandiose d'une union douanière européenne centrale, et resserrer les liens de l'amitié entre l'empire et les princes et les peuples alliés dans l'intérêt général, elle sera toujours prête à faire tous les sacrifices nécessaires. » En attendant, il ne peut être question, ajoute-t-il, que d'idées à échanger sur ce but final, et il annonce simplement la présentation, au congrès, d'un traité rédigé aux conférences de Dresde pour le développement du commerce et de l'industrie, et d'un traité de commerce à conclure entre les groupes douaniers existant en Allemagne, qui se rapproche beaucoup, a dit le ministre, du traité conclu en 1829 entre la Prusse, la Bavière, le Wurtemberg et les deux Hesse.

Ainsi, l'adhésion du Hanovre au Zollverein et le congrès douanier de Vienne donnent à penser que, si les susceptibilités politiques le permettent, le Zollverein prendra un plus grand développement dans deux ans, à l'époque de son renouvellement. Ce développement est très-désirable au point de vue des intérêts économiques de l'Allemagne et des pays qui échangent avec elle ; car il faut espérer que le tarif, s'il ne s'améliore pas, ne s'élèvera pas non plus par le fait de l'annexion de nouveaux États.

—On s'est ému de ce côté de la Manche, peut-être plus que de l'autre, d'une coalition des ouvriers mécaniciens pour les machines à vapeur.

Ces ouvriers qui se sont constitués depuis quelque temps en association, dite *Amalgamted association*, sous la direction d'un conseil exécutif, ont demandé : 1° la suppression du travail extraordinaire, en sus de la journée (*over times*), lequel leur est payé, comme partout, plus cher ; 2° la suppression du travail à la pièce ; 3° le renvoi des ouvriers qui font aujourd'hui, à l'aide de machines, le travail qu'ils faisaient eux-mêmes sans machines. Ils ont, plus tard, renoncé à cette troisième condition, pour s'en tenir aux deux premières. De leur côté, les fabricants ne voulant point se laisser mettre en interdit successivement, ont décidé qu'ils cesseraient leurs travaux à partir du 10 janvier.

La théorie des *amalgamted* est un écho de celle du Luxembourg, et serait un symptôme fort alarmant si elle était plus générale. Mais, jusqu'à présent, il semble que l'utopie se concentre dans le cercle des ouvriers de cette branche spéciale. Et, d'autre part, on peut espérer qu'il résultera des meetings des ouvriers et des fabricants, et des explications réciproques qu'il est dans l'habitude de cet heureux pays de se donner avec abondance et profusion, sans danger pour la tranquillité publique et sans nécessité d'intervention de l'autorité, qu'il résultera, disons-nous, un arrangement à l'amiable.

On dit que des capitalistes offrent des fonds aux ouvriers pour s'organiser en association de travailleurs indépendants. Il est douteux que les Amalgamted soient assez bien organisés pour inspirer assez de confiance ; mais enfin, si cela était, au moins pour quelques-uns d'entre eux, ni le gouvernement, ni les fabricants n'interviendraient, et la difficulté cesserait à l'instant. Autre chose est la coalition annonçant la mise en interdit des ateliers ; autre chose est l'association des ouvriers, suivant telle ou telle combinaison, qu'ils supposent plus favorable à leurs intérêts, et dont ils ont le droit de faire pacifiquement l'expérience, à leurs risques et périls.

L'Union ouvrière a un organe dans la presse, l'*Operative* (l'ouvrier) ; elle a déclaré qu'elle se proposait « l'Organisation du travail. » Nous ne savons point encore quelle peut être son influence et son importance. Mais ce dont nous sommes convaincus, c'est que les utopies socialistes, franchement accusées, qui n'ont pas supporté le jour ici, seront encore plus vite démonétisées en Angleterre parmi les classes ouvrières elles-mêmes, précisément à cause de la facilité et des moyens de discussion qui sont dans les mœurs de nos voisins.

— Notre collaborateur, M. de Molinari, dont nos lecteurs ont pu apprécier en maintes occasions la raison, le savoir et le talent, étant allé se fixer en Belgique, sa patrie, a été nommé professeur d'économie politique au Musée de l'industrie belge, établissement qui correspond au Conservatoire des arts et métiers de Paris. La chaire a été fondée nouvellement surtout par les soins de l'honorable bourgmestre de Bruxelles, M. Ch. de Brouckère, dont le zèle pour les progrès de la science et la haute intelligence de tout ce qui tient à la prospérité de son pays sont connus depuis longues années. La Belgique compte maintenant huit chaires publiques d'économie politique. L'enseignement de cette science y est donc, proportion gardée, vingt-quatre fois plus répandu qu'en France. Ce rapport numérique explique bien des choses [1].

— Nous avons reçu le beau et remarquable volume que vient de publier la Chambre de commerce de Paris, sous le titre de *Statistique de l'industrie de Paris*, résultat de l'enquête faite par les soins de cette Chambre, pour les années 1847 et 1848. Nous avons dit quelques mots, dans notre dernière chronique, de ces importantes recherches; mais nous nous apercevons, en les parcourant, que nous n'avions pas assez bien formulé la part qui revient à chacun dans l'accomplissement de cette œuvre éminemment utile.

C'est M. Horace Say qui a eu la direction supérieure en sa qualité de secrétaire de la Chambre et de rapporteur, et ce sont MM. Natalis Rondot et Léon Say qui ont dirigé le travail et ont été les rapporteurs adjoints. La volumineuse et remarquable introduction qui analyse et commente les résultats généraux est l'œuvre de M. Horace Say, qui a signalé, avec cette profonde connaissance qu'il a de l'économie politique et de l'industrie parisienne, les considérations économiques et morales qui ressortent de cette grande information qui marquera dans les annales de la statistique.

Paris, le 15 janvier 1851.

JOSEPH GARNIER.

— L'administration des Douanes vient de publier et de faire déposer à la librairie Guillaumin et Comp., le *Tableau du mouvement du cabotage pour l'année* 1850. 1 vol. grand in-4 ; prix, 3 fr.

C'est aussi à la même librairie que se trouve le *Tableau général du commerce de la France avec les puissances étrangères et ses colonies pour* 1850, publié par la même administration en novembre dernier. 1 vol. grand in-4 ; prix, 7 fr.

---

[1] V. p. 95 la communication faite par M. de Molinari à la Société d'économie politique.

DE LA COALITION

DES

OUVRIERS MÉCANICIENS EN ANGLETERRE.

L'Angleterre est la patrie des coalitions. Ces phénomènes attachés à l'existence de l'industrie manufacturière, dont ils ne semblent être ailleurs que les accidents, se reproduisent, de l'autre côté du détroit, sous la forme de crises périodiques. L'agitation des ouvriers y devient le contre-poids en quelque sorte permanent des progrès peut-être trop rapides de la richesse, de la puissance mécanique et du travail. Ce genre d'anarchie a même obtenu droit de cité. Les coalitions, interdites et réprimées par la législation sur le continent européen, sont licites et comme légales dans la Grande-Bretagne, depuis un quart de siècle. Un jurisconsulte éminent, lord Cranworth, explique cette tolérance de la loi par l'empire irrésistible des faits : « Le législateur, dit-il, a fait sagement d'autoriser les coalitions. Il n'est jamais politique d'interdire ce qui, permis ou non permis, n'en doit pas moins exister. »

L'industrie manufacturière agglomère et arme les bras. Les hommes que le travail rassemble tous les jours sont naturellement disposés à s'associer dans leur intérêt, et par suite à se coaliser contre d'autres intérêts. Plus un pays s'enrichit, plus les salaires s'élèvent, et plus aussi les mutineries d'ouvriers, en se multipliant, deviennent formidables. Elles sont plus fréquentes en Angleterre qu'en France, et en France qu'en Allemagne. En Angleterre même, elles n'éclatent que bien rarement dans les années calamiteuses, et se réservent pour les époques de prospérité. Ce n'est pas quand les ateliers chôment et quand la rareté des commandes déprime les salaires, que les ouvriers s'insurgent contre les maîtres ou qu'ils affichent la prétention de régler le tarif du travail. L'évidence du malheur général amène alors la résignation commune. Là où tout le monde est frappé, les individus peuvent souffrir et se plaindre; mais ils ne rendent pas la société responsable et ne songent pas à se révolter.

L'activité de l'industrie, l'élévation des salaires pour l'ouvrier et des profits pour le maître, voilà ce qui détermine les coalitions. C'est alors que l'envie naît dans le cœur de ceux qui travaillent. Si belle que soit leur part, ils la trouvent toujours trop faible, et la part de ceux qui font travailler leur paraît toujours trop forte. Plus l'argent leur vient aisément et l'aisance pénètre dans leurs familles, plus ils aspirent à régler la distribution de la richesse et à rançonner le capital. C'est bien le premier orgueil de l'affranchissement : on ne se contente plus d'être libre, et l'on veut être despote.

Non-seulement les ouvriers ne songent à faire la loi, sur le marché du travail, que dans les temps d'une prospérité exceptionnelle; mais, parmi eux, ce ne sont pas les moins favorisés par le sort, ceux qui reçoivent les plus infimes salaires, les écloppés et les traînards de l'industrie, ni les simples manœuvres, qui prennent l'initiative de l'agitation. Les mécontents, les agitateurs, les séparatistes, en un mot ceux qui se montrent incessamment prêts à mettre les ateliers en interdit, jusqu'à ce que l'on ait accueilli leurs prétentions les plus exorbitantes, sont invariablement les ouvriers les mieux rentés et les plus habiles, le corps d'élite de l'armée manufacturière, et en quelque sorte les sous-officiers de l'industrie.

Dans la manufacture du coton, il n'y a pas d'ouvriers plus mal rétribués ni plus malheureux que les tisserands, qui font mouvoir eux-mêmes le métier sur lequel ils travaillent. Quinze à seize heures par jour du labeur le plus opiniâtre leur procurent à peine de quoi ne pas mourir de faim. Les peigneurs de laine ne sont pas mieux traités : ils vivent de privations, et ils élèvent comme ils peuvent leurs enfants dans la plus abjecte misère. Cependant, que leur industrie soit active ou qu'elle languisse, dans les bonnes comme dans les mauvaises années, on n'entend pas dire que les tisserands à la main ni les peigneurs de laine se concertent entre eux pour imposer une augmentation artificielle des façons.

Les fileurs, au contraire, qui gagnent en moyenne 25 à 30 schellings (31 à 37 fr.) par semaine, et dont la rétribution hebdomadaire a quelquefois excédé 40 schellings (50 fr.), sont perpétue ement en grève. On en peut dire autant des charpentiers, des mécaniciens, et en général de tous les ouvriers dont le travail exige un long apprentissage et suppose une certaine habileté de main (*skilled hands*). Ceux-là, gagnant communément, en un jour, ce que les manœuvres ont de la peine à réaliser en une semaine, se montrent incessamment prêts à se révolter, soit dans l'ordre politique, soit dans le domaine industriel. L'histoire de l'industrie manufacturière, depuis Arkwright, en présente les plus nombreux comme les plus tristes exemples. On compte en Angleterre plusieurs grandes coalitions d'ouvriers fileurs, comme celles de 1825 et de 1836, qui entraînèrent la fermeture des ateliers pendant plusieurs mois, et qui réduisirent des populations entières à la mendicité.

Parmi les conspirations industrielles, celle qui vient de se manifester dans les rangs des ouvriers mécaniciens paraîtra certainement la plus digne d'attention, comme la plus menaçante. La fabrication des machines est l'industrie par excellence. Ses ateliers fournissent les moteurs et les instruments à tous les autres; et quand elle s'arrête ou qu'on l'arrête, toutes les manufactures ne peuvent manquer d'éprouver bientôt un temps d'arrêt. Il dépend de quelques milliers d'hommes, en se croisant les bras, de paralyser du même coup l'activité nationale, la filature et le tissage, l'extraction du combustible, le travail des métaux, la production de la vapeur, l'exploitation des transports; en un mot, l'industrie et le commerce, la navigation et les chemins de fer, tout peut alors être frappé d'immobilité. En enchaînant la puissance mécanique dans ce monde de merveilles, on fait cesser le mouvement.

Outre ces conséquences naturelles et nécessaires de toute grève des ouvriers mécaniciens, qui aspire à se généraliser, la coalition dont nous avons à nous occuper ici présente des symptômes jusqu'à présent inaperçus et qui doivent [alarmer l'Angleterre. C'est la première fois que le socialisme apparaît, de l'autre côté du détroit, à l'état pratique, et qu'il s'incorpore aux projets d'une classe d'hommes contre leurs véritables intérêts. On ne le connaissait auparavant que par les tentatives philanthropiques d'Owén, tentatives qui avaient échoué successivement dans les deux mondes. Les chartistes eux-mêmes, dans cette vaste organisation qui embrassait six cents associations locales, avaient en vue bien plus une protestation violente contre l'état social, que des changements ou une réforme. Ils réclamaient le suffrage universel comme un moyen d'arriver à la réglementation des salaires; mais ils n'attaquaient pas de front l'autorité des chefs de l'industrie ni les droits du capital.

C'est la philanthropie qui a introduit en Angleterre le socialisme dans les lois, témoin l'acte qui réduit à dix heures par jour la durée du travail dans les manufactures. Il y entre maintenant par la porte des mauvaises passions, de la révolte, de la cupidité et de l'envie. On commence à parler, à Londres et à Manchester, comme au Luxembourg en 1848, de la tyrannie du capital, et à traiter les patrons, les directeurs du travail, comme on traite dans une ville assiégée les bouches inutiles.

La coalition des ouvriers mécaniciens se distingue encore par un autre caractère de toutes celles qui l'ont précédée : elle se constitue à l'état de permanence. Ce n'est plus, comme dans les grèves ordinaires, une mesure de protection et de défense qui naît de la situation et qui ne semble pas destinée à y survivre. Il ne s'agit pas pour celle-ci d'obtenir une augmentation de salaire et de se dissoudre après l'avoir obtenue. Non; les ouvriers s'enrôlent et s'organisent pour une lutte durable; c'est une corporation, une institution qu'ils veulent fonder. A la voix des agitateurs qui les circonviennent, ils ont réuni en une vaste association, qui prend le titre de *Société amalgamée des mécaniciens* (Operative engineers amalgamated society), presque tous les clubs ou associations de secours mutuels qui ralliaient ces ouvriers entre eux, dans les divers centres locaux de leur industrie. Plusieurs mois d'une propagande active et de persévérants efforts ont été employés à cette œuvre préparatoire. L'Association gardait une grande réserve et se renfermait dans son mandat apparent de pure bienfaisance, tant qu'elle avait besoin encore de s'étendre et de grandir. Mais dès qu'elle a cru être assez forte, au moment où elle a pu embrasser quatre-vingts villes du Royaume-Uni, compter dans ses rangs douze mille ouvriers et disposer, grâce aux souscriptions qui l'avaient formé goutte à goutte, d'un capital aggloméré de 25,000 livres sterl.; alors elle a démasqué ses batteries et a résolument engagé la lutte.

La constitution de la *Société amalgamée* [1] remonte au mois de septembre 1850. Les délégués des associations locales, réunis à Birmingham, voulurent en inaugurer la fondation par un programme dans lequel on lit que « le but de la Société est la concentration des influences qu'exercent les associations locales dans les diverses branches de cette industrie, et cela en vue des mesures qui peuvent être avantageuses à chacun de ses membres. Les associations industrielles, y est-il dit encore, sont les auxiliaires indispensables d'un état social qui a propagé et développé l'égoïsme jusqu'à étouffer les mouvements les plus généreux de l'âme. Car ce n'est qu'en s'y affiliant que les hommes attachés à une industrie peuvent être amenés à observer certains règlements et à se conformer à certains usages établis dans leur intérêt mutuel. »

La Société arbore, comme on voit, les couleurs de la philanthropie dans son langage. C'est en étudiant son organisation que l'on en reconnaît sans peine l'esprit envahissant et agressif. Chaque association locale a un conseil exécutif et un secrétaire; mais la direction générale appartient au Conseil exécutif de Londres, qui exerce une véritable dictature, à l'aide d'assemblées dérisoires, et qui représente ainsi et assure l'unité d'action. Les ouvriers, en effet, ne sont pas jaloux de leur liberté autant qu'ils le croient, ni surtout autant qu'ils le disent; le despotisme cesse de leur faire ombrage, pourvu qu'il soit leur œuvre et dès qu'il sort de leurs rangs.

Dans la guerre qu'elle engage avec les manufacturiers, la Société n'a pas débuté par une attaque générale. Elle a d'abord paru vouloir faire, par des actes d'agression isolés, le premier essai de ses forces. La querelle a commencé à Oldham, entre les ouvriers et les chefs d'un établissement dont les machines ont été remarquées entre toutes à l'exposition de Londres, celui de MM. Hibbert et Platt.

Dans une réunion tenue à Oldham, le 7 mai 1851, les ouvriers mécaniciens de cet établissement décidèrent, entre autres résolutions:

---

[1] Voici le titre complet : « *The amalgamated society of engineers machinists, millwrights, smiths and pattern-markers.* — Société réunie des mécaniciens, machinistes, constructeurs de moulins, forgerons et fabricants de modèles ou patrons. »

«que toutes les machines à planer, à faire des rainures, à dresser et à forer, devaient être à la disposition des ouvriers mécaniciens; que, dans le cas où MM. Hibbert et Platt accéderaient à cette demande, les simples journaliers seraient congédiés aussitôt que l'on aurait le moyen de les remplacer; et que, dans le cas où MM. Hibbert et Platt s'y refuseraient, la députation chargée de leur présenter la requête des ouvriers mécaniciens leur signifierait que ces ouvriers avaient l'intention de quitter leurs ateliers le 17 du même mois. »

Le terrain avait été habilement choisi. MM. Hibbert et Platt repoussèrent d'abord, dans leur propre intérêt et dans celui de la plus grande majorité des ouvriers, les injonctions qui leur étaient faites au nom de quelques-uns. Mais bientôt, ne se voyant pas soutenus par les chefs des autres établissements, qui regardaient cette lutte avec une indifférence bien imprudente, ils entrèrent en pourparlers avec les délégués. Après une assez longue négociation, dans laquelle intervinrent les représentants de la *Société amalgamée*, il fut convenu que MM. Hibbert et Platt renverraient, à partir de Noël, les ouvriers qu'ils avaient formés eux-mêmes, pour prendre leurs remplaçants des mains de la Société. En même temps devait cesser le travail extraordinaire (*overtime*), qui vient, dans les moments de presse et moyennant une rémunération suffisante, prolonger les fatigues régulières de la journée.

En transigeant pour l'avenir, ces manufacturiers maintenaient ainsi le *statu quo*. Il continua de part et d'autre, jusqu'à ce que, les ouvriers mécaniciens ayant élevé trois mois après des prétentions nouvelles, MM. Hibbert et Platt se crurent en droit de rompre des engagements qui n'étaient plus observés. A ce moment, les patrons, s'éveillant au sentiment du danger qui les menaçait, comprirent la solidarité qui existait entre leurs intérêts, à travers les ombrages et les nécessités de la concurrence; la *Société amalgamée*, de son côté, se trouva conduite à faire un pas de plus et à convertir en une guerre générale contre tous les ateliers de construction la campagne entamée contre un seul établissement. On vit, ce qui n'était pas encore arrivé en Angleterre, une coalition se former entre les patrons pour répondre à la coalition des ouvriers.

La *Société amalgamée* se défend, par l'organe de ses avocats les plus accrédités, M. Hem et M. Newton, d'avoir inspiré la démarche des mécaniciens d'Oldham. Elle n'a pas, il est vrai, enregistré dans son programme officiel cette exclusion donnée aux ouvriers qui ne sont pas mécaniciens de profession par ceux qui entendent ériger à leur profit la profession en monopole; mais elle ne désavoue qu'à demi des prétentions dont on retrouve d'ailleurs le germe dans ses doctrines. Ainsi, le préambule du règlement qu'elle s'est donné parle des droits (*vested interests*) que les ouvriers mécaniciens ont au travail de la construction des machines, et des empiétements sur ce do-

maine que les efforts résolus de la Société auront à réprimer. Le règlement limite le nombre des apprentis que l'on pourra recevoir
dans cette industrie. Et certes, l'association qui restreint, avec une ·
sollicitude si ombrageuse, le nombre légal des apprentis, de peur
d'encombrer le marché du travail, ne permettra pas que des ouvriers
qui n'ont pas subi l'épreuve de l'apprentissage viennent lui faire
concurrence sur le terrain qu'elle entend se réserver. Mais en fait,
les mêmes demandes qui avaient été adressées, dans le courant de
mai, à MM. Hibbert et Platt, étaient portées, deux mois plus tard, à
MM. Parr, Curtis et Madeley, de Manchester, au nom des ouvriers
qu'ils employaient, par le conseil exécutif de la succursale établie
par la Société dans cette ville. Le document original est signé de
M. Hem, secrétaire du conseil. En supposant donc que ces prétentions
aient commencé par avoir un caractère purement individuel, on voit
que la Société n'a pas tardé à se les approprier et à les sceller de son
omnipotence.

Lorsque la querelle entre les patrons et les ouvriers, de partielle
qu'elle était d'abord, est devenue générale, la Société, qui tenait à
décorer d'un vernis de philanthropie son attitude [agressive, ne pouvait plus insister sur de pareilles exclusions. Elle n'abandonna pas
cependant ses prétentions; elle les ajourna. En Angleterre comme
en France, les ouvriers comprennent mal la liberté. Ceux qui la
veulent pour eux-mêmes l'admettent rarement pour les autres. La
pratique de la liberté demande des esprits cultivés et des âmes généreuses. Elle ne surgit jamais des régions inférieures de l'ordre social
que comme un cri de révolte; et elle s'élève difficilement, en partant de
là, à la conception de cette règle impartiale, qui mesure les droits
de chacun à ses devoirs envers la communauté, et qui rectifie par la
notion de l'intérêt général les aspirations turbulentes de l'intérêt privé.

On a pu supprimer les corporations, mais on n'a pas détruit pour
cela l'esprit de monopole et de privilége. Cette tradition, bannie des
lois, se conserve, comme un héritage fidèlement transmis, dans la
pensée des ouvriers. Transplantés en quelque sorte sous le ciel de la
libre concurrence, ils travaillent sans cesse, non pas seulement à en
tempérer les ardeurs, mais à en borner l'horizon. En dépit de ce mouvement ascendant de la richesse, qui tend à effacer la ligne de démarcation d'abord entre les chefs et les contre-maîtres de l'industrie, et
ensuite entre ceux-ci et les simples ouvriers, les ouvriers ne sont occupés qu'à relever le mur de séparation et qu'à se former en castes.
La lumière du siècle inonde leur esprit sans le pénétrer.

Les ouvriers en Angleterre ont beau être plus instruits et jouir d'une
aisance plus grande que ceux du continent, ils vivent dans une contrée
où, du haut en bas de l'échelle sociale, les idées et les mœurs de l'a-
ristocratie ont prévalu. Cette atmosphère politique qui les environne
suffirait à les rendre exclusifs; mais les ouvriers mécaniciens sont

entraînés en outre par une tendance qui leur est propre. Formant un corps d'élite dans l'industrie par la force du corps et par l'habileté de la main, plus riches que beaucoup de propriétaires et de rentiers, et obtenant des salaires qui s'élèvent jusqu'à 125 fr. par semaine, on peut les considérer, relativement à de plus humbles agents du travail, comme une sorte d'aristocratie. Joignez à cela leur petit nombre, vingt-cinq mille hommes à peine dans la Grande-Bretagne, dont l'Association comprend environ la moitié; et l'on s'expliquera qu'ils aient essayé de convertir cette grande industrie en une affaire de famille.

Les ouvriers mécaniciens tiennent dans l'industrie des machines la même place que les fileurs occupent dans la manufacture de coton. Lorsque ceux-ci font grève, ils réduisent du même coup à l'inaction les rattacheurs, les cardeurs, ainsi que les tisseurs, et laissent le capital sans emploi, sous la forme de machines et de matières premières. Les ouvriers mécaniciens dominent le travail des forgerons et des menuisiers et, dans une certaine mesure, celui de tous les ouvriers en fer. C'est pour échapper à ce qu'il y avait de tyrannique dans cette domination que les ingénieurs et les constructeurs ont formé au maniement de diverses machines ceux d'entre les journaliers qui montraient de l'intelligence et de l'aptitude. L'intrusion des nouveaux venus a été considérée par les anciens comme un moyen d'arriver à la baisse des salaires, bien qu'il n'y paraisse pas jusqu'à présent. Mais, au lieu de leur faire concurrence par la perfection des procédés et de la main-d'œuvre, on trouve plus simple de leur interdire les ateliers. C'est dans ce but que l'on ressuscite contre eux et que l'on cherche à rétablir, dans la plus récente et la moins routinière des industries, un système pareil à celui des anciennes maîtrises. C'est encore ici le droit au travail, qui vient supplanter et détruire la liberté du travail.

Pour se rendre compte de l'importance des intérêts engagés dans ce débat, il ne suffit pas de connaître le nombre des ouvriers ralliés autour de l'étendard de M. Hem ou de M. Newton, ni de compter les noms des constructeurs qui paraissent déterminés à faire tête à l'orage. Il faut encore examiner la situation même de l'industrie. La fabrication des machines, qui était pour ainsi dire un métier domestique, une œuvre d'artisan, avant les merveilleuses découvertes de Watt, d'Arkwright et de Crompton, a pris dans les cinquante dernières années une extension rapide. Mais c'est surtout depuis l'application de la vapeur à la navigation des mers et des fleuves, et depuis l'invention des chemins de fer, que la mécanique nous fournit les moyens de multiplier la force et d'étendre la durée. L'Angleterre, habile à travailler le fer, pépinière d'un peuple calculateur, et puissante par les capitaux, a monopolisé longtemps la fabrication des machines. Elle en alimente, non-seulement ses innombrables usines, mais encore celles de l'étranger. L'exportation annuelle des machines fabriquées dans la Grande-Bretagne représente une valeur d'un million sterling. Mais ce n'est là que la moindre partie des [valeurs créées par cette industrie. On calcule que les salaires distribués dans les ateliers de construction s'élèvent à 50,000 livres sterling par semaine. Ce serait une dépense de 65 millions de francs par année. Quelques usines renferment plus de quinze cents ouvriers; il en est dont l'outillage seul vaut plusieurs millions de francs. La belle usine de MM. Sharp, à Manchester, qui prend le nom d'Atlas, comme si les constructeurs voulaient porter à eux seuls le poids de l'industrie britannique, livre six locomotives par semaine. La renommée de M. Stephenson s'étend à l'Europe entière. Outre la renommée, la fortune se forge dans ces ateliers, s'il est vrai que MM. Hibbert et Platt aient accusé, devant les commissaires de l'*income-tax*, un revenu ou bénéfice, pour leurs opérations en 1850, de 45,000 livres sterling (1,125,000 fr.).

Dans un système manufacturier aussi gigantesque et qui contribue pour une aussi grande part à la prospérité du pays, il était du devoir commun des patrons qui réalisent des bénéfices très-souvent considérables, et des ouvriers qui obtiennent des salaires quelquefois extravagants', de ne pas troubler légèrement par [leurs prétentions le cours naturel des choses.

Voilà ce que ni les uns ni les autres ne semblent avoir compris. Les ouvriers ont cherché à imposer des changements dans les conditions du travail, au moment où les profits du capital diminuaient dans une proportion notable et bien que la réduction ne se fût pas encore communiquée aux salaires; les patrons, de leur côté, ont poussé peut-être les mesures de défense et de répression au delà de ce qui était nécessaire pour sauvegarder leurs intérêts et pour maintenir leurs droits.

Le drapeau de la révolte fut ouvertement arboré par une déclaration de la *Société amalgamée*, qui fit connaître dans une réunion publique tenue à Londres le 1er novembre dernier, qu'elle avait résolu de mettre un terme à l'usage des travaux extraordinaires (*overtime*) et au système du travail à la tâche (*piecework*). En signifiant cette résolution aux chefs des établissements, par une circulaire à laquelle on donna la publicité la plus large, on leur donnait deux mois pour s'y conformer. A partir du 31 décembre, les ouvriers, après la journée ordinaire de dix heures, ne devaient plus se prêter à aucune besogne supplémentaire, à moins qu'un accident survenu dans le jeu des machines ne fît une loi de réparer le temps perdu; mais, dans ce cas, chaque heure de travail se payerait double. Par un calcul qui a quelque chose d'odieux, la Société choisissait pour rançonner les maîtres le moment où un malheur les frappait. Elle ajoutait la cruelle avidité des ouvriers aux rigueurs de la fortune. De telles combinaisons ne semblent pas faites pour appeler l'intérêt public sur la cause qu'elle défend.

Jusqu'à présent, tous les différends entre maîtres et ouvriers avaient porté sur des questions de salaire. Les ouvriers se coalisaient soit pour empêcher une réduction dans le prix de la main-d'œuvre, soit pour la vendre plus cher. Les résolutions de la Société amalgamée font-elles exception à cette règle générale? On pourrait le supposer, au premier examen. Les organes de la coalition prétendent, en effet, qu'il s'agit d'une œuvre purement philanthropique. La Société pense que l'on ne peut, sans surcharger les forces, prolonger le travail humain au delà de dix heures; elle veut réserver aux ouvriers, dont les bras sont employés, les heures de la soirée, pour cultiver leur intelligence et pour se livrer à la joie des affections domestiques; et quant à ceux qui n'ont pas trouvé d'emploi, elle leur fait espérer que les chefs d'établissement, ne pouvant plus prolonger le travail, même dans les cas pressants, au delà de dix heures, seront dans la nécessité d'occuper un plus grand nombre de bras. Le prétexte a son côté spécieux. Cependant, en y regardant de près, on reconnaît bien vite que la Société amalgamée ne se propose rien moins que d'agir indirectement sur le taux des salaires. En répartissant la même quantité de travail entre un plus grand nombre d'ouvriers, elle s'arrange pour diminuer la concurrence de ceux qui le vendent et pour augmenter la concurrence de ceux qui l'achètent. Elle se rend ainsi maîtresse du marché. L'abolition du travail à la tâche a le même objet. Quelque opinion que l'on ait sur ce système, tout le monde admet que l'ouvrier, quand il est à ses pièces, se trouve stimulé à produire et produit en effet beaucoup plus dans le cours de la journée que si on lui payait à forfait le temps qu'il donne. Supprimer la tâche, quand on impose d'ailleurs à la journée une limite absolue, c'est donc appeler dans les ateliers des bras supplémentaires, augmenter la demande et, par conséquent, élever temporairement du moins le prix du travail.

Les conséquences de ce système ne pouvaient pas échapper aux patrons. Ils virent clairement que le sort de leurs établissements et celui de l'industrie britannique étaient en question ; et ils résolurent, donnant le premier exemple parmi les maîtres de cette unanimité intelligente de sentiments, d'associer étroitement leurs intérêts dans une défense commune. Les constructeurs de Manchester et des environs, réunis le 9 décembre dans cette ville, jetèrent les fondements d'un concert qui devait bientôt s'étendre à tous les centres similaires du Royaume-Uni. Huit jours plus tard, et à la suite d'une seconde réunion, ils publièrent la déclaration qu'on va lire :

« Une réunion de personnes qui prennent le titre de *Société amalgamée des mécaniciens*, etc., ayant adressé à divers établissements de ce district des demandes qui sont absolument incompatibles avec les droits des distributeurs du travail, et qui, dans le cas où l'on y accéderait, mettraient obstacle à l'autorité légitime exercée par les maîtres sur leurs propres ateliers ; et les mêmes personnes ayant fait connaître au chef d'un des principaux établissements qu'à moins de concessions complètes de sa part, les ouvriers se retireraient, ou se mettraient en grève, le 31 du présent mois; nous soussignés, ingénieurs mécaniciens, constructeurs de moulins et fabricants de machines, qui occupons dix mille ouvriers, avons pris la résolution unanime de fermer nos ateliers dans le cas où la grève dont on nous menace éclaterait chez un seul d'entre nous, soit le 31 décembre, soit à une époque ultérieure, sous prétexte que les demandes de la Société n'auraient pas été accueillies.

« Nous déclarons encore que nous sommes forcés d'adopter cette ligne de conduite, que nous commande la nécessité de nous défendre, pour résister à l'intervention et à la dictature de quelques agitateurs malfaisants, qui s'efforcent d'entraîner les ouvriers les mieux disposés dans une lutte ouverte avec leurs patrons, et qui leur conseillent des démarches d'où il ne peut sortir pour l'artisan honnête et laborieux que ruine et que misère. »

Cette déclaration, signée par les chefs des trente-quatre maisons les plus importantes[1], trouva de l'écho à Londres. Le 24 décembre, les constructeurs du district métropolitain, dans une réunion où chacun se montra pénétré de l'imminence du péril, formèrent une association qui devait agir de concert avec celle du comté de Lancastre, et qui était également destinée à fortifier les patrons par une sorte d'assurance mutuelle contre les exigences et contre l'esprit envahissant des ouvriers. Les résolutions qui sortirent de la réunion ayant le mérite de donner une idée assez exacte des sentiments qui animent les chefs de l'industrie en Angleterre, il ne sera pas inutile de placer ce manifeste sous les yeux du lecteur.

« 1° Pendant que cette nation, par l'organe de ses représentants dans le Parlement, a aboli les priviléges des maîtrises, les chartes exclusives des corporations, les restrictions mises à l'exportation des machines, ou à la libre émigration des artisans, ainsi que tous les

---

[1] Voici les noms apposés au bas de ce document, désormais historique.

MM.	MM.
Hibbert, Platt et fils.	Joseph Flockton.
W. Fairbairn et fils.	Vernon Kitchen.
Dobson et Barlow.	C. J. Belhouse et comp.
Parr, Curtis et Madeley.	B. Goodfellow.
W. Higgins et fils.	Knigh et Wood.
James Nasymisk et comp.	Les exécuteurs de feu John Hardman.
Seville et Woolstenhulme.	A. Dean et comp.
Peel, Williams et Peel.	Robert Dalglish et comp.
Sharp frères et comp.	Francis Lewis et fils.
Lees et Barnes.	Richard Ormrod et fils.
Robert Oram et frères.	Thomas Marsden.
John Hetherington et comp.	W. J. et J. Garforth.
Lord frères.	Robert Gordon et comp.
W. Collins et comp.	Musgrave et fils.
Benjamin Hick et fils.	Jackson et frères.
P. Rothwell et comp.	Moor et Joseph Cole.
Ri... ...ll.	Edm. Leach et fils.

monopoles, les réquisitions de la *Société amalgamée* sont une tentative faite pour méconnaître le droit qui appartient à tout sujet anglais de disposer de son travail ou de [son capital suivant l'opinion qu'il a de son intérêt personnel , pour dépouiller l'ouvrier expérimenté des avantages naturels que doit lui procurer sa supériorité, pour obliger par la force les artisans laborieux et prévoyants à partager les profits de leur assiduité et de leur habileté avec les ouvriers négligents et sans expérience, et pour priver, de propos délibéré, les simples manœuvres des débouchés offerts au travail de leurs bras.

« 2° La prospérité publique étant attachée à la sécurité et au libre exercice de l'industrie mécanique, il importe essentiellement au succès et au développement de l'esprit d'entreprise, à la communauté qui demande une garantie contre l'exagération des prix, au capitaliste qui ne veut pas être l'esclave de ceux qu'il emploie, et à l'ouvrier habile et rangé qui ne doit pas laisser porter atteinte aux droits ni à l'indépendance du travail, que les menaces renfermées dans un manifeste qui affecte de dicter des lois aux maîtres, et de tyranniser les ouvriers, rencontrent une résistance prompte et péremptoire.

« 3° La division du travail, qui est essentielle au succès de l'industrie mécanique, faisant dépendre l'emploi d'une classe d'ouvriers de la coopération des autres, la grève dont nous menace la *Société amalgamée*, en éloignant certaines classes d'artisans des ateliers, doit avoir pour conséquence de priver d'occupation les ouvriers, leurs camarades, et d'obliger les maîtres à fermer leurs établissements jusqu'à ce qu'ils puissent remplacer les ouvriers habiles dont les prive la retraite des membres de l'Union.

« 4° Cette réunion étant disposée, dans une pensée de sincérité et de bienveillance, à avertir les auteurs du Manifeste des principaux effets qu'aurait l'exécution des projets édictés dans ce document, les chefs d'industrie ici présents, et tous ceux qui adhéreront à leurs résolutions saisissent cette occasion, la première qui s'offre à eux, d'annoncer que, dans le seul but de se défendre eux-mêmes, et de protéger l'indépendance de leurs ouvriers, ils ont résolu, pour le cas où les ouvriers d'un établissement quelconque, soit à Londres, soit à Manchester, soit ailleurs, se mettraient en grève, ou tenteraient d'arracher les concessions que demande la *Société amalgamée*, le 31 décembre 1851, ou à une époque ultérieure, de fermer complétement leurs ateliers le 10 janvier 1852, ou une semaine après, jusqu'à ce que les causes qui ont commandé cette résolution aient cessé d'exister, à la satisfaction du Conseil exécutif ci-après dénommé [1]. »

---

[1] Voici les noms des quarante-six chefs d'établissement qui ont signé les premiers cette résolution :

MM.	MM.
W. B. Adams, Adams et comp.	C. C. Amos, Easton et Amos.
William Anderson.	John Blyth, J. et A. Blyth.

Les principes derrière lesquels se retranchent ici les patrons sont assurément inattaquables. Bien que les coalitions portent toujours de mauvais fruits, il ne serait pas juste non plus de leur reprocher un concert qui a pris un caractère purement défensif. L'agression vient des ouvriers; et si les maîtres restaient isolés, la *Société amalgamée* les battrait l'un après l'autre. Les concessions faites la veille ne les mettraient pas à l'abri des exigences du lendemain. Déjà l'expérience prouve que, depuis l'organisation de la Société, les ouvriers, à qui la tête tourne, ne travaillent plus avec la même assiduité ni avec la même conscience. Plusieurs manufacturiers ont constaté que la journée effective de travail rendait en ce moment 30 pour 100 de moins. Les ouvriers, comme des marchands de mauvaise foi, ne donnent plus ni la quantité d'ouvrage ni la qualité pour laquelle ils sont payés; ils ne se piquent pas de mériter leur salaire. Quant aux engagements contractés par eux, ils les éludent ou ils les rompent ; et ils ne tiennent guère que la parole qu'ils ont intérêt à tenir. Sous l'influence des agitateurs qui ont propagé dans leurs rangs les habitudes des sociétés secrètes et les mœurs des conspirateurs, ils sont, à l'égard des capitalistes et des entrepreneurs d'industrie, comme ces Arabes qui, loyaux et scrupuleux à l'égard des Musulmans comme eux, se font une espèce de point d'honneur de tromper les infidèles.

Les constructeurs mécaniciens n'ont donc fait qu'user de leur droit et prendre conseil de leurs véritables intérêts, en mettant de l'ensemble dans la résistance. Mais était-il bien indispensable de fermer les ateliers et de frapper tous les ouvriers, les innocents comme les coupables, pour atteindre les membres de la *Société amalgamée?* Sans doute, dans les grèves industrielles, les ouvriers qui se mutinent,

MM.	MM.
W. H. Blake, James Watt et comp.	Thomas Maudsley.
George Bovil, Swaine et Bovil.	J. C. M'Connell.
Alfred Burton, Burton et fils.	James M. Napier.
Lewis Ash.	J. S. Russell, Robinson et Russell.
J. J. Brunet, Seaward et Capel.	John Penn, Penn et fils.
Alfred Blyth, J. et A. Blyth.	W. H. Pearson.
James Cope.	C. Pontifex, Pontifex fils et comp.
Edward Crawley.	George Rennie et sir J. Rennie.
Arthur Collinge, Collinge et comp.	Richard Ravenhill, Miller, Ravenhill et
Bryan Donkin jun. , Bryan Donkin	Salkeld.
et comp.	Charles Rich.
Thomas Donkin.	R. A. Robinson.
George Easton.	William Shears, Shears et fils.
Henry Grisell.	John Seaward, Seaward et Capel.
J. Field, Maudslay fils et Field.	J. D. A. Samuda.
George Fletcher.	William Simpson. Simpson et comp.
M. D. Grissell, N. et M. Grissell.	Daniel Shears junior.
James Easton.	Joel Spiller.
M. Hodge, Hodge et Batley.	Hayward Tyler, Tyler et comp.
William Helley.	Stephen, T. Taylor.
W. Joyce, Joyce et comp.	Joseph Wilkinson.
William Jackson.	D'autres chefs d'établissements.
Joel James.	La députation de Manchester.

même quand ils ne forment pas la majorité, entraînent presque toujours avec eux les ouvriers qui ont prétendu rester libres de leurs actes. Les agitateurs puisent dans la [bourse de cette foule moutonnière, quand ils ne peuvent pas disposer de ses bras. Les ouvriers indépendants consentent alors à opérer sur leurs salaires des retenues qui servent à subventionner et à alimenter la grève. Les manufacturiers voient sortir ainsi de leur caisse les ressources à l'aide desquelles on les combat.

Je reconnais le droit qu'avaient les chefs d'établissement d'imposer la neutralité aux ouvriers qui ne faisaient pas partie de la *Société amalgamée*. Ceux-ci n'auraient pas eu d'objection à élever, si l'on s'était borné à leur dire : « Le travail n'est pas interrompu, et rien n'est changé à vos salaires; mais nous n'admettons pas que les ouvriers qui se retirent imposent une contribution quelconque à ceux qui restent. Prenez l'engagement, si vous voulez conserver votre emploi, de ne pas fournir de subsides à la coalition qui combat contre nous. » Mais fermer les ateliers à tout le monde, sans même une sommation préalable, cela sent la violence et manque d'humanité. Ajoutons que, si les constructeurs de machines pouvaient continuer leurs opérations malgré le vide que laissait dans le mouvement des ateliers la retraite des ouvriers les plus exercés, ils ont eu tort de les arrêter. L'interruption du travail dans une industrie qui augmentait la richesse et la force du pays, devait être une calamité publique.

La politique radicale adoptée par les chefs de l'industrie mécanique a du moins produit ce résultat, qu'elle a obligé les meneurs de la *Société amalgamée* à démasquer leurs véritables projets. Le 5 janvier, le Conseil exécutif de cette Association soumit à ses membres, non-seulement à Londres, mais dans tous les centres auxiliaires, des résolutions qui sont tout un système. En voici le texte :

« 1° 10,000 livres sterling prises sur les fonds de la Société seront confiées à des commissaires choisis par le Conseil exécutif, au nombre d'au moins six, et qui devront être des hommes investis de la confiance publique; ces commissaires seront chargés de faire des avances successives, jusqu'à concurrence de ladite somme, à des gérants nommés par le Conseil exécutif, et qui devront être confirmés dans leurs fonctions par la Société, avec mandat d'entreprendre la construction des machines, outils, etc.

« 2° Ces avances, aussi bien que les fonds que les commissaires administrateurs pourront obtenir d'une autre source, seront garantis par une hypothèque prise sur l'établissement et sur le matériel d'exploitation, au nom des commissaires, qui auront pouvoir de donner aux avances étrangères la priorité de garantie sur celles de la *Société amalgamée*.

« 3° Les conditions du travail dans les établissements de la Société devront être approuvées, de temps à autre, par le Conseil exécutif, et auront pour objet d'employer le plus grand nombre possible des ouvriers attachés à cette industrie qui se trouveront inoccupés, mais sans nuire à la solidité de l'entreprise ni au bien-être des ouvriers occupés. »

Les résolutions que l'on vient de lire prouvent que les agitateurs se proposaient un autre but que la suppression des heures supplémentaires de travail et du travail à la tâche. Leur ambition allait bien au delà de ces prétendues réformes. Ils aspiraient, non pas tant à dominer les maîtres qu'à les supplanter. Ils voulaient moins limiter le pouvoir des régulateurs de l'industrie que transporter la direction de l'industrie à d'autres mains. Une association de onze à douze mille ouvriers entreprenait, dans un ordre social fortement assis et par ses propres ressources, une œuvre que n'avait pas pu accomplir en France, en trois mois de règne et en disposant de l'autorité la plus despotique, la coterie qui siégeait en 1848 au Luxembourg.

Il s'agit également, des deux côtés du détroit, de détrôner le capital, de faire régner dans les ateliers une égalité niveleuse, et d'organiser une industrie sans chefs. C'est le thème des associations ouvrières qui a passé la Manche et qui revit dans les harangues de M. Newton, à Londres, ainsi que dans les résolutions datées d'Alie-street. Seulement, comme les ouvriers qui déclament le plus contre la tyrannie du capital n'ont pas encore trouvé le moyen de s'en passer, et comme ce serait folie, en Angleterre, d'attendre, pour les expériences du socialisme, un don ou un prêt de l'État, on commence par tirer une lettre de change de 10,000 liv. sterl. sur les fonds amassés dans un autre but par les sociétés de secours mutuels, et l'on fait appel, pour le surplus, à la confiance ou à la générosité du public, qui n'a pas coutume cependant, quand il cherche un emploi pour ses épargnes, de les placer à fonds perdu.

Les plans des trois ou quatre agitateurs qui ont donné le signal de cette commotion industrielle sont ainsi manifestes. On a commencé par inventer un sujet de dispute entre les ouvriers et les maîtres; puis, en excitant les mauvaises passions, qui trouvent toujours un repli pour se loger dans le cœur de l'homme; en disant, par exemple, aux ouvriers que le bénéfice de 45,000 livres sterling réalisé par MM. Hibbert et Platt en 1850, s'il eût été réparti entre leurs 1,500 ouvriers, aurait donné 30 livres sterling (750 fr.) par tête, on a déterminé des sentiments d'hostilité qui ont rendu la séparation inévitable; enfin, les ouvriers ayant quitté les ateliers, et la perspective d'occuper leurs bras s'éloignant devant eux, on les a placés dans cette alternative ou de se rendre aux maîtres à discrétion, ce qui révolte leur amour-propre, ou d'autoriser les meneurs à dissiper leurs économies dans des entreprises de travail coopératif, qui doivent nécessairement avorter. Le socialisme prend ainsi les ouvriers dans ses filets, en les acculant à une sorte de nécessité factice.

On leur dit dans les circulaires et dans les harangues du Conseil exécutif : « Les ouvriers doivent travailler pour eux-mêmes. Il ne faut pas d'intermédiaires entre le producteur et le consommateur. Organisez donc un atelier coopératif dans chaque ville. Que tout ouvrier cherche un emploi pour ses bras. Réunissez les outils que vous possédez. Imposez-vous une contribution pour former un fonds commun. L'argent que la Société vous distribuerait sous forme de secours, vous le recevrez sous forme de salaires. Dans les districts manufacturiers, l'ouvrage ne manque pas ; et il faut que quelqu'un l'exécute. A défaut des maîtres, ce sera vous. »

A l'appui de cette belle théorie du *self employment*, de l'ouvrier capitaliste et maître, réunissant en lui toutes les aptitudes et concentrant tous les bénéfices, on fait entrevoir un commencement d'exécution. Il est question d'abord d'une boulangerie coopérative qui, en livrant le pain au-dessous du cours, donne 75 pour 100 de bénéfice. Dans l'industrie mécanique, on cite une société d'ouvriers établis à Greenwich depuis trois mois, et qui représentent leurs opérations comme déjà prospères. Ce qui paraît beaucoup plus réel, c'est que les ouvriers mécaniciens de Southwark, voulant suivre cet exemple, et se disant encouragés par le prêt d'un capital à 4 et demi pour 100, n'ont trouvé personne qui voulût leur louer des ateliers. Quant à la fameuse manufacture dont M. Newton faisait espérer l'acquisition, à Oldham même, moyennant 40,000 livres sterling, dans laquelle mille ouvriers devaient trouver l'emploi de leurs bras, et où l'on se promettait d'attirer toutes les commandes que MM. Hibbert et Platt avaient renoncé provisoirement à exécuter, ce n'est encore qu'un thème d'amplification oratoire.

L'établissement des ateliers coopératifs ne peut avoir qu'un genre d'utilité, c'est d'ouvrir un asile et d'offrir des positions largement rétribuées aux démagogues voyageurs, qui se font les instigateurs pour devenir ensuite les secrétaires et les présidents des associations ouvrières. Un d'eux, M. Norbury, dans une réunion tenue à Manchester le 15 janvier, en a naïvement laissé échapper l'aveu. « Quant aux 10,000 livres sterling qui doivent servir, a-t-il dit, à l'organisation d'une manufacture, il faut absolument que quelque chose de ce genre soit entrepris, afin de procurer un emploi à des hommes tels que moi-même, William Newton et John Rawlinson, devant lesquels se fermeront tous les ateliers, à cause de la liberté avec laquelle ils ont publiquement exprimé leur opinion. »

A part l'avantage d'entretenir ces précieuses semences d'anarchie, aux dépens des travailleurs eux-mêmes, je ne vois pas ce que l'industrie y gagnerait. On a gardé le souvenir, à Londres, d'une tentative de la même nature, qui remonte à l'année 1818. Voici le compte qu'en rend un artisan qui en fut victime, dans une lettre adressée au *Times* le 23 janvier.

« La grève devint générale, et il en résulta sur-le-champ que les

meilleurs ouvriers se virent exclus des positions les plus ¡avantageuses. La société voulut établir des ateliers; mais ces entreprises
aboutirent invariablement à des catastrophes. La plupart des bons
ouvriers s'estimèrent heureux, en fin de compte, d'accepter du travail en ne recevant que le tiers de leurs salaires antérieurs. La con-
sternation se répandit parmi eux. Notre industrie se vit inondée de
nouveaux ouvriers. La société fut dissoute, et le secrétaire partit pour
l'Amérique, enlevant à la caisse une somme de 2,000 liv. sterl. »

1818 raconte 1852. La grève d'aujourd'hui n'aura pas une autre
issue que les précédentes. C'est une chimère d'imaginer que des ouvriers abandonnés à eux-mêmes organiseront et pratiqueront avec succès la grande industrie. Une manufacture, pas plus qu'une armée, ne
peut se passer d'un général qui commande, d'un état-major qui reconnaisse le terrain et transmette les ordres, ni d'officiers qui conduisent
les soldats au milieu de l'action. Une armée qui élirait ses chefs ou
qui délibérerait au lieu d'obéir, ne résisterait pas à la première campagne. Une manufacture ainsi administrée ne tiendrait pas une année.
L'industrie, pour prospérer, exige l'unité d'impulsion et le stimulant
de l'intérêt personnel. L'intérêt collectif ne peut s'y produire qu'à de
certaines conditions et avec les précautions les plus rigoureuses. Sur
le champ de bataille de la concurrence, il ne faut se présenter qu'armé
du pouvoir de décider à toute heure, d'agir sans contrôle, sans bruit
et sans appel.

Des entreprises montées au moyen d'actions réussissent quelquefois, lorsque le gérant unit à une intelligence active et sage une dictature absolue. Mais des associations industrielles, formées par des
ouvriers qui mettent en commun le travail et les produits du travail,
se placent dans une situation contre nature. Indépendamment de leur
incapacité à gérer les grandes affaires et des discussions qui sont l'inévitable conséquence d'une agglomération sans concert, est-ce qu'il
suffit, pour ouvrir un atelier de construction, d'avoir sous la main
des ouvriers exercés et un gérant qui entende le commerce de vente
et d'achat? Ce que l'on prétend supprimer au moyen de ces associations coopératives, c'est tout bonnement l'âme de l'industrie, le génie
des conceptions et la pensée dirigeante. On oublie que la clientèle
d'un atelier et la valeur des produits se mesurent à l'habileté du
chef de l'établissement. Cela est plus vrai peut-être des établissements
de construction que de toute autre manufacture. Tant vaut l'ingénieur, tant vaut l'usine. Il faut être Stephenson, Sharp, Crampton
ou Fairbairn pour fournir des machines que se disputent les manufacturiers et les chemins de fer de toute l'Europe.

Les ouvriers peuvent s'associer entre eux pour des œuvres de bienfaisance. Ils emploieront toujours utilement leurs épargnes à fonder des
sociétés de secours mutuels. Mais tout autre genre d'association, quand
ils n'en chercheront les éléments que dans leurs rangs, leur est na-

turellement impossible. L'industrie, sous quelque forme qu'on la suppose, exige la réunion de ces trois conditions, le capital, l'intelligence et la main-d'œuvre. Vous n'avez rien fait quand vous avez associé les bras, car, ce n'est là qu'une partie du problème ; et il reste encore à trouver la pensée qui conçoit et dirige, ainsi que la force qui meut.

On a leurré les ouvriers mécaniciens d'une espérance mensongère, en leur mettant sous les yeux les humbles débuts de la plupart des ingénieurs qui sont aujourd'hui à la tête des établissements les plus importants. Quelques-uns de ces établissements ont commencé, il est vrai, par être de vraies boutiques. Mais par quelle cause leurs ateliers se sont-ils agrandis ? N'est-ce pas le génie du constructeur qui lui a valu la faveur du public ; et les accroissements de l'outillage ne sont-ils pas cause de l'affluence des commandes ? Imagine-t-on que des ouvriers, sans autre talent que leur bonne volonté, en opérant des retenues sur leur salaire ou en faisant des réserves sur leurs bénéfices, puissent jamais obtenir le même résultat ?

La république coopérative n'a pas d'avenir dans l'industrie. Les patrons sont bien à leur place. On a beau attaquer le capital et l'intelligence, on n'ébranlera pas l'empire qu'ils exercent et que le temps même fortifie. Les ouvriers peuvent légitimement prétendre à monter ; mais ils perdraient leur plus puissant mobile d'action, s'ils parvenaient à supprimer les degrés supérieurs de l'échelle sociale. Laissons donc de côté les plans de la *Société amalgamée*, pour nous occuper des griefs qu'elle a mis en avant et qui ont servi de prétexte à la rupture. Que faut-il penser des travaux supplémentaires (*overtime*), et du travail à la tâche (*pieces work*) ? Lesquels ont tort, dans cette querelle, des ouvriers qui veulent changer le régime des ateliers, ou des maîtres qui résistent au changement ? Est-ce une réforme, ou une révolution que la *Société amalgamée* réclame ?

Nous ne devons pas dissimuler que le pouvoir législatif en Angleterre a créé des précédents dont les ouvriers s'autorisent. En réglementant la durée du travail dans certaines manufactures, il a restreint la liberté que doivent rencontrer sur le marché, comme toutes les transactions, celles qui ont le salaire pour objet. Forts de ce point d'appui qu'ils trouvaient dans la loi, les ouvriers mécaniciens demandaient, il y a quelques années, et obtinrent, après une lutte qui fut courte, une réduction dans la durée du travail. La journée ordinaire, qui était de dix heures et demie, fut ramenée au taux normal de dix heures, sans que l'on opérât une diminution équivalente dans le salaire. Plus tard, les ouvriers se plaignant de ne pas recevoir leur décompte d'assez bonne heure pour faire ou pour solder les approvisionnements de la semaine, la journée du samedi fut réduite à huit heures et demie et payée cependant sur le même pied que les autres ; ce qui, pour un seul établissement à Londres, représentait une différence ou perte de 1,500 liv. sterl. par année. Quant aux heures supplémentaires de travail, on décida d'un commun accord que le prix s'élèverait de 25 pour 100 pour les deux premières, et de 50 pour 100 pour celles qui suivraient. Cet arrangement, en intéressant les ouvriers à prolonger la journée par l'appât d'un salaire exceptionnel, ne laissait, comme on voit, aux maîtres aucun autre intérêt que l'aiguillon de la nécessité à réclamer un travail qu'ils devaient payer plus chèrement, et dont l'exécution devait se ressentir, dans la qualité comme dans la quantité, après dix heures d'efforts continus, de l'affaiblissement de l'attention ainsi que de la vigueur musculaire.

Maintenant les exigences font un pas de plus. La *Société amalgamée* veut supprimer, d'une manière absolue, les travaux supplémentaires. Les chefs de l'industrie mécanique peuvent-ils y consentir?

Dans l'appel qu'ils ont adressé à l'opinion publique, vers le milieu de janvier, les patrons disent : « Nous sommes propriétaires de nos établissements, et nous avons la ferme détermination d'en rester les maîtres. Ce principe, à nos yeux, n'admet pas d'exception. Nous sommes responsables de l'exécution, et nous courons les risques de la perte ; le capital nous appartient, avec les périls qui l'attendent et les engagements qui pèsent sur lui. Nous réclamons, et nous sommes résolus à maintenir le droit qu'a tout sujet anglais, de faire ce qu'il veut de ce qui lui appartient, tout comme à revendiquer pour nos ouvriers, en vertu de la Constitution, le même privilége. Des Unionistes à courte vue, sachant que nous travaillons pressés par le temps, quelques-uns d'entre nous, sous peine de payer des amendes considérables, tous, sous peine de perdre notre clientèle, si nous manquons de ponctualité, entraînent les ouvriers, quand le maître est aux prises avec les difficultés les plus grandes, à prendre avantage de cette situation, pour lui arracher des concessions humiliantes et injustes, qui lui enlèvent son bénéfice et l'exposent à des pertes sérieuses. Craignant de voir se répéter des exigences qui ne lui laissent que l'alternative de subir des amendes ruineuses, quand il n'a pas rempli ses engagements, ou de rémunérer par des salaires exorbitants un ouvrage d'une qualité inférieure, le maître refuse des commandes, qui sans cela pourraient être profitables ; il restreint ses opérations et resserre, par conséquent, le marché du travail.

« Ceux qui ont la plus légère notion du commerce comprendront sans peine qu'une industrie qui ne produit que sur commandes, et à laquelle on n'accorde qu'un délai limité pour les exécuter, ne saurait marcher sans la ressource des heures supplémentaires, ressource qu'il faut employer systématiquement dans une limite égale à celle des commandes. D'ailleurs, comme les maîtres sont surtaxés de 25 à 50 pour 100 pour les heures supplémentaires, dans les moments où la main-d'œuvre n'a plus toute sa valeur, il faut une nécessité absolue pour les déterminer. Ajoutons que, par la nature même des opérations mécaniques, qui dépendent l'une de l'autre, et qui sont successives, un article qui n'est pas terminé peut retenir dans l'inaction des ouvriers qui attendent pour en commencer un autre, auquel celui-ci devient indispensable. Enfin, comme les machines et les outils employés dans notre industrie exigent l'emploi d'un capital considérable, le maître n'a que l'option d'employer son outillage au delà des heures ordinaires du travail, ou de faire la dépense d'un second outillage, dépense qui, alors même qu'elle atteindrait le but, devrait se retrouver sur le prix des ouvrages exécutés ; dans ce dernier cas, on décourage les commandes, les consommateurs vont s'approvisionner dans les marchés étrangers, et la retraite des consommateurs fait que les producteurs n'ont plus de travail à donner. »

Veut-on connaître la réponse de la *Société amalgamée?* A dix jours de là, M. Newton disait dans une réunion publique : « Les patrons savent bien comment les ouvriers expliquent les bénéfices que procure au détenteur du capital le système des heures supplémentaires. Au moyen de cet excès de travail, un capital de mille livres sterling fait l'office d'un capital de deux mille. Avec les mêmes ateliers, pour le même loyer, avec le même matériel, avec le même argent, les chefs d'un établissement, en prolongeant la durée du travail, peuvent produire le double de ce qu'ils produiraient, s'ils se renfermaient dans les limites normales de la journée, en supposant l'emploi du même nombre de bras. Les patrons répondent aux ouvriers qu'ils ne peuvent pas abandonner le système des travaux supplémentaires, parce qu'il faudrait consacrer des sommes considérables à l'accroissement du matériel ; en sorte que, quand ils ne peuvent pas tirer sur leurs banquiers, ils tirent sur la chair et le sang des ouvriers. Quand ils ne peuvent pas obtenir de l'argent, ils s'emparent du travail. L'usage des travaux supplémentaires laisse sans ouvrage plusieurs centaines d'artisans, qui, dans un système naturel, trouveraient à employer complétement leurs services. Il en résulte que le travail est plus offert que demandé sur le marché ; et, comme le taux des salaires se trouve réglé par la concurrence des ouvriers sans emploi, les salaires généraux éprouvent une réduction sensible. En fin de compte, si les patrons payaient 30 ou 50 pour 100 plus cher les travaux extraordinaires, ils gagneraient encore immensément par la diminution générale des salaires dans leur industrie. »

Voilà, il faut en convenir, un sophisme bien étrange. A qui persuadera-t-on qu'un constructeur de machines, en répartissant entre les ouvriers attachés à ses ateliers les travaux dont il est extraordinairement surchargé, et en leur payant ce temps supplémentaire de service, tantôt 30 pour 100, et tantôt 50 pour 100 au-dessus du tarif, fait baisser par ce procédé le niveau général des salaires? L'opinion contraire aurait, certes, plus de fondement. En se défendant d'appeler de nouveaux ouvriers à l'exécution des commandes qu'il a reçues, le patron évite d'augmenter le nombre des bras qui se disputent et qui doivent se partager le travail. Il restreint le champ de la concurrence ; il consulte les intérêts de ses ouvriers encore plus que les siens, il éloigne l'encombrement du marché, et prévient, par conséquent, l'avilissement des prix.

Supposons pour un moment que la *Société amalgamée* ait obtenu gain de cause, et que les manufacturiers aient consenti à supprimer les travaux extraordinaires ; qu'arrive-t-il ? Pour exécuter les commandes qui leur sont adressées d'urgence, les constructeurs augmentent leur outillage et admettent soudainement un grand nombre d'ouvriers inexpérimentés. Tout va bien, pendant que la provision de travail dure encore. Mais bientôt, les commandes s'épuisant et la fièvre industrielle venant à tomber, il faut se réduire. Alors, les ouvriers nouveaux sont congédiés, et, manquant de pain, errant inoccupés, ils offrent leurs bras à des prix réduits que les ouvriers encore occupés se voient obligés de subir. La méthode que prêche la *Société amalgamée* aboutit donc infailliblement à la dépréciation des salaires. A ce système, tout le monde perd. Le patron met en dehors un capital qui doit rester improductif une partie de l'année, et crée une richesse stérile ; quant à l'ouvrier, il est atteint simultanément par la réduction dans la durée du travail, par la diminution des salaires, par le ralentissement de la production ; trop heureux si l'industrie, qu'il a troublée dans son cours régulier et prospère, n'émigre pas sur une terre étrangère, où elle ira porter l'opulence avec l'activité et avec l'esprit d'invention.

Les travaux extraordinaires sont des accidents inévitables attachés aux opérations de toute industrie. Le commerce n'a pas la régularité des saisons : tantôt il ralentit et tantôt il accélère et accumule ses demandes. L'activité de l'homme, qu'il dirige ou qu'il obéisse dans les régions du travail, qu'il agisse des bras ou de la tête, doit se régler sur ces variations du marché. Il y a des moments où l'ouvrier est dans la nécessité d'étendre la journée à quatorze ou quinze heures, parce qu'il en est d'autres où il ne trouve à s'occuper que cinq à six heures par jour, et d'autres où il se voit réduit à un chômage complet. Ce sont des occasions que la Providence nous envoie pour exercer la prévoyance de l'homme ; dans la bonne saison il faut faire une grande dépense de forces, afin d'amasser des ressources pour les mauvais temps. La même nécessité qui pèse éventuellement sur les travaux manuels, s'impose avec plus de rigueur aux professions libérales. Les médecins à la mode, les avocats en renom prolongent souvent bien avant dans la nuit les travaux qui les occupent ; les hommes politiques, dans le Parlement, délibèrent fréquemment, et les combats acharnés des partis se livrent pendant les heures que la ville et la campagne donnent au sommeil. L'exercice du pouvoir exige, plus qu'aucune autre situation, l'abus accidentel et quelquefois permanent des facultés ainsi que des forces. Pitt et Canning y ont succombé.

Dans l'ordre industriel, certains manufacturiers joignant les spéculations du commerce à la direction·d'une usine, peuvent assurer une certaine régularité au travail. Les filateurs de coton, par exemple, qui n'attendent pas les ordres de l'intérieur ou de l'étranger pour mettre en mouvement leurs machines, et qui produisent au risque d'encombrer les magasins de leurs produits, gardent habituellement le même nombre d'ouvriers et renferment l'activité quotidienne des établissements dans des limites toujours à peu près égales. Le chômage, au lieu de frapper alors la main-d'œuvre, pèse sur les profits du capital. Encore cette organisation n'est-elle pas à l'abri des crises périodiques; il vient un moment où la suspension du travail, inattendue et irrégulière, désole plus cruellement peut-être des familles qui n'y étaient pas préparées.

Mais les constructeurs de machines ne peuvent pas, comme les filateurs de coton, spéculer sur la vente de leurs produits; ils ne travaillent que sur commandes. De toutes les industries organisées sous cette forme, la leur est celle qui se trouve le plus impérativement soumise à ces alternatives d'un labeur forcé ou d'une complète inaction. En effet, leur matériel d'exploitation absorbe un capital immense, leurs produits sont d'une grande valeur, et ils payent leurs ouvriers au prix que valent des artistes; autant de causes qui ne leur permettent pas même de songer à réagir contre la distribution accidentelle du travail. Ajoutez que la division des opérations, étant poussée dans leurs ateliers à l'infini, fait que les ouvriers dépendent étroitement les uns des autres. Le constructeur, ayant contracté l'obligation de livrer une machine dans un temps donné, limite la durée de l'exécution de chaque pièce, de manière que l'ajusteur, par exemple, attend le tourneur, lequel est à la discrétion du planeur. Les travaux extraordinaires sont donc la conséquence des commandes à jour fixe; on ne peut pas y renoncer, sans aller contre la loi même de l'industrie mécanique, et sans finir par l'exiler du Royaume-Uni. Les prétentions des ouvriers coalisés sont chimériques jusqu'à la folie; et leur système, si l'on était tenté d'en faire l'essai, aboutirait au suicide.

Abordons maintenant un autre grief de la *Société amalgamée*, tout aussi peu fondé que le précédent, le travail à la tâche. Voilà encore une des théories du Luxembourg qui cherche à s'acclimater de l'autre côté du détroit. Les ouvriers anglais en 1852, comme les ouvriers parisiens en 1848, veulent abolir le marchandage. C'est toujours, quoique l'on n'en convienne pas, la chimère de l'égalité des salaires que l'on poursuit. Les mauvais ouvriers prétendent être traités comme les bons; tous aspirent à vivre aux dépens des maîtres.

Il n'y a pas de progrès dans l'industrie qui n'ait eu à combattre l'ignorance et souvent la révolte des agents mêmes du travail. Combien de fois les ouvriers ameutés n'ont-ils pas brisé les machines! C'est à peine s'ils les tolèrent aujourd'hui, malgré les bienfaits qu'ils en recueillent. Combien d'années se passeront encore avant qu'ils en viennent, comme l'Arabe avec son coursier, à s'identifier avec ces compagnons de travail! Le travail à la tâche fut un progrès sur le travail à la journée; il introduisit une mesure plus exacte des valeurs dans les transactions qui ont pour objet la main-d'œuvre. En payant le travail à la journée, on s'expose à rétribuer également deux ouvriers, dont l'un travaille plus vite et mieux que l'autre : l'activité et l'habileté sont dépensées ainsi en pure perte; ou l'on ne paye pas tout ce que l'ouvrier fait, ou l'on paye ce qu'il ne fait pas. Dans le premier cas, il y a oppression et tromperie pour le salaire; et dans le second, pour le capital.

En mesurant la rétribution à la tâche accomplie, on tient compte, au contraire, de tous les éléments qui concourent à la production, et l'on consulte également les intérêts de tout le monde. Les patrons payent le travail moins cher; les ouvriers, étant stimulés à travailler davantage, voient s'accroître le gain de la journée. C'est de l'introduction du payement à la tâche dans l'industrie que date l'élévation progressive et soutenue des salaires. C'est en se faisant entrepreneur d'une partie des travaux dévolus à la main-d'œuvre, que l'ouvrier a pu commencer à réaliser des profits. Ce jour-là, il est devenu, lui aussi, capitaliste. La plupart des constructeurs qui marquent aujourd'hui dans l'industrie mécanique n'ont pas eu d'autres débuts.

La *Société amalgamée* affirme, il est vrai, que ses objections portent moins sur le travail à la tâche que sur les abus auxquels cette méthode a donné lieu. En ce cas, pourquoi en décréter d'autorité l'abolition absolue? il eût suffi d'appeler des modifications et d'indiquer des remèdes. Les ouvriers allèguent encore la convenance d'établir une règle uniforme dans cette industrie. Les constructeurs de Londres, disent-ils, n'emploient les mécaniciens qu'à la journée; pourquoi ceux de Manchester et des environs les emploieraient-ils à la tâche? Le marchandage et le travail aux pièces, nous le savons, ne sont pas toujours ni partout admissibles dans la pratique industrielle. Il y a dans la production des services qui ne se mesurent qu'au temps, et pour lesquels on doit apprécier l'aptitude de l'ouvrier et se reposer sur sa bonne foi. Mais dans l'industrie mécanique, chaque pièce d'une machine formant un tout distinct, le salaire peut se mesurer aisément à la tâche; et c'est ainsi que marchent généralement les grands ateliers de construction sur le continent européen.

Nous croyons donc les ouvriers mécaniciens mal fondés dans leurs prétentions; mais ils ont tort surtout dans la forme. L'Association, qui représente leurs intérêts, ne se borne pas à critiquer les règlements adoptés dans les usines, ni à conseiller à chacun de ses membres tel ou tel usage individuel de sa liberté. La *Société amalgamée* va plus loin : elle dicte des ordres et promulgue des décrets. Il ne s'agit pour elle de rien moins que de régler d'autorité les conditions du travail. C'est en vertu d'une résolution prise par la Société que les travaux extraordinaires et le marchandage devaient cesser partout à une heure dite ; et que, faute par les patrons d'obtempérer à la sommation qui leur était faite, les ouvriers, renouvelant la sécession plébéienne, devaient se retirer sur le mont Sacré.

Les chefs de l'industrie mécanique ne pouvaient pas céder. C'en était fait de leur liberté, de leur autorité et de leur propriété, s'ils avaient reconnu à une corporation, quelle qu'elle fût, le droit d'intervenir dans leurs arrangements avec leurs ouvriers. Le salaire, comme le cours de toute marchandise, doit se débattre librement entre le vendeur et l'acheteur. Il n'y a pas d'intermédiaire possible entre le maître et l'ouvrier. Aucun pouvoir humain ne dispense le manufacturier de payer le travail cher quand il est peu offert, ni le journalier de louer ses bras à vil prix quand le travail n'est pas demandé. On ne parviendra pas plus à établir un *minimum* pour les salaires qu'à fixer un *maximum* pour les produits.

Au point de vue des intérêts, toute l'économie de l'ordre social est dans ces deux principes : la sécurité du capital et la liberté du travail. Le pouvoir doit s'efforcer de maintenir leur indépendance réciproque. A force de dire au travail que le capital l'opprime, on suggère aux travailleurs la tentation funeste de devenir oppresseurs à leur tour. Il n'y a cependant, dans l'ordre naturel des rapports, ni oppression ni esclavage. Les deux termes du mouvement industriel ne diffèrent pas à leur origine : le capital, on le sait, n'est que le fruit du travail, ou plus exactement, du travail accumulé; le travail est un capital, et le plus disponible de tous. Le capitaliste a besoin de l'ouvrier pour rendre sa fortune productive; et l'ouvrier a besoin du capital pour mettre en valeur son intelligence, ainsi que la vigueur de ses membres. Les chances du commerce donnent tantôt à l'un et tantôt à l'autre l'avantage sur le marché. L'ouvrier fait la loi dans les temps de prospérité, et le capitaliste reprend la prépondérance dans les mauvais jours.

On a beaucoup dit que le capital devait l'emporter à la longue. La raison que l'on a donnée, c'est que le capital, pouvant s'appliquer à divers usages, conservait une mobilité qui lui permettrait d'échapper aux difficultés et de se dérober aux périls. Cette explication pourrait, à la rigueur, s'appliquer à l'argent, qui ne forme après tout qu'une faible partie du capital de la société. Mais dans l'industrie particulièrement, le capital est beaucoup moins mobile que l'ouvrier. Celui-ci, quand le travail manque à Manchester, a la faculté de se transporter à Londres, et d'en aller chercher sur le continent, quand il n'en trouve pas en Angleterre. Avec la facilité des communications, un artisan habile devient en quelque sorte cosmopolite. Le marché du travail n'a plus de limites; l'ouvrier anglais se fait, dans les deux hémisphères, le pionnier de l'industrie. Le chef d'un établissement de construction voit-il s'ouvrir devant lui les mêmes chances? Quand le commerce vient à se ralentir, ou dans le cas d'une perte considérable sur ses opérations, peut-il transporter dans une contrée étrangère, ou même dans une autre région du territoire national, ses bâtiments et ses machines? Dépend-il de lui de réaliser et de détourner à un autre usage le capital qui s'y trouve enfoui? Dans l'industrie manufacturière, rien n'est moins disponible que le capital. Il adhère au sol par d'innombrables racines : il sèche et périt bientôt sur pied, s'il n'y puise pas la fécondité.

Quant à l'argent, que l'on représente comme le dominateur d'un siècle industriel, je n'entends pas en contester la puissance. Mais, grâce au développement du travail, de l'économie et de l'esprit d'entreprise, c'est une puissance aujourd'hui très-partagée. Les caisses d'épargne et les compagnies d'assurance, depuis un demi-siècle déjà, ont mis le capital mobilier à la portée de tout le monde. Il n'y a plus rien de mystérieux ni d'exclusif dans la possession de la richesse. On ne se l'approprie plus par la spoliation ou par la conquête, et l'on ne brûle plus les juifs pour en découvrir le secret. Chacun sait que l'intelligence, la bonne conduite et l'activité, sont les clefs qui en ouvrent les portes. La société repose sur le travail et sur les vertus qui fécondent le travail. Les capitalistes n'ont plus de privilége et cessent de former une caste ; ils ne sont plus que l'état-major ou l'avant-garde de l'industrie.

Dans les débats entre le maître et l'ouvrier, le droit d'imposer la solution n'appartient pas plus à l'un qu'à l'autre. Chacun reste libre de disposer de sa chose, comme il l'entend. Quels que soient leurs rapports dans l'ordre économique, le capital et le travail sont égaux devant le pouvoir, comme devant la loi. C'est l'état du marché qui fait règle. Là est la force des choses que chacun doit subir. Mais, si l'une des deux parties devait prendre le rôle d'arbitre, le chef d'un atelier assurément aurait plus de titres à l'exercer que l'artisan ou le manœuvre. Il est rare, en effet, que les patrons n'aient pas sur leurs ouvriers l'avantage d'une intelligence plus élevée et d'une raison plus sûre. En outre, chacun d'eux, représentant des intérêts considérables, figure, en quelque sorte, un être collectif. Ajoutons que, si les ouvriers ont généralement le dessous dans les luttes qu'ils engagent, ce n'est pas à cause de la puissance supérieure des maîtres, c'est bien plutôt parce que leurs prétentions sont trop souvent injustes et chimériques, et qu'elles vont contre les lois naturelles de la société.

Les ouvriers mécaniciens n'ont pas tardé à s'apercevoir, malgré les forfanteries de leurs orateurs, que le temps était contre eux, et ils ont cherché, pour mettre fin au débat, un expédient qui ne coûtât rien à leur amour-propre. La pensée leur est venue de constituer un tribunal arbitral, qui aurait prononcé entre eux et les maîtres. Mais ceux-ci ont décliné les ouvertures qui leur étaient faites, se croyant assurés de leur droit, et ne voulant pas même le laisser mettre en question. Quant aux arbitres, que la *Société amalgamée* avait désignés dans les rangs de l'aristocratie, ce qui est un trait de mœurs en Angleterre, trois sur quatre, lord Ingestre, lord Ashburton et lord Cranworth, n'ont pas accepté la mission qui leur était offerte. Lord Cranworth, qui est un des jurisconsultes les plus compétents de la Grande-Bretagne, a donné les raisons de son refus, dans une lettre qui mérite de rester comme une pièce essentielle du procès, et comme un monument de raison et d'équité.

« Le 11 janvier 1852.

« Mon cher lord Ashburton, depuis que nous nous sommes quittés ce matin, je n'ai cessé de penser à la malheureuse affaire qui a fait le sujet de notre conversation. Je confesse qu'elle me cause un grand chagrin, et d'autant plus grand, qu'il m'est impossible de conclure autrement qu'en donnant tort aux ouvriers. Les maîtres sont plus riches, et il y a plus d'instruction, sinon d'intelligence, de leur côté. Je désirerais donc assez naturellement, en vous parlant de cette affaire, pouvoir prendre le parti du plus faible; mais, en réalité, je ne le saurais faire.

« Les points sur lesquels insistent les ouvriers, c'est d'abord et surtout d'interdire aux maîtres d'employer des ouvriers qui n'ont pas passé par l'épreuve d'un certain apprentissage, ce qui revient à dire d'employer des ouvriers qui acceptent des salaires moins élevés pour faire ce qui jusqu'ici a été fait par des ouvriers plus capables; c'est ensuite que les maîtres font faire une partie de leurs travaux par contrats passés avec des gens qui emploient des ouvriers à la tâche, et, enfin, ils insistent pour que les maîtres, si ce n'est dans le cas de force majeure, renoncent au travail des heures supplémentaires.

« Maintenant, je dois dire que sur tous ces points les ouvriers, à mon avis, ont tort. Les maîtres doivent certainement être libres d'employer qui ils veulent. S'il s'agit seulement de travaux que des ouvriers capables peuvent seuls bien faire, il n'y a pas de doute qu'ils emploieront des ouvriers capables, et que s'ils ne le font pas, les travaux seront mal faits, et les maîtres seront les premières victimes. S'il s'agit de travaux qui n'exigent pas des ouvriers plus capables que d'autres, au nom de quel principe peut-on forcer les maîtres à n'employer qu'une seule classe d'ouvriers? Le maître, encore une fois, doit être libre d'employer qui il veut; et, d'un autre côté, il va sans dire que l'ouvrier doit être aussi libre d'accepter ou de refuser les conditions que le maître lui offre. Les deux parties doivent être parfaitement libres de faire ce qu'elles croient être le plus avantageux à leurs intérêts. Ainsi, qu'il s'agisse d'heures supplémentaires ou de travail à la tâche, toutes les relations entre le maître et l'ouvrier sont ou doivent être celles de deux parties agissant dans l'exercice de leur complète liberté. Le maître a le droit de proposer les conditions qu'il lui convient d'offrir, comme l'ouvrier d'accepter ou de refuser ces conditions. Dans cette situation, et lorsqu'il n'y a pas de coalition de part ni d'autre, le résultat ne peut être que juste et convenable pour les deux côtés. Si le maître est trop dur ou déraisonnable, il ne trouvera pas d'ouvriers qui veuillent travailler pour lui ; si l'ouvrier insiste pour obtenir des conditions impossibles, le maître ne lui donnera pas de travail, et l'ouvrier restera sans ouvrage.

« Le malheur, c'est que, dans ces contestations entre maîtres et ouvriers, on ne laisse jamais les choses à leur cours naturel, c'est-à-dire prendre le tour qu'elles prendraient s'il s'agissait d'une contestation particulière. Des deux côtés on cherche à tirer avantage de la liberté que donne la loi de se coaliser. Je crois cependant que la loi a bien fait de reconnaître le droit de ces coalitions. Il n'est jamais politique de vouloir empêcher par la loi ce qui existera, légal ou non. Mais le malheur, c'est qu'au jeu des coalitions, si l'on peut parler ainsi, les ouvriers font ordinairement des fautes. Ils débutent avec les plus honnêtes et les plus loyales intentions. Ils n'ont aucune idée de faire valoir contre les maîtres, ni contre aucun des leurs, rien qui ressemble à la force brutale. Ils croient que la justice, ou du moins ce qu'ils considèrent comme tel, opérera par sa seule force morale sur l'esprit des maîtres, ou autrement que l'impossibilité de trouver des ouvriers forcera les maîtres à accepter les conditions qu'on leur propose. La vérité est que, dans de pareilles coalitions, les maîtres ont un immense avantage sur les ouvriers. Le pis qui puisse leur arriver, c'est que leur capital reste improductif pendant une saison. La raison qui fait qu'ils insistent pour que les points en discussion soient résolus avec la plus entière liberté, c'est parce qu'ils pensent que sans cette liberté ils ne pourront pas faire que leur capital produise un intérêt convenable, et par suite ils aiment mieux le laisser improductif pendant un temps, mais avec l'espérance d'un meilleur avenir. Il n'y a pas de chance pour que la loi soit violée de leur côté, et ils peuvent choisir leur temps. Il n'en est pas ainsi des ouvriers. Pour eux, ce qui reste improductif, ce n'est pas un capital dont il est toujours possible de consommer une fraction minime, pour assurer la subsistance du jour ; pour eux, c'est le travail, qui est leur seule richesse. Lorsque cette richesse est improductive, ils doivent demander leurs moyens d'existence à des fonds fournis par d'autres, et de toute nécessité il arrive que ces fonds ne sont bientôt fournis qu'à contre-cœur. Alors viennent la colère et la crainte : les uns se portent à des actes de violence contre les maîtres ; d'autres sont conduits, forcés si vous le voulez, à quitter le parti où ils s'étaient jetés, et à chercher du travail à tout prix ; et tout cela mène à la haine, à la violence entre ouvriers, pour finir par le triomphe des maîtres.

« Je m'intéresse sincèrement au sort des ouvriers, car je crois en conscience que la plupart, sinon tous, sont non-seulement très-persuadés de leurs droits, mais s'opposeraient encore très-vivement à ceux d'entre eux qui voudraient tenter quelque chose d'injuste ou de vio-

lent contre leurs maîtres ou contre tous autres. Mais si pures et si pacifiques que soient leurs intentions, je sais par expérience quel est l'inévitable résultat de tout cela. Il a été de mon pénible devoir de juger et
de condamner, pour des délits de la nature de ceux auxquels j'ai déjà
fait allusion, des hommes qui, je n'en doute pas, eussent été indignés
si, lorsqu'ils sont entrés dans les coalitions, on leur avait prédit que ce
qu'ils faisaient devait nécessairement les conduire à la violation de la
loi. Et cependant c'est toujours ainsi qu'il en arrive. Je ne saurais
trouver mauvais que les maîtres se refusent à toute condition qui pourrait porter atteinte à la liberté de leurs conventions avec les ouvriers
qu'ils emploient. Ils sont dans leur droit, et il serait aussi injuste de vouloir leur imposer quelque entrave en ce genre, qu'il le serait de vouloir
forcer les ouvriers à accepter sans débat la volonté des maîtres. Le devoir et l'intérêt des ouvriers, c'est de traiter l'affaire comme s'il s'a-
gissait d'un marché à conclure d'homme à homme. Qu'ils le fassent,
qu'ils respectent la liberté de leurs maîtres; que ceux-ci soient libres
de proposer des conditions que les ouvriers seront libres de rejeter, et
je n'hésite pas à croire que les maîtres écouteront facilement, ou mieux
encore, avec empressement tout ce que les ouvriers auront à dire sur
les modifications les plus avantageuses pour eux à introduire dans le
système, pourvu que ces modifications n'enchaînent pas la liberté des
maîtres. Je suis certain qu'un temps viendra où les ouvriers regrette-
ront profondément ce qu'ils ont fait, si réellement le but de leur nouvelle coalition est de priver leurs maîtres du droit naturel qu'ils ont de
conduire leurs affaires comme ils l'entendent. Le sort des ouvriers me
paraît digne du plus grand intérêt, et j'aurais été très-heureux de pouvoir prendre ma part d'un arbitrage d'où serait résultée la solution des
difficultés présentes; mais en vérité je ne saurais accepter ce rôle.

«Je me rappelle que vous me disiez que les ouvriers croient qu'il
devrait exister quelque tribunal chargé de décider la question entre
eux et leurs maîtres, et qu'un tribunal de ce genre existe en France.
Je ne sais pas bien quelle est sur ce point la législation et quelles sont
les institutions de nos voisins, mais j'ai bien de la peine à croire qu'il
puisse exister une loi qui règle les conditions auxquelles un maître
doit traiter avec ses ouvriers; c'est un sujet qui échappe nécessairement à la puissance d'un tribunal ou d'une Commission arbitrale, et
cela par la raison toute simple qu'après le jugement rendu, le maître
n'aurait qu'à dire : Je ne veux pas me soumettre à de pareilles conditions, et que personne ne pourrait le contraindre à les subir. Lorsque
l'ouvrier n'est pas une personne libre, capable de traiter sur le pied
de l'égalité avec le maître, si c'est par exemple une femme ou un enfant, je comprends que la loi puisse et doive intervenir; mais je re-
gretterais vivement, et comme une humiliation pour mon pays, que
les ouvriers, hommes de l'Angleterre, se résignassent à réclamer l'intervention législative en faisant appel aux motifs qui ont mis les femmes et les enfants; pour ce qui est de leurs rapports avec leurs maîtres,

sous la protection spéciale et particulière de la loi. J'aurais voulu pouvoir vous écrire d'une manière plus compétente et surtout plus utile ; j'espère cependant que les ouvriers ne se laisseront pas aller à adopter une ligne de conduite aussi préjudiciable à leurs intérêts que la position actuelle des affaires semble devoir le faire craindre.

« Croyez-moi, etc.,   CRANWORTH. »

On voit, par une lettre de lord Goderich qui a pris parti pour les ouvriers, que ceux-ci auraient voulu constituer, pour lui soumettre le différend, une sorte de tribunal de prud'hommes. Mais ils ne se rendaient pas un compte exact des attributions qui sont dévolues chez nous à ces conseils. Ainsi que lord Cranworth l'a pressenti, les Conseils de prud'hommes ne sont pas chargés de régler les rapports entre le maître et l'ouvrier ; il ne leur appartient en aucune façon de statuer sur la valeur ni sur les conditions du travail ; et le législateur ne les a pas chargés, à défaut des parties, de trancher les questions de salaire. Ce sont des tribunaux auxquels l'ouvrier et le maître peuvent avoir recours dans leurs différends pour obtenir l'exécution ou l'interprétation des conventions arrêtées entre eux. Mais il faut pour cela que les conventions existent, et les Conseils de prud'hommes n'ont pas mandat pour y suppléer. Toute convention, en effet, suppose le consentement libre des parties ; aucune d'elles n'observerait de prétendus contrats qui ne représenteraient que la volonté ou l'opinion du juge.

Une seule puissance a le droit d'intervenir, parce qu'elle ne s'impose pas, et qu'au lieu de commander elle persuade. C'est l'opinion publique qui, longtemps absorbée par les questions politiques, ne dédaigne point aujourd'hui de porter ses regards sur d'autres intérêts. L'opinion publique, se prononçant contre des exigences déraisonnables, de quelque part qu'elles viennent, voilà le seul arbitre que les ouvriers et les maîtres acceptent bon gré mal gré. Déjà la puissance irrésistible de ses jugements se fait sentir dans la circonstance. L'attitude différente, qu'ont gardée les deux parties devant ce tribunal suprême, révèle clairement l'inégalité de leurs droits. Les patrons n'ont pas l'air de concevoir la moindre inquiétude sur ses décisions ; ils ne se réunissent que rarement et sans éclat ; ils parlent peu et écrivent moins encore. Les ouvriers, au contraire, font des efforts inouïs pour détourner le courant de leur côté. A chaque instant, le conseil exécutif de la Société amalgamée convoque des réunions publiques. Les rédacteurs des journaux y sont appelés, et pris à partie ou caressés, selon le vent qui souffle dans les voiles de la coalition. Ses avocats en titre sont occupés sans cesse à exposer ses griefs et à défendre ses prétentions. La Société multiplie les avertissements, les placards et les circulaires. Elle ressemble, en un mot, à la conscience inquiète d'un coupable, qui parle tout haut et le trahit pendant son sommeil.

Ces efforts désespérés n'ont ni désarmé ni ajourné la sévérité de la raison publique. C'est la première fois peut-être qu'elle se montre aussi unanime en Angleterre. La coalition des ouvriers mécaniciens, quelle que soit la durée de l'agonie, est désormais condamnée, et viendra, un peu plus tôt, un peu plus tard, expirer à ses pieds. Dès les premiers jours de janvier, l'Association des ouvriers attachés à la construction des machines à vapeur, qui compte trois mille membres, et dont le siége principal est à Birmingham, a refusé tout appui à la *Société amalgamée*, déclarant que cette levée de boucliers n'était ni motivée ni opportune. Les simples journaliers, de leur côté, qui sont le grand nombre dans l'industrie mécanique, ont exprimé, dans des réunions publiques, leur mécontentement de voir le travail arrêté par les prétentions des ouvriers les plus habiles, les mieux rétribués et qui devraient s'estimer les plus heureux. Enfin, les patrons, cédant aux conseils de la prudence et de l'humanité, ont rouvert leurs ateliers à tous les ouvriers qui voudraient s'engager à ne pas soutenir la *Société amalgamée* dans la lutte; les ouvriers accourent, et les usines, pourvues d'un assez grand nombre de bras pour reprendre leur activité, recommencent à marcher.

On peut donc considérer le différend comme dès à présent vidé. La coalition des ouvriers mécaniciens est vaincue; et la querelle, malgré ses proportions, n'aura pas toutes les conséquences que l'on était fondé à craindre. La suspension du travail n'a duré qu'un mois; on s'est imposé, des deux côtés, de rudes privations, et l'on a dissipé, dans une consommation oisive, des capitaux qui auraient pu recevoir un emploi productif; mais l'on n'est pas allé jusqu'au désespoir ni jusqu'à la misère. Ajoutons que l'industrie, à peine interrompue dans sa marche, ne sera pas dans la nécessité d'émigrer ni de se réduire. Les ouvriers mutinés souffriront seuls, car il faudra que les constructeurs, pour exécuter promptement les commandes, appellent des ouvriers étrangers. Par contre, un certain nombre d'artisans mécaniciens sont déjà embauchés pour la Belgique. Ils vont contribuer au développement d'une industrie rivale, et fournir à cette concurrence des armes qui ne leur seront pas même très-chèrement payées. Ainsi, la souffrance n'étant pas également répartie entre le capital et le travail, la leçon, pour les fauteurs de coalition, n'en sera que plus rude.

Il faut rendre grâce de ce résultat aux lumières de notre époque. Dans un pays où chacun peut s'éclairer librement sur ses devoirs comme sur ses intérêts, l'injustice ne peut pas triompher et l'oppression est impossible. L'opinion, qui a défendu les maîtres des prétentions des ouvriers, défendrait, avec la même équité et avec le même succès, les ouvriers contre les exigences des maîtres, le droit passant de leur côté.

Voilà désormais une chance de plus pour les solutions pacifiques. La raison générale se charge de redresser les écarts qui échapperaient à la répression de la loi.

LÉON FAUCHER.

DES IMPOTS DIRECTS ET INDIRECTS.

Adam Smith suppose que l'impôt a reçu diverses formes, parce que les gouvernements n'ont pu taxer équitablement toutes les fortunes d'une même manière [1]. C'est là, je crois, une opinion où se trouve beaucoup moins de vérité que de bienveillance pour les pouvoirs publics. Chaque imposition nouvelle n'a pas été sans doute, comme souvent on l'a dit, une œuvre d'oppression, de spoliation poursuivie à plaisir par les gouvernements sur les populations; mais ce n'a pas été non plus, sinon fort rarement, le résultat de combinaisons très-étudiées ni très-consciencieuses. En face de besoins réels ou factices, on a recherché de tout temps bien plutôt l'abondance des revenus que l'excellence des taxes. Les impôts directs, par exemple, ne rapportant plus assez, on a établi les impôts indirects, sans considérer même à quels principes les uns et les autres se rattachaient, et ces derniers ont été prélevés sur les consommations les plus générales, afin seulement d'être plus lucratifs. Un bon impôt, pour les gens de finances, a toujours été celui qui remplissait le Trésor; un mauvais, celui qui le laissait vide.

Je n'ai nul besoin de distinguer ici le caractère des taxes directes de celui des taxes indirectes. Tout le monde sait que les premières prélèvent d'une façon immédiate une certaine portion du revenu, ou, en cas d'excès, du capital des contribuables, tandis que les secondes ne s'acquittent qu'au moment où s'accomplissent certaines transactions, où se passent certains actes, sans qu'elles soient en raison ni des revenus ni des capitaux.

Si l'on admettait l'opinion de Smith ou celle plus explicite encore de J.-B. Say, que « bien des sources de revenus ne seraient pas taxées ou le seraient imparfaitement avec un impôt unique, un impôt qui ne reposerait que sur une seule base; qu'il convient, en conséquence, que ces bases soient assez multipliées pour que les producteurs, qui ne seraient pas atteints par un impôt, puissent l'être par un autre [2] », si l'on admettait, dis-je, ces avis et l'ensemble des considérations au sein desquelles ils sont exprimés, on serait nécessairement amené à approuver la coexistence des deux sortes d'impôts dont je parle. Et l'on ne s'en tiendrait à ces deux-là que parce qu'on ne saurait en imaginer une troisième. Tel a été, au reste, le sentiment de presque toutes

---

[1] Adam Smith, *Richesse des nations*, liv. v, ch. II, § II.
[2] *Cours d'économie politique*, 8ᵉ part., ch. v. — Say comprend ici, parmi les producteurs, ceux qui fournissent les instruments (capitaux et terres) à l'industrie.

les personnes qui, en France, se sont occupées de finances. M. Thiers, dont l'opinion n'est jamais que le reflet de l'opinion commune, disait tout récemment encore, dans son livre sur la *Propriété*, en justifiant nos différentes contributions : « Les gouvernements varient à l'infini leurs perceptions..., s'ingénient de mille manières pour saisir l'instant où l'argent est plus facile à trouver, à demander, à obtenir, emploient mille précautions ingénieuses pour être moins à charge au contribuable, cédant, sous ce rapport, à une prudence qui est excellente en elle-même, qui vaut la sensibilité, et qui est de tous les temps, parce que dans tous les temps on a songé à ménager les peuples par intérêt autant que par humanité [1]. »

Cependant, il faut un système en finances, comme en toute chose. Il ne suffit pas de se montrer habile à donner une explication ou à soutenir un ensemble de lois ; il est encore nécessaire de savoir de quel principe on part et quel but on se propose. Or, je ne sache, pour moi, qu'une base à donner à un système financier : l'équité, l'équité véritable, qui, entre deux modes de perception opposés, en condamne forcément un. Et l'égalité des charges à répartir entre tous les citoyens, en proportion de leur fortune, ce qui n'est encore que de la justice, de l'équité, est aussi le seul but que doive poursuivre le législateur, en créant les impôts. Par suite, lorsque la production est déjà grevée par des taxes directes, comment se justifier d'atteindre encore la consommation par des taxes indirectes ? Est-ce donc qu'elles supposent également de la richesse et s'y mesurent de la même façon ? Ou il n'y a nulle règle pour l'impôt, ou il faut opter entre l'impôt direct basé sur tous les revenus, et l'impôt indirect assis sur tous les produits, acquitté dans tous les achats. Dire, selon Smith et Say, que le premier, épargnant quelques fortunes, le second doit les atteindre, ce n'est pas décider la question ; car il reste à prouver que l'impôt indirect frappe d'autres revenus que l'impôt direct, et les frappe dans une égale proportion. Or, évidemment cela n'est pas, et ne peut pas être. Dès qu'une taxe, en effet, est placée sur un produit, tout acheteur de ce produit la solde, quelque autre contribution qu'il ait dû ou qu'il doive payer, et d'où que provienne l'argent dont il dispose. Pareillement, toute contribution établie directement sur un revenu est exigée, quel que soit l'emploi auquel ce revenu puisse ensuite être destiné, à quelques achats qu'il ait plus tard à faire face ? C'est une contrariété, une incohérence complète de principes, et on ne justifie pas l'incohérence, le chaos. Aussi, quand l'Assemblée constituante voulut organiser à nouveau notre système d'impôts, fut-elle contrainte, après avoir maintenu les impositions directes, d'abandonner les taxes indirectes, qui n'ont été rétablies, sous le Consulat, que dans un moment de hâte et de besoin.

---

[1] *De la propriété*, liv. IV, ch. IV.

Et ce choix de l'Assemblée constituante était de toute justice. L'impôt direct, assis sur le capital et mesuré au revenu, quand il est sagement établi, n'atteint la richesse que lorsqu'elle est consolidée, apparente, aisément appréciable, et reste une charge annuelle acquittée par un produit annuel. Quel reproche lui adresser? Tandis qu'aucune de ces conditions ne se rencontre dans l'impôt indirect.

Il est vrai qu'on a souvent présenté l'impôt direct comme assis sur le revenu, au lieu de l'être sur le capital; mais cela n'est de sa nature ou ne se rencontre que dans le cas spécial de l'*income-tax*, ce tribut détestable où tous les principes sont faussés, toutes les règles détruites. Ainsi, la contribution foncière ne repose-t-elle pas uniquement sur la terre? N'est-ce pas la terre seule qui en est grevée, qui la doit? Une fois établie, qu'importe, par exemple, qu'on rende le sol plus productif ou qu'on le laisse en friche, qu'il serve de gage à de lourdes dettes ou qu'il demeure libre de toute hypothèque? Elle n'en reste pas moins due telle qu'elle a été fixée [1]. De même de l'impôt mobilier prélevé sur les capitaux circulants ou les capitaux industriels, sur les créances au moyen de l'enregistrement ou du timbre, ou sur les fonds d'industrie au moyen des patentes. Cette taxe aussi a le capital pour base, pour assiette; les profits qu'il rapporte ne sont pris en considération que comme moyen d'évaluation et que subsidiairement. Il n'est parmi nous qu'une imposition directe dont on n'en puisse dire autant; je veux parler de celle établie sur les meubles qui garnissent les logements habités; ici c'est bien, en effet, le revenu qui est pris pour matière imposable; mais c'est qu'en réalité cette imposition n'est qu'une sorte d'*income-tax*, atteignant aussi bien, malgré son nom, d'ailleurs, les profits des immeubles que ceux des meubles.

L'impôt direct repose si bien sur le capital, qu'un de ses caractères principaux c'est la fixité. Non qu'il soit immuable assurément, mais il ne change au moins et ne saurait changer qu'à de longs intervalles. D'une part, la propriété territoriale ou mobilière qu'il affecte, a besoin effectivement de connaître les charges qu'elle doit supporter longtemps à l'avance. Il lui faut toujours de longues perspectives; elle ne s'accroît, ne s'améliore, ne se maintient même qu'à la condition de beaucoup de sécurité et de beaucoup de garantie. Et, d'un autre côté, un temps considérable est aussi nécessaire pour faire les évaluations qu'exige toute modification dans la répartition d'une pareille contribution. Au contraire, des tributs assis sur les revenus devraient évidemment varier avec toutes les circonstances qui les produisent; circonstances infinies et changeant sans cesse elles-mêmes [2].

L'impôt direct satisfait ainsi, lorsqu'il est convenablement réglé,

---

[1] Dans la dette, il ne faut pas voir une diminution de la terre, du capital immobilier; ce n'est pas la terre qui emprunte, c'est le propriétaire.

[2] Voyez surtout Mac Culloch, *On taxation and the funding system*, p. 158.

aux deux premières conditions de toute bonne contribution : il est basé sur la richesse acquise et appréciable, et se prélève sur le revenu, qu'il faut d'ailleurs toujours estimer pour connaître la valeur du capital lui-même.

Mais, a-t-on observé [1], si l'impôt direct grève les capitaux, il les engage par cela seul à émigrer, et il ne peut être que très-dommageable. Il n'en est rien, et les faits sont là pour en témoigner. En France, par exemple, le budget s'alimente surtout par des taxes directes, et en Angleterre et en Hollande surtout par des taxes indirectes ; or, nos capitaux émigrent bien moins que les capitaux anglais et hollandais, on ne saurait le contester. C'est que s'il est vrai que l'impôt direct nuit au capital, à la production, au travail, l'impôt indirect, en outre de ses propres défauts, le fait au moins autant ; seulement il le fait d'une façon détournée, en empêchant, en entravant la consommation. S'il ne frappe l'atelier où se pratique une industrie, il frappe les marchandises qu'elle façonne, et qu'importe pour les capitalistes cette différence ? Une fabrication se développe-t-elle jamais quand ses produits sont chers ? Quel capital donne d'importants bénéfices, quand les marchandises qu'il sert à créer manquent de débouchés ? Et quelques denrées aussi qu'on choisisse pour les taxes indirectes, est-ce que ce ne seront pas des matières premières par rapport à certaines fabrications ? D'ailleurs, un gouvernement qui reste dans ses attributions naturelles, qui ne réclame que de raisonnables contributions, ne saurait chasser les capitaux, quoiqu'il soumette leurs revenus à des prélèvements directs ou indirects. Ce qui se passe en France, et je pourrais presque dire dans tous les États européens, où le pouvoir est si loin de présenter ces conditions, en est la meilleure preuve.

Nulle règle, nulle donnée scientifique, en outre, ni celles que je rappelais il y a un instant, ni aucune autre, ne servent de fondement aux impôts indirects. Tels objets circulent sur le marché et sont de facile débit, on s'en réserve la vente en les renchérissant, ou l'on ajoute une taxe à leur prix naturel ; voilà tout. La richesse accumulée, les revenus probables ou réels, je l'ai déjà dit, on ne s'en inquiète plus. Que parlerait-on même de richesse et de revenu ? ce sont les besoins que l'on impose alors. Car si l'on s'adressait aux consommations de luxe, au lieu de grever les consommations indispensables, comme finit par le demander Mill [2], tout en se disant partisan des tributs dont je parle, il ne s'agirait plus d'impôts indirects, mais d'impôts somptuaires. Et dans nos sociétés démocratiques surtout, où la fortune est si divisée, semble comme émiettée entre la population, quelles recettes obtiendrait-on dans ce cas ? Taxez, par exemple, les dentelles ou les

---

[1] M. David (du Gers) a plusieurs fois émis déjà, dans le *Journal des Économistes*, cette opinion, que nos impôts directs ont les capitaux pour base.

[2] *Principles of political economy*, liv. V, ch. VI, t. II, p. 433.

T. XXXI. — 15 Février 1852.　　　　　　　　　　　**10**

cachemires parmi nous, et que seront vos recouvrements? Mais préle-
vez un droit sur les céréales, la viande ou le combustible, et vos recettes seront énormes. Seulement, une partie, une grande partie de la
société vivra beaucoup plus mal, c'est incontestable, et quelques-uns
peut-être mourront de faim ou de froid. Dans l'Angleterre même, au
sein de la seule grande aristocratie qui subsiste encore, on calcule que
les deux tiers des taxes indirectes sont acquittés par ceux qui n'ont
pas assez de revenu pour contribuer à l'*income-tax* [1].

Comment donc a-t-on pu quelquefois imaginer qu'on frappait le revenu par l'impôt indirect? il aurait au moins fallu pour cela, on le
reconnaîtra, qu'après avoir grevé les diverses consommations, on les
eût classées suivant les fortunes auxquelles elles correspondent, afin
d'y apporter quelque proportionnalité, quelque justice. Or, toutes les
inquisitions du fisc et toutes les ressources du calcul des probabilités
n'y auraient pas suffi assurément. Turgot remarquait en outre que,
« en frappant également les productions qu'elles atteignent, dont les
unes nées dans des terrains fertiles ont coûté peu de frais, et dont les
autres récoltées sur un sol stérile en ont coûté beaucoup, leur charge est
aussi, touchant les producteurs, en raison inverse du revenu [2]. » Mais c'est
surtout par rapport à la consommation qu'il faut envisager ces taxes.

Elles s'adressent, à cet égard, si peu au revenu, et tant au besoin,
comme je le remarquais il y a un instant, qu'à mesure que les difficultés
augmentent pour les populations, que leurs dépenses se multiplient et
les gênent davantage, elles deviennent plus exigeantes. Le fisc calcule
alors ses prélèvements, en effet, et sur le nombre d'existences auxquelles on a à pourvoir, et sur la grossièreté des objets dont on est forcé
de se contenter. Au banquet de la vie, s'il laisse une place au pauvre,
il la lui rend détestable. Trente francs, dit très-bien J.-B. Say, qui
sont une taxe d'un dixième sur un tonneau de trois cents francs, sont
une taxe de trois cents pour cent sur un tonneau de dix francs. De
même de l'impôt du sel, considérable pour un chef de famille, et imperceptible pour un célibataire ; de même de toutes les taxes de ce
genre. On a toujours d'autant plus à y subvenir qu'on est plus nécessiteux. Enfin, les personnes qui résident en pays étrangers ne participent plus en rien, sous un tel système d'impôts, au sort, aux charges
de l'État où se trouvent leurs propriétés, et d'où elles tirent leurs revenus.

Du moins, prétendent quelques publicistes, les impôts indirects ont
l'avantage de donner d'une façon assez juste, par leurs rentrées, la

---

[1] Voyez Mac Culloch, *On taxation and the funding system*, p. 157.
[2] Turgot, *Plan d'un mémoire sur les impositions*. Turgot avait entrepris ce mémoire,
dont on n'a que le commencement, pour Franklin, dans le but d'empêcher les États-
Unis d'adopter le système des impôts indirects. (Voyez *Œuvres complètes de Turgot*, édition Guillaumin, p. 397.)

mesure de la prospérité et de la misère publique. Sans doute, avec plus de bien-être, les consommations se multiplient ; des classes entières, sans restreindre alors leurs achats anciens, en contractent d'autres également grevés. Car ce que je disais à l'instant, qu'ai-je besoin de l'observer ? signifiait seulement que les consommations inférieures étaient beaucoup plus grevées proportionnellement que les consommations plus recherchées. Et c'est à ce point de vue qu'il est partout très-intéressant d'étudier la marche des recouvrements opérés par l'impôt indirect. Ainsi, en France, ils se sont élevés, sous la Restauration, de 212 millions, sous le gouvernement de Juillet, de 300 millions, par le seul accroissement de la richesse publique ; tandis que depuis la révolution de 1848, ils y ont baissé, en tenant compte de la suppression des impôts qui y a été effectuée, de 25 millions. Que d'enseignements dans ces chiffres ! Mais qu'importent ces fluctuations pour juger de la nature, de la valeur des impositions indirectes elles-mêmes ? Qui donc proposerait de soumettre au plus lourd niveau les personnes dont on désire suivre les progrès de la taille, ou essayer la force ? D'ailleurs, par cela même que l'impôt indirect donne des revenus variables, et d'autant moins considérables que la gêne publique augmente, il en résulte que le gouvernement ne peut jamais prévoir les ressources dont il lui permettra de disposer, et qu'il en obtient très-peu aux moments où ses besoins se multiplient.

Cet inconvénient, et il est notable, peut-il au moins s'attribuer à la liberté laissée aux contribuables de solder ou de refuser les taxes indirectes ? car on en a fait des *impôts volontaires.*' Locution dont le fisc ne saurait assurément être trop reconnaissant, tant il en a tiré parti ; seulement il est difficile de penser qu'il la doive aux redevables. Il est vrai, quand on achète de la viande, du vin, de la houille, des légumes, c'est que l'on consent à payer le prix qu'on en demande ; mais le moyen de s'en passer ? Faut-il remercier le Trésor de nous laisser vivre ? Aux moments du dénûment, pour dépenser moins, on achète moins, et ainsi on contribue peu aux perceptions publiques, mais c'est qu'en face de la nécessité on accepte la souffrance : où se manifestent ici la bonté du fisc et l'excellence de l'impôt ? Un célèbre chimiste démontrait récemment qu'un grand nombre de pauvres mouraient, parce qu'ils ne pouvaient manger assez de sucre durant leurs maladies. Que penser après cela du choix qu'accordent nos lois d'acquitter ou de ne pas acquitter l'impôt qu'elles ont établi sur le sucre ? Voyez ce voyageur attardé qui vient d'échapper à une bande de brigands, grâce à la bourse qu'il leur a remise ; il est encore tout effrayé et il se plaint : il n'a donc pas réfléchi qu'il pouvait se laisser tuer ? Peut-être en eût-il été quitte pour un bras ou une jambe, en ne leur donnant que sa montre !

S'il était, au reste, un impôt volontaire, ce serait plutôt l'impôt direct que l'impôt indirect ; car, lorsqu'on achète une propriété, qu'on amasse un capital, on écoute bien plus ses désirs, on suit bien plus ses inclinations, on l'avouera, que lorsqu'on s'approvisionne des denrées nécessaires à la vie. Mill remarque aussi avec raison que si l'on échappe à la taxe mise sur un objet de consommation, en se privant de cet objet, on peut également économiser le montant d'une contribution directe, en s'imposant quelque semblable privation, et souvent la même. On se soustrait, dit-il, à l'imposition de 5 livres environ sur le vin, en n'achetant pas de vin; c'est vrai, mais si cette imposition, au lieu d'être mise sur la consommation du vin, était demandée à titre d'*income-tax*, on en épargnerait pareillement le montant, en dépensant cinq livres de moins en vin [1].

Un autre argument, et aussi en vogue, en faveur des contributions indirectes, c'est qu'on les paye sans s'en apercevoir. Toutefois, si elles sont volontaires, comme on le prétendait d'abord, comment ne s'en apercevrait-on pas? On ne consent d'ordinaire qu'à ce qu'on peut apprécier. Quoi qu'il en soit, si l'on convient que leur recouvrement est plus difficile que celui des autres tributs, exige plus d'agents, coûte plus cher, il s'opère du moins, assure-t-on, peu soucieux de cette contradiction, sans que le public s'en doute. Ce sont, déclarait le Parlement anglais, en remaniant les droits de l'*excise* six ans après les avoir créés [2], les perceptions les plus aisées et les plus indifférentes qu'on puisse exercer sur un peuple. Et il n'est pas un financier depuis (un financier n'est pas toujours celui qui a étudié les finances, c'est aussi et surtout celui qui en parle), qui n'ait répété ces paroles et, de plus, qui n'y ait cru. Est-il certain pourtant qu'on ne s'aperçoive pas qu'une chose est chère ou bon marché quand on la paye? Toutes les fois qu'on a diminué les droits qui la grèvent, la consommation s'est augmentée jusqu'à se décupler parfois; lorsqu'on les a élevés, elle s'est au contraire toujours arrêtée; on y est donc fort sensible. Nous sommes ainsi faits, après tout, que la vie facile nous plaît, et que nous savons constamment découvrir la cause de nos jouissances ou de nos privations. Le fisc, si entreprenant qu'il soit, doit renoncer à donner à l'humanité l'esprit d'un anachorète, lors même qu'il lui en impose les usages.

Toutefois, remarque J.-B. Say, « l'impôt indirect se perçoit par petites portions, insensiblement, à mesure que le contribuable a les moyens de l'acquitter; il n'entraîne pas d'embarras de répartition entre les provinces, entre les arrondissements, entre les particuliers. Il ne met point les intérêts divers en présence; ce que l'un évite de payer n'est point une charge pour l'autre. Point d'inimitiés entre les habitants de la même ville, point de réclamations, point de contraintes [3]. » Quelle admirable invention est-ce ainsi que l'impôt indi-

---

[1] *Principles of political economy*, t. II, liv. V, ch. vi.
[2] L'*excise* fut établi en 1643.
[3] *Traité d'économie politique*, liv. III, ch. x.

rect quand on sait l'apprécier ! Mac-Culloch [1] et Garnier [2] y voient
même le plus heureux stimulant pour l'industrie. Les difficultés qu'il
crée, le renchérissement qu'il procure, servent principalement, à leur
avis, à rendre la production plus active et plus ingénieuse ; car il n'y
a rien apparemment pour faire atteindre un but comme de multiplier les obstacles qui le précèdent.

Je montrais à l'instant ce que vaut la prétention de regarder l'impôt
indirect comme dénué de contrainte et d'une perception insensible. Autrefois, il est vrai, chaque chef de famille était obligé d'acheter une
certaine quantité de denrées imposées, de sel, par exemple, dans nos
provinces de grandè gabelle, ainsi qu'il en était encore tout récemment
en Espagne [3] ; mais parce qu'il ne taxe plus le besoin qu'à mesure qu'il
se manifeste, le fisc est-il à bout de mansuétude et de bienveillance ? Il
a cessé de forcer à acheter quand on ne le désire pas, et de vouloir faire
payer plus qu'on n'a, voilà tout l'éloge qu'il mérite. Ajouter, comme le
fait Say, que les taxes indirectes ne présentent aucun embarras de répartition, c'est en prouver aussi médiocrement le mérite, car pour tout
impôt on pourrait s'épargner le même embarras en ne se souciant
pas davantage de le distribuer équitablement, en renonçant à le proportionner aux fortunes ou aux revenus. Enfin, comment l'impôt
indirect engendrerait-il moins d'inimitiés entre les classes ou les
citoyens d'un Etat que l'impôt direct ? C'est évidemment de toute impossibilité. Say lui-même écrivait, du reste, à une page de distance du
passage que je viens de citer : « Les contributions indirectes frappent
très-inégalement les consommateurs, — ce qu'il avait déjà montré
par l'exemple des deux tonneaux de vin de différente valeur, que j'ai
transcrit plus haut.— Un homme qui a cent mille francs de revenu
annuel, ne consomme pas cent fois plus de sel qu'un homme qui gagne mille francs... Elles frappent encore des revenus déjà atteints par
la contribution foncière et mobilière. » Et ailleurs il disait : « Le recouvrement de l'impôt indirect exige beaucoup de soins et des formes vexatoires qui rendent cette espèce de contribution odieuse aux
peuples [4]. »

En réalité, c'est effectivement l'imposition la plus impopulaire,
tant il est vrai encore qu'elle répugne et qu'elle se ressent. Aussi,
lors de l'effervescence des masses, au sein des tumultes et des révoltes, ne sont-ce jamais les percepteurs que l'on chasse, ne sont-ce
point leurs registres que l'on brûle ; mais toujours alors on s'est
porté aux barrières de l'octroi pour les démolir, toujours on a poursuivi les commis des droits-réunis pour s'en défaire. Quel cri contre

[1] On taxation and the funding system, p. 148, 149.
[2] Préface de la traduction de la Richesse des nations.
[3] L'administration procédait par des provisions forcées de sel aux habitants des villes.
[4] Cours d'économie politique, t. II, p. 404, édition Guillaumin.

l'impôt direct répond dans l'histoire au cri de Masaniello, entraînant contre le vice-roi la populace affamée de Naples : Point de gabelles ! Et lorsqu'à son retour la monarchie de 1815 a souhaité, elle aussi, les acclamations de la foule, sa promesse de joyeux avénement n'a-t-elle pas été : Plus de droits-réunis ! Depuis trois ans, notre gouvernement lui-même a dû, sous l'impulsion de l'opinion publique, abaisser de moitié environ l'impôt du sel, de plus de moitié l'impôt des lettres, et la diminution de la taxe des boissons est devenue une mesure politique urgente, tant elle est réclamée avec force.

Notre plus célèbre économiste, dont j'ai déjà cité l'opinion pour et contre, remarque cependant, se contredisant encore, que « les Etats-Unis à leur origine acceptaient si complaisamment les contributions indirectes, que, tout en refusant au Parlement anglais le droit de les imposer sans leur consentement, ils lui reconnaissaient celui de mettre des droits sur les consommations[1]. » C'est une nouvelle erreur; car n'est-ce pas à cause d'une imposition mise à l'entrée du thé que les colonies anglaises de l'Amérique se sont soulevées? Comment ignorer cela? En Angleterre même, où les taxes indirectes semblaient tellement entrées dans les usages de la population, qui répéterait depuis la campagne si hardie, si générale, si promptement victorieuse du *free trade*, et où s'est trouvé tant de fois impliqué tout le système des impôts indirects, ces paroles de Smith : Ces impôts sont payés avec moins de murmures que tous les autres[2]? Bien plus, l'ancien ordre des finances y est, dès maintenant, entièrement compromis. « En 1841, dit M. Léon Faucher dans un travail récent, sur un revenu ordinaire de 44 millions de liv. sterl., l'impôt direct ne fournissait dans la Grande-Bretagne qu'un peu plus de 4 millions, soit un dixième; ajoutez la taxe des pauvres qui représente un peu moins de 4 millions de livres sterling, et vous aurez le budget des sacrifices imposés plus particulièrement à ces classes, tant supérieures que moyennes, qui représentaient, un an plus tard, lorsque s'établit l'*income-tax*, 500,000 familles ayant chacune plus de 150 liv. sterl. (4,300 fr.) de revenu. Les taxes indirectes, douanes, excise, timbre, produisaient au Trésor 39 millions de liv. sterl., soit environ 1 milliard de francs, principalement payé par les classes laborieuses.

« Robert Peel a corrigé une aussi profonde injustice. Il a secouru le travail en supprimant les droits d'entrée sur les matières premières, et facilité l'alimentation publique en abaissant ou en détruisant les droits sur les denrées nécessaires à la vie. De 1842 à 1846, le dégrèvement des taxes indirectes représente une somme de 7,625,000 liv. sterl. (environ 191 millions de fr.); à quoi il faut ajouter l'économie

---

[1] J.-B. Say, *Traité d'économie politique*, liv. III, ch. x.
[2] *Richesse des nations*, liv. V, ch. ii, p. 575, édition Guillaumin.

que font les classes ouvrières sur le prix du pain depuis que les grains étrangers viennent sur le marché en concurrence avec les blés indigènes. Et en même temps Robert Peel frappait la richesse, les capitaux acquis d'un impôt direct de 3 pour 100 sur tous les revenus de 150 liv. sterl. et au-dessus. Par là, dans un revenu de 48 millions de livres sterl., les produits de l'impôt direct entrent pour environ 10 millions sterl. Pour les familles qui vivent dans l'aisance, la proportion des sacrifices est doublée ; au lieu de contribuer pour un dixième, elles supportent aujourd'hui un cinquième des charges de l'Etat. L'équilibre n'est pas encore rétabli, mais la réforme est déjà sérieuse et profonde [1]. »

Tout n'est pas rigoureusement exact dans ces observations ; car, pour énumérer les diverses charges auxquelles doit faire face l'impôt direct en Angleterre, il faudrait encore mentionner la dîme due à l'Église anglicane, ou l'impôt en argent qui la remplace, et les taxes locales, lesquels s'élèvent ensemble à une somme d'environ 450 millions de fr. [2] ; mais elles montrent très-bien la marche des réformes qui y ont déjà été accomplies. Et Robert Peel, dans ses dernières années, s'est montré, on le sait, de plus en plus partisan de l'impôt direct.

Ce qu'il conviendrait seulement de faire observer, par rapport aux taxes de consommation, si on le croyait utile, c'est que dans chaque achat on ne calcule pas la somme qui représente le prix naturel de l'objet qu'on se procure et celle qui revient au Trésor. Mais on n'ignore jamais, dois-je le redire ? qu'on acquitte ces deux sommes, dont on est bien plus enclin même à exagérer la dernière qu'à la diminuer. Elle semble si considérable, qu'on cherche sans cesse à frauder le fisc. C'est alors en effet une guerre constante du public contre la loi et l'administration, où le public est toujours excité et souvent victorieux. Or, après une première violation des prescriptions légales, on tarde peu d'ordinaire à en commettre d'autres. Tous ainsi sont entraînés, au sein d'un tel ordre de choses, sur une pente où la morale publique perd sa base et le pouvoir son crédit. Et, à notre époque surtout, il faut penser à un tel péril. Ricardo, à la vérité, conséquent avec ses principes sur l'impôt, affirme que les classes inférieures ne contribuent jamais aux besoins du pays, l'impôt assis sur les choses de première nécessité étant forcément reporté des pauvres sur les riches [3] ; mais cette assertion attend encore sa preuve et est loin jusqu'à nous d'exprimer l'opinion de ces classes, qui savent trop aujourd'hui qu'elles ont la force, grâce à leur nombre. Je trouve, pour moi, cette pensée de Mill, qui pourtant, je l'ai dit, défend, ou plutôt semble défendre les taxes indirectes, beaucoup plus

---

[1] *Du système de M. Louis Blanc et de l'impôt*, broch., p. 104 et suiv.
[2] Voy. l'article de M. d'Audiffret sur le *Budget*, dans le *Dictionnaire général d'administration*.
[3] *Principes de l'économie politique et de l'impôt*, ch. XVI.

juste : si toutes les impositions, dit-il, étaient directes, on s'en rendrait exactement compte, et chacun se montrerait infiniment plus économe des dépenses publiques, plus éloigné des guerres ou des luxes nationaux coûteux [1].

Du reste, quand il serait vrai qu'on acquitte certains impôts sans s'en apercevoir ou sans se plaindre; quand il serait vrai même que ceux qui les payent ne sont pas ceux qui en souffrent, le législateur serait-il déchargé de corriger les injustices qu'ils renferment? Est-ce tout de faire le mal adroitement ou d'une façon détournée? Créez des taxes indirectes si vous le croyez utile, et tant que les budgets resteront aussi élevés qu'ils le sont, cette nécessité sera incontestable ; mais renoncez à jamais les justifier.   **GUSTAVE DU PUYNODE.**

RECHERCHES

SUR

LA CIRCULATION DES LETTRES DE CHANGE

DANS LA GRANDE-BRETAGNE, DE 1828 A 1847,

AVEC

UNE ÉVALUATION DES LETTRES DE CHANGE TIRÉES DE LA GRANDE-BRETAGNE SUR LES PAYS ÉTRANGERS.

(Suite [2].)

VI. — Opinions de lord Overstone et de M. Burgess implicitement sanctionnées par les Comités parlementaires de 1832 et de 1840, sur les fluctuations relatives au volume de la lettre de circulation.

Je passerai sous silence, pour le moment, les discussions qui furent incidemment soulevées sur les lettres de change, à l'occasion du rapport de 1810 sur les lingots (*bullion*), et des rapports sur les payements en espèces, en 1819. Je ne m'occuperai ici que de celui relatif à la charte de la Banque, en 1832.

Dans le cours de l'interrogatoire devant le Comité de révision de la charte de la Banque, de M. Henry Burgess (alors secrétaire de l'Association des banquiers des provinces), bien connu comme principal rédacteur d'une publication périodique estimée, ayant pour titre : *Banker's circular*, il fut formellement question des circonstances qui déterminent le montant des lettres de change en circulation, et M. Burgess exprima là-dessus des opinions qui ont été ultérieurement adoptées par lord Overstone (alors Jones Loyd), un des écrivains les plus distingués de notre temps en matière de circulation. Je n'ai pas à considérer ici, au point

---

[1] *Principles of political economy*, t. II, liv. V, ch. VI.
[2] Voir le numéro 129, 15 janvier 1852, t. XXXI, p. 62.

de vue théorique, les opinions de M. Burgess ; je me bornerai à faire remarquer quelle a été la nature des impressions entretenues dans ces derniers temps par les plus grandes autorités relativement au montant total et aux fluctuations de la lettre de circulation.

En réponse à la question 5,334, dans laquelle on demandait à M. Burgess :

Est-ce un résultat de votre expérience que lorsqu'il survient une restriction dans l'émission des billets de banque, le montant total des lettres de change se trouve aussi réduit, et, dans ce cas, cette dernière réduction est-elle en proportion exacte avec la première, ou dans une proportion beaucoup plus grande ?

M. Burgess répond : *Elle est dans une proportion beaucoup plus grande.*

Cette réponse fut suivie de quatre autres questions travaillées et d'autant de répliques, d'après lesquelles le questionneur et le questionné admirent comme un fait certain que puisque *une restriction dans la quantité des billets de Banque en circulation produit directement une réduction relative beaucoup plus grande dans le volume de la lettre de circulation*, l'influence qu'exerce la Banque d'Angleterre sur le commerce du pays, quand elle restreint ses émissions, ne peut être mesurée avec exactitude *qu'en ajoutant à la restriction modérée* qu'elle apporte dans la quantité de ses bank-notes, *la réduction très-considérable* qu'elle cause dans le montant total des lettres de change. Et je dois faire remarquer que devant le comité du renouvellement de la charte de la Banque, cette conclusion fut adoptée non pas seulement comme une hypothèse, mais comme un fait positif.

En 1840, lorsque lord Overstone fut interrogé devant le comité d'enquête sur les Banques de circulation (et rien, assurément, n'est plus instructif que toute la déposition de sa seigneurie dans cette occasion), il reproduisit, dans ses notes, les faits admis par le comité de 1832 au sujet des lettres de change. Dans la question n° 2,666, sir Ch. Wood demanda à lord Overstone (alors M. Loyd) : « *Le montant total des lettres de change dépend-il, jusqu'à un certain degré, de la quantité de monnaie ?* »

Lord Overstone répondit :

« *Mon opinion est qu'il en dépend à un très-haut degré.* Je considère la monnaie
« du pays comme les fondations de l'édifice, et les lettres de change comme
« la construction élevée sur ces fondations. Je regarde ces lettres de change
« comme une des formes importantes des opérations de banque, et l'agent de
« circulation du pays comme la monnaie au moyen de laquelle ces opérations
« s'accomplissent. Une restriction quelconque apportée dans l'agent de circu-
« lation doit donc réagir sur le crédit. *Les lettres de change étant une des formes*
« *importantes du crédit, elles se ressentiront de l'effet de cette restriction à un très-*
« *haut degré ; en fait, elles l'éprouveront à un bien plus haut degré que l'agent de*
« *circulation.* Ce sujet a déjà appelé l'attention du comité d'enquête de 1832,
« et la question fut alors posée d'une manière fort remarquable à M. Burgess,
« secrétaire de l'Association des banquiers des provinces. J'ai pris note de la
« demande et de la réponse qui furent faites à cette occasion et que voici... (Lord
« Overstone reproduit ici cette demande et cette réponse telles que nous les
« donnons plus haut), et il ajoute : *Je crois que la réponse de M. Burgess est par-*
« *faitement exacte* » (rapport fait à la Chambre des communes sur les Banques de circulation, 1840, p. 213).

Une opinion adoptée par lord Overstone doit toujours être prise en très-grande considération. Mais nous allons voir combien il est dif......

ainsi, sur des généralités, une conclusion quelconque, dans une question comme celle-ci, dont on ne peut réellement parler avec quelque confiance qu'en ayant sous les yeux des faits positifs bien constatés. A moins qu'il n'existe quelque erreur radicale dans toutes les données officielles, on verra que les effets produits par une limitation dans l'émission des bank-notes sont exactement l'opposé de ceux décrits par lord Overstone et M. Burgess, et que, quand il circule *moins* de bank-notes, non-seulement il ne circule *pas moins* de lettres de change, mais qu'il en circule *beaucoup plus.*

VII. — Recherches de M. Leatham au sujet des lettres de change. Comparaison de ses données avec celles de la présente enquête ; concordances ; différences très-importantes dans les données et les résultats.

Je vais maintenant parler des recherches du seul écrivain, je crois, avant moi, qui ait essayé, jusqu'ici, de construire un tableau statistique de la quantité de lettres de change créées et mises en circulation pendant une période donnée. S'il y a quelque mérite à avoir appelé, pour la première fois et d'une manière systématique, l'attention du public sur la lettre de circulation, ce mérite appartient incontestablement à feu M. Leatham, de Wakefield, le chef habile et estimé qui dirigea pendant tant d'années la maison de banque Leatham, Tew et comp., de Wakefield et de Pontefract.

M. Leatham avait succédé à son père dans les affaires de banque, et il était, dans toute l'étendue du mot, un homme très-versé dans les principes et les détails de sa profession ; il avait, en même temps, des vues très-larges et des connaissances très-étendues.

Les résultats de ses recherches sur les lettres de change furent communiqués au public dans trois courtes publications qui parurent en 1840 et 1841. Le premier de ces écrits fut une brochure de 70 pages, dont je copie le titre dans une notice [1] contenant une série de lettres, d'abord privées, qui furent adressées à sir Charles Wood, peu de temps après que celui-ci eut été nommé président du comité de la Chambre des communes chargé de l'enquête sur les Banques de circulation, en 1840. La première édition de cette brochure fut bientôt épuisée, et il en parut une seconde au mois d'août 1840, ayant pour titre : « *Première série* » de lettres, etc.

Le second écrit fut une autre brochure de 39 pages, adressée à M. W.-R. Wood, négociant à Manchester. Il y est principalement question de la déposition faite par ce négociant devant le même comité. Elle parut au mois de janvier 1841, sous le titre de : « *Deuxième série* » de lettres, etc. Il n'y en a pas eu d'autre édition. Au mois de juin 1841, il publia encore, sur une simple feuille, un « Tableau général de la circulation de la Grande-Bretagne et de l'Irlande depuis 1832 jusqu'en 1839 » (Richardson, Cornhill). Ce tableau contient l'exposé le plus complet de tous les calculs de l'auteur au sujet des lettres de change. M. Leatham fit aussi au congrès de l'Association britannique pour l'avancement des sciences, qui se réunit à Glasgow, en 1840, une communication dans laquelle il résuma les conclusions les plus importantes auxquelles il était arrivé. Le 19 octobre 1842, cet excellent homme mourut à Leamington, à l'âge de cinquante-neuf ans. S'il avait pu vivre quelques années de plus, j'ai

---

[1] *Letters on the currency*, etc. , Lettres sur la circulation, adressées à M. Charles Wood ; Londres, P. Richardson, 1840.

des raisons de croire que son intention était de réunir sous une forme moins fugitive les publications dont je viens de parler, et de leur donner plus d'extension.

Si j'ai mis tant de soin à mentionner les travaux de M. Leatham, c'est que j'ai désiré, d'un côté, lui rendre la justice qui lui est due, et, de l'autre, procurer à ceux qui voudront, à l'avenir, s'occuper de la même question, tous les moyens de comparer la méthode et les résultats de mes propres investigations, avec la méthode et les résultats de celles qui les ont précédées.

Maintenant poursuivant mon sujet, je citerai les paroles mêmes de M. Leatham, pour décrire la méthode qu'il a suivie pour arriver à ses conclusions. Il paraît que dès 1827, M. Leatham avait déjà fait quelques calculs relatifs à la lettre de circulation, et qu'il les avait basés sur des renseignements obtenus du bureau du timbre par M. Marshall, qui était alors représentant du Yorkshire (Première série, p. 4).

J'ai déjà expliqué comment les deux éléments essentiels des calculs qui déterminent : 1° *la somme moyenne*, 2° *l'usance moyenne* des lettres tirées sous chaque espèce de timbre, avaient été déterminés, *dans le présent travail*, en enregistrant systématiquement, en forme de tableaux, certains détails tirés de 4,367 lettres de change, représentant une somme de 1,216,974 liv. st. de capital réellement engagé dans le commerce.

Rien, dans les écrits de M. Leatham, ne m'autorise à conclure qu'il ait établi les parties préliminaires de son enquête avec autant de soins. J'en infère plutôt qu'il s'en est rapporté à sa grande expérience pour construire *à priori* une échelle des *sommes* et des *usances moyennes*, et qu'il a eu recours seulement à son propre portefeuille pour vérifier certains points. Il dit : «J'ai *assigné*, « sous chaque timbre, pour montant de la lettre qu'il devait couvrir, non le « plus élevé, mais le montant intermédiaire, et j'ai *supposé* que le terme moyen « des lettres tirées était à deux mois de date» (Première série, p. 5). Ce passage semble établir d'une manière concluante que l'échelle des moyennes a été construite *à priori*, et le suivant vient confirmer cette opinion : « Le tableau « a été soigneusement dressé avec l'assistance de mon ami W.-W. Brown, de « Leeds, et de nos caissiers réunis. Ce n'est que chez d'autres banquiers que « son exactitude peut être vérifiée, et non chez les distributeurs de timbres, « qui n'ont ni le coup d'œil, ni l'expérience des banquiers pour faire leurs « calculs, et qui ne peuvent pas, non plus, avoir recours à une masse de lettres « et prendre, au hasard, dans une somme de 100,000 ou de 200,000 liv. st. « pour s'assurer de la moyenne des sommes tirées sous chaque espèce de « timbre, ainsi que de la date moyenne » (Première série, pag. 9).

Si l'on doit inférer de cette citation que le montant des lettres *bonâ fide*, qui ont été examinées directement, a été de de 100,000 ou de 200,000 liv. st., il s'ensuit évidemment qu'avec une base, comme celle que nous avons eue, de 1,216,000 liv. st., l'étendue des données directes sur lesquelles nous avons opéré est environ six fois plus considérable que celle sur laquelle M. Leatham a établi ses recherches.

M. Leatham nous semble avoir apporté dans la fixation de ses *usances moyennes* plus d'incertitude encore que dans celle des *sommes moyennes* qu'il a assignées à chaque espèce de timbre. Et il paraît (Première série, p. 55) que pour fixer finalement à *trois mois* la moyenne de ses usances, il s'est guidé sur une expérience de *sept jours* de deux des principaux agents de change de la

Cité (je présume Overend, Gurney et comp., et Sanderson et comp.); et, enfin, que pour fixer, ainsi qu'il l'a fait, à *un sixième* de la totalité des lettres de l'intérieur, celle des lettres de l'extérieur, il s'est également basé sur les renseignements qu'il a obtenus de MM. Overend, Gurney et comp. Il dit en effet :

« Je me suis basé avec confiance sur les renseignements qui m'ont été
« obligeamment fournis par la principale agence de change de la Cité,
« et qui sont le résultat de sept jours d'affaires; et j'ai trouvé que (la
« proportion des lettres de *l'extérieur*) était d'un cinquième; mais afin de ne
« faire erreur que du bon côté, je fixe cette proportion à *un sixième* de la
« totalité des lettres de *l'intérieur* » (Première série, p. 55).

Le tableau III que j'ai donné plus haut nous permet de comparer l'échelle *des sommes et des usances moyennes* que M. Leatham a déterminées de la manière que je viens d'exposer, avec celle que nous avons nous-même établie d'après les documents des cinq maisons de banque. On y voit quelques différences importantes dans la fixation des *sommes moyennes*, mais l'écart le plus considérable entre ses éléments de calcul et les miens est décidément dans la colonne des *usances moyennes*.

M. Leatham adopte définitivement comme période uniforme l'usance de *trois mois*, tandis que les documents mêmes des banquiers constatent un résultat bien différent. Ces documents nous apprennent, en effet, que *l'usance croît progressivement avec le montant de la lettre*; par exemple, que tandis que les lettres de 20 liv. st. sont tirées à deux mois, celles de 1,000 liv. sont tirées à quatre mois.

C'est cette différence dans les usances qui vient affecter principalement *d'une très-grande augmentation* le montant de la somme circulant simultanément qu'indiquent mes calculs comparativement à celle qu'indiquent les calculs de M. Leatham, et cela par une raison très-évidente : supposons, en effet, que pour une année quelconque, par exemple celle de 1847, les recherches de M. Leatham et les miennes soient arrivées à un même résultat, savoir : que le montant total des lettres créées dans le cours de cette même année ait été, par exemple, de 500 millions de liv. st.; il s'ensuit, d'après la supposition de M. Leatham, qui donne pour usance moyenne à ces lettres l'intervalle de *trois mois* (c'est-à-dire du quart de l'année), il s'ensuit, dis-je, que le montant des lettres qui seront trouvées en circulation *en même temps* devra être de $\dfrac{500,000,000}{4} = 125,000,000$ liv. st.; tandis que si, d'un autre côté, on a de bonnes raisons pour conclure (et ces bonnes raisons existent réellement) que *l'usance moyenne* dépasse *trois mois*, qu'elle est, par exemple, de *quatre mois* (c'est-à-dire du tiers de l'année), il en résulte qu'avec un total de lettres créées égal à 500,000,000 liv. st., le montant qui se sera trouvé *simultanément* en circulation aura été de $\dfrac{500,000,000}{3} = $ 166,666,666 liv. st., ou de 41 1/2 millions de livres sterling plus considérable que la somme à laquelle M. Leatham est arrivé avec des données tout à fait semblables aux miennes, excepté dans l'élément tiré de l'usance.

Qu'il me soit donc permis de m'appuyer sur cet exemple hypothétique pour démontrer l'indispensable nécessité de constater la *moyenne des usances* avec le plus grand soin possible, et aussi pour faire ressortir ce qui est peut-être l'un des résultats les plus utiles de cette enquête, savoir : l'emploi fait, dès l'origine, d'une nombreuse série d'observations positives pour la solution de cette question de l'usance.

Je suis heureux de pouvoir ajouter que les différences qui se trouvent entre les colonnes des sommes moyennes ne sont pas assez importantes pour que l'échelle que j'ai établie d'après les renseignements des banquiers soit privée du mérite de se trouver confirmée, sur plusieurs points, par les chiffres mêmes de M. Leatham.

L'extrait suivant mettra nos résultats plus en relief :

Tableau V.—*Echelles des sommes et des usances moyennes.* Echelle de *M. Leatham,* rapportée, par *plus* et par *moins,* à l'échelle établie sur *les documents des banquiers.*

SOMME MOYENNE.		USANCE MOYENNE.		TIMBRES	SOMME MOYENNE. LEATHAM.		USANCE MOYENNE. LEATHAM.	
Leatham.	Banquiers	Leatham.	Banquiers		Moins.	Plus.	Moins.	Plus.
liv. st.	liv. st.	mois.	mois.	sch. d.	liv. st.	liv. st.	mois.	mois.
18	15,2	3	2,0	1 6	»	2,8	»	1,0
22	19,2	3	2,9	2 0	»	3,6	»	0,1
28	28,9	3	3,1	2 6	0,9	»	0,1	»
50	46,1	3	3,3	3 6	»	3,9	0,3	»
96	74,7	3	3,7	4 6	»	21,3	0,7	»
167	157,0	3	3,6	5 0	»	10,0	0,6	»
270	284,0	3	3,8	6 0	14,0	»	0,8	»
460	428,5	3	3,9	8 6	»	31,5	0,9	»
875	800,5	3	4,0	12 6	»	74,5	1,0	»
1,540	1497,2	3	4,1	15 0	»	42,8	1,1	»

L'accord entre les échelles des sommes moyennes s'arrête d'une manière bien marquée au timbre de 3 sch. 6 d.; mais au delà de ce point les différences deviennent considérables, et les chiffres adoptés par M. Leatham offrent, à une seule exception près (celle du timbre de 6 sch.), un montant *plus élevé* que les miens.

En conséquence, la conclusion générale à tirer de cette comparaison c'est que :

1° L'échelle des *sommes moyennes* de M. Leatham est plus élevée que la mienne;

2° L'échelle de ses *usances moyennes* est *moins élevée* que la mienne ; et néanmoins, bien que le montant en argent assigné par M. Leatham à chaque lettre soit *plus élevé,* il est arrivé que l'usance rectifiée que j'ai adoptée m'a ultérieurement conduit à assigner un chiffre plus élevé que celui de M. Leatham à la circulation moyenne de la lettre de change pendant chacune des années qu'il a soumises à ses calculs. En effet :

Lettres de l'intérieur ayant circulé en même temps dans la Grande-Bretagne pendant les années suivantes.

ANNÉES.	M. LEATHAM.	PRÉSENTE ENQUÊTE.	PRÉSENTE ENQUÊTE, en plus.
	liv. st.	liv. st.	liv. st.
1835....	73 millions	83 millions	10 millions
1836....	86 —	103 —	17 —
1837....	83 —	95 —	12 —
1838....	85 —	97 —	12 —
1839....	98 —	113 ¹ —	15 —

¹ En comptant la livre sterling 25 fr. 21 c., ces 113 millions de livres équivalent à 2 milliards 848 millions 730 mille francs.　　　(*Note du traducteur.*)

Il me suffira d'ajouter encore quelques mots pour faire ressortir les autres différences essentielles qui existent entre les recherches de M. Leatham et les miennes.

Ses tables vont de 1832 à 1839 (les deux années inclusivement), et présentent, par trimestre, la situation de chaque année. Toutefois, le tableau qui donne ces résultats s'applique uniquement au *Royaume-Uni*. Pour quelques-unes de ces années (1832-39), M. Leatham donne des nombres séparés pour la *Grande-Bretagne*, il ne s'est occupé en aucune manière des lettres *tirées sur les pays étrangers d'une partie quelconque du Royaume-Uni*; il n'a pas même essayé, non plus, de classer par groupes ou périodes les lettres de l'intérieur; et il n'a tiré des faits mêmes développés dans ses tables aucune considération générale; son but principal n'ayant été, de son propre aveu, que d'appeler l'attention du public sur ce fait important : que la circulation des lettres de change surpasse de beaucoup, en somme, tous les autres modes de circulation pris ensemble, et en cela il a parfaitement réussi.

Il ne me reste plus qu'à joindre ici le tableau suivant, qui est un extrait du tableau général de la circulation, publié par M. Leatham en juin 1841.

TABLEAU VI. — *Montant total des lettres de change, tant de l'intérieur que de l'extérieur, ayant circulé en même temps dans le Royaume-Uni, pendant les trimestres ci-après, d'après les tables de M. Leatham.*

TRIMESTRES FINISSANT AUX	MONTANT TOTAL DES LETTRES.	TRIMESTRES FINISSANT AUX	MONTANT TOTAL DES LETTRES.
	liv. st.		liv. st.
5 avril 1832.	93,555[1]	5 avril 1836.	112,874
5 juillet —	87,995	5 juillet —	113,874
10 octobre —	87,304	10 octobre —	134,003
5 janvier 1833.	87,475	5 janvier 1837.	128,033
5 avril 1833.	90,440	5 avril 1837.	128,079
5 juillet —	88,002	5 juillet —	110,825
10 octobre —	91,952	19 octobre —	111,741
5 janvier 1834.	114,426	5 janvier 1838.	103,936
5 avril 1834.	95,880	5 avril 1838.	112,166
5 juillet —	91,118	5 juillet —	113,413
10 octobre —	97,467	10 octobre —	124,895
5 janvier 1835.	95,839	5 janvier 1839.	114,131
5 avril 1835.	98,480	5 avril 1839.	128,162
5 juillet —	101,527	5 juillet —	129,278
10 octobre —	103,769	10 octobre —	139,924
5 janvier 1836.	101,758	5 janvier 1840.	130,824

VIII. — Essai descriptif de la manière dont la circulation des lettres de change se trouve réglée et facilitée par le système de banque de Londres et des provinces.

Je vais m'efforcer maintenant de donner une idée du système délicat et considérablement ramifié qui règle la distribution et modifie l'influence de la lettre de circulation.

Mais, auparavant, il est peut-être utile de dire quelques mots sur les principes généraux de la question.

Si nous considérons avec soin les fonctions particulières, 1° d'un *billet de*

---

[1] On a supprimé dans les sommes comprises dans ce tableau les 000 de la tranche des unités ; ainsi 93,555 doit se lire 93,555,000 liv. st., etc.

banque (*bank-note*), 2° d'un mandat (*cheque*) et 3° d'une *lettre de change* (*bill of exchange*), nous trouverons que le fonds contre lequel le *bank-note* et le mandat sont émis, se trouve sous une forme telle que le bank-note et le mandat peuvent être acquittés en monnaie légale au moment de leur présentation ; tandis que le fonds contre lequel la *lettre de change* est émise ne se trouve point sous une forme semblable, mais sous une forme qui n'admettra la liquidation de la lettre de change qu'après un certain laps de temps : deux, trois, quatre ou six mois, et peut-être au delà. La création du bank-note et du mandat est fondée sur une portion du capital flottant, qui se trouve dans un état *tout prêt*, si je puis ainsi parler ; tandis que la création de la *lettre de change* est basée sur une portion du capital flottant, qui se trouve dans un état *non encore prêt*, plus ou moins. En outre, cette portion du capital *prêt* ou disponible, sur laquelle reposent la création du bank-note et celle du mandat, consiste en provisions réelles de numéraire, et en dépôts ordinairement faits par les banquiers, c'est-à-dire en un capital que nous ne pouvons exprimer que par le terme de monnaie, et qui, par une fiction nécessaire, mais quelque peu embarrassante, est toujours supposé être réellement sous forme de monnaie. D'un autre côté, la portion du capital flottant qui sert de base aux lettres de change consiste le plus ordinairement en marchandises, qui se trouvent en cours de transit vers le consommateur, et en dehors de la vente desquelles la liquidation de la lettre de change doit s'accomplir.

Si nous suivons attentivement ces distinctions, je pense que nous n'hésiterons pas à adopter la classification suivante des diverses parties qui constituent le volume total des instruments négociables actuellement en usage parmi nous, savoir :

1 Le numéraire (*coin*).
2° Les bank-notes.
3° Les mandats (*cheques*).

4° Les lettres de change.
5° Les comptes-courants (*ledger accounts*).

Nous n'hésitons pas, non plus, à admettre l'exactitude d'une doctrine qui nous enseigne substantiellement, en fait : 1° que le numéraire est le petit change des bank-notes ; 2° que les bank-notes sont le petit change des mandats ; 3° que les mandats sont le petit change des lettres de change ; et 4° que les lettres de change sont le petit change des transactions du négociant, toutes lesquelles se trouvent consignées dans son grand-livre, et dont le règlement se trouve principalement accompli, en établissant en fait, *que les mandats sont les bank-notes tirés contre des dépôts, et que les lettres de change sont les mandats tirés contre des marchandises.*

Si ce raisonnement est exact, il est évident que lorsque nous parlons de l'*escompte* d'une lettre de change, nous entendons par là qu'une portion du capital flottant du pays, dans sa forme *prête* ou disponible, a été avancée, par exemple, à A, B, sur la garantie d'une autre portion du capital flottant du pays, dans sa forme *non prête* ou non disponible. Et il est clair que, dans la marche progressive de la richesse nationale, la forme *non prête* du capital précède la forme que j'ose appeler *prête* ; et que celle-ci est formée du surplus qui constitue à la fois le profit provenant de la portion *non prête*, et la portion d'accroissement provenant du capital *fixe* non consommé par les récipients de cet accroissement (*not consumed by the recipients of that increase*).

Il est également évident que l'étendue des avances qui peuvent être faites sur les lettres de change, en d'autres termes, que l'étendue que l'on peut donner à l'escompte des lettres de change, à une époque donnée, dépend de deux causes principales : 1° du montant total du capital *prêt* ou disponible qui existe, et 2° de l'étendue de la demande qu'on peut faire de ce capital disponible pour d'autres applications, telles que les emprunts des gouvernements et des propriétaires fonciers, la construction des chemins de fer et autres.

Si nous examinons le système de banque, et spécialement celui des banques provinciales, tel qu'il s'est développé dans la Grande-Bretagne pendant les soixante ou soixante-dix dernières années, nous serons amenés à diviser les fonctions des banquiers des provinces en deux classes bien distinctes : 1° nous trouverons, en premier lieu, que les banquiers doivent se tenir parfaitement au courant de ce qui existe en capital disponible dans le cercle de leurs opérations, et de ce qu'en exigent les besoins locaux, afin d'y pourvoir ; c'est-à-dire que, dans la majorité des cas, la partie la plus importante des affaires d'une banque de province consiste à satisfaire aux demandes d'avances et d'escomptes que leur adressent ceux qui doivent en faire usage dans leur voisinage immédiat, et nous pouvons appeler cette partie des affaires des banques provinciales la partie *interne* du système ; 2° nous trouverons, en second lieu, que l'autre partie, non moins importante, des affaires de ces banques consiste à faciliter la distribution du capital disponible dans tout le pays, en faisant passer ledit capital des districts où il est abondant, ou pour mieux dire, où il excède la demande locale, dans les districts où cette demande locale excède ce que la localité peut en fournir. J'appelle *externe* cette partie des fonctions d'un banquier de province.

Maintenant, il est arrivé que ce que je me permets d'appeler le département *interne* de ces banques, a plus fixé l'attention du public et de ceux qui ont écrit sur la circulation, et je crois qu'il est généralement mieux compris que le département *externe*. Et, néanmoins, je ne pourrais pas assurer que, comme auxiliaires du progrès de la richesse publique et de l'industrie, les fonctions *externes* d'un banquier ne soient pas plus importantes, dans notre système général de crédit, que ses fonctions *internes*.

Une banque de province, jouissant d'un grand crédit, et habilement administrée, peut être justement considérée comme le centre des mouvements du capital disponible dans tout le cercle qu'elle embrasse ; et l'on peut dire, avec une égale justice, que ce qu'une banque de province fait pour son voisinage immédiat, les agents de change et les banquiers de la Cité de Londres le font pour tous les établissements de banque du Royaume-Uni. Nul doute encore que l'établissement, fondé de bonne heure, à Londres, d'un foyer central, rendez-vous commun où viennent se régler et se compenser habilement tous les besoins opposés, n'ait considérablement contribué à activer et à maintenir en parfaite harmonie tout le système économique de banque du pays, et qu'il n'ait été aussi une des principales causes du rapide développement de notre commerce et de nos ressources pendant ce siècle [1].

Maintenant, pour le sujet qui nous occupe, il nous intéresse de savoir qu'une partie très-considérable, je puis même dire que la partie la plus considérable

---

[1] L'auteur fait sans doute allusion à l'établissement qui porte le nom de *Clearing house* (Bureau de dépouillement), dont on peut voir une description intéressante dans l'article intitulé *Londres* du *Dictionnaire du commerce et des marchandises*, édité par Guillaumin.

des opérations qui se rapportent aux fonctions *externes* des banquiers des provinces, s'accomplissent, au moyen de *lettres de change*, de la manière que je vais tâcher de décrire aussi brièvement et aussi clairement que possible.

Dans certaines parties du pays, et principalement dans les comtés agricoles, les dépôts, c'est-à-dire le capital disponible accumulé chez les banquiers par leurs commettants de la localité, excède de beaucoup la demande des avances et des escomptes d'un caractère sérieux, que peuvent leur adresser d'autres clients de la même localité. Donc, dans ces districts, il existe un *surplus* de capital disponible, qui excède les besoins de ces districts, et, si le banquier de province ne peut point trouver d'autre placement pour ce surplus, il est clair qu'il ne peut s'en charger avec profit, et, dans tous les cas, qu'il ne peut en payer aucun intérêt, faute d'emploi.

Dans certaines autres parties du pays, et particulièrement dans les comtés et les villes renommées pour leurs manufactures, leurs mines et leur commerce, les dépôts locaux de capital disponible chez les banquiers sont insuffisants pour satisfaire aux demandes locales en avances et en escomptes. En conséquence, l'inconvénient est ici tout l'opposé de celui que nous venons de signaler dans les districts agricoles.

Maintenant, par quels moyens les besoins réciproques de ces diverses localités sont-ils facilement, complètement et profitablement satisfaits?

Par un arrangement très-simple, mais parfait dans sa simplicité :

Il y a, à Londres, certains marchands d'argent en gros, appelés *agents* ou *courtiers de change* (bill-brokers), lesquels opèrent comme banquiers dépositaires de tous les banquiers des provinces et de la plupart des banquiers réguliers de Londres ; ils reçoivent aussi, en dépôt, les fonds flottants des compagnies d'assurances, et généralement ceux de toute personne ou réunion de personnes disposant de sommes plus ou moins considérables. Ces agents de change se trouvent aussi en rapports permanents avec les négociants dont ils escomptent les lettres, et aux demandes légitimes desquels ils se chargent de subvenir largement.

Observons maintenant comment ces agents de change conduisent leurs opérations :

B. est banquier à Lincoln, par exemple ; il a dans sa caisse un surplus de 50,000 liv. st. au delà de ce qu'en réclament les besoins de ses clients locaux ; il est aussi dans l'habitude constante d'avoir besoin de lettres de change à certaines usances et d'une certaine somme, pour les besoins de quelques-uns de ses clients qui emploient de préférence des lettres de ce genre dans leurs opérations de commerce. Il est vrai que B. peut avoir déjà dans son portefeuille beaucoup de ces lettres remplissant les conditions voulues de date et de somme, et qu'il peut les avoir reçues de ses clients locaux auxquels il en aurait avancé le montant sous une forme ou sous une autre. Ces lettres sont donc complètement sa propriété, et, légalement parlant, il n'y a pas de raison pour qu'il ne les remette pas immédiatement en circulation s'il en trouve l'occasion. Mais il y a, contre cette *réémission* immédiate, deux raisons de banque décisives : la première est que ce serait un signe que la banque est gênée, puisqu'elle ne peut attendre que ses lettres soient échues ; la seconde raison, c'est qu'un pareil procédé aurait pour conséquence d'éloigner ses clients, dont les transactions pourraient, par là, se trouver dévoilées à des concurrents poursuivant le même genre d'affaires. Donc, les lettres de change escomptées dans une *localité* ne doivent pas être remises en circulation dans la *même localité*. Dès lors voici par quel expédient on pare à la difficulté : les 50,000 liv. st. de surplus sont envoyées à l'agent de change de Londres, avec demande de faire retour à Lincoln, pour une somme équivalente, de lettres de change d'une certaine espèce, *plus l'escompte* au cours du jour, que l'agent de change doit sur la transaction ; car il ne faut pas perdre de vue que B. envoie 50,000 liv. st. en espèces, et qu'il reçoit en échanbe 50,000 liv. st. en lettres dont les échéances n'auront lieu qu'à plusieurs mois de là. En un mot, le banquier de Lincoln *escompte* pour 50,000 liv. st. de lettres de change à l'agent de change de Londres, qui a soin d'envoyer à Lincoln des lettres qui aient été créées dans des localités tout à fait différentes, dont même beaucoup sont venues de l'étranger, et qui toutes certainement sont d'une nature telle, que le commerçant de Lincoln n'a pu prévoir qu'elles passeraient par ses mains.

Maintenant il est bien facile de voir que cette transaction entre Lincoln et Londres remplit quatre objets : — 1° le banquier de Lincoln obtient le placement, au taux du jour, de ses 50,000 liv. st. de surplus. 2° Il obtient en échange de son argent une garantie authentique de banque, sous forme de bonnes lettres de change de sommes diverses, et devant échoir à des époques rapprochées et précises. 3° L'agent de change de Londres reçoit, de son côté, un supplément de 50,000 liv. st., équivalant à des espèces, avec lesquelles il peut escompter, à son tour, à des négociants, des lettres pour une somme pareille. 4° Enfin, la lettre de circulation est introduite à Lincoln d'une manière exactement correspondante à ses besoins, et entièrement exempte de l'inconvénient de dévoiler les transactions locales à des compétiteurs du même canton.

Si nous poursuivons cet exposé des circonstances qui viennent se rattacher à l'opération supposée, nous arriverons à bien saisir la plupart des faits qui se rapportent au sujet qui nous occupe.

Il y a trois manières principales d'effectuer le payement des lettres provenant du commerce intérieur. Premièrement, *un acheteur* en crédit se fait facilement ouvrir un compte courant, dans lequel il est débité de ce qu'il achète successivement, et crédité de ce qu'il paye aussi successivement. En second lieu, *un acheteur* peut s'acquiter par une remise de lettres de change acceptées et échéant à une époque convenue, le plus souvent à deux, trois et quatre mois de date ; et, finalement, *un acheteur* peut *accepter* des lettres *tirées sur lui* par le *vendeur*.

C'est *le premier* et *le deuxième* de ces modes de payement qui activent principalement la *circulation* des lettres de change, et c'est le *troisième* qui donne principalement lieu à leur *création*.

Pour revenir à la supposition des 50,000 liv., transformées en lettres de change par notre banquier de Lincoln :

Quelle que soit la portion de ces lettres, passées par ses mains, qu'il ait remises en circulation, nous admettons que c'est comme payements et remises pour affaires de commerce. Un commerçant ou un fermier de Lincoln a fourni, soit de la marchandise, soit du bétail, sur une *bonne lettre de change à trois mois*, et ce commerçant ou ce fermier achète cette lettre du banquier, en retenant la part d'escompte qui lui revient comme supplément de profit sur l'achat que cette lettre est censée payer. Et alors même que la lettre cesserait de circuler, après avoir servi à cette transaction, il est important d'avoir présent à l'esprit qu'elle a accompli sept transferts de valeur bien distincts.

En effet, par le premier de tous, elle a satisfait conditionnellement au droit du tireur sur l'accepteur ; 2° à celui du payeur sur le tireur ; 3° à celui de l'agent de change sur le payeur, en supposant que le payeur ait escompté la lettre ; 4° à celui du banquier de Lincoln sur l'agent de change ; 5° à celui du fermier ou du commerçant sur le banquier de Lincoln ; 6° à celui du négociant en marchandises ou en bestiaux sur sa pratique de Lincoln ; et 7° si nous supposons que la lettre a été finalement envoyée, pour payement, par le banquier du négociant au banquier correspondant du banquier de Londres, il se sera opéré un septième transfert.

Je crois que l'on peut considérer cet état des choses comme un tracé fidèle des transactions auxquelles donnent lieu habituellement une très-grande partie des lettres de change *créées* et *acceptées* dans ce pays, et plus particulièrement cette partie considérablement prépondérante qui passe par les mains des agents de change de Londres.

Le progrès du temps et les intérêts de nombreuses classes d'individus ont concouru à développer au plus haut degré l'esprit de combinaison et de raffinement dans toute l'économie de la lettre de circulation. Par exemple, il se fait une répartition très-habile, entre les différentes maisons, des diverses espèces d'affaires qui viennent à l'escompte. Un système très-efficace est celui qui consiste dans la manière de distribuer l'endossement des lettres, des négociants aux agents de change, et des agents de change aux banquiers, et *vice versâ*. L'objet de ce système est de tenir secrètes, le plus possible, les destinations auxquelles la lettre a pu être employée comme sécurité pour l'argent prêté ou emprunté. Ce serait donc une erreur de supposer que l'étendue de la circulation d'une lettre de change est toujours exactement indiquée par le nombre des endossements dont elle est revêtue. Il existe un système complet de correspondance entre les négociants et les banquiers des villes manufacturières et commerçantes où les lettres de change sont principalement créées, et le marché de numéraire à Londres ; et le plan, tout récent, de réescompter à Londres une partie des lettres déjà escomptées dans les localités, plan poursuivi par quelques banquiers de province, se pratique aujourd'hui avec beaucoup d'habileté et de circonspection par toutes les parties intéressées.

Les maisons de Londres qui font le commerce en gros des produits de Manchester et de Birmingham et des denrées coloniales, ont sans cesse en voie d'échéance une immense quantité de lettres de change qu'on appelle *petites*, parce qu'elles ne sont que de 20 à 150 liv. sterl. (de 500 à 3,750 fr.), et qui sont tirées sur les marchands et les boutiquiers des provinces. L'usance de ces lettres est généralement de quatre mois ; à certaines époques de l'année leur quantité en circulation est très-considérable. Les lettres, par exemple, qui sont tirées en mars, en payement des approvisionnements faits pour l'été, viennent à l'échéance en juillet ; celles tirées en juillet pour les fournitures d'automne, échoient en novembre, et celles tirées en novembre, pour les provisions de la Noël, échoient en février. Avec cette explication, il est aisé de comprendre pourquoi les quatrièmes jours de juillet, novembre et février, jours auxquels ces masses de lettres des provinces doivent être payées, sont les jours des plus grandes affaires dans la Cité de Londres. En règle générale, ce sont ces petites lettres de 20 à 150 liv. st. qui entrent le plus activement dans la circulation du pays par l'intermédiaire des banquiers des comtés comparativement non commerçants. Nous avons déjà vu combien il est convenable pour un banquier, tel que celui de Lincoln, par exemple, de recevoir, pour ses 50,000 liv. st. de surplus en numéraire, des lettres de change de cette espèce. C'est cette redistribution intelligente de la lettre de circulation du pays, qui constitue un des plus grands perfectionnements de notre système de banque et de crédit.

Toutefois, ce serait une erreur de conclure du perfectionnement même de ce mécanisme, qu'il ne date que d'un petit nombre d'années. Le traité de M. Thornton, publié en 1803, nous montre clairement que, même à cette époque, notre système économique de banque était parfaitement organisé ; et si nous examinons le témoignage de M. Thomas Richardson [1], l'un des principaux agents de change de ce temps-là, devant le Comité des lingots, en 1810, nous trouverons que même les derniers raffinements n'ont guère fait que consolider un système qui déjà, à cette époque, laissait fort peu à désirer.

Il fut demandé à M. Richardson : « Quelle est la nature des opérations des « agents de change à l'égard des banques provinciales ? » Il répondit : « Ces « opérations sont de deux sortes : elles ont d'abord pour but de procurer de « l'argent aux banquiers des provinces sur lettres de change, lorsqu'ils on t « besoin d'emprunter sur escompte ; ce qui arrive assez rarement. Ensuite, « elles ont pour objet de *prêter* l'argent des banquiers des provinces sur lettres « à escompte. Les sommes que je *prête* ainsi pour le compte des banquiers des « provinces, par voie d'escompte, sont *cinquante fois* plus considérables que « les sommes *empruntées* pour eux. » Cette déclaration s'applique tout aussi bien à notre époque qu'à celle de 1810. En substance, M. Richardson a voulu dire qu'il recevait des banquiers des provinces et autres des dépôts en espèces, en échange desquels il leur envoyait des lettres de change, et que, parfois, il réescomptait pour ces banquiers les lettres qu'ils avaient eux-mêmes escomptées aux clients de leurs localités, lorsque, pour un motif ou pour un autre, le banquier désirait transformer de nouveau ces lettres en espèces.

WILLIAM NEWMARCH.

Journal de la Société de statistique de Londres, mai 1851,
traduction de M. ATH. GROS.

(*La suite à un prochain numéro.*)

---

[1] Il fut le fondateur, ou tout au moins le précurseur de la maison Overend et compagnie, dont, à une certaine époque, sinon originairement, la raison sociale était : Richardson, Overend et compagnie.

COMMERCE EXTÉRIEUR DE LA FRANCE

AVEC

SES COLONIES ET LES PUISSANCES ÉTRANGÈRES EN 1850,

RÉSUMÉ ANALYTIQUE PAR L'ADMINISTRATION DES DOUANES.

———————

(Fin¹).

Exportation. — *Pays de destination.* — La valeur officielle des marchandises expédiées des ports de France à destination de la Grande-Bretagne a été de 295 millions, dont 226 appartiennent au commerce spécial.

Pour les Etats-Unis, elle s'est élevée à 273 millions au commerce général, et à 178 au commerce spécial.

Ces chiffres constituent une augmentation, savoir : 1° pour la première puissance, de 21 et 13 pour 100, par rapport aux résultats de l'année précédente, et de 57 et 53 pour 100 relativement à la moyenne de la période quinquennale; 2° quant à la deuxième, de 14 et 21 pour 100 et de 43 et 50 pour 100.

Nos exportations générales à destination de la Belgique ont atteint le chiffre de 117 millions, dont 16 seulement ne représentent pas des produits tirés du marché intérieur. C'est, au commerce général, un accroissement de 18 millions (19 pour 100) sur 1849, et de 42 millions (56 pour 100) sur la moyenne quinquennale. Au commerce spécial, l'augmentation est de 19 et 59 pour 100.

Le compte de l'Espagne s'élève à 106 et 71 millions : augmentation au commerce général, 17 pour 100 pour chacune des périodes comparées, et au commerce spécial 3 pour 100.

La Suisse a tiré de France pour une valeur officielle de 104 et 56 millions. Les chiffres correspondants inscrits au tableau n° 6 sont 109 et 53 millions pour 1849, et, en ce qui concerne la moyenne quinquennale, 103 et 49 millions.

Les produits que les Etats sardes nous ont demandés sont évalués à 82 millions (commerce général), 3 millions de plus que le chiffre soit de 1849, soit de la moyenne quinquennale, et à 58 millions au commerce spécial ; ce qui constitue un accroissement de 5 et 10 millions.

Nos expéditions à destination de l'Association commerciale allemande représentaient, en 1849, d'une part, 53 millions, et, de l'autre, 42. Les chiffres afférents à la période quinquennale sont 64 et 51 millions. Les évaluations applicables aux exportations effectuées en 1850, s'élevant à 55 et 47, il y a là augmentation de 2 et 5 millions (4 et 10 pour 100), et ici (moyenne quinquennale) dépression de 9 et 4 millions, soit 15 et 9 pour 100.

De 34 et 19 millions qui constituaient l'ensemble de nos exportations pour la Turquie en 1849, on est arrivé, en 1850, à 36 et 23 millions : accroisse-

———————————————

¹ Voir le numéro 129 du 15 décembre 1851, tome XXX, p. 381.

ment 5 et 23 pour 100. Relativement à la moyenne quinquennale, la différence dans le même sens est de 26 et 54 pour 100.

Le Brésil, qui, en laissant l'Algérie de côté, occupe le neuvième rang au
commerce général comme au commerce spécial, a reçu de nous pour 33 millions de produits de toute origine, dont 22 ont été extraits de notre marché
intérieur. C'est, relativement à 1849, 2 et 5 pour 100 d'augmentation, et 5 et
17 pour 100 de plus que pour la moyenne quinquennale.

La Toscane figure dans le mouvement d'exportation pour 28 et 17 millions.
Ces chiffres constituent, au point de vue tant du commerce général que du
commerce spécial, et relativement aux résultats constatés en 1849 comme en
ce qui concerne la moyenne quinquennale, une amélioration de 24 et 28 pour
100.

Les 74 centièmes de notre commerce général et les 71 centièmes de notre
commerce spécial à l'exportation se sont faits avec les dix puissances que l'on
vient de désigner.

Les comptes du Mexique, de la Russie, du Chili, de Rio-de-la-Plata n'ont
pas conservé l'importance qu'ils avaient atteinte en 1849. Cependant ces
comptes réunis forment encore 72 millions au commerce général et 58 au
commerce spécial, soit 5 centièmes environ de l'ensemble de chaque commerce ; de plus, les chiffres de 72 et 58 millions sont supérieurs à ceux correspondants de la moyenne quinquennale.

La valeur officielle des marchandises fournies à l'Algérie a été de 88 et 76
millions contre 90, et 79 en 1849, et 95 et 84 millions en moyenne pour les
cinq années antérieures à 1850.

Nos expéditions à destination des colonies de la Martinique, de la Réunion,
de la Guadeloupe, du Sénégal et de Cayenne, qui occupent au commerce général les quinzième, dix-huitième, vingtième, vingt-sixième et trente-neu-
vième rangs, représentent 63 millions, dont 58 sont afférents à des marchandises d'origine nationale ou nationalisées. Les deux termes de comparaison
sont, pour 1849, 61 et 56 millions, et, pour la moyenne quinquennale, 62 et
56 millions. L'amélioration ainsi obtenue appartient exclusivement à l'île de
la Réunion, à l'égard de laquelle le mouvement d'exportation s'est accru de
6 millions environ pour l'une et l'autre période (61 et 52 pour 100 au commerce général et 60 et 53 pour 100 au commerce spécial).

L'ensemble du mouvement d'exportation à destination de nos colonies et
possessions d'outre-mer, y compris l'Algérie et la Grande-Pêche, forme, au
commerce général, les 10 centièmes de la valeur totale de nos exportations, et
les 12 centièmes au commerce spécial. Il représentait 11 et 14 centièmes en
1849, et la proportion correspondante afférente à la moyenne quinquennale
était 13 et 16 centièmes.

Voici, pour chacune des dix puissances avec lesquelles les relations de la
France ont eu le plus d'importance à la sortie, en 1850, la part proportionnelle, tant en valeurs officielles qu'en valeurs actuelles, soit dans les 1,531 et
les 1,435 millions, expression intégrale du commerce général à la sortie, soit
dans les 1,124 et 1,068 millions, expression intégrale du commerce spécial.

	COMMERCE GÉNÉRAL.		COMMERCE SPÉCIAL.	
	VALEURS		VALEURS	
	officielles.	actuelles.	officielles.	actuelles.
Angleterre.....................	19, 3	21, 7	20, 0	22, 4
États-Unis.....................	17, 8	19, 9	15, 8	18, 1
Belgique.......................	7, 7	7, 9	9, 0	9, 3
Espagne.......................	6, 9	6, 0	6, 3	5, 6
Suisse.........................	6, 8	6, 5	5, 0	4, 7
États sardes...................	5, 4	5, 0	5, 2	4, 8
Association allemande..........	3, 6	3, 6	4, 2	4, 2
Turquie.......................	2, 3	2, 2	2, 0	2, 1
Brésil.........................	2, 1	1, 9	1, 9	1, 8
Toscane.......................	1, 8	1, 7	1, 5	1, 5

Le compte par doit et avoir de ces mêmes puissances, et celui de la Russie et des Deux-Siciles, s'établit de la manière suivante, en prenant le commerce spécial pour base de rapprochement.

	VALEURS OFFICIELLES		VALEURS ACTUELLES.	
	DOIT.	AVOIR.	DOIT.	AVOIR.
	Millions.	Millions.	Millions.	Millions.
Angleterre.....................	226	70	239	73
États-Unis....................	178	123	194	122
Belgique......................	101	105	100	118
Espagne.......................	71	35	60	30
Suisse.........................	56	24	50	24
États sardes...................	58	74	52	73
Association allemande..........	47	33	45	36
Turquie.......................	22	44	23	40
Brésil.........................	22	12	19	11
Toscane.......................	17	10	16	10
Russie........................	18	25	18	20
Deux-Siciles..................	14	15	13	17

Il ressort de ce tableau que notre marché intérieur a fourni à l'Angleterre, aux États-Unis, à l'Espagne, à la Suisse, à l'Association commerciale allemande, au Brésil et à la Toscane une somme de marchandises d'une valeur sensiblement supérieure à la valeur des marchandises de ces provenances qu'il a reçues : que les comptes d'entrée et de sortie pour les Deux-Siciles so balancent à une faible différence près, au désavantage de la France, et qu'à l'égard de la Belgique (pour celle-ci, quant aux valeurs actuelles seulement), des États sardes et de la Turquie, les importations l'emportent dans une proportion notable sur les exportations.

Importations. — *Nature de produits.* — Sur la somme de 1,174 millions (valeur officielle) qui forme le commerce général à l'entrée, la part des matières premières nécessaires à l'industrie a été de 722 millions, dont 602 afférents à des articles qui ont été mis à la disposition du travail national. C'est une augmentation de 1 et de 6 millions sur l'année 1849, qui déjà se produisait, comparativement à l'exercice précédent, avec un avantage de 50 et 59 pour 100.

La valeur des objets naturels de consommation, qui était, en 1849, de 182 millions au commerce général, et de 151 millions au commerce spécial, a été, en 1850, de 189 et 137 millions ; d'où une augmentation de 7 millions (4 pour 100) au commerce général et une diminution de 14 millions (9 pour 100) au commerce spécial.

Il a été constaté sur les produits manufacturés un accroissement de 23 et 9 millions (10 et 28 pour 100).

En rapprochant, par nature de produits, les résultats de l'exercice 1850, de ceux obtenus soit en 1849, soit pour la moyenne quinquennale, on remarque les différences ci-après en ce qui concerne le commerce spécial, savoir :

Quant aux matières premières, sur les soies, une augmentation de 26 millions par rapport à la moyenne quinquennale seulement ; sur les laines, celle de 7 millions comparativement à 1849, et de 13 comparativement à la période quinquennale ; sur la houille crue, celle de 5 et 6 millions ; celle de 5 et 6 millions aussi sur les poils propres à la filature et à la chapellerie ; celle de 6 et 1 millions sur les bois communs ; celle de 2 et 3 millions sur les peaux brutes. Une différence de 6 millions, dans le même sens, existe également, mais par comparaison avec la période quinquennale seulement, à l'égard du lin. Par contre, il est constaté des diminutions de 18 et 11 millions sur les tabacs en feuilles, de 4 et 1 millions sur l'indigo, de 3 et 1 millions sur l'huile d'olive. Nos manufactures ont employé en 1850 6 millions de cotons en laine de plus que durant la période quinquennale ; mais elles en ont absorbé 9 millions de moins qu'en 1849. Enfin, les fils de lin et de chanvre, et la fonte brute, de 11 millions et demi et de 9 millions de valeur qu'ils représentent pour la moyenne des cinq ans, sont descendus à 4 et à 5 millions, tout en dépassant cependant d'un million les résultats de 1849.

Dans la classe des objets naturels de consommation, l'attention se fixe tout d'abord sur les sucres coloniaux et les sucres étrangers, dont les quantités importées pour le marché intérieur représentent une valeur officielle, supérieure de 3 et 5 millions pour ceux-ci, inférieure de 9 et 14 millions pour ceux-là. En 1850, comme en 1849, il n'a été demandé à l'étranger, pour le marché intérieur, que des parties complétement insignifiantes de céréales, alors que la valeur des quantités afférentes à la moyenne quinquennale est de 71 millions de francs.

Parmi les articles manufacturés, les tissus de lin ou de chanvre figurent pour 2 millions de plus qu'en 1849 ; l'horlogerie pour 1 million, ainsi que les machines et mécaniques.

Au point de vue des évaluations actuelles, il existe, par rapport aux constatations relatives à l'année 1849 :

1° Sur les matières nécessaires à l'industrie, une augmentation de 62 et 64 millions, qui s'applique, relativement au commerce spécial, notamment pour 21 millions aux cotons en laine, pour 11 millions aux soies, pour 7 aux laines (valeurs déclarées par le commerce et contrôlées par les douanes), pour 7 aux bois communs, pour 8 aux houilles, pour 4 aux peaux brutes, pour 2 aux sucres étrangers ;

2° Sur les produits naturels de consommation, une augmentation au commerce général de 4 millions provenant exclusivement de l'élévation du taux d'évaluation du poisson de mer; et au commerce spécial, une diminution de 9 millions qui affecte pour 7 millions les sucres coloniaux, et pour 2 millions les graines oléagineuses;

3° Sur les produits manufacturés, une augmentation de 33 et 12 millions. La différence de 12 millions se répartit pour 5 millions sur les tissus de lin et de chanvre, les tissus de soie, l'horlogerie, les machines et mécaniques; quant au surplus, sur la généralité des marchandises manufacturées dont la France s'approvisionne habituellement à l'étranger.

Exportations. — Nature des produits. — La valeur officielle des produits naturels exportés s'est élevée, au commerce général, à 484 millions contre 455 en 1849, et 383, chiffre moyen de la période quinquennale : différence à l'avantage de 1850, 7 et 27 pour 100. Cet avantage a profité exclusivement aux marchandises françaises, qui figurent dans la somme de 484 millions pour 325, et à l'égard desquelles l'accroissement constaté équivaut à 9 ou 45 pour 100, selon qu'on adopte pour point de comparaison l'année 1849 ou la moyenne quinquennale. L'augmentation, au seul point de vue du commerce spécial, et par rapport à l'année précédente, est, en valeurs actuelles, de 30 millions (322 contre 292 millions), soit 10 pour 100. Dans les différences signalées au commerce spécial, les vins sont compris, comparativement à 1849, pour 3 millions en valeurs officielles et pour 8 millions en valeurs actuelles; les céréales, pour 18 millions sous l'un comme sous l'autre taux d'estimation; les œufs de volaille, pour 2 millions également en valeurs officielles et actuelles. Les quantités d'eaux-de-vie de vin, et d'esprit-de-vin dit *trois-six*, représentent ensemble 23 millions en valeurs officielles, et 38 millions d'après les taux actuels. C'est une diminution, sur 1849, de 19 pour 100 en valeurs officielles, et de 12 pour 100 en valeurs actuelles; mais il reste une augmentation de 32 pour 100 relativement à la moyenne de la période quinquennale.

Au lieu de 970 millions qui formaient, en 1849, la valeur au taux officiel des produits fabriqués de toute origine exportés, on compte, en 1850, 1,047 millions. L'augmentation est de 77 millions (8 pour 100). Il en existe une de 22 pour 100 par rapport à la moyenne de la période quinquennale.

Sur les 1,047 millions précités, 799 appartiennent au commerce spécial. Le chiffre afférent ici à l'année antérieure étant 735 millions, et celui de la moyenne quinquennale 667, il en résulte une augmentation de 64 millions (9 pour 100), et de 132 millions (20 pour 100). Les produits qui ont pris la plus large part à cet avantage sont : 1° les tissus de soie et de fleuret, pour 28 et 54 millions, la tabletterie, la bimbeloterie, etc., pour 7 et 13 millions; les verres et cristaux, pour 6 et 9 millions; le papier et ses applications, pour 4 millions; le sucre raffiné, pour 6 et 5 millions; les ouvrages en métaux, pour 3 millions; la parfumerie, pour 2 et 3 millions; les huiles volatiles, pour 3 et 4 millions; les couleurs et les extraits de bois de teinture ensemble, pour 7 et 8 millions.

Dans la comparaison, au point de vue des valeurs actuelles, entre les résultats constatés en 1850 et ceux de 1849, il se remarque un accroissement de 54 millions sur les tissus de soie, de 10 millions sur la tabletterie, la mercerie, etc., de 3 millions sur les verres et cristaux, de 4 millions sur le sucre raffiné, de 7 millions sur les ouvrages en métaux, et de 2 millions soit sur les parfumeries, soit sur l'ensemble des couleurs et des extraits de bois de teinture.

Primes. — Le montant des primes d'exportation ou drawbacks payées par le Trésor public, en 1850, s'élève à 25,458,572 fr. Il avait été payé au même titre, en 1849, 19,343,366 fr. [1]; différence en plus, 6,115,206 fr., qui s'appliquent exclusivement aux sucres raffinés provenant de sucres bruts étrangers. La moyenne quinquennale est de 18,692,988 fr.

Sous le rapport du poids, les quantités de sucre raffiné exporté offrent un accroissement de 58 pour 100 comparativement à 1849, et de 75 relativement à la moyenne quinquennale. Sur les savons, il existe une différence analogue de 18 et 29 pour 100. Celle de 2 et 21 pour 100 se remarque quant aux tissus de laine, et celle de 24 et 61 sur les fils de laine. Par contre, une diminution de 9 et 5 pour 100 est constatée à l'égard des tissus de coton, et le plomb laminé, ainsi que le soufre épuré, sont pareillement frappés de dépression dans la proportion, le premier article de 36 et 4 pour 100, le second dans celle de 23 et 44 pour 100.

La totalité des produits exportés sous bénéfice de primes est évaluée en valeurs officielles à.. 268,322,392 fr. et en valeurs actuelles à................................... 185,929,480

La valeur des expéditions analogues effectuées en 1849 a été de 278,012,000 francs (valeurs officielles), et 183,748,000 fr. (valeurs actuelles), défalcation faite des évaluations afférentes aux fils et tissus exceptionnellement admis à la prime de 4 1/2 pour 100, et dont le passage définitif à l'étranger n'a été constaté que postérieurement au 31 décembre 1848, bien que les autres formalités de douanes eussent été accomplies antérieurement. Ces chiffres mettent en lumière une différence en moins, sur l'année 1849, de 10 millions environ (3 1/2 pour 100) relativement aux évaluations d'après les taux fixés en 1826; en prenant pour base les prix actuels, il existe, au contraire, une augmentation de 2,182,000 fr. (plus de 1 pour 100) de 1850 sur 1849.

La valeur spéciale des fils et tissus de laine, qui reçoivent, comme on sait, une prime basée soit exclusivement sur la valeur, soit sur la valeur combinée avec le poids, donne lieu aux rapprochements suivants :

	Valeurs officielles.	Valeurs actuelles.
1850.........	124,355,000	111,290,000
1849.........	127,835,000	111,428,000
En moins en 1850.............	3,480,000	138,000

Pêche de la morue et de la baleine. — Les navires armés pour la pêche de la morue ont rapporté 376,132 quintaux métriques de morues vertes et sèches, d'huiles, de draches, de rogues et d'issues. C'est une diminution de 3 pour 100 soit par rapport à 1849, soit en ce qui concerne la moyenne quinquennale. Cette réduction affecte spécialement les importations de morues sèches, en ce sens qu'en ce qui les concerne elle atteint à la proportion de près d'un centième des importations totales des produits de l'espèce.

Les exportations de morues, sous bénéfice de primes, sont tombées à 62,070 quintaux, de 88,251 quintaux qu'elles atteignirent en 1849, et de 75,576 quintaux auxquels ressort la moyenne quinquennale. Cette dépression répond à 30 et 18 pour 100. Elle porte principalement sur les expéditions à destination

---

[1] Non compris 596,202 fr. d'accroissement de primes ou de primes exceptionnellement accordées par application du décret du 11 juin 1848.

de nos colonies des Antilles, lesquelles ont fléchi, savoir : pour la Guadeloupe, de 50 et 48 pour 100, et pour la Martinique, de 19 et 5 pour 100. Les envois pour l'Italie y ont aussi pris une part notable, puisque, au lieu de 26 centièmes en 1849, et de 29 centièmes pendant la période quinquennale, ils ne forment plus que 23 centièmes.

Entrepôts. — Il est entré dans nos entrepôts, en 1850, 8,239,151 quintaux métriques de marchandises diverses, valant ensemble, aux taux fixés en 1826, 618 millions de francs. C'est une diminution de 24,757 quintaux, et de 23 millions comparativement à 1849. Ces différences portent notamment, quant au poids, sur les houilles, sur les sucres coloniaux, sur le cacao, le café et le poivre et sur les tabacs en feuilles. Au point de vue de la valeur, la dépression atteint particulièrement les cotons en laine (28 millions), les soies (15 millions), les sucres coloniaux (13 millions), le café, le cacao et le poivre (7 millions), et enfin le tabac en feuilles (11 millions). Mais ces résultats ne sont qu'apparents, soit dans l'ensemble, soit en ce qui concerne un certain nombre d'articles. Ce qui va être expliqué en peu de mots.

Jusqu'à ces derniers temps, les comptes d'entrepôt ont présenté au *brut* le poids de toutes les marchandises, sans aucune exception, c'est-à-dire, même à l'égard des produits tarifés au *net* à l'entrée. C'est aussi à ce poids brut qu'ont été appliqués les taux d'évaluation servant à l'appréciation en argent des divers mouvements de notre commerce extérieur. Comme cette base avait l'inconvénient d'exagérer sensiblement l'importance des mouvements de nos entrepôts, l'administration a pris le parti de faire relever au *net* les comptes d'entrepôt de toutes les marchandises dont la tarification à l'entrée est établie sur le poids net. La réduction de poids qui en est résultée est, au total, d'environ 130,000 quintaux métriques, produisant en valeurs officielles 30 millions. Donc, si aux 8,239,115 quintaux métriques indiqués ci-dessus comme constituant le poids des marchandises entrées en entrepôt en 1850, on ajoute 130,000 quintaux, on aura pour total 8,369,115 quintaux, ce qui fait ressortir, par rapport à 1849, un accroissement de 105,207 quintaux, au lieu d'une décroissance de 24,757 quintaux. De même, relativement aux valeurs : au moyen de l'addition de 30 millions aux 618 millions mentionnés ci-dessus, on arrive à substituer à une diminution de 23 millions une augmentation de 7 millions. Dans ce système, la dépression, comparativement à la période quinquennale, est ramenée à 2,441,668 quintaux et 17 millions.

Les marchandises à l'égard desquelles la défalcation de la tare a exercé le plus d'influence sur les comptes d'entrepôt sont : les soies (593 quintaux et 3 millions et demi), les cotons (56,042 quintaux et 6 millions et demi), et les sucres coloniaux (40,972 quintaux et 2 millions et demi).

La même influence ayant atteint les évaluations d'après les taux actuels, il faudrait, pour mettre en présence des résultats constatés en 1849 des éléments entièrement homogènes de comparaison, grossir de 20 millions environ le chiffre de 565 millions, expression de la valeur actuelle des marchandises entrées en entrepôt en 1850. Ces deux chiffres réunis constitueraient un avantage de 31 millions de 1850 sur 1849.

L'entrepôt de Marseille occupe le premier rang d'importance, sous le double rapport du poids et de la valeur des marchandises. L'entrepôt du Havre n'a que le second rang, à l'un et à l'autre point de vue, alors qu'en 1849 il primait celui de Marseille, quant à la valeur. A l'entrepôt de Bordeaux appartient la troisième place, pour le poids, et la quatrième pour la valeur. Nantes, Paris et Dunkerque viennent ensuite pour le poids, et Paris, Nantes et Dunkerque pour la valeur. Lyon, placé en troisième ligne, sous ce dernier rapport, est primé par onze autres entrepôts pour l'importance du poids.

Le Havre et Marseille ont absorbé, en 1850, 69 centièmes de la valeur totale des marchandises entrées en entrepôt (ensemble 423 millions) : c'est la même proportion qu'en 1849. Lyon vient ensuite avec 9 centièmes, au lieu de 12, en 1849. Bordeaux s'élève de 7 centièmes à 8. L'activité relative des autres entrepôts n'a pas éprouvé de variations de quelque importance.

Transit. — L'expédition des produits étrangers par emprunt du territoire français a porté sur un poids de 319,724 quintaux métriques, contre 388,594 quintaux en 1849 [1] : c'est une diminution de 18 pour 100. Le même mouvement apprécié en argent, d'après les taux de 1826, représente 258 millions; il n'était que de 254 millions en 1849. Différence en plus, 1 pour 100. En prenant les valeurs actuelles pour base de rapprochement, on trouve que les résultats obtenus en 1850 l'emportent de 7 pour 100 sur ceux de 1849 (235 millions contre 220).

Le transit des tissus de soie s'est élevé de 67 millions (valeurs officielles), et de 73 millions (valeurs actuelles), à 74 et 90 millions; celui des tissus de coton est tombé de 51 et 25 millions à 50 et 21 millions, et celui des soies, de 32 millions, sous les deux taux d'évaluation, à 22 et à 25 millions. La valeur des tissus de laine a augmenté de 4 et 2 millions, et celle des cotons en laine, de 3 millions, mais seulement au taux d'évaluation *actuelle*.

Par la comparaison des poids, on voit que la dépression mentionnée ci-dessus, sous ce rapport, se répartit entre la fonte, le fer et l'acier pour 15,000 quintaux, le café pour 26,000, et le sucre raffiné pour 37,000 quintaux.

Au point de vue des valeurs, la Suisse s'est maintenue au premier rang parmi les pays d'extraction des marchandises qui ont transité par la France : son contingent est de 99 millions (valeurs officielles), et 97 millions (valeurs actuelles). Les chiffres correspondants de 1849 sont : 100 et 93 millions.

La Belgique et l'Angleterre occupent également, comme en 1849, le deuxième et le troisième rang; celle-là avec 61 et 50 millions contre 42 et 35 millions, et celle-ci avec 35 et 29 millions contre 36 et 28 millions.

L'ordre de classement par importance, comme pays de destination, assigne la première place aux Etats-Unis, la seconde à la Suisse et la troisième à l'Angleterre. Il en était déjà de même en 1849. Cette importance s'exprime par 80 milions (valeurs officielles) et 79 millions (valeurs actuelles) pour les Etats-Unis. L'expression du mouvement, dans le même sens, est de 48 et 43 millions pour la Suisse, et 47 et 51 millions en ce qui concerne l'Angleterre. Les marchandises dirigées sur ces trois pays, en 1849, avaient été évaluées, pour le premier, à 72 et 69 millions, pour le deuxième à 57 et 46 millions, et pour

---

[1] On n'a pas fait concourir à la composition des deux chiffres qui suivent les marchandises qui ont fait l'objet d'un transit local sur la frontière belge (de Belgique en Belgique), qui sont, savoir :

	1849.	1850.
Ardoises...............	5,277 quint. mét.	22,220 quint. mét.
Houille...............	97,780	111,630
Ecorces à tan.........	6,772	5,544
Fonte et fer..........	1,055	264

le troisième à 35 et 36 millions. Ces trois puissances, réunies à la Belgique, qui vient en cinquième ligne comme point de destination, absorbent, savoir : comme pays de provenance, 80 centièmes, et comme pays de destination, 73 centièmes de l'ensemble du mouvement de transit, évalué en argent.

Voici quelle a été, quant au poids, tant en 1850 qu'en 1849, l'importance comparée, par pays de provenance d'abord, et ensuite par pays de destination, des opérations de transit pour les quatre puissances précitées :

Pays de provenance.

	1850. Quint. métr.	1849. Quint. métr.
Suisse..................	25,836	27,229
Belgique..............	28,852	17,701
Angleterre.............	39.428	37,409
Etats-Unis.............	51,653	57,714

Pays de destination.

	1850. Quint. métr.	1849. Quint. métr.
Etats-Unis.............	20,255	16,611
Suisse.................	206,319	266,760
Angleterre.............	19,151	8,392
Belgique..............	11,941	7,436

Les principaux produits expédiés ou reçus par ces puissances, avec transit sur le territoire français, sont, savoir :

Suisse. — *Expédition.* — Tissus de coton et de soie, soies, horlogerie, orfévrerie et bijouterie, peaux préparées.

Réception. — Coton, café, sucre, fer et fonte, huile, laine, tabacs en feuilles et fabriqués, tissus de lin et de chanvre, tissus de coton, tissus de laine, indigo.

Belgique. — *Expédition.* — Tissus de lin et de chanvre, tissus de coton, de laine, de soie, huiles de graines grasses, poils de lièvre et de lapin, aiguilles à coudre, armes, etc.

Réception. — Soies, tissus de toute sorte, horlogerie, etc., laine et coton, indigo, liége ouvré, etc.

Angleterre. — *Expédition.* — Soies, laines, cotons, tissus de toutes sortes, fers, tôle et fer-blanc, fils de coton, etc.

Réception. — Soies et tissus de soie, de coton, de laine, horlogerie, orfévrerie et bijouterie, peaux préparées, corail taillé, etc.

Etats-Unis. — *Expédition.* — Cotons en laine, bois de teinture, quercitron, suif et saindoux, tabac en feuilles, vanille, etc.

Réception. — Tissus de toute sorte, horlogerie, bijouterie, orfévrerie, aiguilles à coudre, poils de lièvre et de lapin, mercerie, armes, coutellerie.

Perception. Les droits de toute nature perçus par l'administration des douanes s'élèvent à la somme totale de 154,027,420 fr., savoir :

Droits d'entrée...........................	124,696,461 fr.
Droits de sortie..........................	2,865,593
Droits de navigation......................	2,706,232
Droits et produits accessoires............	2,939,325
Taxe de consommation sur les sels.........	20,817,809

Comparées, dans leur ensemble, à celles de l'année précédente, ces perceptions offrent une diminution de 8,804,049 fr., qui porte sur les droits d'entrée
t sur la taxe de consommation des sels, une amélioration ayant été obtenue
sur les autres branches de revenu. La différence sur les sels s'élève à près de
6 millions et demi, et elle dépasse 3 millions sur les droits d'entrée. Celle-ci
s'explique par le ralentissement des recouvrements sur les sucres coloniaux
et sur les cafés.

Voici le chiffre des perceptions opérées par les principales douanes, et la
proportion qu'elles représentent, pour chacune, dans le chiffre total, en ce
qui concerne les années 1849 et 1850.

	1849.		1850.	
Marseille.	31,012,000	ou 19 p. 100	32,530,000	ou 21 p. 100
Le Havre.	29,485,000	18	26,111,000	17
Paris.	14,745,000	8 1/2	12,109,000	8
Bordeaux.	14,114,000	8 1/2	12,047,000	8
Nantes.	12,670,000	8	11,498,000	7 1/2
Dunkerque.	5,963,000	4	5,929,000	4
Rouen.	4,125,000	3	5,563,000	3 1/2
Autres douanes.	50,717,000	31	48,240,000	31

On voit, par ces rapprochements, que l'atténuation de 9 millions environ,
constatée ci-dessus, se répartit entre les douanes du Havre, de Paris, de Bordeaux et de Nantes, dans la proportion de 3, 2 1/2, 2 et 1 millions, et que les
recouvrements de taxes opérés par les douanes de Marseille et de Rouen se
sont améliorés de 1 million et demi environ pour chacune.

Navigation. — Le mouvement maritime de la France, tant avec ses colonies qu'avec l'étranger, à la voile et à la vapeur, a occasionné 31,926 voyages,
entrées et sorties réunies : c'est 10 pour 100 de plus qu'en 1849, et 5 pour 100
de plus que pendant la moyenne quinquennale.

La jauge des navires employés s'est élevée à 3,735,000 tonneaux, ce qui
constitue une augmentation de 13 pour 100 sur 1849, et une de 2 pour 100
par rapport à la moyenne quinquennale.

Sur les 31,926 voyages dont il vient d'être question, 15,034 ont été faits par
des bâtiments que couvrait le pavillon national, et dont la jauge, d'après le
nombre de voyages, représentait 1,625,000 tonneaux. En 1849, on n'a compté
que 14,364 navires et 1,596,000 tonneaux : augmentation, 5 et 2 pour 100. La
part du pavillon étranger s'est accrue dans une plus forte proportion : celle-ci
est de 14 et 23 pour 100.

Si, de ces rapprochements généraux, on descend aux comparaisons de détail, on remarque, en ce qui concerne les relations entre la métropole et ses
colonies, une diminution de 10 pour 100 quant au nombre de navires, et de
14 pour 100 relativement au tonnage, par comparaison avec 1849. La moyenne
quinquennale fait ressortir une différence dans le même sens de 26 et 29
pour 100.

Dans la navigation de concurrence, notre pavillon a augmenté ses voyages
dans la proportion de 3 et 15 pour 100 avec les pays d'Europe, et de 20 et 38
pour 100 avec les pays hors d'Europe.

Les mouvements de la navigation réservée entrent pour 10 centièmes dans
le nombre des voyages effectués, en 1850, sous tous pavillons : c'est 1 centième de moins que pendant chacune des périodes comparées. A notre pavillon reviennent, dans la navigation internationale, 37 centièmes, 2 cen-

tièmes de moins qu'en 1849, et 4 centièmes de plus que pendant la moyenne quinquennale. Au point de vue du tonnage, la part du pavillon français, dans cette dernière navigation, n'est plus que de 32 centièmes, au lieu de 35 en 1849, et 28 centièmes dans la période quinquennale.

La part du pavillon français dans la navigation réservée et la navigation de concurrence, considérées dans leur ensemble, est de 47 centièmes du montant total des voyages constatés en 1850, et de 44 centièmes du tonnage des navires. Il ressort de là, par rapport à 1849, une diminution de 2 centièmes pour les voyages, et de 4 centièmes quant au tonnage. La moyenne quinquennale ne donne, toutefois, que 44 et 42 centièmes.

En envisageant isolément la navigation à voiles et la navigation à vapeur, on remarque, relativement à la première, que la part afférente au pavillon français sur le nombre de voyages s'élève, savoir : dans la navigation réservée, à 12 centièmes, au lieu de 10 centièmes qui lui appartiennent dans les deux modes de navigation réunis; dans la navigation de concurrence, cette part monte de 37 centièmes à 40 ; et, dans l'ensemble, de 47 centièmes à 52. De même, le tonnage atteint les proportions de 14, 34 et 48 centièmes, au lieu de 12, 32 et 44 centièmes.

La navigation à vapeur seule compte, pour les navires chargés, 1,750 voyages sous pavillon français, et 4,838 sous pavillon étranger : ce sont 27 centièmes contre 73. La moyenne de la période quinquennale est 30 centièmes contre 70, et la proportion afférente à 1849 était 32 centièmes contre 68. Le pavillon national a dès lors perdu, en 1850, 3 centièmes de plus, par rapport à la moyenne quinquennale, et 5 centièmes relativement aux résultats constatés pour l'année 1849.

Sauf en ce qui concerne la Belgique, le Hanovre et le Danemarck, la part du pavillon français, comparée à celle du pavillon étranger, a été, en 1850, moindre qu'en 1849, dans nos relations maritimes avec les différentes puissances européennes. Avec l'Angleterre, notamment, nous n'avons couvert de notre pavillon que 29 centièmes du tonnage des navires employés, contre 35 centièmes en 1849; avec l'Espagne, 35 centièmes au lieu de 38 ; avec la Toscane, les Etats romains et les Deux-Siciles réunis, 38 centièmes seulement au lieu de 50 ; enfin avec la Turquie, 76 contre 78 centièmes.

En ce qui concerne les autres parties du monde, les Etats-Unis d'Amérique, le Brésil, les possessions espagnoles d'Amérique, les Etats barbaresques et l'Egypte sont les pays avec lesquels nos relations maritimes ont offert le plus d'importance, au double point de vue du tonnage employé et de la concurrence. En rapprochant les chiffres de 1850 de ceux correspondants de 1849, on trouve, savoir : pour la première puissance (Océan Atlantique et Océan Pacifique réunis), 10 centièmes contre 13 ; pour la deuxième, 84 contre 89. Relativement aux possessions espagnoles d'Amérique, le tonnage de nos navires absorbe 75 centièmes au lieu de 65, et, avec les Etats barbaresques, 93 centièmes au lieu de 89. Enfin, dans le compte avec l'Egypte, notre part de tonnage, qui représentait 92 pour 100 en 1849, est descendue à 90 pour 100.

Voici, rangées par ordre d'importance, les douze puissances avec lesquelles nos mouvements maritimes ont eu le plus d'activité en 1850, et la part proportionnelle afférente, avec chacune d'elle, au pavillon français :

Angleterre.........................	29 centièmes.
Etats-Unis..... ·......................·........	10
Turquie....................................	76
Norwège..................................	1
Deux-Siciles.............................	29
Etats sardes.............................	59
Espagne..................................	35
Russie (deux mers)........................·	28
Suède...................	5
Toscane..................................	48
Pays—Bas.................................	44
Antilles espagnoles.......................	75

' ' On a vu plus haut, en ce qui regarde la plupart de ces pays, que, sauf pour les Etats sardes et les Antilles espagnoles, le pavillon français avait soutenu, en 1849, moins défavorablement la lutte avec le pavillon étranger.

COMMERCE EXTÉRIEUR DE LA FRANCE PENDANT L'ANNÉE 1851.

Nous achevons ci-dessus de publier le résumé des résultats généraux du commerce extérieur de la France pendant l'année 1850, dont le tableau général a été récemment distribué par l'administration de la douane. Ce document, pour 1851, ne sera publié que dans plusieurs mois d'ici ; mais, en attendant, la douane a fait connaître le tableau sommaire des principales marchandises importées et exportées en 1851, comparativement à 1850 et 1849, ainsi que le relevé du mouvement de la navigation de la France avec l'étranger.

Comme dans ces tableaux, les principales marchandises sont indiquées par les quantités arrivées et les quantités acquittées, la totalisation et les rapprochements ne peuvent être faits que d'après le montant des droits produits au Trésor.

Le total des droits perçus en 1851 ne s'est élevé qu'à 117,121,485 fr.

Soit à.............................	117,1

Il s'était élevé

En 1850 à.....................................	124,7
1849..·	127,8
1848 (révolution)............................	89,9
1847 (disette et crise).......................	136,5
1846..	153,9
1845...................................... ...	151,9

A en juger par ces chiffres, l'activité commerciale et industrielle de la France a été moindre en 1851 qu'en 1850 et 1849 ; et les résultats des trois années qui ont suivi celle de la Révolution sont encore éloignés de ceux des trois années qui l'ont précédée. Après les événements de 1848, lorsque le calme fut rétabli, une grande activité se fit remarquer dans toutes les branches du travail, et elle explique les augmentations de recettes de 1849 et de 1850 ; mais cette activité a sensiblement diminué depuis. C'est ce qu'on lit dans les chiffres suivants, indiquant les droits perçus sur diverses matières premières et de consommation alimentaire.

Droits perçus.

	1851.	1850.	1849.
Bois d'acajou...................	296,000	371,000	254,000
Cochenille.....................	145,000	147,000	169,000
Coton.........................	12,759,000	12,810,000	13,979,000
Cuivre........................	125,000	131,000	131,000
Fils de lin et de chanvre......	644,000	744,000	630,000
Huile d'olive.................	5,976,000	7,510,000	7,524,000
Indigo........................	477,000	548,000	548,000
Laines........................	7,190000	10,162,000	8,961,000
Plomb.........................	984,000	992,000	832,000
Fonte.........................	1,865,000	1,855,000	1,512,000
Houille.......................	5,469,000	5,612,000	4,881,000
Graine de lin.................	149,000	382,000	862,000
Sel de soude..................	149,600	53,000	43,000
Sucres des colonies...........	20,169,000	23,862,000	30,753,000
Sucres étrangers..............	16,059,000	17,853,000	14,119,000
Cafés.........................	17,400,000	13,930,000	16,960,000
Cacao.........................	1,259,000	1,184,000	1,197,000

Les droits sur la fonte et la houille ont sensiblement augmenté en 1850 ; mais la progression s'est arrêtée en 1851.

Les droits perçus en décembre sont un peu au-dessous de ceux perçus l'année dernière, et plus inférieurs à ceux de 1849, malgré l'impulsion donnée aux achats après les événements du 2. Le fisc n'a touché que 9,692,000 en 1851 ; il avait touché 9,791,000 en 1850, et 10,299,000 en 1849.

Plusieurs exportations ont continué à avoir, cette année, un mouvement de hausse assez marqué. On remarque notamment ce mouvement pour les vins, les eaux-de-vie et les alcools ; les céréales, les garances, les produits de la librairie, les machines, les porcelaines, les savons, les tissus de coton écrus, teints ou imprimés, les tissus de lin et de chanvre. Il y a eu *statu quo* pour les articles de l'industrie parisienne, pour les tissus de soie, les verres et les cristaux. Il n'est pas tout à fait aussi facile de comparer les résultats généraux des exportations (qui ne payent que des droits insignifiants, et qui ne sont d'ailleurs pas totalisés dans le document de la douane) que ceux des importations. Voici néanmoins quelques indications capables de faire apprécier la marche de cette grande division du commerce national.

	1851.	1850.	1849.
Machines et mécaniques, francs........	4,89	4,35	3,50
Modes (dito)..........................	4,66	4,73	3,51
Céréales (quintaux mét)..............	4,64	3,49	2,62
Vins (hectolitres)....................	2,24	1,88	1,85
Eaux-de-vie (dito)...................	0,27	0,23	»
Verres et cristaux (quintaux métr)....	0,20	0,20	0,17
Tissus de coton écrus (dito).........	0,030	0,019	0,021
Tissus de coton imprimés (dito).......	0,029	0,025	0,026
Tissus de soie (dito).................	0,017	0,018	0,015

Le mouvement de la navigation de la France avec l'étranger s'est également accru. On a compté :

	A L'ENTRÉE.		A LA SORTIE.	
	Navires.	Tonnage.	Navires.	Tonnage.
En 1851..........	17,406	2,188,000	17,035	1,870,000
1850..........	16,300	2,068,000	15,626	1,666,000
1849..........	15,264	1,887,000	13,868	1,430,000

Mais la marine nationale n'a participé que dans une faible proportion dans cette augmentation. On n'a compté, en 1851, que 248 navires de plus à l'entrée, et 237 de plus à la sortie.

En résumé, cette première publication des résultats du commerce extérieur, en 1851, indique une diminution d'activité dans le travail national, en ce qui concerne les importations.

JPH. G.

SITUATION FINANCIÈRE DE LA FRANCE

AU COMMENCEMENT DE L'ANNÉE 1852.

M. Achille Fould, en quittant le ministère, a adressé au Président l'exposé suivant :

Monseigneur, vous pensez que la publicité est la plus sûre garantie d'une bonne gestion financière, et au commencement d'une année nouvelle, quand il est possible de constater avec exactitude le chiffre des revenus publics pendant l'année précédente, vous m'avez demandé de vous présenter et de porter à la connaissance du pays l'exposé général de la situation de nos finances.

Pour répondre à vos vues, je dois vous entretenir des charges que le passé a léguées au présent, des modifications apportées à plusieurs impôts, des dépenses qu'ont pu nécessiter les derniers événements, de celles qui pèsent sur l'avenir et des ressources du Trésor.

Les découverts des exercices antérieurs à 1851 peuvent être aujourd'hui indiqués avec certitude. Ils s'élevaient, au 1er janvier 1848, à 292 millions ; l'exercice 1848, grâce à des ressources extraordinaires montant à plus de 560 millions, n'a aggravé cette situation que de 3 millions, auxquels l'année 1849 a ajouté un nouveau découvert de 214.

Le déficit de l'exercice 1850 dépassera à peine 36 millions, ainsi qu'il résulte du compte définitif qui en est aujourd'hui établi. Il est vrai que ce résultat favorable tient à ce qu'il a été possible d'appliquer au budget 50 millions de ressources extraordinaires provenant : 11 millions et demi de la négociation d'obligations de la compagnie du chemin de fer de Rouen, et 38 1/2 millions des rentes qui faisaient partie du portefeuille des caisses d'épargne au moment de leur liquidation. Sans cette ressource, le découvert de 1850 eût été de 86 millions ; mais la dépense des travaux extraordinaires, chemins de fer et autres, s'étant élevée à 92, il en résulte que l'année 1850 a présenté sur le budget ordinaire un excédant de 6 millions, au lieu de laisser un déficit. En résumé, tous ces découverts réunis s'élèvent à la somme de 545 millions, savoir :

Découverts antérieurs à 1848.......	292 millions.	
Découverts de........	1848.......	3
—	1849.......	214
—	1850.......	36
		545

Ce sont là des faits accomplis et définitifs : l'avenir n'apportera aucun changement aux chiffres qui viennent d'être indiqués.

Quant à l'année 1851, le montant des recettes peut être, dès aujourd'hui, fixé avec précision ; mais l'exercice ne devant être clos qu'au 31 août, le chiffre des dépenses ne peut être évalué qu'approximativement.

Les revenus de l'Etat, dans le cours de cette année, ont naturellement subi l'influence des agitations et des incertitudes de la politique. Le budget les évaluait à 1 milliard 371 millions ; ils resteront de 11 millions au-dessous de cette somme, et ne dépasseront pas le chiffre de 1 milliard 360 millions, soit 2 millions au-dessous du chiffre réalisé en 1850. La diminution sur les prévisions du budget porte pour 6 millions sur le produit des forêts, et pour 19 sur les revenus indirects. D'un autre côté, il y a une augmentation de 2 millions et demi sur les contributions directes, résultant de l'impôt sur les constructions nouvelles, de l'accroissement du produit des patentes, et de 11 millions d'augmentation sur les produits divers. C'est ainsi que la différence entre le chiffre prévu et le chiffre réalisé se trouve réduite à 11 millions environ.

La réduction sur le produit des forêts constitue moins une perte qu'un retard ; elle tient à ce que des coupes n'ont pu être vendues ; la reprise des affaires en assure la réalisation à des conditions avantageuses pour l'exercice prochain.

C'est surtout dans les trois derniers mois que la diminution des revenus s'est manifestée. En effet, les neuf premiers dépassaient de 12 millions ceux de la période correspondante de l'année 1850, et cette augmentation a été complétement absorbée par la perte sur le dernier trimestre.

Quand on examine séparément les différentes branches du revenu, on remarque que les contributions indirectes proprement dites présentent sur l'année précédente une augmentation de 9,400,000 francs, et que la diminution porte pour 6 millions sur les droits de douane et pour plus de 4 sur les droits de timbre et d'enregistrement qui, si on tient compte de 16 millions produits par les impôts nouveaux sur les mutations et le timbre, ont baissé de près de 20 millions. Ainsi les événements politiques ont exercé leur action sur les droits qui grèvent les transactions et n'ont pas empêché l'augmentation de ceux qui attestent le plus positivement le bien-être et l'activité des classes les plus nombreuses ; l'altération qu'ont éprouvée certaines branches du revenu ne sera, nous pouvons l'espérer, que passagère : elle fera bientôt place à une augmentation d'autant plus considérable que l'affermissement de l'ordre et le rétablissement de la confiance vont donner et donnent déjà une grande activité aux affaires.

Les dépenses de 1851 ne peuvent encore être évaluées qu'approximativement ; les crédits ouverts ou à ouvrir sur cet exercice s'élèveront à 1,409 millions pour les dépenses ordinaires, à 77 millions pour les travaux extraordinaires, et seront atténués d'au moins 40 millions par les reports et les annulations qui les réduiront à environ 1,446 millions pour les deux services réunis. Le découvert de l'exercice 1851 sera donc de 86 millions et portera à 630 millions l'ensemble des découverts.

Il est utile de constater, en parlant de l'exercice 1851, que les événements du 2 décembre n'ont mis à la charge de l'Etat qu'une dépense extraordinaire de 500,000 fr., savoir : 300,000 fr. de crédits supplémentaires sur les fonds secrets de police générale, et 200,000 fr. pour réparation de dommages causés aux propriétés privées et aux personnes. Tous les autres crédits ouverts par décrets, depuis cette époque, en dehors des prévisions du budget, ont pour objet des dépenses de service et d'utilité publique indépendants des événements. La plupart avaient fait l'objet de propositions de loi ou avaient été compris dans les prévisions du Gouvernement, communiquées à la Commission du budget de l'Assemblée.

Pour présenter les choses d'une manière complète, il faut tenir compte des éléments qui atténuent et expliquent cette situation. Les découverts proviennent, en très-grande partie, de la dépense des travaux publics, et principalement des frais causés par la construction des chemins de fer. Ces frais ne resteront pas entièrement à la charge de l'État ; ils seront réduits du montant des sommes dues par les compagnies concessionnaires, soit pour prêts, soit pour remboursements de travaux exécutés par l'État ; ils ne constituent réellement que des avances dont le recouvrement est assuré. Si on admet en déduction des découverts les sommes dues par les compagnies des chemins de fer à l'État[1], et qui s'élèvent à 197 millions, le chiffre en est réduit à 433 millions.

Je dois mentionner ici, sans la faire entrer en compte, la créance de la France sur l'Espagne, qui s'élève aujourd'hui, par l'accumulation des intérêts, à plus de 100 millions.

En établissant ainsi la situation financière, je me place plutôt au point de vue du budget et de la liquidation définitive des dépenses de l'État qu'au point de vue de la trésorerie ; celle-ci a des ressources particulières qui, avec l'ordre et la paix, assurent le service sans difficulté, et permettent d'attendre les échéances de ces diverses rentrées.

Tel est l'état exact des résultats financiers des quatre dernières années : pour apprécier les causes des découverts successifs qui sont venus grever l'avenir, et les efforts du gouvernement afin de rétablir l'équilibre dans le budget, il est nécessaire de placer en regard l'exposé des différentes lois de finances intervenues pendant la même période.

La révolution de Février, en troublant l'ordre et en alarmant la propriété, avait non-seulement ébranlé le crédit et tari les sources de la fortune publique et de la fortune privée, mais elle avait, en outre, eu pour conséquence la suppression d'une partie des impôts. La réforme postale et la réduction des droits sur le sel avaient seules imposé à l'État une diminution de revenu de 57 millions.

C'est sur ces bases ébranlées que votre gouvernement avait la tâche difficile de reconstruire tout notre édifice financier ; dans l'accomplissement de ce devoir, ni le courage, ni la persévérance ne lui ont manqué.

L'élévation du port des lettres de 0,20 à 0,25 c., l'extension des droits de mutation aux inscriptions de rente et l'augmentation des droits qui pèsent sur la transmission des biens meubles par décès ou à titre gratuit ; une réforme de l'impôt des patentes ayant pour objet de dégrever les dernières classes des patentables et de soumettre aux droits les professions libérales ; la création de droits de timbre sur les effets de commerce, les actions industrielles et les polices d'assurances, ont procuré à l'État de nouvelles ressources, et ont eu pour résultat d'opérer une répartition plus équitable des charges publiques entre la propriété mobilière et la propriété immobilière.

Grâce à ces mesures et à l'élévation naturelle du produit des contributions indirectes, il a été possible d'accorder à la propriété foncière un dégrèvement de 27 millions que rendait indispensable l'état de gêne où l'avaient successivement placée l'impôt des 0,45 c, en 1848, et la dépréciation de ses produits. Dans le même but,

---

[1] *État des sommes dues par les compagnies de chemins de fer à l'État.*

Chemin de Paris à Lyon............................	114,000,000 fr.
Chemin du Nord...................................	27,000,000
Chemin de Rouen.................................	14,366,631
Chemins du Gard.................................	3,782,000
Chemin de Versailles (compagnie de l'Ouest).........	7,268,319
Chemin de Strasbourg à Bâle.....................	11,550,000
Chemin d'Andrezieux à Roanne...................	5,231,144
Chemin de Rouen au Havre.......................	10,300,000
Chemin de Montereau à Troyes...................	3,600,000
	197,168,094 fr.

et pour donner aux propriétaires d'immeubles des moyens plus faciles de recourir au crédit, vous avez jugé utile de faire un nouveau sacrifice de 9 millions, en réduisant de moitié les droits d'enregistrement sur les quittances et les obligations.

Plus récemment, d'importants problèmes économiques ont été résolus par la loi sur les sucres et par l'institution d'un régime douanier favorable aux productions de l'Algérie. Cette dernière mesure, en donnant une vive impulsion aux transactions commerciales dans les possessions françaises en Afrique, y a fait naître des besoins nouveaux, et a permis d'y fonder avec succès une banque, désirée depuis longtemps, et dont l'action exercera à son tour un effet salutaire sur le commerce et l'agriculture.

Tout ce qui concerne le crédit méritait, après la crise commerciale et financière de 1848, une sollicitude particulière. La Banque de France, dès qu'il a été possible de rentrer dans les conditions normales de toute bonne circulation, a repris ses payements en espèces. Les comptoirs d'escompte, dirigés avec prudence sous l'active surveillance de l'administration, ont rendu et rendent encore d'utiles services : leur institution a été maintenue partout où les ressources de l'industrie privée faisaient encore défaut ; elle a même reçu de nouveaux développements pour venir au secours des différentes branches d'industrie et notamment des compagnies de chemins de fer.

L'institution d'une caisse des retraites, en procurant aux classes laborieuses un moyen assuré de mettre leur vieillesse à l'abri du besoin, ouvre, dans l'avenir, au Trésor la possibilité de convertir successivement une partie de sa dette perpétuelle en dette viagère.

Une loi sur les Caisses d'épargne a consolidé ces utiles établissements en donnant à l'État des garanties dont l'expérience avait démontré la nécessité.

L'enquête sur l'impôt des boissons a justifié et affermi ce système de taxes, tout en indiquant certaines améliorations dont il est susceptible ; l'administration en poursuit avec sollicitude la réalisation.

Ces réformes ne sont pas les seules dont l'administration des finances se soit occupée ; elle en a introduit d'importantes dans la comptabilité générale, et songe à vous en proposer d'autres encore. Les divers documents financiers publiés annuellement par le ministère des finances ont pris successivement, soit dans leur nombre, soit dans leur étendue, un développement tel, que la situation de la fortune de l'État et des charges publiques, loin d'être plus facile à apprécier, est devenue plus obscure. La forme des lois de finances peut être simplifiée. Le budget, notamment, surchargé d'un grand nombre d'articles de recette et de dépense, les uns formant double emploi, les autres relatifs au service des départements et des communes, n'a que trop souvent servi à répandre de fausses alarmes et à autoriser des exagérations sur l'étendue des sacrifices demandés aux contribuables. Les commissions de finances des anciennes Assemblées avaient souvent signalé les conséquences fâcheuses de cet état de choses. Il y a là des améliorations à opérer : je me propose de les étudier avec tout le soin qu'elles méritent.

Aucune occasion de réaliser des économies sur les frais de service ou de perception n'a été négligée. La suppression de 1,500 perceptions a été arrêtée en principe et est en cours d'exécution ; cette mesure a permis d'opérer successivement des réductions sur les remises allouées aux agents, et assure dans l'avenir la réalisation d'une économie de 1,500,000 fr. Le soin scrupuleux avec lequel ont été examinées toutes les propositions de pensions a permis de diminuer la subvention aux caisses de retraites. Grâce à l'affermissement du crédit, il a été possible d'atténuer les charges du Trésor par la réduction de l'intérêt d'une partie de la dette flottante. Enfin, tout récemment, dans des vues d'amélioration de service, la direction des contributions indirectes et celle des douanes ont été réunies : cette réunion sera encore, dans l'avenir, la source d'une économie importante.

On a souvent reproché aux administrations publiques leur esprit de routine et leur inertie. En présence des faits que je viens de rappeler, un semblable reproche ne saurait être adressé à votre gouvernement. Pendant ces quatre années que les agitations publiques rendaient si peu favorables aux améliorations réelles, il n'est pour ainsi dire pas un impôt qui n'ait été l'objet de quelque réforme, pas un service financier qu'on n'ait essayé de modifier et d'améliorer.

C'est en présence de ces faits accomplis que s'ouvre l'exercice de 1852, dont je dois maintenant vous faire connaître les ressources et les charges, par prévision, puisqu'il ne sera réglé dans son ensemble que par le Corps législatif. Le budget de cette année, d'après les évaluations qui avaient été faites par la Commission de la dernière Assemblée, et en y comprenant les crédits nouveaux qui, depuis le 2 décembre, ont été ouverts par des décrets spéciaux, présente pour le service ordinaire un excédant des dépenses sur les recettes d'environ 20 millions. Mais le rétablissement de la confiance et la vive impulsion donnée aux affaires assurent une augmentation considérable de revenus publics, soit par la vente plus avantageuse des coupes de bois, soit par l'élévation des produits des contributions indirectes, et notamment des droits d'enregistrement et de timbre. Il est donc permis d'espérer que non-seulement cette augmentation portera les recettes au chiffre qui figure dans les évaluations du budget, mais qu'elle dépassera et atténuera de moitié au moins le découvert prévu. Si des crédits supplémentaires nouveaux sont nécessaires, et cette nécessité est dès aujourd'hui reconnue, ils auront pour compensation les réductions résultant, chaque année, des annulations et des rapports en fin d'exercice.

La dépense des travaux extraordinaires, telle qu'elle est aujourd'hui fixée, sera de 57 millions ; mais une ressource extraordinaire importante résultera pour le Trésor de l'autorisation donnée par la loi du 7 août 1851, d'aliéner des forêts de l'Etat. Ces aliénations réduites, conformément aux délibérations des Conseils généraux, s'élèveront encore à 25 millions : il avait paru sage de les ajourner quand toutes les industries étaient en souffrance. Elles pourront se réaliser aujourd'hui à des conditions avantageuses ; elles réduiront à 32 millions la charge imposée à l'Etat par les travaux extraordinaires. Le découvert de 1852, pour les deux services réunis, ne paraît donc pas devoir dépasser 45 millions, qui, en venant s'ajouter aux découverts antérieurs tels que je les ai indiqués, en élèveront le chiffre à 675 millions.

Ce chiffre doit être atténué par les remboursements des compagnies de chemins de fer, qui, ainsi que je l'ai dit plus haut, se montent à 200 millions ; en en tenant compte, le découvert total du Trésor, à la fin de 1852, se réduit à 475 millions. Sans doute, les remboursements n'étant pas immédiats, une somme plus considérable devra rester à la charge de la dette flottante [1]. Il n'y a là aucun sujet d'inquiétude,

---

[1] Voici le tableau de la dette flottante à différentes époques. La dette flottante comprenant aujourd'hui l'intégralité des versements des Caisses d'épargne, on a dû, pour que la comparaison soit exacte, ajouter aux chiffres de la dette flottante, pour les années antérieures à 1848, le montant des sommes consolidées en rente 4 pour 100 pour le compte de ces caisses. Les titres étaient inscrits au nom de la Caisse des dépôts, et consignations, et ne pouvaient se négocier sans de sérieux inconvénients ; les dépôts, au contraire, étant immédiatement exigibles, faisaient, en réalité, partie de la dette flottante.

1er janvier 1843....................	641,896,700
1844....................	708,875,700
1845....................	769,170,300
1846....................	668,055,400
1847....................	673,614,100
1848....................	876,756,100
1852....................	593,275,900

car ces ressources ont une élasticité qui permet, sans inconvénient, d'en élever le chiffre au niveau des besoins du Trésor.

Cette dette est aujourd'hui bien au-dessous du chiffre auquel elle s'est ordinairement élevée dans les années qui ont précédé la chute du dernier gouvernement. Il est bon d'ailleurs qu'on sache qu'elle se compose, jusqu'à concurrence de 400 millions, de sommes dont le dépôt au Trésor est obligatoire et en quelque sorte permanent.

Ainsi, à la fin de l'exercice qui vient de s'ouvrir, la France aura traversé quatre années difficiles, et elle aura, pendant ces quatre années, consacré plus de 300 millions à des travaux publics extraordinaires, sans charger le grand-livre de la dette consolidée et en maintenant la dette flottante dans les limites que commande la prudence ; cette situation n'a rien que de rassurant et justifie la conduite qui a été suivie.

Le gouvernement aura prochainement à s'occuper de la préparation du budget pour l'année 1853. J'ai la confiance qu'en maintenant notre système d'impôts qu'il faut améliorer sans l'ébranler, en réalisant toutes les économies compatibles avec le bien du service et avec une juste rémunération des fonctions publiques, nous obtiendrons pour nos finances un équilibre normal, objet de vos constantes préoccupations. Ce résultat si désiré sera dû au rétablissement de l'ordre, du travail, du crédit et à l'abaissement du taux général de l'intérêt ; enfin, à l'accroissement naturel des revenus qu'assurent le maintien de la paix et la politique sage et ferme de votre gouvernement. Vous aurez, par cet éclatant service, acquis de nouveaux droits à la reconnaissance du pays.

J'ai l'honneur d'être, monseigneur, avec un respectueux dévouement, votre très-humble et très-obéissant serviteur,

(*Moniteur* du 29 janvier.)

Le ministre des finances,

ACHILLE FOULD.

PRODUIT DES IMPÔTS EN FRANCE EN 1851.

I. *Impôts et revenus indirects.*

Les impôts et les revenus indirects de la France se sont élevés en 1851 à près de 737 millions, pas tout à fait autant qu'en 1850. En 1850, ils s'étaient élevés à 738 millions ; en 1849, à près de 702 millions ; en 1848, à 676 millions et demi ; en 1847, à 820 millions et demi ; en 1846 à 823 millions.

Voici le détail de la production de ces diverses branches de revenus pendant les trois derniers exercices.

Droits d'enregistrement, de greffe, d'hypothèques, etc.	193,528,000	190,324,000	184,381,000
Droits de timbre	41,273,000	39,836,000	33,738,000
Droits d'importation sur les céréales	9,000	13,000	72,000
— — marchand. diverses..	80,879,000	82,958,000	82,912,000
— — sucre des col. franç.	20,222,000	23,653,000	20,770,000
— — sucres étrangers....	15,920,000	17,863,000	14,105,000
Droits de douanes à l'exportation	3,074,000	2,860,000	2,461,000
— de navigation..	2,959,000	2,707,000	2,526,000
— et produits divers de douanes	2,796,000	2,929,000	2,701,000
Taxe de consommation des sels perçue dans le rayon des douanes	21,688,000	20,741,000	27,078,000
Droits sur les boissons	102,393,000	99,258,000	92,377,000
Taxe de consommation des sels perçue hors du rayon des douanes	4,821,000	4,805,000	6,100,000
Droit de fabrication sur les sucres indigènes...	22,504,000	20,526,000	22,675,000
Droits divers et recettes à différents titres	40,137,000	39,854,000	35,394,000
A reporter	562,303,000	567,785,000	67,298,000

Report..........	562,363,000	567,735,000	57,298,000
Produit de la vente des tabacs................	126,592,000	122,037,000	117,132,000
— de la vente des poudres...............	5,379,000	5,904,000	5,746,000
— de la taxe des lettres................	39,558,000	38,446,000	36,565,000
Droit de 2 pour 100 sur les envois d'argent...	1,093,000	1,091,000	1,091,000
Droits de transport des marchandises et des matières d'or et d'argent par les paquebots......	428,000	464,000	497,000
Produit des places dans les malles-postes.......	885,000	1,121,000	1,471,000
— des places dans les paquebots..........	1,033,000	1,246,000	1,640,000
Droit de transit des correspondances étrangères.	454,000	268,000	432,000
Recettes accidentelles......................	118,000	130,000	41,000
	737,843,000	738,242,000	701,713,000

Comme nous l'expliquions l'année dernière, la diminution sur les sels en 1851, par rapport à 1849, de 677,000 francs représente une quantité de 66,770,000 kilogrammes dont l'année 1849 a profité, par suite des approvisionnements différés en 1848, dans l'attente du dégrèvement. — Le total de 1851 s'accroîtra des restes à recouvrer au 31 décembre 1851, lesquels sont évalués à 6,138,000 francs; la recette sera en conséquence de 743,981,000 fr.

Les droits d'enregistrement de 1851 comprennent 9,836,000 francs, formant le produit des nouveaux droits, conformément aux articles 5, 6 et 7 de la loi du 18 mai 1850. Les droits de timbre comprennent 5,949,000 francs pour le produit du timbre des journaux et des actions dans les sociétés. — L'augmentation sur la poste se trouve atténuée d'environ 1,750,000 francs par l'effet de la loi de 1850, en vertu de laquelle le timbre sert d'affranchissement aux éditeurs de journaux; mais cette même somme se retrouve en augmentation au produit du timbre. — Il faut encore remarquer au sujet des transports par les paquebots que la remise à la Compagnie concessionnaire des paquebots du service de la ligne des côtes d'Italie à partir du 1er septembre 1851, et des autres lignes à partir du 1er octobre suivant, devrait produire une diminution sur le transport des marchandises d'environ 130,000 francs, et sur le prix des places d'environ 259,000 fr.; mais cette diminution est atténuée par l'augmentation obtenue sur les mois antérieurs et sur le budget général par la cessation des frais d'exploitation de ces mêmes transports.

Comparativement à 1849, l'ensemble des augmentations s'élève à 56 millions 780,000 fr.; l'ensemble des diminutions à 20 millions 650,000 fr. et l'augmentation définitive à 36 millions 130,000 fr.

Comparativement à 1850, l'ensemble des augmentations a été beaucoup moindre; il ne s'est élevé qu'à 14 millions 119,000 fr., et l'ensemble des diminutions s'étant élevé à 14 millions 518,000 fr., il en est résulté une diminution de 399,000 fr.

Les recettes du timbre ont augmenté de près d'un million et demi; celles du sel de près d'un million; celles des boissons de plus de 3 millions; celles des sucres indigènes de près de 2 millions; celles des tabacs de 4 millions et demi; celles des lettres de plus d'un million. — Mais les recettes de l'enregistrement ont fléchi de près de 6 millions, celles des douanes de 7 millions et demi (2 sur les marchandises diverses, 3 1/2 sur les sucres des colonies, 2 sur les sucres étrangers); celles sur les poudres d'un demi-million.

Il est à remarquer que la recette des postes va en augmentant; elle était, en :

1849.	1850.	1851.
De 36,565,000	38,446,000	39,558,000

malgré la diminution provenant de l'affranchissement des journaux par le timbre, dont nous indiquons la somme ci-dessus.

Décomposées par trimestre, les recettes de 1850 et 1851 présentent les résultats suivants :

	1850.	1851.
Janvier, février, mars.	171,7	179,1
Avril, mai, juin.	178,8	184,5
Juillet, août, septembre.	187,2	186,5
Octobre, novembre, décembre. . .	200,6	187,8
	738,2	737,8

II. *Production de l'impôt du sel pendant les cinq dernières années.*

Voici le tableau de la production de l'impôt du sel pendant les cinq dernières années, dont deux antérieures et trois postérieures à la réduction du droit de 30 francs à 10 francs les 100 kilogrammes.

Avant la réduction.

1847.	70,383,124 fr.
1848.	63,437,028

Après la réduction des deux tiers.

1849.	33,364,043
1850.	25,623,043
1851.	26,616,752

Cette somme perçue en 1851 l'a été comme suit :

Par l'administration des douanes sur les sels français.	21,570,522
Dito, sur les sels étrangers.	225,113
	21,795,635
Par l'administration des contributions indirectes. . .	4,821,117
	26,616,752

Si on laisse de côté les résultats de 1848, année de là Révolution, et si on défalque de la recette de 1849 les 6,777,000 francs indiqués ci-dessus, pour approvisionnements différés en 1847, dans l'attente du dégrèvement, et si de plus on fait la comparaison de la recette des trois années postérieures à la réduction avec le tiers de la recette de 1847, on trouve :

	Millions.
1847, un tiers de la recette.	23,4
1849, première année de la réforme.	26,6
1850, deuxième année de la réforme.	25,6
1851, troisième année de la réforme.	26,6

Si maintenant on considère que les approvisionnements de 1849 ont été un peu forcés dans la prévision d'un rétablissement de l'impôt, dont il avait été question à l'Assemblée, on voit premièrement que les recettes des trois années après la réduction des deux tiers du droit est supérieure au tiers de la recette d'une année normale antérieure à cette réduction ; et en second lieu, que déjà la consommation du sel a pris un développement progressif, qu'il y a tout lieu de voir s'accroître dans de plus fortes proportions pendant les années qui vont suivre : on sait que les effets de pareilles réformes ne se font sentir qu'au bout de quelques annnées. Il faut en outre remarquer que la réforme de l'impôt du sel a été opérée pendant des années de crise générale et de crise agricole.

III. Impôt direct.

Voici la situation des recouvrements effectués par les percepteurs pendant l'année 1851.

	RECOUVREM. de 1851.	RECOUVREM. effectués en 1850.	TOTAL général au 31 déc. 1851.	MONTANT des rôles.	RESTE à recouvrer.
IMPOT DIRECT.					
Exercice 1850	35,541,000	396,626,000	432,167,000	432,895,000	728,000
Exercice 1851	379,898,000	»	379,898,000	412,217,000	32,319,000
CONTRIBUTIONS DES BIENS DE MAINMORTE.					
Exercice 1850	312,000	2,846,000	3,158,000	3,166,000	8,000
Exercice 1851	2,945,000	»	2,945,000	3,131,000	186,000

Cette somme de 379,898,000 francs représente 92 pour 100 du montant des rôles, et une avance de 1/2 pour 100 sur les termes échus. A la même époque de 1850, les recouvrements s'élevaient à 91 1/2 pour 100 du montant des rôles, et représentaient à peu près le montant des onze douzièmes exigibles. Ainsi donc, d'une part, le recouvrement de l'impôt direct s'est fait assez facilement ; mais, d'autre part, les chiffres relatifs au revenu indirect montrent que la progression des recettes vers ce qu'elles étaient avant la révolution de 1848, qui s'était manifestée en 1849 et 1850, s'est arrêtée en 1851.   JPH. G.

CORRESPONDANCE.

AU SUJET DE RICARDO ET DE SON OPINION SUR LA RENTE, LA MISÈRE, LES MACHINES, LA GUERRE. — LETTRE DE M. DE FONTENAY. — RÉPONSE.

Comme nous l'indiquions à la suite du compte-rendu de la dernière réunion de la Société d'économie politique, le défaut d'espace nous a empêchés de publier dans notre numéro précédent la lettre suivante que M. de Fontenay nous avait adressée le lendemain de la séance, plus particulièrement en réponse à une note de M. de Molinari qui se trouve dans le numéro du 15 novembre 1851, t. XXX, p. 294.

A Monsieur le Rédacteur en chef du *Journal des Economistes.*

Paris, 11 janvier 1851.

Monsieur,

La Société d'économie politique a pensé qu'une note appuyée de textes vaudrait mieux que la discussion orale que j'avais entamée hier avec M. de Molinari, à propos de quelques mots de lui cités dans le compte-rendu du journal, n° du 15 novembre 1851, page 294, etc. Je m'empresse de me conformer à cette décision.

M. de Molinari reprochait à Bastiat d'avoir présenté la théorie de Ricardo d'une manière aussi peu vraie et aussi injuste que l'interprétation que Godwin et les socialistes ont donnée de la théorie de Malthus. Je crois ce reproche immérité. Je crois que Bastiat a parfaitement caractérisé l'esprit de la doctrine de Ricardo en disant qu'elle présente la propriété foncière comme *un monopole injuste mais nécessaire, qui rend fatalement le riche toujours plus riche, et le pauvre toujours plus pauvre.*

Et d'abord, M. de Molinari prétend qu'on *fait dire* à Ricardo que « la rente est cette portion du produit de la terre que l'on paye au propriétaire pour avoir le droit d'exploiter les facultés productives et impérissables du sol. »

Fait dire est assez singulier : c'est le texte littéral, la définition-mère de Ricardo lui-même (page 39, édition Guillaumin). Cette définition est répétée un grand nombre de fois d'ailleurs :

« Je ne désignerai sous le mot de rente que ce que le fermier paye au propriétaire pour le droit d'exploiter les facultés primitives et indestructibles du sol » (page 41).

« La rente est ce que le fermier paye au propriétaire foncier pour l'usage de la terre et *pour cet usage seul* » (page 142, etc.).

Il est bien vrai que Ricardo emploie quelquefois une autre formule plus large : « la différence entre les profits obtenus avec des quantités égales de capital et de travail. » Seulement, il est probable que, dans sa pensée, cette définition s'applique plutôt au produit net total, au *fermage*, à ce que le propriétaire reçoit pour la location de sa terre. Car cette *différence* évidemment peut tenir à l'intelligence, à la réussite d'améliorations antérieures, qui rendraient plus productifs *le travail et le capital* appliqués par le fermier sur cette terre. Mais Ricardo dit très-positivement : « Par le mot de rente, je désigne constamment la redevance payée au propriétaire pour en obtenir le droit d'user de la puissance productive naturelle et inhérente à la terre... » Cette partie du revenu total « *seule* sert à payer le loyer de la puissance naturelle du sol (page 550). » Ces citations suffisent pour prouver qu'on n'a rien fait dire à Ricardo (A).

M. de Molinari croit que Ricardo admet la gratuité des agents naturels dans l'œuvre de l'agriculture. Non : le passage qu'il cite s'applique *exclusivement* à l'industrie manufacturière. La gratuité des agents physiques dans ce cas vient, selon Ricardo, de ce que ces agents sont alors communs, illimités, inappropriables, uniformes. « Si l'air, l'eau, l'élasticité de la vapeur, et la pression de l'atmosphère, dit-il, pouvaient avoir des qualités *variables et limitées*, si l'on pouvait de plus se les *approprier*, tous ces agents donneraient une rente » (page 48).

C'est là le caractère qui, à ses yeux, distingue profondément l'agriculture de l'industrie manufacturière. Entre elles nulle assimilation possible sous ce point de vue : car, dit-il quelque part en répétant Malthus, la terre peut être envisagée comme présentant une série de machines productives de plus en plus faibles, tandis que l'industrie et le commerce emploient des machines de plus en plus puissantes.

Aussi conclut-il de cette radicale différence que « le prix naturel de toute denrée, les matières primitives et le travail exceptés, tend à baisser par suite de la richesse et de la population » (page 67); que « le progrès de la société fait toujours *baisser* le prix des objets manufacturés et *hausser* celui des matières premières » (page 70).

Pourquoi cette différence, cette opposition si tranchée? C'est précisément parce que, dans l'industrie de transformation, le travail des agents naturels ne se faisant pas payer, le prix s'abaisse chaque fois que l'homme substitue leur action à la sienne. S'il en était de même dans la production des matières premières, évidemment elles baisseraient de même de valeur. Puisqu'au contraire elles haussent, suivant Ricardo, c'est que, par suite de l'inégal concours et de l'appropriation de ces agents, le propriétaire seul profite, et profite de plus en plus, de ce concours évidemment gratuit pour lui, mais pour lui seul. Il en retient le prix, et est forcé, par la nature des choses, de le retenir. *Monopole nécessaire*, comme dit Bastiat.

Que la rente paye le concours des agents naturels, c'est d'ailleurs la conséquence de ce principe posé par Ricardo (pag. 44, 46, 51, etc.) : que la valeur est réglée par la quantité de travail industriel employé à la production qui *en exige le plus* ; que *le prix courant représente la somme des frais du producteur le moins habile ou le moins favorisé*[1]. Ce principe admis, en effet, voici deux cultivateurs qui mettent chacun à la culture de leur terre un travail de 20 fr. par an. Le premier, qui a une très-mauvaise terre, ne recueille qu'un hectolitre de blé qui vaut 20 fr.; le second, qui en a une très-bonne, récolte 3 hectolitres de blé, qu'il vend 60 fr. Si le travail du premier est exactement payé par sa récolte de 20 fr., le travail du second, qui est, par hypothèse, identique, sera aussi rémunéré suffisamment par 20 fr. Où donc iront les 40 fr. qui lui restent? Si, comme le dit Ricardo, cette somme n'est pas due à quelque service ancien ou nouveau, si elle n'a à rémunérer ni les découvertes du propriétaire, ni sa bonne administration, ni son intelligence, ni son audace, ni les risques qu'il a courus, etc., si cette plus-value ne résulte que *des facultés naturelles et impérissables du sol*, évidemment ces 40 fr. *payent* le concours de ces agents physiques qui constituent la fertilité supérieure du sol. Le concours de ces agents n'est donc nullement gratuit, — nullement gratuit, bien entendu, pour la masse des consommateurs, pour le corps social.

Mais alors, se demande-t-on, de quel droit primordial le propriétaire vient-il tendre la main comme fondé de pouvoirs de la nature? En quoi a-t-il mérité plus que son voisin dont le salaire n'est que de 20 fr. pour un travail identique? Que ce monopole soit nécessaire, c'est possible; mais qu'il soit juste en principe absolu (dans ces données et cette théorie), c'est ce que n'admettra jamais une conscience saine. Ricardo ne s'en préoccupe pas, c'est vrai, jamais il ne se pose la question de justice; mais il était bien permis, je pense, à Bastiat d'être péniblement affecté de l'explication de l'impassible économiste, et d'appeler la propriété ainsi comprise *un monopole injuste et nécessaire*: surtout quand on ajoute qu'au lieu de se corriger, cette différence de rémunération, cette injustice s'accroît, suivant Ricardo, d'époque en époque (B).

Du reste, est-il si bien démontré que Ricardo n'ait pas lui-même appuyé sur l'injustice de cette position qu'il fait au propriétaire? Est-il bien prouvé que ce mot de *monopole* n'a qu'une signification neutre et bénigne dans sa bouche? Voyons.

« Il est, dit-il, de l'intérêt du propriétaire foncier que les frais de production du blé augmentent » (p. 307).

« Le propriétaire tire un double avantage de la difficulté de produire » (p. 57).

Vous direz peut-être, monsieur, que c'est là tout simplement une formulation mal rendue de cet aphorisme général : Tout producteur veut la cherté. Détrompez-vous; il y a là une attaque toute spéciale contre la classe des propriétaires du sol. Voici en effet ce que Ricardo ajoute :

« Les transactions entre le propriétaire foncier et le public *ne ressemblent pas aux transactions mercantiles* dans lesquelles on peut dire que le vendeur gagne aussi bien que l'acheteur. Car dans les premières (celles entre le public et le propriétaire) *toute la perte est d'un côté, et tout le gain de l'autre* » (p. 308). Le coup de boutoir est violent : voici qui lo complète : « L'intérêt du propriétaire est *constamment opposé à celui de toutes les classes de la société...* » (p. 552) id. (p. 307).

Parlons bas, monsieur; si M. Proudhon entendait ceci, il serait capable de conclure brutalement : Eh bien, alors, débarrassez-moi du propriétaire par la confiscation, ou de sa rente en l'absorbant par l'impôt progressif (C).

---

[1] Principe inexact, du reste. Le prix courant est plutôt la moyenne de tous les frais de production des denrées de même espèce. Il se trouve naturellement ainsi *plus fort* que le prix de revient pour les bons producteurs, — et de là leurs bénéfices : — *plus faible* que le prix de revient pour les mauvais producteurs ; — et la perte continue qu'il inflige à l'ignorance et à la routine est un aiguillon aussi nécessaire au progrès général que la récompense que donne le profit aux initiateurs et aux propagateurs des bonnes méthodes.

Maintenant l'effet de cet ordre de choses est-il bien, comme le dit Bastiat, *de rendre le riche toujours plus riche et le pauvre toujours plus pauvre?* Je soutiens que c'est l'essence même de la théorie de Ricardo : les citations seront faciles et décisives.

« Il paraîtrait donc, dit Ricardo dans le chapitre des salaires , que la cause qui fait hausser les rentes est aussi celle qui fait hausser les salaires... Mais entre la hausse de la rente et celle des salaires, il y a une différence essentielle. La hausse des rentes estimées en argent est accompagnée d'une part plus considérable des produits ; non-seulement le propriétaire foncier reçoit plus d'argent de son fermier, mais il en reçoit plus de blé ; il aura plus de blé et chaque mesure de cette denrée s'échangera contre une plus grande quantité de toutes les autres marchandises qui n'ont pas haussé de valeur. Le sort de l'ouvrier sera moins heureux ; il recevra, à la vérité , plus d'argent pour son salaire ; mais ces salaires vaudront moins de blé ; et non-seulement il en aura moins à sa disposition, mais sa condition empirera sous tous les rapports par la difficulté qu'il rencontrera de maintenir le taux courant des salaires au-dessus de leur taux naturel. Quand le prix du blé haussera de 10 pour 100, les salaires hausseront *toujours dans un rapport moindre*, et la rente au contraire *dans un rapport plus considérable. La condition de l'ouvrier empirera en général, tandis que celle des propriétaires fonciers s'améliorera* » (p. 77).

Or, comment haussent le prix du blé et les rentes? Ricardo répond : (pag. 50, 67, 87, etc.) « Par l'accroissement de la richesse et de la population. »

«...Dans la marche *naturelle* des sociétés, les salaires tendent à *baisser*... (p. 73), les denrées à *augmenter de prix* (pag. 74).

« Quoique la valeur de la part de l'ouvrier doive augmenter par le haut prix des substances, cette part se trouvera *réellement diminuée*; tandis que celle du propriétaire foncier se trouvera *augmentée à la fois en valeur et en quantité* (pag. 87).

On le voit, c'est bien la progression de richesse pour celui qui possède, et de misère pour celui qui ne possède pas.

Du reste, je devrais me contenter de renvoyer le lecteur au résumé de la doctrine de Ricardo fait par Carey [1], résumé d'une exactitude et d'une concision magistrales. Une remarque sur laquelle j'appellerai votre attention à ce propos, monsieur, c'est que le tableau de la page 301, qui présente les rapports croissants de la part de la rente avec la part du travail, n'est pas, comme vous pourriez le croire peut-être, une manière frappante imaginée par M. Carey pour formuler aux yeux la doctrine de Ricardo. C'est, en chiffres plus ronds, un tableau qui est *in extenso* dans Ricardo lui-même (pag. 550).

Le voici tel que Ricardo l'a présenté, avec trois colonnes indiquant : la première, la quantité totale de capital qui, à des époques successives, a été accumulée sur une terre très-anciennement cultivée; la seconde, les profits, à tant pour cent, perçus par le capitaliste-entrepreneur ou fermier; la troisième, la rente reçue par le propriétaire :

	Capital.	part de l'entrepreneur.	part du propriétaire ou rente.
1re période.	200	50 p. 100	00 p. 100
2e —	410	45 p. 100	3 1/2 p. 100
3e —	550	36 p. 100	6 3/4 p. 100
4e —	860	30 p. 100	9 1/2 p. 100
5e —	1,100	25 p. 100	11 1/2 p. 100 .
6e —	1,350	20 p. 100	13 1/4 p. 100
7e —	1,610	15 p. 100	15 1/2 p. 100
8e —	1,880	11 p. 100	16 1/2 p. 100

Ainsi l'homme qui n'a que la peine de posséder et de louer sa terre aurait, par

---

[1] *Journal des Économistes*, numéro du 15 novembre 1851, pages 300 et 301.

le progrès général, sa part annuelle accrue de 0 à 16 1/2 pour 100 du capital qui a été mis sur cette terre. —Et pendant le même temps, le capitaliste, l'entrepreneur, l'homme qui représente le travail industriel, l'invention, l'exécution, la pensée, la conduite et l'activité, cet homme verrait sa rémunération décroître de 50 à 11 pour 100. Si ce n'est pas là l'enrichissement de la richesse oisive, l'étouffement et l'exténuation du travail érigés en systématique nécessité..., je ne comprends plus la valeur des chiffres ni des mots.

Au surplus, cet irréconciliable antagonisme entre les intérêts de celui qui possède et de celui qui ne possède pas, Ricardo le généralise encore ; il le voit entre les profits du capital et le salaire du travail. C'est sa thèse favorite que le capital ne bénéficie que par l'abaissement du salaire, que le salaire ne s'accroît que par la diminution des profits du capital. Vous avez paru croire, monsieur, que j'avais attribué un peu légèrement cette opinion à Ricardo, et vous accusiez de la même exagération M. Dupont-White, et Fonteyraud le traducteur de Ricardo. J'aurais mauvaise grâce à me révolter beaucoup contre l'accusation d'avoir lu Ricardo aussi mal..... que l'homme qui l'a traduit et commenté. Quoi qu'il en soit, je puis vous déclarer que cette proposition est répétée quarante ou cinquante fois au moins dans les œuvres de l'économiste anglais; que vous la trouverez notamment (et exprimée souvent deux ou trois fois dans chaque page) aux chiffres suivants : pages 26, 85, 103, 105, 201, 264, 271, 89, 92, 98, 99, 104, 114, 128, 129, 135, 272, 383, 544, 305, 376, 651... etc. (D).

Deux ou trois fois, Fonteyraud impatienté proteste, et fort éloquemment en vérité (page 85), id. (p. 264), contre cette déplorable obstination à voir l'antagonisme là où les faits prouvent l'harmonie et l'association d'intérêts : comme aussi il se révolte (page 74) contre ces avertissements sombres de Ricardo, *que chaque jour abaisse le salaire de l'ouvrier et grandit le prix des subsistances.*

Vous voyez, monsieur, que lui aussi traite Ricardo de *fataliste de la misère;* et quel nom voulez-vous qu'on donne à l'économiste qui a écrit sur la population les lignes suivantes (E) :

« Quoiqu'il soit probable, dit-il (page 71), que, dans les circonstances les plus favorables (les établissements nouveaux), la production devance la population, cela ne saurait continuer longtemps, car l'étendue du sol étant bornée et les qualités différentes, à chaque nouvel emploi du capital, le taux de la production *diminuera,* tandis que les progrès de la population *resteront toujours les mêmes.....* Chaque nouvel effort de l'industrie, à moins d'être suivi d'une diminution dans les rangs du pays, *ne fera qu'ajouter au mal.* »

Et pour que sa pensée soit plus nette, il la répète : « Dans un pays où on se dispute ainsi la subsistance, les seuls remèdes sont, ou un affaiblissement de la population, ou une accumulation rapide du capital. Dans les pays riches, où toutes les terres fertiles ont été déjà mises en culture, le dernier remède n'est ni très-praticable, ni *très-désirable,* car le résultat serait, au bout de quelque temps, de réduire toutes les classes de la société à la même indigence. »

C'est-à-dire qu'il ne reste d'autre remède que le premier : l'*affaiblissement* de la population, la mort !.....

C'est triste, et ceux qui ont tant reproché à Malthus sa phrase du banquet feraient de beaux cris s'ils lisaient Ricardo.

Mais on ne le lit pas, et c'est ce qui m'explique (à moi qui ai eu le malheur de lire cinq ou six fois ses *Principes*) le rang conventionnel qu'il occupe dans l'estime des économistes. C'est J.-B. Say qui a fait cette réputation ; il l'a faite en combattant Ricardo sur les mêmes points que votre très-obscur serviteur.

On ne lit pas Ricardo, ou bien il est reçu qu'on ne soufflera pas mot sur ses étran-

ges paradoxes. Vous connaissez sans doute, monsieur, ce curieux chapitre sur
les machines, où après avoir fait amende honorable de ce qu'il a dit autrefois, d'après
les maîtres, que les machines étaient favorables aux intérêts des travailleurs, Ricardo
conclut que « l'opinion des classes ouvrières sur les machines qu'elles croient fatales
à leurs intérêts, ne repose pas seulement sur l'erreur et les préjugés, mais *sur les
principes les plus fermes, les plus nets de l'économie politique* » (p. 367) (F).

Vous, monsieur, membre et secrétaire des Congrès de la paix, que pensez-vous de
cette tirade belliqueuse du même chapitre :

« Une guerre, que défraye le revenu et non le capital d'une nation, est, en définitive, favorable au développement de la population » (p. 369).

La guerre comme moyen de développer la population !

A la fin de la guerre, au contraire, « la population se trouvera excessive ; la concurrence des travailleurs s'aggravera ; les salaires descendront, et la condition des
classes laborieuses s'abaissera notablement... »

Mais mon but n'est pas ici de passer au crible *les Principes* de Ricardo, ni de prouver que c'est, comme l'a dit hardiment M. du Puynode, un maître excessivement
dangereux. Je n'ai voulu que défendre l'opinion de Bastiat... et un peu la mienne.
Quelque jour, monsieur, je vous demanderai cinq ou six pages de votre Journal
pour une très-courte étude sur cet économiste.

Deux mots encore pour finir cette lettre, que je n'ai pas eu le temps de faire plus
courte :

D'abord, en mettant à nu les conséquences désolantes et dangereuses de cette doctrine, je n'ai pas besoin, je pense, d'ajouter que mon but n'est aucunement de conclure comme Proudhon et les socialistes. Au contraire, vous savez que je me crois en
mesure de montrer, avec Bastiat, que la rente et la propriété foncière sont parfaitement justes, complétement nécessaires, indestructibles, harmoniques enfin de tout
point avec le progrès général et le bien-être de ceux qui ne possèdent pas.

Ensuite, en prenant parti pour Bastiat, Carey, Banfield, etc., contre quelques mots
écrits à la hâte par M. de Molinari, vous savez que je n'en rends pas moins justice
pleine et entière à la science très-sérieuse en théorie et en pratique de notre jeune
professeur, — science qu'il a, plus que personne peut-être, le talent de revêtir d'esprit,
de grâce et de bon goût.

Veuillez agréer, etc.   R. de FONTENAY.

RÉPONSE SURTOUT AU SUJET DE CES DIVERSES CITATIONS.

Pour plus de clarté, nous avons désigné par des lettres les divers sujets
traités dans cette réclamation, sur lesquels nous croyons devoir présenter les
observations suivantes :

(A). M. de Fontenay tient d'abord à prouver, par des citations, que Ricardo
a entendu par Rente, la partie du fermage qui sert à payer le loyer de
la puissance naturelle du sol. En cela, il a raison ; mais ce n'est pas tant contre les termes de la définition attribuée à Ricardo que M. de Molinari réclamait,
que contre les conséquences que M. de Fontenay en a tirées. D'abord M. de
Fontenay aurait pu trouver des passages dans Ricardo d'où il résulte bien évidemment, que dans ce qu'il appelle la puissance naturelle du sol et ses facultés,
il compte pour beaucoup la situation et le plus ou moins grand éloignement
du marché, et tout ce qui peut différencier la qualité des terres. « La rente,
dit-il, page 43, est toujours la différence entre les produits obtenus par l'emploi de deux quantités égales de capital et de travail. » En second lieu, ce
qui est en ce point la question entre M. de Fontenay et M. Molinari, c'est de

savoir si la Rente, ainsi distinguée du Fermage, fait, selon Ricardo, partie des frais de production, comme le Salaire des travailleurs et l'Intérêt des capitaux. Or, de la manière dont M. de Fontenay interprète la définition de la rente donnée par Ricardo, il résulterait que celui-ci comprend la rente dans ces frais, tandis qu'il professe, au contraire, qu'elle n'en fait pas partie, tout en se trouvant, comme effet, dans le prix des produits agricoles provenant des terrains de productivité supérieure.

(B). M. de Fontenay, après avoir supposé deux terres : l'une produisant 20 fr., l'équivalent des frais de production (y compris le profit du cultivateur); et l'autre 60 fr., dont 20 fr. applicables aux frais, et 40 fr. de boni, se demande si, ce boni revenant au propriétaire, cela est bien juste. Je ne comprends la question que de la part d'un esprit communiste. La propriété de la productivité supérieure de cette terre est aussi juste et légitime que la propriété d'une Mine riche et bien située, que la propriété d'un Capital heureusement employé, que la propriété d'une Faculté supérieure, soit physique, soit intellectuelle.

M. de Fontenay reconnaît bien la nécessité de la garantie du monopole ou propriété ; mais il doute qu'une *conscience saine* admette jamais que cette garantie soit juste en principe absolu. Ici, expliquons-nous catégoriquement. La terre peut-elle ne pas être appropriée? Et s'il est impossible qu'elle ne soit appropriée, et s'il est utile qu'elle soit appropriée pour produire le plus possible, en quoi une conscience saine désapprouverait-elle que la Rente, le produit en sus des frais de production, appartienne au propriétaire? J'avoue ne pas bien comprendre tout ce passage de la lettre, surtout quand je le rapproche de la fin où M. de Fontenay considère la rente et la propriété comme justes, nécessaires, indestructibles, harmoniques.

M. de Fontenay cherche ensuite à établir deux choses : que Ricardo a été bien légitimement accusé par Bastiat d'avoir conclu que la propriété foncière était un monopole « injuste mais nécessaire ».

D'abord, il est bien entendu que ni cette formule, ni celle qu'on lui prête encore, savoir: que « la propriété foncière rend fatalement le riche toujours plus riche et le pauvre toujours plus pauvre », ne se trouvent nullement dans ses œuvres, et que ce sont seulement là des conclusions qu'on se croit en droit de tirer de sa théorie.

Cette remarque a son importance pour ceux qui ont lu dans la lettre de Bastiat : « N'oubliez pas que la théorie de Ricardo se résume ainsi : La pro-
« priété foncière est un monopole injuste mais nécessaire, etc. Cette formule
« a pour premier inconvénient d'exciter, par son simple énoncé, une répu-
« gnance invincible, et de froisser dans le cœur de l'homme, je ne dis pas
« tout ce qu'il y a de généreux et de philanthropique, mais de plus grossière-
« ment honnête. Son second tort est d'être fondée sur une observation ina-
« chevée, et, par conséquent, de choquer la logique [1]. »

Ne pourrait-on pas croire, en lisant ces mots, que Ricardo a lui-même formulé ainsi les conclusions de sa doctrine sur la rente ?

---

[1] Lettre de Bastiat, *Journal des économistes*, numéro 127, 15 novembre 1851, t. XXX, p. 289.

(C). M. de Fontenay cherche à légitimer cette conclusion que la propriété foncière serait un monopole injuste mais nécessaire (qui est du fait des adversaires de Ricardo), par des citations. Ces citations tirées des pages 307, 308 et 57, ont pour but de prouver que Ricardo prenait le mot monopole dans le sens de monopole injuste; mais nous cherchons en vain ce qu'il a vu dans les mots reproduits, et surtout dans les passages entiers que nous venons de relire. Au sujet de la citation de la page 308, on trouve dans l'alinéa d'où M. de Fontenay a extrait les deux phrases, que le propriétaire a intérêt à voir hausser le prix des blés, et que c'est le contraire pour le manufacturier, l'ouvrier et le consommateur, en général. Notre correspondant forme le « coup de boutoir », si coup de boutoir il y a, d'une assez drôle de façon bizarre: sur neuf phrases il en choisit deux moitiés, accouplant la queue de la neuvième avec la queue de la troisième. Je fais le lecteur juge de cette manière de traduire Ricardo en auxiliaire de M. Proudhon!

Au surplus, qu'a voulu dire Ricardo et que dit-il en effet dans ces divers passages? Que le propriétaire a intérêt à ce que le blé se vende cher, pour percevoir une plus forte rente, et que les consommateurs ont intérêt à ce que cette denrée soit à bon marché. Qu'y a-t-il donc là de si excentrique? Est-ce que ce n'est pas un fait normal et élémentaire? Est-ce que tous les producteurs n'ont pas sous ce rapport des intérêts opposés aux consommateurs? Prenez cet admirable petit livre des *Sophismes* que nous a laissé Bastiat, vous y lirez dès les premières pages l'expression de cet antagonisme qui ne peut pas ne pas être : « Sommes-nous vignerons ? nous ne serions pas fâchés qu'il gelât sur toutes les vignes du monde, excepté sur les nôtres... Sommes-nous laboureurs? nous dirons avec M. Bugeaud : Que le pain soit cher, c'est-à-dire rare, et les agriculteurs feront bien leurs affaires. » Ricardo n'a pas dit autre chose. Voyez sa phrase entière de la page 552 :

« Il en résulte nécessairement (et pour bien comprendre il faudrait relater le raisonnement dont ceci est la conclusion) que l'intérêt du propriétaire est constamment opposé à celui de toutes les autres classes de la société? Sa situation n'est jamais plus florissante qu'aux époques où les subsistances sont rares et chères; tandis que pour les autres membres de la famille humaine, une nourriture à bas prix est un immense bienfait. »

(D). M. de Fontenay légitime ensuite la seconde partie de la conclusion prêtée à Ricardo (à savoir que l'effet du monopole de la propriété foncière est de rendre fatalement le riche toujours plus riche et le pauvre toujours plus pauvre) par d'autres citations au sujet de son opinion sur les rapports des salaires et des profits. Il nous indique à cet égard un grand nombre de pages.

Le sujet est long et complexe, et nous ne croyons pas nécessaire d'entrer dans le détail des nombreux points qu'il comporte; mais nous conseillons au lecteur qui voudrait constater la portée de l'accusation de M. de Fontenay de ne pas se contenter de ses citations, et de recourir à ces pages qu'il indique dans le livre de Ricardo. C'est là seulement qu'il se rendra compte de la pensée de l'économiste. Notre correspondant a bien la prétention de l'avoir daguerréotypée, mais comme il a mal placé son objectif, il en résulte une épreuve grimaçante.

Exemple : M. de Fontenay cite de la page 73 cette phrase : « Dans la marche *naturelle* des sociétés, les salaires tendent à *baisser*... les denrées à *augmenter de prix*. » D'où il veut que le lecteur tire l'hostilité naturelle du capital et du

travail, l'aisance progressive des propriétaires ou des riches et la misère
progressive des acheteurs de denrées ou des pauvres. Eh bien! cette citation
est inexacte, par le changement d'un temps. Ricardo n'a pas dit *tendent*
mais *tendront*; et il a dit cela dans l'hypothèse où le nombre des hommes
progressera plus que la faculté de produire : hypothèse que la prévoyance
générale peut fort bien éviter, selon lui, car il partage sur la population les
idées de Malthus.

(E.) Pour prouver que Ricardo est fataliste de la misère, M. de Fontenay fait
une citation extraite de la page 71 des *Principes* de Ricardo, chapitre des
Salaires. Mais nous ferons encore à cette citation le reproche d'être inexacte,
par procédé de coupure et de *soulignement*. M. de Fontenay ne dit pas, à
propos de la première partie de sa citation, que Ricardo raisonne dans le cas
spécial des Colonies nouvelles et de l'hypothèse de l'introduction, dans ces pays,
des arts et des connaissances des pays plus avancés en civilisation, avec l'hypothèse d'un accroissement progressif de la population. Il ne dit pas que la
dernière phrase, séparée par six points dans sa citation appartient à la fin,
d'un autre alinéa; qu'il s'agit là de pays supposés dans d'autres conditions,
et que cette petite phrase elle-même est tronquée par la tête et par la queue!
La voici tout entière : « *Dans l'autre cas* (cas d'un pays où la diminution des
subsistances entraîne tous les maux d'une population excessive) *la population grandit plus vite que le fonds nécessaire à son entretien*; et il arrivera que
chaque nouvel effort de l'industrie, à moins d'être suivi d'une diminution
dans les rangs du pays, ne fera qu'ajouter au mal : — *la production ne pouvant
marcher aussi rapidement que les naissances.* »

La partie en italique a été omise par notre honorable correspondant.

Nous ne croyons pas qu'on puisse régulièrement discuter avec ce système de
dédoublement et de rapprochement. Les idées ne peuvent s'éclaircir par le
procédé qu'on emploie à mêler les cartes.

M. de Fontenay a combiné cette citation avec la tête de l'alinéa suivant; et puis
il ajoute, comme conclusion forcée de la pensée de l'auteur : « C'est-à-dire
qu'il ne reste d'autre remède que le premier : l'*affaiblissement* de la population, ou la mort.» Or, Ricardo dit précisément, dans la seconde partie de cet
alinéa, que, « dans ces contrées pauvres, où existent d'immenses moyens de
production, enfouis dans des terres fertiles et incultes, l'augmentation du capital est le seul moyen efficace et sûr de combattre le mal, car il en résultera dans la situation de toutes les classes de la société une amélioration
sensible. Tous les amis de l'humanité doivent désirer que les classes laborieuses cherchent partout le bien-être, les jouissances légitimes, et soient
poussées par tous les moyens légaux à les acquérir. On ne saurait opposer
un meilleur frein à une population exubérante. »

Il me semble, à moins que je n'aie la berlue, que cela veut dire le contraire
du langage qu'on prête à Ricardo. Ricardo conclut à l'amélioration du capital,
on le fait conclure à la mort. — « En vérité, c'est triste (dirons-nous à notre
tour), et ceux qui ont tant reproché à Malthus sa phrase du banquet » ne se
sont pas autrement trompés. M. de Fontenay nous dit qu'il a lu Ricardo cinq
ou six fois! Si cela est, comme nous n'en doutons pas, il faut qu'il le relise une
sixième ou une septième fois, en prenant la précaution de mieux essuyer,
peut-être même de changer les verres de ses lunettes.

(F.) Passons à un autre de « ces étranges paradoxes de Ricardo », sur lesquels il est convenu, au dire de M. de Fontenay, de ne pas souffler mot. Je lis le chapitre des Machines, qui ne se trouve que dans la nouvelle édition de Fonteyraud, et j'y vois que la conclusion citée par M. de Fontenay se rapporte au cas où l'introduction de la machine accroît le produit net et diminue la quantité et la valeur du produit brut, cas qui n'a pas échappé à d'autres économistes; et que cette conclusion ne doit pas être isolée des autres et du chapitre tout entier pour être comprise dans sa juste portée.

M. de Fontenay a seulement oublié qu'à la fin de cette même page 369, dont il cite aussi une phrase, l'auteur dit : « Il ne faudrait pas croire cependant que mes conclusions définitives soient contre l'emploi des machines. Pour éclaircir le principe et lui donner plus de relief, j'ai supposé que des machines nouvelles auraient été *soudainement* découvertes et appliquées sur une vaste échelle ; mais, dans le fait, ces découvertes se font lentement, graduellement, et elles agissent plutôt en déterminant l'emploi des capitaux épargnés et accumulés qu'en détournant les capitaux existants des industries actuelles, etc. »

Ne voilà-t-il pas une singulière amende honorable ?

Au sujet de la guerre, Ricardo n'a pas la stupidité de proposer cet odieux procédé comme un moyen de développer la population. D'abord il ne songe pas aux moyens d'accroître la population; ensuite il fait simplement une remarque et répond à ceux qui font la sottise de croire que la guerre est un moyen de diminuer la population : « Ainsi (dit-il, page 369), si les nécessités de la guerre ne m'avaient imposé une taxe annuelle de cinq cents livres, destinée à entretenir des soldats et des matelots, j'aurais probablement dépensé cette somme en achats de meubles, d'habits, de livres, etc. Dans les deux cas, la même quantité de travail resterait consacrée à la production ; et la nourriture et le vêtement du soldat et du matelot exigeraient la même somme d'industrie que celle nécessaire pour créer des objets de luxe. Mais il est à remarquer qu'en temps de guerre, il se crée une demande additionnelle de soldats et de matelots ; et conséquemment une guerre que défraye le revenu et non le capital d'une nation est, en définitive, favorable au développement de la population. » Suit un autre alinéa sur la concurrence désastreuse que font les soldats aux ouvriers, aux époques du licenciement.

Ricardo n'a parlé là de la guerre qu'à un point de vue. Il n'a pas cru nécessaire de s'arrêter pour dire les maux physiques, économiques et moraux de ces agglomérations d'hommes, qui non-seulement ne produisent pas, mais détruisent des valeurs considérables pour leur entretien, quand elles n'anéantissent pas les populations et les capitaux dans l'action de la lutte, etc. ; mais ce serait s'abuser singulièrement que de le prendre pour un défenseur de la guerre ; et c'est réellement se moquer que de lui faire proposer la guerre comme un moyen de développer la population !

Quand M. de Fontenay voudra passer au crible les autres principes de Ricardo, il fera bien de se munir d'un meilleur outil.

M. de Fontenay s'explique le rang *conventionnel* que Ricardo occupe dans l'estime des économistes parce qu'on ne l'a pas lu autant de fois que lui et parce qu'il serait reçu parmi ces derniers qu'on ne doit souffler mot sur ses étranges paradoxes. M. de Fontenay se donne là, qu'il nous permette de le lui dire, une fort mauvaise explication.

Les économistes les plus éminents ont assez bien lu Ricardo, et de ce nombre, J.-B. Say, Malthus, Rossi qui, après l'avoir discuté, réfuté, commenté, le tenaient en haute estime, n'en ont parlé qu'avec considération et respect, et qui jamais ne se sont permis, eux ses égaux ou ses supérieurs, de qualifier ses opinions « d'étranges pardoxes.»   JOSEPH GARNIER.

LETTRE DE M. FAYET, INSPECTEUR DE L'ACADÉMIE DU PAS-DE-CALAIS, AU SUJET DE L'ARTICLE DE M. LE Dʳ JUGLAR SUR LA POPULATION. —RÉPONSE DE CE DERNIER.

A monsieur le rédacteur en chef du *Journal des Economistes.*

Monsieur,

Je viens de lire avec beaucoup d'intérêt dans les numéros de décembre et de janvier de votre savant recueil, les deux premières parties des recherches de M. le docteur Juglar sur *la population de la France, de 1772 à nos jours.* J'ai éprouvé une vive satisfaction en voyant que le savant auteur, avant de connaître mes recherches et celles de M. Raudot sur la même question, est arrivé *à fixer la population de 1784 à 30,000,000 d'habitants.*

Ce résultat, auquel ne peuvent manquer d'arriver tous ceux qui étudient avec soin et sans idée préconçue la marche des différents éléments de la population, avait, quand je le proclamai en 1843, paru excessif et m'avait attiré quelques observations et quelques critiques qu'on pouvait trouver un peu sévères. C'est donc pour moi un motif puissant d'applaudir aux recherches nouvelles par lesquelles M. le docteur Juglar vient démontrer, en se fondant sur d'autres bases, la vérité des conclusions de mon travail de 1843.

Je désirerais seulement qu'il voulût bien m'accorder deux rectifications sur des points secondaires auxquels il me semble que j'ai quelque droit. Les voici :

A la page 369 du numéro de décembre, il dit, en parlant de mon travail, qu'il *est trop «* problématique quant à la base même des calculs, le rapport des naissances à la population. » Il semblerait d'après cela que tout mon travail repose sur ce rapport. Or, il suffit de lire, je ne dis pas mon mémoire, mais seulement les conclusions, pour se convaincre du contraire. Sur cinq chiffres plus ou moins approximatifs de la population de la France en 1789, que j'y ai consignés, deux seulement sont plus ou moins directement fondés sur ce rapport ; les autres sont tirés de la marche du nombre des conscrits, de la marche du nombre des mariages et de la comparaison des recensements. Il me semble que c'est par trop déprécier mon travail qui a été consciencieusement exécuté que de l'indiquer comme uniquement fondé sur une supposition. Je désirerais donc quelque rectification à cette appréciation, qui me parait injuste.

La seconde observation porte sur un point beaucoup plus secondaire ; c'est une simple erreur, commise sans doute avant que M. le docteur eût connaissance de mon travail : « Je suis surpris, dit-il (janvier 1852, p. 77) qu'on n'en ait pas déjà « fait la remarque. S'il meurt moins de monde en 1815–1820, cela peut aussi tenir « à ce que la population a *diminué.* » J'en demande pardon à M. Juglar, mais non-seulement j'ai fait cette remarque, mais j'y suis revenu plusieurs fois, notamment pages 222, 224, 228 du numéro d'octobre 1843 du *Journal des Economistes.* Il y a même entre le chiffre que j'ai donné pour les pertes qu'a subies la population, et celui que donne M. le docteur, une légère différence ; il porte ces pertes à 2,000,000 d'hommes, et moi je les avais portées à 2,061,144 hommes ou femmes ou enfants. J'ai même été accusé d'avoir exagéré outre mesure le chiffre de ces pertes. Il n'est donc pas exact de dire que cette remarque n'a pas encore été faite.

Encore une observation : il existe dans tout le reste de nombreuses analogies et de nombreuses ressemblances entre le travail de M. le docteur et le mien. Je n'en suis nullement étonné, j'ai la conviction bien arrêtée qu'il en sera ainsi de tous les travaux qui seront faits sur les mêmes éléments, dès qu'on voudra les étudier, abstraction faite de certaines idées reçues d'avance. Je m'en félicite dans l'intérêt de la vérité, parce que j'y vois une confirmation nouvelle de l'exactitude de mon travail de 1845 ; et je remercie bien sincèrement M. le docteur Juglar d'avoir, sans les connaître, donné cette nouvelle démonstration des propositions qui avaient paru exagérées et contre lesquelles s'était élevé un célèbre statisticien. Cette nouvelle démonstration me paraît de nature à apporter la conviction dans les esprits les plus prévenus.

Veuillez agréer, etc., FAYET,

Inspecteur de l'Académie du Pas-de-Calais.

Arras, le 27 janvier 1852.

RÉPONSE DE M. JUGLAR.

Monsieur, je n'aurai que deux mots à répondre aux observations que M. Fayet vous a adressées concernant la première partie du mémoire sur la population, inséré dans le *Journal des Economistes*, en décembre et en janvier. Qu'il me permette d'abord de lui témoigner le haut intérêt que m'a inspiré son consciencieux travail. Toutefois, je n'ai pu m'empêcher de regarder comme un peu problématique, ainsi que M. Berriat Saint-Prix l'avait fait remarquer dans la discussion académique, le rapport des naissances à la population. C'est le seul point de son mémoire que je me sois permis de critiquer, parce que je ne trouvais précisément pas là cette rigueur mathématique qui lui est ordinaire et que l'on découvre dans la suite de ses recherches. Du reste, j'ai eu soin de noter que ma remarque se bornait au rapport des naissances à la population.

J'accepte volontiers la seconde observation. La forme même de ma phrase indiquait assez que je pensais bien que cette remarque avait déjà été faite ; seulement je n'en avais pas connaissance. Je suis heureux que M. Fayet en soit l'auteur, et ne puis en terminant que le remercier de l'appréciation bienveillante qu'il a bien voulu faire de mon petit travail.

Agréez, monsieur, etc., CL. JUGLAR.

SOCIÉTÉ D'ÉCONOMIE POLITIQUE.

PASSAGE D'UNE LETTRE DE M. CAREY AU SUJET DE BASTIAT. — SUITE DE LA DISCUSSION DE LA RENTE FONCIÈRE. — NOTES DE M. BOUTOWSKI ET DE M. AMÉ. CLÉMENT. — EXTRAIT DES *Harmonies* AU SUJET DES ÉCONOMISTES.

La séance était présidée par M. Horace Say, ayant à sa droite M. Léon Faucher. M. Alfred Sudre, auteur de l'*Histoire du communisme*, réfutation historique des théories socialistes, récemment admis comme membre, assistait à la réunion.

Pendant le dîner, une piquante conversation s'est engagée entre M. de Chamborant, conseiller général de la Charente, auteur d'une *Histoire du paupérisme*, et M. Michel Chevalier ; M. de Chamborant soutenant, avec esprit, la supériorité des civilisations passées et l'existence de civilisations inconnues ; M. Michel Chevalier faisant ressortir avec raison les caractères humanitaires de la civilisation issue du christianisme.

M. PAILLOTTET a ensuite communiqué à la Société quelques passages de la lettre échangée entre lui et M. Henri Carey (de Philadelphie), au sujet des réclamations de ce dernier qui ont été reproduites dans le *Journal des Economistes*. Nous laissons parler M. Paillottet :

« Le 19 novembre dernier, j'avais adressé à M. Henri C. Carey (de Philadelphie) une lettre de douze pages, qui se terminait par ces mots :

« Que le caractère de mon intervention soit bien compris. Je ne me pro-
« pose nullement de faire valoir le mérite de Bastiat, ni de l'exalter aux dé-
« pens d'autrui. Si ce mérite avait besoin d'un défenseur, ce n'est pas à moi
« que je m'en rapporterais pour remplir cette tâche. La seule chose que je
« défende, c'est sa loyauté qui n'est pas plus douteuse pour moi que mon exi-
« stence. Je m'inquiète peu du rang qu'on lui donnera parmi ses émules.
« M. Carey le qualifie de premier économiste de l'Europe ; c'est là un titre
« bien pompeux, et j'ignore s'il lui sera définitivement décerné. Mais il en est
« un plus modeste qu'il a mérité, à coup sûr, et qu'on ne peut lui contester
« sans injustice. Il le reçut un jour de la bouche d'un adversaire, qui l'appela
« l'*Honnête économiste*. Celui-là, je tiens à ce qu'il le conserve ; il est bien à
« lui, et personne au monde ne pourra l'en· déposséder. » (Très-bien ! très-
bien !)

« Dans une réponse du 13 janvier 1852, M. Henri C. Carey, accueillant les observations que je lui ai présentées, reconnaît « que Bastiat avait beau-
« coup plus de chances que la grande majorité de ses contemporains, de dé-
« couvrir des vérités nouvelles, *sans l'aide d'autrui*, et qu'il ne devait être
« soupçonné d'aucune intention, d'aucun acte *qui ne fût strictement honorable.*»

« M. Carey s'applaudit désormais sans réserve du concours que M. Bastiat lui a prêté pour répandre des doctrines qui leur sont communes, et lui voue des sentiments de reconnaissance pour avoir publié les *Harmonies éoo-
nomiques.* »

« A la fin de sa lettre, M. Carey annonce le projet de faire le voyage de . Paris, dans le courant de la présente année ou de la suivante. C'est une nouvelle intéressante aussi pour la Société d'économie politique, qui s'empres-
sera d'accueillir, avec toute la distinction qu'il mérite, l'éminent économiste américain. » (Assentiment général.)

M. DE FONTENAY ayant manifesté le désir de faire quelques objections, au sujet de l'opinion exprimée par M. Coquelin dans la dernière séance, la Société a été entraînée, un peu malgré elle, à consacrer sa soirée à une dis-
cussion épuisée, au moins quant aux explications qui peuvent se produire de vive voix sur un sujet aussi délicat, aussi difficile, et qui ne peut vraiment être traité que par écrit.

A la suite de M. de Fontenay, MM. Ch. Coquelin, Paillottet, Louis Leclerc, Horace Say, de Sudre, ont successivement pris la parole; mais, comme l'a fait observer M. Say, la discussion s'est, pour ainsi dire, éparpillée, et l'élu-
cidation du point principal, à savoir : s'il y a, dans le prix des produits, une part revenant au propriétaire de la terre pour le sol nu, pour le sol considéré en lui-même, n'a pas beaucoup avancé.

M. Boutowski, conseiller de collége au ministère des finances de Russie, et auteur d'un traité remarquable sur l'économie politique, a remis au secrétaire de la Société une note, dans laquelle il précise son opinion sur la gra-
tuité prétendue du concours de la nature en général, et du concours de la terre en particulier.

M. P. Clément (de Saint-Etienne), auteur d'un très-judicieux livre sur les causes de l'indigence, a également envoyé une note traitant le même sujet, et faisant partie d'un travail sur l'ouvrage de Mac Culloch.

Nous reproduisons ces deux écrits.

NOTE DE M. BOUTOWSKI SUR LA RENTE FONCIÈRE, ET A PROPOS DE LA GRATUITÉ PRÉTENDUE DU CONCOURS DE LA NATURE A TRAVERS TOUTES LES TRANSACTIONS HUMAINES.

Il y a quelque temps déjà, la Société d'économie politique se préoccupe d'une grave question, qui touche aux entrailles mêmes de la science : celle de l'origine ou plutôt de l'existence de la rente foncière, telle qu'elle a été définie par David Ricardo et par la plupart des économistes qui ont traité la matière après lui. D'après cette définition, la rente foncière, autrement dit profit net du propriétaire du fonds, est un revenu complétement distinct de ceux qui proviennent du travail sous forme de profits et de salaires, de même que du capital sous forme d'intérêt et de loyer. Très-souvent, presque toujours, elle se combine avec ces derniers ; mais une analyse attentive ne tarde pas à la découvrir et à la séparer. En effet, en prenant le revenu brut d'une exploitation agricole ou minière, en argent ou en produits, nous en détachons d'abord l'équivalent, ou la reproduction totale, du capital circulant, puis la part afférente à l'amortissement du capital fixe, puis l'intérêt courant de l'un et de l'autre de ces capitaux, puis le salaire des ouvriers, et enfin le profit courant ou moyen de l'entrepreneur. S'il reste, après le prélèvement de tous ces frais, encore un solde disponible, l'observateur est en droit et en devoir de se demander d'où provient ce solde ? à quoi et à qui l'attribuer ? Ce solde n'existe pas toujours ; mais quand il existe, quand il se détache, il prend, dans tous les traités d'économie politique, le nom de profit net du propriétaire, ou de *rente foncière*.

On peut différer sur la manière d'expliquer ce solde mystérieux : je ne crois pas qu'il y ait quelqu'un parmi nous qui n'en reconnaisse l'existence. Au besoin, toutefois, je rappellerai que ce solde apparaît dans toute sa pureté et toute sa simplicité dans le fermage qu'un propriétaire ou bien l'Etat retirent de certaines terres, certains gisements miniers, sur lesquels aucun travail ni aucun capital n'ont jamais été dépensés. On peut encore en constater des traces palpables dans le loyer des pêcheries, des chasses, indépendamment de tous frais pour l'entretien et la conservation de ce genre d'exploitations.

Depuis longtemps l'existence de ce solde, que je désignerai désormais sous le nom de rente, avait frappé l'attention des économistes. Le profit net du propriétaire foncier devint la base de toute la doctrine des *physiocrates*, qui ont cru y reconnaître le produit unique, le revenu par excellence, au point de considérer toutes les industries, hormis celle de l'agriculture, comme improductives. La nature seule, selon Quesnay et ses adeptes, est productive, et son produit échoit à l'humanité sous forme du profit net foncier ; l'agriculture contribue seule à la réalisation de ce produit ; toutes les autres branches de l'industrie ne font que reproduire le capital et le travail dépensé, sans rien ajouter au produit net. A. Smith réfuta victorieusement la seconde partie de cette assertion ; il prouva qu'une grande part de la production appartient au travail, et qu'à ce titre l'industrie manufacturière et l'industrie commerciale sont également productives ; mais il ne parvint pas à éclaircir le véritable caractère de la rente foncière. Il l'attribue vaguement à une qualité, à une vertu particulière de la terre, et se rapproche lui-même des physiocrates, en proclamant l'agriculture comme une branche plus productive que les autres, parce qu'en elle se réaliserait un concours de la nature plus efficace et plus lucratif.

Vint Ricardo. Il ne put se contenter de l'explication de Smith. En effet, le concours de la nature est aussi efficace, aussi puissant dans les autres branches de l'industrie que dans l'agriculture. D'où vient qu'il n'y est pas aussi lucratif, et que le profit net, la rente, n'apparaît que dans cette dernière ? Pour résoudre le problème, Ricardo quitta le terrain de la production pour celui de la distribution des richesses. Son attention se dirigea sur un fait qui domine toute la série des phénomènes de la distribution, sur le prix courant. Il reconnut que le prix courant, comme, du reste, Smith l'avait déjà démontré, s'établit en vertu d'une loi d'équilibre, qu'il est toujours en raison inverse de l'*offre* et en raison directe de la *demande*. Donc, il ne dépend du producteur qu'en tant que le producteur influe sur l'offre. Cette donnée devint la clef de la théorie de la rente, découverte par Ricardo. Il s'attacha d'abord à bien distinguer la notion du *prix courant* de celle des *frais de production*, que Smith appelle quelque part *prix naturel*, et qu'en pratique l'on désigne souvent par *prix de revient*. Il compara ensuite le prix courant aux frais dans diverses industries ; s'aperçut et démontra que, sous l'empire de la libre concurrence, celui-là tend constamment à se rapprocher de ceux-ci ; qu'il s'en rapproche, en effet, dans l'industrie manufacturière et commerciale ; qu'il s'en rapproche également dans l'agriculture ; mais qu'une différence notable entre les deux *quantum* subsiste pour certaines exploitations plus favorisées par la nature, et que cette différence est précisément ce solde qui a tellement préoccupé ses devanciers. Dès lors le phénomène est éclairci : ce solde, cette rente n'est autre chose qu'un *boni* dont jouissent les propriétaires qui possèdent des terres, sur lesquelles, grâce à certains avantages naturels de situation ou de fertilité, on peut obtenir la même quantité de produits avec des frais moindres, c'est-à-dire avec une dépense moindre de travail et de capital. Ce *boni*, ils en profitent quand ils font valoir eux-mêmes ; ils se le font payer dans le fermage, quand ils concèdent leurs lots à [d'autres entrepreneurs. Donc, la rente ou le profit net foncier n'est plus un revenu particulier propre à la terre, comme disait Smith ; c'est encore moins le revenu unique, le revenu par excellence des physiocrates : elle est tout simplement le résultat d'un avantage naturel, inhérent à une propriété foncière quelconque, qui permet au détenteur de cette propriété de produire avec moins de frais ce qu'il vendra au même prix que les autres.

L'origine première de ce *boni*, qui se réalise ici, ne se réalise pas là, qui est plus fort sur une terre, moindre ou nul sur d'autres, il faut donc la chercher, avec Ricardo, dans la variété des conditions naturelles sous lesquelles la terre se présente à l'action de l'homme. Cette variété, et tout le monde en conviendra, je l'espère, est extrême : on peut dire, qu'à la rigueur, il n'y a pas deux lots de terre, de même étendue, également fertiles, également bien situés, et, en définitive, offrant un concours égal au travail humain. Par suite, les bénéfices qui résultent, au profit des propriétaires, des avantages particuliers, propres à ces forces naturelles, limitées et appropriées, échappent à l'action nivelatrice de la concurrence. Les autres forces de la nature, que l'industrie appelle à son aide, ne présentent pas la même variété ; elles offrent partout à peu près le même concours : aussi ne donnent-elles lieu à aucun boni particulier ; on ne peut en signaler aucun, du moins d'après Ricardo, dans les opérations productives qui s'exercent au moyen de l'air, de l'eau, de la vapeur, de la lumière, de l'électricité. Si la force naturelle qu'on appelle terre se présentait aussi partout dans les mêmes conditions de concours au travail et en une quantité inépuisable, la rente foncière ne pourrait se former.

Faut-il ajouter que Ricardo insiste beaucoup sur l'influence exercée par le prix courant sur le taux des rentes foncières? Ce taux est aussi variable que les qualités des terres elles-mêmes; et c'est un des traits qui distinguent la rente de l'intérêt, dont le taux est toujours uniforme sur un marché donné. Quoi qu'il en soit, une baisse dans le prix courant des produits de la terre tend à baisser le taux des rentes; l'effet contraire est occasionné par la hausse des prix. Aussi, l'accroissement de la population, les entraves apportées au commerce extérieur, et en général toutes les causes qui augmentent la demande ou restreignent l'offre des produits agricoles, en élèvent en même temps le prix et le taux des rentes : les arrivages abondants de l'étranger, les améliorations des modes de culture, une population stationnaire, sont autant de causes qui agissent en sens contraire.

C'est ainsi que Ricardo arrive à conclure que la rente, ou le profit net foncier, ne constitue pas un nouveau revenu réel créé dans la société ; que c'est une simple prime, qui se détache des revenus réels au profit du détenteur de la terre favorisée par la nature, et qui lui appartient en vertu de son droit de propriété sur cette terre. Les exemples qu'il choisit pour sa démonstration, et notamment l'hypothèse de la culture successive, peuvent donner prise à la critique : le fond n'en paraît pas moins inattaquable. L'argumentation de Ricardo est un peu raide et acerbe dans la forme ; mais il ne faut pas oublier qu'il écrivait dans un pays et dans un temps où l'on voulait à toute force persuader au monde, que le taux élevé des rentes est le plus grand et le plus beau progrès que puisse réaliser une nation, et où toute une classe puissante s'efforçait à maintenir ce taux excessivement haut, au moyen des mesures restrictives dirigées contre l'importation des grains. En expliquant le véritable caractère de la rente, Ricardo a coupé court à ces prétentions, et sa théorie a beaucoup aplani le terrain pour la grande réforme accomplie sous nos yeux par sir Robert Peel.

Mais revenons à son analyse, qui, depuis, a été reproduite, élucidée, perfectionnée et en partie complétée par d'autres économistes éminents. Par où pèche-t-elle? — Je crois, et je pense être en ceci conforme à plusieurs de ces économistes auxquels je viens de faire allusion, l'analyse de Ricardo pèche par un défaut de plénitude. Il a bien vu la véritable nature de la rente, mais il n'a pas assez généralisé ses conclusions. Oui, la rente foncière est un boni, qu'un avantage naturel, exceptionnel et exclusif, inhérent au fonds de terre, constitue au profit du propriétaire de ce fonds, en tant que la société ou bien l'humanité entière consent à le payer, sous forme d'un prix courant élevé. Mais il y a plus : ce boni n'est pas le partage exclusif de la propriété foncière ; il existe et il apparaît dans le revenu de tout homme qui tire parti d'un avantage naturel et exceptionnel quelconque, qu'il possède dans sa personne ou dans sa propriété. Ces avantages exceptionnels ou personnels, il y a longtemps déjà, ont été signalés par la science, sous le nom de *monopoles naturels*. Si le mot de monopole choque ou déplaît, on peut le remplacer par un autre : cela ne change rien à

la chose même. On retrouve ce *boni*, ou cette prime, et dans la rémunération
considérable des talents hors ligne, et dans la haute paye de l'ouvrier doué
d'une force ou d'une intelligence peu commune, et dans le prix élevé des produits rares et précieux ; on le retrouve également dans les profits extraordinaires qu'un tel fabricant ou un tel commerçant doivent à certaines .circon-
stances naturelles. le plus souvent fortuites, qui leur permettent d'accomplir
une opération avec des frais moindres que d'habitude ; on le retrouve enfin
chaque fois que, le prix courant étant le même, les frais de production se
trouvent diminués grâce à un concours de la nature plus efficace, plus
heureux.

Sans doute, ce concours de la nature est et reste toujours gratuit pour celui
qui en profite : elle ne réclamera jamais à Rubini le prix de sa voix étonnante,
à l'ouvrier robuste et adroit le prix de sa force musculaire exceptionnelle ;
elle ne figurera jamais comme créancière au passif d'un fabricant de produits
chimiques, par exemple, pour une baisse ou une hausse avantageuse de la
température, ou d'un armateur, pour un vent favorable inespéré qui lui permettra d'accomplir en quinze jours le trajet qui en demande habituellement
trente. Ces dons de Dieu resteront gratuits pour les heureux qui en profitent :
est-ce à dire qu'il en sera de même pour la société ? Pour que cela fût, il faudrait que ces revenus extraordinaires, souvent imprévus, que j'appelle *boni*
ou primes, au lieu d'être joyeusement encaissés par ceux qui les réalisent,
rentrassent, sous forme d'impôts volontaires, dans les caisses de l'Etat, ou bien
bonifiassent au consommateur, c'est-à-dire à tout le monde, sous forme d'une
baisse équivalente dans le prix courant.

Rien de pareil ne se passe sous nos yeux : les propriétaires fonciers, les
grands et petits talents, les fabricants et les commerçants profitent et jouissent
de ces *boni*, chaque fois qu'ils peuvent les réaliser, et n'en tiennent aucun
compte ni à l'Etat ni aux consommateurs : ni l'Etat, ni les consommateurs ne
songent même à le leur demander. Chacun jouit au grand jour, et sans
nullement s'en cacher, des dons gratuits et exceptionnels qu'il doit à la Providence ; chacun cherche à en tirer le meilleur parti possible et à se les faire
payer le plus cher qu'il peut, sans en référer à personne, s'en vantant même
à toute occasion, et s'attribuant souvent, sans sourciller, à soi-même, à son
travail, les succès extraordinaires, qu'au fond, dans l'espèce, il ne doit qu'à
Dieu.

Un auteur à qui la science doit les plus grands services, Bastiat, que nous
aimons et regrettons tous, a dit que, dans les transactions humaines, il n'y a
que *les services qui valent.* Complétement d'accord avec lui en ceci, je dirai
aussi, que sous l'empire de la liberté des échanges, il n'y a que les services
qui se payent, ou plutôt s'échangent contre d'autres services équivalents. En
payant 15 francs une petite place à l'Opéra, pour entendre Dupré, je ne paye
qu'un service ; en payant 1,000 fr. pour mon appartement, 100 francs pour
mon habit, 5 sous pour mon petit pain de gruau, je ne paye que des services ;
de même que si l'on achète ma marchandise, l'on ne paye qu'un service que
je rends. Oui, comme Bastiat, je m'élève contre la prétention de proportionner la valeur des produits au travail qu'ils ont coûté : comme lui je proportionne cette valeur au service que ces produits peuvent rendre, et comme lui
j'ajoute que cette valeur est justement établie, tant qu'une libre concurrence
préside à l'évaluation. Seulement je fais quelque chose de plus : je décompose

le service : j'y trouve une part qui provient d'un effort, d'une peine, d'un travail, d'un sacrifice que le producteur a accompli pour me procurer ce service, et à côté de cette part, pas toujours, mais souvent, je découvre une autre part, parfois très-considérable, provenant d'un avantage naturel qui appartient au producteur, et qu'il ne doit qu'à Dieu. Je distingue ces deux parts, et néanmoins je paye le service ce qu'il vaut, c'est-à-dire d'après son prix courant, sans m'apitoyer sur mon sort, parce qu'à mon tour je me fais payer ma marchandise, et je sais que je me fais rétribuer non-seulement le travail qu'elle m'a coûté, mais encore les avantages naturels, la capacité, le talent si l'on veut, qui m'ont servi, beaucoup plus peut-être que mon travail proprement dit, à la produire. Ou bien, si je n'ai aucun talent, aucune capacité particulière, si le service que je rends ne consiste qu'en un triste labeur, et s'il m'est aussi piétrement payé qu'il vaut peu, je ne m'en plains pas encore, parce qu'il ne me viendra jamais en tête de reprocher à Dieu de m'avoir si mal doté.

Or, de tout cela je conclus, et c'est là que je m'écarte des idées exprimées dans les *Harmonies économiques* (p. 66, 142, 242, et *passim*, ch. v, viii et ix), que le *concours de la nature n'est et ne reste pas toujours gratuit à travers toutes les transactions humaines.* Encore une fois, aucun homme ne paye à la Providence les dons qu'il en reçoit, sous forme d'avantages naturels exceptionnels, combinés avec sa personne ou sa propriété ; mais chacun profite de ces dons pour rendre à ses semblables des services à moindres frais possibles, et pour recevoir d'eux en échange le plus possible d'autres services dont il a besoin ou qu'il désire. Tel est l'ordre des choses naturel. Tous sur la terre possèdent quelque chose, si ce n'est une propriété immeuble ce sont des biens meubles ; à défaut de meubles ni d'immeubles, chacun, à moins d'être esclave, ce qui est anormal, possède au moins sa propre personne, ses forces physiques et morales. Tous peuvent reconnaître dans leurs propriétés certaines qualités exceptionnelles, certains avantages, et tous très-légitimement cherchent à en tirer le meilleur parti possible. Je dis légitimement, parce que je suppose que nous sommes tous d'accord sur le principe sacré de la propriété provenant de la personnalité et du travail de l'homme, c'est-à-dire de l'application de cette personnalité même à l'acquisition des biens nécessaires pour la soutenir et la développer. Plus loin je reviendrai sur cette question de la propriété ; dès à présent je dirai que, forts de ce principe, le propriétaire fait valoir les avantages naturels de son lot de terre, comme l'artiste fait valoir son talent, l'ouvrier sa force musculaire, le soldat sa bravoure. C'est un échange perpétuel de services, provenant aussi bien du travail que des dons naturels ; échange éminemment avantageux à tout le monde, mais dans lequel, on ne saurait le nier, ceux qui possèdent le plus de dons naturels sont aussi les plus avantagés.

Notre ami Bastiat a cru entrevoir dans cet état de choses une *discordance*, pour employer un terme opposé à l'*harmonie* qu'il s'est évertué à chercher et à établir. Pour qu'il y eût discordance, il faudrait prouver que l'*inégalité* n'est pas le corollaire de l'humanité. Tout prouve le contraire. Nous naissons, nous vivons, nous mourons sous l'empire de l'inégalité ; de même ont fait nos pères ; de même sans doute feront nos enfants. Avec le libre arbitre et la sensibilité, il est même difficile d'imaginer un autre ordre de choses, du moins à la raison humaine. L'inégale distribution des dons de la nature, du reste admise comme fait par tous les économistes et par Bastiat lui-même (v. page 299 et *passim*, chap. x), s'accorde, il me semble, parfaitement avec notre inégalité native. Et si l'on doit juger des intentions du Créateur d'après ce qui existe, l'inégalité en toutes choses est le sort commun des humains. Or, si l'inégalité est admise, et elle l'est, il doit en résulter évidemment des avantages naturels exceptionnels au profit des uns, auxquels les autres ne peuvent participer qu'à titre onéreux, c'est-à-dire en payant les services qui en proviennent; et, de cette manière, tombe la doctrine de la gratuité sempiternelle du concours de la nature.

Ici je m'empresserai de convenir avec Bastiat que d'autres causes tendent constamment à niveler ce qu'il y a d'inégal dans la distribution des dons naturels entre les hommes et entre les nations. Comme lui j'indiquerai ces causes dans les progrès de la civilisation, dans la diffusion des lumières, dans l'amélioration des moyens de communication, dans l'invention des machines, et surtout dans la liberté des échanges et la concurrence. Grâce à ces influences, comme lui je dirai, que tous les jours une certaine partie de l'utilité *onéreuse*, qu'on doit arracher par un effort à la nature, ou qui se trouve circonscrite dans le cercle exclusif de la propriété personnelle, vient s'adjoindre à l'utilité *gratuite*, à celle qui est du domaine commun; tous les jours ce dernier s'accroît, s'élargit, et ce progrès se traduit en une masse de jouissances toujours grossissantes pour une quantité d'efforts et de travail toujours diminuants. Mais ce mouvement ne peut être admis par la science que comme une tendance : l'inégalité native et naturelle ne pourra jamais être effacée complétement; et même sous le règne de la plus parfaite liberté des transactions et de la concurrence, il y aura toujours de par le monde des avantages naturels exceptionnels, dévolus à des propriétaires exclusifs, qui n'en céderont la jouissance ou les services à leurs semblables qu'à titre onéreux.

En m'élevant contre la doctrine de *la gratuité sempiternelle du concours de la nature*, en lui opposant celle *des avantages naturels exceptionnels*, je ne cède nullement à un vain désir d'ouvrir une polémique avec les personnes honorables qui soutiennent la première de ces opinions. Mon désir unique est de contribuer à élucider un point de la science, et c'en est un d'une grande importance. On peut citer plus d'un exemple d'âmes généreuses qui, à la vue du mal constamment et fatalement mêlé au bien dans l'existence humaine, se sont senties en proie à un doute dangereux. Un jour Sismondi ne proclamat-il pas que la concurrence et l'emploi des machines sont l'origine du paupérisme et des maux qui accablent les classes ouvrières! C'était à peu près comme si un physicien allait rendre l'air que nous respirons coupable des épidémies qui s'y engendrent. Néanmoins, ce nom respecté dans la science, cette plume éloquente qui s'élevait tout à coup contre les principes, qu'ellemême avait jadis défendus, ébranlèrent la foi de plus d'un adepte; une des barrières du champ clos de la saine doctrine se trouva abaissée, et donna immédiatement entrée dans la lice à une multitude de rêveurs et d'utopistes qui, dans leurs prétentions insensées, auraient détruit la science même, si la vérité pouvait être détruite. Eh bien, soutenir qu'en théorie le concours de la nature est et doit toujours être gratuit à travers toutes les transactions humaines, c'est de nouveau abaisser la barrière devant les utopies socialistes.

On ne peut admettre un aphorisme sans en légitimer toutes les déductions; or, si vous admettez la maxime dont il s'agit, immédiatement tout l'édifice de la science se trouve ébranlé : elle cesse d'être conforme aux faits, parce qu'elle ne les explique plus ; elle quitte le terrain solide de l'analyse pour s'égarer dans les broussailles fangeuses des appréciations arbitraires. Inscrivez cette formule que je combats en tête de vos traités, et demain un nouvel athlète du paradoxe descendra dans l'arène, saisira votre formule, la pressera, l'envenimera, et en fera sortir mille nouvelles contradictions, qui ne sont bonnes qu'à obscurcir le bon sens du public et à discréditer une science positive et bienfaisante.

Ah ! dira-t-il, vous soutenez que le concours de la nature est et doit toujours être gratuit à travers toutes les transactions humaines ; et moi, je vous prouverai par cent, par mille, par dix mille exemples, que ce concours, en fait, est loin d'être gratuit ; que chaque fois, au contraire, qu'un homme peut en disposer, il se le fait payer en beaux et bons deniers. Vous prétendez que la liberté des échanges et la concurrence sont les conditions nécessaires de cette gratuité : et moi, je vous prouverai encore que la réalisation de ces conditions, comme vous les entendez, ne changerait rien à la chose ; qu'on payera toujours, ou du moins qu'on se fera toujours payer des avantages naturels exceptionnels, qui ne sont que des dons de Dieu. Donc, si votre formule est juste, et vous en paraissez convaincus, ces payements sont des extorsions, des injustices ; donc, il y a un vice dans l'organisation sociale, auquel ne peuvent remédier votre liberté des échanges ni votre concurrence ; donc, il faut y chercher un remède ailleurs ; — et la conclusion finale ne se fera pas attendre, et vous verrez surgir un plan pour arriver à une organisation sociale telle, que votre formule se trouve justifiée en fait, c'est-à-dire, qu'aucun don de la nature ne donne lieu à un payement quelconque, que ces dons soient et restent toujours gratuits à travers toutes les transactions humaines. Et ce plan, il ne faut pas aller le chercher loin : il est tout trouvé dans l'arsenal de l'utopie : c'est le communisme appliqué à la terre, c'est l'égalité des salaires appliquée au travail ; c'est le niveau écrasant des égalitaires, promené sur les hommes et les choses, afin qu'aucun ne se distingue des autres par un avantage quelconque, afin que tous gagnent et toutes rapportent au même taux, ni plus ni moins.

Vous qui soutenez ce prétendu dogme de la gratuité sempiternelle du concours de la nature, que répondriez-vous à l'argumentation de cet adversaire ? — Vous serez obligés ou de lui accorder qu'il a raison ; qu'en effet la société est vicieusement organisée, de manière à ce que les hommes profitent à l'égard de leurs semblables des dons qu'ils ont reçus gratuitement de la nature, et, par suite, qu'il est nécessaire de la réformer pour extirper cet abus. Ou bien, reculant devant une conclusion aussi étrange, si peu conforme à l'esprit de la science, vous conviendrez que cette formule n'est pas exacte, et que, d'après les lois providentielles, le concours de la nature n'est et ne reste pas toujours gratuit à travers toutes les transactions humaines, même lorsque ces transactions se passent sous l'empire de la plus complète liberté.

Eh quoi ! me diront alors les socialistes de tout genre, vous convenez donc que le propriétaire foncier se fait payer, sous forme de rente, ou fermage, des avantages naturels, qu'il tient gratuitement de Dieu ; qu'il prend de l'argent au pauvre peuple pour un don du ciel ! — mais c'est une énormité, un abus, une injustice, un vol ! — Ces clameurs, tant de fois reproduites sur tous les tons et en toutes langues, il me semble, doivent peu toucher la science. Il m'a toujours paru que la science ne doit pas rougir des vérités qu'elle découvre, quand même la nudité de ces vérités offusquerait certains regards. Pour moi, le principe sacré et inviolable de la propriété foncière n'est nullement endommagé ni affaibli par l'existence avérée de la rente, telle que la science l'a admise et reconnue jusqu'aujourd'hui.

La propriété foncière, ainsi que toute autre, n'est pour moi qu'une émanation de la personnalité : on devient propriétaire de la terre comme de toute autre chose, par l'application à cette terre des forces physiques et morales, qui constituent la personnalité de l'homme, et cette application est justement ce qu'on appelle *occupation par le travail*. La propriété foncière ne diffère des autres que parce qu'elle ne peut se fixer, se réaliser que par l'appropriation exclusive d'un lot de terre, qui contient lui-même une force naturelle : il faut bien l'accepter dans cet état, puisqu'elle ne peut se constituer autrement. Je dis qu'il faut l'accepter, car si on ne l'accepte pas, si on nie le principe même du droit de se l'approprier, il n'y a plus de discussion possible : avec l'absolu, disparaît le contingent. Or, dans l'espèce, le contingent consiste en avantages divers inhérents à la propriété.

Donc, en vertu de son droit absolu, inné, qui découle de sa nature d'homme, un homme occupe et s'approprie par le travail une terre qui n'appartient à aucun autre propriétaire. Par cette occupation et par cette appropriation, il transforme cette terre en un moyen d'existence pour lui et pour sa famille : lui en disputera-t-on la propriété exclusive ? Non, car cela serait lui disputer l'existence même. Et si, par la suite, ou même immédiatement, cette terre se trouve dotée d'avantages naturels exceptionnels, qui viennent en aide au travail de cet homme, qui allègent sa peine, qui lui permettent d'en tirer des produits avec moins de frais que son voisin, par exemple, sera-t-on fondé à lui en disputer la jouissance, à lui réclamer la différence ou le boni qu'il pourra ainsi réaliser ? Mais cela serait mettre en question son droit de propriété même ; car, ne s'aperçoit-on pas que cette propriété, qui découle de la personnalité, participe à toutes les conditions de cette dernière ? L'un comme l'autre de ces deux principes est indivisible : ma personnalité se trouverait entamée et même détruite, si l'on me disputait le droit de tirer parti des capacités et des forces qui lui sont propres ; de même la propriété serait détruite si elle n'était pas complète, si elle ne s'étendait pas sur tous les avantages naturels ou artificiels qui tiennent à elle. On ne peut assigner qu'une limite à l'exercice de la personnalité et de la propriété, et cette limite est dans l'équité. Tant que je ne porte aucune atteinte aux droits légitimes des autres, je suis dans le mien. En tirant le meilleur parti possible de ma propriété, je n'empêche personne d'en faire autant de la sienne : qu'a-t-on à me reprocher ?

Un propriétaire timoré pourrait, à la rigueur, s'émouvoir de ces récriminations : ces avantages exceptionnels, dirait-il, qui me donnent une rente aujourd'hui, je ne les ai pas cherchés, je n'y ai pas même songé, lorsque j'ai voué mon travail et mes espérances à cette terre, arrosée de mes sueurs ; c'est à mes risques et périls que j'ai entrepris de la cultiver ; je n'étais alors assuré que de mon droit de me l'approprier et de ce que la société reconnaît et garantit ce droit ; depuis, Dieu est venu à mon aide ; il a exaucé mes vœux, et j'ai trouvé dans les avantages naturels de ma terre un secours si puissant, que maintenant je puis l'affermer au delà même de l'intérêt des capitaux que j'y ai dépensés. Si vous attaquez la légitimité, l'équité de cette rente que je bache, pourquoi m'avoir garanti la propriété elle-même? Si j'avais su alors que cette propriété ne m'appartiendrait pas complétement, je ne l'aurais pas recherchée et j'aurais continué à vivre de chasse ou à faire paître mes troupeaux dans des plaines incultes.

Honnête propriétaire, pourrait-on lui répondre, que votre conscience reste calme : vos dolentes justifications ne sont pas nécessaires; votre terre vous appartient à bon droit, et vous en touchez une rente à aussi bon droit que tous vos semblables bénéficient des avantages naturels exceptionnels qu'ils doivent à Dieu, comme vous. Dans cette rente, il n'y a rien d'injuste, rien d'abusif, rien de criant, pas plus qu'il n'y a rien de pareil dans la rétribution élevée qu'un homme retire de ses talents, de ses capacités, de ses forces. Ni vous ni lui, vous n'avez pas machiné un arrangement particulier de l'ordre social, tel qu'il en découlât pour vous ces bénéfices ou d'autres; si vous l'aviez fait, vous auriez mérité ces reproches qui vous émeuvent; mais vous n'êtes coupable en rien ; c'est le Créateur lui-même qui a arrangé ce monde comme il est; s'il vous a été dévolu des avantages naturels exceptionnels, jouissez-en en paix et bénissez la Providence.

Chose étrange! en pratique, dans la vie usuelle, le bon sens vulgaire ne se laisse jamais prendre à ces illusions de prétendue injustice; on s'enquiert quelquefois des titres de la propriété; on s'indigne quand on n'en trouve pas de valables, ou que l'on reconnaît la source de l'appropriation dans des actes iniques. Mais une fois la légitimité du titre établie, reconnue ou admise, on considère comme tout naturel que le propriétaire retire de sa terre tous les avantages possibles. Jamais il ne vient en tête à un fermier de reprocher à son propriétaire la rente qu'il lui sert, ni à un consommateur de se plaindre de ce qu'il paye cette rente dans le prix du pain qu'il achète, pas plus que jamais on ne reproche à un homme de talent son gain exceptionnel.

Pour rencontrer ces reproches, il faut s'adresser à certains écrits, heureusement beaucoup moins lus qu'on ne le suppose, et encore moins compris par ceux qui les lisent. En général, on le dirait du moins, ces écrits ne s'élèvent contre les abus de la propriété, et de la propriété foncière en particulier, que pour remplir leurs pages : leurs coups sont principalement dirigés contre le principe même. La plupart ne veulent pas de propriété individuelle, ce qui équivaut à n'en vouloir d'aucune. Un grand nombre s'élèvent même contre la personnalité, qu'ils veulent confisquer au profit de toutes sortes d'organisations utopistiques et chimériques. Mais alors ces reproches si acerbes, si péremptoires sont-ils moindrement recevables, venant de cette part, même au point de vue de la plus vulgaire logique?—Qui dit *abus*, dit *usage*, il me semble : alors il y a lieu à débattre; il y a espoir de s'accorder. Mais quiconque crie à l'*abus* et repousse ou nie l'*usage*: qui m'indiquera le moyen de s'entendre? Encore une fois, on ne peut discuter sur les abus de la propriété avec ceux qui ne veulent d'aucune propriété, et pas même de la personnalité. Quant à ceux qui s'inclinent devant ce principe, il sera toujours facile de leur démontrer qu'il n'y a aucun abus dans le fait de tirer le meilleur parti possible des avantages naturels inhérents à la propriété, pourvu qu'on reste dans les limites de l'équité.

On a voulu représenter la formule de la gratuité sempiternelle du concours de la nature, comme un terme de conciliation entre l'économie politique et les diverses sectes ou écoles socialistes. Peines perdues, je crois : il n'y a pas de conciliation possible entre l'erreur et la vérité, à moins que la première

ne se reconnaisse pour telle et ne mette bas les armes. Pour se rapprocher
de la véritable science, les esprits atteints de socialisme devraient se donner
la peine de l'étudier sans idées préconçues, sans passion, avec impartialité;
une fois engagés dans cette étude, ils y verraient à chaque pas les preuves
d'un arrangement providentiel admirable, qui réalise, sans que personne y
aide par des organisations artificielles, et la solidarité des hommes, et l'harmonie des intérêts, et le progrès successif des masses vers le bien-être; guidés par le flambeau de la science, ils reconnaîtraient alors les véritables causes perturbatrices qui entravent et empêchent le jeu naturel de ces lois
providentielles, et qui amènent les maux et les malheurs qu'ils déplorent.
Une étude pareille pourrait leur dessiller les yeux, les arracher à l'utopie et
les gagner à la science. Ce résultat est certainement à désirer, et la lecture
des beaux chapitres des « *Harmonies économiques* » : sur l'*organisation naturelle*, sur l'*échange*, sur la *richesse*, sur le *capital*, sur la *concurrence* et sur les
salaires, j'en suis persuadé, y contribuerait puissamment. Mais, en aucun
cas, pour atteindre ce résultat, quelque désirable qu'il soit, l'on ne doit, il
me semble, sacrifier les données les mieux établies de la science économique,
que nous professons.   A. Boutowski.

    Paris, février 1852.

                              ? _____

    NOTE DE M. A. CLÉMENT SUR LA GRATUITÉ DES AGENTS NATURELS.

MM. Bastiat et Carey soutiennent que tous les services naturels sont toujours gratuits, non-seulement pour le genre humain considéré dans son ensemble et comme un être unique, mais pour chaque individu en particulier;
que l'appropriation privée de certains agents naturels — celle des fonds de
terre, par exemple, — ne donne en aucun cas au propriétaire la faculté de se
faire payer un prix quelconque pour leur concours, et que l'œuvre productive entreprise avec ce concours ne rend pas une valeur supérieure à celle
que comporte le travail humain absorbé par cette œuvre, à celle que la
même somme de travail pourrait obtenir par toute autre application.

    Or, cette opinion nous paraît être évidemment en opposition avec l'expé-
rience; les faits qui la contredisent sont si nombreux, si connus, si faciles à
observer, qu'il nous paraît difficile de concevoir comment elle a pu être adoptée par deux publicistes aussi éminents. Nous sommes toutefois disposé à reconnaître que pour qu'elle ait pu prendre racine dans une intelligence aussi
lucide que celle de Bastiat, il faut que les questions qu'elle soulève présentent, par quelque côté, des difficultés sérieuses et dignes d'être étudiées. Nous
espérons donc qu'on nous pardonnera d'essayer ici d'y apporter quelques
éclaircissements.

    Pour s'assurer que des faits multipliés contredisent l'opinion qui représente
comme inaltérable la gratuité des services naturels, et pour se convaincre
qu'une valeur échangeable, souvent considérable, s'attache à ces services, il
suffit d'observations qui sont à la portée de tout le monde.

    Les propriétés forestières de la France, celles du moins qui sont à l'état de
forêts depuis l'occupation du pays, — n'ont-elles pas une valeur mille fois supérieure à celle de tous les travaux qu'on y a jamais engagés? n'existe-t-il
pas, dans nos régions montagneuses, de vastes pâturages qui n'ont jamais
reçu aucun travail humain, et qui, néanmoins, ont une valeur considérable?
Lorsqu'une inondation passagère, ou tout autre accident réparable, vient dé-

truire les travaux faits pour utiliser une chute d'eau puissante et heureusement située, en résulte-t-il que ce moteur naturel perde toute sa valeur ? Les droits de prise d'eau exercés sur un ruisseau, une rivière, qui sont bien des créations naturelles indépendantes de tout travail humain, n'ont-ils pas une valeur reconnue et qui donne journellement lieu à une multitude de transactions ? Pourrait-on soutenir que le Clos-Vougeot, le coteau de l'Hermitage et tous les vignobles supérieurs du Bordelais, de la Bourgogne, de la Champagne et des bords du Rhin, n'ont qu'une valeur exactement proportionnelle à celle des travaux qui les ont créés ? Les terrains à bâtir de nos villes n'acquièrent-ils pas souvent des valeurs énormes, bien qu'ils n'offrent plus de traces des travaux antérieurs qui avaient pu les rendre cultivables ? Enfin est-ce uniquement à des différences dans la quantité ou le mérite des travaux engagés qu'il faut attribuer le plus ou moins de valeur des propriétés minérales ? N'est-il pas avéré que la même somme de travaux employée dans telle mine de combustible, de fer, de plomb, d'or, d'argent, etc., rend souvent deux fois, trois fois, dix fois plus qu'employée à telle autre mine ? Et comment expliquer ces différences de valeur, si ce n'est par les différents degrés d'abondance, de pureté, de facilité d'extraction du minerai, ou par des inégalités d'avantages dans la situation de cet agent naturel, c'est-à-dire par des circonstances indépendantes des travaux d'exploitation ?

On ne peut donc pas mettre en doute que la valeur obtenue à l'aide du concours des agents naturels appropriés, ne soit, dans une multitude de cas, évidemment supérieure à la valeur du travail humain employé à sa création. Ces cas sont trop nombreux pour que l'on puisse les considérer comme des exceptions ; car, indépendamment de ceux que nous venons de signaler, nous pourrions encore citer, parmi les fonds de terre cultivés, par exemple, ceux qui, situés à proximité des grandes agglomérations de population, ont toujours une valeur supérieure et souvent double, quadruple, etc., de celle qui s'attache aux terrains éloignés des villes, et cela, toute compensation faite des sommes de travaux engagés dans les uns et dans les autres, et sans autre cause assignable que la différence de situation. Dira-t-on que c'est au travail lui-même que l'on doit rapporter ces avantages de situation ; que le choix d'une situation heureuse suppose une supériorité d'intelligence, de prévoyance, qui doit trouver sa rémunération dans l'excédant de valeur obtenu ? Cela ne serait pas plus soutenable, car les circonstances qui finissent par donner une grande supériorité relative d'avantages à la situation d'une localité déterminée, se produisent en général successivement et avec une lenteur telle, que ce serait faire beaucoup trop d'honneur à la prévoyance humaine que de la supposer capable de les pressentir ainsi deux ou trois siècles à l'avance. Mais dût-on considérer l'avantage de situation comme étant, dans tous les cas, la rémunération d'une prévoyance, d'une industrie de valeur supérieure, il n'en résulterait pas encore que la possession de cet avantage ne constituât pas un privilége naturel, attendu qu'il ne saurait être également à la disposition de tous, et que dans un pays déjà entièrement occupé, ceux qui arrivent les derniers ne peuvent plus user de leur faculté de choisir, quelque supérieure qu'elle puisse être, avec autant de facilité et de chances de succès que les premiers occupants.

Ainsi, il nous paraît indubitable qu'en fait, une valeur plus ou moins considérable, selon la densité de la population, s'attache aux services naturels appropriés, en outre de celle des travaux employés pour les utiliser, et que l'on ne saurait rattacher cet excédant de valeur aux travaux eux-mêmes.

Ce fait, d'ailleurs, est facilement explicable; deux conditions, ou plutôt deux séries de conditions concourent à déterminer le taux des valeurs spéciales. Le travail, ou mieux, *les frais de production*, constituent la première série ; l'autre est constituée par l'ensemble des circonstances très-nombreuses et très-variables qui déterminent le rapport entre les quantités offertes et demandées de chaque objet valable. Pour ceux de ces objets dont la quantité peut être indéfiniment accrue par le travail humain, la valeur tend constamment à se rapprocher du niveau des frais de production, parce que si elle s'élève beaucoup au delà, plus de travail est attiré vers leur production, ce qui accroît la quantité offerte ; tandis que si elle s'abaisse au-dessous de ces frais, le travail se retire et la quantité offerte est diminuée. Mais pour les objets valables, dont le travail humain ne saurait accroître la quantité, il est bien évident que la condition d'équilibre que nous venons de rappeler n'existe plus, et que si la demande de ces objets s'accroît sans cesse, tandis que l'offre reste forcément stationnaire, le taux de leur valeur pourra s'élever au double, au triple, etc., du travail ou des frais engagés. Et n'est-ce pas là le cas pour les agents naturels appropriés que nous avons signalés ? Le fait de la supériorité de la valeur de ces propriétés sur la valeur des travaux qu'on y a engagés s'explique donc aisément par l'un des principes les mieux établis en économie politique : cet excédant de valeur est uniquement dû à ce que, par l'effet du développement de la population, la demande du service des agents naturels dont il s'agit s'est accrue plus que l'offre n'a pu le faire, et l'on peut affirmer que cette valeur s'élèvera d'autant plus que la densité de la population s'accroîtra davantage.

Maintenant, serait-on fondé à voir dans la démonstration de cette vérité une sorte d'atteinte à la légitimité des propriétés foncières, à prétendre que la loi naturelle qu'elle exprime, si elle existe, tend à produire l'injustice, à accroître l'inégalité parmi les hommes, à altérer de plus en plus l'équivalence des services dans les transactions ? Ce sont là les points de la question qu'il importe surtout d'éclaircir ; car c'est en croyant reconnaître dans la loi dont il s'agit une source d'injustices, que Bastiat et d'autres ont été amenés à en nier l'existence. Ils fondent surtout cette négation sur les considérations suivantes :

« La nature, en livrant ses dons à l'homme, n'exige rien en échange ; ils con-
« stituent pour l'humanité entière une libéralité absolument gratuite ; c'est
« donc uniquement au travail humain qu'il faut rattacher toute valeur échan_
« geable ; car s'il était vrai qu'une valeur pût s'attacher aux services naturels ;
« que quelques hommes, en s'appropriant ces services, qui ne leur coûtent
« rien, pussent acquérir la faculté d'en faire payer l'usage aux autres, cette
« appropriation serait entachée d'usurpation et d'iniquité ; elle réserverait
« exclusivement aux uns ce que la nature a mis à la disposition de tous. »

Nous ne savons s'il serait désirable que la nature distribuât ses dons selon les idées que paraissent se former de la justice ceux qui mettent en avant de semblables considérations ; mais il est certain que dans cette distribution des dons naturels, l'égalité qu'ils semblent supposer n'est nullement observée. Ceci est de toute évidence quant aux dons personnels, car les uns naissent mal constitués, infirmes, aveugles, idiots, etc., tandis que les autres apportent en naissant toutes les conditions de la santé et de la vigueur, ou le germe de

facultés intellectuelles, industrielles ou artistiques supérieures. Il n'est pas
moins certain que les dons naturels extérieurs ne sont pas distribués sur la
terre de telle sorte que chaque nation, chaque tribu, famille ou individu, aient
à leur disposition et à leur portée les mêmes forces, les mêmes services, les
mêmes avantages naturels, soit en genre ou espèces, soit en quantité ou en
importance. Très-assurément, les habitants du Groënland, de la Terre-de-Feu,
des contrées arides de l'Afrique ou de l'Asie, sont moins bien pourvus, sous ce
rapport, que ceux du Bengale, de l'Andalousie ou de la Touraine. Voilà déjà
bien des inégalités que nous sommes impuissants à supprimer et qui prouvent
que tous les dons de la nature ne sont pas livrés indistinctement à tous. Il est
clair que si nous voulions faire, du partage égal entre tous les hommes, l'une
des conditions de la justice, la justice ainsi entendue serait hors de notre
portée.

L'égalité, au surplus, n'est pas mieux observée dans la répartition des
avantages *sociaux*, c'est-à-dire provenant de l'activité humaine, que dans
celle des dons naturels. Celui qui naît parmi les hordes sauvages de la Nouvelle-Hollande aura assurément moins d'avantages sociaux à sa disposition
que celui que le sort fait naître à Paris, à Londres ou à Philadelphie. Celui qui
reçoit le jour d'une famille opulente aura à sa disposition une multitude de
biens sociaux dont sera privé celui qui naît d'une famille pauvre, etc. Bref,
tout est inégalité dans la répartition des biens que chacun de nous reçoit de
la nature, et cela en vertu de lois indestructibles et contre lesquelles nous
voudrions en vain lutter. Ceux qui supposent que la justice est blessée par
cette inégalité entendent donc par le mot *justice* quelque chose de tout à fait
inaccessible à l'homme.

Or, c'est sur cette fausse notion de la justice que paraît être basée l'opinion
de ceux qui nient qu'une valeur échangeable puisse s'attacher aux services
naturels appropriés sans que l'équité soit blessée. Il est évident qu'ils n'en jugent ainsi que parce qu'ils supposent que la justice exige une entière égalité
pour tous les hommes, dans la jouissance des libéralités de la nature.

Sans rechercher jusqu'à quel point il pourrait être dangereux de fonder
ainsi la notion de la justice sur des conditions qui ne sont pas humainement
réalisables, nous ferons remarquer que l'un des graves résultats de cette erreur philosophique serait de détourner vers de fausses voies les hommes qui
consacrent leurs efforts à étendre de plus en plus l'empire de la justice, en
leur faisant poursuivre, au lieu des véritables conditions qui peuvent la constituer, une égalité chimérique, et que repousse invinciblement la nature des
choses.

En renfermant la justice dans les limites de la puissance humaine, nous
n'aurons pas la prétention de donner ici des indications suffisantes pour faire
distinguer ce qui est juste de ce qui ne l'est pas ; car la justice est loin d'être,
comme on le répète trop souvent, *écrite dans le cœur de tous les hommes* ; et il ne
suffit pas de croire ou de sentir qu'une chose est juste pour qu'elle le soit
réellement. Ce sentiment est très-sujet à s'égarer, s'il n'est pas accompagné de
lumières suffisantes, et la science destinée à l'éclairer est peut-être la plus difficile de toutes les sciences. Toutefois, il nous paraît possible d'indiquer certaines conditions générales que l'on doit toujours retrouver dans ce qui est
juste ; et la principale de ces conditions nous paraît être que la chose qu'il
s'agit d'apprécier sous le rapport de la justice, *soit sûrement conforme à l'in-*

térêt général et permanent de l'humanité. Nous croyons pouvoir affirmer que ce qui satisfait pleinement à cette condition ne saurait être injuste.

Or, nous remarquons que toutes les nations civilisées s'accordent à admettre, non-seulement dans leur régime intérieur, mais dans leurs rapports mutuels, que le fait de l'occupation d'une chose, — d'un fonds de terre cultivable, par exemple,—qui n'appartient encore à personne, suffit pour rendre cette chose propre à celui qui s'en empare. Ce droit de premier occupant, si universellement reconnu, blesserait-il l'équité? serait-il contraire à l'intérêt général et permanent de l'humanité, à la diffusion et à l'amélioration de la vie humaine?

On a récemment invoqué, dans la discussion de la question qui nous occupe, l'autorité de Charles Comte [1]; comme les opinions de ce judicieux et profond publiciste nous ont toujours paru fondées sur la plus solide raison, nous nous en appuierons volontiers. Voici ce qu'il dit de la légitimité du droit que confère la première occupation :

« Une nation ne saurait avoir de meilleurs titres à la place qu'elle occupe
« sur la surface du globe, que de s'en être emparée la première, de l'avoir
« mise en culture, d'avoir créé les richesses qui y sont répandues, et de s'y
« être développée. Il serait difficile de trouver des titres plus anciens, plus res-
« pectables et plus universellement respectés ; le peuple qui les contesterait
« ne saurait en trouver d'autres que la force. »

Il serait difficile assurément de contester la parfaite légitimité de ce moyen d'appropriation pour une nation, même alors qu'elle occuperait la partie du globe la plus favorisée par les dons naturels ; mais s'il ne blesse en rien l'équité lorsqu'il s'agit d'une nation plus ou moins nombreuse, comment deviendrait-il injuste lorsqu'il est pratiqué seulement par une tribu, par une famille, etc. ? Voici, au surplus, ce qu'ajoute Charles Comte, relativement à l'appropriation privée :

« J'ai fait voir ailleurs (*dans son Traité de législation*), qu'il n'y a point de
« progrès possible pour le genre humain tant que la terre reste abandonnée à
« sa fertilité naturelle et que les hommes n'ont pas d'autres moyens d'exis-
« tence que les produits bruts de la nature. Dans une telle position, la popu-
« lation réduite à quelques faibles peuplades qui errent sur des territoires
« d'une vaste étendue, demeure stationnaire ; elle vit dans un état toujours
« voisin de la famine, et a tous les vices qui sont la suite ordinaire d'une ex-
« cessive misère et d'une profonde ignorance. J'ai démontré, d'un autre côté,
« qu'un peuple, même quand il est peu nombreux, qui admet en pratique la
« communauté des travaux et des biens, se condamne par cela même à la plu-
« part des vices et des privations qui résultent de l'esclavage.

« Mais s'il est vrai, d'un côté, que les hommes ne peuvent ni se multiplier,
« ni se perfectionner tant qu'ils laissent la terre inculte et sauvage; s'il est dé-
« montré, d'un autre côté, qu'ils ne peuvent faire aucun progrès dans l'état
« de communauté de travaux et de biens, il s'ensuit que l'appropriation par des
« nations, des familles et des individus des choses diverses sur lesquelles peut
« s'exercer l'industrie humaine, est une nécessité de notre nature ; il s'ensuit
« que *l'occupation et les faits qui en dérivent sont au nombre des lois auxquelles*
« *tous les hommes sont soumis.* » (Traité de la propriété, tome I, pages 54 et suivantes.)

---

[1] Voir l'écrit de M. de Fontenay, numéros d'octobre et de novembre 1851.

En admettant donc — ce que l'on ne peut nier, — que par l'effet du développement de la population sur un même lieu, le service des agents naturels appropriés acquiert une valeur supérieure à celle du travail qu'on y a engagé, ce fait ne constitue aucune injustice, puisqu'il résulte d'un droit aussi bien justifié par les lois de notre nature, par l'intérêt général et constant de l'humanité, que peut l'être le droit d'un peuple à rester maître du territoire qu'il a le premier occupé et fertilisé, que peut l'être encore le droit d'un individu à disposer du produit de ses facultés personnelles ou des biens qui lui ont été transmis par sa famille. La valeur qui s'attache aux services naturels appropriés ne provient ni d'une fraude, ni d'aucune espèce de contrainte exercées par le propriétaire ; elle se produit librement et avec l'assentiment de tous les intéressés ; ce n'est pas le propriétaire qui en provoque l'élévation, c'est, au contraire, le concours progressif de ceux qui viennent mettre à l'enchère le service dont il a la légitime disposition, — service qui, par une suite nécessaire de la nature des choses, doit être à la disposition exclusive de quelqu'un, à moins de perdre toute son importance, et de ne pas fournir aux hommes la millième partie des moyens d'existence que cette appropriation exclusive permet d'en tirer, — et qui, assurément, ne saurait être plus justement placé qu'entre les mains de celui qui, le premier, l'a utilisé et fait valoir.

Il faut bien remarquer, au surplus, que la valeur propre des services naturels dont il s'agit ne s'est pas formée d'un seul coup, qu'elle n'a grandi que lentement, et que l'importance qu'elle peut avoir aujourd'hui, en France, par exemple, n'a été acquise qu'après une suite de siècles. Or, dans l'intervalle, chaque propriété a été vendue des centaines de fois, et à chaque vente l'acquéreur a dû payer intégralement la valeur qui s'était déjà attachée au service naturel ; en sorte que l'avantage résultant de la possession de cette valeur s'est distribué entre une série de générations antérieures, et que les propriétaires *actuels* n'y participent qu'en raison seulement de l'augmentation qui a pu survenir dans la valeur propre du sol depuis qu'il a été acquis par leurs familles, la valeur déjà existante à l'époque des dernières acquisitions ayant été *payée* aux vendeurs. Si, maintenant, l'on remarque que la plupart des propriétés foncières de la France ne sont pas depuis plus de cinquante ans dans les mains des familles qui les possèdent aujourd'hui, et que l'on en trouve fort peu qui soient restées dans la même famille depuis un siècle, on sera disposé à reconnaître que le gain qu'ont pu trouver les propriétaires actuels dans l'augmentation qu'a pu recevoir la valeur propre des services naturels du sol, depuis qu'ils possèdent, est en général peu considérable, et qu'il est tout à fait nul pour ceux dont les acquisitions ne remontent qu'à un petit nombre d'années. Depuis longtemps, d'ailleurs, cet avantage se paye d'avance, car l'intérêt privé n'a pas attendu les indications de la science pour reconnaître que dans tout pays où la propriété est passablement garantie, le développement progressif de la population doit faire hausser la valeur des propriétés foncières, et dès lors cette probabilité de hausse a été en quelque sorte escomptée dans la plupart des transactions ayant pour objet cette nature de propriété ; c'est ce qui explique, en partie, pourquoi beaucoup d'individus emploient ce qu'ils possèdent en acquisitions de propriétés territoriales, bien que le revenu qu'ils obtiennent par cet emploi, au moment de l'acquisition, soit notablement inférieur à celui que pourrait leur offrir aussi sûrement tout autre emploi. Nous savons que ce n'est pas là la seule, ni même la principale cause qui donne aux propriétés territoriales, dans tous les pays très-peuplés, une valeur disproportionnée aux revenus qu'elles produisent, comparativement aux revenus que la même valeur peut fournir dans les autres emplois; mais nous pensons qu'elle a sa part d'influence dans ce fait économique.

Quoi qu'il en soit, nous croyons avoir établi qu'alors même que les propriétaires actuels du sol seraient les descendants directs des premiers occupants, et qu'ils n'auraient pas eu à payer à d'autres la totalité ou une plus ou moins grande partie de la valeur qui s'est attachée aux services naturels qu'ils possèdent, leur droit de disposer de cette valeur serait parfaitement légitime et équitable; ce n'est (nous le croyons du moins) qu'en adoptant trop légèrement des notions inexactes sur ce qui constitue la justice, que des esprits éminents ont pu être amenés à en juger autrement, et qu'ils ont pu attribuer aux attaques de certains rhéteurs contre la propriété foncière, une grande importance, alors qu'elles n'étaient que puériles.

Après avoir constaté la réalité du fait qu'une valeur échangeable peut s'attacher aux services naturels appropriés, en sus de celle des travaux humains employés pour les utiliser; que cette valeur s'élève, en général, avec la densité de la population, et que ce fait n'a rien de contraire à la justice, il nous resterait à rechercher et exposer ses conséquences économiques; mais cette note est déjà démesurément longue, et nous restreindrons notre examen de cette partie de la question à un petit nombre d'observations.

Il ne résulte pas du fait dont il s'agit que le prix des denrées produites à l'aide des agents naturels appropriés, doive nécessairement s'élever à mesure que grandit la valeur propre du service de ces agents. Il peut très-bien arriver que la hausse de cette dernière valeur, ainsi que l'observation en a déjà été faite par M. Joseph Garnier[1], soit compensée et au delà par des perfectionnements dans les travaux; ainsi, par exemple, la suppression des jachères, en permettant d'augmenter considérablement la quantité des denrées agricoles produites sur un même territoire, a pu balancer ou même dépasser, quant au prix de ces denrées, l'effet que devait nécessairement produire l'augmentation de demande résultant de l'accroissement de la population; mais cela n'empêche nullement que la valeur propre des services naturels du sol ait pu s'élever en même temps, et c'est ce que l'on va comprendre facilement.

Supposons qu'avant la suppression des jachères, la valeur propre des services naturels du sol entrât pour un dixième dans la valeur totale des denrées produites, et la valeur des travaux (anciens ou récents) employés à cette production pour neuf dixièmes;

Supposons encore que la suppression des jachères, ou d'autres perfectionnements apportés dans l'industrie agricole, aient pu permettre d'augmenter, avec la même somme de travaux ou de capitaux exactement, la quantité des denrées produites, dans la proportion d'un dixième;

Supposons enfin que la demande de denrées se soit accrue en même temps dans la même proportion d'un dixième;

La théorie indique que, dans de telles conditions, le prix des denrées aura été stationnaire; et cependant la somme de travaux ou de capitaux nécessaire pour produire une même quantité de denrées aura été réduite d'un dixième. Il est clair que, dans ce cas, la valeur propre des services naturels du sol aura

[1] Voir les notes dont il a accompagné l'écrit publié dans cette Revue par M. de Fontenay (livraisons d'octobre et novembre 1851).

été accrue de 10 pour cent, sans qu'aucune augmentation se soit manifestée dans le prix des denrées.

Ainsi, la hausse de la valeur propre des services naturels du sol peut coïncider avec l'état stationnaire, ou même avec une réduction du prix des denrées. Il suffit pour cela que les perfectionnements de l'industrie et la découverte de nouveaux moyens de tirer un meilleur parti des forces de la nature, viennent balancer ou dépasser l'effet de l'accroissement de la population.

Nous croyons pouvoir logiquement déduire de ce qui précède les indications suivantes :

Si la population d'un pays dont le territoire est entièrement approprié et cultivé ne s'accroît pas, l'économie de travail produite par les perfectionnements apportés dans l'industrie agricole profite entièrement au consommateur, sans que le propriétaire y perde. Si l'économie de travail est représentée par 4, et que l'accroissement de population ne soit que de 2, l'avantage est également partagé entre le propriétaire et le consommateur ; si l'effet du perfectionnement est exactement balancé par celui de l'accroissement de population, le propriétaire en profite seul, mais le consommateur n'y perd rien ; enfin, si les perfectionnements de l'industrie agricole sont insuffisants pour augmenter, avec les mêmes travaux et capitaux, la quantité offerte des denrées dans une proportion égale à l'augmentation survenue dans la demande, le prix des denrés s'élève et la vie devient plus coûteuse, plus difficile pour ceux qui ne possèdent pas.

Nous croyons cette théorie parfaitement conforme à la vérité, et la seule conclusion que nous voulions en tirer pour le moment, c'est qu'il est fort à désirer que les masses de la population acquièrent assez de prudence pour ne pas se multiplier inconsidérément, et pour éviter de se placer dans la dernière des conditions que nous venons d'indiquer, celle où les perfectionnements de l'industrie agricole seraient impuissants à empêcher la hausse du prix des denrées les plus nécessaires à la vie.

———————

N. B. Dans la dernière séance, il a été omis, dans la Note de M. Paillottet, deux citations de Bastiat, dans lesquelles cet illustre écrivain se défend d'avoir jamais voulu se séparer de l'école économiste, et l'acouser de méconnaître l'harmonie des intérêts, « son étoile polaire. » Nous rétablissons ce passage :

« L'*harmonie des intérêts* ne saurait être une invention individuelle. N'est-elle pas le pressentiment et l'aspiration de l'humanité, le but de son évolution éternelle ? Comment un publiciste oserait-il s'arroger l'invention d'une idée, qui est la foi instinctive de tous les hommes ?

« Cette harmonie, la science économique l'a proclamée dès l'origine. Cela est attesté par le titre seul de slivres des physiocrates. Sans doute, ces savants l'ont souvent mal démontrée ; ils ont laissé pénétrer dans leurs ouvrages beaucoup d'erreurs, qui, par cela seul qu'elles étaient des erreurs, contredisaient leur foi. Qu'est-ce que cela prouve ? Que les savants se trompent. Cependant, à travers bien des tâtonnements, la grande idée de l'harmonie des intérêts a toujours brillé sur l'école économiste, comme son étoile polaire. Je n'en veux pour preuve que cette devise qu'on lui a reprochée : Que les intérêts se font justice entre eux, sous l'empire de la liberté. » (*Lettre adressée au Journal de Economistes*, numéro 117, janvier 1851, t. XXVIII, p. 50.)

« ...Que si l'on voulait induire que je me sépare de mes maîtres Smith et Say, tour et à ordre, récépissés payables à vue, engagement de prêt envers la ville), montait à 832 millions 1/4; l'actif dont on pouvait immédiatement disposer (numéraire en caisse, avances sur lingots), à 575 millions, ce qui constitue une différence de 257 millions 1/4; le 8 janvier, cette différence montait à 273 millions 1/2; elle a donc diminué de 16 millions 1/4.

Comme on peut juger, ces variations témoignent beaucoup d'hésitation dans la reprise commerciale, et prouvent que, dans l'industrie comme à la Bourse, les affaires ont subi une diminution assez forte; en effet, le portefeuille et la circulation des billets, qui sont généralement les deux indices de la prospérité commerciale d'un pays,

SITUAT. DE LA BANQUE.	AU 15 JANV.	AU 22 JANV.	AU 29 JANV.	AU 5 FÉV.
ACTIF.				
Argent monnayé et lingots à Paris..	458,111,273 81	460,705,264 88	462,479,096 68	461,620,214 87
Idem dans les succursales.........	106,419,850 »	109,401,772 »	109,814,611 »	109,726,558 »
Effets échus hier à recouvrer ce jour	207,130 83	319,405 26	171,433 63	226,398 21
Portefeuille de Paris¹.............	61,718,739 35	55,129,691 85	55,781,395 01	48,748,349 69
Idem des succursales.............	75,133,204 »	72,267,376 »	72,033,810 »	75,067,968 »
Avances sur ling. et monnaies à Paris	515,700 »	460,700 »	428,700 »	278,600 »
Idem dans les succursales.........	3,352,215 »	3,315,715 »	3,209,956 »	3,338,212 »
Avances sur effets pub. franç. à Paris	25,036,836 10	23,029,136 10	20,845,936 10	19,891,936 16
Idem dans les succursales.........	2,972,473 »	3,144,104 »	2,638,034 »	2,902,644 »
Avances à l'État...............	125,000,000 »	125,000,000 »	125,000,000 »	125,000,000 »
Avances à la ville de Paris........	10,000,000 »	10,000,000 »	10,000,000 »	10,000,000 »
Rentes de la réserve............	10,000,000 »	10,000,000 »	10,000,000 »	10,000,000 »
Rentes, fonds disponibles.........	42,683,040 83	42,683,040 83	42,683,040 83	42,683,040 83
Plac. des nouv. succ. en effets publi.	12,952,725 74	12,952,725 74	12,952,725 74	12,952,725 74
Hôtels et mobilier de la Banque...	7,418,159 »	7,416,771 »	7,416,771 »	7,418,327 »
Intérêts dans les compt. nation. d'esc.	303,000 »	303,000 »	303,000 »	303,000 »
Dépenses d'administration.........	65,331 58	72,964 58	148,585 10	293,925 39
Divers......................	2,047,592 45	2,064,087 15	636,563 52	1,625,498 68
PASSIF.				
Capital divisé en actions de 1000 fr.	91,250,000 »	91,250,000 »	91,250,000 »	91,250,000 »
Réserve....................	12,980,750 14	12,980,750 14	12,980,750 14	12,980,750 14
Réserve immobilière de la Banque..	4,000,000 »	4,000,000 »	4,000,000 »	4,000,000 »
Billets au port. en circ. de la Banq.	475,251,800 »	467,330,400 »	462,010,000 »	451,776,700 »
Idem des succursales............	127,093,300 »	127,695,350 »	125,760,150 »	128,126,650 »
Billets à ordre...............	7,312,232 88	7,784,808 04	6,931,451 63	6,875,574 26
Compte courant du Trésor, créd.	64,805,142 92	71,996,361 12	80.462,861 46	78,927,434 30
Comptes courants des partic. à Paris	121,466,623 69	116,177,749 18	112,606,236 15	113,522,732 16
Idem dans les succursales.........	25,855,348 »	24,231,127 »	25,065,049 »	26,192,867 »
Récépissés payables à vue.........	12,826,078 »	12,693,531 »	13,900,981 »	11,317,431 »
Dépenses précomptées..........	118,750 89	118,135 89	118,008 39	117,108 39
Escomptes et intérêts divers.......	489,288 96	577,638 12	651,511 53	783,069 47
Réescompte et bénéfices réservés...	408,882 »	408,882 »	408,882 »	408,882 »
Rentrées sur les effets en souffrance	119,545 »	142,532 11	171,258 31	175,404 02
Divers......................	1,958,729 34	1,493,989 79	1,327,019 09	1,120,405 77
TOTAL ÉGAL DE L'ACT. ET DU PA 88	943,937,271 72	938,882,754 38	934,543,658 70	933,077,968 51
¹ Dont provenant des succursales	17,041,637 75	15,221,172 23	16,177,728 31	14,486,483 43

ont diminué depuis un mois, l'un de plus de 10 millions, et l'autre de près de 19 millions 1/2. En outre, le numéraire (malgré la diminution de la circulation en billets), a augmenté en tout de 7 millions. Ce ralentissement dans les opérations commerciales résulte en grande partie du passage d'une saison à l'autre. (Voir la Revue commerciale.)
A. COURTOIS.

BOURSE DE PARIS. — *Janvier 1852.* — La hausse qui avait déjà fait de si grands progrès le mois dernier a encore continué dans les premiers jours de cette année; le 5 pour 100 a atteint 106.50 au comptant, et 107.30 fin janvier. Sur le plus bas cours de décembre (89.40), cela fait une ascension de 17 à 18 francs. Vers l'époque où le décret sur les biens de la famille d'Orléans a paru, les cours ont commencé à fléchir, et le 5 pour 100 a fait 101.25 (au comptant); depuis ils se sont relevés de 2 à 3 francs, et se maintiennent à ces prix dans les premiers jours de février.

Les actions de la Banque et celles des chemins de fer ont également éprouvé de fortes variations; voici, en comparant le plus haut cours atteint en janvier avec le plus bas cours de décembre, l'importance de la hausse pour chacune de ces valeurs :

	fr.	c.	
Banque de France......................	1,055		par action.
Chemin de fer de Saint-Germain.............	125		
Versailles (rive droite)...................	67	50	
— (rive gauche)...................	65		
Paris à Orléans........................	292	50	
Paris à Rouen........................	213	75	
Rouen au Havre......................	117	50	
Avignon à Marseille....................	125		
Strasbourg à Bâle.....................	92	50	
Centre.............................	140		
Orléans à Bordeaux....................	105		
Nord.............................	177	50	
Paris à Strasbourg....................	165		
Tours à Nantes.......................	95		
Montereau à Troyes....................	115		

PAIR.	VERSE-MENTS.	BOURSE DE PARIS. JANVIER 1852. RENTES. — BANQUE. — CHEMINS DE FER.	1er cours.	Plus haut cours.	Plus bas cours.	Dernier cours.
100	Tout.	5 °/₀, jouiss. 22 septembre 1851..............	102 40	106 50	101 25	102 75
100	Tout.	4 1/2 °/₀, jouiss. 22 septembre 1851..........	»	91 75	91 25	91 50
100	Tout.	4 °/₀, jouiss. 22 septembre 1851............	»	84 50	83 30	84 50
100	Tout.	3 °/₀, jouiss. 22 décembre 1851.............	68 25	72 25	64 »	65 »
1000	Tout.	Banque de France, jouiss. janvier 1852......	2570 »	3100 »	2570 »	2660 »
500	Tout.	Paris à Saint-Germain, jouiss. octobre 1851...	525 »	535 »	495 »	495 »
500	Tout.	Paris à Versailles (rive dr.), jouiss. avril 1847.	315 »	325 »	290 »	290 »
500	Tout.	— (rive g.) jouiss. juillet 1851..	235 »	265 »	228 75	243 75
500	Tout.	Paris à Orléans, jouiss. janvier 1852........	1070 »	1150 »	1065 »	1070 »
500	Tout.	Paris à Rouen, jouiss. juillet 1851..........	675 »	770 »	658 »	657 50
500	Tout.	Rouen au Havre, jouiss. octobre 1851.......	252 50	317 50	245 »	265 »
500	Tout.	Avignon à Marseille, jouiss. janv. 1848......	280 »	310 »	225 »	230 »
250	Tout.	Strasbourg à Bâle, jouiss. janvier 1851.......	190 »	235 »	190 »	207 50
500	Tout.	Centre, Orléans à Vierzon, jouiss. janvier 1852	530 »	550 »	495 »	502 50
500	275	Orléans à Bordeaux, jouiss. janvier 1852.....	432 50	470 »	422 50	430 »
500	400	Nord, jouiss. janvier 1852..............	590 »	625 »	550 »	561 25
500	450	Paris à Strasbourg, jouiss. juillet 1851.......	482 50	510 »	447 50	460 »
500	425	Tours à Nantes, jouiss. septembre 1851......	320 »	340 »	275 »	295 »
500	150	Paris à Lyon.........................	»	615 »	558 75	570 »
500	425	Dieppe et Fécamp, jouiss. avril 1851........	220 »	237 50	220 »	222 50

PAIR.	FONDS DIVERS français et étrangers.	Plus haut.	Plus bas.	PAIR.	SOCIÉTÉS DIVERSES par actions.	Plus haut.	Plus bas.
100	Rentes Villes 5°/₀, j. janv. 1852...	103 25	103 25	500	Comptoir nat. d'escompte	640 »	535 »
1000	Obl. Ville 1832, j. juill. 1851...	1390 »	1390 »	800	Vieille-Mont., j. janv. 1852	3500 »	3225 »
1000	Obl. Ville 1849, j. oct. 1851...	1210 »	1177 50	750	Stolberg...	1050 »	840 »
1000	Obl. Seine 1849, j. août 1851...	1090 »	1075 »	1000	Monceaux-sur-Sambre...	1400 »	1375 »
1000	Obl. de Marseil, j. janv. 1852...	1085 »	1060 »	3000	Aveyron (Decazeville)...	2500 »	2500 »
100	Obl. list. civ. j. nov. 1851...	1085 »	1070 »	500	Gaz franç. Brunton, Pilte.	900 »	860 »
100	Belgiq., 5°/₀ j. 1 nov. 1851	102 1/2	101 »	2500	Gaz angl. Marguer., Maiby	5200 »	5100 »
100	—4 1/2 j. 1 nov 1851	93 3/4	92 1/2	500	Gaz de Belleville, Payn...	1125 »	1125 »
100	—2 ¹/₂ °/₀ j. juill. 1851	53 »	53 »	500	Lin Maberly (Amiens)...	800 »	605 »
100	Naples, 5 °/₀, j. janv. 1852...	99 »	98 50	500	Lin Cohin (Frévent)......	530 »	500 »
100	Piém. 5 °/₀, j. janv. 1852....	98 75	88 75	5000	Nationale incendie.......	110 »	108 »
1000	—Obl. 1834, j. janv. 1852	990 »	975 »	5000	— Vie...	15°/₀b.	12°/₀b.
1000	—Obl. 1848, j. oct. 1851	990 »	975 »	12500	Générale Maritime...	16°/₀b.	16°/₀b.
1000	—Obl. 1851 j. 1 août 1851	987 50	940 »	5000	— Incendie...	420°/₀b.	420°/₀b.
100	Rome, 5 °/₀, j. déc. 1851...	95 »	88 1/4	7500	— Vie...	36°/₀,¹/₂b.	33¹/₂°/₀b.
100	—5 °/₀, 1850, j. déc. 1851	96 1/2	89 1/4	5000	Union incendie.........	84°/₀,°/₂b.	50°/₀,b.
100	Autriche—lots de 1854...	437 50	435 »	5000	— Vie...	Pair.	1°/₀,p.
100	Espag. 3 °/₀, ext. j. janv. 1852	43 »	40 »	5000	France incendie...	27°/₀,b.	24°/₀,b.
100	—3°/₀, int. j. janv. 1852	41 3/8	36 3/4	1000	Phénix incendie.........	3000 »	3000 »
1000	Ban. Annuités j. janv. 1844	200 »	200 »	5000	Urbaine incendie...	25°/₀,b.	20°/₀,b.
100	Holland. 2 ¹/₂ °/₀ j. 22 juill. 1851	62 1/2	59 1/2	5000	Union des ports maritimes	Pair.	1°/₀,p.
100	Russie, 4 °/₀, j. janv. 1852..	100 1/4	99 »	5000	Lloyd français maritime..	5°/₀,b.	4°/₀,b.

Dieppe et Fécamp......................... 37 50
Bordeaux à la Teste....................... 45
Amiens à Boulogne....................... 55

Il est bien entendu que les plus hauts prix de ces valeurs correspondent généralement aux plus haut prix du 5 pour 100 ; depuis, la plupart ont baissé dans la même proportion que la rente.

Les valeurs industrielles ont également monté d'une manière remarquable ; les Comptoirs ont fait 640 (165 fr. de hausse), les Vieilles-Montagnes ont monté de 1,040 fr. (de 2,500 avec le coupon d'intérêt à 3,500 ex-intérêt), les Stolberg, de 315 fr. (de 735 à 1,050), les Monceaux, de 50 fr. seulement, les lin Maberly de 270 fr. (de 530 à 800), les lin Cohin, de 95 fr. (de 465 à 530, ex-coupon de 30 fr. 10) ; les gaz anglais de 1,225 à 1,325 (de 4,100, à 5,000, ex-coupon de 225 fr.), les gaz français de 200 fr. (de 700 à 900 fr.), le gaz de Belleville de 255 fr. (de 950 à 1,125 fr., ex-coupon de 80 fr.), la Générale maritime de 6 pour 100, les Union des ports de 4 pour 100, les Lloyd français (maritime) de 5 pour 100, les Générale-incendie de 20 pour 100, les Phénix-incendie de 500 fr. (de 3,000 à 3,500), la Nationale-incendie de 12 à 14 pour 100, l'Union-incendie de près de 20 pour 100, la France-incendie de 12 pour 100, l'Urbaine-incendie de 14 pour 100, la Générale-vie de 18 pour 100, la Nationale-vie de 9 pour 100, et l'Union-vie de 4 pour 100.

On a détaché en janvier de nombreux coupons d'intérêt ou de dividende ; voici les principaux : Vieille-Montagne, 40 fr. d'intérêt annuel ; lin Cohin, 30.10 pour intérêt semestriel et dividende annuel ; le gaz anglais 225 fr. pour dividende du deuxième semestre 1851 ; le gaz de Belleville, 80 fr. pour dividende de l'exercice 1850-51 ; et la Nationale-incendie, 200 fr. pour première répartition, à valoir sur le dividende total de l'exercice 1851.   A. COURTOIS.

———

REVUE COMMERCIALE. — *Janvier* 1852. — Le mouvement commercial et industriel a présenté ce mois-ci des fluctuations assez nombreuses. D'abord, comme cela a lieu généralement entre la fin de la saison d'hiver et le commencement de la campagne du printemps, le commerce en gros a été assez animé, et celui en détail peu prospère ; les fêtes officielles ont depuis donné un peu d'impulsion à ce dernier, sans que le commerce de gros et surtout la fabrique aient beaucoup à se plaindre. Cependant la forte hausse des soies a produit quelque ralentissement à Lyon, à Saint-Etienne et à Nîmes. L'industrie métallurgique semble disposée à reprendre, grâce à l'activité imprimée à la construction par la concession des derniers chemins de fer de l'ouest, de Lyon et d'Avignon. On cite des hauts fourneaux du département de la Loire, éteints depuis quelques années, que l'on vient de rallumer tout récemment.

L'agriculture elle-même n'est pas étrangère à cette reprise ; on parle de nombreuses améliorations à introduire, soit dans les instruments aratoires, soit dans l'organisation des travaux de desséchement et de défrichement.

Enfin, céréales, bestiaux, vins et spiritueux, sucres, cotons, laines et soies ont un mouvement d'affaires assez soutenu et des prix assez avantageux.

Les *farines*, après avoir éprouvé une forte hausse, ont baissé assez rapidement de 4 à 5 fr. par sac.

Les *blés* ont suivi les mêmes fluctuations que les farines. La baisse a commencé en Picardie. Le centre a été sans variation, et le midi généralement très-ferme. Dans les premiers jours de février il y avait un peu de reprise dans les provinces méridionales. A l'est, les transactions sont nulles. Le tableau régulateur du 31 janvier établit le cours moyen de 17 fr. 20. Celui du 31 décembre étant de 15 fr. 47, la hausse entre ces deux époques est de 1 fr. 73.

Les *seigles* ont également été d'abord très-demandés, puis offerts, et enfin sans affaires. Les *orges* sans transactions et plutôt en baisse. Les *issues* d'abord sans variations, puis tendànt à la hausse. Enfin les *foins* sans mouvement.

Les affaires avec l'étranger sont nulles en ce moment ; l'Angleterre n'achète plus, Les prix des *bestiaux* généralement lourds, et tendant plutôt à la baisse.

Les *vins* étaient d'abord calmes et sans opérations ; mais comme il en arrivait peu sur les marchés (on se rappelle que la récolte a été plus riche en qualité qu'en quantité), la hausse n'a pas tardé à avoir lieu, et plus tard, malgré des arrivages importants, les prix se sont maintenus, et ont même tendu à s'élever encore.

Les *trois-six* ont monté dans le commencement de janvier, et ont depuis conservé les hauts prix qu'ils avaient obtenus.

Les *eaux-de-vie* ont également acquis des prix avantageux et les conservent.

Les *huiles*, après avoir monté sur le marché régulateur de Marseille, ont été calmes, puis ont recommencé à s'élever. Les *savons* ont suivi les mêmes fluctuations et sont restés fermes.

Au commencement de janvier, la spéculation reprenait sur les *sucres* ; depuis, ils ont été plus calmes, et même en baisse à Paris.

Sur nos principales places, le *café* est délaissé par la spéculation ; le petit commerce seul fournit des débouchés réguliers. La réduction des sortes marchandes, dans les stocks, est la principale cause du calme de nos marchés. On espère que les nouvelles récoltes se placeront bien.

Les cours des *cotons* varient beaucoup au Havre. Cette denrée reste assez faible. Nantes est sans approvisionnements, et ses filateurs se fournissent au Havre. Marseille n'opère que sur les sortes communes du Levant.

Hausse générale sur les *laines*, tant en France qu'à l'étranger ; mais les affaires sont calmes par suite de la rareté du disponible.

Les *soies* et *soieries* également en hausse ; mais l'insuffisance du stock paralyse les affaires et ralentit le mouvement de la fabrique.

Les *tissus de laine, de fil et de coton* sont recherchés, et les prix en hausse. A Mulhouse, Reims, Mamers et Bar-le-Duc principalement, il y a eu beaucoup d'animation dans les transactions. Rouen, d'abord en baisse, est calme en ce moment. A Roubaix, Tourcoing, Elbeuf et Cholet, les fabriques sont en grande activité.

La *fonte* a augmenté de 15 à 20 francs depuis un moisjet demi ; les rails ont été achetés pour le chemin de fer du centre, au taux de 265 francs, soit 35 francs de hausse depuis la fin de décembre. Cette reprise a occasionné, comme nous l'avons signalé plus haut, une vive animation dans les forges et hauts-fourneaux.

Enfin, il n'est pas jusqu'au bois qui n'ait repris depuis quelque temps ; les futaies des forêts du Der et des domaines de la Haute-Marne, se sont rapidement vendues à 7 francs la coupe, taux bien supérieur à celui des adjudications d'octobre dernier.

A. COURTOIS.

BIBLIOGRAPHIE.

SÉANCES ET TRAVAUX DE L'ACADÉMIE DES SCIENCES MORALES ET POLITIQUES. (Compte rendù par M. Ch. VERGÉ, avocat, docteur en droit, sous la direction de M. MIGNET, secrétaire perpétuel. Tomes IX et X de la deuxième série, 19e et 20e volumes de la collection ; 2 vol. in-8°, 1851 ; à l'Administration du Compte-Rendu, rue des Poitevins, à Paris ; aux bureaux du *Moniteur*.

Cette collection, qui paraît par livraisons mensuelles, contient, outre les communications d'ordre économique, que nous publions dans le *Journal des Economis-*

tes, les autres communications importantes qui sont faites à l'Académie, relativement aux diverses sciences morales et politiques, soit par les membres de l'Académie, soit par les savants étrangers qui sont admis à faire des lectures. Elle contient aussi le procès-verbal des séances hebdomadaires de cette cinquième classe de l'Institut, les observations sur les lectures, les jugements sur les concours, et les rapports verbaux sur les ouvrages présentés par les divers membres. Notre collaborateur, M. Ch. Vergé, qui s'est chargé du compte-rendu des travaux de cette Académie, dans notre recueil, donne ses soins à cette publication qui exige une grande variété de connaissances, un ordre et un tact que savent bien apprécier ceux qui ont des rapports avec les membres d'un corps savant.

Dans les deux volumes que nous avons sous les yeux, nous remarquons parmi les communications des académiciens, celles sur les *Mémoires de Richelieu*, par M. Ranke ; sur les *États généraux de 1593*, par M. Vivien ; sur le *Mariage*, par M. Kœnigswarter ; sur les *Théories sacrées des Perses*, par M. Frank ; sur le *Tcheou-li*, ancien code d'institutions politiques chinoises, par M. Biot ; sur les *Républiques d'A-thènes et de Sparte*, par M. Troplong ; sur le *Sankhya*, le plus complet et le principal des systèmes de philosophie sanscrite, par M. Barthélemy Saint-Hilaire ; sur les *Guerres entre la France et l'Angleterre au moyen âge*, par M. Benoiston-Chateauneuf ; sur les *Phénomènes et les principes de la vie*, par M. Lélut ; sur la *Patrie, ou la Statistique sommaire de la France*, par M. Moreau de Jonnès ; sur la *Situation des populations rurales*, par M. Blanqui ; une discussion sur les logements insalubres, une autre à propos du paupérisme des Flandres. Nous avons reproduit ces deux derniers mémoires et ces deux discussions, dans le *Journal des Économistes*. Le savant travail de M. Barthélemy, sur le Sankhya, occupe une grande étendue dans ces deux volumes.

L'Académie a entendu diverses lectures de savants étrangers, sur les sourds et muets, par M. Berthier ; sur l'ancienne corvée, par M. Cotelle ; sur les principes de morale, par M. Ad. Garnier ; sur les coalitions en Angleterre, par M. Wolowski ; sur Maine de Biron, par M. Naville ; sur l'enseignement en Angleterre, par M. Hantute ; sur les derniers sentiments exprimés par les suicidés, par M. Brierre de Boismont ; sur les protestants en France au dix-septième siècle, par M. Ch. Weiss ; sur Domat, par M. Cauchy ; sur une nouvelle table de mortalité, par M. Heuschling ; sur l'université d'Orléans, par M. Bimbenet ; sur le blocus continental, par M. Joseph Garnier, et un tableau de l'enquête de Paris présenté par M. Horace Say, et que nous reproduisions tout récemment.

Le compte-rendu de M. Vergé est le bulletin officiel de l'Académie des sciences morales et politiques ; mais, en outre de ce recueil, ce corps savant publie, à l'instar des autres classes de l'Institut, des volumes de mémoires in-4°, contenant certains des travaux des plus érudits de ses membres, et une autre série de volumes destinés aux lectures des savants étrangers qui demandent et obtiennent cette distinction ; mais ces volumes ne paraissent qu'à des périodes très-éloignées, et ne semblent plus avoir grande utilité, surtout en ce qui concerne l'Académie des sciences morales, dont tous les travaux reçoivent maintenant une publicité mensuelle.

ANNUAIRE OFFICIEL DES CHEMINS DE FER, publié sous la direction de M. PETIT DE COUPRAY, ancien élève de l'École polytechnique, membre correspondant de plusieurs Sociétés savantes ; fort in-18 de 422 pages, avec carte des chemins de fer de la France et des pays voisins. — Paris, imprimerie et librairie centrale des chemins de fer, de Napoléon Chaix et comp., 1849-1850-1851.

A la fin de l'année 1847, l'imprimerie Chaix avait édité un Annuaire officiel des chemins de fer, renfermant presque tout ce qui peut concerner ces voies de communication au point de vue des intérêts particuliers et généraux. *Le Journal des Economistes* rendit compte de cet ouvrage qui manquait à notre pays[1].

Les événements ayant reporté sur d'autres objets plus graves et plus pressants l'attention publique, la publication de cet ouvrage, qui devait avoir lieu tous les ans, fut suspendue. Aujourd'hui l'imprimerie centrale des chemins de fer vient de réparer cette lacune en faisant paraître un second Annuaire qui comprend pour les chemins de fer tous les changements qui ont eu lieu depuis la publication du premier volume; c'est de ce nouvel ouvrage que nous avons aujourd'hui à entretenir le lecteur.

La disposition est à peu près la même que pour le volume précédent : on y trouve d'abord le cadre administratif du ministère des travaux publics, puis des notices séparées sur chacune des Compagnies de chemins de fer français, précédées d'un exposé général : un aperçu général sur les chemins de fer étrangers vient après et est suivi de documents sur le sous-comptoir des chemins de fer, l'institution de commissions spéciales et les télégraphes électriques. On trouve ensuite la législation générale des chemins de fer, comprenant les lois et décrets rendus depuis le dernier Annuaire, les circulaires et arrêtés ministériels et la jurisprudence ; — les modifications aux cahiers des charges existant et les nouveaux imposés aux Compagnies depuis 1847, et enfin les projets de loi et autres documents parlementaires, et des tables chronologiques et analytiques fort bien conçues.

Comme on voit, le cadre de ce volume est très-étendu, et il a fallu beaucoup de soins de la part de ceux qui ont entrepris cette œuvre.

Malgré toutes ces qualités nous ne pouvons nous empêcher de signaler quelques lacunes regrettables, et qui seront comblées, nous l'espérons, lors de la publication du prochain Annuaire. Ainsi, dans les notices sur les chemins de fer français, on a complétement oublié le chemin de fer de Saint-Etienne à la Loire (à Andrezieux), qui fut le premier établi en France ; à ce titre, et surtout en raison du rôle qu'il peut être appelé à jouer lors de la construction du tronçon de Nevers à Roanne, l'omission de cette ligne est fâcheuse : le premier Annuaire avait aussi négligé de parler de ce chemin. De même, le chemin de fer de Mulhouse à Thann est sans notice spéciale ; cette ligne, en dehors de ses rapports d'exploitation avec le chemin de Strasbourg à Bâle, a une existence particulière qui méritait que l'on en fît mention. Les chemins de fer du Gard sont dans le même cas.

Enfin sur la carte qui est à la fin de l'ouvrage, nous n'avons pas vu figurer le tracé du petit chemin d'Argenteuil, qui est tout nouveau, mais qui (avant le décret du 10 décembre 1851 sur le chemin de fer de ceinture) avait l'espoir de servir de communication entre les gares de Batignolles et du Nord.

Au reste, si nous signalons ces omissions, c'est plutôt dans le désir de voir aussi exempts d'erreur que possible les Annuaires suivants que pour critiquer celui-ci, qui est une publication éminemment utile au savant, à l'industriel, à l'homme d'affaires et au statisticien.　　　　　　　　　　　　　　ALPH. COURTOIS.

———

THÉORIE ET PRATIQUE ou *union de l'économie politique avec la morale* ; par M. MAURICE AUBRY (des Vosges), membre de l'Assemblée législative ; 1 vol. in-12 ; chez Guillaumin et Comp. Paris 1851.

Dans ce petit volume où respirent les intentions les plus pures et les sentiments les plus élevés, M. Aubry a voulu caractériser philosophiquement la situation actuelle de son pays et les devoirs qu'elle impose à toutes les classes de la nation ; il a voulu montrer que l'accomplissement de ces devoirs, combiné avec le maintien des principes qui fondent l'ordre social et qui président au développement économique des

[1] Voir le numéro du 15 décembre 1847, t. XIX, p. 104.

sociétés, pourrait seul résoudre le problème que les révolutions passées ont posé devant la génération présente. Le sujet de cette *étude*, c'est le nom modeste que M. Aubry donne à son livre, est trop étranger à notre journal, pour que nous puissions entrer ici dans un examen détaillé des raisonnements de l'auteur. Nous nous permettrons seulement de lui faire observer qu'il attache une trop grande portée à de vagues formules, telles que celle qu'il a prise pour épigraphe, celles qui ont figuré sur tous nos monuments publics, et d'autres encore. Les formules ont leur importance comme faits historiques, c'est-à-dire comme résumant les tendances d'une époque, d'un peuple, d'une individualité remarquables ; mais, y chercher la révélation des lois morales qui doivent gouverner l'activité humaine, ou des vues providentielles qui doivent se réaliser dans le présent et dans l'avenir, ce serait sacrifier l'homme individuel à l'homme collectif et subordonner la morale aux faits accomplis ; ce serait tomber dans le fatalisme, doctrine que M. Aubry réprouve et combat de toutes ses forces, comme immorale et antichrétienne, et à laquelle cependant nous craignons qu'il n'ait, à son insu, fourni des armes.

M. Aubry a pris pour épigraphe cette pensée, qu'il attribue à Bacon et dans laquelle il semble résumer l'esprit de son livre : *les richesses sont le bagage de la vertu*; pensée dont l'expression serait tout au moins étrange de la part de l'illustre chancelier qui avait, comme chacun sait, acquis sa fortune par des intrigues et des pratiques fort étrangères à toute vertu.

Le fait est que lord Bacon n'a énoncé nulle part cette maxime vague et, selon nous, très-hasardée. Il a dit simplement : *Les richesses sont, dans le chemin de la vertu, comme le bagage dans une armée, nécessaires, mais incommodes ; elles retardent notre marche et nous font souvent perdre la victoire sur nos passions*. Plus loin, il ajoute : *On dit que Plutus, lorsqu'il descend du ciel, marche à pas lents et boiteux, mais qu'il vole quand il sort des enfers ; c'est qu'on s'enrichit plus vite par les routes de l'iniquité, que par le chemin de l'honneur.*

Il est évident que Bacon ne songeait point à poser un principe de philosophie ou d'économie politique ; il ne faisait que rajeunir, par des images pittoresques, un lieu commun fort banal sur les rapports de la richesse avec la vertu.

A. CHERBULIEZ.

CHRONIQUE.

Sommaire : La coalition des ouvriers mécaniciens. — La situation financière. — Concession des lignes de Dijon à Besançon et de Dôle à Salins, et conditions de ces concessions. — Décret sur le rachat des actions de jouissance des canaux ; extrait du rapport de MM. Fould et Magne. — Les principes économiques de 89. — Les protectionnistes et leurs adversaires dans le Sénat et le Conseil d'Etat. — L'enseignement de l'économie politique au Collège de France.—Décrets sur la marque facultative des guinées, et sur les conditions du travail aux colonies. — Traité avec le Hanovre pour la garantie de la propriété littéraire et artistique. — Opérations de la Banque de France en 1851 ; revenu des impôts ; commerce extérieur : diminution. — Opérations de la Caisse de retraite pour la vieillesse ; premiers résultats. — Sentiments pacifiques en Angleterre. — Malthus et Ricardo entre les mains de l'*Univers* et du *Moniteur industriel*. — La protection jugée par M. Jean Zuber fils, manufacturier d'Alsace.— — Les *Annales algériennes*. — Petite amélioration au tarif de la fonte. — Concession des lignes de Saint-Quentin à Maubeuge, du Cateau à Somain, de La Fère à Reims.

Nous commençons notre numéro par un travail remarquable et étendu de M. Léon Faucher sur l'intéressante question de la coalition des ouvriers mécaniciens anglais. Nos lecteurs y trouveront l'historique et les détails de cette lutte, dont les journaux quotidiens n'ont parlé que d'une manière sommaire et souvent peu intelligible, et qui semble heureusement toucher à sa fin. Notre honorable collaborateur a reproduit le texte de plusieurs pièces fort curieuses.

Nous publions également dans ce numéro l'appréciation de la situation financière présentée au Président par M. Fould en quittant l'hôtel des finances. Nous complétons cet exposé un peu optimiste par le relevé du produit des impôts directs et indirects pendant l'année qui vient de s'écouler.

Les chemins de fer de Dijon à Besançon, avec embranchement sur Gray, — et de Dôle à Salins, faisant partie de la grande ligne de Dijon à Mulhouse, ont encore été concédées à des Compagnies distinctes.

Cette ligne de Dijon à Mulhouse avait été classée par la loi du 11 juin 1842.

Le chemin de Dijon à Besançon, avec embranchement sur Gray, a été concédé pour 99 ans à une Compagnie formée de capitalistes et d'industriels de la ville de Besançon et du département du Doubs : MM. Auguste Bouchot, maître de forges et ancien député, Convers, Bretillot, Ven-Picard, de Vaulchier, Jacquart, Chalandre, Amet, Déprez, Mairot, Gérard Zeitner, Renouard, de Bussières, Papillon, de Sainte-Agathe, Robbe, Longchamps, Séguin de Jallerang, Nicaud, Mareschal de Longueville, Goguely père, Remy, Charnaux, Racine et Alix. L'exécution de la ligne principale comprise entre Dijon et Besançon, et dont la longueur est de 99 kilomètres, devra être terminée dans trois ans. L'embranchement d'Auxonne à Gray, de 35 à 39 kilomètres, ne sera obligatoire pour la Compagnie que dans le cas où il serait pourvu, dans un délai de trois années, à l'exécution du chemin de Saint-Dizier à Gray. — La ligne principale s'embranchera à Dijon sur le chemin de Paris à Lyon, et se portera par Dôle sur Besançon, de manière à desservir Auxonne. La branche dirigée sur Gray se détachera de la ligne principale à un point qui sera déterminé par l'administration supérieure.

La ligne et l'embranchement seront à une seule voie ; mais les travaux d'art seront exécutés pour deux voies. La Compagnie pourra contracter un emprunt de 4 millions, sous la garantie de l'Etat. Elle jouira, en outre, pendant 50 ans d'une garantie d'intérêt de 4 pour 100 sur un capital de 16 millions 600,000 francs, dont 12 millions pour la ligne principale.

L'embranchement de Dôle à Salins, destiné à faciliter l'exploitation des forêts nationales et des salines, est concédé pour 99 ans à M. de Grimaldi, administrateur général de la Société des anciennes salines nationales de l'Est et agent de la reine Christine. Sa longueur est de 37 kilomètres. Il sera également à une seule voie pour commencer. La Compagnie jouira également pendant 50 ans d'une garantie d'intérêt sur un capital de 7 millions de francs.

Ces deux concessions sont remarquables en ce que les nouveaux chemins seront à une voie, c'est-à-dire construits à bon marché.

—Par trois décrets du 21 janvier, contresignés par le ministre des finances, M. Fould, et le ministre des travaux publics, M. Magne, le rachat des actions de jouissance des canaux, pour cause d'utilité publique, a été prononcé. Aux termes de ces décrets, il y sera procédé immédiatement, dans les formes prescrites par la loi du 29 mai 1845. Un de ces décrets est relatif au canal du Rhône au Rhin ; le deuxième concerne les quatre canaux (de Bretagne, du Nivernais, du Berry et latéral à la Loire, de Digoin à Briare) ; le troisième au canal de Bourgogne.

Les traités sanctionnés par les lois de 1821 et 1822, concernant l'achèvement et la construction de divers canaux, ont été une source de contestations incessantes entre le gouvernement qui les a administrés et quelques-unes des Compagnies qui ont prêté les fonds employés aux travaux. Les conventions passées avec ces Sociétés leur attribuant une part éventuelle dans les produits après l'amortissement du capital emprunté, et leur donnant le droit d'intervenir dans les modifications de tarifs que nécessitent continuellement les besoins du commerce et de l'industrie, il en est résulté que l'exploitation des canaux a été entravée par une double direction.

Le gouvernement a essayé plusieurs fois de se soustraire à cette contrainte, et la loi du 29 mai 1845 est due aux efforts persévérants qu'il faisait depuis longtemps pour opérer une séparation d'intérêts devenue nécessaire. En exécution de cette loi, deux projets furent présentés en novembre 1850 à l'Assemblée législative pour racheter les droits attribués aux deux compagnies des Quatre-Canaux et du canal du Rhône au Rhin, dont l'opposition s'était traduite en protestations déférées au Conseil d'Etat ; mais la Commission chargée de l'examen de ces projets en changea radicalement la pensée et l'objet, et au lieu du rachat, elle proposa l'affermage général ou partiel de dix canaux. Le rapport n'est pas arrivé à discussion.

C'est dans cette situation que la gestion a dû être reprise par le gouvernement actuel. Voici comment s'expriment les deux ministres dans un rapport au Président. On remarquera que ces deux fonctionnaires disent que le gouvernement ne renonce point à livrer la gestion des canaux à l'industrie privée.

« Après un nouvel examen, il a été reconnu que l'affermage immédiat des canaux serait désavantageux à l'Etat, et qu'il était préférable de maintenir les projets de rachat.

« D'une part, en effet, il serait imprudent d'aliéner pour un laps de temps considérable (quatre-vingt-dix-neuf ans) un domaine dont on ne connaît pas encore réellement tout le produit, grevé qu'il est d'une servitude qui en diminue nécessairement la valeur ; d'autre part, les conditions d'affermage telles qu'elles avaient été formulées, ont paru inacceptables sous beaucoup de rapports. Le gouvernement ne renonce point (il en a manifesté plusieurs fois la pensée) à livrer à l'industrie privée la gestion des canaux, comme il a consenti à lui confier l'exploitation des chemins de fer ; mais il a le droit et le devoir de ne le faire qu'à de bonnes conditions, quand le moment lui semblera opportun, et lorsque, l'administration des canaux étant devenue libre et dégagée d'entraves, leur concession pourra être l'objet d'une concurrence sérieuse.

« D'après ces considérations, et conformément à la loi du 29 mai 1845, nous avons l'honneur de soumettre à votre sanction, Monseigneur, trois projets de décrets ayant pour but la formation de commissions qui doivent déterminer le prix du rachat des droits attribués aux trois compagnies du canal de Bourgogne, de celui du Rhône au Rhin et des Quatre-Canaux. Les projets présentés à l'Assemblée législative ne s'appliquaient qu'aux deux dernières ; mais celle du canal de Bourgogne doit être également désintéressée, attendu que le tarif de cette ligne a besoin d'être remanié dans un avenir prochain, et qu'il faut s'attendre de la part de la Compagnie, lorsqu'on voudra toucher à ce tarif, à la même opposition, aux mêmes difficultés, que de la part des deux autres. »

— Nous n'avons remarqué aucune déclaration économique dans la Constitution proclamée le 15 janvier ; si ce n'est cependant le 1er article, ainsi conçu : « La Constitution reconnaît, confirme, et garantit les grands principes proclamés en 1789, et qui sont la base du droit public des Français. » On pourrait beaucoup discuter sur la portée de cet article, et sur ce qu'on peut appeler les principes de 89 ; mais au point de vue économique, il est hors de doute que la liberté du travail et la liberté du commerce font partie des grands principes de 89, ainsi que la plupart des principes les plus fondamentaux de l'économie politique vulgarisés par cette pléiade de philosophes dont Turgot a été la brillante personnification. En partant donc de ces principes, il y aurait une très-grande quantité de lois et décrets relatifs aux intérêts et aux questions économiques, rendus par la Convention, le Directoire, l'Empire, la Restauration, le gouvernement de Juillet, la Constituante de 1848 et la Législative, qui pourraient être fructueusement soumis à une révision intelligente et étudiée.

L'article 26 du même acte dit que le Sénat s'oppose à la promulgation des lois qui porteront atteinte à l'inviolabilité de la propriété, etc. Cela suppose que les sénateurs auront des idées bien arrêtées sur les questions de propriété, c'est-à-dire qu'ils auront des notions bien nettes et bien précises sur les principes économiques de la société.

Dans la liste des membres de ce nouveau corps de l'Etat, nous avons remarqué les noms de MM. Lebeuf et Mimerel, les plus ardents défenseurs du système prohibitif ; ceux de M. de Beaumont (de la Somme), de M. Fouquier d'Hérouel, marchant résolument avec eux, et de MM. Dumas, Charles Dupin,

Achille Fould, qui, n'étant plus entravés par des liens électoraux, seront peut-être moins hostiles à une réforme douanière. Nos lecteurs se souviennent que M. Ch. Dupin a combattu avec succès, dans la dernière Assemblée législative, les protectionnistes exclusifs lors de la loi réglant les rapports commerciaux de la France et de l'Algérie.

Au point de vue où nous nous plaçons, on peut citer, comme favorables aux idées de liberté commerciale, M. Gautier, ancien ministre des finances, régent de la Banque de France, et M. de la Grange, qui ont tous deux représenté la Gironde aux Assemblées législatives. — Deux autres membres de ce corps se sont occupés de questions financières et économiques; ce sont MM. d'Argout et d'Audiffret, anciens ministres des finances. — On compte une vingtaine d'hommes de guerre.

Un des premiers membres du nouveau Conseil d'État est, sans contredit et sous tous les rapports, M. Michel Chevalier, qui continuera à rendre, dans cette nouvelle position officielle, et comme par le passé, de fréquents et brillants services à la cause du progrès. Peu d'autres membres de cet autre nouveau corps, qui est déjà entré en fonctions, nous sont connus sous le rapport économique. Nos lecteurs auront toutefois remarqué les noms de M. de Parieu, président de la section des finances, et de M. Ch. Giraud, membre de l'Institut, tous deux très-favorables au progrès économique et à l'enseignement de l'économie politique, et qui tous deux ont fourni des articles à ce recueil. M. de Parieu est président de la section des finances; M. Michel Chevalier fait partie de la section des travaux publics, de l'agriculture et du commerce, présidée par M. Magne; M. Giraud fait partie de la section de l'instruction publique.

Malheureusement, aux termes d'un article du décret organique du Conseil, qui posait que les fonctions de conseiller sont incompatibles avec toute autre fonction publique salariée, M. Michel Chevalier a dû suspendre son cours du Collége de France. Toutefois cette chaire ne restera pas inoccupée; un professeur suppléant pourra ou continuer l'exposition des principes généraux qu'avait, cette année, commencée M. Michel Chevalier, ou traiter de quelque grande question de la science, en s'inspirant du savant professeur et de ses deux prédécesseurs, J.-B. Say et Rossi, dont, il y a peu d'années encore, la parole retentissait au Collége de France. Ce sera un grand honneur pour le futur suppléant d'avoir été appelé à continuer une si brillante série de professeurs et d'écrivains éminents.

—Par décret du 17 janvier, les ordonnances des 18 mai et 1er septembre 1843, relatives à l'admission des toiles de l'Inde, dites *guinées*, au Sénégal, sont rapportées, à partir du 1er janvier de l'année prochaine.

L'estampille prescrite par ces ordonnances demeurera *facultative*; mais l'estampille facultative devra indiquer non-seulement le *poids* et la *dimension*, mais encore la *bonne qualité* des guinées destinées au Sénégal. Cette estampille sera apposée par les soins d'une Commission spéciale, dont le siége sera à Pondichéry. « A partir de la promulgation du présent décret, jusqu'au 1er janvier 1853, le gouverneur du Sénégal pourra, en cas d'insuffisance des guinées réglementaires, autoriser la vente des guinées non réglementaires, jusqu'à concurrence des quantités nécessaires au commerce de la troque. »

Un autre décret, beaucoup plus important pour les colonies, a été signé le 8 février et publié le 17 dans le *Moniteur*. Nous voulons parler du décret rela-

tif à l'immigration aux colonies, aux engagements de travail, et à diverses dispositions de police et de sûreté. Nous publierons ce décret, trop étendu et trop
important pour être analysé ici en peu de mots.

— Un autre décret promulgue la convention conclue entre la France et le
Hanovre pour la garantie réciproque des œuvres de littérature et d'art. C'est
encore un marché enlevé à la piraterie des contrefacteurs belges. Une convention semblable et beaucoup plus importante entre la France et l'Angleterre
a été soumise au Parlement.

— L'assemblée générale des actionnaires de la Banque de France a eu lieu le
29 janvier. Nous lisons dans le compte rendu de M. d'Argout, gouverneur,
que le total général des opérations en 1851 s'est élevé à 1,592 millions. Ce chiffre
semblerait indiquer une augmentation sur l'année 1850, pendant laquelle le
montant des opérations a été de 1,481 millions ; mais il n'en a pas été ainsi :
le chiffre des opérations n'a augmenté que parce que les effets de commerce
à courts jours sont devenus de plus en plus nombreux. Les bénéfices, qui sont
une mesure bien plus réelle du développement des affaires, n'ont été que de
92 francs 93 centimes par action ; ils avaient été de 101 francs en 1850 et de
106 en 1849 ; et si on a pu les porter à 105 francs en 1851, ç'a été par suite de la
distribution d'une somme de plus d'un million, considérée comme perte en
1848, et rentrée depuis.

Cette indication donnée par la Banque concorde avec celle qu'on peut tirer
du chiffre des impôts et des revenus que nous donnons plus haut (p. 183), et
aussi des résultats du commerce extérieur en 1851, que nous publions également dans ce numéro (p. 176).

— En Angleterre, la reine a pu dire dans son discours d'ouverture, au sujet
des réformes qui ont jeté tant d'éclat sur l'administration de ce pays depuis
une dizaine d'années, en comblant le déficit et en augmentant la prospérité
générale : « Je suis très-satisfaite de pouvoir vous annoncer que les fortes réductions des contributions qui ont été réalisées dans ces dernières années n'ont
pas été suivies d'une diminution proportionnelle des revenus de l'État. Les
recettes de l'année dernière ont été parfaitement proportionnées aux exigences
du service public, pendant que la réduction des contributions a tendu grandement au soulagement et au bien-être de mes sujets. »

— On a publié dans le *Moniteur* un rapport de M. Guillemot, directeur de
la Caisse d'amortissement, sur les opérations des caisses de retraite pour la
vieillesse, au 31 décembre, c'est-à-dire pendant sept mois. — Le montant des
versements s'élève à 1,212,000 francs. Quinze départements n'ont point encore
pris de part à cette institution. Sur 15,383 versements, 3,590 ont été faits à
Paris, et la moitié sur les fonds collectifs des ouvriers du chemin d'Orléans,
de l'association des garçons de recette, et des agents des omnibus. Il y a plus
d'hommes que de femmes parmi les déposants, dont la moitié appartient à
la classe ouvrière. — M. Guillemot rappelle qu'en 1818, et en sept mois et
demi, la Caisse d'épargne de Paris n'avait reçu que 436,000 francs, tandis que
dans le même espace de temps, la Caisse de retraite de Paris a reçu, en 1852,
858,000 francs. Il en conclut au succès de l'expérience. Cependant, il fait remarquer qu'en 1818, les classes pauvres ignoraient totalement ce genre de
placement ; qu'elles en ont pris l'habitude depuis, et qu'il n'y avait pas alors
de ces associations comme celle du chemin d'Orléans, des omnibus ou des
garçons de recette, capables de verser de suite des sommes assez importantes.

— Les événements de décembre avaient produit une certaine émotion en Angleterre, au sujet de la probabilité du trouble de la paix internationale. Cette émotion semble se calmer. La reine disait, dans son discours d'ouverture, au commencement de ce mois : « Dans le cas où quelque augmentation aura été faite au budget de la présente année, comparativement à celui de l'année dernière, il sera donné des explications qui, j'y compte, vous prouveront que ce surcroît est compatible avec une *constante fidélité à une politique pacifique* et avec les inspirations d'une sage économie. »

Le lendemain, John Russell ajoutait : « Je suis convaincu que jamais, à aucune autre époque, il ne fut plus essentiel que ces deux pays conservassent des relations de paix et d'amitié. Jamais, à aucune autre époque, la paix entre l'Angleterre et la France ne fut plus susceptible de contribuer à la cause de la civilisation du monde. J'ai la conviction aussi, d'après toutes les assurances que j'ai reçues, que le gouvernement actuel en France, que le Président désirent rester dans des termes d'amitié avec l'Angleterre, et ce ne sera pas notre faute, ce ne sera pas la faute du gouvernement de l'Angleterre si ces termes de paix et d'amitié s'affaiblissent. Je fais ces déclarations, surtout en présence de l'augmentation de notre budget. Vous verrez, par le détail, que cet accroissement de dépenses ne surpasse pas ce qui se fait dans tous les pays de l'Europe et en Amérique ; il devient nécessaire aujourd'hui de se conformer aux progrès de l'art de la guerre. L'opinion solide et délibérée de l'Angleterre est favorable à la paix, et, pour ma part, je pense que la continuation d'une paix permanente est un des plus grands bienfaits dont puisse jouir un peuple sur la terre. »

Toutefois, le ministre de la guerre a présenté depuis un projet de loi pour réorganiser la milice, espèce de garde nationale ; et la question se débat assez vivement depuis quelques jours entre les partisans et les adversaires de précautions militaires à prendre. M. Cobden a combattu, et lord Palmerston a appuyé l'organisation de la milice. Mais cette discussion n'a pas laissé percer de symptômes d'irritation internationale.

— Le *Moniteur industriel*, qui ne voit, comme on dit vulgairement, que plaies et bosses quand il s'agit des économistes, a voulu dire son mot au sujet de la discussion de la Société d'économie politique sur la Rente ; et pour cela il a fait appel à la plume de M. Coquille, de l'*Univers*. Nous comprenons bien que le *Moniteur industriel* et ce dernier ont voulu signaler un nouveau sujet de dissentiment dans le camp de leurs adversaires en protectionnisme ; mais le trait ne saurait porter. M. Coquille suppose que Ricardo a consacré au sujet en question « *tout* son grand ouvrage d'économie politique. » Que M. Coquille veuille bien parcourir seulement la table du livre de Ricardo, il y verra que, sur trente-deux chapitres, deux seulement sont consacrés à la Rente. Cette petite erreur matérielle prouve que M. Coquille n'a pas encore fait connaissance avec Ricardo. *Ab uno disce omnes.*

Le même M. Coquille s'est escrimé ces jours-ci contre Malthus, dans l'*Univers* d'abord, dans le même *Moniteur industriel* ensuite. Inutile de défendre l'illustre économiste. Nous voulons seulement demander à M. Coquille s'il sait que M. Alban de Villeneuve-Bargemont, auteur d'une économie politique chrétienne, très-justement respecté dans le monde religieux, a revendiqué pour saint Paul et pour le catholicisme les conseils de prévoyance donnés par Malthus !

L'article de M. Coquille est un type ; il est fort curieux dans son genre ; mais ce qui ne l'est pas moins, c'est un journal qui a la prétention de s'adresser aux manufacturiers et aux classes ouvrières, et qui laisse ou fait attaquer dans ses colonnes l'homme qui a le plus sciemment, le plus dignement écrit sur la prévoyance, et pour prévenir la multiplication des malheureux. Nous classons ces articles à côté d'un pamphlet fameux de M. Proudhon, en 1848, contre les *Malthusiens.*

— Nous avons sous les yeux un rapport lu à la Société industrielle de Mulhouse, par M. Jean Zuber fils, sur l'industrie des papiers pour tentures, que nous comptons reproduire, si l'espace nous le permet.

Ce rapport est surtout remarquable par ses conclusions, que voici : « Pour les papiers de luxe, la France restera sans rivale ; — pour les papiers ordinaires, elle a besoin d'une impulsion, si elle ne veut voir diminuer ses débouchés à l'extérieur. — Cette impulsion ne peut lui venir que par une forte diminution ou l'abolition entière de la protection dont elle jouit ; à condition, toutefois, que le gouvernement se serve de cette arme pour lui faciliter ses exportations. »

Une forte diminution ou l'abolition entière de la protection ! Est-ce que M. Zuber fils serait par hasard un de ces économistes que vous savez? un théoricien ? un idéologue ? — Non. C'est un fabricant *protégé*, comme M. Jean Dollfus, qui se plaint que la protection étouffe l'industrie cotonnière.

Le Moniteur industriel a reproduit ce rapport, à l'exception de ce qui est relatif aux régimes douaniers de divers pays et aux conséquences que l'auteur en tire : nous réparerons cet oubli peu involontaire, sans doute.

— Nous recevons le second numéro des *Annales de la colonisation algérienne*, publiées par M. Hippolyte Peut, avec le concours de plusieurs personnes compétentes, au nombre desquelles nous remarquons M. Fournel, ingénieur en chef des mines, et M. Moll, professeur au Conservatoire des Arts et Métiers. Ces Annales contiennent des articles sur les questions de colonisation, et des nouvelles et des renseignements sur toutes les colonies du monde ; c'est un véritable *Colonial magazine* français. M. Peut y a déjà inséré deux intéressants articles contenant la première partie d'un Précis de l'histoire de cette colonisation française en Algérie, au sujet de laquelle nous publierons dans notre prochain numéro un article de l'honorable M. Raudot, ex - représentant de l'Yonne, et que nous sommes obligé d'ajourner, faute de place.

JPH GARNIER.

Paris, 21 janvier 1851.

P. S. Le Moniteur d'hier publie un décret daté du 14 février et portant que les dispositions du décret du 8 septembre 1851, concernant l'importation temporaire des fontes brutes destinées à être converties en machines et mécaniques pour la réexportation, sont étendues, sous les mêmes conditions et formalités, aux fontes importées de l'étranger, pour être réexportées après conversion en ouvrages de fonte moulés.

Un autre décret publié le même jour approuve la convention passée par le ministre des travaux publics et la Compagnie du chemin de fer du Nord pour la construction des trois lignes de chemins de fer : de Saint-Quentin à Maubeuge, du Cateau à Somain et de La Fère à Reims, auxquelles il faut ajouter 5 kilomètres pour relier le port de Saint-Valory ; en tout 208 kilomètres, dont les frais de construction sont évalués à près de 70 millions.

Voici les détails que nous trouvons dans l'exposé de M. Lefèvre-Duruflé, ministre des travaux publics.

La Compagnie du Nord a pris l'engagement de construire ces lignes entièrement à ses frais, moyennant la prolongation de la durée de ses concessions,
ce qui lui permettra de se créer des ressources nouvelles en réduisant le taux
annuel de l'amortissement de son capital.

La ligne la plus importante des chemins de fer du Nord, celle qui se dirige
de Paris à la frontière de Belgique, par Lille et Valenciennes, avec embranchement de Lille sur Calais et Dunkerque, a été concédée pour trente-huit
ans, à partir du 10 septembre 1848, et doit faire retour à l'Etat le 10 septembre
1886, c'est-à-dire dans les trente-cinq ans et six mois, à dater d'aujourd'hui.—
La ligne de Creil à Saint-Quentin a été concédée pour vingt-quatre ans trois
cent trente-cinq jours, à partir du 29 décembre 1848, et cette concession doit
expirer le 29 novembre 1873, c'est-à-dire dans vingt et un ans et neuf mois,
à dater d'aujourd'hui. — Enfin, la ligne d'Amiens à Boulogne a été concédée
pour quatre-vingt-dix-huit ans et onze mois, le 24 octobre 1844, et ne doit
faire retour à l'Etat que le 24 septembre 1943, c'est-à-dire dans quatre-vingt-
onze ans et sept mois, à dater d'aujourd'hui.

D'après la convention conclue avec la Compagnie, la durée de toutes ces
concessions sera portée à quatre-vingt-dix-neuf ans, à dater de l'origine de la
concession principale, c'est-à-dire du 10 septembre 1848.

Le chemin de fer de Saint-Quentin à la frontière de Belgique est le prolongement de la ligne de Creil à Saint-Quentin. Sa longueur est d'environ 85 kilomètres. Les frais de construction sont évalués à 34 millions.—Dans quelques
mois, la Belgique aura ouvert le chemin de fer de Charleroi jusqu'à notre
frontière, près d'Erquelines ; la section comprise entre Erquelines et Saint-
Quentin forme aujourd'hui lacune sur la grande ligne qui, passant par Charleroi, Namur et Liège, doit devenir la route directe entre Paris et l'Allemagne
septentrionale. Comme tous les trains rapides internationaux, dirigés de Paris
vers Cologne, suivent aujourd'hui la route de Bruxelles, la voie nouvelle réduira le trajet de plus de 100 kilomètres.

Le chemin de fer du Cateau à Somain est destiné à mettre les ports de la
Manche et le bassin houiller de Valenciennes en communication avec le nord-
est de la France. Sa longueur est d'environ 38 kilomètres. Les frais de construction sont évalués à 11,400,000 fr. Cette ligne laisse à l'écart la ville de
Cambray. Le gouvernement s'est réservé la faculté d'en modifier le tracé,
en le rapprochant de cette ville, dans le cas où des souscriptions particulières viendraient couvrir l'excédant de dépense auquel donnerait lieu ce
changement de direction.

Le chemin de fer de La Fère à Reims est destiné à réunir le réseau du Nord
à l'embranchement de Reims à Epernay, et par conséquent à tout le réseau
des lignes de l'Est. Sa longueur est de 80 kilomètres. La dépense de construction est évaluée à 23 millions. Il formera la tête d'une nouvelle ligne trans-
versale du nord-ouest à l'est de la France.

Le chemin de fer de Noyelle à Saint-Valory est destiné à desservir ce port,
le plus voisin de Paris. Sa longueur sera d'environ 5 kilomètres. La dépense
de construction est évaluée 800,000 fr. La Compagnie s'est engagée à exécuter
ces travaux ; mais le gouvernement a dû se réserver de ne pas donner suite à
cette partie de la convention jusqu'au moment où les populations auront été
appelées à se prononcer dans une enquête sur les avantages et les inconvénients de travaux qui doivent être exécutés sur des terrains formés de lais et
relais de la mer.

L'ALGÉRIE.

I. — Abandon ou conservation de l'Algérie.

Si l'Algérie a des amis ardents, elle a des adversaires opiniâtres, qui répètent avec une conviction croissante : *delenda Carthago*.

« Ce n'est pas la France qui possède l'Algérie, disent-ils, mais l'Algérie qui possède la France, puisqu'elle nous coûte chaque année plus de cent millions, absorbe au moins soixante-dix mille soldats, l'élite de notre armée et dont la France, engagée dans une guerre continentale, luttant pour son indépendance peut-être, pourrait regretter amèrement l'absence.

« L'Algérie ne se peuple pas, sauf de rares exceptions, de colons véritables, mais de cabaretiers, de manœuvres, de chercheurs d'aventures, vivant autour de l'armée et par elle, ou de mendiants nourris par l'Etat et affublés du titre menteur de colons.

« L'Algérie ne produit pas même le blé nécessaire à la nourriture de l'armée, de sorte qu'en cas de guerre avec l'Angleterre, l'ennemi interceptant les convois de grains, suscitant les insurrections des Arabes et des Kabyles, forcerait notre belle armée africaine à rendre les armes ou à mourir de faim.

« On se flatte, mais en vain, de l'espoir que ce triste état de choses va cesser et que l'Algérie formera bientôt une riche colonie.

« La nation française n'a pas les qualités nécessaires pour fonder et développer des colonies.

« Voyez la Corse elle-même, qui n'est pas dans des mers lointaines, mais à la porte de Toulon et de Marseille ; son sol est au moins aussi fertile que celui de l'Algérie, son climat meilleur, ses côtes sont plus belles et ses ports plus sûrs, sa population n'était pas séparée des Français par la religion, comme les Arabes et les Kabyles ; cette île magnifique aurait dû voir sa population clairsemée tripler, sa richesse quintupler, depuis quatre-vingts ans que les Français la possèdent. Eh bien ! malgré les immenses sacrifices faits par la France, et qui s'élèvent encore annuellement à plus de quatre millions, la Corse est encore aujourd'hui presque au même état qu'au moment de la conquête ; et c'est en présence de ce grand exemple d'impuissance que l'on croit à la transformation prochaine de l'Algérie et à la création d'une colonie puissante qui payera avec usure les sacrifices de la mère–patrie, illusion complète, illusion funeste ! L'Algérie est un lourd boulet que la France épuisée traîne depuis vingt-un ans et dont elle doit enfin briser la chaîne. »

Ces considérations sont graves, mais doivent-elles déterminer la France à renoncer à l'Algérie?

Le sentiment national y résiste.

Abandonner une conquête achetée par tant de sacrifices, arrosée de tant de sueurs et de sang, ce serait avouer aux yeux du monde ses fautes et sa folie. Un homme fait quelquefois, avant de mourir, un pareil aveu, une nation ne le fait jamais.

Ensuite la puissance d'un peuple n'est pas seulement dans ses richesses et le nombre, la valeur de ses bataillons, mais dans l'idée de sa force; l'abandon de l'Algérie serait un affaiblissement de la France à ses propres yeux et à ceux du monde.

Se croire appelé à être le premier peuple de l'Europe, c'est une raison pour le devenir; si l'on se croit incapable de rien de grand, on l'est en effet.

Enfin toute nation qui n'est pas en décadence complète conserve une grande force d'expansion, elle ressemble à l'homme vigoureux qui ne peut rester dans l'inaction et l'immobilité, et non au vieillard qui végète et redoute le mouvement; la France s'étendant au dehors constate sa vitalité, prouve à elle-même et[aux autres qu'elle n'est pas réduite à l'impuissance de la vieillesse.

Cette conquête de l'Algérie pourrait d'ailleurs avoir des avantages réels, si nos fautes ne les annulaient pas.

L'Algérie a deux cent cinquante lieues de côtes à deux jours de la France, presque en face de Malte et de Gibraltar, sur cette Méditerranée où se sont décidées plus d'une fois et où se décideront encore les destinées d'une grande partie du monde. Il est vrai que le rivage algérien où ne débouche pas un seul [fleuve navigable, presque partout difficile ou abrupte, mérite le nom de côte de fer que lui avaient donné les Romains; mais cependant avec des travaux ce rivage pourrait présenter, sur plus d'un point, des abris à nos vaisseaux et à nos navires.

L'Algérie a un territoire grand comme les deux tiers de la France. Quoiqu'elle ait ses contrées sauvages, aux ravins profonds et aux roches stériles, ses plaines marécageuses, ses terres sans ombre brûlées six mois durant par le soleil, ses mers de sable, et près de trois millions d'hommes courageux, séparés de nous par des haines de religion et de nationalité, il est certain que cette grande terre a des parties admirables, qu'elle pourrait présenter un débouché heureux pour le trop-plein de notre population et devenir un jour une nouvelle France.

Sans doute, je le sais, des améliorations intérieures seraient préférables sous plus d'un rapport aux tentatives lointaines. L'agriculture française pourrait, en s'améliorant, nourrir bien plus d'hommes et leur donner un plus grand bien-être. Mais, pour beaucoup d'esprits, le bien-être qu'on peut se donner sans changer de lieu, d'habitudes, par un travail monotone, n'est pas apprécié; on se fatigue d'un bonheur terre à terre; il pèse comme un ennui; on a besoin de mouvement, de danger, d'espoir sans bornes, de l'inconnu. Ces hommes ardents, énergiques, inquiets, agiteront la mère-patrie s'ils ne vont au loin agrandir son nom; les nations vivaces, pour leur propre tranquillité, ont besoin d'essaimer : l'Angletere le sait bien.

L'Algérie ne peut donc être abandonnée.

Mais il ne faut pas qu'elle épuise nos finances, nous enlève le quart de notre armée, et soit pour la France une cause d'affaiblissement et de ruine; il faut, au contraire, qu'elle se peuple de Français producteurs et que cette colonie vive par elle-même.

Je ne discuterai pas ici la question de savoir si l'on doit donner à l'Algérie un gouverneur général civil, afin d'éviter l'entraînement de l'esprit militaire qui veut sans cesse guerroyer; je n'examinerai pas quel est le nombre de troupes nécessaire dans un pays où deux races ont des mœurs, des idées, un état social complétement différents, les Arabes et les Kabyles; où chaque tribu, pour ainsi dire, vit isolée et sans force contre le conquérant son maître; où l'on trouve toujours des rivalités, des chefs jaloux dont on peut faire les instruments de la servitude, selon l'expression de Tacite; je ne chercherai pas comment il se fait que l'Angleterre maintient sous sa loi plus de cent millions de sujets dans les Indes, avec 31 mille hommes de troupes anglaises et quelques milliers d'officiers et de sous-officiers anglais commandant de nombreuses troupes indigènes, tandis que nous avons soixante-dix mille de nos meilleurs soldats en Algérie pour contenir trois millions de sujets; je ne m'attacherai ici qu'à une seule question, mais capitale, de vie ou de mort, *la colonisation de l'Algérie.*

II.— Colonisation nulle, et pourquoi ?

Voilà vingt et un ans que notre glorieuse armée a fait la conquête d'Alger et commencé celle de la régence; nous avons soumis depuis longtemps un territoire immense; où en sommes-nous de la colonisation?

Au 30 juin 1851 il y avait en Algérie, sans compter l'armée, 131,122 Européens, et sur ce nombre 65,731 Français. Combien s'occupent de culture? Deux ou trois mille à peine, en dehors des colonies agricoles de 1848.

Quant à ces colonies, 20,502 individus y ont passé, il n'en restait plus que que 10,376 au 3 octobre 1850. Cette belle opération aura coûté 26,950,000 fr., au 1er janvier 1852, c'est-à-dire 2,597 fr. 34 c. par personne, et on calculait que, si l'année était bonne en 1851, le revenu des récoltes par famille serait de 115 à 116 fr., c'est-à-dire que ces colons prétendus auraient de quoi mourir de faim et de misère, ou devraient retourner en France si l'Etat ne continuait pas ses distributions de vivres et de denrées en 1852. (Rapport de M. Lestiboudois du 10 juin 1851, inséré dans le *Moniteur* du 11.)

Pourquoi la colonisation est-elle si lente ou plutôt à peu près nulle?

Est-ce parce que nous étions toujours en guerre? Mais depuis long-temps nous sommes parfaitement maîtres de contrées très-considéra-bles, la guerre d'Abdel-Kader ne s'est étendue que sur une partie de l'Algérie; et cependant ces contrées tranquilles n'ont reçu que très-peu de vrais colons.

La colonisation est à peu près nulle, non pas par la faute des Arabes, mais par la nôtre; par suite de mauvaises institutions, d'idées fausses, de mesures contraires à la nature des choses; par les mêmes causes qui produisent l'affaiblissement et la désorganisation de la France.

Le gouvernement, qui est porté à tout faire, ou au moins à tout réglementer et subventionner en France, a voulu faire lui-même la colonisation, s'imaginant que sans lui il n'y en aurait point.

Imbu, comme tous les Français, de l'idée que la petite propriété et la petite culture sont le beau idéal de l'agriculture et de l'ordre social, obéissant à cette manie de charger le gouvernement du soin des pau-vres, il a cru qu'avec des subventions, des dons gratuits de terrain, de bestiaux, de maisons, il attirerait les colons, peuplerait rapidement l'Algérie et donnerait le bien-être en Afrique aux malheureux languis-sant en France.

Mais il a échoué, parce qu'il méconnaissait et heurtait la force des choses, plus puissante que les hommes et les gouvernements.

On ne fait pas de l'agriculture avec la débilité et la misère. Pour cultiver avec avantage une terre depuis longtemps défrichée, remuée par la charrue, il faut de l'argent et des bras robustes; nous en re-connaissons la nécessité chaque jour sous nos yeux, dans la France même. Mais lorsqu'il s'agit de défricher une terre vierge, dans un cli-mat brûlant, combien il faut davantage d'énergie et d'avances! Là surtout débilité et misère ne produiront que la misère.

Parce qu'on a vu, en France, beaucoup de petits propriétaires cul-tivateurs, heureux par leur travail, on a voulu transporter en Algérie la petite propriété toute d'une pièce, et on n'a pas réfléchi que la petite propriété n'était jamais venue qu'à la suite de la grande ou moyenne propriété, indispensables pour fonder d'abord la culture dans un pays vierge.

Dans une contrée inculte, immense, où les hommes sont rares, la main-d'œuvre très-chère, pour que l'on puisse avoir du profit, il faut que les moyens soient puissants et simples, et les résultats considéra-bles; sans profits, on ne verra pas les colons se multiplier, mais s'en aller.

D'ailleurs, en Algérie, le soleil est si ardent que l'on ne peut la-bourer et remuer la terre que pendant quelques moments de l'année, après les pluies; on ne peut donc avoir, comme dans une partie de la

France, une culture variée et des récoltes successives, occupant à peu près toute l'année un grand nombre de bras; par conséquent il est impossible d'y faire avec avántage de la petite culture, si ce n'est dans les jardins autour des villes ou sur des terrains arrosés, c'est-à-dire sur des espaces très-restreints.

En Algérie, l'agriculture avantageuse n'est possible presque partout qu'à des hommes intelligents, actifs, ayant assez d'argent et dé science pour connaître, exécuter les cultures profitables, sans être abattus par une attente un peu longue ou un premier échec, et travaillant sur un grand espace pour avoir l'espérance d'une fortune. De pauvres paysans français qui n'ont pu se tirer d'affaire dans leur pays, qui n'ont pour connaissances agricoles que leur routine, complétement inapplicable sur une terre nouvelle, dans un climat nouveau, au milieu de conditions sociales et commerciales entièrement différentes de ce qu'ils ont vu et pratiqué, n'arriveront à rien de bon en Algérie [1], et si le gouvernement se mêle de réglementer et de diriger leurs cultures, ce sera bien pis encore.

Ce n'était pas assez du non-sens de la petite culture, le gouvernement veut désigner l'emplacement des villages et forcer les agriculteurs à s'agglomérer sur certains points.

Mais leur agglomération est un grand obstacle à l'agriculture. Lorsque le lieu de ses travaux n'est pas sous la main du laboureur, que de pertes de temps, de travail, de denrées!

Et dans la désignation des villages l'autorité n'a-t-elle pas eu souvent de tout autres préoccupations que celles de l'agriculture? Les points stratégiques peuvent être bons pour la guerre, mais fort mauvais pour les colons et leurs progrès [2].

Enfin, jusqu'à ces derniers temps la propriété n'a pas été assurée en Algérie, et si l'on vient de la consolider par une loi récente, on y trouve des dispositions qui empêcheront tous les colons sérieux de tenter fortune dans ce pays. On soumet les mines à la législation française et à la nécessité des concessions par le gouvernement; on déclare tous les cours d'eau, même les plus petits, et les sources elles-mêmes du domaine public. Au lieu de régler et d'assurer les droits des propriétaires par la loi, comme le fait le Code civil, et de déterminer la manière dont on ferait, au besoin, sur les lieux mêmes, des règlements pour les cours d'eau importants, on met aux mains de l'admi-

---

[1] C'est ce qu'a démontré parfaitement, dans son ouvrage sur l'Algérie, M. Moll, professeur d'agriculture au Conservatoire. Voir la quatrième édition de la *Décadence de la France*, page 177.

[2] « L'État a bâti des villages à grands frais, il a eu tort... Plusieurs de ces villages, notamment dans la province d'Oran, ont été placés dans des lieux où il n'y a ni eau ni bois, et ne peuvent être occupés... Les agglomérations de maisons seront une conséquence de la réunion des besoins, des intérêts et des bonnes communications. » (Extrait de la brochure du général d'Hautpoul sur le ministère de la guerre et de l'Algérie, publiée en 1851, page 126.)

avec l'administration, qui sera juge et partie, qui pourra l'attirer jusqu'au Conseil d'Etat de Washington, où, pour avoir le droit simple d'exposer son affaire, il devra d'abord donner à son avocat la somme de 500 fr. au minimum.

Si un habitant ou spéculateur veut bâtir dans une ville nouvelle, il ne pourra le faire sans la permission du maire et sans payer une redevance fixée par un tarif (D).

Avec de pareilles entraves, croit-on que le colon américain opérerait tant de merveilles? croit-on qu'il ne se découragerait pas, surtout si ce colon avait été habitué depuis son enfance, dans son pays natal, à sentir toujours la tutelle administrative et à ne rien faire par sa propre initiative?

Et si ce colon était en outre soumis au gouvernement militaire, s'il sentait partout le pouvoir du général, de l'officier de troupes; si, au lieu d'être protégé et maintenu par la loi, de jouir des droits de libre discussion dans les intérêts locaux, il était soumis à des règlements arbitraires et au régime du bon plaisir; s'il devait compter plus sur les faveurs du gouvernement central que sur son travail et les efforts réunis de ses voisins de la communauté et du comté[1]; si dans le désert il était moins libre que dans l'Etat de New-York ou de Pensylvanie, et plus occupé à solliciter, croit-on qu'il serait ardent et apte à coloniser, et que de nouveaux Etats sortiraient aussi rapidement des forêts de l'Amérique?

Au commencement du dix-septième siècle, la France et l'Angleterre entreprirent de coloniser l'Amérique du Nord; à la fin de ce siècle, la première possédait les immenses contrées arrosées par le Saint-Laurent et le Mississipi; la seconde, le littoral depuis le Canada jusqu'aux Florides. La France, après avoir annulé les concessions de territoire faites à de grandes compagnies, maintint le gouvernement militaire, la réglementation par la métropole sans aucune institution municipale de commune ni de province, la justice administrative ou plutôt l'arbitraire administratif sur les concessions; elle voulut coloniser en grande partie par la petite culture et les pauvres et à l'aide des sacrifices de la mère-patrie (E).

---

[1] « Il n'y a dans toute l'Algérie que dix communes où l'administration municipale soit complété; partout ailleurs elle n'existe pas ; il n'y a pas de conseillers municipaux. Un habitant notable est désigné par l'autorité supérienre pour y remplir les fonctions de maire.

« Cet état de choses a des inconvénients qu'il convient de faire disparaître progressivement. Il est évident que dans toutes les agglomérations de population on ne trouverait pas encore les éléments nécessaires pour composer un Conseil municipal ; mais, dans beaucoup de localités, il serait facile de l'établir. *Nulle part les communes n'ont leur budget de recettes provenant de leurs revenus ; il est formé par des allocations budgétaires fournies par l'Etat ;* d'où il résulte qu'il n'y a aucune idée d'économie dans les dépenses coloniales. Partout on cherche à dépenser le plus possible, espérant que le gouvernement viendra en aide. » (Extrait de la brochure du général d'Hautpoul, ancien gouverneur général, sur le ministère de la guerre et de l'Algérie, publiée en 1851, p. 137.)

L'Angleterre, au contraire, respecta les concessions de territoire à de grandes compagnies, donna les plus larges libertés à ses colonies, les laissa s'administrer, s'imposer, se donner des lois, se gouverner pour ainsi dire elles-mêmes (F).

Après un siècle, quel avait été le résultat de ces deux systèmes si opposés, mis en pratique dans des pays qui se touchaient? En 1763, lorsque nous les perdîmes, le Canada n'avait que 62,000 Français, et la Louisiane 10,000 environ; les colonies anglaises avaient près de 1,500,000 habitants, non compris les noirs et les indigènes (G).

Il est vrai qu'on peut reprocher au système anglais d'avoir préparé la séparation d'avec la mère-patrie de colonies organisées pour ainsi dire en autant de républiques; mais pour la colonisation, quel était le meilleur des deux systèmes?

III. — Comment coloniser ?

Pour coloniser l'Algérie, que doit faire le gouvernement? A peu près rien, ou le contraire de ce qu'il fait.

La France, dont l'armée peut sans doute être occupée à faire des routes stratégiques, des bâtiments de l'Etat, des ports militaires, de la culture même autour des camps, ne doit jamais oublier, du reste, cette vérité : Toutes les fois qu'un gouvernement a voulu, avec le trésor de la mère-patrie, faire de la colonisation, il a échoué; après un long temps il a obtenu de minces résultats fort au-dessous des sacrifices imposés à la métropole, ou bien souvent il n'a fait que changer la misère de place, au lieu de produire la richesse espérée.

Que l'on veuille bien méditer ces paroles prononcées en 1849 dans le Parlement anglais, par le premier ministre, lord John Russel :

« Quant à l'émigration, qui, dans ces dernières années surtout, a acquis des proportions énormes, je me félicite de ce que le gouvernement s'est abstenu de toute intervention au delà de quelques primes et secours temporaires. L'émigration s'est élevée depuis trois ans à 265,000 personnes annuellement. Je n'estime pas à moins de 1,500,000 liv. sterl. la dépense qu'elle a entraînée.

« Les classes laborieuses ont trouvé pour elles-mêmes les combinaisons les plus ingénieuses; par les relations qui existent entre les anciens émigrés et ceux qui désirent émigrer, des fonds se trouvent préparés, des moyens d'existence et de travail assurés à ces derniers au moment où ils mettent le pied sur cette terre lointaine. Si nous avions mis à la charge du trésor cette somme de 1,500,000 liv. sterl., indépendamment du fardeau qui en serait résulté pour le peuple de ce pays, nous aurions provoqué toutes sortes d'abus, nous aurions facilité l'émigration de personnes impropres et dangereuses, qui auraient été accueillies avec malédiction aux Etats-Unis et dans nos propres colonies. Ces contrées n'auraient pas manqué de nous dire :

Ne nous envoyez pas vos paresseux, vos impotents, vos estropiés, la lie de votre population. Si tel est le caractère de votre émigration, nous aurons certainement le droit d'intervenir pour la repousser. Telle eût été, je n'en doute pas, la conséquence de l'intervention gouvernementale sur une grande échelle. »

Les faits confirment partout la vérité de ces paroles. Une grande émigration s'est faite et se fait des pays Basques sur les rives de la Plata et avec grand succès; l'Etat n'a pas donné un sou : il donne tout en Algérie et n'arrive à rien.

Le gouvernement ne doit donner aux colons de l'Algérie ni terrains, ni maisons bâties, ni défrichements faits avec la sueur de nos soldats et l'argent de la France; il doit se hâter de faire cesser la mauvaise plaisanterie de ces prétendues colonies agricoles, espèces d'hôtels garnis où l'on va vivre aux frais de l'Etat; il ne doit pas même donner le terrain, car ce serait reconnaître par là même qu'il ne vaut rien, et jeter une immense défaveur sur la colonisation en Algérie; il doit vendre les terrains aux colons, non pas à rente, comme on le fait maintenant, ce qui permet des colons aléatoires pour ainsi dire, sans engagement sérieux; mais comme on les vend aux Etats-Unis, en Australie, etc. Tout homme qui aura payé de ses deniers un terrain et qui n'espérera que dans son travail sera un colon sérieux, s'attachant à son œuvre précisément par tout ce qu'elle lui aura coûté. Celui qui, au contraire, obtiendra une concession par protection, gratuitement, sera presque toujours un colon factice, un solliciteur sans énergie. D'ailleurs, si le gouvernement continuait à donner terrain, travaux et vivres, qui voudrait aller en Algérie à ses risques et périls? Personne n'est assez sot pour puiser dans sa bourse lorsqu'on lui ouvre celle de l'Etat, et plus on donnerait, moins on aurait de colons véritables.

Le gouvernement ne doit pas choisir et imposer les lieux d'emplacement des villages, des hameaux, des fermes; il doit laisser l'intérêt particulier libre de choisir le lieu le plus fertile, le plus salubre, le plus commode.

Le gouvernement doit vendre des terrains complétement libres, et se bien garder d'importer en Algérie le fléau de la justice administrative et de la paperasserie.

Le gouvernement doit donner aux colons les institutions municipales de la commune et de la province, mais jamais aux communes et aux provinces l'argent du trésor. Il faut que le Français en Algérie se sente plus libre, plus maître de ses actions qu'en France, et qu'en même temps il sache porter la responsabilité de ses actes. Cette liberté, cette faculté de créer spontanément et d'échapper aux entraves continuelles, si fatigantes dans la mère-patrie, seront un des principaux attraits pour se rendre en Algérie.

Le gouvernement, sans refuser de vendre les petits lots de terrain qui seraient demandés, ne doit pas craindre de vendre par lots considérables, mais le désirer au contraire, pour des raisons que j'ai déjà développées, et pour d'autres encore plus graves peut-être.

Un colon, qui a près d'une ville de l'Algérie une concession considérable, me disait dernièrement : « Lorsque je demandai cette concession dont le sol se couvre naturellement d'herbes abondantes, on m'imposa l'obligation de construire les maisons pour loger trente familles, et de mettre en culture les quatre cinquièmes de la propriété, en ne laissant qu'un cinquième au plus en prairie; c'est à grand'peine que je me fis décharger de ces conditions absurdes, qui m'auraient ruiné... J'ai employé une somme importante à extirper les mauvaises herbes et les broussailles de mes prairies, et je me suis très-bien trouvé d'engraisser du bétail au pâturage et de faucher une partie de mes herbages pour conserver la nourriture nécessaire pendant la morte-saison.

« Pour mes travaux extraordinaires de fauchaison et de moisson, j'emploie les indigènes. Un caïd des villages kabyles qui sont près de chez moi vient me trouver; je fais marché avec lui, et il m'amène le nombre d'ouvriers nécessaire; jamais ces Kabyles, qui campent alors sur ma propriété, ne m'ont pris la moindre chose, et j'ai toujours été très-content de leur travail énergique. Ils font partie de ces Kabyles que l'on vient de soumettre, à ce que l'on dit, et dont on s'est cru obligé de brûler les maisons et de détruire les récoltes, pour les civiliser apparemment. Et à ce propos, je dois dire que je vends mes bœufs à Constantine; un de mes domestiques, homme de confiance, les conduit au marché en suivant la route qui longe la Kabylie, il me rapporte ensuite mon argent par la même route, et jamais il n'a été attaqué par les Kabyles que l'on chargeait de tant d'iniquités pour justifier la guerre qu'on leur fait.

« A côté de moi se trouve un village dont la création a coûté au moins 400,000 fr. On y a depuis longtemps attiré des colons français en leur donnant à chacun une maison et 7 à 8 hectares en partie défrichés; ces colons, dégoûtés de leurs cultures improductives, sont allés travailler comme manœuvres à la ville voisine : dans ce moment le village est à peu près désert. Tous les concessionnaires voulaient dernièrement me vendre leurs propriétés, et j'aurais pu acheter le village entier, avec tout le territoire, pour moins de 30,000 fr. »

Cette simple anecdote me semble jeter plus de lumière sur la question algérienne que bien des gros volumes.

Et d'abord, en Algérie, le genre de propriété et celui d'exploitation agricole sont commandés par la nature du sol et le climat.

Voyons l'Algérie à vol d'oiseau, au moins le Tell, seule partie où l'on puisse faire de la colonisation, et qui du reste domine le désert, puisqu'il en nourrit les tribus; quel aspect présente-t-il presque partout?

Depuis la saison des pluies jusqu'au printemps, c'est-à-dire depuis le mois d'octobre jusqu'au mois de mai, il présente dans les provinces de Constantine, d'Alger, et en partie dans celle d'Oran, l'aspect d'une prairie sans fin ; presque tout le pays se couvre alors d'une végétation puissante d'herbes, grossières pour la plupart, mais qui nourrissent et engraissent facilement, à cette époque, de nombreux troupeaux. Lorsque les chaleurs arrivent, on ne voit plus bientôt qu'une terre brûlée, des animaux maigres, affamés, et qui vont chercher au loin, dans le fond de vallons étroits, dans quelques endroits moins desséchés, une chétive nourriture. L'Arabe ne peut les nourrir pendant l'été, qui est pour les plaines l'hiver de l'Algérie, parce qu'il n'a pas fauché au printemps l'herbe surabondante. Dans les montagnes et sur les hauts plateaux, où l'hiver est souvent très-rigoureux, c'est encore pis, parce qu'au défaut de nourriture vient se joindre le défaut d'abri pour préserver les troupeaux des ravages de la neige et du froid.

Dans un pareil pays, que doit faire le colon français? Commencer par des cultures étendues, des constructions dispendieuses; s'acharner à labourer, à piocher, à sarcler à grands frais, ce serait courir à une ruine certaine. Malgré les médailles de l'Exposition de Londres, ses calculs sur ses blés, ses cotons, son tabac, sa garance, sa cochenille, ses soies, pourront bien ressembler à ceux de Perrette et du pot au lait. Il doit surtout élever, nourrir, engraisser au pâturage et en récoltant du foin pour la saison morte, c'est-à-dire aux moindres frais possible, des bestiaux de différentes espèces, suivant son terrain, et les préserver de la neige, dans les pays froids, par de simples abris peu dispendieux. Il doit en même temps cultiver d'abord ce qui lui sera nécessaire pour vivre, puis agrandir successivement, et sans s'épuiser en frais considérables, ses labourages, ses plantations, ses plantes commerciales; de cette manière il pourra obtenir des bénéfices nets, accroître sans grands risques sa fortune, et l'exemple du succès attirera bien vite de nouveaux colons.

Mais, pour que l'élève de nombreux troupeaux, la pierre angulaire du système, soit possible, il faut de grandes étendues de terrain dans les mains d'un seul propriétaire.

Il le faut ensuite par une raison de haute politique.

Pour garder une conquête, la race conquérante doit toujours conserver un ascendant moral sur les peuples vaincus; si elle le perd, tout est compromis. Il faut donc que les Français soient dans une position supérieure en Algérie, occupent, fassent travailler les indigènes, et non qu'ils soient aussi pauvres et plus pauvres qu'eux-mêmes; la force morale de la France, son ascendant sont donc grandement intéressés aux concessions assez vastes pour que les Français ne présentent pas aux indigènes le dangereux spectacle de pauvres diables affamés, mais vivent, au contraire, comme doivent vivre les concitoyens des conquérants militaires.

Mais ce n'est pas tout; si, en face de la colonisation française isolée, émiettée et languissante, la société arabe et kabyle se conserve intacte, courbée, il est vrai, sous le sabre français tant qu'il sera le plus fort, mais sans être pénétrée, entamée par l'élément français, nous serons toujours exposés à un immense danger. La sécurité que notre domination assure à l'Algérie, grâce aux efforts si coûteux de la France, accroîtra la richesse des Arabes et des Kabyles, de l'aristocratie indigène, et à la première occasion favorable ils nous feront tous cruellement sentir l'accroissement de leurs ressources et de leurs forces. Pour rompre cette unité des indigènes, il faut que les propriétaires français soient aussi un moyen de domination ; il faut que, sur de grandes propriétés où l'intérêt de leur sûreté les forcera de construire des maisons assez solides pour être à l'abri d'un coup de main, ils occupent de nombreux indigènes et soient des centres d'action et d'influence aussi utiles que les compagnies et les bataillons de soldats. On peut facilement, par de bonnes conditions, et qui seront néanmoins bien moins dispendieuses que la main-d'œuvre des Européens, détacher de leurs tribus des Arabes ou Kabyles prolétaires, travaillant pour le compte des riches, et qui sont les plus nombreux. Chaque indigène attaché à la culture d'un Français vaudra deux colons, car une longue habitude et un bon traitement transformeront un ennemi en ami.

Dans ce système, les Français n'auront pas besoin, pour prospérer et s'étendre, de rêver le refoulement et l'anéantissement des indigènes, ce qui serait du reste impossible ; mais ils devront les utiliser pour le bonheur commun. Les Français, par leurs capitaux, leur intelligence plus développée, leur agriculture rationnelle, pourront faire rendre à la terre une nourriture plus abondante, des produits plus variés et plus considérables ; ils pourront s'enrichir en rendant les travailleurs indigènes moins pauvres et plus heureux.

Ce système, qui tendra à réunir les deux races par des intérêts communs, tout en conservant la supériorité de la race conquérante, préparera une fusion plus grande, un affermissement complet de la conquête, parce qu'elle disposera la partie la plus nombreuse de la race conquise, les pauvres et les travailleurs, à prendre les habitudes, les mœurs, et à recevoir peut-être un jour la religion des conquérants, la religion chrétienne qui leur apparaîtra comme une sauvegarde et une garantie de leur liberté, comme le moyen de s'élever et de se confondre avec la race conquérante.

Alors l'Algérie sera véritablement et à jamais française.

RAUDOT,
Ancien représentant de l'Yonne.

PIÈCES JUSTIFICATIVES.

(A). CONDITIONS DES CONCESSIONS EN ALGÉRIE.

Je prends au hasard, parmi les concessions importantes en Algérie, celle du 19 avril 1848, et dont l'arrêté a été inséré dans le *Bulletin des lois*, page 467. La concession est de 500 hectares sur la rive gauche de la rivière du Saf-Saf.

«ART. 4. Les concessionnaires seront tenus :

1° De payer à l'Etat, à partir de l'expiration des délais fixés pour l'accomplissement des conditions qui leur sont imposées, une rente annuelle et perpétuelle de deux francs pour chaque hectare, sans distinction du terrain;

2° D'entretenir les fossés, canaux et rigoles de desséchement et d'irrigation qui seraient pratiqués sur les terres concédées, soit par eux-mêmes, *soit par l'administration*;

3° D'établir sur les terrains concédés, à titre de fermiers, de métayers, de colons partiaires ou d'ouvriers salariés, quinze familles, et de les pourvoir d'habitations solides et salubres, de matériel d'exploitation, de semences et de bestiaux;

Sur ce nombre, quatre familles devront être réunies au point déterminé par le commandant supérieur de la province, en un groupe d'habitations susceptibles d'une bonne défense;

4° De mettre en culture la totalité des terres cultivables;

5° De conserver les arbres existants, de greffer les oliviers sauvages, et de planter en outre sur l'ensemble de la propriété, en restant maîtres de la répartition, jusqu'à concurrence de dix arbres fruitiers ou forestiers au moins par hectare;

6° De boiser les terres reconnues impropres à la culture, et d'aménager les bois et broussailles susceptibles d'être convertis en taillis. Les concessionnaires seront tenus, pour l'exploitation des bois existant sur leurs propriétés ou qu'ils y auraient plantés, de se conformer aux règlements qui sont en vigueur ou qui interviendraient en Algérie;

7° D'assainir les terres qui environnent l'étang dit d'el Miojen, existant sur la concession, et d'en aménager les eaux de manière à faire disparaître toute cause d'insalubrité;

8° De délaisser sans indemnité, conjointement avec le concessionnaire des terres désignées sous le n° 14 du plan général de la vallée du Saf-Saf, et dans la proportion qui sera déterminée par le commandant supérieur de la province, le terrain nécessaire pour la tenue du marché dit Souch-el-Arba.

ART. 6. Les obligations imposées au concessionnaire par l'art. 4 devront être accomplies dans le délai de sept ans, et par septième chaque année...

ART. 7. Pendant quinze ans, à partir de la prise de possession, les concessionnaires seront tenus de délaisser, sans indemnité, les terrains dont l'Etat demanderait l'abandon pour l'ouverture des routes et canaux de desséchement et d'irrigation, ainsi que pour les autres travaux d'utilité publique.

ART. 8. La concession ne confère pas la propriété des sources et cours d'eau existant sur les terres concédées; les concessionnaires en auront la jouissance, conformément aux règlements qui sont en vigueur ou qui interviendront sur le régime des eaux en Algérie.

ART. 9. L'Etat pourra établir, à toute époque et sans indemnité, sur les bords du Saf-Saf, un chemin de halage de douze mètres de largeur.

Art. 10. L'Etat se réserve la propriété des objets d'art, mosaïques, bas-reliefs, statues, débris de statues qui pourraient exister sur la concession.

Art. 14. En cas d'inexécution des conditions imposées aux concessionnaires, il y aura lieu à la déchéance totale ou partielle de la concession.

Art. 15. Les difficultés qui pourraient s'élever entre les concessionnaires et les familles sur l'exécution du paragraphe 3 de l'art. 4 seront portées devant le commandant supérieur de la province, qui statuera après avoir pris l'avis de la Commission consultative de Philippeville, sauf recours devant le gouverneur général, qui prononcera définitivement.

Il sera statué, dans la même forme, sur les difficultés qui pourraient s'élever relativement à la répartition et l'usage des eaux.

D'après l'art. 8 de l'ordonnance du 21 juillet 1845, auquel renvoie le décret du 26 avril 1851, sur les concessions à faire en Algérie, la déchéance est prononcée par le ministre de la guerre, sur le rapport du gouverneur général et l'avis du Conseil du contentieux, le concessionnaire préalablement entendu, sauf recours au Conseil d'Etat par la voie contentieuse.

Je le demande à tout homme de bon sens, si de pareilles conditions, un pareil arbitraire étaient imposés à la propriété en France, ce serait à dégoûter tous les propriétaires, qui devraient se hâter de vendre leurs domaines pour placer leur argent sur l'Etat, ou à l'étranger, dans les pays qui comprendraient et respecteraient la propriété. Comment ce beau régime pourrait-il attirer des colons en Algérie?

(B,. Bois, broussailles, défrichements. (Arrêté du 15 juillet 1838.)

Art. 1er. Nul ne pourra, sans l'autorisation préalable de l'Intendant civil, défricher, arracher ou exploiter, en tout ou en partie, les terres ou bois taillis ou broussailles dont la contenance excédera deux hectares.

Art. 2. L'autorisation, qui sera accordée sur une déclaration faite deux mois à l'avance, pour la province d'Alger, à l'intendant civil, et partout ailleurs au sous-intendant de la province, prescrira, s'il y a lieu, les précautions jugées nécessaires pour la conservation, la plantation ou le remplacement des bois.

Art. 3. Il est interdit de mettre, pour quelque cause que ce soit, le feu aux bois, taillis, broussailles, haies vives, herbes et végétaux sur pied. (Suivent les peines: amende pour violation de l'art. 1er, amende et prison pour l'art. 3.) (Voir la page 382 des *Lois de l'Algérie*.)

Pionniers des Etats-Unis, que dites-vous de cette manière ingénieuse d'encourager les pionniers français en Algérie, et de cette tendre sollicitude de nos administrateurs pour les broussailles et les mauvaises herbes?

(C). troupeaux. (Arrêté du 15 mars 1837.)

Art. 1er. L'abattage des vaches, chèvres et brebis pleines est formellement interdit à Alger et dans les autres villes des possessions françaises du nord de l'Afrique.

Art. 2. Toute infraction à cette défense sera punie d'une amende de 5 à 15 fr., et de plus, en cas de récidive, d'un emprisonnement de trois à cinq jours. (Voir page 339 des *Lois de l'Algérie*.)

Les auteurs de cet arrêté se sont imaginé, sans doute, qu'ils allaient accroître ainsi le nombre des bestiaux en Algérie; s'ils avaient été tant soit peu agriculteurs, ils auraient su que le difficile n'était pas de faire naître des animaux, mais de les nourrir, et que pour engraisser facilement les vaches et même les brebis, qu'on ne peut pas conserver toutes et toujours, il faut qu'elles soient pleines.

(D). CONSTRUCTION DES MAISONS. (Arrêté du 8 octobre 1832.)

ART. 1er. Nul ne pourra construire de maisons, bâtiments, murs ou clôtures quelconques dans les villes de la régence d'Alger ou leurs faubourgs, avant d'en avoir préalablement fait, au maire de chacune d'elles, la demande par écrit.

ART. 2. Nul ne pourra, sans en avoir également fait la demande par écrit, dans la même forme que celle prescrite par l'art. 1er, faire, du côté de la voie publique ou en saillie sur la voie publique, les ouvrages ci-après désignés, savoir :

Abat-jour,
Abat-vent,
Etc., etc, etc...

enfin, les fours, forges, fourneaux, puits et lieux d'aisance.

ART. 3. Sur le vu des demandes, les maires donneront les alignements et autoriseront les travaux; ils les réduiront aux proportions des lois et de l'usage ; ils les ajourneront ou rejetteront, s'il y a lieu.

ART. 4. Les autorisations dont on n'aura pas fait usage pendant plus d'une année seront annulées de droit, et devront être renouvelées pour avoir force d'exécution.

ART. 6. Les matériaux ne seront jamais préparés sur la voie publique, ils seront apportés pour être mis en place...

ART. 7. Aucune eau pluviale ou ménagère ne devra avoir d'écoulement sur la voie publique...

ART. 8. Avant de commencer aucuns travaux, les architectes, entrepreneurs, ou les ouvriers devront se faire représenter les autorisations; faute par eux de le faire, ils seront solidaires des droits et amendes.

ART. 11. Les droits dus à l'avenir pour les autorisations d'alignement, de construire, de réparer, et généralement de faire toute espèce de travaux et d'établissements du côté de la voie publique et sur la voie publique, seront fixés conformément au tarif ci-après :

Etc., etc., etc.

ART. 12. Toute autorisation délivrée par les maires donnera lieu immédiatement au versement dans la caisse du *domaine* du montant du droit fixé par le tarif annexé à l'art. 11. Ces autorisations ne pourront recevoir d'exécution qu'après qu'il aura été justifié du payement.

ART. 13. Toute contravention..... (page 212 des *Lois de l'Algérie*).

On dirait, en vérité, qu'on regarde la construction de maisons nouvelles comme un mal, et qu'on n'est pas fâché de l'entraver.

(E). CANADA.

Acte du cardinal de Richelieu, du 29 avril 1627, pour l'établissement de la Compagnie des Cent-Associés pour le commerce du Canada. Le Canada est donné à cette Compagnie en propriété avec de grands avantages ; mais il n'est nullement question de réserver aux habitants le droit de consentir les impôts, ni de concourir à régler la moindre chose.

Le 24 février 1663, la Compagnie abandonne le Canada au roi. Voici le commencement de l'édit du 18 septembre 1663, qui crée le Conseil supérieur de Québec :

« Louis... salut. La propriété du pays de la Nouvelle-France, qui appartenait à une Compagnie de nos sujets, laquelle s'était formée pour y établir des colonies, en vertu des concessions qui leur en auraient été accordées par le feu roi notre très-honoré seigneur et père de glorieuse mémoire, par le traité passé le 29 avril 1627, nous ayant été cédée par un contrat volontaire..., etc. »

GOUVERNEMENT, ADMINISTRATION.

Dans tous les édits sur le Canada, on ne voit pas l'ombre d'institutions municipales et provinciales.

À la tête de la Nouvelle-France, il y avait un gouverneur militaire et un intendant qui était en même temps président de la Cour de justice appelée Conseil supérieur.

Tout le pouvoir législatif est réservé au roi. L'intendant peut seulement faire des règlements exécutoires par provision.

Un évêque a juridiction sur toute la colonie. Défense absolue de professer une autre religion que le catholicisme.

RÉGIME ÉCONOMIQUE ET COLONISATION, RÉVOCATION DE CONCESSIONS.

Arrêt du Conseil d'Etat, du 21 mars 1663, ainsi conçu :

Ayant été remontré à Sa Majesté que l'une des principales causes que ledit pays ne s'est pas peuplé comme il aurait été à désirer, et même que plusieurs habitations ont été détruites par les Iroquois, provient de concessions de grandes quantités de terres qui ont été accordées à tous les particuliers habitant ledit pays, qui, n'ayant jamais été et n'étant pas en pouvoir de défricher, et ayant établi leurs demeures dans le milieu desdites terres, ils se sont, par ce moyen, trouvés fort éloignés les uns des autres, et hors d'état de se secourir et s'assister, et même d'être secourus par les officiers et soldats des garnisons de Québec et autres places dudit pays ; et même il se trouve par ce moyen que, dans une fort grande étendue de pays, le peu de terres qui se trouvent aux environs des demeures des donataires se trouvant défrichées, le reste est hors d'état de le pouvoir jamais être. À quoi étant nécessaire de pourvoir, Sa Majesté étant dans son Conseil, a ordonné et ordonne que, dans les six mois du jour de la publication du présent arrêt dans ledit pays, tous les particuliers habitants d'icelui feront défricher les terres contenues en leurs concessions, sinon et à faute de ce faire ledit temps passé, ordonne Sa Majesté que toutes les terres non défrichées seront distribuées par nouvelles concessions, au nom de Sa Majesté, soit aux anciens habitants d'icelui, soit aux nouveaux, révoquant et annulant sadite Majesté toutes les concessions desdites terres non encore défrichées par ceux de ladite Compagnie...

Les dispositions de cet arrêt furent plusieurs fois renouvelées, et notamment le 4 juin 1675, le 9 mai 1679, le 6 juillet 1711.

Plusieurs édits ou arrêts du Conseil donnent le droit aux gouverneurs et intendants de faire les concessions et de les révoquer. Voici le commencement de la déclaration du roi, du 17 juillet 1743 :

« Nous avons, à l'exemple des rois nos prédécesseurs, autorisé les gouverneurs et intendants de nos colonies de l'Amérique, non-seulement à faire seuls les concessions de terre que nous faisons distribuer à ceux de nos sujets qui veulent y faire des établissements, mais aussi à procéder à la réunion à notre domaine, des terres concédées qui se trouvent dans le cas d'y être réunies, faute d'avoir été mises en valeur ; et ils connaissent pareillement, à l'exclusion des juges ordinaires, de toutes les contestations qui s'élèvent entre les concessionnaires ou leurs ayants cause, tant par rapport à la validité et à l'exécution des concessions, que pour raison de leurs positions, étendues et limites... »

Un arrêt du Conseil du 15 mars 1732 défend aux seigneurs et aux propriétaires, sous des peines sévères, de vendre des terres en bois debout.

Avec de pareilles lois qui rendaient la propriété toujours incertaine, toujours soumise à l'arbitraire complet du pouvoir militaire et administratif, qui paralysaient la hardiesse des colons voulant fonder au milieu des forêts vierges des établissements nouveaux, qui, basées sur cette idée fausse que le défrichement seul était utile, empêchaient l'industrie des troupeaux élevés au pâturage, qui tendaient à morceler les concessions distribuées aux gens pauvres, la colonie devait progresser lentement ; et, en effet, on s'en plaint dans le préambule de plusieurs édits ; alors on a recours aux mesures les plus singulières pour forcer à défricher et à peupler.

Une ordonnance du roi, du 15 avril 1676, défend aux Français du Canada d'aller à la traite des pelleteries dans les habitations des sauvages.

Une autre ordonnance, du 12 mai 1678, défend d'aller à la chasse hors l'étendue des terres défrichées et une lieue à la ronde, à peine d'une amende de 2,000 livres pour la première fois, et de peine afflictive, tel qu'il sera jugé à propos par le sieur Duchesneau, intendant audit pays, en cas de récidive.

Des lettres patentes de mars 1716 accordent amnistie pour les coureurs de bois qui ont encouru la peine des galères, portée dans la déclaration du roi, du 21 mai 1796, et prononce de nouveau contre ceux qui resteraient ou iraient chez les sauvages, la peine du fouet et des galères.

D'un autre côté, un arrêt du Conseil, du 12 avril 1760, ordonne qu'à l'avenir tous les habitants dudit pays qui auront jusqu'au nombre de dix enfants vivants, nés en légitime mariage, non prêtres, religieux ni religieuses, seront payés des deniers que Sa Majesté envoyera audit pays, d'une pension de 300 livres par an, et ceux qui en auront douze, de 400 livres... Veut de plus, Sa Majesté, qu'il soit payé par les ordres dudit intendant, à tous les garçons qui se marieront à vingt ans et au-dessous, et aux filles à seize ans et au-dessous, vingt livres pour chacun, le jour de leurs noces... et qu'il soit établi quelque peine pécuniaire, applicable aux hôpitaux des lieux, contre les pères qui ne marieront point leurs enfants à l'âge de vingt ans pour les garçons, et de seize ans pour les filles.

Ces lois, qu'on regrette de voir contresignées du nom de Colbert, avaient beau violer la liberté individuelle, donner des primes pour la procréation, méconnaître les droits de l'autorité paternelle, la colonie progressait toujours lentement, et nous en trouvons une nouvelle preuve dans le préambule d'une ordonnance du roi, du 28 avril 1745, portant défense aux habitants de bâtir sur leurs terres (à l'exception des villes et leurs environs), à moins qu'elles ne soient d'un arpent et demi de front sur trente à quarante de profondeur. Voici les considérants, qui sont trop précieux pour que je ne les rapporte pas textuellement :

« Sa Majesté étant informée que l'établissement des cultures de terre en Canada n'a pas fait les progrès qu'elle avait lieu d'attendre de la protection et des facilités qu'elle veut bien accorder aux habitants, que cette colonie n'a pas même fourni pendant quelques années où ses récoltes n'ont pas été abondantes, les vivres nécessaires pour la subsistance de ses propres habitants ; que la principale cause de ce ralentissement vient de ce que la plupart des habitants se bornent à cultiver les portions de terre qui leur sont échues par les partages des biens de leurs pères, et qui, le plus souvent, se trouvent réduites à une si petite étendue, que les habitants ne peuvent plus y recueillir de quoi subsister, et que ces mêmes habitants pourraient cependant faire d'autres établissements... »

N'est-ce pas curieux de voir tous les inconvénients du morcellement excessif de la propriété, de l'entassement des colons sur quelques points, et cela dans un pays immense ; mais à qui la faute? En voyant les ordonnances qui précèdent, n'est-il pas évident que c'est l'administration, la loi, qui ont causé ces maux et entravé le développement de la colonisation, et que si les colons anglais avaient été soumis à un pareil régime, ils seraient restés, comme les Français, presque stationnaires et parqués sur certains points, au lieu d'envahir et de peupler les déserts de l'Amérique?

Quant à la Louisiane, un des pays les plus beaux du monde, on ne se borna pas à la soumettre à un régime analogue à celui du Canada ; on eut la belle idée, sous le égent, de la peupler, de la coloniser avec des filles de mauvaise vie et des escrocs de Paris, des Manon Lescot et des chevaliers des Grieux. Le résultat fut ce qu'il devait être, bien plus mauvais encore qu'au Canada.

(F). COLONIES ANGLAISES DE L'AMÉRIQUE DU NORD.

Non-seulement le colon anglais conserva en Amérique les libertés du citoyen de la mère-patrie, mais il fut plus libre que dans la mère-patrie.

Je citerai quelques actes officiels qui feront comprendre la différence des deux systèmes français et anglais.

PENSYLVANIE. (Extrait de la patente du 4 mars 1681, par laquelle le roi concède la Pensylvanie à Guillaume Penn.)

ART. 4. Nous confiant entièrement sur la sagesse et équité dudit Guillaume Penn, nous lui accordons, et à ses héritiers et successeurs, et à leurs substituts, d'établir pour le bon et heureux gouvernement de la province, et de publier sous son sceau et les leurs, telles lois qu'ils jugeront propres à l'utilité publique, et cela par et avec l'avis et approbation des propriétaires du pays ou de leurs agents, pourvu qu'elles ne répugnent point à la loi de ce royaume et à l'obéissance et fidélité qui nous sont dus...

ART. 18. Nous traitons avec ledit Penn et nous lui octroyons, en sorte qu'il ne lèvera aucune coutume ni autre taille sur les habitants de ladite province, non plus que sur les terres, maisons, bétail, ni autres biens et marchandises, si ce n'est du consentement des habitants et du gouverneur (page 108 et 112 de l'*Amérique anglaise*, publiée à Amsterdam, chez Volgang, en 1688).

CAROLINE. (Extrait de la patente de Charles II, du 30 juin, seizième année de son règne, donnant au comte de Clarendon et à six autres seigneurs toutes les provinces de la terre appelée Caroline.)

.... Donnant plein et absolu pouvoir... audit Edouard, comte de Clarendon, et à leurs hoirs et consorts, pour le meilleur et plus heureux gouvernement de toute ladite province... et aussi de faire, ordonner et décerner, et sous leurs sceaux publier quelques lois et constitutions qui regardent le bien public de toute ladite province ou territoire, ou de chaque comté particulière et distincte, baronnie et colonie, ou pour l'utilité privée des personnes particulières, selon leur meilleur direction, par l'avis, consentement et approbation des bourgeois de ladite province ou territoire, ou des bourgeois de la comté, baronnie ou colonie... ou de la plus grande partie d'entre eux ou de leurs députés... (*Amérique anglaise*, page 215.)

MARYLAND.

« La province de Maryland fut accordée par lettres-patentes de Sa Majesté le roi Charles Ier, en l'an 1632, au très-honorable seigneur Corcile Calvert, seigneur de Baltimore, et à ses hoirs et consorts... pour encourager le peuple à s'établir là. Cette domination, par l'avis de l'Assemblée générale de cette province, a depuis établi un corps de bonnes et utiles lois pour la commodité et avantage des habitants » (p. 255 de l'*Amérique anglaise*).

Ceci ne ressemble guère à notre paperasserie algérienne, et à la centralisation qui, de Paris, administre, dirige et réglemente tout en Algérie.

(G). POPULATION.

En 1753, la population du Canada, non compris les indigènes, était de 45,000 celle de la Louisiane, de. 7,000

Total. 52,000

En 1753, la population des colonies anglaises de l'Amérique du Nord, à l'exclusion de la Nouvelle-Ecosse, était, non compris les noirs et les militaires à la solde du gouvernement, de 1,046,000.

« Le Congrès estime la population de ces colonies anglaises, au mois de septembre 1774, à 3,026,678 habitants ; mais le gouverneur Pownal, dont l'évaluation approche davantage de la probabilité, la fait monter, à la même époque, à 2,141,307 seulement.

« Le recensement de 1790 s'élève, en y comprenant les esclaves, à 3,929,328 ; mais non les Indiens » (pages 86, 87, 89, tome V, de la *Description des Etats-Unis*, par Warden).

... Il paraît, d'après ces tables, que la population des Etats-Unis a presque doublé dans chaque période de vingt-un ans et demi, depuis l'époque des premiers établissements » (page 104 du même ouvrage).

En 1810, la population de la Louisiane s'élevait à 86,556.

DE LA PROPRIÉTÉ LITTÉRAIRE

ET

DE LA CONTREFAÇON BELGE.

On sait que des conventions internationales viennent d'être conclues successivement entre la France d'une part, la Sardaigne, le Portugal, le Hanovre et l'Angleterre de l'autre, pour la suppression de la contrefaçon littéraire. Des négociations dirigées dans le même sens sont engagées aussi avec plusieurs autres pays, notamment avec la Belgique, et tout nous porte à espérer que le respect de la propriété littéraire deviendra, avant peu, un principe de droit commun entre les nations.

Cependant cette extension nouvelle du principe de la propriété ne s'accomplit pas sans résistance. En Belgique, où le développement de la contrefaçon a engagé et compromis de nombreux intérêts, plusieurs manifestations ont eu lieu récemment en faveur du maintien de cette industrie interlope. Des défenses de la contrefaçon ont été publiées aussi à Bruxelles. Les auteurs de ces manifestations et de ces défenses se sont attachés à prouver, en s'appuyant sur l'autorité d'un certain nombre de légistes, que « la propriété littéraire n'est pas une propriété » ; d'où il résulte qu'une nation a parfaitement le droit de s'emparer des ouvrages qui se publient à l'étranger et de les réimprimer, sans en demander la permission à leurs auteurs [1].

---

[1] Parmi les brochures récemment publiées à Bruxelles, au sujet de la contrefaçon, nous citerons les suivantes :

La réimpression, Étude sur cette question, considérée principalement au point de vue

Il importe donc de soumettre la question à un nouvel examen; il importe de rechercher encore une fois si la propriété littéraire est une propriété ou si elle n'en est pas une, et, dans l'affirmative, de s'enquérir aussi des moyens d'arriver à la faire respecter, sans porter une atteinte violente aux intérêts qui se sont fondés sur l'état de choses existant.

I.

En 1841, le gouvernement ayant présenté à la Chambre des députés un projet de loi relatif à la propriété littéraire, la question de savoir si le droit des auteurs sur leurs œuvres peut être rangé dans la même catégorie que les autres propriétés, fut agitée en France comme elle l'est aujourd'hui en Belgique. La plupart des jurisconsultes de la Chambre opinèrent pour la négative, en se fondant principalement sur ce fait que le droit des auteurs sur leurs œuvres ne se manifeste point de la même manière que le droit de propriété ordinaire; que c'est un droit *sui generis* :

« Par la publication, disait M. BERVILLE, le droit de l'auteur ne cesse pas, mais il se transforme, il change de nature; il ne s'appelle plus *propriété*, il s'appelle récompense, droit d'auteur, *droit de copie*... Parcourez tous les pays où le travail intellectuel rapporte quelque chose à ses auteurs, à peine en trouverez-vous un ou deux où ce droit ait été appelé *propriété littéraire*; vous trouverez partout *droit de*

des intérêts belges et français, avec cette épigraphe : *La propriété littéraire n'est pas une propriété*, par Ch. Hen. L'épigraphe que nous venons de citer nous dispense d'indiquer dans quel sens cette brochure est rédigée. Nous n'en saurions louer la tendance, mais nous constatons volontiers qu'elle renferme un historique très-bien fait de la contrefaçon.

De la réimpression en Belgique, par M. A. Hauman. L'auteur de cette brochure est un des principaux éditeurs de Bruxelles. Il plaide avec une certaine verve et une certaine habileté, pro domo suâ.

Les défenseurs de la contrefaçon n'ont toutefois pas eu seuls la parole en Belgique. La contrefaçon a trouvé des adversaires, même au sein de la librairie de Bruxelles. L'un des principaux libraires de cette ville, M. Charles Muquardt, vient de publier sous ce titre :

De la propriété littéraire internationale, de la contrefaçon et de la liberté de la presse, une réponse pleine d'aperçus neufs et ingénieux aux défenseurs de la contrefaçon. Nous signalerons surtout à l'attention des hommes spéciaux la partie de la brochure de M. Muquardt, qui est relative aux difficultés matérielles que rencontre la circulation des livres, comparée à celle des journaux.

Nous citerons encore, mais à un rang inférieur :

Opinion d'un voleur artistique et littéraire sur la contrefaçon, moyens de l'abolir sans léser les intérêts matériels du pays.

Enfin, M. Alfred Villefort, docteur en droit, attaché au département des affaires étrangères, à Paris, vient de publier un excellent résumé de la situation légale qui est faite à la propriété littéraire en Europe et en Amérique, sous ce titre : *De la propriété littéraire et artistique au point de vue international, aperçu sur les législations étrangères et sur les traités relatifs à la suppression de la contrefaçon, suivi d'un appendice contenant : 1° Le texte des conventions diplomatiques conclues : par la France avec la Grande-Bretagne, la Sardaigne, le Portugal et le Hanovre, par la Grande-Bretagne avec la Prusse et le Hanovre; 2° le texte en français de la loi portugaise sur la propriété littéraire*. Brochure in-8° de 103 pages.

copie, droit d'auteur ; nulle part, ou presque nulle part, vous ne trouverez *propriété littéraire*. »

M. Lherbette établissait la même distinction entre le *droit de copie* et le droit de propriété :

« ....Oublierons-nous, disait-il, ce qui a été répété plusieurs fois, prouvé, incontesté dans le cours de la discussion, que le droit reconnu à l'auteur n'est pas une propriété comme une autre ; que c'est un droit d'une nature tout à fait particulière, un droit *sui generis* ; que ce n'est pas une propriété à proprement parler. »

M. Portalis insistait plus vivement encore sur ce point :

« Les hommes les plus fanatiquement dévoués au préjugé de la propriété littéraire sont obligés pourtant de convenir que ce n'est pas une propriété comme une autre. Ils étendent autant qu'ils le peuvent les bornes de la possession ; mais, après tout, il faut, sans qu'ils s'en rendent compte peut-être, qu'ils établissent des limites et que la nue propriété retombe dans le domaine commun. C'est que ce n'est pas une propriété ; c'est que ce n'est pas une chose possédée exclusivement et à titre de maître, sans contrôle et sans réserve. »

Ces adversaires de la propriété littéraire se fondaient, comme on voit, sur ce que le droit des écrivains se manifeste autrement que le droit de propriété ordinaire, pour le placer dans une catégorie inférieure. Recherchons si cette inégalité est bien motivée, et, pour nous en assurer, examinons quelle est la nature de la propriété littéraire.

Un homme de lettres écrit un livre ou une pièce de théâtre, un artiste peint un tableau. Sous quelle apparence se manifestent leurs œuvres ? sous une apparence purement matérielle. Vous avez sous les yeux un cahier maculé d'encre et une toile barbouillée de couleur, c'est-à-dire deux produits qui appartiennent, pleinement, à la catégorie des propriétés ordinaires : de même que le menuisier-ébéniste, par exemple, est reconnu propriétaire de la table, du fauteuil ou du buffet qu'il vient de fabriquer, l'homme de lettres est reconnu propriétaire du manuscrit qu'il vient d'écrire ; l'artiste, du tableau qu'il vient de peindre.

Jusque-là, aucune différence entre les deux genres de propriétés. Faisons maintenant une simple hypothèse. Supposons qu'un manuscrit ne puisse être reproduit par l'impression, ni par tout autre procédé de copie ; supposons qu'on ne puisse faire passer dans des copies la substance immatérielle de l'exemplaire original ; qu'en résultera-t-il ? Il en résultera qu'une œuvre littéraire demeurera affectée exclusivement à l'usage du propriétaire du manuscrit, et des amateurs à qui ce propriétaire voudra bien en accorder la jouissance. En supposant, par exemple, que les *Méditations* de M. de Lamartine et les *Orientales* de M. Victor Hugo n'eussent pu être produites qu'à un seul exemplaire, et que cet exemplaire unique eût été acheté par un riche amateur, est-ce que le premier venu aurait eu le droit de dire au fortuné propriétaire de ces bijoux littéraires : Donnez-moi communication de ces belles œuvres, car vous n'avez pas le droit d'en jouir seul !

— Le propriétaire n'aurait-il pas pu répondre avec raison . J'ai payé les *Méditations* et les *Orientales*, comme j'ai payé le buffet de ma salle à manger, la table et les fauteuils de mon salon. J'en suis propriétaire au même titre. Vous n'avez donc pas plus le droit d'y toucher que de vous servir de mon buffet, de ma table ou de mes fauteuils. Si vous aimez la belle littérature, faites-vous faire des *Méditations* et des *Orientales* et payez-les comme j'ai payé les miennes. Vous pourrez alors en avoir la jouissance tout à votre aise.

En tenant un pareil langage, le propriétaire serait demeuré rigoureusement dans son droit, le Code lui aurait donné raison, et, au besoin, commissaire de police et sergents de ville lui eussent prêté main-forte contre l'amateur de belle littérature.

Mais en vertu de sa nature particulière, — et c'est ici que gît la différence entre la propriété littéraire et la propriété purement matérielle, — l'œuvre de l'écrivain peut être indéfiniment reproduite. On peut faire passer dans une copie la substance immatérielle d'un manuscrit, et cette copie, lorsqu'elle est bien faite, peut tenir lieu de l'original. Il y a mieux encore. L'art du copiste s'est transformé et perfectionné de telle sorte, grâce à l'invention de l'imprimerie, qu'on peut reproduire en quelques heures, par milliers d'exemplaires, un manuscrit qui a coûté des années de travail, et ces copies imprimées sont préférables pour l'usage au manuscrit même.

Voilà ce qui établit une différence entre la propriété d'un manuscrit et celle d'un fauteuil, par exemple : c'est que l'on peut faire passer la substance d'un manuscrit dans une copie, laquelle peut tenir lieu du manuscrit, tandis qu'on ne peut reproduire la matière d'un fauteuil. Vous pouvez vous servir de la copie d'une œuvre littéraire, aussi bien, mieux que de l'original même ; mais essayez donc de vous asseoir dans la copie d'un fauteuil ?

La propriété littéraire, et ajoutons aussi la propriété artistique, comprennent donc deux parties bien distinctes : il y a d'abord la propriété de l'œuvre originale, manuscrit, tableau, dessin ou statue. Il y a ensuite le droit de reproduire, de *copier* l'œuvre originale, droit qui dérive de la nature particulière de cette œuvre.

Toutes les législations garantissent à l'écrivain et à l'artiste la propriété illimitée de leurs œuvres originales. En revanche, toutes ont soumis le *droit de copie* à des restrictions, à des limites. Ces restrictions, ces limites sont-elles bien fondées ? Est-il équitable et utile de séparer le *droit de copie* de la propriété de l'œuvre originale ?

Si l'on séparait entièrement ces deux droits, si l'on déniait absolument à l'auteur d'une œuvre littéraire le droit exclusif de la faire copier, que se passerait-il ? On verrait se produire un phénomène assez curieux ; on verrait la valeur de l'œuvre originale disparaître, se fondre en quelque sorte entre les mains de son propriétaire ; on verrait ce propriétaire réduit à une situation beaucoup plus mauvaise que s'il n'était pas dans la nature de son œuvre de pouvoir être reproduite, copiée.

En effet, si une œuvre littéraire ne se différenciait en rien des œuvres purement matérielles, si sa substance ne pouvait être multipliée au moyen de la copie, cette œuvre à un seul exemplaire pourrait acquérir une valeur considérable. Un riche amateur payerait un beau livre aussi cher, plus cher peut-être, qu'un bijou précieux, une perle, un diamant. Mais il n'en est pas ainsi. En vertu de sa nature particulière, le bijou littéraire peut être indéfiniment reproduit par la copie. Qui donc se souciera de payer chèrement l'original, s'il peut se procurer à vil prix une copie qui lui fasse le même usage? Supposons qu'on trouve un moyen de tirer le fameux diamant, le *Ko-i-noor* à un nombre indéfini d'exemplaires, en répandant dans chaque copie sa substance précieuse, qui se souciera encore de donner des millions pour acheter la propriété du Ko-i-noor? Le propriétaire du diamant original n'en perdra-t-il pas à peu près toute sa valeur, à moins qu'il ne conserve seul le droit d'en tirer des copies?

Séparer absolument le droit de copier une œuvre littéraire de la propriété de l'œuvre originale, ce serait donc altérer, détruire en grande partie la valeur de celle-ci; ce serait placer, sous le rapport de la propriété, l'écrivain dans une situation tout à fait inférieure à celle des autres producteurs.

La situation de l'artiste ne serait pas aussi mauvaise que celle de l'écrivain, si on lui refusait le droit exclusif de faire reproduire ses œuvres; car si l'on peut reproduire une œuvre littéraire de telle sorte que la copie tienne lieu de l'original, qu'elle soit même préférable, on ne peut copier avec la même perfection les œuvres d'art. Il est bien rare que la copie peinte d'un tableau vaille l'original. Quant à la gravure et à la lithographie, elles ne le reproduisent que d'une manière fort incomplète. Aussi un peintre continuerait-il à vendre passablement ses tableaux, alors même que tout le monde aurait le droit d'en multiplier les copies. Mais supposons,—et la chose peut arriver, — qu'on réussisse, par un procédé quelconque, à reproduire les tableaux avec une exactitude et une perfection telles que les copies produisent, aux yeux des plus fins connaisseurs, absolument le même effet que les originaux, qu'elles satisfassent au même degré le sentiment de l'harmonie de la forme et de la couleur; si ces copies peuvent être répandues à vil prix, les originaux ne perdront-ils pas la plus grande partie de leur valeur? Qui se souciera encore de payer un original 10,000, 20,000, 30,000 fr., tandis qu'il pourra s'en procurer une copie égale, sinon supérieure, pour 2 ou 3 fr.? Si une éventualité semblable venait à se réaliser, les peintres ne seraient-ils pas ruinés, à moins qu'ils ne conservassent le droit exclusif de copier ou de faire copier eux-mêmes leurs tableaux?

Telle serait actuellement la situation des écrivains, si le droit de copier se trouvait complétement séparé de la propriété de l'œuvre originale; si ces deux droits ne demeuraient pas réunis, au moins pendant quelque temps, entre les mains de l'écrivain.

Aussi a-t-on bien compris la nécessité de garantir, pendant une période plus ou moins longue, le *droit de copie;* on a compris qu'à défaut de cette garantie, la carrière des lettres demeurerait fermée aux hommes qui sont obligés de travailler pour vivre, c'est-à-dire à l'immense majorité des hommes disposés à travailler. Le *droit de copie* a donc été reconnu et garanti aux écrivains, mais il ne l'a pas été d'une manière absolue. Il a été limité dans le temps et dans l'espace. Au bout d'une certaine période, fixée d'après le bon plaisir du législateur, le droit de copie tombe dans le domaine public. Il y tombe aussi de l'autre côté des frontières de chaque nation. *Vérité en deçà, erreur au delà,* disait Pascal, en parlant des Pyrénées. *Propriété en deçà, communisme au delà,* pourrait-on dire de même en parlant des livres qui passent de l'autre côté de la frontière belge, par exemple, et réciproquement.

Dans son trop fameux petit livre de l'*Organisation du travail,* M. Louis Blanc, conséquent en cela avec le reste de sa doctrine, s'indigne fort que l'on veuille garantir même partiellement à l'écrivain le droit et la possibilité de tirer profit de son œuvre.

« Non-seulement, disait M. Louis Blanc, il est absurde de déclarer l'écrivain propriétaire de son œuvre, mais il est absurde de lui proposer comme récompense une rétribution matérielle. Rousseau copiait de la musique pour vivre et faisait des livres pour instruire les hommes. Telle doit être l'existence de tout homme de lettres digne de ce nom. S'il est riche, qu'il s'adonne tout entier au culte de la pensée : il le peut. S'il est pauvre, qu'il sache combiner avec ses travaux littéraires l'exercice d'une profession qui subvienne à ses besoins [1]. »

Les législateurs qui ont limité la durée du *droit de copie* et qui ont refusé de garantir ce droit aux auteurs étrangers, n'ont pas été tout à fait aussi loin que l'auteur du petit traité de l'*Organisation du travail.* Ils ont fait une part à la propriété, — ce que M. Louis Blanc ne pouvait leur pardonner, du moins en théorie, — et une autre part au communisme.

Nous croyons, nous, que la part faite au communisme dans le domaine de la propriété littéraire est de tous points abusive et funeste, qu'elle doit être repoussée au double point de vue de l'utilité générale et de la justice distributive.

Examinons d'abord quels sont les résultats de la limitation du droit de copie dans le temps. En France, par exemple, où le droit de copie est limité à ,vingt années après la mort de l'auteur lorsque celui-ci

[1] *Organisation du travail,* 5ᵉ édition, p. 222.

laisse des héritiers directs, et à dix années lorsqu'il n'en laisse point, que doit-il résulter de ces dispositions arbitrairement restrictives de la législation ?

Si l'on considère les livres sous le rapport de la longévité, on s'apercevra qu'ils ressemblent fort aux hommes, que le petit nombre seulement arrive à un âge avancé. Il serait extrêmement curieux de connaître la proportion des ouvrages que l'on réimprime encore après qu'ils sont tombés dans le domaine public. Nous croyons que ce serait la porter fort haut que de l'évaluer à 2 pour 100. Mais ces 2 pour 100 de livres qu'une génération lègue aux générations qui la suivent, se composent généralement d'œuvres excellentes. Or, les œuvres excellentes exigent, communément aussi, beaucoup d'études et de travail; elles ne s'improvisent pas. Quelle situation la loi limitative de la durée du droit de copie fait-elle à leurs auteurs ?

Il y a, comme on sait, deux sortes d'auteurs. Les uns travaillent uniquement pour les besoins du jour, sans s'inquiéter de l'avenir; ils entassent volumes sur volumes, mais leurs livres, à peine travaillés, s'usent vite. Au bout de dix années, c'est tout au plus si l'on se souvient du titre. Les autres, au contraire, mûrissent leurs œuvres, ils les travaillent longtemps et *con amore*. Ceux-ci produisent peu, mais ce qu'ils produisent est exquis. Cependant, à cause de leurs qualités mêmes, ils ont ordinairement moins de vogue que les improvisateurs, car leurs conceptions sont accessibles seulement au petit nombre des esprits d'élite. Leurs ouvrages s'enlèvent moins rapidement; en revanche, ils se vendent encore un siècle après que les œuvres des improvisateurs sont tombées dans un profond oubli. Eh bien! que fait la loi limitative de la durée du droit de copie? Elle enlève, matériellement du moins, aux écrivains d'élite le bénéfice de cette compensation que leur réserve l'avenir. Supposons que l'auteur d'une œuvre excellente en veuille céder la propriété à un libraire, il aura beau lui dire : Mes livres ne se vendent pas aussi vite que ceux d'un improvisateur à la mode, cela est vrai, mais ils se vendront plus longtemps; dans dix ans, ses ouvrages ne vaudront plus que le poids du papier; les miens auront conservé toute leur valeur dans un siècle. Le libraire ne pourra-t-il pas lui répondre avec raison : Que m'importe! vingt années, peut-être même dix années après votre mort, ne perdrai-je pas le droit exclusif de les réimprimer? Je ne puis donc vous payer votre propriété en raison de sa durée probable, mais en raison seulement de sa durée légale.

Et, chose bizarre ! si l'auteur est jeune et bien portant, on pourra lui payer son livre plus cher que s'il est vieux et maladif; car la jouissance exclusive en sera, selon toutes probabilités, plus longue. S'il est marié et père de famille, on pourra encore le lui payer plus cher que s'il est célibataire, puisque la loi lui accorde vingt années dans le premier cas, et dix années seulement dans le second; — ce qui est une manière comme une autre d'encourager la multiplication de l'espèce.

Que fait, en définitive, la loi ? Elle supprime une partie de la propriété de l'écrivain dont les œuvres résistent à l'action du temps, tandis qu'elle garantit complétement celle de l'improvisateur, dont les œuvres passent avec le goût du jour. Elle encourage les écrivains sérieux à se faire improvisateurs. Elle agit comme une prime donnée aux œuvres qui ne durent pas, au détriment de celles qui durent.

Un résultat identique est produit par la limitation du droit de copie dans l'espace, par la non-reconnaissance de ce droit au delà des frontières que les hasards de la guerre ou des alliances princières ont données aux nations. Voici comment. Vous avez écrit, je suppose, un livre de science, ou bien un de ces livres de bonne littérature qui s'adressent au public d'élite. Vous l'offrez à un éditeur, avec l'espoir d'en retirer une équitable rémunération pour votre travail. Mais l'éditeur ne veut vous en donner qu'un prix excessivement modique, un prix fort inférieur à celui que l'on paye pour le plus vulgaire roman. Vous vous récriez ; vous vous plaignez de l'indifférence du public pour les œuvres sérieuses, de la rapacité des éditeurs et de bien d'autres choses encore. Vous avez tort. Votre livre s'adresse, en effet, à des hommes spéciaux ou à des esprits d'élite qui se trouvent disséminés, en petits groupes, au sein de toutes les nations civilisées. Si votre droit de copie était respecté à l'étranger, l'éditeur pourrait compter sur la clientèle de tous ces groupes épars, et peut-être serait-il alors en état de vous offrir une rémunération convenable. Mais il n'en est pas ainsi. Votre droit de copie expire au delà de la frontière large ou étroite de la nation à laquelle vous appartenez. L'éditeur ne peut compter, en conséquence, que sur les hommes spéciaux ou les esprits d'élite d'une seule nation ; car on ne manquera pas de réimprimer votre livre à l'étranger, si l'on a quelque chance de l'y vendre. Or, comme cette clientèle est naturellement limitée, comme elle est, en outre, fort difficile sur le choix des livres, un éditeur ne pourra acheter cher un ouvrage qui s'adresse à elle, et il ne l'achètera qu'à bon escient. Oh ! s'il s'agissait d'un bon gros roman, bien bourré d'adultères, de meurtres, d'empoisonnements, il pourrait, sans imprudence, se montrer beaucoup plus coulant ; car un roman s'adresse à la foule, et celle-ci ne se pique pas d'avoir le goût difficile. La limitation du droit de copie dans l'espace contribue donc, comme la limitation de ce même droit dans le temps, à décourager la production des bons livres, pour rejeter les écrivains vers celle des œuvres inférieures.

On se plaint beaucoup de l'infériorité des œuvres de notre temps ; on fait des tirades à perte d'haleine contre la littérature improvisée, la *littérature facile ;* mais comment donc les écrivains s'adonneraient-ils de préférence aux œuvres qui exigent beaucoup de travail, puisque les législateurs semblent avoir pris à tâche de les rendre les moins lucratives de toutes ?

On essaye, à la vérité, de rétablir un peu la balance du côté des œuvres sérieuses, en allouant à leurs auteurs des récompenses prises sur le budget; mais outre que la distribution de ces récompenses laisse beaucoup à désirer, elles sont généralement insuffisantes, et elles ont l'inconvénient de faire supporter au contribuable, qui n'en peut mais, une partie du dommage que le communisme de la loi inflige à l'écrivain.

La limitation du *droit de copie* dans le temps et dans l'espace agit donc comme une prime donnée aux mauvaises œuvres, au détriment des bonnes. Quel avantage présente-t-elle en échange? On prétend, — et ceci est une de ces banalités erronées, que les meilleurs esprits ont coutume d'accepter sans y prendre garde, — on prétend que la limitation du *droit de copie* contribue à abaisser le prix des livres. Un livre se vend à meilleur marché, affirme-t-on, lorsqu'il est dans le domaine public que lorsqu'il est approprié. Cela ne saurait être contesté !

Sans aucun doute. Mais, avant d'affirmer ainsi que communisme et bon marché, deux termes contradictoires! sont synonymes en cette circonstance, ne devrait-on pas se demander si la cherté quelquefois excessive des livres dans les pays et dans les périodes où ils sont appropriés ne provient pas précisément de ce qu'ils tombent ailleurs et plus tard dans le domaine public? Lorsqu'un chemin de fer n'est concédé que pour une courte période, ceux qui l'exploitent peuvent-ils abaisser leurs prix de transport autant que cela leur serait possible si la concession était illimitée? Ne doivent-ils pas couvrir tous leurs frais et risques pendant cette période limitée, au lieu de les échelonner dans une période indéfinie? N'en est-il pas de même pour toutes les entreprises, sans excepter celles de librairie? Ne peut-on pas affirmer, en conséquence, que le bon marché futur du petit nombre de livres que chaque génération transmet à la postérité, est acheté au prix de la cherté actuelle de la production tout entière? Lorsqu'il s'agit de la limitation dans l'espace, cette cause de renchérissement apparaît plus visiblement encore. Ainsi, l'on se plaint généralement de la cherté des livres en France, et, comme contraste à cette cherté, on oppose le bon marché des mêmes livres lorsqu'ils sont réimprimés à l'étranger. On vous montre, par exemple, cotés au prix modique de fr. 1,50 dans les catalogues de la contrefaçon étrangère, des romans en deux volumes, qui se vendent 15 fr. en France. Mais qui ne voit que la cherté excessive d'ici provient précisément du bon marché excessif de là-bas? Si le libraire français pouvait compter sur la clientèle étrangère; s'il pouvait, en conséquence, répartir ses frais sur un plus grand nombre d'acheteurs probables, il trouverait indubitablement avantage à abaisser son prix à 5 ou 6 fr. sur le marché général. En ce cas, le consommateur étranger payerait fr. 3,50 ou fr. 4,50 de plus que sous le régime du communisme légal; mais le consommateur indigène paye-

rait fr. 9 ou 10 de moins. En considérant l'ensemble de la consom
mation, n'y aurait-il pas un progrès évident dans le sens du bon marché ?

Nous nous souvenons d'avoir entendu à la Chambre des députés, il
y a cinq ou six ans, un illustre avocat, M. Chaix d'Est-Ange, défendre, au point de vue de l'intérêt des consommateurs, la limitation du
droit de copie aux frontières. C'est grâce au bon marché de la contrefaçon, disait-il, que les idées françaises pénètrent à l'étranger. N'aurait-on pas pu lui répondre avec raison : oui ! mais c'est la contrefaçon qui, en obligeant les éditeurs français à vendre cher, empêche les
idées françaises de pénétrer en France.

On voit que la limitation du droit de copie dans le temps et dans
l'espace, limitation opérée apparemment en vue de l'utilité générale,
est de tous points contraire à l'utilité générale ; qu'elle contribue à la
fois à abaisser la qualité des livres, à en diminuer la quantité et à en
augmenter le prix.

Il nous resterait à examiner encore si la limitation du droit de copie
peut se justifier au point de vue de la justice distributive. Nous avons
vu qu'en supprimant totalement ce droit, on supprime du même coup
ou du moins on réduit presque à rien la propriété de l'œuvre originale. Il est donc visiblement inique de le supprimer en totalité, à
moins qu'on ne pense avec M. Louis Blanc que l'écrivain ne doit pas,
en bonne justice, vivre du produit de son œuvre. Mais s'il est inique
de supprimer ce droit *totalement*, comment peut-il être juste de le supprimer *partiellement* ? A quel moment l'iniquité de la limitation du
droit commence-t-elle à se transformer en justice ? Question insoluble
pour des légistes, à plus forte raison pour des économistes.

Il nous serait facile de prouver que les profits généraux de l'industrie
littéraire ne dépasseraient pas ceux de toute autre industrie si le droit
de propriété des écrivains sur leurs œuvres venait à être pleinement
respecté, si le droit de copie cessait d'en être retranché à un moment
fixé arbitrairement par une loi ou à une limite établie non moins arbitrairement par une frontière ; qu'on ne conférerait aux écrivains, en
leur garantissant ce droit dans toute son étendue naturelle, aucun
avantage qui plaçât leur condition au-dessus de celle des autres
travailleurs ; mais cette démonstration ne serait-elle pas surabondante, si, comme c'est notre espoir, nous avions réussi à bien établir
la nécessité de garantir entièrement la propriété littéraire, au point de
vue de l'intérêt général ?

II.

Toutes les nations civilisées, avons-nous dit, ont séparé le *droit de
copie* de la propriété de l'œuvre originale. Elles ont garanti celle-ci
d'une manière illimitée, absolue ; elles ont limité, au contraire, le droit
de copie dans le temps et dans l'espace.

Voici un aperçu de ces limitations légales du droit de copie des œuvres littéraires, d'après la savante compilation de M. Villefort.

En France, le droit de copie est garanti aux auteurs et à leurs veuves pendant leur vie, à leurs enfants pendant vingt ans, et, s'ils n'en laissent point, aux autres héritiers pendant dix ans seulement .

En Angleterre, le droit de copie est garanti à l'auteur pendant quarante-deux ans, à dater de la publication de l'ouvrage. Une prolongation de sept années peut encore être accordée aux héritiers, à partir du décès de l'auteur, dans le cas où les quarante-deux ans auraient expiré pendant sa vie [2].

En Belgique et en Hollande, la loi française sur la propriété littéraire est en vigueur depuis 1817. Avant la réunion des deux pays, le droit de copie était garanti à perpétuité en Hollande.

Le Zollverein a adopté la loi prussienne sur la propriété littéraire. En vertu de cette loi, le droit de copie appartient à l'auteur pendant toute sa vie et à ses héritiers pendant trente ans, à partir de sa mort [3].

La même durée a été adoptée en Autriche [4].

En Russie, le droit de copie est garanti à l'auteur pendant sa vie, à ses héritiers pendant vingt-cinq ans. Il peut être, en outre, prolongé de dix années si les héritiers ou les concessionnaires publient une nouvelle édition cinq années avant son expiration [5].

En Sardaigne, le droit de copie est garanti aux auteurs pendant quinze années seulement [6]. A la suite de la convention conclue avec la France, le 22 avril 1846, les garanties stipulées par la législation française ont été adoptées au profit des auteurs des deux nations contractantes.

En Portugal, le droit de copie est garanti, comme en Allemagne, pendant la vie de l'auteur et pendant une période de trente années après sa mort [7].

---

[1] Loi du 19 juillet 1793, et décret du 5 février 1810.

Le droit de propriété littéraire, dit M. Villefort, se réduit en France à ceci : Les auteurs d'écrits en tous genres jouissent, durant leur vie entière, du droit exclusif de vendre ou faire vendre leurs ouvrages, et d'en céder la propriété en tout ou en partie. Après eux, leurs enfants en jouissent pendant vingt ans, et la veuve pendant sa vie, si ses conventions matrimoniales lui en donnent le droit. Toutefois, s'il s'agit d'une pièce de théâtre, la veuve n'a, comme les enfants, le droit exclusif d'en autoriser la représentation que pendant vingt ans. Enfin, si l'auteur laisse pour héritiers non des enfants, mais des ascendants ou des collatéraux, la jouissance est réduite à dix ans. Quant au cessionnaire des droits de l'auteur ou de ses héritiers, il en jouit pendant tout le temps concédé à l'auteur, à la veuve ou aux héritiers, à moins que l'acte de cession n'ait fixé un terme plus court à la jouissance. Les propriétaires des ouvrages posthumes sont assimilés en droits aux auteurs. — Alfred Villefort. *De la propriété littéraire et artistique*, p. 6.

[2] Acte de 1842.

[3] Loi du 11 juin 1837.

[4] Loi du 19 octobre 1846.

[5] Règlement des 8—20 janvier 1830.

[6] Loi du 26 février 1826.

[7] Loi du 8 juillet 1851.

En Espagne, le droit de copie pouvait être autrefois concédé comme un privilége exclusif et illimité ; et il l'était, en effet, ordinairement. Mais ce privilége n'était pas toujours attribué à l'auteur ; souvent, on l'accordait à des communautés religieuses, au détriment des légitimes propriétaires. Après avoir été l'objet de réformes successives, la législation espagnole garantit actuellement le droit de copie pendant la vie des auteurs, et à leurs héritiers ou ayants cause pendant une période de cinquante années [1].

La propriété des œuvres dramatiques et celle des œuvres d'art sont soumises encore dans chaque pays à des dispositions spéciales, dont on trouvera le détail dans la brochure de M. Villefort.

Voilà quelles sont les limitations du droit de copie dans le temps. Les lois de la France et de la Sardaigne sont, comme on voit, celles qui accordent la plus large part au communisme ; la loi espagnole est, au contraire, celle qui assure la plus large part à la propriété.

Le droit de copie a été bien plus limité encore dans l'espace, puisque aucune nation n'a voulu, jusque dans ces derniers temps, le reconnaître aux auteurs étrangers. En 1837, la Prusse entreprit la première de mettre fin à ce communisme international en insérant, dans sa loi constitutive de la propriété littéraire, une clause relative à la réciprocité. Par cette clause, la Prusse s'engageait à faire respecter, chez elle, le droit de copie des auteurs appartenant aux nations qui garantiraient celui des auteurs prussiens. En 1838, l'Angleterre suivit l'exemple de la Prusse, en offrant aux auteurs étrangers de protéger leur droit de copie (*copy-right*), pourvu que leurs gouvernements respectifs accordassent réciprocité dans la même mesure aux auteurs anglais [2]. Des conventions furent alors conclues successivement entre différents Etats, entre l'Autriche, la Sardaigne et le canton du Tessin en 1840 ; entre la Prusse et l'Angleterre, le 13 mai 1846 ; entre la France, la Sardaigne, le Hanovre, l'Angleterre et le Portugal en 1846, 1850 et 1851. D'autres sont encore en voie de négociation. Un mouvement réel s'opère donc en Europe, sinon pour mettre fin au communisme littéraire, du moins pour le resserrer dans des limites plus étroites. Ce mouvement s'est manifesté, d'un côté, par l'extension donnée à la durée du droit de copie dans les législations les plus récentes de l'Angleterre, de l'Allemagne et de l'Espagne ; d'un autre côté, par les conventions qui ont été conclues ou qui sont en voie de conclusion entre les principaux Etats de l'Europe, pour la répression de la contrefaçon littéraire [3].

---

[1] Loi du 10 juin 1847.
[2] Villefort, *De la propriété littéraire et artistique*, p. 53.
[3] Ce mouvement a été provoqué, comme bien on suppose, par les réclamations des écrivains, dont les lois sur la propriété littéraire restreignaient l'industrie ; mais il aurait été certainement plus fécond en résultats, si ceux qui agitaient la question avaient été mieux au courant des notions économiques. Signalons, parmi les plus ardents

III.

Au moment où nous écrivons, la plus importante des négociations entamées pour l'extension du droit de copie et la répression du communisme littéraire, est celle qui se trouve ouverte entre la France et la Belgique. En effet, si la Belgique, qui est devenue un des principaux foyers de l'industrie de la contrefaçon, consentait à reconnaître le droit de copie des auteurs étrangers, aucun obstacle sérieux ne s'opposerait plus à la reconnaissance universelle de ce droit.

Examinons donc, d'une manière spéciale, comment la question de la suppression de la contrefaçon littéraire est engagée aujourd'hui entre la France et la Belgique. Mais, avant d'aborder cet examen, il est indispensable que nous disions quelques mots de l'histoire de la contrefaçon.

La contrefaçon est née chez tous les peuples de la non-reconnaissance du droit de copie des auteurs étrangers. Nous disons qu'elle est née chez tous les peuples, car aucune nation ne s'est abstenue jusqu'à nos jours de contrefaire les ouvrages étrangers. Il y a des ateliers de contrefaçon considérables, non-seulement en Belgique, mais encore en France, en Italie, en Allemagne, en Angleterre et aux Etats-Unis. Aucun peuple n'a donc le droit de jeter la pierre à son voisin pour ce méfait, puisque tous pèchent également; puisque aucun n'a eu encore le bon sens et le courage de reconnaître le droit de copie des auteurs étrangers sans exiger de réciprocité. La contrefaçon des œuvres des auteurs étrangers n'est, du reste, ni plus ni moins condamnable que la réimpression commune des œuvres tombées dans le domaine public. Pour s'exercer dans le temps ou dans l'espace, la contrefaçon ne change pas de nature, et nous avons vu que les résultats en sont les mêmes. Dans l'un et l'autre cas, la contrefaçon ou la *réimpression* porte atteinte à la propriété littéraire, sous la sauvegarde de la loi.

Mais si la contrefaçon est née partout des limitations apportées au droit de copie, elle s'est plus ou moins développée selon les lieux, les époques et les circonstances. Autrefois, la Hollande et la Suisse étaient les deux principaux foyers de la contrefaçon. Depuis un quart de siècle, elle a acquis surtout une grande importance en Belgique. Ce furent les institutions libérales de la Hollande et de la Suisse, en présence du

défenseurs de la propriété intellectuelle, M. Jobard, cette vieille connaissance du *Journal des Economistes*. Malheureusement, M. Jobard a eu le tort d'attaquer la liberté industrielle en défendant la propriété des œuvres de l'intelligence, et cette erreur a beaucoup nui au succès de sa propagande. Nous pouvons encore citer parmi les publications fondées pour la défense de la propriété des œuvres de l'intelligence, un journal mensuel, le *Travail intellectuel*, publié par un romancier distingué, M. Hippolyte Castille et par l'auteur de cet article, avec l'adhésion du plus grand nombre de nos amis, notamment de Frédéric Bastiat, de MM. Dunoyer, Horace Say, Michel Chevalier et Joseph Garnier. La publication de cette œuvre du dévouement a été interrompue par la révolution de Février.

despotisme de la monarchie française, qui l'attirèrent dans ces deux pays et l'y rendirent florissante. Pendant un siècle et demi, la plupart des ouvrages dont l'impression était interdite en France, s'imprimèrent librement en Suisse et en Hollande. Ce fut la même cause qui contribua, sous la Restauration, à multiplier en Belgique les réimpressions françaises. « Tous les ouvrages que la censure frappait en France, dit M. Charles Hen , étaient immédiatement reproduits en Belgique où ils défiaient la rigueur des tribunaux. C'est ainsi que les pamphlets de Paul-Louis Courier, les poëmes de Barthélemy et Méry bravaient impunément les réquisitoires en deçà des frontières. C'est ainsi que les éditions de Béranger se multipliaient en Belgique, au point que les presses de ce pays n'en jetèrent pas moins de 30,000 exemplaires sur les différents marchés de l'Europe[1]. » Le mouvement littéraire, qui prit naissance à la fin de la Restauration pour se développer avec tant d'exubérance dans les premières années de la monarchie de Juillet, fournit un nouvel aliment à la contrefaçon et appela sur cette industrie l'attention des capitalistes. En 1836, plusieurs associations considérables de typographie et de librairie se fondèrent à Bruxelles, sous le patronage de la banque de Belgique.

Cinq grandes sociétés, dit M. Hen, à qui nous empruntons ces détails, s'organisent presque simultanément.

I. *La Société typographique belge*, sous la raison sociale Ad. Wahlen et comp. ; capital social, 1,000,000 de fr.

II. *La Société belge de librairie, imprimerie et papeterie*, sous la raison sociale L. Hauman et comp., capital social, 1,500,000 fr.

III. *La Société de librairie, imprimerie et fonderie*, sous la raison sociale Meline, Cans et comp. ; capital social, 2,000,000 de fr.

IV. *La Société encyclographique* ; capital social, 1,000,000 fr.

V. *La Société nationale* ; capital social, 1,000,000 de fr.

Dès ce moment la typographie belge, largement pourvue de capitaux, multiplia ses produits et les répandit sur tous les marchés du monde. De 69,000 kil. ayant une valeur déclarée de 416,000 francs en 1834, ses exportations s'élevèrent à 274,000 kil. et 1,667,000 francs en 1845. Mais ce fut l'apogée de la contrefaçon belge. A dater de 1846 elle commença à décliner. Les grandes associations de typographie et de librairie, qui s'étaient constituées en 1836, disparurent successivement, à l'exception de la Société Meline, Cans et comp., et les exportations tombèrent à 205,000 kil. en 1846, 183,000 en 1847, et 124,000 en 1848 ; elles se sont relevées, à la vérité, dans les trois dernières années : elles ont été de 184,000 kil. en 1849, de 224,000 en 1850, et elles ont atteint le chiffre élevé de 366,000 kil. en 1851. Mais on aurait tort d'inférer de cette augmentation qu'il y a eu recrudescence

[1] Charles Hen., *La réimpression*, p. 40.

dans la contrefaçon, car les exportations des dernières années ont consisté principalement en produits anciens écoulés dans les pays avec lesquels la France venait de conclure des conventions littéraires.

Cette décadence de la contrefaçon en Belgique a été provoquée par différentes causes. La plus importante consiste dans les mauvaises conditions de concurrence qui ressortent de la nature même de cette industrie. Un ouvrage important vient-il à se publier à Paris, aussitôt trois ou quatre éditeurs s'en emparent à Bruxelles, et ils en jettent concurremment des masses d'exemplaires sur le marché. L'affaire, qui eût été bonne pour un ou deux éditeurs, ne manque pas de devenir mauvaise pour trois ou quatre. A vrai dire, on procède aujourd'hui avec plus de prudence. Les éditeurs belges, échaudés en maintes occasions, ne s'aventurent plus les yeux fermés dans l'arène de la concurrence. Les maisons les plus importantes ont pris l'habitude d'acheter aux auteurs en vogue la communication de leurs épreuves, véritable *droit de priorité* qui leur permet d'arriver les premières sur le marché et d'avertir les concurrences en les devançant. Ce droit de priorité a été payé jusqu'à 1,000 francs par volume à des écrivains en renom. N'est-ce point là, pour le dire en passant, un témoignage nouveau et non suspect rendu en faveur de la propriété?

Ces *écoles* que la contrefaçon a subies ont amené la ruine d'un bon nombre de maisons de librairie. Elles ont eu cependant leur côté utile, en ce sens qu'elles ont fait l'éducation des éditeurs belges. Ceux-ci ont acquis à leurs dépens l'expérience de leur industrie, et peut-être auraient-ils déjà réussi à la relever, sans la suppression dont elle est menacée. Mais depuis la conclusion des dernières conventions diplomatiques, chacun a compris que la contrefaçon est destinée à disparaître dans un délai plus ou moins long, et les capitaux se sont détournés d'une industrie condamnée à mort.

On ne se préoccupe plus guère aujourd'hui que des moyens de mettre fin à ce régime, sans trop léser les intérêts encore nombreux et importants qui y sont engagés; on est à la recherche d'un procédé qui permette de supprimer la contrefaçon sans ruiner la typographie et la librairie belges. Et, chose dont nous devons nous réjouir, c'est la liberté des échanges qui paraît devoir résoudre ce problème, autant du moins qu'il puisse être résolu. Voici comment.

Sous le régime actuel, les livres contrefaits en Belgique sont prohibés en France, et les autres impressions sont soumises à un droit à peu près prohibitif (100 fr. les 100 kil.). Les livres français ne payent, au contraire, qu'un droit inférieur des deux tiers environ à leur entrée en Belgique (30 fr. 88 c. les 100 kil.[1]). Si nous sommes bien in-

---

[1] A la vérité, ce droit se trouve énormément aggravé par les formalités de la douane. M. Muquardt donne, dans sa brochure, un exposé curieux de ces entraves apportées à la circulation des livres :

« Voici quelles sont, dit-il, les formalités nécessaires pour obtenir la permission trèsformé, la Belgique, en consentant à sacrifier la contrefaçon, demande la suppression du premier, et propose celle du second comme bases du régime à venir. Ces deux droits seraient remplacés par de simples droits de balance, à l'exemple de ce qui se pratique déjà entre la Belgique et le Zoll-Verein.

En admettant que la Belgique obtînt ainsi la suppression du droit prohibitif, qui empêche l'introduction en France des produits de son industrie typographique, elle serait en mesure d'offrir à ses imprimeurs et à ses libraires un débouché équivalent peut-être à celui de la contrefaçon. En effet, les imprimeurs belges, qui travaillent à bas prix et qui commencent à travailler assez bien, pourraient sans difficulté se mettre en relations d'affaires avec les éditeurs parisiens. On sait que la cherté des produits typographiques à Paris a déjà décentralisé pour une bonne part cette industrie, et qu'un nombre de plus en plus

---

coûteuse de faire entrer en Belgique un ballot de livres. Elles se divisent en cinq catégories :

« I. *Livres brochés et en feuilles*, à peser séparément, en payant au poids un droit d'entrée de 30 fr. 88 c. (y compris 16 pour 100 additionnels) par 100 kilogr.

« II. *Livres reliés*, à peser aussi séparément, en payant au poids un droit d'entrée de 49 fr. 12 c. les 100 kilogr.

« III. *Lithographies et gravures* faisant partie des ouvrages, soumises à un droit particulier en raison, non de leur poids, mais de leur valeur.

« IV. *Les ouvrages publiés en Belgique même*, et qui reviennent invendus, sont encore soumis au droit, à moins qu'on ne demande une exemption au ministère, laquelle exemption ne manque pas de se faire attendre.

« V. On est tenu, aux termes d'une loi de 1848, de vérifier la date de publication de chaque volume, parce que les ouvrages publiés il y a un certain nombre d'années sont soumis à des droits particuliers. A quoi il faut ajouter de 10 à 25 pour 100 de frais, suivant l'importance du colis, pour la déclaration, caution, acquit, ouvriers pour la visite, cordes, commissions, formalités, etc.

Enfin, lorsque tout a été trouvé en règle, les employés de la douane, qui ne sont pas habitués à emballer soigneusement les livres de divers formats, refont le colis; les livres, gravures, etc., arrivent dans un état pitoyable au lieu de leur destination; mais si l'une ou l'autre formalité avait été négligée par l'expéditeur, le ballot entier serait arrêté a la frontière.

« Le tarif de l'Angleterre, ajoute M. Muquardt, est encore beaucoup plus exigeant; les douaniers anglais sont censés avoir étudié à Oxford. Voici ce tarif :

	Par quintal.
« I. Livres imprimés en 1801............................	1 liv. st.
« II. Livres imprimés depuis 1801 à l'étranger, en anglais, en latin ou en hebreu...	5 liv. st.
« III. Livres en langues vivantes, imprimés depuis 1801.......	2 liv. st. 10 s.
« IV. Livres polyglottes...............................	2 liv. st. 10 s.
« V. Lithographies et gravures, par unité.................	1 d.
« VI. Lithographies et gravures, reliées ou brochées, par douz.	3 d.
« VII. 5 pour 100 additionnels sur les droits indiqués ci-dessus, etc., etc.	

« Toutes ces prescriptions résultent des traités conclus par l'Angleterre avec quelques pays du continent, et qui, précisément à cause de ces formalités absurdes, sont demeurés sans résultat, ou n'ont eu que celui d'entraver un peu plus la circulation des livres. »

Charles Muquardt, *De la propriété littéraire internationale*, p. 51.

considérable d'ouvrages s'impriment soit dans la banlieue ou aux environs de Paris, à Saint-Cloud et à Saint-Germain, soit plus loin encore, à Corbeil, à Meaux, à Senlis, à Tours. Pourquoi la Belgique n'en aurait-elle pas sa part? Pourquoi les éditeurs parisiens ne feraient-ils pas imprimer des ouvrages à Tournay et à Bruxelles aussi bien qu'à Senlis et à Tours? Le chemin de fer du Nord n'a-t-il pas mis la Belgique à quelques heures de distance de Paris? En se donnant un peu plus de peine, en soignant mieux leurs produits quelquefois trop négligés, les imprimeurs de la Belgique pourraient évidemment obtenir une part dans la clientèle parisienne. Quant aux importantes maisons de librairie de Bruxelles, dont la clientèle est répandue partout excepté en France, pourquoi n'essayeraient-elles pas de pénétrer aussi sur le marché français? pourquoi n'entreprendraient-elles pas de faire concurrence aux éditeurs nationaux en établissant des comptoirs à Paris?

Le *libre échange* établi pour les livres entre la France et la Belgique pourrait fournir, comme on voit, des compensations sérieuses aux imprimeurs et aux éditeurs belges. Mais la France n'achèterait-elle pas trop cher la suppression de la contrefaçon en la payant à ce prix? Examinons. Il y aurait d'abord en France deux classes inégales en importance, mais également intéressantes, qui gagneraient à la libre introduction des impressions belges, nous voulons parler de ceux qui achètent les livres et de ceux qui les font. Les consommateurs de livres sont évidemment intéressés à les avoir au meilleur marché. Quant aux écrivains, ils sont intéressés à tirer le meilleur parti possible de leurs œuvres, et comment peuvent-ils obtenir ce résultat, si ce n'est en se trouvant placés en présence du plus grand nombre possible d'éditeurs et d'imprimeurs?

Voilà donc deux intérêts qui militent en faveur du « libre échange » des productions littéraires entre la France et la Belgique. En revanche, les imprimeurs et les libraires ont à redouter, — assure-t-on, — la concurrence de la Belgique, et il est équitable de les protéger, — aux dépens des écrivains et des consommateurs. Sans doute, les imprimeurs de Paris auraient à subir la concurrence de Bruxelles. Mais ne subissent-ils pas déjà la concurrence de Meaux, de Corbeil, de Saint-Germain? Ne fabrique-t-on pas les livres dans tous ces endroits-là à plus bas prix qu'à Paris, à aussi bas prix qu'à Bruxelles? Cependant les imprimeurs parisiens ont résisté jusqu'à présent « à l'invasion » des produits de la typographie départementale. Pourquoi donc ne résisteraient-ils pas de même à l'invasion des produits de la typographie belge? Quant aux éditeurs parisiens, s'ils ont à redouter la concurrence des éditeurs de Bruxelles, ne trouveront-ils pas, en revanche, un certain avantage à pouvoir faire imprimer leurs livres en Belgique?

D'ailleurs, la suppression de la contrefaçon n'augmentera-t-elle pas assez la masse de travail à faire pour permettre aux uns et aux autres de céder, sans y perdre, une part du gâteau à leurs coucurrents? Si, comme nous avons essayé de le prouver, toute extension de la propriété littéraire a pour résultat assuré d'abaisser le prix des livres sur le marché général, partant d'en augmenter la consommation, la masse d'affaires à partager entre les éditeurs et les imprimeurs des deux nations ne s'accroîtra-t-elle pas assez pour leur donner à tous un beau supplément de profits? Et les Français ne sont-ils pas placés *naturellement* de manière à obtenir la meilleure part dans ce surcroît de bénéfices, résultant de la suppression de la contrefaçon?

Les éditeurs et les imprimeurs français montreraient donc peu de sagesse en entravant, par des prétentions au monopole, une négociation dont la réussite doit leur être essentiellement profitable. *Qui veut trop gagner perd*, dit la science du bonhomme Richard. Qu'ils méditent cette sentence du plus illustre des typographes et des libraires, et qu'ils ne s'exposent point à manquer de gagner une bonne propriété pour avoir voulu conserver un mauvais monopole.

Nous avons, du reste, bon espoir que la question sera vidée à l'amiable, et que la suppression de la contrefaçon figurera au nombre des articles du traité de commerce dont le renouvellement doit avoir lieu au mois d'août prochain. Ce sera un grand pas de fait dans la voie de l'établissement de la propriété littéraire internationale; mais, ainsi que nous l'avons fait voir, on sera loin encore d'un affranchissement complet du *droit de copie*. Il faudra poursuivre cette campagne entreprise dans l'intérêt du principe de la propriété, et après avoir obtenu la reconnaissance entière du droit de copie dans l'espace, l'obtenir aussi dans le temps. La limitation dans le temps peut-elle, en effet, mieux se justifier que la limitation dans l'espace? D'ailleurs, comment établir sur la base d'une pleine réciprocité le droit international de la propriété littéraire, si toutes les nations continuent à apporter des limites diverses et variables à la durée du droit de copie? Pourquoi l'Allemagne, par exemple, respecterait-elle pendant trente ans le droit des auteurs français, si le droit des auteurs allemands n'était garanti en France que pendant vingt années ou dix années? Et s'il l'était pendant trente ans, les auteurs français ne pourraient-ils pas se plaindre avec raison d'être plus maltraités chez eux que les étrangers? N'auraient-ils pas intérêt à se faire naturaliser Allemands pour exercer avec plus d'avantage leur industrie en France? Puis enfin, des traités qui entraîneraient la reconnaissance et l'application d'une douzaine de législations différentes dans un même pays, ne seraient-ils pas à peu près inexécutables?

Le mouvement qui s'opère aujourd'hui pour supprimer les frontières qui bornent la propriété littéraire dans l'espace amènera donc forcément la suppression de celles qui la limitent dans le temps. Le vieux et stérile communisme que nous a légué la barbarie recevra alors une atteinte de plus, et la propriété littéraire, en cessant d'être scindée et mutilée, pourra développer et améliorer autant que cela est en elle la production des œuvres de l'intelligence. Si les barrières qui entravent aujourd'hui la libre circulation des ouvrages de l'esprit sont en même temps abaissées ou supprimées, nous pouvons affirmer que la propriété et la liberté réunies résoudront le problème de la vie intellectuelle à bon marché un peu mieux que ne l'ont résolu jusqu'à présent le communisme et la protection.

G. DE MOLINARI.

HISTOIRE

ET

STATISTIQUE DES THÉATRES DE PARIS.

I.

Les recherches sur le travail industriel dans les théâtres annexées à la Statistique de l'industrie à Paris.

L'Enquête sur l'état de l'industrie à Paris, pendant les années 1847 et 1848, est livrée à la publicité [1]. Entreprise par la Chambre de commerce de Paris [2], elle a été commencée en juin 1848 et poursuivie sans interruption jusqu'à la fin de 1851. Cette enquête avait pour but de présenter un tableau complet de l'industrie dans Paris, de faire connaître la nature et l'importance de la production avant et après la révolution de Février, et les faits relatifs aux travailleurs — patrons, ouvriers, apprentis — qui y concourent.

Tout en s'attachant essentiellement, dans cette enquête, à l'industrie privée, on a ouvert néanmoins une enquête spéciale sur les établissements publics et les entreprises privilégiées qui emploient à Paris des ouvriers. C'est dans cette catégorie particulière que *les théâtres* ont été placés.

Le chapitre qui leur est consacré (IIIe partie, pages 942 à 946) offre le résumé des informations qui avaient été obtenues au 15 octobre 1851. Depuis cette époque, des renseignements nombreux étant parvenus et des erreurs ayant été signalées, il était devenu nécessaire d'écrire sur les théâtres de Paris une notice nouvelle; on l'a rendue aussi complète que possible [3].

L'enquête dont on va exposer les résultats a eu principalement pour but

---

[1] *Statistique de l'industrie à Paris, résultant de l'enquête faite par la Chambre de commerce pour les années 1847 et 1848.* 1 vol. grand in-4° de 1,380 pages, chez Guillaumin et comp.

[2] *Membres de la Commission de l'enquête :* MM. Ch. Legentil, président ; Horace Say, secrétaire et rapporteur ; Denière fils, L. Hachette, Fauler jeune, Ledagre, Le Tellier de la Fosse, Germain Thibaut. — *Délégués chargés de la direction du travail et rapporteurs-adjoints :* MM. Natalis Rondot et Léon Say.

[3] M. Régnier, sociétaire de la Comédie-Française et auteur d'une petite *Histoire du théâtre en France* qui fait autorité, a eu l'obligeance de me donner des notes pleines d'intérêt sur la Comédie-Française et de revoir les épreuves de mon travail. N. R.

d'apprécier la part afférente, dans les exploitations théâtrales, au travail industriel.

On ne s'est occupé, en conséquence, que des théâtres proprement dits; on a laissé en dehors de cette enquête un certain nombre de spectacles de curiosité, de scènes d'élèves et d'amateurs, les salles et les jardins consacrés aux concerts, aux bals, etc., bien que la décoration et l'entretien de ces derniers lieux de réunion occupent beaucoup d'ouvriers. .

II.

Nombre des théâtres en France. — Législation théâtrale.— Nombre des théâtres et des lieux de divertissements publics, à Paris. — Droit des indigents sur les spectacles et les divertissements publics; son produit à Paris de 1807 à 1851. — Recettes des divertissements publics et des théâtres de Paris de 1807 à 1850.

Avant d'aborder les faits relatifs à Paris, il est utile d'indiquer le nombre et la répartition des salles de théâtre qui existent en France.

67 départements sont partagés en 18 circonscriptions, appelées *arrondissements dramatiques,* qui sont desservies par 18 troupes d'arrondissement et 19 troupes ambulantes. Dans 59 de ces départements, il y a 194 salles de théâtre; on manque de renseignements sur 7 départements, et il n'y a pas de salle dans les Basses-Alpes (*Documents officiels* [1], 1849, pages 214 à 225). Il y aurait, d'après M. Régnier [2], dans les 66 départements, 224 salles de théâtre.

18 départements ne sont pas classés dans les arrondissements dramatiques; ils sont desservis par des troupes ambulantes. Dans 12 de ces départements, se trouvent 14 villes dont les 18 théâtres sont occupés par des troupes sédentaires. — Sur les 18 départements non classés, deux, ceux de l'Ardèche et de la Lozère, n'ont pas de salles de spectacle; les seize autres en ont 59 (*Documents officiels,* pages 226 à 228). Selon M. Régnier, il y a un théâtre à Mende (Lozère) et 63 salles de théâtre dans les 16 autres départements.

Enfin, il y a 25 théâtres dans Paris, 8 dans la banlieue, 3 à Saint-Denis, Sceaux et Choisy-le-Roi.

En résumé, on estime à 361 le nombre des salles de théâtre qu'il y a en France : 36 sont dans le département de la Seine et 325 dans les autres départements. Parmi ces dernières, 280 sont desservies par 40 troupes d'arrondissement ou ambulantes, et 45 par des troupes sédentaires; ces 45 troupes sédentaires se trouvent dans 39 villes différentes.

Louis XIV, auquel les théâtres doivent leur existence légale, les a maintenus, comme l'avaient fait ses prédécesseurs, sous le régime du privilége.

---

[1] Conseil d'Etat, Section de législation. *Enquête et documents officiels sur les théâtres.* Paris, Imprimerie nationale ; décembre 1849 ; 1 vol. in-4°.

[2] *Histoire du théâtre en France,* par P. Régnier, de la Comédie-Française. Paris, mars 1846; 1 broch. in-12. — Extrait de *Patrie.*

Le nombre des théâtres a été limité jusqu'à la Révolution ; la concession ou la transmission du privilége n'avait lieu que par autorisation du roi et arrêt de son conseil. La loi du 19 janvier 1791 a proclamé la liberté absolue : pour pouvoir élever un théâtre public et y faire représenter des pièces de tous les genres, il suffisait de faire une déclaration à la municipalité. Des restrictions vinrent bientôt gêner l'existence de cette liberté illimitée ; elle avait amené quelques désordres, l'Empereur résolut d'y mettre un terme. Par le décret du 8 juin 1806, l'Etat reprit le droit d'intervention, et le décret du 29 juillet 1807 a consacré le partage des genres, la limitation du nombre des entreprises et l'obligation d'obtenir, pour l'ouverture d'un théâtre, l'autorisation préalable du gouvernement. La Restauration accepta cette législation [1] ; la révolution de Juillet la mit en question ; la loi de septembre 1835 l'a confirmée : mais, dans ces vingt dernières années, on a, par la concession de nouveaux priviléges, dérangé l'équilibre nécessaire à la prospérité des théâtres. Cette augmentation a excédé de beaucoup l'accroissement de la population et de l'ensemble des recettes ; elle paraît avoir été d'autant plus préjudiciable aux théâtres, que l'on a en même temps toléré l'établissement d'un plus grand nombre de petits spectacles et lieux de divertissement, et maintenu le droit des pauvres au taux fixé par la loi de l'an V [2]. A Paris, dans les 19 années qui se sont écoulées de 1812 à 1830, 9 faillites d'entreprises théâtrales avaient été déclarées ; dans les 19 années de 1831 à 1849, le nombre des faillites s'est élevé à 36. La somme des passifs de ces 36 faillites excède, dit-on, le produit total du droit des indigents dans ces 19 années (13 millions environ).

On n'a pas à apprécier ici si le régime de la liberté pure et simple ne serait pas le seul moyen d'assurer la prospérité des théâtres.

Le résumé ci-après indique quel a été, à différentes époques, le nombre des théâtres à Paris :

Jusqu'en 1600	1	Sous la République, le Consulat et le commencement de l'Empire.	44
De 1600 à 1653	2	En 1807, avant le décret du 29 juillet.	34
De 1653 à 1659	3		
De 1659 à 1669	4	Après le décret du 29 juillet 1807.	8
En 1669	5	En 1808	9
En 1680	3	De 1810 à 1812	10
Sous Louis XV [3]	6	De 1814 à 1819	11
Sous Louis XVI	10	De 1820 à 1830	14
En 1791	51		

---

[1] Consulter l'excellent *Traité de la législation des théâtres* , par MM. Vivien et Edmond Blanc. Paris, 1830.

[2] M. G. de Molinari a publié, dans le *Journal des Economistes* , sur l'industrie des théâtres, trois articles pleins d'intérêt, d'esprit et de justesse (août et novembre 1849, tom. XXIV, pag. 12-29 et 342-351 ; mai 1850, tom. XXVI, pag. 130-144). Consulter aussi le mémoire des directeurs des théâtres de Paris, tendant à une modification du droit des indigents sur les spectacles, 6 novembre 1849.

[3] Voici, d'après le *Journal du Citoyen*, imprimé à La Haye en 1754, la liste des spectacles de Paris à cette époque : — L'Opéra, la Comédie-Française, la Comédie-Italienne, l'Opéra-Comique ; aux foires Saint-Germain et Saint-Laurent, deux troupes de danseurs

En 1851	16	En 1846	23
En 1832	21	En 1849	25
De 1833 à 1837	17	En 1851	25
De 1838 à 1842	19		

Voici les noms des 25 théâtres ouverts en 1849, la date de leur création et le nombre de places [1] que les salles peuvent contenir :

Date de la création.

Théâtres subventionnés [2].

1669.	Académie nationale de musique (Grand-Opéra).	1,811 places.
1548.	Comédie-Française	1,560 —
1752.	Théâtre national de l'Opéra-Comique.	2,000 —
1789.	Théâtre-Italien.	1,290 —
1797.	Odéon (second Théâtre-Français)	1,558 —

1847.	Opéra-National (ancien Théâtre-Historique)...	1,760 —

Théâtres de vaudevilles,

1791.	Théâtre du Vaudeville.	1,280 —
1790.	Théâtre des Variétés.	1,216 —
1820.	Gymnase-dramatique	1,198 —
1831.	Théâtre de la Montansier (Th. du Palais-Royal).	980 —

Théâtres de drames.

1759.	Théâtre de la Gaîté	1,818 —
1769.	Théâtre de l'Ambigu-Comique	1,600 —
1802.	Théâtre de la Porte-Saint-Martin	2,069 —
1780..	Théâtre-National (ancien Cirque-Olympique).	2,259 —
1831.	Théâtre des Folies-Dramatiques [3]	1,255 —

Petits théâtres.

—	Théâtre des Funambules	776 —
1841.	Théâtre des Délassements-Comiques	993 —
—	Théâtre du Luxembourg	688 —
1798.	Théâtre du Petit-Lazari	608 —
1835.	Théâtre Beaumarchais (fermé en 1851)	1,170 —
1838.	Théâtre Saint-Marcel (fermé en 1851)	1,100 —

de corde, plusieurs théâtres de marionnettes, notamment ceux de Bienfait et de Nicolet, les spectacles de femmes-fortes et de joueurs de gobelets; dans une salle de l'Hôtel-Dieu, le spectacle de la Crèche, et, à la barrière de Sèvres, le Combat du taureau. Voir pages 175-181.

[1] *Documents officiels*, pag. 209.

[2] On a rangé les théâtres selon l'ordre dans lequel doivent être apposées leurs affiches, d'après l'arrêté du préfet de police, en date du 1er décembre 1850.

[3] Ce classement des théâtres en 6 catégories est emprunté à l'arrêté du 1er décembre 1850; il n'est pas tout à fait exact. Ainsi, les Folies-Dramatiques ne sont pas un théâtre de drames : il y a été joué, en 1851, 61 pièces, dont 41 vaudevilles, 10 comédies-vaudevilles, 5 drames-vaudevilles, 5 revues et féeries.

Spectacles.

1837. Cirque des Champs-Élysées................ 3,500 —
1809. Spectacle Choiseul...................... 840 —
— Spectacle d'Arcole...................... 250 —
— Spectacle Rollin (fermé en 1851).......... 450 —
1851. Arènes-Nationales (ouvertes en 1851)....... » —

Ces salles de théâtre contiennent, les Arènes-Nationales étant exceptées, 34,000 places.

D'après le chiffre général des recettes (9 millions) et la quantité des entrées gratuites et des billets de faveur (valeur de plus de 3 millions[1]), on peut estimer à 20,000 le nombre moyen des spectateurs qui se répandent chaque soir dans les divers théâtres de Paris; le quart de ces spectateurs assistent au spectacle, soit gratuitement, soit en ne payant leur place qu'à très-bas prix.

21 théâtres sont situés sur la rive droite de la Seine, 5 sur la rive gauche et dans la Cité, savoir :

1 dans le 1er arrondissement.			2 dans le 8e arrondissement.		
8	—	2e	—	1	—	9e	—
1	—	3e	—	2	—	11e	—
2	—	5e	—	2	—	12e	—
7	—	6e	—			

Il y a, en outre, dans Paris, 156 lieux de divertissements publics que fréquentent, en moyenne, 24,000 personnes par jour; en voici le relevé[2] :

	Nombre des établissements.	Nombre moyen des personnes qui fréquentent ces établissements.
Cafés lyriques......................	20	1,800
Cafés-théâtres......................	6	2,000
Salles de concert	6	3,500
Petits spectacles divers	7	750
Salles d'exercices dramatiques.......	3	1,100
Salons de concert..................	4	3,000
Petits théâtres de société............	3	350
Bals publics avec prix d'entrée.......	33	8,430
Bals publics tenus par les marchands de vin (entrée libre)..............	34	600
Sociétés dites *goguettes*............	40	2,500

Les recettes des théâtres, comme celles de tous les divertissements publics, sont frappées d'un impôt particulier perçu au profit des hospices et qui est connu sous le nom de *Droit des indigents*. Ce droit n'était dans l'origine qu'une aumône; il a été rendu obligatoire par une ordonnance de Louis XIV, rendue le 25 février 1699, et a été fixé au *sixième* en sus des recettes, au profit de l'Hôpital général. Une ordonnance du 5 février 1716 autorisa une autre perception d'un *neuvième*, distincte de la première, en faveur de l'Hôtel-Dieu. Modifié plusieurs fois depuis cette ordonnance,

[1] *Mémoire des directeurs.*
[2] *Documents officiels*, pag. 210.

abandonné pendant les premières années de la Révolution, puis reproduit sous diverses formes, cet impôt fut réglé par la loi du 7 frimaire an V, qui ordonna la perception d'un décime par franc en sus du prix de chaque billet d'entrée. Un décret du 8 thermidor de la même année maintint le droit du dixième en sus sur les recettes des spectacles, et frappa celles des concerts, bals, etc., d'un droit égal au quart. Le droit des indigents a été établi d'abord à titre provisoire pour six mois; il a été successivement prorogé jusqu'au 9 décembre 1809, époque à laquelle l'Empereur en ordonna la perception indéfinie, et, depuis le 18 février 1817, il est compris chaque année dans la loi du budget. La perception a toujours été faite à Paris par l'Administration des hospices, aujourd'hui Administration de l'assistance publique. Les billets de faveur et les entrées gratuites, représentant une valeur de plus de 3 millions, ont échappé au droit jusqu'en 1850.

Par exception, plusieurs spectacles secondaires, dans lesquels le contrôle journalier de la recette serait trop onéreux, payent chaque année, à titre d'abonnement, une somme convenue [1].

Le droit des indigents ayant presque toujours été perçu régulièrement, son produit devrait faire connaître exactement le chiffre des recettes de chaque théâtre; mais, par suite de circonstances diverses, de conventions et de droits de régie, le produit qui figure au compte des hospices est loin de représenter le onzième des recettes encaissées. En 1830, 1831 et 1832, l'administration des hospices a consenti, par voie d'abonnement, des réductions importantes; en 1848, 1849 et 1850, le droit a été diminué et le taux en a varié. On a pu, d'après les pièces de contrôle, apprécier les recettes pour les années 1830, 1831 et 1832, mais ces états manquent pour 1848, 1849 et 1850, et l'on a déterminé approximativement les recettes applicables à ces trois années.

Les recettes de tous les divertissements publics à Paris, les guinguettes étant exceptées, se sont élevées aux sommes suivantes, de 1807 à 1851 [2].

	Produit du droit des indigents.	Total approximatif des recettes.	
De 1807 à 1811....	458,812 fr.	4,930,940 fr.	Moyenne quinquennale.
1812 1816....	478,552	5,140,282	—
1817 1821....	566,600	6,051,107	—
1822 1826....	643,677	6,922,235	—
1827 1831....	621,585	6,667,642	—
1832 1836....	648,429	6,889,975	—
1837 1841....	846,283	9,140,606	—
1842 1846....	968,914	10,218,120	—
1847........	1,044,494	10,989,361	Par an.
1848........	364,956	6,747,408	—
1849........	438,684	7,775,570	—
1850........	692,061	9,959,785	—
1851........	993,000	10,460,000	—

---

[1] Neuf petits théâtres et spectacles étaient *abonnés* en 1849, savoir : les théâtres des Funambules et du Petit-Lazari, les spectacles Chanteraine et Colbert, le Gymnase des Patineurs, le spectacle de Marionnettes, rue Serpente, l'École-Lyrique et le spectacle Rollin, rue de l'Arbalète.

[2] Ces états, dressés d'après les documents manuscrits, présentent quelques différen-

Les recettes des théâtres sont comprises dans ces totaux; voici quelle est, séparément, leur importance :

	REPRÉSENTATIONS, BALS, CONCERTS.		REPRÉSENTATIONS SEULES.		
	Produit du droit des indigents	Total approximatif des recettes.	Produit du droit des indigents	Total approximatif des recettes.	
	fr.	fr.	fr.	fr.	
De 1807 à 1811	426,972	4,676,222	420,147	4,621,617	Moyenne quinquennale.
1812 1816	445,830	4,878,506	437,287	4,810,164	—
1817 1821	514,394	5,633,462	506,102	5,567,124	—
1822 1826	604,896	6,611,987	590,929	6,500,831	—
1827 1831	584,102	6,367,773	564,987	6,214,859	—
1832 1836	591,421	6,433,912	567,514	6,242,656	—
1837 1841	769,445	8,381,903	742,103	8,163,165	—
1842 1846	855,204	9,308,438	822,269	9,044,961	—
1847.....	903,907	9,864,665	877,803	9,655,833	Par an.
1848.....	268,046	5,775,000	251,000	5,600,000	—
1849.....	343,896	6,749,630	331,066	6,621,320	—
1850.....	552,445	8,628,625	538,147	8,501,532	—

On ne s'est pas enquis du chiffre général des dépenses des théâtres, attendu que le chiffre des recettes suffit pour donner une juste idée de l'importance de ces entreprises.

Il a été demandé à tous les directeurs des renseignements sur le personnel artistique et industriel attaché à chaque théâtre, sur les appointements de ce personnel, les dépenses afférentes à des travaux industriels, etc. — L'administrateur du Théâtre-Français, les directeurs de l'Opéra, de l'Opéra-Comique, de l'Odéon, du Gymnase, du théâtre de la Montansier, de l'Ambigu-Comique, des Folies-Dramatiques et du spectacle Choiseul ont donné, en 1849 et 1850, sur ces points particuliers des informations très-complètes. Les autres directeurs n'ont fourni qu'une partie des notes demandées ; trois ayant refusé toute indication, on y a suppléé par des estimations, établies d'après les autres déclarations et divers renseignements.

Pour apporter plus de précision dans l'énoncé de ces faits, on a divisé les 25 théâtres de Paris en trois catégories, comprenant : la première, les cinq théâtres subventionnés ; la deuxième, le Théâtre-Historique et les quatre théâtres de vaudevilles ; la troisième, les cinq théâtres de drames, les six petits théâtres et les quatre autres spectacles. On ne s'est pas occupé de l'*Hippodrome*, qui est situé hors de Paris, du *Spectacle Bonne-Nouvelle*, fermé en 1851, du *Spectacle-Colbert* et des scènes d'élèves ou d'amateurs qui n'ont aucune importance, non plus que des *Arènes-Nationales* qui ont été ouvertes en 1851.

Les renseignements dont le résumé est ci-après ont été fournis par les directeurs, en général, à titre de moyennes ; on peut cependant les considérer comme étant applicables à l'année 1849-1850.

ces avec ceux qui sont publiés dans les *Comptes des recettes et dépenses* des hospices ; mais ils concordent avec le tableau qui fait suite aux *Observations de l'administration générale de l'assistance publique à Paris sur le mémoire des directeurs de théâtres*, etc.

III.

Nombre des artistes dramatiques français. — Théâtres de Paris. — Nombre et appointements des artistes, choristes et comparses, des employés, préposés et gens de service. — Nombre et salaires des ouvriers machinistes et costumiers, des coiffeurs. — Dépenses pour costumes, matériel et peinture de décors. — Frais d'éclairage, de chauffage et de loyer des salles.

Le nombre des comédiens en France est porté, par évaluation, dans d'anciens documents, à 8,000 ; M. Vivien [1] réduisait, vers 1845, ce nombre à 3,000 environ, et, d'après M. Samson [2], il y aurait aujourd'hui à peu près 6,000 artistes dramatiques.

Il y a, en France, 85 troupes dramatiques : chacune d'elles étant composée, en moyenne, de 22 artistes (13 hommes et 9 femmes) [3], les 85 troupes représentent un personnel de 1,865 artistes (1,105 hommes et 765 femmes), auxquels il faut ajouter, pour les théâtres du département de la Seine, autres que ceux de Paris, 80 acteurs et écuyers, 60 actrices et écuyères. On compte, en Algérie, dans nos colonies et à l'étranger, au moins 36 troupes françaises, composées chacune, en moyenne, de 14 acteurs et 11 actrices [4], soit, pour toutes, 900 artistes. Enfin, 438 acteurs et 355 actrices sont attachés aux théâtres de Paris.

Ainsi, dans ces deux ou trois dernières années, le personnel *actif* de toutes les entreprises théâtrales comprenait 3,703 artistes environ [5] (2,127 acteurs et 1,576 actrices). Les choristes du chant et de la danse, les acteurs en disponibilité et ceux qui sont retirés, n'étant pas compris dans les chiffres ci-dessus, il est évident que l'estimation de M. Samson n'est pas éloignée de la vérité.

Il résulte de l'enquête que maintenant 2,043 personnes (1,142 hommes et 901 femmes) prennent part, à Paris seulement, à la représentation des pièces de théâtre : 793 sont artistes, 552 sont choristes et élèves, 698 sont comparses. Ce personnel est divisé à peu près comme il suit :

Dans les 5 théâtres subventionnés :

---

[1] *Etudes administratives*, pag. 461.

[2] *Collection de rapports sur l'association de secours mutuels entre les artistes dramatiques.* 1851, page 11.

[3] Le personnel de 51 de ces troupes, les plus importantes, se compose de 758 acteurs et 529 actrices, en tout 1,287.

[4] On compte, dans 16 de ces troupes, 243 acteurs et 198 actrices, en tout 441.

[5] Le journal *le Pays*, du 27 janvier 1852, publie les chiffres suivants, sans indiquer où il les a recueillis :

	Acteurs.	Actrices.	Total.
Théâtres de Paris......................	425	367	792
— de la banlieue...............	47	28	75
— des départements............	849	599	1,448
	1,321	994	2,315

195 artistes :	110 acteurs,	85 actrices.
275 choristes (chant et danse) :	99 hommes,	176 femmes.
194 comparses, etc.	130 —	64 —
664	339 -	325 -

Dans les 5 théâtres de la 2e catégorie :

182 artistes :	95 acteurs,	87 actrices.
91 choristes (chant et danse) :	45 hommes,	46 femmes.
75 comparses :	50 —	25 —
348	190 —	158 -

Dans les 15 théâtres et spectacles de la 3e catégorie :

375 artistes :	212 hommes,	163 femmes.
81 écuyers :	51 —	30 —
'93 choristes :	41	52 —
93 élèves :	46	47
389 comparses :	273 -	116 -
1,031	623 —	408 —

Les appointements de ces 2,043 personnes s'élèvent à 3,534,900 fr. environ par an.

Les 793 artistes (parmi lesquels sont compris 81 écuyers et écuyères) reçoivent 3,002,340 fr. par an, savoir :

1,570,120 fr. pour les 195 artistes des 5 théâtres subventionnés ;
555,920 fr. pour les 182 artistes des 5 théâtres de la 2e catégorie ;
876,300 fr. pour les 416 artistes des 15 théâtres de la 3e catégorie.

En 1819, les appointements les plus élevés étaient, à ce qu'on présume, de 4,350 fr. par mois, feux compris, à l'Opéra ; les moindres, de 20 fr. par mois, au Théâtre Rollin, et de 25 fr. par mois dans plusieurs petits théâtres du boulevard du Temple.

Les appointements des *premiers* rôles sont aujourd'hui doubles de ce qu'ils étaient il y a trente ans. Les premiers sujets du chant à l'Opéra recevaient, en 1713, 1,500 livres par an; de 1782 à 1788, de 5 à 15,000 liv.; sous l'Empire, de 18 à 20,000 fr. Dans ces dernières années, nos premiers chanteurs ont été engagés moyennant 50, 60 et 80,000 fr. [1] Mme Saint-Huberty recevait, en 1783-84, comme première chanteuse (rôle de princesses et de bergères), environ 4,000 livres *par an*, feux compris; c'est ce qu'avait *par mois*, en 1849, Mme Castellan. En 1783-84, Vestris et Gardel coûtaient chacun, feux compris, 4,500 livres *par an;* Perrot recevait *par mois*, dans ces derniers temps, les deux tiers de cette somme. Enfin, la Guimard, alors dans tout l'éclat de sa beauté et de son talent, n'avait que 4,330 liv. *par an,* tandis qu'en 1849, Mme Carlotta Grisi gagnait, *en trois mois*, plus du double. Le Théâtre-Français avait, en 1810, 17 pensionnaires

[1] M. Roger est engagé, à l'Opéra, pour quatre ans, à dater d'avril 1851, aux appointements de 72,000 fr. par an. (*Almanach des spectacles.* 1852, p. 11.)

femmes. Leurs appointements réunis montent à près de 350,000 fr. par an.

Dans ces 575 employés sont compris les buralistes, les préposés au contrôle, à l'orchestre et au parterre, les surveillants, les ustensiliers et chefs d'accessoires, les avertisseurs, les concierges, les balayeurs et frotteurs, les feutiers, etc., etc. La plupart d'entre eux ne sont employés que le soir.

On compte : dans les 5 théâtres subventionnés, 218 employés — 203 hommes et 15 femmes — recevant 152,000 fr. par an ; dans les 5 théâtres de la deuxième catégorie, 120 employés — 115 hommes et 5 femmes — recevant 60,500 fr. ; et dans les 15 autres théâtres, 237 employés — 202 hommes et 35 femmes — recevant 137,500 fr. par an.

Dans plusieurs théâtres secondaires, le service d'entretien, ainsi que le balayage, le frottage, etc., est fait par entreprise ; on n'a pas compris dans le personnel ci-dessus les gens qui sont aux gages de ces entrepreneurs.

Les ouvreuses de loges, à l'exception de celles de la Comédie-Française et du théâtre du Petit-Lazari [1], ne sont pas payées par les directeurs de théâtre ; elles n'ont d'autre indemnité que les gratifications volontaires qu'elles reçoivent du public. Il y a, dans les 25 théâtres de Paris, 6 ouvreurs et 467 ouvreuses.

Enfin, le personnel attaché à l'administration des théâtres se compose d'environ 125 employés ; il comprend les administrateurs, les employés de la direction, les régisseurs, inspecteurs, caissiers, secrétaires, etc. ; on peut y ajouter les souffleurs, les copistes de musique et de manuscrits, qui sont au nombre de 55. Les appointements réunis de ces 180 personnes s'élèvent, par an, à 390,000 fr. environ, savoir :

Dans les   5 théâtres subventionnés , 65 employés, copistes, etc.,
              recevant environ......................... 170,000 fr.
—   5 théâtres de la 2ᵉ catégorie, 45 employés, copistes, etc. 110,000
—   15 autres théâtres,   72 employés, copistes, etc. 110,000

Le personnel industriel attaché directement aux exploitations théâtrales comprend environ 630 ouvriers, dont 470 hommes et 160 femmes, que l'on peut classer à peu près ainsi :

140 costumiers, tailleurs, etc. ;
160 machinistes ;
80 menuisiers-machinistes ;
25 serruriers-machinistes ;
30 tapissiers ;
35 peintres-décorateurs ;
150 costumières, couturières, etc. ;
10 ouvrières tapissières.

Ces 630 ouvriers sont attachés à 21 théâtres. Dans 2 théâtres, tout ce

---

[1] Les vingt ouvreuses du Théâtre-Français reçoivent ensemble 2,500 fr. par an ; les cinq ouvreuses du théâtre du Petit-Lazari reçoivent ensemble 770 fr. Ces ouvreuses sont, en outre, rétribuées par la générosité plus ou moins productive du public. Sous Louis XVI, les ouvreurs et les ouvreuses de l'Opéra avaient chacun 200 livres par an.

qui concerne les costumes et les décors est fait par des entrepreneurs, moyennant des sommes déterminées. Enfin, les spectacles d'Arcole et Rollin ont trop peu d'importance pour avoir besoin de costumiers et de machinistes.

Il y a dans les 5 théâtres subventionnés : 162 ouvriers machinistes, décorateurs, etc. (dont 7 femmes), qui gagnent environ 157,200 fr. par an, et 124 ouvriers pour les costumes — 55 hommes et 69 femmes — qui, réunis, reçoivent environ 96,000 fr. par an.

Les 5 théâtres de la 2° catégorie occupent : pour les décors, 60 ouvriers qui reçoivent environ 66,000 fr. par an, et, pour les costumes, 40 ouvriers — 15 hommes et 25 femmes — qui gagnent ensemble 38,500 fr. par an.

Les 11 autres théâtres occupent : pour les décors, 118 ouvriers — 115 hommes et 3 femmes — qui gagnent environ 133,000 fr. par an, et, pour les costumes, 126 ouvriers — 70 hommes et 56 femmes — qui, réunis, reçoivent environ 98,300 fr.

En résumé, les salaires des 630 ouvriers montent ensemble à 589,000 fr. par an. La plupart de ces ouvriers sont payés au mois ; plusieurs ont des appointements annuels ; ceux qui sont payés à la journée ou à la soirée n'appartiennent pas au personnel ordinaire des ateliers des théâtres.

Voici quels sont, en général, les salaires de ces ouvriers :

Parmi les machinistes, les chefs ont de 1,000 à 1,800 fr. par an ; les ouvriers, de 600 à 900 fr. Ceux qui sont au mois gagnent de 20 fr. à 62 fr. 50 c.; enfin, ceux que l'on emploie de temps en temps reçoivent de 2 fr. 50 c. à 4 fr. par jour, ou 1 fr. 50 c. pour la soirée seule. Il y avait à l'Opéra, sous Louis XVI, 3 chefs machinistes, qui recevaient, le premier, 2,400 l. ; le deuxième, 1,500 l., et le troisième, 1,000 livres.

Les charpentiers, menuisiers et serruriers-machinistes ont à peu près les mêmes salaires. Pour les menuisiers, dont le nombre est le plus grand, les appointements annuels varient de 900 à 1,500 fr., et sont, en moyenne, de 1,100 fr. Dans les moments pressés, on prend des menuisiers à raison de 3 fr. 50 c. à 4 fr. par jour, et de 1 fr. à 1 fr. 50 c. par soirée.

Les peintres-décorateurs ont, les uns, de 750 à 1,800 par an ; les autres, de 3 fr. à 4 fr. 50 c. par jour.

Les costumiers gagnent de 950 à 1,500 fr., et les costumières, de 700 à 1,200 fr., par an. Les tailleurs reçoivent, pris à l'année, de 850 à 1,000 fr.; payés à la journée, de 3 fr. à 4 fr. 50 c. Les couturières ont, prises à l'année, de 560 à 650 fr.; payées à la journée, de 1 fr. 25 c. à 2 fr. La plupart de ces ouvrières travaillent à la journée ; beaucoup restent pendant la soirée pour servir d'habilleuses, et reçoivent alors 1 fr. de plus, de sorte que leur gain est ordinairement de 2 fr. 50 c. à 2 fr. 75 c. Les maîtres tailleurs gagnaient, à l'Opéra, sous Louis XVI, 1,000 l. et 1,500 livres.

Tous ces ouvriers sont, en général, dans leurs meubles ; la plupart savent lire et écrire, sont rangés et laborieux, apportent à l'exécution de leur ouvrage de l'activité, du soin et du goût, et lorsque l'on monte une pièce nouvelle, passent souvent les nuits au travail.

Les machinistes attachés à chaque théâtre forment, suivant leur nombre, une ou plusieurs brigades, qui portent le nom d'*équipes* et sont composées de machinistes proprement dits, de menuisiers, de serruriers et d'aides; en dehors de l'équipe, sont les manœuvres qui aident au transport des décors et les voituriers qui les conduisent des magasins au théâtre. Les costumiers et les tailleurs, les costumières et les couturières travaillent, séparément les uns des autres, dans des ateliers situés le plus souvent dans le théâtre même : les costumes y sont confectionnés d'après les dessins donnés et sous la direction de maîtres costumiers, qui sont tantôt de simples chefs d'atelier, tantôt des entrepreneurs à forfait.

Le nombre des ouvriers employés dans les théâtres varie autant que celui des comparses ; il dépend moins du nombre que du genre des ouvrages montés. L'exécution des pièces-féeries et des autres pièces à grand spectacle réclame momentanément le concours d'un grand nombre d'ouvriers de tout genre et la présence de beaucoup de comparses. Les chiffres qui précèdent ne s'appliquent pas à ces cas particuliers ; ils indiquent la situation moyenne et actuelle des ateliers des théâtres.

Dans dix ou douze théâtres, et parmi eux sont les plus importants, la peinture des décors est faite au dehors par des peintres entrepreneurs. Le nombre total des peintres décorateurs — ouvriers et aides — qui travaillent pour les théâtres de Paris est de 80 à 90.

Les représentations théâtrales donnent de l'occupation à une autre classe de travailleurs, aux coiffeurs. — La confection des perruques de théâtre offre déjà par elle-même quelque importance, et il faut y ajouter le travail de coiffure des acteurs et des actrices, qui s'exécute tous les soirs. Il n'a pas été possible de savoir exactement combien de coiffeurs prennent part à ce dernier travail, attendu que, dans plusieurs théâtres secondaires, la coiffure étant l'objet d'une entreprise, on n'a pu connaître que la somme payée chaque année à cet effet. On sait seulement que, dans 17 théâtres, 49 coiffeurs, dont 2 femmes, sont employés, et qu'ils reçoivent par an 48,000 fr. environ, tant pour coiffure que pour fourniture de perruques de théâtre. Le nombre total paraît être de 62.

Ces coiffeurs sont, les uns, engagés à l'année à un prix qui varie de 400 à 1,200 fr., les autres, payés par soirée, à raison de 2 fr. à 3 fr.

Il n'a pas été possible d'obtenir de tous les directeurs de théâtres les totaux des dépenses afférentes aux costumes et aux décors : on a indiqué plus haut quel est, en moyenne, le nombre des ouvriers attachés à ces travaux dans les théâtres, ainsi que le montant de leurs salaires.

Pour les costumes, 6 directeurs ont consenti à faire connaître la valeur des fournitures : cette valeur s'élève pour ces 6 théâtres qui sont des plus importants, et parmi lesquels est l'Opéra, à un peu plus de 200,000 fr.

En examinant les sommes payées pour les diverses fournitures nécessaires à la confection et à l'entretien des costumes, on remarque que, pour 1849, à l'Opéra :

Les soieries, velours et rubans représentent 18 pour 100 de la dépense totale ;

Les chaussures	—	15
La bonneterie		11
Les tissus de laine et de coton	—	9
La passementerie, la broderie et la mercerie	—	9
Les armures et les armes		7
La chapellerie et la ganterie		4
Les fleurs et les plumes		2

A l'Opéra-Comique :

Les tissus de soie, de laine, de coton, etc., représentent 46 p. 100 de la dépense totale ;

La passementerie, la broderie et la mercerie	—	13
La bonneterie		7
Les chaussures	—	4 1/2
Les fleurs et les plumes	—	2 1/2

A l'Opéra, la dépense en fournitures pour les costumes montait, en 1784-85, à 103,000 livres pour 161 artistes ; elle était, en 1849, de 96,000 fr. pour 200 artistes. En comparant les dépenses faites aux deux époques, on remarque que les achats de soieries ont diminué de moitié et que ceux de bonneterie et de souliers ont doublé.

Beaucoup d'acteurs et d'actrices font exécuter eux-mêmes et à leurs frais une partie de leurs costumes, principalement les costumes de ville. Cette dépense, souvent considérable, est, tantôt à peu près couverte par une indemnité annuelle convenue, tantôt, aux termes des engagements, entièrement à la charge des artistes, et cette dernière condition est commune à un certain nombre d'actrices des théâtres de vaudevilles. On a été informé que, dans plusieurs de ces théâtres, la dépense pour costumes payée par la direction est à peu près égale à celle qui est supportée par les artistes.

Pour les décors, matériel et peinture, les renseignements s'appliquent à 8 théâtres, parmi lesquels est l'Opéra : la dépense totale est, en moyenne, de 220,000 fr. par an, non compris les salaires des ouvriers attachés à ces théâtres.

Quant à la peinture seule des décors, on peut l'estimer, en moyenne, au moins à 284,000 fr. par an pour les 24 théâtres[1], savoir :

155,000 fr. pour les 5 théâtres subventionnés ;
29,000 fr. pour les 5 théâtres de la 2ᵉ catégorie ;
100,000 fr. pour les 14 autres théâtres.

On a cherché vainement à recueillir d'autres données sur les dépenses principales des entreprises théâtrales. Ainsi, on ne connaît que pour 7 théâtres, au nombre desquels est l'Opéra, les frais d'éclairage au gaz, à l'huile, etc., savoir : 321,000 fr. ; que pour 6 théâtres, l'Opéra compris, les

[1] Le Cirque des Champs-Élysées n'a pas de décors.

frais de chauffage, savoir : 42,000 fr. ; que pour 4 théâtres, le loyer de la salle, savoir : 250,000 fr.

4 salles de théâtre appartiennent à l'Etat : celles de l'Opéra et de l'Odéon sont concédées à titre gratuit ; la Comédie-Française jouit aussi gratuitement, depuis le 24 janvier 1852, de la salle de la rue de Richelieu, qui faisait partie de l'apanage du duc d'Orléans, et qui a fait retour à l'Etat depuis 1848 ; quant à la salle de l'Opéra-Comique, elle est tenue à loyer.

3 directeurs de théâtre sont propriétaires de leurs salles : ce sont ceux du théâtre des Folies-Dramatiques, du théâtre des Funambules et du spectacle Choiseul. Quant aux autres salles, elles sont prises à loyer.

IV.

Résumé : Personnel; appointements et salaires. — Subventions. — Recettes des bals et des concerts donnés dans les théâtres. — Dépenses des bals de l'Opéra et de l'Opéra-Comique.

Tous les renseignements et les chiffres présentés ci-dessus s'appliquent, on le répète, à la situation moyenne des théâtres, en 1849-50, c'est-à-dire le droit des indigents sur les représentations produisant de 7 à 800,000 fr. environ (au taux du onzième), et les recettes brutes étant, par conséquent, de près de 8 millions 1/2.

En résumé, les entreprises théâtrales, grandes et petites, occupaient alors :

793 artistes,	
552 choristes et élèves, } recevant........................	3,534,990 fr.
698 comparses,	
639 musiciens..	601,850
575 employés et préposés au service de la salle et du théâtre....	350,000
180 employés d'administration et autres....................	390,000
630 ouvriers...	589,000
49 coiffeurs..	48,000

Soit 4,116 personnes, dont 2,998 hommes et 1,118 femmes, qui reçoivent par an.. 5,313,840 fr.

A ces 4,116 personnes il faut ajouter 473 ouvreurs et ouvreuses de loges et 55 peintres-décorateurs travaillant hors des théâtres, ce qui porte à 3,059 hommes et 1,585 femmes, en tout 4,644, le personnel attaché directement aux théâtres de Paris.

Il y a, en outre, un grand nombre de gens, — artistes, ouvriers, artisans, marchands, employés, manœuvres et autres,—auxquels les entreprises théâtrales donnent du travail : on peut citer principalement, les dessinateurs de costumes, les luthiers, les tapissiers et les fourbisseurs, les blanchisseurs et les teinturiers-dégraisseurs, les habilleurs, les fumistes, les allumeurs, les afficheurs, les claqueurs, etc.

Les vestiaires, la vente de fleurs et de journaux, la location de lorgnettes, occupent aussi chaque soir au moins 80 personnes.

Les cafés-glaciers et les buffets, ouverts dans la plupart des théâtres, ont également un personnel particulier assez nombreux.

Aux 5,500,000 fr. d'appointements et de salaires inscrits ci-dessus[1], il faut ajouter au moins 3,000,000 fr., qui représentent les dépenses de costumes, de décors et d'accessoires, les frais d'éclairage et de chauffage, de bureau, d'impressions et d'affiches, les loyers et les contributions, les réparations des bâtiments et des mobiliers, les frais judiciaires, les intérêts des cautionnements[2], les droits d'auteurs[3], les dépenses de sûreté et de police, et tous les frais divers. On voit par cette énumération sommaire combien d'intérêts divers se rattachent aux théâtres.

Les 8,500,000 fr. de dépenses d'exploitation et les 760,000 fr. de droit des indigents reproduisent, à 3 ou 400,000 fr. près, les recettes totales des théâtres, savoir : 8,400,000 fr. environ de recettes brutes, et 1,250,000 fr. de subvention, frais de commissaires déduits.

Les subventions allouées à 4 ou 5 théâtres ont varié, depuis 1821 jusqu'en 1851, de 1 million à 1,700,000 fr. par an. Ces subventions ont été inscrites pour la première fois au budget en 1821, et c'est à partir de 1833 qu'il a été fait mention au budget du détail de la distribution entre les différents théâtres :

De 1821 à 1824............	1,660,000 fr.	par an.
1825 — 1829.........	1,460,000	—
1830 — 1837.........	1,300,000	—
En 1838...............	1,163,000	—
1839...............	1,200,000	—
1840...............	1,152,000	—
1841...............	1,087,000	—
1842...............	1,086,000	—
1843...............	1,084,000	—
De 1844 à 1846........	1,144,200	—
En 1847...............	1,184,200	—
1848 et 1849........	1,284,200	—
1850 et 1851........	1,320,000	—

On n'a parlé, jusqu'à présent, que des représentations théâtrales, mais plusieurs directeurs de théâtres donnent des concerts sur leurs scènes et des bals dans leurs salles. Il en résulte des dépenses nouvelles et des produits supplémentaires ; ces derniers sont constatés par le droit, par tolérance, du huitième, perçu par l'Administration des hospices. Voici quelles ont été ces recettes de 1807 à 1850 :

---

[1] Cette somme de 5,500,000 fr. doit être en réalité moins élevée, attendu que les directeurs ont, en général, donné, *pour l'année entière*, les chiffres d'appointements et de salaires ; or, chaque année, trois ou quatre théâtres environ restent fermés pendant plusieurs mois, soit par suite de faillites, soit pour cause de réparations ou de convenances particulières. Ainsi, dans le cours de l'enquête, indépendamment de l'Opéra, l'Odéon, le Théâtre-Historique, le Vaudeville, les Varétés, l'Opéra-National, la Gaîté, le théâtre de la Porte-Saint-Martin, le Théâtre-National, les théâtres Beaumarchais et Saint-Marcel, les spectacles d'Arcole et de Rollin, ont été successivement fermés.

[2] Les cautionnements sont de 10,000 fr. pour les petits théâtres, de 30,000 fr. pour les théâtres de vaudevilles et de drames, de 60,000 fr. pour le Théâtre-Italien, de 80,000 fr. pour l'Opéra-Comique, et de 250,000 fr. pour l'Opéra. (*Documents officiels*, pag. 208.)

[3] Les droits d'auteurs sont à Paris de 6 à 700,000 fr.

	Bals et concerts.	Bals.	
De 1807 à 1811...	54,605 fr.	52,520 fr.	Moyenne quinquennale.
1812 — 1816...	68,342	47,755	—
1817 — 1821...	66,338	46,761	—
1822 — 1826...	111,656	89,837	
1827 — 1831...	152,914	130,398	
1832 — 1836...	191,256	185,086	
1837 — 1841...	218,738	217,150	—
1842 — 1846...	263,477	231,100	—
En 1847...	208,830	208,830	Pour l'année.
1848...	175,000	174,000	
1849...	128,310	128,310	
1850...	127,093	127,093	—

C'est en 1841 que la recette des-bals a été le plus élevée ; elle a atteint 300,000 fr. ; elle avait été de 270,000 fr. en 1840.

Les dépenses qu'entraînent, à l'Opéra et à l'Opéra-Comique, les 23 bals donnés dans ces deux théâtres pendant le carnaval, montent ensemble à 105,000 fr. environ.

Les frais d'orchestre représentent	35 p. 100 de la dépense totale ;
— de machinistes et de décoration	22 —
— d'éclairage	14 —

On estime, en moyenne, par bal : pour l'Opéra, à 3,000 ; pour l'Opéra-comique, à 500, le nombre de personnes costumées, et au moins à 450,000 fr., pour les 23 bals donnés dans ces deux théâtres, la location ou la dépense de costumes. Il n'y a plus aujourd'hui de bals à l'Opéra-Comique.

Sous Louis XVI, l'Opéra donnait, du 1er novembre au Mardi-Gras, les dimanches et jeudis, de 15 à 18 bals ; la recette totale était de 40 à 50,000 liv.

V.

Association de secours mutuels entre les artistes dramatiques. — Sa création en 1840. — De 1840 à 1851 : nombre des sociétaires ; recettes et achats de rentes ; secours et pensions ; nombre des pensionnaires. — Rapports de M. Samson. — Administration et bienfaits de cette fondation.

Le nombre total des artistes dramatiques de France est d'environ 6,000 ; près de 800, les choristes du chant et de la danse non compris, sont actuellement attachés aux théâtres de Paris.

Dans cette classe nombreuse, on compte à peine quelques positions brillantes, que se sont faites les artistes les plus éminents, et l'aisance n'est obtenue que par un certain nombre de ceux qui ont joué avec succès sur les scènes de Paris et des grandes villes. La plupart des autres comédiens sont voués à une existence toujours précaire, souvent misérable, en même temps que sur eux pèsent d'injustes préjugés.

C'est pour soulager ces infortunes, pour forcer à la prévoyance et mettre la vieillesse à l'abri du besoin, que, le 14 mai 1837, dix-huit acteurs de Paris firent un appel à tous leurs camarades, et jetèrent les bases d'une institution charitable. Des cotisations furent réunies, des études furent faites, mais ces projets généreux durent être abandonnés. Repris, en 1839, par le baron Taylor, et ramenés à des termes plus simples, ils furent enfin heureusement réalisés, et, le 16 mars 1840, fut fondée, par MM. Taylor, Samson, Albert, Régnier, Fontenay, Raucourt, Bocage, Leménil et Singier, une Association de secours mutuels entre les artistes dramatiques. Cette Association fut mise en possession, dès qu'elle fut régulièrement constituée, d'un capital de 3,000 fr., produisant une rente de 137 fr. 50 c., lequel provenait de cotisations et donations antérieures.

Cette Association a été reconnue comme établissement d'utilité publique par une ordonnance du 17 février 1848. Cette ordonnance autorise la création, à partir du 17 février 1858, de pensions viagères de 200 et 300 fr., jusqu'à concurrence des trois quarts des revenus de la Société (§ 6, art. 33).

L'admission dans cette Association a lieu moyennant l'adhésion aux statuts, l'acquittement d'un droit d'admission de 30 fr. et d'une cotisation annuelle dont le minimum est fixé à 6 fr. (§ 2, art. 6 et 8). L'Association est administrée par un Comité composé du baron Taylor et de 25 membres élus au scrutin secret par l'Assemblée générale des sociétaires, et qui se renouvelle chaque année par cinquième (§ 3, art. 14 et 15).

Toutes les recettes de l'année sont capitalisées et employées en acquisitions de rentes sur l'Etat : les intérêts seuls sont distribués en secours et en pensions (§ 5, art. 27).

L'Association des artistes dramatiques comptait à son origine 528 sociétaires ; elle en avait 2,500 en mai 1851.

Elle a commencé sa bienfaisante carrière ne possédant qu'un fonds de 3,000 fr., dont le tiers lui avait été donné par son fondateur, le baron Taylor ; ce fonds était productif d'un intérêt annuel de 137 fr. 50 c. A la fin de la première année, le capital placé s'élevait à 14,590 fr. 25 c. et la rente à 650 fr.—Au 31 décembre 1850, l'Association disposait de 18,200 fr. de rente 5 p. 100, qui lui ont coûté 391,988 fr. 47 c., et, enfin, à la fin du mois de mai 1851, elle était propriétaire d'une rente de 22,012 fr. Voici, au surplus, le tableau des progrès de l'Association :

Années.	Nombre de Sociétaires.	Recettes annuelles.	Achat de rentes.		
1840-41	1,109	18,937 fr. 50 c.	650 fr. ayant coûté 14,590 fr. 25 c.		
1841-42	1,400	25,222 80	900 — 21,110 60		
1842-43	1,500	49,015 75	1,550 — 37,484 85		
1843-44	1,820	52,302 90	1,650 — 40,364 32		
1844-45	2,169	57,825 70	1,700 — 40,927 05		
1845-46	2,452	77,391 70	2,400 — 57,864 »		
1846-47	2,809	69,157 73	1,800 — 42,401 95		
1847-48	3,000	50,438 04	1,350 — 26,228 »		
1848 (8 mois)	3,090	22,660 87	406 — 5,610 75		
1849	3,400	53,857 70	1,594 — 27,584 30		
1850	2,216¹	116,560 49	4,200 — 78,131 40		
1851	2,500	»	» — »		
Au 31 décembre 1850		593,351 fr. 18 c.	18,200 fr. ayant coûté 391,988 fr. 47 c.		

¹ Par suite de décès et de radiations prononcées en exécution de l'art. 9 des statuts.

Les recettes ont été, pendant les premières années, formées par les cotisations des sociétaires, les dons particuliers et les produits de quelques représentations extraordinaires. Bientôt est venu s'y joindre le produit d'un bal annuel ; il y a eu un plus grand nombre de représentations données au bénéfice de la caisse ; les dons ont été plus nombreux ; le ministre de l'intérieur accorde, depuis 1849, une allocation de 2,000 fr. par an, et une loterie, organisée de concert avec la Société des gens de lettres, a laissé à l'Association, pour sa part, un bénéfice de près de 90,000 fr.

Telles sont les ressources de l'Association ; on va montrer quels ont été ses bienfaits :

	Secours et pensions.		PENSIONNAIRES.	
			Nombre.	Total des pensions.
1840-41	1,200 fr.	» c.	»	»
1841-42	1,285	»	»	»
1842-43	2,097	45	14	1,870 fr
1843-44	3,804	70	30	3,890
1844-45	6,093	65	41	5,392
1845-46	7,417	11	61	8,794
1846-47	11,049	25	71	10,110
1847-48	12,574	23	66	9,610
1848 (8 mois)	13,328	98	59	8,724
1849	14,992	51	77	11,434
1850	22,895	75	90	14,346
TOTAL.	96,708 fr.	63 c.		

Ainsi, du 1ᵉʳ avril 1840 au 31 décembre 1850, l'Association a donné tant en secours qu'en pensions viagères, 96,708 fr. 65 c., auxquels il faut ajouter une somme de 12,285 fr. 50 c., payée pour pensions et entretien d'orphelins, médicaments aux malades et frais d'inhumations. 109,000 fr. environ ont donc été employés en secours de toute nature jusqu'à la fin de 1850, et près de 118,000 fr. jusqu'à la fin de mai 1851.

La vieillesse malheureuse a inspiré au Comité de l'Association un bienveillant intérêt : il a, par une initiative qui l'honore, et avec une prudente réserve, créé des pensions viagères de 60 à 300 fr. en faveur d'anciens comédiens nécessiteux, chargés d'années, infirmes ou aveugles. Depuis l'année 1842, 122 ont été admis à jouir de ces subsides réguliers ; 32 sont morts, et le nombre de ces pensionnaires était de 90, il y a un an. En outre, en 1850, l'Association subvenait, par une somme de 1,140 fr., aux frais de l'éducation et de l'entretien de 6 orphelins.

C'est dans la collection des rapports [1] faits, de 1840 à 1851, par le premier vice-président de l'Association, M. Samson, qu'il faut lire cette attachante histoire des efforts et des progrès, des services et des bienfaits de cette Association.

___

[1] Collection des rapports faits par M. Samson, sociétaire de la Comédie-Française, premier vice-président du Comité de l'Association des secours mutuels entre les artistes dramatiques. Années 1840 à 1851. Paris, 1851, 1 vol. in-8°.

Elle est administrée, on l'a dit plus haut, par un Comité de vingt-cinq comédiens que préside le baron Taylor. — Ces artistes, dont le désintéressement égale le dévouement, tiennent de soixante-dix à quatre-vingts séances par année; entretiennent une correspondance qui s'étend jusqu'en Amérique et au fond de l'Archipel indien; dirigent et vérifient une comptabilité qui porte, pour la recette, sur plus de 3,000 comptes, et, pour la dépense, sur des détails infinis. Ils organisent des représentations et des fêtes; multiplient les soins et les démarches pour en assurer le succès; recherchent avec zèle, apprécient avec intelligence, secourent avec délicatesse bien des souffrances et des misères. Ces devoirs laborieux, ces artistes les remplissent avec modestie comme avec dignité; ils trouvent, il faut le reconnaître, dans bon nombre de leurs camarades un concours empressé. Les uns font don d'une partie de leurs feux ou de sommes prélevées sur les recettes de représentations à leur bénéfice; d'autres, de cadeaux divers, de dommages-intérêts obtenus à la suite de procès, etc. Les directeurs, les auteurs, les musiciens s'associent souvent aux bonnes œuvres de l'Association. Le produit du bal annuel de l'Opéra-Comique a toujours été une de ses plus brillantes recettes; les comptes-rendus annuels [1] signalent celles des actrices dames patronesses dont le zèle est le plus productif : à ce titre, Mᵐᵉˢ Volnys, Florval, Rachel, Scrivaneck, Octave, Déjazet, Judith, Broban, ont été plusieurs fois mentionnées.

Grâce à cette Association de dévouements et de bons offices, des vieillards sont pensionnés; d'autres, infirmes, sont placés dans des hospices, ou aliénés, dans des maisons de santé; des orphelins sont recueillis et entretenus dans des pensionnats; des malades reçoivent chez eux les soins de médecins, les médicaments nécessaires, d'affectueuses visites; de pauvres comédiens peuvent dégager leurs effets du Mont-de-Piété, se libérer de leurs dettes, retourner à l'aide de secours dans leur pays; enfin, le plus malheureux sociétaire a, jusqu'à sa demeure dernière, le pieux cortège de quelques camarades.

Ces bienfaits collectifs n'excluent pas les bonnes œuvres privées, et les rapports de M. Samson offrent la preuve que, comme l'a dit M. Vivien [2], « aucune classe peut-être n'est plus généreuse que celle des comédiens. »

NATALIS RONDOT.

(La fin au prochain numéro.)

---

[1] *Annuaires de l'Association des artistes dramatiques.*
[2] *Études administratives*, 1845, page 463.

RECHERCHES

SUR

L'INFLUENCE QUE LE PRIX DES GRAINS,

LA RICHESSE DU SOL

ET LES IMPOTS EXERCENT SUR LES SYSTÈMES DE CULTURE,

PAR M. HENRY DE THUNEN.

Traduit de l'allemand par M. JULES LAVERRIÈRE [1].

La loi magnifique de la division du travail ne domine pas uniquement le travail industriel, elle règne en souveraine aussi sur le monde des intelligences. Les forces de l'esprit, qu'on a appelées facultés de l'entendement, peuvent être identiques partout dans leur essence, mais quelle merveilleuse diversité se manifeste dans leur portée et leur développement ! Chaque intelligence suit un sillon à part, et, fécondé par l'étude, l'esprit enfante des œuvres d'une variété infinie. Quelque étendu que soit le génie d'un écrivain, jamais il ne sera universel ; il ne peut et ne doit exceller qu'en quelques parties. Le grand Aristote ne fut pas poëte, et Voltaire, qui avait la prétention de toucher à tout, ne parvint pas même à faire une fable présentable ! La diversité des aptitudes, et conséquemment la division du travail intellectuel, se manifestent et s'établissent de nation à nation comme d'individu à individu. On ne fait point un livre en Angleterre ou en Allemagne comme on le ferait en France. Du moins, si celui de M. de Thünen a beaucoup gagné sous la plume claire et toute française de M. Jules Laverrière, son élégant traducteur, cet ouvrage très-remarquable prouve certainement en faveur de ma proposition ; nul Français ne l'eût produit, et n'en eût même conçu l'idée : il y fallait la patience, la profondeur, et l'esprit de calcul qui caractérisent le génie germanique. Nous autres, nous n'aimons point à lutter avec de certaines difficultés ; nous nous glissons plutôt au travers, ou bien nous passons par-dessus. L'abstrait fatigue trop l'âme gauloise, qui veut comprendre et être comprise du premier coup; elle prétend aller droit au but, et redoute les abîmes de la pensée où l'Allemand se plonge avec délices.

M. Henry de Thünen, agriculteur et agronome mecklembourgeois, se montre bien Allemand, en effet, dans son livre ; mais il n'en est que plus intéressant et utile pour les Français, peu habitués aux études de cette force, et si peu capables, en général, d'y réussir. Après avoir exploité un grand

---

[1] Un vol. in-8. Prix, 7 fr. 50 c. Paris, Guillaumin et comp.

domaine avec les connaissances et les ressources indispensables, l'auteur a recueilli ses observations et les calculs d'une comptabilité allemande, c'est-à-dire encore tenue avec rigueur, et, sans cesse éclairé par ce que la science du calcul a de plus précis , M. de Thünen a fait de tous ces matériaux un livre qui ne répond pas absolument à son titre assez diffus , mais qui renferme de féconds enseignements, et jette de vives lumières sur un grand nombre de questions agronomiques de premier ordre. S'il m'était permis de rectifier ce titre, j'intitulerais le livre : *De l'influence des débouchés sur les systèmes de culture,* car, évidemment, ce que M. de Thünen démontre le plus et le mieux, c'est que le prix que l'agriculteur obtient de ses denrées, eu égard à la distance du marché sur lequel ils peuvent se vendre avec avantage, règle et doit nécessairement déterminer la nature des produits qu'il demande au sol , en d'autres termes, son système de culture, moins dépendant qu'on ne pense du choix et de l'habileté de l'agriculteur. Importante vérité ! qu'on ne saurait trop prouver et proclamer pour l'édification des empiriques et des artistes en fait d'agriculture, qui se ruinent en s'opiniâtrant dans leurs fantaisies ou leur routine. Pour développer sa belle thèse, le savant auteur a adopté une méthode extrêmement ingénieuse , qu'il a peut-être poussée, à l'allemande, dans des profondeurs et des détails surabondants, trop hérissée de chiffres et d'équations. Mais quand une fois on a la clef, lorsqu'on a saisi sa manière, on ne regrette pas un peu de fatigue en face des résultats précis qu'elle donne, et des lumineuses conséquences qu'elle apporte. Cette méthode est celle de l'hypothèse. M. de Thünen suppose un Etat isolé, un territoire étendu, sans rapports avec les contrées voisines, pourvu d'une capitale et, au besoin, de villes d'un ordre inférieur, avec des terres de toutes natures, de richesse égale, ou de fécondité variée, essentielle ou artificielle. Quel système de culture et quel genre de production agricole seront le plus avantageusement suivis à chaque degré du rayon, partant de la capitale pour aboutir à la frontière ? Tel est le problème. Et ce problème est manié, retourné , approfondi dans tous les sens, à l'aide des résultats obtenus par l'auteur dans son exploitation mecklembourgeoise. Énorme et magnifique travail, neuf et piquant, qui attache, bien qu'on ne le pénètre que la sueur au front, peut-être à cause de cela même.

Chemin faisant, M. de Thünen ne ménage pas les digressions, mais toutes se rattachant au sujet qui les provoque, toutes intéressantes, et l'Economie politique y a sa part assez large pour que je m'attache particulièrement à ce qui la concerne, dans ce livre curieux.

Avant M. de Thünen plus d'un esprit juste avait compris ce que l'homogénéité d'un domaine rural offre d'économique, eu égard aux frais d'exploitation; mais le premier il a démontré par les calculs et les déductions irrésistibles d'une comptabilité exacte, combien l'éparpillement des pièces de terre en culture et l'éloignement de l'habitation centrale occasionnent de frais stériles et de perte de temps onéreuse. Il a rendu cette triste vérité si évidente, on pourrait dire si effrayante, que l'agriculture allemande s'en est émue, et que le gouvernement prussien, persuadé, a eu la sagesse de lui emprunter les matériaux de la loi dite *de réunion*, promulguée en 1829, loi dont les résultats ont été excellents. En France, nous n'en sommes pas encore là. L'esprit trop impitoyable de fiscalité qui nous régit, trop ignorant pour comprendre qu'un sacrifice apparent et non réel dans les recettes, peut conduire à un accroissement considérable dans la richesse publique ; l'esprit de fiscalité, dis-je, s'opposera longtemps encore aux échanges de terres qu'il devrait provoquer et faciliter en les déclarant gratuits.

Dès la douzième page de son livre, M. de Thünen s'attaque à la rente foncière, et la définit ainsi : — Ce qui reste du rendement du domaine, après en avoir retranché l'intérêt de la valeur des bâtiments, des clôtures, et, en général, de tous les objets *qui peuvent être séparés du sol*, je l'appelle *rente foncière*. —Quelque opinion que l'on se soit faite sur cette question si grave et encore si vivement controversée, il est visible que la définition est fort insuffisante, et qu'elle ne mettra pas un terme au dissentiment que soulève l'existence même, l'entité de la rente foncière. L'auteur pouvait, du reste, sacrifier aisément sa définition, lui qui trouve celle de Ricardo si juste, et qui s'en est épris au point de maltraiter fort rudement Adam Smith et J.-B. Say, à propos de la rente foncière. On est tenté de sourire aux belles maximes qu'inspirent surtout à M. de Thünen les prétendues erreurs de J.-B. Say : — Une telle erreur, dit-il, commise par un homme d'intelligence comme Say, doit nous servir de leçon ; tenons-nous en garde contre les abus de la liberté d'esprit. Nous devrions toujours avoir la force d'oublier ce que nous savons, afin de mieux saisir et nous assimiler une vérité contraire à nos préventions personnelles. — Voilà qui est bien ; mais qu'est-ce que *les abus de la liberté d'esprit?* A quelles maximes indignées ne se livrerait donc pas M. de Thünen, s'il pouvait savoir que quelques économistes contestent aujourd'hui l'existence même de la rente, ou n'admettent sous ce nom que l'excédant de revenu conféré au propriétaire du sol, par les priviléges de nature diverse que donnent presque partout, à la terre, des législations politiques ou économiques irrationnelles ? La doctrine de la gratuité des forces productrices naturelles est trop récente encore pour avoir pu pénétrer au travers de ce que M. de Thünen nomme les préventions personnelles, et de ce que nous appelons, nous, les convictions respectables péniblement acquises par de longues et laborieuses études. Mais cette doctrine fera son chemin, et son triomphe nous paraît assuré, parce que nous croyons qu'elle est la vérité même, ou plutôt l'une des vérités les plus fécondes qui aient été proclamées par le génie de Frédéric Bastiat.

M. de Thünen, qui n'a pas donné à son livre l'unité de disposition correspondante à l'unité de son système, reprend la rente foncière à la 200ᵉ page, et expose *le principe de la rente foncière* dans un chapitre de quarante-quatre lignes, entre l'assolement triennal et l'industrie du bétail. On s'attend à retrouver ici la fameuse échelle de fertilité graduée, mais point. Le principe de la rente est encore bien un peu dans le sol *favorisé*, mais c'est surtout dans la *position* du domaine plus rapproché de la ville, que réside ce principe, selon M. de Thünen, fervent disciple de Ricardo. Le grain produit dans le voisinage du centre de population n'étant point grevé des frais de transport qui chargent la production similaire éloignée, il en résulte un bénéfice *invariable*, une rente *régulière*. — Il doit exister, ajoute l'auteur, une cause génératrice de la rente foncière plus profonde encore que l'évaluation des avantages d'une exploitation sur une autre. Néanmoins, la cause indiquée ici ne peut être ni contredite ni annulée. — Pardon, elle peut subir l'une et l'autre de ces deux disgrâces. La cause génératrice profonde que cherche M. de Thünen, nous l'avons montrée dans les priviléges qui élèvent artificiellement le prix du sol; et pour ce qui est des distances, leur effet s'équilibre par le prix de vente, lors de l'aliénation d'une propriété. En France, du moins, à égales conditions de fertilité, un domaine de la Brie se vend plus cher que dans le Poitou.

L'auteur, examinant le salaire des ouvriers ruraux, affirme que ce salaire et le prix du travail des ouvriers industriels se règlent *tout à fait* sur le prix des grains. C'est là une opinion très-répandue ; on peut dire qu'elle traîne partout, mais elle n'en est pas plus juste dans sa crudité. Les faits la démentent d'une manière si directe, qu'on ne peut comprendre comment elle subsiste encore. En 1847, par exemple, le prix des blés a atteint, en plusieurs contrées de l'Europe, une valeur quadruple de ce qu'elle était en 1851; qu'on nous dise donc en quel lieu le salaire a seulement doublé ! Les erreurs de ce genre, issues de l'énumération incomplète des causes du phénomène, sont fort dangereuses, en ce qu'elles servent d'appui aux arrangements artificiels qui élèvent le prix des objets les plus indispensables. De pareilles combinaisons revêtent alors le manteau d'une philanthropie naïve ou menteuse, qui croit ou prétend agir dans l'intérêt de l'élévation des salaires, et défendre *le patrimoine* du travailleur, le mot a été dit.

Les recherches et les déductions auxquelles M. de Thünen se livre sur le revenu que donnent les forêts, sont très-intéressantes. Bien que placé sous l'influence directe et peut-être trop exclusive du régime forestier qui l'entoure, il peut fournir d'excellentes raisons aux partisans de la liberté du défrichement. Il prouve une fois de plus qu'empêcher le défrichement d'une forêt, c'est enlever au propriétaire la libre disposition de son bien, et porter atteinte d'une manière très-fâcheuse au droit de propriété.

Au reste, si nous ne sommes point d'accord avec le savant auteur sur quelques points assez graves, nous devons reconnaître, en général, la pureté de ses doctrines économiques. Il proclame à chaque pas l'immense utilité de cette science. L'agriculteur français, surpris de voir un tel maître se poser la question de savoir dans quelles circonstances et jusqu'à quel degré il est avantageux d'*enrichir* le sol, serait bien plus étonné encore de l'entendre dire : — Jamais il ne faut oublier l'action réciproque entre la grandeur de la production et la hauteur du prix, quand on veut chercher des lois d'une application générale ; aussi la connaissance des lois qui règlent le prix des denrées est-elle indispensable à l'agriculteur, de même que l'Économie politique est la base obligée de la haute agriculture.

Partout M. de Thünen se montre ami convaincu de la liberté du commerce.

Il ne le dit point; il ne démontre pas les avantages de ce genre de liberté directement, *ex-professo*, mais le commerce libre entre dans toutes ses suppositions. Quelle loi générale voulez-vous qu'on puisse établir, en effet, lorsqu'il s'agit de la production agricole ou manufacturière, si un obstacle mobile et arbitraire gêne et arrête à chaque pas les fonctions naturelles de chaque puissance productive? C'est toujours par le défaut d'études suffisantes que l'on s'engage dans l'erreur, en ces sortes de matières, lorsqu'un intérêt direct n'y pousse pas irrésistiblement. L'esprit généralisateur de M. de Thünen ne saurait être objecté ici par le protectionnisme, nécessairement ennemi de toute vue un peu large et élevée : jamais homme n'a plus pratiqué les faits, et ne s'est trouvé plus en contact avec leur tyrannique domination. Sa supposition d'un Etat isolé n'est qu'un moyen habile de rendre plus évident ce qui se passe et s'accomplit nécessairement dans le réel des choses. Théoricien, sans doute, et fort éminent, mais pourquoi ? Qui le conduit, des faits particuliers produits sur son domaine de Tellow, jusqu'à la découverte ou à l'affirmation d'une loi générale ? L'étendue de son esprit, d'abord, qui ne lui permet point de s'enfermer dans d'étroites limites ; puis, ce besoin de contrôle qui pousse les esprits bien faits à vérifier, au contact des vérités générales, la justesse de leurs actes partiels. Nous n'affirmons pas que M. de Thünen y ait toujours réussi ; nous ne répondrions pas de l'infaillibilité des lois qu'il promulgue, surtout dans leur exposé qui ne paraît, en beaucoup de cas, ni complet, ni parfaitement clair ; mais il atteint souvent à la vérité évidente et incontestable. Et même, lorsqu'il faiblit, lorsqu'il semble ne pas achever, ce qui lui arrive assez fréquemment, une partie au moins de la vérité se fonde, pour ainsi dire, et le reste viendra plus tard, soit par lui, soit par d'autres.

Nous recommandons, non point la lecture seulement, mais l'étude et la méditation de ce livre, aux agriculteurs intelligents. Il ne leur dira point lequel vaut le mieux de sarcler les navets en long ou en large, mais il leur sera un guide ferme et vigoureux dans le grand art de cultiver selon les circonstances qui enveloppent et dominent toute exploitation agricole. Nous voudrions aussi que les économistes lussent M. de Thünen ; ils y puiseraient de ces connaissances indispensables qui mettent à l'abri des confusions où l'on tombe inévitablement, pour ne s'être pas assez familiarisé avec les faits et les impérieuses nécessités de l'agriculture.

LOUIS LECLERC.

En émettant dans ce compte-rendu son opinion sur la rente, M. Louis Leclerc nous paraît moins adversaire de l'idée que nous soutenons avec Ricardo, Rossi, etc., qu'il ne semble le croire. En effet, notre honorable collaborateur ne voit la *rente* que dans les priviléges qui élèvent artificielle-ment le prix du sol ; et, « pour ce qui est des distances, ajoute-t-il, leur ef-fet s'équilibre par le prix de vente, lors de l'aliénation d'une propriété. »

Nous ne nions pas, et Ricardo n'a pas nié, que la rente fût produite ou accrue par les priviléges législatifs qui élèvent artificiellement le prix du sol. Il y a plus, cet économiste, que l'on a injustement accusé, faute de le bien connaître, d'avoir été l'avocat de ces priviléges et monopoles artificiels, et conséquemment injustes, les a vigoureusement combattus, et il n'a défendu que le privilége ou le monopole naturel et conséquemment légitime, c'est-à-dire la Propriété. Il suffit de rappeler que Ricardo a été l'adversaire des lois céréales qui élevaient abusivement le prix des blés, la rente du sol, et finalement les fermages.

Nous sommes encore d'accord avec M. Louis Leclerc en ceci, qu'une terre se vend d'autant plus cher qu'elle est mieux située. Mais pourquoi, étant mieux située, cette terre se vend-elle plus cher ? N'est-ce pas parce que la rente qu'elle produit est plus élevée ? Nous ne voyons pas que cette augmentation de prix d'acquisition annihile la rente.

Autre chose est la Rente ; autre chose est l'intérêt du capital d'achat ; autre chose est l'intérêt du capital d'exploitation ; autre chose est le Fermage ; autre chose est le produit net de la culture. Voilà une terre dont la rente naturelle est 5,000 francs ; si elle se vend cent mille francs, c'est un placement à cinq pour cent ; si elle se vend deux cent mille, c'est un placement à deux et demi. La concurrence qui se porte sur l'achat des terres, à de certaines époques et en de certains pays, peut amener des placements à 3, à 2, à 1 1/2, à moins encore, sur des terres admirablement fécondes et bien situées. Des capitaux ainsi employés sont d'un faible revenu ; mais les terres n'en peuvent pas moins être d'une grande productivité.

Jᴘʜ G.

COMPTE RENDU

ᴅᴇꜱ

OPÉRATIONS DE LA BANQUE DE FRANCE

ET DE SES SUCCURSALES PENDANT L'ANNÉE 1851.

ʀᴀᴘᴘᴏʀᴛ ᴀɴɴᴜᴇʟ ᴅᴜ ɢᴏᴜᴠᴇʀɴᴇᴜʀ ᴀ ʟ'ᴀꜱꜱᴇᴍʙʟᴇᴇ ɢᴇɴᴇʀᴀʟᴇ ᴅᴇꜱ ᴀᴄᴛɪᴏɴɴᴀɪʀᴇꜱ ʟᴇ 29 ᴊᴀɴᴠɪᴇʀ 1852.

I. *Mouvement général des opérations de la Banque, et en particulier des escomptes du papier de commerce.* — En 1849, le total général des opérations de la Banque avait été de. . . . . 1,349 millions.

En 1850, il a été de. . . . . 1,481 »

En 1851, le total s'est élevé à . . . . 1,592 »

1851, comparé à 1849, offre une augmentation de. . . . . 243 millions.

Mais cette augmentation est trompeuse ; la décomposition des chiffres démontre la persistance et même l'aggravation de l'abaissement continu qui s'est manifesté depuis 1848 dans les escomptes du papier de commerce.

C'est ce que démontre la décroissance des bénéfices :

En 1849, les dividendes s'étaient élevés à. . . . . 106 fr.

En 1850, ils sont tombés à 101

En 1851, les bénéfices n'ont donné pour dividende que. . . . . . 92 fr. 93 c.

Toutefois, les rentrées opérées sur les sommes qui avaient été passées par profits et pertes à la fin de 1848, ont permis le prélèvement d'une somme de 1,131,024 fr. 19 c., qui, distribuée aux actionnaires, a ajouté 12 fr. 7 c. à la somme précitée, et a porté par conséquent à 105 fr. les dividendes de l'exercice dernier. Il est aisé d'expliquer pourquoi des opérations, numériquement plus élevées, ont donné des produits moins considérables.

Les effets de commerce à courts jours sont devenus de plus en plus nombreux; la moyenne de la durée des effets escomptés dans le cours de ces trois années a diminué d'une manière très-marquée.

Dans la Banque centrale, cette moyenne a fléchi de 45 jours (chiffre de 1849) à 37 jours 1/3 (chiffre de 1851). Dans les succursales, cette moyenne est descendue de 45 jours 1/2 à 30 jours.

Les minima du portefeuille des effets escomptés à Paris pendant cette période triennale ont constamment marché en décroissant; ils sont tombés de 23,900,000 fr. à 21,100,000 fr. Il faut remonter jusqu'à 1832 pour trouver un chiffre plus bas. En 1850, le nombre des effets escomptés à la Banque centrale et dans ses succursales a été de 799,000 ; en 1851, leur nombre s'est élevé à 968,000 ; augmentation en nombre, 169,000. Dans l'avant-dernier exercice, la valeur moyenne de ces effets a été de 990 fr. pour la Banque centrale, et de 1,834 fr. pour les succursales. En 1851, la valeur moyenne est descendue à 869 fr. à Paris, et à 1,592 fr. dans les succursales. Quant aux effets de petite valeur, la Banque les a accueillis aussi favorablement que par le passé. Sur 413,496 effets escomptés à Paris, on compte :

199 fr. et au-dessous.	999 fr. et au-dessous.	1,000 fr. et au-dessous.
87,350	202,579	123,567

La marche des escomptes mensuels des deux dernières années mérite d'être examinée avec attention.

Les escomptes de la Banque et de ses succursales pendant le premier semestre de 1850 ont donné pour total. . . . . 500 millions.

Et pendant le second semestre. . . . . 676 »

Le second semestre a surpassé le premier de. . . . . 176 millions.

En d'autres termes, les escomptes mensuels ont procédé en augmentant du commencement de l'exercice 1850 jusqu'à sa fin.

A cette époque divers symptômes faisaient augurer une certaine amélioration dans les affaires; ces espérances ne se sont point réalisées, puisque les escomptes ont diminué progressivement pendant les onze premiers mois de l'année 1851. En effet, les escomptes pendant le premier semestre de 1851 n'ont offert que le chiffre de 669 millions; dans le second, le total est descendu à 571 millions. Ce second semestre, comparé au premier, présente une diminution de 98 millions. La réduction aurait été bien plus considérable encore, si une réaction favorable ne s'était manifestée au commencement de décembre. De novembre à décembre, les escomptes, par une amélioration soudaine, ont augmenté, dans la Banque centrale, de 27 millions à 54, c'est-à-dire de 27 millions. Cette somme se décompose ainsi : escomptes effectués jusqu'au 24 décembre (jour de la clôture de l'exercice). . . . . . . 37,680,000 fr.

Id.   du 25 décembre au 31 16,588,000

II. *Des escomptes spéciaux.* — Les escomptes spéciaux sur garanties, consentis exceptionnellement en 1848 aux établissements industriels, offrent la situation suivante :

A la fin de 1850, il restait à recouvrer sur les avances faites par la Banque centrale . . . . 5,373,000 fr.

En 1851, il a été remboursé à la Banque 2,202,000

Le solde, à la fin de l'exercice dernier, se trouve réduit à . . . . 3,171,000 fr.

A la clôture de l'exercice 1850 il restait à recouvrer sur les crédits ouverts dans les succursales 9,475,000

En 1851 il a été remboursé 2,023,000

Le solde, au 24 décembre dernier, est de . . . . 7,452,000 fr.

Ces deux soldes débiteurs présentent un total de . . . . 10,623,000 fr.

Plusieurs de ces opérations, qui ont prévenu tant de désastres, se liquident avec lenteur.

Les escomptes sur warrants, c'est-à-dire sur dépôts de marchandises, ont augmenté dans les deux années, de 13,495,000 fr. à 24,395,000 fr., soit de 10,900,000 fr.; les warrants sur farines figurent pour 4 millions dans les escomptes de 1851.

III. *Des ;opérations de la Banque autres que celles de* [*l'escompte du papier de commerce.* — 1° *Opérations avec le Trésor.* — Le premier prêt de 50 millions fait, le 31 mars 1848, au gouvernement, sur garantie du dépôt de bons du Trésor renouvelables tous les trois mois d'un commun consentement, a continué sans modifications pendant toute l'année 1851.

Le second prêt de 150 millions, sanctionné par la loi du 5 juillet 1848, et réduit, par la loi du 6 août 1850, à 75 millions, n'avait été exécuté qu'en partie ; le gouvernement, vous le savez, messieurs, ne s'était prévalu que de la somme de 50 millions. Les choses ont été maintenues sur ce pied jusqu'au milieu du quatrième trimestre de 1851.

A cette époque, le Trésor a réclamé les derniers 25 millions. Le Conseil général de la Banque, dans sa délibération du 27 novembre dernier, a reconnu que cette demande était conforme aux traités. Le Trésor a été crédité de ces 25 millions le 8 décembre suivant. Un garantie en rentes 3 p. 100, provenant de la caisse d'amortissement, a été fournie à la Banque, conformément au vœu de la loi. C'est ainsi que le prêt de 75 millions se trouve maintenant complété. Les échéances de remboursement, aux termes de ces mêmes traités, sont fixées aux époques des 15 avril, 15 juillet et 15 octobre de la présente année 1852.

2° *Ville de Paris.* — En 1848, une avance de 10 millions avait été faite par la Banque à la ville de Paris pour solder des travaux urgents. Cette avance a été remboursée à la Banque dans le cours des années 1849 et 1850. Une seconde transaction de même nature et pour le même motif a eu lieu pendant l'exercice dernier. La loi du 4 août 1851 a autorisé la ville de Paris à emprunter 50 millions destinés aux dépenses d'établissement des grandes halles et du prolongement de la rue de Rivoli. Une autre loi, datée du même jour, a sanctionné un prêt provisoire de 20 millions que la Banque de France, par un traité en date du 28 juillet, s'est engagée à faire à la ville de Paris. Le 12 décembre dernier, une somme de 10 millions a été versée à la Caisse municipale en à-compte sur cet emprunt.

3° *Avances sur fonds publics.* — Les avances sur rentes et sur actions de canaux ont diminué. En 1850, ces avances s'étaient élevées à 66,613,000 fr. ; en 1851, elles ont baissé à 51,939,000 fr.; dans cette somme, les prêts faits par les succursales sont compris pour 13,203,000 fr. A la fin de l'avant-dernier exercice, ces prêts se trouvaient réduits à 8,800,000 fr. Au 24 décembre 1851, leur montant figurait sur le bilan de la Banque pour la somme de 14,800,000 fr.

4° *Bons de la Monnaie*. Les causes qui, depuis quelques années, ont fait affluer en France de si grandes quantités d'or, sont connues ; aussi le monnayage de l'or a-t-il pris, à Paris, un énorme développement.

	Or.	Argent.	Total.
Il était : En 1849. . .	27,284,000	184,312,000	211,596,600
En 1850. . .	115,198,000	75,000,000	190,198,000
En 1851. . .	240,915,000	56,820,000	297,735,000

L'escompte des bons de la Monnaie s'est accru dans les mêmes proportions. De 1850 à 1851, ces bons escomptés par la Banque se sont élevés de 81 millions à 142 millions. Augmentation de 61 millions. Les échéances de ces valeurs, comme on sait, sont très-courtes (huit ou dix jours, d'ordinaire).

En 1851, l'accroissement de la fabrication a forcé la Monnaie à stipuler exceptionnellement de plus longues échéances, qui se sont étendues jusqu'à soixante jours ; toutefois, comme on ne présente ces valeurs à la Banque qu'à une époque très-voisine de leur échéance, la durée moyenne de ces escomptes n'a été pour la Banque que de six jours 8/10.

Vers la fin de l'année, les importations d'or ont cessé ou se sont considérablement ralenties. Dans la première quinzaine de janvier, la fabrication des pièces d'or n'a porté que sur 4,600,000 fr.

Pendant l'exercice dernier, la Banque, tant à Paris que dans les succursales, a mis en circulation 153 millions en pièces d'or.

Dans le mois de décembre la valeur de l'or s'est relevée ; la Banque a vendu à prime la somme de 971,400 fr. Cette opération a produit le modique bénéfice de 3,822 fr.

5° *Des prêts sur dépôts de lingots*. Les avances sur lingots, qui avaient sensiblement diminué de 1849 à 1850, ont subi une baisse nouvelle en 1851.

En 1850 ces avances s'étaient élevées, à Paris, à la somme de.	27,000,000 fr.
Et dans les succursales, à.	7,000,000
Total.	34,000,000 fr.
En 1851, les avances faites à Paris, sur lingots, offrent le chiffre de.	9,100,000 fr.
Et celles qui ont eu lieu dans les succursales, le chiffre de. .	9,500,000
Total.	18,600,000 fr.
La diminution a été de.	15,400,000 fr.

L'accroissement du monnayage explique la réduction des dépôts.

6° *De la commission sur les billets à ordre*. Les billets à ordre tirés de Paris sur les succursales et des succursales sur Paris s'étaient élevés, en 1849, à la somme

de. . . . . :	820 millions.
L'année suivante ce total n'a été que de.	582 »
En 1851 ce chiffre se trouve réduit à.	275 »
Diminution depuis 1849.	545 millions.

Vous savez que dans l'origine une prime était perçue sur ces billets, et que plus tard ce service devint gratuit. Il entraînait des dépenses considérables ; aussi le Conseil général, par une délibération en date du 14 juin 1850, jugea-t-il nécessaire de rétablir une prime de 1 p. 1,000.

Sur une somme de 154 millions délivrés en billets à ordre du 15 juin 1850 jusqu'à la clôture de l'exercice, la prime perçue s'est élevée à 170,000 fr. Cette même prime a produit, pendant l'année 1851, 284,000 fr.

Si le produit de la prime ne cadre pas exactement avec la somme des billets à ordre délivrés, c'est parce qu'il est perçu une prime de 50 c. sur les fractions au-dessous de 500 fr.

IV. *Des effets en souffrance*. Les Comptes-rendus des années précédentes vous ont fait connaitre que sur 77 millions d'effets tombés en souffrance à la suite de la révolution de 1848, il avait été passé par profits et pertes, savoir :

Sur le prtefeuille de la Banque centrale.	3,340,000 fr.
Et sur le portefeuille des succursales. . . . , ...	1,111;000
Total.	4,431,000 fr.

Nous vous avons dit encore qu'au 25 décembre 1850 il ne restait à recouvrer, pour balancer le montant de nos créances, qu'un modique reliquat de. 115,658

Mais dans le cours de l'année 1851 nos débiteurs ont remboursé à Paris. . . . . : . . . . 1,130,002 fr. } 1,510,705
Et dans les succursales. . . . . 380,704 }

En sorte que ce solde débiteur de 115,658 fr. s'est trouvé transformé, à la clôture de l'exercice 1851, en un solde créditeur de. . . . 1,395,045 fr.

Sur cette somme il a été distribué aux actionnaires dans le deuxième dividende! de 1851. . . . . 1,131,024 fr.

. Il a été porté au profit de diverses succursales. 124,094

Enfin, une somme de 50,000 fr. a été passée en déduction des créances d'Alger provenant de la succession de la Banque de Marseille ; ci. 50,000
Total. . . _____ 1,305,118

Solde créditeur, au 24 décembre 1851. . . . . 89,927 fr.

On peut encore espérer quelques rentrées sur les effets qui restent impayés. Dans le cours de l'année 1851, quelques effets de commerce, montant ensemble à 13,800 fr., sont tombés en souffrance ; sur cette somme il a été recouvré 12,500 fr. Le reliquat débiteur se trouve réduit à 1,300 fr.

V. *Mouvement des réserves, de la circulation et des comptes-courants*. Les réserves métalliques de la Banque et de ses succursales n'ont cessé de s'accroître depuis la clôture de l'année 1848 jusqu'à la fin de l'exercice 1850 ; dans cet intervalle de deux ans ces réserves se sont accrues de 260 millions à 487, c'est-à-dire de 227 millions.

Ce mouvement ascensionnel a continué pendant les trois premiers trimestres de 1851. A la date du 2 octobre les encaisses ont atteint la somme prodigieuse de 628 millions, laquelle, comparée à celle de l'encaisse du commencement de l'année, offre un accroissement de 155 millions. A partir du commencement d'octobre, les réserves ont marché en décroissant. Cette baisse a été de 58 millions. Au 24 décembre dernier, les encaisses étaient descendues à 568 millions, chiffre toutefois supérieur de 96 millions à celui du commencement de l'exercice.

L'accumulation des espèces et les embarras qui en résultaient pour le service, ont forcé le Conseil général à faire construire de nouveaux caveaux.

Les circulations réunies de la Banque et des succursales, au commencement de 1851, surpassaient d'environ 32 millions les encaisses métalliques, mais dans le mois de mars elles sont tombées au-dessous du chiffre des réserves. L'écart est devenu si grand, qu'à une certaine époque de l'année la circulation totale est descendue à 515 millions, tandis que les encaisses offraient le chiffre de 625 millions. En d'autres termes, pendant quelques jours, les réserves métalliques ont surpassé de 110 millions le montant de la circulation.

En définitive, du 24 décembre 1850 au 24 décembre 1851, la circulation s'est accrue de 497 à 583 millions, c'est-à-dire de 86 millions.

En 1850, la moyenne de la circulation de la Banque centrale
avait été de. . . . .   418 millions.
Et la moyenne de la circulation des succursales, de.   73   »

Total. . . .   491 millions.

En 1851, la moyenne pour Paris a été de.   423   »
Et pour les succursales, de   105   »

Total. . . .   528 millions.

Différence en plus dans l'exercice dernier. . . . .   37 millions.

Des comptes-courants. Le maximum du compte-courant créditeur du Trésor a été
de 126,921,000 fr. à la date du 10 septembre, et le minimum de 56 millions à la date
du 24 décembre, bien que le Trésor (ainsi que nous l'avons dit ailleurs) eût été crédité, le 8 décembre, des 25 millions formant le complément du prêt de 75 millions.

Ce maximum et ce minimum des comptes-courants avec le Trésor ont été beaucoup
plus élevés que le maximum et le minimum de l'année précédente.

	Maximum.	Minimum.
1850 (13 mars).	89,268,000	31,980,000 (10 mai).
1851 (10 septembre). .	126,921,000	56,000,000 (24 décembre).

En 1850, les comptes-courants divers de la Banque centrale sont montés à 101
millions à la date du 10 mai ; en 1851, le chiffre maximum s'est élevé à 124 millions
à la date du 23 octobre. Les minima des deux années ont été de 62 et de 66 millions
aux dates des 23 septembre et 15 mars.

En 1851, le maximum dans les succursales a été de 36 millions au 19 juin.
Et le minimum. . . . . de 20 millions au 9 janvier.
La moyenne pour les succursales présente le chiffre de 28 millions.
Les moyennes de ces comptes-courants, y compris ceux des succursales, ont été,
en 1850, de. . . . .   108 millions.
Et, en 1851, de.   120   »

VI. *Des effets au comptant. — Mouvement des caisses et des virements.* — Le
service de l'encaissement des effets au comptant a repris une partie de son ancienne
importance.

En 1850, il a été encaissé 574,379 effets formant la somme de 647,000,000 fr.
En 1851 632,016   d°   d°   713,900,000 fr.

L'augmentation a été de   57,637 effets représentant. . . . .   66,900,000 fr.

Ces encaissements s'élevaient, il y a quelques années, à 1,100 et même 1,200
millions.

Le mouvement général des caisses, des billets et des virements, a pris un notable
développement.

En 1850 le total s'était élevé à. . . . . .   11,552,000,000 fr.
En 1851 leur chiffre est monté à.   13,916,000,000

L'augmentation a été de. . . . .   2,363,000,000 fr.

C'est particulièrement dans le chapitre des virements que cette hausse a été sensible ; elle équivaut
à la somme de. . . . .   1,164,000,000 fr.

VII. *Des succursales.* — En comparant les totaux des opérations des succursales,
on trouvera que leur chiffre s'est élevé, dans les deux années, de 852 millions à 907 ;
en d'autres termes, l'augmentation en faveur de 1851 a été de 54 millions.

Mais sous le rapport des produits, les résultats du dernier exercice laissent beaucoup à désirer.

Sur vingt-sept succursales en activité de service, quatre ont donné de la perte, savoir :

Lyon.	25,638 fr.
Orléans.	26,035
Limoges.	52,298
Angers.	69,913
Total.	173,884 fr.

A Angers, à Limoges et à Orléans, des frais d'appropriation d'immeubles ont contribué à ces déficits ; mais, déduction faite de ces dépenses extraordinaires, il n'en demeure pas moins vrai que les succursales de Lyon, de Limoges et d'Orléans n'ont pas couvert leurs frais.

On est également étonné de l'exiguïté du produit net donné par certaines succursales établies dans des villes commerçantes. Exemples :

Clermont-Ferrand a donné pour produit net.	1,808 fr.
Saint-Etienne.	6,077
Rouen	7,500

En définitive, les produits bruts sont descendus de 3,931,000 fr. à 3,711,000 fr., et les produits nets, de 2,137,000 fr. à 1,885,000 fr.

La succursale de Troyes a commencé à fonctionner le 15 du présent mois de janvier 1852. L'ouverture de la succursale de Rennes, longtemps retardée par des constructions à achever, aura lieu prochainement.

Un hôtel a été acheté à Avignon pour l'installation de la succursale qui doit fonctionner dans cette ville.

VIII. *Dépenses de la Banque centrale et des succursales.* — Le total des dépenses ordinaires et extraordinaires de la Banque centrale a peu varié dans le cours des deux derniers exercices. En 1850, ce total s'était élevé à 1,569,000 fr. ; en 1851, il est monté à 1,594,000 fr. ; l'augmentation a été de 25,000 fr. ; mais si l'on compare le montant de certains chapitres de dépenses, on trouvera que quelques-uns d'entre eux présentent, d'une année à l'autre, d'assez fortes différences.

Ainsi, le chapitre 2, relatif aux traitements des employés, présente, en 1851, une augmentation de 93,000 fr. ; mais cette augmentation n'est que fictive ; en effet, l'année précédente, une partie de ces traitements figurait dans le chapitre 13, intitulé : *Dépenses diverses ;* par contre, ce même chapitre 13 offre, dans l'exercice dernier, une réduction de 112,000 fr.

Cette espèce de virement s'explique par ce fait, qu'en 1850 les employés auxiliaires ne faisaient pas encore partie des cadres de la Banque et ne pouvaient, par conséquent, figurer dans les dépenses du personnel permanent. Mais le règlement du budget de 1851, arrêté le 31 décembre 1850, a réorganisé le personnel, et fait entrer dans les cadres les auxiliaires dont la conservation à titre permanent était devenue nécessaire.

Un autre excédant de dépense, mais qui n'a rien de fictif, est celui qui s'est manifesté sur les frais d'impression ; cet excédant monte à 42,000 fr. Plus la circulation augmente, plus les frais de confection des billets deviennent considérables, la fabrication des petites coupures est surtout fort onéreuse. La confection de 25 millions en billets de 1,000 fr. coûte à la Banque 6,250 fr. ; la fabrication de pareille somme en billets de 100 fr. entraîne une dépense de 50,000 fr. La confection des petites coupures coûte donc huit fois plus que la fabrication des billets de 1,000 fr.

Les dépenses des succursales, y compris les frais de transport des espèces et des billets, s'étaient élevées, en 1850, à. . . . . 1,611,000 fr.

En y ajoutant, pour le montant de la dépréciation des immeubles, ou, si l'on veut, la représentation des loyers. 182,000

On trouve un total de. . . . . 1,793,000 fr.

En 1851, ces mêmes dépenses, en y comprenant le montant des
dépréciations, offraient le chiffre de. . . . .   1,826,000 fr.

L'augmentation a été de. . . . .   33,000 fr.

IX. *Rapport des censeurs, fait par M. Paillot (l'un d'eux).* — M. le gouverneur
vient de vous rendre un compte détaillé des opérations de la Banque pendant l'année
1851, et il en résulte que ces opérations ont produit, pour l'année, 105 fr. de dividende par action, c'est-à-dire 4 fr. de plus qu'en 1850. Ce résultat, dont nous avons
vérifié et reconnu l'exactitude, aurait pu être moins satisfaisant, par suite de l'état de
langueur dans lequel sont restées les affaires commerciales; mais, grâce aux recouvrements opérés sur les effets en souffrance, en excédant du chiffre porté à l'actif du
bilan de 1848, ce résultat a été bonifié de 12 fr. par action. Si cette bonification vous
fournit une preuve de la circonspection apportée par le Conseil général dans l'évaluation de ces effets en souffrance, elle témoigne surtout des efforts honorables faits
par le commerce pour remplir ses engagements.

Le produit de l'escompte du papier de commerce a présenté une diminution de
235,338 fr. sur l'année 1850. Vous en connaissez les causes. Les vérifications que
nous avons faites des portefeuilles nous ont démontré que les comités d'escompte ont
observé les règles établies, et qu'ils ont été guidés, pour l'admission du papier, à la
fois par la prudence et par le désir de favoriser le commerce. Toutefois, nous devons
mentionner que parmi les effets en portefeuille, figurent encore ceux en renouvellement du reliquat des prêts exceptionnels sur garanties hypothécaires, accordés en
1848 à de grands établissements industriels. Vous avez vu, par le rapport de M. le
gouverneur, que la rentrée de ces avances s'effectue d'une manière satisfaisante.

Vous savez qu'en 1848 la Banque créa pour 80 millions de billets provisoires de
100 fr. La nécessité où l'on fut de confectionner précipitamment ces billets nuisit à
leur parfaite exécution, et, par ce motif, ils offrent moins de sécurité. La Banque a
invité, à plusieurs reprises, les porteurs de ces billets à venir les échanger contre espèces, ou contre des billets définitifs de 100 fr., et il n'en restait plus, au 24 décembre dernier, que pour 890,400 fr. en circulation.

Les dépenses d'administration présentent un peu d'augmentation sur celles de
1850. Le Conseil général ne les a allouées qu'après un examen scrupuleux, et elles
nous ont paru justifiées par les besoins du service.

RECONSTITUTION DE LA LIGUE EN ANGLETERRE.

Un meeting d'une importance considérable, composé d'hommes des
comtés d'York et de Lancastre, s'est réuni à Manchester en faveur de la
liberté du commerce, le mardi 2 mars.

M. Georges Wilson, ancien président du Conseil de la ligue contre les
lois sur les céréales, occupait le fauteuil; MM. Cobden, Milner Gibson,
Brigth, Kershaw, Heywood et Ashton, ont été les principaux orateurs. Le
meeting a résolu, à l'unanimité, de reconstituer la ligue contre les lois sur
les céréales, engageant ses membres à faire une propagande active dans
tout le royaume, afin de prévenir le retour au Parlement des hommes favorables, sous quelque prétexte que ce soit, au rétablissement des droits

sur le blé. Le meeting a également arrêté qu'une adresse serait présentée à la Reine, et qu'on lui demanderait la dissolution du Parlement.

Cette adresse pouvant être considérée comme le manifeste de la ligue, nous la reproduisons ici :

« A Sa très-excellente Majesté la Reine.

« S'il plaît à Votre Majesté, nous, ses loyaux et fidèles sujets, persuadés de la profonde sollicitude que Votre Majesté ressent pour le bien-être et le bonheur de son peuple , et vivement émus des dangers qui menacent le maintien de ces grandes mesures financières et commerciales qui pendant quatre années ont si fortement contribué à la prospérité générale et à la satisfaction des intérêts de toutes les classes des sujets de Votre Majesté, nous avons vu avec défiance et avec crainte l'arrivée au pouvoir d'un gouvernement engagé, autant par le caractère privé que par le caractère public des membres qui le composent, dans le système d'un retour odieux aux entraves sur le commerce et l'industrie de ce pays.

« Les signataires de cette adresse, renouvelant leur solennelle protestation contre le rétablissement, sous quelque forme que ce soit, des taxes sur la nourriture du peuple, sont fermement convaincus qu'une majorité écrasante dans le peuple anglais est prête, par tous les moyens constitutionnels, à résister à un tel système et à le combattre comme étant une atteinte dangereuse et inique aux règles de la justice, à l'industrie, à la liberté du commerce, au bien-être général et au bonheur domestique du plus grand nombre des sujets de Votre Majesté.

« Les signataires de cette adresse pensent que le doute et l'incertitude, sur cette matière , sont dangereux et faits pour jeter le trouble dans les relations commerciales et industrielles, que ce doute entretient une agitation et une inquiétude constantes dans tous les États de Votre Majesté, qu'il encourage de fausses espérances et fait naître de funestes appréhensions ; ils croient enfin , par les raisons les plus sérieuses, que cette question, qui met en jeu tous les éléments de discussion, funestes aux grands intérêts du pays, demande à être décidée d'une manière définitive et immédiate.

« En conséquence, les signataires de cette adresse supplient, avec le plus grand respect, Votre Majesté de ne pas souffrir que les intérêts de ses sujets soient sacrifiés aux exigences d'une administration temporisante ou aux difficultés que les partis peuvent avoir à s'entendre, en se conformant aux principes constitutionnels du gouvernement ; mais ils conjurent Votre Majesté d'exercer sa prérogative royale et de faire juger, par une prompte dissolution du Parlement, la cause aujourd'hui pendante entre les conseillers responsables de la couronne et le peuple entier, afin de la décider immédiatement et d'une manière définitive.

« C'est avec une grande raison que ces hommes pratiques ont placé la question sur une base toute commerciale, et qu'ils ont fortement insisté, dans leurs discours et dans leur adresse, sur le tort immense que toute atteinte portée au Free-trade causerait à chaque branche d'industrie en particulier. Ils ont insisté également sur la nécessité de ne pas laisser la question pendante un jour de plus qu'il n'était nécessaire. Comme lord Derby, ils en appellent en dernier ressort à la nation, aux constituants, à l'opinion publique, mais ils demandent une décision sur-le-champ. Le mal dont on menace est énorme, le doute insupportable ; et ils demandent que les débats s'ouvrent. »

En vingt-cinq minutes, 27,000 liv. st. (675,000 fr.) ont été souscrits, donnant ainsi la preuve que les moyens d'organiser et de faire triompher une agitation formidable ne feraient pas défaut. M. Kershaw, au meeting, a dit que sa dernière souscription à la ligue lui avait procuré la plus vive satisfaction ; il y avait trouvé une abondante compensation dans ses propres affaires et dans l'amélioration du sort du peuple ; lui et d'autres apportaient chacun de nouveau les 1,000 liv. (25,000 fr.) de leur souscription, qu'ils considéraient comme un second placement aussi avantageux que le premier.

M. W. Brown, membre du Parlement pour le sud du comté de Lancastre, a envoyé 100 liv. st. avant même que la souscription fût ouverte ; il ajoute dans la lettre qui les contient : « Je ne crois pas pouvoir mieux employer mon argent, pour le bien de mes concitoyens, qu'en le consacrant à cet usage. » La simple entrée au pouvoir des protectionnistes a donc fait revivre la ligue dans toute sa force, et a déjà causé plus d'agitation et de trouble dans la nation que n'ont pu le faire en Angleterre les révolutions du dehors.

On a essayé, tant dans la presse que dans le Parlement, dans les discours et dans les adresses des orateurs protectionnistes, de faire croire au public que lord Derby et ses amis, en entrant au pouvoir, abandonnaient le système de la protection ; qu'ils suivraient la politique de leurs prédécesseurs relativement à la liberté du commerce, si telle était l'opinion publique, et l'on a prétendu qu'il était à la fois injuste et impolitique de les forcer à s'expliquer immédiatement et de les obliger ou à résigner le pouvoir ou à faire triompher la cause de la protection. On demande qu'on les mette à l'épreuve ; on insinue, sans oser hautement l'avouer, que si on ne les force pas à se rappeler leurs anciens principes, ils tromperont la confiance des amis qui se sont ralliés autour d'eux et leur ont donné les moyens d'arriver au pouvoir, et qu'ils laisseront là la protection. Nous ne pensons pas si mal d'eux. Nous avons meilleure opinion de la droiture et de la capacité des hommes d'État du parti protectionniste.

M. Christophe, chancelier du duché de Lancastre, dans sa profession de foi, dit « qu'il a accepté une charge sous l'administration de lord Derby, parce qu'il est sincèrement convaincu du désir qu'a le lord de renverser le système commercial et financier si évidemment nuisible au travail et à la richesse nationale.

Lord John Manners dit à ses commettants de Colchester : « Lord Derby a accepté la tâche de former une administration dont les bases seront les principes que depuis deux ans vous m'envoyez défendre au Parlement, comme votre représentant. » Et ce sont les principes de la protection. M. Disraeli lui-même, l'orateur du parti à la Chambre des communes, déclare qu'il espère, avec l'aide du pays, établir, dans un court délai, une politique commerciale en accord avec les principes qu'il a cru de son devoir de soutenir dans les rangs de l'opposition. Il est assez difficile de définir ces principes, mais depuis que M. Disraeli est devenu un homme important, ils n'ont jamais été ceux du libre-échange.

En tout cas, M. Disraeli veut établir un système différent du système actuel. Le système actuel ne lui plaît pas, et quoiqu'il réunisse évidemment toutes les classes dans un même sentiment, M. Disraeli parle, dans son ignorance de l'état des choses, d'un nouveau système à établir, qui remette l'accord entre les diverses classes de la nation; tandis que c'est justement la possibilité de l'établissement du nouveau système qui a fait naître de nouveau le désaccord. Le chef du parti a également avoué, dans les termes les plus clairs, qu'il restait fidèle à son ancienne opinion et favorable aux droits sur l'importation du blé.

M. Cobden, qui a imprimé la direction au meeting et qui a fait un admirable discours, a donné des conseils qui seront suivis partout. « Laissez, dit-il, la question du blé au premier rang; que ce soit la seule affaire de ceux qui croient en venir à bout par un seul effort et dans le cours des trois mois qui vont suivre; que cette question ait le pas sur toutes celles qu'on voudrait soulever pour vous déconcerter et vous diviser, et alors nous triompherons. » Puis il ajoute : « Mais on me dit qu'il faut laisser les protectionnistes aux affaires pour un an, parce qu'ils auront ainsi le temps d'abandonner leurs opinions et leurs vieux principes, et qu'ils donneront le change à leurs amis. Mais moi, messieurs, je crains que ce ne soit à nous qu'ils donnent le change. Et quelle moralité y a-t-il à tout ceci? Cela est sûrement nouveau en Angleterre. Sera-t-il dit qu'un certain nombre d'hommes qui se sont saisis du pouvoir, simplement par cette raison qu'ils faisaient profession d'être protectionnistes; sera-t-il dit que ces hommes, si vous voulez les maintenir aux affaires pour une année seulement; si vous voulez leur laisser toucher leurs salaires de 5,000 à 1,200 liv. st. par an, que ces hommes, abandonnant leur drapeau, jetteront leurs principes aux vents et se laisseront siffler par leurs dupes, les protectionnistes, pour avoir renié la protection? Oui, cela est une chose nouvelle dans la morale de ce pays. Nous savons bien que cela peut se faire, mais c'est la première fois que je vois une telle conduite ouvertement défendue et ouvertement conseillée à une administration. Je vous le dis franchement, je ne crois pas lord Derby et ses collègues d'un esprit aussi bas que le supposent de pareils conseillers. »

Nous approuvons fort M. Cobden, et nous ne pouvons trop flétrir les organes de la presse qui depuis quelque temps semblent donner au cabinet de si déplorables conseils.

Nous apprenons, par le *Daily-News*, que l'audience donnée par la reine au comte de Derby s'est prolongée beaucoup plus tard que de coutume, et qu'elle a duré deux heures entières. Le sujet de la conversation a été l'important meeting tenu à Manchester le jour précédent, et dans lequel la ligue contre la loi sur les céréales a été reconstituée. Les résolutions fermes et hardies, mais pourtant modérées du meeting, le langage, les actes de la ligue, ont produit, s'il faut en croire ce journal, un effet très-réel. Que la ligue agisse toujours avec le même zèle, la même vigueur, le même amour de la vérité, et nous lui prédisons un succès certain.

(*The Economist* du 6 mars.)

CORRESPONDANCE.

FERMAGE ET RENTE. — OPINION DE M. ARRIVABENE.

A monsieur le rédacteur en chef du *Journal des Economistes.*

Monsieur,

J'ai suivi avec le plus vif intérêt les débats que la question de la rente a soulevés au sein de la Société d'économie politique. Permettez-moi de vous adresser quelques mots à ce sujet.

Cette question, qui peut paraître oiseuse aux esprits superficiels, est néanmoins de la plus haute importance. La manière dont elle est résolue peut affecter, dans un sens ou dans un autre, les intérêts d'une classe nombreuse de citoyens.

Dans cette discussion, ce qui est indispensable avant tout, c'est de bien se fixer sur le sens à donner aux expressions. Lorsque l'on parle du loyer qui est payé pour l'usage de la terre, on se sert souvent indistinctement du mot *fermage* et du mot *rente*. Mais la différence entre la portée, la signification de ces deux mots est capitale. Quelquefois le fermage n'est que la compensation des sacrifices, l'intérêt des capitaux que le propriétaire a versés sur la terre afin de la rendre apte à la production et de l'améliorer ; mais, d'autres fois, le fermage comprend aussi une espèce de prime que le propriétaire obtient, soit à cause d'une plus grande fertilité naturelle dont sa terre est douée comparativement à d'autres terres cultivées qui l'avoisinent, soit à cause de la propriété spéciale qu'elle possède pour certains produits, soit parce qu'elle est plus avantageusement située pour l'écoulement de ses produits, ou pour l'établissement d'habitations, d'usines, etc.; tandis que la rente n'est jamais que la représentation de cette même prime.

On s'est demandé : Les hommes ont-ils commencé à cultiver les terres les plus fertiles, ou sont-ce les terres les plus faciles à être travaillées qui ont été exploitées les premières ?

Il serait sans doute absurde de supposer que les premiers cultivateurs se soient mis à faire le tour du monde ou même d'une seule contrée, à la recherche des terres les plus fertiles. Ce qui est probable, c'est qu'ils ont cultivé celles qui étaient à leur portée, à une condition cependant ; à condition que ces terres fussent assez riches, assez fertiles pour donner des produits suffisants à faire vivre ceux qui les cultivaient ; et cela malgré l'inexpérience de ceux-ci, malgré l'imperfection des machines et des outils dont ils pouvaient disposer. C'est dans ce sens qu'il faut comprendre la théorie de Ricardo ; quoique la manière dont cet éminent écrivain a exposé cette théorie donne une apparence de raison à ceux qui la combattent.

Que si, après avoir considéré ces époques primordiales où les hommes sont passés de l'état pastoral à l'état agricole, on porte ses regards sur les sociétés qui ont atteint un haut degré de civilisation, on ne peut révoquer en doute que les terres les plus fertiles ne soient appropriées et cultivées, et qu'il ne reste à la disposition des cultivateurs subséquents que des terres de qualité inférieure. Cela est vrai, pourrait-on dire ; mais ces cultivateurs, par l'application des découvertes de la science, par l'emploi de machines et d'outils perfectionnés, pourront donner à ces terres une fécondité artificielle qui tiendra lieu de celle que la nature leur a refusée. Mais il faut observer que ces avantages ne peuvent être acquis qu'à titre onéreux, et que d'ailleurs rien n'empêche que les possesseurs des terres naturellement fertiles fassent usage des mêmes moyens ; de sorte que les premiers se trouveraient toujours, vis-à-vis des seconds, dans un état d'infériorité.

On a soutenu que les produits agricoles, au lieu d'avoir augmenté, ont constamment diminué de valeur. Mais les mercuriales déposent contre cette assertion. Les fermages suivent d'ailleurs, depuis longtemps, dans tous les pays d'Europe, une échelle ascendante. Je veux bien que cette augmentation soit en partie le résultat des progrès qu'a faits l'agriculture ; mais on peut soutenir sans hésitation qu'elle est due, en plus grande partie, à ce que les produits de l'industrie agricole ont acquis une plus grande valeur.

Des trois causes qui donnent origine à la rente, la fertilité naturelle relativement supérieure, l'aptitude particulière à la production de certaines choses, et le hasard, pour ainsi dire, de la situation, la troisième est, sans doute, celle qui, dans le sens de son augmentation, exerce sur la rente l'influence la plus grande.

Nous avons sous nos yeux une preuve frappante de la justesse de cette assertion. La ville de Bruxelles est entourée de terrains élevés et de terres basses. Les premiers sont sablonneux et stériles ; les secondes se trouvent douées d'une grande fertilité. Les uns n'étaient pas cultivés, ne se louaient pas, n'avaient aucune valeur ; les autres, au contraire, cultivées en jardins potagers, situées favorablement pour la vente de leurs produits, avaient une grande valeur et se louaient très-cher. Eh bien ! un fait eut lieu qui, influant d'une manière favorable sur la situation des terrains élevés, bouleversa de fond en comble cet ordre de choses. La population de la ville ayant pris un accroissement considérable, il devint nécessaire de bâtir de nouveaux quartiers. Il y avait de l'espace libre dans l'enceinte de la ville, mais c'était dans la partie basse, qui est exposée aux inondations, et considérée comme insalubre. On bâtit donc de préférence au dehors de la ville sur les terrains élevés ; et comme la nature même de ceux-ci et leur élévation étaient des conditions spéciales de salubrité et d'agrément, on y construisit principalement des maisons pour les classes riches, tandis que les terres basses conservèrent leur première destination, ou ne se couvrirent que d'habitations à l'usage des classes pauvres. Ce qui fit que les terrains élevés se vendirent six fois plus cher que les terres basses, et qu'une grande partie du loyer des maisons devint une *rente*, résultat de leur situation privilégiée.

Si je ne me fais pas illusion, il me semble, monsieur, avoir en ces peu de lignes bien précisé le sens du mot fermage et du mot rente ; avoir résolu la question de savoir si les premiers cultivateurs ont exploité de préférence les terres les plus fertiles ou celles qui l'étaient moins, et donné à la théorie de Ricardo sa véritable signification ; avoir prouvé que le prix des produits agricoles tend depuis longtemps à s'élever plutôt qu'à baisser ; et avoir enfin fait ressortir combien l'influence qu'a sur l'élévation de la rente le hasard de la situation, est de beaucoup supérieure à celle qu'exercent sur elle, soit la fertilité naturelle de la terre, soit sa propriété particulière à donner certains produits. Il résulte de cela que ces terres, plus ou moins privilégiées, donnent un revenu qui, pour une part, n'est ni l'intérêt d'un capital, ni le salaire d'un travail, mais le *résultat* seulement de l'appropriation d'un don du Créateur, d'un agent de la nature limité en quantité ; et que cet agent de production lui-même, et la part des produits qui en dérivent, s'échangent contre les choses qui sont le fruit du capital et du travail.

Veuillez agréer, etc.   **J. ARRIVABENE.**

P. S. Cette lettre était écrite avant que j'eusse reçu le dernier numéro du *Journal des Economistes*. Les notes de M. Boutowski et de M. A. Clément, que ce numéro contient, et dans lesquelles ces deux écrivains soutiennent avec tant de talent la même thèse que j'ai soutenue moi-même, m'avaient fait prendre de premier abord la détermination de jeter ma lettre au feu ; mais ayant considéré ensuite qu'une question gagne toujours à être discutée davantage, quelle que soit l'infériorité de l'écrivain à l'égard de ceux qui l'ont précédé, j'ai changé d'avis et j'ai fait partir ma missive.

BULLETIN.

TRAITÉ ENTRE LA BANQUE DE FRANCE ET LE TRÉSOR.— MODIFICATION AUX STATUTS DE LA BANQUE.

I. *Rapport au prince président de la République française.* — Monseigneur, par décision en date de ce jour, le Conseil général de la Banque de France a réduit à 3 pour 100 le taux de l'intérêt de l'escompte.

Cette mesure sera, je l'espère, favorable à la fois à la Banque, au commerce et à l'Etat.

Elle stimulera l'esprit d'entreprise, et, grâce à la prudence de la Banque, elle ne saurait présenter aucun danger.

Pendant que la Banque étudiait cette question, dont la solution appartenait à elle seule, je l'ai appelée à délibérer sur deux autres objets importants : les moyens de crédit à donner par elle aux valeurs de chemins de fer, et le remboursement du prêt de 75 millions qu'elle a fait au Trésor.

Jusqu'ici la Banque n'a pu prêter son assistance aux actions et aux obligations émises par les compagnies de chemins de fer ; ses statuts ne le lui permettaient pas, et elle était peu disposée à entrer dans cette voie nouvelle.

Il importait cependant, et c'est depuis longtemps votre pensée, monseigneur, de donner de puissants moyens de crédit à des valeurs dont l'ensemble s'élève déjà à des sommes très-considérables ; il importait surtout de leur donner l'assistance de notre grand établissement de crédit, dont la solidité repose sur un demi-siècle de prudence et de services rendus au pays.

Fournir de nouveaux moyens de crédit aux valeurs des chemins de fer, c'est assurer l'exécution de ces entreprises, hâter leur achèvement, et peut-être même diminuer les charges qu'elles imposent au Trésor.

J'ai demandé à la Banque de France de faire pour les actions et les obligations de chemins de fer ce qu'elle fait pour les rentes. La Banque accepte cette nouvelle tâche. Elle prêtera sur actions et sur obligations de chemins de fer, comme elle prête sur rentes. Les actions ou obligations lui seront remises, si elles sont au porteur ; transférées, si elles sont nominatives ; et, ainsi que cela se fait pour les rentes, l'emprunteur souscrira, en outre, l'engagement personnel de rembourser la somme qui lui sera prêtée. Ce sera un avantage considérable pour tout porteur de ces valeurs de trouver ainsi à la Banque de l'argent, à faible intérêt, sur dépôt ou transfert de ses titres, et sur sa signature ; ce sera un avantage considérable pour l'industrie des chemins de fer ; ce ne pourra jamais être un danger, car la Banque, dont la prudence est bien connue, restera toujours maîtresse de la mesure dans laquelle elle appliquera à cet emploi la portion de ses ressources dont elle pourra disposer.

En exécution d'un traité de 1848, le Trésor a reçu de la Banque, au taux de 4 pour 100 d'intérêt, un prêt de 75 millions qui doit être remboursé cette année en trois termes égaux de 25 millions chacun, aux échéances des 15 avril, 15 juillet et 15 octobre.

J'ai demandé à la Banque de substituer à ces échéances des termes beaucoup plus éloignés. La Banque y consent.

Le prêt de 75 millions sera remboursé en quinze ans, par sommes de 5 millions payables le 1er juillet de chaque année. Le premier terme sera payable le 1er juillet 1853, le dernier le 1er juillet 1867, six mois avant l'expiration du privilége de la Banque. Le taux de l'intérêt, abaissé comme le taux de l'escompte, sera aujourd'hui de 3 pour 100 ; il suivra le taux de l'escompte, sans pouvoir jamais s'élever au-dessus de 4 pour 100. Pour le calcul de ces intérêts, compensation sera faite entre le prêt et le compte courant créditeur du Trésor, de sorte que le Trésor ne devra d'intérêt que sur le solde débiteur.

Ainsi le Trésor se trouvera libéré de la charge de 75 millions qui pesait sur lui cette année, et cette charge sera répartie, à de très-bonnes conditions d'intérêts, sur un intervalle de quinze années, sans préjudice, pour le Trésor, de la faculté de se libérer par anticipation.

En échange de ces deux dispositions qui sont éminemment favorables l'une au Trésor, l'autre à l'industrie des chemins de fer, et par suite à l'État, voici ce que demande la Banque :

La loi du 30 juin 1840, qui a prorogé son privilége jusqu'au 31 décembre 1867, a statué que, néanmoins, ce privilége pourrait prendre fin ou être modifié le 31 décembre 1855, s'il en était ainsi ordonné par une loi.

La Banque demande que l'État renonce à cette faculté; et que son existence soit assurée jusqu'au 31 décembre 1867. Cette demande me paraît devoir être accueillie.

Du jour où la Banque consent à modifier ses statuts, et à étendre ses opérations de manière à donner satisfaction aux besoins nouveaux que le temps a fait naître, il n'y a plus de raisons ni pour laisser suspendue sur sa tête la menace de révision, ni pour hâter l'époque à laquelle son privilége doit expirer.

C'est par ces motifs, monseigneur, qu'après avoir pris vos ordres, j'ai passé provisoirement avec la Banque la convention ci-jointe, dans laquelle sont formulées les dispositions dont je viens d'avoir l'honneur de vous exposer le but et la pensée.

J'ai l'honneur de vous proposer de vouloir bien la sanctionner par un décret.

Je suis avec le plus profond respect, monseigneur, votre très-humble et très-dévoué serviteur, le ministre des finances, BINEAU.

II. *Traité passé entre le Trésor et la Banque de France.* — Entre les soussignés : d'une part, M. Jean-Martial Bineau, ministre des finances, et d'autre part, M. Antoine-Maurice-Apollinaire comte d'Argout, gouverneur de la Banque de France, agissant en cette qualité en vertu des pouvoirs à lui conférés par une délibération du Conseil général en date du 3 mars courant. Il a été stipulé et convenu ce qui suit :

Art. 1er. Les 75 millions dus par le Trésor à la Banque de France, et qui, aux termes de la loi du 6 août 1850, devaient être remboursés à la Banque par tiers, aux échéances des 15 avril, 15 juillet et 15 octobre de la présente année 1852, ne seront remboursés qu'aux nouvelles échéances ci-après énoncées, savoir :

La première au 1er juillet 1853, pour la somme de 5 millions, et ainsi de suite d'année en année, aux mêmes dates du 1er juillet, et par pareille somme de 5 millions, jusqu'au 1er juillet 1867, époque de la libération du Trésor, qui conserve la faculté de se libérer par anticipation.

Art. 2. Les intérêts qui seront dus par le Trésor à la Banque continueront à être payés chaque semestre comme par le passé.

Pareillement, jusqu'à l'expiration du présent traité, les intérêts à payer à la Banque continueront à être calculés comme ils l'ont été depuis l'origine du prêt dont s'agit, c'est-à-dire sur le solde dont le Trésor sera réellement débiteur chaque jour, compensation faite entre les sommes respectivement portées au débit et au crédit du compte courant.

Les intérêts à payer à la Banque par le Trésor suivront le taux des intérêts fixés par la Banque pour l'escompte du papier de commerce, sans néanmoins que le Trésor puisse être passible d'un intérêt supérieur à celui qui a été stipulé par le traité du 30 juin 1848, sanctionné par le décret du 5 juillet suivant, c'est-à-dire à 4 pour 100.

Art. 3. Les rentes provenant de la caisse d'amortissement, et qui, conformément à l'art. 2 de la loi du 5 juillet 1848, ont été transférées à la Banque, en garantie des prêts stipulés par le traité du 30 juin 1848, seront retransférées par la Banque à la caisse d'amortissement.

En remplacement de cette garantie, le Trésor sera tenu de remettre à la Banque des bons du Trésor auxquels l'intérêt ne sera pas ajouté, renouvelables tous les trois mois, jusqu'à concurrence des sommes actuellement dues, lesquels bons décroîtront dans la proportion des remboursements.

Art. 4. La faculté accordée à la Banque par l'art. 3 de la loi du 17 mai 1834, de faire des avances sur effets publics français, est étendue aux actions et aux obligations des chemins de fer français.

Le Conseil général de la Banque déterminera la quotité des avances qui pourront être faites sur chacun des titres qu'il admettra à leur servir de gage, ainsi que le montant des couvertures à fournir par les emprunteurs en cas de baisse du cours desdits effets pendant la durée de l'emprunt.

Les dispositions des art. 1er, 3 et 5 de l'ordonnance réglementaire du 15 juin 1834, rendue en exécution de l'art. 3 de la loi du 17 mai même année, relative aux avances sur fonds publics français, seront applicables aux avances sur les actions et sur les obligations des chemins de fer français.

Art. 5. Un décret approbatif du présent traité sanctionnera toute dérogation aux statuts de la Banque et toute dérogation aux dispositions des lois existantes, en ce qu'elles auraient de contraire à la présente convention.

Le même décret abrogera le second paragraphe de l'art. 1er de la loi du 30 juin 1840.

La publication des situations hebdomadaires de la Banque de France, prescrite par l'art. 6 du décret du 15 mars 1848, sera désormais remplacée par les publications trimestrielles et semestrielles ordonnées par l'art. 5 de la loi du 30 juin 1840.

Fait double entre nous soussignés, le 3 mars 1852. Le gouverneur de la Banque, comte d'Argout ; le ministre des finances, Bineau.

III. *Décret du président*. — Louis-Napoléon, président de la République française, vu les lois du 24 germinal an XI, du 22 avril 1806, le décret organique du 16 janvier 1808, la loi du 17 mai 1834, l'ordonnance réglementaire du 15 juin même année ; la loi du 30 juin 1840 ; le traité passé entre le Trésor et la Banque le 30 juin 1848, sanctionné par le décret du 5 juillet suivant ; la loi du 6 août 1850 ; vu la délibération du Conseil général de la Banque, en date du 3 de ce mois ; sur le rapport du ministre des finances, décrète :

. Art. 1er. Sont approuvées les clauses et conditions énoncées dans le traité ci-annexé passé le 3 de ce mois entre le ministre des finances et la Banque de France.

Art. 2. La faculté accordée à la Banque par l'art. 3 de la loi du 17 mai 1834, de faire des avances sur effets publics français, est étendue aux actions et aux obligations des chemins de fer français.

Le Conseil général de la Banque déterminera la quotité des avances qui pourront être faites sur chacun des titres qu'il admettra à leur servir de gage, ainsi que le montant des couvertures à fournir par les emprunteurs, en cas de baisse du cours desdits effets pendant la durée de l'emprunt.

Les dispositions des articles 1er, 3 et 5 de l'ordonnance réglementaire du 15 juin 1834, rendue en exécution de l'art. 3 de la loi du 17 mai, même année, relative aux avances sur fonds publics français, seront applicables aux avances sur les actions et sur les obligations de chemins de fer français.

Art. 3. Toutes dérogations soit aux statuts de la Banque de France, soit aux dispositions de la législation existante, qui résulteraient de l'autorisation mentionnée en l'art. 2 du présent décret ou des clauses et conditions du traité ci-annexé, sont approuvées.

Le paragraphe second de l'art. 1er de la loi du 30 juin 1840 est abrogé.

La publication des situations hebdomadaires de la Banque de France, prescrite par l'art. 6 du décret du 15 mars 1848, sera désormais remplacée par les publications trimestrielles et semestrielles ordonnées par l'art. 5 de la loi du 30 juin 1840.

Fait au palais des Tuileries, le 3 mars 1852. Louis-Napoléon.

CRÉDIT FONCIER. — I. *Décret sur les sociétés de crédit foncier.* — Louis-Napoléon, président de la République française; Sur le rapport du ministre de l'intérieur, de l'agriculture et du commerce, décrète :

TITRE PREMIER. — *Des sociétés de crédit foncier.*

Art. 1er. Des sociétés de crédit foncier, ayant pour objet de fournir aux propriétaires d'immeubles qui voudront emprunter sur hypothèque, la possibilité de se libérer au moyen d'annuités à long terme, peuvent être autorisées par décret du président de la République, le Conseil d'Etat entendu.

Elles jouissent alors des droits et sont soumises aux règles déterminés par le présent décret.

2. L'autorisation est accordée, soit à des sociétés d'emprunteurs, soit à des sociétés de prêteurs.

3. Les sociétés sont restreintes à des circonscriptions territoriales que le décret d'autorisation déterminera.

4. Les sociétés de crédit foncier ont le droit d'émettre des obligations ou lettres de gage.

5. Pour faciliter les premières opérations des sociétés, l'Etat et les départements peuvent acquérir une certaine quantité de ces lettres de gage.

La loi de finances fixera, chaque année, le maximum des sommes que le Trésor pourra affecter à cet emploi.

La répartition en sera faite par le décret d'autorisation de chaque société.

Le même décret déterminera, en outre, la part qui sera attribuée à la société sur le fonds de 10 millions affecté à l'établissement des institutions de crédit foncier par l'article 7 du décret du 22 janvier dernier.

TITRE II. — *Des prêts faits par les sociétés de crédit foncier.*

6. Les sociétés de crédit foncier ne peuvent prêter que sur première hypothèque.

Sont considérés comme faits sur première hypothèque les prêts au moyen desquels tous les créanciers antérieurs doivent être remboursés en capital et intérêts.

Dans ce cas, la société conserve entre ses mains valeur suffisante pour opérer ce remboursement.

7. Le prêt ne peut, en aucun cas, excéder la moitié de la valeur de la propriété; le minimum du prêt sera fixé par les statuts.

8. Nul prêt ne peut être réalisé qu'après l'accomplissement des formalités prescrites par le titre IV du présent décret pour purger : 1° les hypothèques légales, sauf le cas de subrogation par la femme à cette hypothèque ; 2° les actions résolutoires ou rescisoires et les privilèges non inscrits.

S'il survient une inscription pendant les délais de la purge, l'acte conditionnel de prêt est nul et non avenu.

9. Lorsque l'hypothèque légale est inscrite, le prêt ne peut être réalisé qu'après la mainlevée donnée, soit par la femme non mariée sous le régime dotal, soit par le subrogé tuteur du mineur ou de l'interdit, en vertu d'une délibération du Conseil de famille.

10. L'emprunteur acquitte sa dette par annuités. Il a toujours le droit de se libérer par anticipation, soit en totalité, soit en partie.

11. L'annuité comprend nécessairement :

1° L'intérêt stipulé, qui ne peut excéder 5 pour 100 ;

2° La somme affectée à l'amortissement, laquelle ne peut être supérieure à 2 pour 100, ni inférieure à 1 pour 100 du montant du prêt ;

3° Les frais d'administration, ainsi que les taxes déterminées par les statuts.

12. En cas de non-payement des annuités, la société, indépendamment des droits qui appartiennent à tout créancier, peut recourir aux moyens d'exécution déterminés par le titre IV du présent décret.

TITRE III. — *Des obligations émises par les sociétés de crédit foncier.*

13. Les obligations ou lettres de gage des sociétés de crédit foncier sont nominatives ou au porteur.

Les obligations nominatives sont transmissibles par voie d'endossement, sans autre garantie que celle qui résulte de l'art. 1693 du Code civil.

14. La valeur des lettres de gage ne peut dépasser le montant des prêts.

Elles ne sont émises qu'après avoir été visées par un notaire et enregistrées.

Le visa est donné gratuitement par le notaire dépositaire de la minute de l'acte de prêt.

Il est fait mention sur la minute du nombre et du montant des lettres de gage visées.

Les lettres de gage doivent être enregistrées en même temps que l'acte de prêt.

L'enregistrement des lettres de gage a lieu au droit fixe de 10 centimes.

15. Il ne peut être créé de lettres de gage inférieures à 100 francs.

16. Les lettres de gage portent intérêt.

Dans le courant de chaque année, il est procédé à leur remboursement au prorata de la rentrée des sommes affectées à l'amortissement.

17. Les porteurs de lettres de gage n'ont d'autre action, pour le recouvrement des capitaux et intérêts exigibles, que celle qu'ils peuvent exercer directement contre la société.

18. Il n'est admis aucune opposition au payement du capital et des intérêts, si ce n'est en cas de perte de la lettre de gage.

TITRE IV. — *Des priviléges accordés aux sociétés de crédit foncier pour la sûreté et le recouvrement du prêt.*

CHAPITRE PREMIER. — *De la purge.*

19. Lorsque l'emprunteur est tuteur d'un mineur ou d'un interdit, il est tenu d'en faire la déclaration dans le contrat de prêt.

Dans ce cas, la signification énoncée à l'article précédent est faite tant au subrogé tuteur qu'au juge de paix du domicile où la tutelle est ouverte. .

Dans la quinzaine de cette signification, le juge de paix convoque le conseil de famille en présence du subrogé tuteur. Ce conseil délibère sur la question de savoir si l'inscription doit être prise. En cas d'affirmative, elle est prise dans la huitaine de la délibération.

Après la délibération, le subrogé tuteur est tenu, sous sa responsabilité, de veiller à l'accomplissement des formalités ci-dessus prescrites.

20. Lorsque la femme mariée est présente au contrat de prêt, elle peut, si elle n'est pas mariée sous le régime dotal, consentir une subrogation à son hypothèque légale jusqu'à concurrence du montant du prêt.

Si elle ne consent pas cette subrogation, et sous quelque régime que le mariage ait été contracté, le notaire l'avertit que, pour conserver vis-à-vis de la société le rang de son hypothèque légale, elle est tenue de la faire inscrire dans le délai de quinzaine.

L'acte fait mention de cet avertissement, sous peine de nullité.

21. Si la femme n'est pas présente au contrat, un extrait de l'acte constitutif d'hypothèque est signifié à sa personne.

Cet extrait contient, sous peine de nullité, la date, les nom, prénoms, profession et domicile de l'emprunteur, la désignation de la nature ou de la situation de l'immeuble, le montant du prêt et l'avertissement prescrit par l'article précédent.

22. Dans le cas où l'exploit ne peut être remis à la femme en personne, et toutes les fois qu'il s'agit de purger des hypothèques légales inconnues, la signification est faite tant à la femme qu'au procureur de la République près le tribunal du lieu où l'immeuble est situé.

23. Un extrait de l'acte constitutif d'hypothèque est inséré, avec mention des significations dont il est parlé à l'article précédent, dans l'un des journaux désignés pour les publications judiciaires.

Quarante jours après cette insertion, et s'il n'est pas survenu d'inscription d'hypothèques légales, l'immeuble est affranchi de ces hypothèques vis-à-vis de la société.

24. A l'égard des actions résolutoires ou rescisoires et des priviléges non inscrits, la purge a lieu de la manière suivante :

Un extrait de l'acte constitutif d'hypothèque, dressé dans la forme indiquée au deuxième paragraphe de l'article 21, est signifié aux précédents propriétaires, soit au domicile réel, soit au domicile élu ou indiqué par les titres.

Cet extrait sera publié suivant le mode indiqué au premier paragraphe de l'article 22, et la purge s'opère après le délai de quarante jours écoulé sans qu'il soit survenu d'inscription.

25. La purge opérée par le défaut d'inscription prise dans les délais ci-dessus déterminés, a pour effet de faire acquérir à la société de crédit foncier le premier rang d'hypothèque relativement à la femme, au mineur ou à l'interdit.

Elle ne profite point aux tiers qui demeurent assujettis aux formalités prescrites par les art. 2193, 2194 et 2195 du Code civil.

CHAPITRE II. — *Des droits et moyens d'exécution de la société contre les emprunteurs.*

26. Les juges ne peuvent accorder aucun délai pour le payement des annuités.

27. Ce payement ne peut être arrêté par aucune opposition.

28. Les annuités non payées à l'échéance produisent intérêt de plein droit.

Il peut, en outre, être procédé par la société au séquestre et à la vente des biens hypothéqués, dans les formes et aux conditions prescrites par les articles suivants :

§ I. *Du séquestre.*

29. En cas de retard du débiteur, la société peut, en vertu d'une ordonnance rendue sur requête par le président du tribunal civil de première instance, et quinze jours après une mise en demeure, se mettre en possession des immeubles hypothéqués, aux frais et risques du débiteur en retard.

30. Pendant la durée du séquestre, la société perçoit, nonobstant toute opposition ou saisie, le montant des revenus ou récoltes, et l'applique par privilége à l'acquittement des termes échus d'annuités et des frais.

Ce privilége prend rang immédiatement après ceux qui sont attachés aux frais faits pour la conservation de la chose, aux frais de labours et de semences et aux droits du Trésor pour le recouvrement de l'impôt.

31. En cas de contestation sur le compte du séquestre, il est statué par le tribunal comme en matière sommaire.

§ II. *De l'expropriation et de la vente.*

32. Dans le même cas de non-payement d'une annuité, et toutes les fois que, par suite de la détérioration de l'immeuble ou pour toute autre cause indiquée dans les statuts, le capital intégral est devenu exigible, la vente de l'immeuble peut être poursuivie.

S'il y a contestation, il est statué par le tribunal de la situation des biens, comme en matière sommaire.

Le jugement n'est pas susceptible d'appel.

33. Pour parvenir à la vente de l'immeuble hypothéqué, la société de crédit foncier fait signifier au débiteur un commandement dans la forme prévue par l'article 673 du Code de procédure civile. Ce commandement est transcrit au bureau des hypothèques de la situation des biens.

A défaut de payement dans la quinzaine, il est fait, dans les six semaines qui suivent la transcription dudit commandement, six insertions dans l'un des journaux indiqués par l'article 42 du Code de commerce, et deux appositions d'affiches à quinze jours d'intervalle.

Les affiches seront placées :

Dans l'auditoire du tribunal du lieu où la vente doit être effectuée ;

A la porte de la mairie du lieu où les biens sont situés, et sur la propriété lorsqu'il s'agit d'un immeuble bâti.

La première apposition est dénoncée dans la huitaine au débiteur et aux créanciers inscrits, au domicile par eux élu dans l'inscription, avec sommation de prendre communication du cahier des charges.

Quinze jours après l'accomplissement de ces formalités, il est procédé à la vente aux enchères en présence du débiteur, ou lui dûment appelé, devant le tribunal de la situation des biens ou de la plus grande partie des biens.

Néanmoins, le tribunal, sur requête présentée par la société avant la première insertion, peut ordonner que la vente aura lieu, soit devant un autre tribunal, soit en l'étude d'un notaire du canton ou de l'arrondissement dans lequel les biens sont situés. Ce jugement n'est pas susceptible d'appel. Il ne peut y être formé d'opposition que dans les trois jours de la signification qui doit en être faite au débiteur, en y ajoutant les délais de distance.

34. A compter du jour de la transcription du commandement, le débiteur ne peut aliéner au préjudice de la société les immeubles hypothéqués, ni les grever d'aucuns droits réels.

35. Le commandement, les exemplaires du journal contenant les insertions, les procès-verbaux d'apposition d'affiches, la sommation de prendre communication du cahier des charges et d'assister à la vente, sont annexés au procès-verbal d'adjudication.

36. Les dires et observations doivent être consignés sur le cahier des charges, huit jours au moins avant celui de la vente. Ils contiennent constitution d'un avoué, chez lequel domicile est élu de droit, le tout à peine de nullité.

Le tribunal est saisi de la contestation par acte d'avoué à avoué. Il statue sommairement et en dernier ressort, sans qu'il puisse en résulter aucun retard de l'adjudication.

37. Si, lors de la transcription du commandement, il existe une saisie antérieure pratiquée à la requête d'un autre créancier, la société de crédit foncier peut, jusqu'au dépôt du cahier d'enchères et après un simple acte signifié à l'avoué poursuivant, faire procéder à la vente d'après le mode indiqué dans les articles précédents.

Si la transcription du commandement n'est requise par la société qu'après le dépôt du cahier d'enchères, celle-ci n'a plus que le droit de se faire subroger dans les poursuites du créancier saisissant, conformément à l'art. 722 du Code de procédure civile.

Il n'est accordé, si la société s'y oppose, aucune remise d'adjudication.

En cas de négligence de la part de la société, le créancier saisissant a le droit de reprendre ses poursuites.

38. Dans la huitaine de la vente, l'acquéreur est tenu d'acquitter, à titre de provision, dans la caisse de la société, le montant des annuités dues.

Après les délais de surenchère, le surplus du prix doit être versé à ladite caisse jusqu'à concurrence de ce qui lui est dû, nonobstant toutes oppositions, contestations et inscriptions des créanciers de l'emprunteur, sauf néanmoins leur action en répétition, si la société avait été indûment payée à leur préjudice.

39. Si la vente s'opère par lots ou qu'il y ait plusieurs acquéreurs non cointéressés, chacun d'eux n'est tenu même hypothécairement vis-à-vis de la société que jusqu'à concurrence de son prix.

40. La surenchère a lieu conformément aux articles 708 et suivants du Code de procédure civile.

Dans le cas de vente devant notaire, elle doit être; faite au greffe du tribunal dans l'arrondissement duquel l'adjudication a été prononcée.

41. Lorsqu'il y a lieu à folle enchère, il y est procédé suivant le mode indiqué par les art. 33, 34, 35, 36 et 37 du présent décret.

42. Tous les droits énumérés dans le présent chapitre peuvent être exercés contre les tiers détenteurs, après dénonciation du commandement fait au débiteur.

Les poursuites commencées contre le débiteur sont valablement continuées contre lui, jusqu'à ce que les tiers auxquels il aurait aliéné les immeubles hypothéqués se soient fait connaître à la société. Dans ce cas, les poursuites sont continuées contre les tiers détenteurs sur les derniers errements, quinze jours après la mise en demeure.

TITRE V. — *Dispositions générales.*

43. Les sociétés de crédit foncier sont placées sous la surveillance du ministre de l'intérieur, de l'agriculture et du commerce et du ministre des finances.

Le choix des directeurs est soumis à l'approbation du ministre de l'intérieur, de l'agriculture et du commerce.

44. Il est interdit aux sociétés de faire d'autres opérations que celles prévues par le présent décret.

45. Elles sont admises à déposer leurs fonds libres au Trésor, aux conditions déterminées par le gouvernement.

46. Les fonds des incapables et des communes peuvent être employés en achat de lettres de gage.

Il en est de même des capitaux disponibles appartenant aux établissements publics ou d'utilité publique, dans tous les cas où ces établissements sont autorisés à les convertir en rentes sur l'Etat.

47. Les inscriptions hypothécaires prises au profit des sociétés de crédit foncier sont dispensées, pendant toute la durée du prêt, du renouvellement décennal prescrit par l'art. 2154 du Code civil.

48. Les statuts approuvés conformément aux dispositions de l'art. 1er indiquent principalement :

1° Le mode suivant lequel il doit être procédé à l'estimation de la valeur de la propriété :

2° La nature des propriétés qui ne peuvent être admises comme gage hypothécaire, et celles sur lesquelles il ne peut être prêté qu'une somme inférieure à la quotité fixée par l'art. 8 ;

3° Le maximum des prêts qui peuvent être faits au même emprunteur ;

4° Les tarifs pour le calcul des annuités ;

5° Le mode et les conditions des remboursements anticipés ;

6. L'intervalle à établir entre le payement des annuités par les emprunteurs et le payement des intérêts du capital par la société ;

7° Le mode d'émission et de rachat et le mode de remboursement des lettres de gage avec ou sans primes, ainsi que le mode d'annulation des lettres de gage remboursées ;

8. La constitution d'un fonds de garantie ou d'un fonds de réserve ;

9° Les cas où il y aura lieu à la dissolution de la société, ainsi que les formes et conditions de la liquidation ;

10° Les cautionnements et autres garanties à exiger des directeurs, administrateurs et employés de la Société, ainsi que le mode de leur nomination.

49. Un règlement d'administration publique détermine notamment :

1° Le mode suivant lequel est exercée la surveillance de la gestion et de la comptabilité ;

2. La publicité périodique à donner aux états de situation et aux opérations sociales ;

3° Le tarif particulier des honoraires dus aux officiers publics appelés à concourir aux divers actes auxquels peut donner lieu l'établissement des sociétés de crédit foncier.

50. Le ministre de l'intérieur, de l'agriculture et du commerce, et le ministre des finances, sont chargés, chacun en ce qui le concerne, de l'exécution du présent décret.

Fait au palais des Tuileries, le 28 février 1852.   LOUIS-NAPOLÉON.

(*Moniteur du 28 février.*)

II. EXPLICATIONS INSÉRÉES DANS LE MONITEUR.—Les institutions de crédit foncier étant presque inconnues en France, il nous paraît essentiel de donner sur leur mécanisme et sur leurs effets quelques explications qui feront mieux apprécier les immenses avantages du décret publié par le *Moniteur* du 28 de ce mois.

Une enquête ouverte au Conseil d'État, en 1850, a prouvé que l'intérêt des prêts hypothécaires est, en moyenne, de 8 pour 100 par an , y compris les frais d'enregistrement, honoraires, expédition, inscription, renouvellement, quittance, radiation. Les renseignements recueillis auprès des Conseils généraux ont donné le même résultat.

La dette hypothécaire inscrite est d'environ 14 milliards. En déduisant les hypothèques éteintes, conditionnelles, légales, judiciaires, il reste plus de 8 milliards qui supportent un intérêt de 640 millions.

Il est à remarquer que le capital de la dette s'accroît, année moyenne, de 600 millions, c'est-à-dire d'une somme presque équivalente au montant de l'intérêt.

Un pareil état de choses, qui menaçait les fortunes immobilières de la France, appelait un prompt remède.

Voyons maintenant quels seront les effets des institutions créées par le Président de la République, et qui fonctionnent avec tant de succès en Allemagne depuis près d'un siècle.

Les sociétés de crédit foncier, à l'aide des priviléges qui leur sont attribués par le décret, offriront toute sécurité aux capitalistes.

1° Ces sociétés ne pourront émettre des obligations ou lettres de gage que jusqu'à concurrence des prêts qu'elles auront consentis. La stricte exécution de cette clause est assurée par l'intervention du notaire, qui, dépositaire de l'acte de prêt; peut seul viser ces lettres de gage. Cet officier public encourrait une grave responsabilité s'il visait des obligations qui excéderaient le montant du prêt.

2° Ces sociétés ne sont exposées à aucune perte. Les sommes qu'elles prêtent sont garanties par une première hypothèque sur un immeuble d'une valeur au moins double. Elles ne font de payements qu'après avoir purgé les hypothèques légales, rescisoires et résolutoires. Elles n'ont donc à craindre aucune éviction.

3° En cas de retard dans l'acquittement des annuités souscrites à leur profit, elles ont le droit de séquestrer immédiatement l'immeuble hypothéqué, et même de le vendre avec des formalités rapides et peu coûteuses.

Quel sera le débiteur qui se laissera exproprier pour ne point se libérer exactement chaque année d'une portion de dette à peine égale au revenu de sa propriété?

Si l'on ajoute à toutes ces causes de sécurité celle qui résulte du concours de l'État et des départements, si l'on considère la facilité de placer et de négocier les lettres de gage qui, pouvant être fractionnées en sommes de 100 francs, recueilleront les épargnes même des petites fortunes, il est permis d'espérer que ces sociétés trouveront aisément des capitaux à un intérêt de 4 1/2 pour 100 au plus.

Cela posé, examinons quelles seront les charges qu'auront à supporter les emprunteurs :

Intérêt de l'argent..............................	4 1/2	p. 100
Frais de premier établissement et d'administration............	1/2	p. 100
Amortissement...............................	1	p. 100
Total................	6	p. 100

Supposons un propriétaire qui, ayant un immeuble d'une valeur de 100,000 fr., a emprunté sur hypothèque 50,000 fr.

Il paye en ce moment l'intérêt, frais compris, à 8 pour 100, ou soit 4,000 fr.

Il est, en outre, menacé, à l'échéance de sa dette, d'une expropriation forcée qui toujours amène sa ruine.

Que ce propriétaire s'adresse à une société de crédit foncier, il recevra les 50,000 fr., et n'aura plus à payer que 3,000 fr. par an, sans jamais être tenu de rembourser le capital, qui sera éteint après quarante ans.

Nous avons dit que la dette hypothécaire de la France est de 8 milliards, et l'intérêt annuel de 640 millions.

Le crédit foncier éteindra la dette après quarante ans, et diminuera l'intérêt de 2 pour 100, ou soit de 160 millions.

Cette dernière somme équivaut à près des trois cinquièmes de la contribution foncière, qui est de 280 millions.

Si tout à coup un décret du Président de la République apprenait à la France que la contribution foncière est diminuée de plus de moitié, avec quels transports d'allégresse un pareil décret ne serait-il pas accueilli ! Le même résultat sera obtenu par les institutions du crédit foncier, dès qu'elles seront organisées dans les départements. On aurait en vain attendu longtemps cet immense bienfait, sans l'activité prodigieuse imprimée au pouvoir législatif depuis l'acte du 2 décembre.

En effet, dans la pensée de l'Assemblée nationale, le crédit foncier ne pouvait être décrété qu'après la réforme hypothécaire, et combien de difficultés cette réforme n'éprouvait-elle pas encore, quoique les jurisconsultes les plus éminents eussent consacré plus de deux ans à l'étude de ce projet!

Ces difficultés ont été aplanies avec un rare bonheur par le décret du 28 de ce mois, qui, introduisant des innovations profondes dans le système hypothécaire et dans les formalités de l'expropriation|forcée, en restreint l'application aux actes faits par les sociétés de crédit foncier, et laisse conséquemment subsister, quant au droit commun, toutes les dispositions de nos codes; de telle sorte que, si la pratique prouve que le nouveau système peut fonctionner sans de graves inconvénients, on pourra l'étendre plus tard à toute la législation. Si, au contraire, l'expérience démontre que ces innovations ne garantissent pas suffisamment l'intérêt des propriétaires et des incapables, l'épreuve aura été faite sans danger, et des modifications nouvelles pourront obvier aux inconvénients qui se seront révélés.

Faisons donc un appel aux capitalistes qui se préoccupent des intérêts généraux de leur pays. Nous ne doutons point qu'ils ne prêtent leur concours aux sociétés de crédit foncier qui, sans doute, ne tarderont point à s'établir dans toute la France.

(*Moniteur* du 1er mars.)

CONVERSION DES RENTES 5 POUR 100 EN RENTES 4 1/2 POUR 100. — RAPPORT DE M. BINEAU, MINISTRE DES FINANCES. — DÉCRET.

I. *Rapport au président de la République.* — Monseigneur, la réduction de l'intérêt de la dette publique doit être chez tous les peuples la conséquence de l'abaissement général du taux de l'intérêt.

Déjà plusieurs États sont entrés dans cette voie.

Par trois conversions successives opérées de 1822 à 1844, l'Angleterre a réduit de 5 à 3 p. 100 l'intérêt de sa dette nationale, diminuant ainsi de deux cinquièmes la charge que cette dette faisait peser sur le trésor.

En 1842, la Prusse a converti son 4 p. 100 en 3 1/2.

En 1844, la Belgique a réduit également l'intérêt de sa dette en convertissant sa rente 5 pour 100 en rente 4 1/2.

La France n'a encore presque rien fait à cet égard.

Dès 1824, cependant, M. de Villèle proposait cette mesure, mais son projet prématuré restait à peu près sans succès.

Depuis cette époque, et à plusieurs reprises, cette mesure a été proposée de nouveau, et trois fois même, en 1838, 1840 et 1845, elle a été adoptée par la Chambre des députés; mais elle a toujours échoué devant la résistance du gouvernement.

Le gouvernement ne contestait et ne pouvait contester, en effet, ni le droit, ni les avantages, ni la nécessité de cette mesure; mais il se retranchait toujours derrière une prétendue inopportunité.

Aujourd'hui, monseigneur, je crois que le moment est arrivé de l'accomplir.

Pour qu'une pareille opération puisse se faire, trois conditions sont nécessaires :

Il faut que, par suite de l'abaissement général du taux de l'intérêt dans le pays, le taux réel du crédit de l'État, l'intérêt auquel il pourrait contracter un emprunt, soit inférieur à l'intérêt de la dette qu'il s'agit de convertir ;

Il faut, en outre, que le Trésor soit dégagé de tout embarras, afin d'être en mesure de pourvoir aux remboursements partiels qui pourraient être demandés ;

Il faut enfin que le pays soit calme et l'avenir assuré.

Ces trois conditions existent aujourd'hui. Le taux général de l'intérêt s'est successivement abaissé pour toutes les transactions ; la Banque prête et escompte à 3 p. 100 ; l'intérêt auquel l'Etat pourrait emprunter, et par suite l'intérêt qu'il doit conserver à sa dette, est au-dessous de 5 p. 100.

Le 5 p. 100 n'est qu'à 103 60, mais ce fonds est déprimé par la prévision dès longtemps admise de la conversion ; et le 3 p. 100, dont le cours est la véritable mesure du crédit de l'Etat, est aujourd'hui à 68 fr. 60 c. ; ce qui, déduction faite de la portion d'intérêt déjà acquise, met à un peu plus de 4 1/3 p. 100 le taux d'intérêt qu'il offre aux rentiers.

Le Trésor n'a aucun embarras ; le budget de 1852, qui va être publié, se réglera sans découvert, et le traité qu'il y a quelques jours vous avez bien voulu m'autoriser à faire avec la Banque, a beaucoup allégé les charges que les budgets des exercices antérieurs faisaient peser sur notre dette flottante.

Enfin, et grâces vous en soient rendues, monseigneur, l'ordre et l'autorité sont rétablis, la France est calme et prospère, et l'avenir est assuré.

Dans cet état de choses, la conversion est possible, elle est opportune ; et, du jour où elle est possible, elle est nécessaire.

La différer aurait plusieurs inconvénients graves : ce serait faire peser sur le budget une charge dont il est possible de l'exonérer ; ce serait courir le risque de rendre l'exécution de cette mesure, sinon impossible, au moins plus difficile, en laissant s'élever beaucoup le cours du 5 p. 100 ; ce serait enfin apporter un obstacle artificiel à l'abaissement si désirable du taux général de l'intérêt pour les transactions de toute sorte.

Si vous admettez, monseigneur, que le moment soit venu d'accomplir cette grande mesure, il vous sera facile de régler immédiatement les conditions dans lesquelles elle devra se réaliser, car les nombreuses discussions qui, depuis quinze ans, ont eu lieu à ce sujet devant les Chambres ont résolu toutes les questions de système, éclairé toutes les difficultés d'exécution, préparé même toutes les solutions de détail et de rédaction.

Permettez-moi, monseigneur, de mettre sous vos yeux les principales dispositions du projet que j'ai l'honneur de vous soumettre et de présenter à votre sanction.

Mais, auparavant, un mot d'abord de la question de droit.

L'Etat, d'après nos lois civiles, a, comme tout particulier, le droit de rendre à son créancier la somme qu'il a reçue de lui ; il a le droit de se libérer par le remboursement de sa dette.

Ce droit, dans la législation ancienne, n'était pas contesté; Sully et Colbert en ont usé pour rembourser une partie de la dette nationale.

Le Code civil a confirmé, à cet égard, les principes de l'ancienne jurisprudence ; il a soumis au droit de remboursement les rentes qualifiées perpétuelles.

Aucune loi n'a dérogé à ce principe, et c'est dans ces conditions, sous l'influence de ce droit, qu'ont été contractés les emprunts qui forment notre dette.

En défendant à l'amortissement de racheter au-dessus du pair, la loi du 1er mai 1825 a nettement consacré le droit de rembourser au pair. Elle a fait plus : elle a explicitement proclamé ce droit, en stipulant que le fonds nouveau de 4 1/2 qu'elle créait serait pendant dix années garanti contre l'usage du droit de remboursement.

Enfin, la loi du 10 juin 1833 a été plus positive encore, en statuant qu'une portion du fonds d'amortissement pourrait être affectée au remboursement de la dette.

Le droit de l'Etat est donc incontesté et incontestable.

Puisque l'Etat a le droit de rembourser ses créanciers, il peut leur dire : Consentez à une réduction d'intérêt, ou recevez le remboursement de votre créance.

C'est là ce qu'on nomme la conversion.

Quelle réduction d'intérêt l'Etat doit-il demander aujourd'hui aux propriétaires de la rente 5 pour 100 ?

C'est là la première et la principale question qu'il faille résoudre.

Sa solution est facile, car elle dépend purement et simplement d'un fait, du taux actuel du crédit de l'Etat, du taux d'intérêt auquel il pourrait emprunter aujourd'hui.

Aujourd'hui, l'Etat pourrait sans peine emprunter au taux d'environ 4 1/2; il peut donc offrir à ceux de ses créanciers auxquels il paye 5 pour 100, ou le remboursement de leur créance, ou la réduction à 4 1/2 de l'intérêt qui leur est servi par le Trésor.

C'est là, monseigneur, ce que j'ai l'honneur de vous proposer de faire ; c'est là ce qu'ont fait les autres Etats.

En 1822, l'Angleterre payait 5 pour 100 à ses créanciers ; elle eût pu, à cette époque, emprunter à 4 pour 100 ; elle a offert aux rentiers l'option entre le remboursement et la réduction à 4 pour 100. Sauf un très-petit nombre d'exceptions, ils ont accepté la réduction, et le 5 pour 100 anglais a été converti en 4 pour 100.

Le taux général de l'intérêt continuant à s'abaisser, l'Angleterre, en 1830, a offert aux porteurs de 4 pour 100 l'option entre le remboursement ou la réduction à 3 1/2, et le 4 pour 100 a été converti en 3 1/2.

Enfin, en 1844, la baisse du taux de l'intérêt ayant fait de nouveaux progrès, le 3 1/2 a été converti en 3 pour 100.

Ainsi, par trois conversions successives, l'intérêt de la dette nationale de l'Angleterre a été réduit de 5 à 3 pour 100, sans que le capital de cette dette ait été augmenté.

La Prusse et la Belgique ont procédé de même en 1842 et 1844.

Ainsi faites, les conversions sont des opérations aussi simples qu'elles sont avantageuses pour le Trésor et équitables pour les rentiers.

Elles ne sont pas autre chose que l'application à la dette de l'Etat de l'abaissement progressif que le taux général de l'intérêt éprouve dans le pays.

A diverses époques, depuis 1824, on a proposé en France de substituer à ce mode si simple, si naturel, si équitable, un système de conversion plus compliqué, qui avait pour objet de réduire davantage l'intérêt de la dette en accroissant son capital.

Dans ce système, on demandait aux rentiers une réduction d'intérêt plus considérable, en leur offrant, comme compensation, l'augmentation ultérieure de leur capital.

C'est ce qu'on a nommé la conversion en un fonds au-dessous du pair ; c'est ce que M. de Villèle a tenté sans succès en 1824 et en 1825.

M. de Villèle, en 1824, offrait aux rentiers de convertir leur 5 pour 100 en 3 pour 100, qui leur serait délivré au taux de 75 fr., ce qui revenait à leur donner, en échange de 5 fr. de rente 5 pour 100, 4 fr. de rente 3 pour 100 ; d'où résultait pour eux et pour le Trésor une diminution de 1/5 dans l'intérêt et une augmentation de 1/3 dans le capital de la dette.

Depuis cette époque, on a souvent reproduit ce système en faisant varier le taux auquel le 3 pour 100 serait délivré aux rentiers, et faisant varier par suite la réduction de l'intérêt et l'augmentation du capital.

Ce mode de conversion a toujours été écarté, aussi bien en France que chez les autres peuples, et, à mon avis, il devait l'être ; car il n'est bon qu'à faire des réductions qu'on peut appeler prématurées, avant l'époque où l'abaissement du taux de l'intérêt permet d'accomplir naturellement la réduction de l'intérêt de la dette nationale.

Aussi, monseigneur, mettant de côté ce système, ai-je l'honneur de vous proposer d'adopter celui qui, jusqu'ici, a prévalu en France dans presque toutes les discussions, à l'étranger dans toutes les applications.

Le projet que je soumets à votre sanction offre aux porteurs de 5 pour 100 l'option entre le remboursement de leur créance et la réduction de leur intérêt à 4 1/2 pour 100.

Le nouveau fonds 4 1/2 qui leur sera remis en échange du fonds 5 pour 100 sera garanti pour dix années contre l'usage du droit de remboursement.

Dans ces conditions, les rentiers porteurs de 5 pour 100 n'hésiteront pas, j'en suis convaincu, à accepter la conversion.

Ils l'accepteront, parce qu'en réclamant le remboursement de leur capital, ils ne pourraient trouver nulle part pour ce capital un emploi qui fût à la fois aussi sûr et aussi avantageux. Ils ne réclameront pas leur remboursement pour acheter du 3 pour 100, car ils ne retireraient de ce nouveau placement qu'un intérêt moins élevé ; ils ne le demanderont pas pour acheter des valeurs industrielles, car les capitaux qui alimentent les entreprises de cette sorte ne sont pas les mêmes que ceux qui vont s'inscrire au grand livre. Ce qu'on recherche dans les valeurs industrielles, c'est, à côté de chances de perte, des espérances de revenus élevés ; ce que demandent les rentiers, c'est la sûreté du capital, la fixité et la régularité du revenu.

Les rentiers accepteront donc la conversion ; ils l'accepteront en France comme ils l'ont acceptée dans les autres Etats.

Quand l'Angleterre, en 1844, a converti son 3 1/2 en 3 pour 100, le capital sur lequel portait l'opération était de 250 millions sterling, soit 6 milliards 250 millions de francs, et les demandes de remboursement ne se sont élevées qu'à 1 million 1/2 de francs.

A ces demandes de remboursement qui auraient pour cause des motifs tout à fait exceptionnels, le Trésor sera largement en mesure de pourvoir.

Il aura pour cela son encaisse, qui est aujourd'hui de 120 millions, et qui, eu égard à l'accroissement journalier des Caisses d'épargne et des bons du Trésor, sera encore, après le payement du semestre du 22 mars, de près de 100 millions.

Il aura son portefeuille, contenant en obligations de chemins de fer à échéance fixe plus de 150 millions, dont 100 millions à très-courte échéance provenant de la compagnie du chemin de fer de Lyon, et qui seront très-faciles à négocier et à escompter.

Il aura la négociation des bons du Trésor. L'émission actuelle de ces bons n'est encore que de 80 millions ; elle peut sans inconvénient être plus que doublée.

Enfin, et pour pousser la prudence jusqu'à ses dernières limites, le décret donne encore au ministre des finances la faculté éventuelle de négocier des rentes, si, par extraordinaire, cette ressource devenait nécessaire.

Vous jugerez certainement, Monseigneur, que ces moyens sont plus que suffisants pour permettre au Trésor de pourvoir aux remboursements qui pourraient être demandés.

Le nouveau fonds 4 1/2 pour 100 qui va être créé sera-t-il doté d'un amortissement ?

C'est la dernière question que j'aie à vous soumettre.

Lorsque l'amortissement a été imaginé, on s'est exagéré ses effets et sa puissance. L'expérience a un peu fait tomber ces illusions ; elle a montré que, pour un Etat, il n'y a d'amortissement réel, efficace et assuré que celui qui provient des excédants de recettes.

On pourrait donc songer à ne pas créer un amortissement en faveur du fonds 4 1/2 qu'il s'agit de créer ; mais, si l'on opérait ainsi, notre dette se composerait de deux espèces de fonds placés, quant à l'amortissement, dans des conditions différentes : d'un côté, l'ancien 4 1/2, le 4 et le 3 pour 100 seraient dotés d'un amortissement ; de l'autre, le nouveau 4 1/2 n'en aurait pas.

Cette situation aurait des inconvénients, et il me paraît préférable de transporter au nouveau 4 1/2 l'amortissement qui était afférent au 5 pour 100, ce qui sera conforme d'ailleurs aux dispositions qui avaient déjà été adoptées à ce sujet dans les projets de loi antérieurs.

De cette façon, la question de l'amortissement sera réservée tout entière.

Je crois inutile, Monseigneur, d'appeler votre attention sur les détails et les questions secondaires du projet. Permettez-moi de vous dire seulement que les dispositions relatives aux délais, à l'interprétation du silence des rentiers, aux rentes qui appartiennent à des mineurs, qui sont grevées d'usufruit ou qui sont affectées à des majorats, sont textuellement empruntées au dernier projet de loi qui, en 1845, avait été adopté par la Chambre des députés sur le rapport d'une Commission dont j'avais l'honneur d'être membre.

Si vous daignez, Monseigneur, approuver les propositions que j'ai l'honneur de vous soumettre, vous accomplirez une grande mesure, trop longtemps différée, qui diminuera les charges du budget d'une somme annuelle de 18 millions, qui contribuera à abaisser le taux de l'intérêt, et qui, à ce double titre, sera accueillie avec reconnaissance par le pays.

J'ai l'honneur d'être, avec un profond respect, Monseigneur, votre très-humble et très-obéissant serviteur, le ministre des finances.   BINEAU.

II. *Décret.*

ART. 1er. Le ministre des finances est autorisé à effectuer le remboursement des rentes 5 pour 100 inscrites au grand-livre de la dette publique, à raison de 100 francs par chaque 5 francs de rentes, ou à en opérer la conversion en nouvelles rentes à 4 1/2 pour 100.

Tout propriétaire de rente qui, dans les délais ci-après, n'aura pas demandé le remboursement, recevra, en échange de son inscription, un autre titre à raison de 4 francs 50 c. de cette rente nouvelle pour chaque 5 francs de rente ancienne.

Pour ce nouveau fonds de 4 1/2 pour 100, l'exercice du droit de remboursement est suspendu pendant dix années, jusqu'au 22 mars 1862.

Les rentes converties jouiront des intérêts à 5 pour 100 jusqu'au 22 mars courant.

2. La demande de remboursement devra être produite dans le délai de vingt jours, à compter de la date du présent décret.

Ce délai sera porté à deux mois pour les propriétaires de rentes qui se trouveraient hors de France, mais en Europe ou en Algérie, et à un an pour ceux qui se trouveraient hors d'Europe ou d'Algérie, sans que cette exception puisse entraîner la prolongation des termes fixés par les deux derniers paragraphes de l'art. 1er.

3. Les remboursements qui seraient demandés pourront être effectués par séries.

4. En ce qui concerne les propriétaires de rentes qui n'ont pas la libre et complète administration de leurs biens, l'acceptation de la conversion sera assimilée à un acte de simple administration et sera dispensée d'autorisation spéciale et de toute autre formalité judiciaire.

5. Pour les rentes grevées d'usufruit, la demande de remboursement devra être faite par le nu-propriétaire et l'usufruitier conjointement. Si elle est faite par l'un d'eux seulement, le Trésor sera valablement libéré en déposant à la Caisse des consignations le capital de la rente.

Si ce dépôt résulte du fait de l'usufruitier, celui-ci n'aura droit, jusqu'à l'emploi, qu'aux intérêts que la Caisse est dans l'usage de servir.

S'il résulte du fait du nu-propriétaire, ce dernier sera tenu de bonifier à l'usufruitier la différence entre le taux des intérêts payés et celui de 4 1/2 pour 100. Toutefois, il n'est porté aucune atteinte aux stipulations particulières qui règlent les droits du nu-propriétaire et de l'usufruitier.

6. Pour les rentes affectées à des majorats, si le remboursement en est demandé par les titulaires, le capital en sera déposé à la Caisse des consignations pour le remploi en être fait conformément à la législation spéciale des majorats.

7. Le ministre des finances est autorisé, pour effectuer les remboursements de rentes 5 pour 100 qui seraient demandés,

1° A négocier des bons du Trésor;

2° A faire inscrire, s'il en était besoin, sur le grand-livre de la dette publique, des rentes dont la négociation devrait être faite avec publicité et concurrence.

8. La part d'amortissement attribuée aux rentes 5 pour 100, qui seront converties ou remboursées, sera transportée aux rentes 4 1/2 pour 100 qui leur seront substituées.

9. Tous titres ou expéditions à produire pour le remboursement ou la conversion des rentes 5 pour 100, en tant qu'ils serviraient uniquement aux opérations nécessitées par le présent décret, seront visés pour timbre et enregistrés gratis, pourvu que cette destination soit exprimée.

10. Le ministre des finances est chargé de l'exécution du présent décret.

Fait au palais des Tuileries, le 14 mars 1852.   LOUIS-NAPOLÉON. ·

(*Moniteur* du 14 mars 1852.)

BANQUE DE FRANCE.—*Situations hebdomadaires.*—C'est la dernière fois que nous rendrons compte des variations subies chaque semaine par les divers comptes qui figurent dans les situations de la Banque; ces dernières ne devront plus être, en effet, publiées que tous les trois et six mois, aux termes du dernier paragraphe de l'art. 3 du décret du 3 mars 1852. Nous regrettons vivement, pour notre compte, cette mesure qui ne permettra au public d'apprécier l'état du mouvement commercial de l'intérieur du pays qu'à des époques un peu éloignées. Si la publicité hebdomadaire ne laissait pas assez de latitude pour donner de l'importance aux variations subies d'une situation à l'autre, il y avait du moins mieux à faire que ce qui a été décidé; ainsi la publication mensuelle était plus convenable. On doit toujours, quand on centralise et monopolise une industrie comme celle des banques, répandre au moins toute la lumière possible sur les opérations de cette banque unique; sans cela, des malheurs d'autant plus graves peuvent arriver que l'on s'y attend moins.

Le numéraire a encore augmenté soit à Paris, soit dans les succursales; le portefeuille a, au contraire, subi une énorme dépréciation; au 15 janvier, il atteignait à Paris 64 millions; au 5 février, il se réduisait déjà à 49 millions; un mois plus tard, le 4 mars, il n'était plus que de 36 millions; celui des succursales n'a baissé que de 5 millions. Les avances sur lingots et monnaies, ainsi que celles sur rentes ont beaucoup diminué depuis un mois; au 5 février, voici à combien elles montaient :

Avances sur lingots et monnaies	3,616,842
Avances sur effets publics.	22,794,580

Au 4 mars, elles étaient réduites à :

Avances sur lingots et monnaies.	3,159,758
Avances sur effets publics.	17,000,899

On voit donc que les principales opérations de la Banque, escomptes et avances, ont été en déclinant depuis un mois.

La circulation en billets au porteur a diminué ce mois-ci de 22 millions à Paris et de 5 dans les succursales. Le compte courant du Trésor a, comme cela a lieu ordinairement, augmenté à cause de l'approche du détachement du coupon (le 22 mars.)

Enfin, les comptes courants des particuliers n'ont pas varié d'une manière importante (à 1 million près).   A. COURTOIS.

SITUAT. DE LA BANQUE.	AU 12 FÉV.	AU 19 FÉV.	AU 26 FÉV.	AU 4 MARS.
ACTIF.				
Argent monnayé et lingots à Paris..	463,716,793 28	466,279,023,17	470,093,477 06	473,994,724 01
Idem dans les succursales........	110,822,277 »	112,065,083 »	115,154,102 »	116,910,361 »
Effets échus hier à recouvrer ce jour	213,224 52	217,726 07	776,861 10	265,795 29
Portefeuille de Paris ¹...........	44,675,660 01	43,297,328 37	41,737,005 51	36,335,983 65
Idem des succursales...........	70,997,453 »	70,704,538 »	69,124,238 »	70,772,185 »
Avances sur ling. et monnaies à Paris	246,600 »	213,600 »	187,600 »	163,600 »
Idem dans les succursales........	3,183,152 »	3,131,358 »	3,155,758 »	2,996,158 »
Avances sur effets pub. franç. à Paris	17,995,536 10	17,035,636 10	15,256,636 10	14,147,236 10
Idem dans les succursales.........	2,767,164 »	2,724,266 »	2,943,663 »	2,853,663 »
Avances à l'État.............	125,000,000 »	125,000,000 »	125,000,000 »	125,000,000 »
Avances à la ville de Paris........	10,000,000 »	10,000,000 »	10,000,000 »	10,000,000 »
Rentes de la réserve...........	10,000,000 »	10,000,000 »	10,000,000 »	10,000,000 »
Rentes, fonds disponibles.........	42,683,040 83	42,683,040 83	42,683,040 83	42,683,040 83
Plac. des nouv. succ. en effets publ.	12,952,725 74	12,952,725 74	12,952,725 74	12,952,725 74
Hôtels et mobilier de la Banque...	7,416,771 »	7,416,771 »	7,416,771 »	7,416,771 »
Intérêts dans les compt. nation. d'esc.	303,000 »	303,000 »	303,000 »	303,000 »
Dépenses d'administration........	312,132 39	320,196,33	324,539 86	464,661 19
Divers...	2,007,061 37	194,322 72	2,816,725 39	1,654,174 88
PASSIF.				
Capital divisé en actions de 1000 fr.	91,250,000 »	91,250,000 »	91,250,000 »	91,250,000 »
Réserve............	12,980,750 14	12,980,750 14	12,980,750 14	12,980,750 14
Réserve immobilière de la Banque..	4,000,000 »	4,000,000 »	4,000,000 »	4,000,000 »
Billets au port. en circ. de la Banq.	447,986,000 »	440,674,000 »	436,600,600 »	429,432,600 »
Idem des succursales...........	124,171,500 »	125,360,400 »	123,912,200 »	123,663,125 »
Billets à ordre.............	6,755,499 37	6,630,764 88	6,569,086 82	6,139,649 18
Compte courant du Trésor, créd.	91,159,783 49	91,768,250 62	99,277,362 20	100,427,434 74
Comptes courants des partic. à Paris	107,253,987 66	110,363,232 46	114,644,413 29	119,177,391 56
Idem dans les succursales.........	24,677,090 »	26,404 162 »	26,272,017 »	27,669,874 »
Récépissés payables à vue.........	12,378,298 »	12,186,566 »	12,087,126 »	11,211,853 »
Dépenses précomptées..........	112,993 04	112,993 04	112,993 04	109,199 29
Escomptes et intérêts divers......	884,937 07	963,666 09	1,037,591 32	1,169,653 38
Réescompte et bénéfices réservés...	408,882 »	408,882 »	408,882 »	408,882 »
Rentrées sur les effets en souffrance	192,848 05	383,899 41	352,701 31	357,198 60
Divers.................	1,062,022,42	1,051,028 75	1,220,440 49	915,996 90
TOTAL ÉGAL DE L'ACT. ET DU PASSIF	925,294,591 24	924,538,595 33	929,926,163 61	928,913,480 39
¹ Dont provenant des succursales	13,419,853 50	13,915,299 71	14,189,257 02	12,334,636 56

REVUE COMMERCIALE. — *Février* 1852. — Stagnation presque générale du commerce, soit de gros, soit de détail.

Les *farines* ne se vendent pas ; les *blés* sont en baisse ; à part le Centre, et peut-être aussi la Normandie, qui sont fermes, les autres parties de la France voient les cours en baisse ou au moins sans variations.

Les *bestiaux* se vendent mieux que les autres denrées.

Les *vins* tendent à la hausse. Les 3/6 continuent à monter dans le Midi. Les *eaux-de-vie* sans variations.

Les *huiles* sont sans *vendeurs* ; les *savons* de même.

Les *sucres* sans affaires.

La plus grande stagnation règne dans les affaires en *cafés*.

Malgré la faiblesse des cours à New-York, les *cotons* se sont assez bien tenus au Havre.

Peu de transactions en *laines* ; plus d'offres que de demandes.

Dans la Drôme et l'Ardèche, les cours des *soies* se maintiennent et les affaires sont animées.

Stagnation dans les *tissus de laine, de fil et de coton.*

L'industrie métallurgique continue à reprendre d'une manière satisfaisante, grâce aux nouveaux chemins de fer concédés.　　　　　A. COURTOIS.

Bourse de Paris, *février* 1852. — Les cours des rentes et actions de chemins de fer, un peu faibles au commencement de février, ont graduellement remonté jusqu'à la fin du mois, époque à laquelle ont été faits presque tous les plus hauts cours du mois. Dans les premiers jours de mars la hausse a continué, et, le 4 surtout, la réduction du taux de l'escompte de la Banque a produit sur les rentes un mouvement de hausse dont le détachement du coupon a un peu ralenti l'impulsion.

PAIR.	VERSE-MENTS.	BOURSE DE PARIS. FÉVRIER 1852. RENTES. — BANQUE. — CHEMINS DE FER.	1er cours.	Plus haut cours.	Plus bas cours.	Dernier cours.
100	Tout.	5 %, jouiss. 22 septembre 1851...........	102 50	104 20	102 20	103 85
100	Tout.	4 1/2 %, jouiss. 22 septembre 1851...........	91 75	92 25	91 75	92 25
100	Tout.	4 %, jouiss. 22 septembre 1851...........	84 50	84 75	84 »	84 75
100	Tout.	3 %, jouiss. 22 décembre 1851...........	64 70	66 15	63 90	65 35
1000	Tout.	Banque de France, jouiss. janvier 1852......	2660 »	2660 »	2545 »	2565 »
500	Tout.	Paris à Saint-Germain, jouiss. octobre 1851..	500 »	552 50	500 »	552 50
500	Tout.	Paris à Versailles (rive dr.), jouiss. avril 1847.	290 »	306 25	290 »	306 »
500	Tout.	(rive g.) jouiss. juillet 1851..	243 75	245 »	228 75	236 25
500	Tout.	Paris à Orléans, jouiss. janvier 1852......	1070 »	1150 »	1070 »	1142 50
500	Tout.	Paris à Rouen, jouiss. janvier 1852........	660 »	660 »	630 »	650 »
500	Tout.	Rouen au Havre, jouiss. octobre 1851........	260 »	267 50	260 »	262 75
500	Tout.	Avignon à Marseille, jouiss. janv. 1848........	225 »	232 50	222 50	230 »
350	Tout.	Strasbourg à Bâle, jouiss. janvier 1851......	207 50	230 »	206 25	230 »
500	Tout.	Centre, Orléans à Vierzon, jouiss. janvier 1852	501 25	535 »	497 50	527 50
500	275	Orléans à Bordeaux, jouiss. janvier 1852......	430 »	450 »	428 75	450 »
500	400	Nord, jouiss. janvier 1852................	560 »	595 »	558 75	592 50
500	450	Paris à Strasbourg, jouiss. janvier 1852......	458 75	486 25	455 »	485 »
500	425	Tours à Nantes, jouiss. septembre 1851......	295 »	301 25	295 »	298 75
500	150	Paris à Lyon..........................	570 »	587 50	570 »	580 »
500	425	Dieppe et Fécamp, jouiss. avril 1851........	222 50	227 50	220 »	227 50

PAIR.	FONDS DIVERS français et étrangers.	Plus haut.	Plus bas.	PAIR.	SOCIÉTÉS DIVERSES par actions.	Plus haut.	Plus bas.
100	Rentes Villes 5 %, j. janv. 1852	100 25	100 25	500	Comptoir nat. d'escompte	595 »	577 50
1000	Obl. Ville 1852, j. janv. 1852	1465 »	1380 »	500	Vieille-Mont., j. janv. 1852	3025 »	2900 »
1000	Obl. Ville 1849, j. oct. 1851	1190 »	1180 »	750	Stolberg...............	1000 »	980 »
1000	Obl. Seine 1849, j. janv. 1852	1077 50	1065 »	1000	Monceaux-sur-Sambre..	1400 »	1365 »
1000	Obl. de Marseil., j. janv. 1852	1077 50	1060 »	3000	Aveyron (Decazeville)...	2400 »	2400 »
1000	Obl. list. civ. j. nov. 1851	1075 »	1062 50	1000	Grand'Combe........	525 »	525 »
100	Belgiq., 5 %, j. 1 nov. 1851	101 5/8	100 1/4	100	Gaz franç. Brunton, Pille.	900 »	880 »
100	— 4 1/2 %, j. 1 nov 1851	92 3/4	92 »	2500	Gaz angl. Marguer., Mauby	5150 »	5075 »
100	— 3 %, j. juill. 1851	50 3/8	50 3/8	500	Gaz de Belleville, Payn...	1125 »	1125 »
100	Naples, 5 %, j. janv. 1852	100 25	99 »	500	Lin Maberly (Amiens)...	745 »	715 »
100	Piém. 5 %, j. janv. 1852....	90 10	88 »	500	Lin Cohin (Frévent)......	515 »	510 »
1000	— Obl. 1834, j. janv. 1851	980 »	975 »	5000	Nationale incendie........	111 %/b.	110 %/b.
1000	— Obl. 1843, j. oct. 1851	975 »	950 »	5000	— Vie.........	7 %/b.	7 %/b.
1000	— Obl. 1851, j. 1 fev. 1852	930 »	925 »	5000	Générale incendie........	420 %/b.	420 %/b.
100	Rome, 5 %, j. déc. 1851...	89 1/4	88 1/2	7500	— Vie...........	619 %/b.	10 %/b.
100	— 5 %, 1850, j. déc. 1851	89 »	88 3/4	5000	Union incendie...........	54 %/b.	54 %/b.
	Autriche — lots de 1834....	435 »	435 »	5000	— Vie............	1 %/b.	1 %/b.
100	Espag..3 %ext.j.janv.1852	41 5/8	40 »	5000	France incendie.........	24 %/b.	24 %/b.
100	— 3 %, int. j. janv. 1852	38 1/2	35 3/4	5000	Urbaine incendie........	22 %/b.	21 %/b.
1000	Haïti-Annuités j. janv. 1844	265 »	210 »	2500	Providence incendie.....	Pair.	Pair.
100	Holland. 2 %, j. 22 janv. 1852	59 5/8	59 »	5000	Union des ports maritimes	1/2 %/b.	1/4 %/b.
100	Russie, 4 %, j. janv. 1852..	101 »	99 3/4	5000	Lloyd français maritime..	8 %/b.	5 %/b.

Les actions des Sociétés industrielles, qui avaient peu ressenti le contre-coup de la baisse à la fin de janvier, ont été très-fermes en février ; cependant le Comptoir d'escompte et la Vieille-Montagne surtout ont été beaucoup plus faibles. On a détaché sur les actions de la Nationale-Vie un dividende de 300 francs, qui s'applique à une période de six années.

A. COURTOIS.

BIBLIOGRAPHIE.

ESSAI SUR LE PRINCIPE DE LA POPULATION PAR MALTHUS, *traduit de l'anglais par*
MM. PIERRE et GUILLAUME PRÉVOST (de Genève), *précédé d'une introduction par*
P. ROSSI, *et d'une notice sur la vie et les ouvrages de l'auteur par* CHARLES
COMTE, *avec les notes des traducteurs et de nouvelles notes par* M. JOSEPH GAR-
NIER. 2ᵉ edition, formant le t. VII de la *Collection complète des principaux écono-
mistes*. Un beau volume grand in-8°, de 688 pages. Chez Guillaumin et Cᵉ.

Depuis la publication de l'*Essai sur le principe de la population* dans la collection
complète des Économistes, cette œuvre éminente a été l'objet d'un redoublement
d'attaques. Les socialistes et les protectionnistes, sans parler d'une petite coterie de
prétendus défenseurs de la religion, se sont unis pour diriger contre Malthus et ses
disciples les accusations les plus violentes et les plus injustes. Ç'a été un véritable
concert d'invectives de la part de la *Voix du Peuple*, du *Constitutionnel*, du *Nouveau-Monde*, du *Moniteur industriel* et de l'*Univers religieux*. Ces voix, si discor-
dantes d'habitude, se sont mises à l'unisson pour jeter l'anathème sur Malthus et sur
sa doctrine. Comment cet accord étrange a-t-il pu être réalisé? Comment se fait-il
que des écrivains, qui semblaient séparés par l'épaisseur d'un monde, *toto orbe*, se
soient trouvés réunis tout d'un coup pour « démolir » une doctrine économique?
Eh! mon Dieu, c'est tout simplement parce que, aux yeux des socialistes, des protectionnistes et des disciples plus ou moins sincères de M. Donoso Cortès, l'économie
politique c'est l'ennemi commun, et que la théorie de Malthus, convenablement dé-
figurée, falsifiée, calomniée, fournissait un thème inépuisable de déclamations et
d'injures contre l'économie politique.

On a donc « empoigné » Malthus sur toute la ligne. MM. Proudhon, Burat, Pierre
Leroux, Darnis, Louis Blanc et Coquille, pour ne citer que ceux-là, se sont rués avec
furie sur l'*Essai sur le principe de la population*, et c'est vraiment merveille qu'ils
ne l'aient pas mis en morceaux.

Heureusement, l'œuvre de l'illustre professeur d'Ailesbury est bâtie tout entière
sur le terrain solide de l'observation. Elle ne saurait, par conséquent, être entamée
ni par les déclamations, ni par des injures, si éloquentes que soient les unes, si violentes ou si acrimonieuses que soient les autres. Il faudrait, pour la démolir, de nouvelles observations, de nouveaux faits, conduisant à des conclusions opposées à
celles de Malthus. Or, de ces observations et de ces faits, nous n'en connaissons
point. Nous n'ignorons pas que notre illustre et regrettable ami Bastiat, après avoir
débuté comme un fervent Malthusien, a prétendu, lui aussi, que Malthus s'était
trompé, et qu'il a voulu donner une solution nouvelle du problème de la population.
Mais qu'on lise les œuvres de Bastiat, et qu'y trouvera-t-on? Des conclusions formulées en d'autres termes que celles de Malthus, mais dont le sens est, en définitive,
absolument le même.

Du reste, les économistes auraient tort de se plaindre des attaques redoublées
dont la théorie de Malthus a été l'objet. Ces attaques ont eu, en effet, pour résultat
le plus clair d'engager le public à tourner de nouveau son attention sur l'œuvre
trop négligée de l'illustre économiste anglais. On ne lisait plus guère Malthus, on ne
le lisait plus assez : les diatribes de ses récents détracteurs ont engagé beaucoup
de gens à constater par eux-mêmes toute la perversité, tout l'endurcissement de cet
« économiste sans entrailles. » On s'est remis de plus belle à lire Malthus, et voilà

pourquoi l'*Essai sur le principe de la population*, publié dans la belle collection de M. Guillaumin, s'est trouvé si promptement épuisé ; voilà pourquoi il en a fallu faire une seconde édition. A la place de M. Guillaumin, nous enverrions à chacun des détracteurs de Malthus un superbe exemplaire sur vélin de cette nouvelle édition, en reconnaissance des admirables réclames qu'ils lui ont faites gratis. D'ailleurs, qui sait ? cela leur donnerait peut-être la tentation de lire ce livre, qu'ils ont tant décrié !

Cette nouvelle édition, dont la science est surtout redevable à MM. Proudhon, Pierre Leroux, etc., a été confiée, comme la première, à notre excellent collaborateur Joseph Garnier. M. Garnier a revu et augmenté quelques-unes des notes judicieuses et concises dont il avait enrichi la première édition. Il a ajouté notamment, à une note de MM. Prévost sur la population des Etats-Unis, un complément relatif aux résultats des derniers recensements. Il a répondu aussi, dans une note finale, à des attaques plus violentes que solides de M. Proudhon, contre la pratique de la contrainte morale. Enfin, M. Garnier a résumé, dans un avant-propos substantiel, les différentes critiques dont la théorie de la population a été l'objet dans ces derniers temps, et il les a réfutées avec la solidité de jugement qu'on lui connaît. Nous ne pouvons qu'adhérer, pour notre part, à ses conclusions :

« En résumé, dit-il, il ne nous semble pas que les critiques ou les attaques récemment dirigées contre Malthus aient en rien ébranlé la doctrine du principe de la population, qui a été éclairée et soutenue par J.-B. Say, Sismondi, Destutt de Tracy, Ricardo, Mill, Rossi, et adoptée par la plupart des autres économistes contemporains. En second lieu, l'expérience n'a cessé de confirmer la justesse des observations de Malthus sur les dangers de la charité légale, et de ses conseils sur la pratique de la charité privée. Troisièmement enfin, la récente et solennelle discussion soulevée en France sur les prétendus droits à l'assistance ou au travail a fait ressortir la grande raison avec laquelle Malthus discutait, il y a cinquante ans, ce grave sujet. »

La théorie de Malthus a donc résisté à toutes les attaques de ses adversaires anciens et nouveaux, et nous ne craignons pas d'affirmer que tous les hommes intelligents, qui voudront se donner la peine de lire à tête reposée, et sans parti pris, l'*Essai sur le principe de la population*, avec l'introduction si remarquable de Rossi, la notice substantielle de Charles Comte, et les notes instructives et judicieuses de M. Joseph Garnier, sortiront de cette lecture profondément et irrémédiablement malthusiens.

G. DE MOLINARI.

SOCIÉTÉ D'ÉCONOMIE POLITIQUE.

L'ABONDANCE DU NUMÉRAIRE ET DES CAPITAUX. — LE DÉGRÈVEMENT DES LAINES D'AUSTRALIE.

La dernière séance a été présidée par M. le duc d'Harcourt, ex-ambassadeur de la France à Rome. M. Twistleton, commissaire de l'administration des pauvres, de retour d'une mission aux Etats-Unis, M. F. de Conninck, armateur au Havre, et M. de Verneuil, ex-président de la Société géologique de France, avaient été invités à cette réunion.

La conversation a porté sur divers sujets : sur les causes de l'abondance du numéraire et des capitaux inactifs et les effets qui en résultent ; sur la réforme des lois de navigation en France ; sur la portée du dégrèvement des laines d'Australie.

Au sujet de l'abondance des capitaux en disponibilité, M. HORACE SAY a dit qu'elle tenait d'abord aux circonstances générales de la situation, trop peu reposée encore pour permettre l'essor des entreprises à long terme; mais aussi en partie à la grande facilité des communications par la vapeur et le télégraphe électrique, qui permet de renouveler les ordres et les renseignements deux ou trois fois dans la même saison, et de mener plusieurs opérations à terme pendant le temps qu'il fallait, naguère, consacrer à une seule, en doublant ou triplant l'activité et les services d'un même capital.

Sur l'invitation de M. H. Say, M. de Conninck donne quelques renseignements intéressants sur cette rapidité maintenant imprimée aux affaires. Il cite notamment l'exemple remarquable d'une affaire de cotons entre Liverpool et Mobile, convenue et exécutée en vingt-cinq jours. Une partie de cotons achetée à Mobile a été dirigée sur New-York par le chemin de fer avec avis par le télégraphe électrique de l'embarquer sur un bateau à vapeur en partance pour Liverpool. L'ordre de vente a été transmis par le télégraphe électrique de Liverpool au Havre où le coton a été vendu le jour de son arrivée, et d'où l'avis est reparti le même jour pour Liverpool d'où la vapeur l'a porté à New-York, d'où le télégraphe électrique l'a transmis à Mobile. Naguère encore cette opération aurait pris au moins six mois.— M. de Conninck explique aussi l'abondance du numéraire dans les dépôts publics par cette rapidité imprimée aux affaires et qui fait que la même somme renouvelle souvent ses services.

M. Michel Chevalier attribue une grande influence à l'accroissement de la production de l'or, accroissement qu'il ne serait pas éloigné de croire devoir être suivi d'un accroissement de la production de l'argent. L'abondance des dépôts à la Banque d'Angleterre lui paraît avoir pour cause immédiate les exploitations de Californie, de Bornéo, de Sibérie, d'où l'on extrait annuellement trente mille kilogrammes d'or (près de cent millions de francs).

L'accumulation dans les institutions de crédit une fois opérée, celles-ci baissent le taux de l'escompte, qui devient alors un encouragement aux affaires. Les affaires se développant, les matières premières sont plus demandées, plus chères, c'est-à-dire que la valeur des métaux baisse.

M. Wolowski admet les causes signalées par M. Say et par M. de Conninck; il admet aussi celle indiquée par M. Michel Chevalier; mais il croit devoir insister sur une cause déjà indiquée par M. Say, sur l'absence des affaires, des affaires sérieuses. Voilà, dit-il, la vraie cause, non pas tant de l'abondance des capitaux que de la stagnation des capitaux.

M. Say fait remarquer que dans une question semblable il est nécessaire de bien séparer ce qui est relatif à l'agent des échanges de ce qui est relatif au capital. — Sans doute, l'abondance du numéraire est une des phases de l'abondance du capital; mais le numéraire n'est qu'une faible portion du capital. Celui-ci se met volontiers sous forme de numéraire, parce que la loi permet et ordonne de se libérer d'une dette en or ou en argent; mais il n'y reste que momentatément. — M. Say voit encore une cause de l'abondance du numéraire, à Paris, dans l'organisation des banques, qui le ramènent si facilement des provinces, où il n'a pas d'emploi; et il explique en partie la hausse des fonds publics par cette inactivité générale, qui fait que les capitaux, pour ne pas rester improductifs, se placent provisoirement à la Bourse.

M. Say ne s'effraye d'ailleurs pas de l'accroissement de la production des métaux précieux, qui doit, dans un avenir prochain, lorsque la confiance sera revenue, être un des éléments de prospérité nouvelle. Une plus grande quantité de numéraire produit un renchérissement général, qui, quoique nominal a beaucoup d'égards, excite les entreprises, la création d'une plus grande quantité de produits, et amène plus d'échanges et de bien-être. C'est ainsi que les choses se sont passées à la suite de la découverte de l'Amérique.

M. Wolowski ne croit pas que cette bienfaisante surexcitation de travail puisse se produire librement en France, dans l'état actuel des lois douanières. Les effets de l'abondance de l'instrument de circulation, si l'on n'y prend garde, seront neutralisés par la prohibition, même en admettant le rétablissement complet de la sécurité et de la confiance publiques.

Ici, la conversation s'engage entre M. Michel Chevalier et M. de Conninck, sur l'opportunité de la réforme des lois de navigation. M. Michel Chevalier pense qu'on pourrait inaugurer une nouvelle législation commerciale par l'abolition de ces lois; mais M. de Conninck croit que la marine française n'accepterait un pareil remaniement, c'est-à-dire la réciprocité avec toutes les nations, que s'il était le complément d'un système de réforme générale, comme cela s'est passé en Angleterre. Au reste, M. de Conninck établit que l'on construit en France aussi bien et peut-être mieux que partout ailleurs, à cause de l'habileté de la main-d'œuvre et du talent des constructeurs. Et c'est ainsi que le Chili, qui veut avoir une marine, a récemment fait ses commandes en France, préférant, pour avoir mieux, payer un peu plus cher, à cause du haut prix des fers, des bois, et des matières premières en général.

Au sujet de cette même question douanière, M. Dupuynode exprimant son opinion sur la marche lente, mais inévitable, d'une réforme qui sera surtout favorable à l'agriculture, ayant tout à y gagner et rien à y perdre, cite comme un petit progrès, mais cependant comme un progrès, le décret rendu la veille (9 mars) pour modifier le tarif des laines et diminuer de 5 pour 100 les droits, actuellement perçus à 20 pour 100 de la valeur, sur les laines venant des pays situés au delà des caps Horn et de Bonne-Espérance.

La portée de ce dégrèvement est l'objet de diverses appréciations. Quelques membres attachent fort peu d'importance à ce remaniement homœopathique, ne portant que sur une espèce particulière de laine et d'une provenance spéciale, la laine de l'Australie, pays pour lequel les navires français, seuls compris dans la mesure, n'avaient aucune marchandise de retour à rapporter.—Un membre fait au contraire remarquer qu'il s'agit, dans le décret des laines et des suifs, de deux matières premières importantes, qui alimentent deux industries considérables et en progrès chez nous, matières premières dont la provenance pour la consommation tend à se restreindre aux seuls marchés de l'Australie, du Cap, du Pérou, du Chili, de la côte occidentale d'Afrique, etc. Le même membre fait encore remarquer que la consommation des laines européennes en France va sans cesse en diminuant pour diverses causes, et surtout par ce motif que les manufactures s'accroissent dans les pays producteurs, en Russie, en Espagne, en Allemagne, etc.; de sorte, qu'en fait, un décret qui aurait compris toutes les laines dans le dégrèvement n'aurait eu d'effet véritable que sur les laines d'Australie, du Cap et du Pérou, pays dont la production est en voie d'augmentation et subvient de plus en plus aux besoins de l'industrie, en suppléant à l'indigence des sources européennes.

M. Robey, membre de la Chambre du commerce de Paris, a expliqué, à son tour, comment notre colonie de Bourbon pouvait trouver un avantage dans cette diminution des droits : en effet, Bourbon envoyait tout récemment trois navires chargés de sucres en Australie ; et, comme les échanges entre ces deux pays semblent devoir se développer, les navires français trouveront naturellement, dans le dégrèvement des laines, une facilité pour les chargements de retour.

Après cette double digression, la discussion est ramenée sur le premier sujet par M. Rodet, qui croit qu'on s'effrayerait à tort de la baisse de la valeur du numéraire, que le mouvement des affaires peut employer en bien plus grande quantité.

M. H. Dussard, ancien conseiller d'État, expose que d'ici à peu de temps une plus grande masse de capitaux trouvera, en Angleterre, un emploi dans le développement de la petite et moyenne industrie, du petit et moyen commerce, par suite du bill préparé par le cabinet de lord John Russell, et qui sera certainement repris par le comte de Derby, pour faciliter la formation des Compagnies en commandite rendues impraticables jusqu'à ce jour par la législation; car, en Angleterre, toute la fortune des sociétaires est engagée, à moins que la Compagnie n'ait été assez riche pour payer les frais d'une *corporated charter*, frais fort élevés, puisque le Great-Western a dû payer quelque chose comme 250,000 fr. — M. Dussard, comme M. Rodet, ne redoute pas l'influence de la production aurifère de la Californie et des autres pays.

Ici M. H. Say insiste de nouveau sur la nécessité de ne pas confondre le numéraire et le capital, et de ne pas trop croire que l'augmentation des métaux précieux est un accroissement de capital, lequel se forme uniquement par l'accumulation des profits. Sans doute, il doit y avoir, dans le fait général de la production californienne, création de profits notables, puisqu'une foule d'émigrants s'y fixent et y vivent; mais il ne faut pas oublier qu'une masse de capitaux viennent des autres parties de l'Amérique et d'Europe, pour s'y mettre sous forme d'espèces ou de métaux précieux, et retourner ensuite aux points de départ. De sorte que l'or qui est à la Banque de Londres, provenant de Californie, n'est pas un capital ayant complétement la Californie pour origine, mais un capital ayant provisoirement pris la forme métallique. Quant à ceux qui trouvent des trésors, il faut les considérer comme tirant le gros lot dans une série d'opérations aléatoires où d'autres n'ont obtenu que les privations et la misère, en laissant sur le sol californien un capital vivant, dont l'or exporté est aussi en partie la représentation, et qui est une véritable perte pour les pays d'où sont partis les émigrants.

CHRONIQUE ÉCONOMIQUE.

Sommaire : Décret sur le crédit foncier.—Prorogation du monopole de la Banque, etc. — Conversion des rentes 5 pour 100. — Décret sur l'instruction publique. — Décret sur le chemin de fer d'entre Sambre et Meuse. — Concession de la ligne de Strasbourg à la frontière d'Allemagne. — Convention postale avec la Hollande et avec le grand-duché de Luxembourg. — Décret sur le travail des prisons. — Prix de 50,000 francs pour l'utilisation de la pile de Volta. — Dégrèvement des suifs et des laines d'Australie et d'Amérique.— Le comte de Derby et la Ligue.—Congrès douanier à Berlin.—Guerre aux chaires d'économie politique. — Mort de MM. Dezeimeris et Pecqueur.

Nous publions en Bulletins trois importants décrets du président de la République, relatifs aux institutions de Crédit foncier, à la Banque de France, à la Conversion du 5 pour 100. Nous accompagnons le premier décret d'une explication du *Moniteur* sur un sujet encore peu connu; le second, du traité passé entre la Banque et le ministre des finances, plus, d'un rapport de ce dernier; et le troisième, d'un rapport du même ministre.

Le décret sur les « sociétés de crédit foncier » a pour but l'autorisation de Compagnies de prêteurs ou d'emprunteurs, pour fonctionner à l'instar de celles d'Allemagne. On y trouve réglées les conditions de prêt, la nature des obligations des institutions, les priviléges qui leur sont accordés pour la sûreté des remboursements relativement à la purge des hypothèques, au séquestre des biens et à l'expropriation. Le législateur de 1852 a reproduit, à quelques modifications près, la proposition que M. Wolowski, qui a tant contribué à faire avancer la question du crédit foncier, avait présentée à l'Assemblée constituante et à laquelle une Commission de cette Assemblée et le Conseil d'État avaient fait subir déjà une élaboration à peu près complète. Ce décret permet aux institutions de crédit foncier de se former ; mais on se ferait illusion si l'on croyait que la question du développement du crédit foncier est résolue. Le décret dit à quelles conditions on doit laisser faire et à quelles conditions on pourra faire; mais il s'agit maintenant de faire. L'article 5 du décret est à remarquer, comme donnant la mesure de la manière dont l'État pourra intervenir pour encourager la création de ces établissements. « Pour faciliter, dit cet article, les premières opérations des sociétés, l'État et les départements peuvent acquérir une certaine quantité de lettres de gage. » Chaque institution aura en outre une part dans les dix millions affectés aux établissements de crédit foncier, par le décret du 22 janvier.

— Les statuts actuels de la Banque ne l'autorisent à faire des avances que sur dépôt d'effets publics. Cette faculté ne s'étendait pas aux actions et aux obligations émises par les Compagnies de chemins de fer. Une disposition du traité signé par l'État avec la Banque l'autorise à prêter sur dépôt de ces actions et de ces obligations, aussi bien que sur dépôt de rentes.

Deuxièmement, en vertu du traité signé par le gouvernement provisoire, en 1848, le prêt de 75 millions fait par la Banque à l'État devait être remboursé dans le cours de cette année. Le nouveau traité conclu par l'Etat avec la Banque accorde au Trésor un délai de quinze ans pour opérer le remboursement de ces 75 millions par sommes de 5 millions, payables le 1er juillet de chaque année. Le premier terme sera payable le 1er juillet 1853. En échange de ces deux dispositions favorables, comme on voit, l'une à l'industrie, l'autre au Trésor, le privilége de la Banque est définitivement prorogé jusqu'au 31 décembre 1867. On sait que la loi du 30 juin 1840 n'avait accordé à la Banque cette propagation que d'une manière précaire, car la durée du privilége pouvait être abrégée, et ses conditions pouvaient être modifiées par une loi nouvelle. Sur la demande de la Banque, l'Etat renonce à cette faculté pour quinze ans, et ce n'est que dans quinze ans aussi que sera agitée par la législature la question du monopole et de la liberté des Banques.

Enfin, le dernier article du traité porte que la Banque ne sera plus obligée de publier le bulletin de ses situations hebdomadaires, mais seulement des publications trimestrielles, comme avant le décret de mars 1848. Comme il y a de très-grands avantages à ce que le public connaisse la situation d'un établissement aussi important et aussi centralisé, situation qui est elle-même un thermomètre du mouvement des affaires, nous regrettons que l'on n'ait pas fixé des périodes plus rapprochées, d'un mois, par exemple.

Le traité entre le Trésor et la Banque a été rendu public le 4 mars. La veille, le Conseil de la Banque avait décidé la réduction du taux de l'escompte à 3 pour 100.

— D'après un rapport historique et explicatif de l'état de la question qui précède le décret de conversion, le ministre des finances se promet, de la conversion des rentes 5 pour 100 en 4 1/2 pour 100, une économie annuelle de 18 millions sur le budget des dépenses. Il estime aussi que la conversion aura pour résultat de produire un abaissement du taux de l'intérêt dans toutes les transactions particulières. L'administration croit pouvoir parer à toutes les éventualités de la conversion, au moyen 1° d'un encaisse actuel de 120 millions, sur lequel il a à payer un semestre, et qui sera, selon le ministre, de 100 millions encore après ce payement ; 2° de son portefeuille, contenant, en obligations des chemins de fer à échéance fixe, plus de 150 millions ; 3° de la négociation de bons du Trésor et de nouvelles rentes. Le troisième paragraphe de l'article premier de ce décret mérite une observation particulière, il dit :

« Pour le nouveau fonds de 4 1/2 pour 100, *l'exercice du droit de remboursement* est suspendu pendant dix années, jusqu'au 22 mars 1862. » Le décret pose donc complétement le droit de remboursement, si longtemps controversé ; il semble accorder aux rentiers comme un délai de grâce, au bout duquel ils devront s'attendre à une nouvelle réduction.

— On avait annoncé un décret sur la réorganisation générale de l'enseignement public ; mais le décret qui a paru dans le *Moniteur* du 9 n'est, pour ainsi dire, relatif qu'à la composition du Conseil supérieur, à l'inspection, aux établissements d'enseignement supérieur et au personnel en général.

Le principe d'inamovibilité est supprimé. A l'avenir, les professeurs des Facultés, du Collége de France, du Muséum d'histoire naturelle, de l'Ecole des langues orientales vivantes, les membres du Bureau des longitudes seront nommés et révoqués par le Président de la République, sur la proposition du ministre de l'instruction publique. Toutefois, en ce qui concerne la nomination des professeurs de Facultés, le candidat proposé par le ministre doit être choisi, soit parmi les docteurs âgés de trente ans, soit sur une double liste de présentation dressée par la Faculté qu'il s'agit de compléter et par le Conseil académique. Cette disposition s'applique également à toutes les Facultés, ainsi qu'aux écoles supérieures de pharmacie. — A l'égard des établissements particuliers, tels que le Bureau des longitudes, le Collége de France, etc., les membres de ces établissements présentent deux candidats ; la classe correspondante de l'Institut en présente également deux. En outre, le ministre peut proposer au choix du chef de l'Etat un candidat connu par ses travaux.

Les professeurs et les fonctionnaires de l'enseignement secondaire, les professeurs et les fonctionnaires des écoles préparatoires de médecine et de pharmacie, ainsi que toutes les personnes attachées à des établissements d'instruction publique appartenant à l'Etat, seront directement nommés et révoqués par le ministre de l'instruction publique. La section permanente du Conseil est supprimée.

— Trois nouveaux décrets relatifs aux chemins de fer ont été promulgués le 25 février : un de ces décrets concerne le chemin de fer belge d'entre Sambre et Meuse, concédé à une Compagnie ; les deux autres, le chemin de fer de Strasbourg à Bâle.

Le premier décret a seulement pour but de proroger, au 31 décembre 1854, le délai d'exécution du chemin de fer de la frontière de Belgique à Vireux-sur-Meuse, qui devait expirer le 8 mars 1849.

Par le second décret, la Compagnie de Strasbourg à Bâle se trouve dégagée de toute éventualité pour la gare de Strasbourg, moyennant une somme de cinq cent mille francs.

Par le troisième décret, le ministre des travaux publics est autorisé à concéder à cette Compagnie la ligne destinée à relier Strasbourg à la frontière bavaroise, près de Vissembourg, et à modifier le cahier des charges de la concession du chemin de Strasbourg à Bâle. Les conditions de la nouvelle concession, qui aura quatre-vingt-cinq ans de durée, comme celle du chemin de Bâle, sont : une subvention de 3 millions, la garantie d'un intérêt de 4 pour cent sur un capital de 12 millions, et un certain nombre de stipulations indiquant la couverture des voitures de troisième classe et quelques autres conditions admises dans les cahiers des charges des concessions plus récentes.

—Deux nouvelles conventions postales, passées avec des pays étrangers, ont été publiées : une concernant nos relations avec le grand-duché du Luxembourg, et la seconde concernant nos relations avec les Pays-Bas. Il y aura maintenant au moins une fois par jour un échange de dépêches entre l'administration des postes de France et celle des Pays-Bas, par l'intermédiaire des postes belges. Les postes de France et des Pays-Bas se transmettront aussi les dépêches par la voie de la Prusse rhénane, dans le cas où des correspondances adressées de l'un des deux pays dans l'autre pourraient être dirigées avec avantage par cette dernière voie.

Le même numéro du *Moniteur* (25 février) publie un décret du 21, approuvant une convention, faite avec le gouvernement de Naples depuis cinq ans (12 mai 1847), additionnelle au traité de commerce et de navigation, et établissant la réciprocité pour les bâtiments des deux pays.

— Un décret du 25 février abroge la loi votée le 9 janvier 1849 par la Constituante sur le travail dans les prisons, et autorise le ministre de l'intérieur à réorganiser ce travail. Nous publierons ce décret, ainsi que les considérants qui le précèdent.

— Un autre décret du 25 février crée un prix de 50,000 fr. pour l'inventeur qui rendra la pile de Volta applicable avec économie, soit à l'industrie, comme source de chaleur, soit à l'éclairage, soit à la chimie, soit à la mécanique, soit à la médecine pratique. Les savants de toutes les nations sont admis à ce concours, qui restera ouvert pendant cinq ans.

—Enfin, le *Moniteur* du 9 mars a publié un décret abaissant d'un quart (de 20 à 15 pour 100 de la valeur) le droit sur les laines en masses venant par navires français des pays situés au delà des caps Horn et de Bonne-Espérance, et réduisant de 15 à 6 francs les 100 kilogr. le droit sur les suifs de même provenance par navires français. (V. à la séance de la Société d'économie politique pour la partie de ce dégrèvement qui concerne les laines.)

—Avec le comte de Derby (ci-devant lord Stanley), et M. Disraeli, une administration protectionniste, qui n'avait pu se constituer l'an dernier dans une circonstance analogue, a succédé, en Angleterre, à l'administration de lord John Russell, qui avait continué les réformes financières et économiques de Robert Peel et qui s'inspirait de l'esprit des *free traders*. Sur ce, grand émoi parmi ces derniers, qui ont jugé utile de remettre la Ligue en campagne. Celle-ci, ayant toujours M. Cobden en tête, a déjà fait beaucoup réfléchir le comte de Derby et ses amis. (V. un article de l'*Economist* que nous reproduisons.) Tout d'abord, la nouvelle administration a cru devoir déclarer qu'elle ne

ferait de proposition relative au *free trade* et à la protection qu'après avoir
consulté le pays. Mais des explications plus catégoriques ont été demandées et
doivent être échangées au moment même où nous écrivons.

Il y a peu de mois, lord Palmerston disait, à Tiverton [1] : « Je puis, sans être
taxé de présomption, prédire que lorsque vous verrez la rivière Exe, qui descend de Tiverton pour se jeter dans la mer, reprendre le cours inverse et remonter de la mer à Tiverton , vous pourrez alors espérer que le système protecteur qui ramènerait la cherté des vivres est sur le point d'être rétabli. » Et,
en effet, la différence de consommation entre 1845, année qui a précédé les
réformes, et 1851, est de 4,213,000 quarters de blé, près de 12 millions d'hectolitres.

— Un congrès douanier s'est réuni, dans les premiers jours de janvier, à
Vienne, sous la présidence de M. de Swartzenberg. Le président du Conseil de
Prusse en convoque un pareil pour le 14, à Berlin, par une lettre adressée
aux divers États formant le Zollverein. Il est dit dans cette lettre circulaire : « Les
délibérations devront avoir pour objet la Constitution du Zollverein, à l'occasion de nouveaux membres... Nous sommes tout disposés à participer, après
la clôture de ces délibérations, à des négociations sur la conciliation des rapports commerciaux de l'Autriche avec ceux du Zollverein et d'autres États de
l'Allemagne. »

— L'*Univers*, et le *Moniteur industriel*, son écho, ont continué, par la plume
de M. Coquille, à *démolir* l'économie politique. Après Ricardo qu'il connaît si
bien, le jeune écrivain (il doit être jeune; et puis, on est jeune à tout âge!) a
pris Malthus et il s'en est donné à cœur joie. Après Malthus, ce devait être
actuellement le tour d'Adam Smith. Oui, mais M. Coquille s'est battu les
flancs pour ne rien trouver, même au milieu des préjugés courants : « Adam
Smith, dit-il, est, *nous ne savons pourquoi*, le coryphée de l'économie politique.
Les économistes ne l'appellent jamais que le grand Adam Smith, etc. »

Ces quelques mots suffiraient, s'il le fallait , pour faire juger de la force de
l'écrivain de l'*Univers*. Il ne sait pas pourquoi Adam Smith est si haut placé
dans l'estime des économistes! En effet, s'il savait pourquoi, il ne signerait
pas de pareilles drôleries; s'il s'était donné la peine de l'apprendre, il se serait
aperçu que si les économistes s'inclinent devant le génie du philosophe écossais, s'ils le trouvent grand, en effet, ils ne mettent jamais cette épithète à
côté de son nom.

Mais où donc veulent en venir M. Coquille , l'*Univers* , journal que vous
savez, et le *Moniteur industriel*, journal des ultra-prohibitionnistes? Où? Le
voici formulé dans un article sur les Chaires d'économie politique (*Moniteur
industriel*, du 11 mars) : « La décision du gouvernement, nous en avons la conviction, ne méconnaîtra pas les principes si vrais que nous avons rappelés.

« Les chaires d'économie politique sont peu nombreuses : la promotion de
M. Michel Chevalier au Conseil d'État laisse vacante la chaire du collége de
France ; c'est une occasion légitime de ne pas le remplacer. Les autres chaires
d'économie politique ne jouissent pas d'un grand crédit; leur chute ne soulè-
vera pas de réclamation sérieuse. » — Coquille.

Un écrivain, qui porte un des beaux noms de la science, M. Emile Chevalier,
a répondu, dans les *Débats* du 10 mars, un article plein de verve et de raison,
de finesse et de savoir, à cette nouvelle tentative du caméléon protectionniste.

— La mort vient de frapper deux hommes d'intelligence, qui ont rendu
tous deux d'utiles services à la science de la production : M. Dezeimeris et
M. Pecqueur. Le premier, outre qu'il était un des savants les plus érudits en
bibliographie médicale, s'était fait un nom dans l'agronomie par ses expériences
sur la multiplication des prairies artificielles. L'autre était un savant et habile
mécanicien. Tous deux étaient nos adversaires dans la question de la liberté commerciale; mais nous n'en rendons pas moins justice à leur caractère et à leur
savoir, et nous joignons nos regrets à ceux que leur mort prématurée a fait
naître dans l'agriculture et dans l'industrie.

    Paris, ce 16 février 1852.   JPH GARNIER.

---

[1] V. des extraits de son discours, numéro 126, 15 octobre 1851, p. 190.

SUR LES SOCIÉTÉS
DE CRÉDIT FONCIER.

Le *Journal des Economistes* a publié dans son dernier numéro le décret du 28 février, constitutif des sociétés de crédit foncier, ainsi que les explications insérées dans le *Moniteur*, à la même date. Un acte de cette importance, et d'un si grand intérêt économique, ne saurait passer sans être de notre part l'objet de quelques réflexions.

Les institutions de crédit foncier ont été depuis quelques années, en France, le sujet de tant de discussions, soit à la tribune de nos Assemblées législatives, soit dans les publications périodiques ou dans les livres, que l'objet en est aujourd'hui assez généralement connu. Il est pourtant nécessaire de le rappeler en peu de mots.

Il s'agit, on le sait, d'améliorer le régime des prêts hypothécaires, de rendre ces prêts plus faciles et moins onéreux pour les emprunteurs, plus commodes et plus sûrs pour les prêteurs, en instituant des sociétés puissantes qui, en se plaçant entre les uns et les autres comme intermédiaires, offrent aux premiers les facilités dont ils ont besoin, aux autres les garanties qui leur manquent.

Dans l'état actuel des choses, qui va fort heureusement cesser d'être, un propriétaire qui veut emprunter en offrant une hypothèque sur ses biens fonds, est réduit à s'adresser isolément à un capitaliste, soit par lui-même, soit par l'intermédiaire d'un officier public. Obligé communément d'emprunter à très-long terme, il n'a d'autre garantie à offrir à son créancier qu'une hypothèque sur ses biens propres, avec la perspective d'un remboursement fort éloigné. Dans ces conditions, les termes sont presque toujours également défavorables aux deux parties contractantes.

Une hypothèque prise sur un immeuble paraît, il est vrai, au premier abord, la meilleure et la plus sûre des garanties qu'un créancier puisse obtenir. Mais, dans l'état présent de notre régime hypothécaire, il s'en faut bien que cette garantie soit aussi satisfaisante qu'elle le paraît. Une hypothèque inscrite, et qui vient aujourd'hui en première ligne, peut être primée demain par une hypothèque légale, survenue après coup, et qui a pour objet de garantir les droits, ou de la femme du débiteur, s'il est marié, ou de ses enfants mineurs, s'il en a, ou de ses pupilles, s'il se trouve chargé d'une tutelle, etc.; car, en vertu des lois existantes, les hypothèques de cette sorte s'établissant *ipso jure*, et sans même qu'il soit nécessaire d'en constater l'existence, priment, par une sorte d'effet rétroactif, toutes celles qui ont été antérieurement inscrites. Le créancier qui prête sur hypothèque, à une échéance de plusieurs années, n'est donc jamais sûr de ne pas voir, dans cet intervalle de temps, sa garantie détruite ou considérablement diminuée par la survenance imprévue de quelques hypothèques légales.

Mettant même à part ce danger toujours présent, la loi actuelle ne laisse à la disposition du créancier, en cas de non-remboursement au terme convenu, que des moyens de recouvrement d'un emploi très-lent, très-difficile et très-coûteux. Il faut recourir alors à l'expropriation forcée, et la procédure relative à cette expropriation est embarrassée de tant de formalités complexes, surtout quand il y a plusieurs créanciers inscrits et qu'il faut les ranger par ordre, que l'on a lieu de craindre souvent, ou de n'en pas voir la fin, ou de n'arriver à une conclusion définitive qu'au prix de la ruine totale du débiteur.

Quand on ferait d'ailleurs abstraction de tous ces inconvénients, qui tiennent particulièrement aux vices de notre système hypothécaire, ce serait toujours pour les capitalistes une chose grave de se séparer de leurs capitaux pour un temps fort long, sans qu'il reste à leur disposition aucun moyen régulier de les rappeler à eux, s'ils éprouvent par hasard, dans l'intervalle, un besoin impérieux de s'en servir.

Dans cet état des choses, on conçoit donc que, malgré la solidité apparente de la garantie qui résulte d'une hypothèque prise sur un immeuble, les prêts consentis dans ces termes se fassent toujours à des conditions plus ou moins onéreuses. C'est ce qui arrive, en effet. Dans un travait récent, inséré dans le *Dictionnaire de l'Economie politique*, au mot CRÉDIT FONCIER, M. Wolowski, après avoir rapproché les témoignages des hommes les plus compétents sur cette matière, a conclu que la moyenne du taux d'intérêt payé par les débiteurs hypothécaires ne pouvait pas être estimée, frais compris, à moins de 7 ou 8 pour 100 pour toute la France. Dans les explications insérées au *Moniteur*, à la suite du décret, on porte cette moyenne à 8 pour 100; ce qui ne paraît point exagéré. Il va sans dire que cette moyenne est grandement excédée dans un grand nombre de cas. Ainsi, l'intérêt payé en France par les emprunteurs, après la délivrance d'une garantie aussi solide que l'est ou paraît l'être une hypothèque sur un immeuble, excède communément de 2 ou 3 pour 100 l'intérêt légal.

Les périls qui menacent, sous le régime actuel, les créanciers hypothécaires, se convertissent donc ici, et cela n'a rien qui doive surprendre, en charges effectives pour les débiteurs. Au lieu d'emprunter à un taux d'intérêt fort modéré, comme semble le promettre la solidité intégrale de la garantie qu'ils offrent, ils ne peuvent emprunter qu'à des taux usuraires, communément fort supérieurs aux revenus mêmes de leurs propriétés. Mais cet inconvénient n'est pas le seul qu'ils aient à subir dans le présent.

Comme les choses se passent toujours d'homme à homme, il est communément stipulé dans le contrat que le remboursement de la somme prêtée sera fait en bloc. On accorde bien quelquefois au débiteur la faculté de se libérer en plusieurs payements successifs, mais c'est toujours au moins par fortes sommes, et il n'est guère possible, dans ce cas, qu'il en soit autrement. Un créancier isolé ne peut guère admettre qu'on se libère vis-à-vis de lui par annuités minimes, dont le recouvrement serait pour lui très-difficile et l'emploi fort incertain. On cite, il est vrai, quelques exemples de ce genre de libération pratiqué vis-à-vis de simples particuliers dans le Midi ; mais cela suppose des situations exceptionnelles, et ce mode n'est évidemment pas applicable dans la plupart des cas. En général, les débiteurs hypothécaires sont donc forcés aujourd'hui de se libérer par fortes sommes : mode difficile et souvent chanceux pour de simples propriétaires, qui manient peu de grandes sommes et ne peuvent compter d'une manière certaine que sur la rentrée annuelle de leurs revenus fonciers. Il en résulte souvent qu'après avoir emprunté à des conditions fort onéreuses, ils se voient encore sous la menace perpétuelle d'une expropriation forcée dans l'avenir.

C'est à ces inconvénients et à ces dangers si graves que le décret du 28 février a voulu mettre un terme. Quant à l'étendue de la plaie à laquelle il s'agit de porter remède, elle est suffisamment indiquée dans les explications du *Moniteur* auxquelles on peut se reporter.

Il y avait longtemps, on le sait, que cette mesure si nécessaire était attendue et promise. Plusieurs fois déjà nos Assemblées législatives avaient été saisies de projets tendant vers la même fin. Leurs délibérations avaient été éclairées d'avance par des travaux sérieux, dus à des publicistes distingués et notamment à quelques-uns de nos collaborateurs. Plusieurs États du continent de l'Europe, notamment de l'Allemagne et du Nord, nous avaient, d'ailleurs, préparé la voie, en nous offrant comme modèles un grand nombre d'institutions de crédit foncier fonctionnant depuis longtemps avec un succès non contesté. Malheureusement, outre qu'il est toujours singulièrement difficile en France d'arriver à une réforme quelconque, dès l'instant qu'elle est utile, la mesure se compliquait pour nous de quelques difficultés réelles, devant lesquelles on avait reculé jusqu'à présent.

Pour arriver à fonder en France les institutions de crédit foncier, il paraissait nécessaire de réformer d'abord profondément notre régime hypothécaire, régime si compliqué, et, selon nous, si vicieux. Il fallait en faire disparaître ces hypothèques légales ou occultes ; menace perpétuelle pour les créanciers, dont elles viennent souvent détruire, d'une manière si déplorable et si inique, les droits acquis. Il fallait, en outre, simplifier notablement les formalités de l'expropriation forcée, pour la rendre à la fois moins lente, moins coûteuse et plus facile. Quelques autres simplifications encore étaient nécessaires, dont nous ne parlons pas.

Cette réforme, disons-nous, paraissait être le préalable nécessaire de l'établissement de toute institution de crédit foncier. Ainsi l'ont pensé la plupart de ceux qui se sont occupés avec le plus de soin de cette matière, et, selon nous, avec raison. C'est bien vainement, en effet, qu'on aurait placé de grandes compagnies comme intermédiaires entre les emprunteurs et les prêteurs hypothécaires, si ces compagnies avaient dû vivre et se mouvoir sous le poids des incertitudes, des déceptions et des déboires de toutes les sortes que le régime actuel inflige aux créanciers. Elles auraient pu amoindrir, atténuer, corriger dans une certaine mesure tous ces inconvénients; peut-être aussi les auraient-elles mieux supportés que ne peuvent le faire de simples particuliers; mais elles n'auraient pu les détruire et elles auraient couru le risque d'y succomber elles-mêmes.

Les auteurs du décret du 28 février semblent, d'ailleurs, l'avoir compris ainsi. Car, s'ils n'ont pas fait précéder l'institution des sociétés de crédit d'une réforme générale du système hypothécaire, ils ont, du moins, investi ces sociétés, quant à ce, de privilèges particuliers, qui en atténuent singulièrement, par rapport à elles, les vices les plus frappants.

C'est donc la nécessité de cette réforme préalable, réforme que l'on jugeait, à tort selon nous, fort difficile à faire, ou tout au moins fort périlleuse, qui a longtemps enchaîné le bon vouloir de nos législateurs. Ajoutons-y pourtant une autre circonstance qui n'a pas été peut-être un obstacle moins sérieux.

A cette idée de crédit foncier, idée simple de sa nature, et qui est au fond très-positive, on a voulu associer souvent, sous le nom ambitieux de *Mobilisation du sol*, nous ne savons quels projets chimériques de fabrication d'une sorte de papier-monnaie, qui, répandu à profusion dans la circulation, aurait, dit-on, imprimé aux affaires commerciales une vigoureuse et décisive impulsion. Comme s'il suffisait de saturer la circulation de valeurs fictives, plus ou moins suspectes, pour faire sortir les capitaux de leur néant ! Pendant plusieurs années, on ne le sait que trop, la poursuite de ces chimères a détourné un grand nombre d'esprits de la recherche du véritable objet qu'il s'agissait d'atteindre. Elle a divisé sur ce point l'attention du public. Elle a fait pis encore, en déterminant un grand nombre d'hommes amis du progrès, partisans, d'ailleurs, d'une institution solide du crédit foncier, à se montrer systématiquement contraires à toute proposition faite en ce sens, de peur de favoriser par leur assentiment les rêves insensés dont cette idée devenait l'occasion.

Quoi qu'il en soit, en dépit des obstacles de tout genre qui en ont si longtemps retardé l'avénement, le principe des institutions de crédit foncier triomphe enfin. Le projet d'une loi sur la matière existait déjà dans les cartons de l'ancien Conseil d'Etat, qui avait élaboré le sujet avec beaucoup de soin, et il n'a guère fallu que l'y reprendre :

mais de là à la réalisation il pouvait y avoir encore bien loin, comme l'expérience l'a trop prouvé. Enfin, le décret est rendu, et nous passons décidément, après une trop longue attente, de la théorie à la pratique.

Il était temps. La plupart des pays de l'Europe nous ont devancés de bien loin dans cette carrière. Les Etats de l'Allemagne et du Nord, nous l'avons déjà dit, possèdent leurs institutions de crédit foncier depuis longtemps ; quelques-uns depuis un siècle. A nos portes, la Belgique nous a donné elle-même l'exemple, en profitant, et ce n'est pas un reproche que nous entendons lui adresser, des travaux préparatoires élaborés chez nous. Pour la Suisse, si elle n'a pas, à proprement parler, d'institutions de crédit foncier semblables à celles dont nous parlons, elle a du moins, dans ses lois et dans ses habitudes, quelque chose qui les remplace. Nous sommes donc presque les derniers venus dans cette voie. Heureux si, en nous éclairant des exemples qui nous sont donnés par nos devanciers, nous parvenons du moins à réparer, dans une certaine mesure, le temps perdu.

Le premier effet du décret du 28 février ne s'est pas fait longtemps attendre. A peine était-il rendu qu'une Société puissante se présentait à Paris pour en recueillir le bénéfice, et dès le 28 mars suivant, elle obtenait son investiture pour les sept départements qui forment le ressort de la Cour d'appel de Paris. Cette Société existe dès à présent. Son capital est formé au chiffre provisoire de 10 millions. Elle se place sous l'invocation d'un grand nombre de noms très-respectables, parmi lesquels nous voyons avec plaisir figurer ceux de plusieurs de nos amis. Elle a choisi comme directeur de ses opérations l'un de nos collaborateurs, M. Wolowski, qui est aussi, tous nos lecteurs le savent, l'un des principaux promoteurs en France de cette pensée féconde. Bientôt donc nous pourrons juger les compagnies de crédit foncier d'après leurs œuvres. La pratique achèvera d'éclairer pour nous ce qu'il peut y avoir encore d'obscur dans la nature et dans le jeu de ces institutions.

En attendant que cette lumière complète se fasse, examinons sommairement, au moins dans ses dispositions fondamentales, le régime qu'on vient d'inaugurer. Il sera peut-être à propos aussi de dire ce qu'on peut raisonnablement en attendre, et jusqu'où doivent s'en étendre les bienfaits.

Il faut d'abord rendre grâce aux auteurs du décret de ce qu'ils n'y ont rien introduit qui fasse craindre une inondation prochaine de papier-monnaie ou d'assignats. Les précautions les mieux entendues ont été prises pour que le montant des *lettres de gage*, ou des obligations recueillies et émises par les sociétés de crédit foncier, n'excède jamais le montant des prêts réalisés, puisque, dans chaque cas particulier, ces obligations doivent être visées (art. 14 du décret), par le notaire dépositaire de l'acte. Cette garantie n'était pas inutile : elle contribuera beaucoup à la solidité de l'institution. Il faut se féliciter également de ce qu'on a pris le sage parti de laisser l'Etat complétement en dehors des opérations relatives au crédit foncier, en ce sens du moins qu'on n'a réservé au gouvernement qu'un simple droit de surveillance et de contrôle sur les compagnies instituées par lui, sans lui donner à cet égard un rôle actif. Bien des gens pensaient, on le sait, qu'il convenait, en France surtout, de laisser à l'Etat la gestion même de ces opérations, et ils fondaient leur opinion sur des considérations assez spécieuses ; mais nous croyons que ces considérations n'étaient que spécieuses, et que la gestion des compagnies, quelle qu'elle puisse être, sera toujours plus sûre que celle de l'Etat, moins sujette à dégénérer en abus, et, à tout prendre, plus économique.

Mais si le décret nous paraît très-louable à ces deux points de vue, qui sont d'ailleurs fort importants, nous ne saurions dire qu'il le soit également en tout. Il y a quelque chose de mal sonnant, pour nous économistes, dans ces priviléges qu'il institue à chaque pas, sans une nécessité bien démontrée. Il nous semblait qu'il y avait en France bien assez de priviléges comme cela, et qu'il était plus à propos de retirer peu à peu ceux qui existent que d'en créer de nouveaux, au risque de ne plus savoir plus tard comment revenir sur de semblables concessions.

D'abord, et nous en avons déjà fait la remarque, tout en laissant subsister le régime hypothécaire dans son état actuel, avec tous ses piéges et tous ses vices, par rapport aux créanciers ordinaires qui forment le public, le décret modifie assez profondément ce régime dans le seul intérêt des compagnies. Il leur fournit quelques moyens exceptionnels pour se mettre en garde contre la surprise des hypothèques légales ou occultes ; il simplifie pour elles et diminue les frais de la purge par rapport aux hypothèques antérieurement inscrites ; enfin, quant aux moyens d'exécution contre les emprunteurs, quant à la poursuite, au séquestre des biens, à l'expropriation forcée, il leur accorde un grand nombre de garanties et de facilités que les autres créanciers n'ont pas. Pourquoi ces priviléges ? Si ces facilités sont bonnes à donner, et nous le croyons ainsi, pourquoi ne pas les accorder à tout le monde ? Des créanciers isolés, sans autre moyen d'action que leurs ressources personnelles, en ont-ils moins besoin que de puissantes compagnies ? Ne craint-on pas de rendre la position de ces créanciers isolés plus intolérable encore qu'elle ne l'est aujourd'hui, par la comparaison qui se fera d'eux avec ces compagnies, déjà si fortes par l'importance de leurs capitaux, et encore privilégiées à tans d'égards ?

Il y a pourtant ici, hâtons-nous de le dire, une circonstance atténuante. Ce régime de privilége n'est établi, à ce qu'il paraît, qu'à titre provisoire et comme essai : voilà du moins ce qui résulte de ces explications du *Moniteur* que nous avons mentionnées plus haut. Si les modifications apportées au régime hypothécaire, en faveur des sociétés de crédit foncier, sont jugées, au bout de quelque temps, sans inconvénients dans la pratique, on en généralisera l'application. S'il arrivait, au contraire, qu'elles entraînassent des conséquences fâcheuses, on ramènerait les sociétés mêmes à l'observation du droit commun actuel. A la bonne heure. Espérons que l'essai, puisque ce n'est pas autre chose, conduira bientôt à une réforme définitive et générale de ce régime hypothécaire qui a trop longtemps pesé sur nous. Si pourtant le contraire arrivait; si l'on jugeait, à tort ou à raison, que les modifications partielles qu'il a subies n'ont eu que de mauvais effets, et s'il fallait en revenir de nouveau à l'appliquer sans exception, nous demandons comment s'en accommoderaient les compagnies déjà formées, et s'il n'y aurait pas là un obstacle sérieux à leurs succès futurs.

Indépendamment de ces priviléges particuliers, la Compagnie déjà instituée en possédera un autre plus général. Elle sera, durant vingt-cinq années, la seule institution de ce genre établie dans le cercle qu'elle embrasse, c'est-à-dire dans le vaste ressort de la Cour d'appel de Paris. C'est, en un sens, un privilége plus étendu, plus vaste, que celui dont la Banque de France elle-même a joui pendant longtemps; car, jusqu'en 1848, le gouvernement est demeuré libre d'instituer des banques indépendantes dans toutes les villes de France, sauf Paris.

On croira sans doute que la concession d'un tel privilége était nécessaire pour stimuler tout à coup l'esprit d'entreprise dans cette direction encore nouvelle pour nous. Nous le croyons aussi, mais sauf quelques restrictions. Il nous paraît certain, en effet, que si le décret du 28 février s'était borné à poser les conditions générales dans lesquelles les sociétés de crédit foncier devraient fonctionner, en admettant d'ailleurs, sans distinction, toutes celles qui se formeraient selon les conditions prévues, les capitalistes, n'étant plus stimulés par le désir assez naturel de se saisir en toute hâte d'un privilége unique, concédé une fois pour toutes, se seraient moins pressés de se grouper et de s'unir. On n'aurait pas vu surgir tout à coup, et comme par enchantement, une compagnie aussi puissante. Peut-être même la formation de la première se serait-elle fait attendre quelque temps; et elle n'aurait pas, dans tous les cas, réuni dès l'abord une si grande masse de capitaux. Mais nous croyons aussi qu'on eût été, dans la suite, amplement dédommagé de ce retard, et que le crédit foncier se serait développé avec une bien autre plénitude sous l'action de plusieurs compagnies concurrentes, diverses dans leurs procédés et leurs moyens, qu'il ne le fera jamais sous l'action d'une compagnie unique.

Il existe en Allemagne et dans le Nord deux sortes de compagnies de crédit foncier. Les unes sont des sociétés de prêteurs, c'est-à-dire de capitalistes qui se réunissent pour faire en commun des avances aux propriétaires d'immeubles ; les autres se composent des propriétaires mêmes, c'est-à-dire des emprunteurs, qui se réunissent pour offrir en commun, aux capitalistes dont ils réclament l'assistance, une garantie solide, que des emprunteurs isolés ne pourraient leur donner. Chacun de ces systèmes a ses avantages et ses inconvénients, dans le détail desquels nous n'entrerons pas ici. Le décret du 28 février les adopte l'un et l'autre, en laissant aux intéressés le choix entre les deux. C'est encore une disposition fort heureuse, et que nous louerions sans réserve, si les deux espèces de sociétés pouvaient s'établir concurremment dans les mêmes lieux. Il nous paraît cependant probable que le système des sociétés de capitalistes est celui qui prévaudra le plus généralement en France. La propriété foncière est trop divisée dans ce pays, et il s'y rencontre trop peu de propriétaires qui soient uniquement propriétaires, et surtout propriétaires exploitants, pour qu'il soit généralement facile de les grouper, de les réunir dans un intérêt commun. La formation de la Société parisienne est une première preuve à l'appui de cette donnée. Cet exemple ne tardera pas sans doute à être suivi de plusieurs autres.

Reste à voir maintenant ce qu'on peut raisonnablement attendre de l'action de ces compagnies, quels avantages le pays doit en recueillir.

Il nous semble qu'on s'est fait, à cet égard, quelques illusions. Nous ne parlons pas ici, bien entendu, de ces rêves fantastiques dont les imaginations folles se sont bercées ; mais seulement des pensées entretenues par les hommes sérieux. On s'est flatté de voir la masse des capitaux avancés aux propriétaires par les sociétés de crédit foncier appliquée presque sans distraction à l'amélioration du sol. Nous craignons qu'il n'y ait sur ce point beaucoup à rabattre. Jusqu'ici les fonds prêtés sur hypothèque n'ont été que bien rarement affectés à un pareil emploi. Ils ont servi bien plus souvent, soit à acquitter des dettes antérieurement contractées, soit à former ou à entretenir des entreprises industrielles au sein des villes. Il nous paraît probable qu'il en sera de même dans la suite. Cet emploi n'est pas mauvais, sans doute ; mais il n'est pas celui que l'on suppose, et il pourrait résulter de là quelques mécomptes qu'il faut prévoir.

Est-ce à dire que les institutions de crédit foncier seront d'une utilité nulle ou médiocre ? Non sans doute. Quel que doive être l'emploi des fonds prêtés (et il est certain que cet emploi sera généralement utile), ce sera toujours un grand avantage pour la masse des emprunteurs, par conséquent pour le public, de les obtenir à meilleur marché, sans que les prêteurs en souffrent. Dans les explications insérées au *Moniteur*, on a calculé, un peu hypothétiquement il est vrai, l'économie totale qui en résultera pour le pays, et on l'a évaluée à environ 160 millions par an. Que ce chiffre soit exact ou non, il donne une idée approximative du bénéfice immédiat qui résultera de la mise en pratique du nouveau système. Un autre avantage, non moins digne de considération, que les emprunteurs y trouveront, sera celui de pouvoir se libérer peu à peu, au moyen d'annuités faciles à payer, et d'échapper ainsi à cette obligation si lourde, si menaçante pour eux, de se libérer tout d'un coup à un jour donné.

Nous insistons peu sur ces deux avantages qui ont été suffisamment indiqués dans le décret même et dans le *Moniteur*. Mais il y a une autre considération, moins aperçue, quoique fort digne aussi d'intérêt, et qui ne doit pas échapper à nos lecteurs.

Les emprunteurs forment une classe assurément très-respectable et fort nombreuse, et, à ce double titre, bien digne de l'intérêt qu'elle inspire. Mais les détenteurs de capitaux, petits ou grands, et nous parlons des petits par préférence, ne sont ni moins respectables, ni moins nombreux. Or, il existe actuellement peu de chose en France pour venir en aide à tous ces hommes, c'est-à-dire pour leur rendre commode et facile le placement des fonds qu'ils ont péniblement accumulés. Les fonds publics ; mais tout le monde ne peut pas placer sur les fonds publics, qui sont d'ailleurs bien variables et bien chanceux, surtout pour ceux qui n'habitent pas Paris. Les caisses d'épargne ; mais les caisses d'épargne ne reçoivent de fonds accumulés que jusqu'à concurrence d'une somme de 1,500 fr. par personne ; ce qui est peu de chose : et encore, pour arriver à ce chiffre de 1,500 fr. à l'aide de petits apports répétés, que de pas à faire, que d'heures à perdre aux portes des bureaux ! Hors de là pourtant, hors des fonds publics et des caisses d'épargne, il n'y a guère d'asile en France pour les épargnes qu'on peut faire. Où est donc la possibilité ou du moins la facilité des accumulations ?

On a publié récemment en Angleterre une brochure, avec ce titre singulier : *What shall i do with my money ?* (*Que ferai-je de mon argent ?*)

La question, si étrange qu'elle paraisse, est bonne à poser, même en Angleterre, où il existe pourtant un assez grand nombre de banques publiques qui reçoivent volontiers, moyennant un intérêt fort modeste, il est vrai, les fonds déposés par le public. Mais à combien plus forte raison cette question n'est-elle pas à sa place en France, où il n'existe aucune banque publique de cette espèce ! Dans ce pays, on peut dire à la lettre que quiconque a par devers lui quelques fonds lentement épargnés ne sait qu'en faire ; il est presque réduit à les enfouir, s'il ne veut pas les dissiper. A Paris, la Bourse encore s'offre à lui ; triste ressource ! mais en province il n'a rien.

Or, les institutions de crédit foncier viendront fournir à cet égard aux détenteurs de petits capitaux quelques facilités nouvelles ; facilités insuffisantes sans doute, mais pourtant précieuses. Comme elles mettront dans la circulation des *lettres de gage*, reçues par elles à la suite de chacun de leurs prêts, jusqu'à concurrence des sommes prêtées, et comme ces *lettres de gage*, d'ailleurs parfaitement solides, porteront intérêt, quiconque aura par devers lui une certaine somme disponible, pourra la consacrer à l'achat d'un certain nombre de ces obligations. Il le fera d'autant mieux, que ces obligations se diviseront en assez petites coupures, qu'elles seront toujours facilement réalisables, et qu'elles n'auront, selon toute apparence, que de faibles chances de dépréciation à subir. De cette manière, il pourra garder son avoir par devers lui, toujours disponible, comme il le faisait auparavant; avec cette différence, qu'il l'aura dans son portefeuille au lieu de l'avoir dans son tiroir; et avec cette autre différence, plus essentielle, qu'il fructifiera désormais entre ses mains.

A part donc les avantages déjà fort dignes de considération que les institutions de crédit foncier assurent aux débiteurs et aux créanciers, dans le fait spécial des prêts hypothécaires, elles en promettent un autre non moins précieux; celui de donner un stimulant nouveau l'épargne et à l'accumulation, de favoriser cet esprit d'économie et d'ordre qui contribue si puissamment au progrès effectif des sociétés.

CH. COQUELIN.

LE TABAC

ET LES REVENUS

QU'IL PROCURE AUX DIVERS ÉTATS DE L'EUROPE.

SOMMAIRE : Le tabac est une matière éminemment imposable, — un impôt sur le luxe. — Production du tabac en Amérique et en Europe. — Etats où le monopole du tabac est administré par l'État : France, — Autriche, — Espagne, — Sardaigne, — Etats de l'Eglise, — Modène. — Etats où le monopole est affermé : Portugal, — Toscane, — Pologne, — Deux-Siciles, — Valais. — Etats où la vente est libre, mais la culture défendue : Royaume-Uni. — Etats où la fabrication et la culture sont libres : Prusse, — Russie, etc. — Résumé. — Tableaux synoptiques embrassant les divers pays de l'Europe. — Conclusion.

Tout le monde reconnaît que le tabac est une matière éminemment imposable, mais on n'est pas d'accord sur la meilleure assiette de cet impôt. Les uns pensent qu'il faudrait en prohiber la culture à l'intérieur et le charger d'un droit d'importation ; d'autres accorderaient toute liberté à la culture, mais ils imposeraient fortement les champs à tabac ; d'autres, enfin, trouvent que l'intérêt du fisc n'est pleinement sauvegardé qu'en constituant le tabac en *monopole*.

Il n'est peut-être pas facile de décider d'une manière générale lequel de ces trois systèmes est le meilleur ; cela dépend sans doute jusqu'à un certain point *des temps et des lieux*. Aussi nous bornerons-nous à indiquer les systèmes établis dans les divers pays, et les résultats qu'ils présentent relativement au revenu public. C'est donc pour nous une question de fait et non de doctrine.

Nous ajouterons seulement une observation, c'est que le produit fiscal du tabac nous a paru particulièrement digne d'attention, parce que c'est un véritable *impôt sur le luxe*. En effet, le tabac a bien autrement le caractère du luxe, c'est-à-dire du superflu, que les voitures et les chevaux, le vin et les épices, le café et le sucre. Tous ces objets ont du moins une utilité directe; mais le tabac, fumé ou prisé, n'en a aucune. Il est même souvent nuisible à la santé. Néanmoins, nous n'avons pas encore vu le tabac figurer sur la liste des impôts somptuaires; nous le signalons donc en passant, et nous nous empressons d'aborder les faits que nous avons entrepris d'exposer.

I. — Production du tabac.

Les États-Unis sont le pays qui produit le plus de tabac; en 1848, sa récolte a été estimée par le *commissioner of patent* à 218,909,000 livres de 453 grammes; mais comme les États-Unis sont une contrée essentiellement progressive, la production actuelle peut bien être de 109,454,500 kilogr. [1], qui se distribuent ainsi entre les États de l'Union :

Kentucky..............	34,000,000 kilogr., soit	31,06 p. 100
Virginie..............	22,500,000	20,56
Tennessee...........	18,250,000	16,67
Maryland.............	11,500,000	10,50
Missouri.............	7,800,000	7,12
Caroline du Nord.....	6,500,000	5,94
Ohio.................	4,750,000	4,34
Indiana	1,975,000	1,80
Illinois.............	670,000	0,61
Connecticut.........	412,500	0,38
Pensylvanie.........	305,000	0,28
Autres États.........	792,000	0,74
Total........	109,454,500	100,00

Sur cette quantité, 88,490,400 kilogrammes environ ont été exportés annuellement de 1843 à 1847. Dans la période de 1835 à 1842 l'exportation n'avait atteint que 64,365,000 kilogr.; cependant, si les quantités ont augmenté, les valeurs ont diminué, car celles-ci ont été :

De 1835 à 1842, 9,112,928 dollars (5 fr. 35) ou 48,754,165.

De 1843 à 1847, 7,961,594   —   42,594,518.

Les deux tiers de cette exportation vont en Allemagne.

Après les États-Unis, l'île de Cuba, dont le produit est connu des fumeurs sous le nom de sa capitale (la Havane), fournit la plus grande quantité de tabac. Dans une bonne année, la production de cette colonie espagnole s'élève probablement à près de 20 millions de kilogrammes. En 1847, elle a exporté 5,214,000 kilogr. de tabac en feuilles, et 244,812,000 cigares.

Une récolte moyenne de l'île de Porto-Rico est évaluée à un peu plus de 2 millions de kilogr. dont 85 p. 100 sont expédiés en Europe, et l'on calcule que la production du reste de l'Amérique s'élève à 14 millions de kilogr. dont l'Europe reçoit 7,280,000 kilogr.

----

[1] En évaluant la livre à 500 grammes. Nous ferons remarquer que les chiffres dont les sources ne sont pas indiquées sont empruntés aux documents officiels originaux.

La production totale de l'Amérique peut donc être évaluée à environ 145 millions et demi, dont 92 à 93 millions sont consommés en Europe. En comptant 93 millions, nous y comprenons amplement les faibles quantités de tabac importées des diverses contrées de l'Asie et de l'Afrique.

Voici maintenant la production européenne[1] :

France (récolte de 1848)................	11,852,841 kil.
Royaume-Uni (pour mémoire)...........	
Belgique.............................	2,600,000
Zollverein (Association douanière)........	34,900,000
Steuerverein (Hanovre, Oldenbourg, etc.).	1,500,000
Suisse...............................	800,000
Italie.................................	1,750,000
Espagne et Portugal...................	2,750,000
Pays-Bas.............................	3,250,000
Danemarck...........................	100,000
Suède et Norwège (pour mémoire).......	
Russie (et Pologne)...................	52,500,000
Turquie d'Europe.....................	3,000,000
Grèce................................	600,000
Total....................	115,602,841

A ajouter l'importation provenant des contrées situées hors de l'Europe................................... 93,000,000

Soit environ............. 208,600,000 kil.

Après avoir pris ainsi une vue de l'ensemble de la production des tabacs, nous passons aux divers Etats, que nous classons de la manière suivante :

1° Etats où le tabac est constitué en monopole, exploité directement par l'administration ;

2° Etats où le monopole est affermé ;

3° Etats où la vente est libre, mais la culture prohibée ;

4° Etats où la vente est libre et la culture permise (sans autres conditions que l'impôt).

II. — Etats où le monopole des tabacs est administré par l'Etat. — 1. France.

1° *France.*—L'impôt sur le tabac est déjà ancien en France. A peine Nicot en eut-il fait connaître l'usage chez nous, que Richelieu, avec sa pénétration habituelle, découvrit combien cette plante se prêtait aux exigences du fisc. Dès 1621, il fit tarifer le tabac à 40 sous le 100 pesant. La levée de cet impôt resta dans les attributions de la ferme générale jusqu'en 1697. A cette époque, la ferme du tabac fut distraite de la ferme générale, et louée à un particulier, moyennant 150,000 livres, et une somme annuelle de 100,000 livres pour abonnement des droits d'entrée, de sortie et de circulation. Le bail spécial alla en augmentant jusqu'en 1718, où il a atteint 4 millions de livres. La ferme générale le reprit alors, et en paya un loyer toujours croissant, qui s'éleva à 32 millions en 1790. La quantité totale de tabac vendu était alors de 7 millions de kilogr., qui se débitait à 4 fr. la livre, comme aujourd'hui.

---

[1] Les chiffres relatifs à l'Italie, la Turquie et la Grèce ne sont que des évaluations. L'*Austria*, 1851, février.

Sauf les trois provinces de l'Alsace, de la Franche-Comté et de la Flandre, qui avaient le privilége de cultiver, de fabriquer et de vendre le tabac, et qui supportaient pour c tte raison des impôts très-lourds, partout ailleurs la culture était prohibée ; sept manufactures situées à Paris, Dieppe, Morlaix, Tonneins, Cette, le Havre, Toulouse et Valenciennes, fournissaient à tous les besoins de la France.

Ce régime fut renversé par la loi du 24 février 1791, qui rendit libre la culture, la fabrication et la vente du tabac, se bornant à imposer de 25 fr. par quintal les tabacs en feuilles étrangers, taxe réduite aux 3/4 pour les navires français qui importeraient directement du tabac d'Amérique. De fait, l'impôt était donc aboli, car le droit d'importation ne produisit presque rien. Quelques modifications introduites dans le tarif ne purent rendre au Trésor le revenu perdu. Le 22 brumaire an VII, on promulgua, pour la quatrième fois, un nouveau tarif, et l'on ajouta une taxe de 4 décimes par kilogr. de tabac fabriqué en poudre et en carotte, et une taxe de 24 centimes par kilogr. de tabac à fumer et en rôle. La culture du tabac resta libre, mais les administrations municipales étaient chargées de la surveillance de la fabrication et de la vente. Cette surveillance ayant paru trop indulgente, la loi du 10 floréal an X la transféra à la régie de l'enregistrement. Cette même loi augmenta en même temps les droits de fabrication ; néanmoins l'impôt n'arriva pas à 5 millions. On décréta donc les licences (5 vendémiaire), auxquelles on assujettit les fabricants et les débitants. Il est inutile d'ajouter que les droits d'entrée furent élevés, et que cette mesure ne produisit pas le résultat attendu. On créa alors un droit de vente pour les fabricants, et des vignettes dont le prix fut fixé à un centime. La culture est grevée à son tour ; mais malgré toutes ces mesures, l'impôt n'atteignit que 9 millions en l'an XII, 12 millions en l'an XIII, et arriva à son maximum, 16 millions, en l'an XIV. Enfin, les besoins du Trésor devenant plus pressants, on se rappela que le tabac avait produit autrefois une trentaine de millions, et l'Empereur n'hésita plus : il décréta, le 29 décembre 1810, le régime actuellement en vigueur, qui n'a subi que peu de modification en 1816, 1819, 1829, 1837, 1842. Nous ne nous proposons pas de juger le système, nous dirons seulement que la prévision de l'Empereur (préliminaire du décret) a été juste, puisque l'impôt cité dépasse maintenant 80 millions.

La culture du tabac n'est permise que dans les départements suivants : Ille-et-Vilaine (556 hect. 63 ares) ; Lot (1,384 h. 02) ; Lot-et-Garonne (2,763 h. 85) ; Nord (802 h. 12) ; Pas-de-Calais (603 h. 85) ; Bas-Rhin (2,464 h. 58). L'étendue totale des champs cultivés en tabac est de 8,572 h. 05, qui appartiennent à 20,394 planteurs. Ces chiffres se rapportent à l'année 1848, mais depuis un certain nombre d'années ils n'ont que très-peu varié.

Comme on le pense bien, la production indigène de 11,051,325 k., déchet, etc., défalqué, ne suffit pas à la forte consommation que la France fait de cette feuille. Sans doute, il lui serait facile d'en produire davantage, mais le goût des consommateurs a des exigences qu'il faut respecter. On y satisfait donc au moyen de certains mélanges dans lesquels le tabac exotique entre pour une bonne part. Il s'ensuit que la régie combine ainsi ses achats. Nous prenons pour exemple l'année 1849.

	Quantité.	Valeur.	Prix moyen, les 100 k.
Tabacs indigènes...........	11,051,325 k.	7,396,475 fr.	66 f. 93 c.
Tabacs d'Europe...........	1,558,298	1,559,028	100 05
Tabacs d'Amérique.........	10,816,316	10,057,275	92 98
Cigares de la Havane (2,692,700)...............	10,771	418,337	3,883 99 [1]
Tabacs fabriqués, etc.......	1,077	16,386	828 86
Tabacs saisis ou repris des débitants..............	236,302	327,285	138 50
Totaux.....	23,674,989	19,774,786	» »

En ajoutant aux dépenses pour les achats de tabac les frais de transport (1,568,466 fr.), et les frais d'exploitation (7,109,447), on trouve que la dépense totale de la régie a été, en 1849, de 28,492,669 fr., dont 27,155,879 fr. étaient payés à la fin de l'année.

Les frais d'exploitation ont servi à l'entretien de dix manufactures [a] (5,383 ouvriers), 20 magasins (1,398 ouvriers, gagistes, etc.), 357 entrepôts, et de tout le personnel administratif. Le bénéfice des débitants n'y est pas compris, puisqu'il provient de la différence entre le prix de vente de la régie et celui payé par le consommateur. Cette différence, qui est variable pour les qualités supérieures, est de 9 3/8 pour 100 (7 fr. 25 sur 8 fr.) pour les qualités ordinaires, et constitue en faveur des 34,200 débitants une remise totale de 13,155,439 fr. 56, ce qui fait en moyenne 384 fr. 60. Nous n'avons pas un état complet des personnes qui, en France, tirent un profit du tabac, mais en comptant les 20,000 planteurs, les employés de tous grades, les 5,000 ouvriers, les débitants, les entrepreneurs de transport, etc., etc., on trouvera un chiffre assez élevé pour le mettre à côté de ceux fournis par quelques-unes de nos plus importantes industries.

Les recettes de la régie sont de........................ 116,873,197 fr.
pour 18,338,573 kil. de tabac vendu, soit à l'intérieur, soit à l'étranger.

Et de..   259,908
pour droits du tabac importé (180,372 fr.), droits de pesée, prix de colis et recettes extraordinaires.

Ce qui fait un total de.............................. 117,133,105 fr.
À déduire les dépenses.............................. 28,492,699

Excédant des recettes....... 88,640,406

Cet excédant peut être considéré comme le bénéfice de la régie ou, ce qui revient au même, comme l'impôt supporté par le tabac. Le budget de 1849 étant, avec les ressources extraordinaires, de 1411 millions, les 88 millions équivalent à un peu plus de 6 pour 100 de nos revenus [3].

---

[1] Par 1,000 cigares 155 fr. 36 c.

[a] Ces manufactures sont : Marseille (1,016 ouvriers), Morlaix (409), Toulouse (331), Bordeaux (359), Tonneins (244), Lille (476), Strasbourg (386), Lyon (423), Paris (1,574), Le Havre (175).

[3] On trouvera des détails intéressants sur le *monopole du tabac* dans le travail remarquable qui a paru sous ce titre dans la *Revue des Deux-Mondes* (25 avril 1843), et qu est dû à M. Barral.

Il n'est pas sans intérêt de jeter un coup d'œil sur la marche progressive qu'a suivie cet impôt. Voici le tableau par périodes quinquennales :

	Moyenne annuelle de la recette totale.	Moyenne annuelle du bénéfice réel.
1811 à 1814	63,217,596	23,338,960
1815 à 1819	60,244,061	37,142,567
1820 à 1824	64,842,691	41,112,430
1825 à 1829	67,141,645	43,509,081
1830 à 1834	68,634,123	46,421,524
1835 à 1839	82,043,306	59,396,366
1840 à 1844	100,731,118	70,456,144
1845 à 1849	115,409,732	82,931,971

III. (Suite.) — 2. Autriche. — 3. Espagne. — 4. Sardaigne. — 5. États de l'Église.

2° *Autriche.*—Jusqu'en 1670 la culture et la fabrication du tabac étaient libres en Autriche. Le monopole fut établi à cette époque, et pour l'Autriche supérieure seulement, en faveur du grand-veneur, qui devait en employer le revenu pour les besoins de la chasse impériale. Peu à peu le monopole fut étendu à d'autres provinces et affermé à des particuliers pour le compte de l'État. Ce régime dura jusqu'en 1784, époque à laquelle le tabac produisait au Trésor la somme de 1,925,000 florins (environ 4,812,500 fr.). A partir de 1784 le tabac fut administré directement par la régie, d'après une législation qui diffère très-peu de celle de la France. Le nombre des planteurs est également limité, leur culture est surveillée, etc. La fabrication a lieu dans les manufactures de Haimbourg, Furstenfeld, Sedlitz, Gœding, Winiki, Trient, Schwotz, Venise, Milan; les produits (en 1837, 2,691,360 k. à priser et 12,814,400 k. à fumer) sont ensuite distribués entre 368 dépôts principaux et vendus par 40,786 débitants.

Le revenu brut du Trésor a été pour l'empire d'Autriche, non compris la Hongrie, la Transylvanie et les Confins militaires :

En 1845	12,729,776 florins ou	31,824,435 fr.
1846	11,905,317	29,763,292
1847	12,384,164	30,960,410
1848	11,385,207	28,463,017
1849	14,966,775	37,416,937
1850	16,357,285	40,893,212

Les tabacs achetés par la régie sont produits en partie dans le pays même ; le reste est acheté en Hongrie, en Turquie et en Amérique. En déduisant cette dépense, ainsi que les frais de manutention, etc., il reste pour le Trésor (1849) un revenu net de 9,185,000 florins, ou 22,962,500 fr.

3° *Espagne.* — En Espagne, la fabrication et la vente du tabac ont subi bien des vicissitudes. Le monopole ne date que de 1730, il a été exploité directement par la régie jusqu'en 1826, il a été ensuite alternativement affermé à des compagnies ou exploité directement, mais il paraît que le gouvernement préfère maintenant cette dernière méthode.

Les revenus ont été de 150,760,088 réaux (37,690,022 fr.) en 1847, de 157,336,033 réaux (39,334,008 fr.) en 1848, et de près de 170 millions de réaux en 1849. Les dépenses se sont élevées en 1848 à 62,780,556 réaux (15,695,139 fr.) pour le personnel et le matériel réunis [1].

---

[1] Voy., pour plus de détails, *L'Espagne en* 1850, par M. Maurice Block. Paris, Guillaumin, 1851, et l'*Annuaire de l'écon. polit.* pour 1852, p. 283.

4° *Sardaigne.*—Le royaume de Sardaigne a introduit le monopole dès le commencement du dix-huitième siècle, mais il a été réorganisé par la loi du 23 décembre 1835, de manière à améliorer beaucoup la fabrication. Une loi toute récente (5 février 1850) a encore introduit des modifications dans cette législation, en permettant aux particuliers d'importer, pour leur usage personnel, de faibles quantités de tabac (4 kilog.), en payant, bien entendu, un droit (de 5 francs par kilog.).

Les revenus bruts ont été, en 1847, de 10,210,917 livres (ou francs), ou 12,55 pour 100 de la totalité des recettes. Les dépenses ont été de 3,612,306 livres, ou 35,38 0/0, et le produit net 6,388,611.

Dans l'île de Sardaigne le produit net a été, en 1845, de 817,500 francs.

5° *Etats de l'Eglise.*—Dans les Etats de l'Eglise, la fabrication et la vente des tabacs étaient affermées, jusque dans les derniers temps, à une Compagnie qui payait une rente fixe et une part des bénéfices, en tout 1,500,000 scudi (8,077,500 fr.); mais depuis quelques années le monopole est régi par l'Etat, qui a adopté une législation semblable à celle de la France.

La même modification a eu lieu dans le duché de Modène.

IV. — Etats où le monopole est affermé.

1° *Portugal.*—La *Junta de tabaco,* qui fonctionne en Portugal depuis 1664, paye annuellement à l'Etat une rente qui a atteint 1,360,000,000 reis (8,161,000 fr.) en 1846. La junte possède trois manufactures où elle occupe 1,800 ouvriers, qui manipulent environ 2 millions de kilog. de tabac.

2° *Toscane.*—Dans la Toscane, le monopole a été introduit en 1737, et affermé, depuis 1806, pour 700,000 livres, rente qui s'est accrue peu à peu au point d'atteindre 2,074,000 liv., pour la période 1844 à 1850. Une seule manufacture, située à Florence, et employant 360 à 370 ouvriers, suffit pour tout le pays, qui ne consomme qu'environ 410,000 kilog. de tabac.

3° *Pologne.* — La ferme du monopole des tabacs en Pologne paye annuellement environ 1,200,000 fr.; ses cinq manufactures fabriquent 1,600,000 kilog. de tabac, dont les trois quarts sont récoltés dans le pays.

4° *Deux-Siciles.*— Dans le royaume des Deux-Siciles, la ferme date du commencement du dix-huitième siècle; elle paye annuellement 1,064,000 ducats (4,681,600 fr.).

Deux fabriques produisent annuellement 900,000 kilog. de tabac, dont 500,000 proviennent de la culture intérieure. Le tabac est cher et de mauvaise qualité, il n'est donc pas étonnant que la contrebande soit très-active; on estime qu'elle fait entrer 220,000 à 250,000 kilog. dans la consommation.

5° Nous citerons enfin le Valais, où une consommation de 24,000 kilog. rapporte 6,800 fr. au gouvernement.

Quelle que soit l'opinion qu'on ait sur le monopole du tabac, il nous semble qu'un Etat, dès qu'il est décidé à employer cette méthode de percevoir l'impôt, doit préférer la régie directe à la ferme. Il toucherait ainsi la totalité des bénéfices et serait plus libre de faire à la consommation les concessions qu'elle peut réclamer, et d'introduire les améliorations suggérées par l'expérience.

V. — Etats où la vente est libre, mais la culture défendue.

Le Royaume-Uni est le seul Etat où la culture du tabac soit interdite, sans que la fabrication et la vente en soient érigées en monopole. Il paraît que la

Grande-Bretagne ait le privilége de réussir là où d'autres pays échouent; car, malgré cette liberté, elle tire du tabac un très-gros revenu.

Avant d'arriver à la législation actuelle, l'Angleterre a essayé plusieurs systèmes différents. Jacques Ier commença par établir des droits d'importation, sans mettre d'entraves à la culture indigène du tabac. Charles Ier tenta d'organiser le monopole en faveur de l'Etat, mais la guerre civile intervint, et la régie dut faire place au régime antérieur, renforcé cependant par des droits de fabrication et de débit. En présence de droits d'importation assez forts, la culture du tabac était très-lucrative et se développa au point de menacer les intérêts du Trésor. Le gouvernement républicain prit alors une mesure énergique et prohiba, en 1652, la culture du tabac en Angleterre. Ce décret fut confirmé par Charles II et ses successeurs, qui l'étendirent, en 1783, à l'Ecosse et, en 1830, aussi à l'Irlande.

Actuellement les revenus de l'Etat sont produits par des droits de douane, et par des licences (patentes) imposées aux fabricants et aux détaillants. Les douanes contribuent pour la plus large part à la recette totale; le reste est fourni par 35,100 *tobaco and snuff dealers* (détaillants), qui payent chacun 5 liv. 5 sch. (131 fr. 25 c.) par an, et par les fabricants qui sont imposés en raison de la quantité fabriquée. Ceux qui produisent 20,000 livres (à 453 grammes) et au-dessous, payent 5 liv. 5 sch., et au-dessus de ce chiffre l'impôt est augmenté d'une somme égale pour chaque 20,000 livres.

M. Porter (*Progress of nation*, édit. de 1847, p. 575) donne les renseignements suivants sur la quantité de tabac consommée dans le Royaume-Uni et sur le revenu touché par le Trésor.

ANNÉES.	GRANDE-BRETAGNE.		IRLANDE.		CONSOMMATION TOTALE.	TOTAL DES DROITS.
	CONSOMMATION en kilogr.	DROIT d'import. par kilog.	CONSOMMATION en kilogr.	DROIT d'import. par kilog.		
		fr. c.		fr. c.	kil.	fr.
1801	4,763,294	4 43	2,894,558	2 86	7,657,852	30,233,625
1811	6,760,229	6 08	2,923,230	4 13	9,683,459	56,573,250
1821	5,881,388	15 »	1,184,574	8 25	7,065,962	78,066,575
1831	6,953,558	8 25	1,895,272	8 25	8,848,830	74,123,250
1841	7,624,258	» »	2,381,881	8 25	10,006,139	89,504,100

Ces droits ne s'appliquent qu'aux tabacs non fabriqués; les tabacs fabriqués sont imposés au double (tabac à priser), et au triple (à fumer).

En 1849, l'importation du tabac s'est élevée à 19,937,119 kilog.; l'exportation, 7,454,031 kilog.; la mise en consommation, 10,544,648. En 1850, l'importation a été de 16,048,587 kilog.; l'exportation, de 6,854,992; la mise en consommation, de 10,563,859 kilog. Cependant il est connu que ce dernier chiffre ne représente pas la consommation réelle; celle-ci est estimée au double du chiffre officiel, et la différence est considérée comme l'équivalent de la contrebande.

VI. — Etats où la culture et la fabrication sont libres.

Dans la plupart des Etats qui ont adopté le régime de liberté pour la culture et la vente, le Trésor ne retire d'autres revenus du tabac que les droits de douane. Cependant il existe en Prusse et en Russie des impôts particuliers dont nous croyons devoir dire un mot.

En Prusse, la législation spéciale (loi du 8 février 1819; ordonnances du

9 janvier 1832, 29 mars 1838, 30 juillet 1842, etc.) divise les champs à tabac en quatre classes, selon la quantité de leur produit, ou plutôt selon le produit moyen (en tabac) de l'arrondissement. La première classe est supposée produire, par hectare, 18 quintaux métriques de feuilles sèches : valeur moyenne de 100 kil., 75 fr. :

La 2e classe,	15 quintaux métr. valant, en moyenne	60 fr. » c.	
3e	12	—	—	48 75
4e	9	—	—	37 50

L'impôt spécial (non compris l'impôt foncier) est de 90 fr. pour la première, de 75 fr. pour la deuxième, de 60 fr. pour la troisième et de 45 fr. pour la quatrième classe. Les planteurs sont obligés de déclarer, au mois de juillet, devant l'autorité fiscale, l'étendue de leurs champs cultivés en tabac, sous peine d'amendes, dont les détails sont consignés dans les ordonnances citées plus haut. Cet impôt rapporte environ 150,000 thalers (562,250 fr.) à la Prusse, qui touche en outre sa part dans les revenus du Zollverein. En 1849, cette part a été de 2,221,116 thalers, ou 8,329,185 fr. pour une importation de 147,556 quintaux métriques de tabacs non fabriqués (droits d'importation, 41 fr. 25 c. par 100 kil.), et de 15,700 quintaux métriques de cigares, 5,710 quintaux en rouleaux, et 45 1/2 quintaux métriques de tabac à priser. (Droits d'importation des tabacs fabriqués, 112 fr. 50 c. les 100 kil.)

On sait que le produit des douanes des Etats du Zollverein sont partagés en proportion du nombre des habitants. Sous ce rapport, la Prusse en prend plus de la moitié ; cependant ce n'est pas le pays où la culture du tabac a pris le plus d'extension, eu égard à son étendue, comme le prouve le tableau suivant :

Etats du Zollverein.	Etendue cultivée en tabac. hect.	Tabac récolté en quint. métr. (100 kil.)	Valeur approxi. en francs.	Part proportionnelle à la totalité.
Prusse (1846)	9,461	116,481	7,224,292	20,02
Saxe	50	450	16,875	0,06
Thuringe	184	2,568	111,750	0,42
Hesse-Électorale	251	4,001	210,000	0,70
Bavière	8,437	135,000	14,175,000	47,53
Wurtemberg........	21	250	22,500	0,8
Bade...............	5,000	80,000	8,400,000	28,16
Hesse grand-ducale..	700	10,000	900,000	3,02
Nassau.............	5	60	3,000	0,01
Totaux.....	24,109	348,810	31,063,417	100,00

Relativement à la législation qui régit la culture et la vente du tabac, la Russie peut être divisée en trois grandes parties. Dans l'une, la Pologne, le tabac est sous le régime du monopole, nous en avons déjà parlé ; dans la seconde, qui comprend les provinces transcaucasiennes, il y a absence totale de disposition législative ; reste la Russie d'Europe, où l'impôt sur le tabac est perçu conformément aux dispositions du règlement du 12 avril 1838, de l'ukase du 2 décembre 1838, mais surtout de celui du 18 février 1848. Voici les principaux articles de ce dernier. (*Journal du commerce allemand de Saint-Pétersbourg*, numéro 21, année 1848.)

1° La culture du tabac n'est soumise ni à une accise, ni à aucune restriction.

2° Les planteurs peuvent vendre leur tabac en gros ou en détail, à l'intérieur ou à l'étranger.

3° Le tabac fabriqué de toute espèce, soit indigène, soit exotique, soit mélangé des deux, est assujetti à un droit, qui est perçu au moyen de *banderoles* (des bandes croisées comme celles dont on se sert pour expédier les journaux).

5° Les tabacs étrangers sont, au moment de leur entrée dans l'Empire, entourés de banderoles disposées de manière à empêcher la consommation de la denrée sans la destruction préalable des bandes.

5° Le tarif des droits et les dispositions accessoires sont imprimés sur les banderoles, et doivent encore être lisibles après leur ouverture. L'autorité doit tenir des registres exacts sur la vente de ces banderoles dont le *réemploi* est défendu.

6° L'établissement d'une manufacture de tabac, ou la fabrication domestique, ne sauraient avoir lieu que dans la capitale, les villes maritimes ou les chefs-lieux de gouvernement ou arrondissement (afin de rendre le contrôle le plus facile).

7° Dans les manufactures, on peut travailler toute espèce de tabac, mais la fabrication domestique ne saurait employer que du tabac indigène.

8° ..... Une patente particulière est imposée à l'industrie du tabac ; elle consiste dans une permission annuelle écrite sur papier timbré, d'une valeur proportionnelle à l'importance de l'établissement. (Pour une fabrique, 15 roubles argent, de 4 fr. ; boutique, 10 ; fabrication domestique, 5 ; débit en détail, 3 roubles, etc.)

9° Toute vente ou fabrication non autorisée est punie comme contravention, etc.

D'après le tarif de vente, le tabac à fumer le plus cher se débite à 3 fr. 54 c. le kilogramme, et la dernière (sixième) qualité à 29 centimes le kilogramme. Il est inutile d'ajouter que la vente est soumise à la surveillance des agents du fisc. Du reste ce dernier ne retire qu'un assez faible revenu de l'immense quantité de tabac fumé en Russie, car après avoir été de 762,963 roubles en 1839, il n'a encore atteint, en 1847, que 1,901,459 roubles, ou 7,605,836 fr.

VII. — Résumé.

Nous résumerons maintenant, sous forme d'un tableau comparatif, le revenu que le tabac produit aux divers Etats de l'Europe.

	Produit total de l'impôt en francs.	Rapport proport. au budget des recettes.	Impôt, par tête, du nombre total des habitants.
France....................	88,640,406	6,30	2 fr. 50 c.
Autriche.................	22,962,500	5,00	0 60
Espagne.................	23,638,869	8,23	1 65
Sardaigne..............	7,206,111	8,09	1 79
Etats de l'Eglise..........	8,077,500	7,72	2 78
Portugal................	8,161,000	11,34	2 38
Toscane.................	2,300,000	9,20	1 46
Pologne.................	1,200,000	»	0 25
Deux-Siciles.............	4,681,600	4,10	0 58
Royaume-Uni (brut).......	118,125,000	8,19	4 40
Zollverein	7,712,500	1,00	0 27
Steuerverein (Hanovre, etc.)	337,500	0,60	0 17
Russie (sans la Pologne)...	7,605,836	1,00	0 15
Pays Bas................	168,750	0,11	0 05
Belgique................	761,250	0,65	0 17
Danemarck..............	285,000	0,40	0 13
Suède..................	401,250	2,30	0 12
Norwége................	633,750	4,12	0 47

On voit que le plus fort revenu est recouvré dans les pays où le tabac est sous le régime du monopole, et en outre en Angleterre, où la législation existante a un effet à peu près semblable. Ce résultat était attendu; on ne s'étonnera pas non plus de voir que l'importance de la consommation individuelle n'a pas de rapport bien déterminé avec un impôt régi d'après des principes si divers, et sur lequel les mœurs et usages ont tant d'influence. Voici, par exemple, un tableau comparatif de la consommation moyenne des hommes âgés de plus de dix-huit ans, mis en regard de l'impôt moyen sur le tabac supporté par individu de tout âge.

	Consommation moy. Kil.	Impôt par tête de la totalité des habitants.	
Steuerverein (Hanovre, etc.).	6.250	0 fr.	17 c.
Zollverein.	4.875	0	27
Belgique..	4.500	0	17
Pays-Bas	4.125	0	05
Danemarck..	4.000	0	13
Autriche..	3.375	0	60
Norwège..	3.200	0	47
France..	2.750	2	50
Royaume-Uni..	2.500	4	40
Espagne..	2.375	1	65
Suède.	2.185	0	12
Portugal..	1.750	2	38
Sardaigne..	1.375	1	79
Russie..	1.250	0	15
Toscane..	1.250	1	46
Etats de l'Eglise..	1.000	2	78

Malgré quelques irrégularités, les résultats généraux de ce tableau prouvent que la consommation est la plus forte dans les pays les moins imposés. Mais heureusement le tabac n'est pas une denrée de première nécessité, et les financiers peuvent exercer sur cette plante toute leur sagacité, sans exciter les clameurs des philantropes. Aucune préoccupation étrangère, aucune complication, causée par des passions politiques ou autres, ne les empêchent de rechercher la meilleure manière de concilier à la fois l'intérêt du Trésor public et celui du consommateur et du producteur.   MAURICE BLOCK.

HISTOIRE
ET
STATISTIQUE DES THÉATRES DE PARIS.
(Suite et fin [1].)

VI.

Auteurs et Compositeurs dramatiques. — Leur organisation en société. — Droits des auteurs.

On estime de 8 à 900 le nombre des hommes de lettres et des compositeurs qui ont fait jouer une ou plusieurs pièces sur les théâtres de Paris; mais il y a chaque année 250 auteurs ou compositeurs, au plus, dont les

---

[1] Voir le dernier numéro, 15 mars 1852,

ouvrages soient représentés. La consommation des pièces, à Paris, est assez régulière ; on en a la preuve par le relevé suivant :

Nombre des pièces nouvelles représentées à Paris chaque année.

1831	273		1840	291 dont 221 vaudevilles.		
1832	258		1841	268 — 195	—	
1833	219		1842	285 — 204	—	
1834	187		1843	249 — 117	—	
1835	221 dont 159 vaudev.		1844	221 — 150	—	
1836	296 — 218	—	1845	269 — 200	—	
1837	295 — 201	—	1848	267 — 178	—	
1838	272 — 190	—	1851	273 — 186	—	
1839	335 — 228	—				

			Th. subv.	Th. de Drames, Historique et Op. Nat. compris.	Th. de vaudevilles et autres.
1845......	269	savoir :	41	46	182
1846......	139? [1]		32	22?	85
1847......	269?		56	45	168?
1848......	266		34	62	170
1849......	248?		44	59	145?
1850......	331		37	73	221
1851......	273		32	69	172

Les auteurs prélèvent sur les produits des représentations dramatiques des sommes importantes, dont on a déjà fait mention plus haut, et, pour cette raison, on doit dire quelques mots de leur organisation et de leurs droits. Les renseignements qui suivent sont puisés en grande partie dans les *Etudes administratives* de M. Vivien, pages 451-460, 476-485 ; l'*Histoire du théâtre en France*, par M. Régnier, et l'Enquête du Conseil d'Etat sur les théâtres.

Dans les premiers temps du théâtre moderne, les auteurs allaient offrir leurs pièces aux comédiens, et ceux-ci achetaient celles qu'ils se proposaient de jouer. Ces prix d'achat étaient naturellement très-variables : ils dépendaient du genre et du mérite de l'ouvrage, et surtout de la réputation de l'auteur.

En 1653, les acteurs de l'hôtel de Bourgogne avaient promis cent écus à Tristan pour une comédie intitulée *les Rivales* ; ils ne voulurent plus en donner que cinquante écus, quand ils surent que cette pièce était de Quinault. Celui-ci finit par obtenir le neuvième de la recette chaque fois que l'on jouerait sa pièce, et telle est l'origine des *droits des auteurs*.

Pendant plus de trente ans, la cession des pièces fut, malgré ce précé-

---

[1] Le point d'interrogation indique que le chiffre ne représente pas le nombre total de pièces nouvelles représentées dans l'année. Ainsi, les renseignements manquent, en 1846, sur les Folies-Dramatiques et tous les petits théâtres ; en 1847 et en 1849, sur le Théâtre-National, les Funambules et le Luxembourg.

Je dois les relevés pour les années 1845 à 1851 à l'obligeance de M. Pommereux, directeur de la *Revue et Gazette des Théâtres*.

dent, réglée par des conventions très-diverses. Les ordonnances de 1685 et de 1697 eurent pour objet de régulariser ces transactions et attribuèrent aux auteurs une part du bénéfice. Sous le régime consacré par ces ordonnances, à la Comédie-Française, par exemple, on prélevait sur la recette, après chaque représentation, le montant des frais, puis on partageait le surplus en 18 parts : les auteurs avaient droit à 2 de ces parts pour une tragédie ou une comédie en 5 actes, et à une seule part pour les autres pièces. Du temps de Molière, la recette n'était divisée qu'en 16 parts mais c'est par suite d'arrangements particuliers que Corneille reçut 2,000 livres pour *Bérénice*, et 2,000 livres pour *Attila*. Avec le droit du huitième, la comédie des *Précieuses ridicules* rapporta 1,000 livres à Molière, et celle du *Cocu imaginaire*, 1,500 livres.

Le règlement de 1697 fut renouvelé, et chaque fois modifié, en 1757, en 1766 et en 1780 ; ses dispositions ne s'appliquaient qu'à la Comédie-Française. Pour les pièces représentées à l'Opéra, les droits furent réglés par des arrêts du Conseil ; mais, dans les autres théâtres, ils étaient fixés de gré à gré.

A la fin du siècle dernier, pendant quinze ou seize ans, les entrepreneurs de théâtres et les comédiens furent en lutte avec les auteurs dramatiques, relativement à la fixation des droits. La loi de 1791 et le décret du 8 juin 1806 consacrèrent d'une manière formelle le droit de propriété des auteurs et la liberté des transactions entre eux et les administrations théâtrales.

Les droits des auteurs ont été établis, pour l'Opéra, la Comédie-Française et l'Opéra-Comique, par des règlements qui émanent de l'autorité supérieure ; pour les autres théâtres, ces droits ont été fixés par la Commission directrice de l'Association des auteurs dramatiques, et le taux a été tacitement accepté par les directeurs. Voici quels sont ces droits pour chaque représentation :

Opéra. — Un opéra en 5 actes, pendant les 40 premières représentations, 500 fr.; pendant toutes les autres, 200 fr. — Un opéra en 3 actes, 340 fr.; 170 fr. — Un ballet en 3 actes, 170 fr.; 50 fr. — Un ballet en 1 acte, 100 fr.; 30 fr.

Comédie-Française. — Le douzième de la recette pour les pièces en 5 et en 4 actes ; le dix-huitième pour les pièces en 3 actes ; le vingt-quatrième pour les pièces en 2 actes et en 1 acte. — Ce partage ne s'opère qu'après le prélèvement du droit des indigents.

Opéra-Comique. — Le huitième et demi de la recette pour les pièces en 3 actes ; le sixième et demi pour les pièces en 2 actes ; le sixième pour les pièces en 1 acte, après le prélèvement du droit des indigents.

Odéon, Vaudeville, Variétés, Gymnase, Palais-Royal. — 12 pour 100 sur la recette brute.

Gaîté, Ambigu, Porte-Saint-Martin. — 10 pour 100 sur la recette brute.

Théâtre-National. — 40 fr. pour les grandes pièces ; 36 fr. pour les pièces en 3 actes pendant les 25 premières représentations, et 24 fr. pour les représentations suivantes ; 18 fr. pour les pièces en 2 actes ; 13 fr. pour les pièces en 1 acte.

Délassements-Comiques. — 35 fr. pour un spectacle composé de 3 pièces ; 40 fr. pour 4 pièces ; 45 fr., pour 5 pièces ; 54 fr., pour 6 pièces.

Dès avant 1791, à l'instigation de Beaumarchais, les auteurs s'étaient réunis pour résister aux exigences des comédiens. Les heureux résultats produits par cette alliance déterminèrent la formation, en 1794, d'une société, qui fut reconstituée en 1801 ; plus tard, d'autres sociétés analogues furent fondées. Enfin, le 7 mars 1829, l'*Association des auteurs et des compositeurs dramatiques* a été instituée.

Cette Société a pour objet : 1° « la défense mutuelle des associés vis-à-vis des administrations théâtrales ou des personnes en rapport d'intérêts avec les auteurs ; 2° la perception à moindres frais des droits des auteurs et la mise en commun d'une partie de ces droits ; 3° la création d'un fonds de secours au profit des associés, de leurs veuves et héritiers ou parents ; 4° la création d'un fonds commun de bénéfices partageables. »

L'existence de cette Association a été régularisée par un acte du 9 décembre 1837. La première Société, établie en 1801, ne se composait que de 95 membres ; la Société actuelle compte à peu près 500 adhérents. Elle est administrée par une Commission de 15 membres, élus en assemblée générale.

Les droits dus aux auteurs et compositeurs sociétaires, tant à Paris que dans les départements, sont perçus par des agents spéciaux qui prélèvent sur le montant de ces droits : 1° 1/2 p. 100, pour toutes les charges sociales, caisse de secours, etc. ; 2° 2 pour 100 à Paris, et 15 pour 100 dans les départements, pour les frais de perception.

Selon M. Vivien, la somme totale des droits perçus par l'Association s'élève en moyenne à 1 million par an, savoir : 800,000 fr. pour Paris et 200,000 fr. pour les départements [1]. Il n'y a guère qu'un peu plus de 200 auteurs qui soient parties prenantes ; sur ces 200, on en compte 16 appelés à partager le premier tiers de ce million, 40 auxquels revient le deuxième tiers, et 144 auxquels le dernier tiers appartient.

Le produit des droits d'auteur à Paris n'a pas été aussi élevé dans ces dernières années qu'il pouvait l'être en 1845, époque à laquelle M. Vivien a écrit les *Études administratives*. Il paraît que ce produit est, dans l'ensemble, à peu près de 8 pour 100 sur la recette générale, de sorte qu'il aurait été,

De 772,000 fr. environ en 1847 ;
450,000 — 1848 ;
530,000 — 1849 ;
680,000 — 1850.

Aux bénéfices provenant de ces droits il faut ajouter la vente faite aux libraires des manuscrits et des partitions, les gratifications dites *primes de lecture*, le *droit de signature*, c'est-à-dire la concession gratuite, à chaque représentation, d'un certain nombre de billets qui reçoivent la griffe des auteurs et sont vendus à un prix inférieur de moitié à celui du bureau. La vente seule de ces billets rapporte environ 400,000 francs par an.

---

[1] « On peut évaluer, sauf erreur, les droits d'auteur, pour Paris, à 6 ou 700,000 fr. dans les bonnes années, et ceux de province à 150,000 ou 200,000 fr. ». M. Dulong, agent de la Société des Auteurs dramatiques. *Enquête*, page 33.

VII.

Histoire et recettes des théâtres de Paris; prix des places. — 1. *Théâtres subventionnés:* Grand-Opéra; Comédie-Française; Opéra-Comique; Théâtre-Italien; Odéon. — 2. Opéra-National et Théâtre-Historique. — 3. *Théâtres de vaudevilles :* Théâtre du Vaudeville; Théâtre des Variétés; Gymnase-Dramatique; Théâtre de la Montansier. — 4. *Théâtres de drames :* Théâtre de la Gaîté; Ambigu-Comique; Théâtre de la Porte-Saint-Martin; Théâtre-National; Théâtre des Folies-Dramatiques. — 5. *Petits Théâtres :* Théâtre des Funambules; Théâtre des Délassements-Comiques; Théâtre du Luxembourg; Théâtre du Petit-Lazari; Théâtre Beaumarchais; Théâtre Saint-Marcel. — 6. *Spectacles :* Cirque des Champs-Elysées; Spectacle Choiseul. — 7. *Spectacles de moindre importance.* — 8. *Anciennes entreprises théâtrales.*

Les recettes indiquées plus loin pour chaque théâtre sont celles des représentations ; on n'y a pas compris les recettes des bals ou des concerts qui ont pu y être donnés.

Pour apprécier les recettes annuelles de chaque théâtre depuis 1807 jusqu'à 1850, on a admis que le produit du droit des indigents sur les représentations équivaut au onzième de la recette brute. Cela est vrai en principe; en réalité, la recette est plus élevée, car il faut tenir compte des droits de régie, des abonnements, des billets donnés en paiement de frais, etc.

Outre ces causes de différence, on doit citer encore l'augmentation du prix des places lors de représentations extraordinaires ; le droit n'est toujours perçu que sur le prix habituel. Ainsi, dans les dix années de 1838 à 1847, le produit total du droit a été de 7,769,674 fr. pour les représentations ordinaires et de 243,917 fr. pour les représentations extraordinaires; les recettes des représentations ordinaires ont donc été de 85,466,614 fr. ; mais les recettes des représentations à bénéfice, au lieu d'être de 2,683,087 fr., comme le fait supposer le montant des droits perçus, ont dû atteindre près de 4 millions. Il en résulte que, de 1838 à 1847, les recettes ont été, en moyenne, par année, de 8,947,000 fr., au lieu de 8,815,000 fr. Il faut donc augmenter de 1 1/2 pour 100 le chiffre des recettes, afin de tenir compte de la différence qui vient d'être signalée.

Quant aux billets de faveur, ils ont pendant longtemps échappé au droit. La jurisprudence du Conseil d'État ne permet pas de percevoir le droit sur les billets purement gratuits, mais elle autorise la perception pour les billets donnés en paiement de frais (arrêt du 5 août 1831). L'administration des hospices a fait faire, en 1830 et 1831, le relevé des billets de faveur présentés au contrôle : leur valeur fut portée, pour 1830, à 1,135,652 fr., et, pour 1831, à 1,164,730 fr. Au dire des directeurs de théâtres, en 1849, les billets de faveur et les entrées gratuites représentent, chaque année, une valeur de plus de 3 millions ; les billets accordés aux auteurs figurent pour un septième dans cette somme. L'administration a, dès 1849, mis à exécution l'arrêt du Conseil d'État. La perception s'est élevée, en 1850, pour les billets de claque, à 6,831 fr. 91 c. ; et, pour les concessions de loges et d'entrées faites à des auteurs, acteurs, propriétaires et anciens directeurs, à 26,295 fr. 69 c. [1].

Pour les années 1830, 1831 et 1832, durant lesquelles des réductions importantes ont été consenties sur le droit des indigents, on a calculé les recettes d'après la base ordinaire, attendu que les recettes ont toujours été régulièrement constatées par le Contrôle. L'Administration de l'assistance publique a même inscrit, pour ces années, sur les états du produit du droit, les sommes qui eussent dû être perçues et non pas celles qui ont été réellement encaissées.

En 1848, 1849 et 1850, le droit a varié plusieurs fois. — En 1848, il a été, pour janvier et février, du 10e en sus, et pendant le reste de l'année, de 1 à 3 pour 100.

	DROIT SUR LES		
	Représentations.	Concerts.	Bals.
1849, toute l'année,	5 p. 100	7 p. 100	10 p. 100
1850, 10 premiers mois,	6	8	11
— 2 derniers mois,	8	10	12 1/2
1851, 2 premiers mois,	8	10	12 1/2
— 10 derniers mois,	1/11e ou 9	1/8e ou 12 1/2	1/8e ou 12 1/2

En 1848, le droit a rapporté, pour janvier et février, 211,782 fr. 93 c., et pour les 10 autres mois, 156,238 fr. 74 c. L'Administration de l'assistance publique a publié le chiffre total des recettes brutes de l'année, savoir : 6,747,408 fr. ; on connaissait et le montant du droit perçu dans chaque théâtre, et les divers taux de perception, on a pu évaluer *approximativement* les recettes de 1848. Les chiffres donnés pour 1849 et 1850 sont plus exacts : le montant des droits a été considéré comme représentant 5 pour 100 de la recette brute, pour 1849, et 6 1/3 pour 100, pour 1850.

Depuis le 1er janvier 1851, le Bureau des théâtres reçoit les bordereaux des recettes mensuelles de tous les théâtres de Paris ; M. le directeur des Beaux-Arts a bien voulu communiquer à la Chambre de commerce les recettes de chaque théâtre en 1851.

Il n'y a aucun intérêt à s'occuper du prix des places : quelques mots suffisent. Les places les plus chères coûtent, prises au bureau, 10 fr. chacune ; elles se trouvent à l'Opéra (avant-scène et loges du foyer, stalles de balcon) et aux Italiens (premières, secondes de face, stalles d'orchestre et de balcon). Les places dont le prix est le plus bas sont celles de seconde galerie au théâtre Lazari, et coûtent 15 centimes.

Voici les prix du parterre dans les différents théâtres :

Opéra, Italiens,	4 fr.	» c.	Ambigu,	1 fr.	25 c.
Français, Opéra-Comique,	2	50	Gaîté, Th.-Nat., Comte,	1	»
Vaudeville, Variétés, Gymnase,	2	»	Folies, Délassements,	»	75
Porte-Saint-Martin,	1	50	Funambules, Luxemb.,	»	40
Opéra-Nat., Odéon, Montansier,	1	25	Lazari.	»	20

En 1754, la place, au parterre, coûtait 2 livres à l'Opéra, 20 sols à la

---

[1] Le droit sur ces concessions n'avait rapporté, en 1849, que 7,854 fr. 17 c.

Comédie-Française, à la Comédie-Italienne et à l'Opéra-Comique, 10 sols aux théâtres forains de danseurs de corde.

I. Théâtres subventionnés.

Académie nationale de musique (Grand-Opéra.)

(Opéras, Ballets.)

L'*Académie de musique* a été fondée en 1669 par l'abbé Perrin, en vertu d'un édit du 26 juin ; elle a été ouverte, en mars 1671, dans le jeu de paume de la rue Mazarine. Lulli, investi de la direction par lettres-patentes du mois de mars 1672, installa son théâtre, en novembre de cette année, dans le jeu de paume du Bel-Air, rue de Vaugirard, auprès du palais du Luxembourg ; il le transféra en juillet 1673 dans la salle du Palais-Royal, après la mort de Molière. C'est à cette époque qu'eut lieu l'adjonction à l'*Académie royale de musique* de l'*Académie royale de danse*, fondée par Louis XIV en 1651. On vit, en 1681, pour la première fois, des danseuses paraître sur la scène, et les bals publics furent autorisés le 8 janvier 1715. Le premier bal de l'Opéra eut lieu le 2 janvier 1716 [1].

La salle du Palais-Royal fut incendiée le 6 avril 1763, et, depuis le 24 janvier 1764 jusqu'à la fin de 1769, les représentations eurent lieu au théâtre des Machines, qui faisait partie du palais des Tuileries. La salle du Palais-Royal fut reconstruite en six ans, et l'inauguration en eut lieu le 26 janvier 1770 ; elle fut détruite de nouveau par un incendie le 8 juin 1781. Une salle provisoire fut édifiée en soixante-quinze jours sur le boulevard Saint-Martin ; l'Académie royale de musique l'ouvrit le 27 octobre 1781, la quitta en 1794 pour occuper le théâtre que Mlle Montansier avait fait bâtir dans la rue de Richelieu, en face de la Bibliothèque royale [2]. L'Opéra y resta pendant vingt-quatre ans. Cette salle fut fermée après la mort du duc de Berry, assassiné en en sortant le 13 février 1820 ; elle fut ensuite démolie. On en construisit une autre, encore à titre provisoire, sur l'emplacement des jardins de l'hôtel de Choiseul ; les travaux, commencés en août 1820, furent terminés en une année. Pendant ce temps, les acteurs jouèrent sur le théâtre Favart.

La salle provisoire qu'occupe toujours l'Opéra a deux entrées, l'une sur la rue Le Peletier, et l'autre sur la rue Drouot ; elle a été inaugurée le 19 août 1821.

Appelé *Académie de musique*, de 1669 à 1672 ; *Académie royale de musique*, de 1672 jusqu'à la Révolution ; *Opéra National*, *Théâtre de la République et des Arts*, en 1790 ; *Académie impériale de musique*, sous l'Empire ;

---

[1] C'est un moine de l'ordre des Carmes, membre de l'Académie des sciences, le père Sébastien (Jean Truchet), qui trouva le moyen d'élever au niveau de la scène le plancher du parterre, que l'on pouvait ensuite abaisser.

[2] Il n'y a dans Paris d'autorisé que le bal de l'Opéra, qui se donne tous les Dimanches à onze heures du soir, jusqu'au lendemain sept heures du matin, depuis le jour de la Saint-Martin jusqu'aux Avents, et depuis le jour des Rois jusqu'au Dimanche gras, ainsi que le jeudi, lundi et mardi gras. » *Journal du Citoyen*, 1754. Page 178.

[3] On vit, pour la première fois, à la représentation d'inauguration, le parterre garni de banquettes.

ce théâtre reprit, à la Restauration, son ancien nom qu'il a conservé jusqu'en 1848. Il reçut alors celui de *Théâtre de la Nation*, et en 1850, celui
d'*Académie nationale de musique* ; mais il a toujours été habituellement
désigné sous le nom d'*Opéra* ou de *Grand-Opéra*.

L'Opéra a été administré jusqu'en 1749 par des directeurs privilégiés et
recevant les ordres du roi dans les premiers temps, et plus tard du ministre
de sa maison. Le privilége et l'administration furent remis, par arrêt du
Conseil en date du 26 août 1749, à la Prévôté des marchands, qui admi-
nistra directement de 1749 à 1757 et afferma le théâtre de 1757 à 1776.
La ville fut débarrassée en 1776 de l'administration et en 1780 du privilége ; les dettes contractées jusqu'à cette époque furent laissées à sa charge.
Jusqu'à la Révolution, un Comité nommé par le roi dirigea le théâtre. De
1807 à 1830, l'Opéra fut administré pour le compte du gouvernement ;
enfin, depuis la révolution de Juillet, il est géré, sous la surveillance d'une
Commission du gouvernement, par un directeur qui reçoit une subvention. Cette subvention était de 760,000 fr. en 1833 et de 670,000 fr.
de 1834 à 1836 ; elle n'est plus que de 620,000 fr. depuis 1837. Un cautionnement de 250,000 fr. est fourni par le directeur.

Personnel de l'Opéra.

		Chant et chœurs.	Danse et Ballet.	Orchestre.
En 1713[1]	Hommes.........	30	12	47
	Femmes.........	18	10	»
	Total.........	48	22	47
En 1769[1]	Hommes.........	52	40	76
	Femmes.........	20	42	»
	Total.........	52	82	76
En 1785-86[2]	Hommes.........	52	40	72
	Femmes.........	40	37	»
	Total.........	92	77	72
En 1849	Total.........	81	110	86

Le personnel de l'Opéra s'élevait, en 1713, à 126 artistes et employés, et
coûtait chaque année 67,050 livres. Les premiers sujets du chant recevaient chacun 1,500 livres par an ; les premiers danseurs avaient 1,000 livres et les premières danseuses 900 livres. En 1849, près de 600 artistes,
employés, ouvriers, étaient attachés à l'Opéra, et la somme de leurs appointements dépassait 1,100,000 francs.

Voici quel a été, à différentes époques, le nombre des premiers sujets,
des doubles et des coryphées :

[1] *Dictionnaire administratif et historique des rues de Paris et de ses monuments* ; par
Félix Lazare et Louis Lazare. 1844, pages 479 et 480.—On a puisé dans cet ouvrage plusieurs renseignements historiques sur les théâtres de Paris.
[2] Comptes manuscrits de l'Opéra.

	1715	1769	1785-86	An XI	1810	1849 octobre.
Chant :						
Hommes	6	9	16	11	13	19
Femmes	6	8	8	6	9	9
Danse :						
Hommes	12	10	8	9	11	12
Femmes	10	6	12	14	13	17

Les représentations de l'Opéra ont lieu les lundis, mercredis, vendredis, et de deux dimanches l'un. On les donnait, sous Louis XV et Louis XVI, les dimanches, mardis, vendredis, et, en outre, tous les jeudis, depuis la Saint-Martin jusqu'à l'Ascension, et depuis le dimanche de la Passion jusqu'après le dimanche de la Quasimodo.

Le privilége expire au 1er janvier 1858 [1].

Recettes.

Moyenne quinquennale.		Moyenne quinquennale.	
De 1807 à 1811	576,706 fr.	De 1842 à 1846	994,224 fr.
1812 1816	629,772	Pour l'année.	
1817 1821	602,675	1847	370,023
1822 1826	638,992	1848	532,440 [2]
1827 1831	626,540	1849	714,946
1832 1836	1,046,131	1850	902,186
1837 1841	1,093,503	1851	939,884

Comédie-Française.
(Tragédies, Comédies, Drames.)

La Comédie-Française remonte aux origines du théâtre en France. Les confrères de la Passion, établis dans l'hôpital de la Trinité, rue Saint-Denis, furent autorisés à jouer par Charles VI, en décembre 1402; ils occupèrent en 1542 et 1543 l'hôtel de Flandre et s'installèrent en 1546 dans une dépendance de l'hôtel des ducs de Bourgogne, rue Mauconseil. Par arrêt du 17 novembre 1548, le Parlement leur interdit de jouer les mystères sacrés et ne leur permit que la représentation « des mystères prophanes, honnêtes et licites. » Les confrères de la Passion, qui s'étaient associés avec des comédiens nomades, appelés les *Enfants sans souci*, cédèrent, en 1588, leur théâtre à une troupe qui, protégée par Louis XIII, prit le titre de *Troupe royale*.

Molière, après avoir parcouru une grande partie de la France à la tête d'une petite troupe de bons acteurs, revint à Paris en 1658; il joua au Louvre devant le roi, le 24 octobre, et obtint le soir même l'autorisation d'ouvrir son théâtre dans l'hôtel du Petit-Bourbon, vis-à-vis du cloître de Saint-Germain-l'Auxerrois. Cet hôtel fut abattu en 1660, et Molière obtint encore de la faveur de Louis XIV le théâtre du Palais-Royal, que le cardinal de Richelieu avait fait construire et décorer pour la représentation de ses pièces.

---

[1] *Documents officiels*, p. 199.
[2] Les chiffres des recettes de 1848 à 1851 ont été communiqués par M. le directeur des Beaux-Arts.

Molière mourut en 1673 : Lulli devint le possesseur de la salle du Palais-Royal et y établit l'Académie royale de musique. La troupe de Molière désunie fut envoyée dans la salle même que Lulli venait d'abandonner, et qui était située dans la rue Mazarine, en face de la rue Guénégaud.

Il y avait alors à Paris trois théâtres de comédie et de tragédie : l'hôtel de Bourgogne, occupé par les *Grands comédiens*, le théâtre du Marais fondé en 1600 dans l'hôtel d'Argent, rue de la Poterie, et le théâtre de Molière.

Louis XIV fit fermer le théâtre du Marais et en incorpora les meilleurs comédiens dans la troupe de Molière. En 1680, par lettres-patentes du 22 octobre, il fit fermer l'hôtel de Bourgogne et réunit les deux troupes dans la salle de la rue Mazarine. Ainsi fut constituée la Comédie-Française, qui devait sa création à l'arrêt de 1548.

Les comédiens abandonnèrent en 1689 le théâtre de la rue Mazarine, et s'établirent dans le jeu de paume de l'Etoile, rue des Fossés-Saint-Germain-des-Prés (rue de l'Ancienne-Comédie), en face du café Procope. Cette salle existe encore en partie. Ils donnèrent, de 1770 à 1782, leurs représentations aux Tuileries, sur le théâtre élevé par Vigarani, inaugurèrent la salle de l'Odéon le 9 avril 1782, et, en 1793, dans la nuit du 3 au 4 septembre, furent tous arrêtés et jetés dans les prisons : leur société fut détruite. Au sortir de prison, les comédiens français se disséminèrent et formèrent plusieurs troupes qui s'installèrent, une à Feydeau, une autre à Louvois, la troisième au théâtre de la République. Aucune de ces entreprises ne réussit.

En 1800, les Consuls réunirent et associèrent les anciens comédiens ainsi dispersés; par l'arrêté du 6 frimaire an XI, une nouvelle Comédie-Française fut fondée, et s'établit, l'Odéon ayant été détruit par un incendie en 1799, dans la salle du Théâtre de la République, au Palais-Royal, qu'elle occupe encore. Cette salle, bâtie de 1787 à 1790, a été ouverte le 15 mai 1790 par les comédiens des Variétés-Amusantes.

La Comédie-Française a été régie jusqu'à sa dissolution, en 1793, par des traités d'association datés de 1682 et de 1705, et par un édit royal du 18 juin 1757; Louis XIV lui avait alloué une pension annuelle de 12,000 livres sur sa cassette; cette pension fut continuée par le Régent, Louis XV et Louis XVI. L'acte de société définitif de la nouvelle Comédie-Française fut passé le 27 germinal an XIII, et ses règlements lui furent donnés par Napoléon, dans un décret daté de Moscou, le 15 octobre 1812. Antérieurement, l'Empereur avait accordé aux sociétaires une dotation de 100,000 francs de rentes, inscrites au grand-livre. Le décret de Moscou a été modifié, une première fois, par Louis XVIII, le 14 décembre 1816; une deuxième fois, en 1822; une troisième fois, par Louis-Philippe, le 29 août 1847. Enfin, un décret du président de la République, du 27 avril 1850, a déterminé l'organisation définitive de la Comédie-Française, qui continue à s'administrer en société, sous la direction plus immédiate du gouvernement. A la dotation de 100,000 fr. constituée par Napoléon, il a été ajouté, sous les divers gouvernements qui se sont succédé, une subvention de 150,000 fr. jusqu'en 1833, de 200,000 fr. de 1834 à 1847, et de 300,000 fr. depuis 1848.

Les Comédiens se donnèrent, en 1689, le titre de *Comédiens de la troupe du Roy*; leurs affiches portaient en tête : « *Les Comédiens français ordinaires du Roy* joueront aujourd'hui, etc.* » Mais, durant tout le dix-huitième siècle, le public désignait cette troupe et son théâtre sous le nom de *Comédie-Française*, pour les distinguer de la Comédie-Italienne. La Comédie-Française prit, en 1789, le titre de *Théâtre de la Nation*, et à sa réorganisation, sous le Consulat, celui de *Théâtre-Français*. Sous l'Empire, les sociétaires étaient appelés *Comédiens ordinaires de l'Empereur*. La Comédie-Française a reçu, après la révolution de Février, le nom de *Théâtre de la République*, bien que ce nom n'ait jamais appartenu à la Comédie ; il avait été pris par la troupe de comédiens qui s'était installée dans la salle de la rue de Richelieu après la promulgation de la loi de 1791. Le titre de *Comédie-Française* n'a été mis pour la première fois sur l'affiche qu'en 1850 [1].

Dans un travail très-intéressant qu'il a publié dans *Patria*, sous le titre d'*Histoire du théâtre en France*, M. Régnier a donné la liste des comédiens de l'Hôtel de Bourgogne, du théâtre du Marais et de la troupe de Molière (1530-1679), et des sociétaires de la Comédie-Française (1680-1843). Aucun théâtre, assurément, n'a possédé autant de grands artistes. Plusieurs de ceux dont le talent ajoute à l'éclat de la Comédie se sont distingués dans la littérature dramatique et dans les arts [2].

La Comédie-Française comptait, au mois d'août 1680, 15 acteurs et 12 actrices, provenant de l'ancienne troupe de Molière, des troupes du Marais, de l'hôtel de Bourgogne et de l'hôtel Guénégaud. Elle a été composée plus tard comme il suit :

	1755.	An XI.	1810.	1840.	1852. 1er janvier.
Sociétaires : Hommes	13	21	14	14	12
— Femmes	14	11	12	7	10
Pensionnaires : Hommes	2?	6	9	15	9
— Femmes	1?	6	8	3	13
Sociétaires retraités : Hommes	9	2	8?	9	11
— Femmes	17	9	8?	14	10
Pensionnaires retraités	»	»	»	5	5

En 1755, les 26 sociétaires retraités ont reçu 23,000 livres ;
En 1810, les 16 sociétaires retraités ont reçu..... 60,350 fr. ? ;
En 1840, les 23 sociétaires retraités ont reçu..... 131,025 fr. ;
En 1852, les 22 sociétaires retraités recevront.... 121,925 fr.

Cinq pensionnaires jouissaient, en 1840, de pensions de retraite montant en tout à 8,000 fr.; en 1852, trois pensionnaires retraités recevront ensemble, 4,700 fr.

---

[1] Consulter, pour l'histoire de la Comédie-Française, le travail déjà cité de M. Régnier, et un article de M. G. de Molinari (*Journal des Économistes*, t. XXIV, p. 349-351).
[2] MM. Samson, Régnier, Geffroy, Beauvallet ; Mlle Augustine Brohan.

La Comédie-Française a un privilége perpétuel.

Recettes.

Moyenne quinquennale.			Moyenne quinquennale.	
De 1807 à 1811	777,427 fr.		De 1842 à 1846	527,468 fr.
1812 1816	845,216		Pour l'année.	
1817 1821	765,263		1847	443,267
1822 1826	775,656		1848	318,721 [1]
1827 1831	490,138		1849	376,818
1832 1836	467,493		1850	612,251
1837 1841	666,811		1851	681,228

Théâtre national de l'Opéra-Comique.

(Opéras comiques.)

Une troupe de comédiens de province, à la faveur des franchises accordées aux forains, avait établi son théâtre sur le champ de foire Saint-Germain. La Comédie-Française fit défendre à ces acteurs de « représenter aucune comédie par dialogue ou même par monologue. » Réduits à la pantomime, ils s'avisèrent alors de porter chacun, ou de faire distribuer leur rôle imprimé en gros caractères sur un carton ; ces rôles, d'abord en prose, furent bientôt composés de couplets sur des airs connus. L'orchestre jouait l'air, l'acteur mimait, et le public, excité par quelques compères, chantait en chœur ces couplets. Le premier privilége d'opéra-comique fut concédé en 1624 ; le succès détermina les comédiens forains à traiter, en 1715, avec les directeurs de l'Académie royale de musique pour obtenir le droit de chanter.

La troupe de l'Opéra-Comique ne donnait de représentations que pendant le cours des deux foires, c'est-à-dire pendant cinq mois environ ; elle s'installait en février sur le théâtre situé dans le cul-de-sac des Quatre-Vents, faubourg Saint-Germain, à côté de la foire, et en août, sur le théâtre du préau de la foire Saint-Laurent. Elle joua, à ces foires, jusqu'en 1721, y reparut en 1724, les quitta en 1745, et y revint en 1752, sous la direction de Monnet. Le privilége du genre actuel de l'Opéra-Comique fut demandé par Monnet qui l'obtint, et qui, pour l'exploiter, fit bâtir un théâtre à la foire Saint-Laurent.

La Comédie-Italienne, délaissée pour l'Opéra-Comique, sollicita et obtint, en janvier 1762, la réunion des deux théâtres; mais le genre italien dut être abandonné, et, à partir de 1779, les acteurs ne jouèrent plus que des pièces françaises. Ils donnaient alors leurs représentations sur le théâtre de l'hôtel de Bourgogne, rue Française, et inaugurèrent, en 1783, la salle construite sur des terrains dépendant de l'hôtel de Choiseul. Les acteurs de l'Opéra-Comique y restèrent jusqu'en 1797, époque à laquelle ils s'installèrent dans la salle Feydeau. Ils étaient alors constitués en société, et le théâtre était administré par un Comité composé de sept artistes sociétaires

---

[1] Les chiffres des recettes de 1848 à 1851 ont été donnés par M. Régnier, de la Comédie-Française. Voici les chiffres qui ont été communiqués par M. le directeur des Beaux-Arts : 1848, 310,182 fr.; 1849, 412,133 fr. ; 1850, 612,231 fr. ;1851, 702,773 fr.

et d'un semainier perpétuel. Cette organisation a disparu depuis une trentaine d'années. La troupe de l'Opéra-Comique quitta, en 1827, la salle Feydeau pour venir occuper la salle Ventadour, alla s'établir en 1832 dans la salle de la place de la Bourse, et enfin, inaugura le 16 mai 1840 la salle Favart, où l'Opéra-Comique paraît être fixé d'une manière définitive.

Cette salle, située sur la place des Italiens, était occupée au mois de janvier 1838 par les Italiens, lorsqu'elle fut presque entièrement détruite par un incendie dans la nuit du 14 au 15 ; elle a été reconstruite en 1839.

Le directeur de l'Opéra-Comique fournit un cautionnement de 80,000 fr., et reçoit une subvention qui était de 150,000 fr. en 1833, 1834 et 1836, de 180,000 fr. en 1835, et qui est, depuis 1837, de 240,000 fr.

La troupe de l'Opéra-Comique était composée, en l'an XI, de 27 artistes sociétaires, savoir : 16 hommes et 11 femmes, et en 1810, comme il suit [1] :

Comédiens ordinaires de l'Empereur :	14 hommes,
—	9 femmes ;
Pensionnaires reçus à l'essai :	3 hommes,
—	4 femmes ;
Comédiens retirés et pensionnés :	2 hommes,
—	3 femmes.

L'Opéra-Comique avait, en 1849, 32 artistes, plus 54 choristes; et au 1er janvier 1852, 35 artistes, dont 21 hommes et 14 femmes.

Le privilége expire au 30 avril 1861.

Recettes.

Moyenne quinquennale.			Moyenne quinquennale.	
De 1807 à 1811	734,833 fr.		De 1842 à 1846	664,907 fr.
1812	1816	744,262	Pour l'année.	
1817	1821	745,433	1847	703,692 fr.
1822	1826	828,274	1848	460,364 [2]
1827	1831	588,262	1849	671,720
1832	1836	459,144	1850	845,841
1837	1841	643,478	1851	860,731

Théâtre-Italien.

(Opéras italiens, seria et buffa.)

La première troupe de comédiens italiens qu'on ait vue en France vint de Venise en 1577, et joua à Blois, puis à Paris; cinq autres troupes parurent en 1584, 1588, 1600, 1641 et 1645. Trois des principaux acteurs de cette dernière troupe, qui avait été appelée par le cardinal Mazarin, restèrent à Paris, et fondèrent la Comédie-Italienne. De l'hôtel du Petit-Bour-

---

[1] *Almanach impérial.*

[2] Les chiffres des recettes de 1848 à 1851 ont été communiqués par M. le directeur des Beaux-Arts.

bon, la troupe italienne passa au théâtre du Palais–Royal, et s'établit en 1680 dans l'hôtel de Bourgogne. Le Théâtre–Italien fut brusquement fermé en 1697 par ordre de Louis XIV, et ses acteurs reçurent ordre de quitter immédiatement la France [1]. En 1716, le Régent appela une nouvelle troupe italienne, dirigée par Riccoboni. Cette troupe s'installa d'abord au Palais–Royal, puis, le 18 mai, à l'hôtel de Bourgogne. La Comédie-Italienne avait depuis longtemps pour rivale l'Opéra-Comique, qui jouait tantôt à la foire Saint–Germain, tantôt à la foire Saint–Laurent ; elle obtint, en 1762, la réunion des deux troupes qui jouèrent jusqu'en 1783, dans la salle de la rue Mauconseil. En 1779, l'ancien répertoire italien fut abandonné ; les acteurs italiens furent presque tous congédiés, et la Comédie-Italienne ne fut plus, de 1780 à 1792, époque où son nom disparut enfin, qu'un théâtre d'opéra-comique et de vaudeville, tributaire de l'Opéra [2].

Ce n'est pas cette Comédie-Italienne qui a donné directement naissance au Théâtre-Italien actuel. Des troupes de bouffons italiens parurent à l'Opéra en 1752 et en 1778 ; des chanteurs italiens jouèrent, en 1789, sur le théâtre de Monsieur, aux Tuileries, puis dans la salle de Nicolet, à la foire Saint–Germain, et enfin, en 1790, dans la salle Feydeau. En 1802, des chanteurs italiens, appelés par la Montansier, débutèrent au Théâtre–Olympique ; d'autres leur succédèrent et donnèrent des représentations dans la salle Favart (ils étaient, en l'an IX, 13, savoir : 7 acteurs et 6 actrices), et, de 1804 à 1806, dans la salle Louvois. En 1808, une troupe nouvelle se forma et alla s'installer à l'Odéon, sous la direction d'Alexandre Duval.

Le Théâtre–Italien fut transféré, en 1815, dans la salle Favart, et, en 1819, dans la salle Louvois ; il retourna, en 1825, à la salle Favart; incendiée en 1838, et occupa l'Odéon en 1839 et 1840 ; il fut, en dernier lieu, établi, en 1841, dans la salle Ventadour, où il est encore aujourd'hui.

Le Théâtre-Italien a porté, en 1789, le titre de *Théâtre de Monsieur* ; il a été désigné plus tard sous les noms d'*Opéra-Italien*, d'*Opéra seria et buffa*, d'*Opéra buffa* , des *Bouffes*.

Un cautionnement de 60,000 fr. est imposé au directeur. Il recevait chaque année, de 1833 à 1840, une subvention de 70,000 fr., qui, supprimée de 1841 à 1849, a été rétablie en 1850. Cette subvention a été de 60,000 fr. en 1850 et en 1851.

La salle Ventadour, située dans l'axe de la rue de ce nom, a été construite en 1826. Elle fut occupée, jusqu'en 1832, par le théâtre de l'Opéra-Comique ; en 1833, par le *Théâtre-Nautique*, et en 1838, par le *Théâtre de la Renaissance.*

---

[1] Cette disgrâce était motivée par la représentation de la comédie de *la Fausse Prude*, dans laquelle l'arlequin Constantini désigna Mᵐᵉ de Maintenon.

[2] La Comédie-Italienne payait à l'Opéra, sous Louis XVI, de 30 à 40,000 livres par an.

Recettes.

Moyenne des années		Moyenne quinquennale.	
1815 et 1816	196,512 fr.	De 1842 à 1846	818,580 fr.
Moyenne quinquennale.		Pour l'année.	
De 1817 à 1821	247,863 fr.	1847	915,585 fr.
1822　1826	497,187	1848	870,000　environ.
1827　1831	463,980	1849	188,920
1832　1836	531,005	1850	323,223
1857　1841	696,395	1851 '	407,288

Théâtre de l'Odéon.

(Comédies, Drames, Tragédies.)

Le théâtre de l'Odéon fut construit, de 1773 à 1782, pour la Comédie-Française, sur l'emplacement de l'hôtel de Condé ; il fut fermé le 3 septembre 1793, après l'arrestation de tous les acteurs sociétaires. Il fut rouvert en 1797, sous le titre d'*Odéon*, et fut incendié en 1799.

L'Odéon fut occupé, en 1808, par la troupe réunie de l'Opéra-Italien et du Théâtre-Louvois, dirigée par Picard, et était alors appelé *Théâtre de l'Impératrice* ; cette troupe était composée, en 1810, de 13 artistes (7 hommes et 6 femmes) de l'Opéra-Buffa, et de 27 comédiens (12 hommes et 15 femmes) du Théâtre-Louvois. L'Odéon prit, en 1814, le titre de *Second Théâtre-Français*. Incendié de nouveau le 20 mars 1818, il fut rouvert en octobre de la même année. On y joua tour à tour, de 1824 à 1831, la tragédie, la comédie, le drame, l'opéra. En 1833 et 1834, la Comédie-Française et l'Opéra-Comique vinrent alternativement y donner des représentations ; enfin, en octobre 1841, cette salle a été définitivement consacrée au Second Théâtre-Français.

La subvention de l'Odéon était, en 1833, de 25,000 fr., et, en 1834, de 35,000 fr. De 1835 à 1843, l'allocation annuelle a varié de 4,000 à 16,000 fr., et était en grande partie affectée aux dépenses de conservation. Fixée, en 1844, à 60,000 fr., la subvention a été augmentée de 40,000 fr. en 1847, et elle est depuis lors de 100,000 fr.

Le privilége expire au 1er juillet 1852.

Recettes.

Moyenne quinquennale.		Moyenne quinquennale.	
De 1807 à 1811	316,111 fr.	De 1842 à 1846	199,791 fr.
1812　1816	244,116	Pour l'année.	
1817 à 1821	302,773 fr.	1847	141,834 fr.
1822　1826	359,737	1848	128,000 environ.
1827　1831	241,516	1849	136,871 ²
1832　1836	80,978	1850	159,039
1837　1841	52,239	1851	117,876

' Du 9 novembre 1850 au 26 avril 1851.

² Les chiffres des recettes de 1849 à 1851 ont été communiqués par M. le directeur des Beaux-Arts.

2. *Opéra-National* et *Théâtre-Historique.*

(Opéras-comiques.)   (Drames.)

Le *Théâtre-Historique* a été construit, en 1846, sur l'emplacement de l'ancien hôtel Foulon, boulevard du Temple ; il a été inauguré le 20 février 1847. Il a été fermé en 1851, et la salle est consacrée aujourd'hui à l'*Opéra-National*, troisième théâtre lyrique, qui avait occupé, en 1847 et 1848, la salle de l'ancien Cirque-Olympique. La réouverture de l'Opéra-National a eu lieu le 27 septembre 1851 ; le privilége expire au 5 mai 1856.

Recettes annuelles.

THÉATRE-HISTORIQUE.		OPÉRA-NATIONAL.	
1847	707,906 fr.	116,336 fr.	
1848	280,000 environ.	175,000 environ.	
1849	504,800		
1850	277,725		

3. Théâtres de Vaudevilles.

Théâtre du Vaudeville.

(Vaudevilles, Comédies-vaudevilles, Drames-vaudevilles.)

Le théâtre du Vaudeville fut fondé en 1791 par deux auteurs qui avaient enrichi le répertoire de la Comédie-Italienne, Piis et Barré, associés avec un acteur nommé Rozières. La salle fut construite sur l'emplacement occupé par le Wauxhall d'hiver, rue de Chartres-Saint-Honoré ; elle fut inaugurée le 12 janvier 1792. Ce théâtre passa, en 1815, sous la direction de Désaugiers ; il fut détruit par un incendie dans la nuit du 16 au 17 juillet 1838. Les acteurs s'installèrent provisoirement en janvier 1839 au Gymnase-musical, boulevard Bonne-Nouvelle, et vinrent prendre possession, le 16 mai 1840, de la salle de la place de la Bourse.

Cette salle avait été inaugurée le 1er mars 1827, et occupée par le *Théâtre des Nouveautés ;* cette entreprise, frappée par trois faillites, ne dura que cinq ans. La salle fut fermée le 15 février 1832, et reçut en septembre les acteurs de l'Opéra-Comique, qui y jouèrent jusqu'en 1840.

Le Théâtre du Vaudeville a été un des plus malheureux : dans les onze dernières années, il a été fermé sept fois par suite de faillites. Il a été rouvert le 1er octobre 1851, après neuf mois de fermeture.

Recettes.

Moyenne quinquennale.			Moyenne quinquennale.		
De 1807 à 1811	382,125 fr.		De 1842 à 1846	509,450 fr.	
1812 1816	402,816		Pour l'année		
1817 1821	480,889		1847	408,364	
1822 1826	354,487		1848	130,000 environ.	
1827 1831	440,488		1849	528,700	
1832 1836	504,108		1850	380,368	
1837 1841	426,749				

Théâtre des Variétés.

(Vaudevilles.)

Ce théâtre a été fondé sous ce titre, en 1790, par Mlle Montansier, et établi par elle dans la salle du Palais-Royal, qui est occupée aujourd'hui par le théâtre de la Montansier. On y joua d'abord tous les genres. Il fut fermé en 1793, et rouvert bientôt après sous le nom de *Théâtre de la Montagne;* en 1795, il reprit son premier titre. Quoiqu'on ait prétendu que la grande vogue de ce théâtre excita la jalousie de la Comédie-Française et de l'Opéra-Comique, il paraît positif que ni l'un ni l'autre n'a réclamé contre ce voisinage, et c'est l'Empereur lui-même qui exigea l'éloignement des Variétés. Il fut ordonné, par un décret, aux directeurs de quitter la salle du Palais-Royal avant le 1ᵉʳ janvier 1807. La troupe des Variétés alla jouer sur le Théâtre de la Cité, ancienne église de Saint-Barthélemy, et inaugura, le 25 juin 1807, la salle du boulevard Montmartre, qu'elle occupe toujours.

Privilége sans fixation de terme.

Recettes.

Moyenne quinquennale.		Moyenne quinquennale.	
De 1807 à 1811	525,857 fr.	De 1842 à 1846	615,635 fr.
1812 1816	570,200	Pour l'année.	
1817 1821	556,609	1847	637,824
1822 1826	626,683	1848	375,000 environ.
1827 1831	457,574	1849	393,420
1832 1836	360,144	1850	509,479
1837 1841	507,934	1851	430,014

Gymnase-Dramatique.

(Vaudevilles, Comédies-vaudevilles.)

Ce théâtre fut institué en 1820 comme une sorte de succursale de la Comédie-Française et de l'Opéra-Comique. Il dut, en 1824, à la protection de la duchesse de Berry le titre de *Théâtre de Madame,* et a repris, depuis 1830, celui de *Gymnase-Dramatique,* qu'il avait porté de 1820 à 1824.

La salle a été construite, en 1820, sur l'emplacement de l'ancien cimetière de Notre-Dame-de-Bonne-Nouvelle; l'inauguration a eu lieu le 23 décembre 1820.

Le privilége expire au 1ᵉʳ juin 1859.

Recettes.

Moyenne des années		Moyenne quinquennale.	
1820 et 1821	389,427 fr.	De 1842 à 1846	491,803 fr.
Moyenne quinquennale.		Pour l'année.	
De 1822 à 1826	596,728	1847	533,258
1827 1831	633,087	1848	282,000 environ.
1832 1836	480,689	1849	358,220
1837 1841	475,893	1850	405,530
		1851	517,605

Théâtre de la Montansier (Théâtre du Palais-Royal).

(Comédies-vaudevilles, Vaudevilles.)

En 1784, un sieur de Beaujolais fit construire dans le Palais-Royal une salle de spectacle à laquelle il donna son nom. Ce théâtre fut d'abord destiné à des marionnettes ; elles furent remplacées par des enfants, et bientôt par de véritables acteurs qui ne jouaient que la pantomime ; leurs camarades, placés dans les coulisses, parlaient et chantaient pour eux. Mlle Montansier vint, en 1790, installer sa troupe dans cette salle, et y fonda le *Théâtre des Variétés* ; on y jouait la tragédie, la comédie et l'opéra. Un décret impérial força les acteurs des Variétés à quitter, au 1er janvier 1807, cette salle, qui fut successivement occupée par des danseurs de corde, des marionnettes et des chiens savants. On y ouvrit, vers 1814, le *Café de la Paix*, dans lequel on jouait de petits vaudevilles devant les consommateurs.

Le privilége du théâtre actuel fut concédé en 1831. L'ancienne salle fut reconstruite, ouverte le 6 juin 1831, et reçut le nom de *Théâtre du Palais-Royal*, qui a été remplacé après la révolution de Février par celui de *Théâtre de la Montansier*. C'était par ce dernier titre qu'était habituellement désigné, sous le Consulat et l'Empire, le théâtre des Variétés. Le nom de *Théâtre du Palais-Royal* a reparu sur l'affiche dans les premiers jours de janvier 1852.

Recettes.

Pour l'année.		Pour l'année.	
1831	205,183 fr.	1847	595,485 fr.
Moyenne quinquennale.		1848	385,000 environ.
De 1832 à 1836	422,699	1849	390,460
1837 1841	610,397	1850	467,931
1842 1846	548,473	1851	515,940

4. Théâtres de drames.

Théâtre de la Gaîté.

(Drames, Mélodrames, Féeries, Vaudevilles.)]

Nicolet, directeur d'une troupe de sauteurs, qui desservait les foires Saint-Germain et Saint-Laurent[1], vint, en 1759, s'établir sur le boulevard du Temple. Il y fit construire, en 1760, un théâtre, sur lequel on représentait des pièces grivoises et des pantomimes-arlequinades. Ce théâtre dut, en 1772, à la faveur de la Du Barry, le titre de *Théâtre des Grands-Danseurs du Roi*[2] ; il prit, en 1792, le nom de *Théâtre de la Gaîté*, en 1795, celui de

---

[1] On trouve dans le *Journal du Citoyen*, 1754, page 179, quelques détails sur le spectacle de Nicolet : « Les entrepreneurs, après avoir avoir fait jouer leurs marionnettes, ont des acteurs qui représentent une petite pièce françoise..... Les plus en réputation sont les nommés Bienfait et Nicolet, qui ont des théâtres aux deux foires St-Laurent et St-Germain ».

[2] Nicolet est le premier qui joua au bénéfice des malheureux : toutes les constructions de la foire Saint-Ovide ayant été détruites en 1777 par le feu, Nicolet donna à la Gaîté une représentation au profit des incendiés.

Théâtre d'Émulation, et la veuve Nicolet lui rendit, en 1798, son titre de *Théâtre de la Gaité*. La salle fut reconstruite en 1808, détruite par un incendie le 21 février 1835, réédifiée et ouverte neuf mois après, le 19 novembre.

Le privilége est expiré.

Recettes.

Moyenne quinquennale.			Moyenne quinquennale.		
De 1807 à 1811	407,772 fr.		De 1842 à 1846	504,803 fr.	
1812	1816	403,333	Pour l'année.		
1817	1821	405,764	1847	414,568	
1822	1826	415,591	1848	253,000	environ.
1827	1831	348,555	1849	240,340	
1832	1836	245,793	1850	551,027	
1837	1841	435,816	1851	492,851	

Théâtre de l'Ambigu-Comique.

(Drames, Féeries, Vaudevilles.)

En 1767, Audinot, acteur de la Comédie–Italienne, quitta ce théâtre par suite d'une injustice ; pour se venger, il loua une baraque à la foire Saint-Germain, et y montra des marionnettes parodiant les acteurs et les actrices de la Comédie–Italienne. Il éleva ensuite un théâtre auprès de celui de Nicolet, lui donna le nom d'*Ambigu-Comique*, l'ouvrit en juillet 1769, et remplaça ses marionnettes par des enfants. Aux enfants succédèrent, peu de temps après, des acteurs, et l'on finit par ne plus jouer sur cette scène que des mélodrames et des vaudevilles.

Ce théâtre fut détruit par un incendie dans la nuit du 13 au 14 juillet 1827 ; il fut alors transporté sur le boulevard Saint-Martin. La salle actuelle, construite en moins de dix mois, a été inaugurée le 8 juin 1828, et a coûté, terrain compris, 1,733,500 fr.

L'Ambigu-Comique est administré, depuis le 19 juillet 1848, par sept acteurs de ce théâtre, constitués en société. M. Arnault, l'un des sociétaires, a fait connaître à la Commission du Conseil d'Etat l'organisation et la situation de cette société, formée pour six années, et dans laquelle l'union est parfaite. Les résultats obtenus sont satisfaisants [1].

Autorisation sans fixation de terme.

Recettes.

Moyenne quinquennale.			Moyenne quinquennale.		
De 1807 à 1811	420,860 fr.		De 1842 à 1846	465,300 fr.	
1812	1816	387,244	Pour l'année.		
1817	1821	385,834	1847	424,688	
1822	1826	379,260	1848	233,000	environ.
1827	1831	250,386	1849	367,220	
1832	1836	325,239	1850	521,012	
1837	1841	358,791	1851	407,905	

[1] Conseil d'Etat. *Enquête et documents officiels sur les théâtres*, pages 47 à 50.

Théâtre de la Porte-Saint-Martin.
(Drames, Vaudevilles.)

La salle qu'il occupe aujourd'hui fut bâtie en 1781 en soixante-quinze jours pour remplacer celle de l'Opéra qui venait d'être incendiée ; elle resta inoccupée pendant deux ou trois ans après la translation de l'Opéra dans la salle de la rue de Richelieu. Le *Théâtre de la Porte-Saint-Martin* fut fondé en 1802 et ouvert le 30 septembre ; on y donnait alors des pièces à grand spectacle et des ballets. Supprimé par le décret de 1807, il fut consacré en 1808 au spectacle des *Jeux gymniques*, et ne fut autorisé de nouveau que le 26 décembre 1814. Ce théâtre a perdu aujourd'hui l'importance littéraire qu'il avait conquise il y a quinze ans, et a été fermé cinq ou six fois par suite de faillites.

Recettes.

Moyenne des années.			Moyenne quinquennale.	
1807, 1810, 1811	169,436 fr.		De 1837 à 1841	388,142 fr.
Moyenne quinquennale.			1842 1846	694,520
De 1812 à 1816	272,380		Pour l'année.	
1817 1821	484,211		1847	771,826
1822 1826	599,942		1848	528,000 environ.
1827 1831	511,133		1849	287,320
1832 1836	497,977		1850	579,748
			1851	304,722

Théâtre-National (Ancien Cirque-Olympique).
(Drames militaires, Drames, Féeries, Vaudevilles.)

Un écuyer anglais, nommé Astley, établit en 1780, dans la rue du Faubourg-du-Temple, n° 24, un manége et un spectacle de voltiges. Franconi père succéda à Astley en 1794 ; il transporta son spectacle, en 1802, dans l'ancien jardin des Capucines, et en 1807, dans la rue du Mont-Thabor ; bientôt après les fils Franconi retournèrent au Faubourg-du-Temple. La salle fut incendiée dans la nuit du 15 au 16 mars 1826, et l'on éleva sur le boulevard du Temple le Cirque actuel qui fut ouvert le 31 mars 1827.

En 1838, le directeur fut autorisé à diviser son spectacle : le Cirque du boulevard fut réservé aux ouvrages dramatiques, et le Cirque élevé dans les Champs-Elysées fut consacré aux exercices d'équitation. Le premier n'était ouvert que pendant l'hiver et le second que pendant l'été. Ces deux cirques sont aujourd'hui des entreprises distinctes.

Appelé *Cirque d'Astley* lors de sa fondation, *Cirque-Olympique* en 1807, ce spectacle a pris en 1830 le nom de *Cirque-National*, et depuis 1848 celui de *Théâtre-National*.

Recettes.

Moyenne quinquennale.			Moyenne quinquennale.	
De 1807 à 1811	183,645 fr.		De 1842 à 1846	495,477 fr.
1812 1816	202,750		Pour l'année.	
1817 1821	259,237		1847	339,570
1822 1826	223,740		1848	62,000 environ.
1827 1831	575,515		1849	369,500
1832 1836	409,101		1850	552,607
1837 1841	464,818		1851	562,350

Théâtre des Folies-Dramatiques.

(Vaudevilles, Comédies-Vaudevilles, Drames-vaudevilles.)

Ce théâtre a été inauguré le 22 janvier 1831. La salle est construite sur l'emplacement de l'ancien Ambigu-Comique, entre le Théâtre-National et la Gaîté. Cette entreprise théâtrale a toujours été dans une situation prospère.

Le privilége est expiré.

Recettes.

Année 1831	138,369 fr.		Pour l'année.	
Moyenne quinquennale.			1847	309,199 fr.
De 1832 à 1836	163,907		1848	195,000 environ
1837 1841	275,046		1849	249,840
1842 1846	316,611		1850	308,057
			1851	322,953

5. Petits théâtres.

Théâtre des Funambules.

(Pantomimes, Vaudevilles, Féeries.)

Ce théâtre était anciennement occupé par des danseurs de corde. On y représente depuis 1830 des vaudevilles et des féeries. Les pièces qui attirent la foule sont des pantomimes-arlequinades, dans lesquelles Debureau a rempli pendant longtemps le rôle de Pierrot.

L'autorisation est expirée.

Recettes.

Moyenne des années			Pour l'année.	
1834, 1835, 1836	49,600 fr. environ.		1847	93,500 fr. environ.
Moyenne quinquennale.			1848	55,000 —
De 1837 à 1841	66,700 —		1849	56,000 —
1842 1846	77,000 —		1850	64,000 —
			1851	60,989

Théâtre des Délassements-Comiques.

(Vaudevilles, Comédies-Vaudevilles.)

Sur l'emplacement qu'il occupe a été établi en 1768 le *Théâtre des Associés*, appelé plus tard *Théâtre patriotique de Sallé,* et, en 1795, *Théâtre-sans-Prétention.* On y représentait des parades et des comédies. Ce théâtre fut supprimé en 1807 et remplacé par le Café d'Apollon. En 1815, M⁰⁰ Saqui y ouvrit un spectacle de pantomime et de danse de corde, qui prit le nom de *Théâtre de Mᵐᵉ Saqui.* Vers 1830, on n'y joua plus que des vaudevilles et des drames.

La salle a été démolie en 1841, reconstruite dans la même année, et inaugurée sous le titre de *Théâtre des Délassements-Comiques ;* ce titre avait déjà appartenu à un théâtre de vaudevilles, situé à côté de l'hôtel Foulon, et qui fut ouvert tant que dura le régime de la liberté des théâtres, c'est-à-dire de 1791 à 1807.

L'autorisation est expirée.

Recettes.

Moyenne des années		Pour l'année.	
1834, 1835, 1836	50,142 fr.	1847	144,980 fr.
Moyenne quinquennale.		1848	105,000 environ.
De 1837 à 1841	87,679	1849	114,160
1842 1846	167,765	1850	147,188
		1851	158,757

Théâtre du Luxembourg.

(Drames, Vaudevilles, Comédies-Vaudevilles.)

C'était autrefois un spectacle forain dirigé par un nommé Saix, dit Bobino, qui faisait exécuter des parades, des pantomimes et des danses sur la corde. On y représente depuis 1830 des vaudevilles et des drames.

L'autorisation est expirée.

Recettes.

Moyenne des années		Pour l'année.	
1834, 1835, 1836	52,723 fr.	1847	98,184 fr.
Moyenne quinquennale.		1848	58,000 environ.
De 1837 à 1841	66,000 environ.	1849	72,940
1842 1846	72,500 —	1850	87,333
		1851	94,635

Théâtre du Petit-Lazari.

Le *Grand-Lazari*, détruit par un incendie en 1798, a été remplacé par le *Théâtre du Petit-Lazari.* Celui-ci a été pendant trente ans un spectacle de marionnettes et a dû sa vogue aux parades que Bobèche improvisait devant la porte d'entrée. On y joue le vaudeville depuis 1830.

L'autorisation est expirée.

Recettes.

Moyenne des années		Pour l'année.	
1834, 1835, 1836	23,954 fr.	1847	44,000 fr. environ.
Moyenne quinquennale.		1848	30,000 —
De 1837 à 1841	33,450 environ.	1849	28,000 —
1842 1846	40,000 —	1850	28,000 —
		1851	27,452

Théâtre Beaumarchais.

(Drames, Vaudevilles.)

Il a été inauguré le 3 décembre 1835, sous le nom de *Théâtre de la Porte-Saint-Antoine.* On y joue le drame et le vaudeville.

Souvent fermé.

Recettes.

Décembre 1836 et 1837.	187,352 fr.	Pour l'année.	
Moyenne quinquennale.		1847	113,201 fr.
De 1837 à 1841	100,703	1848	44,000 environ.
1842 1846	78,029	1849	21,080
		1850	11,110

Théâtre Saint-Marcel.

Inauguré le 22 décembre 1838. Entreprise très-malheureuse ; le théâtre n'a jamais été ouvert pendant une année entière.

Recettes.

Décembre 1838	3,806 fr.	Année 1843	23,144 fr.
Année 1839	78,023	1844	3,773
1840	44,858	1848	9,000 environ.
1841	18,755	1849	20,460
1842	23,640	1850	3,640

6. Spectacles.

Cirque des Champs-Elysées.

Il a été ouvert en 1837. On n'y joue que pendant l'été.
Le privilége expire le 1er janvier 1860.

Recettes.

Moyenne quinquennale.		Pour l'année.	
De 1837 à 1841	426,591 fr.	1847	404,030 fr.
1842 1846	441,507	1848	42,000 environ.
		1849	271,120
		1850	384,450

Spectacle Choiseul.

(Féeries, Pantomimes, Vaudevilles.)

Ce spectacle est plus connu sous le nom de *Théâtre de Comte* ou de *Théâtre des Jeunes-Élèves*. Il fut d'abord consacré aux exercices de prestidigitation de M. Comte ; on y représenta plus tard des vaudevilles et des pièces féeries joués par des enfants, qui sont remplacés aujourd'hui par de jeunes acteurs, un arrêté ministériel ayant interdit les spectacles d'enfants.

Ce spectacle fut établi en 1809 dans la salle Thionville, peu après à l'hôtel des Fermes, puis dans le cirque de la rue du Mont-Thabor. Il occupa de 1818 à 1826 une salle construite dans le passage des Panoramas, et a été transféré en 1826 dans la salle du passage Choiseul ; l'inauguration de cette dernière salle a eu lieu le 23 décembre 1826.

Recettes.

Moyenne des années		Pour l'année.	
1834, 1835, 1836	22,678 fr.	1847	82,346 fr.
Moyenne quinquennale.		1848	39,000 environ.
De 1837 à 1841	39,700 environ.	1849	56,000
1842 1846	60,927	1850	70,205
		1851	92,074

7. Spectacles de moindre importance.

Les autres théâtres et spectacles ont, en général, si peu d'importance qu'il serait sans intérêt de s'occuper de chacun d'eux ; on fait connaître ci-après les recettes, en 1847, 1849 et 1850, de celles de ces entreprises qui sont le plus connues :

	1847	1849	1850
Spectacle de Robert Houdin...........101,937 fr.		29,960 fr.	109,905 fr.
— de Philippe................ 8,020		12,540	»
— des ombres chinoises de Séraph. 9,427		4,020	4,045
— de la salle Chantereine....... 7,370		1,920	3,620
École lyrique..................... 5,500		500	6,500
Théâtre d'Arcole (ouvert le Dimanche seulement............................ »		2,920	2,560
Spectacle de l'Hôtel Colbert............ »		1,760	»
Théâtre Rollin, rue de l'Arbalète (3 représentations par semaine) ; il a fait environ 5,000 fr. de recettes en 1848.... »		100	

8. Anciennes entreprises théâtrales.

Il y a eu à Paris d'autres entreprises théâtrales qui n'existent plus aujourd'hui, et dont voici les principales :

Le *Panorama-Dramatique*, inauguré le 5 avril 1821, fermé le 21 juillet 1823, où l'on jouait le mélodrame et le vaudeville, sous la condition de n'avoir jamais en scène que deux acteurs parlant ; ce théâtre a fait les recettes suivantes : 197,846 fr. en 1821 ; 268,763 fr. en 1822, et 140,591 fr. en 1823.

Le *Théâtre des Nouveautés*, ouvert dans la salle Feydeau, place de la Bourse, le 1er mars 1827, fermé le 15 février 1832, constamment malheureux. La salle et ses dépendances avaient coûté 3,467,000 fr. ; elles ont été vendues en 1832 pour 1,100,000 fr. Les recettes du théâtre des Nouveautés ont été de :

359,953 fr. en 1827 ;	480,843 fr. en 1830 ;
377,850 1828 ;	144,650 1831 ;
391,512 1829 ;	2,365 1832.

Le *Théâtre de la salle Molière* [1], dans le passage de ce nom, qui va de la rue Saint-Martin à la rue Quincampoix. Ce théâtre a été ouvert le 4 juin 1791, a pris en 1793 le titre de *Théâtre des Sans-Culottes*, et a été supprimé en vertu du décret de 1807. Il a été, depuis 1830, rouvert et fermé plusieurs fois. D'après les états du produit du droit des indigents, ses recettes auraient été :

En 1831, de 20,218 fr.	En 1833, de 22,187 fr.
1832, 8,184	1834, 2,123

Le *Théâtre du Panthéon* était établi dans l'ancienne église Saint-Benoît, qui avait été construite vers 1520. Il a été ouvert en 1832 et fermé en 1845. Les recettes de ce théâtre ont été, celles des bals non comprises :

---

[1] Lazare : *Dictionnaire des rues de Paris*, etc., page 454.

En 1832, de 46,068 fr.	En 1839,	105,908 fr.
1833, 17,809	1840,	118,393
1834, »	1841,	61,985
1835, 56,388	1842,	41,503
1836, 91,080	1843,	65,736
1837, 124,487	1844,	44,143
1838, 140,206	1845,	12,309

Le *Théâtre de la Renaissance*, ouvert le 8 novembre 1838 dans la salle Ventadour, fermé en 1840, rouvert en 1841, et fermé définitivement dans la même année. Les recettes ont été, celles des bals non comprises :

De 113,135 fr.	en 1838 ;	De 167,805 fr.	en 1840 ;
495,650	1839 ;	74,880	1841.

Le *Théâtre Ventadour*, autorisé en 1833, dont les recettes ont été, celles des bals non comprises, de 101,475 fr. en 1834 et de 5,536 en 1835.

Le *Spectacle de la salle Bonne-Nouvelle* a été fermé en 1851 ; ses recettes se sont élevées à 180,500 fr. en 1847 ; 60,000 fr. environ en 1848 ; 30,000 fr. environ en 1849, et 106,000 fr. en 1850.

Enfin, il a été donné, en 1829 et 1830, des représentations de pièces anglaises et allemandes ; les recettes sont comprises avec celles du Théâtre-Italien. Un *Théâtre-Allemand* a été ouvert en 1842 et a été fermé dans la même année ; ses recettes ont été d'environ 21,400 fr. Le *Théâtre-Anglais* a vécu pendant deux saisons ; les recettes ont été, pour 1844, de 25,300 fr., et pour 1845, de 35,630 fr.

VIII.

L'Opéra, de 1783 à 1786.

Le Corps municipal de Paris fut, comme on l'a dit plus haut, débarrassé de l'administration de l'Opéra en 1776, et du privilége en 1780 ; mais il dut payer les dettes contractées par le dernier concessionnaire, durant sa gestion, du 1er avril 1778 au 31 mars 1780, c'est-à-dire 600,000 livres. A dater de cette époque jusqu'à la Révolution, l'Opéra fut administré par un Comité nommé par le Roi et composé de douze membres, savoir : le directeur et le sous-directeur, les maîtres de musique du théâtre et de l'orchestre, les deux maîtres de ballets, le dessinateur du cabinet du Roi, les deux dessinateurs des habits, le plus ancien des premiers acteurs du chant, l'inspecteur et le secrétaire.

Le Roi se faisait rendre un compte minutieux des recettes et des dépenses, du personnel, des appointements et des pensions. Les comptes pour les années 1783-84, 1784-85 et 1785-86 ont été conservés[1], et l'on peut, d'après ces curieux documents, indiquer quelles étaient à cette époque l'importance et la situation de l'Opéra.

---

[1] Ces comptes manuscrits, écrits pour Louis XVI, sont réunis et forment un beau volume in-4° de 200 feuillets, qui a été donné par M. Jules Janin à M. Massol, de l'Opéra ; je dois à l'obligeance de celui-ci d'avoir pu consulter à loisir ce curieux manuscrit.—Il est douteux que le roi ait fait vérifier ces comptes, dressés avec tant d'ordre et de soin, car il s'y trouve bon nombre d'irrégularités.

Son administration fut moins onéreuse pour le Roi qu'elle ne l'avait été pour la ville. Le déficit, de 600,000 livres pour 1778-79 et 1779-80, ne fut, au total, que de 337,000 liv. de 1780-81 à 1785-86, et il faut remarquer que l'incendie du 8 juin 1781 et la translation de l'Opéra dans la nouvelle salle de la Porte-Saint-Martin ont occasionné des dépenses considérables.

		Bénéfice.	Déficit.
1780-81....	174 représentations.	37,930 liv.	»
1781-82....	134 —	»	49,558
1782-83....	172 —	»	54,129
1783-84....	167 —	»	140,537
1784-85....	163 —	»	132,643
1785-86....	175 —	1,700	»

L'analyse, même sommaire, des recettes et des dépenses de l'Opéra à cette époque a trop d'intérêt pour ne pas être présentée ici.

Les recettes se sont élevées :

	En 1783-84.	En 1784-85.	En 1785-86.
	826,061 liv.	895,449 liv.	1,007,001 liv.

Elles se composaient de :

Recettes à la porte,	443,035	472,316	459,272
Loges à l'année,	260,518	283,517	348,294
Recettes aux bals,	42,252	48,722	39,154
Comédie-Italienne (droit),	30,000	32,500	40,000
Spectacles forains (droit),	40,968	40,476	107,992
Concert spirituel (droit),	4,368	6,675	3,001
Divers,	4,320	11,043	9,288

Dans la recette à la porte, les billets de parterre et de paradis figurent, en 1784-85, pour 210,250 liv. (87,604 billets à 2 liv. 8 s.), et ceux d'amphithéâtre et de premières loges, pour 114,450 liv. (15,260 billets à 7 liv. 10 s.).

La plupart des loges étaient louées à l'année. On donne ci-après les noms des principaux locataires : au rez-de-chaussée, les princes de Conti, de Luxembourg, de Soubise, de Beaufremont, les ducs d'Orléans, de Nivernais, de Choiseul, la duchesse de Villeroy, le maréchal de Noailles, les marquis de Polignac, d'Aumont ; aux premières loges, le prince de Monaco, les ducs de Praslin, de Mortemart, la comtesse de Bassompierre, les marquis de Talaru, de Spinosa ; aux deuxièmes loges, la Reine, le ministre, le comte d'Artois, le maréchal duc de Biron, Mᵐᵉ Necker ; aux troisièmes loges, les princes de Condé, de Nassau, des Deux-Ponts, de Salm, le maréchal de Ségur, le duc d'Aumont, la marquise de Sully ; aux quatrièmes, M. de Maupeou, le comte de Tracy, M. Lenoir ; aux cinquièmes, le prince de Montbarey, le duc de Montmorency, le marquis de Caraman, les comtes d'Orsay, de Lévis.

Les loges étaient louées ordinairement par quart. Ainsi, la princesse de Lamballe et la marquise de Genlis avaient chacune le quart d'une deuxième loge, voisine de celle de la Reine. Le duc de Valentinois avait un quart, le duc de Luynes un quart, et le comte d'Egmont, moitié d'une troisième loge ; la timbale n° 4 était louée par MM. d'Aligre et de Beaujon.

Quelquefois le quart de loge était partagé : on voit sur les comptes un quart de troisième loge loué à Mlle Du Thée et au prince d'Aremberg; un autre quart de troisième loge à la comtesse de Vassy et à M. de Suffren; un quart de deuxième loge à la marquise de Cassini et au comte de Maillebois, etc.

D'après le prix de location des loges, chaque place coûtait, par an :

Au rez-de-chaussée,	la plus chère,	875 liv.;	la moins chère,	400 liv.
Aux premières loges,	—	700	—	600
— deuxièmes loges,	—	750	—	416
— troisièmes loges,	—	700	—	416
— quatrièmes loges,	—	500	—	300
— cinquièmes loges,	—	375	—	200

Il y avait chaque année une perte de 30 à 40,000 liv. par suite du non-paiement des locations.

Le Roi accordait lui-même les entrées gratuites à l'Opéra. Elles étaient au nombre de 204 en 1783-84, de 194 en 1784-85, et de 230 en 1785-86, non compris celles qui étaient données aux sociétaires de la Comédie-Française et aux officiers-majors des Gardes-françaises. Sur les 230 entrées de 1785-86, 71 étaient attribuées aux officiers et commissaires de service, à des personnes attachées à la maison du Roi, au service des princes et au ministère, à d'anciens échevins, etc.; 23 étaient données à des acteurs et actrices de l'Opéra retirés, Sophie Arnould était du nombre ; 36 appartenaient à des acteurs et compositeurs, entre autres à Favart, Grétry, Gluck, Piccini, Monsigny, Marmontel, Sedaine; enfin 100 étaient distribuées à divers, parmi lesquels Rameau fils, deux membres de la famille Lulli, le peintre Vernet, Lemière, Ducis, Suard, Dacier, l'abbé Delisle, cinq rédacteurs de journaux (aux premières représentations seulement), etc.

Les dépenses se sont élevées à 966,598 liv. en 1783-84, à 1,028,062 liv. en 1784-85, et 1,005,301 liv. en 1785-86.

On va rendre compte de chacune des dépenses principales.

Le nombre des artistes et des choristes était de 155 en 1783-84, de 161 en 1784-85, et de 169 en 1785-86. Ce personnel était divisé en 1784-85 comme il suit :

	CHANT.			DANSE.			
	Hommes.	Femmes.	Total.	Hommes.	Femmes.	Total.	Total général.
Maîtres de musique et des ballets,	1	»	1	2	»	2	3
Premiers sujets,	2	3	5	3	2	5	10
Remplacements,	4	1	5	3	2	5	10
Doubles,	3	6	9	4	7	11	20
Coryphées,	2	4	6	»	»	»	6
Chœurs,	29	25	54	31	27	58	112
	41	39	80	43	38	81	161

Les appointements des artistes se composaient des appointements fixes, de gratifications annuelles et de gratifications extraordinaires ou de feux; les choristes n'avaient, outre leurs appointements fixes, que des gratifications annuelles. Voici ce qu'ont coûté en tout les artistes et les choristes :

	En 1783-84.	En 1784-85.	En 1785-86.
Chant et chœurs,	144,356 liv.	165,116 liv.	176,400 liv.
Danse et corps de ballet,	98,942	100,025	104,300

On n'a pas compris, dans le personnel et les sommes portés ci-dessus, les enfants employés extraordinairement dans les ballets ; c'était une dépense qui variait de 4,500 à 6,000 liv. par année.

Les appointements des sujets ont été augmentés, pour la plupart, de 1783-84 à 1784-85 ; exemples :

Chant.	1783-84.	1784-85.
Premier sujet, Lainez (haute-contre),	5,328 liv.	9,000 liv.
Remplacement, Lays (basse-taille),	6,048	7,000
Premier sujet, Mlle Duplan (reines),	3,384	6,000
— Mme Saint-Huberty (bergères),	4,176	9,000
Danse.		
Premier sujet, Gardel (pour le sérieux),	4,856	7,000
— Vestris (le demi-caractère),	4,008	7,000
— Mlle Guimard (idem),	4,332	7,000

Ces artistes jouaient assez fréquemment : la Guimard dansa 77 fois en 1784-85 et 75 fois en 1785-86 ; Moreau, première basse-taille, chanta 158 fois en 1784-85 et 145 en 1785-86, etc.

L'orchestre était composé, en 1783-84, de 65 musiciens, recevant ensemble 62,495 liv.; en 1784-85, de 71, recevant 64,967 liv.; en 1785-86, de 72, recevant 67,367 liv.

1 maltre de musique.

Instruments à cordes.
24 violons ;
6 altos ;
12 basses ;
4 contrebasses ;

Instruments à vent.
2 flûtes ;
2 petites flûtes ;
4 hautbois ;

Instruments à vent.
2 clarinettes ;
4 bassons ;
2 cors ;
3 trombons et trompettes,

Instruments à percussion.
1 timbalier ;
1 cymbales.

4 surnuméraires.

Les musiciens du dépôt des Gardes-françaises venaient jouer quelquefois aux répétitions ou aux représentations ; il leur fut payé pour cela 4,500 liv. en 1783-84.

Au service du théâtre et des écoles de musique et de danse étaient attachées 11 personnes, recevant ensemble 15,600 liv. Ce personnel comprenait 1 inspecteur général, 3 répétiteurs pour les rôles et 3 pour la danse, 2 préposés à l'école de danse et 1 copiste de musique.

Le service des bureaux, des magasins, de la scène et de la salle occupait alors 48 personnes, dont les appointements réunis montaient à 39,000 liv. environ, savoir : 1 secrétaire, 1 caissier, 3 machinistes, 3 magasiniers, 2 maltres tailleurs, 1 perruquier et 1 coëffurier, 12 receveurs, contrôleurs et commis, 2 ouvreurs et 14 ouvreuses, 5 avertisseurs et 3 portiers.

Il faut ajouter les membres du Comité, dont cinq, le directeur et le sous-directeur, ainsi que les trois dessinateurs, touchaient ensemble 22,200 liv. par an.

L'Opéra avait en outre un certain nombre de pensionnaires : en 1784-85, 63, savoir : 1 directeur, 6 auteurs, parmi lesquels Gossec, Grétry, Piccini, Marmontel, 15 anciens acteurs et actrices du chant et 23 de la danse, 21 musiciens retirés, 7 anciens employés et ouvriers. Leurs pensions s'élevaient ensemble à 50,600 liv.

Il n'y a sur les comptes aucune indication relative au nombre des ouvriers employés à l'Opéra. On voit seulement que les salaires des ouvriers du théâtre montaient ensemble à un peu plus de 37,000 liv. par an ; que ceux des ouvriers tailleurs étaient, année moyenne, de 29,000 liv., et ceux des garçons de l'atelier des peintres, de 1,300 liv. Cela donne un total de 68,000 liv., qui représente un personnel de plus de 100 ouvriers, hommes et femmes.

Une centaine de Gardes-françaises faisaient office de comparses ; il leur était payé à cet effet de 15 à 18,000 liv. par an.

L'éclairage coûtait 38,000 liv. environ, et le chauffage 10,000 liv. par an.

La dépense des décorations, qui était ordinairement de 32 à 33,000 liv., s'éleva à 57,000 liv. en 1784-85.

Les fournitures pour les costumes et leur entretien sont portés sur les comptes pour 114,000 liv. en 1783-84, 103,000 liv. en 1784-85, et 85,000 liv. en 1785-86. Il fut acheté, en 1784-85, des étoffes de soie pour 33,400 liv., des merceries pour 27,000 liv., des gazes, crêpes et blondes pour 11,800 liv., des dorures pour 8,000 liv., des souliers pour 6,900 liv., des bas pour 5,300 liv., des broderies pour 2,200 liv., des fleurs artificielles pour 2,000 l., des gants pour 1,700 liv., des corps piqués et des paniers de femmes pour 1,650 liv., etc. En outre, l'administration avait fait un forfait avec les sujets du chant et de la danse, pour qu'ils eussent à acheter eux-mêmes leurs gants, bas, souliers, lacets, rouge et pommade. Ce forfait montait au total de 18,000 à 18,500 liv. par an.—L'intendance des Menus prêtait à l'Opéra, pour les représentations, un certain nombre d'habits ; 861 habits furent ainsi prêtés en 1783-84, 773 en 1784-85, 635 en 1785-86.

Enfin, on dépensait, année moyenne, 5,000 liv. pour les feux d'artifice sur la scène.

Le droit des indigents est inscrit sur les comptes, sous le titre de *quart des pauvres,* pour une somme fixe de 72,000 liv. par an. Les recettes à la porte, en location et aux bals, ont été, de 1783 à 1786, de 798,000 liv. en moyenne ; la somme payée représentait donc 9 pour 100 de la recette brute.

Les honoraires des auteurs sont portés pour 55,896 liv. en 1783-84, 50,564 liv. en 1784-85, et 25,820 liv. en 1785-86. Ces honoraires étaient réglés alors comme il suit :

400 liv. par représentation pour les 20 premières représentations ;
300   —   de la 21e à la 30e ;
200   —   de la 31e à la 40e ;
1,000   ·de gratification à la 40e ;
120   par représentation après la 40e.

Moitié pour l'auteur du poëme, moitié pour l'auteur de la musique.

Quelquefois l'Opéra achetait de suite la propriété de l'ouvrage; ainsi, Salieri reçut 12,000 liv. en avril 1784 pour l'opéra des *Danaides,* dont il avait fait les paroles et la musique.

L'opéra de *la Caravane du Caire,* poëme de Morel et musique de Grétry, eut, de janvier 1784 à mars 1786, 65 représentations, qui produisirent une recette à la porte de 171,088 liv.; il faut y ajouter 112,980 liv. pour les locations à l'année [1] : la recette totale fut donc de 284,068 liv. Le compositeur et l'auteur reçurent 17,000 liv. (8,500 liv. pour chacun); ces honoraires représentent 6 pour 100 de la recette totale. L'opéra de *Didon,* par Piccini et Marmontel, eut, de décembre 1783 à janvier 1786, 44 représentations. La recette totale fut de 211,874 liv., dont 135,473 liv. pour la recette à la porte et 76,401 liv. pour les loges à l'année. Il fut payé aux auteurs 14,480 liv., c'est 6 3/4 pour 100 de la recette. Enfin, 31 représentations de l'opéra de *Panurge,* par Grétry et Morel, donnèrent une recette totale de 169,470 liv., dont 111,796 liv. de recette à la porte; les droits des auteurs furent de 11,200 liv., ce qui équivaut à 6 1/2 pour 100.

La recette à la porte le jour de première représentation a été, pour *les Danaides* de Salieri, de 9,807 liv.; pour *Castor et Pollux,* de 8,600 liv.; pour la *Péronne sauvée* de Dezède, de 5,438 liv.; pour *Didon,* de 5,170 liv.; pour *Panurge,* de 4,611 liv.; pour *la Caravane du Caire,* de 3,489 liv.; pour *Diane et Endymion,* de Piccini, de 3,082 liv., etc.

Voici un dernier renseignement sur les bals de l'Opéra :

		Recette totale.	Frais.
1782-83....	20 bals.	72,677 liv.	»
1783-84....	14	42,252	11,821
1784-85....	18	48,392	14,215
1785-86....	17	59,155	‧ 14,169

La plus forte recette qu'un bal ait produite a été : en 1782-83, de 10,003 liv.; en 1783-84, de 9,354 liv.; en 1784-85, de 8,492 liv.; et en 1785-86, de 8,092 liv.

Le Comité de l'Opéra exposait au Roi, en 1785, que les bals, qui produisaient autrefois de 120 à 130,000 liv., rapportaient depuis plusieurs années à peine 30,000 liv., frais déduits, « le public paraissant ne plus guère goûter ce plaisir. »

NATALIS RONDOT.

---

[1] Le produit des locations à l'année représente pour chaque représentation une recette de 1,548 liv. en 1783-84, de 1,739 liv. en 1784-85, et de 1,990 liv. en 1785-86.

TRAITÉ SUR LES CIRCONSTANCES

QUI

DÉTERMINENT LE TAUX DES SALAIRES

ET QUI INFLUENT

SUR LE SORT DES CLASSES LABORIEUSES,

PAR M. MAC CULLOCH [1].

La question des salaires est à la fois la plus difficile que la science puisse agiter, et la plus grave que la politique ait à résoudre. Parmi les peuples modernes, qui vivent non de la guerre, mais de l'industrie, cette difficulté intéresse tout le monde. En vain l'on a proclamé la liberté du travail, ce régime des nations parvenues à leur maturité et qui disposent d'elles-mêmes ; les gouvernements, sollicités par les intérêts, par les passions et par les misères, sont toujours tentés d'intervenir. Il en est peu qui n'aient cherché, soit par l'impôt, soit par des lois de douanes, soit par les restrictions apportées à l'exercice des professions, soit même par des institutions de charité, à modifier et par conséquent à troubler le cours naturel des choses. L'impatience un peu fébrile des pouvoirs publics a gagné les classes laborieuses ; dans la poursuite ou dans la défense de leurs intérêts, elles n'ont plus su ou voulu procéder que par coalitions, par émeutes et par révolutions. Il y a eu un moment où, la société européenne chancelant sur ses fondements, la propriété allait être rayée du livre des droits, et où les principes moraux s'effaçaient complétement dans les âmes.

Nous commençons à sortir de ce chaos orageux. Gouvernements et peuples, chacun s'est instruit à ses dépens et à l'école de ses propres fautes. Les violences et les avortements du socialisme ont remis la science économique en honneur. La notion du capital et celle du travail se dégagent, quoique lentement, des nuages qu'avait amassés la tempête de 1848.

Ajoutez que l'activité des populations ne peut pas être perpétuellement suspendue par ces disputes. L'ouvrier s'est fatigué de l'inaction, et le capitaliste n'a pas voulu laisser plus longtemps ses trésors improductifs. En luttant pour agrandir sa part dans la répartition des fruits, chacun oubliait de produire. Les besoins de l'industrie et du commerce vont imposer aux combattants une trêve temporaire, à défaut de la paix.

C'est le moment où la science peut utilement prendre la parole. Les erreurs des gouvernements et les passions des classes laborieuses nous laissent un peu de répit : profitons-en pour rétablir la vérité dans la question des salaires.

M. Mac Culloch vient de le tenter en publiant, au mois de novembre dernier,

---

[1] *On the circumstances wich determine the cate of wages.* Un vol. in-12, 1851. Londres, chez Longman, Brown, Green et Longmans.

un traité sur les circonstances qui déterminent le taux des salaires et qui influent sur le sort des classes laborieuses. Ce petit livre n'a rien d'original, et ne prétend point innover. C'est un résumé clair, précis et complet des principes ainsi que des résultats que l'observation des faits a permis de consacrer. Les découvertes successives dont s'est enrichie la théorie des salaires, en France, depuis Turgot jusqu'à Rossi, et en Angleterre, depuis Adam Smith jusqu'à John Mill, s'y trouvent condensées dans une centaine de pages. L'auteur a voulu écrire pour les ouvriers, et leur faire comprendre que c'est d'eux principalement que dépend leur bon ou leur mauvais sort.

Le prix du travail varie sur le marché; le taux des salaires n'obéit pas à une mesure constante. L'ouvrier n'obtient pas toujours, pour une quantité de travail donnée, la même somme de ressources et de jouissances. La rémunération qu'il reçoit, tantôt s'élève et tantôt s'abaisse, suivant une loi qui n'a rien de capricieux ni d'arbitraire, et qui rattache la valeur vénale de la main-d'œuvre à l'état général des transactions.

Le prix des services, comme celui des marchandises, dépend du rapport qui s'établit entre l'offre et la demande. M. Cobden a donné une forme pittoresque a ce principe, en disant que « le salaire baissait quand deux ouvriers couraient après un maître, et que le salaire haussait quand deux maîtres couraient après un ouvrier. » Mais d'où viennent ces variations dans la demande? Par quelle cause l'industrie manque-t-elle de bras dans certaines circonstances, tandis que dans d'autres temps ou dans d'autres lieux elle s'en trouve surchargée?

L'activité du travail et le taux de sa rémunération ne tiennent pas toujours à la fertilité du sol, à l'étendue des manufactures ni à la richesse des habitants. Un sol fertile peut être mal cultivé; des usines importantes tombent quelquefois dans les mains de manufacturiers inhabiles, ou qui voient se fermer leurs débouchés; enfin l'opulence, qui pousse à jouir, ne sollicite pas toujours à produire. C'est du capital qu'un peuple peut consacrer à la rémunération du travail, que dépend la bonne ou la mauvaise condition des salaires. Si ce capital vient à s'accroître sans qu'un accroissement correspondant se manifeste dans les rangs de la population, chaque travailleur en recevra une plus forte part, ou, ce qui est la même chose, son salaire augmentera. Si, au contraire, l'accroissement de la population devance celui du capital, chaque travailleur aura une part plus faible dans la distribution de ce fonds, et verra baisser par conséquent le niveau des salaires.

« Supposons, dit M. Mac Culloch, que le capital attribué annuellement par une nation au payement du travail s'élève à trente millions sterling. Si la contrée renferme deux millions d'ouvriers, il est évident que le salaire de chacun, en les rémunérant tous au même taux, serait de quinze livres; et il n'est pas moins évident que ce taux ne pourrait s'augmenter que dans le cas où le capital s'accroîtrait plus rapidement que la population, ou dans le cas où le nombre des ouvriers se réduirait dans une proportion plus forte que la somme du capital. Aussi longtemps que le capital et la population marchent de front, qu'ils augmentent ou diminuent dans la même proportion, le taux des salaires reste le même. C'est seulement quand le rapport du capital à la population vient à changer, que le prix du travail subit une augmentation ou une réduction correspondante. Le bien-être et le *comfort* des classes laborieuses dépendent donc directement du rapport que garde leur accroissement avec celui du capital qui sert à les occuper et à les nourrir. Si elles se multiplient plus rapidement que le fonds des salaires, le prix du travail sera réduit ; ce prix s'élèvera, si leur multiplication est plus lente que celle de la richesse qui les défraye. Il n'y a pas d'autre moyen, pour élever les salaires, que d'accélérer l'accroissement du capital par rapport à la population, ou de retarder l'accroissement de la population par rapport au capital. »

Telle est la formule de l'inflexible loi qui règle le taux des salaires et par conséquent le sort des classes laborieuses. Mais ce principe, que l'économie politique de nos jours a remis en lumière, est-il généralement observé ? Malthus a démontré que, dans l'état actuel des idées et des mœurs, la population avait une tendance bien constatée à se développer plus rapidement que la richesse. L'état de l'Irlande, au besoin même celui de l'Angleterre, en présentent l'exemple le plus éclatant. Sans doute, la production est loin d'avoir atteint, dans les contrées les plus industrieuses et les mieux cultivées, sa dernière, sa plus extrême limite. La terre pourrait rendre trois ou quatre fois plus qu'elle ne rend, et les combinaisons auxquelles se livre la puissance manufacturière pour transformer les éléments que lui fournit le sol sont certainement très-étendues. Mais la science a beau reculer la limite de la production, il y en a une ; la production est une quantité, elle n'est pas l'infini ; qu'on l'étende jusqu'où l'on voudra, il demeurera possible de concevoir le point auquel la population, comme une mer qui monte toujours, finira par l'atteindre et par la dépasser. L'âge d'airain suivra nécessairement l'âge d'argent, si l'espèce humaine continue à s'abandonner à ses penchants sans contrainte.

Dans les contrées où la population s'accroît rapidement et sans malaise, la présomption est que le progrès de la richesse, que l'accroissement du capital disponible pour les salaires a marché plus vite encore ou tout au moins du même pas. Ainsi vont les Etats-Unis, dont la population continue à doubler tous les vingt-cinq ans. On en dirait autant, quoique avec certaine réserve, de l'Angleterre, qui ne comptait que six millions d'habitants en 1750, et qui, un siècle plus tard, en renfermait trois fois plus, soit environ dix-huit millions. Toutes choses égales, les peuples nouveaux doivent multiplier beaucoup plus vite que ceux qui sont établis dans des contrées depuis longtemps civilisées. Comme ils ne cultivent, au début, que les bonnes terres, et comme le fermier est en même temps propriétaire du sol, le travail obtient une rémunération plus considérable, l'accumulation du capital se fait avec une rapidité extraordinaire, et l'accroissement des moyens de subsistance suscite, par une réaction naturelle, celui de la population. Aux Etats-Unis, dans le Far-West, le grand nombre des enfants est une richesse, et la première de toutes pour la famille ; dans la vieille Europe, il devient un fardeau. La surabondance de la population amène invariablement, sur le continent européen, la plus abjecte pauvreté ; et il n'y a pas de nation qui n'ait son Irlande.

Les socialistes ont cru résoudre la difficulté en proposant de changer la distribution de la richesse. Mais ce système, qui exigerait le renversement des lois sur lesquelles repose la société, ne ferait que déplacer la misère ; on la transporterait peut-être d'une classe à une autre, mais, à coup sûr, on ne la supprimerait pas. On appauvrirait les riches pour enrichir les pauvres ; on mettrait dessus ce qui est dessous, et dessous ce qui est dessus ; mais on n'élargirait pas la base, et l'on n'élèverait pas le sommet de la pyramide sociale.

Les économistes, au contraire, pensent que dans tout pays où la population surabonde, où un déficit existe dans les moyens de subsistance, et où les salaires sont déprimés, il n'y a pas d'autre alternative, pour rétablir l'équilibre, que d'augmenter la production, avec la production le capital, et avec le capital le fonds des salaires, ou de diminuer l'encombrement et la concurrence des bras par l'émigration. La Grande-Bretagne doit certainement l'aisance relative dont jouissent aujourd'hui toutes les classes de sa population, moins encore à la liberté commerciale, qui a mis les aliments les plus essentiels à la portée des ouvriers les moins rétribués, qu'à l'émigration, qui a diminué l'offre, et qui a augmenté la demande du travail en emportant chaque année trois cent mille habitants vers l'Amérique du Nord ou vers les Terres australes.

On a vu que le prix courant du travail dépendait du rapport qui existait entre le capital consacré à le défrayer et le nombre des travailleurs. On sait encore qu'un accroissement de la population qui excède celui du capital, amène infailliblement la dépression des salaires. Mais il y a des limites, au-dessous desquelles cette réduction ne peut pas descendre ; et les salaires, outre leur taux courant sur le marché, ont aussi leur taux nécessaire et comme naturel. « Ce que le travail coûte à produire, dit avec raison M. Mac Culloch, comme les frais de toute autre production, doit se retrouver dans le prix de de vente. La race des travailleurs s'éteindrait bientôt, s'ils ne gagnaient pas de quoi vivre et de quoi alimenter leurs familles. Cette limite est la plus extrême à laquelle on puisse réduire sous une forme permanente le taux des salaires... Quelque faible que soit la demande du travail, si le prix des choses nécessaires à la subsistance des travailleurs vient à s'accroître, le prix naturel ou nécessaire de la main-d'œuvre doit s'accroître aussi. Supposons, pour prendre un exemple, que, dans un temps de disette, le prix du pain de quatre livres monte à 5 schellings, il est clair, dans ce cas, comme le nombre des journaliers cherchant de l'emploi restera le même, et comme une augmentation du prix du pain, quand une mauvaise récolte la détermine, ne peut pas accroître la demande des bras, que le niveau des salaires ne s'élèvera point. Ces journaliers seront donc forcés d'économiser, et la cherté du pain aura pour effet, en diminuant la consommation, de répartir plus également les privations sur toute la durée de l'année. Mais supposons que la cherté, au lieu d'être accidentelle, ait une cause permanente, comme la difficulté de produire, alors la question qui s'élève est celle-ci : le prix de la main-d'œuvre restera-t-il stationnaire, ou devra-t-il augmenter ? On peut montrer que, dans ce cas, l'augmentation est inévitable. Il tombe sous le sens, en effet, que le bien-être des classes laborieuses se trouverait fortement atteint par l'élévation du prix du pain, et que ceux qui avant la cherté avaient de quoi subsister, se verraient réduits à un état de dénûment extrême et pourraient à peine ne pas mourir de faim. Dans ces circonstances, la mortalité ne manquerait pas de s'accroître ; la difficulté que chacun éprouverait de pourvoir à sa subsistance tiendrait en échec la formation des unions conjugales et le progrès de la population. De cette manière, on verrait diminuer soit le chiffre de la population, soit la proportion de son accroissement, soit l'un et l'autre à la fois. La décroissance de la population, en éclaircissant les rangs des ouvriers, et en augmentant le capital par rapport à la population, permettrait aux travailleurs d'obtenir de plus forts salaires. »

Ce taux naturel des salaires, pour lequel M. Mac Culloch ne fait que reproduire la définition donnée par Adam Smith, n'est pas une quantité fixe et invariable ; il varie, au contraire, selon les époques et suivant les lieux. Les besoins de l'homme changent avec le climat, et la civilisation développe des penchants qu'il faut satisfaire. M. de Humboldt a remarqué que l'ouvrier au Mexique dépensait un tiers de plus pour sa subsistance dans la région tempérée que dans la région chaude. En Angleterre, les classes laborieuses vivent de pain de blé et de viande ; en Irlande, les pommes de terre ont longtemps fait la base unique de leur nourriture ; en Chine et dans l'Indoustan, elles se nourrissent de riz. Cette inégalité d'aliments doit amener une différence correspondante dans le prix du travail. Aussi l'Indien se contente-t-il de 3 pence (30 c.) pour la rémunération de sa journée, tandis que l'Anglais exige en moyenne sept ou huit fois davantage. Sans quitter l'Angleterre, on trouve que le salaire du travail agricole varie du simple au double, qu'il est de 14 schellings par semaine dans le Yorkshire, et de 7 schellings seulement dans le comté de Dorset, où les paysans se nourrissent mal et sont misérablement logés.

M. MacCulloch consacre un chapitre de son livre à démontrer que des salaires élevés sont préférables, dans l'intérêt des classes laborieuses, à des salaires avilis. Cette doctrine n'a plus d'adversaires. En tout cas, lorsque la recherche de l'opulence est à l'ordre du jour dans les régions supérieures de la société, l'on aurait bien mauvaise grâce à prêcher aux ouvriers l'abstinence et le détachement des biens de ce monde. Ce qui est funeste aux classes laborieuses, ce sont les brusques variations du salaire. Quand le prix du travail s'abaisse tout à coup dans une forte proportion, les ouvriers peuvent manquer de pain et tomber à la merci de la charité publique ; quand la main-d'œuvre hausse, au contraire, soudainement, alors l'ouvrier, enrichi comme par un coup de fortune, se laisse aller à tous les excès. Son existence prend un caractère aléatoire qui le dégoûte du travail, de l'économie et de l'ordre. Au point de vue moral comme sous le rapport matériel, c'est le plus grand malheur qui puisse lui arriver.

Mais peut-on élever ou déprimer artificiellement le taux des salaires? Les gouvernements ont cru longtemps qu'il dépendait d'eux de réglementer l'industrie ; ils ont cherché à fixer le prix du travail, comme ils croyaient changer le cours des transactions en altérant la valeur des monnaies. Ce n'est que dans la cinquante-troisième année de George III, que le Parlement britannique a abrogé les statuts qui donnaient aux juges de paix le droit de déterminer les gages des journaliers. Aujourd'hui encore, les gouvernements, trop éclairés pour intervenir dans le contrat entre le maître et l'ouvrier, prétendent cependant régler la durée ainsi que les conditions du travail, et affectent ainsi indirectement le taux des salaires.

Les coalitions entre les maîtres pour opprimer la main-d'œuvre et entre les ouvriers pour l'exagérer, semblent aussi avoir fait leur temps. L'on commence à comprendre des deux côtés que ce sont là des tentatives vaines. L'intérêt des entrepreneurs, vu de haut, leur commande de bien traiter les ouvriers qui exécutent leurs ordres ; et quant à ceux-ci, en rançonnant le capital qui les fait vivre, en réduisant les profits par leurs exigences, ils s'exposeraient à tarir les sources mêmes du travail.

Cependant M. MacCulloch reconnaît que l'abrogation des lois qui punissaient les coalitions de le royaume-uni n'a pas porté tous les fruits que l'on était en droit d'attendre. Les ouvriers, en effet, ont montré, depuis, les dispositions les plus turbulentes ; il n'y a pas une branche d'industrie dans laquelle ils n'aient fait grève et ne soient entrés dans un concert plus ou moins accompagné de violence pour dicter aux maîtres le taux des salaires et les conditions du travail. En ce moment même, l'Angleterre est agitée par la coalition des ouvriers mécaniciens, coalition qui s'étend de Londres à Glasgow et se ramifie jusqu'à Dublin [1]. Cette coalition agressive des ouvriers a déterminé, par voie de représailles, une coalition défensive des maîtres. L'industrie mécanique est à l'état de guerre civile ; et la liberté absolue, que la législation laisse aux deux parties contractantes, ne les a jusqu'à présent conduites qu'à l'anarchie.

Bien que M. MacCulloch ne dissimule pas les faits, il se montre partisan des coalitions en principe. Il va même plus loin que M. J.-S. Mill, le premier économiste qui ait tenté de les réhabiliter.

« Non-seulement, dit M. Mac Culloch, une coalition volontaire, quand la violence ne s'y joint pas, est l'exercice légitime du droit qu'ont les ouvriers de décider pour eux-mêmes ; mais quand elle a pour objet d'élever les salaires qui ont été indûment réduits, elle est opportune et il est à propos qu'elle se forme. On ne trouve pas beaucoup de maîtres qui consentent à augmenter les salaires ; il y a fort à parier que les réclamations d'un ou de quelques individus ne recevront aucun accueil aussi longtemps que leurs camarades continueront à travailler au prix contre lequel ils protestent. C'est donc seulement quand tous les ouvriers ou la plupart des ouvriers qui appartiennent à une usine ou à une industrie se coalisent entre eux, ou lorsqu'ils agissent par un concert qui équivaut à une coalition, et refusent de continuer le travail à moins d'obtenir une augmentation de salaire, qu'il devient de l'intérêt immédiat des maîtres de faire droit à la demande qui leur est adressée. Il en résulte évidemment que, sans l'existence d'une coalition, soit hautement avouée, soit tacite, ces ouvriers ne parviendraient jamais, par leurs propres efforts, à une hausse de salaire, et qu'ils resteraient à la discrétion des maîtres dont la concurrence en fixerait le taux. »

Je comprends que l'on applaudisse à la suppression des lois qui frappaient les coalitions avec une sévérité qui n'est plus de notre époque. L'impuissance de cette législation en faisait ressortir la cruauté ; mais il y a loin de la tolérance à l'éloge. L'économie politique veut que chacun, ouvrier ou maître, ait toute liberté pour stipuler ses intérêts. Mais les coalitions sont des liens qui enlacent violemment la liberté individuelle. Les ouvriers engagés dans ce concert s'enchaînent d'abord entre eux pour enchaîner ensuite plus aisément ceux avec lesquels ils traitent.

En fait, et quoi qu'on en puisse dire, les coalitions n'ont jamais réussi. Elles n'amènent que des ruines pour l'industrie, et pour les ouvriers que des haines, des privations, la misère et souvent la honte. En droit, elles sont la guerre organisée dans les ateliers, là où la paix seulement féconde le travail. Mais, après les mauvais effets des coalitions, pour en démontrer l'inutilité, je ne veux pas d'autre autorité que celle de M. Mac Culloch lui-même. Il dit en effet, une page plus loin et comme s'il voulait combattre ses propres arguments : « Si les salaires payés aux ouvriers, dans une branche d'industrie, viennent à être réduits sans une cause légitime, les capitalistes qui dirigent ces ateliers auront sans contredit le bénéfice total de la réduction, en outre des profits ordinaires que font les capitalistes engagés dans d'autres entreprises. Mais une inégalité de cette nature ne peut pas se perpétuer. De nouveaux capitaux seront infailliblement attirés vers une industrie qui a des salaires faibles et des profits élevés; et les entrepreneurs de ce travail se verront dans la nécessité, s'ils veulent obtenir des travailleurs, de leur offrir une rémunération plus forte. Il est donc évident que, lorsque les salaires ont été réduits sans cause dans une industrie, ils reprennent leur niveau par la seule concurrence des capitalistes et sans aucun effort de la part des ouvriers. » S'il en est ainsi, pourquoi décerner au nom de la science un bill d'indemnité aux coalitions et en recommander l'usage? La concurrence est de sa nature un principe exclusif. Si l'on admet que la concurrence des ouvriers suffit pour faire baisser les salaires et celle des maîtres pour les faire hausser, les coalitions deviennent au moins inutiles. Elles ne pourraient que troubler les rapports qui tendent naturellement à s'établir. Le marché du travail ne sera large et régulier qu'autant qu'il restera libre.

On a remarqué que les ouvriers se coalisaient rarement pour imposer une élévation de salaire dans les moments où l'industrie était en souffrance et où le commerce languissait. Les mutineries qui interrompent le travail et qui enrégimentent les ouvriers contre les maîtres se produisent surtout lorsque les usines sont en pleine activité et que la rémunération du labeur quotidien est la plus large. Les mécontents font grève, non pas pour relever des salaires qui auraient été réduits sans cause, mais pour obtenir l'augmentation de salaires qui sont déjà très-élevés. Ce sont les emportements de l'ambition et non les protestations ou les plaintes de la misère. Ajoutons que l'on ne voit pas pourquoi les classes laborieuses se ligueraient contre les lois d'un ordre social dans le sein duquel, après tout, elles prospèrent, qui a plus avancé l'amélioration de leur sort en un demi-siècle qu'il ne l'avait été depuis le moyen âge, et dans lequel le travail, en devenant la base de la moralité et la source de la richesse, a renouvelé les notions du pouvoir et de la grandeur.

M. Mac Culloch, jetant un rapide coup d'œil sur l'état des classes laborieuses en Angleterre, rend témoignage de l'amélioration progressive et décisive de leur sort. « Leur condition, dit cet écrivain, se trouve bien changée depuis la guerre d'Amérique : le peuple est aujourd'hui mieux nourri, mieux vêtu et mieux logé qu'à aucune époque des temps passés. Nous savons que lord John Russell a dit en 1844 que les classes laborieuses avaient rétrogradé depuis un siècle, et qu'elles étaient moins malheureuses en 1740. Mais, malgré le respect que nous devons à une aussi haute autorité, nous demeurons convaincu que cette assertion n'est pas justifiée par les faits. La plus grande partie des objets de consommation sont aujourd'hui à aussi bas prix qu'en 1740, et plusieurs, comme les articles d'habillement, s'obtiennent à meilleur marché. Malgré les plaintes très-fondées qu'ont soulevées les habitations infectes de la classe ouvrière, elle est incomparablement mieux logée que dans le cours du dernier siècle et qu'à aucune époque antérieure. Les plus vieilles maisons, dans nos villes et dans nos villages, sont précisément celles qui offrent aux pauvres les plus détestables logements. Le pain que l'on consomme à présent dans les familles pauvres est d'une qualité supérieure ; et dans les villes, tout au moins, les ouvriers consomment une plus grande quantité de viande de boucherie. L'ivrognerie et l'immoralité, si elles n'ont pas matériellement diminué, n'ont pas fait non plus de progrès sensibles ; les mœurs de toutes les classes ont gagné en sentiments humains et en douceur. Les progrès extraordinaires que l'on remarque dans la santé et la longévité de la population attestent qu'une amélioration réelle s'est manifestée dans le sort de tous. »

Ces conclusions sont généralement fondées, quoiqu'un peu absolues dans les termes. La durée de la vie moyenne a augmenté en Angleterre comme ailleurs, depuis la découverte de la vaccine, parce que la mortalité est moindre dans les premières années; mais s'il meurt beaucoup moins d'enfants, il meurt un plus grand nombre de jeunes gens et d'hommes faits. L'agglomération qui se fait de miasmes humains dans les grandes villes et dans les centres industriels y a notablement affaibli la santé et abrégé l'existence. On sait que la durée moyenne de la vie est, pour les classes laborieuses, de dix-sept ans à Liverpool, et de dix-neuf ans à Manchester. Cet état de choses, qui accuse la civilisation, a vivement ému les esprits dans la Grande-Bretagne. On a rendu des lois pour assainir les grandes villes; l'attention publique s'est tournée vers l'amélioration matérielle et morale des classes qui fournissent les agents du travail. Le mal est profond; mais, pour des hommes et surtout pour des gouvernements de bonne volonté, la puissance d'amendement et de progrès est infiniment plus grande.

M. Mac Culloch admet que le sort du peuple est loin d'être prospère. « Lord John Russell a eu raison de dire que les classes laborieuses n'avaient pas profité autant qu'elles auraient dû le faire, ni autant que les classes moyennes l'ont fait, des progrès extraordinaires accomplis depuis un demi-siècle, et particulièrement de la réduction opérée depuis 1815 dans le prix de presque tous les objets de consommation. Cela vient de ce que les classes moyennes ont toujours montré plus de prudence et de prévoyance que celles qui étaient placées à un rang inférieur, et qu'elles ont pu, par conséquent, tirer un meilleur parti des circonstances favorables qui sont survenues. On ne saurait douter que la pauvreté toute spéciale et la détresse qui règnent perpétuellement à quelque degré sur tous les échelons de la classe laborieuse, ne doivent être attribuées, sans hésitation, à ses habitudes vicieuses, à son imprévoyance et à son défaut d'activité. Cependant, et quelle que soit l'infériorité du peuple à cet égard, il est, de nos jours, moins vicieux, moins imprévoyant, et plus industrieux qu'à aucune époque du passé. Cette amélioration dans les mœurs populaires concourt, avec le progrès des arts et avec la plus grande facilité de produire, à élever les ouvriers dans l'échelle de la civilisation. »

Toutes choses égales, M. Mac Culloch pense que les ouvriers anglais, qui sont les mieux rétribués de l'Europe, n'obtiennent pas des salaires aussi élevés que ceux qu'ils auraient le droit d'espérer. Cette dépression du travail est attribuée par lui à diverses causes, au nombre desquelles il fait principalement figurer l'immigration des Irlandais en Angleterre, l'emploi trop exclusif de la pomme de terre dans l'alimentation du peuple, et le travail des enfants dans les manufactures. Ces influences délétères ont à peu près cessé d'agir aujourd'hui. L'émigration lointaine a fait de telles saignées à la population de l'Irlande, qu'elle s'est réduite, en cinq années, de vingt-cinq pour cent ou de deux millions d'hommes. Au lieu de redouter l'invasion de ces flots de population virile, l'Angleterre commence à regretter que tant de citoyens de son empire soient allés féconder une terre rivale, le sol des Etats-Unis. La famine de 1847 a mis fin à la domination exclusive de la pomme de terre. Et quant au travail des enfants, il ne prouve que l'insuffisance du salaire sur lequel doit vivre la famille, ou l'imprévoyance des parents. C'est aux mœurs, bien plus encore qu'aux lois, qu'il appartient de donner le remède.

Contrairement à une opinion très-accréditée, M. Mac Culloch ne paraît pas croire que les classes laborieuses aient beaucoup à gagner à une réduction des taxes ou à un changement dans le système de l'impôt. Il fait remarquer que l'Irlande a toujours été une des contrées les moins chargées d'impôts, quoique les plus fertiles, et que cela n'a pas empêché sa population de descendre au dernier degré de la dégradation et de la pauvreté. Il en conclut que le sort du peuple est dans ses propres mains, et que les taxes dont on le grève n'auront pas d'importance, pourvu qu'il soit industrieux, économe et prévoyant.

Cette doctrine paraît vraie dans une certaine mesure. Oui, les influences extérieures ne sont rien en comparaison de celles que l'ouvrier peut exercer sur son propre sort par sa bonne ou par sa mauvaise conduite. Mais, dans la distribution qui se fait de la richesse, il ne faut pas oublier que le système des impôts joue un rôle très-important. L'impôt est un fardeau dont le gouvernement doit faire supporter une part proportionnellement égale à chacune des classes dont se compose la population. S'il incline la balance d'un côté plus que de l'autre, non-seulement il manque aux règles de la justice distributive, mais il retarde, pour ceux qui sont les plus grevés, la marche de l'aisance, pendant qu'il l'accélère pour d'autres en les dégrevant. En tirant le revenu public, depuis un demi-siècle, à peu près exclusivement des impôts de consommation, le gouvernement britannique a mis un obstacle puissant au progrès des classes laborieuses. Sans nous associer aux clameurs qu'une école de financiers à idées étroites et à courte vue pousse en faveur de l'impôt unique, je pense que l'Angleterre gagnerait à introduire dans l'assiette de son budget, entre les taxes directes et les taxes indirectes, cet équilibre qui existe si heureusement dans le budget français.

M. Mac Culloch s'oppose particulièrement et avec raison à la réduction des droits établis sur les boissons spiritueuses et sur le tabac. « Le goût du tabac, dit-il, quoique moins funeste à certains égards que le goût des spiritueux, fait une brèche, plus grande que l'on ne croit, aux ressources du pauvre. Les droits établis sur cette drogue ont produit, en 1850, un revenu net de 4,410,223 livres sterling (110,255,275 fr.). On suppose généralement que le tabac manufacturé distribué dans le pays et vendu au détail coûte au moins le double du droit, soit 8,830,646 livres sterling (220,516,150 fr.). En tenant compte de la contrebande et des mélanges frauduleux, la dépense que ce dégoûtant stimulant occasionne ne saurait être évaluée à moins de neuf à dix millions sterling, somme égale au revenu de tous les chemins de fer du royaume. Le goût du tabac est tellement enraciné que, dans certaines paroisses rurales du midi de l'Écosse, on dépense en tabac autant ou même plus que l'on ne dépense en thé. Dans de pareilles circonstances, ce serait le comble de la folie de faire quoi que ce soit pour augmenter la consommation de ce narcotique. L'impôt qui le frappe est inattaquable, et il convient de le fixer au taux qui promet à l'échiquier le plus abondant revenu. »

De toutes les taxes qui peuvent peser sur les rangs inférieurs de la population, les plus lourdes sont celles que les ouvriers, pour satisfaire leurs passions, s'imposent eux-mêmes. M. Morter a démontré que, dans la consommation de trois articles seulement, les liqueurs spiritueuses, la bière et le tabac, le peuple des trois royaumes dépensait la somme énorme de 57 millions sterling (1,438 millions de francs). La moitié des salaires est dissipée de cette manière ; et la famille ne se ressent que médiocrement de la hausse progressive qui s'est fait sentir, depuis la fin du dernier siècle, dans la rémunération du travail.

En terminant cet essai, l'auteur insiste sur les avantages que les classes laborieuses doivent retirer des Sociétés de secours mutuels et de l'institution des caisses d'épargne. Le conseil est bon, et les ouvriers semblent disposés à en faire leur profit. Ainsi, l'on en compte huit cent mille en Angleterre qui sont inscrits dans les Sociétés de secours mutuels. La somme due aux caisses d'épargne par le Trésor s'élevait, vers la fin de l'année 1830, à plus de 31 millions sterling, environ 785 millions de francs. Les ouvriers tendent à devenir capitalistes, par la seule voie par laquelle se forment les capitaux, par l'épargne. En Angleterre, comme en France, ils possèdent déjà une partie des fonds publics. Que ce mouvement continue, et, dans les contrées où fleurit l'industrie, il n'y aura bientôt plus de prolétaires.

M. MacCulloch ne touche, que par forme de prétérition, à la question des secours publics. Il n'est pas cependant d'institution qui exerce une influence plus directe ni plus décisive sur le taux des salaires. Avant la réforme de 1834, la taxe des pauvres était un véritable supplément à la rémunération du travail. Encore aujourd'hui, la maison de charité reste l'asile qui reçoit les travailleurs, hommes ou femmes, qui ont usé leurs forces au service de l'agriculture ou de l'industrie manufacturière. La famille se décharge sur l'Etat du soin d'entretenir les vieillards et souvent les enfants.

L'Etat, dans certains cas, se substitue ainsi à la famille, la désintéresse de ses devoirs, et partant la détruit. La liberté du travail a, comme on voit, ainsi pour support le droit à l'assistance. Le peuple qui a poussé le plus loin la pratique de la liberté commerciale admet et grave les principes du socialisme à la base de son ordre politique. Les lois des pauvres sont chez lui la condition de la propriété.

Nous ne pensons pas que la taxe des pauvres soit le dernier mot du progrès industriel, ni que l'Angleterre elle-même soit impuissante à cicatriser cet ulcère. Il y a là une difficulté qui tourmente la conscience publique, et qui ne s'imposera pas vainement à son attention. L'époque dans laquelle nous vivons est animée de cet amour du bien, qui ne laisse pas dormir de tels problèmes ; et pour les résoudre, elle a les lumières qui avaient manqué à nos devanciers.

En résumé, le travail de M. MacCulloch expose clairement les données de la science. L'auteur n'a pas affiché une forme trop abstraite, parce qu'il voulait que son livre fût lu des ouvriers, auxquels il sera particulièrement utile. Après l'esprit d'invention, qui recule l'horizon des données scientifiques, je ne sais rien de plus méritoire ni de plus élevé que le don d'en populariser les résultats.

LÉON FAUCHER.

STATISTIQUE DE L'INDUSTRIE A PARIS,

RÉSULTANT

DE L'ENQUÊTE FAITE PAR LA CHAMBRE DU COMMERCE,

POUR LES ANNÉES 1847 ET 1848 [1].

Paris était naguère la seule ville de France, peut-être, qui sût le moins ce qui se passe dans ses murs en matière de travail industriel, et c'est surtout par ce genre de travail, si élégant, si varié, si artistique, qu'elle occupe le premier rang dans le monde. On y agitait les questions les plus ardues de l'économie politique, les réformes sociales les plus radicales, les discussions les plus hardies sur la condition des classes ouvrières; et ces estimables classes, et ceux qui se donnaient à si grand bruit la mission de parler et d'agir pour elles, ne savaient pas le premier mot de leur situation. On ignorait combien chaque industrie emploie de bras, jeunes ou vieux, sédentaires ou mobiles; quelles matières précieuses elle met en œuvre, l'importance des produits qu'elle peut créer, les débouchés de ces produits; en un mot, on ne savait rien : on dissertait et on déclamait dans le vide.

Quiconque a vu passer, durant les jours néfastes de 1848, ces longues processions d'ouvriers, précédés d'étendards sinistres et demandant tous des augmentations de salaires ou l'exclusion des industries rivales, n'en perdra jamais le souvenir. Quel prodigieux effet n'eût pas produit sur ces hommes égarés le tableau de leurs propres folies avec toutes leurs conséquences, si l'on avait pu le leur mettre par anticipation sous les yeux; s'ils avaient pu prévoir ce que devaient coûter à cette grande ville, où l'absurde régnait alors en maître, les saturnales du moment! C'est de Paris que tous les maux sont venus alors; c'est Paris qui les a payés le plus cher, et le bel ouvrage que nous allons essayer de faire apprécier ne restera pas seulement comme le monument statistique le plus complet et le plus consciencieux de notre pays, mais comme la leçon d'histoire et d'économie politique la plus saisissante de notre temps.

Commençons par rendre hommage aux auteurs de ce travail, dont le savant rapporteur, M. Horace Say, porte un nom cher aux sciences économiques. C'est lui qui a été l'âme et le directeur véritable de cette grande entreprise, dont M. Léon Say, son fils, et M. Natalis Rondot se sont montrés les habiles auxiliaires et méritent, après lui, les plus justes éloges. M. Ch. Legentil présidait à cette époque la Chambre de commerce, et il lui revient aussi une bonne part de gloire dans cette œuvre d'utilité publique. La tâche était d'une difficulté immense et tout était à créer, jusqu'aux moyens d'exécution. Comment espérer de *reconnaître*, seulement avec une exactitude approximative, plus de trois cents industries, éparses dans tous les quartiers d'une grande ville, et de pénétrer dans les alvéoles les plus secrètes de cette ruche merveilleuse? Com-

[1] Paris, 1852, librairie de Guillaumin et Comp., 1 fort vol. in-4.

ment se diriger avec sûreté dans ce labyrinthe inextricable, et surtout à une époque aussi agitée ?

Ces infatigables observateurs ont eu le rare bonheur d'étudier le volcan parisien dans la paisible année 1847, et dans la formidable crise de 1848. Ils ont pu voir le cratère calme, puis, bientôt, en pleine éruption, et les faits qu'ils ont recueillis, dans cette double exploration, présentent un intérêt dramatique et historique d'autant plus grand, qu'il ressort de leur contraste même et qu'il n'a pas été recherché. Nous savons maintenant, par les chiffres éloquents que ces messieurs ont recueillis, la différence du pied de paix et du pied de guerre au foyer de la production ; nous savons ce qu'il en coûte aux populations qui troublent le repos public et qui marchent en aveugles à la recherche de biens imaginaires, sans s'inquiéter des contre-coups que le travail éprouvera de toutes ces tentatives hasardeuses.

Exposons, en peu de mots, le plan de l'ouvrage. La première partie, après la description des moyens employés pour conduire l'enquête, présente l'analyse des faits recueillis, et se termine par les tableaux qui résument les résultats généraux. La seconde partie contient les faits spéciaux à toutes les industries, au nombre de trois cent vingt-cinq. Une notice technologique ou économique, selon les cas, fait connaître la nature de ces industries, le nombre des entrepreneurs et ouvriers qui exécutent, les salaires, les profits, etc. La troisième partie offre des détails neufs et inédits sur les établissements industriels entretenus par l'Etat, tels que les Gobelins, l'Imprimerie nationale, la manufacture des tabacs, certains théâtres. Le travail, déjà si divisé entre ces diverses industries, ne l'est pas moins dans les procédés particuliers à chacune d'elles ; mais cette division extrême, qui explique la haute supériorité de l'art parisien, a dû rendre très-difficile l'étude du mouvement industriel à Paris.

Il faut étudier, dans l'exposé simple et loyal qui précède l'enquête, la manière ingénieuse dont les auteurs de ce beau document ont triomphé de toutes les difficultés. Ils n'avaient pour guide, et encore très-insuffisant, que les *recherches statistiques sur la ville de Paris*, publiées en 1826 et 1829 par le comte de Chabrol ; mais ils ont perfectionné leur modèle au delà de toute expression, et, en réalité, ces utiles *recherches* ne peuvent être considérées aujourd'hui que comme point de comparaison. Personne, avant la publication de la nouvelle enquête, n'aurait pu répondre, à Paris, avec une certitude morale, à des questions comme celles-ci : Combien y a-t-il d'ouvriers ébénistes ? Quelle est l'importance moyenne de leur travail annuel ? Combien d'ouvriers en papiers peints, en bronze ; combien d'orfévres et que produisent-ils ?

On n'aurait pas pu préciser non plus la nature du dommage éprouvé par telle ou telle industrie à la suite de certaines dispositions de douanes. On ne savait presque rien des habitudes des ouvriers, de leurs demeures, de leurs salaires, des conditions de leur existence, ni dans quelle proportion le travail des enfants et des femmes figurait auprès de celui des hommes. L'enquête a tout exposé, tout éclairci avec une exactitude admirable. Il suffit de dire que cet immense recensement a fait dresser un nombre de bulletins qui s'est élevé d'abord à plus de quatre-vingt-dix mille, et finalement à soixante-sept mille, après la suppression des doubles emplois et des bulletins incomplets. Cette masse de bulletins a été classée par industries diverses, réunies en groupes, et précédées d'une liste alphabétique générale, vraiment encyclopédique, de toute la fabrique parisienne.

. Les treize groupes principaux comprennent l'industrie *de l'alimentation, du bâtiment, de l'ameublement, du vêtement, des fils et tissus, des peaux et cuirs, de la carrosserie et de la sellerie, des arts chimiques et céramiques, des métaux et de la quincaillerie, de l'orfévrerie et de la bijouterie, de la boissellerie et de la vannerie, des articles de Paris, de l'imprimerie et de la papeterie.* Mais ce qui est tout à fait neuf et précieux, dans ce tableau presque synoptique du travail industriel dans une ville telle que Paris, c'est le chiffre spécial des valeurs créées par chaque groupe et la comparaison des faits observés en 1847 et 1848. On ne saurait trop souvent reproduire et éclairer de trop de lumière ces faits décisifs, qui méritent à un si haut degré l'attention de tous les économistes et des hommes d'État. Les voici dans leur énergique simplicité.

L'industrie parisienne a produit en 1847, au foyer de ses treize grands groupes, une valeur de 1,463,628,330 francs, soit près d'un *milliard et demi.* Elle n'a pu créer en 1848 qu'une valeur de 677 millions, *soit 54 pour cent de perte,* environ 750 millions. La ville de Paris a donc payé au prix de plus de 700 millions, c'est-à-dire d'une somme égale à la rançon imposée à la France en 1815 par les armées coalisées de l'Europe, le désordre social qu'elle a introduit en France par cette désastreuse révolution. Ces faits sont clairs, nets, précis, et ne souffrent aucune contradiction; qu'ils nous servent, du moins, de leçon pour l'avenir. 186 mille ouvriers sur 342 mille ont été, à cette funeste époque, entièrement privés de travail, pendant que certains hommes poursuivaient la chimère des salaires de plus en plus élevés, dans une ville ruinée par le désordre et par les menaces officielles faites au capital.

Quand on pénètre, avec les auteurs de l'enquête, dans les détails de chaque groupe, la leçon apparaît plus frappante et plus décisive. C'est ainsi que la diminution des affaires a été de 75 pour 100 dans l'industrie des ameublements au faubourg Saint-Antoine, et de 53 pour 100 dans les articles de Paris, dont le foyer est au sixième arrondissement; de sorte que ce sont les arrondissements les plus turbulents qui ont le plus souffert des troubles, et qui ont le plus chèrement expié le désordre par eux jeté dans la cité. En nombres ronds, cette perte a été de 34 millions sur les ameublements, et de 60 millions sur les articles de Paris; c'est-à-dire *d'environ cent millions* dans les deux arrondissements les plus agités. N'y a-t-il pas dans ces nombres significatifs un avertissement providentiel et digne de méditation?

Il est facile de comprendre maintenant, en présence de ces chiffres mémorables, quelle a dû être l'insuffisance des secours artificiels offerts par l'État à cette foule d'infortunés qui venaient de tarir la source naturelle et inépuisable du travail régulier. Tous ceux qui ont assisté à cette dérision amère des ateliers nationaux, qui a failli ruiner et détruire la société de fond en comble, ne sauraient trop souvent exposer aux regards ébahis des ouvriers parisiens les conséquences de leurs entraînements. Ce chiffre total de 700 millions doit retentir sans cesse à leurs oreilles : *La rançon des révolutions est égale à celle des invasions,* et il faut poursuivre des mêmes malédictions les unes et les autres.

La leçon est bien plus frappante encore quand on réfléchit que l'industrie parisienne est, presque en tout, œuvre d'art et de goût, et qu'elle ne saurait prospérer que sous l'influence de l'ordre et de la paix. Qui donc songe à acheter des bijoux, des bronzes, des meubles, des gravures ou des livres, quand le sol tremble, quand le salaire fait défaut et que le capital effrayé se retire! Qui le croirait? malgré la grêle de brochures, de journaux, de placards, dont la ville a été inondée à cette époque de dévergondage littéraire et politique, la perte de l'imprimerie a été de 27 pour 100. L'industrie à laquelle on a pu supposer un moment que toutes les autres seraient sacrifiées dans ce grand cataclysme a perdu plus du quart de son revenu. Messieurs les tailleurs, grands réformistes aussi, ont perdu 114 millions, en dépit des associations égalitaires, communautaires et humanitaires dont ils ont fait tant de bruit.

Les auteurs de l'enquête n'ont compris dans leur travail que l'industrie parisienne proprement dite. Les négociants, les marchands, les entrepreneurs de roulage, les restaurateurs, les limonadiers, les fruitiers, qui ne sont point créateurs de produits matériels, ne figurent pas dans le tableau général des fabricants. Mais ce qui mérite aux documents de la Chambre de commerce une entière confiance, c'est le soin avec lequel toutes les dépositions, toutes les déclarations, toutes les observations ont été contrôlées, quartier par quartier, maison par maison, étage par étage et en quelque sorte homme par homme. Il est aussi facile désormais d'apprécier la valeur du travail dans chaque arrondissement de Paris, que dans la plus modeste ville de province. Non-seulement chaque arrondissement a été étudié dans ses circonscriptions, mais chaque groupe dans ses plus extrêmes subdivisions. Ainsi, dans le groupe de l'industrie des vêtements, on a fait figurer les couturières, les tailleurs, les costumiers, les cordonniers, les chapeliers, les fourreurs, les lingères, les fabricants de corsets, de chapeaux, comme figurent dans le groupe des ameublements les fabricants de chaises, de fauteuils, de lits, de miroirs, de stores; les tapissiers, les tourneurs, etc.

A la suite de ces longues et consciencieuses investigations, la Chambre de commerce de Paris est parvenue à connaître quels étaient les débouchés habituels de la production immense de la capitale : c'est la ville elle-même qui absorbe, pour sa consommation, la presque totalité de ce qu'elle produit, sauf les 150 ou 160 millions d'exportations annuelles à l'étranger. On conçoit, en effet, que toutes les industries alimentaires travaillent exclusivement pour la consommation urbaine. Tout ce qui se rapporte à l'industrie du bâtiment, pour me servir du terme employé, doit naturellement aussi avoir pour destination Paris seul, de telle sorte que cette ville est, non-seulement un grand foyer d'industrie, mais une place de commerce de premier ordre. Il suffit de dire que la seule profession des emballeurs, qui ne fournissent matériellement que les caisses en bois blanc nécessaires aux marchandises exportées, représente un produit annuel de plus de 6 millions. Les objets les moins importants en apparence ont aussi, en pareil cas, leur signification relative : Paris fabrique pour plus de 16 millions de fr. de chapeaux, et pour plus de 7 millions de fr. de parapluies.

Mais l'un des faits les plus intéressants qui aient été constatés dans l'enquête, c'est la distribution du travail entre les divers arrondissements de Paris et la valeur comparée des articles créés dans chacun d'eux. Il en résulte cette leçon de morale politique, que ce sont les arrondissements les plus agités qui souffrent le plus dans leurs intérêts matériels, et qui sont les premières victimes de leurs agitations. Le 6me arrondissement de Paris, qui a été de tout temps et dans ces derniers temps surtout le foyer de toutes les émeutes, est le plus grand producteur de tous : sa quote-part dans les 1,500 millions a été de plus de 235 millions en 1847. Celle du faubourg Saint-Antoine n'a été que de 175.

Les industries spéciales affectionnent de préférence certains quartiers. La carrosserie et la sellerie sont installées dans le 1er et le 2me arrondissement ; le 3me est le chef-lieu de la fabrication des vêtements et des châles ; le 4me, qui contient les halles, n'a que des ouvriers isolés, cordonniers et tailleurs ; le 5me, plus divisé, renferme des mécaniciens, des fabricants de pianos, de fleurs, de billards ; le 6me est le centre de la fabrique des articles de Paris : tabletterie, brosserie, boutons, éventails, cartonnage, fausse bijouterie, orfévrerie fine, bronze, plaqué, etc.; le 7me arrondissement participe au même mouvement, surtout pour le travail des métaux; le 8me, qui est l'un des plus étendus de Paris et qui comprend le faubourg Saint-Antoine, aussi vaste qu'une ville, est particulièrement habité par des charpentiers, des ébénistes et des fabricants de papier peint : dans une seule de ses rues, on a recensé jusqu'à 370 entrepreneurs d'ébénisterie ; le 9me, sans importance industrielle, ne possède que quelques teintureries. Les trois derniers arrondissements sont situés sur la rive gauche de la Seine, mais le mouvement industriel y est peu considérable, excepté celui de l'imprimerie et de la librairie, grâce au voisinage des écoles.

Après avoir exposé la topographie industrielle des douze arrondissements de la ville de Paris, les auteurs ont fait le dénombrement de la population ouvrière de cette armée immense de plus de 340 mille individus, deux tiers d'hommes environ, un tiers de femmes et 25 mille enfants, qui ont élevé si haut la réputation artistique de Paris. 27 mille hommes, en nombres ronds, obtiennent des salaires inférieurs, à 3 fr. par jour; 157 mille gagnent de 3 à 5 fr., et 10 mille gagnent plus de 5 fr. Ainsi, l'immense majorité jouit d'un salaire qui se rapproche de la moyenne, de 3 fr. 80 c. par jour. Les salaires très-bas sont tout à fait exceptionnels à Paris. Le salaire des femmes varie beaucoup ; les deux tiers d'entre elles travaillent à leurs pièces. La moyenne est de 1 fr. 63 c., soit à peu près la moitié du salaire moyen des hommes; mais il est juste de considérer que toutes les femmes prennent part, à titre de mères, d'épouses, de filles ou de sœurs, au salaire des hommes qui les soutiennent.

Cette population originale, qui a su imprimer un cachet de distinction si remarquable à ses produits, diffère non-seulement de toutes les populations de l'Europe, mais de toutes celles de la France, la ville de Lyon seule, peut-être, exceptée. D'où lui est venue la supériorité dont elle est si fière? De quelles circonstances particulières peut-elle dépendre? Les auteurs de l'enquête l'attribuent au développement des beaux-arts à Paris, aux nombreuses applications des sciences à l'industrie, au voisinage de tant de monuments des temps anciens et modernes. Mais on ne saurait nier que la culture très-populaire du dessin et les grandes ressources de l'enseignement industriel, prodiguées par la ville ou par l'État au peuple de Paris, n'entretiennent à un très-haut degré le feu sacré des arts et les traditions du bon goût. Ce qui est certain, c'est que l'ouvrier parisien sait donner la vie aux matières les plus viles et les transformer à son gré avec un charme inexprimable. L'exposition universelle de Londres a mis sa prééminence en ce genre au-dessus de toute contestation. C'est la fabrique de châles de Paris, c'est l'ébénisterie du faubourg Saint-Antoine, c'est le goût parisien qui ont régné en maîtres, du consentement officiel de l'Europe entière, au Palais de Cristal.

L'enquête dirigée par la Chambre de commerce peut être considérée, d'un autre point de vue, comme une collection de petits traités technologiques sur une foule d'industries à peine connues hors des murs de la ville, et d'autan plus précieuse pour l'économiste, qu'elle démontre jusqu'à l'évidence les avantages de la division du travail. Il n'y a pas un éventail qui n'emploie douze ou quinze ouvriers différents. Dans l'industrie des papiers peints, il y a des dessinateurs, des imprimeurs, des graveurs, des fouleurs, des satineurs, des velouteurs ; dans la bijouterie vraie ou fausse, on compte des découpeurs, apprêteurs, estampeurs, ciseleurs, sertisseurs, monteurs, doreurs, polisseurs, brunisseurs, guillocheurs, etc. Cette seule nomenclature, avec toutes ses ramifications dans chaque branche d'industrie, présente l'intérêt le plus varié et le plus attachant. Tout y est neuf, clair, sobre, bien observé, bien résumé, et ce gros livre ne saurait manquer de devenir le répertoire indispensable de l'industrie et de l'édilité parisiennes.

On ne peut, en effet, étudier avec indifférence *le travail* d'une ville qui produit chaque année une valeur égale au budget général de l'Etat; qui dépense, en dix-huit mois, près de 50 millions de francs pour se donner des halles et ouvrir une rue ; qui fait tomber des quartiers tout entiers sous le marteau pour les reconstruire, assainir et embellir ; qui s'enveloppe d'une ceinture de chemins de fer, en dedans d'une ceinture de fortifications qui lui a coûté plus de 130 millions, et qui attire à elle les voyageurs du monde entier, éblouis, ravis du luxe de ses arts et du charme particulier à ses habitants. Heureuse cité, si elle ne mettait l'Europe en feu de temps en temps, comme pour se distraire ! plus heureuse, le jour où elle aura perdu cette funeste habitude, et où elle bornera son empire à captiver le monde au lieu de l'effrayer !

Les plus graves questions se rattachent, en ce moment, à la statistique de l'industrie à Paris, et donnent un nouveau prix au grand ouvrage si habilement conduit par MM. Horace Say, Léon Say, Natalis Rondot et leurs collaborateurs. Paris étouffe moins dans ses remparts fortifiés que dans son mur d'octroi. Les chemins de fer y versent tous les jours les voyageurs par milliers. On ne peut pas entrer en ville sans ouvrir sa malle, son sac de voyage, sans briser les enveloppes de tous les colis. Des droits reconnus iniques et exorbitants, tels que ceux qui pèsent sur les vins, les huiles, le combustible, ne sont maintenus que par l'impossibilité où l'on s'est trouvé jusqu'à ce jour de les remplacer. Cette sujétion de tous les moments ne peut durer. L'affluence des hommes et des choses à toutes les barrières rendra bientôt impraticable le système des octrois qu'on subit par nécessité, mais qui sera remplacé plus tôt que l'on ne pense. Londres n'a pas d'octroi, Vienne n'en a pas non plus; Paris devra modifier tôt ou tard ce mode de perception reconnu si incommode, si injuste, si nuisible aux vrais intérêts de la production. Dans cette grave question, comme dans toutes celles qui se rattachent aux intérêts matériels et moraux de la population parisienne, l'enquête de la Chambre de commerce sera désormais le point de départ de toutes les améliorations.

BLANQUI, de l'Institut.

LE PROGRÈS DE L'ANGLETERRE [1].

PAR M. PORTER.

De ce qu'une nation, tous les ans, filera, tissera et imprimera une plus forte quantité de coton, de laine et de chanvre, fondra, moulera, ou forgera un certain nombre de millions de plus de kilogrammes de fer, d'acier ou de cuivre ; de ce qu'elle importera une plus grande quantité de vin, de grains ou de salaisons ; de ce que, en un mot, chaque année, elle sera devenue plus riche, est-on autorisé à conclure qu'elle est en progrès d'une manière absolue et générale ? Au premier abord, on est fortement incliné à se prononcer pour la négative. On se dit en effet que, quant à l'individu, l'accroissement de la richesse ne prouve pas le progrès, le perfectionnement de l'être. Un individu sans foi ni loi, au front d'airain, ou en proie à une cupidité hypocrite, peut devenir de plus en plus riche ; cela s'est beaucoup vu ; cela se voit moins, mais se retrouve encore trop souvent. Des lingots d'or dans l'ærarium de Verrès, des titres de rentes de plus dans le portefeuille de Turcaret ou dans la poche de Tartufe n'accusent que quelques crimes, quelques bassesses ou quelques perfidies de plus. Pour une nation, il en est différemment. Il n'y a plus, il ne peut plus y avoir de peuple qui s'enrichisse par le pillage du genre humain ; ce spectacle fut offert une seule fois au monde dans la personne des Romains, qui, par des exactions systématiques, attiraient dans l'Italie les dépouilles de l'univers. Aujourd'hui la richesse des nations est fondée sur le travail. Quelques individus peuvent échapper à cette loi et s'enrichir aux dépens de leurs voisins ; mais ce sont des exceptions réprouvées, contre lesquelles sévissent les lois, ou, à défaut des tribunaux, l'opinion, et elles se perdent dans la masse.

Pour les peuples donc aujourd'hui, le seul pourvoyeur de la richesse, c'est le travail ; or, dans le travail, même le plus strictement industriel, c'est l'esprit de l'homme qui est en jeu bien plus que ses muscles. Les hommes ne valent dans l'industrie que par leur intelligence. Ainsi chez un peuple, la grande production industrielle suppose un grand déploiement, une grande puissance de l'esprit. Bien plus, si je vois quelque part les hommes accomplir une grande masse de transactions dans peu de temps, ce qui suppose une grande production, ou l'existence d'une grande richesse, je dois penser que généralement les hommes y ont et y conservent une grande confiance les uns

---

[1] *The Progress of the Nation in its various social and economical relations from the beginning of the XIX century*, par M. G. R. Porter. Un vol. grand in-8 de 845 pages. A Londres, chez Murray, 1851.

Le volume à propos duquel M. Michel Chevalier a écrit ce travail, est la troisième édition de l'important ouvrage que M. Porter a publié, pour la première fois, il y a quinze ans. Il est subdivisé en huit sections : les documents relatifs à la population, au paupérisme et à l'émigration ;— aux manufactures et aux mines ; — aux voies de communication et à la navigation, aux poids et mesures, au commerce avec l'étranger, à la circulation, aux navires et aux entrepôts ;— aux recettes et aux dépenses publiques ; — aux consommations et aux prix ; — à l'accumulation ; — aux progrès moraux, à la criminalité, aux mœurs, a l'éducation, à la poste ;—aux colonies d'Europe, d'Asie, d'Australie, d'Afrique, d'Amérique.   (N. de la réd.)

dans les autres, ce qui ne peut s'expliquer que par l'existence d'un grand fonds de probité et d'honneur. Ainsi l'on est autorisé à dire que, chez une nation, un vaste développement de la prospérité industrielle suppose un haut degré d'avancement intellectuel et un degré non moins remarquable d'avancement moral.

Et puis, on l'a dit justement, le travail est un frein pour nos mauvaises passions : il tient en haleine nos forces morales comme nos forces physiques. Et encore, pour que l'industrie prospère, pour qu'elle répande l'aisance, il faut qu'il existe beaucoup de capitaux ; or, le capital ne se forme que par l'épargne, c'est-à-dire par l'empire de l'homme sur soi, ce qui est le signe le plus certain de la supériorité morale.

J'irai plus loin : pour que la richesse suive, chez un peuple, une marche rapidement ascendante, il est indispensable que ce peuple offre un ensemble d'autres conditions extrêmement satisfaisantes dans l'ordre intellectuel et dans l'ordre moral. Dans l'ordre intellectuel : car il faut que les hommes en général, indépendamment de connaissances spéciales approfondies, aient beaucoup de discernement et d'esprit de suite. Dans l'ordre moral : car c'est un fait attesté par le bon sens et par l'expérience que les individus ne se livrent d'une manière régulière et soutenue à la production de la richesse qu'autant qu'ils sont certains de recueillir le fruit de leurs efforts. Donc, pour que la richesse grandisse comme je le suppose, il faut que la société dont il s'agit offre à chacun une grande sécurité, que la propriété soit respectée, vigoureusement défendue au besoin par le sentiment public et par des tribunaux vigilants et intègres. Il faut que la loi civile laisse à l'homme une grande liberté d'action ; autrement son activité serait paralysée. Il faut que le gouvernement soit attentif à ménager les contribuables, et ne prélève qu'une fraction modique de ce que leur travail a engendré ; il faut aussi que l'assiette de l'impôt soit équitable. Il est encore nécessaire que l'avenir ne soit pas couvert de sombres et menaçants nuages, car l'incertitude de l'avenir arrête l'esprit d'entreprise. En un mot, il faut que les institutions politiques soient stables, en même temps que conformes à l'équité et libérales.

Voici donc deux propositions également vraies : 1° une nation est en progrès alors seulement que ses connaissances s'étendent et que sa moralité s'épure et s'affermit ; 2° le progrès des facultés de l'esprit et celui des sentiments se révèle par un agrandissement de la puissance de l'homme sur la nature, qui n'est autre que le progrès de l'industrie et la multiplication de la richesse. La marche ascendante de l'industrie et de la richesse est un symptôme infaillible du progrès général et absolu de la société, pourvu qu'on prenne un laps de temps suffisamment long pour qu'il s'y rencontre quelques-unes des épreuves où se révèlent, par des catastrophes funestes à l'industrie et à la richesse, comme à tout le reste, les faiblesses de l'intelligence publique et de la moralité moyenne de la nation.

A ce compte, la statistique, les tableaux du commerce peuvent parler une langue qui soit du goût d'une haute et saine philosophie.

Placé aux sources mêmes de la statistique officielle en Angleterre, et doué de cette étendue de connaissances qu'il faut pour classer les renseignements d'une manière judicieuse et bien grouper les faits homogènes, M. Porter a entrepris de donner, au moyen d'une statistique raisonnée, la mesure des progrès accomplis par la nation britannique dans un grand nombre de directions, dans celles où le commerce déploie son action, dans celles où la politique et l'administration possèdent en droit ou en fait une influence considérable. De là l'ouvrage dont nous annonçons la troisième édition, qui est considérablement revue. Ce n'est pas un dédale de chiffres, comme le sont trop souvent les résumés des documents statistiques. Tout y est méthodiquement disposé, et l'ensemble a une simple et significative éloquence.

. C'est qu'on y suit le développement d'un spectacle d'une haute moralité, qui ressort de l'exposé sans que l'auteur y aide de dessein prémédité; car ce sont les faits qui parlent, les chiffres qui raisonnent tout seuls. Ce beau spectacle, voici en quoi il consiste : la société anglaise, par son gouvernement, par les classes diverses qui la composent, par l'esprit d'association qui la cimente, par le libre penchant de ses membres réagissant les uns sur les autres, modifie ses lois et usages dans le sens de la liberté et de la justice avec une résolution calme, irrésistible. Cette transformation commença après la guerre furieuse qui désola l'Europe à la fin du dix-huitième siècle et pendant les quinze premières années du dix-neuvième, et elle a procédé avec une rapidité accélérée, de manière à être tout à fait saisissante par son ampleur et sa majesté depuis une dizaine d'années. Et jamais de beaux efforts n'eurent une plus éclatante récompense.

Il ne faut être injuste envers personne, et je serais désespéré de l'être envers ma patrie. Ce que nous avons fait, nous aussi, dans le même sens, est considérable. Ce que nous avons gagné en liberté et en équité depuis soixante ans est énorme. La France actuelle et la France de 1789 ne sont plus comparables. Un pas immense a été fait vers l'égalité, et ce que nous avons acquis en liberté civile et en liberté politique n'est pas moins extraordinaire. Mais entre la marche de l'Angleterre et la nôtre la différence est extrême. Chez nous on avait conçu un certain type absolu pour la liberté et pour l'égalité et on voulut tout d'un coup se conformer à ce type par un changement à vue. On procéda donc à la réforme des institutions par la méthode révolutionnaire, qui suppose qu'un peuple peut à volonté se dégager en masse des liens de son passé, hypothèse chimérique qui entraîna les affreuses calamités de notre première république. Le Consulat et l'Empire constatèrent et consacrèrent le progrès dans la mesure de ce qui était possible. Il ne faudrait pas dire que, à partir de cette époque, le mouvement ait été suspendu. Il fut poursuivi à certains moments sous la Restauration et sous la royauté de Juillet. Certainement nos lois et nos mœurs sont plus favorables à l'esprit d'une saine égalité et d'une vraie liberté civile et politique aujourd'hui qu'en 1807, que je prends ici comme l'apogée de l'Empire sous tous les rapports. Nous n'avons fait pourtant depuis lors que tirer quelques conséquences de plus de principes dès lors reconnus et au-dessus de toute atteinte.

Les Anglais, eux, étaient, en 1789, beaucoup plus avancés que nous sous le rapport de la liberté tant civile que politique et sous celui de l'égalité de toutes les classes devant la loi. Jusqu'en 1815, ils restèrent stationnaires. Depuis, ils se sont mis à réformer leurs idées et leurs lois ; mais, dans leurs réformes, ils ont toujours opéré suivant les formes légales. La loi a été leur engin constamment, la révolution jamais. Pour avoir eu cette allure, en apparence moins décidée et moins vive, ils ne sont pas en arrière. A mon sens, ils sont en avant par rapport à nous. Je ne parle pas seulement de la liberté politique. En cela ils ont surpassé depuis des siècles les autres peuples de l'Europe. Ils en avaient rapporté l'étincelle des forêts de la Germanie, et ils ont plus heureusement, plus habilement, plus attentivement que tout autre peuple veillé à ce feu sacré. Cette nation a le génie du *self-government*. La liberté civile, grande chez les Anglais en 1789, y a accompli depuis lors plusieurs conquêtes importantes. L'Anglais est, plus que tout autre Européen, libre de penser ce qu'il veut, d'adorer Dieu comme il lui plaît, d'élever ses enfants à son gré, d'aller et de venir selon ses goûts, sans avoir à demander la permission à personne, et d'exercer de la manière qui lui va la profession qui lui convient, surtout si c'est une profession industrielle. La liberté du travail, particulièrement depuis l'extension que lui a donnée sir Robert Peel, est beaucoup plus grande en Angleterre que chez nous ou que chez les Allemands. Sur le continent et notamment chez nous, la liberté civile, tout en gagnant du terrain dans l'ensemble, a, sur quelques points, reculé devant les exigences que les révolutions et les guerres ont inspirées aux gouvernements, et qui se sont traduites par une centralisation excessive, par l'attribution à l'Etat de pouvoirs extrêmes. C'est ainsi que sur le continent la conscription, qui est un empiétement considérable sur la liberté civile, prévaut aujourd'hui de toutes parts, tandis qu'elle n'existait pas ou existait à peine avant 1789. En Angleterre, à cet égard, l'immunité d'autrefois s'est conservée intacte. L'égalité devant la loi, malgré le maintien du système monarchique et de l'aristocratie, est, sous bien des rapports, j'en suis convaincu, supérieure chez ce peuple insulaire à ce qu'elle est partout ailleurs en Europe. La monarchie et l'aristocratie que, sur un premier aperçu, on croirait hostiles à l'esprit d'égalité, en sont, dans la plupart des cas, les boulevards en Angleterre, grâce à l'excellent tour que les mœurs y donnent aux institutions. C'est jusqu'à ce jour le pays où l'on a gouverné le plus dans l'intérêt de tous sans exception ; et s'il y a des dérogations à l'égalité stricte, elles sont le plus souvent à l'avantage des masses populaires.

Par toutes ces raisons, l'Angleterre est aussi, de tous les pays de l'Europe, celui où la richesse éprouve les plus grands accroissements. On en rencontre la preuve à chaque page dans le livre de M. Porter. Le capital anglais aujourd'hui se multiplie avec une célérité surprenante. Il fait la boule de neige merveilleusement; car en cette affaire, comme en beaucoup d'autres, c'est surtout le premier pas qui coûte. Ce que ce peuple a de capital, ce qu'il entreprend à force de capital, semble à un habitant des autres Etats quelque chose au-dessus du possible. Ainsi l'Angleterre s'est donné près de onze mille kilomètres de chemins de fer dans le style le plus dispendieux. Elle y a consacré 6 milliards. Elle a pris un intérêt dans les chemins de fer du continent, dans ceux du Nouveau-Monde. C'est sur ses capitaux, je le déclare, plus que sur les nôtres, que je compte pour achever notre réseau. Elle prête des capitaux à toute la terre sous la forme d'emprunts que les gouvernements négocient avec ses banquiers, sous la forme de crédits commerciaux, sous celle d'entreprises dont les sujets anglais se chargent dans tous les pays où ils trouvent que l'homme industrieux jouit d'une grande sécurité.

Nous pouvons nous former autrement une idée de la richesse de l'Angleterre. La richesse d'un peuple se mesure collectivement, d'une manière exacte par la masse de denrées et de marchandises de toute sorte qu'il possède pour une masse donnée de population. Or, quand je lis M. Porter, je vois que la somme des articles de toute sorte que l'Angleterre tire de son sol ou de ses ateliers, ou qu'elle fait venir de l'étranger par la voie des échanges,

va croissant dans tous les genres, bien plus que la population. Parlons du coton, par exemple. L'Angleterre, au commencement du siècle, en employait,
dans les fabriques en tout genre, 25 millions de kilogrammes. En 1849, cette
quantité était portée à 360 millions, soit quatorze fois autant. Force m'est
bien d'en conclure que le peuple anglais doit être incomparablement mieux
vêtu, mieux nippé aujourd'hui qu'il y a cinquante ans. Une partie, une grande
partie de cette masse de coton brut est exportée après avoir été mise en œuvre, et sert à vêtir, par conséquent, d'autres que les Anglais ; mais ce qu'il
en reste à l'Angleterre est énorme. Ainsi M. Porter m'apprend qu'en 1800, les
toiles peintes fabriquées en Angleterre formaient une longueur de 30 millions
de mètres, et qu'en 1830 c'était déjà parvenu à 315 millions ; à cette dernière
époque, l'exportation était déjà sur cet article, indépendamment des calicots,
de 182 millions de mètres, soit quatre fois et demie le tour de la planète ;
mais il en restait encore 133 millions pour habiller et meubler les Anglais ;
c'était incomparablement plus qu'en 1800. Au commencement du siècle,
l'Angleterre importait 3 millions 200,000 kilogr. de laine brute étrangère ;
en 1849, c'était 35 millions ; et pour les lainages, l'exportation n'avait pas,
à beaucoup près, suivi la même proportion que pour les cotonnades ; elle avait
même peu augmenté. Donc, en ce genre, le peuple anglais est bien mieux
pourvu qu'il y a un demi-siècle. Pour le lin, nous trouverions un résultat
semblable. Pour le fer, article qui représente une variété infinie d'objets utiles
et commodes, la progression est aussi surprenante. En 1796, M. Porter m'apprend que les hauts-fourneaux de la Grande-Bretagne coulaient 125 millions
de kilogrammes de fonte en geuse. En 1830, c'était 654 millions. Présente-
ment, c'est 2 milliards 200 millions ; il s'en exporte à peu près 6 à 700 millions
de kilogrammes, mais il en demeure toujours au peuple anglais pour lui-
même au delà de 1 milliard 500 millions ; c'est douze fois plus qu'à la fin du
douzième siècle. Ainsi de suite en vingt genres divers.

Une autre manière encore d'apprécier la richesse relative d'une nation, par
rapport à son passé ou par rapport aux autres peuples dans le présent, consiste à rechercher la partie de la population qui est nécessaire pour accomplir
une besogne donnée. Moins il faudra de bras pour effectuer d'une certaine
façon un certain service public (je prends le mot dans le sens le plus large,
et je considère une branche d'industrie comme un service public), et mieux
la nation sera servie ; car, avec une même population, plus le nombre des
services divers qui sont rendus, si tout le monde s'emploie utilement, sera
considérable, plus, par conséquent, la richesse du pays sera grande. En France,
on calcule que l'agriculture absorbe la moitié des bras. En Angleterre, on est
parti de la même proportion, et maintenant c'est moins du quart. C'est la
source d'un grand progrès pour la richesse collective de la nation. Par une
étrange illusion, on dit souvent en France que les bras manquent à l'agriculture. Le vrai est qu'elle en absorbe encore beaucoup trop. Pour le progrès de
la richesse publique, il faudrait qu'elle fût organisée de manière à se contenter
de la moitié, en rendant la même masse de produits.

Reste cependant un doute à lever. Les résultats que je cite, d'après M. Porter, prouvent bien que la richesse collective de l'Angleterre est en croissance ;
mais est-il prouvé que le partage de cette richesse toujours croissante se fasse
de manière à soulager la misère des classes ouvrières ? Pour savoir qu'en penser, consultons d'autres chapitres de M. Porter. Celui sur la taxe des pauvres

doit répandre beaucoup de lumières sur la question que je pose en ce moment. Ce chapitre m'apprend que la somme consacrée à l'assistance publique a diminué depuis la fin de la guerre, quoique la population ait augmenté. En 1816, la taxe des pauvres, pour l'Angleterre proprement dite et le pays de Galles, monta à 173 millions; en 1849, elle n'était plus que de 145 millions, quoique la population, de 11 millions et demi, fût passée à près de 18. Le fardeau de la misère resta pourtant lourd encore; la taxe des pauvres ne s'amoindrissait pas il y a un certain nombre d'années. Ce fut une des raisons qui déterminèrent sir Robert Peel à proposer, et les deux Chambres du Parlement à adopter la grande réforme économique qui a résolu pour l'Angleterre le problème de la vie à bon marché. En ce moment, le montant de la taxe des pauvres et le nombre des personnes secourues sont en voie de diminution.

Par des études sur la dette publique, M. Porter a montré ailleurs comment la force qui tend à égaliser les conditions agit fortement en Angleterre, malgré l'usage de faire un aîné qui s'y est maintenu dans les héritages. Les titres de la dette publique se morcellent. Les grosses parties prenantes diminuent; les petites se multiplient.

J'ai nommé la vie à bon marché. C'est un problème qui est posé partout, mais pour la solution duquel nulle part on n'a fait autant qu'en Angleterre depuis une dizaine d'années. Partout les pouvoirs publics sont tenus d'y consacrer leurs efforts. Aucune excuse n'est valable pour les en dispenser. Le système des revenus publics doit partout tenir compte de cette nécessité impérieuse : ainsi le veut le grand principe de l'égalité civile qui est la loi suprême des temps modernes, et ce grand principe, quand on lui résiste, a une sanction épouvantable, désastreuse. Dans les chapitres qui ont pour objet les dépenses publiques et l'impôt, M. Porter s'est étendu sur ce qui a été fait dans sa patrie sous ce rapport avec une complaisance que je comprends bien : un bon citoyen aime à parler de ce qui honore et élève sa patrie ; un philosophe prend plaisir à conter la victoire des principes. Ce que M. Porter ne dit pas, mais ce que je puis dire pour lui, c'est qu'il est un des hommes qui ont contribué à ce beau triomphe.

Dans les dernières années de la guerre, les dépenses de l'Angleterre étaient effrayantes. Qu'on se figure des budgets de plus de 2 milliards et demi, non compris encore les frais de perception. Celui de 1814, avec cette déduction, fut de 107 millions sterl. (2 milliards 75 millions). Le point de départ avait été de 500 millions de francs en 1792. A cause de la dépréciation des billets de banque en 1814, il faudrait rabattre du budget de cette année un cinquième environ, mais il resterait plus de 2 milliards. Le budget de l'empire français, qui avait une population plus que double de celle du Royaume-Uni, n'excédait pas 800 millions dans ces temps calamiteux. Pour subvenir à tant de dépenses, il avait fallu aggraver en Angleterre tous les impôts, il avait fallu les multiplier indéfiniment. Tout alors était atteint par la main avide du fisc nécessiteux. L'État empruntait énormément, mais l'emprunt, tout déréglé qu'il était, ne suffisait pas. On frappait donc d'une taxe tous les mouvements de l'homme, toutes les transformations de la richesse, toutes ses transmissions. Il y avait longtemps que l'Angleterre connaissait le timbre, l'enregistrement, l'impôt du sel, la taxe des lettres, les douanes, l'impôt sur les boissons de production indigène, la bière et les esprits de grain. On imposa beaucoup de fabrications de droits d'accise, ce qui impliquait qu'on les soumît à une sorte d'exercice. Il y eut un droit sur la fabrication des briques, sur celle du papier, du savon, du cristal et du verre, des chandelles, des toiles peintes ; un droit sur le charbon qu'on embarquait même à destination d'un autre port de l'Angleterre, un droit spécial sur le charbon débarqué à Londres ; un droit sur le commerce de l'Irlande, à plus forte raison un droit sur les portes et fenêtres, des droits sur le luxe par tous les signes de vie qu'il donnait, chevaux, chiens, poudre à poudrer, armoiries, domestique nombreux. Les droits de douanes furent outrés : on s'imaginait que par là on les rendait plus productifs. Ils étaient fort compliqués, car ils changeaient beaucoup selon la provenance des marchandises, selon le mode d'arrivage, comme au surplus c'est encore chez nous. Ces droits de douanes avaient le tort de soutirer du public bien plus d'argent qu'il n'en entrait dans le Trésor, dans tous les cas où il s'agissait de produits qui avaient leurs similaires au dedans et qu'on n'y produisait pas en quantité suffisante ou à des prix assez bas. Ainsi, le droit sur le blé fut réglé en 1815 de telle sorte, que le prix ne fût pas de moins de 80 schellings par quarter (35 fr. par hectolitre). Sans le droit, le blé n'eût coûté en Angleterre, une fois les communications rétablies par la paix, que 22 ou 24 fr. l'hectolitre en moyenne, disons 25 fr. L'enchérissement était donc de 10 francs par hectolitre ; c'était du moins ce qu'avait voulu le législateur. En supposant une consommation de 50 millions d'hectolitres, c'était condamner le public à un tribut de 500 millions de francs, dont il ne rentrait pas communément la vingtième partie dans les coffres de l'Etat. Tout le reste était, non pour l'agriculture, mais pour les grands propriétaires fonciers, qui haussaient d'autant le fermage de leurs terres.

Quelques années après la conclusion de la paix, quand les esprits se furent rassis, on pensa à réviser les impôts. On simplifia les taxes, on les allégea, on en rendit l'assiette plus équitable et plus uniforme, on en diminua le nombre. Aujourd'hui, de tous les droits d'accise qui sont prélevés sur la fabrication d'une manière analogue à nos contributions indirectes proprement dites, il ne reste plus, avec les droits sur les boissons, que le droit sur le papier et le droit sur le savon. La taxe des lettres a été modérée, en 1839, au point d'être insensible ; 10 centimes pour une lettre d'un poids double de notre lettre simple. L'impôt du sel a été aboli, il y a déjà près de vingt ans. La législation douanière, qui grevait tant les subsistances ainsi que les matières premières, et qui, par les entraves qu'elle suscitait à la liberté du travail et de l'industrie, gênait tant le développement de la richesse, fut elle-même bientôt attaquée.

Le premier trait qui fut lancé contre elle le fut en 1815 des mains de l'honorable M. Baring, dans la Chambre des communes. Mais c'était trop tôt : les esprits n'y étaient pas préparés, les haines nationales étaient trop surexcitées encore. En 1820, quand on se fut calmé, un mouvement imposant commença. Une pétition contre la politique commerciale qui s'attribue le nom de système protecteur de l'industrie nationale, fut présentée à la Chambre des communes, revêtue de la signature des principales maisons de la Cité de Londres. Dans sa brièveté, elle réfutait admirablement le système prétendu protecteur ; elle sortait de la plume d'un auteur éminent, M. Tooke. Peu après, M. Huskisson, alors ministre, déclarait en plein Parlement que le système protecteur était un brevet d'invention qui était périmé. En 1842, sir Robert Peel, porté au pouvoir par un parti entiché de la protection douanière, comprenait que c'était une politique usée, désormais insoutenable, et il se retournait contre. En 1846, sur son initiative ministérielle, le principe de la soi-disant protection fut solennellement frappé de déchéance. Les successeurs de sir Robert Peel ont achevé son œuvre. L'Angleterre n'a plus de taxe aujourd'hui, à l'entrée, sur les subsistances ni sur les matières premières de l'industrie, sauf quelques rares exceptions. Elle est, de tous les peuples civilisés, celui dont le tarif est le plus libéral et le plus simple. C'est un grand soulagement pour le public, une vigoureuse impulsion pour le travail national et pour l'agrandissement de la richesse.

La diminution des impôts et des redevances de toute sorte marchait de front avec une réduction considérable des dépenses publiques. Depuis vingt-cinq ans, la dépense des services publics, avec le payement des intérêts de la dette, qui, à lui seul, exige 700 millions, est une somme à peu près fixe de 1 milliard 230 millions, sans les frais de perception, et, avec ces frais, de près de 1 milliard 400 millions. Tous les budgets de l'Europe ont augmenté depuis vingt-cinq ans; les hommes d'Etat de l'Angleterre ont eu la main assez forte pour tenir le leur au même point. Quand ils accroissent les dépenses sur un point, ils les diminuent sur un autre, et c'est ce que, hors eux, personne ne sait faire. La France est de tous les pays celui qui a offert, de la manière la plus flagrante, le fait opposé. C'est chez nous que le budget s'est le plus grossi. Je sais qu'il y a été ajouté des chapitres utiles, que sur divers points l'accroissement n'est qu'apparent, car il provient uniquement de ce que la comptabilité a été rendue plus complète. Cependant il s'en faut qu'on puisse justifier ainsi tout le surcroît de notre budget.

A cette occasion, il s'est produit en Angleterre un phénomène bien intéressant, bien digne de fixer les regards des hommes politiques. Les contribuables fournissent tous les ans à l'Etat une somme d'environ 1 milliard 400 millions, qui est réclamée pour les services publics; il y a même, depuis quelques années, un surplus qui sert à amortir la dette publique. Ce revenu presque fixe est obtenu avec des taxes constamment décroissantes; plusieurs même ont été abolies. C'est la preuve qu'un système d'impositions modérées et ne dépassant pas un certain nombre est plus profitable pour le fisc lui-même qu'un système d'impositions multipliées à l'infini et forcées. La modération des taxes, en nombre et en importance, laissant plus de liberté au travail, et en accroissant la fécondité, augmente la production de la richesse, et, par les impôts qui restent, il rentre plus d'argent au Trésor qu'auparavant. Sous ce rapport, le continent aurait à s'inspirer de l'Angleterre.

Est-ce à dire que l'Angleterre n'ait rien à apprendre, rien à imiter des autres? Non certes; et nous sommes, de tous les peuples, celui auquel elle pourrait, le plus utilement pour elle-même, faire des emprunts. Par la régularité et la perfection, notre comptabilité publique l'emporte fort sur la sienne. Nos lois, toutes refaites depuis 1789, sont exemptes de ces disparates choquantes qu'on rencontre encore dans les siennes. Il s'est perpétué en Angleterre un certain nombre d'exactions qui datent de la féodalité, qui en gardent l'esprit, et qui ont disparu de chez nous. Ainsi, les particuliers qui ont un bill à faire passer au Parlement sont imposés par les officiers des deux Chambres sans pitié ni vergogne. C'est devenu une sorte de droit acquis; cela se maintient encore à ce titre, mais c'est un scandale. M. Porter mentionne les sommes que les compagnies de chemins de fer ont eu ainsi à payer; c'est exorbitant. Pour l'une d'elles, celle de Birmingham, c'est près de 1 million

800,000 fr. La jurisprudence anglaise est un dédale. La juridiction dite *de la chancellerie* est la ruine des plaideurs, et fait leur désespoir par ses lenteurs et par l'énormité des frais. Enfin, dans la gestion des finances anglaises, il s'est commis quelquefois des bévues incroyables par leur énormité, des erreurs matérielles vraiment impardonnables, et qui ont coûté cher au public. M. Porter mentionne une faute de calcul découverte, en 1827, dans le service de la dette viagère ou à ferme ; cette erreur coûtait alors à l'État 200,000 fr. par semaine. L'administration en avait été informée dès 1819, et il n'y fut paré qu'en 1828. Qu'est-ce à dire, sinon que rien n'est parfait en ce monde, et que les nations, pour rester moins éloignées de la perfection, doivent toutes, non se complaire dans la contemplation de soi, mais travailler à se mieux connaître, en s'étudiant en elles-mêmes et dans les autres ? La vie des peuples, comme des individus, est un enseignement mutuel, un échange de leçons et de services. MICHEL CHEVALIER.

PROJET DE LOI

SUR

LA REFONTE DES MONNAIES DE CUIVRE.

Toutes les questions qui se rattachent au retrait des monnaies de cuivre et de métal de cloche, si défectueuses et si incommodes, qui forment actuellement, en France, la monnaie d'appoint, et au remplacement de ces moyens d'échange par une monnaie plus parfaite en bronze, ont été plus d'une fois examinées dans ce recueil [1]. Le projet de loi présenté le 2 avril, au Corps législatif, donne pleine satisfaction aux vœux que nous avions exprimés, et il y a lieu d'espérer que la grande entreprise de la refonte ne sera plus longtemps retardée. Le projet est accompagné d'un exposé des motifs très-clairement rédigé par M. A. Vuitry. Ce rapport commence naturellement par un exposé rapide des phases par lesquelles a passé l'étude de cette affaire.

« La nécessité du retrait et de la fonte des monnaies de cuivre est depuis longtemps sentie. La loi du 4 juillet 1837, en interdisant l'usage des poids et mesures autres que ceux du système décimal, avait mis le gouvernement en demeure d'opérer cette réforme. En 1838, une Commission administrative présidée par M. le baron Thénard, et composée des hommes les plus compétents, fut chargée de l'étudier. Ses longs et importants travaux portèrent non-seulement sur la question spéciale des monnaies de cuivre, mais sur tout l'ensemble de la fabrication monétaire, et le résultat intéressant de ses recherches fut présenté au ministre des finances en 1840. Le gou-

[1] Voir le *Journal des Économistes*, t. IV, p. 366 ; t. V, p. 271 ; t. XI, p. 49 ; t. XIII, p. 240 et 247, et tome XVI, p. 63.

vernement se détermina, en conséquence, à soumettre à la Chambre des députés, en 1842, un projet de loi qui comprenait : 1° la démonétisation des espèces de billon (pièces de 6 liards, pièces de 10 centimes à l'N, pièces de 15 et de 30 sous) ; 2° la démonétisation des monnaies de cuivre et la fabrication d'une nouvelle monnaie de bronze ; 3° la centralisation de la fabrication monétaire de la France et des colonies dans l'hôtel des Monnaies de Paris, et l'établissement d'un nouveau système de fabrication dans lequel la régie administrative serait substituée à l'entreprise.

« Ce projet, qui ne put être discuté en 1842, fut de nouveau présenté en 1843 : une Commission, dont M. Pouillet fut le savant rapporteur, conclut à son adoption. Après une discussion longue et approfondie, ses différents articles furent successivement votés ; mais, au vote sur l'ensemble, le projet lui-même fut rejeté par 158 voix contre 147. Ce résultat négatif montrait que, pour arriver à la solution des questions diverses que le projet réunissait, il fallait les diviser, et cette marche fut suivie.

« En 1845, le gouvernement se borna à demander au Pouvoir législatif de sanctionner la démonétisation des espèces de billon, et, bien que ce projet entraînât une dépense de 5 millions 250,000 fr., son utilité était telle, qu'il ne rencontra aucune opposition et devint la loi du 11 avril 1845. »

On sait que les monnaies de billon sont, comme les monnaies de cuivre, une monnaie de convention, pour lesquelles on cherche à rapprocher, par l'addition d'une certaine quantité d'alliage d'argent, la valeur intrinsèque de la valeur nominale. Ces monnaies, d'une mauvaise fabrication, prêtent beaucoup à la fraude, en ce qu'il est facile de donner aux pièces fausses l'apparence d'une finesse de métal qu'elles n'ont pas. Le retrait de la circulation des pièces de 15 et de 30 sous et des pièces de 6 liards a donné satisfaction à un vœu depuis longtemps exprimé sur tous les points du pays. Le défaut de confiance dans les monnaies de billon était tel que depuis bien des années les petites pièces, assez jolies, de 10 centimes à l'N étaient refusées dans les départements du midi de la France.

« La question des monnaies de cuivre et de la fabrication d'une nouvelle monnaie de bronze fut reprise en 1847, et elle était à l'étude au moment où la révolution de Février éclata. Le gouvernement provisoire entreprit de la résoudre, par un décret du 4 mai 1848. Mais la Commission exécutive ayant été obligée, pour assurer l'exécution de ce décret, de demander à l'Assemblée Constituante, le 10 juin, un crédit de 1 million 500,000 fr., et le Comité des finances ayant conclu au rejet de cette demande par un rapport du 26 juillet, motivé sur des considérations d'inopportunité, et non sur le fond même des choses, il ne fut plus donné aucune suite à ce projet, et le décret du 4 mai fut considéré comme non avenu.

« C'est cette question, pendante depuis quinze ans, si mûrement étudiée, et dont la solution a été jusqu'ici inutilement poursuivie, que le gouvernement demande au Corps législatif d'examiner et de résoudre.

« Pour étudier utilement les propositions que nous vous soumettons, il importe avant tout de connaître la quantité, la valeur, le poids des monnaies de cuivre sur lesquelles doit porter l'opération. On comprend qu'on ne puisse donner à cet égard des chiffres précis et rigoureux ; il faut se borner à une estimation approximative. Mais les renseignements que possède l'administration donnent avec exactitude les quantités de monnaies de cuivre au moment de leur émission.

« En voici le tableau :

	Valeur.	Poids de l'émission.	Poids actuel, défalcation faite de l'émission.
« Sous royaux et liards frappés en exécution des édits de 1719 et 1768....	fr. 10,244,394	kil. 2,458,560	kil. 2,311,046 [1]
« Sous fabriqués en métal de cloche, en exécution de la loi du 6 août 1791..................	19,232,543	4,615,680	4,338,739 [2]
« Sous et centimes (tête de liberté) frappés en l'an V et l'an VII........	19,691,266	3,938,200	3,704,908 [3]
« Monnaies obsidionales frappées pendant les deux blocus de Strasbourg, le siége d'Anvers et celui de Mayence.....	175,133	35,000	32,900 [4]
« Centimes frappés en exécution d'une décision du 9 avril 1848........	250,000	50,000	50,000 [5]
	49,593,336	11,097,440	10,434,593

« Pour connaître la quantité réelle des monnaies de cuivre en circulation, il faudrait, d'une part, ajouter aux chiffres résultant des émissions qui viennent d'être indiquées, d'anciens doubles tournois, des sous frappés en l'an III et ayant échappé à la démonétisation de l'an V, les monnaies obsidionales d'Anvers et de Mayence, les produits lentement accumulés du faux monnayage, quelques monnaies étrangères. D'autre part, il faudrait en retrancher ce qui a pu rester de monnaie de cuivre dans les départements séparés de la France en 1814, et toutes les monnaies perdues, détruites, exportées. Bien qu'il soit aujourd'hui reconnu qu'on avait pensé à tort que des sous royaux pour une valeur de 5 millions, et des sous métal de cloche pour une semblable somme, avaient été fondus et employés à fabriquer des canons, et que 3 millions de sous avaient été envoyés aux îles Ioniennes, cependant il est certain qu'une monnaie consacrée aux usa-

---

[1] Ces pièces sont au poids de 24 grammes le décime.
[2] *Idem.*
[3] Ces pièces sont au poids de 20 grammes le décime.
[4] On ne connaît que la monnaie frappée à Strasbourg.
[5] Le centime pèse 2 grammes.

ges usuels, et dont chaque pièce est de peu de valeur, doit sensiblement diminuer par des causes naturelles d'altération et de déperdition. L'administration des monnaies estime qu'il y a compensation entre les motifs d'accroissement et de diminution qui viennent d'être énumérés, et que les chiffres d'émission sont à peu près ceux de la circulation actuelle.

« On peut donc évaluer en nombres ronds la monnaie de cuivre à une valeur de 50 millions de francs, à un poids de 10 millions 500,000 kilogrammes. Toutefois, ce n'est là qu'un maximum. On peut en trouver la preuve dans ce qui s'est produit lors de la démonétisation des espèces de billon : on évaluait les six liards et les petites pièces de deux sous à 10 millions de francs : le retrait n'en a fait retrouver que pour 5 millions 500,000 francs. On savait qu'il avait été émis des espèces de quinze sous et de trente sous pour 25 millions de francs ; on supposait qu'il devait en rester 20 millions en circulation ; 18 millions seulement ont été retirés. Il est probable que le retrait des monnaies de cuivre s'appliquera à environ 45 millions de francs.

« Telle est, en valeur et en poids, la monnaie de cuivre actuellement en circulation. L'utilité de son retrait et de sa démonétisation ne saurait être sérieusement contestée. Son état de dégradation, son défaut de régularité et d'homogénéité, les facilités qu'elle donne en conséquence à la contrefaçon, son poids et la gêne qui en résulte, soit pour les affaires du peuple, soit pour les affaires du commerce, font depuis longtemps désirer une réforme. Devancée dans cette voie par presque tous les Etats de l'Europe, la France ne saurait trop se hâter de répudier une situation d'infériorité qui contraste avec le rang élevé qu'elle occupe dans les arts et l'industrie. La différence que présentent à cet égard la difformité des monnaies de cuivre et l'état si avancé de la fabrication des espèces d'or et d'argent, s'accorde mal avec l'esprit de nos institutions ; il semble que l'instrument des échanges les plus habituels à l'usage des classes les plus nombreuses ne devrait rien avoir à envier en commodité et en perfection à ceux qui servent plus particulièrement aux besoins de la classe la plus aisée. »

Après cet exposé des faits, le rapport entre dans quelques détails sur l'imperfection de nos monnaies de cuivre et de métal de cloche ; sur la nécessité de les remplacer par une monnaie plus commode, plus parfaite, et dont les coupures soient en rapport avec notre système légal des poids et mesures. Toutes nos monnaies pourraient ainsi mettre dans la circulation, et à la portée de chacun, une série de poids légaux dont on pourrait se servir dans les balances.

Le caractère des monnaies d'appoint est maintenant généralement reconnu ; ces monnaies ne sont pas, comme la monnaie d'or ou d'argent, une véritable marchandise, tirant sa valeur beaucoup moins de l'empreinte destinée à constater son poids et son titre, que de la valeur réelle du métal qui la compose. Elles sont, au contraire, des monnaies de convention, leur valeur intrinsèque est inférieure à leur valeur nominale, et cette valeur nominale n'est acceptée que lorsque l'émission ne dépasse pas les besoins des transactions, et sur la foi qu'inspire le gouvernement, toujours engagé à les reprendre pour leur valeur d'origine. Ce sont, à de certains égards, comme nous l'avons dit souvent, des signes représentatifs de la valeur, comme sont les billets de banque. Aussi y aurait-il danger et injustice à en rendre le cours forcé, au delà de ce qui est nécessaire pour le payement des appoints.

« En France, le caractère de monnaie d'appoint pour la monnaie de cuivre est consacré et réglé par la loi. L'article 2 du décret du 18 août 1810 porte « qu'elle ne pourra être employée dans les payements, si ce n'est de gré à gré, que pour l'appoint de la pièce de 5 fr. » Cette disposition légale est toujours en vigueur. Elle est la seule règle que les parties privées puissent invoquer dans leurs affaires ; elle est aussi la seule que les comptables publics puissent et doivent imposer aux particuliers. »

De ce que les monnaies d'appoint n'ont pas une valeur intrinsèque intégrale, découlent deux grandes nécessités ; d'abord, que l'émission reste exactement proportionnée aux besoins des changes ; d'un autre côté, que la fabrication en soit assez parfaite pour que la contrefaçon ne répande pas dans la circulation des pièces fausses, dont la présence ébranlerait la confiance, et exposerait le gouvernement à recevoir une monnaie de faible valeur qu'il n'aurait pas lui-même émise.

Si l'assimilation de la monnaie d'appoint au billet de banque était logiquement poussée jusqu'au bout, il y aurait un moyen naturel de s'assurer que l'émission serait toujours maintenue dans de justes proportions ; ce serait de faire de l'hôtel des monnaies une véritable banque d'émission, toujours prête à livrer de la monnaie de cuivre, comme aussi à reprendre cette même monnaie, en rendant en échange des pièces d'argent. Mais il se présente ici un de ces cas où ce qui est vrai en théorie rencontre dans l'application des difficultés dont il est impossible de ne pas tenir compte. Ainsi, par la qualité même qu'elle a de servir d'agent aux échanges de petites valeurs, la monnaie de cuivre se répand surtout dans les parties les plus reculées du pays ; certaines personnes sont appelées à en recevoir dans des proportions bien plus fortes que d'autres, comme les marchands pour la vente des articles de peu de valeur, comme les ouvriers des manufactures pour leurs salaires. Il en résulte que cette monnaie d'appoint, bien que la quantité émise ne soit pas trop considérable pour le pays dans son ensemble, se trouve cependant occasionnellement réunie, en certaines mains, en masse trop considérable ; il en résulte alors une dépréciation partielle et momentanée. A Rouen, par exemple, il est passé dans les habitudes locales que la pièce de 5 fr. vaut 101 sous ou 505 centimes. Si le gouvernement recevait à bureau ouvert, et pour quelque somme que ce fût, la monnaie d'appoint, il est plus que probable que les agents comptables ne manqueraient pas de trouver là moyen de réaliser à leur profit le montant d'un agio.

C'est donc agir sagement, vu l'état actuel de la circulation en France, que de prendre, pour base de l'émission, la valeur même des monnaies à retirer de la circulation ; c'est-à-dire se borner à opérer le remplacement d'une monnaie imparfaite par une monnaie plus belle et plus commode.

La perfection de la monnaie nouvelle doit porter sur le choix du métal lui-même et sur la fabrication des pièces. On a depuis longtemps renoncé à l'idée d'employer du cuivre pur. Le métal dans cet état se couvre facilement d'un oxyde dangereux ; d'un autre côté, les procédés galvano-plastiques rendraient facile l'imitation parfaite de toute pièce frappée sur un métal sans alliage. Il faut donc employer un bronze. Depuis quinze ans, de nombreuses expériences ont été faites, et des spécimens de monnaies ont été frappés sur des pièces de bronze dans différentes combinaisons. On en est venu à reconnaître que l'alliage qui donne les meilleures conditions pour recevoir des empreintes belles et profondes, comme aussi pour la durée, est un bronze se rapprochant beaucoup du bronze des médailles antiques, et formé de 95 parties de cuivre, 4 parties d'étain et 1 partie de zinc.

Quant à la pureté des empreintes, l'art de la gravure des poinçons est poussé chez nous à sa plus grande perfection, et le monnayage lui-même, pour obtenir des empreintes nettes et profondes, exige un outillage très-puissant et d'une construction parfaite. Toutes ces conditions de fabrication donnent de véritables garanties contre le faux-monnayage.

Il reste donc une seule question réellement importante dans la discussion, c'est celle du poids qu'il convient de donner à chaque pièce. Ce point a déjà été l'objet de longs débats. Lors de la présentation du projet de loi, en 1849, le gouvernement proposait déjà de réduire le poids pour la pièce d'un décime, qui est maintenant de 20 grammes, à 10 grammes, mais la Chambre des députés s'arrêta au poids de 15 grammes ; aujourd'hui le gouvernement revient à la proposition primitive des 10 grammes et l'appuie sur de très-bonnes raisons.

« On doit reconnaître que les espèces dont il s'agit n'étant destinées qu'à solder de faibles appoints, et ne pouvant être imposées à celui qui les reçoit que dans des limites restreintes, il importe peu que leur valeur nominale soit plus ou moins l'expression de leur valeur intrinsèque. C'est d'ailleurs ce qui existe aujourd'hui. Nous avons dit que nos pièces de cuivre avaient été fabriquées les unes au poids de 24 grammes le décime (ce sont les sous royaux et les sous de métal de cloche), les autres au poids de 20 grammes. Si l'on évalue le cuivre à 2 fr. 50 c. le kilogr., le décime en cuivre pur, qui pèse 20 grammes, ne vaut que 5 centimes, c'est-à-dire 50 pour 100 de sa valeur nominale. Le métal de cloche, dur et cassant, ayant une valeur moindre, le décime fabriqué avec cette matière, bien que plus lourd et pesant 24 grammes, ne représente qu'environ le tiers de sa valeur nominale. Cependant, ces monnaies n'inspirent aucune défiance et circulent sans difficulté. C'est le reproche contraire qui leur est unanimement adressé : on se plaint qu'elles soient beaucoup trop lourdes. On demande que le poids du décime, qui est aujourd'hui de 20 grammes, soit diminué, et que la France entre à cet égard dans la voie de réduction où plusieurs États voisins l'ont déjà devancée.

« Si l'on recherche, en effet, le poids des monnaies de cuivre chez la plupart des peuples de l'Europe, on reconnaît qu'à l'exception de l'Angleterre, qui a conservé des pièces de cuivre très-lourdes, ce qui s'explique par cette circonstance que, par l'effet du prix élevé des choses, la monnaie de cuivre y est d'un usage peu répandu, presque toutes les nations voisines de nous ont une monnaie plus légère que la nôtre.

« En Russie, le kopeck (nouvelle monnaie) pèse 6 grammes 85 centigr., et vaut 4 centimes.

«En Prusse, les 4 pfennings (nouvelle monnaie) pèsent 6 grammes 40 centigrammes, et valent 4 centimes 133.

« Dans les Pays-Bas, le centième pèse 3 grammes 85 centigrammes, et vaut 2 centimes 300.

« Ces différentes monnaies représentent environ le poids de 15 grammes le décime. Ailleurs, on est allé plus loin : en Autriche, les 3 kreutzers (ancienne monnaie) pèsent 13 gram. 50 centig., et valent 13 centimes. La même pièce en nouvelle monnaie ne pèse que 9 grammes et représente la même valeur. En Toscane, le sol pesant 2 gram. 10 centig. vaut 4 cent. 200. En Piémont, le sol pesant 6 gram. vaut 5 cent. 840. On est descendu au poids de 10 gram. le décime, et même au-dessous.

« Il semble, en effet, que dès qu'on cesse d'appliquer le principe absolu de l'égalité parfaite entre la valeur nominale et la valeur réelle, on ne doit plus se préoccuper que des conditions qui permettront d'obtenir la monnaie la plus commode et la plus belle. Or, en donnant au décime le poids de 10 grammes, et par conséquent au centime le poids de 1 gramme, on peut frapper des pièces dont la dimension et l'épaisseur soient combinées de manière à les rendre d'une forme élégante et d'un usage facile. Cette nouvelle combinaison de l'unité monétaire avec l'unité de poids tend à fortifier l'autorité et l'harmonie du système métrique décimal. Rien n'est plus propre à en augmenter l'intelligence, à en populariser l'esprit, que la création d'une monnaie d'appoint qui placera dans toutes les mains les poids usuels et les fera intervenir dans les transactions les plus ordinaires. La monnaie de cuivre aura aussi l'avantage de se trouver sous ce rapport dans les mêmes conditions que la monnaie d'argent : la pièce de 20 centimes en argent étant, comme celle d'un centime, du poids exact d'un gramme, et celle d'un franc et de deux francs pesant 5 et 10 grammes, comme les pièces de 5 et 10 centimes, il y aura, sous ce point de vue, concordance complète entre toutes les parties du système monétaire, comme entre ce système et l'ensemble de nos poids et mesures. Tels sont les motifs qui, sans parler des considérations d'économie dont nous devons cependant tenir compte, nous ont déterminés à vous proposer de fixer à 10 grammes le poids du décime. »

Ces raisons sont puisées dans la nature même des choses et s'appuient sur les vrais principes de la matière ; elles ne suffisent pas cependant pour convaincre même d'excellents esprits ; et les objections dont elles sont susceptibles ont été présentées avec beaucoup de force et de talent dans le sein même de la Société d'économie politique dans sa dernière réunion.

La volonté du gouvernement et les meilleures raisons elles-mêmes, a-t-on dit, ne suffisent pas pour faire accepter une monnaie par le public ; il faut savoir respecter les habitudes et jusqu'aux préjugés. C'est donc une expérience dangereuse à faire que de vouloir substituer à une monnaie de cuivre pesant actuellement 20 et jusqu'à 25 grammes pour le décime, une monnaie nouvelle n'ayant que la moitié de ce poids. On ne voudra considérer peut-être les pièces nouvelles d'un décime que comme l'équivalent d'un demi-décime, on les prendra pour l'ancien sou ou 5 centimes, et la nouvelle monnaie sera dépréciée avant même d'avoir circulé. Cette monnaie, comparée à la monnaie plus pesante des pays voisins, comme la monnaie de cuivre de Belgique et celle d'Angleterre, se présentera partout avec défaveur ; cette objection, pour le dire en passant, est peut-être la plus forte de toutes. On ajoute que le cuivre valant 2 fr. 50 cent. le kilogramme, c'est déjà offrir une grande prime à la contrefaçon que de donner à 15 gram. une valeur nominale de 10 centimes, ce qui donne au kilogramme d'une telle monnaie une valeur nominale de 5 francs. Qu'il vaudrait mieux peut-être conserver au décime son poids de 20 grammes. On dit encore que l'industrie particulière est assez avancée et assez bien outillée pour fabriquer une monnaie semblable à celle du gouvernement, et l'on s'appuie sur ce fait qu'une grande fabrique de boutons, à Paris, est en ce moment même chargée de fabriquer une monnaie étrangère. La douane, enfin, serait impuissante pour empêcher l'étranger d'inonder le pays de monnaie de bronze pareille à celle que l'on voudrait émettre.

Ces raisons ont une grande valeur, sans doute, mais n'y a-t-il pas exagération dans les craintes exprimées ? Une prime de 60 pour 100 est bien assez forte pour encourager la contrefaçon et pour la faire se produire tout autant qu'une prime portée à 75 pour cent. La nouvelle monnaie de bronze que l'on doit frapper sera beaucoup plus parfaite que toutes celles qui ont été faites jusqu'à ce jour ; sa fabrication nécessitera un matériel très-perfectionné, et, si les particuliers peuvent se procurer de semblables moyens d'exécution, on peut dire que ce ne peut être clandestinement, comme le font de faux monnayeurs. La surveillance dans l'intérieur du pays et à la douane, la répression même sur laquelle on peut compter de la part des gouvernements étrangers, tout cela doit être considéré comme présentant des garanties suffisantes et comme permettant d'adopter le poids de 10 grammes porté au projet.

Une fois fixé sur le titre de l'alliage et sur le poids à donner aux pièces de 10 centimes, le projet passe à la fixation de la valeur nominale à donner aux subdivisions et à celle du module à déterminer pour les différentes pièces de bronze.

« D'après la loi sur les poids et mesures, les unités monétaires sont le centime, le décime et le franc. Les nouvelles monnaies doivent représenter exclusivement ces unités mêmes et leurs multiples décimaux. On obtiendra ce résultat en frappant des pièces de 1, de 2, de 5 et de 10 c. (ou un décime). Si l'on remarque que l'ancienne pièce de 25 c. en argent a été remplacée par la pièce de 20 c., on voit que les monnaies de bronze et d'argent présenteront une échelle monétaire procédant d'après la donnée fondamentale et avec une symétrie parfaite, comme il suit :

Un centime, deux centimes, cinq centimes ;

Un décime, deux décimes, cinq décimes ;

Un franc, deux francs, cinq francs.

Les dimensions du module des quatre pièces de bronze seront les mêmes que celles qui avaient été choisies en 1843, savoir :

Le centime................ 15 millimètres.
Les deux centimes.......... 20   »
Les cinq centimes.......... 25   »
Les dix centimes........... 30   »

Ayant établi les bases du nouveau système adopté pour ce qui concerne la nouvelle monnaie d'appoint, et en supposant adopté le poids de 10 grammes pour le décime, l'exposé des motifs passe à la partie financière, c'est-à-dire aux moyens d'exécution, et arrive à prouver que l'opération, loin d'être dispendieuse au Trésor, laissera, au contraire, par la vente du cuivre et surtout du métal de cloche non employé, un excédant sur les dépenses.

« Le bronze monétaire nouveau sera formé des anciens sous de cuivre (sous royaux et sous tête de Liberté) qu'on livrera aux directeurs des monnaies, et ceux-ci se chargeront d'y ajouter à leurs frais la quantité de zinc et d'étain nécessaire, et de pourvoir à tous les détails de la fabrication. Ils ont déposé des soumissions d'après lesquelles il leur serait payé, pour frais de fabrication, et par kilogramme de matière fabriquée, les prix suivants :

0 fr. 92 c. pour les pièces de 10 centimes ;
1   32 pour les pièces de 5 centimes ;
2   24 pour les pièces de 2 centimes ;
3   » pour les pièces de 1 centime ;

c'est-à-dire 1 fr. 25 c. en moyenne, en supposant que la fabrication se divise ainsi : 10/20 en pièces de 10 centimes ; 8/20 en pièces de 5 centimes ; 1/20 en pièces de 2 centimes, et 1/20 en pièces de 1 centime.

« Ces prix, débattus avec soin par la Commission des monnaies, qui s'est livrée à de nombreuses recherches pour déterminer le prix de revient, ont paru modérés et acceptables.

« Il en résulte que si l'on suppose, comme nous l'avons fait jusqu'ici, qu'il faudra fabriquer pour 50 millions de francs de monnaies de bronze, et par conséquent, à 10 grammes le décime, employer 5 millions de kilogrammes de métal, la dépense sera (à 1 fr. 25 c. par kilogramme, de. 6,250,000 fr.

« A cette somme il faut ajouter :

« Pour l'augmentation du personnel des établissements monétaires, tant à Paris que dans les départements, _____

                    A reporter. . . . . 6,250,000 fr.

Report. . . . . . 6,250,000 fr.

53,500 fr. par an ; et, en supposant que l'opération se ter-
mine en quatre années.   214,000
« Pour réparation et appropriation des hôtels des mon-
naies   100,000
« Pour achat de presses monétaires, et les frais d'installa-
tion de ces presses.   400,000
« Pour poids et balances.   20,000
« Pour frais de transport des sous, frais d'embarillement
et de mise en sac, frais de vérification et de tri.   460,000
« Pour gravures des coins originaux.   16,000
« Pour dépenses accidentelles et imprévues.   100,000
                                                        _____
                                                       7,560,000 fr.

« Nous demandons, en conséquence, qu'une somme de 7 millions
500,000 fr. soit affectée à toutes les dépenses que nécessiteront le retrait
et la démonétisation des monnaies de cuivre actuellement en circulation, la
fabrication et l'émission de la nouvelle monnaie de bronze ; et nous pensons qu'il suffit d'ouvrir, à valoir sur cette somme, un crédit de 1 million
sur l'exercice de 1852, cette somme étant suffisante pour pourvoir à tout
ce qu'il sera possible de faire dans le cours de cette année.

« Il nous sera facile de démontrer que ce n'est là qu'une simple avance
à faire par le Trésor, et que même l'opération présentera un excédant de
recette.

« Nous avons dit qu'il faudrait employer 5 millions de kilogrammes de
cuivre, et, en supposant qu'il y aurait dans la fabrication un déchet de
5 pour 100, nous admettons que 5 millions de kilogrammes soient nécessaires. Pour se procurer cette quantité de matière, on prendra :

« 1° Tous les sous à tête de Liberté. . . . .   3,701,908 kil.
« 2° Sur les sous royaux pesant 2 millions 393,946 kil.   1,548,092
                                                           _____
                                                           5,250,000 kil.

« Il restera donc à vendre, au profit du Trésor :

« Cuivre (reste des sous royaux, liards et centimes). .   845,854 kil.
« Métal de cloche.   4,338,739

qui produiront, si l'on évalue le cuivre à 2 fr. 30 c. le kilogramme, et le
métal de cloche à 1 fr. 50 c., une somme de 8 millions 453,572 fr., qui
dépasse de près de 900,000 fr. le montant de la dépense. »

Tel est l'ensemble du système auquel on est arrivé après de longues
études et dont le gouvernement demande actuellement l'approbation au
Corps législatif. Il ne peut soulever aucune objection importante, car dût-
on, après discussion, en revenir à donner le poids de 15 gram. à la pièce d'un
décime, et le bénéfice annoncé sur l'opération dût-il se changer en un léger
excédant de dépense, il n'en serait pas moins urgent de s'occuper sans retard
de la refonte de nos monnaies de cuivre, actuellement si grossières, si peu
en harmonie avec notre système général des poids et mesures et si peu di-

gnes de l'état où l'art de la fabrication des monnaies est arrivé chez nous.

Ce premier point réglé, il restera à l'ordre du jour des questions économiques, d'examiner une difficulté plus grave à vider pour mettre notre
circulation monétaire d'accord avec les vrais principes sur la matière. Il
faudra songer à se mettre en garde contre la dépréciation imminente de
l'or, par suite des quantités de plus en plus considérables apportées de jour
en jour sur le marché européen ; il faudra discuter la question de l'unité
d'étalon monétaire, et reconnaître enfin la nécessité d'effacer de nos lois
la prétention qui y a été écrite, en l'an XI, de fixer la valeur relative
du métal d'or et du métal d'argent. Cette réforme doit être examinée
séparément ; mais ce qui se rapporte à la monnaie de bronze étant complétement élucidé, il faut faire des vœux pour qu'on passe, sans plus de retard,
à l'exécution.   HORACE SAY.

REVUE

DE L'ACADÉMIE DES SCIENCES MORALES
ET POLITIQUES.

Différentes circonstances avaient fait ajourner jusqu'à la fin de 1851 la
séance publique annuelle dans laquelle l'Académie des sciences morales et politiques se met en rapport plus direct avec les personnes qui s'intéressent à ses
travaux. Cette séance était même fixée au 6 décembre ; les événements politiques l'avaient encore retardée, et ce n'est que le 3 de ce mois qu'elle a eu
lieu, sous la présidence de M. de Tocqueville. Un discours du président de l'A-
cadémie pour l'année 1851, une notice historique de M. Mignet sur la vie et
les travaux de M. Droz, le résultat des concours et l'annonce de nouveaux sujets de prix, tel était le programme de cette solennité.

La tâche que l'usage et les règlements imposent chaque année au président
est délicate. La gravité des travaux de l'Académie des sciences morales et politiques ne convient guère à une réunion dans laquelle les hommes sont à
peine en majorité ; mais M. de Tocqueville, autant et plus peut-être que
ses prédécesseurs, a su vaincre les difficultés de la position, dans un discours sagement pensé, élégamment écrit, et où se révèlent l'habitude et l'expérience des affaires publiques et la haute raison qui assignent au célèbre auteur
de *la Démocratie en Amérique* une place à part parmi les publicistes de notre

époque. Le sujet, choisi par M. de Tocqueville consistait dans cette thèse trop méconnue, qu'à côté de l'art de gouverner il existe une science de la politique, et cette science est la raison d'être de l'Académie des sciences morales et politiques. Il y a dans la politique, dit M. de Tocqueville, deux parts qu'il ne faut pas confondre ; l'une fixe, l'autre mobile. La première, fondée sur la nature même de l'homme, de ses intérêts, de ses facultés, de ses besoins révélés par la philosophie et l'histoire, de ses instincts qui changent d'objet suivant les temps, sans changer de nature, et qui sont aussi immortels que sa race ; la première enseigne quelles sont les lois les mieux appropriées à la condition générale et permanente de l'humanité. Tout ceci est de la science. Et puis, il y a une politique pratique et militante qui lutte contre les difficultés de chaque jour, varie suivant la variété des incidents, pourvoit aux besoins passagers du moment et s'aide des passions éphémères des contemporains. C'est l'art du gouvernement. Mais, de ce que la science politique et l'art de gouverner sont deux choses très-distinctes, s'ensuit-il que la science politique n'existe pas ou qu'elle soit vaine ? Assurément non. M. de Tocqueville nous la montre s'étendant pour régler la conduite des sociétés dans l'espace immense qui commence à la philosophie et va jusqu'aux études élémentaires du droit civil ; et, comme elle est presque sans limites, elle ne forme pas un objet distinct pour le regard. On la confond avec toutes les connaissances qui se rapportent directement ou indirectement à l'homme, et dans cette immensité on la perd de vue. Mais, en considérant avec attention cette grande science, on descend par degrés réguliers du général au particulier, et de la pure théorie vers les lois écrites et les faits. Cette gradation apparaît du simple rapprochement des illustres esprits qui servent comme de jalons aux différentes parties de la science. Ainsi, au premier rang, Platon, Aristote, Machiavel, Montesquieu, Rousseau, qui recherchent quels sont les droits naturels qui appartiennent au corps social, quels sont ceux qu'exerce l'individu, quelles lois conviennent le mieux aux sociétés, quels systèmes de gouvernement sont applicables suivant les cas, les lieux, les temps ; puis Grotius et Puffendorf qui s'attachent à régler les rapports internationaux ; puis Beccaria se cantonnant dans le droit criminel ; Adam Smith montrant les fondements de la richesse des nations ; puis Cujas, Domat, Pothier interprétant les constitutions et les lois existantes. Par eux, on descend peu à peu de l'idée vers les faits, et le champ de la science politique se rétrécit et s'affermit ; mais c'est toujours la même science. M. de Tocqueville a terminé cette partie de son discours, en invoquant la révolution française comme produit des sciences politiques, et comme preuve de leur irréfragable existence. Les réserves de M. de Tocqueville sur ce grand événement des temps modernes, et auquel nul autre que la réforme religieuse ne saurait être comparé, sont curieuses à consulter, comme transaction dans le débat qui s'élevait naguère, au sein de l'Académie française, entre deux illustres contradicteurs, dont les discours sont encore présents à toutes les mémoires. « Qui a produit, dit-il, cette révolution française, le plus grand des événements de l'histoire ? Je dis le plus grand et non le plus utile, car cette révolution dure encore ; et j'attends, pour la caractériser par un tel mot, son dernier effet ; mais enfin qui l'a produite ? Sont-ce les hommes politiques du dix-huitième siècle, les princes, les ministres, les grands seigneurs ? Il ne faut ni bénir, ni maudire ceux-là, il faut les plaindre ; car ils ont presque toujours fait autrement qu'ils ne voulaient faire, et ont fini par atteindre un résultat qu'ils ont détesté. Les grands

artisans de cette révolution formidable sont précisément les seuls hommes de
ce temps-là, qui n'ont jamais pris la moindre part aux affaires publiques : ce
furent les auteurs, personne ne l'ignore, c'est la science politique, et souvent
la science la plus abstraite qui ont déposé dans l'esprit de nos pères tous ces
germes de nouveautés d'où sont écloses soudainement tant d'institutions politiques et de lois civiles, inconnues à leurs devanciers... »

Après le discours de M. de Tocqueville, est venue la notice historique de M. Mignet sur la vie et les travaux de M. Droz. Ce sujet, quoique tout récemment traité
dans la même enceinte par MM. de Montalembert et Guizot, a retrouvé, sous la
plume du secrétaire perpétuel de l'Académie des sciences morales et politiques,
toute sa fraîcheur et toute sa nouveauté. M. Droz, dont les nombreux écrits se
recommandent par un incontestable talent d'honnêteté et de moralité, se rattache à l'économie politique par deux ouvrages publiés au commencement
du siècle, et dans lesquels l'auteur rendait à l'économie politique un légitime
hommage, à une époque où cette science ne trouvait pas encore l'opinion publique favorable à ses principes et à ses tendances. Nous voulons parler de son
livre intitulé : *De l'application de la morale à l'économie politique*; et de celui
qui a pour titre : *Économie politique*. Le jugement porté par M. Mignet, sur
ces deux ouvrages, se formule dans les termes qui suivent :

« De la morale, comme d'une science en quelque sorte centrale d'où part et
où doit aboutir tout ce qui tient à la conduite humaine, M. Droz examine la
marche des gouvernements et des sociétés, dans un traité qu'il publia sur
l'*Application de la morale à la politique*. Ce traité, M. Droz le présente *comme*, ce
sont ses paroles, *le legs d'un homme qui a vu des révolutions*. Les temps passés,
avec les violences et les fraudes qui tenaient à l'agrandissement des territoires et à la formation des Etats, y occupent moins de place que les efforts
employés de nos jours à la conquête agitée des droits, à l'organisation pénible
des gouvernements. Témoin de beaucoup de fautes, contemporain de tant
d'excès, ayant vu la recherche déréglée de la liberté conduire à la dictature
militaire la plus absolue, les entreprises exorbitantes d'un pouvoir enivré de
lui-même aboutir à la plus rapide des grandes chutes, et la conquête de l'Europe suivie de l'invasion de la France ; un peuple, emporté par ses idées et
méconnaissant ses habitudes, se précipiter dans les extrémités les plus contraires, passer d'une anarchie sans limite à une soumission sans réserve, transformer la passion implacable de l'égalité en amour effréné des distinctions,
briser tour à tour les diverses formes politiques qu'il avait reçues ou qu'il s'é-
tait données, ne parvenant à rendre ni la liberté possible, ni l'autorité mesurée, ni la gloire durable, et aux inconstances fréquentes de l'esprit ajoutant
les promptes lassitudes du caractère, M. Droz, guidé par son expérience autant
que par sa raison, offre, à ce temps qui essaye de tout et à ce peuple qui ne
fonde rien, le devoir comme la seule base inébranlable du droit.

« La doctrine des devoirs que Puffendorf, dans un traité resté célèbre, proposait aux princes qui la pratiquèrent assez mal, M. Droz la recommande aux
nations qui ne la suivent guère mieux. Il demande que les lois morales ne
soient jamais violées par les actes politiques ; il n'admet pas que l'injustice
puisse jamais devenir un instrument du bien ; il veut que les changements
s'opèrent dans les âmes avant de s'introduire dans les lois, et que des mœurs
sévères facilitent des institutions libres. Il exige bien des vertus dans les hommes, et il n'attache pas assez d'importance aux formes politiques des Etats.
Sans doute celles-ci sont vaines lorsque, trop en arrière des besoins ou trop

en avant des esprits, elles restent vides, parce que la société en est déjà sortie ou n'y est pas encore entrée ; mais, bien adaptées à son état, elles n'en sont pas seulement l'image, elles en sont la sauvegarde.

« Le côté moral qui domine dans cet écrit apparaît surtout dans son *Economie politique*, dont il forme le caractère particulier, et qu'il distingue de tous les ouvrages de la même nature. Ce volume court, clair, substantiel, bien écrit, présentant l'économie politique en auxiliaire de la morale, considérant les richesses comme un moyen et non comme un but, déclarant les produits immatériels qui élèvent l'esprit, épurent l'âme, ornent et maintiennent la civilisation, aussi nécessaires pour le moins que les produits matériels aux sociétés bien réglées, offrant d'admirables conseils sur l'emploi du revenu, plaçant le bonheur dans le travail, ne séparant pas l'honnêteté du bien-être, exposant tous les principes sans leur sécheresse et respirant l'amour de l'humanité sans ses relâchements, ce volume eut un grand succès et devint, par les éditions qui s'en répandirent en France et les nombreuses traductions qui s'en firent en Europe, un manuel accrédité de la science économique. »

La réputation de M. Droz, bien que justifiée par son mérite littéraire et scientifique, a trouvé son plus solide appui dans le rare concours du caractère et du talent. Ses principes et ses actions furent toujours d'accord ; et, dans une carrière longue et modeste, traversée par de nombreux changements de positions, éprouvé par la moralité des événements encore plus que par leur action matérielle sur son existence, M. Droz sut toujours garder la dignité de sa personne, la fidélité dans ses amitiés, le calme du sage et la haute raison du philosophe pratique. Tous ces mérites et toutes ces vertus ont trouvé, dans M. Mignet, un éloquent interprète qui a jugé l'homme et les événements au milieu desquels il a vécu avec une rare délicatesse d'esprit et la sévérité d'appréciation de l'historien et du publiciste.

—L'Académie n'a eu aucun prix à décerner pour l'année 1851 dans la section d'économie politique et de statistique. Pour l'année 1852, deux sujets avaient été proposés précédemment. Le premier : « Exposer l'ensemble des mesures économiques ordonnées par Colbert, en faire ressortir l'esprit, et en déduire les conséquences telles qu'elles se sont produites depuis son administration jusqu'à nos jours. » Le second : « Doit-on encourager par des primes, ou par tout autre avantage spécial, les associations autres que les sociétés de secours mutuel, qui se formeraient dans l'industrie, soit entre les ouvriers, soit entre les patrons et les ouvriers ? » L'époque fixée par l'Académie pour le dépôt des mémoires est écoulée, et nous avons lieu de penser que son appel a été entendu. Il y a, pour l'année 1853, un sujet de prix qui a été l'objet de controverses récentes dans le *Journal des Économistes*, et dont ses lecteurs n'ont sans doute pas perdu le souvenir, et qui se formule de la manière suivante : « Rechercher et exposer, 1° les causes qui ont permis à la terre de rendre, outre la portion des produits nécessaires pour couvrir les frais de culture, un excédant qui se convertit en rentes ou fermage ; 2° les causes qui déterminent le taux, plus ou moins élevé, des rentes ou fermage. » Ce prix est, comme les prix ordinaires de l'Académie, de 1,500 fr. Le programme qui accompagne la question est conçu dans les termes qui suivent :

« La terre, dans toutes les contrées où la civilisation est sortie de l'enfance, donne des récoltes dont la valeur suffit non-seulement pour payer les dépenses de leur production, mais aussi pour créer un excédant ou produit net qui demeure ou passe aux mains de ceux qui la possèdent.

« C'est l'existence de cet excédant, connu sous le nom de rente ou fermage, qui assure aux diverses portions du sol leur valeur vénale, et en fait principalement rechercher la propriété.

« A quelles causes tient la formation des rentes ou fermages? Le produit net qui les constitue a-t-il existé à toutes les époques? Ne s'est-il formé, au contraire, que par l'effet de l'extension de la demande en produits du sol, amenée par l'augmentation de la population? A-t-il pour seule source l'inégalité des qualités des terres, ou cette inégalité ne fait-elle que créer des différences entre les divers taux des fermages? Quelles sont les causes dont l'influence se fait sentir sur le taux ou prix des fermages?

« Telles sont, en partie, les questions principalement soulevées par le sujet de prix que l'Académie met au concours. Elle engage les concurrents à ne négliger aucune des recherches propres à en éclairer la solution. Déjà ces questions ont été traitées par de nombreux écrivains, et l'Académie désire que les raisons sur lesquelles reposent les opinions qu'ils ont admises soient examinées avec beaucoup d'attention. »

La section d'histoire générale et philosophique a proposé deux sujets de prix qui seraient également bien placés dans la section d'économie politique, et dont le premier doit être décerné en 1853, le second en 1854. Le premier est conçu dans les termes suivants : «Rechercher quelle a été, en France, la condition des classes agricoles depuis le treizième siècle jusqu'à la révolution de 1789 ; indiquer par quels états successifs elles ont passé, soit qu'elles fussent en plein servage, soit qu'elles eussent un certain degré de liberté, jusqu'à leur entier affranchissement. Montrer à quelles obligations successives elles ont été soumises, en marquant les différences qui se sont produites à cet égard dans les diverses parties de la France, et en se servant des écrits des jurisconsultes, des textes des coutumes anciennes et réformées, générales et locales, imprimées et manuscrites, de la législation royale et des écrits des historiens, ainsi que des titres et des baux anciens qui pourraient jeter quelque jour sur la question. » Le second : « De la condition des classes ouvrières, en France, depuis le douzième siècle jusqu'à la révolution de 1789. » Le programme qui s'y joint demande aux concurrents de « retracer d'abord sommairement l'histoire des populations vouées, en Gaule, aux travaux mécaniques, et leur législation, d'après le droit romain: suivre, à travers les périodes romaine et franque, la trace des grandes corporations d'arts et métiers, soit publiques et attachées au service de l'Etat, soit libres et exploitant une industrie privée; montrer quels rapports peuvent avoir existé entre ces anciennes organisations et celles qui naissent de toutes parts aux onzième et douzième siècles.

« Exposer en détail le caractère de ces dernières, et les phases diverses de leur existence, sous le double rapport de la condition des personnes et de la situation économique de la société.

« Indiquer d'après les textes des lois, des chartes, des règlements, et d'après les récits des historiens, comment elles s'établirent à côté ou sous la protection des communes; sous quelle influence elles se sont formées et développées dans les différentes régions de la France.

« Apprécier les avantages qu'ont pu avoir pour les classes ouvrières en particulier, et pour la société en général, ces diverses organisations jusqu'à l'ère de la liberté du travail. »

Feu M. Félix de Beaujour a fondé un prix quinquennal de 5,000 fr., destiné à encourager la publication d'écrits ayant pour but le soulagement de la misère. L'Académie n'a pas cru pouvoir le décerner au précédent concours, et, en réunissant les diverses sommes dont elle peut disposer par suite de cette fondation, elle a porté à la somme de 10,000 fr. le prix à décerner, en 1854, sur le sujet suivant : *Manuel de morale et d'économie politique, à l'usage des classes ouvrières.* Le programme, rédigé par M. Passy, fait connaître aux concurrents la direction d'idées dans laquelle ce manuel doit être conçu et rédigé. « Il y a, dit-il, des rapports nécessaires entre l'état moral et l'état économique des classes ouvrières. L'intelligence et l'ordre sont les indispensables conditions de leur bien-être ; et c'est moins de l'étendue même des ressources dont elles disposent que de l'usage, plus ou moins habile et sensé, qu'elles savent en faire, que dépend l'amélioration de leur sort.

« Le premier besoin de ces classes est de suivre les règles de conduite que comporte leur situation. Ce qui nuit le plus à leurs intérêts, c'est le manque habituel de prévoyance et d'économie ; elles ne comptent pas assez rigoureusement avec l'avenir, et, parmi les hommes qui les composent, beaucoup sacrifient aux satisfactions du moment des ressources qui, ménagées avec plus d'art et de prudence, pourraient leur assurer une honnête aisance.

« Dans l'espoir de répandre parmi ces classes les lumières dont elles ont besoin pour s'élever à une destinée meilleure, l'Académie met au concours, pour le prix Beaujour, la rédaction d'un *Manuel de morale et d'économie politique* à leur usage. Les concurrents n'auront pas seulement à traiter des devoirs à l'accomplissement desquels tient la félicité domestique, ils auront à exposer toutes les notions d'économie politique qu'il importe de propager au sein des classes ouvrières. L'expérience l'atteste : c'est un malheur pour ces classes que l'ignorance des lois qui régissent le taux des salaires, la formation et l'emploi du capital ; car cette ignorance, les disposant à attribuer à l'iniquité des institutions les privations dont elles ont à souffrir, leur ôte la foi dans le succès de leurs propres efforts. Ce n'est plus de l'exercice énergique de leurs facultés, de l'emploi sage et réfléchi de leurs salaires qu'elles attendent l'aisance qui leur manque ; c'est de révolutions dans l'ordre politique. D'un autre côté, il est impossible qu'elles se croient en droit de se plaindre de l'injustice des hommes, sans que des sentiments d'irritation et de haine troublent leur vie et leur inspirent de funestes mécontentements.

« L'Académie recommande aux concurrents de s'appliquer à présenter leurs idées sous les formes les plus simples, les plus claires et les plus propres à les mettre à la portée de toutes les intelligences. Plusieurs écrits de Franklin peuvent, à cet égard, servir de modèle. »

Le prix de la fondation de M. le baron de Morogues, destiné au *meilleur ouvrage sur l'état du paupérisme en France et le moyen d'y remédier*, sera décerné en 1855. Ce prix s'élève à la somme de 3,000 fr.

L'Académie a ajouté une condition nouvelle aux conditions générales précédentes de ses concours et que nous ne reproduisons pas. Afin d'éviter les inconvénients attachés à des publications inexactement faites des mémoires qu'elle a couronnés, elle invite les auteurs de ces mémoires à indiquer formellement dans une préface les changements ou les additions qu'ils y auront introduits en les imprimant.

—L'attention publique a été éveillée, il y a quelques années, par un écrit de M. Huerne de Pommeuse, relatif aux colonies agricoles néerlandaises. Longtemps avant lui M. de Gérando, dans son livre de la *Bienfaisance publique*, s'était occupé du même sujet. La Hollande s'était proposé la solution d'un problème qui préoccupe tous les gouvernements modernes, celui de combattre et d'atténuer, autant que possible, les principales causes du paupérisme. Elle avait cru pouvoir convertir à la fois, en terres cultivées et productives, des landes et des bruyères, et faire, de mendiants sans ressources et sans asile, des cultivateurs honnêtes et intelligents. L'exécution a été persévérante et habile, mais la conception portait en elle-même des vices intérieurs et cachés qui devaient en paralyser le développement. Pour l'observateur inattentif, la vue de ces champs naguère incultes, et couverts aujourd'hui de riches moissons, ne devait que provoquer des applaudissements : aussi l'Europe fut-elle émerveillée; mais il fallait connaître au prix de quels sacrifices un pareil changement avait été obtenu et examiner le bilan de l'opération. Au point de vue agricole, il y avait des dépenses bien supérieures aux résultats obtenus; au point de vue charitable et moral, il y avait également beaucoup de choses à regretter et à déplorer. Ce que M. Huerne de Pommeuse ne sut pas alors démêler dans la situation des choses, MM. de Lurieu et Romand, chargés d'une mission officielle du gouvernement français, mission dont ils viennent de publier les résultats dans un livre que M. Ch. Lucas a signalé à l'Académie, se sont proposé de le soumettre à l'appréciation publique. Leur plan est simple : ils exposent les faits, les résultats agricoles, les résultats statistiques. Ils font connaître le système dans sa pensée primitive et dans ses développements. Ils en montrent les vices; ils indiquent comment, dans les conditions de leur institution, les colonies agricoles néerlandaises ne pouvaient produire que de mauvais résultats. Ces colonies sont divisées en colonies forcées et en colonies libres : les colonies forcées sont celles dans lesquelles les mendiants sont contraints à entrer; les colonies libres sont celles destinées à recevoir les familles indigentes et honnêtes qui s'y rendent volontairement. De l'appréciation des éléments dont ces colonies se composent et de leur résultat, MM. de Lurieu et Romand passent à leur bilan, et ce bilan est la conclusion la plus décisive contre leur institution. On voit par là que la Société néerlandaise de bienfaisance, écrasée sous le poids d'une dette de plus de 8,000,000 florins (environ 17 millions de fr.), a été obligée de céder en partie, ou de laisser hypothéquer ses immeubles dont la valeur totale n'excède pas 2 millions de florins (4,220,000 fr.).

Le succès agricole est donc trop chèrement payé, et par cela même on peut dire qu'au point de vue agricole et financier il y a un échec incontestable. Au point de vue moral et économique, l'échec est aussi évident.

A quelles causes convient-il d'attribuer l'insuccès? Telle est la question que M. Ch. Lucas s'est posée avec MM. de Lurieu et Romand. Faut-il écouter les plaintes de la Société néerlandaise, qui prétend n'avoir pas reçu du gouvernement une assistance suffisante? Faut-il, au contraire, ajouter foi aux griefs du gouvernement, qui prétend que les directeurs ont manqué d'habileté? Ces plaintes réciproques paraissent également mal fondées. Le système une fois admis, les administrateurs ont déployé toute l'habileté désirable; l'insuccès vient d'un vice inhérent au système. Ce système pouvait-il réussir? telle est la question que s'adressent MM. de Lurieu et Romand. Pour la résoudre, il est nécessaire de se reporter à l'origine de la Société néerlandaise, et de connaître son fondateur, le général Van Den Bosch. Dans sa jeunesse, le général Van Den Bosch avait habité au delà des Indes, à Java, dans les possessions néerlandaises. Il en avait même été gouverneur. Ce fut là qu'il prit le système des colonies agricoles qu'il a plus tard importé en Hollande. La propriété se trouve, à Java, dans des conditions sociales et économiques toutes particulières. Le sol, placé par des institutions traditionnelles, locales, dans le domaine exclusif du souverain, appartient aujourd'hui au gouvernement néerlandais, devenu, par la conquête et par l'occupation, seul propriétaire légal. Les terres sont réparties entre les communes et affermées aux Javanais par l'intermédiaire des chefs de ces communes. Il y a parfois des aliénations de terrain faites à des particuliers qui se substituent alors à l'action du gouvernement, et deviennent alors seigneurs des terres; mais c'est plutôt une reproduction de la propriété féodale que la propriété individuelle, libre, mobile et progressive. Cette négation de la propriété et de la famille, appliquée à l'Europe, ne pouvait réussir. Il y avait déjà une difficulté considérable à convier aux travaux des champs des mendiants et des vagabonds; et si le proverbe : « Tant vaut l'homme, tant vaut la terre » est exact, c'était, au point de vue agricole, fournir de mauvais éléments de colonisation. Mais, au point de vue moral, que pouvait-on obtenir d'hommes et de femmes que l'on jetait dans ces espèces de bagnes agricoles, fondés sur deux négations, celles de la famille et de la propriété? Est-ce qu'il est possible de coloniser sans l'esprit de famille et de propriété? Sans le vouloir et sans s'en douter, des hommes de bien, animés de sentiments généreux, poursuivent en Hollande, depuis trente-deux ans, sous le nom de la bienfaisance, l'essai et l'application des doctrines et des systèmes communistes. Aussi, à mesure qu'on s'éloigne de la négation de la famille et de la propriété, l'insuccès va-t-il en s'amoindrissant. On a l'exemple de vingt-cinq fermiers responsables et établis avec leur famille, qui donnent des résultats relativement satisfaisants.

On doit regretter que M. Ch. Lucas n'ait abordé, dans son examen critique du livre de MM. de Lurieu et Romand, que la partie relative à la Hollande et à la Belgique. L'examen qu'il pouvait faire des documents recueillis dans d'autres pays, et notamment en Suisse, où les souvenirs de Pestalozzi et de M. de Fellemberg sont encore vivants, eût été utile et fécond. Il eût, sans doute, provoqué une discussion plus complète que celle à laquelle ont pris part MM. Blanqui et Michel Chevalier, et qui n'a porté que sur un côté de la question, sur le rôle de la famille dans la colonisation.

A la même séance, M. Ch. Lucas avait aussi entretenu l'Académie d'un livre de MM. Lamarque et Dugat, également relatif aux colonies agricoles; mais aux colonies agricoles pour les enfants. Quoique plus restreinte à ce point de vue, la colonisation est peut-être plus intéressante et plus utile, puisque, en admettant son succès, il ouvre à des jeunes gens, et pour toute leur existence, un avenir de moralité et de bien-être qui leur serait refusé sans la colonisation.

Les colonies agricoles qui s'adressent à l'enfance sont de deux sortes, en France. Les unes concernent des enfants pauvres, orphelins, enfants trouvés et abandonnés, qui n'ont pas comparu devant la justice; les autres sont rela-

tives aux jeunes délinquants. Les premières sont partout en France des institutions privées, placées généralement sous le patronage de l'Etat, qui leur
accorde de généreux encouragements. Les colonies de jeunes délinquants,
au contraire, ont été fondées, en partie par l'Etat et en partie par des particuliers, avec l'autorisation du gouvernement.

Parmi ces établissements, les uns sont des colonies mixtes, c'est-à-dire où
les enfants sont occupés en partie à des travaux industriels et en partie à des
travaux agricoles. Les autres, au contraire, n'admettent que les travaux
agricoles, sauf quelques autres se rattachant exclusivement à l'agriculture.

Avant l'ouvrage de MM. Lamarque et Dugat, on ne possédait sur les colonies agricoles que quelques comptes-rendus publiés par les fondateurs de ces
établissements. La plupart étaient complétement ignorés, et le gouvernement
lui-même n'avait publié aucun document sur les colonies de l'Etat.

Le nombre des colonies agricoles indiqué par leur ouvrage est de 40, savoir :
24 consacrées aux enfants trouvés, abandonnés, orphelins et pauvres, et 16 affectées aux jeunes délinquants, dont 4 fondées par l'État et 12 par des particuliers avec son autorisation.

Au 31 décembre 1849, la population des colonies d'enfants trouvés, orphelins et pauvres, s'élevait à 1,508; et celle des colonies de jeunes délinquants,
à 2,341. La mortalité par an, en moyenne, avait été de 35 dans les colonies de
jeunes délinquants, et de 6 seulement dans les autres.

L'étendue des terrains occupés était de 1,432 hectares pour les colonies de
jeunes délinquants, et 2,513 hectares pour les autres.

Quant au défrichement, qui devrait être le principal but des colonies agricoles, les résultats sont peu importants. Les colonies de jeunes délinquants n'a-
vaient défriché que 170 hectares, et les autres que 51 hectares.

En présentant cet intéressant tableau de 40 colonies agricoles répandues
sur la surface du pays, les auteurs font observer que bien des hommes, parmi
ceux même qui s'occupent de ces questions de bienfaisance publique, seront
étonnés d'apprendre qu'il existe en France un pareil nombre d'établissements
aussi utiles. Aucun pays, en Europe, n'offre une organisation aussi étendue et
aussi développée de la colonisation agricole de l'enfance. Aussi les gouvernements étrangers envoient-ils fréquemment en France des commissaires chargés d'étudier nos colonies agricoles, en demandant à l'administration française
un ensemble de renseignements qu'elle ne pouvait leur donner avant la publication du livre de MM. de Lamarque et Dugat. Mais cet ouvrage permettra désormais aux publicistes et aux hommes d'État de l'Europe de connaître les
principales indications que l'administration possède sur les colonies agricoles
de la France.

— Un petit livre récemment publié par M. Grün, rédacteur en chef du *Moniteur universel*, ayant pour titre : *De la moralisation des classes laborieuses*, a
produit une certaine sensation, et M. Ch. Lucas, membre de la section de morale, l'a fait connaître à l'Académie, dans un rapport très-étendu, et que nous
avons le regret de ne pouvoir reproduire. Toutefois il est un point dont l'utilité
pratique et l'importance méritent d'être signalés. M. Grün, en parlant des populations agricoles, avait dit que la femme des campagnes serait peut-être le meil
eur instituteur des générations à venir. Le moyen d'utiliser et d'appliquer ce

principe existe déjà dans plusieurs parties de la France, par l'institution des sœurs de charité, dont M. Ch. Lucas a signalé les excellents résultats dans des termes qui ne sauraient être trop connus.

« Sous le rapport de l'assistance matérielle, dit-il, pour les secours à donner aux malades, la sœur de charité répond à tous les besoins. Dans les campagnes les maladies viennent trop habituellement de l'incurie du paysan, de l'absence des premiers soins. Le paysan est, à cet égard, insouciant et imprévoyant ; il est d'ailleurs économe jusqu'à l'avarice ; il n'appelle habituellement le médecin qu'à la dernière extrémité et quand il est trop tard ; ou si, par exception, il l'appelle en temps utile, sa visite ne porte pas ses fruits ; les prescriptions ne sont pas suivies et sont mal exécutées.

« La sœur de charité conseille, propage d'abord les précautions hygiéniques et apporte ainsi les moyens préventifs ; puis son œil intelligent devine le mal : elle le guérit, si ses soins peuvent le guérir. Si le mal exige la présence du médecin, il est appelé et ses remèdes sont administrés par la sœur avec un intelligent dévouement. Sous ce rapport, loin de provoquer la susceptibilité du médecin qui aime l'honnête et utile exercice de son honorable profession, la sœur ne doit inspirer que sa reconnaissance. Grâce à elle, il arrive au moins au lit du malade avec la conviction que son art sera utile au soulagement du malheureux qui l'attend.

« Et maintenant cette sœur qui va soigner les malades à domicile remplace pour les campagnes l'hôpital des villes, et le remplace avec avantage. Tout son dévouement s'accomplit dans l'intérieur de la famille, et en même temps se communique à tous. Elle apprend aux pères et aux mères à soigner leurs enfants, aux enfants à soigner leurs pères et mères. Le mauvais côté des hôpitaux, c'est qu'ils interrompent, sous ce rapport, les devoirs et relâchent les affections de la famille. La sœur de charité, au contraire, ajoute à son assistance matérielle cette assistance morale et religieuse qui fait apprendre, aimer et pratiquer à tous les membres de la famille les devoirs les plus sacrés de la conscience et les meilleures inspirations du cœur. Puis cette sœur, pendant qu'elle est assise au foyer domestique, pendant qu'elle vit de la vie de cette famille, donne et multiplie autour d'elle les bonnes paroles, les bonnes pensées, les bons sentiments, les bonnes pratiques. C'est ainsi que, par ses visites renouvelées, elle réussit à créer au sein de cette famille une atmosphère de régénération morale et religieuse, en répandant autour d'elle comme un parfum de la pureté de son cœur et de sa foi. C'est ainsi encore qu'elle soigne et guérit les âmes en même temps que les corps.

« Cette éducation ambulante que M. Grün voulait organiser dans les campagnes, la sœur de charité ne l'apporte-t-elle pas de maison en maison, et, de plus, elle la répand, elle la donne à l'école de sa paroisse. C'est là que l'enseignement peut alors revêtir le caractère et atteindre le but de l'éducation.

« La sœur connaît ses élèves, elle connaît les parents, la situation, la vie, pour ainsi dire, de toutes les familles. Elle peut ainsi appliquer à chaque enfant les conseils et les directions qui vont le mieux à son caractère et à sa position. Elle s'attache à leur enseigner les soins du ménage et l'amour de Dieu et du travail, et cela s'enseigne avec la plus puissante de toutes les autorités, celle de l'exemple. La voyez-vous maintenant cette influence éducatrice de la sœur qui se répand de l'école de la paroisse dans chaque foyer domestique, qui se reflète de chaque foyer domestique dans l'école de la paroisse, qui s'adresse à la fois à l'enfant par la mère, à la mère par l'enfant, et qui embrasse, éclaire et féconde toute la commune de ses rayons bienfaisants ! »

— M. Charles Weiss a terminé ses communications sur les protestants de France au dix-septième siècle par un dernier Mémoire, relatif à leur constitution religieuse et politique, depuis la promulgation de l'édit de Nantes jusqu'à la prise de La Rochelle. C'était une république représentative au sein d'une monarchie absolue. La France protestante était partagée en huit *cercles*; chacun d'eux avait son Conseil particulier, et ces Conseils correspondaient entre eux, de manière à concerter leur action sous une direction uniforme. Au point de vue religieux, les protestants avaient des *consistoires*, des *colloques*, des *synodes provinciaux* et des *synodes nationaux*. Toutes ces assemblées, dont les attributions sont expliquées par M. Ch. Weiss, étaient formées par la voie de l'élection. Les consistoires ressortissaient aux colloques, les colloques aux synodes provinciaux, les synodes provinciaux au synode national. Les plus bas degrés de cette hiérarchie étaient en contact immédiat avec le peuple. Les consistoires étaient composés de pasteurs et d'anciens nommés par lui, ou du moins admis dans ces assemblées avec son adhésion publiquement exprimée. Les colloques étaient formés de députés nommés par les consistoires; les synodes provinciaux, de députés nommés par les colloques ; les synodes nationaux , de représentants désignés par les synodes provinciaux. Aux mains d'une minorité trop souvent opprimée, un tel gouvernement avait nécessairement une grande vigueur. La discipline était maintenue comme un moyen d'union pour tous les adhérents de la réforme, comme un moyen de défense contre une Eglise dominante et jalouse. La surveillance était mutuelle, et les mesures adoptées efficaces et rapides , parce qu'elles étaient instantanément exécutoires, et toujours conformes à l'intérêt général.

La constitution politique des réformés reposait, comme leur constitution religieuse, sur l'idée démocratique et représentative. Il y avait des *conseils provinciaux*, des *assemblées de cercle* et des *assemblées générales*, dont M. Ch. Weiss indique les éléments.

Les *conseils provinciaux* étaient composés des notables de chaque province, chargés de veiller au maintien des droits et des privilèges concédés au parti. Ils examinaient les plaintes formulées par les religionnaires, et en transmettaient l'exposé succinct aux *députés généraux*, chargés de poursuivre auprès du roi le redressement de leurs griefs. Les *conseils provinciaux* étaient antérieurs à l'assemblée de Saumur, mais ils ne se réunirent régulièrement qu'à partir de cette époque, et subsistèrent, malgré l'opposition de la cour, jusqu'à la prise de La Rochelle. Les *cercles* établis par cette assemblée, en 1611, à l'instar de ceux d'Allemagne, se composaient chacun de plusieurs provinces. On donnait le nom d'*assemblée de cercle* à la réunion des délégués des *conseils provinciaux*. Chacune des provinces du *cercle* avait le droit de la convoquer, lorsqu'un péril menaçait une ou plusieurs Eglises ou la généralité des Eglises de France et de Béarn. Si le danger devenait trop pressant , l'*assemblée du cercle*, empiétant sur la prérogative royale, prenait sur elle de convoquer une assemblée politique générale,...

Les détails donnés par M. Ch. Weiss expliquent la puissance des protestants, et la longue résistance qu'ils opposèrent aux armées du catholicisme jusqu'au moment où, comprimés par la main puissante de Richelieu, ils durent attendre pour leur culte et leurs intérêts de citoyens, de la tolérance et du progrès de la raison publique, des temps meilleurs.

— M. Villermé a appelé l'attention de l'Académie sur un livre de M. Block, intitulé : l'*Espagne en 1850*. Des ouvrages importants ont paru sur l'Espagne, à des intervalles plus ou moins longs ; mais on manquait d'un résumé qui présentât l'ensemble des réformes récemment introduites dans ce pays, et qui offrît, en même temps, un tableau de son état actuel. M. Block comble cette lacune. Son petit livre traite, en s'appuyant sur des renseignements d'une date récente (de 1848 à 1850) et encore inconnus en France, successivement du territoire, de la population, de l'administration, des finances, de l'instruction publique, du clergé, de la justice, de l'agriculture, de l'industrie, du commerce et de la navigation. Il serait à désirer, ainsi que l'a dit en terminant M. Villermé, que l'on possédât pour tous les principaux États des espèces de manuels, rédigés d'après le même plan, et avec le même soin et les mêmes recherches. La collection en serait encore plus précieuse s'ils étaient composés tous pour la même époque, publiés de nouveau tous les dix ans ; et si, comme l'a fait M. Benoiston de Châteauneuf pour la France, il y a une vingtaine d'années, des numéros placés en tête de chaque article renvoyaient à ceux d'une table assez détaillée des ouvrages et autres renseignements où l'on a puisé.

— L'Académie a encore entendu un *Mémoire* de M. Lélut sur le sommeil, le somnambulisme et les songes ; une lecture de M. Franck sur les signes ; les recherches de M. Moreau de Jonnès sur nos origines nationales, etc.

CH. VERGÉ.

BUDGET DE 1852.

RAPPORT DU MINISTRE DES FINANCES. — DECRET DU PRÉSIDENT.

I. RAPPORT DE M. BINEAU, MINISTRE DES FINANCES.

Monseigneur, l'Assemblée nationale n'ayant pas terminé le vote du budget de 1852, vous avez dû pourvoir aux premiers besoins de cet exercice, et votre décret du 11 décembre dernier a satisfait à cette nécessité, en autorisant les perceptions et en ouvrant les crédits nécessaires pour assurer les services pendant les trois premiers mois de cette année.

Le Corps législatif se réunit le 29 de ce mois ; mais, comme son vote sur le budget de 1852 ne pourrait avoir lieu avant un mois ou deux, pour lui réserver ce vote, il faudrait ouvrir encore trois nouveaux douzièmes provisoires.

La continuation de ce provisoire aurait de graves inconvénients pour les nombreux services dont les dépenses ne se répartissent pas également sur tous les mois de l'année, et qui ont besoin de pouvoir disposer, dès le commencement de l'exercice, de la totalité de leurs crédits. Elle serait sans avantages, car presque toutes les dépenses étant engagées, le Corps législatif serait amené, par la nécessité même des choses, à n'avoir qu'à enregistrer les faits accomplis.

Aussi, pour satisfaire aux besoins du service, et pour laisser la responsabilité à qui elle appartient, je crois devoir, monseigneur, vous proposer de régler aujourd'hui le budget de 1852.

Dès le commencement de sa session, le Corps législatif recevra le projet de budget de 1855, et il aura ainsi à exercer le droit que la Constitution lui donne pour le vote de l'impôt.

Contexture du budget. — La forme dans laquelle le budget de 1852 est établi présente une modification sur laquelle j'ai l'honneur d'appeler votre attention.

Le budget contient, outre les recettes et les dépenses qui constituent effectivement les ressources et les charges de l'Etat, un assez grand nombre de recettes et de dépenses qui, se compensant entre elles, n'y figurent, en général, que pour ordre et pour satisfaire aux règles de la comptabilité.

Ainsi les remboursements et les non-valeurs, qui ne sont pas réellement perçus, sont inscrits néanmoins au budget des recettes comme si leur perception avait lieu, et ils figurent par contre, pour pareille somme, au budget des dépenses.

Ainsi les frais de perception, qui sont bien une charge pour le pays, mais qui ne sont pas une ressource pour le Trésor, et qui, par suite, sont pendant longtemps restés en dehors du budget, y sont inscrits aujourd'hui. Ils figurent à la fois aux recettes et aux dépenses.

Ainsi les centimes départementaux et communaux, qui sont exclusivement affectés aux besoins des départements et des communes, sont inscrits néanmoins au budget de l'Etat, quoiqu'ils ne servent pas aux dépenses d'intérêt général auxquelles le Trésor public doit subvenir.

On peut dire de ces divers articles que c'est pour ordre seulement qu'ils figurent au budget.

Il est bon de les y maintenir ; mais il me paraît nécessaire de les y distinguer nettement, afin de faire cesser une confusion qui, pour des yeux peu exercés, aggrave non la réalité, mais l'apparence des charges que le service de l'Etat fait peser sur les contribuables.

Pour cela, j'ai divisé le budget en deux colonnes. Dans la première figure ce qui est réellement dépense ou recette du Trésor public ; dans la seconde, sont inscrites toutes les dépenses ou les recettes qui ne sont incorporées que pour ordre au budget de l'Etat. De cette manière, le budget de l'Etat est dégagé de tous les éléments étrangers qui s'y rattachent ; un coup d'œil suffit pour juger de l'étendue réelle des besoins et des ressources du Trésor ; et ce résultat si désirable est obtenu sans sacrifier l'unité du budget, et en respectant toutes les règles de notre comptabilité financière.

BUDGET DES DÉPENSES. — *Service ordinaire.*

L'ensemble des crédits que j'ai l'honneur de vous proposer d'allouer au service ordinaire de l'exercice 1852 s'élève à un milliard et un million, non compris les services portés pour ordre au budget.

Dans cette somme ne figure, pour la dotation qui doit être allouée au chef de l'Etat, aucun crédit en sus des allocations précédentes ; vous avez voulu, monseigneur, que cette question fût réservée au Sénat pour être décidée par un sénatusconsulte.

L'ensemble des allocations que la loi de finances et les lois de crédits supplémentaires avaient attribuées à l'exercice 1851, non compris de même les services pour ordre, s'élevait à 993 millions.

C'est donc, pour 1852, un excédant de dépense de 8 millions.

Voici les principaux éléments d'augmentation et de diminution qui, en définitive, amènent cet excédant.

L'augmentation des crédits du ministère de la guerre est de 7 millions ; elle a pour cause les frais extraordinaires occasionnés par la déportation en Algérie des condamnés politiques, et les dépenses d'organisation de quelques services qui, soit en France, soit en Algérie, seront pour nos institutions militaires de véritables amé liorations. En Algérie notamment, l'organisation ou le développement de certains corps indigènes a pour but et aura pour résultat de permettre d'y diminuer l'effectif.

Le département de la marine a réclamé, au delà des crédits du dernier exercice, une somme de 12 millions; dont 2 millions exigés par les dépenses ordinaires de la flotte, 4 millions destinés soit à la formation d'un établissement à la Guyane, soit à divers autres services coloniaux, et 6 millions environ affectés à la translation des forçats et des déportés. Ces deux dernières charges seront atténuées par les économies qui résulteront ultérieurement de la suppression des bagnes; et nulle autre dépense n'est mieux justifiée par les grands intérêts de l'Etat.

Ces deux augmentations de dépense, s'élevant ensemble à 19 millions, et celles qui ont eu pour cause la création d'un ministère de plus, la dotation du Sénat, l'augmentation des traitements du Conseil d'Etat, des agents diplomatiques, de la magistrature et de quelques autres fonctionnaires sont atténuées, d'une part, par diverses réductions obtenues dans les services, et, d'autre part, par l'économie d'environ 9 millions que la conversion de la rente apporte au deuxième semestre de l'exercice 1852.

En définitive, et toutes compensations faites, les crédits demandés pour l'exercice 1852 dépassent de 8 millions seulement ceux que la loi de finances et les lois de crédits supplémentaires ont alloués à l'exercice 1851.

Sans doute, et quoiqu'il soit réglé au milieu de l'année, le budget de 1852 ne sera pas complétement exempt de crédits supplémentaires ; sans doute la conversion elle-même exigera l'allocation de quelques crédits à certains établissements publics qui ont des rentes 5 pour 100, et qui reçoivent des subventions de l'Etat; mais ces crédits supplémentaires seront peu élevés.

Service extraordinaire.

La dotation des travaux extraordinaires a été, en 1851, de 59 millions [1]. Elle s'élèvera, en 1852, à 73 millions.

Cette différence de 14 millions s'explique par l'impulsion que vous avez voulu, monseigneur, donner à vos grands travaux publics, dont l'achèvement est si vivement réclamé par les populations.

L'impulsion que vous leur avez donnée est loin de n'avoir pour mesure que cette différence de crédits : vous avez voulu, en effet, que ce fût surtout l'industrie privée qui prît à sa charge l'exécution de tous ces grands travaux ; vous avez voulu que, lorsque l'assistance de l'Etat lui serait nécessaire, cette assistance, au lieu d'être une participation en travaux ou une subvention en argent, lui fût donnée surtout sous forme de garantie d'intérêt qui n'est qu'un appui moral, sous forme de temps qui, en dégrevant le présent, ne fait que laisser à l'avenir sa part dans les frais d'exécution des grands travaux dont il recueillera les fruits.

Grâce à ce système, dont les avantages n'ont pas besoin d'être développés, vous avez déjà pu, monseigneur, assurer l'exécution de plusieurs lignes de chemins de fer, et notamment l'achèvement du grand réseau du Nord, avec une simple augmentation de la durée de sa concession et sans aucune charge pour le Trésor.

Continué avec persévérance, ce système assurera l'exécution de beaucoup de chemins par les lignes principales dont ils peuvent être considérés comme la dépendance, et qui devront se charger de cette œuvre en recevant en échange la prolongation des concessions qui leur ont été accordées.

---

[1] La depense des travaux extraordinaires a été, en réalité, d'après le budget de 1851 et les crédits supplémentaires, de 74 millions ; mais, pour la comparer à la dépense de 1852, il faut l'atténuer d'une somme de 15 millions, montant de divers chapitres que la Commission du budget de ce dernier exercice a reportés dans le service extraordinaire, et que nous y maintenons.

Toutefois, monseigneur, en marchant dans cette voie, votre gouvernement n'oubliera pas que, pour avancer sûrement, il faut procéder avec prudence, et il mesurera avec le plus grand soin le développement de ces travaux aux forces financières du pays, auxquelles ils font incessamment appel pour la réalisation des capitaux qu'ils doivent faire fructifier.

Parmi les travaux extraordinaires de cette année figure pour 2 millions l'achèvement du Louvre, œuvre éminemment nationale, qui sera accomplie en cinq années et qui sera la plus grande œuvre d'art de ce siècle.

BUDGET DES RECETTES. — *Ressources ordinaires.*

Les impôts et revenus indirects sont compris dans les prévisions du budget pour une somme de 781,361,000 fr.

Pour ces prévisions, j'ai admis, sans les modifier, les évaluations qui avaient été faites par la Commission de l'Assemblée nationale.

Il est certain, cependant, que ces prévisions sont dépassées. La marche des revenus indirects est intimement liée, en effet, à l'état politique du pays ; ces revenus avaient considérablement baissé pendant les derniers mois de 1851, ils se relèveront certainement en 1852 par le rétablissement de l'ordre et le développement du travail. Déjà le mois de février a réalisé ces espérances, et il a donné près de 2 millions de plus que le mois de février 1851 [1].

Tout en maintenant, pour les évaluations de recettes, les prévisions de la Commission du budget, j'ai dû y faire quelques additions.

J'ai ajouté 6 millions aux produits des forêts, comme représentant la valeur des coupes de bois qui, n'ayant pu être vendues en 1851, viendront s'ajouter aux ventes de 1852.

J'ai fait aux revenus des boissons quelques additions résultant des modifications que je vais avoir l'honneur de vous exposer et de vous soumettre.

Ces modifications ont pour objet d'améliorer l'assiette et la répartition de quelques impôts : en même temps qu'elles atteindront ce but, elles augmenteront d'environ 9 millions les ressources annuelles du Trésor.

Je vous demande, monseigneur, la permission de vous les exposer avec quelques détails ; et, profondément convaincu de la nécessité de ne toucher qu'avec la plus extrême prudence à tout ce qui concerne l'impôt, j'ai hâte de vous dire d'abord que ces modifications ont été préparées et mûries par de longues études, soit au ministère des finances, soit dans les dernières Assemblées législatives.

Sel. — Sans rien changer à l'impôt du sel, et sans augmenter le droit qui, de 30 fr. par 100 kilogr., a été abaissé à 10 fr., il est juste de soumettre à cet impôt les établissements industriels, qui jusqu'ici en ont été exonérés.

Jusqu'ici les fabriques de soude ont reçu en franchise le sel qu'elles consomment. Cet encouragement leur était nécessaire à l'origine, lorsqu'il fallait protéger à ses débuts la production des soudes artificielles, l'une des plus belles créations de la science et de l'industrie française.

Mais, aujourd'hui, cette industrie est assez forte pour supporter sa part de l'impôt ; elle n'a plus besoin d'être encouragée, car elle a pris d'immenses développements : si elle avait besoin de protection contre la concurrence extérieure, un droit de douane la défendrait ; s'il fallait favoriser ses exportations, la restitution des droits perçus lui rendrait sur les marchés étrangers les avantages de l'immunité dont elle jouit aujourd'hui.

---

[1] Non compris l'excédant des produits qui résultera de ce que le mois de février a, cette année, un jour de plus que l'année précédente.

Aussi ai-je l'honneur de vous proposer de soumettre les sels qu'elle emploie à la taxe de 10 fr. par 100 kil.

Cette disposition a déjà été proposée ; elle faisait partie du projet qui avait été présenté à la Chambre des députés, le 3 janvier 1848, et que la révolution a empêché de discuter.

La consommation du sel dans les fabriques de soude est d'environ 55 millions de kilogrammes ; la taxe de 10 fr., appliquée à ces fabriques, produira donc un revenu de 5 millions et demi.

Une autre mesure est urgente en ce qui concerne les sels, et j'ai l'honneur de vous la proposer également.

Il s'est formé des établissements pour recueillir et raffiner les sels impurs provenant de divers usages, et ces sels épurés sont ensuite rendus à la circulation, sans acquitter aucun droit.

C'est un résultat également regrettable, et pour le Trésor qu'il prive de revenus, et pour le commerce des sels, auquel il fait concurrence à armes inégales.

L'administration a essayé de soumettre ces sels à la perception de l'impôt; mais, par un arrêt de 1848, la Cour de cassation l'a déclarée sans droit à cet égard. Depuis cet arrêt, cette revivification des sels a fait des progrès rapides, et il est urgent d'y porter remède en comblant la lacune que présente à cet égard la législation actuelle.

Avec ces deux modifications, c'est-à-dire avec l'application du droit aux fabriques de soude et avec la répression de la fraude, le produit de l'impôt du sel sera accru d'environ 6 millions par an, sans que l'impôt du sel soit lui-même augmenté.

Boissons. — En 1851, l'impôt des boissons a été diminué.

Le dégrèvement a été à cette époque de 28 millions et demi, et aujourd'hui, en égard à la consommation actuelle, il correspond pour le Trésor à une perte de 43 millions.

Je ne crois pas cependant, monseigneur, devoir vous proposer d'accroître notablement le produit de l'impôt des boissons. Les mesures que j'ai l'honneur de vous soumettre ont pour objet surtout d'améliorer l'assiette de cet impôt.

Souvent et très-vivement attaqué, cet impôt a été, pendant les années 1850 et 1851, l'objet d'une longue et sérieuse enquête devant la dernière Assemblée législative.

La Commission d'enquête est arrivée à reconnaître la nécessité de le maintenir et de conserver les moyens de perception qui en assurent le recouvrement; mais elle a conclu en même temps à l'utilité de diverses modifications destinées à en améliorer l'assiette et la perception.

Les propositions que j'ai l'honneur de vous soumettre comprennent celles que la Commission avait formulées; elles en contiennent, en outre, quelques autres, destinées à les compléter.

Telles que j'ai l'honneur de vous les proposer, ces modifications se composent de quatre dispositions principales :

Le droit d'entrée dans les villes est réduit de moitié ;

Le droit de détail est élevé de moitié ; il est porté de 10 à 15 pour 100, comme il était avant 1831 ;

La limite de la vente en gros est abaissée de 100 litres à 25 ;

La zone de franchise dont jouissent les producteurs est restreinte de l'arrondissement au canton.

L'objet et le résultat de ces modifications peuvent se résumer par les deux conséquences suivantes :

D'une part, la consommation du cabaret sera grevée d'une augmentation de droit, la consommation de famille sera dégrevée ; résultat éminemment moral.

D'autre part, l'impôt sera plus proportionnel à la valeur des objets qu'il frappe; résultat éminemment équitable.

La consommation de famille sera dégrevée.

En effet, la législation actuelle frappe du droit de détail toutes les ventes de moins de 100 litres, et comme cette quantité excède de beaucoup les ressources habituelles des classes peu aisées de la société, il en résulte qu'au lieu de pouvoir s'approvisionner en payant seulement le droit de vente en gros, qui est très-léger, elles sont obligées de payer le droit de détail, qui est beaucoup plus élevé, et ce qui est pire encore, elles sont obligées d'aller chercher leurs approvisionnements ou leur consommation journalière au cabaret.

La limite de la vente en gros étant abaissée à 25 litres, toutes les familles pourront s'approvisionner en gros.

Dans les villes, la consommation de famille éprouvera, en outre, un autre dégrèvement considérable, par suite de la réduction à moitié du droit d'entrée.

Le droit de détail étant porté de 10 à 15 pour 100 de la valeur, comme il était avant la réduction de 1831, la consommation de cabaret sera grevée; mais personne n'aura le droit de se plaindre de cette élévation, car la payera seulement celui qui le voudra; avec la limite de 25 litres tout ouvrier rangé pourra s'approvisionner en gros.

Ainsi, ces trois mesures : réduction du droit d'entrée, élévation du droit de détail, abaissement de la limite de la vente en gros, auront, par leur ensemble, ce résultat éminemment moral de grever la consommation du cabaret et de dégrever la consommation de famille.

Ainsi établi, l'impôt sera, en outre, plus proportionnel ; en effet, le droit d'entrée est un droit fixe, indépendant de la valeur de la boisson qu'il frappe, de sorte qu'il pèse surtout sur les boissons communes destinées aux classes peu aisées, tandis que le droit de détail est établi d'après la valeur. Il y a donc, sous le rapport de l'équité, avantage évident à réduire les droits d'entrée, en augmentant les droits de détail.

Ajoutons que, les taxes d'octroi ne pouvant excéder les droits d'entrée, la diminution de ces droits a l'avantage de préparer la réduction des octrois, réduction qui pourra s'opérer successivement, tout en respectant les exceptions que la loi a déjà consacrées, et en laissant aux villes, notamment à Paris, toutes les tolérances et tout le temps dont elles ont besoin pour acquitter les dettes auxquelles elles ont affecté leurs octrois.

Outre ces dispositions principales, j'ai l'honneur de vous proposer encore, en ce qui concerne les boissons, quelques dispositions secondaires. La plus importante a pour objet de prévenir les fraudes également nuisibles au Trésor et à la santé publique, qui, dans les grandes villes, et à Paris surtout, servent à fabriquer des vins artificiels avec des eaux-de-vie et des alcools.

L'ensemble de ces dispositions, dont la plupart ont été proposées par la Commission d'enquête, me paraît apporter à l'assiette actuelle de l'impôt des boissons des améliorations réelles, et j'espère, monseigneur, que vous voudrez bien les sanctionner.

Compensation faite entre les augmentations et les diminutions de produit qui en résulteront, elles donneront, en définitive, une augmentation de produits de 9,600,000 francs par an.

Mais si vous admettez, monseigneur, la proposition que j'aurai l'honneur de vous soumettre plus loin, le Trésor renoncera au dixième qu'il prélève actuellement sur ses octrois, ce qui les diminuera immédiatement d'un dixième, et, comme dans ce prélèvement les boissons sont comprises pour près de trois millions, la surcharge de l'impôt des boissons ne sera, en définitive, que d'environ six millions.

Cette augmentation sera insensible sur un impôt qui rapporte aujourd'hui plus de 100 millions ; elle sera plus que compensée par les améliorations considérables qui seront apportées dans l'assiette de cet impôt, et surtout par l'accroissement de consommation qui résultera nécessairement de la réduction des droits d'entrée.

Octrois. — Les deux principaux éléments de produit des octrois sont les taxes sur les boissons et les taxes sur les substances alimentaires, sur la viande surtout. En 1850, les octrois ont produit 95 millions, dont 42 provenant des boissons, 29 des comestibles, et 24 du surplus des objets soumis aux taxes d'octroi.

En ce qui concerne les substances alimentaires, les octrois, ou du moins l'élévation excessive à laquelle ils sont parvenus aujourd'hui, ont l'inconvénient de rendre dans les villes la viande trop chère aux ouvriers et aux classes pauvres.

En ce qui concerne les boissons, la taxe d'octroi a de même l'inconvénient de restreindre la consommation ; elle a, en outre, l'inconvénient d'être une sorte de reproduction du droit d'entrée perçu au profit du Trésor, et d'être, comme ce droit, établie d'après un tarif fixe, indépendant de la valeur, et qui, par suite, pèse surtout sur les boissons communes. A ce double titre, il y a nécessité de réduire les octrois.

Les détruire serait une faute, car c'est avec le produit des octrois que les villes font leurs travaux d'amélioration et d'embellissement ; c'est avec le produit des octrois qu'elles subventionnent leurs hôpitaux et que certaines d'entre elles exonèrent de la taxe personnelle et mobilière leurs habitants les moins aisés ; et, ce qui a peut-être plus d'importance encore, ce sont les taxes d'octrois et la cherté des denrées alimentaires qui, seules, peuvent arrêter le mouvement irréfléchi qui pousse les populations vers les villes ; ce sont ces taxes qui, seules, peuvent maintenir nos populations rurales dans les campagnes, où il y a pour elles plus de calme, de bien-être et de moralité.

Les octrois doivent donc être réduits, mais non supprimés.

Vous réaliserez, monseigneur, cette double pensée, si vous voulez bien adopter la disposition que j'ai l'honneur de vous proposer.

Cette disposition consiste à supprimer le prélèvement du dixième que le Trésor perçoit aujourd'hui sur le produit des octrois.

Cette suppression diminuera immédiatement d'un dixième la charge des octrois. Ils rapportent aujourd'hui 95 millions, dont 69 millions 1/2 sont sujets au prélèvement du dixième.

La suppression du dixième diminuera donc la charge des octrois de 6,900,000 fr., et ce sera pour les villes un soulagement considérable.

Retranchée des 15,600,000 fr. d'augmentation qui proviendront des boissons et du sel employé dans les fabriques, cette diminution laissera encore au Trésor une augmentation de revenus qui sera de 8,700,000 fr. par an.

Ressources extraordinaires. — Les ressources extraordinaires de cette année sont de deux sortes : le produit des ventes de bois, dont l'aliénation a été ordonnée par une loi antérieure, et les remboursements des compagnies de chemins de fer.

La loi du 7 août 1850 a autorisé l'aliénation, jusqu'à concurrence de 50 millions, de forêts appartenant au domaine de l'Etat. Cette aliénation n'a pas encore été effectuée. Je crois qu'il conviendra de vendre en 1852 pour une somme de 15 millions ; ce sera une ressource extraordinaire de pareille somme pour le budget de cet exercice.

Les remboursements des compagnies de chemins de fer proviennent principalement de la Compagnie de Paris à Lyon, de la Compagnie du chemin de fer du Nord.

Ces remboursements sont des ressources extraordinaires, mais ce sont bien des ressources afférentes au budget de 1852 ; elles appartiennent bien réellement à cet exercice.

C'est bien à l'exercice courant, et non à l'extinction des découverts antérieurs, que ces remboursements doivent être appliqués. En effet, les avances faites aux chemins de fer, ayant été supportées successivement par les budgets de plusieurs exercices, et leur remboursement ne pouvant s'imputer spécialement à aucun des exercices qui ont été chargés de la dépense, elles doivent être appliquées au budget en cours d'exécution.

Cette marche est conforme, d'ailleurs, à la règle d'après laquelle les ressources et les dépenses propres à un exercice, qui viennent à être réalisées après l'époque de la clôture, s'imputent de droit à l'exercice suivant ; cette règle enfin est déjà suivie pour les recettes de la nature même de celles qui nous occupent, puisque les remboursements obtenus, depuis plusieurs années, des compagnies de chemin de fer ont toujours été portés en recette dans les budgets courants.

Dispositions additionnelles.

Parmi les dispositions additionnelles qu'il y a lieu d'insérer dans le décret, à cause de leur connexité intime avec la loi de finances, il en est quelques-unes sur lesquelles je dois, monseigneur, appeler votre attention.

La plus importante est celle qui est relative à la contribution des portes et fenêtres.

Contributions des portes et fenêtres. — La contribution des portes et fenêtres a donné lieu à de vives critiques, et la loi du 4 août 1849 a prescrit que l'assiette en fût modifiée.

On a allégué que cet impôt n'est pas proportionnel, parce que, dans une même localité, la taxe de chaque ouverture est la même, quelles que soient sa grandeur et la valeur de la maison à laquelle elle appartient.

Cette objection est vraie pour les villes, pour les grandes villes surtout ; elle l'est à peine pour les campagnes. Aussi les critiques se sont-elles presque uniquement produites dans les villes, et surtout à Paris.

A Paris et dans les autres grandes villes, où il y a une si grande différence de valeur entre les maisons des divers quartiers, il n'est pas juste, en effet, de frapper leurs fenêtres de la même taxe, quelle que soit leur valeur.

Pour remédier à ce vice qu'on ne saurait contester, la ville de Paris demande, depuis plusieurs années déjà, l'autorisation de répartir le contingent qui lui est assigné, non plus d'après le nombre des ouvertures seulement, mais en raison à la fois du nombre des ouvertures et de la valeur locative.

Il n'y a pour l'Etat aucun inconvénient à accorder cette autorisation, puisque le contingent restera le même, que la répartition seule en sera modifiée et que l'Etat ne sera pas même chargé des soins et des frais de cette modification.

Il y a tout avantage à l'accorder, car la répartition proposée est équitable et facile et fera tomber toutes les critiques adressées à l'impôt.

J'ai l'honneur de vous proposer d'accorder à la ville de Paris l'autorisation qu'elle demande à ce sujet.

Ce nouveau mode de répartition pourra, d'ici à la fin de l'année, être mûrement étudié et préparé pour être appliqué en 1853, et la ville de Paris vous sera reconnaissante, monseigneur, de ce que vous lui aurez permis de faire avec vous une œuvre de justice et d'équité.

La même facilité pourra être accordée ultérieurement aux autres villes qui en feraient la demande.

Ainsi tomberont complétement les objections aussi vives que fondées que l'impôt des portes et fenêtres avait soulevées dans les villes.

Quant aux campagnes, cet impôt ne pouvait y soulever les mêmes critiques.

Les maisons rurales sont, sauf un petit nombre d'exceptions, bien moins différentes les unes des autres que les maisons de ville, et, par suite, l'impôt y est bien plus proportionnel ; la taxe y est d'ailleurs beaucoup plus faible que dans les villes, et enfin un tarif de faveur est accordé aux maisons qui n'ont pas plus de cinq ouvertures, et c'est la très-grande majorité, puisque, sur 7 millions de maisons qui existent en France, il y en a 5 millions qui n'ont pas plus de cinq ouvertures.

Dans cet état de choses, je crois, monseigneur, que l'amélioration du mode de répartition du contingent dans les villes suffira pour corriger les vices que présente aujourd'hui l'impôt des portes et fenêtres.

Cette amélioration aura lieu sans que le produit de l'impôt en soit modifié.

Une autre disposition additionnelle a pour objet l'annulation d'une rente appartenant à l'ancienne réserve de l'amortissement.

La loi du 4 décembre 1849, qui a annulé les réserves de l'amortissement alors existantes, avait dû excepter de cette annulation la rente de 4,308,000 fr., qui avait été donnée à la Banque de France, en garantie du prêt qu'elle avait fait à l'Etat. En traitant récemment avec la Banque, j'ai stipulé qu'elle consentirait à se dessaisir de cette garantie ; dès lors rien ne s'oppose plus à l'annulation de cette rente.

Une troisième disposition stipule que les comptes des dépenses secrètes de sûreté générale devront, à l'avenir, être rendus au chef de l'Etat.

RÉSUMÉ.

Avant de résumer les résultats, en recette et dépense, de l'exercice 1852, permettez-moi de mettre sous vos yeux le résultat sommaire des exercices antérieurs.

Les budgets des années précédentes ont laissé des découverts dont l'ensemble, au 31 décembre dernier, peut être évalué à la somme de 630 millions, et qui proviennent, pour la plupart, de l'exécution des grands travaux publics extraordinaires.

Ces découverts, dont une partie ne se réalisera que dans le courant de l'année 1852 par l'achèvement du payement des dépenses de cet exercice, sont à la charge de la dette flottante, et ils ne dépassent pas, ils n'atteignent pas même encore ses ressources et ses forces.

Cette dette s'élevait, au 1er mars, à 642 millions, et ce chiffre n'est pas trop élevé, eu égard surtout à sa composition. Elle comprend, en effet, divers éléments qui ne peuvent manquer au Trésor, que le Trésor même est obligé de recevoir, et pour lesquels il est obligé de conserver des découverts. Ces éléments nécessaires et inévitables sont principalement : les fonds des communes et autres établissements publics, qui figurent à la dette flottante pour................ 108,000,000 fr.

Les fonds des Caisses d'épargne, pour.................... 160,000,000

Les fonds de la Caisse des dépôts, pour....... 55,000,000

Les avances des receveurs généraux, pour............. ... 73,000,000

Ensemble........................... 396,000,000 fr.

Les autres éléments principaux de la dette flottante sont les bons du Trésor et les avances de la Banque.

Avec ce chiffre et cette composition, avec l'encaisse du Trésor, qui s'élève aujourd'hui à plus de 121 millions, avec le portefeuille qui contient en obligations de compagnies de chemins de fer 150 millions de valeurs négociables et en grande partie à courte échéance, la dette flottante présente toute sécurité.

Ainsi l'ensemble des découverts actuels, tel qu'il résulte des exercices antérieurs à celui de 1852, n'excède pas les ressources de la dette flottante qui doit les supporter.

Voyons maintenant quelles modifications l'exercice 1852 apportera à cette situation.

L'ensemble des dépenses du service ordinaire et des travaux extraordinaires s'élève à 1,071,587,973 fr.

L'ensemble des recettes ordinaires et des ressources extraordinaires ne s'élève qu'à 1,017,572,733 fr.

L'insuffisance apparente est donc de 53,985,242 fr.

Mais cette insuffisance ne sera qu'apparente.

En effet, l'expérience a démontré que les crédits ouverts à un exer jamais entièrement consommés, et qu'une portion considérable doit ê l'expiration de l'exercice. Depuis six ans, les annulations se sont élevées, chaque année à 50 millions de francs [1].

Ordinairement ces annulations servent à compenser les crédits nou besoin doit se révéler pendant le cours de l'exercice, lorsque le budget : mois avant le commencement de cet exercice. Mais, aujourd'hui que le bi se règle au milieu même de l'année, ces crédits supplémentaires so moins à craindre, et ils ne compenseront qu'une faible partie de ces

Nous avons donc le droit de compter que, compensations faites, l annulations sur les crédits nouveaux sera d'environ 40 millions.

L'insuffisance apparente des ressources se trouvera ainsi réduite à 1.

Pour la couvrir, nous aurons l'accroissement des revenus indirects.

Le chiffre de cet accroissement ne saurait être prévu, mais il suffira pour couvrir cette insuffisance apparente.

Il ne vous échappera pas, d'ailleurs, monseigneur, que l'exercice de fite que pour moitié seulement de la réduction résultant de la conversi et pour les deux tiers seulement des augmentations provenant des mo portées à quelques-uns de nos revenus indirects.

Ce sera pour l'année 1853, une amélioration de 12 millions environ l'année 1852.

Malgré cette circonstance, vous voyez, monseigneur, que le budget glera sans découvert.

Ainsi l'ensemble des découverts ne sera pas, à la fin de 1852, plus (tait à la fin de 1851. Probablement même il sera moindre, soit à rais ciation que le Trésor pourra faire des obligations des compagnies de c soit à raison des remboursements anticipés que ces compagnies demanderont à effectuer.

En outre, le poids de ce découvert sera, pour la dette flottante, be lourd qu'il n'était à la fin de l'année 1851. En effet, monseigneur, un dérable de cette dette flottante, une somme de 75 millions, était rem Banque dans le courant de l'année 1852, au 15 avril, au 15 juillet, aujourd'hui, et par suite du traité, que vous avez bien voulu m'aut avec la Banque, ces 75 millions sont en quelque sorte consolidés, le ment étant échelonné sur quinze années.

Ainsi l'exercice 1852 n'accroîtra pas les découverts du Trésor ; i même qu'il les diminuera, et la dette flottante se trouvera doublem la diminution de ces découverts et par la consolidation en quelque ques-uns de ses principaux éléments.

---

[1] *Montant des reports et annulations de crédits en règlement d'exercice* (d

Exercice 1845		52,636,698
—	1846	64,701,734
—	1847	44,638,202
—	1848	47,998,949
—	1849	51,060,461
—	1850	39,479,462
		300,515,506
Moyenne		50,085,918

Cette situation, monseigneur, est satisfaisante. Elle ne dispense pas le Trésor d'apporter la plus sévère économie dans toutes ses dépenses, mais elle est de nature à inspirer toute confiance dans les finances de l'État...

Le ministre des finances,

BINEAU.

II. DÉCRET PORTANT FIXATION DU BUDGET GÉNÉRAL DES DÉPENSES ET DES RECETTES DE L'EXERCICE 1852.

TITRE Iᵉʳ. — *Budget général.*

ART. 1ᵉʳ. Des crédits sont ouverts aux ministres pour les dépenses ordinaires de l'exercice 1852, conformément à l'état général A ci-annexé.

Ces crédits s'appliquent :

A la dette publique et aux services généraux des ministères, constituant effectivement les charges de l'État, pour la somme de un milliard un million huit cent cinquante-cinq mille sept cent six francs...................... 1,001,855,706

Aux dépenses d'ordre et aux frais inhérents à la perception des impôts pour la somme de quatre cent vingt-huit millions cinq cent sept mille cinq cent trente-huit francs........................ 428,507,538

Total général conforme à l'état général A ci-annexé............ 1,430,363,244

ART. 2. Des crédits sont ouverts jusqu'à concurrence de soixante-treize millions trente-cinq mille six cent deux francs (73,035,602 fr.) pour les travaux extraordinaires de l'exercice 1852, conformément au même état A ci-annexé.

ART. 3. Continuera d'être faite, pour 1852, au profit de l'État, des départements, des communes, des établissements publics et des communautés d'habitants dûment autorisées, la perception, conformément aux lois existantes, des divers droits, produits et revenus énoncés au tableau B ci-annexé.

ART. 4. Les voies et moyens du budget de l'exercice 1852 sont évalués à la somme totale de un milliard quatre cent quarante-neuf millions quatre cent treize mille six cent quatre francs (1,449,413,604 fr.) conformément à l'état D ci-annexé, savoir :

Recettes d'ordre dont l'emploi ou la restitution figure au budget des dépenses.................................... 431,840,871 fr.

Recettes applicables aux charges réelles de l'État........... 1,017,572,733

Total général......... . 1,449,413,604 fr.

ART. 5. Les dépenses ordinaires et extraordinaires, d'après les art. 1ᵉʳ et 2 ci-dessus, s'élevant :

	Budget total.	Recettes et dépenses d'ordre.	Charges et ressources de l'État.
A......................	1,503,398,846	431,840,871	1,071,557,975
Et les voies et moyens, d'après l'art. 4, à................	1,449,413,604	431,840,871	1,017,572,733

Le budget de l'exercice 1852 présente un excédant de dépense, qui est arrêté provisoirement à la somme de............................. 53,985,242

TITRE II. — *Services spéciaux.*

ART. 6. Les services spéciaux rattachés *pour ordre au budget de l'État* sont fixés, en recette et en dépense, pour l'exercice 1852, à la somme de vingt et un millions quatre cent cinquante-six mille six cent cinquante francs (21,456,650 fr.), conformément au tableau D ci-annexé.

ART. 7. L'affectation, aux dépenses du service départemental, des ressources spécialement attribuées à ce service par la loi du 10 mai 1838, et comprises dans les voies et moyens généraux de 1852 pour cent cinq millions neuf cent quatre-vingt-treize mille quatre cent quarante francs (105,993,440 fr.), est réglée par sections spéciales, conformément au tableau E annexé au présent décret.

Art. 8. L'affectation aux dépenses du service colonial, comprises
général de 1852 pour vingt et un millions trois cent cinquante-six
quatre-vingt-neuf francs (21,356,789 fr.), des ressources spéciales
des fonds généraux de l'Etat qui doivent y être appliqués, est réglée
au tableau F, annexé au présent décret.

TITRE III. — *Dispositions spéciales à quelques natures d'impôts*

Forêts. — **Art. 9.** Le ministre des finances est autorisé à aliéne
l'Etat jusqu'à concurrence de quinze millions. Ces bois ne pourron
parmi ceux portés au tableau annexé à la loi du 7 août 1850.

Contribution des portes et fenêtres. — **Art. 10.** La Commission
la ville de Paris est autorisée, conformément au vœu émis par elle
dernier, à établir, pour la répartition de son contingent dans la c
portes et fenêtres, un tarif spécial combiné de manière à tenir com
la valeur locative et du nombre des ouvertures.

Sel. — **Art. 11.** A partir du 1er mai 1852, il sera perçu un droit d
100 kilogrammes sur les sels destinés à la fabrication des soudes. C
sur les sels qui se trouveront dans les fabriques à cette époque.

Art. 12. Les produits similaires de ceux obtenus de la décomposit
de sodium dans les fabriques de soude, qui seront fabriqués sur le
mêmes, soit par l'emploi des eaux mères, soit par tout autre procéd
jettis à une taxe correspondante à celle établie par l'art. 11 ci-dess
employés dans les fabriques de soude.

Art. 13. Les raffineurs de sels bruts dits *sels neufs*, ou de sels in
espèces et provenances, et les fabricants de salpêtre, libres par licen
sionnés, seront soumis, comme les fabricants de produits chimiques,
énumérées en l'art. 11 de la loi du 17 juin 1840.

Boissons. — **Art. 14.** Les droits d'entrée actuellement établis sur
poirés et hydromels, dans les communes ayant quatre mille âme
agglomérée et au-dessus, seront réduits de moitié, conformément au
présent décret.

Art. 15. Les taxes d'octroi qui sont actuellement et celles qui,
de la loi du 11 juin 1842, demeureront supérieures aux droits d'ent
est annexé au présent décret seront, de plein droit, réduites au tau
tarif, dans un délai de trois ans, à partir du 1er janvier 1853.

Une prolongation de délai pourra être accordée, en la forme déter
8 de la loi du 11 juin 1842, aux seules communes qui, suivant des
melles d'emprunts régulièrement contractés ou autorisés antérieure
décret, auront affecté exclusivement le produit de leurs taxes actue
les boissons au service des intérêts et de l'amortissement de ces emp

Art. 16. Les quantités de vins, cidres, poirés et hydromels, de vi
au-dessus, tant en cercles qu'en bouteilles, expédiées à des consom
marchands en gros ou par les récoltants, seront soumises au droit d

Les quantités inférieures payeront le droit de détail.

Art. 17. La déduction accordée sur les quantités manquantes
propriétaires récoltants, jouissant, quant au droit d'entrée, de l'e
vins, cidres et poirés de leur récolte, sera calculée à raison de dix po
100), d'après la quantité totale formant les charges d'entrepôt, sa
la durée du séjour des vins, cidres et poirés en magasin.

Art. 18. Le droit à la vente en détail des vins, cidres, poirés et
perçu à raison de quinze pour cent (15 pour 100) du prix de vente

Art. 19. Dans les villes où, sur la demande des Conseils municip

cation des lois du 21 avril 1832 et du 25 juin 1841, les droits d'entrée et de détail sur les vins, cidres, poirés et hydromels sont convertis en une taxe unique aux entrées, le tarif de cette taxe unique sera révisé, conformément à la loi précitée du 21 avril 1832, et en raison combinée des dispositions du présent décret, portant réduction du droit d'entrée et augmentation du droit de détail.

La taxe aux entrées de Paris, en remplacement des droits sur les vins, cidres, poirés et hydromels, sera perçue conformément au tarif annexé au présent décret.

Art. 20. L'exemption accordée, quant au droit de circulation, par l'art. 15 de la loi du 25 juin 1841, est restreinte aux transports que, dans les cas déterminés par ledit article, les propriétaires, colons partiaires ou fermiers effectueront dans l'étendue du canton où la récolte aura été faite, et des communes limitrophes de ce canton, que celles-ci soient, ou non, du même département.

L'art. 16 de la loi du 25 juin 1841 sera applicable aux vins, cidres et poirés de leur récolte que les propriétaires feront transporter au delà de ces limites.

Art. 21. Les eaux-de-vie versées sur les vins ne seront affranchies des droits (établis sur les eaux-de-vie) que dans les départements des *Pyrénées-Orientales, de l'Aude, du Tarn, de l'Hérault, du Gard, des Bouches-du-Rhône et du Var.* La quantité ainsi employée en franchise ne dépassera pas un maximum de cinq litres d'alcool par hectolitre de vin ; et, après la mixtion qui ne pourra être faite qu'en présence des préposés de la régie, les vins ne devront pas contenir plus de 18 centièmes d'alcool.

Lorsque des vins contiendront plus de 18 centièmes d'alcool, et pas au delà de 21 centièmes, ils seront imposés comme vins et payeront, en outre, les doubles droits de consommation, d'entrée et d'octroi, pour la quantité d'alcool comprise entre 18 et 21 centièmes.

Les vins contenant plus de 21 centièmes d'alcool ne seront pas imposés comme vins, et seront soumis, pour leur quantité totale, aux mêmes droits de consommation, d'entrée et d'octroi que l'alcool pur.

Les vins, destinés aux pays étrangers ou aux colonies françaises, pourront, dans tous les départements, et seulement au port d'embarquement ou au point de sortie, recevoir, en franchise des droits, une addition d'alcool supérieure au maximum déterminé par le paragraphe 1er du présent article, pourvu que le mélange soit opéré en présence des employés de la régie, et que l'embarquement ou l'exportation ait lieu sur-le-champ.

Art. 22. Les soumissionnaires d'acquits à caution s'obligeront à payer, à défaut de justification de la décharge de ces acquits, le double du droit de consommation pour les eaux-de-vie, esprits, liqueurs et fruits à l'eau-de-vie, et pour les vins, cidres, poirés et hydromels, le sextuple du droit de circulation.

Art. 23. Le produit des trempes données pour un brassin pourra excéder de vingt pour cent (20 pour 100) la contenance de la chaudière déclarée pour la fabrication du brassin. La régie des contributions indirectes est autorisée à régler, en raison des procédés de fabrication et de la durée ou de la violence de l'ébullition, le moment auquel le produit des trempes devra être rentré dans la chaudière.

Art. 24. Les dispositions des art. 14, 16, 17, 18, 19, 20, 21, 22 et 23 qui précèdent seront mises à exécution, à partir du 1er mai prochain.

Octrois. — Art. 25. A dater du 1er mai prochain, le prélèvement de 10 pour 100, attribué au Trésor public sur le produit net des octrois, sera supprimé.

Les taxes quelconques d'octroi, autres que les taxes additionnelles et temporaires dont le produit est maintenant affranchi du prélèvement de 10 pour 100, seront simultanément et de plein droit réduites d'un dixième.

Relativement aux octrois affermés, les dispositions qui précèdent ne seront appliquées que lors de l'expiration ou de la résiliation des baux actuellement en vigueur.

Titre IV. — *Dispositions diverses et moyens de servic*

Art. 26. Le ministre des finances est autorisé à créer, pour le ser
sorerie et les négociations avec la Banque de France, des bons du
intérêt et payables à échéance fixe.

Les bons du Trésor en circulation ne pourront excéder cent cinqua
francs. Ne sont pas compris dans cette limite les bons délivrés à la (
tissement en vertu de la loi du 10 juin 1833, ni les bons déposés e
Banque de France et aux comptoirs d'escompte. N'y sont pas non pl
bons qu'il serait nécessaire de créer pour l'exécution du décret du 14

Art. 27. L'effectif à entretenir en Algérie, au delà duquel il y aur
cation du deuxième paragraphe de l'article 4 de la loi de finances du
est fixé, pour l'année 1852, à *soixante-dix mille neuf cent soixante-s
quatorze mille six cent quinze chevaux.*

Art. 28. Il sera rendu un compte spécial et distinct de l'emploi (
verts à chacun des paragraphes des chapitres XXII, XXVI et XXXVII
la guerre, pour travaux extraordinaires, civils et militaires, à exéc
sur divers points de l'Algérie. Ces crédits ne pourront recevoir aucu
tation.

Art. 29. Il est ouvert au ministre de la guerre un crédit de
(2,000,000 fr.) pour l'inscription, au Trésor public, des pensions milit
dans le cours de l'année 1852, et y compris ceux de 500,000 fr. et d
ont été ouverts, à titre provisoire, par les décrets des 11 décembre 1
vier 1852.

Art. 30. Les dispositions de l'art. 17 de la loi du 10 mai 1838, en ce
portion du fonds commun distribuée à titre de secours, afin de compl
de pourvoir aux dépenses pour constructions neuves, ne recevront pa
tion pour les budgets départementaux de 1852.

Art. 31. Sera rayée du grand-livre de la dette publique la somme
lions trois cent huit mille francs (4,308,000 fr.), de rentes 5 pour 1(
Trésor, au nom de la Caisse d'amortissement, et qui n'ont pas été (
les annulations prononcées par la loi du 4 décembre 1849.

Cette rente sera définitivement annulée en capital et arrérages, à da
1852, et les bons du Trésor remis à la Caisse d'amortissement en pa
arrérages cesseront de lui être délivrés à la même époque.

Art. 32. Dorénavant, le compte particulier de l'emploi des crédit
dépenses secrètes, sera réglé définitivement par le chef de l'État à la
exercice, et à l'expiration de chaque gestion du ministre ordonnateur

Les dispositions de l'art. 3 du décret, en date du 10 juillet 1848,

Art. 33. L'article 14 de la loi du 15 mai 1850, concernant les vac;
est abrogé.

Titre V. — *Dispositions générales.*

Art. 34. Toutes contributions directes ou indirectes autres que ce
par le présent décret, à quelque titre et sous quelque dénomination (
çoivent, sont formellement interdites à peine, contre les autorités q
raient, contre les employés qui confectionneraient les rôles et tarifs,
feraient le recouvrement, d'être poursuivis comme concussionnaires,
de l'action en répétition, pendant trois années, contre tous receveur
ou individus qui auraient fait la perception, et sans que, pour exer(
devant les tribunaux, il soit besoin d'une autorisation préalable. Il
moins dérogé à l'exécution de l'art. 4 de la loi du 2 août 1829, relati
que les Conseils généraux sont autorisés à voter pour les opérations (

plus qu'aux dispositions des lois du 10 mai 1838 sur les attributions départementales, du 18 juillet 1837 sur l'administration communale, du 21 mai 1836 sur les chemins vicinaux, et du 28 juin 1833 sur l'instruction primaire.

Fait au palais des Tuileries, le 17 mars 1852.   LOUIS-NAPOLÉON.

RÉCAPITULATION GÉNÉRALE.

DÉPENSES.	Dépenses.	Dépenses d'ordre et frais de perception.	Montant des crédits accordés.
Service ordinaire.	fr.	fr.	fr.
Dette publique..................	317,227,542	77,140,911	394,368,453
Dotations	5,775,600	»	5,775,600
Services généraux.			
Ministère d'Etat................	7,259,100		7,259,100
Justice........................	26,415,634	»	26,415,634
Affaires étrangères............,..	8,273,976	»	8,273,976
Instruction publique............	17,101,907	5,352,860	22,454,767
Cultes.........................	42,141,292	»	42,141,292
Intérieur, agriculture, etc.......	51,115,274	103,685,580	154,800,854
Police générale.................	3,872,465	»	3,872,465
Travaux publics................	67,860,165	2,022,860	69,883.025
Guerre...	327,416,651	1,997,803	329,414,454
Marine........................	108,899,094	5,921,684	114,820,778
Finances......................	18,497,006	»	18,497,006
Frais de régie, de perception et d'exploitation des impôts.......	»	151,594,180	151,594,180
Remboursements et restitutions, non-valeurs et primes.........	»	80,791,660	80,791,660
Total du service ordinaire....	1,001,855,706	428,507,538	1,430,363,244
Travaux extraordinaires.			
Ministères d'Etat................	4,925,000	»	4,925,000
— des travaux publics....	62,372,269	3,333,333	65,705,602
— de la marine..........	2,405,000	»	2,405,000
Total des travaux extraordinaires.	69,702,269	3,333,333	73,035,602
Totaux généraux......	1,071,557,975	431,840,871	1,503,398,846

RECETTES.	Recettes.	Recettes d'ordre.	Montant des recettes prévues.
Contributions directes...........	323,643,340	88,046,440	411,689,780
Produits de domaines...........	11,970,564	»	11,970,564
Produits des forêts et de la pêche.	40,976,940	»	40,976,940
Impôts et revenus indirects......	781,361,000	»	781,361,000
Divers revenus..................	18,215,156	24,844,900	43,060,056
Produits divers du budget.......	14,596,573	6,069,447	20,686,020
Ressources spéciales.			
Versements de compagnies de chemins de fer sur les prêts qui leur ont été faits..................	1,232,000		1.232,000
Remboursements par la compagnie du chemin de fer du Nord......	5,500,000		5,500,000
Remboursements à faire par la compagnie du chemin de fer de Paris à Lyon	39,463,000	»	39,463,000
A reporter..........	1,234,958,573	118,960,787	1,325,939,350

Report....................	1,234,958,573	118,900,737
Remboursements par les compagnies de chemins de fer de leur portion contributive dans la dépense du chemin de fer de ceinture de Paris	»	3,333,333
Produit de l'aliénation des bois de l'État.	15,000,000	=
Produit de la réserve de l'amortissement......................	»	77,140,911
	1,249,958,573	199,455,031
A déduire des recettes applicables aux charges de l'État, les prélèvements nécessaires pour couvrir :		
1° Les frais de perception et d'exploitation des impôts et revenus.		151;564,180
2° Les remboursements et restitutions, non-valeurs, primes et escomptes	232,385,840	80,791,660
Total général des voies et moyens de l'exercice 1852..........	1,017,572,733	431,840,871

Voici le tarif du droit d'entrée sur les vins, cidres, poirés et hy‹
au décret sur les finances du 17 mars 1852, la taxe stipulée pou‹
principal sur les vins en cercles et en bouteilles, et selon les classes d‹

TARIF DES DROITS SUR LES BOISSONS.

Communes sujettes au droit d'entrée. (Paris excepté.)	Vins. Départ 1re classe.	Vins. Départ 2e classe.	Vins. Départ 3e classe.	Départ 4e
Communes de 4,000 à 6,000 âmes.	» 30	» 40	» 50	»
— de 6,000 à 10,000 âmes.	» 45	» 60	» 75	»
— de 10,000 à 15,000 âmes.	» 60	» 80	1 »	1
— de 15,000 à 20,000 âmes.	» 75	1 »	1 25	1
— de 20,000 à 30,000 âmes.	» 90	1 20	1 50	1
— de 30,000 à 50,000 âmes.	1 05	1 40	1 75	‹
— ' de 50,000 âm. et au-dess.	1 20	1 60	2 »	‹
Remplacement aux entrées de Paris.		8 »		

RÉFLEXIONS

SUR

LES MESURES FINANCIÈRES

DÉCRÉTÉES DU 2 DÉCEMBRE 1851 AU 29 MARS 1852.

LA CONVERSION DES RENTES.—LE BUDGET DE 1852.—LA BANQUE DE FRANCE.
— LES CHEMINS DE FER.

Du 2 décembre au 29 mars, époque où la dictature (pour nous servir de l'expression officielle) de M. le président de la République a cessé, de nombreux décrets concernant les finances, le commerce, l'administration et les travaux publics, ont été rendus. Nous allons jeter un coup d'œil rapide sur les principales de ces mesures.

LA CONVERSION DE LA RENTE.

La conversion de la rente a été l'objet de nombreuses discussions ; mais, généralement, l'esprit de parti a dirigé les appréciations beaucoup plus que l'étude abstraite des conséquences financières de cette vaste opération. En 1824, lorsque M. de Villèle proposa la conversion, il eut pour soutien M. J. Laffitte qui, quoique membre de l'opposition, sentit toute l'utilité que le pays retirerait de la mesure, et l'appuya, au risque de perdre sa popularité et même ses capitaux. La conduite de cet homme de bien doit servir d'exemple aux hommes politiques de tous les temps, et c'est avec une telle autorité devant les yeux que nous ne craindrons pas de dire que le plus utile changement introduit depuis vingt-cinq ans dans notre régime financier, est l'opération que nous nous proposons d'apprécier.

L'Etat est débiteur au même titre que tout simple individu ; les lois sont les mêmes pour lui que pour le simple particulier ; la morale ne doit avoir nullement à s'effaroucher de ses actes, et si les préceptes du droit naturel sont plus utiles à suivre pour l'un que pour l'autre, c'est, à coup sûr, pour l'Etat qui, étant plus en vue, a plus d'intérêt à donner l'exemple.

C'est sur ces principes que nous nous appuyons pour juger la mesure de la conversion.

Le gouvernement français a emprunté à un particulier 100 francs, s'engageant à lui servir l'intérêt à 5 pour 100, soit 5 francs par an. Le contrat est qualifié de perpétuel : comment doit-on l'interpréter ? est-il perpétuel pour les deux contractants ou pour le créancier seulement ?

Cette question a été pendant longtemps l'objet de nombreuses controverses ; mais depuis vingt-cinq ans, la majorité des légistes et des financiers sont d'accord sur ce point que l'Etat seul a droit de rembourser, et que la rente n'est dite perpétuelle que quant au créancier. « Le prêteur ne peut pas exiger le remboursement qui peut, néanmoins, lui être imposé, mais seulement par

mesure législative[1]. » « La rente perpétuelle est ainsi nommée,
créancier en faveur de qui elle est constituée s'interdit *à perpét*
de réclamer le remboursement du capital dont elle représente l'i
le débiteur seul conserve le droit d'éteindre la rente en rembc
pital [2]. » Enfin, M. J. Laffitte a écrit [3] que les rentes perpétuelles
nommées que par opposition aux rentes viagères. Le point de
raît donc incontestable ; mais quand il y aurait encore quelque
l'esprit du débiteur, le passage suivant du rapport de Cambor
publique achèverait de les dissiper.

« En ne faisant pas mention du capital, disait Cambon à la
la nation aura toujours dans sa main le taux du crédit public
en rente perpétuelle ayant toujours le droit de se libérer, si u
de cinquante livres ne se vendait sur la place que huit cents li
pourrait offrir le remboursement de cinquante livres d'inscr
grand-livre, sur le pied du de denier dix-huit ou moyennant net
Dès ce moment, le crédit public monterait au-dessus de ce cou
tion gagnerait sans injustice, en se libérant, UN DIXIÈME DU CAPIT
créancier serait le maître de garder sa rente ou de recevoir so
ment; au lieu que si on inscrivait le capital, cette opération ser;
ou aurait l'air d'une banqueroute partielle [4]. » Ce passage peu
qu'à toute époque le pair des rentes émises par l'Etat jusqu'en
francs. Or, à quoi servirait de reconnaître le capital, si ce n'était
débiteur le droit de se libérer en remboursant le pair de la re

L'Etat, pouvant rembourser sa dette, peut en réduire l'intérêt
prêteur récalcitrant de lui rembourser le capital emprunté. N
le remboursement ne soit pas illusoire, et que les obstacles ne
que le créancier préfère se soumettre à la réduction de l'intérêt
courir après son capital à travers mille difficultés.

C'était là, ne le dissimulons pas, le vice du décret du 14 mars
ticle 3, relatif au remboursement des rentiers qui ne voudraie
conversion, était ainsi conçu : Art. 3. Les remboursements q
mandés pourront être effectués par série.

Le vague de cet article et l'indécision dans laquelle était plon;
soit sur l'intérêt dont il jouirait jusqu'au moment du rembo
sur le mode de transmission de son titre après la demande
ment, était grave et de nature à être regardée par les jurisco
ne remplissant pas les conditions voulues par l'article 1258 du (
Le gouvernement l'a compris, et par un article communiqué,
Moniteur du 20 mars, il a informé les porteurs de rentes que, de
à 5 pour 100 était dû par le Trésor jusqu'au moment du reml
que le titre, tant qu'il n'était pas annulé par ce remboursemu
ciable de la même manière que les rentes converties.

---

[1] *Dictionnaire de législation usuelle*, par E. de Chabrol-Chaméane, 4
[2] *Dictionnaire du commerce et des marchandises*, au mot RENTE. Cet a
plume de M. Michel, publiciste financier très-versé en ces matières.
[3] *Réflexions sur la réduction de la rente et sur l'état du crédit*, par J.
la page 69. Paris, 1824.
[4] *Rapport sur la dette publique*, par Cambon. Paris, Imprimerie
pages 19 et 20.

Dès lors, la conversion rentrait dans les limites du droit. Nous allons l'examiner au point de vue de l'intérêt de l'Etat.

Quand les rentes montent au-dessus du pair, l'intérêt, tout en étant fixe d'une manière absolue, diminue relativement au prix de la rente et cette diminution (toute influence, d'ailleurs, étant supposée écartée) est le quantum dont l'Etat peut réduire ce qu'il paye à ses créanciers, s'il est d'ailleurs en état de pourvoir au remboursement de ceux qui refuseraient la conversion. De cette manière, il y a pour l'Etat tout bénéfice ; le capital à rembourser est toujours le même, et l'intérêt à servir annuellement est moindre.

Nous avons supposé la rente dégagée de toute influence, et cela était nécessaire ; car presque toujours la supposition que le gouvernement était dans l'intention de convertir une rente faisait baisser cette rente et monter les autres, s'il en existait. Ainsi le 31 janvier 1830, quand on voulait acheter 5 fr. de rente perpétuelle sur l'Etat, il fallait payer 140.50 si c'était du 3 pour 100, et 107.40 si c'était du 5 pour 100, soit 33 fr. 10 c. de plus pour le 3 pour 100 que pour le 5 pour 100. Le revenu était le même d'ailleurs. Cette différence énorme résultait de la supposition que le gouvernement réduirait l'intérêt du 5 pour 100, tandis que pour le 3 pour 100 la mesure n'était que dans un avenir impossible à prévoir.

On voit donc que la conversion est plus qu'un droit pour l'Etat, c'est un devoir. Devant prendre les intérêts de tous, et non ceux de ses rentiers vis-à-vis desquels il ne doit agir que dans les limites du droit, il a tout intérêt à diminuer ses charges ; et puisque le taux de son crédit lui indique qu'il peut emprunter à 4 1/2, pourquoi ne dirait-il pas à ceux qui lui prêtent à 5 pour 100 : Je vous rembourse ce que je vous dois, ou je ne vous payerai plus que 4 1/2?

Pour apprécier l'importance de cette mesure et le bénéfice que l'Etat en a retiré, il suffit de dire qu'au 1er janvier 1851[1], le capital des rentes 5 pour 100 était de 3,609,022,452 fr., et l'intérêt à servir annuellement 180,451,122 francs 60 c.; or, on a demandé le remboursement de 1,936,783 fr. de rentes 5 pour 100, représentant un capital de 38,735,660 fr., ce qui réduit la dette convertie en capital à 3,570,286,792 fr., et, en intérêt, à 178,514,339 fr. 60 c.; et, par la conversion, ces intérêts ont été réduits de 17,851,433 fr. 96 c., sans que le capital ait subi d'augmentation. Les intérêts à servir annuellement ne montent donc plus qu'à 160,662,905 fr. 64 c.; le bénéfice de l'Etat est tout entier dans cette réduction ; on peut donc dire que la mesure a complétement réussi.

Cette manière de diminuer les charges du budget n'est pas, au reste, une nouveauté ; dès 1749[2], elle était en usage en Angleterre et réussissait pleinement. En 1825, M. de Villèle fit une opération analogue sur laquelle il en greffa une autre qui réussit, grâce à la paix et à la prospérité publique dont a joui la France.

Les porteurs de 5 pour 100 eurent pendant trois mois, à dater de la publication de la loi du 1er mai 1825, la faculté de requérir du ministre des finances la conversion en inscriptions de rentes 3 pour 100 au taux de 75 fr.; en d'autres termes, l'intérêt servi fut réduit de 1 pour 100, et le capital augmenté de 33 pour 100 ; on put aussi convertir en 4 1/2 au pair ce qui n'est que l'opération

---

[1] *Compte général de l'administration des finances pour* 1850, p. 432 et 433.

[2] *Dictionnaire de Mac Culloch* à l'article *Founds bearing interest at three percent.* Londres, 1832.

actuelle, sauf que l'on ne contraignit pas tous les porteurs de 5
se soumettre à cette mesure sous l'alternative du remboursemen

Le total des rentes 5 pour 100, qui consentit à la conversion e
fut de... ?

Soit une économie annuelle de........................

Le capital des rentes 5 pour 100 converties était au pair de 6
Il a été augmenté, par la conversion, de 203,818,846 fr.; ainsi d
tation de la dette d'un capital de deux cents millions environ,
des charges annuelles de 6 millions à peu près. Or, aujourd'hui l'
jours (toutes choses égales d'ailleurs) 200 millions de plus qu
mais les 6 millions d'économisés par an forment aujourd'hui u
320 millions avec les intérêts composés à 4 1/2, taux du crédit p
que de la conversion. On voit donc que l'Etat a gagné environ !
cette mesure à l'époque où nous sommes, et que, jusqu'au remb
capital, il y gagnera, en outre, un cinquième des intérêts à ser\

LE BUDGET DE 1852.

On se rappelle que l'Assemblée législative s'occupait du bud;
de sa dissolution; elle a donc laissé son œuvre incomplète. On p
dre à ce que le gouvernement, en décrétant le budget avant l'
Sénat et du Corps législatif, y introduirait de grands changeme
avec la nouvelle organisation politique. Cependant, comme c
modifications sont peu nombreuses.

Jusqu'alors le budget était une œuvre multiple ; chacun y appo
et le tout, bigarré de la sorte, était promulgué comme loi de '
esprit a pu présider, cette fois, à sa confection ; aucune opposi
nue interrompre la suite des principes qui ont servi à le form
il n'a pas éprouvé la transformation à laquelle on pouvait s'atten
plutôt des réformes partielles qu'une refonte générale que no
précier.

Nous ne dirons rien de la nouvelle disposition ; c'est plus
forme que de fond. Nous nous tairons pareillement sur la créatior
ministères ; c'est une opération toute politique ; mais nous ex
dehors des considérations de même ordre qui ont pu command
ments, les résultats produits par l'augmentation des traitemer
fonctionnaires de l'ordre civil et judiciaire.

C'est un sophisme très-répandu dans le public que de croire (
tageux de dépenser officiellement, et de *faire ainsi aller le comm*
ainsi, tant que le nombre de chaires d'économie politique exis
sera trop restreint pour dissiper le brouillard épais qui envirc
à cet égard.

Je suis contribuable, vous êtes l'Etat ; vous me demandez 5 fr;
surer la protection et la sécurité, pour me rendre justice, et
donne de grand cœur ; mais vous m'en demandez cinq autres ;
le commerce (le mien, je présume), et je vous demande où es
à cette opération ; ne gagnerais-je pas davantage à mettre i
ces derniers 5 francs au nombre de mes profits ? Croyez-vous (
pour n'être pas entre les mains de l'Etat, serait improductif ?

pas faire aller moi-même le commerce (à mon avantage, bien entendu), en les dépensant pour mon plaisir, en les plaçant dans telle ou telle industrie ? Mais, direz-vous, vous ne voyez donc pas que ces 5 francs dépensés par l'Etat (représenté par ses fonctionnaires !) font aller successivement tous les commerces, comme dans une montre une roue fait aller toutes les autres ; que, par suite du mouvement général imprimé à la consommation, tous les producteurs, vous, entre autres, gagnerez à la mesure ? Si fait ! je vois bien tout cela ; mais, comme disait notre ami Bastiat dans un des derniers écrits échappés à sa plume mourante, c'est ce qu'on voit, et vous ne montrez pas ce qu'on ne voit pas.

Puisque vous tenez, à toute force, à faire aller le commerce en contraignant à consommer, pourquoi voulez-vous que ce soit un autre que moi, qui, avec mon argent, fasse aller les affaires? N'ai-je donc pas toutes les qualités requises pour cela ? J'avoue que, sous ce point de vue, je me sens digne d'occuper les plus hautes fonctions, et mon ambition devient sans bornes. Peut-être me direz-vous qu'au lieu de dépenser en plaisirs, en fêtes, en bals, etc., je mettrai mes 5 francs de côté ; que je capitaliserai, et qu'avec le produit je commanditerai quelque industrie, si ce n'est la mienne ; qu'ainsi je ne ferai pas aller le commerce (le même que vous feriez prospérer, du moins), ce qui est votre préoccupation. Voilà, en vérité, un grand mal! Comment, sans capital l'industrie ne peut prospérer, la civilisation faire des progrès, les mœurs s'épurer, les sciences s'étendre et gagner, par suite, en profondeur, et vous me blâmez de contribuer à cette prospérité générale, et de ne pas dépenser le surplus de mes bénéfices en vapeurs et en fumées! Autant vaudrait-il dire MM. Delessert et autres ont eu tort de favoriser l'extension des caisses d'épargne !

C'est en raison des principes que nous venons de combattre, que les traitements des membres de l'ordre judiciaire (Cour des comptes, Cour de cassation, Cour d'appel), et de l'ordre administratif ont été augmentés d'une manière notable.

Parmi les divers changements qu'a subis le budget de 1852, nous ne citerons que ceux relatifs à l'impôt des boissons et à l'impôt sur le sel, limité que nous sommes par la place qui nous est destinée dans ce recueil. Le principal changement opéré dans l'impôt des boissons est l'abaissement de la réduction de la vente en gros de 100 litres à 25 ; l'objet de cette réduction est de diminuer la consommation du cabaret au profit de la consommation de famille. C'est là un but bien désirable à atteindre ; et nous souhaitons vivement que la mesure dont nous venons de parler produise tout l'effet qu'on en attend.

Quant à l'impôt sur le sel, sans augmenter sa quotité on augmente son produit en le faisant supporter par des établissements industriels (les fabriques de soude) qui jusqu'alors recevaient le sel en franchise. « Cette industrie, dit M. Bineau, est assez forte pour supporter sa part de l'impôt. » Nous aurions désiré que ces justes paroles eussent été appliquées à tant d'autres industries, qui non-seulement ont trouvé moyen de se soustraire à l'impôt, mais qui encore en prélèvent un à leur profit particulier, soit sur les consommateurs, soit sur d'autres industries.

En résumé, les dépenses montent à :

Service ordinaire, dépenses de l'État.................... ',

—   dépenses d'ordre......................

                                            4,

Service extraordinaire, dépenses de l'État................

—   dépenses d'ordre.................

            Total général. .... 4.

Les recettes n'atteignent que :

Recettes prévues................ 1,017,572,733

Recettes d'ordre...................   431,840,871   1

Soit un déficit de.......................................

Outre la dotation présidentielle, qui n'est portée dans le budg
million et demi, et qui monte, d'après le décret récent du Séna
lions, non compris les frais d'entretien de plusieurs châteaux, ou
tissement qui continue à suspendre son effet, outre les crédits su
res, complémentaires, extraordinaires, etc., etc., qui pourront être
le courant de la session, et y compris les bénéfices provenant de la
On voit que nous sommes loin de l'équilibre tant recherché. Il e
tous les ans, une partie des crédits sont reportés à l'exercice sui
la moyenne, depuis six ans, de ces reports, est de 50 millions ;
vrai que les revenus des impôts directs ont chance d'augmenter av
rité matérielle.' Mais' les crédits votés durant l'année, que M. Bi
à 10 millions seulement, en raison de l'époque avancée de l'exer
passeront-ils pas cette limite?

LA BANQUE DE FRANCE.

La centralisation, en matière de crédit, a fait de grands progrè
sieurs années. Avant 1800, il y avait diverses sociétés par action
opérations de banque et émettant des billets à vue et au porteur
Consul donna à l'un d'eux le monopole de cette dernière nature d'o
des comptoirs, établis dans les villes de province, et dépendant
de la Banque, mirent les départements et Paris sous la direction
institution de crédit, qui elle-même recevait l'impulsion du che
nement. Sous la Restauration, des essais de banque locale fur
réussirent;' depuis 1830, la création de ces derniers établisseme
plia; mais la révolution de Février mit assez cavalièrement fi
de liberté économique, et la Banque, comme sous le Consulat
eut dans toute la France le monopole de l'émission des billets
porteur.

Le gouvernement du 2 décembre, loin de ramener la législatior
plus libérales, a au contraire rétabli et complété le système cons
périal. La Banque est devenue par l'esprit, si ce n'est à la lettre,
l'État. Son privilége a été continué; toutefois elle a dû diminue
son escompte, malgré la vive opposition que cette mesure a renc
Conseil de la Banque, et répartir sur quinze années le rembo
75 millions que lui doit l'État, et dont le payement devait av
le courant de l'année 1852. De telles mesures sont graves, et nou

loin d'être favorables au commerce, elles lui seront désavantageuses. Cependant nous ne pouvons qu'approuver les décrets qui ont autorisé la Banque à avancer sur les actions et obligations de chemins de fer et sur les obligations de la ville de Paris; nous aurions même vu sans crainte la même mesure s'étendre aux actions industrielles et aux marchandises, si la libre concurrence avait été là pour mettre un frein à la trop grande étendue que la Banque pourrait donner à ces opérations.

CHEMINS DE FER.

Le réseau des lignes de fer françaises était, comme on sait, loin d'être achevé au 2 décembre 1851 [1]! Ainsi, la ligne de Paris à Lyon était provisoirement entre les mains de l'Etat, qui y travaillait lorsque les allocations du budget lui en laissaient les moyens; le tronçon de Lyon à Valence était dans la même position; de Valence à Avignon, il y avait abandon complet. Le chemin du Centre, construit et exploité par une Compagnie particulière jusqu'à Nevers, d'une part, et Châteauroux de l'autre, était continué par l'Etat (de la même manière et avec la même activité que Paris à Lyon et Valence) jusqu'à Clermont et Limoges; les lignes du Nord et de Strasbourg avaient des tronçons (Creil à Saint-Quentin et Reims) qui, n'aboutissant à aucune autre ligne, étaient plutôt une charge qu'un avantage pour ces Compagnies; enfin, les gares des divers chemins de fer à Paris étaient isolées et sans communication. Voici un tableau résumant les nouvelles lignes ou embranchements concédés à des Compagnies particulières depuis le 2 décembre, leur longueur et les dépenses qu'occasionnera leur achèvement complet. Nous y avons désigné les Compagnies concessionnaires [2] :

LOIS ou DÉCRETS du	LIGNES.	LONGUEUR TOTALE.	DÉPENSES RESTANT à faire.	COMPAGNIES ADJUDICATAIRES.
		kilo.	fr.	
1ᵉʳ déc. 1851	Lyon à Avignon............	230	105,000,000	Société par actions.
10-11 —	Chemin de fer de ceinture...........	11	9,000,000	Cinq comp. réunies
3 janv. 1852	Paris à Lyon............	510	86,000,000	Société par actions.
12 févr. —	Dijon à Besançon et Gray...........	125	22,100,000	Société par actions.
12 —	Dôle à Salins................	37	7,000,000	M. Grimaldi.
19 —	Saint-Quentin à la frontière belge........	85		Compag. du Nord.
19 —	Douai à Reims { Cateau à Somain	38	60,000,000	Id.
	{ La Fère à Reims........	80		Id.
19 —	Noyelle à Saint-Valery........	5		Id.
25 —	Strasb. à la frontière bavar. (Wissembourg).	57	15,000,000	Comp. de Bâle.
25 mars —	Metz à Thionville............	31	4,800,000	Cⁱᵉ de Strasbourg.
25 —	Thionville à la frontière prussienne........	33	4,500,000	Id.
26 —	Blesme et Saint-Dizier à Gray........	170	48,000,000	M. Grimaldi.
26 —	Châteauroux à Limoges............	135		Comp. d'Orléans.
26 —	Nevers (Bec-d'Allier) à Clermont........	155	89,230,000	Id.
26 —	Embranchement sur Roanne........	66		Id.
26 —	Poitiers à La Rochelle et Rochefort........	121	32,000,000	Id.
	TOTAUX............	1,889	484,630,000 [3]	

Telles sont les nombreuses lignes que le gouvernement a, en quatre mois,

---

[1] Voir, pour le détail des longueurs, coûts et état actuel de toutes ces lignes, l'article de l'*Annuaire de l'économie politique* pour 1852, sur les chemins de fer français en 1851, page 125.

[2] Une partie des chiffres de ce tableau ne sont que des approximations; nous ne les donnons donc que pour tels.

[3] Sur cette somme qui représente les travaux à faire pour achever complétement les 1,889 kilomètres concédés à l'industrie privée du 2 décembre au 29 mars, soit par l'Etat, soit par les Compagnies, 103 millions sont au compte de l'Etat et le reste au compte des Compagnies.

concédées à des Compagnies particulières, et ce ne sont pas les
aient attiré sa sollicitude : les chemins de Bordeaux à Bayonne, 1
Toulon et à Cette, Paris à Caen et à Cherbourg, etc., auraient pe
concédés si l'on n'avait craint sans doute de donner trop d'élan à
industrie à un moment où les autres industries, devant reprendre,
probabilité, leur ancien développement, vont exiger aussi le c
nombreux capitaux.

Les principes qui ont présidé à la fixation des conditions de ces
peuvent être résumés en quatre principaux :

1° Longues concessions remplaçant les subventions ; ·

2° Quand on a accordé des subventions, on les a généralement
charge d'autres Compagnies plus favorisées ;

3° Garantie d'intérêt, soit sur un capital emprunté par la Com
sur son capital social en actions ;   •

4° Enfin, réunion des petites compagnies en trois ou quatre
ciétés.

Les longues concessions nous paraissent remplacer les subven
gent, travaux ou terrains, avec beaucoup d'avantages ; l'Etat
exploiter les chemins de fer qu'avec beaucoup moins de profits qu
culiers, que lui importe la durée de la concession ? Si celle-ci
main, ne devrait-il pas concéder de nouveau la ligne ? Pourquoi ne
procéder à cette concession future, en accordant un laps de temps
à la Compagnie d'avoir un amortissement annuel plus faible et, pa
bénéfices plus forts ? Seulement, nous voudrions que l'augment
bénéfices tournât surtout au profit du public, et, pour cela, que le
charges n'empêchassent pas des concurrences directes ; ainsi, si
une ligne entre deux villes il y a deux tracés, pourquoi ne pas la
capitalistes veulent l'entreprendre à leurs risques et périls, con
chemins suivant ces deux tracés différents ? Nous savons bien que l
pondra par l'exemple de Versailles ; mais cet exemple n'est pas co
bord pour telle ligne la mesure sera bonne et utile, pour telle au
Paris à Versailles) elle sera mauvaise : l'intérêt particulier devra
ses risques et périls, la bonté de l'entreprise. Ensuite, dans ce cas
l'Etat n'a-t-il pas un peu poussé le public à cette mauvaise af
ce même pas à cause de l'enfance des chemins de fer en Franc
commis cette faute ? A nos yeux, c'est une folie de jeunesse, qui
conclure contre l'avenir.

Faire payer par des compagnies favorisées, à d'autres qui le son
subventions tendant à équilibrer les conditions dans lesquelles
ces compagnies, nous semble également tourner au profit de l'
suite du public. D'abord cela permettra à de petites compagnie
côté d'autres plus considérables, sans que leur fusion soit u
absolue ; ensuite, on peut de cette façon concéder une grande lign
petites sociétés, sans avoir besoin de recourir à ces énormes com
par la difficulté qu'elles éprouvent de réunir une grande masse
empêchent la concurrence de produire son effet salutaire.

Les deux autres mesures ne nous paraissent pas à beaucoup pr
bonnes et aussi utiles. D'abord, la garantie d'intérêt nous semble
pour l'Etat. En effet, que la guerre éclate en Europe, voici quelle

tion. L'effectif de l'armée augmentant, les dépenses seront plus fortes ; les impôts rentreront plus difficilement et seront moins productifs, et c'est à ce moment où l'Etat aura plus de dépenses et moins de revenus, qu'il devra solder aux compagnies de chemins de fer la diminution de recettes qu'elles auront subie au-dessous du quantum fixé par le cahier des charges. Il y a donc là, ne nous le dissimulons pas, un grave danger. Nous savons bien que l'on ne doit pas trop agir en vue d'un malheur qui n'est pas arrivé depuis longtemps et qui disparaîtra peut-être (nous l'espérons du moins) de nos habitudes ; mais cependant il est possible, et cela suffit pour que l'Etat ne se mette pas dans une telle position que, le cas échéant, il succombe sous les charges accumulées sur lui pendant la paix. Au reste, la guerre n'est pas le seul cas où l'Etat perdrait à cette combinaison ; de graves complications politiques, en inquiétant le pays, en empêchant le mouvement des affaires, pourraient également amener de pareils résultats, et nous pensons que, chez nous surtout, de telles éventualités doivent entrer en ligne de compte, surtout quand la garantie d'intérêt a lieu pour un grand nombre d'années.

La fusion des compagnies nous semble également contraire à l'intérêt public et particulier. Les grandes compagnies, si elles ont de moindres frais d'administration (et c'est une question qui ne nous semble pas encore résolue positivement), ont aussi les inconvénients des grands Etats trop centralisés ; savoir, d'être vexatoires pour les localités, et moins bien surveillées. Supposez une petite Compagnie administrée par des gens du pays, ayant pour actionnaires des habitants de la localité, et voyez quelle surveillance incessante, et quelle entente des intérêts du pays et de la compagnie il y aura en elle ; que d'économies on réalisera ; avec quelle flexibilité le tarif pourra se plier aux exigences du moment. Une grande Compagnie ne peut profiter de tous ces avantages, et il est douteux que les frais d'administration, que les dépenses de son personnel et surtout de son nombreux état-major soient moindres, toute proportion gardée d'ailleurs, que ceux d'une petite compagnie dans les conditions que nous venons de tracer. On nous dira qu'une grande compagnie peut entreprendre des embranchements qu'une petite compagnie n'aurait pas de profit à exécuter ; mais à cela on peut répondre qu'il n'y a pas de nécessité à l'établissement de tels embranchements onéreux aux autres parties de la ligne, et par suite aux voyageurs et marchandises de ces mêmes parties : et alors pourquoi faire payer à un habitant du nord plus qu'il ne doit, pour en gratifier l'habitant du centre ? N'est-ce pas là du communisme à l'état naissant?

ALPHONSE COURTOIS.

CORRESPONDANCE.

QUESTION DE LA RENTE.—LETTRE DE M. DE FONTENAY EN RÉPONSE A M.

Paris, mars 185

Monsieur,

J'avais répondu, dès les premiers jours de mars, à la remarquable ?
quelle vous contestez le principe fondamental de la doctrine de Bastiat. -
n'a pas trouvé de place pour insérer cette lettre. J'en suis fâché, parce ?
a laissé l'illustre économiste que nous regrettons sous le coup d'une
pour être d'une mesure parfaite, n'en est pas moins vive et sérieuse. J'?
(pour le lecteur) parce que, dans l'intervalle de mars à avril, ma répons
reusement fait comme les arbres; elle s'est développée et a pris quelqu?
plus.

Je dois d'abord vous faire remarquer, monsieur, que si vous n'aviez
débat jusqu'au principe même de la *Gratuité des agents naturels*, et si
borné à la question du revenu foncier, il n'y aurait vraiment pas entre ?
à discussion. La définition si large que vous donnez de la *rente* nous met
le point le plus essentiel.

Ce que j'ai combattu en effet dans Ricardo, c'est surtout ce parti pr?
ne voit la rente que dans l'occupation du sol, fait au propriétaire fonci
tion tout exceptionnelle, établit comme une « implacable » nécessité
la pénurie croissante des éléments indispensables de la vie, le parasiti
taines classes, etc...

Vous, monsieur, vous dites avec moi que cette prime qu'on appelle
pas le partage exclusif de la propriété foncière [1], qu'elle existe et app?
revenu de tout homme qui tire parti d'un avantage naturel et excep
possède *dans sa personne ou dans sa propriété*. » Vous citez les talents
les ouvriers doués d'une force et d'une intelligence peu communes, le?
traordinaires que le fabricant ou le commerçant obtiennent, chaque
frais de production ou de transport se trouvent diminués par le conco?
cace des forces naturelles. En un mot, vous généralisez la notion de la ?
l'idée parfaitement juste de *profit net*, de *bénéfice supérieur continu.*

Mais du moment que vous reconnaissez ainsi le phénomène de la
toutes les classes, dans toutes les formes de la production, la propriété
trouve délivrée de toutes les conditions exceptionnelles et antiprogressi?
avait faites; vous n'avez plus besoin de la classification des terres par ord?
et de défrichement, vous n'avez plus besoin de la cherté croissante des
pour expliquer la rente foncière; pas plus que vous n'avez besoin de
cherté progressive du fer, pour expliquer les bénéfices des bonnes fo?
transports pour comprendre les hauts dividendes de certains railw?
livres, pour vous rendre compte de la fortune de quelques écrivains é?
Au contraire, l'analogie que vous établissez vous conduit naturellemen?
dans l'agriculture comme dans toutes les autres branches de l'industr?
fices arrivent normalement par le développement de la consommation.

---

[1] Les derniers mots que j'aie écrits sur la rente sont ceux-ci : « Il y
théorie sur le capital et le produit net en général; — sur la rente foncière e
non ». (*Journal des Economistes*, novembre 1851.)

sommation ne peut croître que par la facilité de produire et l'abaissement de valeur absolue des produits [1], et que par conséquent la subsistance, comme toute autre production essentielle, devient chaque jour plus abondante et moins difficile.

Ainsi, monsieur, nous sommes parfaitement d'accord, au point de vue chrématistique au moins, sur les points capitaux ; et de proche en proche, cette entente cordiale pourrait bien s'étendre plus loin que vous ne le pensez.

Sur quoi donc porte, en ce moment, notre dissentiment? Mon Dieu, sur une abstraction, une thèse philosophique. Pour bien des gens, ce serait une nuance insignifiante ; pour vous, monsieur, le désaccord est grave, et vous ne vous trompez pas.

Voici en quoi il consiste :

Dans la production, vous semblez voir deux agents distincts, deux forces indépendantes, *la nature* et *l'homme*. Moi, je n'y vois qu'un moteur, un agent volontaire, *l'homme*, et un instrument passif, *la nature*, — ce qui est logique. Vous dites : On paye l'homme et on paye la nature. Je dis avec Bastiat : On paye l'homme seul, selon son œuvre, c'est-à-dire en raison de l'intelligence, de l'énergie déployées par lui pour diriger à son but les forces gratuites de la nature, — ce qui est juste.

Vous dites : On paye la force, l'utilité naturelle. Je dis : Non, on paye *l'utilisation*, l'appropriation de cette force à une fin utile ; ce qui est une œuvre *humaine*, un effort et un service *humains*.

Vous vous heurtez à une nécessité des choses que vous appellerez monopole ou injustice, comme il vous plaira. Moi, je perce cette apparence, et vais me reposer dans la notion d'équité parfaite et sans nuages. — Voilà la différence, et elle vaut la peine d'être étudiée de haut.

Mais, avant de discuter le principe même, il faut voir d'abord comment il s'est produit, et où en étaient, avant Bastiat, les défenseurs et les négateurs de la propriété. L'économie politique enseignait que certains hommes se font payer, outre leurs services reconnus, les dons gratuits de la nature dont une convention légale ou sociale, si vous voulez, les rend détenteurs privilégiés. — Mais elle ajoutait bien vite que cette anomalie, qui constitue la propriété et le produit-net capitaliste, a, dans la pratique, les résultats les plus favorables au progrès et à la richesse générale. Le *principe* était donc laissé dans les nuages d'une légitimité douteuse : on se bornait à le sauver par la considération de ses *conséquences*.

Ce n'est pas un reproche que je fais là à la science : le socialisme n'était pas né, la propriété n'était pas discutée. Mais comme les économistes avaient dit, en même temps, que le travail est la raison de la valeur ; que rien ne *vaut* que ce qui a *coûté* une peine à faire ou à recueillir ; que l'homme ne doit pas faire payer ce qui ne lui coûte rien, etc.; il était à prévoir (on prévoit toujours après coup) qu'en signalant une exception à ces règles d'équité, on allait attirer sur le privilège propriétaire une attaque terrible.

Comment ! s'écrièrent en effet les novateurs, les propriétaires se font payer, dans leurs rentes, les avantages naturels de fertilité et de position de la terre, de la terre qui est le patrimoine commun de l'humanité ; et vous appelez timidement cela monopole et privilège? Mais c'est un vol ! — A bas la propriété !

Comment ! l'industrie, sous toutes ses formes, s'enrichit par une iniquité pareille, et la puissance supérieure de l'instrument livre aussi à son possesseur le solde des forces naturelles qu'il emploie. — Alors communauté ou gratuité de l'instrument ! guerre au produit-net ! malédiction sur le capital !

Comment, poursuivaient les égalitaires, ces privilégiés qui se sont partagé la terre

---

[1] Principe de J.-B. Say, formulé par M. Banfield avec une nouvelle précision.

et nous vendent les dons de Dieu, ajoutant à la puissance de leurs ca
riorité que leur donnent encore la science et l'éducation, viennent entre
avec nous, combattent armés de toutes pièces contre les prolétair
més : et ils appellent cela liberté et justice ? — A bas la concurrence
rédité ! — Le salaire mesuré au temps et non à l'œuvre, etc., etc.

Je vous fais grâce, monsieur, de toutes les récriminations disco
tirent de ce malheureux principe du payement des avantages naturels
fut immense, il dure toujours ; et ce ne sont pas les airs de dédain
le péril, et ce n'est pas en se bouchant les oreilles que la science ét
naces. Qu'a-t-elle répondu aux propriétaires consternés, qui venaie
de les défendre?

Certainement, leur a-t-elle dit, votre fonction est bien utile à l'or
il faut convenir qu'elle est commode d'un certain côté. Votre rente, e
des dons de la nature, que vous faites payer en vertu d'une conve
nopole, d'une fiction légale, etc. Ce qu'il y a de plus heureux pour
paraît bien difficile de séparer, dans la propriété, la part de la natur
vail, de toucher (comme vous dites, monsieur,) « au contingent sans at
Sans cela, nous vous aurions délivrés des attaques du socialisme
tout simplement la rente. Ricardo s'occupe de cela dans son chapi
que l'impôt pourrait soutirer, au profit de l'Etat, une partie de votre m
qu'on pourrait ainsi « atteindre la rente, sans toucher aux profits n
griculture. » On dit bien que J. Mill, un de ses élèves, va plus loi
rafler ainsi tout accroissement nouveau de la rente.

Le croiriez-vous, monsieur, les propriétaires se sont trouvés si ma
de peur d'entendre pis, ils n'ont pas voulu écouter le reste. Les i
l'Economie politique presque autant que le Socialisme, et, en fait d
ils ne reconnaissent que deux arguments : leur fusil et le sabre du

Quant au peuple, s'il « ne lit guère les écrits socialistes », je vo
connaît parfaitement les principes et les conclusions. Je ne sais
point le bon sens vulgaire, sur lequel vous comptez beaucoup, le
doctrines. Je croirais plutôt que ce qui retient dans l'ordre la ma
cultivateurs et des ouvriers, c'est d'abord la puissance du fait, —
jours pour le peuple sa raison d'être, — et puis le respect du cout
le livret, la parole donnée... Mais vienne le communisme par la lo
l'acclamera sans hésiter.

C'est à la vue de ce désordre moral, de ce défaut de principes,
ment des assiégés, de cette audace des agresseurs, que, compren
ménagements qu'il avait si longtemps gardés vis-à-vis de certain
taines formules d'école, Bastiat vint jeter résolument sa grande par

« Votre commune prémisse est fausse ; la propriété n'est ni un pr
justice ; la pratique universelle est plus logique que vos théories ;
et n'a jamais payé que le service de l'homme ; le concours de la na
reste gratuit à travers toutes les transactions... »

Et de là il déduisait ses grandes lois d'harmonie entre l'intérêt d
rêt de tous ; l'accord du capital et du travail ; les conquêtes visibl
venant s'absorber dans l'accroissement inaperçu du fonds commu
prochant les distances par l'élévation continue du niveau des dive
cette belle et sympathique doctrine enfin qui subjugue l'intellig
sante logique, qui gagne le cœur par un indicible parfum de droitu

---

¹ La *gratuité du concours de la nature* est le principe fondament
doctrine de Bastiat. Otez ce mot, et il ne reste plus rien de ses H

Je ne prétends pas, monsieur, vous imposer mon admiration pour Bastiat. Je conçois que vous trouviez qu'il s'est trop préoccupé « de vaines clameurs qui ne doivent pas toucher la science », que vous contestiez son principe comme faux et inutile. Mais ce qui m'étonne, c'est qu'après avoir amoindri de toutes vos forces le péril actuel et brûlant qu'il a voulu conjurer, vous nous montriez sous les couleurs les plus sombres ce même péril dans l'avenir, et comme conséquence de ce principe même. Il se fait, sur ce point, dans votre esprit, une sorte de renversement d'optique : on dirait, à vous entendre, que ce n'est pas Bastiat qui est arrivé après le socialisme et pour le combattre ; mais c'est le socialisme qui a surgi du principe de Bastiat, et qui va pulvériser lui et nous à la fois.

Quoi donc ? avons-nous livré aux profanes les mystères de l'Isis économique ? Est-ce nous qui avons dit aux communistes que la propriété foncière est un privilége usurpé, une restriction aux dons de Dieu, le rôle commode d'un homme qui tend la main, etc.? Est-ce que « l'athlète du paradoxe, qui doit presser et envenimer ces formules », nous a attendus pour descendre dans l'arène ? Ne prenez-vous pas, monsieur, vos souvenirs pour des pressentiments, quand vous nous parlez du danger d'abaisser des barrières déjà brisées, de faire naître des utopies qui sont plus vieilles que nous, d'attirer l'ennemi sur un point où l'on se bat depuis cinquante ans et où nous ne nous sommes portés, il faut le dire, que pour soutenir vos gens un peu maltraités ?

Quant à la proposition de Bastiat, je défie qu'on en fasse sortir un paradoxe ancien ou nouveau. Et ici, monsieur, je vous prie de bien remarquer le sens et la teneur de cette proposition. Bastiat, en effet, n'établit pas un *principe* ; il énonce un *fait* (ce qui est tout à fait différent). Il ne dit pas, que je sache, — et dans tous les cas il n'avait pas à dire : *En droit*, il est *juste* que le concours de la nature reste gratuit. — Il dit : *En fait* et par destination providentielle, le concours de la nature reste gratuit.

Or, le danger, c'est de proclamer le principe de *droit*; car c'est à un principe seulement qu'on rattache les utopies, et surtout quand on trouve le fait d'un côté et le principe d'un autre. Mais savez-vous qui a établi que l'homme ne *devait pas payer* les dons de la nature? Les Economistes, et J.-B. Say plus haut que personne (je l'en approuve fort, c'est l'expression du vulgaire bon sens) : « Les biens que la nature donne gratuitement, dit-il, ne confèrent aucun droit. Quand il serait possible de les faire payer, une telle prétention *blesserait l'équité naturelle* : ce serait faire payer ce qui ne coûte rien. » (*Cours*, 9ᵉ partie, p. 513).

Ceci est catégorique. Say ajoute en note : « Les terres cultivables forment une exception. » Mais qu'est-ce que peut être une « exception » à une loi « d'équité naturelle ' » ? dira le socialisme.

Bastiat n'avait donc pas à poser la question de droit : ce qu'il s'est partout et

---

impossible de comprendre à quel point de vue M. Boutowski peut louer, comme il le fait, les chapitres *Echange, Richesse, Concurrence*, etc. A chaque page, à chaque raisonnement, vous trouvez l'*utilité gratuite* ; si vous la niez, tout cela n'est plus qu'un tissu d'absurdités élégantes. Bastiat est tout d'une pièce : entre le blâme et l'admiration, il faut absolument opter.

' Il n'y a pas, dans cette observation, le moindre reproche à J.-B. Say, qu'on veuille bien le comprendre. Voilà un homme éminent qui pose un principe absolu de justice ; devant lui se présente une dérogation : la propriété du sol. Que fait-il ?... Il tourne l'obstacle, l'examine par les autres côtés, et trouve que les conséquences de la propriété sont excellentes. Il passe outre, et il a raison : la propriété est prouvée par l'utile. Say n'aime pas les abstractions, son but est la pratique, et il n'a pas le temps de faire la science dans tous ses détails. Mais il est clair comme le jour qu'il sentait bien là quelque chose à étudier de plus près, et qu'en écrivant *exception*, c'est comme s'il eût dit à ses successeurs : cherchez là, je cours, moi, aux grands résultats.

uniquement efforcé d'établir, c'est le fait : *l'homme ne vend pas l*
Mais à discuter un fait, il n'y a aucun danger. Si, après vérification,
sez que le fait n'existe pas, c'est comme si Bastiat n'avait pas
socialistes et vous, la guerre reste exactement au point où elle ét
cord de part et d'autre pour reconnaître une exception à un princi
turelle » reconnu également des deux côtés, — les uns nommant
privilége et les autres *vol*. Bastiat n'a rien livré à l'attaque.

Ainsi, voilà bien la position : les Economistes, abandonnant à peu
foncière et le revenu par le côté de la justice originelle, et adme
tum de monopole, les défendaient *exclusivement par la considérat*
Les Socialistes battus de ce côté, je le reconnais, l'attaquaient *exc*
point faible de l'équité du revenu. La querelle pouvait longtemps d
prend.

Qu'a fait Bastiat? par une manœuvre hardie, laissant un moment
il s'est porté sur cette aile faible de la bataille, sur le côté du *ju*
un coup décisif : « Le propriétaire, a-t-il dit, comme tous les autre
fait payer que ses services personnels ou acquis. Il ne vend pas le
ture. »

A-t-il pour cela affaibli ou combattu un seul des arguments *d'ut*
ses devanciers en faveur de la propriété foncière? N'en a-t-il pas
fois, après eux, comme eux, souvent mieux qu'eux, les conséquenc
ces voix éloquentes qui ont soutenu cette noble cause, aucune a-t-
gique, plus persistante, plus écoutée? Fallait-il donc que, pour déf
il approuvât même ce qui lui a paru écrit *contre* la propriété?

Libre à vous, monsieur, de dire que ce dernier et magnifique
intelligence n'a pas, à vos yeux, enlevé encore la victoire. Libre
cela « peines perdues » (le mot est faible : ce n'est pas sa peine
Bastiat a volontairement sacrifiée à la pacification sociale) , ou ef
tion impossible entre l'erreur et la vérité ». La postérité, qui cou
tiat, a déjà cassé cet arrêt : notre génération qui a soif d'unité, q
de cet esprit de conciliation,— caractère distinctif de la vérité, con
est le stigmate de l'erreur, — comprend déjà cet homme de bo
comprise; et sur le terrain commun par lui préparé bien des male
déjà la main. Mais si vous n'admettez pas que Bastiat ait tout sauvé
admettre qu'il n'a rien compromis ; et ne présentez plus comme l'
du socialisme l'homme qui le premier et le dernier a combattu,
ment, sans trêve et sans relâche, tous les chefs du socialisme.

Tenez, monsieur, je crois pouvoir vous révéler à vous-même c
et vous tient en défiance contre cette doctrine : c'est qu'elle es
Bastiat a eu un tort réel, incontestable, c'est de mourir au milieu
chevée. Il a soulevé un bloc énorme, l'a posé sur le faîte de l'édi
s'est affaissé tout d'un coup. La pierre n'est pas encore tout à fait
plomb, et vous craignez que sa chute n'entraîne une partie d
craignez surtout (et en cela vous avez peut-être raison) la mala
essayent de la raccorder et de la tailler. Aidez-les, ils ne demand

Mais remarquez bien que le bloc n'a rien dérangé dans les as
quant à le jeter par terre, il n'y faut pas songer un instant.....

Je tenais à bien dégager la responsabilité de Bastiat avant tou
essayer d'aborder la discussion de principe que vous avez soulev

---

L'action des forces naturelles dans la production doit-elle être
gratuite ?

Je réponds oui, — en logique comme en fait.

Logiquement, cette intervention ne doit pas être rémunérée. La production n'es pas l'œuvre commune de deux associés, de deux agents distincts, appelés l'un *nature*, l'autre *homme*. En réalité, il n'y a qu'un moteur libre, une activité, une volonté, l'homme, — et un instrument inerte, un ensemble de forces passives, *la nature*. Dans le sens économique et philosophique du mot, l'homme seul *produit*. « Sa puissance est tout intellectuelle [1] », et l'intensité ou la durée de l'effort qui manifeste sa volonté n'en est aucunement la mesure. Peu importe qu'il emploie sa propre force, ou la force du vent et de l'eau, — qu'il transmette le mouvement par le poids de son bras, ou par le poids d'une masse de métal, par la contraction et la distension alternatives de ses muscles, ou par la compression et l'expansion de la vapeur, — par les leviers et les poulies de la charpente osseuse, ou les leviers et les roues de fer d'une machine. C'est le même phénomène, ce sont les mêmes moyens : il *veut* et les agents naturels *font*. Or, le moyen d'action ne doit pas se confondre avec l'acte lui-même ; la force passive qui exécute reste étrangère à l'intention du moteur comme à la nature bonne ou mauvaise de l'effet. Quelque intermédiaire qu'il emploie donc, l'homme est seul *responsable*; quelque intermédiaire qu'il emploie, il est seul *rémunérable* : le service de l'homme seul *vaut*. Ceci n'est pas contestable.

En fait, l'action de la nature n'est et n'a jamais été rémunérée. Quand un homme loue ses bras ou son intelligence pour un certain temps, et qu'il reçoit en échange de ses services du blé ou du fer, il n'a jamais pu venir à la pensée de cet homme, pour peu qu'il y réfléchisse, qu'on lui fait payer les propriétés physiques, les éléments intimes du blé ou du fer, l'action des puissances mystérieuses, des forces connues ou inconnues qui ont créé ce fer ou ce blé. Il est bien clair, en effet, qu'il y a là quelque chose d'*incommensurable* avec ce qu'il livrerait de sa puissance personnelle en échange ; puisque toute cette puissance, toute celle des millions d'hommes qui couvrent la terre ne parviendraient pas à former un grain de blé ni un atome de fer. Il ne paye, et il le sait parfaitement, que l'intervention de l'homme qui a mis à sa disposition ces inestimables et gratuites élaborations de la nature.

La pratique spécifie d'ailleurs clairement l'origine et la destination tout *humaine* de la valeur. Entre quelles limites, en effet, se trouve nécessairement renfermée la valeur de tout produit, de tout service? Entre l'effort qu'il a coûté à celui qui le rend et l'effort qu'il épargne à celui qui le reçoit. — *Efforts*, toujours *efforts d'homme* : l'*unité* est nettement caractérisée. On peut me demander d'une chose beaucoup moins, on ne peut jamais me demander plus que *le simple effort que j'aurais été obligé de faire moi-même* pour l'obtenir, si j'eusse été placé, sans intermédiaires, en face des *utilités gratuites* de la nature.

Si donc toutes les conditions de justice et de liberté, dans la position des échangistes, ont été observées, l'utilité naturelle reste certainement gratuite. — Si ces conditions ont été violées, il y a *surpayement* d'un service, *iniquité*. Mais je ne vois pas, même dans ce cas, — la nécessité d'employer, au lieu du mot vrai, une métaphore fausse, comme *payer la nature*. Si un brigand, après m'avoir crevé les yeux, me demandait tant par jour me conduire, je ne dirais certes pas qu'il me vend les dons qu'il a reçus de la nature, je dirais qu'il m'opprime et me vole. — Je n'insiste pas, du reste, sur ce détail, quoique le choix des mots de la langue économique ait une importance incalculable.

Je reprends : Toutes les conditions de liberté et de réciprocité qu'on appelle *justice* étant observées d'ailleurs (je dis *justice* et nullement *égalité*, remarquez bien, — les inégalités qui ne proviennent pas des combinaisons humaines n'altèrent en rien les conditions du *juste social* : c'est affaire entre Dieu et l'homme). Si je cède à un autre

---

[1] Banfield.

homme une utilité quelconque contre une quantité de ses efforts mo
qu'il serait obligé de sacrifier pour se procurer la même utilité de tout
directe ou indirecte ; *quel que soit l'effort que j'aie moi-même employ*
l'échange est légitime, et que mon travail personnel n'est pas payé au
leur. Car enfin, si je lui cède pour neuf journées ce qui lui en eût,
façon, coûté dix, il est manifeste que je lui fais don d'une journée de
rait pas eue, sans moi, à sa disposition ; mon existence, non-seulem
pas, mais est un bienfait pour lui : et s'il m'appelle monopoleur ou ve
de Dieu, c'est un sot et un ingrat.

Voilà ce que j'appelle la *loi de stricte justice* de la valeur ; — et il
la condition qu'elle impose sera toujours remplie, dès que l'échang
consenti. Mais la valeur obéit à une autre loi, que j'appellerais *loi de*
de fraternité humaine, loi d'égalisation, qui rend l'échange, non pas
mais réciproquement avantageux à un degré immense. Je parle de
cette grande distributrice du progrès et de la gratuité.

Il arrive que tous les hommes qui, par leurs connaissances, leur
aptitudes naturelles ou acquises, ont une puissance productive supé
spécialité déterminée, se portant vers cette industrie et s'efforçant
plifier leur production, et d'étendre par le bon marché leur débit,
dance et abaissent la valeur ; de telle sorte que le prix courant — t
d'époque en époque, — ne représente, sauf les oscillations temp
moyenne approximative des efforts et des frais matériels de product

Il résulte de là que l'acheteur paye d'une journée de travail ce qui
cent à faire lui-même ; que les progrès de chaque classe profitent à
seulement la valeur n'est pas surchargée d'une prime supposée au p
(puisqu'elle décroît sans cesse); mais que tout cet immense travail hum
invention, procédés, découvertes, etc., perd sa rétribution à mesu
ralise, et se livre aussi *par-dessus le marché* au consommateur.

Certes, voilà d'assez belles conditions. Mais l'homme est insat
bienfait de l'échange est passé en habitude, comme il est réciproqu
diffusion des sciences et des méthodes, par la solidarité des progrè
ment alternatif qui porte sans cesse les travailleurs d'une industrie
dustrie qui gagne, il se fait une égalisation perpétuelle entre les e
par la même valeur ; on a fini par s'imaginer que la valeur, pour êt
mesurer, — non pas sur l'effort épargné à l'acheteur, — non pas s
de tous les producteurs similaires (ce qui est la mesure *sociale*), —
sur l'effort qu'a fait le producteur spécial qui vend ; et à l'estimer, n

---

¹ Je démontrerai ailleurs cette loi du *prix courant*, je ne veux ici
y a partout une production *à perte continue*, celle qui ne reconstitue p
gagé, tout en couvrant ses frais courants. Ainsi on a mis 200,000 fr. d
il faut 10,000 fr. de frais annuels, main-d'œuvre, entretien, etc. ; il
vente, — produit net 15,000 fr. Ce produit net, s'il dure longtemp
capital engagé et même le dépassera. Mais si le produit baisse subiten
produit net annuel peut se réduire à 3,000 fr., à 2,000 fr. ; et, dans ce
que jamais le capital de 200,000 fr. ne sera reproduit en totalité pa
production se fait donc alors *à perte*. Et pourtant, *tant qu'il y aura*
excédant de la vente sur les frais de roulement et d'entretien, la prod
Voilà, sans parler des essais malheureux et des faillites, un cas très-fr
nombreuse de producteurs *qui ne couvrent pas la totalité de leurs frais de*
ainsi l'ensemble de toute une branche de l'industrie, on trouverait le
ment compensés par les pertes. — Et cette considération seule est déj
des profits nets et de la rente des plus habiles.

vice, mais d'après l'*effort de production* (effort physique, mesurable et comptable, bien entendu : car l'effort intellectuel échappe à l'analyse et ne peut se reconnaître qu'au résultat, au *service*, au *prix* qu'on en donne). Erreur funeste [1] qui, patronée du nom de Ricardo, a ouvert la porte à toutes les négations du capital, de la rente, de l'intelligence, et qui a déteint malheureusement même sur des économistes distingués. Faux principe que contredisent la pratique et le bon sens. Car il s'ensuivait qu'un résultat de 1, obtenu par un effort égal à 2, doit se payer 2; tandis qu'un résultat de même espèce égal à 2, mais obtenu par un effort égal à 1 seulement, ne devrait se payer que 1. — Ce qui n'est pas, grâce au Ciel; ce qui amènerait à rémunérer le travail sans résultat, l'ineptie et la stérilité; à décourager le résultat sans travail ou à travail moindre, c'est-à-dire l'intelligence, le progrès, le bien-être.

Armé de cette définition malheureuse, on s'est mis à disséquer la production : on a pris, parmi les producteurs, les plus avancés et les plus riches; on s'est aperçu que ce qu'ils vendaient 10 ne leur coûtait à produire que 9 de frais *matériels et actuels*; on n'a pas très-scrupuleusement examiné si ce résultat n'était pas dû à leur intelligence, à leur conduite, à des risques courus, à des sacrifices antérieurs non encore rémunérés; — ou bien reconnaissant ces services, on n'a voulu les estimer (d'après le fameux principe) qu'en tant que travail servile, au temps, au mètre, au prix de *revient*, quand il fallait évidemment les mesurer comme *services*, comme *intelligence*, comme *résultats*. — Et puis on a crié : vous profitez de quelque monopole! Vous nous vendez le travail des agents naturels!

— Mais, répondaient les monopoleurs, vous voyez bien que nous ne pouvons pas vendre moins cher; que nos concurrrents, moins habiles ou moins heureux, trouvent à peine leurs simples frais à ce prix courant; que ce sont eux qui maintiennent ce cours élevé de la valeur, et non pas nous. — Vous voyez qu'à mesure que nous avons découvert et inventé, nous avons abaissé les prix; et que, loin de vous faire payer je ne sais quel travailleur mythologique et surhumain, nous vous avons fait don gratuit de tout notre travail intellectuel. — Mais comprenez donc que ces forces naturelles, dont la puissance nous aide maintenant, ne sont pas venues d'elles-mêmes à notre secours; que pour qu'elles fussent *utiles* il a fallu un travail d'*utilisation*; que ce travail a été d'autant plus difficile que ces agents étaient plus puissants, et que les plus *bienfaisants* maintenant qu'ils sont domptés, étaient justement les plus *dangereux* et les plus *nuisibles* à l'état de liberté : ce service-là, le comptez-vous, s'il vous plaît? — Ne voyez-vous pas, d'ailleurs, que notre bénéfice ne provient pas du tout de ce que *nous vous vendons plus cher*, mais de ce que *nous produisons à moindres frais* que les autres; par conséquent nous ne prélevons rien sur vous. Au contraire, si vous faites attention que, produisant plus et mieux, nous amenons l'abondance et le bon marché dès maintenant, que plus tard l'imitation de nos procédés étendra bien plus encore et l'abondance et la gratuité; vous reconnaîtrez que ceux que vous poursuivez de vos clameurs sont précisément les promoteurs du progrès; que ces monopoleurs sont ceux qui abaissent les prix, ces oisifs ceux qui vous apportent la diminution du travail *servile*, de l'effort corporel.

— Défense vaine! Les aveugles ne veulent pas que leurs guides voient pour eux. Ils veulent égaliser les conditions du travail. C'est le cri général.

Tant que les conditions de la production ne seront pas parfaitement égales, — la concurrence sera iniquité, disent les socialistes,—*l'homme pourra se faire payer les dons de Dieu*, disent par votre voix certains économistes.

(Je vous ai fait observer que nous, disciples de Bastiat, mesurant la valeur au *service* et non à l'*effort*, nous repoussons complétement cette conclusion. Notre condi-

---

[1] Erreur constamment combattue par J.-B. Say, comme tant d'autres erreurs de Ricardo.

tion est l'*équité*, mais pas du tout l'*égalité*, — encore que nous la v
comme *tendance*, des lois du progrès général. N'importe, je vais su

L'inégalité dans la production peut tenir à l'*homme* ou à l'*instr*
l'autre peuvent avoir une puissance hors ligne.

D'où, 1° *les monopoles naturels personnels* ; 2° *les monopoles nat*
les terres, mines, fabriques, etc., douées d'avantages particuliers.

Voilà bien les deux catégories où selon vous, monsieur, se mani
des dons naturels.

J'aurais grand plaisir à examiner avec vous la première classe
cette étude jetterait même beaucoup de clarté sur la seconde catégor
nous discutons le principe de Bastiat, je dois aller au plus court et
ver tout de suite que vous attribuez aux mots *dons naturels* un ser
jamais donné. C'est en parlant *uniquement des forces physiques, de*
étrangers à l'homme, soumis par lui et employés à ses besoins, qu
Leur action n'est jamais payée. Quant aux qualités actives d'un h
garde comme parfaitement payables : seules payables, car il mesur
valeur au service ; or, une puissance humaine double rend un serv
même un service humain double suppose une force interne quelco
supériorité personnelle physique ou intellectuelle. Ainsi, monsieur
tendu qu'il faut simplement écarter ; il n'y aura pas de discussion
point.

J'ignore si l'on peut appeler rigoureusement *dons naturels* et *fo*
qualités personnelles de vigueur, intelligence, volonté, etc., qui s
les actes d'un homme. Je ne sais quels seraient les analystes témér
draient distinguer dans les facultés d'un individu ce qu'il doit à la
doit à son action sur lui-même. Quant à moi, comme je ne vois pa
d'un homme, si l'on en voulait séparer sa force, sa santé, son courag
intelligence... sa volonté même (ce principe du mouvement dont la
tainement très-inégale chez les différents sujets), j'appelle tout
une personne, une activité. Et les manifestations de cette activité
sont précisément ce qui constitue pour moi la valeur, doivent par co
suivant leurs résultats, sans aucune espèce de doute.

Que nous reste-t-il donc à discuter ? Les monopoles *impersonne*
produit-net. Je vous l'avais bien dit, à la réunion des économistes,
liez agrandir la question en la portant sur la *gratuité des agents*
avais dit que nous y étions tout à fait, que vous ne pouviez pas l'a
que sur la rente. Puisque nous y voilà revenus, tâchons de la po
plus possible.

Au lieu de combattre une à une les objections, il sera plus util
ment l'esquisse d'une théorie du produit-net. Avant tout, il faut
ment les données de la question et ne pas faire intervenir dans l'a
les notions du taux des profits, amortissement, intérêt, etc., qui
laires et des dérivés.

Je m'explique. Tant que l'économie politique n'a été qu'une so
commerciale uniquement tournée vers l'application, elle a pu
usages consentis, comme vérités pratiques ces notions inexpliq
rente, de taux, etc. Mais du moment que, devenue philosophie s
discuter la cause et la légitimité d'un de ces phénomènes, de la
il ne lui est plus permis d'accepter les yeux fermés les phénomè
core moins de s'appuyer, dans son analyse du fait capital, sur d
des dérivations de ce fait. Au premier mot on arrêterait votre ana

ça, l'intérêt ? qu'est-ce que ça, l'amortissement ? qu'est-ce que ça, le taux des profits ? Voulez-vous me dire, *à priori*, pourquoi 100 fr. ont le droit de rapporter chaque année 5 fr. ? et pourquoi 5 plutôt que 10, plutôt que 3 ? — L'intérêt dérive du taux des profits, et le taux des profits dérive de l'ensemble des revenus et des produits_ nets. C'est parce que, dans telle espèce d'industrie, des exploitations montées avec 100 fr. produisent annuellement et pendant un certain temps, ici 12 fr., là 8 fr., plus loin 10 fr., etc., que statistiquant la moyenne de tous ces *produits nets*, de ces *revenus*, on en conclut que le *profit moyen* des exploitations de ce genre conduites avec intelligence est 10 pour 100, par exemple. Et c'est parce que celui qui monte une de ces exploitations est en droit d'en espérer ce *profit moyen*, que le capitaliste qui lui fournit les avances nécessaires à l'entreprise est en droit de lui demander, tant pour le service qu'il lui rend que pour les risques de perte qu'il court, une no_ table partie de ce profit, qu'on appelle alors *intérêt*. Tout cela, encore une fois, ce sont donc des corollaires du phénomène que vous prétendez analyser, qui n'ont d'autre raison d'être que ce phénomène ; ce sont de simples *moyennes* prises sur un grand nombre de faits de même nature. Mais quand vous vous posez vis-à-vis d'un de ces faits, une terre ou une usine qui rapporte 10 ou 12 pour 100, par exemple, et que vous vous appuyez sur ces notions secondaires d'*intérêt*, de *taux*, etc., pour discuter ce revenu et en séparer un excédant que vous appelez *rente* ; c'est exacte- ment comme si vous me disiez : Monsieur, vous avez quarante-trois ans ; la vie moyenne est de trente-quatre environ, et comme vous appartenez à la classe aisée, la statistique vous accorde encore six ans. Vous avez donc droit à quarante ans de vie ; mais vous avez trois ans d'*excédant* dont il faut rendre compte ; cela m'a tout à fait l'air d'un privilége. — Ou bien : Monsieur, le *taux* de la consommation du blé, en France, est environ trois hectolitres par tête ; je crois que vous en mangez quatre hec- tolitres. Il y a là quelque chose d'anormal, un excédant qui dépasse et dérange nos moyennes, et que je vous prie d'expliquer. — Le revenu de ma terre ou de mon usine, mon âge, mon appétit, etc., ce sont des *faits premiers*. Votre taux des pro- fits, votre vie moyenne, vos moyennes de consommation, etc., ce sont des groupes et des *corollaires* de plusieurs de ces *faits primitifs*. Otez-moi tout cela de vos ana- lyses, de grâce, et sortons de ces cercles vicieux. Nous verrons revenir l'intérêt et le taux à leur place quand nous parlerons de la *distribution* des produits nets, mais non de la *nature* même du produit-net et du revenu.

En dégageant le phénomène de la production de ces inconnues secondaires qu'on prenait pour des données, nous le réduisons à ceci : — un producteur (isolé ou col- lectif), — des utilités créées, — des utilités détruites.

L'homme ne produit qu'en détruisant. — Il détruit d'abord ce qu'il lui faut pour entretenir sa vie, il détruit ensuite plus ou moins complétement, plus ou moins rapi- dement, les matières et les instruments qu'il emploie.

Ce qui mesure et constate l'amplitude du service qu'il a rendu au corps social, en produisant, c'est la valeur que le libre consentement de tous reconnaît à son pro- duit, — le prix de vente.

Ce qui constate et mesure l'amplitude des services qu'il a reçus du corps social dans l'œuvre de la production, la quantité d'utilités qu'il a détruites pour produire, c'est la somme des valeurs qu'il a consommées directement ou indirectement, — le prix de revient.

Si donc le prix de vente est inférieur au prix de revient, il y a eu plus d'utilités dé- truites que d'utilités créées : perte sociale, et perte individuelle égale pour le pro- ducteur.

Si les prix se balancent exactement, on peut à peine dire qu'il y a eu production. C'est plutôt un revirement, un déplacement de valeurs et d'utilités. Le producteur et

les siens ont vécu; ni lui ni la société n'ont fait un pas, — au moins (
ne voir que les résultats immédiats.

Mais si le prix de vente dépasse le prix de revient, s'il y a *produit*
le service que le producteur a rendu vaut plus, du consentement de
somme des services qu'il a reçus pour produire : c'est qu'il a créé
qu'il n'en a détruit. Il y a cette fois production, création, service su
grès, — progrès d'autant plus grand, que pour chaque utilité créée m
auront été détruites; progrès donc *proportionnel au produit net*. Et
se présente ainsi comme *le signe, la mesure et la récompense du j*
l'ordre utilitaire.

(Je demande à prendre acte de cette petite formule. Je ferai voir que
ce qu'on en peut tirer.)

Nous voilà, du premier coup d'aviron, bien loin de Ricardo et de (
erreur qui, mesurant la valeur par les *frais de production*, rendait im
explicable le *produit net* — cet excédant de la valeur même sur les fr;
tion, — et frappait des noms malheureux de monopole, accaparement (
nature, etc., quoi? — précisément la manifestation la plus haute, la
l'activité humaine, la découverte, le perfectionnement, LE PROGRÈS !

Si vous voulez maintenant considérer que tout procédé meilleur s'ir
imitation abaisse par la concurrence la valeur du produit, de telle sort
le procédé est vulgarisé, *toute l'économie des frais de production qui f*
duit net de l'inventeur est passée à la masse des consommateurs, vou
que : *Tout produit net dans un temps donné se résout en diminution*
du produit. — Et nous voilà encore plus loin de la fameuse cherté pr

Encore que nous courions aux résultats, il faut pourtant s'arrêter (
demander comment il peut y avoir produit net. Car cette formule est
cédant, le profit, le revenu peut venir ou *de ce qu'on vend plus cher,*
produit à meilleur marché. Il semble que bien des gens aient panch
mière formule : tous ceux qui parlent de *prix rémunérateur,* qui mes
par *le travail,* etc., paraissent se figurer que chaque produit est fabric
ouvrier avec les mêmes procédés, les mêmes frais, et qu'alors le b
provenir pour tel ou tel fabricant que de ce qu'il vend plus cher, de
sur *le prix.* C'est une erreur complète. Ce qu'il y a d'uniforme, d'égs
courant de chaque espèce de produit : — ce qu'il y a de variable, de f
gal, c'est la manière de produire, *les frais de production de chacun.* Pe
vendre, à un instant donné, son blé, son fer, son drap, etc., plus ch
autres producteurs de blé, de drap, de fer. Si donc un de ces fabrica
n'y a pas l'ombre de doute à avoir, c'est qu'il a trouvé moyen de *prod;*
frais chaque unité de sa marchandise. Or, produire à moindres frais
comme nous l'avons dit. Or, produire à moindres frais et vendre au j
peut *presser sur la valeur,* ne peut *faire surpayer le travail de la n*
Il y a là une masse de conclusions que vous tirerez de cette formul

Tout bénéfice, produit net, revenu, etc., résulte d'une *économie d*
tion, laquelle profite au producteur pendant un temps plus ou mc
profiter ensuite à tout le corps social, comme *économie de consomm*
de valeur.

—Mais, dites-vous, au moins tant qu'on recevra le même prix pc
tion devenue plus facile, je puis soutenir que cette facilité vient d
telle ou telle force naturelle, et qu'on fait payer l'action de cette forc
sieur; cette force ne s'est pas présentée toute seule; il a fallu la dé
mettre, l'*utiliser.* Cet effort mérite récompense, et c'est cet effort, s'il
vous récompensez en raison de ses résultats, de ses services.— Quan

que c'est ce champ qui produit du blé, je vous répondrai qu'il a fallu trouver la semence particulière, l'engrais, la culture, l'assolement, etc., qui convenaient au
champ. Quand vous me direz : ce ruisseau fertilise ces prés, je vous prouverai que,
livré à lui-même, il les ravageait et les ravagerait encore si on le laissait faire ; qu'il
y a une science, un travail énorme dans ces rigoles, dans ces bords préservés par des
saules, dans ces mauvaises pierres qui arrêtent l'eau, dans la disposition de ces
quelques vannes qui la laissent passer ou l'endiguent, etc. ; en un mot, partout où
vous me montrerez une *force naturelle utile*, je vous montrerai l'effort humain qui
seul l'a *utilisée*. Et plus cette force sera puissante pour le bien de l'homme une fois
soumise, plus il me sera facile de prouver qu'elle était dangereuse et nuisible livrée
à elle-même, et plus, par conséquent, le travail qui l'a appropriée à nos besoins
aura été méritoire et difficile. En un mot, là où vous direz *nature*, je vous montrerai *l'homme*.

Ainsi, quiconque obtient par son intelligence ou son audace (car il n'y a pas de
hasard, et tout risque mérite rémunération) un produit net qui, continué, s'appelle
profit, revenu, non-seulement ne prélève rien sur le corps social, mais encore l'enrichit, 1° en produisant, pour sa part, à moindres frais, c'est-à-dire avec une moindre
destruction des forces et des utilités existantes ; 2° en montrant à tous comment on
produit mieux ; 3° en abaissant, par la vulgarisation de ses procédés, au profit de
tous, la valeur du produit de toute l'économie réalisée d'abord dans les frais de
production.

Maintenant que nous avons reconnu le caractère non pas seulement juste, mais
bienfaisant du produit net, du revenu, nous pouvons indiquer rapidement les formes
de sa répartition.

Supposons deux producteurs associés à une œuvre commune. Ils ont contribué
chacun par moitié aux dépenses de fonds et de roulement, ils prennent part chacun
également au travail commun et à la surveillance. L'un d'eux veut se retirer et porter
son activité ailleurs. La convention qui interviendra entre eux est facile à concevoir.
Celui qui reste prélèvera d'abord tant *pour sa gestion et son travail annuel* ; puis le
reste du profit sera partagé par moitié entre les deux associés.— Voilà le *dividende*,
forme très-commune du produit net et qu'on retrouve même dans l'agriculture : le
métayage, le partage des vins entre vigneron et propriétaire, etc., appartiennent à
cette forme dérivée du produit net.

Qu'au lieu de cela, l'expérience de plusieurs années ait appris que le rendement
moyen de l'exploitation est de la somme A (frais de gestion prélevés), on pourra
convenir que le gérant, au lieu d'un dividende variable, payera la somme $\frac{A}{2}$, bon an
mal an. Celui qui se retire n'aura plus à surveiller les comptes et y gagnera en sécurité ; celui qui reste sera stimulé à accroître son entreprise, puisque tout ce qu'il en
obtiendra au-dessus de la somme $\frac{A}{2}$ sera entièrement à lui. — Voilà le *fermage*, le
loyer, la rente.

Enfin, la convention peut s'établir sur la statistique plus étendue des profits
moyens et des risques afférents à la classe entière des industries analogues. Elle se
base alors sur le chiffre du capital engagé. Rien de plus facile à comprendre. Le premier associé dit à l'autre : je contribue pour 100,000 fr. aux frais d'établissement
de votre exploitation,—ou mieux encore : je vous laisse 100,000 fr. pour les y
employer selon votre idée et sous votre responsabilité. Dans toute entreprise de ce
genre bien conduite, il y a des bénéfices variables dont la moyenne a été calculée :
cette moyenne est, je suppose, de 10 pour 100 du capital engagé. Mais il y a des
risques à courir, un grand travail à diriger, une rémunération de gérance à déduire, etc... ; au lieu de 10,000 fr., je ne vous demande que 6 ou 8 mille francs.

C'est ce que me donnerait tout autre entrepreneur ou directeur intellige|
convention, qui laisse encore plus de liberté à l'industriel, et au comman
champ illimité pour le placement de ses épargnes, c'est le *prêt*; il est l
taux des profits : cette redevance annuelle, c'est *l'intérêt*.

Ainsi, comme je le disais en commençant, profits, dividendes, revenus
intérêts, taux, etc., tous ces phénomènes sont des dérivés du produit
ces mots sont de simples formules de répartition du produit net; tout c|
d'autre raison d'être que le produit net réel, effectif; tout cela est absu|
tradictoire si le produit net n'est pas justifié; et tout cela est légitime, l
social dans notre théorie, comme sa cause première, — le produit net.

C'est presque une répétition que de montrer comment ces principes s|
à l'agriculture. N'importe.

Laissons l'époque primitive du pâturage par tribu. Quoiqu'il soit facil
voir que là aussi, et avant *toute appropriation du sol*, l'élève plus inte
troupeaux donne une *rente*, et peut donner lieu à un véritable *fermag|
priétaire du troupeau institue à sa place un berger-chef responsable.

Passons à l'agriculture proprement dite. Nous pouvons supposer, si v|
toutes les terres égales en surface, égales en productivité, etc... De sort
la peuplade, chaque champ exige le même travail et rapporte le même rev
que chaque mesure de grain soit le produit et la remunération d'une |
de travail. (Cette unité sera ce que vous voudrez : *un mois*, par exemp
l'évaluez au temps, 50 fr. si vous la comptez en numéraire, etc.)

Toujours est-il que chaque petit laboureur cultive dans sa routine ,
de travail recueille 10 mesures, — sauf un seul qui s'est avisé d'innov|

Celui-ci, ayant remarqué qu'une partie haute de son champ était tr
une partie basse trop humide, s'est mis à le niveler : et le champ a rapp|
sure de plus qu'avant. Un ruisseau, pendant l'hiver, débordait et ravag|
Un redressement dans le cours de l'eau, quelques saules et quelques o
sur les berges ont contenu les débords : — encore une mesure de plus p|
annuelle. Puis notre homme a recueilli, en voyageant un peu, et acclin
culture convenable une variété de blé plus productive : — autre mesu|
fice. Enfin, il a écrété quelques montées, jeté quelques pierrailles à tra
de sa terre à sa ferme. Cette espèce de chemin facilite ses voiturages, e|
1 son travail annuel. Ces diverses réparations faites, voici son bilan :
les autres, pour 10 de travail, récoltent 10 mesures, lui recueille 13 n
9 seulement de travail annuel. Il a donc 4 mesures, ou la valeur de 4 r|
cédant et de produit net.

Mais il a fallu dépenser pour ses réparations. Il nous faut admettr
homme avait, je ne sais d'où, quelques avances, trouvait le moyen de
par quelques ouvriers. Il n'a entrepris chaque amélioration qu'après
que les frais qu'elle exigeait seraient compensés, au bout de quelques a|
bénéfices qu'elle produirait. Supposons que chaque entreprise lui
environ de travail, — 10 fois le bénéfice annuel qu'elle lui donne; il
tout 40 ; chaque année, il a un excédant de 4; ainsi, au bout de
ans , cet excédant accumulé a compensé sa dépense première; et, à
moment, il a un *profit net absolu*, une *rente* annuelle de 4.

Nous avons admis que le reste de la peuplade regarde tout cela |
l'imiter; que, par conséquent, le prix du blé reste stationnaire,—les 4 à |
notre homme verse de plus sur le marché général n'ayant pu abaisser
la valeur courante.

Alors notre cultivateur s'avise de devenir bourgeois ou commerça|
part un paysan et l'institue fermier à sa place : Tu aurais, lui dit-il, p|

de ton travail, 9 mesures de blé par an. Chez moi, tu en obtiendras 13 ; mais tu sais pourquoi. Tu m'as vu niveler ce champ, endiguer ce ruisseau, acclimater cette graine, faire ce chemin. Les 4 mesures de blé en plus que j'ai ainsi obtenues sont dues uniquement à mon travail ; et tant que l'effet de ce travail persiste et se traduit en plus-value, cette plus-value n'est due qu'à moi. Tu me remettras annuellement la valeur de ces 4 mesures ou de 3 mesures 1/2. Si tu cultives mieux que moi, au lieu de 13, tu auras 14 ou 15 ; ce sera ton bénéfice. Bonne chance !

Voilà le *fermage*. Et ce marché est de la plus exacte équité ; et il ne peut se faire sur une autre base que ce *produit net de 4*, soit que les améliorations n'aient coûté qu'un travail insignifiant, soient qu'elles aient entraîné le gaspillage de millions. Le paysan qui prend le bail n'a garde d'en contester le principe, parce qu'il a vu se passer sous ses yeux les essais et les travaux d'où la rente est née. Mais si, 200 ou 300 ans après, quelque savant disciple de Ricardo allait se promener par là, il ne lui viendrait certes pas à l'idée que le champ ait jamais pu avoir un autre niveau, que le blé ne soit pas une production naturelle du pays, que le ruisseau n'ait pas toujours coulé doucement entre ses deux rideaux de jolis arbres, etc... ; et il prononcerait carrément que la *rente* paye la fertilité naturelle, les avantages de situation du champ. Ah ! quel chapitre à faire que celui des *services oubliés !* il s'appellerait, en sous-titre, Civilisation et Progrès.

Nous avons supposé, pour mieux étudier le phénomène du produit net agricole, que le perfectionnement était isolé et sans imitateurs. Il est évident que cela ne se passera pas ainsi ; il est certain que chaque procédé qui accroît la production ou la simplifie (ce qui est toujours l'accroître, puisque le travail rendu disponible s'attaque à quelque nouvel emploi), que chaque amélioration sera imitée. Mais si chacun produit plus, il est clair que l'abondance amènera la baisse de valeur ; et si chacun produit à moindre frais, il est certain que les producteurs habiles peuvent supporter cette baisse, sans cesser tout à fait de bénéficier. Voilà donc le revenu net coïncidant parfaitement avec la condition générale de baisse progressive sur toutes les valeurs. Tout progrès, quelque spécial et inimitable qu'il semble, contribuera à abaisser la valeur, parce qu'ailleurs se rencontreront d'autres conditions spéciales aussi d'amélioration. Ainsi, supposons que l'hectolitre de froment et l'hectolitre de vin se vaillent : Tel cultivateur récoltait 10 hect. de froment ; il imagine de planter de la vigne à la place de son blé, et il obtient 20 hect. de vin. Tel autre avait du blé et de la vigne ; loin d'imiter son voisin, il prend juste le contrepied, il arrache ses ceps et sème du blé. Au lieu de 10 hect. de vin, il produit 20 hect. de blé. Voilà, par les perfectionnements contraires comme par les perfectionnements d'imitation, le même effet produit : abondance double pour la société, production plus facile, tendance forcée à la baisse.

Il résulte de là cette conséquence : *C'est que la rente foncière, comme tous les profits industriels, est temporaire.* Que cet abaissement du prix soit quelquefois très-lent, cela peut se rencontrer. Que cela ne fasse pas baisser les fermages, cela tient, s'il vous plaît, à un travail continuel, inaperçu, et pourtant immense de perfectionnement dans la culture. Pour s'en convaincre, on n'a qu'à laisser, pendant quarante ou soixante ans, une ferme avec les mêmes procédés de culture, les mêmes aménagements, les mêmes outils, la même espèce de grains ou de bétail, etc. ; et on verra si, au bout de ce temps-là, le revenu n'aura pas diminué, au lieu de s'accroître.

On a voulu me chicaner un peu sur cette proposition décisive que les subsistances vont en baissant de valeur *absolue*. Peut-être ai-je eu tort de la présenter sous cette forme, qui laisse place à toutes les subtilités sur le *prix réel* ou *nominal* des choses. Mais je puis l'exprimer d'une manière inattaquable, en disant qu'à chaque époque du progrès il y a diminution de difficulté ou augmentation de puissance pour produire les aliments. L'argument de M. Banfield est irréfutable. « Comment, dit-il, auriez-vous

dans une société des commerçants, des industriels, des artistes, des sav
des travailleurs de toute espèce *qui ne s'occupent pas de produire leur ali*
s'il n'y avait eu un excédant croissant d'aliments, si le travail d'un même
laboureurs sur une même surface de terrain n'avait sans cesse donné de
plus considérable? » (Je cite de mémoire.) Ceci est décisif. Là où un
sauvages, il y a deux ou trois mille ans, parvenait à peine à *ne pas mouri*
les peuples civilisés trouvent pour 15, 20, 30 millions d'êtres humains u
tance qui est certainement bien cinq ou six fois supérieure, en moyenne
nos aïeux barbares. Et remarquez que la moitié ou les deux tiers de la n
sent non-seulement à fournir à tous cette alimentation supérieure, mais en
ser sur le marché une foule de productions industrielles, plantes tinctori
tiles, fleurs, huiles, alcools, amidons, etc. Il est donc évident que la pui
ductive agricole est, en moyenne, au moins 10 fois plus considérable,
production alimentaire est 10 fois plus facile aujourd'hui qu'il y a 20 ou
Il est impossible d'accorder cela avec l'hypothèse de la *cherté croissante*
tances.

En résumé, monsieur, j'appelle (comme le dictionnaire) *rente* ou *reve*
remment, tout ce qui est produit net, *excédant périodique sur les frais co*
nuels. En voulant subtiliser dans leur analyse, et n'appeler *rente* que ce
un certain *taux moyen* du revenu, les économistes ont été, comme cela arri
moins logiques que le bon sens vulgaire. Que le produit net soit de 10,
de 1 pour 100 du capital employé, c'est le même phénomène. Faire inter
d'*intérêt* ou de *profit* n'explique rien, car il faut expliquer ce *droit à*
droit au profit. Quand, disséquant un revenu de 10 pour 100 par exemple,
Il y a 3 pour le *profit ordinaire* du capital, 3 pour l'*amortissement*, e
arrête et vous demande pourquoi ce profit, pourquoi cet amortissement ; p
des exploitations qui n'obtiennent ni l'un ni l'autre. Si vous dites que
qu'elles ont mal employé leurs fonds, et que c'est justice qu'elles soient pu
gaspillé une richesse sociale, je vous répondrai qu'il est tout simple alo
qui ont bien employé leurs fonds recueillent 10, et qu'il est de même de l
qu'ils soient récompensés d'avoir su obtenir de grands résultats en so
part minime des richesses sociales, des utilités déjà acquises.

Vous trouvez ce raisonnement juste quand l'amélioration d'où naît ce pr
dinaire est récente et que vous l'avez vue de vos yeux. Pourquoi l'ancien
vice lui ôterait-elle son droit, si son effet utile persiste? Seulement les t
services sont souvent perdues, et l'on dit : c'est la nature qui a tout fait
cherche ces traces, je les trouve, je les devine par analogie, et je dis :
appelez rente paye des services anciens, *est aux services anciens ce que*
aux services nouveaux : ce n'est qu'une forme du *salaire*.

Vous voyez que, loin de nier la rente, je l'affirme plus haut que perso
la proclame de toute justice, que je dis qu'elle se manifestera tant que
perfectionnera et progressera. Vous voyez que, loin de « sacrifier au s
comme on l'a insinué, ma formule : *Le produit net est la manifestation*
progrès, frappe en pleine poitrine la négation du produit net et du capita

Des petites notes critiques dont on m'a gratifié (et que je crois aussi p
que celle-là) c'est la seule à laquelle il m'importât de répondre, parce qu
pas laisser de doutes sur la couleur de mon drapeau.

Vous excuserez, monsieur, la longueur de cette lettre, en songeant qu
dommage d'un silence forcé. Quelques personnes paraissent fatiguées
cussion : je suis prêt à la cesser comme à la continuer. Mon devoir était
l'opinion de Bastiat, et je crois l'avoir rempli.

Agréez, etc.   R. DE F(

Monsieur,

J'ai lu avec beaucoup d'attention la lettre que vous me faites l'honneur d'adresser au *Journal des Économistes*, en réponse à ma note sur la gratuité prétendue du concours de la nature à travers toutes les transactions humaines. Vous semblez partager mon avis sur beaucoup de points de la question : ainsi vous reconnaissez l'existence de la rente foncière ; vous établissez vous-même que cette rente, ce revenu particulier, provient d'une différence entre le prix courant et les frais de production ; vous vous élevez contre l'erreur qui consiste à mesurer la valeur des produits par les frais de production ; enfin vous approuvez ma définition de la rente, d'après laquelle un revenu analogue se retrouve dans toutes les branches de l'industrie chaque fois que, par suite de circonstances quelconques, une différence entre les frais de production ou prix de revient et le prix courant ou prix de vente se trouve réalisée au profit du producteur.

Vous m'accordez cela, et cependant nous ne sommes pas d'accord. Selon vous, monsieur, notre dissentiment porte sur une *abstraction*, une *thèse philosophique*; selon moi il provient d'un défaut d'analyse et de déduction. Comme *Ricardo* et la plupart des économistes, j'explique l'origine de cette rente ou de ce boni par un avantage naturel exceptionnel que possède le producteur dans sa personne ou dans sa propriété, et qui lui permet de produire à moindres frais ce qu'il peut vendre au même prix courant que les autres. Vous ne voulez pas de cette explication, et vous dites que l'avantage naturel, ou la nature, n'y est pour rien, que le *service humain seul* est payé par le prix courant, et *que si ce dernier dépasse le prix de revient, s'il y a produit net, c'est que le service que le producteur a rendu vaut plus, du consentement de tous, que la somme des services qu'il a reçus.*

Je ne sais vraiment si l'on peut dire qu'un service vaut plus parce qu'il a coûté moins. D'ailleurs, sous l'empire d'un prix courant uniforme pour tous les services ou produits du même genre, il n'y a pas lieu à des estimations comparatives. L'acheteur ou le consommateur ne s'enquiert pas des frais : il ne connaît que le prix courant qu'il paye. C'est le producteur, au contraire, quand il a touché le prix courant, qui naturellement le compare aux frais qu'il a faits. Il y retrouve alors ou seulement ces frais, ou bien encore quelque chose de plus. Ce quelque chose de plus constitue pour lui un bénéfice, que l'on appellera rente foncière, ou prime du talent, ou boni, ou comme il plaira. Pour avoir touché cette prime, le producteur n'a pas rendu un service plus important ou plus appréciable que son confrère, qui, sur la même quantité de services ou de produits pareils, n'en a réalisé aucune. Cette prime, comme du reste vous le dites vous-même, provient tout bonnement de ce *qu'il produit à meilleur marché.*

Donc, il ne s'agit pas de services valant plus ou moins, mais bien de la quotité plus ou moins grande des frais de production. C'est le point sur lequel doit se porter l'analyse pour connaître la vraie nature de la rente. Or, la plus simple observation nous démontre que dans toutes les branches de l'industrie, les frais de production varient selon le concours plus ou moins efficace des forces naturelles. Ces forces peuvent être communes, également accessibles à tous les producteurs, et, dans ce cas, par l'effet de la libre concurrence, la diminution des frais de production, qui résulte de leur application, profite à la communauté, aux consommateurs en général; mais ces forces peuvent aussi se trouver dans des conditions de propriété particulière exclusive, par exemple lorsqu'elles sont incorporées dans un lot de terre approprié : alors l'économie qui peut résulter de leur application profite au propriétaire et se résume pour lui en une rente ou profit net, ce qui revient à dire que sa rente provient de la jouissance exclusive d'un avantage naturel exceptionnel.

Encore une fois, monsieur, vous avez parfaitement raison quand vou[
Bastiat, que *les services seuls valent* ; mais pourquoi vous arrêter à cette
n'explique pas tout, et qui, pour être vraie, n'en contient pas moins un[
principes : elle suppose, en effet, une explication préalable du vrai se[
attacher au mot *service*. N'est-ce pas une utilité procurée par les soins [
à un autre ? Mais qui dit *service* ne dit pas *travail*, ni même *effort* : Bast[
de faire ses réserves à ce sujet, et vous-même vous qualifiez d'erreur [
d'estimer la valeur du service d'après *l'effort de production*. Donc si l[
service n'est pas tout entière dans le travail, il faut la chercher ailleur[

Il vous est impossible de ne pas accorder ceci, et cependant vous pers[
quer la totalité du service par *l'action humaine*. Je ne puis m'empêche[
ici une confusion d'idées : je ne comprends pas d'action humaine en d[
vail ; pour moi le travail, comme agent de production, c'est tout l'h[
répète, si le phénomène du service n'est pas tout entier dans le travail,
dans l'homme, il faut le chercher ailleurs : je le trouve dans la nature,
le service ou le produit est un résultat de l'action combinée du travail et

Là, vous êtes encore une fois d'accord avec moi : vous admettez le c[
nature à l'œuvre de la production à *titre d'instrument passif* au moin[
soutenez qu'il ne donne lieu à aucune transaction onéreuse ; qu'il est
jours gratuit ; qu'on rétribue par le prix courant l'œuvre de l'hom[
comme pour rendre plus évident le cercle vicieux, vous ajoutez à plusi[
que la rente ou le profit net, dont bénéficie le producteur grâce à ce c[
ou moins efficace de la nature, n'est qu'une *forme de salaire* ; qu'il [
bien à *l'utilisation, à l'appropriation de la force naturelle à une fin* [
à des *services anciens, oubliés même*. Si c'est ainsi, monsieur, il ne fall[
naître avec moi l'existence de la rente, il ne fallait pas vous élever co[
tion de la valeur par les frais de production ; au contraire, s'il est vrai q[
le boni ne représente que le salaire d'une œuvre humaine exceptionnell[
vail ancien, il fallait prendre cette formule, que vous malmenez et que [
à tort, permettez-moi d'observer, à Ricardo, l'inscrire comme devise [
tre écrit, et dire que tout ce que le propriétaire foncier touche, à titre [
est dû pour son travail et rien que pour son travail. Une affirmation de c[
le mérite d'être claire et déterminée ; elle n'aurait pas celui de la nou[
qu'elle ne serait que la reproduction de la doctrine qui considérait le t[
mesure unique de la valeur et des prix courants, doctrine qui n'a pu [
analyse approfondie, qui s'est toujours trouvée en désaccord avec le[
vous repoussez vous-même et à bon droit.

Comment donc échapper à la contradiction, et donner enfin une exp[
faisante de cette rente, qui nous préoccupe ? Forcément il faut conveni[
bution inégale des avantages naturels parmi les hommes, met les un[
rendre plus de services à moindres frais que les autres, et, par sui[
leur profit des rentes, des primes, des bonis, qui se payent dans le pr[
services ou des produits. Mais cette dernière conclusion une fois admi[
moyen de soutenir en principe ni en fait la formule de la gratuité se[
concours de la nature.

Je terminerai, monsieur, cette réplique, qu'à mon regret je ne pui[
longue, en vous priant de vous rassurer complétement sur l'opinion qu'[
mer quant à la couleur de votre drapeau. Toute cette discussion n'a [
un point de doctrine : la science elle-même et ses principales bases n'[

ses en jeu ; et comment cela pouvait-il être autrement, puisqu'il s'agissait d'apprécier une idée de Bastiat, que malheureusement une fin prématurée et regrettable ne lui a pas permis de développer complétement? Oui, je l'avoue, il n'y a rien de plus séduisant que cette idée de la gratuité constante du concours de la nature à travers toutes les transactions humaines : elle présente tant d'attraits. qu'on est tenté de l'accepter avant de l'avoir approfondie ; mais le flambeau de l'analyse et de l'observation ne tarde pas à découvrir que cette gratuité n'est possible que dans l'hypothèse d'une égalité parfaite des dons naturels : or, comme cette dernière n'existe pas en fait, que les hommes sont très-inégalement dotés de la part de la nature, tant en leurs personnes qu'en leurs propriétés, il n'y a qu'à se résigner devant les décrets de la Providence, et à consentir à ce que les plus heureux profitent des bienfaits que cette Providence leur a dévolus. Je suis même tenté de répéter à cette occasion les belles paroles que je puise dans votre lettre : « que les inégalités qui ne proviennent pas des combinaisons humaines, n'altèrent en rien les conditions du juste social : c'est affaire entre Dieu et l'homme. »   A. Boutowski.

BULLETIN.

Bourse de Paris. — *Mars 1852.* — La Bourse a été influencée ce mois-ci par l'importante mesure de la conversion. Jusqu'au 14 mars personne (à quelques exceptions près), ne soupçonnait l'apparition du décret sur la réduction de la rente ; aussi les cours se tenaient-ils assez fermes dans les environs de 103 50, ce qui, avec le coupon détaché depuis le 8 mars, faisait 106 fr. Mais le dimanche 14, le *Moniteur* apprit aux rentiers étonnés que leur débiteur leur offrait le remboursement ou une diminution d'intérêt de 1/2 pour 100 par an. Ils préférèrent, en général, la réduction.

Pour que cette dernière mesure pût réussir, il fallait que la rente se maintînt au pair, car autrement le créancier aurait préféré se faire rembourser. Cependant, dans les premiers jours qui suivirent la promulgation du décret, le 5 pour 100 descendit à 99 10, en raison de l'incertitude des porteurs de cette rente sur le mode de négociation et l'intérêt de leurs titres jusqu'au moment du remboursement en cas d'option pour cette alternative ; mais un avis du gouvernement inséré au *Moniteur* informait les rentiers que l'intérêt à 5 pour 100 était de droit jusqu'à l'extinction de la créance, et que la négociation s'en ferait comme pour les rentes non converties ; le 5 pour 100 remonta au-dessus du pair et s'y maintint. Aujourd'hui (10 mars) la conversion est opérée, et il n'y a plus de 5 pour 100 : c'est du 4 1/2. La baisse produite par cette transformation n'est que de 2 fr. ; on peut donc dire que la mesure a réussi complétement.

A toute autre époque, un pareil événement eût éclipsé tous les faits politiques qui auraient pu se produire sur la scène au même moment, à plus forte raison, aujourd'hui que ces faits sont à peu près nuls.

Un effet de la conversion a été de faire monter, comparativement au 5 pour 100, le 3 pour 100, les actions de chemins de fer et autres valeurs industrielles, et généralement tous les autres modes de placement.

Aussi l'écart de 5 francs de rentes 3 pour 100 sur 5 francs de rentes 5 pour 100 a-t-il monté de 6 francs à 18 francs en faveur du 3 pour 100.

Les actions de la Banque et de la plupart des chemins de fer ont pareillement monté et ont été suivies dans cette ascension par les actions industrielles, surtout celles des sociétés qui, par leur nature de produits et leurs antécédents, inspirent le plus de sécurité.

Une hausse analogue, quoique plus faible, a eu lieu pour les fonds étrangers.

PAIR.	VERSE-MENTS.	BOURSE DE PARIS. MARS 1852. RENTES. — BANQUE. — CHEMINS DE FER.	1er cours.	Plus haut cours.
100	Tout.	5 °/₀. jouiss. 22 mars 1852...................	103 95	106 50
100	Tout.	4 1/2 °/₀. jouiss. 22 mars 1852...............	92 50	101 25
100	Tout.	4 °/₀, jouiss. 22 mars 1852..................	84 75	94 25
100	Tout.	3 °/₀. jouiss. 22 décembre 1851..............	65 65	71 90
1000	Tout.	Banque de France, jouiss. janvier 1852......	2565 »	2850 »
500	Tout.	Paris à Saint-Germain, jouiss. octobre 1851...	552 50	650 »
500	Tout.	Paris à Versailles (rive dr.), jouiss. avril 1847.	310 »	340 »
500	Tout.	—— (rive g.) jouiss. juillet 1851..	240 »	282 50
500	Tout.	Paris à Orléans, jouiss. janvier 1852........	1145 »	1205 »
500	Tout.	Paris à Rouen, jouiss. janvier 1852.........	655 »	717 50
500	Tout.	Rouen au Havre, jouiss. octobre 1851........	265 »	295 »
500	Tout.	Avignon à Marseille, jouiss. janv. 1848......	231 25	275 »
350	Tout.	Strasbourg à Bâle, jouiss. janvier 1851......	232 50	235 »
500	Tout.	Centre, Orléans à Vierzon, jouiss. janvier 1852	527 50	575 »
500	275	Orléans à Bordeaux, jouiss. janvier 1852.....	450 »	581 25
500	400	Nord, jouiss. janvier 1852................	595 »	688 75
500	450	Paris à Strasbourg, jouiss. janvier 1852.....	485 »	567 50
500	425	Tours à Nantes, jouiss. septembre 1851......	300 »	357 50
500	150	Paris à Lyon...........................	578 75	617 50
500	425	Dieppe et Fécamp, jouiss. avril 1851........	225 »	240 »

PAIR.	FONDS DIVERS français et étrangers.	Plus haut.	Plus bas.	PAIR.	SOCIÉTÉS DIVERSES par actions.
100	Rentes Villes 5 °/₀. j. janv. 1852	»	»	500	Comptoir nat. d'escompte
1000	Oui. Ville 1832, j. janv. 1852	»	»	800	Vieille-Mont., j. janv. 1852
1000	Obl. Ville 1849, j. avr. 1852	1200 »	1170 »	750	Stolberg.............
1000	Obl. Seine 1849, j. janv. 1852	1065 »	1060 »	1000	Monceaux-sur-Sambre...
1000	Obl. de Marseil. j. janv. 1852	1120 »	1075 »	3000	Aveyron (Decazeville)...
1000	Obl. list. civ. j. nov. 1851	1090 »	1070 »	1000	Grand'Combe..........
100	Belgiq., 5 °/₀ j. 1 nov. 1851	103 1/2	100 5/8	500	Gaz franç. Brunton, Pitte.
100	—— 4 1/2 °/₀. 1 nov 1851	96 1/2	92 1/2	2500	Gaz angl. Marguer., Mauby
100	—— 2 1/2 °/₀. j. janv. 1852	»	»	500	Gaz de Belleville, Payn...
100	Naples, 5 °/₀. j. janv. 1852.	102 25	102 25	500	Lin Maberly (Amiens)...
100	Piém. 5 °/₀. j. janv. 1852....	97 50	89 90	500	Lin Cohin (Frévent)....
1000	—— Obl. 1834, j. janv. 1852	1005 »	980 »	5000	Nationale incendie.......
1000	—— Obl. 1848, j. avr. 1851	970 »	950 »	5000	—— Vie..........
1000	—— Obl 1851, j. 1 fev. 1852	940 »	925 »	5000	Générale Incendie.......
100	Rome. 5 °/₀. j. dec. 1851..	95 1/2	83 3/4	7500	—— Vie..........
100	—— 5 °/₀ 1850, j. déc. 1851	96 1/4	90 »	12500	—— Maritime.......
100	Autriche—lots de 1834...	436 »	420 »	5000	Union incendie..........
100	Espag. 3 °/₀ ext. j. janv. 1852	44 3/4	41 1/2	5000	—— Vie..........
100	—— 3 °/₀ int. j. janv. 1852	40 »	37 3/4	5000	France incendie........
1000	Haïti-Annuités j. janv. 1844	250 »	245 »	5000	Urbaine incendie........
100	Holland 2 °/₀, j. 22 janv. 1852	60 1/2	59 1/4	2500	Providence incendie.....
100	Russie, 4 1/2 °/₀, j. janv. 1852..	103 1/4	101 1/4	5000	Union des ports maritimes

BANQUE DE FRANCE. — *Situation mensuelle.* — Dans notre dernier regrettions les dispositions du décret du 3 mars 1852, qui établit que devait plus publier sa situation que tous les trois mois ; nous man préférence pour la publication mensuelle ; nous ne pouvons donc qu adhésion à la dérogation que le gouvernement de la Banque a cru décret précité, en insérant au *Moniteur* sa situation au 8 avril. Nous l'encourager dans cette voie de publicité, qui est un moyen d'atténue monopole dont elle est en possession.

L'augmentation du porte-feuille est faible, mais enfin c'est une au avances sur rente ont augmenté de 76 millions à Paris, et de 1 millio cursales ; total, 77 millions. Elles montaient, au 4 mars, à 17 énorme progression dans le chiffre des avances sur effets publics fra ce que le Comité de la Banque a décidé (pour aider à la mesure de l que la Banque mettrait 100 millions à la disposition des porteu sous la forme d'avances. » Bien que le motif ne soit pas sans être a bonnes et valables raisons, cependant nous regrettons de voir la aussi avant dans la voie d'avances sur créances du gouvernement ou tat ; ainsi, si l'on augmente les 94 millions d'avances sur rentes du

Banque ne prêtant que les quatre cinquièmes de la valeur des effets), on a 112 millions et demi, qui, ajoutés aux 125 millions prêtés directement, aux 10 millions de rentes de la réserve, et aux rentes et fonds disponibles, forment un total de 303 millions, qui, sortis des caisses de la Banque (ou à peu près), n'y sont représentés que par des créances sur l'Etat (en ne comprenant pas les 73 millions du compte courant du Trésor, que celui-ci peut retirer à son gré). Nous voyons avec plus de plaisir la Banque entrer dans la voie de prêts sur actions de chemins de fer et obligations municipales; elle rentre davantage dans ses attributions de banque du commerce. Toutes ces avances ont augmenté sa circulation de 81 à 82 millions; actuellement, le montant des billets au porteur et à vue en circulation est de 635 millions, tandis que son numéraire en caisse n'est plus que de 601 millions. Le 4 mars, le numéraire dépassait la circulation de 38 millions; la circulation rentre donc, comme on voit, dans sa condition normale, sans, pour cela, cesser de s'étendre.

A. Courtois.

SITUATION DE LA BANQUE DE FRANCE.	AU 4 MARS.	AU 8 AVRIL.	AUGMENTAT.	DIMINUT.
ACTIF.				
Argent monnayé et lingots à Paris..	473,994,724 01	482,947,508 49	8,952,784 48	»
Idem dans les succursales.........	116,910,361 »	118,490,570 »	1,580,209 »	»
Effets échus hier à recouvrer ce jour	265,795 29	128,464 94	»	137,330 35
Portefeuille de Paris ¹..........	36,335,983 65	45,128,472 30	8,792,488 65	»
Idem des succursales.........	70,772,185 »	74,384,454 »	3,612,269 »	»
Avances sur ling. et monnaies à Paris	163,600 »	490,300 »	326,700 »	»
Idem dans les succursales.....	2,996,158 »	2,879,666 »	»	116,492 »
Avances sur effets pub. franç. à Paris	14,147,236 10	89,983,536 10	75,836,300 »	»
Idem dans les succursales.........	2,853,663 »	4,035,267 »	1,184,604 »	»
Id. sur act. et obl. de ch. de fer à Paris	»	4,215,500 »	4,215,500 »	»
Idem dans les succursales.....	»	327,200 »	327,200 »	»
Avances à l'État sur bons du trésor	50,000,000 »	250,000,000 »	»	»
Item sur le traité du 30 juin 1848...	75,000,000 »	75,000,000 »	»	»
Avances à la ville de Paris........	10,000,000 »	10,000,000 »	10,000,000 »	»
Rentes de la réserve...........	10,000,000 »	10,000,000 »	»	»
Rentes, fonds disponibles........	55,635,766 57	55,591,766 57	»	82,000 »
Hôtels et mobilier de la Banque.....	7,416,771 »	7,416,771 »	»	»
Intérêts dans les compt. nation. d'esc.	303,000 »	299,000 »	»	4,000 »
Dépenses d'administration........	464,061 89	717,184 95	253,123 06	»
Divers....	1,654,174 88	215,034 76	»	1,439,140 12
PASSIF.				
Capital de la Banque............	91,250,000 »	91,250,000 »	»	»
Réserve de la Banque............	12,980,750 14	12,980,750 14	»	»
Réserve immobilière de la Banque...	4,000,000 »	4,000,000 »	»	»
Billets au port. en circ. de la Banq.	429,432,600 »	501,299,000 »	71,866,400 »	»
Idem des succursales..........	123,663,125 »	133,805,025 »	10,141,900 »	»
Billets à ordre...............	6,139,649 19	5,970,449 19	»	169,200 »
Récépissés payables à vue........	11,211,815 »	16,418,401 »	5,206,571 »	»
Compte courant du Trésor, créd.	100,427,431 74	73,203 062 87	»	27,224,371 87
Comptes courants de partic. à Paris	119,177,391 56	173,159,061 30	53,981,669 74	»
Item dans les succursales........	27,669,874 »	26,093,746 »	»	1,576,128 »
Dividendes à payer............	»	370,672 25	370,672 25	»
Escomptes et intérêts divers......	1,169,633 88	2,234,270 69	1,064,636 81	»
Escompte et bénéfices réservés...	408,882 »	408,881 »	»	»
Réserves sur les effets en souffrance	357,198 60	508,019 67	150,821 07	»
Divers........	915,998 99	552,404 »	»	363,594 99
TOTAL ÉGAL DE L'ACT. ET DU PASSIF	928,913,480 39	1,042,253,696 11	113,340,215 72	»
' Dont provenant des succursales	12,331,636 56	17,737,139 54	55,402,502 98	·

REVUE COMMERCIALE. — *Mars* 1852. — Reprise légère dans la fabrique, à cause des commandes d'Angleterre; le commerce de détail va peu, en raison de la saison. les commandes d'Amérique font défaut, par suite de l'incertitude où l'on est sur l'époque de l'ouverture de l'Exposition de New-York.

Les *farines* sont toujours très-difficiles à placer; la libre importation des céréales et des farines, dans les Etats du Zollwerein, a produit peu d'impression sur nos marchés.

Les *blés* sont incertains et plutôt en baisse ; au reste, les marchés peu d'intérêt en ce moment.

Les *seigles*, les *orges*, les *avoines* et les *issues*, d'abord recherché être plus faibles.

Peu de variations sur le prix des *bestiaux* ; cependant, ils ont fii fermes.

D'assez nombreux arrivages, des diverses parties de la France, à B mé de l'activité aux négociations en *vins* ; cependant elles étaient ai les autres départements, excepté dans le Midi. Le *trois-six* a ba et sur les autres marchés du Midi ; les *eaux-de-vie* sans fluctuations.

Les *huiles* sont plus fermes dans le nord que dans le midi de la dant les cours à Marseille sont en voie d'amélioration.

Les *savons* reprennent également.

Les cours des *sucres* ont éprouvé peu de fluctuations. Il est imp moment, d'indiquer une tendance un peu générale aux prix de cett divers marchés français.

Stagnation assez marquée sur les *cafés*, malgré un essai de re de succès.

La plus grande mobilité a régné dans les cours des *cotons* ; cepen cette denrée ont plutôt tendu à la hausse.

Peu de transactions en *laines*, faute de marchandises.

L'industrie des *soies et soieries* est toujours en bonne position, tenus.

Beaucoup de variations dans la position des *tissus de coton, laine* provinces de l'Est, assez d'animation ; un peu moins à Paris.

Les prix des *métaux* continuent à progresser, et les forges retrou plus le mouvement dont elles manquaient depuis si longtemps.

DÉCRET DÉGREVANT LES LAINES ET LES SUIFS VENANT D'AUSTRALIE, du peuple français, Louis-Napoléon, Président de la République rapport du ministre de l'intérieur, de l'agriculture et du commerce la loi du 17 décembre 1814, décrète :

ART. 1ᵉʳ. Le tarif d'entrée pour les marchandises ci-après désigi modifié ainsi qu'il suit :

Laines en masse.

Par navires français, et pays situés au-delà des caps Horn
et de Bonne-Espérance. . . . 15
 dito d'ailleurs. . . . . dr
Par navires étrangers et par terre. . . . . dr

Suif brut.

Par navires français et pays situés au delà des caps Horn
et de Bonne-Espérance. . . . 6 fr
 dito d'ailleurs. 10
Par navires étrangers et par terre. 15

ART. 2. Le ministre de l'intérieur, de l'agriculture et du commer des finances, sont chargés, chacun en ce qui le concerne, de l'exé décret. — Fait au palais des Tuileries, le 5 mars 1852. Lo
Le ministre de l'agriculture et du commerce, F.

(*Moniteur*

Jusqu'ici, toutes les laines en masse ont payé, en vertu de la loi

20 pour 100 de la valeur par navires français et par terre, et 22 pour 100 par navires étrangers. Le tarif ci-dessus ne concerne pas les laines peignées, taxées à 30 p. 100.

Le suif brut payait, avant le décret, 10 francs par navires français, et 13 francs par navires étrangers. Par suif brut, la douane n'entend que la graisse de mouton et de bœuf.

DÉCRET RELATIF AU TRAVAIL DANS LES PRISONS. — Au nom du peuple français, Louis-Napoléon, président de la République française, sur le rapport du ministre de l'intérieur ; — Vu le décret du 24 mars 1848, qui a suspendu le travail dans les prisons ; — Vu la loi du 9 janvier 1849, qui a réglé les conditions de l'organisation du travail dans les maisons centrales de force et de correction, et dans les prisons de la Seine ; — Considérant que la disposition de l'art. 3 de cette loi, portant que les produits du travail des détenus seront consommés par l'État, autant que possible, n'a pu recevoir, jusqu'à présent, qu'une exécution incomplète, malgré les efforts de l'administration ; — Que, par suite, une notable partie des condamnés renfermés dans les maisons centrales reste livrée à tous les désordres si graves, si démoralisants de l'oisiveté ; — Que cet état de choses, qui offense la morale, est contraire aux art. 31 et 40 du Code pénal ; — Considérant que le travail des détenus, réduit à une appréciation exacte, ne présente que des résultats tout à la fois insignifiants relativement à la masse générale de la production, et qu'il ne peut fournir les éléments d'une concurrence sérieuse ; —Que des mesures administratives peuvent, d'ailleurs, être prises pour prévenir la réduction des prix de main-d'œuvre du travail libre, par l'effet du travail dans les prisons, — Décrète :

ART. 1er. La loi du 9 janvier 1849 est abrogée.

ART. 2. Le ministre de l'intérieur est autorisé à réorganiser le travail dans les prisons.

ART. 3. Les produits du travail des détenus seront, autant que possible, appliqués à la consommation des administrations publiques.

Les condamnés qui ne seront pas employés directement par l'administration à des travaux destinés, soit au service des prisons, soit à des services publics, pourront être employés à des travaux d'industrie privée, sous les conditions déterminées par des règlements administratifs qui seront faits par le ministre de l'intérieur.

ART. 4. Le ministre de l'intérieur pourra, à titre d'essai, employer un certain nombre de condamnés à des travaux extérieurs.

ART. 5. Le ministre de l'intérieur est chargé de l'exécution du présent décret.

Fait au palais des Tuileries, le 26 février 1852.   LOUIS-NAPOLÉON.

Par le prince président, le ministre de l'intérieur,   F. DE PERSIGNY.

DÉCRET RELATIF A LA RÉORGANISATION DES CHAMBRES ET DU CONSEIL GÉNÉRAL D'AGRICULTURE. — Louis-Napoléon, Président de la République française, sur le rapport du ministre de l'intérieur, de l'agriculture et du commerce ; — Vu la loi du 20 mars 1851 ; — Considérant que si cette loi a satisfait, en principe, au vœu généralement exprimé d'une représentation officielle de l'agriculture, elle offre néanmoins, dans l'application, des difficultés très-graves, tant sous le rapport du mode de l'élection, que sous celui des atteintes qu'elle porte à la liberté d'action des Sociétés d'agriculture et des comices agricoles ; — Considérant qu'il importe aux besoins de l'agriculture de rendre plus faciles et moins onéreuses les réunions de ses représentants, en rapprochant de leurs travaux et de leurs affaires le siége des Chambres consultatives, afin que celles-ci puissent s'assembler aussi souvent que le réclameront les intérêts qui leur sont confiés ; —Considérant qu'il est urgent de procéder à l'organisation définitive de la représentation agricole, — Décrète :

TITRE Ier. *Des Chambres consultatives d'agriculture.*

ART. 1er. Il y a dans chaque arrondissement une Chambre cons
culture.

ART. 2. Les Chambres consultatives d'agriculture sont composé
membres qu'il y a de cantons dans l'arrondissement.

ART. 3. Le préfet désigne, dans chaque canton, pour faire partie
d'agriculture, un agriculteur notable ayant son domicile ou des pro
canton.

Les membres de la Chambre d'agriculture sont nommés pour tro
toujours rééligibles.

ART. 4. Le préfet, au chef-lieu, et les sous-préfets, dans les arrond
sident la Chambre consultative d'agriculture.

Un vice-président, élu à la majorité des voix des membres prése
préfet ou le sous-préfet, en cas d'absence ou d'empêchement.

Le préfet ou le sous-préfet nomme le secrétaire.

ART. 5. Un arrêté du préfet fixe, chaque année, l'époque de la s
des Chambres d'agriculture de son département. Il en détermine la
le programme des travaux.

Des sessions extraordinaires peuvent avoir lieu sur sa convocation.

ART. 6. Les Chambres consultatives d'agriculture présentent au
leurs vues sur les questions qui intéressent l'agriculture. Leur avi
mandé sur les changements à opérer dans la législation, en ce qui
rêts agricoles, et notamment en ce qui concerne les contribution
douanes, les octrois, la police et l'emploi des eaux.

Elles peuvent aussi être consultées sur l'établissement des foires
la destination à donner aux subventions de l'Etat et du département
blissement des écoles régionales et des fermes-écoles.

Elles sont chargées de la statistique agricole de l'arrondissement.

ART. 7. Les Chambres consultatives d'agriculture correspondent a
les préfets et les sous-préfets, et, par l'intermédiaire des préfets, ave
l'intérieur, de l'agriculture et du commerce.

ART. 8. Les préfets et les sous-préfets fournissent, au chef-lieu du
de l'arrondissement, un local convenable pour la tenue des séances.

Le budget des Chambres consultatives d'agriculture est visé par
senté au Conseil général. Il fait partie des dépenses départementales
chapitre VII des dépenses ordinaires.

ART. 9. Les inspecteurs généraux de l'agriculture ont entrée aux
entendus toutes les fois qu'ils le demandent.

ART. 10. Les Chambres consultatives d'agriculture sont reconnues a
ments d'utilité publique, et peuvent, en cette qualité, acquérir, re
et aliéner après y avoir été dûment autorisées.

TITRE II. — *Du Conseil général d'agriculture.*

ART. 11. Il y a près du ministre de l'intérieur, de l'agriculture e
un Conseil général de l'agriculture composé de cent membres, don

Quatre-vingt-six choisis parmi les membres des Chambres d'agr
torze autres pris en dehors.

ART. 12. Le ministre de l'intérieur, de l'agriculture et du comme
que année les membres du Conseil général de l'agriculture. Ils sont
gibles. Le ministre préside le Conseil et nomme deux vice-présiden

Il désigne, en dehors du Conseil, les secrétaires qui doivent réd
verbaux.

Art. 13. Le Conseil général de l'agriculture se réunit, chaque année, en une session qui ne peut durer plus d'un mois.

Art. 14. Des commissaires du gouvernement, désignés par le ministre, assistent aux délibérations du Conseil général de l'agriculture, et prennent part aux discussions.

Ils sont entendus toutes les fois qu'ils le demandent, et ont entrée dans les Commissions.

Art. 15. Le Conseil général de l'agriculture peut être saisi de toutes les questions d'intérêt général sur lesquelles les Chambres d'agriculture ont été consultées.

Il donne aussi son avis sur toutes celles que le ministre lui soumet.

Art. 16. Toutes les lois, ordonnances et décisions contraires au présent décret sont et demeurent abrogées.

Art. 17. Le ministre de l'intérieur, de l'agriculture et du commerce est chargé de l'exécution du présent décret.

Fait au palais des Tuileries, le 25 mars 1852.　　　Louis-Napoléon.

Le ministre de l'intérieur, de l'agriculture et du commerce,　F. de Persigny.

DÉCRET RELATIF AUX SOCIÉTÉS DE SECOURS MUTUELS.

Au nom du peuple français, Louis-Napoléon, président de la République française, sur la proposition du ministre de l'intérieur, décrète :

TITRE PREMIER. — *Organisation et base des Sociétés de secours mutuels.*

Art. 1er. Une Société de secours mutuels sera créée par les soins du maire et du curé dans chacune des communes où l'utilité en aura été reconnue.

Cette utilité sera déclarée par le préfet, après avoir pris l'avis du Conseil municipal.

Toutefois une seule Société pourra être créée pour deux ou plusieurs communes voisines entre elles, lorsque la population de chacune sera inférieure à mille habitants.

Art. 2. Ces Sociétés se composent d'associés participants et de membres honoraires. Ceux-ci payent les cotisations fixées ou font des dons à l'association, sans participer aux bénéfices des statuts.

Art. 3. Le président de chaque Société sera nommé par le président de la République.

Le bureau sera nommé par les membres de l'Association.

Art. 4. Le président et le bureau prononceront l'admission des membres honoraires.

Le président surveillera et assurera l'exécution des statuts. Le bureau administrera la Société.

Art. 5. Les associés participants ne pourront être reçus qu'au scrutin et à la majorité des voix de l'Assemblée générale.

Le nombre des sociétaires participants ne pourra excéder celui de cinq cents. Cependant il pourra être augmenté en vertu d'une autorisation du préfet.

Art. 6. Les Sociétés de secours mutuels auront pour but d'assurer des secours temporaires aux sociétaires malades, blessés ou infirmes, de pourvoir à leurs frais funéraires.

Elles pourront promettre des pensions de retraite si elles comptent un nombre suffisant de membres honoraires.

Art. 7. Les statuts de ces Sociétés seront soumis à l'approbation du ministre de l'intérieur pour le département de la Seine, et du préfet pour les autres départements. Ces statuts régleront les cotisations de chaque sociétaire d'après les tables de maladie et de mortalité confectionnées ou approuvées par le gouvernement:

TITRE II.— *Des droits et des obligations des Sociétés de secours mutue*

ART. 8. Une Société de secours approuvée peut prendre des immeub
séder des objets mobiliers et faire tous les actes relatifs à ces droits.

Elle peut recevoir, avec l'autorisation du préfet, des dons et legs m
valeur n'excède pas 5,000 fr.

ART. 9. Les communes sont tenues de fournir gratuitement aux S(
vées les locaux nécessaires pour leurs réunions, ainsi que les livrets (
cessaires à l'administration et à la comptabilité.

En cas d'insuffisance des ressources de la commune, cette dépense
du département.

ART. 10. Dans les villes où il existe un droit municipal sur les conv
à chaque Société une remise des deux tiers pour les convois dont elle (
les frais aux termes de ses statuts.

ART. 11. Tous les actes intéressant les Sociétés de secours mutu
seront exempts des droits de timbre et d'enregistrement.

ART. 12. Des diplômes pourront être délivrés par le bureau de la S
sociétaire participant.

Ces diplômes leur serviront de passe-port et de livret sous les conc
nées par un arrêté ministériel.

ART. 13. Lorsque les fonds réunis dans la caisse d'une Société (
membres excéderont la somme de trois mille francs, l'excédant sera v
des dépôts et consignations.

Si la Société est de moins de cent membres, ce versement devra êtr
les fonds réunis dans la caisse dépasseront mille francs.

Le taux de l'intérêt des sommes déposées est fixé à quatre et (
par an.

ART. 14. Les Sociétés de secours mutuels approuvées pourront fa
d'épargne des dépôts de fonds égaux à la totalité de ceux qui seraient
fit de chaque sociétaire individuellement.

Elles pourront aussi verser dans la Caisse des retraites, au nom de
actifs, les fonds restés disponibles à la fin de chaque année.

ART. 15. Sont nulles de plein droit les modifications apportées à
une Société, si elles n'ont pas été préalablement approuvées par le [
La dissolution ne sera valable qu'après la même approbation.

En cas de dissolution d'une Société de secours mutuels, il sera res
taires faisant, à ce moment, partie de la Société, le montant de le
respectifs, jusqu'à concurrence des fonds existants, et déduction fai
occasionnées par chacun d'eux.

Les fonds restés libres, après cette restitution, seront partagés entre
même genre ou établissements de bienfaisance situés dans la comm
faut, entre les Sociétés de secours mutuels approuvées du même (
prorata du nombre de leurs membres.

ART. 16. Les Sociétés approuvées pourront être supendues ou (
préfet pour mauvaise gestion, inexécution de leurs statuts ou violat
tions du présent décret.

TITRE III. — *Dispositions générales.*

ART. 17. Les Sociétés de secours mutuels déclarées établissement
que, en vertu de la loi du 15 juillet 1850, jouiront de tous les avanta(
le présent décret aux Sociétés approuvées.

ART. 18. Les Sociétés non autorisées, actuellement existantes, o
raient à l'avenir, pourront profiter des dispositions du présent décre
leurs statuts à l'approbation du préfet.

Art. 19. Une Commission supérieure d'encouragement et de surveillance des Sociétés de secours mutuels est instituée au ministère de l'intérieur, de l'agriculture et du commerce.

Elle est composée de dix membres nommés par le président de la République.

Cette Commission est chargée de provoquer et d'encourager la fondation et le développement des Sociétés de secours mutuels, de veiller à l'exécution du présent décret, et de préparer les instructions et règlements nécessaires à son application.

Elle propose des mentions honorables, médailles d'honneur et autres distinctions honorifiques en faveur des membres honoraires ou participants qui lui paraissent les plus dignes.

Elle propose à l'approbation du ministre de l'intérieur les statuts des Sociétés de secours mutuels établies dans le département de la Seine.

Art. 20. Les Sociétés de secours mutuels adresseront, chaque année, au préfet, un compte-rendu de leur situation morale et financière.

Chaque année, la Commission supérieure présentera au président de la République un rapport sur la situation de ces Sociétés, et lui soumettra les propositions propres à développer et à perfectionner l'institution.

Art. 21. Le ministre de l'intérieur est chargé de l'exécution du présent décret.

Fait au palais des Tuileries, le 26 mars 1852.   Louis-Napoléon.

Le ministre de l'intérieur,   F. de Persigny.

_____

Décret relatif au tarif des sucres. — Art. 1er. Le tarif des sucres est modifié et établi comme suit :

Sucre de nuance égale, au plus, au premier type actuel : Indigène, 45 fr. les 100 kil.
— — Etranger, 57 fr. dito.

Sucre de nuance supérieure au premier type actuel : mêmes droits, augmentés de 3 francs par 100 kilogrammes.

Le sucre colonial acquittera, pendant quatre ans, 7 fr. de moins par 100 kilogr. que le sucre indigène.

Les taxes différentielles, applicables d'après les provenances, restent fixées aux taux déterminés par l'art. 9 de la loi du 13 juin 1851.

Les sucres raffinés dans les fabriques de sucre indigène et dans les colonies acquitteront 10 pour 100 en sus du droit applicable au sucre de nuance supérieure au premier type.

Les sucres raffinés à l'étranger continueront d'être prohibés.

Seront considérés comme raffinés les sucres en pains de nuance blanche, les sucres candis, les sucres en poudre, contenant moins de 1 pour 100 de matière étrangère autre que l'eau.

Art. 2. Les dispositions de l'art. 6 de la loi du 13 juin 1851 seront appliquées aux raffineries de sucre et aux établissements dans lesquels on extrait le sucre des mélasses, ainsi qu'aux bâtiments et locaux de toute nature enclavés dans la même enceinte que ces raffineries ou ces établissements, ou y adhérant.

Art. 3. Tout établissement dans lequel on extrait le sucre des mélasses sera soumis à l'exercice.

Un arrêté du ministre des finances pourra aussi soumettre à l'exercice les raffineries de sucre situées dans le rayon déterminé par l'art. 15 de la loi du 31 mai 1846.

Art. 4. Les contestations relatives à la détermination de la qualité ou de la richesse des sucres indigènes et des matières sucrées de toute nature provenant des fabriques ou raffineries de sucre et des fabriques de glucoses seront déférées aux commissaires-experts institués par l'art. 19 de la loi du 27 juillet 1822.

Art. 5. Des règlements d'administration publique détermineront les obligations

des fabricants et des raffineurs et les conditions de l'exercice dans le
dans les raffineries et dans les établissements où l'on extrait le sucre d

Ils fixeront le minimum de rendement obligatoire, le mode de pa
droits, les conditions et les formalités relatives à l'enlèvement, à la cir
sucres et des matières sucrées, et détermineront les produits qui pourro
dans les fabriques, raffineries et établissements exercés, ceux qui pour
expédiés, ainsi que les caractères distinctifs de ces produits.

Il sera pourvu, par des règlements d'administration publique, à tout
cerne les fabriques de glucoses et les produits en provenant.

Art. 6. L'art. 16 de la loi du 31 mai 1846 est abrogé.

Art. 7. Toute infraction aux dispositions du présent décret et au
d'administration publique qui seront rendus en exécution de l'art. 5 ci-
nera lieu à l'application des peines prononcées par l'art. 26 de la loi du

Lorsqu'il aura été constaté plus de deux contraventions à la charg
cant ou d'un raffineur, un arrêté du ministre des finances pourra ordon
ture de l'établissement dans lequel la fraude aura été commise.

Art. 8. Le bénéfice de la réfaction des droits résultant des art. 51
du 21 avril 1818 cessera d'être appliqué aux sucres avariés.

Art. 9. La loi du 13 juin 1851 est abrogée en ce qu'elle a de contra
décret.

Seront également abrogées, à dater de la mise à exécution des règ
ministration publique prescrits par l'art. 5 ci-dessus, les disposition
31 mai 1846, qui seraient contraires à ces règlements.

Art. 10. Le ministre de l'intérieur, de l'agriculture et du commerce
des finances sont chargés, chacun en ce qui le concerne, de l'exécutio
décret.

Fait au palais des Tuileries, le 27 mars 1852.

Louis-Napoli

Par le Président : *Le ministre de l'intérieur, de l'agriculture et d*

F. de Pe

Erratum publié au *Moniteur.*—Dans le décret du 27 mars, relatif
sucres :

Art. 2. *Au lieu de :* les dispositions de l'art. 6 de la loi du 13 juin 1
dispositions de l'art. 6 de la loi du 31 mai 1846.

Art. 9. *Au lieu de :* la loi du 13 juin 1851 est abrogée en ce qu'ell
au présent décret, *lisez :* la loi du 13 juin 1851 est abrogée dans tou
tions non maintenues par le présent décret.

L'art. 6 de la loi du 31 mai 1846 est ainsi conçu :

Les fabricants sont soumis aux visites et vérifications des employé
contributions indirectes, conformément aux articles 235 et 236 de l
1816, et tenus de leur ouvrir, à toute réquisition, leurs fabriques, atel
greniers, maisons, caves et celliers, et tous autres bâtiments enclavé
enceinte que la fabrique, ou y attenant, ainsi que de leur représente
rops, mélasses et autres matières saccharifiées qu'ils auront en leur

RÉSULTATS PRINCIPAUX DE CE DÉCRET SUR LES SUCRES. — Voici, selo
départements sucriers, la comparaison des droits qui étaient payés so
existante, en vertu de la loi de 1851, avec ceux qui devront l'être e
veau décret.

Sucres coloniaux au 1er type,	39,50	38,00	dir
— au sous-type,	36,50	38,00	au
Sucres étrangers au 1er type,	55,00	57,00	—

Sucres étrangers	au sous-type,	52,00	57,00	augm.	5,00
Sucres indigènes	au 1ᵉʳ type,	44,50	45,00	—	0,50
—	au sous-type,	41,50	45,00	—	3,50

Tous les sucres bruts, quels qu'ils soient, dépassant le premier type, sont taxés, comme dans la loi précédente, trois francs de plus que ceux au premier type.

Soit donc : Sucres coloniaux,   41 fr. 50
              étrangers,   60   00
              indigènes,   48   00

Les sucres raffinés sont taxés, comme dans la loi précédente, à un dixième en sus des sucres bruts.

Soit donc : pour les raffinés indigènes,   52 fr. 80

Les différences, eu égard aux provenances, pour les sucres étrangers et coloniaux, sont maintenues telles qu'elles avaient été consacrées par la loi de 1851.

L'exercice dans les raffineries n'est autorisé qu'éventuellement et dans les zones des fabriques de sucre.

Les établissements extrayant le sucre des mélasses sont tous assujettis à l'exercice ; mais, sans maintien de la prescription de la loi de 1851, qui n'avait pas été mise à exécution, et qui soumettait à l'impôt les sucres extraits des mélasses libérées ; de sorte que les sucres provenant des établissements barytiques, travaillant des mélasses libérées, continuent à ne pas payer d'impôt.   *(L'Echo du Nord.)*

BIBLIOGRAPHIE.

Biblioteca dell economista, scelta collezione delle più importanti produzioni di eco_nomia politica antiche e moderne, italiane e straniere. Prima serie. Trattati complessivi, etc. (Bibliothèque de l'économiste, collection choisie des plus importantes productions d'économie politique ancienne et moderne, italienne et étrangère, dirigée par M. François Ferrara, professeur d'économie politique à l'Université de Turin. Première série : Traités généraux, vol. XII, contenant les *Harmonies* de Frédéric Bastiat, les *Éléments* de Joseph Garnier, les *Principes* de Stuart Mill.) Turin, Cugini Pomba et Cᵉ, 1852 ; un fort volume grand in-8° de 1512 pages très-compactes.

La maison Cugini Pomba et Cᵉ, de Turin, avait conçu, avant les événements de 1848, le projet d'une collection générale d'économistes en langue italienne. Elle a repris cette vaste entreprise après la conclusion de la paix entre le Piémont et l'Autriche, avec le secours et la direction de M. Ferrara, compatriote et successeur, à la chaire d'économie politique de l'Université de Turin, de l'infortuné M. Scialoja qui devait d'abord surveiller cette publication de longue haleine ; et elle inaugure cette *bibliothèque* par un énorme tome de plus de quinze cents pages, contenant le volume de la seconde édition des *Harmonies* de Bastiat, le volume de la seconde édition des *Éléments de l'économie politique* ; les deux volumes récemment publiés en anglais par M. John Stuart Mill, sous ce titre : *Principes d'économie politique avec quelques-unes de ses applications à la philosophie morale.* Ce tome, le douzième de la collection, sera suivi d'un autre consacré à des œuvres d'anciens économistes, et la publication doit être continuée dans ce système d'un volume composé d'écrits contemporains et d'un volume consacré aux auteurs des époques antérieures.

La *Bibliothèque italienne de l'économiste* se composera donc de deux parties : une,

comprenant les auteurs étrangers, tant anciens que modernes, mis à l
lecteurs de la Péninsule ignorant le français, l'anglais, l'allemand, l'esp
l'autre, beaucoup plus intéressante pour les lecteurs de tous les pays, qu
la série des économistes qui ont brillé en Italie, depuis le Napolitain Antor
écrivait en 1613 son *Court traité* des causes qui peuvent faire abonder
gent dans les pays qui n'ont pas de mines, jusqu'aux productions les plu
l'école italienne. Cette série arrivera à propos, puisque la collection de Cu
venue rare aujourd'hui, et que d'ailleurs cette collection s'arrête à 180
tient, pour ainsi dire, aucune œuvre italienne de ce siècle.

M. Ferrara a fait précéder ces trois traductions, réunies en un seul v
introduction très-étendue (125 pages), qui formerait à elle seule un vol
quable par l'élégance de l'expression, la hauteur des vues, la justesse e
idées. Dans cette introduction, M. Ferrara juge les œuvres des trois aut
tant principalement son attention sur les *Harmonies économiques*, dou
posé de réfuter à son tour quelques propositions, la théorie de la valeu
ont été combattues dans ce recueil et à la Société d'économie politique.

M. Ferrara a fait précéder son examen critique de détails biographi
écrit une notice très-étendue et très-intéressante sur la vie de Frédé
s'aidant soit de la notice publiée dans le *Journal des Economistes* pa
nari, soit des notes que lui a communiquées M. Paillottet; et compren
une appréciation très-détaillée de tous les écrits de l'illustre auteur de
Pour donner une idée de l'importance qu'il a mise à ce travail et de la
admiration qu'il avait pour Bastiat et qu'il a voulu faire partager à ses
il nous suffira de dire que, sur onze parties, neuf sont consacrées à la v
vres de ce dernier; en voici les titres : I. Première période, la vie de Ba
premiers écrits économiques : influence du tarif, lettre à Lamartine;—
la Ligue; — IV. *Sophismes économiques*; —V. Propagande du libre-é
Journal, brochures, représentation nationale; — VII. *Harmonies*; malt
Bastiat; — VIII. Joseph Garnier; — IX. Stuart Mill; — X. Bastiat; l
que de ses *Harmonies*; — XI. Sa théorie de la Valeur.

Il va sans dire que M. Ferrara se montre l'admirateur du caractère
Bastiat; et qu'il signale surtout en lui cette droiture dans la conduite
austérité dans la discussion des idées scientifiques qui l'avaient fait rem
non-seulement des économistes de la France, mais encore de ses col
semblées nationales dont il a fait partie et de tous ceux qui l'ont conr
M. Ferrara se montre, en outre, le partisan des doctrines de justice,
non-intervention et de bon sens que l'illustre écrivain a défendues ave
et d'originalité, soit dans sa préface aux discours des ligueurs, soit
phismes, soit dans ses brochures ou ses articles; mais il n'en est pa
toutes les doctrines exposées dans le livre des *Harmonies* et notamm
l'Harmonie en elle-même et de la théorie de la Valeur que l'économiste
d'une manière remarquable.

Sur le premier point, M. Ferrara estime que le titre du livre de B
erreur. Ce titre, dit-il, et divers développements annoncent que l'ha
principe nouveau, jusque-là méconnu, et récemment découvert par l
qu'en réalité ce n'est que le résultat de l'application d'un principe; tan
écrivains anciens, modernes, économistes et socialistes, libéraux et p
se sont proposé pour but l'harmonie des intérêts, et n'ont, en dé
que par les moyens d'obtenir cette harmonie.

M. Ferrara est toutefois pleinement d'accord avec Bastiat sur le
l'application doit produire l'harmonie, sur la Liberté, et s'il fait remar
trois siècles c'est la même thèse qui a été soutenue dans des millier

n'en est pas moins fier de trouver dans le rang des économistes un homme qui a déployé un si beau talent pour faire une nouvelle et brillante apothéose à la liberté.

M. Ferrara n'examine pas ensuite le livre de Bastiat dans ses diverses parties, mais il concentre l'attention du lecteur sur la théorie de la valeur, exposée par celui-ci, dont il analyse la portée, et qu'il combat avec tout le soin, le savoir et les détails qu'un tel sujet comporte, et en faisant souvent intervenir le nom et les opinions de M. Carey. Il nous serait difficile d'exposer ici les bases de cette discussion que nous avons voulu seulement signaler à nos lecteurs, quant à présent du moins. M. Ferrara finit ainsi son appréciation de l'œuvre de Bastiat : « La longue discussion à laquelle je viens de me livrer a encore un autre but dans mon esprit. Les deux ouvrages dont nous avons fait suivre celui de Bastiat, dans ce volume, sont d'un genre tout à fait différent. L'un avec sa simplicité élémentaire, l'autre avec son élévation philosophique, auraient injustement perdu une partie de l'importance qu'ils ont, si les *Harmonies* de Bastiat n'étaient d'abord réduites à leur juste valeur. Je ne pourrais que me réjouir, si la lecture des *Harmonies* accroît le nombre des hommes qui se sentiront un transport particulier pour le caractère et la manière de l'auteur ; mais je serais très-peiné si, séduit par la splendeur et le brillant de son livre, le lecteur passait avec indifférence sur ce qui vient d'être dit. »

A la suite de son introduction, M. Ferrara reproduit les diverses lettres qui ont été publiées dans le *Journal des Economistes*, au sujet de la question de priorité soulevée par M. Carey.

Comme nous l'avons dit, ce travail est presque exclusivement consacré à la vie et aux écrits de Frédéric Bastiat ; cependant l'auteur a voulu formuler son opinion sur les deux ouvrages qui accompagnent les *Harmonies*, et il l'a fait avec une courtoisie et une franchise dont nous devons le remercier pour notre compte. En parlant des *Principes*, de M. S. Mill, il dit :

« Dans un genre différent et dans un ordre plus élevé, les *Principes* de Mill reproduisent, comme les *Eléments* de Garnier, la somme des théories actuelles. Mais ils ne peuvent être un livre élémentaire pour ceux qui ne sont pas familiarisés avec les éléments de la science. Pour le jeune homme qui n'a encore aucune connaissance économique, Mill paraîtra inintelligible ; l'économiste, au contraire, trouvera délicieux ce mode d'exposer la science, cette variété d'applications, imitée de Smith, et présentées au lecteur sans qu'il s'y attende ; cette persistance de déductions par lesquelles l'auteur le conduit, sans l'avertir, à des conséquences qu'on peut parfois contester, mais qui surprennent par la nouveauté, ou au moins par l'aspect de nouveauté qu'elles présentent. Mill appartient aux meilleures écoles économiques.

« .....Il y a des moments où l'on dirait qu'il est partisan de l'intervention du gouvernement, adversaire des machines et initié au socialisme. En réfléchissant attentivement et en rapprochant ces théories, on voit qu'il n'a aucun de ces défauts, et que l'énergique sentiment de philanthropie qui l'anime, mis aux prises avec les forces de sa logique, le maintient sur une ligne à laquelle la science la plus orthodoxe ne trouvera rien à dire, à moins qu'elle ne veuille abuser d'une phrase échappée, d'un désir exprimé ou d'un doute proposé. »

En ce qui concerne l'autre ouvrage, le plus modeste des trois, l'auteur tâchera de mériter, dans la prochaine édition, les éloges trop bienveillants que lui donne M. Ferrara, et d'éviter les imperfections qu'il lui signale avec un soin et une sollicitude qui le touchent. JOSEPH GARNIER.

DU PROBLÈME DE LA MISÈRE ET DE SA SOLUTION CHEZ LES PEUPLES ANCIENS ET MODERNES, par L.-M. MOREAU-CHRISTOPHE. 3 vol. in-8, chez Guillaumin et Cᵉ.

M. Moreau-Christophe, dont nos lecteurs connaissent les travaux spéciaux sur le système pénitentiaire et sur le paupérisme, a voulu dresser, en quelque sorte, un

tableau syuoptique de la misère, depuis les temps les plus reculés jusqu'à ı
a recherché quelles étaient, à toutes les époques de l'histoire, les conditioı
rentes classes de la société, et particulièrement des classes inférieures. I
dans les livres des historiens, des économistes, des philanthropes, et jusq
chants des poëtes, des renseignements sur les maux qui ont de tout tı
l'humanité, et qui semblent, hélas! inhérents à sa nature. En regard de
inventaire des souffrances humaines, il a placé les descriptions des ınstı
ventives ou répressives dont on s'est servi, de tout temps aussi, pour ı
fléau de la misère. De là le titre de son livre : *Du problème de la misere*
bution' chez les peuples anciens et modernes.

M. Moreau-Christophe a divisé son ouvrage eu trois parties, formant
volume. La première renferme l'histoire de la misère chez les peuples ɛ
tamment chez les Grecs et les Romains. L'auteur décrit les institutions,
les habitudes de ces peuples ; il s'efforce, en un mot, de faire passer so
le tableau de leur existence. Il nous montre quelle était à Rome la c
patriciens, des prolétaires, des affranchis, des esclaves; quels étaient lı
d'existence, leurs occupations et leurs plaisırs. Déjà M. Moreau-Chri
esquissé ce tableau dans un ouvrage dont nous avons rendu compte [1] ; iı
dans cette première partie, à retoucher son esquisse primitive et à la co

La seconde parlie s'ouvre par un aperçu historique de la misère chez l
et des institutions créées par Moïse pour y remédier. L'auteur examin
institutions charitables de la primitive Eglise, et il les compare à celles
des Romains. Puis ıl décrit l'état social du moyen âge, comme ıl a dé
premier volume, l'état social de l'antiquité. Il examine l'état des pers
choses sous le régime de la féodalité, la constitution de la propriété, l
des métiers ; enfin, il recherche quelle influence ont exercée sur la
masses certains événements considérables de cette époque, tels que les
l'émancipation des communes.

La troisième partie est consacrée aux peuples modernes. L'auteur a
trois sections cette dernière partie de son ouvrage. L'exposé de la ɛ
classes laborieuses et la description des institutions charitables dans leı
liques autres que la France, en Italie, en Espagne, en Portugal, en Irlı
triche, dans une partie de la Suisse, en Belgique, remplissent la prem
Dans la seconde, figurent les pays qui appartiennent à d'autres commu
gleterre, l'Ecosse, la Hollande, la Suisse, l'Allemagne, la Suède, la Nor
nemarck, la Russie. La troisième section est consacrée à la France. Oı
aperçu historique intéressant des institutions charitables de la France, ɪ
clusion dans laquelle l'auteur expose la solution qu'il veut donner à c
« problème de la misère. »

Tel est le cadre immense que M. Moreau-Christophe s'est attaché à
les trois volumes compactes que nous avons sous les yeux. Qu'il ait ɛ
réussi à le bien remplir, nous ne saurions l'affirmer, et nous allons dı
mais sou ouvrage n'en renferme pas moins une foule de renseignemı
qui sont exposés d'une manière fort attachante. C'est un livre qu'on pı
ment, et dont la lecture présente un intérêt véritable, grâce au style ı
parfois pittoresque de son auteur.

Mais cette part faite, sans marchander, à l'éloge, il convient d'en faiı
la critique. Nous reprocherons d'abord à M. Moreau-Christophe d'aν

---

[1] *Du Droit à l'oisiveté et de l'organisation du travail servile dans les rép
ques et romaines.* Voir le compte-renpu de cet ouvrage dans le *Journal deı
ı. XXVI, p. 382.*

trop chargé son cadre. Quelles que soient l'assiduité et l'ardeur au travail d'un écrivain, nous le défions bien de remplir convenablement un tel cadre, même en y consacrant sa vie entière. C'est à peine si une compagnie de bénédictins suffirait pour mener à bonne fin l'œuvre colossale d'une histoire de la misère à toutes les époques et chez tous les peuples. Or, M. Moreau-Christophe, qui vaut peut-être un bénédictin, ne saurait, à coup sûr, avoir la prétention d'en valoir une compagnie. Aussi, qu'est-il arrivé? C'est que notre auteur a été obligé, beaucoup trop souvent, de faire de l'érudition de seconde main, et de puiser ses renseignements à des sources peu recommandables. Déjà, un de nos honorables correspondants, M. le comte J. Arrivabene, a rectifié quelques-unes de ses assertions erronées sur le paupérisme et les institutions charitables de la Belgique. Il est vraiment fâcheux que des inexactitudes aussi graves que celles qui ont été signalées par notre honorable correspondant, aient pu se glisser dans une œuvre sérieuse : elles ne sont pas faites pour inspirer beaucoup de confiance dans les renseignements et dans les chiffres qui concernent les autres pays. M. Moreau-Christophe n'aurait-il pas agi plus sagement en diminuant l'étendue de son cadre et en peignant avec plus de soin son tableau? — La même précipitation fâcheuse se laisse apercevoir dans les jugements que porte l'auteur. Ainsi, par exemple, ne s'avise-t-il pas d'attribuer aux entraves des maîtrises et des jurandes la plupart des grandes inventions qui ont enrichi la civilisation moderne, telles que : « les glaces, la boussole, les cheminées, le papier, le café, le verre, la soie, le télescope, les lunettes, les postes, les cartes marines, la poudre à canon, l'eau-forte, la gravure, les tapis, les orgues, les lettres de change, les liqueurs spiritueuses, la peinture à l'huile, la fresque, la détrempe, la connaissance des antipodes, l'alambic, l'imprimerie, etc., etc. » Nous citons, au dire de l'auteur : « Les jurandes du moyen âge enserraient l'industrie et les arts dans un cercle étroit de priviléges et de formalités gênantes. Eh bien ! ajoute-t-il, c'est cette compression qui servit précisément à leur imprimer plus de puissance et plus d'essor ; et c'est aux corporations de métiers le plus sévèrement soumises à ces entraves que sont dues les productions les plus merveilleuses et les plus utiles [1]. » D'abord, nous ne voyons pas, comment les jurandes du moyen âge ont pu contribuer à la découverte des fresques et des liqueurs spiritueuses, qui étaient parfaitement connues dans l'antiquité, non plus qu'à celle des antipodes et du café. M. Moreau-Christophe aurait bien dû s'étendre un peu plus longuement sur ce point intéressant. Nous aurions été fort charmé, pour notre part, de savoir à quelle corporation nous sommes redevables du café, et quelle autre a eu l'ingénieuse idée de nous faire connaître les antipodes. — Ensuite, il nous semble que l'efficacité du système compressif, pour faire jaillir les découvertes du cerveau de l'homme, est au moins fort douteuse. Pour s'appliquer avec avantage au dyso-pompe et à divers autres instruments utiles, ce système n'en laisse pas moins beaucoup à désirer lorsqu'on l'applique à l'humanité. Que M. Moreau-Christophe veuille bien comparer, par exemple, les progrès qui ont été réalisés dans une période donnée de compression à ceux qui ont été obtenus dans une période égale de liberté, et qu'il nous dise de quel côté penche la balance de la civilisation! — Ailleurs, l'auteur, encore absorbé par les regrets que lui inspire la destruction de ces jurandes bienfaisantes qui ont découvert les antipodes et le café, confond le droit de travailler avec le droit au travail.

« Droit au travail. Ce qui surtout créa ce mal, ce fut la nuit fameuse du 4 août 1789, où les priviléges du maître cordonnier et du maître perruquier étuviste, du marchand drapier et du marchand épicier, etc., etc., périrent par l'abolition des jurandes, en même temps que périrent ceux des Montmorency, des Rohan, des

---

[1] T. II, p. 459 et 460. T. III, p. 398.

La Tremouille, par l'abolition de la noblesse. Ce qui surtout l'augmen
décret des 2-16 mars 1791, qui dégagea le travail de tout frein, de toute (
déclara le travailleur entièrement libre. Autrefois le *droit de travailler* (
domanial que le roi n'accordait qu'à ceux qui l'achetaient ; maintenant
travail est déclaré droit naturel, et la loi l'accorde ou plutôt le laisse à
distinction [1].»

Or, nous le demandons, qu'a de commun le droit de travailler, c'est-à
d'user librement de ses facultés sans porter atteinte au droit d'autrui,
au travail, c'est-à-dire le droit d'obliger la société à fournir de l'occup
qui en manquent, ou, ce qui revient au même, de taxer le travail de t(
de quelques-uns? Loin d'être identiques, le droit de travailler et le droit
sont-ils pas précisément aux deux pôles opposés? Si M. Moreau Christoph(
un peu plus profondément son sujet, aurait-il pu commettre une aussi (
de jugement ?

Enfin, la solution que notre auteur veut donner au « problème de la
nous paraît pas non plus fort heureuse. Voici quelle est la solution de
Christophe. Il veut ressusciter le système des *diaconies* de la primitiv(
diaconies étaient des bureaux de charité annexés aux Eglises pour la di(
aumônes et l'administration du temporel des pauvres. Il y en avait se(
elles étaient desservies par sept diacres, sous la direction d'un arcl
diacres distribuaient les secours dont l'Eglise pouvait disposer. Ils ét(
dans leur mission par des acolytes sous-diacres et par des diaconesses d
était proportionné aux besoins du service.

« Visiter les malades et les prisonniers et leur porter les secours do(
besoin ; prendre soin des reliques et des sépultures; pourvoir au logem
gers ; veiller chaque jour à la nourriture de tous les pauvres ; recevo(
tout ce qui était offert pour les besoins de l'Eglise, en argent, vêtements,
le mettre en réserve dans les magasins de la diaconie, puis le distr(
les ordres de l'évêque : tels étaient les principaux devoirs qu'avaient
diacres [2]. »

C'était le trésor de l'Eglise qui pourvoyait aux dépenses des diaconie
était alimenté à la fois par les dons volontaires des fidèles et par les d
tres redevances.

Tel est le régime dont M. Moreau-Christophe demande le rétablisse
ment, il le modifie quelque peu, en ce sens que l'Eglise n'aurait plus
nistration des diaconies. Le gouvernement s'en mêlerait aussi, et il l(
à la manière des autres services administratifs. Voici l'organisation
M. Moreau-Christophe :

« Il faudrait établir et organiser, savoir :

« Dans *chaque commune*, une *diaconie principale* et plusieurs s
auxiliaires, suivant l'étendue du territoire et le nombre des pauvres à

« Dans chaque *chef-lieu de canton*, une *diaconie-dispensaire* envoy(
des et ses médecins aux malades de sa circonscription, ou recevant (
spéciale ceux de ses malades qu'il serait de toute impossibilité de traite(

« Dans chaque *chef-lieu d'arrondissement*, une *diaconie-contrôle*
d'inspecter, de visiter, de stimuler, de relier entre elles les diaconies d(
mune et de chaque canton, etc.

« Au *chef-lieu de chaque département*, une *diaconie-mère* dominai

---

[1] T. II, p. 459 et 460.
[2] T. III, p. 396.

toutes les diaconies de commune, de canton et d'arrondissement, répartissant ses secours entre elles, recevant leurs comptes, etc., etc.

« Au *siége du gouvernement*, une *archidiaconie centrale*, donnant l'impulsion et imprimant l'unité d'action à tous les rouages de la machine.

« Le gouvernement serait la tête et l'œil de l'institution des *diaconies*; la mairie et le presbytère en seraient le corps et l'âme; les fonctionnaires de tout ordre, les principaux organes; les citoyens dévoués de toutes les classes, les membres actifs; les femmes, le cœur et les mains; nos mères, nos sœurs, nos filles, nos épouses seraient les *diaconesses*, et, pour peu que les huit mille sœurs de charité de nos établissements actuels de bienfaisance voulussent leur venir en aide comme elles font à Naples, la misère et la maladie des pauvres auraient bientôt fait le vide dans l'immensité devenue inutile, de nos hospices et hôpitaux.

« Ce serait le plus sûr moyen de les détruire [1]. »

Ne vous semble-t-il pas que « l'archidiaconie centrale » dont il est question dans ce plan de M. Moreau-Christophe ressemble fort à un ministère de la bienfaisance publique? N'est-ce pas, en réalité, une centralisation de la charité que l'auteur propose? Or, n'avons-nous pas déjà bien assez d'archidiaconies centrales : archidiaconie de l'enseignement, archidiaconie des travaux publics, archidiaconie des beaux-arts, archidiaconie de la fabrication des tabacs, etc., etc., sans y joindre encore celle de la charité? Et les plaintes que soulèvent journellement tant de services archicentralisés ne devraient-elles pas avertir M. Moreau-Christophe que le progrès n'est pas précisément dans cette direction-là?

Nous croyons donc que la conception n'est pas heureuse, et nous engageons M. Moreau-Christophe à chercher quelque chose de mieux. Nous n'aimons pas beaucoup non plus le mélange de mysticisme religieux et de philanthropie administrative qu'il a répandu dans son livre, et nous ne comprenons pas bien à quelle intention il a placé à la fin de chaque volume une grosse croix en cul-de-lampe. Certes nous avons une profonde vénération pour cet emblème religieux, mais, à cause de cette vénération même, nous n'aimons pas qu'on le prodigue hors de propos. Cela donne d'ailleurs à l'ouvrage de M. Moreau-Christophe un aspect funéraire ; on dirait un livre enterré.

Ajoutons, toutefois, que ce livre possède de véritables éléments de vitalité, de la chaleur d'âme, des sentiments généreux, élevés et sympathiques, et qu'il est sans doute destiné, en dépit de ses imperfections, à fournir une longue carrière. C'est du moins le bonheur que nous lui souhaitons. Ainsi soit-il.   G. DE MOLINARI.

DE LA DÉMONÉTISATION DE L'OR, par LOUIS HALPHEN, ancien élève de l'Ecole polytechnique : brochure in-8°. — Paris, 1852.

Depuis trois ans surtout, la quantité d'or, apportée annuellement sur les marchés d'Europe, a singulièrement augmenté. Pendant longtemps, la production de ce métal, en Amérique et en Europe, ne dépassait guère ce qui était nécessaire pour compenser la consommation annuelle pour la bijouterie, la dorure, le frai des monnaies, comme aussi pour fournir aux demandes de peuples nouveaux et aux besoins d'anciennes populations devenues plus nombreuses. Dès 1830 cependant, l'extraction de l'or dans la chaîne de l'Oural et en Sibérie donnait des produits qui prenaient d'année en année plus d'importance ; et c'est au moment où l'on se préoccupait déjà de cet accroissement que les gisements de la Californie ont été découverts. La révélation de richesses semblables dans une partie du continent qu'habite et qu'exploite avec

---

[1] T. II, p. 217. T. III, p. 536.

tànt d'ardeur la race anglo-américaine a provoqué une véritable inv:
point, d'une armée innombrable de chercheurs d'or. Le climat, la fati
vations ont coûté la vie à bon nombre de ces *pionniers* ; mais le succès [
ble, au point de vue général, a été complet ; et, après trois ans, la quant
nie par la Californie a pu être évaluée par M. Michel Chevalier, pour
de 1851, à 100,000 kilogrammes, ou 344 millions de notre monnaie [1].

Presque en même temps, des gisements d'or étaient découverts en /
nouvelles récentes, rapportées par le *Journal des Débats*, et venant
bourn et de Geelong, annoncent que, dans l'espace de trois mois, on a'
dans les contrées avoisinantes, 243,414 onces d'or, soit pour une valeur d
sterl., plus de 18 millions de francs.

L'or, comme tous les autres métaux, comme, en fait, toutes les march
prix courant qui varie en raison de sa plus ou moins grande abondance
en raison de l'offre comparée à la demande. Mais ce métal joue dans le
nomique des peuples un rôle important, par ce motif qu'il a été géné
comme matière de la monnaie. Chacun ayant la faculté de faire frapper
en pièces de monnaie, il en résulte que plus l'or est abondant, plus
devient à son tour ; et, si le métal diminue de valeur relative avec tou
de l'industrie humaine, la monnaie décroît aussi de valeur dans la mêr
ce qui se traduit en un renchérissement nominal de toute chose, lorsque
estimé en monnaie. De l'analyse des faits il résulte donc que la monn
est une véritable marchandise.

Dans les pays, comme l'Angleterre, où la seule monnaie qu'on pui:
imposer aux créanciers de recevoir, est l'or, l'abondance croissante
pour conséquence d'élever successivement les prix de toute chose, el
moins nominalement, un renchérissement général.

En France, la question est moins simple : la monnaie ordinaire du
argent, c'est ce métal qui avait été adopté pour déterminer ce que, f
ment du reste, on appelle l'étalon des valeurs. Les pièces d'or acce
circulation étaient prises pour leur valeur intrinsèque, sans que la lo
établir aucune relation fixe et invariable entre des monnaies compos
différents. La loi de l'an III, en réglant le régime monétaire, restait fid
cipes, et c'est seulement en l'an XI que le législateur a eu la fâcheuse
prétendre à fixer définitivement le rapport entre les deux métaux, or (
des dispositions établissant que des pièces d'or d'un poids déterminé
jours l'équivalent d'un certain nombre de pièces d'argent. Le rapport
façon que l'or a été considéré comme ayant une valeur quinze fois (
forte que l'argent, à poids égal.

Cette proportion s'étant trouvée d'abord défavorable à l'or, tout dét
térêt à s'acquitter de préférence en argent. Les pièces d'or, bien q
commode, ont peu circulé, et on ne pouvait même s'en procurer qu'
prime ; cet agio a varié sur les prix courants et est monté souvent ju
1,000. La baisse du lingot d'or, par suite des nouvelles quantités jeté
marchés de l'Europe, la faculté pour chacun de porter le lingot à la
le faire frapper en pièces de 20 francs, changent aujourd'hui l'état d
l'or baisse, le débiteur le donne de préférence à l'argent, et, si la d
métal continue, c'est la monnaie d'or qui se substituera à celle d'ar
disparaîtra de la circulation pour se transformer en lingots, et sort
pays.

---

[1] *Annuaire de l'économie politique et de la statistique* pour 1852, chez Guil
pagnie, à Paris.

Le moment serait favorable, avant que la dépréciation de l'or se prononce davantage, pour faire disparaître de la loi française cette vaine prétention d'établir un rapport fixe entre deux métaux dont la valeur relative est essentiellement variable, comme le sont les valeurs de toutes les autres marchandises les unes à l'égard des autres.

C'est cette thèse que M. Louis Halphen a développée, en s'appuyant sur d'excellents principes en économie politique. Il demande que l'on sorte du *status quo*, et que, pendant qu'il en est temps encore, on en revienne aux anciens principes monétaires de la France, par l'abrogation de la loi de l'an XI. L'argent redeviendrait le seul étalon monétaire du pays ; les pièces d'or, comme les pièces de cuivre ou de billon, ne seraient plus que des monnaies d'appoint, acceptées ou refusées dans les gros payements, au gré du créancier. La pièce d'or n'aurait plus le nom fictif de 20 francs, elle porterait seulement l'indication précise de son poids et de son titre.

L'argent est d'une extraction moins facile que l'or ; le minerai en est dispendieusement traité à l'aide du mercure ; son emploi dans les usages domestiques est, en outre, étendu, et toutes ces circonstances font qu'il paraît devoir échapper plus que l'or aux chances d'une dépréciation prochaine. C'est une excellente raison pour le conserver comme le seul étalon monétaire du pays.

Les économistes appellent une prompte décision à cet égard ; réussiront-ils à se faire écouter ? · H. SAY.

_____

BIBLIOGRAPHIE FORESTIÈRE FRANÇAISE, ou Catalogue chronologique des ouvrages français ou traduits en français et publiés, depuis l'invention de l'imprimerie jusqu'à ce jour, sur la sylviculture, l'arboriculture forestière, et sur les matières qui s'y rattachent ; phytographie, culture, exploitation, économie, législation, jurisprudence, statistique, histoire et administration forestières, industrie concernant les bois; suivi d'une table des auteurs mentionnés, contenant l'indication de leurs ouvrages. Publié par les *Annales forestières*, et rédigé par D. A. Jacquemard. Paris, 1852, 58 pages grand in-8°, à 2 colonnes.

Tel est le titre complet, un peu long peut-être, de l'intéressante bibliographie spéciale que nous devons aux soins de l'habile rédacteur en chef des *Annales forestières*. Rien, jusque-là, n'avait été fait en ce genre, et les titres des ouvrages relatifs aux bois étaient restés disséminés dans la volumineuse bibliographie de la France, où ils bravaient les plus patientes recherches. Grâce au travail de M. Jacquemard, grâce surtout aux notes dont il a fait suivre l'indication d'un certain nombre d'ouvrages, on pourra maintenant facilement, soit se faire une idée générale, soit porter son attention sur tel ou tel point de la science forestière.

Quant à la rédaction de son catalogue, l'auteur avait à choisir entre plusieurs systèmes. Ainsi, il pouvait, par exemple, faire des divisions et ranger tous ces ouvrages sous des rubriques spéciales : culture, exploitation, statistique. Il a adopté l'ordre chronologique, qui nous semble préférable, surtout à cause des difficultés de classer tel ouvrage dans telle ou telle catégorie. Il y a, de plus, un avantage : les mesures législatives relatives aux forêts, prises par le pouvoir à différentes époques, ont ordinairement soulevé, aussitôt leur promulgation, de vives controverses, ou ont amené des résultats que les contemporains seuls ont été à même de constater exactement. Ainsi, presque tous les ouvrages qui ont suivi la fameuse ordonnance de 1669 fourniront les renseignements les plus curieux, si l'on se reporte à la date de leur apparition. De même la promulgation du Code forestier, en 1827, provoqua un nombre considérable de mémoires et de brochures. Enfin, depuis 1847, époque à partir de laquelle les bois des particuliers devaient être rendus au droit commun par l'expiration du régime de l'autorisation préalable de défrichement, les inquiétu-

des de ceux qui craignent un déboisement trop rapide, se sont traduit
série de publications.

Le premier ouvrage ｀de cette consciencieuse énumération chronologiqu
*Livre des Prouffits champestres et ruraulx compilé par maistre Pierre de
et translaté depuis en langage françois* »; puis, une intéressante notice
de Crescent, l'auteur de cette encyclopédie agricole, la première, depuis
publiée d'abord en latin, et dont la traduction — rarissime in-folio —
*de imprimer en la noble ville et cité de Paris, l'an mil quatre cens quat:
six, le dixième jour de juillet*, trente ans environ après la découverte de
rie, *par honorable homme Anthoine Verard, marchant libraire et bourge*
le même Anthoine Vérard qui, soit dit en passant, imprimait, le vingt-tr
de la même année, le fameux livre du roi Louis XI : *les Cent Nouvelle*
— Le dernier ouvrage cité est le *Traité de droit rural appliqué, par
Bourguignat, avocat au Conseil d'Etat et à la Cour de cassation.* — F
1 volume in-8°.—De telle sorte que l'on ne pouvait remonter plus haut
des temps, et que l'on indique cependant toutes les lumières de la scien(

Enfin, une table alphabétique des auteurs, avec des chiffres renvoyant
ros de leurs ouvrages, facilite les recherches et forme le complément de
consciencieuse et utile.   J. DE `

SOCIÉTÉ D'ÉCONOMIE POLITIQUE

LE FREE TRADE. — LA MONNAIE DE CUIVRE. — LES MÉTAUX PRÉCIEU:
DE L'INTÉRÊT. — LE PRIX DU CHANGE. — RECTIFICATIONS.

M. de La Farelle, ancien membre de la Chambre des députés (
dant de l'Académie des sciences morales, habitant, depuis quelques ,
le Gard, assistait à cette réunion, qui a été présidée par M. Horace
vice-présidents.

Le président a commencé par donner connaissance à la Société
adressée à M. Natalis Rondot par un habile cultivateur anglais, M. M
la communication avait été demandée par quelques membres. Ce
relative aux résultats du *free trade* en Angleterre. M. Horace Say
traduction ainsi conçue :

                          Triptree Hall, Kelvedon, Essex, Ma

« Mon cher monsieur, ... ma propre opinion sur le *free tra*
en dernière analyse très-heureusement agi sur notre pays, et, qu
dance et le bas prix des aliments ait pesé lourdement, pendant un c
sur l'agriculture britannique, la concurrence a tellement poussé
rations , que je pense que nous battrons le monde pour le blé a
pour le calicot. Je viens de dépenser récemment 600 livres (15,000
poser deux milles de tuyaux de fer de trois pouces, afin de pouvo
pompes de force suffisante et de conduits de gutta-percha, il
ma terre, soit avec de l'eau, soit avec de l'engrais liquide , à vol
une des opérations les plus profitables en agriculture : soit parce
met tout à fait à l'abri de la sécheresse ; soit parce qu'elle nous per
tous les engrais sous forme liquide, qu'elle nous économise le
chariot et nous sauve la perte ou la détérioration de ce précieux :

« ... En ce qui concerne la laine, il n'y a nul doute que les prix

venus beaucoup plus élevés depuis la suppression des droits. Comme fermier,
je touche maintenant un surplus d'environ 50 pour 100. Ce qui était payé
10 deniers, en coûte actuellement 14 à 15. Le bas prix des aliments permet
une grande consommation, ou plutôt l'usage des produits manufacturés....

« Je pense que le sentiment général du pays est très-prononcé en faveur du
free trade....

« J.-J. MECHI. »

Après cette lettre, qui est écoutée avec le plus vif intérêt, M. le président
engage la réunion à faire porter la conversation, ainsi que le propose M. Remacle, membre du Corps législatif, sur le projet de la refonte de la monnaie de
cuivre, qui vient d'être l'objet d'un rapport de M. Vuitry, conseiller d'État.

M. REMACLE dit qu'en outre des questions nombreuses que soulève ce projet,
il y en a une qui lui paraît avoir une grande importance ; c'est celle de savoir
jusqu'à quel point il est opportun d'autoriser, comme l'idée en a été émise,
les agents du Trésor à recevoir la future monnaie de cuivre en proportion
plus forte que cela n'a lieu maintenant (en vertu de la loi de 1810, qui a fixé à
l'appoint de cinq francs le maximum en monnaies de billon ou de cuivre), dans
le but de favoriser l'émission et de faciliter la circulation des nouveaux types
qu'on désire faire moins lourds et moins volumineux que les types actuels.

M. LAFOND, directeur de l'Union des ports et consul de Costa-Ricca, donne
divers détails sur les résultats que pourra présenter l'opération et sur le bénéfice qui résulterait, au dire de diverses personnes, pour le Trésor, de la diminution de poids des nouvelles pièces, et qui serait de 48 millions de francs !

M. LÉON FAUCHER ne peut pas croire à la *possibilité* d'un pareil bénéfice, puisque les espèces à refondre ne sont pas évaluées au delà de 52 millions.

Il critique ensuite la solution à laquelle s'est arrêté le gouvernement en ce
qui concerne le poids des pièces. Celui-ci, en effet, a préféré pour le gros sou
le poids de 10 grammes, tandis que les hommes pratiques qui ont réfléchi sur
cette matière se sont toujours prononcés pour le poids de 15 grammes, qui est
celui des pièces analogues chez les voisins. Il pourra en résulter que des spéculateurs étrangers s'étudieront à faire deux sous de France avec un sou de Hollande,
par exemple, ou avec un sou de tout autre pays. La perfection des nouvelles
pièces, qu'on invoque comme un obstacle à cette fraude, n'inspire pas beaucoup
de confiance à l'honorable membre; car l'art de frapper les monnaies n'est plus
un secret pour personne, et la preuve en est que l'industrie produit des médailles du type le plus parfait. Sous ce rapport donc, M. Faucher croit qu'on va
faire une mauvaise opération.

M. Léon Faucher rappelle ensuite la difficulté avec laquelle les populations se
soumettent à des prescriptions qui violent le cours naturel des choses. C'est surtout en matière de monnaies, dit-il, que le peuple se rebiffe. En vain les rois se
sont évertués, jusqu'à l'époque moderne, à altérer les monnaies et à commettre
ces méfaits dans le mystère ; la valeur des monnaies altérées n'en a pas moins
diminué. C'est qu'on ne peut longtemps tromper le public, et qu'en ces matières il y voit plus clair que le gouvernement.

Relativement au développement à donner à la circulation des monnaies de
cuivre, M. Faucher pense aussi que ce serait aller contre le cours naturel des
choses ; car cette circulation tend chaque jour à se restreindre. Ce sont les pays
pauvres qui emploient actuellement le plus de cuivre. En Angleterre, au contraire, ce n'est que malgré lui, et, pour ainsi dire, en en demandant pardon,

qu'un marchand vous rend des gros sous, et encore a-t-il soin de vou
lopper dans du papier. En France, on aura beau perfectionner les e
on n'amènera pas le public à s'en servir plus qu'il ne le fait aujourd'
encore à cause d'une autre raison, à cause de la diminution de la va
gent et de la multiplication des petites pièces de ce métal qui en e
quence.

Somme toute, M. Faucher ne serait pas étonné que le Trésor, au li
néfice fabuleux, trouvât une perte dans l'opération.

M. REMACLE, répondant à la question qu'il a [d'abord posée et q
inspirée par l'opinion de quelques personnes, verrait de graves in
dans l'obligation imposée au gouvernement de recevoir la monnai
dans une proportion plus forte que les particuliers.—S'il arrivait, p
que cette monnaie moins pesante, de valeur moindre que celle à
populations sont habituées, perdit faveur, on ne tarderait pas à v
personnes, et les comptables publics tous les premiers, faire la spé
rechercher cette monnaie, et l'accaparer à un taux de réductio
faire des versements au Trésor public au taux nominal. L'expér
été faite au commencement de ce siècle. A un certain moment, le
blic recevait des masses de petites monnaies, et la monnaie de
devenue un vrai fléau pour les finances publiques. Il serait pruder
courir le même danger.

M. HORACE SAY fait remarquer qu'en ce qui touche la question
ne faut pas oublier que la monnaie de cuivre n'est qu'un billet
pour une forte partie de sa valeur ; et que, par conséquent, le T
est tenu, dans les limites de la loi de 1810, d'échanger ce billet co
leurs plus réelles, comme la Banque de France est toujours prê
ses billets contre des écus.

M. Say verrait des avantages à l'adoption du poids de 10 gran
comme dans ce cas, les monnaies de cuivre auraient une valeur int
ne serait que le quart de la valeur nominale, il en conclut que les
doivent être éclairées en proportion de cette diminution du poids.
tre part, il comprend l'objection tirée de la double valeur qui e
pour les monnaies des voisins, en citant toutefois l'exemple des l
glaises qui ont émis, sans inconvénient, des pièces de cuivre fais
de billets de confiance. (Voir l'opinion de ce membre dans un ar
sur cette question.)

M. LÉON FAUCHER reconnaît avec M. Say le caractère du billet de
la monnaie de cuivre, et il ne s'effrayerait pas de la diminution
intrinsèque, si elle devait toujours servir de monnaie d'appoint.
naie de cuivre est aussi la monnaie principale dans une masse d'éc
quels se livre la classe la plus pauvre, la plus nombreuse et la mo
et c'est pour cet usage si important qu'il croit nécessaire, sinon d
nouvelles pièces toute la valeur intrinsèque, au moins de ne pas
faible que celle des monnaies actuelles.

M. JOSEPH GARNIER partant de ce principe, que la pièce de cuivre
de billet de confiance, et invoquant de plus le fait que la diminution
de l'or et de l'argent amène le remplacement dans la circulatio
d'argent par les pièces d'or, et des pièces de cuivre par des piè
pense que l'on fait bien de tenter la fabrication des pièces de cu

réduit, du gros sou à 10 grammes, par exemple, devant valoir nominalement
le quart de sa valeur intrinsèque ; c'est-à-dire moitié moins que le sou actuel,
dont la valeur intrinsèque est de la moitié de sa valeur nominale.—En fait, dit
M. Garnier, on fabrique actuellement en France beaucoup de pièces de 10 fr. en
or, et rien ne s'opposerait à ce qu'on frappât des pièces de cinq francs à peu
près semblables aux dollars des États-Unis. En fait aussi, on frappe des pièces en
argent de 20 centimes, suppléant déjà au double sous de cuivre, et même les
sous qui n'interviendraient plus que comme appoint de cette pièce qui tend
à devenir usuelle ; bien qu'il ne soit pas démontré que cette coupure soit
plus commode, ou même plus décimale que celle de cinq sous ou sa moitié.
Conformément à l'opinion exprimée par M. Faucher, il paraît possible à M. Garnier que les mêmes pièces d'argent remplacent les pièces de cuivre ; et c'est
précisément pour cela qu'il se prononcerait pour le poids de 10 grammes, pour
une émission de monnaie de cuivre restreinte qui attendrait la demande de
la circulation, et même pour une nouvelle réduction de poids dans l'avenir. Il
croit que la fabrication des fausses monnaies pourra être surveillée dans les
pays voisins, où il y a une tendance bien marquée à copier le système monétaire français généralement accepté, à réduire aussi le poids de leurs pièces
de cuivre. Il fait remarquer, au surplus, que le système actuel n'a pas empêché la spéculation des pièces de Monaco, qui pourra se renouveler.

Plusieurs membres font à ce sujet diverses objections et observations.

M. Léon Say signale la facilité avec laquelle on pourra fabriquer des monnaies de cuivre, facilité qui est très-grande à Paris même, où une fabrique
de boutons s'est chargée de frapper la monnaie d'un pays éloigné.

M. Remacle pense qu'avec des pièces d'un poids trop réduit, la valeur de la
monnaie baisserait bientôt, que le prix hausserait et qu'il en résulterait de
graves perturbations dans les transactions des masses. Il assure que les habitants des campagnes n'aiment pas les petites pièces d'argent, que leurs mains
rendues calleuses par le maniement des pierres et de la terre ne peuvent littéralement pas les tenir dans leurs doigts ; ils leur préfèrent et leur préféreront
toujours les sous et les gros sous, qui seront d'autant mieux acceptés qu'ils
seront plus gros et plus maniables. — M. Lafond cite deux expériences faites
en Amérique : une émission de pièces de cuivre au Mexique, avec une valeur
nominale de 25 sous, que le gouvernement fut obligé de retirer un an après,
avec perte, à cause de la fraude bientôt survenue ; une autre émission de
pièces de cuivre au Brésil, qui n'a pas tardé à être inondé de fausses pièces
par des spéculateurs anglais. — M. Horace Say fait remarquer que les sous Monaco, introduits il y a quelques années en France, avaient été simplement signalés par le ministre des finances, comme pièces pouvant être refusées par
les caisses publiques, puisqu'elles n'étaient pas émises par les hôtels de monnaies de France ; et que l'on ne peut citer cet exemple comme un cas de
fausse monnaie.

M. Joseph Garnier répond à M. Léon Say, que son objection peut être faite
au sou actuel, ayant une valeur intrinsèque de 50 pour 100 moins élevée que
la valeur nominale, et au billet de banque en général. A M. Lafond, que les
pièces du Mexique et du Brésil, qu'il a citées, étaient elles-mêmes plutôt des
assignats que des monnaies d'appoint, dont le cours n'est forcé que dans une
certaine limite, et dont l'émission est restreinte ; qu'elles auraient été dépré-
ciées même sans l'importation des contrefaçons auxquelles elles présente-

raient, d'ailleurs, une marge excessive. A M. Remacle, qu'il arrive
petites pièces d'argent ce qui arrive pour les billets de Ranque de ce
ce qui arriverait pour des coupures moindres, c'est-à-dire qu'elle
ront peu à peu, et qu'une fois admises en circulation, elles sou
les prix au niveau de leur valeur réelle. A M. Horace Say, qu'il r
justesse de son observation.

La question de la refonte de la monnaie de cuivre a ramené l'a
la réunion sur un acte qui s'y rattache et qui est le complément d
la Société traitait dès son avant-dernière séance, celle de savoir si
du numéraire fait baisser le taux de l'intérêt des capitaux, et s'il
de tirer de cette abondance un argument en faveur de la conversio

M. Horace Say ne pense pas que la Californie, ou l'Oural, ou
puissent agir sur le taux de l'intérêt. Avoir cette croyance, ce sera
l'augmentation du numéraire, qui n'est qu'une très-petite frac
pital social, avec le capital social lui-même, une très-moindre pa
tout. Or, ce n'est que par suite de cette confusion qu'on pourrait
l'abondance du numéraire à la baisse du taux de l'intérêt et à la
la conversion des rentes. Sans doute l'or et l'argent, en devenant
dants, feront baisser la valeur du numéraire ; mais sans que cette p
influence sensible sur l'intérêt des capitaux, qu'on appelle impropi
le langage usuel, l'intérêt de l'argent, et lequel est réglé par la lo
de la demande, c'est-à-dire par la plus ou moins grande accumul
pital.

M. Horace Say nous a semblé exprimer le sentiment général de
Un membre estime cependant que cette influence, qu'on a r
gliger, existe dans une faible proportion. Dans le cas où l'augment
méraire ne satisfera pas, comme le disait M. Say dans la dernière
besoins nouveaux, elle augmente inutilement la masse de la
nécessaire et d'autant la masse des capitaux improductifs, et
baisse du taux de l'intérêt. Si ce pays a des capitaux comme 100
raire comme 3, et qu'il survienne 1 de plus en or ou en argent, l
la baisse du taux d'intérêt sera précisément dans la proportion, n
mais de 1 à 100 ; et cela seulement dans l'hypothèse où le numér
ne viendrait pas faire face à de nouveaux besoins par le fait de l'a
de la population, du développement de l'industrie, etc.

M. Rodet, de la Chambre du commerce, dit que si nous avons
en particulier la valeur de l'or perdre l'agio et baisser relativeme
l'argent jusqu'à la proportion du taux légal, cela a tenu à ce q
Californie qui avait d'abord passé aux Etats-Unis, nous a été rei
pays en payement de nos marchandises, à cause de la baisse qu
en Amérique. Mais comme cet or a pu s'écouler dans toute l'Eur
des changes, qui est une véritable pierre de touche relativemer
des métaux, a prouvé que cette valeur ne se dépréciait pas et i
déprécier d'une manière inquiétante.

Ici M. Horace Say fait remarquer qu'en invoquant ce thermomèt
il ne faut pas oublier que ce n'est pas la France seule qui est le
l'or, mais l'Europe tout entière, et que dès lors le prix du chan
sur un autre peut être le même, et ne pas amener dans la valeu

absolue des métaux les changements qui peuvent se produire dans la valeur absolue des métaux précieux, relativement à celle des autres produits.

—Dans le compte-rendu de la dernière séance, nous avons fait une confusion, en rapportant le fait si remarquable d'une partie de coton achetée à Mobile et vendue au Havre en vingt-cinq jours, et en disant que le coton avait été expédié de Mobile à New-York par chemin de fer. On nous fait remarquer qu'un pareil mode de transport à cette énorme distance coûterait beaucoup trop cher. Le coton dont il était question, dans la conversation de M. de Coninck, est venu de Mobile au Havre, par navire à voiles. Il n'y a que les avis d'achat et de vente qui ont passé par New-York et par voie télégraphique. Le chemin de fer n'a eu à jouer aucun rôle dans l'opération, en tant que voie de transport. Les 500 balles de coton ont été achetées à Mobile pour le compte d'une maison du Havre. Avis lui en a été donné le même jour, par New-York et Liverpool. L'avis reçu, le coton a été à l'instant même vendu à livrer, et un nouvel ordre d'achat de 500 balles est parti le même jour pour Mobile, par Liverpool et New-York ; si bien, que le second achat de 500 balles a pu être effectué à Mobile, vingt-cinq jours après le premier.

—Le chiffre cité par M. Dussard, pour les frais d'institution d'une compagnie, est plus élevé que celui que nous avons rapporté. M. Michel Chevalier rapporte, d'après M. Porter, dans ce même numéro (p. 410), que la compagnie du chemin de Londres à Birmingham a eu à dépenser près de 1 million 800,000 francs !

CHRONIQUE ÉCONOMIQUE.

SOMMAIRE. — Sociétés de crédit foncier. — Conversion des rentes. — Fusion des compagnies de chemin de fer. — Promulgation du budget de 1852 : sel, boissons, octrois, équilibre, etc. — Nouvelle formalité pour la Banque. — Décrets sur le chemin de Strasbourg et l'embranchement de Blesme à Gray ; — sur le chemin de Beaucaire ; — sur les Chambres et le Conseil d'agriculture ; — sur les Sociétés de secours mutuels ; — sur les sucres ; — sur la pêche du hareng ; — sur les émigrants ; — sur la contrefaçon ; — sur la décentralisation ; — sur l'enseignement public. — Premières opérations du Sénat et du Corps législatif. — La refonte des monnaies de cuivre. — Le concours de Poissy et le Congrès agricole. — Le ministère anglais s'est expliqué. — Symptômes de paix en Europe. — Le Congrès douanier à Berlin et la chute de Rosas. — Développements des lignes à vapeur. — Les mines d'Australie.

Le *Moniteur* a été très-fécond depuis la publication de notre dernier numéro, surtout vers la fin de mars 1852, époque fixée pour la réunion du Sénat et du Corps législatif, la mise en vigueur de la Constitution de 1852 et la cessation de la dictature du Président.

Notre premier article est consacré aux Sociétés de crédit foncier, qui sont, depuis l'apparition du décret qui les concerne, l'objet de réflexions de ceux qui se sont occupés du crédit et des moyens de faciliter le règlement des dettes des propriétaires. — Il paraît que dans quelques localités, où ces derniers s'étaient imaginé que le gouvernement pourrait inventer un papier à l'aide

duquel ils se libéreraient pour ainsi dire sans bourse délier et san
leur terre, ils sont surpris que le décret sur le crédit foncier n'ait pa
qu'ils en attendaient. Cela prouve que quelques leçons d'économie
se seraient déplacées ni au collége ni à l'école primaire, et qu'on au
bien des folies et bien des fautes avec ce simple procédé, si on l'a
ployé depuis trente ans.

Ce décret n'a pas tardé à provoquer plusieurs projets de sociétés de
ou d'emprunteurs pour diverses parties de la France. Une de ce
s'est formée alors par les soins de notre savant collaborateur M. V
qui est de tous les publicistes celui qui a le plus contribué à vul{
genre d'institutions en France. Elle est composée de plusieurs persot
notables par leur savoir, leur fortune et leur situation dans la socié
nions politiques et économiques très-différentes.

Cette Association a été autorisée, par décret du 28 mars, à consi
réunion de prêteurs, avec un fonds social de garantie de 25 millions;
tenu le privilége pour vingt-cinq ans et pour les sept départeme
Seine, de Seine-et-Oise, Seine-et-Marne. Eure-et-Loir, Aube, Marne
formant le ressort de la Cour d'appel de Paris. Elle doit prêter aux
déterminées par le décret du 28 février; mais, moyennant l'autorisati
nistre de l'agriculture et du commerce, elle pourra admettre tout au
de faciliter les prêts sur immeubles et la libération des débiteurs: e
émettre des *obligations foncières*, remboursables par la voie du sor
sans prime, avec un taux d'amortissement calculé de manière à
droit des annuités soit au moins de vingt ans et au plus de cinquant
taux d'intérêt maximum de 5 pour 100, et un maximum de frais de G
par an pour 100 francs. — La Société est autorisée à négocier ces c
et à recevoir en dépôt, sans intérêts, les sommes destinées à des place
hypothèques ou à l'achat des obligations foncières. (V. le premier at
numéro.)

Un important correctif a été apporté au premier décret relatif à
sion des rentes, que nous rapportions dans notre dernier numéro
parlé dans un article consacré aux mesures financières prises depu
cembre. Nous renvoyons également à cet article pour la fusion qu
torisée des compagnies des chemins d'Orléans, du Centre, d'Orlé:
deaux et de Tours à Nantes.

— Le gouvernément n'a pas cru devoir soumettre le budget
Corps législatif, par les raisons qu'il en donne au rapport que nous p
il l'a fixé par un décret que nous publions également d'après le *Moi*
mars, et dans lequel se trouvent établies plusieurs dispositions i
relatives aux Forêts, aux Contributions des Portes et fenêtres, au Sel
sons et aux Octrois. — Le ministre des finances est autorisé à allé
millions de bois de l'État;—à tenir compte dans le tarif des portes
de la valeur locative et du nombre des fenêtres. Relativement au
cret soumet enfin au droit de 10 francs les sels destinés à la fabi
soudes, qui en avaient été exemptés jusqu'à ce jour, à titre de Pr
que M. Fould proposait de leur réclamer il y a deux ans. Il n'y a r
cela: les fabricants de soude, aujourd'hui que l'impôt est diminué de
que leur industrie est grande fille, et que le fisc a toujours des besoi
été rangés dans la catégorie des saleurs de viande et de poisson, (

de bestiaux, des fabricants de fromages et des consommateurs du sel en général.

Dans les changements relatifs à l'impôt des boissons, le gouvernement s'est surtout proposé d'améliorer l'assiette de l'impôt, en appliquant les propositions formulées par la Commission d'enquête de l'Assemblée nationale et quelques autres encore. Le droit d'entrée dans les villes est réduit de moitié ; celui de détail porté de 10 à 15 pour 100. La limite de la vente en gros est abaissée à 25 litres, et la zone de franchise pour les producteurs, restreinte de l'arrondissement au canton ; tout cela dans le but de faciliter la consommation de famille et de déranger celle du cabaret. Le but est louable assurément ; mais combien de familles qui ne peuvent acheter 25 litres à la fois! combien qui vont au cabaret, faute d'un intérieur confortable pour s'y réunir avec des amis et y trouver un peu de gaieté! Pour ces familles, l'impôt devient plus lourd.

Pour les octrois, le décret supprime le prélèvement du dixième perçu par le Trésor, évalué pour tous les octrois à près de 7 millions. A la suite de ce dégrèvement, la Commission représentative de l'entrepôt des boissons fait annoncer que l'abaissement des droits pour Paris serait, à partir du 1er mai :

Pour les vins, au plus, de 87 c. 788 millièmes par hectolitre ; au moins, de 69 c. 300 millièmes par hectolitre. Pour les alcools, au plus, de 2 fr. 28 c. par hectolitre d'alcool à 100 degrés ; au moins, de 1 fr. 80 c. par hectolitre d'alcool à 100 degrés. Ce *plus* ou *moins* dépend de l'interprétation qui devra être donnée prochainement au décret par l'autorité supérieure, au sujet des 15 pour 100 prélevés sur le produit brut des octrois. Ces 15 pour 100 représentent les frais de perception et les contributions mobilières supportées par la ville pour les loyers pauvres. Le Trésor n'en a pas perçu le dixième jusqu'à présent.

En résumé, c'est là une médiocre amélioration pour le consommateur de vin.

M. Bineau estime à 15 millions et demi l'accroissement des recettes provenant des boissons et du sel employé dans les fabriques, et à près de 9 millions, déduction faite des 7 millions du dixième du Trésor abandonné aux villes. Il ajoute à cette somme le produit de l'aliénation des forêts, divers remboursements des compagnies des chemins de fer, l'augmentation des revenus et l'économie résultant de la conversion des rentes 5 pour 100.

M. Bineau évalue le déficit, au 31 décembre, à 630 millions, et le déficit, au 1er mai, à 642 millions. Il évalue l'ensemble des dépenses ordinaires et extraordinaires à 1 milliard 71 millions, et l'ensemble des recettes ordinaires et extraordinaires à 1 milliard 17 millions ; différence 54 millions, qui se réduisent à 14 millions, si on tient compte de la moyenne des annulations de crédit, lesquels 14 millions doivent être couverts par l'augmentation des revenus indirects ; de sorte que si tout se passe ainsi que le prévoit le ministre, le déficit ne peut pas augmenter par l'exercice 1852. Malheureusement les devis des ministres des finances ressemblent un peu à ceux des architectes, et on agira sagement en ne prenant pas tout à fait ces consolantes assertions au pied de la lettre.

Dans les totaux ci-dessus ne sont pas compris les dépenses d'ordre et les frais de perception, s'élevant à près de 452 millions.

— Nous avons encore à enregistrer un grand nombre de décrets relatifs à des questions d'ordre économique : Un nouveau décret relatif à la Banque de France ; un autre, relatif au chemin de Strasbourg et à l'embranchement de Blesme à Saint-Dizier et Gray ; un autre autorisant la concession d'une ligne

rendront compte aux ministres compétents ; mais sans rien ajouter au
butions des Conseils de la commune ou du département, comme cela a
vent demandé. « Les préfets continueront, dit le premier article du dé
soumettre à la décision du ministre de l'intérieur les affaires départe
et communales qui affectent directement l'intérêt général de l'Etat, te
l'approbation des budgets départementaux, les impositions extraordinai
délimitations territoriales; mais ils statueront désormais sur toutes les a
faires départementales et communales qui, jusqu'à ce jour, exigent
sion du chef de l'Etat ou du ministère de l'intérieur. » Ces autres affa
désignées dans quatre autres tableaux annexes. — Les préfets ont aussi
nation directe de vingt-six catégories d'employés communaux et dépe
taux.

— Le décret sur l'enseignement qui vient de paraître, en date du 10 a
avoir, nous le croyons, une assez grande influence. Il a pour but, e
dant un projet de loi sur l'administration de l'instruction publique,
fier l'enseignement des lycées (ci-devant colléges), le régime de l'É
male et les conditions du baccalauréat.

Il y aura, à l'avenir, dans les lycées une division élémentaire qui ser
s'il y a lieu ; une division de grammaire, dans laquelle l'arithmétiqu
enseignée qu'une fois par semaine, et une division supérieure. Celle
mencera après la classe de quatrième, et se subdivisera en section des
en section des sciences, pour lesquelles les familles auront à opter. Le
vivantes seront enseignées simultanément dans ces deux sections
ces études faites séparément, les élèves seront de nouveau réunis en u
qui cessera d'être une classe de *Philosophie*, et qui sera restreinte à la
des conférences de logique et de morale seront parallèlement faites
mônier ou sous sa direction, et d'après un programme dressé par l'é
diocèse.

Ce plan est assez rationnel ; reste à savoir comment on l'appl
comment, par exemple, la Logique-morale de l'Université s'accor
celle de l'évêché, et comment cette dernière tolérera celle des prot
des juifs. On a assez sagement fait, selon nous, en écartant le cours
sophie, la partie métaphysique, un peu trop délicate et trop ardue
têtes jeunes et naturellement peu propres aux abstractions. Mais on a
sagement fait encore, si on avait fortifié cette classe par des notion
sur l'organisation des sociétés et sur l'économie politique, sans
désormais, nous ne cesserons de le répéter, les professeurs de let
d'histoire, de philosophie et de logique, et les aumôniers eux-mêm
d'enseigner la morale, continueront à jeter dans les esprits les ser
socialisme, qui viennent plus tard éclore dans les conseils de la na
ciels ou autres.

L'École Normale devient essentiellement littéraire et scientifique
sophie y aura moins d'importance et n'y sera plus enseignée que
naître les procédés de l'esprit humain dans les lettres et dans les s
en vue de former des professeurs plutôt que des métaphysiciens. Il n'
grand mal, si le classicisme outré n'y est pas remplacé par le jésuit
n'y aura plus un baccalauréat pour les sciences mathématiques et
pour les sciences physiques, mais un seul baccalauréat des science

didats à ce baccalauréat, les étudiants en médecine et en pharmacie, seront dispensés de produire le diplôme de bachelier ès lettres.

A propos de ce décret, le Conseil supérieur a tenu une session assez agitée : l'esprit universitaire et l'esprit clérical s'y sont livré de vigoureuses escarmouches, à l'aide desquelles quelques idées de progrès ont pu se faire jour.—Au reste, le décret ne sera applicable qu'à partir du 1er octobre ; et, d'ici là, il pourrait bien survenir encore quelque nouvelle modification.

—La session du Corps législatif et du Sénat a commencé le 29 mars. Rien dans le discours d'ouverture du Président de la République, ni dans les discours d'installation des présidents du Sénat et du Corps législatif, premières manifestations publiques de ces corps, ne touche aux idées ou aux doctrines économiques. Par un sénatus-consulte du 1er avril, le Sénat a décidé qu'une somme de 12 millions serait annuellement allouée au prince Président de la République. Le Corps législatif a été saisi d'un projet de loi sur la refonte de la monnaie de cuivre, précédé d'un rapport de M. de Vuitry, sur lequel nous n'avons pas à nous arrêter, puisque la question est traitée à deux endroits différents dans ce numéro.

— Le concours annuel des animaux engraissés, qui se tient à Poissy, a eu lieu cette année comme à l'ordinaire. L'exposition était brillante et dénotait la continuation des progrès dans cette importante branche de l'agriculture. MM. de Béhague et de Torcy, coutumiers du fait, ont brillé au premier rang.

C'est à cette époque aussi que se réunissait depuis plusieurs années le Congrès agricole. Une note, émanée de la Commission permanente de cette association, a fait connaître que l'administration avait refusé l'autorisation de la réunion. — Est-ce la fin du Congrès, est-ce un simple ajournement?... on ne sait. Nous regretterions que le Congrès cessât ses réunions annuelles. Sans doute les intérêts égoïstes s'y pouvaient coaliser, mais l'intérêt général y trouvait aussi d'éloquents défenseurs ; et, d'autre part, il y avait là un enseignement mutuel, une force d'initiative et une spontanéité de mouvements qui manqueront aux Chambres officielles d'agriculture et au Conseil général.

—Il est maintenant à peu près certain que le ministère tory et protectionniste sera arrivé aux affaires pour sanctionner définitivement par son impuissance à les faire modifier, les réformes inaugurées par Robert Peel, continuées par l'administration de John Russell, aux grands applaudissements de l'opinion conquise par les ligueurs de Manchester. Lord Derby et ses collègues semblaient d'abord vouloir rester aux affaires, avec une assemblée dans laquelle ils n'ont pas la majorité, pour n'avoir pas à faire appel au pays qu'ils avaient annoncé vouloir consulter cependant avant de formuler leur système politique et économique. Serrés de près par les orateurs de l'Assemblée, ils ont fini par déclarer qu'ils proposeraient la dissolution après l'expédition des affaires d'urgence, afin que le Parlement pût être réuni de nouveau avant la fin de l'année (séance du 22 mars). Tout porte à croire, d'autre part, que maintenant que la crise agricole a tout à fait cessé, le *free-trade* sortira triomphant des élections, et, qu'après cette épreuve, il ne sera plus question que de tirer les conséquences du système.

Une très-remarquable lettre, qui se rapporte à ce sujet, a été communiquée à la Société d'économie politique (voir plus haut). Nous en recommandons la lecture à ceux qui, dans ce pays, s'en vont racontant que l'Angleterre ne veut plus du libre échange, que l'agriculture a été ruinée, que ce système doit

forcément amener la chute de nos manufactures et qu'il est aus
que le socialisme !

Une nouvelle réforme financière s'élabore dans ce pays ;
parler de la suppression de l'impôt sur la drèche, en vertu de ce pr
chez nos voisins, que la boisson ne doit pas être taxée plus q
viande et le sel. Une première escarmouche a déjà eu lieu le
Chambre des communes.

— Le gouvernement a présenté le bill de la milice ; mais, d'a
sentiments de paix se sont réveillés dans toute l'Angleterre. Le
nistre a même éprouvé le besoin d'y correspondre par des déc
tives en faveur de la politique pacifique. En résumé, quoique
1852 et les événements de décembre aient poussé divers go
ceux de Belgique, du Piémont, de Suisse, d'Angleterre, de Fran
à consacrer plus d'argent cette année à leurs services militai
parts on sent que chez les peuples, comme chez les gouverne
est un besoin irrésistiblement senti. L'explication de ce phénon
a été formulée d'une manière bien remarquable par M. Eugène
un article publié dans *le Siècle* du 7 avril, sous ce titre : LA GUERI
dit M. Pelletan, a changé de côté ; l'industrie est glorieuse déso
est maintenant la charte des nations... La paix seule, développa
le travail, l'aisance, l'instruction, introduit dans le monde la libe
le despotisme de mille liens invisibles, et l'étouffe à son insu. »

— Le Congrès douanier des Etats allemands convoqué à Berli
celui convoqué à Vienne par M. de Schwartzenberg, doit être réu
où nous écrivons. La mort de ce dernier ministre est-elle un
profit pour le système de fusion de l'Autriche dans le Zollverei
commencer en 1853 ? C'est ce qu'il est difficile de dire, à travers
des deux gouvernements de Vienne et de Berlin. — Quoi qu'il
vière, qu'on avait dit vouloir se détacher de l'Union, a envoyé
tiaire au Congrès.

La chute de Rosas et du système despotique et terroriste qu
la manière des anciens despotes de l'Orient, est bien certai
vers la civilisation, et un heureux événement économique. (
l'organisation future des républiques de la Plata, la sécurité n
croître, et avec la sécurité l'importance des établissements et d
avec l'ancien continent ; sans compter que le système d'interv
gouvernements de l'Europe occidentale ont fait, à l'égard de
grand abus, va, il faut l'espérer, n'avoir plus le même aliment
induire en dépenses plus ou moins inutiles.

— Le *Journal de Constantinople* annonce qu'un bateau à vap
de 160 chevaux va faire, une fois par semaine, des voyages
tinople et Smyrne, en touchant à Gallipoli, aux Dardanelles,
cap Baba et à Metelin. Cette ligne se reliera à celle de Trébiso
quatre pyroscaphes vont bientôt sortir de l'arsenal pour dess
plus voisins.

D'autre part, il a été reçu à Liverpool, Clyde et Newcastle,
de trente bateaux à vapeur pour le compte de la compagnie du
seulement les bâtiments à vapeur se multiplient, mais on

TABLE DES MATIÈRES DU TOME TRENTE-UNIÈME.

JOURNAL

DES

ÉCONOMISTES.

TYPOGRAPHIE HENNUYER, RUE DU BOULEVARD, 7. BATIGNOLLES
Boulevard extérieur de Paris.

JOURNAL

DES

ÉCONOMISTES

REVUE

DE LA SCIENCE ÉCONOMIQUE

ET DES

QUESTIONS AGRICOLES, MANUFACTURIÈRES ET COMMERCIALES.

TOME TRENTE-DEUXIÈME.

(11ᵉ année. — Mai-Août 1852.)

PARIS
CHEZ GUILLAUMIN, LIBRAIRE,

Éditeur du *Dictionnaire d'Économie politique* et de la *Collection des principaux économistes*.
Rue Richelieu, 14.

—

1852

JOURNAL

DES

ÉCONOMISTES.

~~~~~~

L'ÉCONOMIE POLITIQUE

DANS

SES RAPPORTS AVEC LA RELIGION ET LE DROIT.

La religion, le droit, l'économie politique répondent à trois nécessités différentes de la vie sociale, que la pensée peut concevoir et envisager séparément, quoiqu'elles soient intimement unies dans la personnalité du moi humain. L'homme social a besoin de croire en Dieu et de connaître ses rapports avec cet être suprême; il a besoin que ses relations avec les autres membres de la société soient soumises à des règles fixes et connues d'avance; il a besoin que son existence terrestre soit conservée et embellie par la richesse.

Partout où il existe un commencement de société, partout où des êtres humains, réunis en grand nombre dans une même contrée, forment autre chose qu'une simple agrégation d'individus ou de familles, on trouve un culte, un droit, un organisme économique; on voit se produire des faits qui appartiennent à ces trois faces distinctes de l'humanité.

Mais le développement de ces trois ordres de faits ne suit pas une marche uniforme. Le besoin religieux est le premier qui domine et qui donne l'impulsion au progrès. C'est par lui que la société accomplit le premier pas, que l'être humain est amené à sacrifier une partie de son autonomie naturelle pour soumettre à une règle de droit sa volonté qui n'avait cédé jusqu'alors qu'aux nécessités de fait. C'est par lui que l'homme, qui n'avait travaillé jusqu'alors que pour lui-même et pour les êtres sur lesquels la force et l'instinct lui donnaient tout pouvoir, commence à travailler pour autrui, pour offrir

des sacrifices au Dieu qu'il adore, pour entretenir ceux qu'i
comme les représentants, les organes, les envoyés de ce Die

En même temps, les rapports de droit font naître des rap
nomiques; la propriété amène l'échange et la division du
l'homme ne pourvoit plus directement à ses besoins, il tr:
plus en plus pour autrui.

Dans ce premier stage, le droit repose sur la religion et s
presque avec elle. Celui qui viole le droit offense les dieux ; :
par les organes de la divinité, et sa peine est une expiation.

Le régime économique, à son tour, est entièrement subo
droit et à la religion qui en est la base; l'homme travaill
maîtres que le droit lui a donnés; mais ils sont ses maître
divin, et c'est parce qu'ils sont les maîtres que la proprié
attribuée. Le rapport de dépendance qui l'astreint à trav:
autrui n'est pas le résultat du fait économique de la distri
richesses; il en est la cause. Tout au moins, dans la cons
travailleurs, l'idée de dépendance juridique préexiste à l'i
pendance économique, et se fonde elle-même sur l'idée de pr
religieuse. Les rapports économiques dérivent des rapports j
et ceux-ci, des rapports établis par la religion.

Ce stage théocratique du développement social peut dur
cles; il y a des peuples qui n'en sont jamais sortis. Sa durée
circonstances accidentelles, telles que la race, la situation :
que, les événements politiques, et aussi des formes sous
la prédominance des rapports religieux s'est réalisée. L
pement juridique et le développement économique y deme
jours fort incomplets, quoiqu'à des degrés très-variables.

Il arrive ordinairement que le droit se dégage peu à peu
tion religieuse, à mesure que l'organisme politique, c'est-t
tat, se complète et se perfectionne, soit par l'effet des lum
idées qui se répandent dans la société, soit sous l'influenc
ments qui font naître le besoin d'un pouvoir social indé
bien constitué. Alors le besoin du droit devient prépondér:
lui qui donne l'impulsion au progrès social ultérieur. Le
ment juridique domine et détermine le développement rel
développement économique.

Pendant ce deuxième stage du développement social, l
religieux va se subordonnant de plus en plus à l'Etat, :
action religieuse, proprement dite, puisse demeurer encore
indépendante. Tantôt il a besoin d'être expressément :
l'Etat, tantôt il fait partie des lois mêmes de l'Etat. Le dr:
raison d'être et sa sanction, non plus dans les croyances
mais en lui-même, c'est-à-dire dans les volontés tacitem
pressément énoncées qui en sont les sources ; tandis que

sociale de l'Eglise et le pouvoir formel qui lui est laissé reposent désormais sur le droit.

Quant au développement économique, il est plus que jamais subordonné au droit. La condition économique de chaque individu est entièrement déterminée par sa condition civile, soit native, soit acquise.
Si la société se partage de fait en propriétaires, en capitalistes et en
ouvriers de diverses catégories, c'est qu'elle se partage de droit en
hommes libres et en esclaves, en seigneurs et en serfs, en maîtres, en
compagnons et en apprentis, en citoyens et en étrangers.

Les institutions du stage juridique, les formes qui le caractérisent,
n'ont jamais cette durée millénaire, cette immuabilité presque absolue que présentent parfois celles du stage théocratique, et cela s'explique facilement. La prédominance du droit ne tend point, comme
celle de la religion, à paralyser l'esprit d'analyse et à mettre obstacle
aux progrès des sciences philosophiques, aussi longtemps, du moins,
que ces sciences ne sortent pas du domaine de l'abstraction et n'attaquent pas directement les institutions existantes, l'ordre établi dans
la société. Mais les idées abstraites acquièrent, en se popularisant,
une puissance à laquelle tôt ou tard le droit ne sera plus capable de
résister. Elles agissent d'abord comme un dissolvant qui mine et détruit peu à peu les notions et les habitudes morales que le droit a fait
naître et qui concourent à le maintenir ; puis, les abstractions se transforment en critiques, en résistances, en révoltes, et l'édifice, qui n'a
plus de base dans les esprits, finit toujours par tomber en ruines sous
les coups répétés d'adversaires de plus en plus forts et plus nombreux.

Quels sont ces adversaires ? Ce sont les besoins économiques ; c'est
par eux que les idées, ou plutôt les formules philosophiques, deviennent populaires et acquièrent la force que tous les raisonnements de
l'école ne sauraient leur donner. Sous les mots de liberté, d'égalité,
de droits de l'homme, etc., se cachent les mille appétits de tous genres
que la richesse peut satisfaire.

Sous la prédominance du droit, le développement économique est
ralenti, souvent arrêté par des obstacles que la volonté humaine a seule
créés. En vain la société se sent capable de vaincre et d'asservir la
nature, de multiplier indéfiniment par elle ses moyens d'action et ses
richesses, par conséquent aussi, ses moyens de jouissance. Enchaînée
par le droit, elle voit sa puissance amoindrie, ses efforts paralysés,
l'essor de ses plus beaux génies rendu stérile, ses progrès vers le bien-
être indéfiniment ajournés. Une multitude de forces productives se
perdent ou sont condamnées à l'inaction ; tandis qu'une multitude
d'êtres capables de jouir sont prédestinés, par le fait même de leur
naissance, à vivre dans les privations et à travailler péniblement
pour les jouissances d'autrui.

Comment la société, une fois qu'elle a conscience de cette inférie-

rité où le droit la maintient, de cette contrainte, de ces entr
lui impose, pourrait-elle hésiter longtemps à s'en affranchir
ñe s'agit pour elle que de le vouloir? Alors s'inaugure, par
mes, tantôt successives et paisibles, tantôt simultanées et
moins violentes, le stage économique du développement soci
soin de richesses devient dominant; c'est lui qui donne
l'impulsion aux progrès ultérieurs, tandis que le développe
gieux et le développement juridique lui sont de plus en pl
donnés.

Pendant le stage économique, la satisfaction du besoin
devient l'objet d'une fonction salariée, ou même d'une ind
vée, que l'on soumet, autant que possible, à la libre coi
L'organisme destiné à y pourvoir, l'Eglise, en un mot, est
comme un établissement dispendieux dont l'importance ¢
doivent être mesurés sur ses résultats, sur le bien qu'il peι
société, en contribuant à y maintenir l'ordre et la paix, do
rêts économiques ne peuvent se passer. En même temps,
tion expresse, confiée aux représentants de ces mêmes intérι
entre leurs mains un instrument actif à l'aide duquel ils al
difient, transforment le droit sans relâche, pour l'adapteι
dominant de la société. C'est en vue de ce besoin, et d'apι
ou moins d'aptitude à y pourvoir, qu'une loi est estimé
mauvaise; la préexistence du droit, les sentiments, les
qu'il a fait naître, les résultats moraux qu'il a produits, ι
des obstacles qui puissent en empêcher le changemen
lition.

La position légale de chaque homme, les rapports de droi
est soumis soit envers d'autres membres de la société,
l'Etat, dépendent essentiellement des rapports de fait dans
trouve placé par le rôle qu'il joue dans la production, pι
de richesses dont il dispose, par la manière dont il les en
fait valoir. Des faits de possession et d'acquisition, sur le
lonté de chaque individu exerce beaucoup d'influence, ι
membres de la société en contribuables et en prolétaires
taires et en rentiers, en agriculteurs et en manufactu
vriers et en capitalistes, puis leur attribuent, en conséqu
sitions plus ou moins élevées, une participation plus ou ι
aux avantages de l'état social et au maniement du pou·

Telle est la marche générale du développement des ι
qui apparaît, lorsqu'on envisage de haut l'ensemble deι
ques. Diverses causes, dont il n'est pas toujours possiblε
compte, l'ont interrompue et troublée chez la plupart dε
plus connues, de sorte qu'il est souvent difficile au pr
en parcourant leurs annales, d'y démêler quel était, à
donnée, l'élément prépondérant; le souvenir du stage

est souvent presque effacé ; souvent, par l'effet de migrations collectives, ou de conflits entre des peuples d'âges très-différents, on a vu
un nouveau stage théocratique s'enter après coup sur un développement juridique, ou même sur un développement économique déjà
assez avancé. Ailleurs, le stage que j'ai appelé juridique semble manquer tout à fait, tant il a été accourci par une précoce intelligence des
besoins économiques, ou par une situation merveilleusement propre
à les éveiller et à les rendre actifs.

Notre pays nous offre maints exemples de ces perturbations accidentelles. Dans les premiers temps de la monarchie française, et
jusqu'à la consolidation du régime féodal, on reconnaît plusieurs des
traits qui caractérisent le stage théocratique, et cependant il en manque
d'essentiels : le droit n'est qu'en partie confondu avec la religion ou
fondé sur elle ; les positions sociales privilégiées ne sont pas entièrement théocratiques ou subordonnées à la théocratie, etc. C'est que la
société française était le résultat d'un grand conflit, puis d'un mélange,
entre des peuples dont les uns étaient à peine entrés dans le stage
juridique, tandis que les autres, après avoir parcouru leur stage économique jusqu'au degré de la plus extrême corruption, avaient vu luire
pour eux l'aurore d'une ère de rénovation morale, et passaient lentement, sous l'influence d'une religion nouvelle, de la décadence, amenée par l'excès du développement économique, à une renaissance dont
le stage théocratique s'inaugurait et s'organisait partout visiblement.
Quand cette organisation s'acheva et se compléta, la société barbare
était devenue dominante. Si les Francs adoptèrent le christianisme,
ils ne purent lui donner une puissance, ni lui assigner une position
que le paganisme avait déjà perdues chez eux et qu'une religion, née
avec le peuple même dont elle exprime les aspirations les plus élevées,
peut seule obtenir. L'organisme chrétien, l'Eglise, s'était juxtaposé ou
superposé à la société germanique, déjà soumise à un droit purement
humain.

Le développement théocratique du moyen âge n'en demeure pas
moins, quoiqu'à plusieurs égards incomplet, un fait très-remarquable,
dans lequel se manifeste d'une manière frappante l'action de cette loi
générale qui régit la marche du développement social et en détermine
les phases successives.

Pendant la période dont je parle, l'Eglise avait pénétré dans toutes
les parties de ce que nous considérons maintenant comme le domaine
exclusif de l'Etat. Elle dominait soit seule, soit concurremment avec
l'autorité civile, dans la législation, dans la justice, dans l'administration, dans les relations internationales, dans l'éducation populaire.
Son droit divin tendait à se substituer partout au droit humain. Si
les inégalités sociales et les rapports de dépendance, fondés uniquement sur celui-ci, subsistaient à côté de l'Eglise, elle ne les reconnaissait pas dans son propre organisme, ni dans la sphère d'action exté-

rieure que la foi vive et l'ignorance des peuples lui avaient p|
s'attribuer[1].

L'Eglise perdit peu à peu cette position, à mesure que le rég
dal se développa et se consolida, c'est-à-dire, à mesure que l(
dégagea de tout élément religieux, de toute sanction placée e
de lui-même, et s'étendit successivement à des rapports jusqu
mis à d'autres règles ou non encore réglés. En admettant de(
et en devenant vassale elle-même, l'Eglise reconnut et ac(
rapports purement juridiques entre elle et l'Etat, entre elle e
sonnes publiques ou privées qu'elle avait dominées jusque-là
la hauteur qui sépare le Ciel de la terre. La juridiction ecclé
s'accrut, il est vrai, encore; le pouvoir temporel des papes eu(
gée pendant le treizième siècle, et ne commença guère à déc(
depuis le quatorzième; mais à travers ces succès, ces triomp
rents de l'Eglise, la décadence de son pouvoir religieux, le
ment de la théocratie proprement dite, la subordination p(
de rapports auparavant tout à fait libres, et, par conséquent,
la religion, sous l'influence de l'Eglise, à des règles de dr
édictées et appliquées par l'Etat, sont de plus en plus manif(
on finit par disputer et par enlever au chef de l'Eglise et a
naux ecclésiastiques la part qu'ils avaient acquise dans la di
la vie sociale, dans le gouvernement des rapports tant civil:
tiques auxquels donne lieu l'état de société.

Tandis que le développement religieux se subordonnai
droit, le développement juridique s'opérait sur tous les |
une vigueur remarquable et dominait entièrement le déve
économique. Le mouvement progressif, imprimé à la ri
l'émancipation des communes, était enfermé dans le cadr(
régime municipal et des corporations industrielles. L'esso(
culture était arrêté par les mainmortes, le servage, les
corvées et les droits féodaux. Le commerce était tenu e(
des monopoles, par des priviléges, par des restrictions et
sions légales, établies dans un intérêt d'ordre public, con
quences des principes de droit sur lesquels reposait l'orga(
ciale de la monarchie.

Le stage théocratique avait produit des saints que l'Eg(
nisés pour les offrir en modèles aux générations suivantes
juridique produisit de grands jurisconsultes dont l'autorit(
respectée de nos jours : les Cujas, les Doneau, les Dumou
zième siècle, qui vit l'apogée du développement juridique
vit aussi nos écoles de droit briller d'un éclat incomparab(

---

[1] Les traits les plus saillants de ce développement théocratique ont été (
en lumière par M. Guérard, dans son édition du *Cartulaire de Notre-Dam*
fait partie de la *Collection des documents inédits sur l'Histoire de France*.

Dès la fin du même siècle, cependant, les besoins économiques élevèrent la voix et trouvèrent un organe aussi actif qu'intelligent dans la personne du ministre Sully, qui songea le premier, sinon à briser, du moins à alléger le joug que les institutions établies faisaient peser sur l'industrie agricole. Un demi-siècle plus tard, nouveau réveil des intérêts économiques, personnifié aussi dans un ministre d'Etat, Colbert, dont l'attention se porte cette fois sur l'industrie manufacturière et le commerce. Enfin, au dix-huitième siècle, troisième réveil, qui fut définitif, parce qu'il résulta d'un changement accompli par degrés dans les idées et dans les dispositions morales de la nation, ou plutôt du relàchement qu'avaient amené, dans les rapports légaux, de nouvelles opinions et de nouveaux sentiments. On vit alors naître, presque simultanément en Italie, en France et en Angleterre, la science de l'économie politique, dont quelques écrivains de l'école physiocratique firent déjà les plus hardies, et, disons-le franchement, les plus exorbitantes applications.

Les besoins économiques, notamment ceux de l'Etat lui-même, ceux du fisc, parlaient si haut, à cette époque mémorable, qu'on leur a quelquefois exclusivement attribué l'explosion de 1789, quoique des mobiles d'une autre nature, des aspirations purement morales aient, sans contredit, joué un très-grand rôle dans cet événement. Ce qu'il y a de vrai, à cet égard, c'est que les trois quarts au moins des décrets et des lois que rendit la Constituante, et qui consommèrent la Révolution, portaient l'empreinte des mobiles économiques ; c'étaient les transformations du droit, tant privé que public, au profit des aspirations de la société vers la richesse, vers l'affranchissement et l'extension de ses forces productives, vers l'accroissement général de bien-être et de puissance qui devait en dériver pour la nation entière.

A travers les mouvements oscillatoires qui ont succédé à cette première péripétie, et qui devaient nécessairement lui succéder, on voit le développement économique se poursuivre et se compléter, le plus souvent, il est vrai, sous l'influence d'idées erronées ou d'intérêts partiels. Il s'en faut bien que la science qui avait accompagné, et en quelque sorte dirigé l'inauguration de ce nouveau stage du développement social, ait conservé cette légitime et salutaire influence. Mais elle n'a point été repoussée par des motifs de religion ou de droit ; elle a été par de fausses théories économiques, par des intérêts économiques mal entendus, par des habitudes que ces théories et ces intérêts avaient créées. La fausse économie politique a imposé silence à la vraie. L'erreur, comme il arrive si souvent, a été plus tôt et plus aisément admise, propagée et appliquée que la vérité.

Il suffit de jeter un coup d'œil sur la forme de l'organisme religieux sur les produits de l'activité législative et gouvernementale depuis le commencement de ce siècle, pour se convaincre que notre société n'a pas cessé de se développer sous l'impulsion de ses besoins écono-

miques, et que cette impulsion est devenue de plus en plus de
décisive, exclusive.

Ces évolutions successives par lesquelles de si grands cha
se produisent dans l'esprit, dans les tendances et dans les
la vie sociale sont-elles nécessairement des transformations
et complètes ? Le mobile qui donne l'impulsion à chacune d'e
exclure la satisfaction des intérêts qui avaient dominé au
Chaque stage doit-il amener la destruction de tous les ré
stage antérieur ?

Évidemment non ; car on conçoit fort bien que le déve
juridique puisse avoir lieu, que le droit puisse peu à peu
de la sanction religieuse sans ôter à celle-ci son empire sur
rieure de l'homme et sans enlever à l'organisme religieux
est nécessaire pour exercer cet empire. On conçoit de même
veloppement économique puisse dominer à son tour sans
mépris de la sanction religieuse et sans détruire les idées d'
subordination, le respect des droits acquis et de l'autorité
sont les bases essentielles de tout système de droits, et les p
tants résultats du développement juridique.

Si notre raison admet à priori cette possibilité, c'est que
néité des trois besoins dans l'homme social est un fait pe
que chacun de nous le sent en lui-même, c'est que nous
individus qui sont développés à la fois sous ces trois aspe
dire, chez lesquels le respect du droit, ce que j'appellerai l
dique, se concilie parfaitement avec une piété sincère et ave
suite intelligente des intérêts matériels.

Mais l'histoire nous offre maint exemple de peuples de
loppement social s'est accompli sans le secours de ces bru
sitions et de ces transformations radicales qui ont signalé le
ne contestera, certes, que l'Angleterre ait atteint une p
avancée de son stage économique ; cependant nous y voy
religieux et le sens juridique aussi vivaces qu'ils ont pu l'ê
autre époque. Si les institutions créées pendant les s
rieurs y ont été modifiées graduellement sous l'influence et
intérêts économiques, elles subsistent dans ce qu'elles ave
rationnel, de plus nécessaire à l'accomplissement de leur
prit qui les a fait naître n'a point cessé de les animer et de l

D'ailleurs, les sociétés humaines n'ont pas le choix en
modes généraux de procéder, ou, du moins, si elles so
choisir l'un ou l'autre, elles ne sont pas libres de s'affran
séquences de leur choix. Le stage théocratique est un éta
où les facultés les plus puissantes de l'homme demeurent in
les plus grands avantages de l'état social ne sont ni compri
La période juridique donne l'essor aux facultés intellectu
rales de l'homme social, mais elle ne leur ouvre qu'un c

où leur activité se trouve bientôt ralentie, puis arrêtée par les barrières infranchissables d'une subordination compliquée, qui fait converger exclusivement les efforts du grand nombre vers le développement et le bien-être d'un très-petit nombre d'individus. Enfin, avec le stage économique, toutes les facultés voient s'ouvrir devant elles un champ libre, une carrière qui leur paraît illimitée ; mais si les mobiles sous l'impulsion desquels s'accomplit ce nouveau progrès acquièrent une prépondérance exclusive, si les aspirations vers la richesse font perdre à l'homme social le sens religieux et le sens juridique, si, oubliant le besoin qu'il avait d'une sanction religieuse pour sa vie intérieure et d'une règle impérative pour la vie extérieure, il en vient à prendre en haine ou à mépriser toute sanction religieuse et toute règle imposée, la société sera entraînée, quoi qu'elle fasse, dans une voie de décadence, et cette carrière même de la civilisation matérielle, dont elle se flattait de reculer indéfiniment les bornes, la conduira fatalement, irrémissiblement, providentiellement, à une nouvelle barbarie, jusqu'à ce que les sentiments et les croyances religieuses, se réveillant sous la pression d'une si grande calamité, aient assoupli de nouveau les âmes à ce joug de la règle et de l'autorité, sans lequel l'état social ne saurait avoir ni stabilité ni durée.

La société n'avance dans son développement économique, c'est-à-dire n'accumule des richesses, que par l'union et la combinaison des efforts de tous ses membres, en d'autres termes, par la division et l'organisation du travail. Il faut que chacun spécialise de plus en plus la direction et l'application de ses facultés productives ; et il faut, en même temps, que ces directions individuelles soient associées, soient rendues convergentes, à l'aide d'un concert préétabli.

Dans l'état d'isolement ou de simple agrégation, les familles humaines pourvoient chacune à tous leurs besoins, chacune produisant au jour le jour ce qui est nécessaire à son existence. Les fonds productifs, demeurant communs, sont à peine exploités; le capital est presque nul; l'industrie ne sort pas de l'enfance; la société peut vivre ainsi plusieurs siècles sans faire aucun progrès ni accumuler aucune richesse. Le progrès ne commence que du jour où chaque famille, restreignant l'application de ses facultés productives à la satisfaction d'une partie seulement de ses besoins, pourvoit par l'échange aux autres nécessités.

Une fois entrée dans cette voie, la société pourrait marcher indéfiniment de progrès en progrès, parce qu'il n'y a aucune limite assignable ni à la multiplication des besoins qui sont les mobiles de ce développement, ni à la division du travail qui en est le moyen, pourvu qu'une organisation permanente assure la combinaison de tous ces efforts individuels de plus en plus spécialisés, et les fasse concourir ainsi à la production et à l'accumulation d'une masse indéfiniment croissante de richesses. Or, cette organisation permanente ne peut

reposer que sur le droit ; elle ne peut être solide, par conséqt
cace, que si le droit est respecté, s'il se développe régulièren
près les principes formels qu'il a lui-même établis ; elle ne p
ner l'association et la convergence des forces individuelle
garantissant à chacune d'elles la somme de puissance que cel
porte dans l'action combinée, et la jouissance exclusive du
prévu de sa coopération.

Le droit de propriété et les autres droits réels qui en son
membrements règlent les rapports de l'homme avec les chose
une individualité reconnaissable, telles que les fonds de
constructions, les animaux domestiques, et, en général, av
compose le capital fixe.

Il en résulte une attribution plus ou moins exclusive, au r
laquelle seule deviennent possibles et l'exploitation progre
fonds productifs et l'approvisionnement progressif d'instru
travail.

Les droits personnels règlent les rapports en vertu desquels
dispose de forces productives auxquelles le droit réel, l'appr
ne s'étend pas ou ne peut pas s'étendre. Il en résulte une al
plus ou moins réciproque de services, qui rend seule pos:
division croissante du travail, une convergence progressiv
cesse perfectible des efforts individuels dans la direction ind
les besoins économiques de la société.

Le droit, dans ses manifestations positives, dans ses ré
diverses, est essentiellement variable ; il doit surtout épi
profondes et nombreuses modifications pendant le stage éco
lorsque les aspirations vers la richesse sont devenues le mi
pondérant du développement social.

On a pu voir, dans les stages antérieurs, le droit réel s'éte
que sur l'homme lui-même, par l'esclavage, ou renferm
moins la cause, la source principale des droits personnel
dans la féodalité et le servage ; on a vu les droits personnel
ger ensuite partiellement de cet absorption, mais n'admettr
à peu une réciprocité d'abord très-inégale. Tout cela devai
sous l'impulsion devenue dominante des besoins économi
ce qui peut et doit rester immuable, c'est l'élément formel
c'est le principe et la forme de son développement qu'il
en lui-même, et qui le distinguent essentiellement du simpl

Le droit comprend toujours la forme et le principe de sor
pement ultérieur ; la forme, comme partie intégrante ; l
comme élément vital, essentiel, sans lequel le droit ne se
droit.

Le droit reconnaît comme formes de son développemen
coutume, tantôt la jurisprudence, tantôt la législation.
ment ces trois formes existent concurremment, quoiqu'elle

beaucoup de peuple à peuple et d'époque à époque, par le degré d'importance qu'obtient chacune d'elles dans l'application. Partout l'action lente et insensible de la coutume se manifeste ; partout il existe des organes judiciaires et des organes législatifs, fonctionnant de fait et de droit ; mais, à mesure que ceux-ci se perfectionnent, à mesure qu'ils deviennent plus capables d'agir et plus agissants, on voit successivement la jurisprudence étendre sa sphère d'action aux dépens de la coutume, puis la législation restreindre à son tour le domaine de la jurisprudence.

Le principe qui régit le développement du droit, c'est la continuité. Il n'y a pas de droit contre le droit. Ce qui était droit hier n'a pu cesser de l'être aujourd'hui que selon le droit lui-même. Le fait contraire au droit ne saurait engendrer qu'un fait. Le temps seul peut à la longue donner au fait accompli le caractère d'un droit, en rendant impossible le sujet ou l'objet du droit antérieur, et, par conséquent, ce droit lui-même.

Tout changement des institutions, opéré autrement que selon les formes établies, porte atteinte au principe du droit et tend à l'affaiblir. Quand ces atteintes se multiplient, quand une société subit à de courts intervalles plusieurs révolutions, alors le développement du droit s'arrête ; le droit antérieur perd chaque jour de sa valeur, de ce qui en faisait une institution vivante, et il n'est remplacé que par des actes d'autorité dont toute la force gît dans la domination présente et momentanée de ceux qui les imposent sur ceux qui les subissent.

Les parties mêmes du droit antérieur que les secousses politiques ont laissées intactes n'échappent point à la défaveur dont se trouvent frappées les institutions abolies, ni à l'affaiblissement général des notions de droit et d'ordre légal. Tous les rapports établis en vue des besoins économiques prennent peu à peu un caractère de fragilité et de mobilité qui les rend impropres au but en vue duquel on les a organisés. N'offrant plus dès lors aux intérêts des garanties suffisantes, ils n'excitent et ne favorisent plus au même degré le déploiement et la convergence des forces productives. Bientôt la production se ralentit ; les capitaux se perdent ou deviennent inertes entre les mains de leurs possesseurs ; le crédit cesse d'alimenter le travail ; le bien-être général diminue ; la misère frappe des classes entières de travailleurs ; la société inquiète et alarmée s'agite en tout sens, porte la main sur toutes ses institutions, modifie, transforme, bouleverse avec une ardeur fébrile cette organisation qui ne fonctionne plus, et ne fait par là qu'aggraver le mal. Le mouvement rétrograde commence ; le stage de décadence est inauguré.

Le développement économique ne saurait se passer du droit. Le droit est l'édifice où la société s'arrange pour produire la richesse, pour la faire circuler, pour la distribuer. Mais cet édifice a pour base le principe de la continuité du droit. Si la société conserve cette base

elle peut transformer, perfectionner, améliorer indéfinime
fice en vue des intérêts qui la préoccupent ; si la société déti
base, son édifice, ne reposant plus que sur un terrain mou
chira tôt ou tard, s'affaissera par degrés et finira par tombere

Le développement économique appelle et nécessite un d
ment ultérieur du droit ; il n'est possible qu'à cette conditic
continuité du droit étant le principe de son développemen
mer ce principe, c'est supprimer la possibilité du dével
économique.

Quelle est la cause qui pousse les sociétés à ébranler, puis
le principe vital des progrès qu'elles semblent désirer ave
d'ardeur ?

Cette cause, c'est la prédominance exclusive des intérêts
ques. Continuellement surexcitées par la jouissance ou seul
l'aspect des résultats merveilleux qu'obtient la puissance
de l'homme, les aspirations dont la richesse est le but ne pe
reculer devant un obstacle purement moral, devant une r
raison humaine s'était imposée à elle-même, et dont la forc
est toujours libre de s'affranchir. La rapidité avec laquelle
ses progrès s'accomplissent, après une première transformatio
fait oublier les principes qui ont été observés ou violés dans
sion, et rend la société à la fois impatiente d'obtenir des t
tions nouvelles et indifférente sur le choix des moyens q
ploiera pour y arriver. Les plus expéditifs lui paraissent les
parce que la grandeur du but l'éblouit, et que le danger
che irrégulière n'a pas encore eu le temps de se révéler à

Cependant, les notions et le respect du droit vont s'affa
se perdant de plus en plus. Chaque génération apporte, a
rie nouvelle de désirs et de prétentions à satisfaire, une
moins scrupuleuse à l'égard des droits acquis et des forn
une profession plus franche de cette doctrine des faits acc
n'est autre chose que le culte du succès, l'abaissement de l
maine devant la force brutale.

Rien ne caractérise mieux cet oubli graduel des idées de
perversion croissante de la conscience populaire, et la pro
exclusive des besoins économiques qui en est la cause imn
l'influence exercée par ces phénomènes sur la science de
politique.

L'objet de cette science est la recherche des lois qui
production, la circulation et la distribution des riches
Elle trouve les principes de ces lois en partie dans les ins
rels et indestructibles de l'humanité, en partie dans le dr
qui sert de base à l'ordre social établi. Les mobiles qui porte
au travail, à l'épargne, à l'échange, sont des faits généri
dire des principes de la première espèce ; le droit de prop

ponsabilité individuelle appartiennent à la seconde. C'est sous l'empire de ces deux ordres de faits généraux que nos sociétés modernes sont devenues riches, populeuses, éclairées, industrieuses, et qu'elles ont franchi par degrés tout l'intervalle qui les sépare aujourd'hui des sociétés sauvages. L'analyse de ce progrès économique, appliquée à une période quelconque de sa longue durée et à l'un quelconque des pays qui en ont été le théâtre, n'y fait pas découvrir autre chose que l'action constante et uniforme de ces principes, modifiée seulement, suivant les temps et les lieux, par la nature très-variée des obstacles que lui opposent tantôt les forces brutes de la nature, tantôt les mesures impératives ou prohibitives des gouvernements. Or, l'économie politique a précisément pour mission d'analyser ce progrès, d'en expliquer les différentes phases et les résultats actuels. Rendre compte des phénomènes économiques observés, apprécier, d'après les principes qui lui servent de point de départ, soit les mesures déjà mises en vigueur, soit celles qui pourraient l'être ; voilà son domaine. Ce qui n'y est pas contenu ne lui appartient pas. L'économiste peut sortir de ce domaine, mais il ne peut pas l'étendre ; il peut imaginer des utopies, parler de politique, de morale, d'histoire, de technologie, de physique agricole ou industrielle, mais il ne peut faire que ces choses soient comprises dans la science économique.

Cette science, ainsi renfermée dans ses véritables limites, deviendrait, en se popularisant, le préservatif le plus efficace contre les tendances funestes que fait surgir le développement économique ; car elle enseigne que ce développement, loin d'être incompatible avec la continuité du droit, en est, au contraire, inséparable. Sans la continuité du droit, en effet, c'est-à-dire, sans le respect des droits acquis et des formes légales, il n'y a point de sécurité pour les intérêts, et le degré de sécurité dont jouissent les intérêts détermine la force des mobiles sous l'impulsion desquels le progrès s'accomplit. L'économie politique signale comme un mal absolu toute perturbation sociale, toute intervention de la force brutale dans le développement du droit, quelque avantage qu'il en soit résulté au premier moment pour les intérêts économiques de la société, parce que plus la sphère d'activité des forces productives s'élargit, plus les mobiles qui leur donnent l'impulsion doivent être puissants et continus.

Le degré de sécurité qui pourrait suffire aux artisans et aux boutiquiers d'un village ne suffit pas aux entreprises industrielles ou commerciales dans lesquelles de grands capitaux doivent être engagés pour longtemps. Ce sera donc en vain qu'on affranchira la production et la circulation de toute entrave, si l'on affaiblit en même temps les garanties qui peuvent seules en motiver et en provoquer l'essor.

L'économie politique repousse donc et la doctrine des faits accomplis, et toutes les autres doctrines plus ou moins anarchiques des fauteurs ou des amateurs de révolutions, comme des erreurs mani-

festes, comme des absurdités malfaisantes. Je ne connais pa
gonisme plus franc et plus irréconciliable que celui qui exi
les idées révolutionnaires et l'économie politique. C'est un
nisme qu'aucune synthèse ne peut résoudre. Si quelques éco
ont transigé avec les idées anarchiques, la science ne transig
ses vrais adeptes sont essentiellement conservateurs.

Mais quand les intérêts économiques ne reculent plus
violation des droits acquis et des formes légales, ils ne sont p
davantage par les raisonnements et les démonstrations scie
Tous les hommes qui ont, ou qui croient avoir quelque chose
d'un changement quelconque dans l'organisation économi
société, se révoltent contre une science dont la mission s
rendre compte des faits passés ou actuels, et à juger, de sor
vue spécial, les institutions et les actes humains. Quelqu
comprenant trop bien, prennent le parti de la nier, comme u
d'assertions arbitraires et de raisonnements fallacieux, ch
démentis par l'expérience; le plus grand nombre, l'ayant été
la comprendre, se bornent à la déclarer incomplète et in
Selon ces derniers, elle a méconnu son véritable but, en
notions purement relatives sur l'homme et sur l'ordre so
arriver à des lois, à des théories également relatives, qui ne
aucun des problèmes dont se préoccupe l'humanité; tan
aurait dû s'élever à des notions abstraites et absolues, pour e
une théorie également absolue d'organisation sociale, cap
surer le bien-être général de la génération présente et des g
futures.

Et voilà ces hommes, refaisant la science chacun à sa gui
lisant à qui lui donnera les allures les plus excentriques, à q
en son nom les prétentions les plus exorbitantes, à qui l'
plus de la vérité dans les principes, afin d'en déduire des cor
plus chimériques, des applications plus monstrueuses et p
sibles.

Les vrais économistes, il faut en convenir, ne sont pas
tout reproche, au milieu de ce mouvement général qui entr
ciété dans une seule direction, qui fait converger toutes s
actives vers la réalisation de la plus grande somme de bie
la production de la plus grande somme de richesses; ils ou
souvent que leur science ne doit pas et ne peut pas juger
rement et en dernier ressort les institutions et les autres mar
de la vie sociale, parce qu'elle ne les étudie que sous le po
spécial et restreint qui lui est propre. La plupart des applic
elle est susceptible soulevant des questions complexes où
politiques de l'État, les intérêts moraux de la société, les i
ligieux de l'humanité entière sont plus ou moins engagés,
politique est impuissante par elle-même à les résoudre; elle

contingent de motifs, sans exclure ni détruire, le moins du monde, les motifs tirés d'un autre ordre d'idées. Donner les solutions de cette science pour des solutions complètes, lui attribuer le dernier mot dans tous les débats où elle a un rôle à jouer, revendiquer pour elle le droit de prononcer sur le mérite absolu de toute institution existante et de toute réforme projetée, c'est évidemment lui faire assumer une position et usurper une autorité qui ne lui appartiennent pas.

Sous l'influence de cette fausse manière de voir, que la fièvre épidémique du progrès explique sans la justifier, l'économiste, tout en demeurant conservateur, c'est-à-dire, ennemi des révolutions, devient novateur, c'est-à-dire, promoteur de réformes prématurées et irréfléchies. De ses théories scientifiques, parfaitement raisonnées et logiquement incontestables, il tire des conséquences pratiques hasardées, dont il réclame l'application avec l'ardeur et quelquefois l'intolérance d'un esprit convaincu; comme s'il suffisait à ses conclusions d'être économiquement vraies pour être absolument bonnes et applicables! comme si le développement ultérieur du droit devait s'accomplir uniquement au profit des intérêts économiques et en vue de la plus grande accumulation possible des richesses!

De là ces formes tranchantes et ce langage passionné qui déparent maintes productions remarquables des économistes modernes; de là ces préventions injustes qu'on y trouve répandues sur beaucoup d'institutions, de lois et d'usages en vigueur dont le principal, peut-être le seul défaut, est de répondre à des besoins sociaux qui n'ont pas la richesse pour objet.

La science n'est pas responsable des fausses directions que suivent ceux qui l'étudient et ceux qui contribuent à ses progrès; si les uns étendent indûment son domaine, si les autres attribuent à ses conclusions une autorité péremptoire qu'elles ne peuvent avoir, c'est à eux seuls qu'on doit s'en prendre, et l'économie politique n'en conserve pas moins intact son trésor de vérités acquises, éminemment utiles et applicables dans certaines limites. Cependant l'effet inévitable de ces erreurs est d'augmenter le nombre et l'audace des adversaires de cette science, parce que ceux-là seuls qui la connaissent bien savent la distinguer des doctrines erronées qu'on propage et des prétentions irréfléchies qu'on abrite sous son respectable nom.

L'économie politique a eu de tout temps et aura toujours pour ennemis : 1° les hommes dont les intérêts particuliers sont ou se croient menacés par l'application de ses principes; 2° ceux qui n'admettent pour guide, en fait de législation et d'administration, que ce qu'ils nomment l'expérience, la pratique, les faits, c'est-à-dire la routine; 3° ceux qui repoussent le libre examen du domaine des sciences morales et politiques, afin de pouvoir avec plus de logique et plus de succès le repousser du domaine de la théologie. A ceux-là vont se

joindre : 1° tous ceux qui désirent, par intérêt ou par princ
maintien de l'ordre social sur ses bases actuelles, tel que les h
et le temps l'ont fondé ; 2° tous ceux qui, par timidité, ou pai
d'ordre, s'effrayent moins d'une consommation excessive ou
pestive de richesses, d'une déperdition de forces productives
entrave opposée à l'activité des producteurs, en un mot, d'un
direction imprimée au développement économique de leur pa
de la guerre déclarée à l'autorité, au nom d'une science froi
exacte, par des économistes frondeurs ou passionnés.

Ainsi l'économie politique pourra se voir honnie et décriée
stage économique, au milieu d'une société où les aspiration
richesse et le bien-être ne connaissent ni frein ni bornes,
conséquent, la connaissance et l'application de cette science s
que jamais nécessaires, où sa propagation par l'enseignemen
les livres devrait être le plus grand souci et le premier soin
vernement et de la classe qui a quelque chose à perdre.

Mais quelle est donc la cause première qui amène cette su
tion des besoins économiques avec toutes les conséquences que
de signaler ? Pourquoi certaines sociétés s'élancent-elles sur
du progrès avec une impatience fébrile, qui les pousse à bri
les obstacles qu'elles rencontrent, mais qui les épuise, les
les force bientôt à ralentir leur marche, et leur fait enfin i
le but ?

Ces graves et intéressantes questions seront l'objet de la
partie de cette étude.

A. E. CHERBULIE

ÉTUDES ÉCONOMIQUES

SUR

L'INDUSTRIE DE LA SOIE

DANS LE MIDI DE LA FRANCE.

PREMIÈRE ÉTUDE.

DES CLASSES LABORIEUSES VOUÉES A LA PRODUCTION DU COCON.

Des trois principales sources de la richesse publique ou privée, l'Agriculture, le Commerce et l'Industrie, la dernière passe à bon droit pour celle qui, de nos jours, a pris le plus large développement et accompli les plus rapides progrès. C'est ce que constate une sorte de notoriété publique par ces formules si universellement employées : *Notre siècle est l'âge de l'industrie*, ou bien encore : *Notre époque sera caractérisée dans l'histoire par l'avénement du règne de l'industrie*. Que ce soit là, de la part de la société humaine, un pas nouveau dans la longue voie de la civilisation, c'est ce que ne voudrait contester aucun esprit impartial et sérieux, puisque ce fait constitue en somme un accroissement de bien-être réel mis à la portée de tous, sinon dès à présent obtenu par tous. Mais il faudrait pousser l'optimisme un peu loin, pour ne pas voir en même temps les côtés faibles de ce grand événement contemporain, et pour méconnaître le caractère aussi fâcheux qu'inattendu de quelques-unes de ses conséquences économico-sociales. La plus regrettable de toutes est sans contredit l'apparition ou tout au moins l'extension énergique et soudaine d'une espèce particulière de misère ou de pauvreté, qui attaque certaines classes de la population inférieure dans une proportion notable et à peu près constante, qui s'y établit à l'état chronique pour ne pas dire incurable, et qui traîne presque toujours après elle la dégradation physique et morale de ceux qu'elle atteint. Le paupérisme, tel est le nom moderne de ce fléau tout moderne aussi, j'allais ajouter, et tout industriel, lorsque je me suis ressouvenu à temps et de certains comtés d'Angleterre, et de certaines provinces flamandes, et de l'Irlande surtout, lieux où la classe agricole et rurale paye à son tour un large tribut à ce redoutable fléau. Mais, en général, chez la plupart des peuples ci-

vilisés de l'ancien monde, la contagion du paupérisme n'est guèr
jusqu'à présent du cercle des populations manufacturières, soi
mérées dans les grands centres de production, soit répandues d
campagnes qui les environnent, ou travaillant en commun d
vastes ateliers, ou transformant les matières premières à la pi
domicile. En France, par exemple, si les conditions de l'existe
térielle sont difficiles et rudes pour les masses rurales d'un tro
nombre de nos départements agricoles, on ne saurait prétend
cela qu'elles soient tombées dans le paupérisme. Ces populat
vent, après tout, de leurs salaires quotidiens : les familles, san
y nouent assez péniblement les deux bouts, pour parler leu
et naïf langage, mais elles y parviennent en définitive, sans
charité publique ou privée ait à intervenir pour ramener l'é
dans leur pauvre petit budget annuel. Les maladies, l'imprér
le désordre et le vice, des malheurs inattendus peuvent et
sans doute, y précipiter dans une détresse accidentelle un nom
ou moins considérable, soit d'individus, soit de ménages ; j
contraire une classe entière n'y arrive jusqu'à un état de pa
de dégradation permanent et absolu. Le paupérisme pourr
être assez proprement qualifié chez nous de *fléau industriel*.

Mais voici qui est plus frappant encore : entre les classes l
ses vouées aux travaux de l'industrie, le paupérisme semble
un choix. Il s'attaque de préférence, on pourrait dire presqu
vement, à l'élément personnel inférieur qui dessert nos grand
tries textiles du coton, du lin, de la laine et de la soie. Ces d
mières surtout constituent en quelque sorte son domaine p
des quatre, l'industrie de la soie est évidemment la moins
je ne craindrais même pas de l'en proclamer tout à la fois
si je pouvais oublier ces époques de crise, heureusement d
plus rares, où la fabrique de tissage de la soie, à Lyon, à Saint
à Nîmes ou Avignon, jette tout à coup dans la rue sa masse
ou de *taffetassiers*, à l'état de mendicité ; encore est-il très-c
que cette détresse, purement accidentelle, toujours éphémè
ne survit pas à sa cause, la crise commerciale régnante, pu
voir à juste titre le nom de paupérisme. Il faut reconnaître
que c'est du paupérisme à l'état de maladie aiguë et périodi
non à celui de maladie chronique, ce qui est bien différ
aux résultats : l'un, attaquant chez la population infectée l
même de la vie sociale, la jette dans un dépérissement pr
continu ; tandis que l'autre, qui n'est qu'une perturbation mo
une situation anormale, lui laisse l'espoir, pour ne pas dir
tude d'un rétablissement complet. Quoi qu'il en soit, établi
différence caractéristique que je viens de faire pressentir ч
ment personnel inférieur de l'industrie de la soie et celui de
grandes industries textiles, puis, chemin faisant, recherc

lopper les causes de cette différence, tel est le but économique que je
me suis proposé dans ces études.

Heureux si je parvenais à en faire ressortir quelques utiles indications touchant les moyens curatifs les plus pratiques et les plus efficaces de la situation plus ou moins fâcheuse dans laquelle sont tombées
quelques-unes de nos populations manufacturières.

I.

Coup-d'œil général sur l'industrie de la soie. — Plan et division de ces études.

Les origines de l'industrie de la soie en France ne remontent pas au
delà des règnes de Louis XI et de Charles VIII. Le mûrier blanc, dont
la feuille alimente le ver à soie ou magnan, est, comme tout le monde
le sait, indigène de la Chine. C'est de là qu'il s'est lentement et graduellement acheminé vers nous, à travers l'espace et le temps, par
les Indes, la Perse et les rives du Bosphore. Après une brillante station
en Grèce et en Sicile, il en fut rapporté chez nous et fut transplanté
en Provence par Charles VIII; puis, son successeur Louis XI essaya de
le cultiver un peu en grand dans les fertiles plaines de la Touraine.

En 1606, seulement, un simple jardinier de Nîmes, Traucat, fit
connaître en Languedoc, par un écrit remarquable et des essais de
culture intelligents, tous les avantages de cette branche d'agriculture[1].
Il peut donc être considéré comme le bienfaiteur à qui nous devons
l'introduction, sur une grande échelle, de ce précieux végétal dans la
partie de la France où il a pris le plus large développement et donné
les plus heureux résultats. Henri IV, alors sur le trône, et son grand
ministre Sully, ne doivent pas non plus rester étrangers à notre gratitude, puisque ce sont eux qui accueillirent et fécondèrent l'ingénieuse
entreprise du modeste horticulteur nîmois. On trouve encore çà et là,
épars au milieu de nos campagnes et au sein de nos vallées, quelques
antiques et gigantesques mûriers, dont la tradition populaire fait remonter la plantation jusqu'au temps du bon roi et de son intègre
ministre : on les appelle encore des Sully. Bien avant cette époque
mémorable de l'agriculture séricicole de notre France méridionale,
plusieurs de ses cités les plus importantes, et Nîmes et Avignon en particulier, s'étaient efforcées de s'enrichir de la fabrication des soieries : ces efforts plus ou moins couronnés de succès sont établis
officiellement par des actes royaux et municipaux nombreux, des
règnes de Louis XII et des autres prédécesseurs d'Henri IV ; mais il sera
plus opportun d'en réserver la mention pour le moment où je m'occuperai du tissage de la soie, de son introduction dans le Midi, et de ses
principales phases historiques. Je rappellerai seulement ici que l'in-

---

[1] Elle y existait cependant déjà : Serres parle de mûriers cultivés dans les Cévennes.

dustrie de la soie dut également beaucoup à l'intelligente et é
que impulsion donnée par l'habile ministre Colbert, et qu'er
d'un temps d'arrêt occasionné par une mesure politique de regr
mémoire, la révocation de l'édit de Nantes, vers la fin du rèj
Louis XIV, elle était parvenue, aux derniers jours de l'ancien
narchie, à un état on ne peut plus florissant. C'est ce qui rést
estimations données par M. de Tolosan et reproduites dans le rap
roi, du ministre de l'agriculture et du commerce, placé en té
statistique générale de notre industrie.

Ces estimations, qui portent le chiffre total de la productior
trielle de la France, en 1788, à 931 millions de livres tournois
figurer la valeur de tous les articles de soierie, fabriqués par
pour 130 millions 800,000 livres, dont voici le détail :

Modes de soie..	5,00(
Tapisserie, ameublement....................................	80(
Soierie, étoffes de tout genre.............................	70,00(
Bonneterie de soie, bas, etc..............................	25,00(
Rubans, blondes, gazes...................................	30,00(
Total comme ci-dessus....................	130,80(

Le document officiel qui vient après celui-ci dans l'ordre
logique, et que relate aussi le rapport au roi, précité, c'est l
de statistique du comte Chaptal, ministre de l'intérieur sous l'
il évalue notre production industrielle totale de 1812, à 1,820 ı
c'est-à-dire un chiffre double de celui de 1788. L'ensemble de
tries composant ce que l'on appelle, en statistique, les proc
maux, c'est-à-dire les industries de la laine, des peaux ou
toute espèce, et de la soie, entre, dans cette augmentation
rable pour 28 pour 100, soit pour une fraction moyenne entr
et le quart. Mais ce n'est, certes, pas à l'industrie de la soie
être attribué ce brillant résultat : car il appert de ce même d
statistique que la valeur totale des articles de soierie, pro
France (filature, tissus, passementerie, bonneterie, etc.), n'e
en 1812 que de 107 millions 160,000 francs. L'industrie
occupe, loin de suivre la marche ascendante de tous nos au
duits pendant les vingt-quatre ans écoulés depuis la chute de
monarchie, avait donc au contraire perdu et rétrogradé :
même d'autant plus perdu et rétrogradé, que la valeur re
l'argent était devenue bien moindre à cette dernière époqu
n'était avant la Révolution : l'empire français embrassait d'ai
1812, plusieurs départements démembrés du Piémont et du
génois, où l'on produisait de la soie. Et cependant la di
constatée officiellement se portait, comme l'on voit, à 23
240,000 francs, de 1788 à 1812!

Ce fait peut paraître étrange à la première vue, mais il suffit d'y regarder d'un peu plus près pour le comprendre et se l'expliquer parfaitement.

1° Tandis que l'Empire, avec ses grandes, ses éternelles guerres et son blocus continental, surexcitait toutes les autres industries textiles, particulièrement celles de la laine et du coton, en leur assurant le monopole du marché dans presque toute l'Europe, il enlevait à l'industrie de la soie ses trois principaux débouchés, l'Angleterre, les Etats-Unis et l'Espagne;

2° Le marché intérieur lui-même était devenu bien moins favorable aux articles de soierie, articles essentiellement somptuaires, à raison de la détresse générale, fruit d'une lutte aussi longue qu'acharnée ;

3° Quelques-unes des branches les plus importantes de la fabrique de soieries se trouvaient, d'ailleurs, successivement atteintes par l'omnipotence capricieuse de la mode. Les bas de soie, dont la production s'évaluait, en 1788, à 25 millions, étaient devenus bien moins en usage, et les papiers peints avaient remplacé à peu près partout les tentures en étoffe. La soie ne figurait plus que dans l'ameublement des palais ou des hôtels de la nouvelle aristocratie, et dans ses rangs les plus élevés. Mais le retour, en 1815, d'une paix générale et permanente produisit, en faveur de l'industrie de la soie, une réaction vraiment merveilleuse. A la vérité, la bonneterie et l'emploi des tentures n'ont plus retrouvé leur antique splendeur; mais, soit au dedans, soit au dehors, l'usage des soieries est devenu de plus en plus fréquent et habituel. L'emploi des vêtements et des ameublements en soie est descendu, en un mot, des classes supérieures de la société, dans la consommation des classes populaires aisées. Et c'est là le progrès le plus considérable, le pas le plus décisif que puisse accomplir une industrie. Voilà ce qui explique le chiffre si prodigieux auquel se porte cette production dans la statistique publiée en 1840.

Il ne s'agit plus, en effet, comme en 1788, de 130,800,000 livres, encore moins, comme en 1812, de 107,160,000 livres, mais bien de 402,442,347 fr., chiffre qu'elle a même assez probablement dépassé depuis lors : et, cependant, ce n'est pas encore là la somme entière des valeurs que l'industrie de la soie ajoute annuellement à notre richesse nationale, car la fabrique française, qui tire de l'étranger une portion notable des soies grèges qu'elle transforme de diverses manières, n'emploie pas, ne consomme pas, après tout exclusivement, toutes les soies filées et ouvrées en France. L'exportation fait sortir une fraction assez importante de ses soies, évaluée par la statistique à un total de 231,777,698 fr., fraction qui va alimenter les ateliers du dehors, notamment ceux de la Grande-Bretagne et de la Suisse.

Telle est en France l'industrie de la soie, la seule, à vrai dire, de

toutes les industries françaises qui ne connaisse pas de rivale
monde entier.

Après ce coup d'œil général et rapide jeté sur son état passé
sent, j'arrive au plan ou programme des études que je me pro
lui consacrer.

L'industrie de la soie embrasse quatre opérations success
distinctes, savoir

1° L'éducation du ver à soie pour en obtenir la product
cocon ;

2° La filature, ou pour parler un langage plus technique,
dage de ce cocon, pour en retirer, sous forme d'écheveau, le l
en composait le tissu ;

3° L'ouvraison ou moulinage de la soie, c'est-à-dire l'opéra
laquelle on tord et réunit en un seul fil plusieurs des brins
dont se compose l'écheveau ; brins trop déliés et trop fragil
être mis en œuvre dans ce premier état ;

4° Enfin, le tissage de la soie, c'est-à-dire la fabrication
nombreux et brillants produits que tout le monde connaît
unies ou façonnées, pures ou mélangées, légères ou fortes,
velours, damas, rubans, tulles, gazes, etc.

Reprenons maintenant l'une après l'autre ces quatre opé
non, certes, pour les traiter en détail et à un point de vue tec
tel n'est point l'objet de ce travail ; mais pour déterminer l
de chacune d'elles, et surtout pour étudier la situation écor
de chacune des classes laborieuses qui les accomplissent. C
mière étude a pour sujet la population qui produit le cocon
vante embrassera tout à la fois la classe ouvrière qui dévide c
cocon et celle qui mouline la soie ; enfin, la troisième et
traitera de l'élément personnel de quelques-unes des fabriques
importantes de la France méridionale.

II.

Production du cocon, sa nature, ses divers travaux.

L'éducation du ver à soie n'est pas du domaine de l'indus
appartient évidemment à celui de l'agriculture, au même t
l'élève des espèces bovine et chevaline, dont elle ne diffère
une seule circonstance : sa périodicité intermittente. L'éduca
plutôt la vie du magnan ne se prolonge pas au delà d'une
taine de jours. Pour l'ordinaire on met les œufs à éclosion v
avril, et les cocons sont détachés de la bruyère sur laquelle
les ont tissus dans la dernière moitié de juin. Ces époques va
reste beaucoup, non-seulement selon le climat, mais encore
température de l'année.

Les mêmes ouvriers qui cultivent le mûrier, qui le plantent, le greffent, le fossoient, le fument, le taillent et en détachent la feuille, sont aussi ceux qui, aidés de leurs femmes et de leurs filles, soignent le ver, lui donnent ses quatre à cinq repas quotidiens, le délitent après chacune de ses mues, placent la bruyère, en forme de longs portiques, au-dessus de l'insecte parvenu à maturité, et puis enfin en détachent le cocon dans lequel il s'est enseveli à l'état de chrysalide. Pendant toute la durée de l'éducation, mais surtout pendant la dernière quinzaine qui précède l'ascension du ver sur la bruyère, il règne dans tout le pays un mouvement, une activité, une fièvre de travail dont rien, absolument rien, ne peut donner l'idée dans aucune autre branche de l'art agricole. On travaille pendant quinze, dix-huit, vingt heures par jour ; on ne se couche plus, dans son lit du moins, et si l'on dort quatre ou cinq heures au plus, c'est par hasard et à la dérobée, où l'on peut et comme l'on peut. Quant aux repas, c'est de la même manière qu'ils se prennent, le plus souvent debout et sans autre aliment cuit qu'un pain préparé quinze jours à l'avance. Alors, pendant la durée de ces longues journées de mai ou de juin, hommes, femmes, enfants, tout le monde est sur les arbres ou dans les magnaneries. On n'a le temps ni de vendre, ni d'acheter, ni de passer des actes ; aussi, tout vaque, notaires, avocats, marchands, tout, jusqu'aux médecins et aux pharmaciens, qui attendent habituellement cette époque pour s'absenter ; car ils savent bien, et eux-mêmes me l'ont bien souvent répété, que durant cette période *on n'a pas même le temps d'être malade*. En un mot, le pays tout entier ne respire et ne vit que pour le ver à soie, son cher et précieux trésor.

On comprendra sans peine, d'après ce tableau, dont je crains peu de voir contester la fidélité, combien cette population a besoin de déployer d'activité, d'ardeur et de persévérance. J'ajouterai que l'éducation du ver à soie n'exige pas, de sa part, moins de soin, d'ordre, de prévision, d'intelligence enfin. Il faut que l'éducateur songe à pourvoir à tout ; qu'il ne se trouve jamais sans une provision de feuilles suffisante à plusieurs repas ; qu'il prévoie même les orages et les temps pluvieux, pour se procurer une réserve de cette même feuille. Il doit suivre attentivement la marche des thermomètres distribués dans sa magnanerie, pour attiser et ralentir les feux, afin d'élever ou abaisser la température. Il doit connaître quand le ver se prépare à entrer en mue, pour lui supprimer toute alimentation ; et quand il se dispose à en sortir, pour la lui rendre en abondance. Il lui faut connaître le moment précis et très-court où la bruyère doit être dressée sur les tables, car, pour peu qu'elle le soit ou trop tôt ou trop tard, le délicat et capricieux insecte ne donne que très-imparfaitement son produit. Enfin, l'éducateur ne peut rester étranger à la connaissance et aux moyens curatifs, mais surtout préservatifs, des nombreuses, des cruelles maladies propres au ver à soie. Il doit même savoir au besoin

pressentir, deviner en quelque sorte, longtemps à l'avance, q
éducation n'arrivera pas à bien, et prendre dès lors une résolutio
gique et bien douloureuse pour lui, mais qui peut seule le pré
d'une perte ruineuse. En d'autres termes, il doit savoir sacrifi
nombreux élèves avant qu'ils aient poussé trop loin une consc
tion improductive, et disposer de sa feuille en faveur d'éduc
plus heureux que lui. Tout cela, comme l'on voit, comporte et
non pas seulement de la force et de l'adresse physiques, mais
un développement assez étendu de facultés intellectuelles. On 1
donc pas surpris que la classe agricole vouée à la production
con soit tout à la fois robuste, saine, intelligente et morale. Je
presse d'ajouter qu'elle ne l'est pas en vain. Si l'on distrait
riodes exceptionnelles, quoique toujours trop communes, de
ou de révolution, cette classe obtient, en effet, de ses pénibles
licats travaux, un prix rémunérateur très-satisfaisant. Sans
des bénéfices, évidemment trop casuels et trop variables pour è
terminés, que réalisent les entrepreneurs d'éducation, propri
fermiers ou autres, sans parler, dis-je, de ces bénéfices qui répa
en somme, beaucoup d'écus dans le pays, le simple manouvr
même y arrive aisément à une existence plus que tolérable, ains
va le voir à l'instant.

III.

Tableau physique, intellectuel et moral de la classe ouvrière qui produit le

Le salaire commun du travailleur de dernier ordre, de celu
appelle *terrassier*, est relativement très-élevé, dans les pays sér
les plus favorisés, et il dépasse sensiblement la moyenne génér
ce même salaire en France. Il est, en effet, de 1 fr. 40 c. par j
même de 1 fr. 50 c. pendant l'hiver, et de 1 fr. 75 c., voire m
2 fr. pendant l'été ; à l'époque des récoltes et particulièremen
taille du mûrier, ou de la cueillette de la feuille, surtout lors
travaux sont exécutés à forfait, le prix de la journée monte à 2 f
et peut aller jusqu'à 3 fr. et 3 fr. 50 c. A ces salaires de la
masculine il faut ajouter, comme je le dirai plus tard, les sala
lativement encore plus élevés que les femmes obtiennent,
pour les soins donnés dans l'intérieur des magnaneries, et puis
filature du cocon.

Voici, du reste, le budget d'une famille séricicole et proléti
Cévennes (Gard), tel que je l'ai donné dans une précédente publi
et que je demande la permission de reproduire, en l'accompag
quelques observations nouvelles. Cette famille est supposée co
dre le père, la mère et trois enfants, dont deux parvenus à l
puberté.

Recette.

250 journées du père à 1 fr. 75 c., en moyenne.........	437 fr.	50 c.
340 journées de la mère et des deux enfants adultes à 1 fr.	340	
Ensemble.......................................	777	50

Dépense.

Blé tozelle, 10 hectolitres à 26 fr., prix donné par les mercuriales de plusieurs années (1830 à 1840), ci........	260 fr.	c.
Viande de cochon, 130 kil. à 1 fr. 30 le kil..............	169	
Pommes de terre, 500 kil. à 6 fr. les 100 kil............	30	
Légumes secs, 6 décalitres à 2 fr.....................	12	
Sel, environ..	15	
Vin, 350 litres évalués à.............................	50	
Vêtements et chaussures du père, 53 fr. 50 c..........⎫		
— de la mère, 34 70...........⎬	148	20
— des enfants, 60 ....⎭		
Logement et entretien du mobilier....................	60	
Eclairage..	12	
Chauffage, pour mémoire............................	00	
Ensemble.......................................	756	20

J'ajoutais en note : « Dans les Cévennes l'industrie de la soie fournit à la femme et aux enfants le moyen d'obtenir des salaires tout à fait en dehors de la moyenne générale. »

Eh bien ! voici les seules modifications que je croirais devoir apporter aujourd'hui (janvier 1852), à ces documents recueillis il y a treize ans (en 1839), modifications dont la plupart peuvent être considérées comme accidentelles et transitoires. Au budget des recettes, peut-être faudrait-il diminuer le nombre des journées du père et le réduire à 200, parce que les travaux agricoles se sont sensiblement ralentis depuis 1848. On entreprend peu de réparations ou améliorations considérables : on se borne, en général, à entretenir ce qui est ; encore même ne fait-on pas, pour cet entretien, les mêmes efforts qu'autrefois.

Je ne croirai, au contraire, rien devoir retrancher aux salaires de la femme et des filles, la filature du cocon durant plus aujourd'hui et employant plus de bras que jamais, et l'on peut dire avec vérité que si les événements politiques de ces dernières années n'ont pas jusqu'ici porté un coup mortel à l'aisance de la classe prolétaire dans les Cévennes, c'est à la portion de la famille appartenant au sexe féminin, que cet heureux résultat doit être attribué. Chacune de ces familles, en effet, a, dans les ateliers de dévidage, la mère, la fille aînée, quelquefois même la mère et deux filles, payées à raison de 1 fr. 50 c. par jour quand elles sont fileuses en titre, et à raison de 1 fr. à 1 fr. 25 c. tandis qu'elles sont apprenties, époque qui dure pour elles trois ou quatre ans, de seize à vingt ans. Au budget de la dépense j'ai à peine besoin de faire remarquer la frappante exagération du prix de l'hectolitre de

tozelle ou de froment : ce serait à 15 ou 16 fr. qu'il faudrait
aujourd'hui, au lieu de 26.

Voilà donc une diminution de 100 fr. au moins à opérer s
cle capital de l'alimentation. Mais tout ne devrait pas être r
de la dépense générale; il y aurait à en reporter une bonne
1° sur l'article des vêtements, sinon du père et de la mère, (
des filles qui se retiennent, en général, pour cet objet une
plus ou moins forte de leurs salaires de la filature; 2° sur u
nouveau à introduire dans le budget de la dépense, au c
père et surtout des enfants mâles, devenus adultes : celle (
pense dans les cafés ou cercles, en liquides, cigares et ĺ
billard.

Je ne dois pas quitter ce sujet sans faire observer que ce h
celui d'une famille de *prolétaires*; or, il y a on ne peut pas
véritables prolétaires dans les pays séricicoles les plus favorisé
famille y possède, en général, une petite propriété qu'elle
souvent acquise à l'état de simple dépaissance, et qu'elle a m
leur dans ses jours ou ses moments d'oisiveté; elle en retire
taine quantité de feuilles de mûrier, de céréales, de pommes
d'huile d'olive et de vin , qui donnent le plus heureux sup
son chapitre des recettes, mais qui varient beaucoup trop ĺ
soit possible d'en évaluer la moyenne.

On le voit donc, la population rurale vouée à la culture (
et à la production du cocon jouit, en définitive, d'une exist
térielle que l'économiste le plus philanthrope se tiendrait p
fait de savoir partagée par toutes les autres classes laborieu:
tre patrie.

En effet, si l'on en excepte les temps de guerre générale, (
tion intérieure ou de grande crise commerciale, elle se nou
pain savoureux et substantiel fait avec des blés de première
tels que la tozelle et le froment; les plus misérables y mêl
par moitié, du seigle ou quelque autre grain d'ordre inférieur
habituellement un peu de vin, mange d'excellents légum
sorte de bons fruits, et même quelquefois de la viande de k
mais surtout de la viande de porc, animal qu'elle nourrit à
et à peu de frais. Elle est sainement et proprement vêtue et (
les demeures qui l'abritent ne sont point de ces misérables
res ou de ces affreuses masures à demi ruinées que l'on vo
exclusivement, soit dans nos pauvres départements de m
soit dans nos provinces centrales de l'Ouest. Ce sont bien i
tables maisons recouvertes de bonnes tuiles en terre cuite
ment construites en maçonnerie à chaux et à sable. Elles on
minées pour en délivrer l'intérieur de la fumée du foyer do
des fenêtres vitrées et closes de volets pour les défendre du
chaud. Beaucoup enfin ont plusieurs étages consacrés, savo

de-chaussée au bétail et aux animaux de culture; le premier au logement de la famille; toute la partie supérieure, souvent fort élevée, aux granges et surtout aux magnaneries. Voilà pour la condition matérielle.

L'état intellectuel n'est pas moins avancé, et j'ai déjà dit que la nature des travaux accomplis par cette population exige et produit du mouvement dans les idées, et le développement de plusieurs facultés de l'entendement humain. L'enseignement primaire donné dans les pays séricicoles n'a rien de particulier et qui mérite de fixer l'attention : les écoles y sont nombreuses, très-suivies pendant toute la mauvaise saison, et passablement tenues, au point de vue de l'instruction ; mais, comme partout en France, cet enseignement laisse beaucoup à désirer, sauf chez les Frères, au point de vue religieux et moral ; la politique, au contraire, y a joué, dans ces derniers temps, un rôle considérable, et communément ce rôle n'a pas été bon. Quant à l'enseignement professionnel relatif à l'agriculture séricicole, il n'est donné, à ma connaissance, que dans un seul établissement, la ferme-école du département du Gard, créée par un arrêté de M. le ministre de l'agriculture et du commerce, en date du 3 mars 1849. Cette école est établie dans une ferme appelée le Masle-Comte, près du village de Gagan, à 10 ou 12 kilom. de Nîmes ; elle est située dans un assez large vallon susceptible d'une grande variété de cultures ; elle a de vastes bâtiments que l'on a pu approprier, à peu de frais, au logement d'un nombreux personnel et aux exigences diverses d'une exploitation embrassant les principales cultures du pays.

Les élèves de la ferme-école doivent être âgés de seize ans au moins : il n'y a pas de limite supérieure. Les candidats, qui doivent savoir lire, écrire et connaître les quatre règles de l'arithmétique, concourent devant un jury d'admission nommé par le ministre, sur la proposition du préfet. Ce concours a ordinairement lieu du 10 au 15 mars.

Le nombre des élèves est de trente-trois, se renouvelant par tiers chaque année, le terme complet de leurs études étant lui-même de trois années.

L'enseignement consiste dans l'explication d'un cours élémentaire d'agriculture, dans celle des principes d'hygiène des bestiaux et des soins médicaux à leur donner; connaissances complétées par l'application de l'arithmétique et de la géométrie à la solution des principales questions agricoles : comptabilité, nivellement, cubage, etc.

Les travaux pratiqués sont toutes les opérations manuelles de l'exploitation, toutes les cultures principales du pays.

Quant à ce qui concerne l'industrie séricicole, laquelle aurait évidemment dû être la première en date et en importance, le croirait-on ! la ferme-école n'a pu établir une magnanerie qu'à partir du 1er janvier 1851. Il n'y a donc encore eu qu'une seule éducation de vers à soie au Masle-Comte. Tous les élèves de troisième année y ont pris

part à tour de rôle. Tous les élèves de l'école concourent d'
sans distinction, aux soins d'entretien que réclament les m
reçoivent des directions touchant les meilleures conditions
sement d'une magnanerie, la conduite d'une éducation de ve
les moyens propres à éloigner les maladies qui leur sont pr
bon choix des cocons pour *graine*, l'appareillement des papil
ducteurs des œufs et la conservation de ces œufs. On doit se liv
année (1852), à la reproduction d'œufs venus l'année dernièr
ban, afin de propager le plus possible cette espèce de vers,
dit-on, de la muscardine, et de régénérer par là les espèces

En dernière analyse, sans appartenir à l'une de ces belles
races dont le type exceptionnel frappe et saisit tout d'abord
nation de l'observateur, la population qui nous occupe offre
quoi de doux, d'animé, de sociable, qui satisfait les yeux et
On voit abonder chez elle les physionomies heureuses et
l'accueil y est cordial et empressé, les caractères sont francs
mais ardents et passionnés, surtout dans tout ce qui touch
sentiments religieux et politiques du pays. On rencontre
d'esprits vifs, fins, déliés, mais mobiles à l'excès, et cepend
niers, contraste beaucoup plus facile à reconnaître qu'à expl
a vu avec quelle ardeur, avec quelle persévérance on y sait
c'est avec le même feu que l'on court au plaisir. La jeunesse
sexes aime passionnément la danse, les fêtes, les réunions
ou champêtres ; les jeunes filles montrent pour la parure un
prononcé, mais qui ne survit jamais au mariage ; les hon
âge mûr passent presque tout le temps qu'ils peuvent dérob
occupations, dans des cercles-cafés, qui ont remplacé l'a
grossier cabaret, dans une proportion vraiment effrayante.
l'ivrognerie et la débauche sont restées des vices exceptionn
dépit des dépenses un peu fortes que font quelques-uns,
établissements, l'ordre et l'économie demeurent des vertus
ment pratiquées. Mais ce n'est point pour la caisse d'ép
l'on thésaurise ; non, c'est pour satisfaire l'ambition domir
le pays, celle de s'élever le plus tôt possible au rang de pi
foncier. Tout ce que l'on peut mettre de côté sert à s'achete
beau de terre, ou bien à réparer, fertiliser, embellir cel
possède déjà, comme on embellirait et parerait une maîtres
ce ne sont, certes, pas là les passions et les habitudes qui
gnent ou présagent l'invasion du paupérisme et ses tris
quences. Mais il en est d'autres, moins fâcheuses sans d
qu'il faille les déplorer aussi, que l'on peut et doit évidem
attribuer. Ce n'est pas toujours à l'esprit d'ordre et d'écon
un labeur âpre et soutenu, ou du moins, ce n'est pas à eux
l'on demande les moyens de satisfaire cet amour excessif
priété foncière, cette ambition ardente de l'améliorer et de l

pour *passer* propriétaire, pour conserver surtout le patrimoine paternel en entier, au lieu de le partager avec des frères et sœurs, on a trop souvent recours à la voie des emprunts. Dirai-je tous les inconvénients et les inévitables suites de cette pratique ? Le paysan qui a souscrit des lettres de change ou grevé son bien d'hypothèques, n'échappe jamais à une gêne croissante ; rarement il évite l'expropriation et la ruine ; enfin, il expose son honnêteté et sa loyauté politique à une si redoutable épreuve, que bien petit est le nombre de ceux qui ont su les conserver intactes dans ces derniers temps. De cette unique circonstance sont provenus les succès éphémères et tout à fait inexplicables de certaines doctrines antisociales au sein d'une population si favorablement traitée par la Providence, et cependant la conscience du plus ignorant ne suffit-elle pas pour lui révéler l'éternelle vérité, si éloquemment exprimée, il y a près de deux mille ans, par Cicéron, dans le deuxième livre de son *Traité des devoirs* :

Quamobrem ne sit œs alienum quod reipublicœ noceat providendum est ; quod multis rationibus caveri potest, non, si fuerit ut locupletes suum perdant, debitores lucrentur alienum. Nec enim ulla res vehementius rempublicam continet quàm fides, quœ esse nulla potest, nisi erit necessaria solutio rerum creditarum [1].

Mais ce ne sont là que de bien légères ombres au tableau, fruit de circonstances anormales, et cette population agricole peut être hardiment placée au nombre des classes laborieuses et rurales les plus favorisées, à côté de celles qui habitent la belle et riche Normandie, ou de celles qui cultivent soit la betterave dans la région du Nord, soit la garance dans Vaucluse et la Provence, soit la vigne et l'olivier dans les fertiles plaines du Languedoc et du Médoc. Le tableau que j'en ai tracé a été peint par moi, d'après nature. Il l'a été, j'en conviens, dans les lieux les plus propices à la culture du mûrier et à l'éducation du ver à soie, dans les lieux où la production de la soie obtient les plus grands et les plus constants succès : je veux dire dans ces fraîches et fécondes vallées des Cévennes, que baignent les diverses branches du Gardon, la Cèze, le Vidourle et l'Hérault, au milieu de ces villes célèbres dans la topographie séricicole, telles qu'Alais, Saint-Ambroix, Anduze, Valleraugue, Ganges, le Vigan, etc., etc., qui produisent, sans contestation possible, les plus fines, les plus belles, les premières soies du monde. Mais ce tableau ne serait pas, après tout, trop infidèle, voulût-on l'appliquer aux autres populations dont l'industrie de la soie, pour les deux premières opérations du moins, con-

---

[1] Il faut donc pourvoir à ce que les dettes privées ne deviennent pas un péril pour la république ; ce à quoi l'on peut parvenir par différents moyens, mais jamais en faisant que le riche perde du sien, et que le débiteur s'enrichisse du bien d'autrui. Rien ne consolide plus la république que la bonne foi ; or, la bonne foi n'existe plus du moment où il est porté la plus légère atteinte à la nécessité de payer ce que l'on doit.

stitue le principal emploi. Je ne voudrais en exclure que les
où cette industrie, encore à l'état d'essai plus ou moins heu
loin d'être acclimatée jusqu'ici, et celles où elle ne constitu
branche tout à fait accessoire et subordonnée de la producti
Les contrées placées dans de telles conditions et les classes la
qui les habitent ne peuvent, à vrai dire, recevoir le titre de séri
n'auraient pu fournir à mes études que des matériaux très-ir

IV.

Statistique de l'agriculture séricicole.

Ce qui prouve combien les populations ont cru à la fav
fluence de l'agriculture séricicole sur leur bien-être, c'est l'
ment rapide et anormal que cette culture a pris dernièr
France. Le voici, autant que nous permettent de le mesure
à 1840, les documents *officiels*, ce qui ne veut pas précisé
exacts, du ministère de l'agriculture et du commerce.

En 1820, le mûrier n'était cultivé que dans dix-huit dép;
dont on trouvera les noms dans les tableaux qui sero
tout à l'heure, départements qui appartiennent tous, un se
à la région dite Midi oriental de la France. Depuis lors la
ce végétal a été introduite ou plutôt essayée avec plus ou
succès dans la Côte-d'Or et Seine-et-Oise, qui contiennent à
les trois quarts de ces nouvelles plantations; dans les Hau
la Dordogne, la Gironde, la Haute-Loire, le Jura, le Gers
Rhin, le Calvados, la Vienne et le Loiret : dans ce dernie
ment, ce ne serait pour le mûrier qu'une reprise de possess

Le nombre de pieds de mûriers s'est élevé de 19,600,000
rond, à 24,800,000, toujours en chiffre rond; ce qui étai
croissement de 5,200,000. Dans le Gard, lui seul, le nomb
de mûriers aurait, d'après ce même document, plus qu
puisqu'il aurait passé de 2,800,000 à 5,700,000. Quoi qu
et sans vouloir me porter, en aucune façon, garant de
statistiques, voici quelques chiffres, choisis, au milieu d'u
déluge de nombres, comme propres à donner une idée :
portance de notre production séricicole en général; 2° de se
ou variétés locales les plus essentielles à connaître. (Ils so
de la *Statistique générale de la France*, vol. II, *De l't*
pages 469, 565, 577, 579, 585, 617, 621.)

DÉPARTEMENTS.	ÉTENDUE des CULTURES en hectares.	NOMBRE DE PIEDS de mûriers.	PRODUIT de KILOGRAMMES de la soie en cocons.	VALEUR TOTALE en francs.
	h. a.			
1 Gard......................	14,940 79	5,709,466	2,696,231	11,180,830
2 Drôme.....................	6,212 »	5,170,704	2,585,352	8,258,356
3 Ardèche...................	5,602 53	2,000,000	1,765,121	7,413,508
4 Vaucluse	3,985 67	3,985,670	660,600 [1]	3,266,764
5 Herault...................	2,592 »	2,497,944	1,248,972	3,920,059
6 Isère.....................	2,073 »	1,314,186	589,507	1,640,829
7 Bouches-du-Rhône.........	1,456 »	1,039,560	519,780	1,675,567
8 Rhône....................	1,295 »	1,107,393	471,560	1,980,552
9 Ain......................	836 »	182,186	74,716	282,685
10 Var......................	786 41	294,443	491,750	1,564,630
11 Lozère...................	465 50	432,340	216,270	3,277,000
12 Aveyron..................	171 »	60,080	11,786	194,156
13 Basses-Alpes.............	125 »	74,972	84,823	296,881
14 Aude.....................	44 44	11,062	5,872	16,280
15 Saône-et-Loire...........	37 65	84,000	1,354	5,597
16 Haute-Loire..............	32 »	32,000	1,610	8,050
17 Puy-de-Dôme.............	30 »	10,560	1,891	7,564
18 Loire....................	26 75	18,970	12,615	44,153
19 Pyrénées-Orientales......	5 »	44,100	6,100	17,800
TOTAUX.......	40,716 74	24,069,694	11,395,910	42,292,131

Le département du Gard étant celui qui joue le rôle le plus important dans notre production séricicole, et en même temps celui qui a servi plus particulièrement de théâtre à mes observations, je crois devoir donner ici des chiffres qui le concernent, par arrondissement.

Arrondissement.	Hectares en culture.	Pieds de mûriers.	Kilog. de cocons.	Produit.
d'Alais......	7,620 34	2,912,228	1,371,600	5,829,300
d'Uzès......	4,549 »	1,738,605	818,820	3,275,280
du Vigan....	2,182 44	833,919	392,815	1,669,464
de Nîmes....	588 30	224,714	112,996	406,786
Totaux......	14,940 79	5,709,466	2,696,231	11,180,830

Tous ces documents s'appliquent au Midi oriental de la France ; quelques-uns de nos départements de la région dite du Midi occidental cultivent aussi les mûriers, mais la production séricicole y est, à vrai dire, très-peu importante, comme cela résulte du chiffre de la valeur totale, en francs, que donne la Statistique générale de l'agriculture et qui ne s'élève qu'à la somme de 449,419 fr., laquelle, réunie à celle ci-dessus donnée pour le Midi oriental et qui est de 42,281,621 [2], forme, pour le chiffre total de notre production en cocons, 42,731,040 fr.

Les quatre départements dont la production séricicole est, à beaucoup près, la plus considérable, sont donc, le Gard, la Drôme, l'Ardèche et Vaucluse, tous les quatre situés sur les rives du Rhône ; deux à droite, le Gard et l'Ardèche ; deux à gauche, la Drôme et Vaucluse.

[1] Ce chiffre est absurde, comme cela résulte de son désaccord choquant avec tous les autres.

[2] Mon addition me donne 42,292,131, au lieu de 42,281,621 ; mais, pour rester *conforme* à la Statistique générale, je crois devoir adopter son chiffre.

Ces quatre départements ont en hectares cultivés, savoir :

Sur une étendue totale de......................	40,716 hec
consacrés, en France, à la culture du mûrier, plus de la moitié, soit..................................	20,740
Sur une quantité de pieds de mûriers de..........	24,069,694
plus des deux tiers.............................	16,865,840
Sur une production en kilog. de cocons, de........	11,395,910
aussi plus des deux tiers, soit.....................	7,707,304
Enfin, sur une valeur totale de ces cocons de......	42,731,040 fr.
bien près des trois quarts, soit.....................	30,119,458
Et le Gard, à lui seul, y entre pour..............	11,180,830

c'est-à-dire pour plus du quart de la valeur totale produite en France.

J'arrive maintenant à quelques autres chiffres ayant pou
faire saisir les variétés ou diversités locales les plus importa
production séricicole.

NOMS des DÉPARTEMENTS.	PRODUIT en kilogram. de cocons par once d'œufs de vers à soie.	CONSOMMATION de feuilles de mûrier en kilogram. par once de ver	PRIX MOYEN DU KILO de cocons.
	kil.	kil.	fr. c
Gard	30	102	4 15
Drôme.........................	40	500	3 20
Ardèche.......................	33	1,800	4 20
Vaucluse	30	1,000	4 95
Hérault.......................	35	500	3 15
Isère.........................	36	625	3 05
Bouches-du-Rhône.............	32	500	3 20
Rhône.........................	40	1,000	4 20
Aveyron.......................	33	542	4 50
Lozère........................	33	500	3 00

Nous croyons inutile d'aller plus loin, vu le peu d'impor
tive de la production des autres départements; mais il ne
ment pas possible de produire ce tableau sans y joindr
réflexions et quelques conjectures, car sa simple lecture
évidemment par son absurdité apparente ou réelle, non-se
moins intelligent de nos éducateurs méridionaux, mais
lecteur venu, pour peu qu'il y eût fait attention. Je n'ai p
ment d'observation à faire sur la première colonne d
c'est-à-dire sur le nombre de kilogrammes de cocons p
once de vers mis à éclosion.

Elle n'offre pas, après tout, d'inexactitude choquant
seulement beaucoup mieux valu que le ministre demand
respondants locaux la quantité de cocons produite par cha
de feuilles de mûriers consommées, ou la quantité de kilo
feuilles consommées pour produire 100 kil. de cocons; ca
vrai dire, la question essentielle, la seule qui intéresse et
l'éducateur. Quant au nombre d'onces d'œufs de vers à so
à éclosion, assez peu lui importe au fond, car c'est une

portion de ses frais de revient, et la plupart de nos éducateurs n'hésitent pas, dans la prévision d'accidents très-communs, à faire éclore infiniment plus de vers que ne le comporterait la quantité de feuilles qu'ils ont à faire consommer. Mais la deuxième colonne du petit tableau précédent, que j'ai très-fidèlement extraite de documents statistiques, porte des chiffres qu'il ne serait sûrement pas possible de comprendre si l'on n'admettait un véritable et grossier malentendu entre les rédacteurs de la statistique et ceux qui leur ont transmis des documents locaux. Eh quoi ! dans le Gard, les vers éclos d'une once d'œufs consomment de feuilles de mûriers 102 kilog. seulement, et dans l'Ardèche, *département contigu*, où tout se produit dans les mêmes conditions, ils en consomment 1,800 kilog., *dix-huit fois plus* à peu près ! Et dans la Drôme, en face, dans des terrains séparés seulement par le Rhône, ils n'en consomment plus que 500, puis 1,000 dans Vaucluse, aussi tout à côté ! Oh ! évidemment tout ceci est trop fort, et je ne vois qu'une explication plausible : c'est 1° que dans le Gard un 0 *a été oublié*; 1,020 kilog. approchent en effet beaucoup de la consommation réelle d'une once d'œufs de vers à soie, quand ceux-ci sont bien menés et réussissent bien : les 1,000 kilog. de Vaucluse sont encore un chiffre acceptable; mais j'avoue ne pas trop comprendre les 1,800 de l'Ardèche, et encore moins les 500 de la Drôme, de l'Hérault, de l'Aveyron, de la Lozère et des Bouches-du-Rhône. Il n'est, je crois, aucune localité séricicole du Midi, où une once de vers à soie bien conduite, et donnant un produit raisonnable, c'est-à-dire depuis 30 jusqu'à 50 kilog. de cocons, ne consomme que 500 kilog. de feuilles de mûriers. Nos éducateurs auraient, hélas ! bien souvent à rire s'ils perdaient leur temps, comme je le fais, à compulser les chiffres manipulés dans les bureaux de Paris.

Que diraient-ils, par exemple, de quelques-uns des chiffres de la dernière colonne du petit tableau que j'examine en ce moment? Ils seraient bien étonnés d'apprendre que la feuille de mûrier, dont le prix réel est toujours plus élevé, avec une assez forte proportion, dans le Gard, que dans la plupart des autres départements voisins, et plus particulièrement que dans la Drôme, se trouve indiqué à un prix plus faible de *moitié*, c'est-à-dire à 0,10 c. le kil. dans le Gard, prix assez exact, en effet, et à 0,20 c. le kil. dans la Drôme? De la feuille à 20 fr. les 100 kil. ! Nous n'avons jamais ouï parler de pareille chose dans le midi de la France, si ce n'est lorsque dans un moment de détresse l'éducateur à bout de voie est contraint de payer la feuille tout ce que le vendeur en exige, sous peine de voir ses vers mourir de faim. La feuille à 20 fr. les 100 kil. forme le pendant du blé à 60 fr. l'hectolitre. D'un autre côté, le prix de 0,5 c. le kil., indiqué pour plusieurs départements, et par-dessus tout celui de 0,23 c. donné pour l'Aveyron, ne sont guère moins ridicules. Le prix réel du kilog. de feuilles, dans le Midi oriental, varie de 0,06 c. à 0,12 c.

Je n'examinerai plus qu'une dernière question :

Les chiffres statistiques qui viennent d'être donnés sont déj
anciens, puisqu'ils ont été publiés par le ministère de l'agricul
du commerce en 1840, qu'ils avaient été probablement r
en 1838 et 1839, et reposent sur des moyennes prises de 1835
même année 1840. Ne faut-il pas admettre dès lors qu'il a pu
nir depuis de notables changements, et se demander dans qu
ils ont dû se produire ? Eh bien ! je serais assez disposé à croir
mon compte, que ces changements ont été peu considérable
pense pas, en un mot, que la production de feuilles et de co
beaucoup augmenté, ou du moins qu'elle ait augmenté d
proportion analogue à celle que nous avons admise de 1820
Voici pourquoi :

La culture du mûrier et la réussite des éducations de ver
exigent certaines conditions assez limitées de climat et de t
ture, ce qui ne permet pas que l'une et l'autre, mais surtou
nière, se propagent et s'étendent à volonté. On a bien souven
d'introduire cette branche d'industrie agricole dans des con
elle a d'abord fait naître les plus belles espérances ; mais c
rances ne se sont presque jamais réalisées, et la culture séri
toujours fini par s'en exiler d'elle-même après un certain ten
forts infructueux.

Là même où cette séduisante production est depuis longte
climatée, et où elle est devenue complétement indigène, on a,
vingt ans qui ont suivi la paix générale de 1815, si fort mult
plantations, que le sol commence à y manquer pour en faire
velles. On ne peut, en effet, se promettre que de très-médiocr
tats, lorsqu'on veut exécuter ces plantations dans des terrains
déjà porté une génération et surtout deux générations de
La culture vraiment forcée au moyen de laquelle on hâte
sance de ces arbres, la taille annuelle et si hardie à laquell
soumet, et la double ceuillette de leurs feuilles, une premièr
printemps pour le ver à soie, une seconde en automne, au mo
sa chute, pour le bétail, toutes ces circonstances réunies ont
porter une sérieuse atteinte à leur longévité naturelle, et m
faut en croire nos éducateurs les plus expérimentés, aux qua
tritives de la feuille ; c'est-à-dire que d'après eux il faudrait
d'hui, pour produire la même quantité de kil. de cocons,
forte quantité de kil. de feuilles qu'autrefois.

Je ne serais donc pas surpris, je le répète, que le prodig
croissement de la production séricicole de 1815 à 1840 se fû
arrêté, et que les résultats d'aujourd'hui ne différassent pa
qu'on pourrait le croire de ceux constatés pour l'époque pré

(La suite au prochain num.

RECHERCHES

SUR

LA CIRCULATION DES LETTRES DE CHANGE
DANS LA GRANDE-BRETAGNE, DE 1828 A 1847,

AVEC

UNE ÉVALUATION DES LETTRES DE CHANGE TIRÉES DE LA GRANDE-BRETAGNE SUR LES PAYS ÉTRANGERS.

(Suite et fin [1].)

IX. — Evaluations statistiques et générales du fonds total employé sur le marché du numéraire de Londres ; des sommes qui y sont à l'ordre des banquiers des provinces ; et du montant total des lettres de change qui se trouvent constamment à l'état d'escompte, tant à Londres que dans les provinces.—Série de tableaux offrant les résultats de ces évaluations et documents.

Si je suis parvenu à me faire comprendre dans les explications qui précèdent, il sera facile de voir que le fonds constamment employé pour escompter les lettres de change peut, en premier lieu, se diviser en deux portions principales, savoir :

1° Le fonds amassé à Londres, et qui est principalement administré par la Banque d'Angleterre et les agents de change de cette ville.

2° Le fonds restant entre les mains des banquiers des provinces, et qui est employé par eux à subvenir aux demandes d'escompte dans leurs circonscriptions.

On verra, en second lieu, que de ces deux fonds le plus considérable de beaucoup est celui qui est réuni à Londres, et que les diverses sources d'où dérive le *fonds d'escompte* de cette ville permettent de le diviser et de le classer à peu près comme il suit, savoir :

1° Une portion du fonds de circulation et des dépôts de la Banque d'Angleterre ;

2° Les dépôts des banquiers des provinces chez les agents de change de Londres ;

3° Une partie des dépôts faits chez les banquiers de Londres ;

4° Les dépôts des compagnies d'assurance et d'autres Sociétés, chez les agents de change de Londres.

Admettant maintenant comme exact ce simple tracé des faits (et je crois qu'on peut l'admettre avec confiance comme tel dans la forme générale que je lui donne ici), j'ai voulu me poser et j'ai cherché à résoudre une ou deux questions du plus grand intérêt au point de vue théorique, et qui ne sont pas sans importance pour la pratique.

1° J'ai pensé, d'une part, qu'il y aurait satisfaction à pouvoir constater quel

---

[1] Voir numéro 129, 15 janvier 1852, et numéro 130, février, t. XXXI, p. 62 et 152.

est le montant total des lettres de change qui se trouvent toujours à
d'escompte dans la Grande-Bretagne ; c'est-à-dire à combien s'élève le
disponible constamment employé en avances aux négociants et au:
chands sur la garantie de leurs lettres de change, ou, ce qui revien!
près au même, sur la garantie de leurs marchandises.

2° J'ai pensé, d'un autre côté, qu'il ne serait pas moins intéressant
voir quelle est la portion de cette somme totale qui est avancée en
quelle est celle avancée dans les divers districts de l'Angleterre, e
quelle est celle qui est avancée dans la ville de Londres. Si nous ;
constater ces faits, nous serons alors à même d'évaluer numériquemen
est l'influence que la marche du numéraire de Londres exerce sur
commerce du pays, et d'évaluer aussi numériquement quelle est l'ii
que la Banque d'Angleterre exerce sur le marché de Londres.

3° Il serait extrêmement utile aussi de pouvoir. arriver à une esl
raisonnablement exacte du montant du capital disponible qui passe
mains des banquiers de Londres et par celles des banquiers des provi

4° Et finalement il ne serait pas moins utile de pouvoir se faire i
quelque peu exacte du montant des balances flottantes qui sont t
Londres, à la disposition des Compagnies d'assurance et des autres (
tions ou personnes riches.

Je ne puis espérer, je ne prétends même pas pouvoir répondre dog
ment à l'une ou à l'autre de ces questions ; mais je me suis donné
peine pour arriver à une estimation approximative au sujet de
d'elles ; et, dans tous les cas, j'essayerai de faire connaître toutes les
sur lesquelles j'ai basé mes raisonnements, et d'exposer la marche
suivie pour arriver à mes conclusions.

Les résultats de ces recherches m'ont mis évidemment en po
avec un degré d'exactitude suffisant, d'un des premiers et des plus
tants éléments de cette investigation, je veux parler du total des l
change existant à la fois dans toute l'Ecosse, dans toute l'Angleterre
tout le Lancashire, et comme nous savons qu'il existe des lettres *qu*
pas comptées, il s'ensuit que le total des lettres existantes est plus gra
total des fonds employés dans les opérations de l'escompte. Mainten
est ordinairement le montant total des lettres existantes en même t
que nous le donnent les calculs du présent travail ? Voici les chiffre
pondent à cette question :

TABLEAU VII. — *Montant total moyen des lettres de change qui ont circul
temps, pendant les années 1843-46, tel qu'il résulte des calculs d
écrit.*

	Liv. st.	1
En Ecosse (lettres de l'intérieur).................	18,000,000	450,
Dans le Lancashire..........	12,000,000	300,
Dans le reste de l'Angleterre....................	70,000,000	1,750,
	100,000,000	2,500,
Lettres de l'extérieur.........................	16,000,000	400,
	116,000,000	2,900,

La question qui vient ensuite est celle-ci : Quelle est la portion
somme totale de 116,000,000 liv. qui ne va pas à l'escompte ? J

d'avoir à dire ici que la seule réponse que l'on puisse faire à cette question ne peut avoir d'autre base qu'une simple estimation. Voici la mienne ; j'en dispose d'abord les chiffres de la manière qui me paraît la plus nécessaire.

TABLEAU VIII. — *Evaluation du montant total des lettres de change qui se trouvent à l'état d'escompte, en même temps, dans la Grande-Bretagne.*

	Liv. st.
En Ecosse (lettres de l'intérieur)....	15,000,000
Dans le Lancashire...........................	12,000,000
Dans le reste de l'Angleterre...................	60,000,000
	87,000,000
Lettres de l'extérieur........	13,000,000
Total des lettres escomptées en même temps......	100,000,000
Restant en lettres et billets non escomptés par leurs détenteurs.................................	16,000,000
Total des lettres en circulation.................	116,000,000

Maintenant, d'après les suppositions admises dans ce tableau, le montant des lettres et des billets à ordre qui ne se font pas escompter se décomposerait ainsi qu'il suit :

	Liv.	Fr.
En Ecosse (lettres de l'intérieur).................	3,000,000	
Dans le Lancashire...........................	» »	
Dans le reste de l'Angleterre...................	10,000,000	
	13,000,000	
Lettres de l'extérieur...........................	3,000,000	
Total des lettres non escomptées.................	16,000,000	400,000,000

J'ai admis que *toutes* les lettres créées dans le Lancashire, et qui se montent à 12,000,000 liv. st. *étaient escomptées*, parce qu'il est très-certain, ainsi que je vais avoir l'occasion de l'expliquer, que les états du bureau du timbre ne permettent pas de nous assurer du montant réel des lettres créées dans ce comté, en s'en rapportant uniquement à la vente des timbres qui s'y fait.

Au premier aperçu, 16,000,000 de liv. st. paraissent une somme bien considérable pour la quantité des lettres et des billets *non escomptés* ; mais l'on peut donner des raisons qui affaibliront tout au moins l'effet de cette première impression.

On doit se rappeler qu'une portion considérable des lettres de change et des billets à ordre qui sont créés, le sont plutôt dans un but de légalité que dans un but de commerce. De cette sorte sont la plupart des obligations et beaucoup de billets à ordre qui sont remis aux banquiers et à des particuliers pour des emprunts d'argent temporaires, et les engagements de cette nature sont excessivement communs dans les districts agricoles. En outre, dans beaucoup de maisons qui disposent d'un grand capital, et qui peuvent attendre longtemps, on s'y fait une sorte de point d'honneur de garder un billet venu en leur possession, jusqu'au moment de son échéance. En somme, je suis porté à croire que si mon estimation à 16,000,000 liv. st. est en défaut, c'est bien plutôt parce qu'elle se trouve au-dessous qu'au-dessus de ce chiffre.

Nous sommes donc arrivé à cette conclusion : qu'il est très-probable que le montant total des lettres de change (tant de l'intérieur que de l'extérieur)

qui se trouvent constamment, et à la fois, sous l'escompte dans la
Bretagne est de 100,000,000 liv. st. (2 milliards 500 millions de fr
s'agit maintenant de remonter aux sources d'où sort cette énorme
et de savoir dans quelle proportion y contribuent les marchands de
raire des provinces et ceux de Londres.

Nous allons d'abord nous occuper de ceux des provinces.

En Angleterre et dans le pays de Galles, Londres excepté, mais y
le cercle de 65 milles (environ 26 lieues) autour de cette ville, dan
les bank-notes des banques des provinces sont interdits, il existe auj
environ 900 comptoirs de banque. Ces comptoirs ne constituent pas à
maisons de banque séparées, mais seulement 900 endroits où vienne
nellement se traiter des affaires de banque, soit à titre de comptoi
soit à titre de succursale; après beaucoup de recherches et de ré
je crois que, l'un portant l'autre, le capital total, de toute nature,
par ces 900 bureaux de banque s'élève certainement, pour chacun
100,000 liv. st. (2 millions 500,000 fr.). J'entends par capital de toute
1° le capital personnel que les associés et les actionnaires apportent é
entreprise; 2° les fonds placés dans ces banques à titre de dépôts
comptes-courants; et 3° enfin le capital que leur procure la circu
leurs bank-notes. Pendant le mois finissant au 29 décembre 1849, l
de ces bank-notes en circulation en Angleterre et dans le pays de Ga
de 6,140,913 liv. st. (environ 154 millions de fr.). En divisant cett
par le nombre des comptoirs, c'est-à-dire par 900, on trouve que la
revient à chacun d'eux du capital obtenu par la seule circulation d
notes est de 6,830 liv. st. (à peu près 171,000 fr.). Le capital pers
gagé pas les sociétaires des maisons de banque des provinces est très
rable; et les dépôts se montent aussi fréquemment à des sommes surp

En Écosse, il existe environ 360 comptoirs de banque, et j'estir
capital de toute nature que chacun d'eux emploie est également d
liv. st., comme dans la partie méridionale de l'île. J'avoue toutefois
ce qui regarde l'Écosse je ne suis pas à même d'en parler avec é
confiance que je le fais à l'égard de la région méridionale du pays.

Pendant les quatre semaines finissant au 19 décembre 1849, la so
bank-notes écossais, mis en circulation en Écosse, a été de 3,242,4
(environ 81 millions de francs), ce qui fait, pour chacun des 360 c
une somme moyenne de 9,000 liv. st. (environ 225,000 fr.).

En Irlande, il y a environ 170 comptoirs de banque, et la circul
bank-notes irlandais y a été de 4,634,503 (environ 115 millions 862
ce qui porte la moyenne des émissions de chaque comptoir à 26,90
environ 673,000 fr.), et il est probable que le capital personnel des s
et celui des dépôts élèvent également la moyenne du capital total é
comptoir à 100,000 liv. st.

Nous pouvons donc faire la récapitulation suivante :

				Liv. st.	
900 comptoirs en Angleterre et dans le pays de					
Galles, à environ 100,000 liv. st. chaque......				97,000,000	2,
360	dito	en Écosse,	dito....	36,000,000	
1,260				133,000,000	3,
170	dito	en Irlande,	dito.....	17,000,000	
1,430				150,000,000	3,

C'est cette somme de 133,000,000 liv. st. (3 milliards 325 millions de francs)
qui constitue le montant pris en masse du capital employé dans les affaires de
banque dans les divers districts des provinces de la Grande-Bretagne. Par
conséquent, sur cette somme les banquiers ont à pourvoir, 1° aux avances
qu'ils font à leurs clients ; 2° à l'achat de sûretés, soit en effets publics, soit de
toute autre nature ; 3° au maintien d'une réserve suffisante en espèces ou en
billets de la Banque d'Angleterre ; 4° à la retenue, à leur crédit, à Londres,
d'une balance flottante proportionnée à leurs affaires ; 5° à se procurer des
lettres de change à Londres d'après le plan déjà exposé dans le cas supposé
des 50,000,000 liv. st. du banquier de Lincoln ; et 6° enfin, à l'escompte des lettres de change locales de leurs clients respectifs.

Parlant toujours de la Grande-Bretagne (Londres excepté), nous récapitule-
rons ces diverses applications de la manière suivante :

*Estimation de la proportion du capital total des banques de la Grande-Bretagne
(Londres excepté) employé dans les principales divisions des opérations de ces
établissements, savoir :*

	Liv. st.	Fr.
En avances aux clients, en balances à Londres, en sé- curités du gouvernement, en espèces et en bank-notes....	81,000,000	2,025,000,000
Sous forme de lettres de change obtenues à Londres.....	30,000,000	750,000,000
	111,000,000	2,775,000,000
En escompte des lettres de change locales :		
— Angleterre et pays de Galles.. 12,000,000		300,000,000
— Ecosse.................... 10,000,000		250,000,000
22,000,000	133,000,000	3,325,000,000

L'évaluation à 10,000,000 de liv. st. du montant des lettres escomptées
localement en Ecosse, est fondée sur cette circonstance particulière aux lettres de change de ce pays, qu'elles *ne sont pas payables à Londres*, circonstance qui en confine le plus grand nombre dans leur propre circonscription.

D'après cette estimation, le montant du capital pour lequel les banquiers
des provinces contribuent au marché des espèces de Londres est de 30,000,000
liv. st. (750 millions de fr.), c'est-à-dire que c'est là l'étendue de la somme
en espèces qu'ils transforment en lettres de change obtenues à Londres. A
cette somme, il faut encore ajouter celle des *balances flottantes* que les banquiers des provinces tiennent engagées avec leurs correspondants et les agents
de change de Londres.

Arrêtons maintenant notre attention sur la partie de la question qui concerne Londres particulièrement.

En comptant les banques par actions et en laissant de côté les marchands
de lingots et les changeurs, il y a aujourd'hui à Londres 35 banquiers dans
la Cité, et 16 dans le West-End. Les comptes publiés par les banques par actions nous mettent à même de connaître exactement le montant du capital
qu'elles emploient. Or, voici, d'après ces comptes, la situation des quatre
principales banques par actions de Londres, au 31 décembre 1842.

TABLEAU IX. — *Banques par actions de Londres.* — *Situation des portefeu*
quatre banques par actions de la métropole dont les opérations ne s'élen
au delà de Londres (Extrait de leurs Comptes-rendus du 31 décembre 1

CAPITAL RÉALISÉ.	BANQUES.	EFFETS publics, OBLIGATIONS de l'Inde, bons de l'Echiquier.	LETTRES escomptées, AVANCES, obligations, etc.	de pe
liv. st.		liv. st.	liv. st.	
1,000,000	London and Westminster Bank.	973,691	3,844,777	4
422,900	Union Bank.	non énoncé.	3,337,135	3
600,000	London Joint stock Bank.	671,976	2,921,480	3
128,280	Commercial Bank, London.	non énoncé.	699,580	
2,151,180	TOTAUX..........	1,645,667	10,802,972	12
537,795	MOYENNES........	822,833	2,700,743	3

La moyenne du montant total du capital employé par les quatre t
ne s'élève pas à moins de 3,112,159 liv. st. (77,803,975 fr.). Nous ne
toutefois pas supposer que des états de situation semblables, tant de:
quiers de la Cité, que des 16 banquiers du West-End, nous donnas
moyennes pareilles. Nous nous éloignerons moins de la vérité en ad
pour chacun des cinquante et un établissements, une moyenne de 1
liv. st., et si, au résultat de cette supputation, nous ajoutons 10,000,0
pour les dépôts des compagnies d'assurances et autres, entre les n
agents de change et des grandes maisons de finances, il est probable c
aurons alors une évaluation au moins approximative de la quotité
employé par les banques de la métropole.

Le calcul nous donne alors (en excluant maintenant la Banque
terre) :

Pour les 35 banquiers de la Cité (banques privées
et banques par actions), à raison de 1 1/4 millions
de liv. st. chacune............................. 44,000,000 l. st. 1,100,
Pour les 13 banques du West-End, *dito*......... 20,000,000 500,
                                                64,000,000 1,600.
Service des assurances, dépôts, etc............. 10,000,000 250,
Fonds des banques de Londres................ 74,000,000 1,850,

A cette somme, il faut encore ajouter, savoir : 12,000,000 liv. st. (30
francs), qui est celle employée par la Banque d'Angleterre aux opéra
nous appellerons d'une manière générale *prêts et escomptes faits ou c*
ensuite la somme de 30,000,000 liv. st. que nous avons déjà vue l
part contributive des banquiers des provinces au marché des e
Londres en échange de lettres négociables à leur usage. Mais nous n
point ajouter à ces 30,000,000 liv. st. les *balances flottantes* de ces mê
quiers de province, attendu que nous les avons déjà comprises dan
moyen de 1 1/4 million de liv. st. que nous avons attribué à chacu
quante-un banquiers.

Nous avons donc, en somme, pour résultats, savoir :

Fonds des banques de Londres................... 74,000,000 liv. st.
Banque d'Angleterre........................... 12,000,000

Total du fonds de banque de Londres.......... 86,000,000   2,150,000,000 fr.
Portion contributive des banquiers des provinces. 116,000,000   2,900,000,000

Nous avons déjà estimé :

1° Que le montant total des lettres de change escomptées en même temps dans la Grande-Bretagne,
Londres compris, était de...................... 100,000,000 liv. st.
2° Que le montant des lettres escomptées locale-
ment en Ecosse, était de.............. 10,000,000
3° En Angleterre, de................. 12,000,000
                         22,000,000

           Reste.........   78,000,000   1,950,000,000 fr.

pour le total des lettres escomptées avec les *ressources* ou par l'*intervention*
de Londres. Sur ces 78,000,000 liv. st., nous avons vu que 30,000,000 liv. st.
y sont apportées par les banquiers des provinces, ce qui réduit le total des
escomptes faits à Londres, avec les seules ressources des banques de cette
ville, à la somme de 48,000,000 liv. st. (1,200,000,000 fr.); dans ces 48,000,000
liv. st. la Banque d'Angleterre entre généralement pour 5,000,000 liv. st.
(125,000,000 fr.), nous arrivons donc à la conclusion suivante :

[*Lettres de change* (de l'*intérieur* et de l'*extérieur*) qui se trouvent escomptées,
en même temps, dans la Grande-Bretagne, Londres compris :

I. Escomptées localement.

En Ecosse................................. 10,000,000 liv. st.
En Angleterre............................. 12,000,000
                         22,000,000

II. Escomptées à Londres.

Avec les fonds des banques de province...... 30,000,000
Par la Banque d'Angleterre................ 5,000,000
Avec les fonds des banques de Londres...... 43,000,000
                         78,000,000

Montant total des lettres escomptées en même
temps.................................... 100,000,000

Nous avons vu plus haut que le montant du capital à la disposition des banquiers de Londres peut être estimé à 64,000,000 liv. st., et que les dépôts des
compagnies d'assurance ne peuvent s'élever à 10,000,000 liv. st. A cette
dernière somme, il faut ajouter 33,000,000 liv. st. pour arriver aux 43,000,000
liv. st. employées aux escomptes. La plus grande portion de cette somme est
fournie indubitablement par les banquiers de Londres, soit en escomptes directs à leurs propres commettants, soit d'une manière indirecte. Mais lors
même que ces banquiers contribueraient pour 30,000,000 liv. st., il resterait
encore 34,000,000 liv. st. (64 moins 30), destinés à être employés en achats
de fonds publics, en avances et en prêts sur diverses espèces de garanties, et
à garder par devers eux, en espèces, une réserve proportionnée.

Nous pouvons maintenant exprimer d'une manière générale les résultats
auxquels nous sommes arrivé au moyen de ces supputations.

Nous avons compté seulement 12,000,000 liv. st. pour les avance
escomptes que la Banque d'Angleterre fait au *commerce*. Cependant,
luant la totalité des fonds engagés sur le marché de Londres, dans le
genres d'affaires, et sous les diverses formes adoptées par les banqu
métropole, nous sommes naturellement conduit à comparer cette
(12,000,000 liv. st.) des ressources de la Banque d'Angleterre exclus
employée par elle aux opérations commerciales, avec la totalité des fo
cette compagnie dispose, soit que ces fonds lui soient fournis par la
tion, soit qu'elle les tienne à titre de dépôts publics ou particuliers.
sidérant donc ainsi, dans leur ensemble, les fonds dont la Banque
terre dispose, ce n'est plus pour 12,000,000 liv. st. seulement que cette
contribue au fonds de banque total de Londres, mais bien pour 56,
liv. st. (900 millions de fr.).

Il en résulte alors, autant du moins que nous pouvons le savoir à
que la somme totale des fonds qui se trouvent constamment emplo
le commerce d'argent sur le marché de Londres, se compose ainsi qu

Banquiers de Londres......................	64,000,000 liv.	1,600,0
Dépôts des compagnies d'assurance et autres..	10,000,000	250,0
Banques d'Angleterre......................	36,000,000	900,0
Banques des provinces.....................	30,000,000	750,0
	140,000,000	3,500,0

Les divers modes d'emploi qui absorbent la totalité ou la presqu
de cette énorme somme peuvent être classés de la manière suivante :

1° En lingots à la Banque d'Angleterre.

2° En fonds publics.

3° En obligations et autres garanties.

4° En avances aux négociants sur garanties et dans des circonst
verses.

5° En escomptes de lettres de change tant de l'intérieur que de l'ex

6° En réserves, soit en espèces, soit en bank-notes, chez les banqui
hommes de finances.

La proportion pour laquelle les lingots de la Banque d'Angleterr
dans ces 140,000,000 liv. st. peut promptement se constater pour u
donnée.

Quant aux cinq autres modes d'emploi qui restent, je n'ai guèr
évaluer leur quotité que pour le cinquième qui concerne les somm
gées dans les escomptes, et ces sommes, ainsi qu'on vient de le vo
porte à 48,000,000 liv. st. (1 milliard 200 millions de francs), en y
nant les 5,000,000 liv. st. que la Banque d'Angleterre affecte à cet en

Les nombres suivants expriment en centièmes les rapports des di
ments qui entrent dans la somme entière des 140,000,000 liv. st.

Banquiers de Londres....................	45,71 p. 100
Compagnies d'assurance, etc..............	7,14
La Banque d'Angleterre..................	25,71
Banques provinciales.....................	21,44
	100,00

On voit par ces chiffres qu'une portion très-considérable de ce fo
est fournie par la Banque d'Angleterre et par les banquiers de provi

les fonds administrés par la Banque d'Angleterre s'élèvent à plus *de la moitié* des sommes fournies par tous les autres contributants de Londres au fonds général des 140,000,000 liv. st., et que la somme contributive de tous les banquiers de province se rapproche beaucoup de celle fournie par la Banque d'Angleterre.

En outre, en continuant d'admettre, d'après notre calcul, que le montant des lettres de change qui se trouvent constamment et à la fois sous l'escompte, est de 100,000,000 liv. st., les nombres suivants expriment en centièmes dans quelles proportions les diverses sources contribuent à cette somme.

Lettres de change sous l'escompte.

	Pour 100.	
En Ecosse.....................................	10 }	22
En Angleterre (Londres excepté).....................	12 }	
A Londres.		
Banques provinciales.................................	30 }	78
La Banque d'Angleterre.............................	5 }	———
Banques de Londres.................................	43 }	100

Nous voyons, de plus, par ces nombres, quelle part considérable d'influence exercent la Banque d'Angleterre ainsi que les banques des provinces : on voit, par exemple, que, même dans les saisons ordinaires, les escomptes de la Banque d'Angleterre entrent pour un *huitième* environ (comme 5 à 43), dans tous ceux opérés au moyen de toutes les autres ressources de Londres, et que, sur la totalité des escomptes de Londres, plus des trois quarts (30 à 78) sont effectués avec les fonds fournis par les provinces.

X. — Des corrections nécessaires à apporter aux données fournies par le bureau du timbre. Série de tableaux statistiques offrant les résultats généraux des présentes recherches.

Dans la première partie de cet écrit, j'ai complétement rendu compte des données sur lesquelles j'ai établi mes calculs et de la manière dont ces calculs ont été exécutés. Je vais maintenant produire quelques tableaux qui offriront les résultats statistiques de cette enquête pour les vingt années qu'elle comprend (de 1828 à 1847 inclusivement), en donnant séparément les nombres relatifs à la Grande-Bretagne, à l'Angleterre, à l'Écosse et aux comtés de Lancastre et de Chester.

Je regrette que les documents du bureau du timbre ne m'aient permis d'établir la circulation de la lettre de change en Angleterre et en Ecosse, que pour les années 1832 à 1847, et celle du Lancashire et du Cheshire que de 1830 à 1847, ces deux années comprises.

A l'égard de ces deux derniers comtés, je crois convenable, avant de passer outre, de donner ici l'extrait suivant de l'état du recensement fait en 1841.

TABLEAU X. — Lancashire et Cheshire. — *Extrait de l'état du recensement de* *et quelques données relatives à l'industrie et au commerce de ces comtés.*

	COMMERCE et manufactures.		AGRICULTURE.		CULTIVATEURS.		DOMESTIQUES.		AYANT des moyens d'existence indépend.		RECEVANT l'aumône.		COLONNES
	L.	C.	L.	C.	L.	C.	L.	C.	L.	C.	L.	C.	
Pour 100 sur la totalité des occupations	62,9	52,9	6,7	15,1	10,2	8,2	9,8	13,6	4,4	4,8	1,7	1,3	
Pour 100 sur la totalité des populations	28,1	23,5	3,0	6,7	4,6	3,7	4,4	6,1	2,0	2,1	0,7	0,6	

	Superficie en acres.	Population en 1841.
Lancashire.........	1,117,260	1,667,054
Cheshire...........	649,050	395,060

Il est important de savoir que les états publiés par l'administratio
nombre de billets timbrés vendus dans les villes et les districts de ¡
ne doivent point être regardés comme une indication exacte de la ʋ
quantité de lettres de change qui ont été créées dans ces localités, ta
l'intérieur que pour l'extérieur. Il faut savoir, en effet, que sur les a
timbres de toute sorte, qui se font au bureau central du revenu ɗ
rieur, à Somerset-House, lorsque ces achats s'élèvent à une certaine
il est accordé une remise aux acheteurs (je crois 1 1/2 pour 100). Il er
que, pour tout consommateur un peu considérable de billets timbrés
pays, c'est un motif déterminant pour ne point acheter ceux dont ils
soin chez le vendeur de sa localité, et de se les faire envoyer directe
Londres. Ce moyen se pratique aujourd'hui sur une grande échelle
les points de la Grande-Bretagne, mais particulièrement, je crois, dar
cashire. Il s'ensuit que dans les états de vente publiés par le bureau
bre, le nombre des timbres vendus à Londres pour lettres de chang
grand que celui des lettres créées dans cette ville, et que le nombre
bres vendus dans les provinces, et particulièrement dans le Lancas
moindre que le nombre des lettres créées dans les provinces ou ͼ
comté.

Ce serait trop s'exagérer néanmoins la portée de ces différences que
poser que les achats de timbres faits à Londres par les commerçan
manufacturiers des provinces, vont jusqu'a ôter toute valeur aux dͼ
publiés par l'administration pour ce qui regarde la circulation de la
change dans ces provinces. Je suis convaincu, au contraire, que, m
leur forme actuelle, les comptes publiés par le bureau du timbre
fournir une indication réelle de cette circulation. Je n'ai appelé l'
sur cette dernière circonstance que pour prévenir toute méprise
avertir simplement que les 12,000,000 liv. st. ne doivent pas être co
comme représentant la somme totale des lettres de l'intérieur créée
Lancashire.

Nous voici maintenant à même de nous rendre compte du tableau
(XI), qui présente, sous la forme statistique, les résultats généraux
enquête.

TABLEAU XI.— Lettres de change de l'intérieur.— TABLEAU GÉNÉRAL DES RÉSULTATS.— Montant total des lettres qui ont été en même temps en circulation dans la Grande-Bretagne et les parties de son territoire désignées dans ce tableau, pendant vingt années (de 1838 à 1857 inclusivement), avec des colonnes où l'on a exprimé en centièmes au-dessus ou au-dessous de la moyenne générale, la circulation de chaque année et de chacun des six groupes d'années.

ANNÉE.	GRANDE-BRETAGNE.			ANGLETERRE.			ÉCOSSE.			LANCASHIRE.			CHESHIRE.		
1	2	3	4	5	6	7	8	9	10	11	12	13	14	15	16
	L.st.	—	+	L.st.	—	+	L.st.	—	+	L.st.	—	+	L.st.	—	+
1838	80,908	13,5	»	»	»	»	»	»	»	»	»	»	»	»	»
1839	78,946	15,5	»	»	»	»	»	»	»	6,273	41,9	»	315	27,8	»
1830	74,034	20,8	»	»	»	»	»	»	»	6,676	38,2	»	387	25,0	»
1831	81,480	12,8	»	»	»	»	»	»	»	6,674	40,1	»	381	26,4	»
Moyennes	78,845	15,6	»	»	»	»	»	»	»	»	»	»	»	»	»
1832	72,915	22,7	»	58,606	25,9	»	13,603	21,8	»	6,740	37,6	»	302	30,7	»
1833	80,589	13,8	»	66,893	15,5	»	14,092	18,9	»	7,440	31,1	»	339	22,2	»
1834	78,519	16,0	»	64,337	18,7	»	14,203	18,3	»	8,401	22,2	»	387	25,0	»
1835	83,912	10,9	»	69,839	11,7	»	14,098	18,9	»	10,055	6,9	»	403	7,6	»
Moyennes	78,984	15,7	»	64,916	16,0	»	13,999	19,5	»	8,159	24,4	»	343	21,3	»
1836	108,562	»	12,9	86,589	»	9,4	15,823	9,0	»	12,135	»	12,3	455	»	4,4
1837	93,035	»	1,7	78,908	0,3	»	16,119	7,3	»	12,537	»	16,0	551	»	26,4
1838	97,723	»	4,6	80,703	»	2,0	17,090	2,1	»	12,363	»	14,6	626	»	43,6
Moyennes	99,440	»	6,4	82,066	»	3,7	16,391	6,1	»	12,345	»	14,3	544	»	24,8
1839	113,119	»	21,0	93,114	»	17,7	19,996	»	15,0	15,693	»	45,3	639	»	44,3
1840	116,319	»	24,6	92,099	»	16,6	20,089	»	15,4	14,367	»	33,0	478	»	9,6
1841	107,903	»	15,4	87,567	»	10,6	20,316	»	16,8	12,654	»	17,1	438	»	»
1842	98,751	0,8	»	75,976	4,0	»	16,761	3,6	»	10,984	»	1,7	379	13,1	»
Moyennes	107,584	»	15,0	87,189	»	10,3	19,285	»	10,9	13,434	»	24,3	483	»	10,1
1843	87,659	6,2	»	70,038	11,5	»	15,467	11,0	»	10,238	5,3	»	380	12,8	»
1844	91,004	2,6	»	75,010	5,2	»	15,523	12,4	»	11,073	»	2,5	407	6,7	»
1845	106,050	»	13,6	86,570	»	9,4	19,436	»	11,8	13,655	»	17,1	503	»	15,1
1846	112,532	»	20,4	89,944	»	13,7	22,590	»	39,9	13,899	»	23,1	559	»	38,2
Moyennes	99,306	»	6,3	80,390	»	1,6	18,176	»	4,5	11,816	»	9,3	463	»	6,0
1847	112,161	»	21,0	89,859	»	13,5	22,985	»	23,9	10,798	»	»	436	»	»
Moyennes de tout le tableau	93,473	»	»	79,127	»	»	17,390	»	»	10,798	»	»	436	»	»

(Note sur le tableau XI). — On a supprimé dans ce tableau les 000
tranche des unités. Ainsi le nombre 80,908 doit se lire 80,908,000, et l
bre 315 est mis pour 315,000. Les lignes des moyennes s'expliquer
clairement d'elles-mêmes ; par exemple ; le nombre 78,845,000 liv. st. e
le montant annuel moyen des lettres de change de l'intérieur qui
trouvées en circulation à la fois dans la Grande-Bretagne, pendant
durée du groupe des quatre années 1828 à 1831 inclusivement. Si l'
ensuite à la dernière ligne du tableau, on trouve que les 93,473,000 liv
priment de la même manière la moyenne générale des vingt anné
1848. — Les colonnes des *centièmes* donnent aussi lieu à quelques e
tions. On voit que les nombres qu'elles renferment ont tous pour te
comparaison les moyennes générales du tableau dont la ligne cons
conséquent une donnée fixe. Ainsi, en jetant les yeux sur la deuxi
lonne (Grande-Bretagne), on voit que les 80,908,060 liv. qui se rapp
l'année 1828, sont de 13,5 pour 100 au-dessous des 93,473,000 liv. st.,
la moyenne générale de cette colonne deux. On voit encore que les 78
livres qui sont la moyenne de 1828 à 1831, sont de 15,6 pour 100 au
de la même moyenne générale de 93,473,000 liv. st. Les colonnes des c
fournissent ainsi un moyen rapide de s'assurer de la différence q
entre deux nombres d'une colonne quelconque du tableau, autant c
qu'on peut s'assurer de ces différences, en prenant pour terme de ce
son un troisième nombre uniforme qui est, dans ce cas-ci, celui qui s
dans la ligne des moyennes générales du tableau. C'est ainsi que d
même colonne deux (Grande-Bretagne), on voit que la circulation de
de change de l'intérieur, pour l'année 1828, a été de 13,5 pour 100 au
de la moyenne générale des vingt années, et que la circulation mo
1828 à 1831 a été de 15,6 pour 100 au-dessous de la même moyen
rale; que, par conséquent, il devient évident qu'entre les deux
80,908,000 liv. (année 1828), et 78,845,000 (groupe de 1828-1831), il e
différence de 2,1 pour 100 lorsqu'on rapporte les deux sommes à la
générale qui sert ici de donnée fixe. J'ai cru nécessaires pour la le
explications sur la construction de ce tableau, parce qu'elles s'app
également à plusieurs des autres tableaux qui doivent lui faire suite

Des résultats dont le tableau XI, qui précède, nous offre les déta
pouvons maintenant extraire le tableau suivant qui présente sous u
plus concentrée les moyennes de la circulation pour chacun des si
composant les vingt années, de 1828 à 1847.

TABLEAU XII.— Lettres de change de l'intérieur.— *Moyennes des sommes tote
tres de change de l'intérieur qui se sont trouvées en circulation à la fois
groupes d'années qui suivent, et pendant les vingt années de 1828 à 1847 ; avec c
où la moyenne de chaque groupe est exprimée en centièmes au-dessus ou au
la moyenne générale du tableau.*

ANNÉES.		GRANDE-BRETAGNE.			ANGLETERRE.			ÉCOSSE.			LANCASHIRE.			
1	2		4	5	6	7	8	9	10	11	12	13	14	1
Nomb.		l. st.	—	+	l. st.	—	+	l. st.	—	+	l. st.	—	+	l.
4	1828 31. .	78,845	15,6	»	l. st.	—	+	l. st.	—	+	6,474	40,1	+	
4	1832-35. .	78,831	15,7	»	64,916	18,0	»	13,999	19,5	»	5,159	24,4	»	
4	1836-38. .	99,449	»	6,4	82,066	»	3,7	16,311	6,1	»	12,345	»	14,3	
4	1839-42. .	107,534	»	13,0	87,189	»	10,2	19,286	»	10,9	13,484	»	24,3	
4	1843 46. .	99,306	»	6,2	80,390	»	1 6	18,176	»	4.5	11,816	»	9,3	
4	1847. . . .	113,161	»	21,0	89,859	»	13,5	23,283	»	33,9	»	»	»	
20	Moyennes générales. .	93,473	»	»	79,127	»	»	17,380	»	»	10,796	»	»	

(Nota. On a supprimé dans ce tableau, comme dans le précédent, les 000 c
che des unités.)

Je continue ces données statistiques en mettant immédiatement à la suite
es trois tableaux suivants (XIII, XIV, XV), qui offrent l'état détaillé de la cir-
:ulation de la lettre de change de 1828 à 1847, sous la forme où elle se pré-
ente lorsque la masse générale des lettres se trouve répartie entre les trois
;roupes (I, II, III) dont il a été question avec quelque développement dans la
remière partie de cet écrit (Voir le paragraphe IV). Dans la division générale
le mon sujet qui doit venir à la suite, je discuterai avec quelques détails les
aits consignés dans cette suite de tableaux.

TABLEAU XIII. — Lettres de change de l'intérieur. — Groupe I (renfermant les lettres
dont l'usance moyenne est de 2,7 mois, et le montant moyen de 21,1 liv. st. [moyenne
entre celles de 15,2 liv. à 28,9 liv. st., qui constituent les moyennes de ce groupe], ainsi
qu'il résulte des documents des banquiers, voyez tableau III). — Montant total des lettres de ce même groupe qui se sont trouvées en circulation, à la fois, dans la Grande-
Bretagne et dans les autres parties de ce pays désignées au tableau, pendant les vingt années 1828 à 1847 inclusivement, avec des colonnes exprimant en centièmes, au-dessus ou
au-dessous de la moyenne générale, la circulation annuelle de ces mêmes lettres.

GROUPE I.

ANNÉES.	GRANDE-BRETAGNE.			ANGLETERRE.	ÉCOSSE.	LANCASHIRE.	CHESHIRE.
	l. st.	— p. 100	+ p. 100	l. st.	l. st.	l. st.	l. st.
1828......	7,076	»	12,3	»	»	»	»
1829......	7,025	»	11,5	»	»	»	»
1830......	6,677	»	6,0	»	»	222	27
1831......	6,569	»	4,2	»	»	201	29
Moyennes.	6,837	»	8,5	»	»	212	28
1832......	6,288	0,2	»	5,006	1,281	196	25
1833......	6,305	»	»	5,461	1,242	168	26
1834......	5,900	6,4	»	4,673	1,226	166	24
1835......	6,067	3,7	»	4,894	1,172	178	24
Moyennes.	6,139	2,6	»	5,008	1,230	177	25
1836......	6,283	0,3	»	5,146	1,175	187	32
1837......	6,417	»	1,8	5,159	1,255	215	44
1838......	6,435	»	2,1	5,160	1,271	213	44
Moyennes.	6,378	»	1,2	5,155	1,234	205	40
1839......	6,588	»	4,5	5,237	1,325	223	48
1840......	6,710	»	6,5	5,387	1,321	239	46
1841......	6,589	»	4,5	5,308	1,280	234	44
1842......	6,368	»	1,0	5,123	1,241	205	46
Moyennes.	6,564	»	4,1	5,264	1,292	225	46
1843......	5,514	12,5	»	4,986	1,127	192	48
1844......	5,947	5,6	»	4,886	1,058	172	43
1845......	5,904	6,3	»	4,875	1,027	194	47
1846......	5,889	6,6	»	4,881	1,008	219	46
Moyennes.	5,813	7,8	»	4,907	1,055	194	»
1847......	5,961	5,4	»	4,966	992	»	»
Moyennes de tout le tableau.	6,325	»	»	5,070	1,188	201	32

Nota. On a supprimé dans ce tableau, comme dans les précédents, les 000 de la
ranche des unités.)

Tableau XIV. — Lettres de change de l'intérieur. — *Groupe II (renfermant dont l'usance moyenne est de 3.6 mois, et le montant moyen de 140,4 liv. st. entre celles de 46,1 liv. st. à 284 liv. st., qui constituent les moyennes de ce gro qu'il résulte des documents fournis par les banquiers ; voyez tableau III). total des lettres de change de l'intérieur appartenant à ce groupe, qui se so en circulation à la fois, de 1828 à 1847, ainsi qu'il est dit dans le titre du ta*

GROUPE II.

ANNÉES.	GRANDE-BRETAGNE.			ANGLETERRE.	ÉCOSSE.	LANCASHIRE.
	l. st.	— p. 100	+ p. 100	l. st.	l. st.	l. st.
1828......	35.833	»	2,3	»	»	»
1829......	34,231	2,2	»	»	»	»
1830......	32.618	6,9	»	»	»	2,236
1831......	33,737	3,7	»	»	»	2,182
Moyennes.	34,105	2,6	»	»	»	2,209
1832......	32,099	8,3	»	25,608	6,488	2,151
1833......	31,352	1,9	»	27,641	6,710	2,049
1834......	33,080	5,5	»	26,392	6,686	2,159
1835......	34,115	2,6	»	27,638	6,473	2,425
Moyennes.	33,411	4,6	»	26,820	6,589	2,196
1836......	38,065	»	8,7	31,436	6,892	2,569
1837......	36,909	»	5,4	29,945	6,962	2,749
1838......	37,900	»	8,2	30,666	7,242	2,852
Moyennes.	37,625	»	7,5	30,682	7,032	2,723
1839......	41,900	»	19,7	33,776	8,143	3,333
1840......	41,826	»	19,4	33,905	7,920	3,297
1841......	39,847	»	13,8	31,918	7,912	3,093
1842......	34,653	1,0	»	28,162	6,508	2,538
Moyennes.	39,556	»	13,0	31,935	7,621	3,065
1843......	32,286	7,8	»	26,421	5,863	2,276
1844......	33,272	5,0	»	27,451	5,817	2,117
1845......	35,913	»	2,6	29,648	6,244	2,237
1846......	36,622	»	4,6	29,786	6,830	2,369
Moyennes.	34,523	1,4	»	28,327	6,189	2,249
1847......	36,768	»	5,0	30,038	6,721	»
Moyennes de tout le tableau.	35,801	»	»	29,401	6,838	2,502

(*Nota.* Ajouter aussi, à toutes ces sommes, les 000 pour la tranche des

TABLEAU XV. — Lettres de change de l'intérieur. — *Groupe III* (*renfermant les lettres dont l'usance moyenne est de 3,8 mois et le montant moyen de 1965,8 liv. st.* [*moyenne entre celles de 428,5 liv. st. à 4505,8 liv. st., qui constituent les moyennes de ce groupe*], *ainsi qu'il résulte des documents fournis par les banquiers ;* voyez tableau III). — *Montant total des lettres de l'intérieur appartenant à ce groupe, qui se sont trouvées en circulation à la fois, ainsi qu'il est dit dans le titre du tableau XIII.*

GROUPE III.

ANNÉES.	GRANDE-BRETAGNE.			ANGLETERRE	ÉCOSSE.	LANCASHIRE.	CHESHIRE.
	l. st.	— p. 100	+ p. 100	l. st.	l. st.	l. st.	l. st.
1828......	37,999	25,6	»	»	»	»	»
1829......	37,690	26,1	»	»	»	»	»
1830......	34,739	32,0	»	»	»	3,814	153
1831......	41,184	19,3	»	»	»	4,293	153
Moyennes.	37,903	25,2	»	»	»	4,053	153
1832......	33,828	33,7	»	27,992	5,834	4,393	144
1833......	39,933	21,8	»	33,791	6,140	5,223	166
1834......	39,569	22,5	»	33,262	6,291	6,076	168
1835......	43,760	14,2	»	37,307	6,453	7,452	214
Moyennes.	39,272	23,0	»	33,088	6,179	5,786	173
1836......	61,214	»	20,0	50,007	7,756	9,379	225
1837......	51,709	»	1,3	43,804	7,902	9,573	261
1838......	53,387	»	4,6	44,877	8,507	9,296	313
Moyennes.	55,437	»	8,6	46,229	8,055	9,417	266
1839......	64,631	»	26,7	54,101	10,528	12,137	287
1840......	67,783	»	32,9	52,807	10,826	10,831	183
1841......	61,467	»	20,5	50,341	11,124	9,327	171
1842......	51,730	»	1,4	42,713	9,012	8,251	126
Moyennes.	61,403	»	20,3	49,990	10,373	10,136	192
1843......	49,859	2,3	»	38,631	8,477	7,770	121
1844......	51,785	»	1,5	42,673	8,347	8,783	126
1845......	64,213	»	25,9	52,047	12,165	10,221	199
1846......	70,021	»	37,2	55,277	14,742	10,711	242
Moyennes.	58,970	»	15,6	47,157	10,933	9,372	174
1847......	70,432	»	38,1	54,855	15,572	»	»
Moyennes de tout le tableau.	51,046	»	»	44,649	9,354	9,090	191

(*Nota*. Ajouter encore, à toutes ces sommes, les 000 de la tranche des unités, qui en ont été supprimés.)

XI. — Lettres de change de l'extérieur (c'est-à-dire tirées sur la Grande-Bretagne). — Méthode suivie pour évaluer le montant de celles qui se sont trouvées en circulation à la fois. Tableau général des résultats des recherches de M. Leatham à ce sujet, et de ceux obtenus dans la présente enquête, exprimés d'une manière générale.

Les tableaux que nous avons produits jusqu'ici nous ont exposé l'état de la circulation des lettres de change de l'intérieur, c'est-à-dire des lettres qui (ainsi qu'il a été expliqué dans la première partie de cet écrit), ont été *tirées et acceptées* sur un point quelconque du territoire de la Grande-Bretagne, et qui ont été timbrées en conformité de l'acte de la cinquante-cinquième année du règne de Georges III, c. 184. Les documents publiés, au sujet de ces lettres, par l'administration du timbre, nous ont permis d'en connaître exactement au moins le nombre. Mais indépendamment de ces lettres *intérieures*, il y a encore dans la circulation, pour une somme considérable, d'autres let-

tres de change, que nous appelons *extérieures*, lesquelles étant tirées du
du Royaume-Uni sur la Grande-Bretagne, sont acceptées et payables
Grande-Bretagne même. J'ai déjà dit que les lettres tirées du dehors
marquées d'aucun timbre anglais, et qu'elles ne sont par conséquent p
prises dans les états publiés par le bureau du revenu intérieur. Le seu
par lequel on puisse arriver à une évaluation du montant total de ce
extérieures qui se trouvent en circulation en même temps, est donc
chercher avec soin dans quelle proportion le montant de ces lettre
comparativement à celui des lettres de l'intérieur, pendant le co
très-grand nombre de transactions réelles de cette nature.

M. Leatham [1] a exécuté ces recherches d'une manière fort judicie
est arrivé à cette conclusion : que le montant des lettres de change
rieur qui circulent en même temps, doit être porté à un sixième de
lettres de l'intérieur circulant aussi en même temps, c'est-à-dire q
montant de celles de l'intérieur est, par exemple. de 90,000,000 liv.
des lettres de l'extérieur doit s'élever à 15,000,000 liv. st., ce qu
cette supposition, élèverait le montant total en circulation à 105,000,0

J'ai fait mon possible pour continuer, à ce sujet, les recherches de
tham, et toutes les données que j'ai pu me procurer là-dessus n'ont
me convaincre que l'estimation de M. Leatham à *un sixième*, comme e
du rapport des lettres de change de l'extérieur à celles de l'intérieu
proche beaucoup de la vérité.

Voici, relativement aux lettres de l'extérieur, les données que m
sent les renseignements que je dois aux cinq maisons de Banque.
tableau III.)

	Lettres de
On a vu que les renseignements résultaient de l'examen de..	4,3(
Parmi lesquelles il y en avait :	
De l'extérieur..............................	83♦
De l'intérieur..............................	3,533
	4,367
En passant du nombre de ces lettres à leur montant total exprimé en livres sterling, nous avons trouvé que la somme totale qu'elles représentaient s'élevait à....	1,216,8
Et que, dans cette somme, les lettres de l'intérieur entraient pour...................................	936,440 l.
Et celles de l'extérieur pour.....................	280,444
	1,216,884

D'où il résulte que la proportion des lettres de l'extérieur à celle
rieur, telle que nous la donnent ces 4,367 observations faites che
quiers, peut être exprimée *en centièmes* par les chiffres suivants, s
ble rapport *du nombre* et *du montant*.

---

[1] « Je ne suis parvenu qu'avec beaucoup de difficulté, dit-il, à constater
« proportion les lettres de change de l'*extérieur* se trouvent dans la circu1
« tivement à la masse totale des lettres de change de l'*intérieur*. Mais, en 1
« tout autre moyen de vérification, j'ai dû m'appuyer sur les renseignemen
« été obligeamment fournis, à ce sujet, par les principales maisons d'agenc
« et qui sont le résultat d'un relevé de *sept jours d'affaires*. D'après ce résult
« que cette proportion serait d'*un cinquième* ; mais afin de ne faire erreur
« côté, je la mets à *un sixième* du total des lettres de l'intérieur. » Leatha
série de lettres, etc., p. 55.

	Montant en centièmes.	Nombre en centièmes.
Lettres de l'intérieur................	76,96	91,14
Lettres de l'extérieur................	23,04	18,86
	100,00	100,00

On voit par ces chiffres que les lettres de l'extérieur se trouvent, relativement à celles de l'intérieur, dans les proportions de moins d'*un tiers* pour le *montant*, et d'*un cinquième* pour le *nombre*.

Néanmoins, je ne suis nullement certain que ces rapports tels qu'ils résultent des matériaux recueillis chez les banquiers, puissent être acceptés avec confiance comme un état réel de la circulation des lettres de change de l'extérieur dans la Grande-Bretagne en général. Je préfère, à cet égard, adopter la conclusion de M. Leatham (un sixième), attendu que l'ensemble de mes propres observations s'accorde beaucoup mieux avec elle, et qu'il existe encore, en sa faveur, d'autres raisons que je vais tâcher d'exposer.

En premier lieu, le résultat général de 23,04 pour 100 du montant total des lettres fournies par les banquiers, n'est qu'un milieu entre plusieurs points de départ fort vagues, basés eux-mêmes sur un résultat moyen. Je passerai sous silence les noms des maisons, mais voici leurs chiffres :

Rapports, en centièmes, du montant des lettres de change de l'extérieur avec celui des lettres de change de l'intérieur, tels qu'ils résultent de documents fournis par divers banquiers.

Documents.	Lettres de change de l'extérieur.
A................	10,5 p. 100 des lettres de l'intérieur.
B................	46,6 — —
C................	17,7 — —
D................	81,9
E................	35,0 — —

En second lieu, si nous admettons que la proportion des lettres de l'extérieur est d'*un sixième*, nous devons admettre aussi qu'il existe alors, en général, pour environ 17,000,000 liv. st. (425 millions de francs) de ces lettres circulant en même temps, et comme l'usance de ce genre de papier est ordinairement de *trois mois*, il s'ensuivrait que le montant total des lettres tirées de l'extérieur sur la Grande-Bretagne, dans le cours d'une année, serait d'environ 68,000,000 liv. st. (1 milliard 700 millions de francs), somme qui s'approche, en effet, de la valeur connue de nos importations. Cependant, ainsi qu'on le verra dans une autre partie de cet écrit, cette dernière circonstance, en apparence corroborative, ne doit être admise qu'à la condition de plusieurs réserves importantes. Je suis donc tout porté à convenir que cette question tout à fait majeure du rapport exact de la circulation des lettres de change de l'extérieur avec celle des lettres de l'intérieur, laisse encore beaucoup à désirer. Mais, en attendant que j'aie pu recueillir de nouvelles données pour en avoir une solution plus précise, j'adopte la proportion de *un sixième*, telle que M. Leatham l'a établie.

Il faut observer cependant que, par la nature même des calculs au moyen desquels nous arrivons ici à une évaluation quelconque du montant des lettres de l'extérieur qui ont dû se trouver simultanément en circulation dans la Grande-Bretagne, nous sommes obligés de nous contenter d'un résultat qui s'applique uniformément à chaque année de la même série, bien que, pour

plusieurs de ces années, il soit très-certain que le montant de la circul
de la lettre de change extérieure a été plus élevé ou moindre que cel
l'année qui a immédiatement précédé ou suivi, ou que celui de toute a
année de la série. Par exemple : d'après la meilleure autorité que nous
sions invoquer, nous concluons que la proportion des lettres de chan
l'extérieur relativement à celles de l'intérieur est d'*un sixième*; il est évi
dès lors, que lorsque nous appliquons cette règle générale à toute une
d'années, elle rend le montant *évalué* des lettres de l'extérieur de cl
année, absolument dépendant du montant *constaté* des lettres de l'int
de la même année, bien que cette règle d'*un sixième* ait été adoptée pou
époque antérieure, pendant laquelle les circonstances de notre com
d'importation ont peut-être été bien différentes de celles des années q
suivi. Ce qui revient à dire, en un mot, que si nous avons le moyen de c
ter avec soin les fluctuations de la circulation des lettres de change de
rieur d'une année à l'autre, nous n'avons encore, jusqu'ici, aucun r
semblable pour dresser, également d'une année à l'autre, une stati
exacte de ces fluctuations à l'égard des lettres de change de l'extérieur.

Il ne me reste plus à ajouter ici, relativement à ces dernières, que le
faits suivants, savoir que le montant moyen de chacune des 834 lettres
prises dans les documents des banquiers, s'est trouvé être de 336,2
(8,405 fr.), et que leur usance moyenne était de 3,2 mois.

Le seul point sur lequel j'aie encore à fournir quelques éclaircisse
avant de donner le tableau suivant, est relatif aux traites (*drafts*) que le
quiers des provinces de la Grande-Bretagne tirent sur leurs corresponda
Londres. Les droits de timbre pour ces traites ou lettres se trouvent
nés, pour ces banquiers, avec ceux qu'ils payent pour leurs bank-note
naires payables au *porteur*. M. Leatham a estimé que le montant de ces
peut être porté à *un sixième* du total des bank-notes des provinces en c
tion ; somme trop peu importante (environ 500,000 liv. st.) pour que j'a
devoir la faire entrer dans mes calculs. Mais M. Leatham l'a comprise d
siens, ainsi qu'on peut le voir dans le tableau qui suit (Tableau XVI).

Ce tableau permet aussi de voir, du même coup d'œil, les résult
présent travail considérés tant sous le rapport des faits numériques qu
celui de l'intervalle de temps que les investigations embrassent ; il o
plus, ces résultats juxta-posés aux conclusions auxquelles M. Leath
arrivé pour toute la portion de la même période sur laquelle ses prop
cherches se sont étendues.

TABLEAU GÉNÉRAL COMPARATIF.

TABLEAU XVI.—*Montant total des lettres de change, tant de l'intérieur que de l'extérieur, qui ont circulé à la fois, pendant les périodes de temps comprises dans la présente enquête et dans les tables de M. Leatham.*

| | PRÉSENTE ENQUÊTE. | | | TABLES DE M. LEATHAM. | | | | | |
ANNÉES.	GRANDE-BRETAGNE — Lettres de change de l'intérieur	AJOUTER 1/6 pour les lettres de change de l'extérieur	MONTANT total des lettres circulant à la fois dans la Grande-Bretagne.	GRANDE-BRETAGNE — Lettres de l'intérieur	IRLANDE. — Lettres de l'intérieur	TRAITES des banquiers.	MONTANT total des lettres de l'intérieur de la Grande-Bretagne, de l'Irlande, et des traites des banq^rs	AJOUTER 1/6 pour les lettres de l'extérieur	MONTANT total des lettres circulant à la fois dans le Royaume-Uni.
	l. st.	l. st.	l. st.	l. st.	l. st.	l. st.	l. st.	l. st.	l. st.
1828	80,908	13,485	94,393	»	»	»	»	»	»
1829	78,946	13,156	92,102	»	»	»	»	»	»
1830	74,034	12,339	86,373	»	»	»	»	»	»
1831	81,490	13,582	95,072	»	»	»	»	»	»
			91,985						
1832	72,315	12,036	84,351	»	»	»	»	»	89,038
1833	80,589	11,765	92,354	»	»	»	»	»	95,914
1834	78,549	13,091	91,640	»	»	»	· »	»	94,788
1835	83,942	13,974	97,916	73,693	12,777	401	86,871	14,480	101,350
			91,540						
1836	105,562	17,592	123,154	88,822	14,788	519	104,129	17,338	121,485
1837	95,035	15,840	110,875	83,317	13,544	656	97,517	16,253	113,771
1838	97,722	16,287	114,009	85,486	13,589	674	99,749	16,625	116,376
			116,016						
1839	113,119	18,853	131.972	96,550	13,903	794	113,247	18,875	132,123
1840	116,319	19,387	136,706	»	»	»	»	»	»
1841	107,903	17,984	125,887	»	»	»	»	»	»
1842	92,751	15,458	108,209	»	»	»	»	»	»
			125,693						
1843	87,659	14,609	102,268	»	»	»	»	»	»
1844	91,004	15,167	106,171	»	»	»	»	»	»
1845	106,030	17,671	123,701	»	»	»	»	»	»
1846	112,532	18,755	131,287	»	»	»	»	»	»
			120,857						
1847	113,161	18,860	132,021	»	»	»	»	»	»
			110,018						

(*Nota.* On a supprimé aussi, dans ce tableau, les 000 de la tranche des unités.)

WILLIAM NEWMARCH.

(*Traduit du Journal de la Société de statistique de Londres*, par ATH. GROS.)

DE

LA POPULATION EN FRANCE

DE 1772 A NOS JOURS (1849).

(Suite et fin [1].)

VI. *Du rapport des naissances masculines aux féminines.*

Quand on étudie le rapport des naissances masculines aux naissances [fémi-]
nines sur un certain nombre d'années, on observe que le rapport des [nais-]
sances mâles est aux naissances femelles comme 17 est à 16, c'est-à-dir[e]
sur 1,000 naissances il y a 515 enfants masculins et 484 enfants féminin[s;]
garçons naissent donc en plus grand nombre que les filles. Mais ce ra[pport]
est-il constant, que les naissances arrivent dans les temps de troubl[e, de]
guerre, de disette, d'épidémie? C'est ce que j'ai vérifié, de 1800 à 184[9,]
période de sept ans. Le rapport paraît tellement fixe, que c'est à peine [si l'on]
constate une variation de un millième.

Puisque, depuis le commencement de ce siècle si agité, les naiss[ances]
gardent cette proportion, nous pouvons, sans témérité, admettre qu'à [toutes]
les époques le rapport a été le même.

Dans ce cas, s'il naît plus de garçons que de filles, il doit, dans le même t[emps,]
en mourir un plus grand nombre, et la population totale doit aussi co[mpter]
plus d'hommes que de femmes.

Voilà notre point de départ. Pour rétablir la population de 1800, et re[trouver]
la liste des décès masculins de cette époque, nous possédons : 1° ce rap[port;]
2° un des chiffres qui lui servent d'élément, les décès de la population [fémi-]
nine.

Dans cet examen, je ne ferai aucune supposition qui pourrait en in[fluer]
les résultats, je me bornerai à choisir les recensements publiés par le [minis-]
tère du commerce, qui me paraissent le plus se rapprocher de la vérité.

Quelle était la population de la France en 1806 ?

Femmes............................	14,794,575
Hommes............................	14,312,850
Total......................	29,107,425 hab.

Dans ce cas, il y a 481,725 femmes de plus que les hommes. Et no[us ve-]
nons de prouver que les naissances masculines dépassant les féminin[es, le]
même rapport doit se retrouver dans la population : les femmes, loin [de dé-]
passer les hommes, devraient se trouver dans le rapport de 484 femme[s pour]
515 hommes par 1,000.

Par conséquent, ayant retranché l'excédant de 481,725 femmes de [trop,]

---

[1] Voir les numéros des 15 décembre 1851 et 15 janvier 1852.

pulation totale, il reste une population de 28,625,700 individus, moitié hommes, moitié femmes, c'est-à-dire 14,312,850 hommes et 14,312,850 femmes, tandis qu'il ne devrait y avoir que 13,854,838 de ces dernières.

Ainsi, les femmes en 1806, d'après le recensement, dépassent le chiffre normal voulu par les naissances.

1° de..	481,725
2° de..	458,012
Total de l'excédant des femmes sur les hommes en 1806..	**939,737**

On obtient le second chiffre (13,854,838), en multipliant la population totale, moins l'excédant des femmes sur les hommes, par 0,484, rapport des naissances féminines aux masculines.

Par ce procédé, nous trouvons que, dès 1806, il y a 939,737 femmes de plus que le rapport de naissances féminines aux masculines ne l'indique. L'erreur ne peut provenir que de la disparition d'un nombre d'hommes proportionnel à l'excédant des femmes, c'est-à-dire de 999,900 hommes absents ou morts à l'étranger.

La population féminine, dépassant de 939,737 ce qu'elle aurait dû être, devait surcharger d'autant le chiffre des décès féminins ; pour avoir celui qui correspond aux décès masculins, il faut calculer combien par an un excédant de 939,737 femmes peut en donner.

Admettons qu'il ne mourait pas plus de femmes que de nos jours, c'est-à-dire 1 décès féminin sur 40 femmes. (L'*Annuaire du bureau des longitudes* dit qu'il meurt 1 personne sur 40 maintenant en France.)

A ce taux, 939,737 femmes donnent, par an, 23,490 décès. La moyenne annuelle des décès féminins de 1801 à 1807 s'élève à 385,193 femmes ; en déduisant les décès de l'excédant féminin, il ne reste que 361,700 décès féminins normaux, que l'on peut comparer aux décès masculins.

Les décès féminins sont toujours exactement donnés par la statistique, mais comme la population féminine a augmenté pendant que les hommes diminuaient, il fallait, pour pouvoir comparer les décès féminins aux masculins, rétablir les décès féminins dans le même rapport que la population masculine. Le total 361,700 décès féminins peut, par une simple proportion, nous donner le chiffre des décès masculins de 1800 à 1807. Il n'aurait dû mourir, si les hommes s'étaient trouvés dans les mêmes conditions que les femmes, que 384,100 hommes par an, ce qui égale la proportion des naissances, 484 à 515.

Les actes de l'état civil portent en moyenne de 1800 à 1807, 419,368 décès.

Les registres, malgré de nombreuses omissions, marquent par an 35,200 décès masculins de plus. Ce sont les débris des armées qui viennent grossir les décès à l'intérieur. En 1816, nous ne possédons pas de recensement, mais il est facile de remonter de 1836 à 1816, et d'établir d'une manière certaine la population féminine à cette époque ; il suffit de retrancher l'excédant des naissances sur les décès féminins. M. Raudot, en employant ce procédé, a trouvé que, de 1816 à 1836, la population féminine s'était accrue de 1,421,641, somme qui, retranchée de la population féminine de 1836, donne 15,658,568 femmes pour 1816.

Faisant la même opération pour les hommes, on obtient 14,605,827.

En 1816, la population égalait donc :

Femmes..........................   15,658,568 } 30,26?
Hommes..........................   14,605,827 }

$$\overline{1,052,741}$$

Les femmes dépassent ainsi de 1,052,741 le total des hommes.
la proportion se trouve détruite comme dans le premier cas. Outr
1.052,741 femmes de plus que les hommes, il y a encore 467,387 femm?
ne devraient pas exister pour que le rapport des naissances masculine
féminines fût conservé.

Ce qui ferait un total de 1,520,128 femmes de plus que le chiffre n?
Quoique considérable, ce chiffre est encore éloigné de la vérité. Nous av?
que dès 1806 il y avait 939,700 femmes qui ne trouvaient pas leurs rep?
tants dans la partie masculine. En 1816, il n'y en aurait que..... 1,5?

En 1806....... 9?

$$\overline{5?}$$

La différence entre les deux époques ne serait que de 580,400 femm?
représenteraient seulement la perte en hommes de 1806 à 1816; mais ?
faire attention ici que l'excédant féminin tend chaque jour à diminu?
1816 à 1836, la population féminine, dépassant le taux fixé par les naiss?
diminue, chaque année, de 23 à 24,000 femmes qui meurent. Comme da?
derniers temps l'excédant des femmes est singulièrement réduit, ce n?
est certainement au-dessous de sa valeur ; mais prenons-le pour base de ?
riode de 1806 à 1816, il s'ensuivrait que quand même les femmes au?
conservé le même excédant en 1816 qu'en 1806, cela n'en prouverait qu?
qu'un nombre proportionnel d'hommes a dû disparaître chaque année,
que les décès féminins tendaient sans cesse à rétablir l'équilibre entre le
bre régulier des hommes et des femmes.

De 1806 à 1816, il est donc mort au minimum 23,000 femmes par a?
les 939,700 formant la population anormale de 1806. Pendant dix ans ce?
se fussent élevés à 230,000 ; et si la guerre n'était pas venue encore détr?
proportion entre les hommes et les femmes, la différence aurait été de 2?
femmes en moins en 1816. Comme, loin d'être sensible, cette diffé?
n'existe pas, il faut qu'il ait en outre péri un même nombre proporti?
d'hommes.

La seule manière de connaître l'excédant de la population féminine d?
à 1816 consiste à réunir l'excédant appréciable et les vides que la mortalit?
causer, soit 580,400 et 230,000. Total 810,400.

La population féminine a donc été exagérée de 810,400, par l'exti?
continuelle de la partie masculine dans les guerres de l'Empire ; pour ?
différence s'élève jusque-là, il faut que de 1806 à 1816, 862,000 ho?
aient disparu. Les événements viennent à l'appui d'une semblable mor?
la guerre d'Espagne, le désastre de Moscou, la dernière campagne de
voilà des causes plus que suffisantes.

Déjà nous avons établi qu'il manquait 999,900 hommes en 1806. Nous
vons qu'il en manque encore 862,000 en 1816.

Le total de la perte d'hommes non portés sur les registres, en 1816, s?
ainsi à 1,870,000 en nombre rond.

Il est probable que les quelques années de tranquillité relative de 1?
à 1806 avaient diminué l'excédant féminin. Si l'on possédait cet exc?

exactement pour 1800, il serait plus considérable : déjà le recensement, fort inexact, de cette époque indique qu'il y a 725,225 ;femmes de plus que les hommes ; mais comme le dénombrement des hommes est encore plus incomplet, nous ne pouvons rien conclure. Essayons seulement de nous rendre compte de l'augmentation de la population de 1800 à 1816, d'après l'accroissement de la population féminine.

Par l'excédant des naissances sur les décès, les femmes augmentent, de 1800 à 1816, de 1,015,119 femmes, soit de 67,674 par an.

Dans la même proportion, les hommes auraient dû s'accroître de 1,080,130.

Dans ces quinze années, la population française devait augmenter de 2,095,249 âmes, si la guerre n'était pas venue réduire annuellement, comme par coupes réglées, la portion masculine de l'espèce. — Cette perte s'élève jusqu'à 1,870,000 hommes, qu'il faut déduire de l'augmentation totale, de sorte que la population n'aurait augmenté que de 225,000 âmes, à cause du déficit des hommes. La mortalité est si effrayante, que non-seulement les naissances masculines ne suffisent pas pour remplacer les vides ; mais les naissances féminines, en excédant sur les décès, ne peuvent produire qu'une augmentation totale de 225,000 âmes.

On est donc autorisé à conclure que la population a varié d'une manière insignifiante de 1800 à 1816 ; prouver qu'elle égalait 30,264,395 âmes à cette dernière époque, c'est donc en même temps démontrer qu'elle atteignait, au minimum, 30,000,000 en 1800. Les relevés qui précèdent ne permettent aucun doute à cet égard.

Ce chiffre accepté, celui de Necker, en 1784, ne peut plus subsister, car il faudrait admettre que la population s'est augmentée en moyenne, pendant la Révolution, de 300,00 âmes par an ; la moyenne des années les plus prospères, avec augmentation de naissances et de mariages, atteint à peine 200,000 !

Le tableau suivant confirme tout ce qui précède, et prouve, d'une manière irréfragable, que l'excédant des femmes sur les hommes, tout à fait contraire à l'ordre des naissances, ne saurait se conserver sans quelque grande perturbation naturelle ou politique.

À chaque nouveau recensement, l'excédant des femmes, par rapport aux hommes, tend à disparaître.

En 1800..	725,225 femmes de plus que les hommes.
1806..	481,725 — —
1821:..	868,325
1831..	669,033
1836..	619,508
1841..	445,382
1846..	318,738 — —

Mais cet excédant des femmes n'indique pas de combien elles surpassent le chiffre normal en rapport avec les naissances.

En 1836, par exemple, l'excédant de 619,508 femmes de plus que les hommes correspond à 846,409 femmes qui sont en trop, eu égard à la population totale, supposée constituée dans le rapport de 484 : 515.

En 1846, 318,738 femmes de plus répondent à 726,649 femmes. Il y a donc 726,649 femmes en outre du rapport, que les naissances masculines et féminines peuvent seules donner. Quand on s'est ainsi rendu compte du nombre

des femmes qui dépassent le chiffre normal indiqué par les naissance
nines, l'autre portion doit exprimer le rapport exact des naissances, 48
Avant ce partage, la population présentait une agglomération confu;
laquelle on ne pouvait retrouver le rapport des hommes aux femm
grand nombre d'individus mâles étaient morts depuis longtemps, en
ou à l'étranger ; les décès masculins surchargeant les registres de l'ét.
à une époque où on n'aurait pas dû les rencontrer, faisaient défaut au r
où apparaissaient les décès féminins régulièrement répartis et dans
naturel ; de là, suppression de tout rapport entre eux.

D'après cette remarque, j'ai cherché ce que le nombre de femmes
sant le chiffre normal peut donner de décès par an de nos jours, en
pour base la mortalité féminine de 1817 à 1849, c'est-à-dire environ
féminin sur 40 ; puis retranchant ces décès hors rang de la somme to
obtenu des résultats en conformité parfaite avec le rapport des na
masculines et féminines. En un mot, les décès mâles et femelles sont,
les naissances, dans le rapport de 515 : 484.

En 1836, les femmes dépassent de 846,409 le taux normal ; cet ε
donne 21,000 décès de plus par an. La moyenne des décès féminins d
1836 égale annuellement 417,585, les décès masculins 424,152. Ce qu
le rapport de 503 : 496.

Mais une fois que l'on a retranché les décès féminins en exce
moyenne se trouve réduite à 396,585, qui, comparée aux décès π
424,152, se trouve précisément dans le rapport de 516 : 483.

En 1846, la même opération exécutée donne le même rapport enc
rigoureux; les décès féminins sont aux décès masculins :: 515 : 484.

Ces derniers exemples prouvent bien que si le rapport des décès π
et féminins a pu varier à diverses époques, sous l'Empire et de nos jo
tient à des causes étrangères et exceptionnelles, dont l'influence n'est
sagère.

VII. De la durée de la vie moyenne.

On s'est beaucoup occupé, dans ces derniers temps, de la durée
humaine, de son étendue aux diverses époques, et des causes qui p
l'abréger ou la prolonger. Dans ces calculs on a toujours envisagé la
tion en masse, hommes et femmes réunis. Quand on exprime la vie
par un chiffre, c'est pour les deux sexes.

Les naissances peuvent jusqu'à un certain point donner la vie
d'une population, quand on en rassemble un grand nombre et que l'
sur une vaste échelle. En effet, s'il mourait autant de personnes qu'i
on comprend que la population, divisée par le nombre annuel des na
donnerait la longueur de la vie moyenne ; et, selon que les naissance
raient le vingt-cinquième, le trentième, le trente-cinquième de la pe
la vie moyenne devrait être de 25, 30, 35 ans.

Les faits ne se prêtent pas à cette régularité : tantôt, le plus sou
naissances surpassent les décès; quelquefois les décès l'emporten
naissances. Pour contrebalancer ces inconvénients, et tenir compl
divers éléments, M. Charles Dupin, afin d'arriver à la connaissance
moyenne, divise la population,

1° Par les naissances ;
2° Par les décès;

Et prend la demi-somme des deux quotients.

D'après cette méthode, la vie moyenne eût été :

De 1771 à 1784 de 32,66 ans.
    1817 à 1830 de 37,04 —
    1814 à 1847 de 38,58 —

L'*Annuaire du bureau des longitudes* ne prend en considération que les naissances de 1817 à 1847. La vie moyenne présente trois périodes.

Première période...... 31,80 ans.
Deuxième période..... 33,80 —
Troisième période..... 35,90 —

En 30 ans, la vie moyenne augmenterait de 4,10 ans.

M. Mathieu, reprenant les choses de plus haut, détermine la vie moyenne depuis 1772.

1772................................. 24 ans.
1784................................. 25 —
1801................................. 29 —
1806................................. 31 —
1836................................. 33 —
1846................................. 36 —

D'après ce tableau, la vie moyenne se serait accrue de 12 ans, de 1772 à 1846.

Outre ce que cette augmentation peut offrir de particulier et d'incroyable, il suffit de considérer un instant comment elle est répartie, pour se convaincre de l'erreur qui a été commise, et dont les recensements sont le point de départ.

D'après M. Mathieu, la vie moyenne augmente de 6 ans, de 1784 à 1806, en 20 ans. Puis, dans les 20 autres années, de 1806 à 1836, elle augmente seulement de 2 ans. Ainsi, c'est pendant la Révolution, la guerre, les bouleversements régénérateurs de 1784 à 1806, quand la mortalité est exagérée, que la vie moyenne augmente le plus. D'un autre côté, quand la paix, le calme, la prospérité ont succédé à ces temps agités de 1806 à 1836, la vie moyenne n'augmente que de deux ans. Les conséquences des erreurs des recensements sont ici très-évidentes.

Tant que le recensement est fautif, M. Mathieu s'éloigne beaucoup de la vérité ; quand par hasard le recensement de 1806 s'en approche, il donne un résultat raisonnable, qui infirme tous les précédents.

De 1806 à 1846, pour M. Mathieu, la vie moyenne se serait accrue, en France, de 5 ans. Ce résultat est près de la réalité, comme nous allons le voir.

Les opérations des travaux précédents ont été faites sur la population féminine et masculine réunie. Déjà nous nous sommes assurés en plusieurs endroits, que les omissions portaient surtout sur les recensements masculins : pour me mettre à l'abri de cette cause d'erreur, j'ai repris le même travail, me servant seulement des documents ayant rapport aux femmes.

En 1806, la population féminine égalait, d'après la statistique officielle, 14,794,575 femmes.

Il mourait en moyenne annuelle, de 1800 à 1807, 385,193 femmes.

Ce qui donne 1 décès féminin par...................... 38,40 fe
Il y avait 1 naissance féminine par.................... 33,40
                                                        ─────
                                                        71,80

La vie moyenne des femmes, d'après M. Ch. Dupin, eût été de 35,90
En 1836, le recensement porte, 17,080,209 femmes, et 417,386 décès
Soit, 1 décès féminin par.............................: ...... 40,90 f
Soit, 1 naissance féminine par......................... 36,20
                                                        ─────
                                                        77,10
La vie moyenne égale donc 38,55 ans.
En 1846, le recensement accuse, 17,860,249 femmes; en moy
meurt 413,034 femmes par an.

Soit 1 décès féminin par............................... 43,20
Soit 1 naissance féminine par.......................... 37,80
                                                        ─────
                                                        81,00
La vie moyenne égale, 40,50 ans.
En 1848, il doit y avoir 17,895,274 femmes, et 421,151 décès par a
Soit 1 décès pour............................: 42,40
Soit 1 naissance pour................ ....: 38,30
                                                        ─────
                                                        80,70
La vie moyenne égale, 40,35 ans.
La vie moyenne eût été, d'après ce calcul :

En 1806, de.......................... 35,90 ans.
   1836, de.......................... 38,55
   1846, de.......................... 40,50
   1848, de.......................... 40,35

La plus grande différence de ce tableau, en comparant les deux t
plus éloignés, 1806 et 1846, ne s'élève qu'à 4,45 ans. Voilà ce que
l'homme aurait gagné depuis 1806.

Mais la même observation que nous avons faite plus haut est enc
cable ici; l'augmentation de la vie moyenne est loin d'être la mêm
les époques; tandis qu'elle augmente de 2,65 de 1806 à 1836, en 30
augmenterait de 1,95 de 1836 à 1846; c'est-à-dire qu'en dix ans
menterait presque autant qu'en 30 ans. De 1845 à 1848, la vie
paraît diminuer ; elle n'est plus que de 40,35 ans.

Telle est, en se servant exclusivement des relevés officiels (femmes
de la vie moyenne aux diverses époques. Nous pouvons surtout
différences, mais la détermination de la vie elle-même nous échapp

M. Mathieu donne en 1784...	25	ans pour la vie moye	
M. Dupin	—	1784...	32,66	—	—
M. Mathieu	—	1830...	33
M. Dupin	—	1830...	37,04
		1830...	38,55 d'après les femmes se
M. Mathieu	—	1847...	36
M. Dupin	—	1847...	38,38
		1847...	40,30 d'après les femmes se

Le chiffre n'a donc rien d'absolu ; les différences seules indiquent les modifications observées. Ces changements coïncident avec la diminution des naissances, eu égard à la population totale ; et comme elles apportent le plus fort contingent à la mortalité, il n'est pas étonnant que les naissances diminuant, et les décès par suite, la vie moyenne paraisse s'accroître. Il est bon de rappeler ici la mortalité chez les enfants : Sur 100 nouveau-nés, 15 meurent dans la première année, 30 dans les cinq premières ; total 45 pour 100. Il n'en faut pas plus pour rendre compte des changements que la diminution des naissances a produits dans la comparaison de la vie moyenne aux diverses époques. Cette différence est assez minime quand, au lieu de prendre le résultat des dénombrements, on rétablit la population telle qu'elle devait être en 1800. Nous avons prouvé qu'elle égalait, au minimum, 30,000,000 habitants. Partant de ce chiffre et de l'excédant féminin de 1806 (939,700 femmes), il devait y avoir en 1800 15,460,000 femmes, qui donnaient par an 405,306 décès, soit 1 décès féminin pour 38,10 femmes. Il y avait aussi 441,228 naissances, soit 1 naissance pour 35 femmes, ce qui, d'après la méthode de M. Dupin, porterait la vie moyenne des femmes à 36,5 ans en 1800 ; elle n'aurait donc augmenté que de 2 ans jusqu'à nos jours, puisqu'elle est de 38,38 ans aujourd'hui. (M. Dupin.)

Le rapport des naissances féminines aux décès féminins, en 1800 et de nos jours, vient aussi confirmer le peu de variations de la vie moyenne depuis le commencement de ce siècle.

De 1800 à 1807, il mourait 869 femmes pour 1,000 naissances féminines. De 1841 à 1847, il en meurt 874 pour 1,000. La différence s'élève à 5 millièmes.

S'il naît autant de femmes et s'il en meurt autant qu'autrefois, comment la vie moyenne se trouverait-elle augmentée ? Le fait me paraît valoir la peine qu'on y réfléchisse. Je ne voudrais pas conclure que la vie moyenne n'a pas été accrue depuis la Révolution ; toutefois, je pense que l'augmentation réelle a été beaucoup exagérée.

VIII. Des mariages.

On peut accorder une assez grande valeur aux relevés des mariages publiés depuis la Révolution. Necker, en 1784, donne pour la moyenne annuelle des dix années précédentes 213,774 mariages ; mais de 1780 à 1784 ils s'élèvent à 229,962 ; de sorte que la Révolution les aurait singulièrement fait baisser, car les 5 premières années, de 1800 à 1805, ne donnent, en moyenne, que 205,830 mariages. 24,132, de moins par an, tel est l'effet immédiat de la Révolution sur le bien-être général de la nation. Depuis cette époque, les mariages ont suivi une marche progressivement croissante ; à 2 pour 100 près, ils accompagnent le mouvement de la population.

Tableau des mariages (moyenne annuelle.)

De 1771 à 1780...	213,774		De 1820 à 1825...	240,296
1780 à 1784...	229,962		1825 à 1830...	254,164
1800 à 1805...	205,830		1830 à 1835...	259,680
1805 à 1810...	228,886		1835 à 1840...	272,552
1810 à 1815...	250,509		1840 à 1845...	283,733
1815 à 1820...	218,545		1845 à 1848...	271,135

A partir de 1806, premier recensement à peu près exact, voici quelle a été la marche de la population et des mariages.

La population augmente :	Les mariages augmentent :
De 1806 à 1836 de.. 15 pour 100	de 13 pour 100
1806 à 1840..... 17 —	19 —
1806 à 1846..... 21 —	18 —
1836 à 1846..... 5 —	6 —

De 1806 à 1840, quand la population augmente de 17 pour 100, les
augmentent de leur côté de 19 pour 100 ; ils suivent donc aussi ex
que possible la marche de la population, à ce point que la plus gra
rence égale seulement 3 pour 100 et la plus petite 1 pour 100.

Puisque les mariages suivent le mouvement de la population, on
chant de nos jours quelle est la proportion des mariages, reconstitu
pulation probable de 1784. L'*Annuaire du Bureau des longitudes* i
mariage par 120 individus, de 1817 à 1848 ; multipliant par ce no
229,962 mariages de 1784, on obtient une population de 29,435,000
pour cette époque ; et, par les mariages, on arrive encore à rétablir
que nous avons admis, 30,000,000 d'habitants.

Les mariages sont, comme les naissances et les décès, soumis aux
politiques et commerciaux.

Après la diminution produite par la révolution de 1792, les premièr
de calme, de confiance dans l'avenir de l'Empire, les font monter de 9
an. De 1810 à 1815, ils augmentent encore de 21,000, sans que l'on
trouver l'explication dans la prospérité générale du moment. La d
campagne de Russie et les malheureuses guerres de cette époque ne
être considérées comme un stimulant à de nouvelles unions ; l'expl
cet accroissement soudain et non motivé se trouve dans un décret i
1813, qui appelle 300,000 célibataires sous les drapeaux. Ce seul
pite les résolutions, toute hésitation disparaît, et, dans l'année mêm
lèbre 386,986 mariages, 159,000 au-dessus de la moyenne de 1805-1
ce grand effort pour échapper à la conscription, les mariages ret
31,900 au-dessous de la moyenne précédente.

Dès que les vides de la génération mâle commencent à se comb
rentrée des armées en France, et par les mariages des jeunes gen
prouvent plus les obstacles de la guerre et du service militaire, de
en un mot, les mariages reprennent leur tendance ascensionnell
même énergie que de 1800 à 1806. L'augmentation annuelle égale
partir de 1825-30 ce mouvement se modère, l'augmentation n'es
de 5,500 par an.

En 1830, la révolution éclate au milieu de l'année, et malgré le
la précède, les troubles qui la suivent, les mariages s'élèvent, po
mière fois, à 270,900 : 16,736 de plus que dans la moyenne précéd

Le choléra paraît deux ans plus tard ; son influence est peu ma
dant l'année elle-même, ils diminuent de 12,123 sur les années an
dès que le fléau est passé, ils remontent tout à coup de 9,897
grand nombre de successions ouvertes ont procuré aux jeunes gen
lités pour s'établir ; depuis ce moment, les mariages croissent de 1
par an, en moyenne, jusqu'en 1846, sauf trois années, 1837, 1839
recherchant la position du commerce et de l'industrie dans ces anné
facile de trouver la cause de cette diminution.

Nous arrivons enfin à l'année 1846. La crise financière prod

émissions inconsidérées d'actions des chemins de fer commence à se faire
sentir. Les mariages tombent à 270,633. 15,100 mariages de moins que pendant les cinq années précédentes.

Puis l'année de la disette, cette fatale et malheureuse année, aussi funeste
pour la France que l'année 1846 pour l'Angleterre, les mariages baissent immédiatement de 33,936. L'année 1848, signalée par la révolution de Février,
vient mettre le comble à la détresse générale. Néanmoins, comme en 1810 et
1830, la crainte de la guerre augmente notablement les mariages; ils dépassent de 9,244 la moyenne déjà si élevée de 1840-45.

Diminution des mariages.		Augmentation des mariages.	
1846	15,100	1813	158,000
1847	33,900	1830	16,000
		1833	9,800
		1848	9,200

Depuis la perturbation apportée dans les mariages par le décret de 1813, la
disette de 1847 est l'événement qui jette le plus grand trouble. Une diminution de 33,000 mariages constate une gêne, une misère bien grande, que les
secours de la charité et du gouvernement sont impuissants à soulager.

Les différences que l'on remarque entre les effets des révolutions sans
guerre générale, des appels d'hommes, du choléra et de la disette, s'expliquent
assez facilement, quand on considère l'étendue d'action de ces causes. Celles
qui sont générales, comme la disette et les appels d'hommes, modifient profondément la vitalité des peuples; les autres, au contraire, bornées à quelques points du territoire, ne laissent que peu de traces, ou des traces insensibles : le choléra et les révolutions intérieures sont dans ce dernier cas.

IX. *Du nombre des enfants par mariage.*

Le nombre des enfants suit-il la même progression que les mariages?

La fécondité des mariages est-elle la même dans les villes et dans les campagnes?

Dans la même ville, selon les quartiers, quelle est la fécondité des mariages?

Telles sont les questions qui vont nous occuper. La séparation des enfants
naturels et légitimes n'existait pas avant 1800 sur l'état civil; du moins les
publications du gouvernement n'en font pas mention. En 1784, il y avait 4,19
à 4,40 enfants par mariage, en supposant que tous les mariages eussent été
comptés, ce qui est au moins douteux, pour les non-conformistes et les juifs.

De 1800 à nos jours, le nombre des enfants par mariage diminue peu à
peu ; dans ces derniers temps, il reste stationnaire.

Tableau des naissances réparties par mariages.

	Enfants légitimes et naturels réunis.	Enfants légitimes seuls.
1780 à 1784	4,40	»
1800 1805	4,44	4,22
1805 1810	4,03	3,81
1810 1815	3,71	3,49
1815 1820	4,37	4,08
1820 1825	4,04	3,75
1825 1830	3,84	3,50

		Enfants légitimes et naturels réunis.	Enfants légitimes se⸳
1830	1835............	3,75	3,47
1835	1840............	3,51	3,25
1840	1845............	3,45	3,20
1845	1848............	3,50	3,25

Les mariages de 1800-05, quoique moins nombreux, étaient plus féco⸳ chiffre de 4 enfants légitimes par mariage ne se rencontre plus qu'un⸳ fois en 1815-1820, quand les naissances doivent combler les perte⸳ guerre. C'est la dernière fois que l'on remarque une pareille fécond⸳ mariages continuent, il est vrai, à augmenter, mais la fécondité dimi⸳ duellement jusqu'en 1846, où il n'y a plus que 3,25 enfants par maria⸳ une des dernières limites que la fécondité des mariages puisse conser⸳ à 3 enfants par mariage, la population commencerait à décroître, ou⸳ moins à rester stationnaire.

X. Des enfants légitimes dans les villes et les campagnes.

La comparaison des enfants légitimes par mariage, dans les villes e⸳ partements pris en totalité, présente, en moyenne, de faibles dif⸳

Ainsi, sur 20 départements que j'ai considérés, la moyenne des en⸳ gitimes par mariage, de 1825 à 1835, égale 3,45 enfants par mariage⸳ villes, et 3,55 dans les campagnes.

J'ai choisi, à dessein, les villes où les naissances m'ont paru être⸳ grand nombre par rapport aux décès, sauf quelques grandes ville⸳ comme point de comparaison.

Dans le Calvados, les mariages des villes donnent 2,35 enfants, et⸳ la campagne 2.60. Toujours une légère supériorité du nombre des e⸳ la campagne, bien éloignée cependant de celle que l'on se figure.

M. Passy, dans un Mémoire fort intéressant sur la division des ⸳ (Mémoires de l'Académie des sciences morales et politiques, t. XI, 2ᵉ séri⸳ sur la publication du ministère des travaux publics (Statistique et po⸳ un dépouillement général des naissances légitimes et des mariages⸳ principales villes de France et dans le pays tout entier. Je lui emp⸳ résultats généraux :

En France, de 1826 à 1836, le chiffre moyen des mariages a été d⸳ par an; la moyenne des naissances légitimes = 904,702. Il y a don⸳ mariage un peu plus de 3,52 enfants. Telle est la moyenne générale⸳ villes et campagnes réunies.

Dans les villes de 20,000 âmes. Il y en a 39 dont la population⸳ 2,634,532 personnes. En moyenne, de 1825 à 1836, il n'y a eu qu⸳ naissances et 21,374 mariages, ce qui donne 3,05 enfants par mariage⸳

Dans les villes au-dessous de 20,000 âmes et dans les campagnes, ⸳ enfants par mariage.

Ainsi, moyenne générale de la France :

3,52 enfants par mariage.

3,56 dans les campagnes et villes au-dessous de 20,000 âmes ;

3,05 dans les villes de 20,000 âmes.

Les mariages sont donc moins féconds dans les grandes villes que⸳ petites, et moins encore dans celles-ci que dans les campagnes.

Dans les villes, la moyenne des naissances par mariage est inférie⸳

à 15 pour 100 à la moyenne dans les campagnes. — Pour 100 individus naissant à la ville, il en naît 114 à la campagne. Beaucoup de villes s'éloignent
cependant de la loi générale. En voici quelques exemples : les villes sans
manufacture ni usine, occupant un petit nombre d'ouvriers, les villes que je
pourrais appeler bourgeoises ou de petit commerce, présentent le minimum
des naissances par mariage.

Je citerai :

Enfants répartis par mariage.

Le Mans	2,45	Grenoble	2,90
Paris	2,50	Lyon	2,70
Tours	2,51	Orléans	3,20
Versailles	2,58	Aix	3,06
Angers	2,62	Monthrison	3,07
Caen	2,66	Aubusson	3,01
Guéret	2,67	Dijon	3
Clermont-Ferrand	2,74	Moulins	3
Bordeaux	2,90	Rhodez	3

Villes manufacturières.

Lodève	4,79	Saint-Quentin	4,30	Marseille	4
Saint-Etienne	4,56	Dax	4	Sédan	4
Nîmes	4,02	Louviers	3,55	Colmar	3,90

La plupart de ces villes, on le voit, sont manufacturières ; dans toutes, les
mariages sont d'une fécondité dont on n'a pas d'exemple dans le reste du
pays. L'influence de la population ouvrière se trouve parfaitement établie.

Saint-Etienne, par exemple, dépasse de 33 pour 100 la moyenne des naissances dans les villes, et de 21 pour 100 celle des campagnes.

On peut rendre encore plus sensible l'influence de la population ouvrière,
en prenant Paris pour terme de comparaison. Tout le monde sait que la population est divisée par arrondissements, dont chacun, pour ainsi dire, répond
à une classe d'individus qui y domine : dans quelques-uns, la classe bour-
geoise, dans d'autres la classe ouvrière. Voici dans quel ordre les arrondissements se classent, d'après les naissances :

Enfants par mariage.

Arrondissements.		Arrondissements.		Arrondissements.	
2ᵉ	1,87	11ᵉ	2,12	6ᵉ	2,59
10ᵉ	1,94	4ᵉ	2,38	8ᵉ	2,72
3ᵉ	2	9ᵉ	2,39	5ᵉ	2,89
1ᵉʳ	2,08	7ᵉ	2,57	12ᵉ	3,24

Entre le deuxième arrondissement et le douzième il y a une différence de
63 pour 100 sur les naissances ; elle s'élèverait beaucoup plus haut, s'il y
avait une séparation complète par arrondissement pauvre ou riche. Dans ce
calcul on ne tient pas compte des enfants naturels, qui augmenteraient d'autant les naissances du douzième arrondissement.

XI. *Du rapport de la population aux mariages dans quelques villes.*

L'*Annuaire du Bureau des longitudes* admet 1 mariage par 128 habitants en
France, d'après la moyenne de 1817 à 1847. M. Passy, d'après une autre

moyenne, de 1825 à 1833, donne 1 mariage par 131 habitants. Cette n
générale est, comme on le voit, assez variable pour le pays entier,
les différences soient encore plus extraordinaires quand on descend
détail des villes.

Lyon présente le maximum des mariages : 1 par 79 habitants, et Da
nimum, 1 par 156.   .

Parmi les départements, celui de l'Aisne en présente le plus grand
1 par 113 habitants, et le Calvados le minimum, 1 par 136. Ce dépar
le plus riche et le moins manufacturier, présente le plus petit nombr
riages.

Lyon, Brest et Bordeaux présentent plus de 1 mariage par 100 h
D'autres villes industrielles, Saint-Quentin, Rouen, etc., n'offrent que 1
par 117.

Il résulte de cet examen des mariages dans les départements et
villes, qu'ils sont moins *communs* dans les *campagnes* que dans les
qui n'a rien de contraire à l'observation journalière, relative à la fa
mariages dans ces dernières.

XII. *Des enfants naturels.*

On n'a publié aucun document sur le nombre des enfants natur
1800. Les relevés que l'on possède contiennent le total des naissar
distinction aucune des sexes, des enfants légitimes ou illégitimes
qu'à partir de 1800 que la séparation fut établie sur les registres. L
consacrée aux enfants naturels n'est pas la moins curieuse de tou
que nous avons examinées. Ils suivent une marche rapide, ascen
stationnaire, puis décroissante.

1801 à 1805..................	43,328
1805 1810..................	50,204
1810 1815..................	56,209
1815 1820..................	63,166
1820 1825..................	69,586
1825 1830..................	70,366
1835 1840..................	70,805
1840 1845..................	69,769
1845 1848..................	67,683

L'augmentation, jusqu'en 1825, est régulière et considérable, de
en moyenne, tous les cinq ans ; puis, tout à coup, de 1820-25 à 1
singulier accroissement quinquennal de 6,000 cesse, et, pendant d
n'augmentent que de 1,000 tous les cinq ans. Enfin, en 1835-40, c
ment progressif s'arrête et fait place à un mouvement décroissant
nuent de 1,000 par an, et, dans les trois premières années de la pé
vante, commençant en 1845 et finissant en 1848, les enfants nat
tinuent à décroître jusqu'à ce que la moyenne ait atteint 67,683. N
minution de 2,000 par an ; somme énorme, eu égard à leur noml
vement peu considérable en France.

Ils ne suivent nullement la marche de la population :

De 1800 à 1845, ils augmentent de........   61 pour 1(

De 1806 à 1836, la population augmente de   15 pour 100
    —   les enfants naturels, de....   42 — 100
De 1806 à 1846, la population augmente de   21 — 100
    —   les enfants naturels, de...   58 — 100

L'augmentation ne tient donc pas à la population elle-même, mais aux mœurs de la nation et aux circonstances particulières qui passagèrement viennent les modifier. Comment, en effet, interpréter ce singulier accroissement d'enfants naturels de 1800 à 1825? Une augmentation annuelle de 6,000 ne peut subitement tomber à 1,000, sans quelque grand fait social dont elle était la conséquence. Ce fait me paraît tenir à l'état anormal sous lequel le régime militaire forçait de vivre la plus grande partie de la jeunesse française.

L'élite de la population, retenue sous les drapeaux, ne pouvait se marier; de là, dans les villes de garnison, dans les fréquents passages et pérégrinations des troupes sur le territoire français, un surcroît d'enfants naturels qui seraient nés dans l'état de mariage, si la sévère conscription n'était venue contrarier les vœux de la nature.

Cette première explication admise pour toute la durée de l'Empire, les mêmes raisons persistent encore pendant quelques années. En 1814 et 1815, nos armées reviennent des extrémités de l'Europe, la France elle-même est envahie par les armées étrangères, qui y séjournent pendant plusieurs années. De là une augmentation annuelle de 7,000 enfants naturels. La cause est tellement évidente, que je n'insiste pas. Après 1820, le sol français est enfin délivré de l'occupation ennemie, néanmoins les naissances naturelles augmentent de 6,000 jusqu'en 1825; c'est que l'influence militaire se fait toujours sentir. Les soldats, débris de la grande armée, ayant survécu aux désastres des dernières années de l'Empire, étaient libérés du service militaire; mais combien peu étaient retournés dans leurs foyers! Le séjour des camps, les habitudes vagabondes, auxquelles l'état de guerre continuelle les avait condamnés, ne leur permettaient pas de reprendre les paisibles travaux des champs; masse flottante, peu propre au travail, sans moyens d'existence assurés, leur établissement était difficile, le plus grand nombre gardait un célibat forcé; de là un relâchement de mœurs qui rend parfaitement compte de l'augmentation des enfants naturels. En 1825, quand l'âge est venu assoupir les passions de cette génération déclassée, la conscription ne pompait plus chaque année le sang le plus pur du pays, pour le rendre vicié et appauvri; alors, malgré l'accroissement de la population, les enfants naturels n'augmentent que de 1,000 par an; les mariages, plus nombreux, font facilement comprendre ce résultat. Jusqu'en 1835, on observe le même accroissement. Là paraît s'arrêter complètement l'influence des immenses armées de l'Empire; à partir de ce moment jusqu'à nos jours, la moyenne annuelle décroît toujours, nouvelle preuve qu'elle avait été fortement exagérée depuis 1800. La répartition des enfants naturels sur le sol est très-difficile. On sait qu'il y a 1 enfant naturel sur 13 légitimes, en France; mais déterminer la part des villes et des campagnes a paru jusqu'ici impossible. La plupart des filles-mères viennent chercher un asile et un abri dans les grandes villes, en même temps qu'elles y dérobent leur honte et dissimulent leur faute. La facilité des transports, par les voitures et les chemins de fer, augmente chaque jour le nombre des enfants trouvés déposés dans les hospices. Les grandes cités munies d'un tour

présentent un nombre d'enfants naturels plus considérable que celui ⟨
est propre. On peut les diviser en trois catégories :

1° Les naissances naturelles provenant des habitants de la ville;

2° Celles des personnes étrangères qui viennent y faire leurs couch⟨

3° Les enfants naturels nés au dehors et apportés à l'hospice. Les ⟨
de fer augmenteront beaucoup le nombre des enfants provenant de ⟨
dernières sources. Les grandes villes en auront la charge, parce que
que le secret est le plus assuré. Il ne faut donc pas se faire illusio⟨
moralité des campagnes, en se basant sur les rares enfants naturel⟨
rencontrent ; toutefois, les facilités de séduction et d'abandon, moins
que dans les villes, doivent en diminuer le nombre.

Paris, Lyon, Rouen, Bordeaux, Marseille, quoique grandes villes,
pas celles qui présentent les plus nombreux enfants naturels, eu é⟨
légitimes. Par exemple, de 1825 à 1836,

A Paris, sur 100 naissances, il y en a de naturelles 34 pour 1
A Lyon... 32
A Rouen 21
A Bordeaux....................................... 35
A Marseille 16
A Grenoble....................................... 46
A Alais.. 16
A Lille.. 21
A Colmar... 17
A Saint-Etienne.................................. 13
A Dax.. 55
A Brest.. 15
A Rhodez... 52
A Privas... 18
A Saint-Quentin. 20
A Caen... 30
A Schelestadt.................................... 10
A Dijon 25

Les différences de ce tableau sont bien remarquables, mais la pér
embrasse est trop limitée pour qu'on puisse généraliser les résult⟨

Les départements sont loin de présenter les différences des v⟨
quelques légères variations, le nombre des enfants naturels es⟨
ment le même, tandis que dans les villes ils peuvent varier de 55
15 pour 100: voyez Dax et Brest. Dans les départements, la variat⟨
seulement de 8 à 12 pour 100.

Dans le département des Landes, la moyenne des enfants naturel⟨
5 sur 100 naissances.

A Dax, dans le même département, elle atteint 55 pour 100.

Dans le Bas-Rhin, la moyenne des enfants naturels du départ⟨
pour 100.

A Schelestadt, dans la ville, 10 pour 100.

Dans le département des Bouches-du-Rhône, 10 pour 100.

A Marseille, 16 pour 100.

Dans le département de la Loire, 10 pour 100.

A Saint-Etienne, 13 pour 100.

En résumé, la moyenne générale des naissances naturelles :

Dans les départements, égale 10 à 12 pour 100 ;

Dns les villes, elle égale 26 à 27 pour 100.

Il est vrai que dans la moyenne des départements sont comprises les villes, qui chargent d'autant la moyenne générale. Si l'on considérait les seuls enfants naturels inscrits dans les campagnes, la moyenne serait beaucoup plus faible.

Ce travail porte sur une époque (1825-1833) où il n'était guère possible de reconnaître et de distinguer l'influence de la grande industrie et des manufactures. La classe ouvrière n'avait pas encore pris le développement que nous observons de nos jours ; elle n'était pas agglomérée dans les villes. Aussi, d'après le tableau précédent, ne peut-on pas accuser les villes de fabriques de fournir le plus grand contingent d'enfants naturels.

A Lyon, à Paris, une nombreuse population, dans laquelle l'élément ouvrier entre pour une large part, exagère le nombre des enfants naturels (34 pour 100), tandis qu'à Saint-Etienne, ville presque exclusivement manufacturière, les enfants naturels ne s'élèvent qu'à 13 pour 100 ; d'un autre côté, les mariages y sont plus nombreux et plus féconds. Nous avons vu qu'il y avait jusqu'à 4,70 enfants par mariage.

A Grenoble, Dax, Rhodez, Lille, qui n'ont qu'une industrie toute locale, le nombre des enfants naturels s'élève à 46 pour 100, 52 pour 100, 55 pour 100. Ce grand nombre d'enfants naturels, de beaucoup supérieur à celui des plus grands centres de population, puisqu'il dépasse celui des naissances légitimes, ne témoigne pas en faveur de la moralité de ces villes, et surtout du département, du moins pendant la période de 1825-1836. La seule remarque à faire ici, c'est que les grandes villes et les centres industriels ne sont pas la cause la plus puissante de la multiplicité des enfants naturels.

Constatons néanmoins, avec plaisir, que depuis 1833, avec une population croissante, ces naissances ont diminué de 4,000 par an; résultat bien consolant, qui doit relever un peu la génération actuelle dans l'esprit de ceux qui sont toujours portés à la rabaisser, et à exagérer les mérites de nos pères.

XII. *De la marche particulière de la population dans quelques villes de France et par départements.*

Avant d'aborder la grande question du doublement de la population, je donnerai quelques détails sur la marche qu'elle suit dans un certain nombre de villes.

Et d'abord remarquons que l'accroissement d'une ville peut être indépendant du nombre des naissances et des décès ; et réciproquement, une ville peut diminuer, quoique les naissances dépassent les décès dans une forte proportion. Les émigrations et les immigrations sont plus fréquentes et plus faciles de la campagne à la ville, et d'une ville à une autre ville, que d'un pays à un autre. De là un double examen que nous devons faire de l'augmentation des villes : 1° par l'excédant des naissances sur les décès ; 2° par l'accroissement brut de population, quelle que soit sa source : excédant des naissances sur les décès, et immigrations.

1° *Augmentation des villes par l'excédant des naissances sur les décès.*

Les relevés des naissances et décès, par ville, ne sont publiés que pour la période de 1825 à 1836.

Il faut donc borner notre étude incomplète.

L'augmentation de la population n'est pas en rapport avec la fécondi
mariages. Telle ville, avec le même nombre d'enfants, est loin de prése
même accroissement de la population.

Ce tableau va en donner un exemple. Nous avons réuni sous u
chiffre les naissances légitimes et naturelles, ce qui dépasse beauc
moyenne de la fécondité des mariages, mais le résultat est le même p
que nous voulons prouver.

Période de 1825 à 1835.

VILLES.	Accroissement annuel de la population.	Enfants légitimes et naturels, répartis par mariage.	Période de doublement de la population.
Privas.........	120 hab.	6,5	35 ans.
Dax...........	90	9	52
Saint-Etienne...	664	5,2	62
Rhodez........	143	7	67
Grenoble.......	396	5,4	70
Saint-Quentin..	170	5,4	120
Alais..........	58	5,8	230
Lyon..........	725	4	208
Colmar........	50	4,7	310
Schelestadt....	31	5	310
Bordeaux......	294	4,5	330
Paris..........	2,064	3,8	430
Dijon..........	42	4	590
Rouen........	70	4,2	1,310
Brest.........	12	3,9	2,480

Villes dont la population diminue.

	Habitants.	Enfants.		Diminue de moitié en :
Marseille........	272	4,8	0	530 ans.
Caen..........	57	3,6	0	730
Lille..........	83	4,6	0	460

La mortalité varie beaucoup dans ces diverses villes. Privas doubl
ans par l'excédant seul des naissances sur les décès, avec 6,5 enfant
times et naturels par mariage.

Schelestadt, avec 5 enfants, ne double qu'en 310 ans, la mortalité y e
plus grande. De même pour Dax, Rhodez, Alais. Cependant Saint-Etie
mieux partagé, sous le rapport des décès, que Grenoble, Saint-Quenti
Schelestadt : Lyon vient ensuite.

Il meurt moins de monde à Lyon qu'à Colmar, Bordeaux, Dijon,
Marseille et Lille. Enfin, les décès sont plus rares à Paris qu'à Tours, Ca

Voici un aperçu intéressant de ce que pourrait faire la statistique
durée de la vie dans les principales villes, malheureusement les doc
sur lesquels on pourrait s'appuyer n'ont pas été publiés. Je regrette
voir pu continuer jusqu'à nos jours, parce que ce n'est que dans le
dernières années que la population ouvrière agglomérée a comm
jouer un rôle important dans la population des villes. On ne saurait re

cette lacune, mais les deux derniers recensements de 1836 et de 1846 nous permettront de donner l'augmentation brute de la population des villes et des arrondissements pendant les dix dernières années.

L'*Annuaire du Bureau des longitudes* nous donnant le relevé des naissances par département, nous pouvons comparer, 1° l'augmentation de la population brute, c'est-à-dire par les naissances et les immigrations ; 2° l'augmentation de la population par l'excédant des naissances sur les décès.

Augmentation de la population par départements, de 1836 à 1846.

Départements.	AUGMENTATION DE LA POPULATION.	
	1° Brute.	2° par l'excédant des naissances sur les décès.
Seine.................	23 pour 100	3 pour 100
Bouches-du-Rhône.....	14 —	1 —
Finistère.............	11 —	6 —
Rhône................	13 —	6 —
Nord.................	10 —	7 —
Loire................	10 —	9 —
Gard.................	9 —	8 —
Haut-Rhin...........	9 —	10 —
Gironde..............	8 —	3 —
Marne................	6 —	3 —
Vaucluse.............	5 —	3 —
Yonne................	5 —	4 —
Aisne................	5 —	5 —
Bas-Rhin............	3 —	9 —
Somme...............	3 —	2 —
Seine-Inférieure........	5 —	2 —
Manche..............	1 —	2 —
Calvados.............	0 —	0 —

A l'exception du Finistère, tous les départements qui sont en tête de la liste sont plus ou moins industriels ; aussi ils offrent une grande différence dans leur accroissement avec les départements agricoles : non-seulement la population se multiplie plus abondamment qu'ailleurs par les naissances, mais ils attirent encore les populations voisines, qui se hâtent d'y émigrer pour y trouver des conditions meilleures d'existence.

Le département de la Seine augmente par les naissances de 3 pour 100 en dix ans, de 1836 à 1846, mais, par les naissances et les migrations, de 23 pour 100. Il entre ainsi 20 pour 100 d'étrangers dans l'augmentation totale décennale.

Dans le Haut-Rhin, on observe le contraire : tandis que le département devrait s'accroître de 10 pour 100 par les naissances, le recensement de 1846 ne constate qu'une augmentation totale de 9 pour 100. Il y a donc 1/10 des habitants qui émigrent.

Le département de la Loire n'augmente de même que par l'excédant des naissances sur les décès.

Le Bas-Rhin, quoique augmentant de 9 pour 100 par les naissances, ne

présente au recensement qu'une augmentation de 5 pour 100. L'émig
s'élève à 6 pour 100. Les troupes de malheureux Allemands qui trav
la France pour s'embarquer au Havre confirment parfaitement ces ré
de la statistique.

Tableau de l'augmentation de la population de 1836 à 1846,
d'après les recensements quinquennaux.

1° Dans les villes.			2° Dans les arrondissements
Saint-Denis..........	0 pour 100		75 pour 100
Sceaux..............	0 —		50 —
Marseille...........	16 —		50 •
Brest..............	17 —		33
Roanne.............	33 —		7
Alais..............	25 —		16
Bordeaux...........	20 —		12
Colmar.............	20 —		3
Lyon..............	7 —		25
Nîmes.............	14 —		25
Lille..............	0 —		25
Saint-Étienne........	14 —		16
Saint-Quentin.......	12 —		8
Rocroy.............	0 —		14
Rouen..............	0 —		14
Havre..............	5 —		16
Altkirk.............	0 —		16
Reims.............	11 —		7
Strasbourg..........	7 —		10
Paris...............	4 —		4
Auxerre............	4 —		4
Beaune.............	3 —		1
Caen..............	0 —		1
Mézières...........	0 —		10
Dieppe.............	0 —		0
Amiens.............	0 —		4
Bayeux............	0 —		0
Vervins............	0 —		0
Yvetot.............	0 —		0
Avignon...........	0 —		10 —

Le tableau précédent nous montre, avec une grande clarté et tout
cision des chiffres, l'influence de l'industrie dans les grandes ville
les arrondissements. Partout, où une industrie se propage ou s'é
hommes y affluent, et la population s'accroît à la fois et par les nais
par les individus venus du dehors.

Il faut cependant faire attention, en lisant ce tableau, que certai
industrielles n'ont pas subi un changement notable dans ces dix dern
nées. Cela est vrai pour Lyon ; mais en jetant un coup d'œil sur l'ar
ment, on reconnaît de suite que c'est là où la population s'est ac
Quand une ville industrielle ne suit pas l'accroissement qui lui est p
peut en trouver la cause dans sa banlieue : la population ouvrièr

villes, pour se dérober aux charges qu'elles imposent : loyer élevé et octroi·
Cette particularité est surtout sensible à Paris, Lyon, Marseille, Brest, Nîmes
et Lille ; tandis que la population de ces villes n'augmente pas, ou d'une manière peu sensible, les arrondissements augmentent, en dix ans, de 75 pour
100 à 25 pour 100. Pendant que Paris augmente de 4 pour 100, ses deux arrondissements, Paris et Sceaux, augmentent de 75 et de 50 pour 100.

La ville de Lyon augmente de 7 pour 100 ; l'arrondissement de 25 pour 100.

Enfin Lille est stationnaire de 1836 à 1846, mais l'arrondissement s'accroît
de 25 pour 100.

Dans les autres villes de France où la population ouvrière est en petit nombre par rapport à la population totale, où les seuls ouvriers qu'on y rencontre
sont ceux du petit commerce local, la population ne change pas, souvent
même elle diminue et dans la ville et dans l'arrondissement, comme à Dieppe,
à Bayeux, à Yvetot, à Caen, etc.

Tout nous prouve, après l'examen rapide que nous venons de faire des
naissances, des décès, des mariages, que les conditions de l'existence sont à
peu près les mêmes aujourd'hui qu'avant la Révolution. La vie moyenne a
un peu augmenté ; mais c'est plutôt la diminution des naissances que l'accroissement propre de la vie individuelle qui détermine ce résultat. La mortalité des enfants est si grande, qu'elle abaisse notablement la vie moyenne ;
quand les naissances diminuent, l'effet contraire se produit, et la vie paraît
s'allonger. On ne peut pas juger de la vie moyenne par le nombre des naissances. M. Raudot fait remarquer qu'en Russie la mortalité est très-considérable.
Les enfants y contribuent pour beaucoup ; par conséquent la vie moyenne
devrait être fort réduite. Néanmoins, nulle part les hommes n'ont une plus
grande longévité.

S'il était vrai que la vie moyenne a gagné beaucoup depuis 1784, cela devrait tenir, du moins on est porté à le penser, à une plus forte constitution
et à une meilleure santé. Cependant les difficultés que l'on éprouve à recruter l'armée ne sont guère favorables à cette opinion. Quoique les hommes vivent plus longtemps, jamais ils n'ont été aussi chétifs. Depuis le dix-septième
siècle, on a toujours réduit la taille du soldat. En 1789, le minimum de la
taille était de 5 pieds 1 pouce pour l'infanterie, et 5 pieds 3 pouces pour la
cavalerie (ordonnances du 5 mars 1776 et du 1er décembre 1774). La loi du 10
mars 1818 fixa le minimum de la taille à 1 mètre 57 centimètres, c'est-à-dire
4 pieds 9 pouces 11 lignes.

La loi du 11 décembre 1830 réduit la taille exigée à 1 mètre 54 centimètres
(4 pieds 8 pouces 10 lignes. En 1832, on releva un peu le minimum, qui fut
fixé à 1 mètre 56 centimètres, à cause de l'impossibilité où l'on était de recruter les armes spéciales.

La loi de 1848, sur la mobilisation de 300 bataillons de garde nationale,
vient encore d'abaisser le minimum de 1 centimètre. (Raudot, *Décadence de la
France*.)

Ainsi, quoique la vie soit augmentée de 10 à 11 ans, selon la statistique, la
taille des hommes, qui est un des caractères de la force, a diminué. Je ne comprends pas comment on peut faire concorder une augmentation de la vie avec un
abâtardissement de la race. Sur 10,000 jeunes gens appelés au tirage de 1831 à
1842, en moyenne, il y en a 810 réformés pour défaut de taille, et 2,960 pour
infirmités. J'avoue que l'armée, de nos jours, est plus nombreuse qu'autre-

fois; mais aussi je dois faire remarquer qu'elle se compose, pour moitié au
moins, de cultivateurs ou de gens employés aux travaux de l'agriculture, là
où la race se conserve plus belle et plus pure. Les ouvriers n'entrent que
pour 21 pour 100 dans le contingent.

Ce sont les villes qui présentent le plus de difficultés pour arriver à fournir
le nombre d'hommes voulu par la loi, quoique ce soit dans leur sein que l'on
remarque les plus grands changements depuis 1789. Si la population des villes
prenait une plus grande part à la formation du contingent annuel, nul doute
que les 3/4 des jeunes gens ne fussent impropres au service, puisque dans
l'état actuel, 45 sur 100 sont réformés.

M. d'Angeville, dans son beau travail sur la population, indique les départements qui demandent le moins et le plus de naissances pour produire le
même nombre d'hommes au recrutement. Les départements du Gers et du
Lot-et-Garonne fournissent, sur 254 naissances, 100 hommes au recrutement.
Le département de la Seine, au contraire, exige 669 naissances, le Rhône 422,
les Bouches-du-Rhône 401, le Finistère 396. — Cette différence dans le nombre des naissances indique la mortalité dans chacun de ces départements. —
Tandis que dans les premiers, il ne meurt que 1/4 des enfants avant vingt
ans, dans les seconds, plus des 2/3 succombent avant cet âge. — 100 individus
seulement survivants sur 669 à vingt ans! quel triste exemple de la mortalité
dans les villes !

XIV. *De l'augmentation de la population et de ses périodes de doublement.*

TABLEAU DE LA POPULATION d'après les recensements officiels.			TABLEAU DE LA POPULATION telle qu'elle devait être.	
	Population.	Augmentation.	Population.	Augmentation.
1784	24,800,000		30,000,000	
1801	27,349,003	2,549,003	30,000,000	
1806	29,107,425	1,762,422		
1811	29,092,000	15,425		
1816			30,118,636	
1821	30,461,875	1,369,875		
1836	33,540,910		33,540,910	
1841	34,200,000	659,090	34,200,000	
1846	35,401,761	1,201,761	35,401,761	
		Augmentation totale de 1784 à 1846 : 10,601,761		Augmentation totale de 1784 à 1846 : 5,401,761

La population a été étudiée jusqu'ici dans tous ses éléments : mariages, naissances, décès et enfants naturels; il est temps, avec les connaissances que nous possédons, de faire un retour sur les époques que nous avons examinées, et de
chercher à nous rendre compte de sa marche. Est-elle stationnaire, croissante
ou décroissante ? Quel mouvement suit-elle, selon les temps, les lieux, les
circonstances ? Tout le monde sait que la population, en France, tend à augmenter, par l'excédant constant des naissances sur les décès. Reste seulement
à savoir en combien de temps le doublement peut s'opérer; car, dès que la
marche est croissante, tôt ou tard il faut que le doublement ait lieu. D'après
Malthus, on a souvent cité l'exemple des Etats-Unis, dont la population dou-

blait en vingt-cinq ans. De là l'effroi qui a pu s'emparer de quelques personnes, en pensant qu'en France, quoique la population ne suivît pas une marche aussi rapide, elle ne tarderait pas à arriver au même point. Ceux surtout qui sont partis du recensement de 1772 ont dû être justement effrayés de voir qu'en 1846 la population s'était augmentée de 56 pour 100; et cependant, quoique fort rapide, cette progression n'aurait pas employé moins de cent quarante-deux ans pour le doublement.

Il faut bien se rappeler que l'accroissement de la population n'est nullement en rapport avec le nombre d'habitants. Plus un pays est peuplé, moins il augmente; plus l'espèce humaine est rare, plus elle tend à se serrer, à se multiplier, pourvu que dans les deux cas les circonstances soient semblables, toutes choses étant égales d'ailleurs. L'homme ne pouvant subsister sans réparer ses forces par la nourriture, il est clair que la population se mettra toujours en équilibre avec les subsistances. Leur abondance ou leur rareté seront les seules limites à cet accroissement constant. Tous les jours, les sciences, les arts, les découvertes utiles permettent à un pays de nourrir plus d'habitants que par le passé, sans extension aucune du territoire. Une nouvelle rotation des récoltes, une viabilité plus facile, ont souvent plus d'action sur l'accroissement des hommes d'une nation, que l'acquisition, par la guerre, de vastes contrées. C'est le spectacle qui s'offre à nous depuis 1789. Grâce à d'heureuses innovations, la population s'est accrue, de cette époque à nos jours, de 18 pour 100, et non pas de 56 pour 100, puisque, comme nous l'avons établi, la population était de 30,000,000 d'habitants, au minimum, en 1784. — Avec une pareille augmentation de 18 pour 100 en 62 ans, le doublement ne saurait s'opérer en moins de 340 ans. Nous sommes bien éloignés du doublement en 142 ans, indiqué par les recensements.

Voici donc une des plus grandes difficultés de la statistique levée; car dès qu'on part d'un doublement de la population en 140 ans, comme l'indique l'*Annuaire du Bureau des longitudes*, on remonte de suite, par la pensée, dans les siècles passés, et on arrive rapidement à prouver que la France n'était qu'une vaste solitude, à l'époque même où l'histoire nous la représente comme victorieuse et prépondérante en Europe.

La Statistique générale de la France, d'après les recensements, indique une période de doublement variable.

De 1815 à 1830, elle égale 160 ans, et de 1830 à 1845, 175 ans. Dans ce dernier cas, la marche est déjà plus lente, mais les erreurs des dénombrements ne permettent pas de se borner là. Il faut observer la marche des naissances et des décès, puisque la population ne peut s'accroître que par l'excédant des naissances. Alors, de 1815 à 1830, elle double, en 157 ans; puis, de 1830 à 1845, elle ne double plus qu'en 223 ans. Ce ralentissement est plus marqué que celui du recensement.

En 15 ans, la population peut donc, sans circonstances étrangères, sans guerre, sans famine (le choléra de 1832 est sans analogie avec les grandes épidémies du moyen âge), restreindre sa marche et allonger sa période de doublement de 66 ans; les révolutions, les guerres, les disettes doivent l'augmenter encore plus. Mais même en prenant la plus longue durée du doublement, soit 223 ans, on rencontre des impossibilités absolues, pour peu que l'on remonte dans l'histoire.

Comment faire concorder les faits anciens, les grandes guerres, les travaux publics, les monuments restés sur le sol, avec une population aussi rare et aussi clair-semée ?

Population décroissante de la France par période de 223 ans.

1846	....	35,401,761 habitants.
1622	....	17,700,000
1399	....	8,800,000
1176	....	4,400,000
953	....	2,200,000
730	....	1,100,000

Ce tableau parle assez de lui-même : un million d'habitants en 730, au moment où Charles-Martel détruit les Arabes dans les plaines de Poitiers ! Est-ce possible ? Sous Charlemagne, l'empereur d'Occident n'aurait eu qu'un peu plus de 1 million de sujets ! De pareils chiffres se réfutent d'eux-mêmes.

Les recensements ne donnent pas la même période de doublement que l'excédant des naissances sur les décès, qui seul forme la véritable base de l'augmentation de la population. Le tableau suivant, qui expose ces différences, fera encore ressortir les erreurs des recensements.

Durée du doublement de la population.

1° D'après les recensements.			2° D'après l'excédant des naissances.		
De 1772 à 1784. ...	160 ans.		De 1777 à 1784.....	295 ans.	
1784	1800.....	145	»	»	»
1800	1815.....	165	»	»	»
1815	1830.....	160	1815 à 1820.....	152	
1830	1845.....	175	1820	1825.....	150
			1825	1830.....	199
			1830	1835.....	277
			1835	1840.....	239
			1840	1845.....	186
			1845	1848.....	330

Le plus curieux des résultats fournis par les recensements, c'est que la population ne se serait jamais accrue aussi rapidement que pendant la Révolution, de 1784 à 1800. Si l'on y ajoutait foi, elle eût doublé en 145 ans ; alors, loin de nuire à la propagation de l'espèce, elle l'eût favorisée. Le doublement, tel qu'il est indiqué par l'excédant des naissances sur les décès, s'approche beaucoup plus de la réalité. Les résultats signalés dans le tableau qui précède nous apprennent, avec une merveilleuse clarté, la marche excessivement variable de la population. Pour obtenir ce tableau, nous avons comparé l'excédant quinquennal des naissances à la population telle qu'elle devait être en 1784, environ 30,000,000 d'habitants. L'absence de documents pendant la Révolution, l'incertitude de ceux fournis pendant l'Empire, nous ont fait négliger ces deux dernières époques.

Les deux périodes les plus courtes du doublement sont de 1815 à 1825 ; elles égalent 150 à 152 ans. Mais il faut le remarquer, ce sont les premiers instants, depuis 1789, que la nation peut consacrer à panser ses plaies et réparer les pertes de la guerre : la population réduite s'efforce de remplir les places vacantes. Dans les années suivantes, l'abaissement de l'excédant des naissances sur les décès prolonge la période de doublement jusqu'à 199 ans

et même 277 ans ; il n'y a qu'une exception pour les années de 1840-1845.
Une nouvelle ère de prospérité s'ouvre ; une succession d'heureuses récoltes,
l'assurance de la paix, à la suite des craintes inspirées en 1840, la confiance
dans l'avenir, la baisse du taux de l'intérêt, le développement du réseau des
chemins de fer avaient imprimé une activité sans égale à notre industrie. La
classe ouvrière des villes et des campagnes trouve, dans un salaire élevé, une
existence plus facile ; le bien-être descend dans tous les rangs de la société ;
puis, comme *conséquence inévitable* de ces *améliorations sociales*, les *naissances
augmentent* dans une *forte proportion*, les *décès diminuent*, l'excédant des
naissances sur les décès s'élève à 183,742 par an. Si les circonstances fussent
restées les mêmes, la population doublait en 186 ans. La Providence, qui règle
tout ici-bas, ne voulait pas qu'une pareille multiplication d'hommes se continuât
plus longtemps. Dès les premières années de la période suivante, de 1845 à 1848,
la mortalité reprend le dessus ; les naissances diminuent, l'excédant annuel sur
les décès n'égale plus que 106,373 ; d'après cette marche, le doublement ne se
fait plus qu'en 330 ans. Quel moyen avait-elle employé pour enrayer cette
marche effrayante ? L'esprit reste confondu quand il compare la grandeur des
effets à la petitesse des causes. Une légère disette en 1847, un embarras, un
malaise du commerce et de l'industrie, suite de l'exagération même et de
l'impulsion qui leur avaient été données ; une révolution, conséquence de ces
deux causes : tels sont les moyens que l'homme peut apercevoir et saisir : ils
ont déjà produit un ralentissement considérable dans la marche de la population, sans que le bouleversement politique y ait pris une grande part, car
l'année 1848 apporte une bien légère modification dans les décès. Les deux
années 1846 et 1847, la dernière surtout, avaient été beaucoup plus funestes.

Nous sommes presque revenus au point de départ. La population de 1777 à
1784 doublait en 295 ans, par l'excédant des naissances sur les décès. De 1844
à 1848, elle double en 330 ans.

Dans les deux cas, il y a loin de cette progression à celle qu'elle a suivie depuis 1815. Après les temps difficiles et orageux que nous avons traversés,
nous atteignons une période de doublement plus lente ; le sol est plus peuplé,
la population plus serrée, plus dense ; mais nos moyens d'action sur la nature bien plus énergiques, la vapeur, la houille, les chemins de fer ont fourni
une foule de ressources qui permettent à l'espèce de se multiplier outre mesure sur un point donné : c'est un véritable tour de force. Jusqu'à quel degré ces nombreuses découvertes ont-elles fait le bonheur de l'homme et
changé sa condition ? c'est ce que je ne me permettrai pas de décider.

                                                        CL. JUGLAR.

SYSTÈME NATIONAL D'ÉCONOMIE POLITIQUE,

PAR FRÉDÉRIC LIST,

Traduit de l'allemand par M. Richelot [1].

J'éprouve quelque embarras à parler de ce livre : l'auteur est mort, ε été injuste envers tous les économistes de mon pays. Mais sa rudesse, ε me met fort à l'aise, et sa haine du nom français, le fiel qui découle plume maladive, ses bizarreries tout allemandes, ses attaques aussi viol que peu fondées contre la science économique, qu'il affiche la prétenti refaire, ne permettent pas de passer sous silence ce singulier ouvrage qui ble avoir été traduit avec amour par un complice.

Nous savons tous, en France, ce qu'était ce bon homme de List : un vér transfuge, un renégat de la liberté commerciale, comme nous en avon: vu depuis quelques années. Quand de tels hommes changent de religio se croient obligés, à l'instar de tous les apostats, de renier violemment anciens dieux.

Nous connaissons bien ces hommes-là aujourd'hui ; nous les trouvon: tout, et, pour ma part, je ne perdrai pas une occasion de les démasque les reconnaît toujours à la prétention qu'ils annoncent de refaire la scien prenant un peu de ceci, un peu de cela ; tout le monde a du bon et du mai cet éclectisme donne un grand air de savoir et d'impartialité. On dîne de tel, on soupe du théâtre. Et puis, la vérité n'est-elle pas toujours, selor entre les extrêmes, et le crépuscule n'est-il pas le jour réel de ces r polaires, où nulle plante utile, nulle fleur parfumée ne saurait arrêt regards du voyageur !

Frédéric List a trouvé dans M. Henri Richelot un traducteur à la haute ses principes. Tant vaut la préface de l'un, tant vaut celle de l'autre. C même incertitude de doctrine, le même trouble de la conscience : ils se bien tous deux qu'ils ne sont pas dans la bonne voie ; pourtant, si j'a décider quel est celui des deux qui me paraît le plus sincère, je préfé l'Allemand, et je crains bien que le traducteur n'ait publié sa tradu qu'en vue de plaire aux astres qui brillaient naguère sur l'horizon ré cain, filateurs, maîtres de forges et autres coryphées de cette brillante ɛ blée législative qui se pâmait d'admiration devant les discours probi nistes de M. Thiers.

Écoutez plutôt M. Richelot : « Le moyen, dit-il des économistes, de se tenir en présence « de tarifs et de règlements, qu'on ne peut envisager « vec dégoût *comme autant d'abominations arrachées ou surprises par*

---

[1] Un vol. in_8, 1851. Chez Capelle.

« *trigues de la cupidité privée à la faiblesse ou à l'ignorance des gouvernements !*
« Dans l'élan d'une indignation vertueuse et patriotique contre de tels scan-
« dales, le moyen de n'être pas pressé de faire table rase! S'il en est qui ne
« veulent faire entrer que peu à peu les nations dans le bain salutaire du libre
« échange, d'autres, *assure-t-on*, préféreraient les y plonger tout d'un coup.
« On voit combien il importe qu'une juste appréciation des choses ou qu'*une*
« *bonne théorie* préside à l'accomplissement des réformes que le temps ré-
« clamera. »

Cette *bonne théorie*, que le traducteur considère comme indispensable, Frédéric List s'est chargé de la faire. Sous le nom de *Système national d'économie
politique*, et sous couleur d'impartialité, il nous donne, en effet, la théorie du
système prohibitif, dont il était, lui, du moins, un partisan très-ardent après
avoir été longtemps, et à diverses reprises, partisan des idées contraires.
Voilà tout le sens du livre et de la traduction. Les homélies protectionistes
commençaient à passer de mode en France : on a essayé de les rajeunir en
les faisant revenir par l'Allemagne, et M. Henri Richelot, employé dans les
bureaux du commerce, s'est chargé de la commission, à la grande satisfaction des hommes qui se prétendent les seuls représentants du *travail national*.

Malheureusement, comme il n'y a pas un seul économiste digne de ce nom,
en Europe, qui ait osé écrire une ligne en faveur du système prohibitif, il a
bien fallu que Frédéric List commençât par battre en brèche l'école de Turgot,
celle d'Adam Smith, et puis tous les écrivains de quelque renom qui leur ont
succédé. Un beau jour donc ce digne Allemand s'est mis à les pulvériser en
style germanique, et il n'a fait grâce à aucune des idées françaises, si ce n'est
à celle du blocus continental. C'est à ce grand foyer d'inspiration qu'il a
allumé la lampe à la lumière de laquelle il a cherché la *bonne théorie*, traduite
par M. Richelot, et qui consiste à soutenir qu'il y a deux économies politiques :
l'une qui est vraie, mais scientifique et théorique ; l'autre qui est toute d'application, de circonstance, et qui dépend des nationalités.

Ainsi, la religion nouvelle consiste à reconnaître la liberté commerciale en
théorie et la prohibition en pratique. « Laissez votre science dans les livres, disait naguère un des écrivains protectionistes du *Constitutionnel*, et cessez d'en
importuner les gouvernements! » Ce serait si commode! si MM. Huskisson,
Cobden et sir Robert Peel avaient laissé la science dans les livres, elle n'aurait pas forcé la main aux gouvernements qui protégeaient sans le vouloir,
sans le savoir peut-être, la famine et les monopoles de tout genre, en Angleterre. La grande réforme de 1846 ne se serait pas accomplie, et le peuple anglais payerait encore son blé, ses aliments de toute espèce, aussi cher qu'auparavant. La liberté du commerce, qui a régénéré ce pays, serait encore à l'état
d'utopie dans les livres, et il ne manquerait ni de Lists pour soutenir que la
bonne théorie c'est la cherté, ni de traducteurs pour répandre cette bonne
nouvelle parmi les peuples affamés.

Les écrivains de la trempe de List sont donc, de tous les ennemis de la
science économique, ceux qu'il importe le plus de signaler, parce qu'ils ont
l'air de se tenir dans une atmosphère tempérée, dans les hautes régions de l'indépendance et de la sérénité, pour y porter des coups plus sûrs et plus difficiles à éviter. Quoi de plus innocent, en apparence, que de faire la part de ce
qu'on pourrait appeler *des vérités de cabinet*, de les proclamer, de les saluer

profondément, et de suivre dans la pratique la route de l'erreur ! Quoi de
séduisant que de prêcher la tempérance comme une vertu de convention,
respectable, et de conseiller le déréglement comme la règle souveraine
vie? Telle est la doctrine que M. Frédéric List a essayé de faire pré
dans son livre, et que le traducteur, s'est appropriée dans une préface
moins sincère que celle de l'auteur. List était un Allemand méconte
quelques services rendus à sa patrie et méconnus au moment même où l
tème de chemins de fer qu'il avait préconisé venait de triompher. So
était ulcérée par le sentiment de l'injustice dont il croyait avoir à se pla
au point qu'il est mort un jour de sa propre main, tristement, sur un
chemin. On peut pardonner bien des choses à un esprit aigri par la soul
et par le malheur ; mais qu'ont donc fait à M. Richelot, heureusemen
portant, les économistes de son pays, pour qu'il se soit associé, dans s
face de traducteur, aux haines et aux bizarreries de cet Allemand nél
et atrabilaire !

Qui êtes-vous donc? Etes-vous pour la liberté du commerce ou pour l
hibition, ou bien n'êtes-vous qu'un prohibitioniste honteux qui veut
nuer de bien vivre avec les économistes de l'école libérale? Ainsi Fr
List, n'ayant, dit-il, pas plus de quinze jours devant lui, a conce
l'Institut pour une question de prix relative à la liberté commerciale, e
pas obtenu le prix. Il paraît que cet insuccès lui a été fort pénible, et
tribue à l'influence de feu mon illustre ami M. Rossi et à la mienne. Or
poque de ce concours, Rossi, je crois, n'était pas l'un des juges, et quant
je n'étais pas encore membre de l'Institut ; ce qui n'a pas empêché M.
m'injurier brutalement dans sa préface, comme si j'eusse été coup
son égard d'un déni de justice. Et voilà cependant comme on écrit
toire !

Ce livre fantastique n'est donc que le produit d'une imagination ma
le fruit amer des rancunes de l'auteur contre l'administration de son
contre les économistes du nôtre. Il va sans dire que, selon la coutu
écrivains de l'Eglise protectioniste, il lance l'anathème contre l'au
Albion, et qu'il n'attribue la réforme commerciale anglaise qu'au d
ruiner toutes les fabriques du continent. Nous ne pouvons résister au
de citer le fragment qui suit, et qui montre à quel degré d'absurdi
conduire l'esprit de système, *même national*, quand il est le résulta
passion : « Quels seraient, dit l'auteur, dans l'état actuel du monde, le
de la liberté du commerce ? » — Ecoutez sa réponse :

« La nation anglaise, en tant que nation indépendante et isolée, pr
« son intérêt pour règle souveraine de sa politique. Attaché à sa Ba
« ses lois, à ses institutions, à ses habitudes, l'Anglais emploierait, aut
« possible, ses forces et ses capitaux dans l'industrie de son pays ; la
« du commerce, en ouvrant tous les pays du monde aux produits des
« factures anglaises, ne pourrait que l'y encourager ; l'idée ne lui v
« pas aisément de fonder des manufactures en France ou en Allemagn
« excédant de son capital serait dès lors appliqué en Angleterre au co
« extérieur. S'il était dans le cas d'émigrer ou de placer ses capitau
« tranger, comme aujourd'hui il préférerait, aux pays continentaux
« voisinage, les contrées lointaines où il retrouverait sa langue, ses
« ses institutions. L'Angleterre deviendrait ainsi une seule et imme

« manufacturière. L'Asie, l'Afrique et l'Australie seraient civilisées par elle
« et couvertes de nouveaux Etats à son image. Avec le temps surgirait, sous
« la présidence de la métropole, un monde d'Etats anglais, dans lequel les
« nations du continent de l'Europe viendraient se perdre comme des races in-
« signifiantes et stériles. La France partagerait avec l'Espagne et le Portugal
« la mission de fournir au monde anglais les vins les meilleurs et de boire
« elle-même les plus mauvais ; tout au plus conserverait-elle la fabrication
« de quelques articles de mode. L'Allemagne n'aurait guère autre chose à
« fournir à ce monde anglais que des jouets d'enfants, des horloges de bois,
« des écrits philologiques, et parfois *un corps auxiliaire destiné à aller se con-*
« *sumer dans les déserts de l'Asie et de l'Afrique* pour étendre la suprématie
« manufacturière et commerciale, la littérature et le langue de l'Angleterre.
« Il ne s'écoulerait pas beaucoup de siècles avant que, dans ce monde an-
« glais, on parlât des Allemands et des Français avec tout autant de respect
« que nous parlons aujourd'hui des peuples asiatiques. »

Ainsi, voilà qui est clair. L'Angleterre veut absorber le monde entier. La
liberté du commerce va transformer la France, l'Allemagne, la Belgique en
troupeaux d'Asiatiques, qui ne compteront pas plus, quelque jour, que les
peuples du Mogol ou du Punjaub dans la politique du monde. Voilà la grande
idée du *système national*, et le danger suprême contre lequel M. Richelot,
traducteur de List, entend nous prémunir sans doute, s'il faut en croire sa
préface. Est-ce assez d'absurdités pareilles ? N'en finirons-nous jamais avec
ces *invasions*, ces *inondations*, ces *ventes à vil prix pour nous ruiner*, et toutes
ces impertinences que l'école protectioniste fait réimprimer à grands frais,
pour défendre les restes d'un système qui meurt et d'un monopole qui s'é-
teint ? Quoi ! ni cette mémorable Exposition universelle que vous osez citer,
ni la télégraphie électrique, ni les chemins de fer, ni les bateaux à vapeur,
ni l'industrie imposant la paix aux peuples et aux rois victorieux et battus
tour à tour, ni ces émigrations gigantesques, rien ne vous annonce que de
nouveaux temps approchent et que les jours de prohibition sont passés ! Vous
voulez ressusciter M. de Saint-Cricq et M. Syrieys de Mayrinhac ! Vous voulez
toujours qu'on nous visite, qu'on nous fouille, qu'on ouvre nos valises, qu'on
enfonce nos colis, qu'on fasse payer des droits aux cornes de cerf et aux langues de vipère ! La protection du travail national consistera donc toujours à
nous forcer d'acheter nos soupières chez M. le sénateur Lebeuf et nos cotonnades chez M. le sénateur Mimerel ? La patrie serait perdue si nous prenions notre café dans de la faïence anglaise et si nos imprimeurs sur étoffes
pouvaient couvrir de leurs gracieux dessins des calicots venus d'Angleterre !

Allons, allons, cet absurde régime va disparaître. Quand on n'a plus, pour
le défendre, que de pareils livres et de pareils traducteurs, on peut dire que
la comédie est jouée, que le système touche à sa fin. En présence de la lumière éclatante qui s'avance et des expériences consommées en Angleterre,
quand on voit les Espagnols et les Autrichiens modifier leurs tarifs, on peut
être sûr que le vieil édifice des nôtres tombera tout à plat, quelque jour, et
tout d'une pièce.

Nous n'avons pas besoin d'importuner le gouvernement de nos doctrines :
elles se feront bien place toutes seules. Le gouvernement ne tardera pas à
comprendre que l'intérêt de ses finances est de substituer des droits modérés aux prohibitions, qui ne rapportent rien, sinon des loisirs et des profits à

quelques fabricants, au détriment de la grande famille française. Pendan
la civilisation renverse les murailles à la Chine et s'apprête à enfonc
portes du Japon, la France ne demeurera pas stationnaire et n'ira pas
cher en Allemagne des missionnaires obscurs pour remplacer sur son
toire les apostats éperdus de la liberté.   BLANQUI, de l'Instit

---

GUIDE POUR LE CHOIX D'UN ÉTAT,

ou

DICTIONNAIRE DES PROFESSIONS,

RÉDIGÉ SOUS LA DIRECTION DE M. ÉDOUARD CHARTON,

Ex-représentant, ex-conseiller d'État [1].

> Ce qui importe le plus à la vie, c'est le choix d'un
> PASCAL.

Il est fâcheux pour un jeune homme d'arriver à la fin de ses études
moins à l'âge où elles devraient être terminées, sans avoir de plan
pour l'avenir; sans savoir à quelle branche de travaux il devra cons
vie; sans s'être sérieusement interrogé sur sa vocation; sans s'être d
quels services il sera en état de rendre à la société, pour que la soc
donne en échange les moyens de vivre convenablement; en un m
savoir quelle sera sa profession. Au milieu de ses incertitudes, l'esp
et trop souvent prêt à se laisser entraîner au découragement, u
homme, placé dans de telles circonstances, est heureux de trouver
lui un ami sûr et de bon conseil, qui lui montre le fort et le faible de
parti qu'il pourrait prendre, les avantages comme les inconvénients
à chaque état qui se présente à lui, ainsi que la nature des conna
qu'il faut avoir pour s'y placer convenablement. Mais, s'il est rare
ver un ami sincère et dévoué, il est plus rare encore d'en trouver
les informations soient assez générales et assez complètes pour qu'
répondre à toutes les questions. C'est pour suppléer à cette insuffi
renseignements, que M. Edouard Charton a conçu le plan de son Gu
le choix d'un état; il a pris lui-même une large part dans la rédactior
adjoint des collaborateurs inspirés d'une même idée générale, d'une
lance pareille, mais apportant chacun, pour ce qui le concernait,

---

[1] Deuxième édition ; Paris, F. Chamerot, 1851, 1 vol. in-8.

seignements spéciaux et souvent techniques. Ce livre est donc, on peut la dire avec sincérité, un ami sûr que les jeunes gens et leurs familles peuvent consulter avec fruit. Son succès même prouve suffisamment que l'idée première était féconde, et qu'il y avait là un besoin à satisfaire.

Les différentes professions y sont présentées dans l'ordre alphabétique; et l'ouvrage donne, pour chacune d'elles, une idée générale de ce qui les concerne, avec d'utiles avis sur les connaissances qu'il faut acquérir pour les remplir avec succès et avec honneur. Il indique, en général, les écoles où ces connaissances peuvent se puiser, et entre dans l'appréciation des sacrifices de temps et d'argent auxquels il faut pouvoir se résigner avant d'atteindre le but. Ce sont là de très-bonnes données qu'il est précieux de savoir où trouver, et dont il est essentiel de tenir compte pour ne pas s'exposer à faire fausse route. L'ouvrage va même plus loin; car non-seulement il fournit, pour chaque profession, des renseignements sur les moyens d'acquérir les connaissances spéciales qu'elle réclame, mais il consacre encore des articles séparés à chacune des écoles publiques d'application, et donne le programme de leurs études.

Une préface de M. Edouard Charton indique le but et la portée du livre; mais ce préambule, fort bien écrit d'ailleurs, a le grand tort d'être beaucoup trop court; les idées principales qui y sont indiquées méritaient d'être plus développées, et les raisons données par l'auteur pour ne pas entrer dans des considérations générales sur son sujet, seraient facilement combattues; le peu qu'il dit prouve surabondamment qu'il aurait très-utilement pu dire beaucoup plus.

Un livre sur les professions diverses des hommes, auquel les rigueurs tyranniques de l'alphabet imposaient l'obligation de commencer par le mot *Agent d'affaires*, aurait dû présenter au moins, comme introduction, un tableau sommaire de l'ensemble des travaux dont les produits si variés et si nombreux font vivre la société tout entière. On y aurait vu comment la division introduite avec tant d'avantages dans l'œuvre générale de la production des richesses, a donné naissance à la diversité des travaux; on aurait pu alors juger de l'importance de chaque profession relativement à toutes les autres, et cette appréciation fût devenue un nouvel élément très-utile à consulter pour ceux qui ont un choix à faire. N'est-ce pas ici le cas d'insister sur l'utilité qu'il y aurait à introduire l'enseignement de l'économie politique dans toutes les branches de l'éducation? C'est surtout en s'appuyant sur les données que fournirait cet enseignement que l'on pourrait faire une plus juste appréciation de la portée des occupations diverses et des chances bonnes ou mauvaises que présentent les différentes professions. Privé de semblables lumières, on est trop souvent entraîné dans des illusions complètes relativement à certains travaux auxiliaires, et on laisse dans l'oubli les branches les plus importantes de l'industrie humaine, comme valeurs de production et comme résultats. Les auteurs eux-mêmes du *Guide pour le choix d'un état* ont trop souvent laissé voir que ces considérations préliminaires leur avaient fait défaut.

Si le choix d'une profession est difficile pour les jeunes gens, c'est surtout lorsque leurs familles ont attendu trop tard pour y songer, ou bien sont restées trop longtemps indécises à cet égard; car l'éducation a beaucoup à gagner à être de bonne heure combinée en vue d'un but déterminé; le plus

grand vice de l'enseignement en France, c'est d'être trop uniforméme
même et de forcer les jeunes gens à suivre un cours uniforme d'étude
les amène jusqu'à l'âge de dix-huit ans sans qu'ils aient commencé à se p
voir des connaissances spéciales qui leur seront nécessaires dans leur
Cela donne surtout un grand désavantage à ceux qui doivent se fraye
eux-mêmes une carrière ; pour eux, tout est difficile, et ils n'ont que
souvent à regarder, comme ayant été en grande partie perdues pour eu
années qu'ils ont passées sur les bancs du collége.

« Heureux donc, dit avec raison M. Ed. Charton, heureux le jeune ho
qui, sans indécision, sans lutte, est conduit naturellement, presque s
songer, à continuer la profession de son père. Témoin dès son enfanc
travaux qui deviendront les siens, initié insensiblement aux devoirs c
état par tout ce qui se passe sous ses yeux, par les conversations mêm
la famille, guidé dans son noviciat par l'expérience paternelle, il succ
des relations toutes formées, à une estime, à une confiance acquises pa
longue vie d'honnête labeur. Ce sont deux existences qui se joignen
et s'ajoutent l'une à l'autre, de manière à n'en faire qu'une seule. P
fils, *ce sont trente ans gagnés sans peine*, comme Pascal le disait de ce
naissent avec le privilége de la naissance. »

Ce n'est pas à des enfants ainsi heureusement nés qu'est destiné le
pour le choix d'un état. Il semble même que les auteurs aient eu plus
culièrement en vue de s'occuper des jeunes gens qui sont venus de
vince à Paris, et qui, après avoir commencé par faire des études gér
paraissent à la fin se trouver surpris par l'âge et ne savoir dans que
rière se précipiter. Par ce seul fait, ce livre est au fond une critiqu
table de la direction générale donnée à l'éducation et à l'instruction p
dans notre pays.

En prenant l'étude des littératures anciennes pour base de tou
gnement, on développe surtout le goût des lettres et des arts ; les p
antiques ont encore cours dans les colléges, et l'on est bien près d';
der comme viles toutes les professions industrielles et lucratives :

> Le nourrisson du Pinde, ainsi que le guerrier,
> A tout l'or du Pérou préfère un beau laurier.

Le père de famille lui-même, s'il n'a pas passé par les mêmes c
n'en subit pas moins l'influence générale ; la vanité vient s'ajouter
à la tendresse paternelle, pour le porter à employer ses premières c
à procurer à ses fils une éducation qu'il regarde comme supérieure
qu'il a reçue lui-même. S'il habite la campagne, s'il est cultivateur
nufacturier, il les envoie à la ville. Ceux qui habitent les villes de
envoient les leurs à Paris. De toutes parts, on prépare des bacheliers è
et les jeunes gens, ainsi détournés des voies où sont leurs familles,
à vingt ans encombrer les avenues des professions prétendues libéra

Une des premières qui se présentent dans le livre, en ordre alpha
est celle d'*architecte*, et l'article commence ainsi : « Un jeune homm
miné ses études classiques ; il paraît avoir des dispositions à la fois
sciences exactes et pour le dessin ; il est doué d'une imagination
d'un esprit juste ; son goût le porte vers l'architecture et il ne renco
cun obstacle dans la volonté de sa famille : quelle marche devra-t-il

Ailleurs, le point même de départ est toujours sous-entendu : le jeune homme a fini ses études ; que fera-t-il ? Mais par ce fait seul de l'âge et des antécédents, il est souvent trop tard pour que le choix soit libre. Paris est alors représenté comme étant dans l'organisation actuelle des enseignements spéciaux, la seule ville où l'on puisse acquérir, par une série complète d'études, les nombreuses connaissances nécessaires à la plupart des professions. De là, la nécessité d'entrer dans les écoles spéciales du gouvernement ; le futur architecte suit donc les écoles de dessin, l'école des beaux-arts, il se met sous le patronage du maître dont il fréquente l'atelier, il tâche d'être envoyé comme lauréat à l'école de Rome, d'où il reviendra pour postuler les places données par le gouvernement. Après avoir fait des études très-complètes et très-classiques, l'architecte atteint presque toujours trente ans, sans avoir de position bien acquise ; mais ce n'est pas tout, et, parmi ceux qui ont pu faire les mêmes sacrifices de temps et d'argent, tous n'ont pas eu les mêmes dispositions, les mêmes succès ; aussi y a-t-il plusieurs catégories à faire entre eux.

« Au premier rang, dit le *Guide*, nous placerons l'architecte artiste. Nous entendons par cette qualification, celui qui a pris son art au sérieux, et qui l'a étudié avec persévérance et consciencieusement, celui qui possède à peu près toutes les connaissances que nous avons énumérées plus haut, et qui, s'étant rendu propre à l'exercice de toutes les parties de son art, peut se livrer à l'enseignement en ouvrant un atelier, prétendre à un emploi dans les travaux publics, à occuper des fonctions élevées dans l'administration, et à faire partie des commissions scientifiques, sans toutefois être moins habile qu'aucun autre de ses confrères dans la direction des plus simples travaux. » Ne pourrait-on pas ajouter : des plus simples travaux, pour lesquels il a, du reste, le plus profond mépris ? Cet architecte de premier ordre doit être d'abord « attaché comme inspecteur à l'un des grands édifices de la capitale, aux appointements de 2,400 à 3,800 francs. » Il a ensuite la perspective d'une direction en chef, puis le professorat à l'École des beaux-arts, puis l'Institut. Si cependant il devait se résigner à rester au second rang, il aurait encore la ressource de devenir « architecte administrateur, attaché soit au ministère de l'intérieur, au conseil des bâtiments civils, soit à la ville de Paris, comme les architectes-voyers, les architectes du domaine, etc. »

Au troisième rang viennent les architectes qui se livrent spécialement aux affaires contentieuses, et sont consultés par les tribunaux comme experts. Dans chacune de ces premières catégories viennent encore prendre un rang secondaire les architectes « qui, s'établissant hors de Paris, sont chargés des travaux d'un département ou d'une ville importante. »

Il semble résulter de tout cela que c'est une branche bien secondaire de l'architecture que celle qui s'occupe du logement des habitants d'un pays, ou de l'édification des usines et manufactures.

Et il faut bien le reconnaître, ce n'est pas seulement dans ce qui est dit à l'occasion de l'architecture que cette tendance des esprits vient se révéler. On en retrouve la trace dans toutes les autres parties du livre ; pour toutes les branches de travaux, il semble que les sciences doivent être toutes étudiées pour conduire aux professions salariées par l'Etat. On arrive, en suivant l'enseignement public, aux écoles supérieures, au professorat, à des magistratures, aux grades dans le génie civil ou militaire, dans la marine, dans l'artillerie, etc. Nous n'avons sans doute que des éloges à donner aux auteurs des différents articles consacrés à chacune de ces professions, ils se montrent très-compétents en chaque matière; mais ce qui résulte de l'ensemble de leur œuvre, c'est une preuve de plus de la mauvaise direction générale donnée aux études. Tous les efforts tendent à pousser la jeunesse vers les fonctions publiques, et la détournent des travaux qui seraient cependant les plus utiles au développement des forces productives du pays. Chez nous on semble destiné à faire les affaires des autres plutôt qu'à faire les siennes propres, on demande du travail plutôt que de s'en créer, et dans *le Guide pour le choix d'un état*, après avoir rencontré une longue nomenclature des professions dites libérales, on y trouve encore principalement des données sur les fonctions qui sont organisées en monopole, où l'on prend en général la position d'intermédiaire dans les affaires, et dont on achète les charges; telles sont celles de notaire, d'avoué, d'agréé, d'huissier, d'agent de change et de courtier. Mais, comme il a bien fallu le constater, on trouve dans ce système les avenues encombrées. « Après la lecture de notre première édition, dit M. Edouard Charton, on nous a fait ce reproche que la plupart des professions paraissent médiocrement satisfaites de leur sort, et parlent d'elles-mêmes en gémissant; tellement qu'à les entendre, on pourrait être tenté de ne choisir aucune d'elles. » Ces plaintes générales tiennent sans doute en partie à cette tendance habituelle chez la plupart des hommes à se plaindre de leur sort; son reflet dans le livre prouve la franchise que les auteurs ont apportée dans la rédaction de leur œuvre. Mais nous demandons si cela ne tient pas aussi à ce que les travaux les plus importants de la société, ceux qui peuvent présenter tant de chances favorables et fructueuses à une jeunesse fortement élevée, rompue au travail, et suffisamment instruite, ont été trop négligés?

Les labeurs divers que réclament les trois grandes branches de la production des richesses, l'agriculture, les manufactures et le commerce, méritaient d'être analysées avec plus de développement. Tout ce qui concerne l'agriculture est renvoyé au mot *Cultivateur*, auquel quatorze pages seulement sont consacrées. Les considérations générales qui y sont développées sont fort justes sans doute; l'auteur le dit avec raison : « La France, qui s'est élevée si haut dans les sciences, l'industrie et les arts, présente, sur les deux tiers de son territoire, une culture beaucoup moins avancée que celle de la plupart des pays de l'Europe. Dans plusieurs départements, au lieu de charrue on emploie l'araire primitif, tel qu'il est représenté sur les monuments égyptiens, et les récoltes, au lieu d'être battues, sont foulées, comme aux temps de la Bible, par les bœufs ou les chevaux. Dans beaucoup de départements, les prairies artificielles ne sont pas propagées, l'amélioration des races de bestiaux est tout à fait négligée, et l'homme qui cultive la terre ne possède qu'à titre éphémère. Il y a là une carrière ouverte à l'activité et à l'intelligence; on la délaisse pour encombrer les autres professions, assiéger toutes les issues qui conduisent aux fonctions publiques. »

Tout cela est très-vrai, mais c'est un peu tard pour le dire aux jeunes gens, lorsque ayant terminé leurs études classiques, ils ouvrent le livre pour y chercher à être guidés dans le choix d'un état; c'est aux familles que les premiers conseils doivent être adressés. Que les cultivateurs et les fermiers comprennent donc enfin qu'ils ont tort de faire de leurs fils des clercs de notaires, et que la carrière de l'agriculture peut devenir pour eux et plus sûre et plus honorable; mais qu'ils n'oublient pas que, tout en cherchant à y devenir remarquable par le savoir et le développement des idées, il faut y entrer de bonne heure par la pratique, et y façonner sa vie. Un point essentiel à faire comprendre aussi aux cultivateurs, c'est le rôle important que le capital joue dans la production agricole. C'est, en général, faute d'un capital suffisant que les améliorations se font attendre ; les fermiers qui réussissent ont trop souvent hâte de devenir propriétaires du sol; ils immobilisent leurs capitaux, et viennent incessamment augmenter le nombre des propriétaires auxquels les ressources manquent pour mettre leurs terres en pleine valeur.

Mais, après les considérations générales, il eût été bon d'indiquer comment les cultures varient suivant les climats et suivant les besoins auxquels il s'agit de satisfaire, suivant les moyens de communication ; quelles sont les professions différentes que présente l'agriculture dans les contrées où croissent la vigne, les céréales, les plantes textiles, les plantes oléagineuses, etc. Il eût fallu aussi indiquer comment des travaux industriels se liaient dans bien des cas à des exploitations agricoles, comme lorsqu'on élève des fabriques de sucre de betteraves, ou des magnaneries avec dévidage des soies, ou des apprêts de garance. La minoterie tient aussi à l'agriculture ; enfin, la fabrication des briques, des tuiles, de la poterie, se lie encore à l'agriculture, et lui prête de grands secours dans les travaux si importants des irrigations et des drainages.

L'article du *Manufacturier* est moitié plus court encore que celui de *l'Agriculteur*, et beaucoup plus incomplet. L'indication des principales industries exercées en France est très-sommaire ; et, pour donner une idée de l'importance de la valeur créée par toutes les industries qui font subir une modification aux produits entre leur achat comme matière première et leur revente comme objets fabriqués, c'est faire bien peu que de dresser un tableau des exportations s'élevant à 598,954,433 francs. Les seules industries manufacturières de la ville de Paris produisent annuellement trois fois plus, et, jugeant par analogie, faute de documents statistiques précis, on resterait sans doute au-dessous de la vérité, en portant à quinze milliards la valeur des produits réunis de l'industrie manufacturière en France.

Une seule branche de l'industrie manufacturière a été l'objet d'un article spécial, c'est celle de *l'Imprimeur typographe*. L'auteur s'y montre un peu trop réglementaire et laisse percer les préoccupations du littérateur. Après quelques mots sur l'origine de l'imprimerie, il dit que l'art a tendu depuis à dégénérer en métier, et la profession libérale est devenue une industrie. « Quoi qu'il en soit, dit-il, de cette tendance industrielle que favorisent les perfectionnements introduits par le temps, l'imprimerie ne continue pas moins à marcher en tête de tous les genres de fabriques, de même que le commerce de la librairie demeure, par la nature de ses produits, le premier de tous les commerces. »

En lisant ces lignes, les manufacturiers qui nourrissent et vêtent les hommes diront peut-être comme le lion de la fable :

> Avec plus de raison nous aurions le dessus,
> Si nos confrères savaient peindre.

Cela soit dit, bien entendu, sans vouloir donner le pas à la matière sur l'intelligence.

C'est avec regret que nous ferons sur l'article consacré au *Commerçant* des observations analogues à celles présentées sur le *Cultivateur* et le *Manufac-*

turier, après avoir reconnu encore toutefois qu'il est traité, comme la plupart des autres, à un point de vue sage et libéral. Mais il est évidemment incomplet aussi, et sur certains points même il tend à donner de fausses indications. Ainsi, comme point de départ, c'est donner une définition incomplète que de dire que le commerçant est celui qui fait sa profession habituelle d'acheter revendre. Cela peut bien suffire lorsqu'il s'agit de déterminer la compétence des tribunaux de commerce, mais des économistes ne peuvent s'en contenter; d'ailleurs, cette définition s'appliquerait aussi bien au manufacturier qu'au commerçant, car le raffineur achète aussi le sucre pour le revendre. Pour nous, le commerce est l'ensemble des industries qui, par le transport ou la division, mettent les produits à la portée de ceux qui doivent les consommer. Ceux qui achètent les produits dans un lieu pour les transporter dans un autre, ceux qui effectuent les transports, tels que les navigateurs ou les commissionnaires de roulage, font le commerce ; les agents intermédiaires des opérations commerciales, tels que les banquiers, les agents de change et les courtiers, viennent se ranger dans la même catégorie, et il en est de même du marchand qui, dans sa boutique, coupe une pièce d'étoffe pour satisfaire aux moindres besoins de ses pratiques.

A mesure que le commerce se développe, la division des attributions s'y établit de plus en plus, et ce n'est déjà plus de notre temps de dire que *l'une des connaissances les plus utiles à l'armateur est celle des innombrables marchandises qui font l'objet des importations et des exportations*. Dans les pays avancés en commerce, les armateurs se bornent à recueillir toutes les connaissances nécessaires pour faire construire convenablement les navires et les équiper aux moindres frais; ils offrent ensuite leurs services à ceux qui ont des transports à faire effectuer. Le commerce d'exportation est l'affaire spéciale d'un certain nombre de négociants, tandis que d'autres s'occupent uniquement du commerce d'importation, le plus souvent avec un seul pays étranger, quelquefois même pour une seule sorte de marchandise. On comprend dès lors combien les professions commerciales se ramifient, et il est plus d'une considération à présenter à ceux qui veulent s'y faire une carrière.

Les observations qui précèdent n'ont pas pour but de satisfaire un désir de critique à l'occasion d'un livre que nous reconnaissons, au contraire, contenir une série d'excellents articles sur les professions qui s'offrent aux jeunes gens à la fin de leurs études ; mais nous avons voulu surtout appeler l'attention de son savant rédacteur en chef, sur ce qu'il y aurait à faire pour le compléter. Nous espérons donc qu'il sera fort augmenté lorsque paraîtra une troisième édition. Il est encore un grand nombre de bons conseils qu'il ne faut perdre aucune occasion de donner aux familles et aux jeunes gens. Par son talent, par sa bienveillance naturelle, par la chaleur de ses convictions, M. Edouard Charton a plus que tout autre ce qu'il faut pour se faire écouter.

HORACE SAY.

CORRESPONDANCE.

QUESTION DE LA RENTE.

Lettre de M. Carey. — Réponse de M. Ch. Coquelin. — Note de M. Quijano.

Notre dernier numéro était déjà publié lorsque nous avons reçu une lettre de M. Carey au sujet de la discussion qui a eu lieu au sein de la Société d'économie politique sur la question de la rente.

Dans cette lettre, notre honorable correspondant formule encore une fois la doctrine de Ricardo, telle qu'il la conçoit, et fait intervenir l'opinion de J.-B. Say, de Rossi, de MM. Mac Culloch, Senior, etc. ; il ajoute de nouveaux développements à cette partie de sa propre théorie, dans laquelle il a établi que la culture a toujours commencé et commence partout de nos jours par les terrains infertiles, pour arriver progressivement à celle des terrains fertiles. Il avance ensuite qu'il est impossible de séparer la proposition contraire de Ricardo de la théorie de la rente émise par cet économiste ; et conclut en disant que ni Ricardo, ni ceux qui ont adopté tout ou partie de ses idées, ne peuvent ni se comprendre, ni s'accorder ; tandis que sa manière de voir s'adapte parfaitement à tous les faits qu'on peut observer.

Notre collègue, M. Ch. Coquelin, dont M. Carey a plus particulièrement discuté l'opinion, nous a adressé quelques notes et une réponse que nous reproduisons également. M. Coquelin rappelle quelle était au juste la question que s'était posée la Société des économistes ; il la dégage, avec raison, des questions accessoires qui sont venues s'y mêler ; il donne, mieux que nous n'aurions pu le faire, quelques éclaircissements nécessaires à l'intelligence du débat, et nous fait, à propos de Ricardo, une promesse qu'il nous permettra de lui rappeler.

Nous n'argumenterons pas pour cette fois avec M. Carey ; nous lui répondrons seulement au sujet de la proposition qui se trouve à la fin de sa lettre. M. Carey demande à prouver, en quinze pages, que Rossi était plus empirique que J.-B. Say, lequel l'était encore plus que Ricardo et Malthus, ou en d'autres termes, que Rossi et J.-B. Say, etc., ne croyaient pas à l'existence des lois universelles dans le domaine des phénomènes moraux en général et des phénomènes économiques en particulier.

Nous pensons de nouveau que cette discussion par citations écourtées et par rapprochements toujours un peu arbitraires des textes (discussion dans laquelle M. Carey aurait seul la parole, puisque J.-B. Say et Rossi ne sont plus là pour accepter le débat) n'est pas possible, et qu'il est à la fois plus convenable et plus profitable d'en appeler au lecteur, comme le demande M. Carey, par un autre moyen beaucoup plus simple. Si nous sommes bien informé, M. Carey publiera sous peu, en français, celui de ses écrits qui résume le mieux sa doctrine. Les lecteurs qui s'intéressent à ces débats y pourront lire sa pensée entière.

C'est pour cette raison que nous ne croyons pas devoir insérer une autre lettre du même M. Carey, au sujet des opinions de MM. Clément et Arrivabene, laquelle nous semble d'ailleurs faire double emploi avec des observations déjà produites dans de récentes lettres de l'honorable économiste américain.

En ce qui concerne J.-B. Say et Rossi, nous croyons que la lecture de très-peu de leurs premières pages suffit pour démontrer que M. Carey porte sur ces illustres écrivains un jugement inexact. On y voit d'une part qu'ils ont fait, après Adam Smith et avant M. Carey, l'exposé des lois générales, que celui-ci admet certainement dans son *Credo*; et d'autre part, que s'ils ne croyaient pas eux-mêmes complétement à la manière de M. Carey sur plusieurs points, cela n'autorise nullement ce dernier à les accuser d'incrédulité, à accaparer pour lui seul la mission de Kleper ou de Copernic économique.

Nous avouerons même qu'il nous est impossible de comprendre le reproche adressé par M. Carey à J.-B. Say et à Rossi. Ces deux hommes illustres ont-ils écrit chacun un cours d'économie politique ? Certainement. — Ont-ils, en d'autres termes, recherché la nature et la filiation des lois naturelles, providentielles, générales, comme on voudra les appeler, qui président à l'organisation et au développement des sociétés en ce qui touche au travail, à l'échange, à la richesse ? Vous ne sauriez le nier. Dès lors, pouvez-vous avancer qu'ils ne croient pas à l'existence des lois générales !

Dites, sauf erreur, que n'ayant pas aperçu les lois générales comme vous, ils ont pris le faux pour le vrai, l'antagonisme pour l'harmonie, le blanc pour le noir, le positif pour le négatif ; — dites qu'ils ne croient pas à *toutes vos* lois générales ; mais il ne vous est pas permis de soutenir avec raison que J.-B. Say, et Rossi encore plus que lui, ne croyaient pas à l'existence des lois, à l'exposition desquelles ils ont consacré de grands talents et de nobles efforts.

A ceci, nous pourrions ajouter des centaines de preuves. Une seule va nous suffire. Nous ouvrons le *Cours* de J.-B. Say, aux premiers alinéas de son discours préliminaire, et nous lisons :

« L'organisation artificielle des nations change avec les temps et avec les lieux, les lois naturelles qui président à leur entretien et opèrent leur conservation, sont les mêmes dans tous les pays et à toutes les époques. Elles étaient chez les anciens ce qu'elles sont de nos jours ; seulement elles sont mieux connues maintenant. Le sang qui circule dans les veines d'un Turc obéit aux mêmes lois que celui qui circule dans les veines d'un Canadien... »

« ... Or, c'est la connaissance de ces lois naturelles et constantes, sans lesquelles les sociétés humaines ne sauraient subsister, qui constitue cette nouvelle science que l'on a désignée par le nom d'économie politique. C'est une science, parce qu'elle ne se compose pas de systèmes inventés, de plans d'organisation arbitrairement conçus, d'hypothèses dénuées de preuves ; mais de la connaissance de ce qui est, de la connaissance des faits dont la réalité peut être établie. »

Est-ce assez clair ?

Nous faisons suivre la lettre de M. Carey et la réponse de M. Coquelin, d'une note que nous a adressée sur le même sujet M. Quijano qui, à son tour, affirme la rente et la légitime sous un aspect différent de ceux qui ont été jusqu'ici soumis au lecteur, plutôt qu'il ne l'explique, ce nous semble, en l'assimilant au résultat d'une spéculation et d'une véritable loterie. « La rente, dit-il, est le prix du choix d'une terre » ;... « mais ce prix n'est qu'une atténuation de la perte qu'ont éprouvée ceux qui ont fait ce choix, dans de hasardeuses spéculations. »

Les lecteurs verront facilement en quoi cette manière de voir s'éloigne ou se rapproche de celles que nous avons déjà mises sous leurs yeux.

JOSEPH GARNIER.

I. LETTRE DE M. CAREY.

SOMMAIRE. — Observations sur l'opinion de M. Coquelin. — Résumé des idées de Ricardo, de J.-B. Say, Rossi et de MM. Mac Culloch, Senior, etc.—Nouveaux développements à l'appui de cette proposition que la culture a partout et toujours commencé par les terrains infertiles. — Qu'il est impossible de séparer la proposition contraire de Ricardo de sa théorie de la Rente.—Confusion dans l'esprit de ceux qui ne partagent pas les idées de M. Carey.

A monsieur le rédacteur en chef du *Journal des Economistes* [1].

Le numéro de votre journal pour le mois de janvier, que je n'ai reçu que depuis quelques jours, contient, sur la question de la rente, une discussion qui a eu lieu devant la Société d'économie politique, dans laquelle je trouve le passage suivant :

« M. Coquelin est aussi d'avis que la question de l'ordre dans lequel le défrichement des terres a dû s'opérer n'est pas forcément liée à celle de la rente. Ce n'est guère que comme exemple et en matière d'hypothèse que Ricardo a admis que les défrichements des terres de première qualité avaient précédé ceux des terres de seconde qualité. Cette hypothèse est vraie à de certains égards, et fausse à de certains autres ; mais celle de M. Carey, adoptée par M. de Fontenay, n'est pas plus exacte : car elle conduirait à supposer que la culture s'est d'abord attachée aux rochers, et n'est arrivée aux plaines que successivement. Ce qui est vrai, c'est que les cultivateurs ont toujours *cherché* les terres de première qualité. Au fond, Ricardo n'a pas voulu dire autre chose. (*Journal des Economistes* tome XXXI, p. 106). »

L'opinion ainsi émise à l'égard de la théorie que j'ai présentée à la considération du public, est erronée, et, à mon avis, celle exprimée sur la théorie de Ricardo ne l'est pas moins ; et je désire vivement convaincre M. Coquelin sur ces deux points, car il est peu d'hommes en Europe dont l'aveu de la justesse de la nouvelle théorie me ferait autant de plaisir. Il y a maintenant sept ans que j'ai traduit un long article sorti de sa plume, désireux que j'étais que des idées aussi justes que celles qu'il exprimait, fussent mises sous les yeux et à la portée de mes concitoyens.

Qu'est-ce que Ricardo voulait enseigner? Quelles étaient ses vues sur la théorie qui, pendant quarante ans, a été regardée comme le *Pons asinorum* de l'économie politique, tellement que le refus d'en admettre l'exactitude a été estimé une preuve suffisante de l'absence totale de capacité pour la comprendre? Si nous cherchons la réponse à cette question dans ses ouvrages mêmes, nous y trouverons l'assertion positive des faits suivants : Ceux qui s'établissent les premiers sur les terres fertiles, ne payent pas de rente ; les terres les plus fertiles sont les premières cultivées ; la rente commence à être exigée, quand il devient nécessaire de défricher celles de la seconde qualité, et elle augmente quand le cultivateur a recours à celles de la troisième qualité. Quand le sol est le plus productif, il ne paye pas de rente, et il n'en paye que quand sa fertilité diminue. Le payement de la rente est toujours une preuve de cette diminution, et de la difficulté toujours croissante de se procurer des aliments. Le prix des produits bruts hausse en proportion des progrès de la société, et cette hausse est une conséquence nécessaire de l'augmentation du travail que leur

---

[1] Cette lettre étant particulièrement à mon adresse, j'y répondrai ci-après. Mais comme l'auteur me prête, par erreur, plusieurs opinions que je n'ai pas, j'ai cru devoir, pour abréger ma réponse, relever d'abord ces méprises par quelques notes mises au bas des pages. CH. COQUELIN.

production demande. A chacune de ces augmentations du prix des denrées et de ces diminutions de la fécondité du travail , le propriétaire terrien prend une quantité plus grande des produits, avec une augmentation constante dans la proportion entre cette quantité et le produit total, etc., etc.

Je prierai maintenant M. Coquelin de relire le chapitre de Ricardo sur la rente, et de se convaincre par lui-même que toutes ces choses sont distinctement posées comme des faits qui se présentent partout, et qu'elles ne sont pas avancées hypothétiquement, comme il est disposé à le croire. Je viens de relire moi-même ce chapitre, et je puis affirmer de la manière la plus positive que Ricardo les regardait comme des faits dont l'existence ne soulevait aucun doute, et ce n'est que très-récemment que ses disciples se sont permis d'en douter. Parmi les premiers de ses adhérents fut M. Mill[1], qui prit cette théorie tellement au pied de la lettre, qu'il affirma positivement, qu'à cause de cette grande loi naturelle, il était absolument certain que la fécondité du travail diminuerait à un tel point que les hommes mourraient de faim. Pendant vingt-cinq ans M. Mac Culloch a enseigné que les meilleurs terrains doivent être cultivés les premiers, et de cette « la stérilité toujours croissante du sol » que l'on a été obligé de soumettre à la culture, comme la cause de la diminution des profits. « La nécessité où l'on se trouve d'avoir recours à des terrains plus arides est », dit-il, « si grande et si puissante qu'elle finira par absorber toutes les autres », et « par l'opération de causes fixes et permanentes elle est sûre de rendre inutiles toutes les améliorations qui peuvent être introduites dans l'agriculture et dans la construction des machines. » Il n'y a rien là-dedans d'hypothétique[2]. L'auteur de ces paroles se regardait simplement comme l'expositeur d'une grande loi naturelle fixe et inévitable, par l'opération de laquelle les salaires et les profits avaient baissé et devaient continuer à baisser.

Passons maintenant à M. Rossi, dans l'ouvrage duquel nous trouvons une description de la condition du simple propriétaire terrien dans les premières périodes de la société, quand les terres les plus fertiles sont seules cultivées.

« Représentez-vous donc un propriétaire qui, les bras croisés, ne voudrait avoir d'autre souci que de livrer sa terre à un entrepreneur et de percevoir le fermage. Que percevrait-il ? Vous le savez, messieurs, ce dieu d'Epicure, s'il n'avait pas d'autres revenus, mourrait probablement de faim. Dans l'hypothèse, la rente serait nulle, ou à peu près nulle. Ce qui, dans un pays autrement constitué, servirait à payer le fermage, restera en entier ou presque en entier au cultivateur et au capitaliste. Le propriétaire, pour se faire un revenu, devra mettre lui-même la main à l'œuvre et se faire entrepreneur (Rossi, *Cours d'économie politique*, 2ᵉ édition, tome II, p. 21). »

La rente dans de telles circonstances est nulle ; personne ne veut payer le loyer du sol quand la population est petite et quand des terres fertiles sans emploi abondent de tous côtés. Le temps arrive pour la culture des terrains moins fertiles, et la raison pour le faire est donnée dans la question suivante : « Pourquoi », demande M. Rossi (pag 26), « après avoir cultivé les terres de première qualité, cultive-t-on même celles de seconde et de troisième qualité ? » (Vol. III, pag. 117.)

Les deux cas dans lesquels les terres ne payent pas de rente sont ainsi formulés par lui :

« Ne perdons donc pas de vue ces deux points extrêmes, absence de fécondité de puissance productive, rente égale à zéro, fertilité aussi grande qu'on peut l'imaginer,

---

[1] James Mill le père, auteur des *Eléments d'économie politique.*

[2] J'avais parlé de Ricardo ; M. Carey m'objecte les opinions de Mac Culloch ; ce n'est pas tout à fait la même chose. Au reste, je n'insiste pas sur ce point, car dans la discussion engagée au sein de la Société des économistes, la question n'était pas là.

CH. C.

mais quantité très-grande de terres de cette même fertilité comparativement à la population, rente minime et qu'on peut, sans inconvénient, donner comme encore égale à zéro, parce que, s'il y en a une, elle n'est que très-peu de chose. Ainsi, en Amérique, quand on avait une terre pour 3 ou 4 dollars, que devait être la rente? » (Rossi, *Cours d'économie politique*, tome III, p. 117).

Nous avons ici précisément la même idée dans d'autres termes. Les terrains les plus fertiles sont les premiers cultivés et ne payent point de loyer, mais avec l'accroissement de la population vient le besoin de recourir à de moins fertiles, et alors on commence à payer une rente ; et plus le déclin de la fécondité du travail est rapide, plus rapide devient aussi l'augmentation de la rente.

Que est, maintenant, je le demande, le résultat, pour le travailleur, de cet état de choses ? N'est-il pas, d'année en année, de plus en plus obligé d'épuiser ses forces dans des efforts pour arracher au sol dégénéré une plus petite quantité de produits, tandis que son voisin, le propriétaire, assis et les bras croisés, voit son revenu s'augmenter d'année en année, exigeant de lui *une plus grande proportion* de la *quantité toujours décroissante* qu'il reçoit, et la prenant, comme nous dit M. Senior, « sous forme de rente, qui n'est la récompense d'aucun sacrifice quelconque, et est reçue par ceux qui n'ont ni travaillé ni fait des avances, mais qui se bornent à tendre la main pour recevoir les offrandes de la communauté ? »

Tel est le cas, sans aucun doute, selon la doctrine de M. Ricardo, et c'est ainsi qu'elle tend à prouver que non-seulement il est strictement conforme à une grande loi naturelle que les pauvres et les faibles deviennent chaque jour plus pauvres et plus faibles, mais encore que les riches augmentent chaque jour leurs forces et leurs richesses, leur donnant le pouvoir de fouler de plus en plus les travailleurs, — les seuls qui produisent, — dont ils sont environnés. C'est une conséquence à laquelle les disciples de Ricardo ne peuvent se soustraire. C'est à ce résultat que sa doctrine, ainsi que celle de Say, M. Mac Culloch et Rossi, mènent inévitablement [1], et c'est à la publicité donnée à de telles idées que nous devons l'école proudhonnienne. Les extrêmes se touchent toujours, et voilà pourquoi nous trouvons l'ultrà-radicalisme de l'école qui enseigne que « la propriété, c'est le vol, » côte à côte avec l'ultra-conservatoritisme de celle de Ricardo, qui tend inévitablement à la sujétion du grand nombre qui travaille à la volonté du petit nombre qui a les moyens de ne rien faire, et qui fournit à ces derniers une grande loi naturelle pour rejeter sur la Divinité toute la responsabilité d'un système aussi injuste que celui à l'aide duquel le peuple d'Irlande et celui de l'Inde ont été réduits à la condition déplorable où ils se trouvent.

La théorie que j'ai proposée comme la véritable est directement opposée à celle que nous venons de voir. Elles ne s'accordent en aucun point. La distance qui les sépare est aussi grande que celle entre le zénith et le nadir. La mienne montre l'homme commençant partout, comme il commence maintenant dans tous les pays neufs, par les terres infertiles : l'Attique au sol stérile y est représentée comme ayant eu le pas sur la féconde Béotie, et le sol aride de la haute Egypte comme ayant été

---

[1] Il faut pourtant remarquer que plusieurs des hommes dont il est ici question, n'ont pas admis ces conséquences. J. B. Say, notamment, les dément de la manière la plus formelle, dans plusieurs endroits de ses ouvrages. M. Carey croit que ces conséquences sont inévitables, et quelques-uns de nos collègues de la Société des économistes sont, à cet égard, de son avis. Ils en ont bien le droit; mais ce qui me paraît pas aussi légitime, c'est qu'ils prêtent à leurs adversaires, comme des opinions expressément adoptées par eux, les conséquences qu'ils tirent eux-mêmes de leurs principes. Toute la discussion engagée dans la Société des économistes sur la question de la rente, depuis et y compris la lettre de Fr. Bastiat, n'a été qu'un long exemple de cette étrange confusion.

Ch. C.

cultivé avant le fertile Delta, les pauvres monts Sabins comme ayant été défrichés
avant la riche Campagna, le Limbourg et le Luxembourg avant les terrains fertiles
du Bas-Rhin, le pauvre pays de Cornouailles avant le riche et fertile Lancashire, le
Pérou avant les riches bas-fonds des vallées de l'Amazone, le Chili avant les fertiles
vallées de La Plata, les îles pauvres de Saint-Martin et de Saint-Christophe avant les
riches Puerto-Rico et Trinidad, et le maigre territoire de la Nouvelle-Angleterre avant
les riches plaines de la Louisiane. « Soutenir une telle théorie », nous dit M. Coquelin ¹, nous conduirait à supposer que la culture s'est d'abord attachée aux rochers
et n'est arrivée aux plaines que successivement », et comme ceci ne peut être le cas,
il en conclut que la théorie ne saurait être « plus exacte » que celle de Ricardo.

Admettant, maintenant, qu'elle « nous conduirait » vraiment à cette supposition, je
demanderai à M. Coquelin, en me servant des paroles de M. Molinari, « serait-elle moins
vraie? » La question à déterminer est celle-ci : Quels sont réellement les phénomènes offerts à notre considération, quand nous examinons les opérations de l'homme
dans le cours de son occupation de la terre, et quelles sont les lois à en déduire? La
loi une fois établie, il nous la faut accepter comme nous acceptons les autres lois,
pour le mieux et pour le pis, qu'elle nous conduise au milieu des rochers ou dans
les marais, qu'elle nous mène à la protection ou à l'abolition de la protection. Les faits
que je trouve dans les pages de l'histoire démontrent que les hommes en Égypte, en
Syrie, en Italie et en Grèce, les hommes de France, d'Angleterre, de l'Europe et de
l'Asie, les habitants de l'Amérique du Nord et de celle du Sud, des îles et des continents du monde, et de toutes les provinces, de tous les États et de tous les royaumes
qui ont été formés dans ces continents et dans ces îles, ont suivi une marche uniforme, commençant sur les sols infertiles ; et en regardant autour de moi, je vois
qu'ils font maintenant ici et ailleurs précisément ce que leurs prédécesseurs ont fait ;
d'où j'infère l'existence d'une grande loi, opérant universellement, dont l'admission
ne peut pas plus mener à l'erreur que ne le fit l'admission des lois de Copernic, de
Képler et de Newton. Telle est mon interprétation des faits du passé et du présent.
Celle de M. Coquelin diffère-t-elle de la mienne? Nie-t-on que tels soient les faits?
S'il en est ainsi, je demanderai qu'on produise les faits opposés : si on ne le peut, il
faut admettre que les opérations de l'homme ont été gouvernées par une grande loi
générale, et que cette loi est précisément l'opposée de celle annoncée par Ricardo, et
ainsi une question au moins sera décidée.

M. Ricardo a écrit comme écrirait naturellement une personne qui n'a point
étudié les faits. Il n'était point déraisonnable de penser qu'un homme, ayant le choix
de deux terrains, prendrait le plus fertile ; et cependant un peu de réflexion l'aurait
conduit à une conclusion différente. L'homme qui commence son œuvre de culture
est toujours pauvre, et *doit* commencer où le sol est léger et facile à remuer, où les
arbres sont petits et aisément déracinés, et où les eaux s'écoulent d'elles-mêmes ; il
est donc naturellement conduit aux endroits où la dissolution récente des rochers a
produit un sol tel qu'il le désire, et ce sol ne se trouve que parmi les collines, et
c'est là que, raisonnant *à priori*, M. Ricardo aurait dû placer le défricheur, s'il avait
donné au sujet toute la réflexion qu'il mérite. Il ne m'est cependant pas nécessaire

¹ M. Carey me paraît oublier ici, comme dans plusieurs autres passages de sa lettre,
qu'il ne répond pas à un texte écrit, mais à une improvisation rapide, qui n'a pas même
été sténographiée, mais seulement recueillie et résumée après coup, sur des notes, par
une autre main que la mienne : si exacte que puisse être une telle reproduction, elle ne
saurait l'être assez pour qu'on en discute rigoureusement les termes. Je puis donc considérer comme non avenues toutes les observations qui ne portent que sur les expressions dont je me suis servi. En somme, j'admets fort bien, avec M. Carey, qu'on n'a pas
commencé, dans les pays neufs, par exploiter les terres les plus fertiles ; mais je n'admets pas que les hommes aient passé, suivant une progression régulière et continue, des
terrains les plus arides à des terres d'une fertilité toujours croissante.   CH. C.

de le placer dans aucune situation particulière ; la théorie que je défends se trouvera également vraie, que je rencontre l'homme au sommet de la colline, sur le versant, ou même au pied, suivant les circonstances dans lesquelles le défrichement à commencé. Mon unique but est de prouver que les hommes ont toujours passé à des terrains plus fertiles avec *un accroissement* des produits du travail ; tandis que Ricardo affirme qu'ils ont toujours passé DES meilleures terres avec *une diminution* de ces produits. Ma théorie est également vraie, soit qu'on l'applique à l'homme, qui, privé de hache et de bêche, commence à cultiver le n° 20 et s'avance vers le n° 19, — soit à celui qui, pourvu d'une hache, commence au n° 19 et passe au n° 18, ou à celui qui, possédant haches, bêches, chevaux et bœufs, commence au n° 10, s'avance vers le n° 9 et passe rapidement au n° 1. Elle est également applicable, quand ce dernier, après être arrivé à la première qualité de la couche superficielle et s'être mis en état d'extraire l'engrais fourni par les produits d'un sol rendu fécond par les accumulations des siècles, retourne sur ses pas et transporte cet engrais sur la colline pour y fertiliser le sol le plus aride, si aride, qu'il a même été négligé dans les premières phases de la société, et il obtient ainsi, à peu de frais, un terrain productif. Elle lui est encore applicable quand, arrivé à la terre argileuse ou sablonneuse, il tire de son sein la chaux ou la marne qu'il emploie à enrichir la surface, car il se procure ainsi, avec peu de travail, un sol neuf et productif. Dans tous les cas, il passe à un terrain plus fertile, et j'invite mes adversaires à me citer un seul pays, dans lequel la richesse et la population ont augmenté, où telle n'ait pas été la marche des événements, — ou à m'en montrer un seul où l'homme ait passé *des* meilleures terres aux plus pauvres avec une diminution dans la rétribution de son travail, à moins que la richesse et la population n'y aient diminué. Bien plus, je les invite à me citer un pays dans lequel une semblable diminution de richesse et de population soit arrivée, sans avoir amené avec elle cette série d'événements que Ricardo décrit comme la conséquence naturelle de leur accroissement, — la nécessité de recourir à des terres infécondes, avec une diminution des produits du travail et une augmentation de la *proportion* du propriétaire terrien et de celle des autres capitalistes.

On peut maintenant voir facilement que la nouvelle théorie n'entraîne pas la nécessité que M. Coquelin lui attribue. Les hommes qui cultivèrent la montagneuse Helvétie, en dédaignant les terres fertiles, marécageuses et inoccupées de la Vénétie, ne se crurent point obligés à semer leurs graines sur les rochers, tandis que le sol intermédiaire leur offrait des endroits dont la culture pouvait leur faire espérer quelques produits en retour. Ils commencèrent *parmi* les rochers et ils s'avancèrent *vers* les terres fertiles au pied des montagnes, et, à chaque pas, ils trouvèrent une augmentation des produits de leur travail. — La différence entre les deux systèmes, c'est que l'un est la loi du progrès de l'homme, tandis que l'autre est celle de sa rétrogradation, en vertu d'une grande loi émanée d'un créateur sage, puissant et miséricordieux ; l'un embrasse tous les intérêts de l'homme, tandis que l'autre se borne à la considération de la richesse ; la devise de l'un est « En avant », celle de l'autre « En arrière ». Me trompé-je donc, en disant qu'ils sont aussi éloignés l'un de l'autre que le sont les pôles, et qu'aucun effort ne peut les rapprocher ?

M. Coquelin est, cependant, d'avis que la question de la rente n'est pas « forcément liée » à celle de l'ordre de défrichement du sol, mais elles ne peuvent être séparées ! Comment le pourraient-elles, quand le fait imaginaire, que les hommes commencent avec les sols stériles, est la pierre fondamentale de l'édifice ricardien, qui disparaîtra avec son abstraction ? Dans le principe, les terres n'ont point de valeur. Celle qui existe est, selon sa théorie, due aux besoins de l'homme, et sa mesure est la mesure de ces besoins. La rente est le résultat des différences des terrains. Elle croît avec la décroissance du pouvoir productif du travail. Les terres les premières cultivées sont celles qui, dans le progrès de la société, payent les plus fortes rentes, et celles défrichées en dernier lieu payent les moindres. Les propriétaires des premières jouissent d'un monopole. Au commencement, les terres fertiles sont abondantes, et tous les hommes ont un droit égal à se les approprier ; l'égalité existe, car un homme ne peut pas dire à son voisin, paye-moi la permission de te procurer de la nourriture : l'inégalité commence lorsque la population et la richesse augmentent, et elle continue à augmenter avec le progrès de la société ; le petit nombre devient chaque jour plus puissant, et le grand nombre chaque jour plus faible, jusqu'à ce qu'enfin la société ne soit plus composée que de deux classes,—les propriétaires terriens et leurs esclaves. Tel est l'ordre des faits, ou bien c'est le contraire, suivant que nous prenons l'une ou l'autre des théories de l'ordre de défrichement. Le plus léger examen des faits de l'histoire ou de ceux qui se passent autour de nous montre que la rente est payée dès le commencement, et que c'est alors qu'elle pèse le plus sur le pauvre locataire, car c'est alors qu'elle prend la plus grande *proportion* des produits du travail. C'est alors que nous voyons le cultivateur dans la dépendance complète du propriétaire, qui exige la proportion qui lui est la plus agréable. Où voyons-nous, cependant, que la *quantité* de la rente est la plus grande ? N'est-ce pas dans les terres nouvellement défrichées ? Comparons les rentes du Lancashire, qui était un marais il y a deux siècles, avec celles du pays de Cornouailles, cultivé depuis des milliers d'années, — ou celles des *Highlands* d'Écosse avec celles des *Lothians*, — ou celles du Limbourg et du Luxembourg avec celles de la Flandre ou du Brabant, et la question sera résolue. Les terrains les plus neufs payent les plus forts loyers, et, cependant, c'est précisément lorsque ces nouveaux sols sont soumis à la culture, que nous observons une diminution de la *proportion* des produits nécessaires au payement de la rente, laissant au cultivateur *une plus grande proportion de la quantité augmentée.* La quantité du propriétaire est augmentée, mais cette augmentation est accompagnée d'une diminution de la proportion, et c'est ainsi qu'avec l'accroissement de la population et de la richesse, l'extension de la culture est invariablement accompagnée d'une diminution du pouvoir du propriétaire sur le cultivateur et d'une augmentation pour le cultivateur du pouvoir de se gouverner lui-même, avec une tendance générale vers une égalité de condition et une égalité de droits.

M. Ricardo, et après lui MM. Say, Mac Culloch et Rossi ont, au contraire, enseigné que la proportion du propriétaire augmente constamment avec l'accroissement de la population et la décroissance du pouvoir des travailleurs, et qu'ainsi à chaque pas il doit y avoir une plus grande inégalité dans les conditions. Le lecteur peut juger laquelle de ces théories s'accorde le mieux avec les faits, après avoir examiné la table suivante du progrès des choses en France depuis 1643, dressée par M. Moreau de Jonnès (Annuaire pour 1851, p. 368).

	POPULAT.ON totale.	POPULATION agricole.	PRODUIT TOTAL d'agriculture.	SALAIRES.	PROPORTION.	RENTE.	PROPORTION.
1700	19,500,000	15,000,000	1,308.000,000	458,000.000	35 %	858,000,000	65 %
1840	36,000,000	27,000,000	5,025,000,000	3,016,000,000	60 %	2,000,000,000	40 %

	SALAIRES totaux.	Leur PROPORTION au produit brut.	SALAIRE par personne.	SALAIRE par famille.	PRIX MOYEN DU BLÉ.	
1700	458,000,000	35 %	31	135	1643 à 1715....	18f. 85c.
1760	442 000,000	37 %	28	126	1716 à 1775....	13 05
1788	725,000,000	43 %	40	161	1776 à 1791....	15 »
1813	1,827,000,000	60 %	85	400	1805 à 1814....	21 »
1825					1815 à 1830....	20 62
1840	3,016,000,000	60 %	111	500	1831 à 1840....	10 05

Les faits ici rapportés coïncident parfaitement avec la théorie que j'ai proposée, tandis qu'ils sont tout à fait opposés à celle de Ricardo. A chaque pas, comme nous le voyons, le travail devient plus productif, et à chacun le travailleur prend une plus grande *proportion* du produit ainsi augmenté, et se voit ainsi en état d'acquérir graduellement plus de contrôle sur ses propres actions, passant de la condition de serf à celle d'homme libre. Il en a été de même partout quand la richesse et la population ont augmenté, et quand la culture a conséquemment passé des sols stériles aux plus féconds ; tandis que précisément le contraire est arrivé quand la population et la richesse ont décliné, car alors les hommes ont abandonné les terrains fertiles pour se retirer sur les mauvais, comme le témoigne l'abandon des vallées du Tigre et de l'Euphrate, du Delta du Nil, de la campagne de Rome, des terres fertiles de Sienne, de la vallée du Mexique, et plus récemment, sous la domination de l'Angleterre, le retour des sols les plus féconds de l'Inde à leur état primitif de *jungles*. Si mes adversaires peuvent trouver dans ces faits de quoi confirmer la théorie ricardienne, j'avoue que c'est plus que je ne puis faire. S'ils peuvent produire d'autres faits établissant un ordre de choses opposé à celui que je viens de décrire, je les invite à le faire. Qu'ils me montrent, s'ils peuvent, *une seule nation* chez laquelle les hommes aient commencé la culture par les terres fertiles, ou bien *une seule* où la proportion du propriétaire terrien ait augmenté avec l'accroissement de la population et de la richesse, et je me déclarerai satisfait. Un seul grand fait, parfaitement établi, me fera abandonner ma théorie comme entièrement fausse, car aux grandes lois naturelles il ne peut y avoir d'exceptions.

Nous pouvons maintenant nous enquérir pour un moment comment les faits que je viens de citer affectent la question du monopole. M. Ricardo nous assure que les propriétaires des terres cultivées les premières ont le monopole de ces agents naturels capables de donner au travail le plus grand retour, et que leur pouvoir de demander une rente augmente avec la nécessité où l'on se trouve d'avoir recours à des agents inférieurs. Nous voyons, cependant, que les terrains soumis les derniers à la culture payent *la plus forte* rente, et que si nous voulons trouver ceux qui payent la plus faible, il nous faut les aller chercher dans la sauvage Bretagne, la montagneuse Auvergne ou le stérile Limbourg, qui furent tous soumis de bonne heure à la culture. Nous voyons aussi qu'à mesure que les meilleures terres sont défrichées, la proportion du propriétaire diminue ; et la raison en est que les progrès de la richesse et de la population donnent partout aux hommes la facilité d'obtenir avec *moins de travail* les machines qui aident à la production *d'une qualité supérieure*. La loi qui règle la valeur des haches et des machines est absolument la même que celle qui règle la valeur du sol. Si la difficulté de se procurer une bonne hache était deux fois aussi grande qu'elle l'était il y a un siècle, celui qui en possède une demanderait en échange *plus* de travail qu'elle n'en a coûté, ou s'il la louait il exigerait une plus grande *proportion* du bois qu'elle a servi à abattre, tandis que le travailleur serait obligé de se contenter d'une plus petite proportion. Cependant la difficulté, au lieu d'avoir augmenté, a diminué, et une hache qui, il y a cent ans, aurait coûté le travail de vingt jours, ne coûterait maintenant que le travail d'un ou deux, et le bûcheron d'à présent paye à celui qui l'emploie pour le louage de cette hache un dixième du produit de son travail, tandis qu'autrefois il lui en aurait donné la moitié, si ce n'est les deux tiers. Cette *proportion* plus faible payée pour l'usage de la hache prouve une grande augmentation de la facilité d'obtenir des haches, et la proportion plus faible des produits du travail payée pour le loyer des pouvoirs de la terre prouve une augmentation constante de la facilité que l'homme acquiert à soumettre ces pouvoirs à son usage, en passant du sol aride des collines vers les riches bas-fonds des vallées.

Le sol de la Grande-Bretagne et celui de l'Irlande, leurs maisons, leurs mines, leurs routes, leurs usines et leurs établissements de manufactures étant des choses pour l'usufruit desquelles on exige une rente, peuvent être évalués à environ 2 milliards de livres sterling, ou à un équivalent d'autant de milliards de semaines de travail de toute espèce, en comptant ces dernières à une livre sterling, l'une dans l'autre. Nous avons ici l'équivalent du travail de sept millions d'hommes (le nombre total de mâles, capables de travailler dans le royaume-uni) pendant six ans. Admettons maintenant que le pays entier pût revenir à la condition dans laquelle il se trouvait lors du débarquement de César, avec ses forêts impénétrables et ses marais stagnants, et que l'objet unique auquel le travail de tous les habitants fût consacré, fût de le ramener à sa condition présente, pourraient-ils accomplir cet ouvrage en six années ou en vingt, ou même en un demi-siècle? Certainement non, et s'il en est ainsi, n'est-il pas évident que l'homme qui, maintenant, donne le produit de son travail pour acquérir des terres, obtient plusieurs journées du travail des générations passées, en échange d'une journée du sien?

Si, maintenant, la moitié de ces habitants commençait à travailler à la terre comme elle est à présent, et s'adonnait entièrement à ouvrir des tranchées de dessèchement, à extraire de la marne et de la chaux, à dessécher les marécages de l'Irlande et les marais partout, ne pourraient-ils pas en peu d'années ajouter cinquante, si ce n'est même cent pour cent au pouvoir des habitants sur les propriétés fécondantes de la terre? Assurément ils le pourraient, et dans ce cas n'est-il pas évident que le travail de la génération présente, pendant un très-court espace de temps, donne plus de pouvoir sur le sol que n'en ont acquis toutes les générations qui se sont succédé depuis l'arrivée des Romains, tout comme le travail d'un jour commande aujourd'hui une plus grande portion de l'aide des instruments pour la coupe du bois que n'aurait pu le faire, il y a un siècle, le travail de quinze jours? C'est cet accroissement de pouvoir qui fait que les terres ne s'échangeraient plus maintenant contre autant de travail qu'il en faudrait pour les ramener à leur condition présente si elles pouvaient être replacées dans l'état de nature. Une denrée dont l'approvisionnement n'excède pas la demande s'échangera toujours contre autant de travail qu'il en faudra pour sa *reproduction*, et quand elle ne vaut pas autant que sa *production* a coûté, nous en trouvons toujours la cause dans le fait que l'on peut produire de semblables denrées avec moins de travail; et cette proposition est tout aussi vraie à l'égard du sol qu'elle l'est à l'égard des haches ou des machines à vapeur. Le Créateur a voulu que les mêmes lois gouvernassent toutes les espèces de la matière, et s'il en est ainsi, il s'ensuit que la valeur du sol est due à la même cause qui donne leur valeur aux autres denrées, au travail, et qu'elle n'est pas due au monopole et ne peut l'être.

Je demanderai à ceux qui doutent de la justesse de ces vues, la permission de leur suggérer la considération du fait que la rente est payée pour l'usufruit des avantages que possède le sol pour la production, le transport, l'échange et la conversion de ses produits, et que toutes les terres maintenant soumises à la culture jouissent d'abord des bienfaits résultant de l'application du travail pendant des milliers d'années à l'amélioration des moyens de transport, de conversion et d'échange, et en jouissent ainsi sans frais d'aucune espèce. Les routes et les canaux d'Angleterre, ses bourgs, ses cités et ses marchés sont suffisants pour le transport et l'échange du double de la quantité des denrées qui y sont produites maintenant, et ses facilités de conversion pourraient être doublées par l'application d'une quantité minime de de travail. Après s'être satisfaits sur ce point, je leur recommanderai la lecture d'une brochure par M. *Poulett-Scrope*, intitulée: « *Appel en faveur des droits de l'industrie*, Londres, 1848 », dans laquelle ils trouveront des évaluations données pour montrer quelle petite quantité de travail il faudrait pour augmenter de moitié la production du pays, ce qui est plus qu'équivalent à une augmentation de la moitié de la superficie du royaume. Le procédé ici proposé sur une grande échelle se poursuit constamment en petit, et l'homme obtient journellement une plus grande puissance sur le sol avec moins de travail, ainsi que le démontre M. Scrope dans ses évaluations des dépenses qu'a nécessitées tout récemment le défrichement des terrains les plus fertiles du Lancashire, et probablement de tout le royaume. C'est à peine si l'école ricardienne peut rejeter l'autorité de M. Scrope, car il croit que la rente est payée à cause de l'accroissement des dépenses résultant de la nécessité de cultiver des terres qui possèdent de moins grands avantages naturels, ou de moins grands avantages de situation ; et il croit aussi que le propriétaire qui reçoit la rente jouit d'un monopole bénéficial en vertu duquel il la perçoit.

M. Coquelin, cependant, est d'avis que le travail à présent donne moins de pouvoir sur les qualités fécondantes du sol qu'il n'en a donné dans les temps passés, car il dit que le prix du travail a diminué [1], tandis que celui des aliments a augmenté, effet naturel, comme il le pense, de la nécessité où l'on s'est vu d'avoir recours à des terrains d'une qualité inférieure. Pour prouver cette assertion il fait mention de la nourriture animale, qui, dans l'Amérique du Sud, est souvent perdue faute de bouches pour la consommer, ou de vaisseaux pour la transporter. Il me paraît, cependant, qu'il oublie que c'est une partie *indispensable* de la doctrine ricardienne que, quand les produits bruts sont ainsi sans valeur, le travail est largement rémunéré, et que sa valeur diminue quand celle des produits augmente. Quand les terres fertiles sont surabondantes et que les plus productives sont seules cultivées, les salaires et les profits, suivant la théorie, sont grands, et ce n'est que lorsque la fécondité du sol décline, qu'ils deviennent faibles, et que l'homme devient surabondant et sans valeur. Quel est le fait à l'égard de ces hommes qui laissent ainsi perdre la nourriture, tandis que tant d'autres en manquent ? ne sont-ils pas au nombre des plus misérablement nourris, des plus pauvrement vêtus, logés et instruits ? ne sont-ils pas parmi les plus pauvres du monde ? ne sont-ce pas les gens qui ont le moins de pouvoir de se procurer des machines qui pourraient les aider à s'approprier les qualités du sol ? Cependant ce sont précisément les gens chez lesquels les salaires et les profits devraient être les plus forts. Mais le cas étant tout le contraire, le fait que M. Coquelin avance pour confirmer la justesse de ses vues, n'est-il pas celui-là même qu'il me faut pour les réfuter ? La difficulté est que ces pauvres gens manquent de voisins consommateurs. Ils sont si éloignés de ceux qui seraient bien aises de consommer leurs produits, que ces derniers sont sans valeur à cause de la cherté du transport ; et c'est dans la vue de perpétuer un tel état de choses que l'Angleterre fait de si grands efforts pour s'assurer le monopole du pouvoir d'échanger les denrées manufacturées contre les produits bruts de la terre, afin de perpétuer ainsi la séparation entre le producteur et le consommateur. C'est le vice de son système, dénoncé, il y a maintenant près d'un siècle, par Adam Smith. Plaçons ce consommateur à côté du faible produit des denrées qui sont perdues à présent, *augmentons la population*, et le prix des aliments augmentera [2] ; mais le prix du travail tombera-t-il ? Ne

---

[1] Cette observation, comme plusieurs de celles qui suivent, ne roule que sur une faute d'impression. J'avais dit que si le prix des grains tend à augmenter à mesure que la population s'accroît, celui de la *mouture* tend à baisser, ce qui compense un peu la différence. Au lieu de *mouture*, on a imprimé *main-d'œuvre*, et voilà comment M. Carey me prête ici une opinion qui est loin de ma pensée réelle. Cette faute d'impression a été dans le numéro suivant du *Journal des Economistes* (numéro de février) l'objet d'un erratum ; mais M. Carey n'avait probablement pas reçu ce numero lorsqu'il a écrit sa lettre, ou bien il n'a pas pris garde à l'erratum. Ch. C.

[2] J'ai dit que le prix des aliments augmente ou tend à augmenter quand la population s'accroît. M. Carey m'accorde ce point, et j'en suis bien aise, d'autant mieux qu'il m'avait été vivement contesté. Quant au prix du travail, je n'en ai point parlé, parce que la question n'était pas là pour le moment. Ch. C.

s'élèvera-t-il pas au contraire, et de beaucoup? Assurément; car alors le travail de toute espèce sera demandé, tant celui qui produit des aliments que celui qui produit du drap ou du fer; et il acquerra un prix, tandis que maintenant il est, comme la nourriture, sans aucune valeur. La nourriture n'est qu'une des transformations que subit le travail, et celui du fermier de la vallée du Mississipi est bien payé quand le prix du blé est élevé, tandis qu'il est ruiné quand il se vend à bon marché. Sa valeur augmente à mesure que le consommateur s'en rapproche et permet ainsi au fermier d'économiser les frais de transport, et c'est à cause de la nécessité de faire cette économie qu'il se trouve obligé d'avoir recours à la protection contre l'Angleterre, qui cherche à l'obliger à faire tous ses échanges à Manchester ou à Birmingham, avec une perte de plus de travail pour le transport de ses produits, qu'il n'en faudrait pour les convertir en fer ou en drap. Une dure expérience lui a démontré la vérité de ce que M. Coquelin avance, « qu'une terre peut ne rien produire, si elle est trop distante de la place de consommation », c'est-à-dire si elle ne jouit pas des avantages de la situation, fruit du *travail de l'homme.*

M. Coquelin dit que Ricardo n'a pas limité la cause de la rente du sol à la fertilité, mais qu'il a aussi mentionné les avantages de la situation. Il est très-vrai que ceci peut se trouver exprimé en une demi-douzaine de mots dans son chapitre de la rente, mais le sujet est ensuite si entièrement laissé de côté, qu'il m'a paru comme s'il avait d'abord écrit son livre et avait ensuite inventé ces mots afin de ménager une porte par laquelle pussent s'échapper les millions de faits dont il voyait bien que sa théorie ne pouvait rendre compte [1]? Quels sont, cependant, les avantages de situation autres que ceux qui, comme l'a si bien démontré M. Paillottet, résultent de la proximité des lieux d'échange créés par le travail de l'homme? Assurément il n'y en a aucun [2]. Les avantages naturels de situation que possède Manchester ou Mulhouse ne sont pas aussi grands que ceux de Mobile ou de la Nouvelle-Orléans, et cependant les terres qui environnent ces dernières n'ont que très-peu de valeur, tandis que celles qui avoisinent les premières sont presque hors de prix. Cependant M. Coquelin pense que la valeur donnée aux terres naturellement arides dans le voisinage d'une ville ne peut être ainsi expliquée [3]. Néanmoins, c'est là précisément que se trouve l'explication. Les terres les plus fertiles de l'Inde ont perdu leur valeur depuis que le lieu de l'échange de leurs produits a été transféré à Manchester, et celles situées autour de Mulhouse peuvent perdre une partie de la leur, si jamais le centre de la

---

[1] Il ne faudrait pourtant pas, quand on discute la théorie d'un écrivain, retrancher arbitrairement de son texte ce qu'il y a mis, sous prétexte que cela s'y est glissé par hasard et après coup. Loin d'admettre avec M. Carey que ce mot *situation* soit hors de sa place dans le texte de Ricardo, je dis qu'il y est tellement à sa place, que s'il ne s'y trouvait pas, il faudrait le suppléer, comme étant nécessairement sous-entendu. Quand on admet, en effet, et c'est là le point de départ général de la doctrine de Ricardo, que la valeur des terres et la rente foncière s'élèvent à mesure que la population s'accroît, on reconnaît par cela même que la circonstance qui contribue le plus à élever la rente, c'est l'avantage de la situation, en d'autres termes, le voisinage des grands centres de population.   Ch. C.

[2] Non, il n'y en a aucun; à moins qu'on n'y ajoute l'avantage de se trouver sur le parcours des grandes voies de communication qui mènent facilement à ces mêmes lieux d'échange, ce qui revient à peu près à la même chose. Mais personne que je sache n'a nié cela. Si M. Paillottet s'était attaché à nous le démontrer, il aurait pris un soin assurément fort superflu; mais je pense qu'il s'est borné à rappeler le fait pour en tirer les conséquences qu'il jugeait favorables à sa thèse.   Ch. C.

[3] Je n'imagine pas d'où M. Carey a pu induire que je repousse cette explication. Non-seulement je ne la repousse pas, mais je l'ai donnée bien des fois moi-même, et je ne conçois guère qu'on puisse en donner une autre. Ainsi, cet avantage de situation qui contribue si puissamment à augmenter la valeur d'une terre et à en élever la rente, ré-

manufacture du coton venait à être transporté sur le sol fertile de l'Alabama et du Mississipi. Ce que l'homme donne, l'homme peut le reprendre. Les terres les plus fertiles du monde dans ce pays, dans l'Amérique du Sud et dans l'Inde, sont dans ce moment presque sans valeur, parce qu'aucun travail n'a placé auprès d'elles les usines, les moulins, les magasins et les routes nécessaires à donner du prix à leurs produits, tandis qu'un sol aride situé près des lieux d'échange en a acquis une aussitôt que des routes, des magasins, des moulins et des usines ont été construits, permettant ainsi au fermier de convertir aisément son grain en articles de vêtements et en machines qui aident à la production, tandis qu'au lieu de perdre l'engrais cause de la distance de son lieu d'échange, il lui est maintenant permis de le rendre à la terre, chose impossible quand la place de consommation de ses produits est éloignée. On ne peut désirer, à ce que je pense, une réponse plus concluante que celle qui se trouve dans l'argument de M. Coquelin, à la doctrine de l'école ricardo-malthusienne qui tend à faire de la Grande-Bretagne le lieu d'échange et l'atelier du monde entier, et à priver ainsi les autres parties du globe des « avantages de situation. » L'idée qui domine dans le libre-échange anglais est tout à fait opposée aux doctrines d'Adam Smith.

Supposons, cependant, que l'idée [1] de M. Coquelin soit correcte et qu'il nous faille chercher la cause de la valeur des terres infertiles situées près des villes dans la théorie de Ricardo ; ne s'ensuivrait-il pas nécessairement que la valeur du travail en denrées de consommation a diminué à mesure que ces terres ont été soumises à la culture ? Sans aucun doute, cela aurait dû avoir lieu. Mais ce changement est-il arrivé ? Comme preuve du contraire n'avons-nous pas les tables dressées avec tant de soin par M. de Jonnès ? Ne s'ensuivrait-il pas de plus que la *proportion* des propriétaires aurait augmenté ? Très-certainement, car autrement la théorie serait fausse. Maintenant, je prie le lecteur de consulter encore les tables de M. de Jonnès, et de lire ensuite l'aveu que fait Malthus que la *proportion* du propriétaire a diminué, et alors d'étudier les faits qui se passent autour de lui, et de voir jusqu'à quel point ils confirment les résultats obtenus par ces deux auteurs : après quoi je l'engagerai à déterminer la valeur de la théorie ricardienne.

Les « avantages de situation » n'étant que le résultat du travail de l'homme, donnés tantôt aux terres avoisinant Babylone, tantôt à celles situées autour d'Athènes, de Rome, d'Alexandrie et de Venise, tantôt à celles de Gand ou de Grenade, et tantôt à celles près de Liverpool ou de Manchester, de Lyon ou de Sédan, il nous est possible maintenant de déterminer ce qu'est la théorie de Ricardo en ce qui regarde la valeur du sol, et nous ne nous tromperons pas beaucoup, je pense, en l'établissant dans les termes suivants :

« Le sol doit toute sa valeur, soit à l'ouvrage du Créateur qui a voulu que les terrains différassent dans leurs parties constitutives, ou au travail de l'homme qui a aplani toutes les différences et a mis les diverses parties au niveau les unes des autres. Ceux qui ne peuvent trouver la cause de la valeur dans l'ouvrage du premier, peuvent être sûrs de la trouver dans celui du second. »

—————

side essentiellement dans la proximité des grands centres de population ; cela est entendu. Mais quand M. Carey ajoute que cet avantage ainsi défini est *le fruit du travail de l'homme*, je dois lui faire observer que ceci est une thèse nouvelle, déjà soutenue, il est vrai, par nos contradicteurs de France, mais tout à fait différente de celle qu'on avait soutenue d'abord et que nous avons combattue. Au surplus, j'y reviendrai.

Ch. C.

[1] Quelle est l'idée que M. Carey me prête ici ? Je l'ignore. Je ne sais pas davantage quelle est cette interprétation de Ricardo à laquelle il suppose que je m'attache. Ricardo a entendu l'avantage de situation comme tout le monde l'entend, parce qu'il n'y a pas deux manières de l'entendre. Ch. C.

M. Coquelin pense que quelque stériles qu'aient pu être les terrains pren
ment occupés, « ce qui est vrai certainement, c'est que les cultivateurs ont tou
cherché les terres de première qualité [1]. » Au contraire, ce qui est certain c'est qu
ont toujours *évitées*, et qu'ils les *évitent* maintenant partout où ils commencent l'é
de la culture. Il n'y a pas de terres au monde plus fertiles que celles qui sont s
au confluent de l'Ohio et du Missouri, cependant personne ne va s'y établi
terres de la Campagne de Rome sont très-fertiles, mais elles ont été abando
Celles de la vallée de l'Amazone sont fertiles, mais la plupart sont incultes de
que celles du Delta du Nil et de celui du Gange. Admettons cependant l'expl
maintenant donnée de la théorie de Ricardo, et elle s'interprétera, à ce qu
paraît, ainsi :

« Lors du premier établissement fait dans un pays, les colons *cherchent* les
de première qualité, et parce qu'ils les cherchent, ils ne payent point de rent
travail est amplement rémunéré, la nourriture est abondante et les homme
égaux. Le propriétaire n'a pas de pouvoir sur le travailleur. Par la suite, ils a
à ces terres de première qualité, qu'auparavant ils ne faisaient que chercher, c
à cause de la différence de qualité des sols, on paye un loyer, toujours le sign
décroissance du pouvoir du travailleur sur le sol, le travail est moins amplem
munéré et les hommes deviennent inégaux. » L'explication de la théori
donnée ne peut pas être soutenue. Elle contient une contradiction qu'il serait c
d'expliquer.

Il est très-vrai que les hommes désireraient toujours cultiver les bonnes
tout comme ils désireraient avoir de bonnes maisons ; mais le colon qui con
son travail par bâtir une maison de pierre, fait toujours banqueroute, et c
commence par le défrichement des terres de première qualité meurt bientôt d
On désirerait toujours avoir de bonnes haches et de bonnes machines à
mais comme dans le cas des terres et des maisons, il faut commencer avec d
vaises. Il n'y a qu'une loi pour toutes les espèces de matière.

M. Ricardo ne s'est pas compris lui-même, et la conséquence en a été que
ciples ont en vain cherché à le comprendre. Son chapitre de la rente, con
réponses de l'oracle de Delphes, peut se prêter à quelque interprétation qu'on
lui donner, et ses disciples se sont efforcés les uns après les autres de l'ex
de manière à éviter les difficultés qui se présentaient à eux de tous côté
vient que, lorsque nous désirons savoir ce que c'était qu'il enseignait, on n
voie, *non pas à lui*, mais à Mac Culloch, à Rossi, ou à Scialoja, qu'il est im
de faire accorder les uns avec les autres. Les disciples de Ptolémée étaie
même manière embarrassés pour faire coïncider sa théorie avec les faits do
pouvaient nier l'existence, et à chaque nouveau fait qui se produisait, ils
obligés de faire quelque modification, jusqu'à ce qu'enfin Purbach acl
triomphe de la science, en construisant ses quatre-vingt-seize sphères
tal, au moyen desquelles tout parut si clairement expliqué que tous les doute
dissipés ; — et, cependant, quelques années plus tard, le système fut sapé à
par la découverte du simple fait, que c'était la terre qui se mouvait. Tel es
maintenant en économie politique. Les faits ne s'accordent pas avec la théor
théorie est modifiée presque journellement pour la faire accorder avec les fa
en sera toujours ainsi jusqu'à ce qu'on reconnaisse que c'est la terre qui se
son le soleil, — que les hommes passent des sols infertiles à ceux de premi
lité, et que la rente augmente avec l'accroissement des pouvoirs de la terr
avec le déclin de ces pouvoirs.

---

[1] Je ne puis que répéter ici ce que j'ai déjà dit précédemment, que je dois
rer comme non avenues, les observations qui ne portent que sur les mots dont j
rais servi.   C**H**.

Un cas remarquable de cette détermination à rendre compte des faits existants est maintenant sous mes yeux dans un ouvrage que M. Mac Culloch a dernièrement publié sur les salaires, et dans lequel il assure à ses lecteurs que les salaires, en Irlande, sont bas, parce que les habitants se nourrissent de pommes de terre et habitent des maisons faites de boue. La cause et l'effet sont ici transposés, tout comme si Newton avait voulu persuader au monde que la chute de la pomme avait amené l'existence de la gravitation. Dans ses notes sur la « Richesse des nations », le même auteur parle des progrès alarmants de la culture, en France, de cette infortunée pomme de terre, — cause de tant de malheurs ; — et cependant Adam Smith regardait son introduction comme une des plus grandes améliorations que l'Europe eût reçues de l'extension du commerce et de la navigation. Un autre économiste anglais fait cette question : « N'y a-t-il point d'espoir pour une nation qui vit de pommes de terre ? » cette nourriture étant, suivant lui, le grand mal d'où découlent toutes les maladies de l'Irlande. L'économie politique anglaise moderne et celle de l'auteur de la « Richesse des nations », n'ont rien de commun, et elles continueront à être diamétralement opposées l'une à l'autre, tant que Ricardo et Malthus seront considérés comme faisant autorité. La nécessité d'avoir recours à des palliatifs, tels que ceux que je viens de décrire, donne de plus en plus à la science un caractère d'empirisme, ainsi que ce qui est arrivé à l'astronomie vers la fin de la période du système de Ptolémée. Ricardo et Malthus croyaient à l'existence de grandes lois générales; Say n'y croyait pas, et était bien plus empirique que l'un ou l'autre, comme vos lecteurs auraient pu le voir, si vous aviez publié mon *Examen* de ses doctrines. Rossi est bien plus empirique que Say, comme je le leur démontrerai aussitôt que vous m'aurez annoncé que vous pouvez m'accorder douze ou quinze pages de votre journal. Il serait facile de citer d'autres ouvrages récents, comme preuves de l'assertion que la science tombe de jour en jour dans l'empirisme, et qu'elle doit continuer dans la même voie tant que ses professeurs continueront à croire à une théorie basée sur l'assertion d'un fait qui n'a jamais existé, qui ne peut exister, et qui n'existera jamais ; théorie qui ne peut jamais arriver à rendre compte *d'un seul fait* d'une manière satisfaisante. Je défie qu'on m'en présente un seul qui puisse être expliqué de cette manière, ou, de l'autre côté, qu'on me montre *un seul pays*, dans lequel, à mesure que la population et les richesses ont augmenté, l'homme n'ait pas passé *des terres inférieures à celles d'une meilleure qualité*, — ou bien qu'on m'en cite *un seul* où le dépérissement de la population et de la richesse n'ait pas forcé le cultivateur à abandonner les terrains fertiles et à se retirer sur les sols arides.

Excusez, monsieur, la longueur de cette lettre, et agréez, etc.

H. CAREY.

Philadelphie, mai 1852.

P. S. Le lecteur est prié de corriger les erreurs suivantes dans le numéro de janvier, page 82, lig. 10, *au lieu de* protection, *lisez :* production ; lig. 23, *au lieu de* l'essence, *lisez :* l'erreur.

II. RÉPONSE A M. CAREY.

Il me serait assurément fort agréable de m'expliquer avec M. Carey, dont j'apprécie autant que personne le mérite, sur les questions qui peuvent nous diviser. Mais il faudrait d'abord savoir sur quoi nous sommes réellement en désaccord, et cela ne paraît pas facile à la distance où nous sommes, si j'en juge surtout d'après la lettre qui précède. Dans cette lettre, en effet, M. Carey me prête des opinions qui ne sont pas, qui n'ont jamais été les miennes. J'ai signalé plusieurs de ces méprises dans des notes ; mais il y en a une plus générale et qui domine sa lettre tout entière.

Il suppose évidemment que je crois à la rétrogradation de l'espèce humaine, ou moins à une misère croissante des masses. Or, non-seulement je n'ai jamais d pensé cela, mais j'ai dit plus de cent fois le contraire.

D'où viennent ces méprises? Une faute d'impression assez fâcheuse y a sans d contribué ; mais elles viennent surtout, il faut le dire, de ce que M. Carey a in prété mes opinions, et probablement aussi celles des membres de la Société Economistes qui, dans la discussion engagée sur la question de la rente foncière, pris la parole dans le même sens que moi, non d'après ce que nous avions dit, d'après ce qui nous avait été répondu. Il n'a pas pris garde que dans cette dis sion, si intéressante d'ailleurs à plusieurs titres, il y a eu une sorte de malent continuel ; que les réponses y sont allées, en général, bien au delà des proposi émises ; qu'on nous a réfutés le plus souvent sur ce que nous n'avions pas d qu'on a essayé de nous démontrer bien des choses dont, pour la plupart, nous é parfaitement convaincus d'avance. Il a cru, assez naturellement d'ailleurs, que pensions tout le contraire de ce qu'on avait essayé de nous prouver.

Comme ce malentendu n'est pas nouveau, et comme il touche, en outre, au même du sujet actuel, je vais tâcher de l'éclaircir.

Il consiste en cela surtout (et j'ai signalé cette même confusion dans une des qui précèdent), qu'on a sans cesse mis sur notre compte, comme des opinion mellement admises par nous, les conséquences plus ou moins éloignées que l'on soi-même ou qui avaient été tirées par d'autres de certains principes posé d'autres termes, que nos contradicteurs n'ont pas voulu admettre que des étroitement enchaînées l'une à l'autre selon leur manière de voir, fussent par ment séparées selon la nôtre.

Ce malentendu s'était déjà produit dans la lettre même de Fr. Bastiat, qui l'occasion première de la discussion dont il s'agit. Dans cette lettre, sur laqu ne reviens qu'avec regret, Bastiat disait : « La direction (celle du *Journal des nomistes*) annonce qu'elle se prononce, sur la propriété foncière, pour la théo Ricardo. » Et plus loin, interprétant lui-même cette pensée, il ajoutait : « N'o pas que la théorie de Ricardo se résume ainsi : *La propriété foncière est un pole injuste, mais nécessaire, dont l'effet est de rendre fatalement le riche to plus riche et le pauvre toujours plus pauvre.* » Puis supposant, sans autre ex que tout cela était admis dans ces termes par la direction du journal, il énu avec douleur les fâcheuses conséquences de la décision qu'elle avait prise.

Qu'était-il arrivé cependant? Jamais, que je sache, la direction du journal été appelée à se prononcer sur l'ensemble de la théorie de Ricardo, et je suppose eût été fort embarrassée de le faire, car cette théorie ne consiste pas en quelque positions simples, mais, au contraire, en une série de raisonnements et de dédu assez complexes. Un seul fait s'était produit. M. A. Clément, qui ne constitua pour le dire en passant, la direction du journal, dont il n'était comme moi-mé je ne me trompe, que l'un des rédacteurs, M. A. Clément, dis-je, rendant c dans le journal du livre des *Harmonies économiques*, avait affirmé et tâché de p l'existence dela rente foncière que Bastiat avait niée. Quant à l'ensemble de la t de Ricardo, il ne s'était prononcé ni pour ni contre ; il n'en avait rien dit. moins avait-il adopté comme siennes les propositions que l'on a vues soulignée haut. Il s'était borné, je le répète, à affirmer l'existence de la rente foncière, q pas été reconnue seulement par Ricardo [1], mais par le plus grand nomb

---

[1] Si la théorie de Ricardo se distingue de celle de ses prédécesseurs en ce qui à la question de la rente foncière, ce n'est pas parce qu'il en reconnaît l'existen n'avait pas été niée jusqu'à lui, c'est par la manière dont il l'explique.

économistes, depuis et y compris les physiocrates. D'où vient donc que Bastiat lui attribuait, à lui et à la direction du journal dont il le supposait le représentant, des opinions ou des pensées qu'il n'avait point émises? C'est probablement que, dans l'esprit de Bastiat, ces pensées étaient invinciblement liées à la première; qu'il n'é-tait pas possible, selon lui, d'admettre l'existence de la rente foncière sans en tirer toutes les conséquences qu'il en tirait lui-même.

Voilà précisément ce qui est arrivé au sein de la Société des Economistes. Quel-ques membres y avaient proposé d'abord, en s'appuyant sur les termes de la lettre de Bastiat, de soumettre à la discussion la théorie de Ricardo. La Société n'a pas ad-mis un débat de ce genre; elle a pensé, avec raison selon moi, qu'il n'était ni con-venable ni possible de discuter devant elle toute la théorie d'un écrivain quel qu'il fût; qu'il fallait s'en tenir aux questions de principes, en renfermant d'ailleurs le débat dans des limites bien plus étroites. Aussi l'unique question qu'elle ait mise à l'ordre du jour, c'est précisément celle de l'existence de la rente foncière dont il vient d'être parlé. Pour nous, qui avons affirmé la rente, le débat n'est guère sorti de ces limites, si ce n'est accidentellement, et lorsque, par exemple, pour répondre à M. Paillottet, j'ai soutenu que la valeur des produits bruts du sol tendait à s'élever à mesure que la population croissait; mais il n'en a pas été de même pour nos contra-dicteurs, qui ont étendu ce débat beaucoup plus loin, en s'attachant à nous prouver bien des choses que nous n'avions pas niées, et à nous combattre sur des opinions que nous n'avions point émises. C'est ainsi qu'ils ont voulu nous prouver, par exemple, que la marche de l'humanité était progressive et non pas rétrograde; que le sort des masses s'améliorait chaque jour, au lieu de s'empirer, etc.; quoique personne dans la Société n'eût dit ni peut-être pensé le contraire. C'est apparem-ment que pour eux, comme pour Bastiat, l'idée de l'existence de la rente foncière, et surtout celle de l'accroissement de cette rente, est étroitement, invinciblement liée à celle de la misère croissante des masses, et que l'une conduit nécessairement à l'autre.

Je ne discuterai point ici cette manière de voir, car l'espace et le temps me man-queraient à la fois. D'ailleurs, je ne veux pas renouveler un débat qui doit finir. Je me bornerai à dire, puisque c'est de mes opinions qu'il s'agit, que cette manière de voir n'est pas du tout la mienne. Je crois, et même très-résolument, qu'il existe une rente foncière, c'est-à-dire qu'il y a une part du produit net du sol qui n'est la ré-munération d'aucun travail actuel ni antérieur de ceux qui possèdent ou qui ont possédé le sol. Je crois, en outre, que cette part tend à devenir plus forte, je ne dis pas en proportion, car je n'établis ici de proportion d'aucune espèce, mais d'une manière absolue, à mesure que la population s'accroît. Bien plus, je crois et j'affirme que la valeur des produits bruts du sol *tend* à s'élever en raison de ce même ac-croissement de la population, quoique j'admette fort bien que cette *tendance* géné-rale puisse être, dans certains cas particuliers, neutralisée ou contrariée par d'au-tres causes. Mais de tout cela je ne conclus en aucune façon, ni que l'humanité rétrograde, ni que les salaires baissent, ni que la condition des masses aille chaque jour en s'empirant.

Mais vous devez le conclure, me dit-on, pour être logique, car cela découle néces-sairement de vos prémisses. — Selon vous, répondrai-je, mais non pas selon moi. Quand il s'agira d'examiner ce dernier point, nous verrons ce qu'il en faut penser, si tant est qu'une question si vaste puisse jamais devenir l'objet d'une discussion verbale. En attendant, comme le débat n'a porté ou dû porter jusqu'aujourd'hui que sur la réalité des prémisses, ne vous hâtez pas de m'attribuer des conclusions qui n'appartiennent qu'à vous.

Ces conclusions, ajoute-t-on, sont celles de Ricardo. — Peut-être; mais quand cela serait: vous ai-je jamais dit, quelqu'un dans la Société vous a-t-il dit qu'il

le fruit du travail de la société en général, ses antagonistes lui eussent répondu
sur-le-champ : Eh bien! que la société en général en profite, et non pas les propriétaires actuels qui n'y sont pour rien. Quand on vient donc nous parler aujourd'hui du
travail de l'homme en général, j'ai le droit de dire qu'on abandonne implicitement
la thèse qu'on avait soutenue d'abord.

Mais il n'est pas même exact de dire que le surplus de valeur résultant de l'avantage de la situation soit le fruit du travail de la société. C'est avant tout l'effet de
l'agglomération de la population, qui n'est pas un travail, et de l'accroissement des
besoins, qui n'est pas un travail non plus. Sans doute les travaux exécutés dans le
voisinage de ces terres, en routes, en canaux, en chemins de fer, en endiguements
de rivières, en édifices et maisons d'habitation, etc., ont contribué pour leur part à
en augmenter la valeur, mais l'agglomération de la population est toujours ici la
cause première et essentielle. Et cela est si vrai, que s'il arrivait, par impossible,
que l'on transplantât tout d'un coup à une grande distance la population d'une
grande ville, par exemple, de Paris, en laissant à peu près vide la place qu'elle
occupe à cette heure, les terres situées aux environs ou dans l'enceinte de cette ville
perdraient immédiatement une très-grande partie de leur valeur, alors même que
les travaux antérieurement exécutés sur les lieux seraient demeurés debout, sans avoir
subi la moindre altération.   Ch. Coquelin.

III. note de m. quijano.

Sommaire. La Rente n'est pas un don gratuit de la nature. — Analogie de la productivité d'une faculté naturelle et de celle du Clos Vougeot. — La Rente est l'atténuation de la perte résultant de spéculations hasardeuses. — Opinion de Florez Estrada.
— Définition de la Rente.

Si la question de la rente n'est pas encore résolue, on peut aisément prévoir
qu'elle approche de sa solution, car les remarquables écrits publiés récemment
dans le *Journal des Economistes* ont dégagé cette intéressante question de beaucoup
d'autres qu'on s'était habitué à considérer comme ses compléments essentiels, et
l'ont rendue par là beaucoup plus abordable. Il ne m'appartient pas de dire si ces
écrits nous ont mis précisément sur la route qui conduit à la vérité; mais, dans tous
les cas, ils nous ont appris, et c'est immense, que beaucoup de sentiers, opiniâtré-
ment suivis jusqu'ici, ne menaient à rien ou menaient tout droit à l'erreur.

La tâche rendue ainsi plus facile, il est permis même à ceux qui, comme moi,
n'ont qu'une médiocre confiance dans leur capacité, d'apporter leur concours à la
recherche d'une vérité devenue si importante de nos jours. C'est ce que je viens faire
dans cette note.

Parlons d'abord des agents naturels en général, et abstraction faite de ceux qui
contiennent la puissance productive de la terre.

Lorsqu'un homme s'empare d'une force de la nature et la contraint à faire des
fonctions qui étaient jusque-là remplies par nos efforts musculaires, si cette appropriation épargne une portion quelconque de capital ou de travail humain, il y a là
une augmentation d'utilité. Au profit de qui ? au profit du producteur et au profit
du consommateur ; mais avec cette différence que la part afférente au producteur
est simplement rétributive, et que la part dévolue au consommateur est entièrement
gratuite. Lorsque le producteur a distrait du produit total le montant des salaires et
la rémunération du capital, il divise le reste en deux portions dont il se réserve l'une
comme juste rétribution du service qu'il a rendu à la société, et abandonne l'autre
au public ; et, mû par l'intérêt privé, sentiment moins sublime sans doute que
celui de la philanthropie, mais aussi moins variable et capricieux, il devient un des
bienfaiteurs de l'humanité, sans le vouloir peut-être. Voulût-il enfreindre les lois

m'était possible de répondre quant à présent. Il me reste pourtant quelques observations à ajouter.

M. Carey me demande d'adopter la *nouvelle théorie*. Mais de quelle théorie veut-il parler? Où est la nouvelle; où est l'ancienne? S'il s'agit seulement de croire au progrès et à l'amélioration générale de la condition de l'homme, ce n'est plus une chose à faire; j'y ai toujours cru et j'y crois encore. Mais ce n'est pas là une théorie. On peut, avec les mêmes idées sur ce point, avoir des théories fort différentes, les uns fondant leur croyance au progrès sur des considérations futiles ou vaines, les autres sur des considérations solides, et avec un point de départ d'ailleurs tout autre. Je suppose donc que M. Carey me demande plutôt de me prononcer pour lui et contre Ricardo. Mais j'ai déjà dit que je n'interprétais pas Ricardo comme il l'a fait. Que s'il me demande comment je l'interprète, je lui répondrai que j'ai écrit sur ce sujet, il y a déjà plus de trois ans, à la fin de 1848 et au commencement de 1849, sous le nom d'*Études sur Ricardo*, un travail assez étendu, pouvant former la matière de deux ou trois articles du *Journal des Économistes*; que la publication de ce travail, ajournée d'abord par la mort de notre ami Fonteyraud, qui s'y trouvait nommé plusieurs fois, puis par diverses autres causes, pourra être reprise bientôt si le *Journal des Économistes* veut bien l'admettre, et que M. Carey y trouvera probablement une réponse suffisante à sa question. Je n'ai rien changé à ce travail depuis qu'il est écrit, et je n'y changerai rien, ne voulant pas qu'il se ressente des discussions qui ont eu lieu récemment au sein de la Société des Economistes et dans le *Journal*. Seulement, j'y ajouterai vers la fin une sorte d'appendice, en vue particulièrement de l'ouvrage de M. Carey (*The past, the present and the future*) que je n'avais pas encore lu à cette époque, et de l'ouvrage de Bastiat (*les Harmonies économiques*) qui n'était pas encore publié.

Maintenant, il me serait permis, en terminant, d'interroger à mon tour M. Carey, et de lui demander s'il accepte ou non les trois données que j'ai précédemment établies; savoir : 1° l'existence de la rente foncière; 2° l'accroissement de cette rente dans le progrès de la population; 3° l'accroissement correspondant de la valeur des produits du sol. Mais il me semble que la réponse à cette question est déjà contenue dans sa lettre et qu'elle est affirmative sur tous les points.

M. Carey croit avec nous que la valeur des produits bruts tend à augmenter quand la population s'accroît, et il le dit expressément. Il croit également à l'existence de la rente foncière, et cela résulte de ce seul fait qu'il accorde une valeur plus grande aux terres mieux situées. En effet, puisque la plus-value de ces terres est due au seul avantage de leur situation, il est clair qu'elle n'est pas le fruit du travail de leurs propriétaires, et c'est ce que nous appelons la rente. Par la même raison, cette plus-value doit augmenter à mesure que la population s'accroît.

M. Carey s'empresse, il est vrai, d'ajouter que cet avantage de situation, d'où résulte l'accroissement de la valeur des terres, est lui-même le *fruit du travail de l'homme*. De l'homme! Mais de quel homme? Probablement de la société en général. Mais comment M. Carey ne voit-il pas que ceci nous reporte bien loin de la question qui avait été posée d'abord et que nous avons réellement eu l'intention de débattre? Quand Bastiat niait pour la première fois l'existence de la rente foncière, il le faisait surtout pour répondre à quelques-uns des socialistes qui niaient, eux, la légitimité de la propriété foncière. Il essayait de leur prouver que *tout*, dans la valeur de cette propriété, était le fruit du travail de ceux qui l'occupaient ou de leurs prédécesseurs. Il affirmait même qu'il n'y avait point de terre qui n'eût coûté à ses possesseurs, dans le présent ou dans le passé, autant et plus qu'elle ne valait. Ce n'était pas de l'homme en général qu'il entendait parler, mais des propriétaires du sol. Il le fallait d'ailleurs, en se plaçant à son point de vue, pour que sa réponse fût concluante; car s'il eût dit, comme on le fait aujourd'hui, que cette valeur était

le fruit du travail de la société en général, ses antagonistes lui eussent répondu
sur-le-champ : Eh bien! que la société en général en profite, et non pas les propriétaires actuels qui n'y sont pour rien. Quand on vient donc nous parler aujourd'hui du
travail de l'homme en général, j'ai le droit de dire qu'on abandonne implicitement
la thèse qu'on avait soutenue d'abord.

Mais il n'est pas même exact de dire que le surplus de valeur résultant de l'avantage de la situation soit le fruit du travail de la société. C'est avant tout l'effet de
l'agglomération de la population, qui n'est pas un travail, et de l'accroissement des
besoins, qui n'est pas un travail non plus. Sans doute les travaux exécutés dans le
voisinage de ces terres, en routes, en canaux, en chemins de fer, en endiguements
de rivières, en édifices et maisons d'habitation, etc., ont contribué pour leur part à
en augmenter la valeur, mais l'agglomération de la population est toujours ici la
cause première et essentielle. Et cela est si vrai, que s'il arrivait, par impossible,
que l'on transplantât tout d'un coup à une grande distance la population d'une
grande ville, par exemple, de Paris, en laissant à peu près vide la place qu'elle
occupe à cette heure, les terres situées aux environs ou dans l'enceinte de cette ville
perdraient immédiatement une très-grande partie de leur valeur, alors même que
les travaux antérieurement exécutés sur les lieux seraient demeurés debout, sans avoir
subi la moindre altération.   Ch. Coquelin.

III. note de m. quijano.

Sommaire. La Rente n'est pas un don gratuit de la nature. — Analogie de la productivité d'une faculté naturelle et de celle du Clos Vougeot. — La Rente est l'atténuation de la perte résultant de spéculations hasardeuses. — Opinion de Florez Estrada.
— Définition de la Rente.

Si la question de la rente n'est pas encore résolue, on peut aisément prévoir
qu'elle approche de sa solution, car les remarquables écrits publiés récemment
dans le *Journal des Economistes* ont dégagé cette intéressante question de beaucoup
d'autres qu'on s'était habitué à considérer comme ses compléments essentiels, et
l'ont rendue par là beaucoup plus abordable. Il ne m'appartient pas de dire si ces
écrits nous ont mis précisément sur la route qui conduit à la vérité; mais, dans tous
les cas, ils nous ont appris, et c'est immense, que beaucoup de sentiers, opiniâtré-
ment suivis jusqu'ici, ne menaient à rien ou menaient tout droit à l'erreur.

La tâche rendue ainsi plus facile, il est permis même à ceux qui, comme moi,
n'ont qu'une médiocre confiance dans leur capacité, d'apporter leur concours à la
recherche d'une vérité devenue si importante de nos jours. C'est ce que je viens faire
dans cette note.

Parlons d'abord des agents naturels en général, et abstraction faite de ceux qui
contiennent la puissance productive de la terre.

Lorsqu'un homme s'empare d'une force de la nature et la contraint à faire des
fonctions qui étaient jusque-là remplies par nos efforts musculaires, si cette appropriation épargne une portion quelconque de capital ou de travail humain, il y a là
une augmentation d'utilité. Au profit de qui? au profit du producteur et au profit
du consommateur ; mais avec cette différence que la part afférente au producteur
est simplement rétributive, et que la part dévolue au consommateur est entièrement
gratuite. Lorsque le producteur a distrait du produit total le montant des salaires et
la rémunération du capital, il divise le reste en deux portions dont il se réserve l'une
comme juste rétribution du service qu'il a rendu à la société, et abandonne l'autre
au public ; et, mû par l'intérêt privé, sentiment moins sublime sans doute que
celui de la philanthropie, mais aussi moins variable et capricieux, il devient un des
bienfaiteurs de l'humanité, sans le vouloir peut-être. Voulût-il enfreindre les lois

de l'équité en s'adjugeant, au nom du service qu'il rend au consommateur, une récompense excessive, qu'il ne le pourrait pas, parce que la concurrence est là, prête à renfermer ses prétentions dans de justes limites. Soudaine et nombreuse, la concurrence amoindrit l'importance du service et en restreint la rétribution ; tardive et faible, elle constate combien le service était difficile à rendre et conséquemment combien est juste la récompense qui lui est allouée. L'absence absolue de concurrence, fût-elle possible, ne ferait encore que mettre en évidence combien peu de chances l'humanité avait d'obtenir le service qui lui est rendu, et combien a mérité d'elle le mortel qui a réussi à le lui rendre ; en sorte que si, par suite du défaut de concurrence, il venait à jouir, pendant un ou plusieurs siècles, du maximum de la rétribution, cette énorme étendue de la jouissance serait la seule mesure exacte de l'étendue du service dont l'humanité lui était redevable.

Ainsi donc, quelle que soit celle de ces suppositions que nous admettions, point de concurrence, concurrence éloignée ou pénible, concurrence immédiate et vigoureuse, toujours est-il qu'il n'est pas permis au producteur de s'approprier, sur les bienfaits acquis par la coopération de la nature, autre chose que la juste rémunération du service qu'il rend, et qu'il est forcé de faire abandon au consommateur de l'utilité gratuite due à cette coopération.

Mais, réplique-t-on, cette faculté de rendre des services si extraordinaires et si bien rétribués, n'est-elle pas un don gratuit de la nature ? « Sans doute », écrit un économiste distingué dans le *Journal des Economistes* du mois de février, « ce « concours de la nature est, et reste toujours gratuit pour celui qui en profite : elle « ne réclamera jamais à Rubini le prix de sa voix étonnante, à l'ouvrier robuste et « adroit le prix de sa force musculaire exceptionnelle : elle ne figurera jamais comme « créancière au passif d'un fabricant de produits chimiques, par exemple, pour une « baisse ou une hausse avantageuse de la température ; ou d'un armateur pour un « vent favorable inespéré qui lui permettra d'accomplir en quinze jours le trajet qui « en demande habituellement trente. » Cet écrivain pourrait ajouter que la nature ne demandera non plus jamais au bénéficiaire du lingot d'or les 399,999 francs mis gratuitement dans sa poche par la gravitation, les lois mécaniques ou tout autre agent naturel qui ait mû les ressorts de la loterie. « Gratuitement non, répondrait résolument l'heureux joueur, mis en demeure de régler avec la nature ; additionnez tous les francs mis dans le sac de la loterie, et vous verrez si mon lot et ceux des autres joueurs favorisés par le sort, additionnés aussi, contiennent un centime de plus.—Gratuitement non, répondrait M. Rubini ; additionnez les capitaux dépensés par moi et par tous les concurrents qu'il a fallu que j'eusse, pour qu'il en sortît un chanteur comme moi, et faites-en le fonds de cette loterie : additionnez ensuite les chiffres des rétributions obtenues par moi et par ceux qui en ont obtenu une, même la plus modique, ou, si vous l'aimez mieux, additionnez les chiffres des numéros sortis avec un prix, et vous verrez si le total de nos profits représente autre chose que l'intérêt du fonds de la loterie. Ne vous donnez même pas cette peine : consultez plutôt la *Statistique des théâtres de Paris* que M. Natalis Rondot vient de publier dans le *Journal des Economistes* de ce mois de mars, et vous y trouverez que 2,043 artistes, choristes, écuyers, élèves et comparses des vingt-cinq théâtres et spectacles exploités dans cette ville, se distribuent annuellement une somme de 3,534,990 francs, ce qui donne un quotient de 1,730 francs, chiffre de la rétribution moyenne (qui serait singulièrement diminuée, si l'on en retranchait la part venant des subventions du gouvernement), et dites-moi après si ce salaire annuel de 1,730 francs par individu dépasse :

1° L'intérêt du capital dépensé par nous tous dans l'acquisition de nos talents respectifs, intérêt non perpétuel, non même viager, mais seulement perçu pendant cette période plus ou moins longue de notre vie où nous pouvons exercer nos professions.

2° L'intérêt du capital dépensé dans le même but, but manqué malheureusement pour eux, par tous ceux dont le numéro n'est pas sorti de la loterie.

3° Le salaire de notre travail matériel.

Je ne porte pas en ligne de compte la juste compensation des chances, plus nombreuses dans notre profession que dans beaucoup d'autres, de perdre instantanément l'usage du talent qui nous fait vivre, et des désagréments que nous inflige un reste d'anciens préjugés, religieux surtout.

Par ce simple raisonnement, M. Rubini aurait démontré que, s'il est vrai qu'il doit à la nature la faveur d'avoir un larynx qui lui a fait gagner le numéro 1 dans la grande loterie des acteurs lyriques, de laquelle il aurait pu ne tirer que le numéro 10,000, ce n'a pas été plus à titre gratuit que l'autre joueur n'a tiré gratuitement le lingot d'or de la sienne : c'est bien des fonds fournis par tous les joueurs qu'il reçoit le prix attaché au numéro 1, comme il aurait pu en recevoir le prix du numéro 10,000, ou n'en recevoir rien du tout. Les 9,999 chances contre une que M. Rubini père s'est soumis à courir quand il a mené son fils à l'école de chant, voilà le titre de son fils : il est loin d'être gratuit.

La circonstance que dans une loterie proprement dite le principe aléatoire est tout, mais qu'il n'y a pas là de production ou de création d'utilité, comme il y en a ordinairement dans les opérations humaines qui ont le travail pour base et la satisfaction d'un besoin pour but, ne saurait infirmer mon raisonnement ; au contraire, elle le corrobore. Les prix des joueurs gagnant dans le premier cas, les rémunérations des producteurs dans le second, sortent identiquement et exclusivement des fonds fournis par les uns et par les autres. Dans le premier cas, il n'y a pas de création d'utilité gratuite ; c'est vrai : aussi personne n'en retire. Dans le second cas, au contraire, il y en a, et d'autant plus qu'on contraint plus d'agents naturels à y coopérer. Mais, où va-t-elle cette utilité gratuite, puisqu'elle ne reste pas entre les mains du producteur ? — Nécessairement au consommateur, à la communauté.

La réponse de l'ouvrier robuste et adroit, cité tout à l'heure, serait à peu près la même. Est-ce que le capital placé dans son éducation n'a pas couru les chances d'être perdu ou amoindri, soit par la mort, soit par la faiblesse ou la maladresse possibles du jeune apprenti ? Et, s'il les a surmontées, n'est-il pas juste qu'il recueille, dans cette sorte de tontine, les mises de ceux de ses coassociés, qui ont eu le malheur de succomber avant le terme de la société ? Où est-elle donc la rente ou le bénéfice gratuit que cet homme doit aux agents naturels ?

Au surplus, il me semble que cette persistance à voir des rentes et des monopoles dans une supériorité quelconque de n'importe laquelle des mille facultés, dont la nature nous a dotés, tend à un résultat chimérique et analogue à celui que se propose le système protecteur, à constituer des rentes au profit de tout le monde. Ce qui paraît certain, c'est que, lorsque les causes perturbatrices, qui tourmentent encore l'organisation sociale, auront disparu entièrement et fait place à la liberté, il en sera des individus comme des nations jouissant de la liberté de l'échange : ces supériorités naturelles, si importantes dans l'isolement ou à l'origine de la civilisation, se nivelleront avec des supériorités du même ou d'un autre genre, et s'effaceront dans l'immense accroissement d'utilités que l'humanité devra à la division illimitée du travail.

Les deux autres exemples, d'une fabrique favorisée par une température exceptionnelle et du navire poussé par un vent extraordinaire, ne me semblent guère plus concluants. Ces dispositions favorables de la nature sont-elles générales ? Dans ce cas, la quantité de la demande étant restée la même, tandis que celle de la production, et conséquemment de l'offre, s'est accrue, il paraît certain que ce surplus d'utilité, dû à un concours plus efficace de la nature, passera à peu près entier dans les mains du consommateur. Ne sont-elles favorables qu'à une seule usine ou à un seul navire? Je le veux bien, pourvu qu'on admette aussi la possibilité, pour une autre fois, d'un refus spécial à leur préjudice : et alors qu'y a-t-il de gratuit dans un profit d'aujourd'hui qui peut être annulé par une perte de demain ?

Si je me suis tant arrêté à des considérations qui mériteraient presque le nom de vulgarités, c'est qu'il m'a paru convenable de rappeler des vérités un peu trop oubliées ; c'est que les arguments auxquels je viens de répondre tendent à supprimer la plus belle découverte dont la science économique puisse s'enorgueillir, celle de l'admirable harmonie qui préside à la distribution des produits de l'industrie humaine, harmonie qui consiste en ce que chaque producteur, en cherchant constamment à améliorer son sort, ne fait qu'améliorer le sort des autres, et ne retire la rémunération des progrès qu'il fait comme producteur, qu'en puisant comme consommateur dans la masse des progrès obtenus par les autres producteurs ; c'est que ces arguments sont très-aisément, et non sans quelque justesse logique, convertis en armes de guerre par les utopistes qui accusent la liberté de n'enfanter que le monopole, l'accaparement et l'exploitation de l'homme par l'homme, et qui la soumettent pieds et poings liés à la sagesse du législateur ; c'est que ces arguments, dont la tendance est si fâcheuse, sont mis en avant ou avoués par tous les partisans de la doctrine qui établit l'appropriation des services naturels ; c'est enfin qu'une fois qu'on a réduit ces arguments à leur juste valeur, et qu'on a reconnu, en thèse générale, que l'utilité gratuite due au concours des agents naturels est nécessairement acquise à la communauté, la question de la rente foncière reste tranchée et nette, et ses abords deviennent parfaitement praticables.

~ Maintenant, je le demande, cette doctrine qui adjuge à la communauté l'utilité gratuite résultant du concours des agents naturels, est-elle en défaut au point de vue de la production de la terre? — Evidemment oui, répondent des économistes respectables : la rente qu'on paye au propriétaire d'un champ, pour la seule permission de l'exploiter à son lieu et place, ou bien le bénéfice qu'il en retire lui-même, lorsqu'il en est le cultivateur, en sus de la rémunération de son travail, de l'intérêt du capital fixe et de celui du capital circulant, cette rente ou ce boni ne sont pas une rétribution, mais un profit qu'il obtient gratuitement des agents naturels appropriés avec le sol. Pour s'en convaincre, il n'y a qu'à observer les mille faits que tout le monde a sous les yeux. « N'existe-t-il pas, écrit un économiste d'un incontestable talent dans le numéro déjà cité, en février, dans nos régions montagneuses de vastes pâturages qui n'ont jamais reçu aucun travail humain, et qui, néanmoins, ont une valeur considérable ? Est-ce que le clos Vougeot, par exemple, n'a qu'une valeur exactement proportionnelle aux travaux qui l'ont créé ? »

Examinons ces deux faits.

Existe-t-il des pâturages qui, sans aucun travail humain, aient une valeur considérable ?

Oh non ! ces pâturages ont reçu immensément de travail humain, trop même peut-être. Supprimez les routes, les canaux, les ponts, les dessèchements et tous les autres travaux qui, de près ou de loin, se rattachent à l'exploitation de ces pâturages, et vous verrez que leur valeur devient identique à celle de bien des terres, autrement vastes et fertiles, placées au centre des Amériques et qui n'ont point de valeur. Que dis-je des Amériques ? On peut en avoir d'excellentes et pour rien au milieu de la belle Andalousie. Il se peut que les propriétaires de ces riches pâturages ne soient entrés pour rien dans ces travaux qui leur ont donné la valeur considérable dont ils jouissent, et c'est même probable, vu la manière dont ces choses se passent encore de nos jours. Il se peut que la majeure partie de cette valeur soit due aux entraves mises à la liberté du commerce. Cela prouvera qu'il y a eu et qu'il y a encore spoliation des uns] au profit des autres, l'économie politique n'a rien à y voir.

Voyons maintenant le clos Vougeot.

Je vous accorde que, dès la création de ce fameux vignoble, il a été tenu rigoureusement et jour par jour un registre, dont vous êtes les continuateurs, de tous les frais faits pour sa mise en rapport, conservation, amélioration, etc. Croyez-vous qu'il suffise de le débiter annuellement de l'intérêt de ce capital, plus des frais annuels de culture, de le créditer de la valeur des récoltes et de solder la différence par profits et pertes? Eh bien! votre calcul est incomplet. Vous ne tenez aucun compte de tout ce que les hommes ont fait, en dehors de ces dépenses, au profit du clos Vougeot, soit en travaux de viabilité, soit en lui donnant de la sécurité, soit en lui ouvrant d'abondants et faciles débouchés dans leurs populeuses et riches agglomérations. Tous ces éléments de prospérité sont du travail humain, et pas autre chose. Qui sait? peut-être contribuons-nous nous-mêmes, par nos discussions économiques, à une plus-value de ce délicieux vin, en piquant la curiosité de ceux qui ne le connaissent pas.

Mais ce qui rend ce calcul plus défectueux, c'est que, quand on cherche à établir le prix de revient du vin dont il s'agit, on oublie de mettre à sa charge la part réclamée par les lois du régime aléatoire, auxquelles le clos Vougeot ne peut pas plus se soustraire que toute autre œuvre industrielle. Je vais tâcher de me rendre clair par un exemple et par les considérations économiques qu'il amènera naturellement.

L'exemple est celui, déjà cité, d'un chanteur unique, tel que Rubini.

Supposons qu'un grand capitaliste veuille en former un pour son compte, c'est-à-dire veuille faire les frais de son éducation musicale et se réservèr les bénéfices que pourra donner le talent futur de l'élève, moyennant une rétribution convenue. Il est évident que si ce capitaliste est pourvu de bon sens, il ne se flattera pas d'obtenir son prodige en se bornant à faire élever un ou deux jeunes gens. Il n'a qu'à observer l'état actuel des théâtres lyriques du monde pour se convaincre qu'il ne fera rien de trop en multipliant le chiffre de la dépense par quelques milliers d'apprentis.

Il n'est pas du tout impossible que, malgré ces énormes sacrifices, il ne réussisse pas, et que le bénéfice rêvé se traduise en une perte ruineuse : mais je veux bien qu'il obtienne un plein succès et qu'il ait son Rubini. Serait-il rationnel de soutenir que cet homme s'était assuré une rente colossale et gratuite en s'appropriant le talent de Rubini, rente si peu proportionnée aux frais faits pour l'éducation de l'admirable chanteur, et à la modique pension qui reviendrait à celui-ci en vertu de son engagement? Comment! répondrait le capitaliste; vous comptez donc pour rien les capitaux que j'ai enfouis dans l'éducation de ces Rubini manqués, dont quelques-uns sont morts sans avoir pu apporter la plus légère compensation à mes sacrifices, dont quelques autres sont sans emploi, et dont enfin le reste ne me rapporte que les maigres appointements de doublures de théâtre ou chantres de paroisse?

Supposons, d'un autre côté, que nous sommes au moment de la première occupation de la France, et que le clos Vougeot n'est pas encore trouvé, mais qu'il fermente dans les imaginations, comme un Eldorado à découvrir.

Un Crésus de ce temps-là se proposa de le rechercher à tout prix et de se l'approprier. Tous les coteaux de la France, tous les bords de ses fleuves, tout était à prendre, et notre richard jouissait en grand du privilége naturel de choisir. Mais, par où commencer? Il commença par s'attaquer à toutes les collines, à tous les versants, à toutes les plaines même qui lui semblèrent susceptibles de produire du vin; mais pour y arriver, que d'obstacles à vaincre! Nous ne les comprenons plus, et l'histoire ne nous apprend rien de ces gigantesques travaux. Seulement, on sait que plusieurs vignobles, aujourd'hui célèbres, doivent leur origine à ces coûteuses explorations. On cite plus particulièrement Suresnes sur la Seine et Coüeron sur la Loire, qu'on trouva, après des efforts inimaginables, là où l'on s'attendait à trouver le clos Vougeot.

Enfin, le succès couronna la persévérance : le vrai, le légitime clos Vougeot fut découvert. L'imagination n'avait pas exagéré la puissance des agents naturels qui l'animent, et cependant la tradition nous raconte qu'en goûtant son vin, pour la première fois, le vénérable œnophile, déjà devenu vieux, s'écria : « Oh ! vin fatal, que les générations futures appelleront nectar, et trouveront plus doux que le miel du mont Hymette, que tu es amer à mes lèvres ! Son intendant, homme positif et fort bon comptable, expliquait le sens de ces emphatiques paroles en prouvant, grand-livre en main, que quand bien même on payerait chaque bouteille de ce vin la somme de 100 francs (en monnaies de cette époque reculée), son maître serait encore en perte.

Il paraît incontestable que l'exemple de Rubini et le cas du clos Vougeot vont, jusqu'ici, rigoureusement de pair. Les gros appointements que le spéculateur palpe, grâce au concours des agents naturels si propices à Rubini, et le gros revenu que, par suite du même concours, retire le fondateur du clos Vougeot, sont si loin de paraître un don gratuit des agents naturels en leur faveur, qu'il serait peut-être plus exact de dire que ces appointements et ce revenu ne sont qu'une atténuation de la perte qu'ils ont éprouvée dans leurs hasardeuses spéculations.

Mais rentrons dans le terrain de la réalité. Non, il n'y a pas eu de grand spéculateur sur la production des voix exceptionnelles, pas plus que pour la recherche de ces fonds de terre d'une fertilité prodigieuse, et remarquons, en passant, que c'est justement l'absence de spéculation de cette nature qui met en évidence la décourageante difficulté de rendre à l'humanité ces services extraordinaires, et conséquemment combien est loin d'être gratuite la rémunération des efforts qui ont réussi à les rendre. Non, les choses se sont passées autrement : il y a eu concurrence, et le nombre des concurrents a été grand, indéfini même. Néanmoins, la somme d'efforts faits pour produire une voix aussi belle que celle de Rubini, ou pour trouver et s'approprier le clos Vougeot a été exactement la même que dans la supposition d'une spéculation tentée comme je l'ai dépeint. Seulement tous les aspirants à la supériorité musicale ont préféré travailler à leurs risques et périls plutôt que de céder leurs chances à un tiers, et les aspirants au clos Vougeot ont agi de la même manière. Les chances sont restées les mêmes, ainsi que les droits attachés à ces chances ; et peu importe que les billets représentant ces chances aient été pris par un ou par plusieurs joueurs ; le gagnant a tiré son lot du fonds de la loterie, et pas d'ailleurs.

Ce serait donc un calcul imparfait, et dont on ne saurait déduire que des conséquences erronées, que celui qui se bornerait à mettre en regard d'un produit, ou d'une série de produits d'une entreprise déterminée, le travail antérieur ou actuel qui a été donné aux agents immédiats de ce produit. Ce calcul pourrait constater jusqu'à quel point les chances ont été propices au producteur ; mais, aux yeux de la science, il ne prouverait pas, même dans les cas les plus favorables, que la récompense a été excessive et conséquemment gratuite. Il y a longtemps que cette observation a été faite et généralisée à toutes les branches du travail humain, et il a fallu une préoccupation inexplicable pour que des économistes, aussi considérables par leur savoir que par leur talent, n'en aient tenu aucun compte dans les derniers écrits auxquels je fais allusion. Déjà, en 1831, Florez Estrada écrivait ces paroles : « La loterie des professions libérales contient certainement des prix très-hauts, mais « elle a aussi un excédant de boules blanches incomparablement plus grand que la « loterie des professions mécaniques » ; et il cite à l'appui ce passage de Smith :

« Qu'on suppute ce que les ouvriers des arts mécaniques d'une ville quelconque
« dépensent annuellement, et ce que dépensent les apprentis de ces professions, et
« on verra que le montant de leurs gains dépasse de beaucoup la somme nécessaire
« pour couvrir les frais de leur éducation et les intérêts de ce capital anticipé.
« Le même calcul, fait à l'égard des avocats et des étudiants de droit, prouvera que
« leurs bénéfices annuels ne sont pas en proportion avec leurs frais, quelque hauts
« qu'on estime les profits et quelque bas qu'on évalue les frais. La loterie de ces
« professions est donc loin d'être avantageuse, et elle a cela de commun avec celle
« de plusieurs autres professions libérales et honorifiques, lesquelles, au point de vue
« des intérêts, sont très-mal récompensées. »

Il en résulte évidemment que, sans l'addition de tous les efforts tentés pour obtenir une satisfaction quelconque, l'addition de tous les bénéfices prélevés par les
producteurs sur les satisfactions obtenues, et la comparaison de ces deux totaux,
on ne pourra jamais prouver que le producteur jouit, en tout ou en partie, de l'u-
tilité gratuite due au concours des agents naturels. Tout cas particulier qu'on voudrait distraire de la catégorie à laquelle il appartient, pour nous l'opposer isolément,
ne prouverait qu'une chose connue de tout le monde : qu'on peut gagner un lingot
d'or d'une valeur de 400,000 fr. avec un billet de vingt sous. Mais la générosité des
agents naturels n'y est pour rien.

« Mais, continue l'écrivain dernièrement cité, dût-on considérer l'avantage de
« situation comme étant, dans tous les cas, la rémunération d'une prévoyance, d'une
« industrie de valeur supérieure, il n'en résulterait pas encore que la possession de
« cet avantage ne constituât pas un privilége naturel, attendu qu'il ne saurait être
« également à la disposition de tous, et que, dans un pays déjà entièrement oc-
« cupé, ceux qui arrivent les derniers ne peuvent plus user de leur faculté de
« choisir, quelque supérieure qu'elle puisse être, avec autant de facilité et de
« chances de succès que les premiers occupants. »

Je ferai d'abord remarquer que, si l'avantage de situation est une rémunération
d'une prévoyance ou d'une industrie, on aura beau appeler privilége naturel la
jouissance de cet avantage : elle ne sera pas possédée à titre gratuit ; et la question
est, précisément, de savoir au profit de qui, du producteur ou du consommateur,
s'obtient l'utilité gratuite qui résulte du concours des agents naturels.

Je dirai ensuite que, suivant ce raisonnement, Copernic, Newton, Fulton, etc.,
dans le fait d'être venus au monde avant nous, ont joui d'un privilége naturel,
puisqu'ils se sont approprié, à notre exclusion, la faculté de découvrir le mouvement de la terre, le système de l'attraction, la navigation par la vapeur, etc., quelque supérieure que puisse être notre faculté d'inventer.

Sans doute ceux qui nous ont précédés ont eu, plus que nous, la possibilité de
choisir, mais ils ont eu aussi, plus que nous, la possibilité de se ruiner en faisant de
mauvais choix. Tel homme peut regretter que Christophe Colomb lui ait ravi la
gloire de découvrir l'Amérique ; mais, à coup sûr, l'immense majorité des hommes,
navigateurs ou non, sont très-satisfaits que l'illustre Génois ait joui de ce privilége,
et encore mieux que cela ait eu lieu il y a près de quatre siècles.

Non : cette faculté de choisir, ou l'avantage qu'en ont retiré ceux qui ont bien
choisi, c'est-à-dire la rente, n'est pas un privilége naturel.

Je vais essayer d'expliquer ce que c'est :

Il y a bien des siècles, un homme, assis sur un des pics les plus élevés des Pyrénées, contemplait dans une profonde anxiété cette vaste contrée qui s'étend jusqu'à la Méditerranée et à l'Océan, et qui était alors presque entièrement inhabitée et
inculte. Une intelligence, homme, génie ou démon, se présente à lui et lui dit :
Quelle est la cause de ton trouble ? — Je suis dans la plus triste perplexité : je viens
du Septentrion à la recherche de pays plus heureux, et j'ai avec moi des bras, des

approvisionnements et des outils pour cultiver la terre; mais je ne vois d'ici que des forêts et des broussailles, ou des rochers et des marécages, et je ne puis pas distinguer, sous cette enveloppe sauvage, la terre, qui sera reconnaissante de mes peines, de celle qui absorbera toute ma fortune sans rien me rendre que des ronces. —Je puis te désigner des terres qui renferment les éléments de la plus vigoureuse fertilité. Je puis encore te montrer, parmi ces terres, celles qui, lorsque l'espèce humaine se sera développée et répandue dans cette immense presqu'île, lui rendront le plus de services en mettant plus facilement à sa portée les fruits précieux dont elle a besoin pour vivre et prospérer. Je puis mieux que cela : il m'est permis de t'indiquer, dès à présent, les terres qui seront un jour converties en rues vastes et places superbes, qui porteront de belles maisons, des palais somptueux, des manufactures colossales, et qui auront une valeur centuple de celle des champs les plus riches et des vignobles les plus convoités. En désires-tu? Parle. — Sans doute, j'en désire, être bienfaisant; daigne me désigner ces terres heureuses, et dis-moi comment je dois m'acquitter d'un service aussi utile. — Le voici : Toi et tous les propriétaires futurs des terres que tu préféreras, me payerez une part du produit de ces terres, en rémunération du service que je vais te rendre en t'épargnant la peine, les frais et les chances de ton choix. — C'est dur. — C'est équitable. Fais ton choix toi-même, et tu ne me devras rien, ou accepte et paye le mien.

Qu'auriez-vous fait à la place de l'homme du Nord? Mon Dieu! ce qu'il a fait. Vous payeriez le choix fait par un autre. Vous le faites tous les jours, puisque tous les jours vous aimez mieux acheter une terre et en payer la rente que d'aller vous-même faire votre choix sur les bords de l'Arkansas ou du Rio-Negro.

Qu'est-ce donc que la rente? C'est le prix du choix d'une terre. Je ne le fais pas moi-même, je ne cours pas les chances d'avoir une terre infertile, je ne me donne pas une peine qui pourrait être perdue, et je suis mis en possession d'une terre dont je connais la production, la situation, le voisinage, tous les avantages enfin.

Il est donc tout naturel que je paye ces chances courues, ces efforts faits, et cette certitude acquise par un autre à mon profit. Eh bien! le payement de ces services s'appelle rente.

QUIJANO.

RÉCLAMATION DE M. MOREAU-CHRISTOPHE [1].

Monsieur le rédacteur,

Je ne sais rien de plus pénible pour un écrivain consciencieux et grave que de voir son œuvre laborieuse déchiquetée, dans un journal sérieux, par un critique qui ne l'est pas. C'est l'impression que j'éprouve, monsieur, en lisant l'article signé G. de Molinari, que vous avez publié, p. 485 de votre livraison d'avril, sur mon livre *du Problème de la Misère*.

Déjà, à l'occasion de mon précédent ouvrage *du Droit à l'Oisiveté*, etc., le même critique, si je ne me trompe, m'avait donné, dans le même journal, la mesure de sa force, en repoussant, comme saugrenue et absurde, cette assertion, de vérité élémentaire pourtant, que l'esclavage, c'est-à-dire la conservation de la vie des ennemis vaincus, servi, a été un progrès dans l'histoire de l'humanité. Aujourd'hui, dans l'article dont je me plains, il me donne la mesure de sa gravité et de sa bonne foi, en dirigeant contre mon œuvre nouvelle un genre d'attaques que je dois repousser, ne fût-ce que par respect pour la vérité et pour la science.

Dans le principal passage de son article, mon véridique et grave contradicteur s'exprime ainsi : « Une *précipitation fâcheuse* se laisse apercevoir dans les jugements que porte l'auteur. Ainsi, par exemple, ne s'avise-t-il pas d'attribuer aux

---

[1] Voir un compte-rendu par M. de Molinari de l'ouvrage de M. Moreau-Christophe, dans le dernier numéro (132, avril), t. XXXI, p. 485.

entraves *des jurandes et des maîtrises* la plupart des grandes inventions qui ont enrichi la civilisation moderne, telles que : les glaces, la boussole, le café, les antipodes, etc. Nous serions charmé, ajoute-t-il, de savoir à *quelle corporation nous sommes redevables du café, et quelle autre* a eu *l'ingénieuse idée* de nous faire connaître les antipodes. » Or, voici textuellement ce que j'ai dit : « De même que d'un « caillou brut jaillissent des étincelles, et d'un bois pourri des lueurs qui percent l'obs- « curité, de même des ténèbres du moyen âge se dégagèrent de brillantes clartés et « de son chaos de puissants éléments d'ordre et de population. Au moyen âge, « chaque seigneurie était un petit Etat qui gravitait dans son orbite. A dix lieues de « distance, les coutumes ne se ressemblaient plus. Eh bien ! cet ordre de choses, si « nuisible à la civilisation générale, imprima à l'esprit particulier un mouvement si « extraordinaire que toutes les grandes découvertes qui constituent la supériorité de « la civilisation moderne appartiennent à cette époque : les glaces, les cheminées, « la boussole, le papier, le café, la poudre à canon, la connaissance des antipodes, « l'alambic, l'imprimerie, etc., etc. » (T. II, p. 459). Des *maîtrises*, comme on voit, et des *jurandes*, pas un mot ! Je n'en parle qu'à la page suivante et *uniquement* pour citer, en exemple du prodigieux essor que le génie de cette époque reçut de sa compression, les innombrables et gigantesques monuments dus aux seules confréries des tailleurs de pierre. Que M. de Molinari ne soit pas de l'avis de cette phrase : « Qui de nous peut espérer de voir jamais nos temps de liberté stérile laisser de leur passage des témoins aussi multipliés, aussi prodigieux, que les temps de servitude de nos pères ! » — je le conçois. Mais, qu'il ravale un si magnifique sujet à l'ignoble comparaison d'un *clyso-pompe* (le mot y est), et que, pour me faire tomber dans l'absurde, il *s'avise* de faufiler dans mon texte les *maîtrises* et les *jurandes* qui n'y sont pas, et de faire ainsi passer pour miennes les *ingénieuses idées* de son invention, voilà ce que je ne conçois plus ; car, ce n'est plus là de la critique ; ce n'est plus même de la *précipitation fâcheuse* ; c'est bien pis que cela.

Plus loin, M. de Molinari a l'obligeance de me faire observer que « si j'avais creusé un peu plus profondément mon sujet, je n'aurais pas commis *une autre* grosse erreur de jugement », en confondant, prétend-il, le *droit de travailler* avec le *droit au travail*. Mon Dieu ! je ne demande pas mieux que de croire que M. de Molinari a plus profondément creusé son sujet que moi le mien. Cependant, qu'il me permette de lui faire observer, à mon tour, que c'est lui qui confond ici deux choses très-distinctes, savoir : le *droit au travail*, tel que l'ont inventé les socialistes modernes, — invention monstrueuse que je repousse, t. III, p. 540, — et le *droit au travail*, tel qu'on l'entendait en 1789, quand, de fiscal et de privilégié qu'il avait été jusqu'alors, ce droit devint libre et affranchi de toute redevance. Sous ce rapport, il en était du *droit au travail*, comme du *droit à la propriété*, comme du *droit à l'héritage*, comme du *droit à la terre*, comme du *droit à la rivière*, etc., etc., tous droits qui ne s'obtenaient, du roi ou des seigneurs, qu'à titre d'octroi féodal ou de concession payée. Sous ce rapport, *droit au travail* était même chose que *droit de travailler*, et c'est parce que les socialistes paraissent l'ignorer que j'ai cru bon de le leur apprendre. M. de Molinari, mon maître, aurait-il besoin de la même leçon ?

Dans un autre endroit de sa critique, M. de Molinari s'en prend à l'immensité de mon cadre, et, comme le vaste horizon que ce cadre embrasse échappe à sa vue trop courte, il prétend qu'il doit échapper aussi à la mienne plus longue. Je n'ai rien à riposter à cet argument de *Quinze-Vingts*.

Un argument de même calibre bat en brèche mon érudition. Comme je ne suis pas bénédictin, et qu'il n'y a de savants que les bénédictins, comme chacun sait, mon érudition ne peut paraître à mon critique, — bénédictin, lui ! — que de mauvais aloi, et les sources où j'ai puisé que de contrebande. C'est ce qu'il déclare positivement. Mais, savez-vous bien, monsieur de Molinari, qu'avec cette façon-là d'argumenter, il n'y a pas un ignorant en France qui ne puisse traiter le plus savant homme du monde d'imbécile? Quand Paul-Louis Courier disait de l'helléniste Gail : « Ignorant comme Gail en grec », au moins savait-il le grec, et pouvait-on le croire sur parole. Mais vous, monsieur, qui vous êtes promené vingt-quatre heures peut-être sur le champ que je fouille et arrose de mes sueurs depuis vingt-cinq ans, de quel droit, je vous le demande, venez-vous, sans texte aucun à m'opposer, chercher à infirmer le mérite de mon labeur en le niant? Quand l'érudit M. Naudet m'a fait l'honneur de me soumettre, en plein Institut, au scalpel de sa critique savante, il n'a pas manqué d'opposer une citation à chaque citation contestée ; aussi ai-je pu lui répondre, et je crois l'avoir fait avec quelque avantage. Ainsi pourrai-je répondre à MM. de Carné, Alb. du Boys et Mauger-Carré, publicistes non moins instruits que modestes, qui m'ont honoré pareillement de leurs savantes critiques. Mais à vous, monsieur, qui faites de la science vis-à vis de moi à la façon de Sganarelle, quelle réponse puis-je faire, si ce n'est celle du bonhomme Géronte : « Qu'au moins faudrait-il que vous pussiez me dire d'où cela provient. » En matière aussi sérieuse, on n'accuse pas sans preuves sérieuses. Des preuves donc, monsieur, des preuves !

Des preuves ! en voici une. Enfin ! C'est une lettre insérée, l'an dernier, dans le *Journal des Économistes,* lettre dans laquelle l'un de mes plus honorables amis, M. le comte Arrivabene, critique quelques-unes de mes opinions et contredit quelques-uns de mes chiffres sur le paupérisme en Belgique. Or, d'après sa propre dissertation, il se trouve que nous sommes parfaitement d'accord *d'opinion* sur les points fondamentaux de la question paupérienne en Belgique, et que nous ne différons de *chiffres* que sur deux points secondaires, et sans trait direct à la question, relégués incidemment dans deux courtes notes. Cependant, M. de Molinari part de là pour avancer que M. le comte Arrivabene a *signalé de graves inexactitudes,* et *rectifié* plusieurs *assertions erronées* dans mon travail sur la misère belge. Signalé ! Quand cela serait? Ce n'est pas *signaler,* c'est *prouver* qu'il faut. *Rectifié,* de quelle manière? *Inexactitudes,* lesquelles? *Graves,* en quoi? Ce qu'il y a, au vrai, dans cet échafaudage, le voici : M. le comte Arrivabene m'a, en effet, *signalé,* et je l'en remercie, quelques *erreurs de chiffres,* mais uniquement sur les deux points secondaires que j'ai dits, — *dette publique* et *récoltes.* Quant aux *rectifications,* il n'en a fait aucune, et cela à mon grand regret, car s'il en eût fait et qu'il y en eût eu à faire, je l'en eusse encore remercié davantage. Aux chiffres, prétendus erronés, empruntés par moi à un document public que je cite, l'honorable publiciste se borne à opposer, toujours sur les deux seuls points secondaires en question, des chiffres contraires dont il n'indique pas la source. Est-ce là une rectification? Les sources où j'ai puisé, dit-il, « ne sont pas toutes *également* pures. » Le sont-elles donc moins pour l'être *inégalement?* Mes sources, d'ailleurs, les voici : ce sont, outre les écrits de M. Arrivabene lui-même, les discours ou les écrits, dont je cite toujours la date ou la page, de MM. de Mérode, Angillis, Van Damme, Van Custen, Heuschling, Ducpétiaux, Ramon de la Sagra, lesquels, avec le *Moniteur* et les *Statistiques officielles* de Belgique, forment le faisceau d'autorités sur lesquelles s'appuient, indépendamment de ceux que j'ai recueillis en personne sur les lieux mêmes, tous les renseignements que j'ai produits sur la misère belge. Et ce sont ces autorités respectables que, sans les discuter, sans les peser, sans les connaître, M. de Molinari qualifie de *peu recommandables.* Et ce sont les renseignements et les chiffres puisés de telles sources qu'il déclare « peu faits pour inspirer confiance dans les renseignements et dans les chiffres — qu'il ignore ! — *concernant les autres pays* !... » Est-ce là de la bonne foi? Est-ce là de la science? Est-ce là de la critique?

Maintenant, monsieur, répondrai-je aux facéties dont vous assaisonnez votre article? A quoi bon? Malgré les pilules dorées que vous lui administrez de temps à autre, mon livre, dites-vous, vous fait la mine d'un livre *enterré*. Pourquoi ne le serait-il pas, en effet? Ne suffit-il pas d'un fossoyeur inconnu pour enfouir à toujours une tête illustre? A plus forte raison suffit-il d'une misérable pelletée de terre pour abrier une mince dépouille mortelle comme la mienne.

En conséquence de quoi, monsieur, je n'ai plus qu'à me recommander à vos prières, dans l'espoir que vous voudrez bien placer sur ma tombe cette pauvre Croix qui vous choque tant à la fin de chacun de mes trois volumes, et dont vous vous moquez si spirituellement.

Agréez, etc.   MOREAU-CHRISTOPHE.

RÉPONSE DE M. DE MOLINARI.

Monsieur le rédacteur,

Je savais depuis longtemps que la *criticophobie* est une maladie extrêmement maligne et pernicieuse à laquelle la gent littéraire est fort sujette ; mais jamais je ne l'avais vue sévir avec autant d'intensité qu'elle vient de le faire sur votre honorable correspondant. C'est un cas pathologique tout à fait extraordinaire, et je regrette bien vivement, croyez-le, d'y avoir donné lieu. J'ai d'autant plus de raison de me repentir de mon imprudence, que l'Autorité n'ayant pris jusqu'à présent aucune précaution contre les auteurs dangereux qui sont atteints de ce mal redoutable, M. Moreau-Christophe s'est jeté sur moi et m'a violemment mordu.

J'ai bien mérité l'accident dont je suis victime, et je ne m'en plains point ; mais comme un certain nombre de lecteurs du *Journal des Economistes* ont la bonté de m'honorer de leur bienveillance, vous me permettrez, mon cher rédacteur, de sonder devant eux mes plaies, et de les consulter pour savoir si elles sont mortelles ou non.

Première morsure. J'ai donné la mesure de ma force en repoussant cette vérité élémentaire que l'esclavage a été un progrès. J'avoue avoir repoussé, en effet, cette « vérité élémentaire » ; mais je déclare, à titre de circonstance atténuante, n'avoir pas été seul à la repousser. Avant moi, un certain Montesquieu, qui était président à mortier au Parlement de Bordeaux et qui a écrit un livre intitulé l'*Esprit des Lois*, dont on a dit beaucoup de bien dans le temps, avait soutenu la même thèse. Ce Montesquieu, à qui l'on reconnaissait généralement une certaine force avant la publication du livre de M. Moreau-Christophe, se moquait beaucoup de la vérité élémentaire dont parle l'auteur du *Problème de la misère*, et il ne craignait pas d'affirmer que « la loi de l'esclavage n'a jamais pu être utile à l'esclave ; qu'elle est dans tous les cas contre lui, sans jamais être pour lui ; ce qui est contraire au principe fondamental de toutes les sociétés [1] ».

J'ai donc bon espoir, monsieur, que cette première plaie, malgré sa profondeur apparente, finira par se cicatriser.

Deuxième morsure. J'ai falsifié le texte du *Problème de la misère* en prêtant à son auteur l'idée d'attribuer aux maîtrises et aux jurandes la plupart des grandes inventions qui ont enrichi la civilisation moderne. Comme il s'agit ici d'une question de bonne foi, vous me permettrez de rétablir intégralement le texte que l'on m'accuse d'avoir méchamment altéré :

« De même que d'un caillou brut jaillissent des étincelles, et d'un bois pourri des lueurs qui percent l'obscurité, de même des ténèbres du moyen âge se dégagèrent de brillantes clartés, et, de son chaos, de puissants éléments d'ordre et de population.

« On peut dire même que des vices organiques du moyen âge sont sorties ses plus virtuelles productions.

---

[1] *Esprit des Lois*, liv. XV, chap. II.

« Ainsi, chaque seigneurie, laïque ou ecclésiastique, était un petit État qui gravitait dans son orbite. A dix lieues de distance, les coutumes ne se ressemblaient plus. Eh bien! cet ordre de choses, si nuisible à la civilisation générale, imprima à l'esprit particulier un mouvement si extraordinaire, que toutes les grandes découvertes qui constituent la supériorité de la civilisation moderne appartiennent à cette époque : les glaces, la boussole, les cheminées, le papier, le café, le verre, la soie, le télescope, les lunettes, les postes, les cartes marines, la poudre à canon, l'eau-forte, la gravure, les tapis, les orgues, les lettres de change, les liqueurs spiritueuses, la peinture à l'huile, la fresque, la détrempe, la connaissance des antipodes, l'alambic, l'imprimerie, etc., etc.

« Ainsi, les jurandes du moyen âge enserraient l'industrie et les arts dans un cercle étroit de privilèges et de formalités gênants. Eh bien! c'est cette compression qui servit précisément à leur imprimer plus de puissance et plus d'essor, et c'est aux corporations de métiers le plus sévèrement soumises à ces entraves que sont dues les productions les plus merveilleuses et les plus utiles. Pour ne parler que des confréries de tailleurs de pierre, à la vue des innombrables et gigantesques monuments sortis de leurs mains, et dont la plupart, encore debout, vous saisissent le cœur d'admiration et d'effroi comme « l'infini rendu palpable », qui de nous peut espérer de voir jamais nos temps de liberté stérile laisser de leur passage des témoins aussi multipliés, aussi prodigieux, que les temps de servitude féconde de nos pères ¹ ? »

Il ressort, ce me semble, fort clairement, de ce morceau, que la civilisation moderne a dû au système compressif ses inventions les plus merveilleuses, au nombre desquelles figurent l'alambic, la connaissance des antipodes, la peinture à fresque, le café, les liqueurs spiritueuses, etc., etc. Or, les maîtrises et les jurandes étaient une des pièces principales du système compressif. Ai-je donc pu fausser la pensée de M. Moreau-Christophe, en lui faisant attribuer aux maîtrises et aux jurandes une part d'influence dans la découverte de l'alambic, des antipodes, de la peinture à fresque, du café, des liqueurs spiritueuses, etc.? Il paraît cependant que je me suis trompé, et, bien que M. Moreau-Christophe déclare formellement dans le passage cité plus haut, que les jurandes, en enserrant l'*industrie* et les arts dans un cercle étroit de formalités gênantes, contribuaient *précisément* à leur imprimer plus de puissance et plus d'essor, dans sa pensée, les grandes inventions qui ont enrichi la civilisation moderne doivent être attribuées aux autres parties du système compressif. Mais à quelles parties? Est-ce, par hasard, aux persécutions, aux extorsions et aux avanies de toute sorte auxquelles tels savants, les inventeurs, les industriels et les marchands étaient exposés sous ce beau régime? Est-ce en faisant brûler comme hérétiques les philosophes qui s'occupaient des sciences morales, et comme sorciers ou magiciens ceux qui s'adonnaient aux sciences physiques, que l'on contribuait à activer les progrès et les découvertes de la science? Est-ce en mettant les Juifs à la torture lorsqu'ils refusaient de livrer leur argent, et, plus tard, en expulsant les protestants, qu'on encourageait le développement du commerce et de l'industrie? Que M. Moreau-Christophe ait donc l'obligeance de m'indiquer, d'une manière précise, à quelle partie du système compressif la civilisation est redevable de ses découvertes les plus merveilleuses ; car enfin, ne pourrais-je pas lui dire à mon tour, comme le bonhomme Géronte : « Au moins faudrait-il que vous pussiez me dire d'où cela provient. »

En attendant, vu le grand nombre d'abonnés du *Journal des Économistes* qui pensent avec moi que nos soixante années de « liberté stérile » ont fait plus pour l'avancement de la civilisation que six cents ans de « compression féconde », j'espère que cette deuxième morsure ne leur paraîtra pas mortelle, malgré la malignité extrême du venin qui s'y trouve inséré.

Troisième morsure. J'ai accusé à tort M. Moreau-Christophe d'avoir confondu le droit de travailler et le droit au travail.

---

¹ *Du Problème de la misère*, t. II, p. 459 et 460.

Ici encore, rétablissons le texte :

« *Droit au travail.* — Ce qui surtout créa ce mal, ce fut la nuit fameuse du 4 août
1789, où les priviléges du maître cordonnier et du maître perruquier étuviste, du marchand drapier et du marchand épicier, etc., etc., périrent par l'abolition des jurandes,
en même temps que périrent ceux des Montmorency, des Rohan, des La Trémouille,
par l'abolition de la noblesse. Ce qui surtout l'augmenta, ce fut le décret des 2-16 mars
1791, qui dégagea le travail de tout frein, de toute discipline, et déclara le travailleur
entièrement libre. Autrefois, le *droit de travailler* était un droit domanial que le roi
n'accordait qu'à ceux qui l'achetaient ; maintenant, le *droit au travail* est déclaré naturel, et la loi l'accorde ou plutôt le laisse à tous, sans condition [1] ».

J'ai eu l'honneur de faire observer à l'auteur de ce passage qu'il se méprenait en
appliquant la désignation récemment intentée par les socialistes, de *droit au travail*
au *droit de travailler*, qui a été proclamé par l'Assemblée constituante de 1789. Je
lui ai fait remarquer que le droit de travailler, tel qu'on l'entendait alors, et le *droit
au travail*, tel qu'on l'entend aujourd'hui, sont précisément aux deux pôles opposés.

Cette méprise, si grosse qu'elle fût, me paraissait, du reste, assez naturelle de la
part d'un écrivain qui considère le droit de travailler, la liberté du travail, comme un
« mal », et qui, en même temps, se pose en adversaire du socialisme. Repoussant à
la fois le droit de travailler et le droit au travail, il était tout simple qu'il les confon-
dît. Cependant, en examinant le passage auquel il me renvoie (t. III, p. 540), j'y
trouve la preuve manifeste que je me suis trompé, et que si j'ai eu raison de prendre l'auteur du *Problème de la misère* pour un adversaire du droit de travailler,
j'ai eu tort de le croire hostile au droit au travail. Dans ce passage, en effet, il énumère les travaux que le gouvernement peut créer à l'intention des ouvriers, et ces
travaux sont tellement nombreux et variés, que notre auteur se demande avec satisfaction, après les avoir énumérés, si l'on ne peut pas affirmer que « c'est bien plus
l'homme qui manque au sol, que ce n'est le sol qui manque à l'homme ; que ce n'est
bien plus les bras qui manquent au travail, que ce n'est le travail qui manque aux
bras [2] ». Or, s'il en est ainsi, s'il est vrai que le gouvernement soit fort en état de
créer plus de travail qu'il n'en faut aux bras, ce gouvernement tout-puissant, ce gou-
vernement-providence, ne manque-t-il pas à son devoir en ne reconnaissant pas le
droit au travail ? Ne pourrait-il pas le reconnaître sans inconvénient aucun ? Ne serait-ce pas tout simplement se mettre en demeure de résoudre le problème de la misère, lequel n'est pas du tout insoluble pour le gouvernement, ainsi que l'atteste la
conclusion de notre auteur :

« Donc, conclut-il après avoir examiné encore la série de travaux agricoles qui peuvent être exécutés en France, — le problème de la misère ne sera complétement résolu en France, tant pour le présent que pour l'avenir, que lorsque le gouvernement
aura résolu celui de la multiplication des produits alimentaires, proportionnellement
à celle de la population, en améliorant la culture des terres en labour, et en défrichant
les terres incultes, problème dont la solution, cherchée par Louis-Napoléon Bonaparte
dans les quelques pages, si remarquables, qu'il a écrites sur la question de l'*Extinction
du paupérisme*, ne pourrait, en tout cas, se trouver que dans la création d'un corps
d'*ingénieurs agricoles*, venant en aide à nos *diaconies*.

« Jusque-là, la France, tributaire de l'étranger plus riche et plus peuplé qu'elle, fera
de vains efforts pour se procurer, à grands frais, dans sa colonie africaine, le supplément de subsistances qu'il lui faut, supplément qu'elle pourrait obtenir, à moindres frais,
des parcelles infinies de son sol.

« Jusque-là, la famine de planton aux portes de nos villes trop pleines, menacera

[1] *Du Problème de la misère*, t. III, p. 398.
[2] *Du Problème de la misère*, t. III, p. 545.

notre avenir du retour du passé, et la [fortune de la France continuera à être, chaque année, à la merci d'un coup de vent.

« Jusque-là, le travail, impuissant à abolir la misère, sera réduit à recourir à la charité pour la soulager, et à ne prendre ainsi pour sa part que la moitié de la solution du problème [2]. »

En présence de cette série d'arguments qui militent en faveur de la reconnaissance du droit au travail, j'ai eu tort évidemment de croire que M. Moreau-Christophe a confondu le droit de travailler et le droit au travail. Cet admirateur des jurandes et du système compressif est bien un adversaire du droit de travailler, de la liberté du travail, mais il ne saurait être hostile au droit au travail. La logique le lui défend.

Cette troisième morsure n'est, vous le voyez, monsieur, aucunement dangereuse, et j'incline même à croire que M. Moreau-Christophe en se précipitant sur moi pour me dévorer, pourrait bien s'être mordu quelque peu lui-même.

Quatrième morsure. J'ai trouvé que M. Moreau-Christophe, pour avoir trop étendu son cadre, ne l'avait pas toujours bien rempli ; ce qui fait que je suis un quinze-vingts et un Sganarelle.

Il me semblait, je l'avoue, qu'une histoire générale de la misère chez tous les peuples et dans tous les temps était une œuvre trop vaste pour les forces d'un seul homme, et cette opinion, vraie ou fausse, que j'avais, n'a point été modifiée par la lecture du livre de M. Moreau-Christophe. En effet, l'auteur du *Problème de la misère*, que j'ai toujours tenu pour un homme laborieux et instruit (cet éloge, dans ma bouche, ne saurait être suspect), a été trop souvent obligé de se contenter d'une érudition de seconde main ou de troisième main, de recourir au livre ou au feuilleton publié la veille, en un mot de faire de la compilation plutôt que de l'histoire, pour remplir un cadre infiniment trop vaste, quoi qu'il en dise. Comme un exemple des inconvénients de cette manière de procéder, j'ai pris la liberté de lui rappeler une rectification peu agréable qui lui est venue de Belgique. M. Moreau-Christophe n'a porté l'intérêt de la dette publique, dans ce pays, qu'au chiffre de 9,336,000 fr., tandis que le chiffre réel est de 34,000,000 fr. Il a commis, en outre, la plus curieuse des méprises, au sujet du nombre des indigents et de l'étendue de la misère dans les différentes parties de la Belgique. Parce qu'il y a moins d'indigents secourus dans le Luxembourg, province la plus pauvre du pays, que dans les autres provinces, il pose, avec une magnifique assurance cet axiome, « qu'alors que, partout ailleurs, la misère s'accroît en raison directe de la décroissance de la prospérité du pays, en Belgique la misère progresse en raison directe du développement des richesses de son industrie et de son sol [2]. » En Belgique, où l'on sait que s'il y a moins d'indigents secourus dans le Luxembourg que dans les autres parties du pays, cela tient simplement à l'exiguïté comparative des ressources des bureaux de bienfaisance de cette province, on a beaucoup ri de l'axiome de M. Moreau-Christophe, et M. le comte Arrivabene s'est chargé, avec la parfaite urbanité qui le caractérise, d'avertir notre auteur qu'il avait pris le Pirée pour un homme [3]. Or, je le demande, n'ai-je pas fait preuve d'infiniment de politesse et de modération en mettant l'axiome en question sur le compte d'une précipitation fâcheuse ? et méritais-je bien pour cela d'être qualifié de quinze-vingts et de Sganarelle ?

Mais les gros mots ne me blessent guère, et, décidément, je ne succomberai pas encore à cette morsure-là.

---

[1] *Du Problème de la misère*, t. III, p. 547.
[2] *Du problème de la misère*, t. III, p. 127.
[3] *Journal des Économistes*, numéro du 15 mai 1851, p. 69.

Cinquième et dernière morsure. Je me suis moqué de la croix que M. Moreau-Christophe a plantée à la fin de chacun de ses trois volumes.

A certaines époques, vous le savez, monsieur, il est de bon ton de ne pas saluer la procession ; à d'autres époques, au contraire, on est un hérétique, un mécréant, un libre penseur quand on n'y porte pas un cierge. J'ai toujours détesté également ces deux travers. J'ai beaucoup de respect pour la religion et pour ses emblèmes, mais je ne saurais souffrir qu'on en abuse ; et comme il me semblait que M. Moreau-Christophe en abusait un peu, je me suis permis de me moquer de son cierge.

En cela, j'ai commis une haute imprudence, je le reconnais trop tard, et, pour peu que *l'Univers* veuille bien s'en mêler, je suis un homme mort. Mais je me garderais bien d'ajouter à cette première imprudence celle de me recommander aux prières de M. Moreau-Christophe.

Je prie, au contraire, dévotement le Ciel de ne point remettre à ce philanthrope, auteur de divers travaux sur le système pénitentiaire, le soin de choisir le genre de supplice que j'ai mérité pour les méfaits de critique et autres dont j'ai pu me rendre coupable en ce monde.

Agréez, etc.

G. DE MOLINARI.

REVUE

DE L'ACADÉMIE DES SCIENCES MORALES

ET POLITIQUES.

SOMMAIRE : *Mémoire sur la démonétisation de l'or*, par M. Léon Faucher. — *Mémoire sur l'industrie de la soie dans le midi de la France*, par M. de Lafarelle. — Communication sur les origines nationales, par M. Moreau de Jonnès. — *Mémoire sur le sommeil, les songes et le somnambulisme*, par M. Lélut. — *Mémoire sur le sankhia*, par M. Barthélemy Saint-Hilaire. — *Mémoire sur la sensibilité*, par M. Franck ; *Mémoire sur la nature, l'origine et la formation de la parole*, par le même.

Les travaux de l'Académie des sciences morales et politiques se sont partagés, pendant les semaines qui viennent de s'écouler, entre l'économie politique et la philosophie. La lecture d'un mémoire de M. Léon Faucher sur la démonétisation de l'or a occupé plusieurs séances et excité un vif intérêt. C'est un tableau complet et curieux des faits économiques qui se rattachent au développement de la production aurifère de l'or sur plusieurs points du globe, et une critique aussi habile que convenable des mesures précipitées prises par plusieurs gouvernements européens pour prévenir une révolution monétaire, et dont le gouvernement hollandais, malgré son antique renom de prudence et de loyauté commerciale, n'a pas craint de donner le mauvais exemple. Il est inutile de parler ici plus longuement de cet important document ; les lecteurs du *Journal des Économistes* le retrouveront tout entier dans un prochain numéro. Il en est de même pour un mémoire de M. de Lafarelle sur l'industrie de la soie dans le midi de la France, dont ce numéro contient la première partie. M. de Lafarelle a parlé de cette industrie, qui est la gloire et une des principales richesses de la France, avec l'habileté de l'économiste et la parfaite intelligence de choses dont il a pu suivre, comme enfant du Midi, les conditions diverses et les variations nombreuses que le développement de l'agriculture et de l'industrie ont apportées à la production et à la fabrication de la soie. Du reste, le premier mérite du mémoire de M. de Lafarelle, c'est la nouveauté de son point de départ; car on ne peut le confondre avec les ouvrages techniques qui ont paru, depuis ceux de Serres jusqu'à ceux de Dandolo et de M. de Gasparin, sur les grandes branches de l'industrie de la soie, la culture du mûrier, l'éducation des vers, la filature et le moulinage de la soie et son tissage. M. de Lafarelle a écrit au point de vue de la situation économique des classes laborieuses vouées à ces différentes opérations et par suite d'observations toutes personnelles. Il a, il est vrai, emprunté beaucoup de documents statistiques, à défaut d'une meilleure source, aux publications faites en 1840 par le ministre de l'agriculture et du commerce; mais il en a signalé les imperfections et ne s'est nullement porté garant des chiffres qu'il a reproduits d'après elles. La communication de M. de Lafarelle rappelle celle que fit, à une époque déjà ancienne, M. Villermé sur les ouvriers employés à l'industrie de la laine et du coton dans le département du Haut-Rhin. Ce n'est guère qu'au prix de pareilles recherches qu'il est possible de connaître et, par suite, d'améliorer la condition des populations agricoles et manufacturières. En économie sociale comme en médecine, la guérison n'est possible que par la connaissance préalable du mal.

— M. Moreau de Jonnès a commencé la lecture d'un travail étendu qu'il intitule : *Recherches sur les origines nationales*, et dans lequel il présente des vues nouvelles sur les races auxquelles nous appartenons et sur les mouvements de populations qui, du fond de l'Asie, se sont répandues sur l'Europe pour y installer de nouveaux peuples. Les peuples modernes présentent dans leurs instincts et dans leurs habitudes un caractère de permanence et d'amour du sol natal qu'étaient bien éloignées de partager les tribus nomades et barbares qui portaient dans de grossiers chariots couverts de cuir leur famille et les quelques objets mobiliers qui composaient toute leur fortune. Cette diversité de goûts et d'habitudes entrait dans les desseins de la Providence : les migrations étaient nécessaires pour peupler des régions désertes et pourvoir aux besoins des populations agglomérées auxquelles une agriculture sans expérience et sans courage ne présentait que d'insuffisantes ressources. Dans les temps modernes, au contraire, la subsistance n'est assurée que par la permanence des populations : elle seule permet de ménager par les travaux de chaque année les moyens de satisfaire aux besoins de l'année qui va suivre; elle seule permet à la propriété de s'asseoir au travail, de s'installer, à l'esprit d'ordre et de prévoyance de donner les trésors de fécondité et de prospérité qu'ils recèlent. M. Moreau de Jonnès affirme, en procédant par voie d'élimination, que c'est de l'Asie que sont sortis les peuples celtiques. Mais de quelle région de ce vaste continent ces peuples sont-ils originaires? Leur berceau n'est, suivant lui, ni à l'orient ni au midi de l'Asie. Il le trouve en explorant l'occident de cette grande partie du monde, depuis l'Imaüs jusqu'au delà du Caucase, dans ces nombreuses familles d'hommes qui, par la beauté de leur type physiologique et par leur intelligence indéfiniment perfectionnable, tiennent le premier rang au milieu des merveilles de la création. Dans les lectures qui doivent suivre et qui éclaireront sans doute des assertions historiques et ethnographiques encore bien contestées, M. Moreau de Jonnès recherchera :

1° L'origine des peuples Celtiques qui sont nos ancêtres, savoir : les Celtes ou Gaulois, les Cimbres ou Kimris, les Belges ou Bolgs, et les Aquitains ou Celtibères ;

2° L'origine des peuples possesseurs de la Gaule par la conquête, savoir : les Romains et les Francks, avec d'autres tribus germaniques.

— L'Inde est le berceau de l'esprit humain et la philosophie a reçu, dans cette contrée, ses premiers développements. Mais comment en connaître la nature et la portée, si ce n'est en étudiant à la suite des orientalistes, de Burnouf, de Lassen, de Bopp, de Wilson, de Lolebrooke, de William Jones et de plusieurs autres qui ont surgi dans ces derniers temps, les monuments les plus anciens et les plus curieux qui se sont transmis jusqu'à nous malgré les siècles qui les séparent? C'est ce qu'a compris, avec une rare intelligence de l'antiquité et une science qui ne nous laisse plus rien à envier à la savante Allemagne, l'infatigable traducteur d'Aristote, M. Barthélemy Saint-Hilaire. Il a repris tout récemment la série d'études à laquelle, il avait préludé dans un premier mémoire sur le Hyaya, et il a fait connaître à l'Académie un monument étrange de la philosophie indienne, le *Sankhya* de Kapila. Ce n'est pas ici le lieu d'insister sur les diverses parties de ce singulier système ; il est seulement un double aspect de la question qui a été l'objet d'observations échangées entre M. Cousin et l'auteur du mémoire, l'athéisme de Kapila, prélude et modèle de ces étranges doctrines qui se sont propagées d'âge en âge, à la honte de l'esprit humain, et que le dix-huitième siècle a vues briller de tout leur triste éclat, et le lien intime qui rattache la philosophie de la Grèce à la philosophie de l'Inde.

Kapila est convaincu d'athéisme, cela est incontestable. Mais, ainsi que l'a fait observer M. Barthélemy Saint-Hilaire, s'il ne parle pas de Dieu, il ne le nie pas. Il se contente de l'omettre, et, à cause de cela, il ne faut pas le confondre avec ces athées dont les doctrines *déplorables* se sont produites au dernier siècle en France et dans d'autres nations de l'Europe. Ce n'est pas un athée vulgaire et, en quelque sorte, incurable. Dans le système de Kapila, la nature est éternelle, elle est la cause universelle. Kapila serait-il donc naturaliste et matérialiste ? Evidemment non ; car, à côté de la nature, il place l'esprit, l'âme qui, seule, est intelligente et sensible. Elle est supérieure à la nature. Après la mort, l'âme n'est pas anéantie. Elle s'élève dans un monde supérieur à celui de Brahma ; elle sait tout, elle voit tout, elle peut tout. Elle existe et doit *exister* éternellement. La doctrine de Kapila n'est donc pas la doctrine du bouddhisme, qui anéantit l'âme, qui aboutit au nihilisme absolu et adopte le matérialisme et l'athéisme dans toutes leurs déplorables conséquences.

La même discussion a porté sur d'autres faits également curieux pour l'histoire de la civilisation. Les ressemblances du monde indien avec le monde grec ont été constatées pour la langue et pour la mythologie. Pour la mythologie, même personnification de la nature, mêmes attributions, mêmes aventures des dieux. Pourquoi s'étonner qu'il se soit opéré pour la philosophie quelque chose d'analogue à ce qui s'est opéré pour la langue et pour la mythologie? M. Barthélemy Saint-Hilaire ne s'est pas borné à insister sur les ressemblances de doctrines ; avec une grande érudition historique, il a invoqué les autorités les plus fameuses et les plus anciennes, et notamment les récits des lieutenants et des compagnons d'Alexandre, et il a terminé sa ré-

ponse par ces quelques lignes : « Que nous ont donc appris les compagnons du
héros macédonien, et quels furent leurs impressions et leurs jugements?
Onésicrite, qu'Alexandre avait chargé de conférer de la philosophie avec les
gymnosophistes, et qui communiquait avec eux par le moyen de trois inter-
prètes, ne balance pas à rapprocher la philosophie des brahmanes de celle
de Pythagore : c'est Strabon qui nous l'apprend. Mégasthène, dont l'autorité est
beaucoup plus grave que celle d'Onésicrite, et qui avait séjourné longtemps
dans l'Inde, est frappé des mêmes rapports, et il retrouve le platonisme sur
les bords du Gange. N'a-t-on pas dit aussi que Pythagore avait eu des relations
avec l'Orient, et que, parti de Samos, sa patrie, il avait voyagé dans la haute
Asie?

— L'Académie vient de proposer cette année, dans la section de philosophie,
un sujet de prix qui doit, par son importance, la variété, et peut-être aussi
la délicatesse des questions qui s'y rattachent, exciter un vif intérêt et provoquer d'importants travaux. Elle a demandé l'étude du sommeil au point de
vue phsychologique, c'est-à-dire quelles sont les facultés de l'âme qui subsistent, ou sont suspendues, ou considérablement modifiées dans le sommeil ?
Quelle différence essentielle y a-t-il entre rêver et penser ? Qu'est-ce que le
somnambulisme ? Quelles sont ses différentes espèces ? Y a-t-il dans le somnambulisme naturel conscience et identité personnelles ? Le somnambulisme
artificiel est-il un fait ? En cas d'affirmative, l'étudier et le décrire dans ses
phénomènes les moins contestables, reconnaître celles de nos facultés qui y
sont engagées, et essayer de donner à cet état de l'âme une théorie selon les
règles d'une saine méthode philosophique. Ce programme académique est,
comme on le voit, tout à fait nouveau, et si, nous osons l'ajouter, d'une heureuse hardiesse. Il est bon que les corps savants, dont l'autorité est acceptée par
le public, ne reculent pas d'une manière indéfinie devant les problèmes qui
attirent l'attention de tous, qui reposent sur des faits en partie avérés et qui
n'ont d'autre tort que de défier, quant à présent, la raison humaine. Cette
question, qui fera sans doute époque dans l'histoire de l'Académie des sciences
morales et politiques, trouve son programme développé dans un mémoire
sur le sommeil, les songes et le somnambulisme, récemment lu par M. Lélut.
Parmi les faits naturels qui provoquent au plus haut degré la surprise et soulèvent les problèmes les plus difficiles, il faut placer le sommeil et les divers
phénomènes qui le constituent ou qui s'y rattachent. M. Lélut établit que, dans
le sommeil le plus profond, et en apparence le plus insensible, il n'y a pas
plus suspension complète des facultés de l'âme, et même de la volonté, qu'il
n'y existe une semblable suspension des fonctions du corps. C'était l'opinion
de Descartes et de Leibnitz. Pour ces illustres esprits, il n'y a pas de sommeil
sans rêves, quelque légers, quelque agréables, quelque peu fatigants qu'on
veuille les faire dans l'intérêt du repos de l'esprit; et leur conclusion, qui
depuis a été suivie par Formey, par Cabanis, par Carus, et quelques autres phy-
siologistes ou philosophes modernes, s'appuie sur les deux raisons suivantes :
l'activité, l'action propre de l'esprit, activité, action nécessaire et, par conséquent, continuelle; l'activité, l'action également nécessaire et sans relâche du
corps ou de l'organisme, laquelle se réfléchit sur celle de l'esprit et la redouble
ou l'entraîne.

Les rêves constituent donc l'état de la pensée dans le sommeil. Ils ont les
mêmes éléments intellectuels que l'état de veille; ils ont des sentiments, des

passions, des idées. Ne cite-t-on pas des morceaux de prose, de vers, de musique composés dans le sommeil? Il y a un quatrain de Voltaire, un fragment
de poëme de Coleridge, plusieurs passages du *Cours d'Etudes* de Condillac, une
sonate du diable par Tartini.

Dans la dernière partie de son Mémoire, M. Lélut s'occupe du somnambu
lisme. Pour lui, les phénomènes qui composent le domaine du magnétisme
animal n'ont rien qui soit réductible aux lois de la physiologie et de la psy-
chologie, rien qui puisse se rallier à la puissance ordinaire, concevable de
organes, et aux attributions même les plus étendues des facultés. Ils ont un
nature absolument particulière qui, jusqu'à présent, ne peut se conclure d
rien de connu, et ne saurait ainsi avoir pour preuve que le fait. C'est don
cette preuve qu'il faut attendre, et que peut-être on attendra longtemps.

— M. Franck a lu deux Mémoires, l'un sur la nature, l'origine et la forma
tion de la parole ; l'autre sur la sensibilité. Dans le premier de ces Mémoire
le savant académicien, en s'inspirant de Platon, de Leibnitz, de Herder, d
Maine de Biran, de Reid, de Dugald Stewart, nous fait comprendre commer
la parole, expression de la pensée humaine, se transforme comme elle, e
développe, s'élève du monde sensible au monde intelligible, montrant au
générations qui se succèdent, à côté des lois les plus générales de la nature
de la raison, les empreintes particulières des temps, des lieux et des nation
lités. Dans le second Mémoire, M. Franck a étudié les différents phénomèn
de la sensibilité et les théories les plus diverses qui se sont élevées à son suje
soit chez les philosophes anciens, soit chez les philosophes modernes. Il
définit pas le fait primitif, essentiel de notre âme, qui échappe à toute défin
tion ; on peut dire seulement avec lui, que sentir c'est souffrir, c'est jou
désirer, aimer, haïr, admirer, espérer, craindre, etc. Toutes ces manièr
d'être ont quelque chose de commun qui les caractérise et les sépare de to
les autres modes de notre existence, qui oblige à les rapporter à une sou
identique, à une seule et même faculté, à la sensibilité. M. Franck la suit da
ses effets, dans les phénomènes principaux qui attestent son existence ; p
en elle-même, c'est-à-dire dans ses attributions les plus générales et
principe le plus élevé. Son Mémoire se termine par des considérations sur
place que la sensibilité a occupée dans les recherches philosophiques et sur
diverses théories dont elle a été l'objet.

— M. J. Garnier a été admis à communiquer à l'Académie un Mémoire
M. Du Puynode sur l'impôt territorial. C'est une analyse complète et hal
des théories des économistes des différentes écoles : de Quesnay, de Turg
de Buchanan, d'Adam Smith, de Ricardo, de J.-B. Say et de Rossi sur ce
grande et délicate question, à l'occasion de laquelle tant de controverses
sont élevées et continueront encore à s'élever. S'il nous était permis, mal
notre incompétence, d'exprimer un regret, nous dirions, tout en déplorant
charges qui pèsent sur le sol, que M. Du Puynode, en s'occupant de la posit
actuelle des propriétaires fonciers et des populations vouées à la culture d
terre, nous a paru faire trop bon marché du présent au profit du passé.
rapport de M. Blanqui sur la situation des populations agricoles de la Fran
et dont la première partie seulement a été communiquée à l'Académie
par suite, portée à la connaissance du public, nous montre, en effet, la si
tion malheureuse des contrées qu'il a parcourues ; mais il serait ration
avant de s'appuyer sur ce document, d'en attendre la suite et les conclusie

1. Blanqui a visité les populations de l'Ouest et du Centre, et personne n'ignore que leur situation est exceptionnelle. Les provinces de l'Est, du Nord, de la Beauce et de la Brie présentent un spectacle et une richesse qui pourraient atténuer aux yeux de MM. Blanqui et Du Puynode l'impression douloureuse qui résulte pour eux de la connaissance des misères d'une partie de nos populations. Ce qui pèse, pour ainsi dire, fatalement sur la région de l'Ouest, sur la Bretagne notamment, ce n'est pas l'assiette de l'impôt territorial : sa malheureuse situation a son principe dans d'autres causes, dans des conditions sociales pour lesquelles le remède est lent et difficile à raison même des résistances qu'il rencontre de la part des parties intéressées. Ce qui manque aux populations dont nous parlons, c'est l'éducation et l'instruction spéciale et pratique, c'est une viabilité plus complète, ce sont les capitaux et la puissance de l'exemple, ce premier de tous les enseignements, pour l'homme des champs en particulier. En comparant le langage des économistes du dix-huitième siècle et les tableaux émouvants qu'ils nous ont transmis, avec la situation actuelle de nos populations agricoles, nous ne pouvons que bénir la Providence des progrès merveilleux qui se sont accomplis en un demi-siècle et pour la suite desquels l'impulsion actuelle se continuera. Qu'il n'y ait pas d'importantes réformes à faire dans le régime actuel de l'impôt foncier, nul ne saurait le prétendre ; mais il nous semble que, des divers impôts qui pèsent sur le pays, l'impôt foncier n'est pas celui qui affecte le plus durement le pays, et nous appelons à l'appui de cette opinion le tableau très-curieux que présente M. Du Puynode, et que nous reproduisons, en l'analysant dans quelques parties, de l'assiette et des modifications de l'impôt territorial en France depuis 1789.

L'Assemblée constituante, dit M. Du Puynode, que guidait la doctrine des physiocrates, après avoir aboli les impôts indirects et, parmi les directs, conservé surtout celui qui atteignait le sol, déclara, par la loi du 23 novembre 1790, que la contribution foncière serait assise seulement sur le revenu net des propriétés bâties ou non bâties, et serait payable en argent. C'est en exécution de cette mesure que le revenu territorial de la France fut évalué à la somme de 1,200 millions, pour servir de base à la fixation d'une imposition foncière de 240 millions en principal, à répartir entre tous les propriétaires du royaume. Mais il n'existait malheureusement d'autres éléments de répartition que les anciennes fixations des vingtièmes, établies à l'origine, disait Turgot, d'une manière tout arbitraire et à l'aveugle. L'Assemblée constituante se vit donc obligée de les suivre ; seulement, en reconnaissant les défauts, elle décréta l'exécution du cadastre, qui n'a été commencé cependant que sous l'Empire.

On eut recours, en attendant, à plusieurs dégrèvements partiels ou généraux, pour rendre l'impôt foncier plus équitable et mieux proportionné aux revenus. Le premier de ces dégrèvements est de 1797. Il fut de 22,900,000 fr. et se répartit entre les provinces les plus surchargées. L'année suivante on réduisit d'un vingtième, ou de 10,902,000 francs les contingents de toute la France. Une nouvelle diminution de 17,657,000 francs fut appliquée, en 1799, à couvrir la part contributive des domaines nationaux exemptés d'impôt, en même temps qu'à corriger encore les irrégularités des premières répartitions. Enfin, d'autres dégrèvements ordonnés en 1801, 1802, 1804 et 1805 ont opéré une réduction de 17,381,000 francs sur les rôles, tout en cherchant également à réparer de nombreuses injustices.

En 1808, à l'exemple de ce qu'avaient fait, dans le siècle précédent, la Bohême, la Savoie, le Piémont, le Duché de Milan et la Prusse, on entreprit de soumettre tout notre pays à l'opération du cadastre, mesure qui, en France, avait aussi des précédents.

Le premier résultat du cadastre fut d'amener, en 1819, un dégrèvement provisoire de 4,590,000 francs, qui a été suivi, en 1821, d'un autre dégrèvement de 13,529,000 francs, répartis tous les deux entre les cinquante-deux départements les plus grevés. Ces allégements ont fait descendre le principal originaire de la contribution foncière de 240 millions à celui de 154,681,000 francs, réalisant ainsi, en faveur des contribuables, depuis 1790, un adoucissement total de 86 millions. Ce n'est qu'après la révolution de 1830 que l'impôt foncier a repris une marche ascendante. Après 1848, comme les trois autres taxes directes, il a été élevé de 45 pour 100, mais pour une année seulement. . . . .

Relativement aux revenus sur lesquels l'impôt foncier a été établi, on a vu qu'ils avaient été estimés, en 1790, à 1,200 millions. En 1821, d'après des documents publiés par le gouvernement, le revenu imposable à la contribution foncière a été évalué à 1 milliard 580 millions, en comprenant le revenu sur la valeur locative des propriétés bâties, comme on le fait encore aujourd'hui, pour un cinquième de cette somme. Il restait, par conséquent, pour le revenu imposable des terres en culture, 1 milliard 264 millions. D'après ces mêmes évaluations, en prenant le revenu imposable pour le revenu net, ce qui devrait toujours être, et en adoptant l'opinion de la plupart des statisticiens, à savoir que le produit brut du sol s'élève à quatre fois son produit net, on aurait, pour représenter la valeur de toutes les récoltes de notre territoire, en 1821, une somme de 5 milliards 56 millions. Ce serait une estimation inférieure de 109 millions à celle d'Arthur Young, faite très au hasard en 1788. Du reste, les statistiques publiées dans ces derniers temps par le gouvernement ont porté le produit foncier de la France :

En 1700, à 1 milliard 500 millions ;
En 1784, à 2   »   32   »
En 1813, à 3   »   350   »
En 1840, à 6   »   22   »

Si cette dernière évaluation est exacte, le produit net de notre sol, en en prenant le quart, se trouve être seulement en ce moment de 1 milliard 55 millions et demi, soit 208 millions et demi de moins que le revenu déclaré imposable dès 1821, et notre imposition foncière s'élevant à 261,384,900 francs, elle absorbe ainsi le quart environ de ce revenu net.

« Mais, même en droit, le revenu imposable n'est plus seulement, en France, le revenu net.....

Nous ne suivrons pas plus loin M. Du Puynode dans le tableau qu'il a présenté des oscillations de l'impôt foncier de 1790 jusqu'à nos jours, et des résultats constatés par les opérations très-imparfaites et sous plusieurs rapports très-contestables du cadastre. Nous dirons seulement que, pour apprécier aujourd'hui, d'une manière comparative, la situation de la propriété territoriale, il ne faut pas perdre de vue que dans l'organisation sociale et politique inaugurée en 1789 toutes les terres sont soumises à l'impôt, que les anciennes et tyranniques immunités, en faveur de la propriété nobiliaire et des biens du clergé, ont été renversées, comme des débris de la féodalité ; que de plus les défrichements, et l'augmentation du produit des terres par la culture des graines oléagineuses, des prairies artificielles, par l'élève des bestiaux, ont allégé le poids de l'impôt, bien que nominalement il soit resté le même. Le fractionnement de la terre n'est-il pas encore une considération dont la valeur ne saurait être contestée? Quelle en est l'origine, si ce n'est les acquisitions successives et incessantes du sol par les classes agricoles? Leur travail et leurs économies en ont fait, de simples journaliers, des propriétaires dont le nombre et l'importance augmentent chaque jour. Que l'on n'oublie pas, comme le rappelle M. Du Puynode, que le sol en France est divisé en 123,360,338 parcelles. Sur 11 millions de cotes, il y en a 5 millions au-dessous de 5 francs, 1,751,000 de 5 à 10 francs, 1,500,000 de 10 à 20 francs, et 13,000 seulement au-dessus de 1,000 francs.

— Nous ajournons à notre prochaine revue le rapport de M. Béranger sur la mission qu'il a reçue de l'Académie, à l'effet de visiter les bagnes et les lieux de répression existant en France et en Angleterre.   ***

LA SUÈDE ET SON COMMERCE,

PAR M. LE BARON KNUT BONDE [1].

Cet ouvrage sur la Suède, écrit par un Suédois, mais en français et même en très-bon francais, nous intéresse à plus d'un titre. Il nous fournit d'abord des informations assez précises sur un pays trop peu étudié, trop peu connu. Il nous fait voir ensuite, quoique souvent d'une manière indirecte, le tort que la France se fait à elle-même en restreignant volontairement ses relations commerciales avec ce même pays.

La Suède n'est pas, au point de vue industriel et commercial, un pays comparable à l'Angleterre, à la France ou aux Etats-Unis. Située presque à l'extrémité nord de l'Europe, elle y sent trop l'influence des glaces du pôle, dont elle est si voisine, et ne saurait en conséquence rivaliser, ni pour l'abondance et la variété de ses productions, ni pour la densité relative de la population, avec les contrées situées sous un climat plus tempéré. Mais elle a d'autres titres à notre attention. On peut admirer en elle l'heureux parti qu'elle sait tirer d'un territoire ingrat, et les progrès sensibles qu'elle accomplit chaque jour dans la situation désavantageuse où elle se trouve. Il faut lui tenir compte aussi des généreux efforts qu'elle fait, concurremment avec la Norwège, sa sœur, pour étendre l'empire de la civilisation jusqu'à des régions auparavant inabordables. Mais ce qui doit nous intéresser, surtout au point de vue commercial, c'est que la Suède possède un certain nombre de productions spéciales, qu'elle seule peut fournir aux autres nations industrieuses, et dont ces nations ne peuvent guère se passer.

M. le baron Knut Bonde parle de son pays en termes nobles mais modestes; il en relève l'importance commerciale, mais sans l'exagérer. Ce n'est pas, du reste, un plaidoyer en faveur de la Suède qu'il a entendu faire, mais une exposition instructive de sa situation réelle.

[1] Paris, Guillaumin, 1852; un vol. in-8.

Le plan de son ouvrage est simple, et, de plus, fidèlement suivi, ce qui contribue à en rendre la lecture particulièrement facile. Dans une introduction assez étendue, et qui nous a paru faire corps avec le reste, il nous donne d'abord une idée générale du territoire de la Suède, de ses productions, de ses ressources, des conditions d'existence du peuple qui l'habite. Mais comme c'est surtout au point de vue du commerce extérieur qu'il envisage la situation de son pays, il rentre ensuite dans ce sujet spécial dont il ne s'écarte plus. Après nous avoir indiqué les principaux objets d'importation et d'exportation de la Suède, il nous donne un aperçu général de sa navigation extérieure et un tableau du mouvement des navires dans les ports suédois. Vient ensuite une longue série d'esquisses et de tableaux, où il passe successivement en revue les relations commerciales de la Suède avec tous les pays du monde : la Norwège, le Danemarck, la Russie, les villes Anséatiques, la Prusse, le Mecklenbourg-Schwerin, le Hanovre et Oldenbourg, les Pays-Bas, la Belgique, la Grande-Bretagne, la France, le Portugal, l'Espagne, etc., etc. Chacune de ces esquisses est accompagnée de quelques observations judicieuses, qui en relèvent le sens et en augmentent l'utilité. L'ouvrage se termine par un tableau du tarif de douane suédois, tant à l'importation qu'à l'exportation. Tout cela n'est pas, du reste, une sèche et froide analyse ; ce n'est pas seulement un travail de statistique, quoique les données essentielles de la statistique s'y trouvent ; c'est encore un ouvrage suffisamment raisonné, où tous les faits importants trouvent leur explication à mesure qu'ils se déroulent.

Sans avoir la prétention de résumer ici toutes les données substantielles que cet ouvrage renferme, nous relèverons du moins quelques-unes de celles qui nous ont particulièrement frappé.

La Suède et la Norwège, unies sous un même sceptre, quoique régies par des lois différentes, forment ensemble cette vaste presqu'île scandinave qui est baignée, d'un côté, par la Baltique, de l'autre par la mer du Nord et la mer d'Allemagne, et bornée au sud par le détroit du Sund. Toute cette vaste étendue de territoire, qui ne comprend pas moins de 13,000 lieues carrées géographiques, renferme encore à peine aujourd'hui 5 millions d'habitants. C'est bien peu si l'on compare cette population à celle qui se presse dans les contrées du centre de l'Europe ; mais c'est beaucoup si l'on tient compte des circonstances climatériques et des difficultés de tous les genres que les hommes ont à surmonter pour s'établir dans ces froides régions. La Flore suédoise n'est pas riche ; celle de la Norwège l'est encore moins, et cette pauvreté du règne végétal, qui se remarque même dans la partie méridionale de la Suède, augmente à mesure qu'on avance vers le nord, à tel point que, dans les contrées les plus voisines du pôle, le règne végétal disparaît presque entièrement. Et si l'on veut se rendre compte de l'influence que cette circonstance exerce sur la population, on n'a qu'à faire le rapprochement de quelques chiffres. « En étudiant, dit M. Knut Bonde, la *Flora suecica*, on voit que, dans le gouvernement de Malmœ, limitrophe du Sund, il y a 6,000 habitants et 915 variétés de plantes par lieue carrée ; à Hernœsand, entre le 62e et le 64e degré, 100 habitants et 310 plantes seulement ; et plus au nord encore, à Pitéo, entre le 65e et le 69e degré, 60 habitants et 95 variétés végétales. » Ce qui montre bien à quel point l'extension de la population est liée au développement du règne végétal.

Ces plantes en petit nombre que la Suède possède ne s'y multiplient, du reste, surtout dans la partie septentrionale du pays, qu'au prix de grands efforts de culture. Ajoutez à cela que la rigueur du froid suspend communément, pendant une grande partie de l'année, tous les travaux d'amélioration qu'on pourrait entreprendre, en même temps qu'elle arrête dans son cours la navigation, tant intérieure que maritime.

Mais l'énergie de la population suédoise triomphe par degrés de toutes ces difficultés naturelles, et la preuve en est dans les progrès remarquables quelle a accomplis. « La Suède qui, en 1810, ne comptait que 2,400,000 habitants, en a aujourd'hui plus de 3 millions et demi ; ce qui, sans compter la Norwège, constitue une population supérieure en nombre à celle qu'elle avait sous les grands rois Wasa, quand elle possédait la Finlande, l'Ingrie, la Livonie et la Poméranie. » Il est remarquable, au surplus, qu'à mesure que la population grossit, le nombre des plantes utiles augmente ; car si la richesse du règne végétal influe sur la population, ce qui n'est pas douteux, l'accroissement de la population influe à son tour, grâce aux progrès correspondants de la culture, sur le développement du règne végétal. Ainsi, une conquête de ce genre conduit à une autre, et la chaîne ne s'arrête jamais. « L'agriculture et l'industrie, dit encore M. Knut Bonde, y font des pas de géant dans la voie du progrès. Au commencement du siècle, une importation de 2 à 300,000 tonneaux de blé était nécessaire à la subsistance des habitants, et maintenant une population considérablement augmentée en exporte au moins autant. En 1849, on a vu même le chiffre de l'exportation porté à 500,000 tonneaux. » Pour la Norwège, où l'intensité du froid est communément plus grande, elle est à cet égard plus arriérée que la Suède, et obligée tous les ans de demander à celle-ci un supplément d'approvisionnement en céréales.

Parmi les productions naturelles de la Suède, celles qui forment le principal aliment de son exportation sont, d'une part, les bois, notamment le sapin, et les résines qui en proviennent ; de l'autre, les produits de l'industrie métallurgique, et particulièrement les fers.

Si la Suède est assez mal dotée en ce qui touche à la fertilité naturelle du sol ; en revanche, les richesses de son règne minéral sont immenses. On y trouve en quantités inépuisables, dans les montagnes du pays, le fer le plus ductile et le plus malléable. « De la Laponie à la Scanie (c'est-à-dire, de l'extrémité nord à l'extrémité sud) on en trouve presque partout, et le seul mont Gellivare en Laponie, d'une hauteur de 1,800 pieds, est formé entièrement d'un minerai contenant de 70 à 80 pour 100 du meilleur fer ; ce qui, énergiquement exploité avec des capitaux suffisants, pourrait fournir de ce métal le monde entier. Outre le fer, on y trouve du cuivre, du cobalt, du plomb, du soufre, du vitriol, de l'étain, du zinc, du nickel, de l'argent et même un peu d'or. » Malheureusement, les capitaux manquent dans une certaine mesure, et encore plus le combustible. Le bois abonde, il est vrai, en Suède, et c'est jusqu'à présent le seul combustible qu'on y ait employé pour la fabrication du fer ; mais le bois ne peut jamais suffire à une fabrication très-étendue, et d'ailleurs le prix en augmente journellement, à mesure que, grâce aux facilités de communication récemment établies, l'exportation en devient plus active. Quant à la houille, qui serait si nécessaire pour exploiter toutes ces richesses, elle est excessivement rare dans le pays. « Jusqu'à présent, on n'a rencontré la houille qu'en Scanie, et cela en petites quantités. »

Pour l'industrie manufacturière, elle est naturellement peu développée en Suède. Cependant elle y a fait depuis quelques années de grands progrès, et il est remarquable que ses progrès datent surtout de l'époque où on a retiré une partie des droits soi-disant protecteurs dont elle était couverte. « Les manufactures, qui, sous un régime de prohibition douanière, n'avaient pu, jusqu'en 1824, dépasser une production de 7 millions écus de banque, ont depuis, avec un système plus libéral, quoique encore *très-protecteur*, atteint une valeur de plus de 24 millions écus de banque. » La flotte marchande s'est accrue depuis 1830, probablement sous l'influence de la même cause, de 72,000 à 112,000 lasts. «Le commerce extérieur a fait de tels progrès depuis 1824, que l'exportation et l'importation , qui alors ne se montaient qu'à 21,000,000 écus de banque, dépassent aujourd'hui le double, et vont à 48,500,000 écus de banque. » Pourvu que la Suède persévère dans cette voie, il ne faut pas désespérer de la voir se placer, malgré les désavantages naturels de sa position, au rang des grandes puissances commerciales, surtout si elle a la sagesse d'ouvrir à son commerce des débouchés encore plus larges par une nouvelle réforme libérale de son tarif.

Nous ne suivrons pas M. Knut Bonde dans la revue qu'il fait des relations commerciales de la Suède avec toutes les nations du monde, et nous nous arrêterons seulement, avant de terminer, sur quelques observations et quelques faits qui intéressent particulièrement la France.

La France tire de la Suède, et elle fait bien, le bois de construction dont elle ne peut se passer. Elle en tire aussi, bien qu'en quantités généralement trop faibles, la poix et le goudron nécessaires à sa marine. Mais ce qu'elle devrait surtout en tirer, c'est le fer, cet excellent fer suédois, si justement renommé pour ses propriétés particulières, et que réclament si impérieusement toutes les industries à base d'acier. Malheureusement, ce fer précieux, la France a l'insigne folie de le repousser encore, sinon par des prohibitions absolues, au moins par des droits prohibitifs.

« Malgré toutes les découvertes de la science, dit avec raison M. Knut Bonde, l'acier fait avec du fer français, anglais ou belge, est toujours resté médiocre. Nous ne sommes pas aveuglés par la partialité nationale, et nous savons que les fabricants loyaux de tous les pays sont d'accord avec nous, en soutenant que toute industrie à base d'acier ne saurait se passer du fer de Suède. » Ce serait assez de cette considération si juste pour déterminer la France, si la France n'était pas, en ce qui touche aux questions industrielles, dominée, maîtrisée par quelques fabricants jaloux. A cette observation, l'auteur en ajoute d'ailleurs une autre qui devrait paraître encore plus décisive : « Nous répétons que tout pays qui voudra abaisser ses droits d'entrée et fabriquer tout son acier avec notre fer, n'aura rien à craindre pour sa propre industrie métallurgique. Limitée, dans la production, par le manque de combustible, la Suède ne parviendra jamais à devenir une sérieuse rivale, malgré son riche minerai donnant de 45 à 50 pour 100 de fer, et même 70 dans les mines inépuisables de Gellivare! »

En dépit de toutes ces considérations, auxquelles on pourrait en ajouter bien d'autres, la France repousse le fer de la Suède, en le frappant de droits qui ne vont pas à moins de 70 pour 100 de la valeur. Elle abandonne volontairement à d'autres pays, notamment à l'Angleterre, les immenses avantages qu'elle pourrait retirer de la fabrication et de l'usage du bon acier ; de la fabrication, qui fournirait un utile aliment à son industrie intérieure et à son exportation; de l'usage, qui contribuerait tant à l'amélioration de son travail. Elle aime mieux continuer à fabriquer à grands frais un acier très-médiocre, que personne ne veut, et qu'elle est obligée de garder pour son propre usage, au grand détriment de plusieurs de ses industries vitales.

Encore un mot sur ce sujet, qui est pour nous d'une importance si grande.

« La fabrication au charbon de bois (celle de Suède), même avec les conditions les plus favorables, ne saurait fournir au marché français plus de dix à quinze mille tonnes, équivalant au total de ce que la France convertit annuellement en acier. » C'est bien peu sans doute, et il n'y a pas là de quoi effrayer même les maîtres de forge les plus ombrageux. Mais ce peu a néanmoins une importance supérieure, à cause des services qu'on en pourrait tirer.

« Avec cette quantité de fer de première qualité, la France, par l'intelligence qui distingue ses ouvriers et la supériorité de ses procédés, pourrait bientôt surpasser l'Angleterre dans toutes les industries où l'acier entre comme matière première. L'Angleterre, ne possédant que le combustible minéral, ne saurait lutter avec les ressources forestières de la France, qui s'arrogerait facilement le monopole de l'acier fabriqué au bois ; alors l'exportation de l'acier brut de l'Angleterre, qui est aujourd'hui de 10,000 tonnes, ne tarderait pas à tomber entre les mains de la France. » Et cet avantage, déjà si précieux, ne serait pas le seul que la France s'assurerait par ce moyen. Elle en obtiendrait immédiatement un autre encore plus grand, en améliorant, pour son propre usage, la famille innombrable des instruments ou des outils dont l'acier constitue la partie vive.

Les relations commerciales entre la France et la Suède, ces deux anciennes alliées, sont en général très-peu étendues, grâce surtout aux rigueurs excessives et souvent exceptionnelles du tarif français. Nous avons eu occasion nous-même d'en faire la remarque ailleurs ; le commerce que la France entretient avec ces vastes contrées du Nord est moins important, en somme, que celui qu'elle fait avec telle petite île (nous ne parlons pas même de nos colonies) de l'Archipel des Antilles. Le croirait-on ? La Suède qui a conclu, pour la navigation, des traités de réciprocité avec presque tous les peuples de la terre, n'en a pas avec la France, parce que la France s'y refuse.

Les navires français ont donc encore à supporter, à l'entrée des ports de Suède, des droits exceptionnels. Aussi est-il juste de dire que le pavillon français y est presque inconnu. Nous n'avons pas à nous en plaindre, puisque c'est nous qui le voulons ainsi.

Le tarif de douanes propre à la Suède est encore, ainsi qu'on l'a vu tout à l'heure, *assez* protecteur. Nous ne disons pas : *très-protecteur*, comme l'a fait M. Knut Bonde, parce qu'il paraît plutôt libéral quand on le compare au nôtre. Il y a, en effet, d'abord, un certain nombre d'articles entièrement exempts de droits, et dont quelques-uns sont importants ; par exemple, le coton brut, les animaux vivants importés de tous les Etats de l'Allemagne et des contrées limitrophes de la mer du Nord, le bois à construire et d'ébénisterie, brut, scié ou taillé à la hache, le blanc de baleine ou spermaceti, le caoutchouc, les cornes brutes ou râpées, les écailles de tortue brutes, les graines, toutes autres que d'alpiste, les gravures, estampes et lithographies, la houille et tous ses dérivés, les livres en langues étrangères, ainsi que les livres pour musique et pour dessins, presque toutes les pierres de granit, réfractaires, à moulage, marne et pierres schisteuses pour la lithographie, meules à moudre, etc.; le poisson frais, les plantes, les soies écrues non teintes, les tableaux et dessins, les tourteaux de graines oléagineuses, un très-grand nombre d'articles de verrerie et beaucoup d'autres. Nous nous estimerions déjà fort heureux, en France, si l'on voulait seulement nous accorder cela. Mais, en outre, on trouve dans le tarif suédois un grand nombre de droits relativement fort modérés. Il s'y rencontre aussi, il faut le dire, plusieurs probihitions. Mais il est à remarquer que ces prohibitions, au lieu de s'étendre, comme quelques-unes de celles qui appartiennent au tarif français, sur tout un vaste ensemble de produits, et de frapper, par exemple, sans distinction, tous les tissus de coton ou tous les tissus de laine, ne se rapportent en général qu'à quelques spécialités étroites, c'est-à-dire à telle ou telle espèce particulière de ces mêmes tissus. C'est une autre différence bien caractéristique, et toute à l'avantage du tarif suédois.

Le livre de M. Knut Bonde, toujours intéressant, clair et précis, sera lu avec beaucoup de fruit par tous ceux qui tiennent à connaître, soit la situation commerciale de la Suède elle-même, soit la nature des relations que la France en tretient, ou pourrait entretenir avec ce même pays.   CH. COQUELIN.

RÉSULTATS

DU

RECENSEMENT DE 1851 EN FRANCE.

Les résultats du recensement de 1851, en France, ont aussi été publiés dans le *Moniteur* du 14 mai; ils n'accusent, pour la dernière période quinquennale (1846 à 1851), qu'un accroissement de 381,335 individus, c'est-à-dire de 108 par 10,000 habitants, tandis que dans la période précédente (1841 à 1846), l'augmentation avait été de 1,170,308 habitants, ou 342 par 10,000.

On a compté, en 1851, 35,781,821 habitants. La Corse entre dans ce résultat pour le chiffre de 236,251.

Les dix départements les plus peuplés sont :

La Seine..........	1,422,065 habitants.	Le Finistère........	617,710 habitants.
Le Nord..........	1,158,285 »	La Gironde........	614,387 »
La Seine-Inférieure..	762,039 »	L'Isère............	603,497 »
Le Pas-de-Calais....	692,994 »	La Manche........	600,882 »
Les Côtes-du-Nord...	632,613 »	Le Puy-de-Dôme....	596,897 »

Les dix départements les moins peuplés sont :

Les Hautes-Alpes...	132,038 habitants.	Vaucluse..........	264,618 habitants.
Les Basses-Alpes...	152,070 »	La Corse..........	236,251 »
La Lozère..........	144,705 »	Tarn-et-Garonne...	237,553 »
Les Pyrén.-Orient..	181,955 »	Hautes-Pyrénées...	250,934 »

Nous reproduisons le Rapport du ministre de l'intérieur, où se trouvent énoncés le retard de cette publication et les causes du faible accroissement des cinq dernières années.

« Le dénombrement de la population, que vous avez prescrit par un décret du 1er février 1851, vient d'être terminé. Aux termes de la législation existante, ses résultats auraient dû être officiellement constatés dès le 1er janvier dernier ; mais il n'a pas été possible, malgré les plus grands efforts, d'en recueillir tous les éléments pour cette époque.

« Ce retard doit être attribué, en partie, à une cause générale, en partie, à des circonstances particulières. La cause générale et permanente, c'est la nécessité légale d'obtenir pour le dénombrement, le concours de nos 37,000 maires, concours qui, dans un grand nombre de localités, mais surtout dans la plupart des communes rurales, n'est pas toujours donné avec le zèle désirable. Les circonstances particulières, ce sont les renseignements entièrement nouveaux qui ont été demandés par les instructions ministérielles, et ont compliqué l'exécution de cette importante mesure. Ces renseignements sont relatifs aux âges, aux professions, aux cultes, aux nationalités et aux infirmités ou difformités extérieures, base d'une topographie médicale réclamée depuis longtemps.

« La longue durée du dénombrement de 1851 n'a pu, d'ailleurs, exercer une influence bien sensible sur son exactitude. Tout au plus a-t-elle donné lieu à un petit nombre de doubles emplois, par suite du recensement des mêmes individus dans plusieurs communes.

« Un recensement général de la population, opéré en Angleterre, dans le cours de la même année, a été terminé en moins de six mois, bien que l'administration anglaise eût, à notre exemple, saisi cette occasion de recueillir diverses statistiques dont quelques-unes, par leur caractère confidentiel, ne pourraient que difficilement être obtenues en France. Une aussi grande différence dans la durée comparative de la même opération dans les deux pays ne saurait s'expliquer par l'infériorité du chiffre de la population anglaise comparée à celle de la France, infériorité qui n'est guère que de 6 millions. Elle a pour cause principale ce fait, qu'en Angleterre, le dénombrement, au lieu d'être laissé au soin des autorités locales, est confié aux agents de l'état civil laïque (*registror*), vaste administration placée sous la main du gouvernement, et dont la sphère d'action embrasse toutes les paroisses de la Grande-Bretagne. Il est vrai que le système anglais coûte à l'État environ 800.000 fr., tandis que chez nous les frais de personnel et d'imprimés sont laissés à la charge des budgets municipaux, auxquels ils n'imposent, du reste, qu'un très-léger sacrifice. Mais, d'abord, le dénombrement n'a lieu, en Angleterre, que tous les dix ans, ce qui diminue l'importance de la dépense dont il est l'objet ; j'ajouterai que l'inconvénient de cette dépense est peut-être compensé, dans une certaine mesure, par la confiance qu'inspirent, à juste titre, les renseignements recueillis. Leur exactitude est assurée, en effet, d'une part, par le sentiment du devoir qui anime les agents de l'administration anglaise, de l'autre, par le respect et l'obéissance que la loi rencontre dans tous les rangs de la société.

« Enfin il est essentiel de faire remarquer que, chez nos voisins, nul n'est intéressé, dans le dénombrement, à tromper la religion de l'autorité, le chiffre de la population n'exerçant aucune influence sur leur régime financier, tandis que, chez nous, il sert de base à l'assiette de plusieurs impôts et à l'exécution d'un certain nombre des lois administratives et politiques les plus importantes.

« Le dénombrement de 1851, monseigneur, est le huitième qui ait été effectué en France depuis le commencement de ce siècle. Le dépouillement des tableaux transmis par les préfets a fait reconnaître que la population de notre pays s'élevait, l'année dernière, à 35,781,628 âmes, et s'est accrue, depuis 1846, de 381,142 ou de 76,228 par an. C'est une augmentation de 1,08 pour 100 pour la période quinquennale entière, et d'un peu plus de 0,21 pour 100 par an. Cette augmentation est notablement plus faible que celle que les dénombrements précédents ont successivement constatée, ainsi qu'il résulte du tableau ci-après :

ANNÉES.	POPULATION.	ACCROISSEMENT.	ACCROISSEMENT pour 100 pour la période entière.	ACCROISSEMENT par an.
1801.......	27,349,003	»	»	»
1806.......	29,107,425	1,758,422	6,43	1,28
1821.......	30,461,875	1,354,450	4,65	0,51
1831.......	32,569,223	2,106,348	6,92	0,69
1836.......	33,540,910	971,687	3,00	0,60
1841.......	34,240,178	689,268	2,05	0,41
1846.......	35,400,486	1,170,308	3,42	0,68
1851.......	35,781,821	381,335	1,08	0,21

« Il est naturel de se demander comment s'est produit un ralentissement aussi sensible dans les progrès de la population de la France. Quelques mots à ce sujet.

« L'examen des états annuels des mariages, naissances et décès conduit à reconnaître que, pour les cinq années de la période 1846-1850, l'excédant des naissances sur les décès a dépassé 500,000 ; c'est-à-dire que la population s'est accrue, par ce seul fait, d'un demi-million d'individus. Si le dénombrement eût été opéré avec une entière exactitude, ou plutôt si l'immigration et l'émigration n'eussent pas apporté, dans le mouvement normal de la population, des éléments nouveaux et en quelque sorte perturbatifs, on aurait dû constater, en 1851, l'existence de cet accroissement. Mais, outre que le résultat du dénombrement ne saurait être considéré comme l'expression très-exacte de la vérité, il est certain que les émigrations ont été considérables de 1846 à 1850. C'est ainsi qu'un seul département, celui des Basses-Pyrénées, a perdu dans la même période près de 11,000 de ses habitants, embarqués en grande partie pour l'Amérique du Sud, et que *vingt autres départements* (circonstance qui ne s'était point encore produite) ont également vu diminuer leur population et presque tous par la même cause. Cette vive impulsion donnée aux émigrations est due, en grande partie, aux événements de 1848, à la crise commerciale qui en a été la conséquence, à l'incertitude de l'avenir qui a pesé sur toutes les transactions de 1848 à 1852, et aussi, dans une certaine proportion, à la découverte des gîtes aurifères californiens, ainsi qu'à la pacification progressive de l'Algérie.

« Mais, lors même que le dénombrement de 1851 eût fidèlement reproduit l'accroissement de population résultant de l'excédant des naissances sur les décès et que les émigrations n'en eussent pas réduit le chiffre, cet accroissement serait encore de beaucoup inférieur à celui que les recensements précédents ont mis en lumière.

« L'explication de cette inferiorité se trouve à la fois dans la diminution des mariages et, par conséquent, des naissances de 1846 à 1850, et dans les ravages de l'épidémie cholérique en 1849; c'est ainsi que l'on voit, par l'étude des documents officiels, le nombre des mariages, après s'être élevé à 268,257 en 1846, tomber, en 1847, année de cherté, à 249,486; se relever, en 1848, pour monter à 293,691; fléchir de nouveau en 1849 et 1850, et descendre, dans cette dernière année, au chiffre le plus faible constaté depuis longtemps, 245,411. En d'autres termes, le nombre moyen annuel des mariages, qui, en 1841-45, avait atteint 282,000, n'a plus été, en 1846-50, que de 266,000.

« Les naissances qui, dans la première de ces deux périodes, avaient dépassé les décès de 918,512, n'ont présenté dans la seconde qu'un excédant de 512,000; cette diminution est due à la fois à la mortalité considérable constatée tant en 1847 qu'en 1849 et à la diminution des mariages.

« Le ralentissement des progrès de la population constaté par le dénombrement de 1851 se trouve donc suffisamment justifié par les faits politiques, économiques, sociaux et autres qui se sont produits en France depuis 1846, sans qu'il soit nécessaire de recourir, pour s'en rendre compte, à la supposition d'inexactitudes graves dans les résultats de cette opération. »

Population de la France en 1851, par départements.

Ain	372,939	Garonne (Haute-).	480,794	Oise	403,857
Aisne	558,989	Gers	307,479	Orne	439,884
Allier	336,758	Gironde	614,387	Pas-de-Calais	692,994
Alpes (Basses-)	153,070	Hérault	389,386	Puy-de-Dôme	596,897
Alpes (Hautes-)	132,038	Ille-et-Vilaine	574,618	Pyrén. (Basses-)	446,997
Ardèche	386,505	Indre	271,938	Pyrén. (Hautes-)	250,934
Ardennes	331,296	Indre-et-Loire	315,641	Pyrén.-Orientales	181,955
Ariège	267,435	Isère	603,497	Rhin (Bas-)	587,434
Aube	265,247	Jura	313,299	Rhin (Haut-)	494,147
Aude	289,747	Landes	302,196	Rhône	574,745
Aveyron	394,183	Loir-et-Cher	261,892	Saône (Haute-)	347,469
Bouch.-du-Rhône	428,989	Loire	472,588	Saône-et-Loire	575,720
Calvados	491,210	Loire (Haute-)	304,615	Sarthe	473,071
Cantal	253,329	Loire-Inférieure	535,664	Seine	1,422,065
Charente	383,912	Loiret	341,029	Seine-Inférieure	762,039
Charente-Infér.	469,992	Lot	296,224	Seine-et-Marne	345,076
Cher	306,261	Lot-et-Garonne	341,315	Seine-et-Oise	471,882
Corrèze	320,864	Lozère	144,705	Sèvres (Deux-)	323,615
Corse	236,251	Maine-et-Loire	515,552	Somme	570,641
Côte-d'Or	400,297	Manche	600,882	Tarn	363,073
Côtes-du-Nord	632,613	Marne	373,302	Tarn-et-Garonne	237,553
Creuse	287,075	Marne (Haute-)	268,398	Var	357,967
Dordogne	505,789	Mayenne	374,566	Vaucluse	264,618
Doubs	296,679	Meurthe	450,423	Vendée	383,734
Drôme	326,846	Meuse	328,657	Vienne	317,305
Eure	415,777	Morbihan	478,172	Vienne (Haute-)	319,379
Eure-et-Loir	294,892	Moselle	459,684	Vosges	427,409
Finistère	617,710	Nièvre	327,161	Yonne	381,133
Gard	408,163	Nord	1,158,285		
				TOTAL	35,781,628

BULLETIN.

DÉCRET PRÉSIDENTIEL SUBSTITUANT DES RENTES 3 POUR 100 A DES RENTES 4 ET 1/2 POUR 100. — Louis-Napoléon, Président de la République française, vu le décret du 14 mars dernier, relatif à la conversion des rentes 5 pour 100 en rentes 4 1/2 pour 100 ;

Considérant que, pour terminer les opérations rendues nécessaires par cette mesure, il y a lieu de substituer des rentes 3 pour 100 à des rentes 4 1/2 pour 100 ;

Sur le rapport du ministre des finances,

Décrète :

ART. 1er. Le ministre des finances est autorisé à faire inscrire au grand-livre de la dette publique quatre millions quatre cent trois mille quatre cent trente-six francs (4,403,436 fr.) de rentes 3 pour 100, jouissance du 22 décembre dernier, en échange de quatre millions quatre cent soixante-quinze mille six cent cinquante-cinq francs quatre-vingt-dix centimes (4,475,655 fr. 90 c.) de rentes 4 1/2 pour 100 qui seront annulées.

ART. 2. Il sera affecté aux rentes 3 pour 100, créées en vertu de l'autorisation qui précède, un fonds d'amortissement du centième de leur capital nominal, prélevé sur le fonds d'amortissement appartenant aux rentes 4 1/2.

ART. 3. Le ministre des finances est chargé de l'exécution du présent décret.

Fait au palais des Tuileries, le 27 avril 1852.   LOUIS-NAPOLÉON.

(*Moniteur* du 28 avril 1852.)

LOI SUR LA REFONTE DES MONNAIES DE CUIVRE. —*Corps législatif* (session de 1852). Le Corps législatif a adopté le projet de loi dont la teneur suit :

ART. 1er. Seront retirées de la circulation et démonétisées :

Les pièces d'un liard et de deux liards ;

Les pièces d'un sou et de deux sous ;

Les pièces d'un, cinq et dix centimes.

ART. 2. Des décrets fixeront les époques auxquelles ces anciennes monnaies cesseront d'avoir cours légal et forcé et ne seront plus admises dans les caisses de l'Etat.

ART. 3. Ces monnaies seront remplacées par une nouvelle monnaie de bronze, dont les pièces seront d'un, deux, cinq et dix centimes.

Le poids et le module de ces pièces seront :

	Poids.	Diamètre.
1 centime.	1 gramme.	15 millimètres.
2 —	2 —	20 —
5	5 —	25
10 —	10 —	30 —

Elles seront composées de 95 centièmes de cuivre, 4 d'étain, et 1 de zinc.

La tolérance du poids en *fort* et en *faible* sera de 1 pour 100 pour les pièces de cinq et de dix centimes, et de 1/2 pour 100 pour les pièces d'un et de deux centimes.

La tolérance du titre en dessus et en dessous sera d'un centième pour le cuivre, et de 1/2 centième pour chacun des deux autres métaux.

ART. 4. La nouvelle monnaie de bronze portera sur la face l'effigie du prince

Président de la République, avec la légende : *Louis-Napoléon Bonaparte*, et au revers l'indication de la valeur de la pièce et l'année de la fabrication.

ART. 5. L'émission de la nouvelle monnaie de bronze ne pourra dépasser, en définitive, la valeur nominale des anciennes monnaies de cuivre, qui seront démonétisées en exécution de la présente loi.

ART. 6. L'article 2 du décret du 18 août 1810 est applicable à la nouvelle monnaie de bronze.

ART. 7. Une somme de sept millions cinq cent soixante mille francs (7,560,000 fr.) est affectée à toutes les dépenses que nécessiteront le retrait et la démonétisation des monnaies de cuivre actuellement en circulation, la fabrication et l'émission de la nouvelle monnaie de bronze.

ART. 8. A valoir sur l'allocation déterminée par l'article précédent, il est ouvert au ministre des finances, sur l'exercice 1852, un crédit spécial de 1 million de francs.

ART. 9. Il sera pourvu à cette dépense au moyen des ressources accordées par le budget pour l'exercice 1852.

ART. 10. Les produits résultant de la vente des matières non employées seront portés en recettes au budget de chaque année, et y formeront un article spécial.

ART. 11. Il sera rendu compte chaque année, par le ministre des finances, de l'emploi des matières provenant du retrait des anciennes monnaies de cuivre.

Délibéré en séance publique, à Paris, le 19 avril 1852.

Le président et les secrétaires, BILLAULT, ED. DALLOZ, MACDONALD, duc DE TARENTE, baron ESCHASSÉRIAUX, HENRI DUGAS.

Sénat (session de 1852). — Le Sénat ne s'oppose pas à la promulgation de la loi sur la refonte des monnaies de cuivre.

Délibéré en séance, au palais du Sénat, le 3 mai 1852.   Le président, MESNARD.

Les sénateurs secrétaires, CAMBACÉRÈS, général REGNAUD DE SAINT-JEAN-D'ANGELY, baron T. DE LACROSSE.

La présente loi, revêtue du sceau de l'Etat, sera promulguée et insérée au *Bulletin des Lois*.

Fait au palais des Tuileries, le 6 mai 1852.

Le Président de la République,   LOUIS-NAPOLÉON.

Par le Président :

Vu et scellé du grand sceau :
Le garde des sceaux, ministre de la justice,   ABBATUCCI.
Le ministre d'Etat,   X. DE CASABIANCA.
     (*Moniteur* du 8 mai 1852.)

BUDGET DU GOUVERNEMENT PONTIFICAL PENDANT LES ANNÉES 1847 ET 1848. — Avant les dernières agitations de l'Italie, le déficit moyen du budget pontifical depuis vingt années était d'environ 1 million d'écus par an. Les recettes du Trésor s'élevaient à près de 10 millions d'écus, et les dépenses à 11 millions, dont 3 environ étaient absorbés par la dette publique et 2 par l'armée. Pour mieux fixer nos idées à ce sujet, n'oublions pas que la valeur de l'écu romain est de 5 francs 37 centimes.

Telle était la situation financière loyalement avouée en novembre 1847 par le pro-trésorier, monseigneur Morichini, auquel Pie IX avait confié la mission d'équilibrer les recettes et les dépenses, soit en ravivant les sources du crédit, soit en améliorant l'assiette de l'impôt.

La révolution, qui interrompit ces réformes, a depuis lors déplacé les principaux éléments du budget romain. La dette annuelle s'y est élevée de 3,199,069 écus, à 4,293,209 écus ; et depuis l'occupation du territoire par les troupes françaises et autrichiennes, les frais d'entretien des troupes pontificales se sont réduits

de. . . . . **2,154,826** écus.

à. **1,504,650**

D'où s'ensuivrait une économie de. **650,176**

S'il faut s'en rapporter aux prévisions approximatives du budget de 1851, le déficit, accru, malgré cette économie, de plus de la moitié, a été fixé à 1,756,745 écus.

Ce dernier budget, publié en dehors de tout contrôle et sans l'examen de la Consulte des finances, institution qui n'existe encore que sur le papier, est en outre sans liaison avec le budget de 1847 : ce qui laisse une lacune de trois années dans les comptes-rendus des finances pontificales, et ne permet pas d'attribuer grande valeur à des prévisions dénuées de point de départ. Aussi les donnerons-nous pour ce qu'elles valent, en ayant soin de les rapprocher du budget de 1847, seul document financier qui mérite à Rome une attention sérieuse.

TABLEAU DES RECETTES ET DÉPENSES PONTIFICALES POUR 1847 ET 1851.

(Les sols ou bajoques avec leurs fractions ont été négligés, et sont pourtant compris dans les additions totales.)

Recettes.

	1847.	1848.
Propriétés camérales, impôts directs et provenances diverses.	2,969,818 écus	2,531,797 écus
Douanes, droits de consommation et droits-réunis.	4,717,704	4,902,423
Timbre, enregistrement, hypothèques et droits divers.	718,235	852,079
Postes.	334,725	319,101
Loterie.	904,671	991,880
Monnaie et marque d'or et d'argent.	»	575,848
Total des recettes.	9,645,165	10,473,129
Recettes supplémentaires pour aliénations de biens, restitutions.	323,243	206,614
Total.	9.968,408	10,679,743

Dépenses spéciales ou frais de perception.

Propriétés camérales, impôts directs et provenances diverses.	418,185	412,061
Douanes, droits de consommation et droits-réunis.	612,699	657,935
Timbre, enregistrement, hypothèques et droits divers.	103,606	106,836
Postes.	180,233	197,577
Loterie.	601,161	665,039
Monnaie et marque d'or et d'argent.	»	768,314
Total des frais de perception.	1,915,886	2,807,764
Auxquels il faut joindre pour 1851 les frais généraux du ministère des finances, compris en 1847 sous le titre de provenances diverses.		88,134
Total.		2,995,898 écus.

Dépenses générales.

Palais apostoliques, sacré collège, congrégations ecclésiastiques et diplomatie.	544,572	600,000
Dette publique.	3,199,069	4,295,209
A reporter.	3,743,641	4,895,209

Report................	3,743,641 écus.	4,895,209 écus.
Ministère de l'intérieur (sans la police).........	492,261	921,304
— de la justice (avec la police)..........	925,263	462,006
Instruction publique, beaux-arts, agriculture et commerce...................................	128,431	211,049
Dont 91,000 pour la congrégation des bonnes études.		
Ponts et chaussées ou travaux publics...........	500,912	524,285
Armée..................................	2,154,896	1,504,650
Subsides et bienfaisance publique, œuvres pies et diverses assignations de dépenses.............	311,739	–
Travaux d'administration centrale; troupes diverses et institutions sanitaires; dépenses pour acquisitions de biens, etc..........................	520,959	»
Recensement (censo).........................	»	89,007
Intérieur et police..........................	»	174,333
Camerlinguat, frais de distribution de médailles et autres dépenses, consulats et frontières; bureau de révision................................	»	60,318
Payements pour différentes causes non applicables aux divers ministères..................	»	598,424
Frais éventuels.	169,945	»
Fonds de réserve.............................	»	100,000
Total des dépenses générales...............	8,947,983	9,540,585

Résumé.

Dépenses spéciales ou frais de perception.......	1,915,886	2,995,896
Depenses générales.	8,947,983	9,540,585
Total des dépenses....................	10,863,869	12,536,483
Total des recettes..	9,968,408	10,679,743
Ce qui donne en différence ou déficit..........	895,461 écus	1,856,740 écus.

D'où l'on voit la distance qui sépare les années 1847 et 1851.

Toutefois le dernier chiffre semble être réductible à 1,657,745 écus par des remboursements de frais, ainsi que l'affirme le ministre des finances pontificales. Sans discuter cette assertion, il ne reste plus qu'une remarque à faire.

En présence d'un tel déficit, et quand aujourd'hui les troupes romaines sont presque uniquement destinées à faire la petite police, la réduction de leurs frais d'entretien aurait dû certainement être beaucoup plus considérable. L'armée pontificale étant en effet réduite, sinon au quart, du moins au tiers de son effectif précédent, une réduction de moitié sur ses dépenses eût économisé le million d'écus qu'exige désormais l'accroissement de la dette publique. Or, cette économie remettant la situation du Trésor sur le pied où l'avait trouvée le nouveau pape, rien n'eût été plus facile que de reprendre les réformes de 1847 ; et c'est alors qu'une restauration financière, prélude d'une meilleure administration, eût pu faire oublier aux populations pontificales l'occupation temporaire de leur territoire par des soldats étrangers. R. THOMASSY.

DU PRIVILÉGE DU TRANSPORT DES LETTRES.

L'usage des postes remonte, ainsi que chacun le sait, à une époque très-éloignée : Charlemagne, vers l'an 807, après avoir réduit sous son empire l'Italie, l'Allemagne et partie de l'Espagne, établit trois postes publiques qui s'entretenaient aux dépens du peuple, pour aller à ces trois provinces et revenir avec célérité ; mais elles furent aussitôt négligées ou abandonnées, d'autant plus que l'Italie et l'Allemagne ne tardèrent pas à être séparées de la France.

Louis XI rétablit les postes et les rendit ordinaires et perpétuelles. Il fixa en divers endroits, par son ordonnance du 17 juin 1464, des stations, des gîtes où les chevaux étaient entretenus, et deux cent trente courriers à ses gages étaient chargés de ses dépêches. Bientôt le développement de la civilisation, de l'industrie et du commerce, a multiplié les rapports sociaux et a fait du service des postes, dont l'Etat s'est réservé jusqu'ici le monopole, une branche du revenu public.

Mais est-ce à dire qu'une législation soit connue, parce que l'institution qu'elle a pour but de régir remonte à une époque éloignée ? Nous ne le pensons point A cet effet, nous regardons comme utile de faire envisager ici les diverses interprétations données à la législation par laquelle l'administration des Poste jouit du privilége exclusif de transporter les lettres en vertu de l'arrêté du 2 prairial an IX.

Les postes, dans leur origine, furent d'abord affermées : le sieur Patin jouis sait de ce fermage, lorsque Louis XIV prit, en son Conseil, à Versailles, le 1 juin 1681, l'arrêt dont la teneur suit :

« Oui le rapport et tout considéré, il est ordonné que les édits, déclaration
« arrêts et règlements sur le fait des postes et messageries seront exécutés se
« lon leur forme et teneur ; ce faisant, il est fait très-expresses inhibitions
« défenses à tous messagers auxquels la finance de leurs offices a été ren
« boursée, et à tous maîtres des coches, carrosses et litières, poulailler
« beurriers, muletiers, piétons, mariniers, bateliers, rouliers, voituriers, ta
« par terre que par eau, et à toutes autres personnes de quelque qualite et c
« dition qu'elles soient, autres que ceux qui auront droit et pouvoir dudit Pa
« et de ses intéressés, de se charger ni souffrir que leurs valets ou postilo
« et même les personnes qu'ils conduiront par leurs voitures, se chargent d'a
« cune lettre ni paquets de lettres ; mais seulement des lettres de voiture
« marchandises qu'ils voitureront, qui seront ouvertes et non cacheté
« comme aussi à toutes personnes de se charger de la distribution desd
« lettres et paquets de lettres, autres que ceux qui seront commis par ledit
« tin et ses intéressés, à peine de 300 fr. d'amende pour chacune contraventi
« qui ne pourra être remise ni modérée pour quelque cause que ce soit, app
« cable le tiers au dénonciateur s'il y en a, le tiers à l'hôpital du lieu où les c
« traventions auront été découvertes, et l'autre tiers au profit dudit Patin e
« ses intéressés, et de confiscation des équipages dans lesquels lesdites let
« auront été saisies. Il est permis, pour cet effet, audit Patin de faire visiter
« ses procureurs, commis et préposés, les coches, carrosses, litières, pani
« valises, bateaux et magasins d'iceux, pour reconnaître s'il n'y aura pas
« mis, caché ou recélé des lettres ou paquets de lettres, pour passe
« fraude. »

Le 3 février 1728, une ordonnance royale renouvelait ces dispositions, qu
rent confirmées depuis et successivement par les lois des 26 août 1790 e
septembre 1792, par deux arrêtés du Directoire exécutif des 2 nivôse an V
26 vendémiaire an VII, et enfin par l'arrêté des 27 prairial an IX, dont on
peut contester la constitutionnalité, puisqu'il a pour objet l'exécution des
existantes.

Voici la teneur de cet arrêté :

« Les lois des 26 août 1790 et 22 septembre 1792, et l'arrêté du 26 ver
« miaire an VII seront exécutés : en conséquence, il est défendu à tous les

« trepreneurs de voitures libres et à toute personne étrangère au service des
« postes, de s'immiscer dans le transport des lettres, journaux, feuilles à la
« main et ouvrages périodiques, paquets et papiers du poids d'un kilogramme
« et au-dessous, dont le port est exclusivement confié à l'administration des
« postes aux lettres.

« Les sacs de procédure, les papiers uniquement relatifs au service person-
« nel des entrepreneurs de voitures, et les paquets au-dessus du poids d'un
« kilogramme, sont seuls exceptés de la prohibition prononcée par l'article
« précédent.

« Pour l'exécution du présent arrêté, les directeurs, contrôleurs et inspec-
« teurs des postes, les employés des douanes aux frontières, et la gendarmerie
« nationale, sont autorisés à faire ou faire faire toutes perquisitions et saisies
« sur les messagers, piétons chargés de porter les dépêches, voitures de mes-
« sageries et autres de même espèce, afin de constater les contraventions ; à l'ef-
« fet de quoi ils pourront, s'ils le jugent nécessaire, se faire assister de la force
« armée.

« Le commissaire du gouvernement près l'administration des Postes, les
« préfets, sous-préfets et maires des communes, et les commissaires de police,
« sont chargés de veiller à l'exécution du présent arrêté.

« Les procès-verbaux seront dressés à l'instant de la saisie ; ils contiendront
« l'énumération des lettres et paquets saisis ainsi que leurs adresses. Copies
« en seront remises avec lesdites lettres et paquets saisis en fraude, savoir : à
« Paris, à l'administration des Postes ; et dans les départements, au bureau du
« directeur des postes le plus voisin de la saisie, pour, lesdites lettres et pa-
« quets, être envoyés aussitôt à leur destination avec la taxe ordinaire. Lesdits
« procès-verbaux seront, de suite, adressés au commissaire du gouvernement
« près le tribunal civil et correctionnel de l'arrondissement par les préposés
« des postes, pour poursuivre contre les contrevenants la condamnation de
« l'amende de 150 fr. au moins, et de 300 fr. au plus, pour chaque contraven-
« tion.

« Le payement de ladite amende, dont il ne pourra dans aucun cas et sous
« quelque prétexte que ce soit être accordé de remise ou de modération, sera
« poursuivi à la requête des commissaires près les tribunaux et à la diligence
« des directeurs des postes, contre les contrevenants, par saisie et exécution
« de leurs établissements, voitures et meubles, à défaut de payement dans la
« décade du jugement qui sera intervenu.

« Le payement sera effectué, à Paris, à la caisse générale de l'administration
« des Postes, et, dans les départements, entre les mains du directeur des postes
« qui aura reçu les objets saisis. Il portera en recette le produit desdites amen-
« des, sur lesquelles il jouira de sa remise ordinaire.

« Le produit des amendes appartiendra : un tiers à l'administration, un tiers
« aux hospices des lieux, et un tiers à celui ou ceux qui auront découvert et
« dénoncé la fraude, et à ceux qui auront coopéré à la saisie : celui-ci sera ré-
« parti entre eux par égale portion : ils en seront payés par le directeur des
« postes chargé du recouvrement de l'amende, et, à Paris, par le caissier géné-
« ral de l'administration des Postes, d'après un exécutoire qui sera délivré à
« leur profit par le commissaire du gouvernement près le tribunal. Lesdits
« exécutoires seront envoyés par le directeur à l'appui de son compte.

« Les maîtres de poste, les entrepreneurs de voitures libres et messageries,

« sont personnellement responsables des contraventions de leurs postillons,
« conducteurs, porteurs et courriers, sauf leur recours.

« Signé : BONAPARTE, premier consul. »

Aux termes de cet arrêté, les particuliers ne doivent point s'immiscer dans
le transport des lettres; mais qu'entend-on par ces mots, s'immiscer dans le
transport des lettres? Voici de quelle manière diverses Cours royales les ont
interprétés en rendant des jugements contre ceux qui ont contrevenu à l'arrêté
précité :

La défense, sous peine d'une amende de 150 à 300 fr., de transporter des lettres, journaux et paquets au-dessous d'un kilogramme pesant, s'étend non-seulement aux entrepreneurs de voitures libres, mais encore à toute personne
sans exception, à ce point même que le prévenu ne peut être renvoyé des poursuites sous prétexte qu'il n'a été qu'une seule fois en contravention et qu'il
s'était chargé de la lettre sans rétribution et par pure obligeance. Le voyageur
lui-même, qui complaisamment se charge accidentellement d'une ou plusieurs
lettres, commet le délit d'immixtion dans le transport des lettres.

Que de personnes commettent fréquemment cette contravention sans se
croire en défaut, les unes par ignorance de l'arrêté du 27 prairial qui, inter-
prété par la jurisprudence, établit que le transport des lettres n'est même point
excusable par le motif que le transport a eu lieu de l'étranger en France, et qu'il
n'y a point de bureau de poste de l'extrême frontière au lieu où la lettre est
transportée. Dans ce cas-là même il y a préjudice causé à l'administration des
Postes, en ce que les lettres venant de l'étranger payent au premier bureau
français un droit indépendant de celui qui sera dû à leur destination ultérieure.
Les autres, parce qu'elles s'imaginent qu'une lettre non cachetée ne constitue
point une contravention. Cependant la Cour de cassation en a jugé autrement
par divers jugements des 18 février, 8 décembre 1820 et 22 avril 1830. Malgré
le formel de ces jugements, aucun agent de l'autorité ou de la force publique
ne peut néanmoins fouiller de simples voyageurs pour vérifier si ces voyageurs
sont en contravention porteurs de lettres. Il faut que lesdits agents constatent
la contravention en exerçant sur les voyageurs les fonctions auxquelles ils sont
spécialement préposés, en examinant, par exemple, s'ils sont porteurs d'objets
de contrebande. Sans s'écarter nullement des jugements précités, la Cour royale
de Paris rendit un jugement, le 10 mars 1826, duquel il résulte qu'il n'y a point
contravention dans le transport d'un simple billet non cacheté, attendu que
l'arrêté du 27 prairial, en défendant à toute personne étrangère au service des
postes de s'immiscer dans le transport des lettres, n'a point entendu appliquer
cette défense aux simples billets non cachetés.

Il est encore un autre genre de contravention commis journellement; nous
voulons parler de la mise dans un colis d'une lettre cachetée ou non cachetée,
peu importe, puisque la même législation régit ces deux contraventions. L'arrêté du 27 prairial porte que les directeurs, contrôleurs et inspecteurs des
postes, les employés des douanes aux frontières, et partant les employés à
l'octroi des villes et la gendarmerie nationale sont autorisés à faire ou faire faire
toutes perquisitions et saisies sur les messagers, piétons, etc. Or donc, si les
douaniers ou commis aux octrois des villes, en visitant les malles pour y exercer
les fonctions auxquelles ils sont préposés, y trouvent des lettres cachetées ou
non cachetées, ils doivent dresser procès-verbal du fait, et le contrevenant est
alors passible de l'amende de 150 à 300 fr., dont il est fait mention dans l'ar-

rêté du 27 prairial an IX. Les messageries, sauf leur recours, sont personnellement responsables du délit, et ne peuvent s'excuser sur ce que les lettres
auraient été renfermées dans un paquet dont la forme extérieure n'indiquait
pas qu'il contînt une lettre, puisqu'il suffit qu'elles puissent, et elles le peuvent,
refuser les paquets si, sur leur demande, l'expéditeur ne permet pas l'examen
du contenu.

L'arrêté du 27 prairial, par son article 2, établit une distinction, ainsi qu'il résulte d'un arrêt de la Cour d'appel d'Aix du 17 avril 1828, en faveur du voiturier
qui transporte d'une ville à une autre une lettre non cachetée, dont l'unique
but est d'obtenir de celui à qui elle est adressée la délivrance de marchandises
pour en opérer le chargement sur sa voiture et les conduire au lieu qui lui a
été indiqué.

La Cour d'appel de Douai a, par un arrêt du 17 juin 1830, placé dans les restrictions établies par l'article 2 de l'arrêté de prairial, le domestique trouvé
porteur d'une lettre ayant pour unique objet le service de son maître, et l'accomplissement d'une commission qui lui avait été confiée.

Telle est la législation régie par l'arrêté de prairial, que nous nous sommes
proposé de mettre, aussi complétement que possible, sous les yeux du lecteur.   Achille de Colmont.

Salaires des ouvriers maçons a Paris, en 1785 et en 1847. — Les salaires à la
journée des ouvriers maçons ont été fixés comme suit par une délibération des syn-
dics et députés de la communauté des maîtres maçons, le 3 juin 1785 (il y avait à
cette époque coalition des ouvriers pour obtenir une augmentation de salaire.)

	Tailleurs de pierre.	Maçons.	Limousins.	Manœuvres.
Janvier.........	36 sols.	36 sols.	28 sols.	20 sols.
Février.........	36	36	28	20
Mars...........	36	36	28	22
Avril..........	38	38	30	22
Mai............	38	38	32	24
Juin...........	40	40	34	26
Juillet........	42	42	36	28
Août...........	42	42	36	28
Septembre......	40	40	36	28
Octobre........	40	40	34	26
Novembre.......	38	38	32	24
Décembre.......	36	36	30	22

Il ressort de l'enquête de la Chambre de commerce que l'on comptait, à Paris, en
1847, 9,256 ouvriers maçons, dont 8,997 à la journée, 239 à la tâche, 20 au mois
ou à l'année. Voici quels étaient les salaires des 9,256 ouvriers payés à la journée ou
à la tâche :

2 gagnaient	1 fr. 50 c.			1 gagnaient	2 fr. 70 c.		
12	—	2 »		591	—	2	75
135	—	2 25		5,363	— de 3		à 5 fr.
41	—	2 40		2	—	5	25
2,878	—	2 50		34	—	5	50
34	—	2 55		73	—	6	»
71	—	2 60		2	—	6	50

Les compagnons gagnaient ordinairement de 4 à 5 fr.; les limousins et les servants, de 2 fr. 50 c. à 3 fr.

Les tailleurs de pierre gagnent souvent plus de 5 fr. par jour ; les manœuvres ou les aides seuls ont des salaires au-dessous de 3 fr.

La moyenne des salaires payés est évaluée, pour 1785, d'après les notes du lieutenant général de police, à 36 sols ; pour 1847, d'après les bulletins de l'enquête, à 3 fr. 35 c. Il y a donc eu hausse sur le salaire, car le pouvoir de l'argent n'a pas diminué du double de 1785 à 1847.　　　　　　　　　　　**N. R.**

L'INDUSTRIE DU SUCRE DE BETTERAVE EN FRANCE A LA FIN D'AVRIL 1852. — Comme cette industrie a été l'objet d'un décret récent (27 mars), que nous avons publié dans notre dernier numéro (présent tome, p. 481), il est intéressant de constater quelle est sa situation au milieu de la campagne courante.

A la fin d'avril 1852, l'administration des contributions indirectes a compté 329 fabriques en activité, 25 de plus qu'à pareille époque, en 1851 ; et 4 fabriques seulement, une de moins que l'an dernier, inactives, mais ayant des sucres en charge.

Ces 329 fabriques avaient produit 73 millions de kilog., 5 millions de moins qu'en avril 1851 ; et il avait été mis en consommation, soit des fabriques, soit des entrepôts, 42 millions de quintaux, 6 millions de kilog. de moins qu'en 1851.

Les chiffres de la fabrication et de la consommation dénotent un certain ralentissement occasionné par l'attente d'un remaniement de la législation, et non par la souffrance de l'industrie, puisque le nombre des fabriques en activité s'est accru. Ce remaniement a été effectué par un décret du 27 mars, lequel abroge la loi du 13 juin 1851, dont l'application, qui devait avoir lieu en janvier 1852, avait d'abord été ajournée au 1er juillet de l'année courante.

COMMERCE EXTÉRIEUR DE LA FRANCE PENDANT LES QUATRE PREMIERS MOIS DE L'ANNÉE 1852, COMPARÉS AUX ÉPOQUES CORRESPONDANTES DES ANNÉES 1851 ET 1850. — Les droits perçus à l'importation, pendant les quatre premiers mois, s'élèvent cette année à 46,773,000 fr.; 10 millions de plus qu'aux époques correspondantes de 1851 et 1850. L'an dernier, la douane n'avait perçu, pour les quatre premiers mois, que 36,426,000 fr., somme à peu près égale à celle de 1850, qui était de 36,845,000 fr.

Cette augmentation provient, d'une part, des sucres et des cafés ; et, d'autre part, des cotons en laine, des laines, des houilles et des marchandises diverses.

Les sucres des colonies, qui n'avaient produit que 5 millions en 1851 et 6,8 millions en 1850, ont donné cette année 9 millions et demi.—Les sucres étrangers, qui n'avaient produit que 5,4 millions en 1851 et 5,9 en 1850, ont donné cette année 6 —Les cafés ont fourni 6,6 millions, 1 million de plus qu'en 1851, et 3 millions demi de plus qu'en 1850.

Les cotons en laine ont produit 6 millions, 2 de plus que l'an dernier et l'an devant. —Les laines ont produit près de 4 millions (3,9), près du double de l'an dernier (1,9), près d'un million de plus qu'il y a deux ans.

La houille, qui n'avait produit que 1,500,000 fr. pendant les années précédentes en a fourni 1,800,000.

Trois autres articles principaux du tarif présentent des diminutions; ce sont les graines oléagineuses, l'huile d'olive et la fonte. Les graines de sésame ont baissé de 1 mill en 1851, et de 870,000 en 1850, à 600,000 fr.; — l'huile d'olive de 2 millions 1851, et de 1,9 en 1850, à 1,4 millions; — la fonte, de 689,000 en 1851 625,000 fr.; résultat supérieur à celui de 1850.

La catégorie des marchandises diverses, qui avait produit 5,9 en 1850 et 6,4 en 1851, a donné cette année 7 millions.

Les droits perçus en avril s'élèvent à 14,2 millions; ils s'élevaient seulement à 9,6 en 1851 et à 8,9 en 1850.

Les exportations sont aussi généralement en progrès. Mais les résultats de la navigation sont sensiblement analogues à ceux des deux années précédentes.

PRODUIT DES IMPÔTS ET DES REVENUS INDIRECTS EN FRANCE, PENDANT LE PREMIER TRIMESTRE 1852. — L'*impôt direct* qui doit être perçu cette année s'élève, suivant les rôles, à 411,570,000 fr.; il s'élevait, pour 1851, à 412.217,000 fr., sur laquelle somme il restait à recouvrer, à la fin de l'exercice, 32,319,000 fr., dont 728,000 fr. appartenant à l'exercice de 1850.

Il a été perçu pendant le premier trimestre de l'année courante :

	Exercice 1852.	Exercice 1851.
Janvier.................	4,387,000 fr.	17,678,000 fr.
Février.................	22,869,000	5,472,000
Mars...................	45,908,000	2,765,000
	73,164,000 fr.	25,915,000 fr.

Il reste à recouvrer sur les rôles de 1850 le solde de 6,404,000 fr.

La perception effectuée représente près de 18 pour 100 des rôles, et dépasse de 4 millions et demi les termes échus. A la même époque de 1851, les recouvrements ne s'élevaient qu'à 17 pour 100 du montant des rôles, et l'avance sur les termes échus n'était que de 600,000 fr.

Les *impôts directs* ont produit :

En janvier..........	56,872,000 fr.
En février...........	59,084,000
En mars.............	69,310,000
Et pendant le trimestre.	185,266,000 fr.

C'est un résultat supérieur de 6,155,000 fr. à celui de 1851, et de 15,578,000 fr. à celui de 1850. — Comparativement à 1851, les augmentations, qui s'élèvent à 9,412,000 fr., proviennent surtout des droits de douanes sur les sucres des colonies (2,1 millions), des droits de douanes sur les autres marchandises (3,6) et des droits sur les boissons (1 million). Il y a eu diminution de 3,257,000 fr., provenant principalement des droits sur les sucres indigènes (2,250,000 fr.), dont la fabrication a été ralentie en vue d'une nouvelle législation (V. ci-dessus).

L'*impôt sur le sel* a produit :

En janvier, février, mars 1852................	8,902,384 fr.
— — 1851................	7,723,691
— — 1850................	7,258,552
— — 1849................	11,972,210

On se rappelle qu'au commencement de 1849 le commerce dut faire des achats plus nombreux pour compléter des approvisionnements qu'il n'avait pas faits en 1848, en vue de la réduction du droit, décrétée à partir du 1er janvier 1849.

« Progrès de l'industrie du papier peint en Europe et aux États-Unis. — Régimes douaniers auxquels elle est soumise. — Opinion de M. Jean Zuber fils sur la prohibition, la protection et la liberté du commerce. (Rapport lu par ce manufacturier à la Société industrielle de Mulhouse.) — Nous avons annoncé, dans la Chronique du numéro du 15 février (t. XXI, p. 231), ce remarquable travail récemment publié. Il contient, faits par un homme des plus compétents, l'historique et la statistique d'une industrie intéressante, et, en outre, le résumé du régime douanier auquel elle est soumise en Angleterre, en France, en Belgique, en Hollande, en Suisse, en Piémont, en Autriche, en Russie, en Espagne et aux Etats-Unis. Les conclusions auxquelles M. Zuber est conduit sont celles-ci :

En Angleterre l'industrie des papiers peints est restée stationnaire avec le régime prohibitif aggravé par un impôt fiscal sur le papier ; — sous le régime des droits protecteurs graduellement diminués, elle a fait des progrès immenses et incontestables, de sorte que la France, qui faisait des importations avec des droits élevés, peut à peine aujourd'hui, avec un droit six fois moindre qu'en 1825, introduire pour une même somme de marchandises.

Dans les autres pays, l'industrie s'est développée sous le régime de la liberté ou d'une très-faible protection.

En France, la fabrication du papier de luxe est sans rivale; mais celle des papiers ordinaires a besoin d'une impulsion, si elle ne veut voir diminuer ses débouchés à l'extérieur. — Or, cette impulsion ne peut lui venir que par une forte diminution ou l'abolition entière de la protection dont elle jouit, et de la facilité des exportations.

A la suite de ce travail spécial, M. Zuber a voulu préciser, sur la question générale de la prohibition, des droits protecteurs et de la liberté, dont la Société de Mulhouse a été saisie par M. Jean Dollfus, son opinion qu'un des membres correspondants, M. Fourneyron, si nous avons bonne mémoire, n'a pas présentée sous son vrai jour dans un écrit récent. M. Zuber est totalement opposé à la prohibition qu'il dépeint d'un mot : « La prohibition, dit-il, est un éteignoir ; elle endort !

Toutefois, l'honorable manufacturier se déclare partisan de la protection. Mais c'est un protectioniste très-progressiste. Il dit par exemple de l'industrie cotonnière : « Si vous voulez la rendre forte et vigoureuse, ne la protégez pas outre mesure, et diminuez cette protection à mesure qu'elle-même en aura moins besoin » ; et plus haut, il pose en principe qu'une industrie qui rapporte beaucoup est encore pour le régime de la liberté. Ce qui est précisément le cas de l'industrie cotonnière, qui intéresse si particulièrement l'Alsace. En résumé, M. Zuber veut la suppression du régime inique (c'est lui qui le dit) de la prohibition et l'application d'un système de protection décroissante.

M. Zuber, on le voit, appartient à cette intelligente école manufacturière qui compte dans son sein les Jean Dollfus et les Nicolas Kœchlin, qui nous console un peu, nous autres économistes, des fureurs et des injures que nous adressent les prohibitionistes, et les protectionistes statuquistes.

Voici le rapport de M. Zuber.

Messieurs, vous m'avez chargé de vous présenter un rapport sur les papiers de tentures qui figurent à l'Exposition de Londres, en comparant les produits des différentes nations qui s'y trouvent et en indiquant les chances d'importation pour les produits français auprès de chacune de ces nations. Permettez que dans mon travail j'étende un peu le cadre de votre programme et que je cherche à établir, autant que le peu de temps que j'ai pu consacrer à cette étude me l'a permis :

1° L'historique de l'industrie du papier peint ;

2° La statistique de cette industrie chez les différentes nations qui l'exploitent ;

3° Le régime commercial sous lequel cette exploitation a lieu chez chacune d'elles et le degré de développement ou de perfection auquel chacune est parvenue sous son régime particulier.

J'ose espérer que de cet examen pourront résulter quelques déductions utiles à la grande question qui s'agite en ce moment dans le monde commercial, à savoir : *quel est le système le plus propre à relever l'industrie d'un pays?*

I. *Historique.* — L'industrie du papier peint nous vient de la *Chine*, comme celle des toiles peintes nous vient de l'Inde : les deux y sont exercées encore aujourd'hui plutôt par le simple travail de la main que par des moyens mécaniques ; les papiers peints chinois, toutefois, montrent assez fréquemment l'emploi de la planche pour marquer les contours des dessins : tout le reste est peint à la main, et presque exclusivement en nuances fondues.

De la *Chine*, l'industrie du papier peint a passé en *Angleterre*, vers le milieu du dernier siècle ; on y cite des manufactures en 1746, si je ne me trompe. Alors encore c'est le procédé chinois qui paraît avoir dominé dans la manipulation ; on imprimait cependant davantage, et au lieu du simple contour, c'était un géométral et un foncé, à en juger d'après les planches fort anciennes et fort remarquables que conserve l'un des membres du jury anglais, M. *Crace*. Ces planches sont fort légères, avec une simple doublure en sapin, et ce qui les distingue surtout, ce sont leurs grandes dimensions ; j'en ai vu qui ont plus de deux mètres de long, et je suis encore à me demander comment elles pouvaient servir à l'impression, telle qu'on la pratique aujourd'hui.

De l'*Angleterre*, l'industrie du papier peint a passé en *France* vers la fin du dernier siècle, en 1780 environ. Les premiers fabricants qui s'établirent en France s'appelèrent *Arthur* et *Robert* ; les seconds, *Réveillon* : ce fut par le pillage des ateliers de ces derniers, situés au faubourg Saint-Antoine, que commença la révolution de 1789. Le troisième fabricant s'appela *Legrand* ; ces trois fabricants s'établirent à Paris. En 1790 s'établit *notre maison* à Mulhouse ; un peu plus tard *Jos. Dufour*, à Mâcon, qui, au bout d'un certain temps, se fixa à Paris. Lyon vit surgir quelques établissements assez considérables, peu de temps après ; mais bientôt Paris devint le centre de cette industrie en France, et s'est maintenu dans cette position jusqu'à ce jour ; comme, de son côté, Londres avait concentré cette branche dans ses murs jusques il y a peu d'années.

L'*Allemagne* commença la fabrication des papiers peints après la France, mais sur une assez faible échelle ; puis vinrent la *Suisse*, la *Hollande*, la *Belgique*, sur une plus petite échelle encore. *Vienne*, en Autriche, et plus tard *Varsovie*, virent fonder chacune un établissement avec des éléments tirés de notre maison. La *Russie* eut sa fabrique impériale à *Szarko Szelo*, qui mangea des millions, sans rien produire ; l'Espagne eut sa fabrique fondée à *Madrid*, par un Français, *Giroud de Villette*.

Telle a été la situation de notre industrie il y a une vingtaine d'années ; c'est-à-dire que l'on comptait alors en Angleterre une vingtaine d'établissements, en France une trentaine, en Allemagne une dizaine, et dans chacun des autres pays cités un à deux établissements.

Dans presque tous ces pays, à l'exception de l'Allemagne, de la Suisse et de la Hollande, la prohibition protégeait jusqu'à ladite époque l'industrie du papier peint, et l'on peut admettre que, du commencement de ce siècle jusque vers 1825, sa situation dans les pays respectifs resta à peu près stationnaire. Ce n'est qu'à partir de cette dernière époque que l'on peut signaler un mouvement que nous étudierons pour chaque pays en particulier, et qui se liait le plus souvent à quelque mesure douanière; ainsi, quelques-uns des pays qui étaient jusqu'alors sous le régime prohibitif, notamment l'Angleterre et la Russie, admirent les papiers peints étrangers, quoiqu'à des droits encore très-élevés; d'autres, comme l'Allemagne et les États-Unis, où les droits d'entrée furent dans le principe nuls ou insignifiants, les augmentèrent au contraire considérablement.

Quant aux progrès réalisés dans les procédés de fabrication, ils sont dus presque exclusivement à la France, qui, comme on l'a vu, se plaça de bonne heure au premier rang dans cette industrie; la peinture à la main, qui exista encore partiellement dans les établissements *Robert* et *Réveillon*, fut entièrement remplacée par l'impression à la planche, dans notre établissement et celui de M. *Dufour.* C'est entre 1792 à 1794 que *notre maison* produisit ces *belles tentures à fleurs,* composées par *Malaine* le père, et qui encore aujourd'hui servent d'étude et de modèle à nos dessinateurs sur étoffe comme sur papier; et c'est en 1804 que *notre maison* et celle de M. *Dufour* entreprirent les premières d'exécuter ces *grands décors à paysage,* occupant un espace de 15 à 20 mètres, et qui encore aujourd'hui sont considérés comme le genre le plus difficile à exécuter dans notre partie : M. Dufour exécuta le premier paysage en grisaille; nous, le premier en colorié. A partir de 1819 commença la série des innovations plus importantes dont notre maison dota l'industrie des papiers peints et dont les principales sont : la *fabrication et l'emploi des rouleaux sans fin* ; la *fabrication et l'emploi du jaune de chrôme, du bleu minéral, du vert de Schweinfurt et de l'outremer* ; le *procédé des teintes fondues,* dû à notre parent *Michel Spoerlin,* de Vienne, et à l'écrivain; l'*impression au cylindre en cuivre,* et enfin l'*appareil à faire les rayures.*

Il est un seul procédé, à la vérité très-intéressant, qui parait nous être venu d'Angleterre, dès le principe, c'est *celui du velouté sur papier;* mais ce procédé a été beaucoup perfectionné en France, et, en dernier lieu, surtout, par l'application du lustrage.

Enfin, et depuis peu d'années seulement, l'*impression au cylindre en relief à beaucoup de couleurs,* jointe au *fonçage* et au *satinage mécaniques,* est venue donner une nouvelle impulsion, et, je puis dire, une nouvelle direction à la fabrication du papier peint. Ces derniers progrès ne devaient pas se réaliser sur le continent, où le bas prix de la main-d'œuvre ne gène en rien le fabricant; ils nous viennent en effet de l'Amérique du Nord et de l'Angleterre.

L'*Amérique,* ce pays vierge et génial, n'a commencé à fabriquer que depuis peu d'années ; mais, comme en toute chose, il s'est frayé sa voie à lui ; les mains y étant rares, il s'est adressé à la vapeur : chaque fabrique de papiers peints qui s'y est fondée a commencé par monter une machine à vapeur et à lui demander le principal travail. Ainsi, ils foncent, ils satinent, ils impriment à la vapeur; assez mal, à la vérité, mais peu leur importe : ils produisent beaucoup et à bon marché, c'est tout ce qu'il leur faut.

L'*Angleterre,* grâce à l'impulsion donnée par sa nouvelle législation douanière, a suivi ce système, depuis deux ans, époque d'une forte réduction de droits à l'entrée ; *Manchester* s'est fait le redoutable concurrent de la vieille *Londres* : un établissement colossal s'y est créé sur un système entièrement mécanique ; un second vient de surgir à côté de lui, et tandis que les Américains n'ont osé aborder qu'une machine à imprimer, assez imparfaite, à trois couleurs, Manchester imprime aujourd'hui quinze *couleurs* à la fois, et l'établissement des *frères Potter,* avec leur papeterie et leurs huit machines à imprimer, produit à lui seul 8 à 10,000 rouleaux par jour, c'est-à-dire plus que toutes les fabriques de Londres réunies. La France suivra-t-elle ce mouvement? — Ma maison a voulu en prendre l'initiative, et depuis six mois cette fabrication est organisée chez nous.

II. *Statistique.* — Rien n'est difficile comme d'établir une statistique rigoureuse dans notre industrie. On parvient bien à connaître à peu près le nombre de tables d'impression qui existent, mais ces tables ne travaillent pas toute l'année, et leur production, soit en nombre de rouleaux, soit en valeur, est extrêmement variable. Me trouvant en relations avec la plupart des fabricants de papiers peints existants (ceux de la Chine exceptés), j'ai cru devoir chercher à établir approximativement l'importance de cette industrie dans chaque pays, en prenant des moyennes, et en me basant, quant à l'évaluation des produits, sur les prix de vente, comparativement plus ou moins élevés, que je sais exister dans chaque pays ; j'ai cru aussi devoir réduire les rouleaux anglais, qui sont plus grands, aux dimensions adoptées partout ailleurs et qui sont 0^m,50 de large sur 8^m,75 de long.

C'est d'après ces données, et aidé par MM. mes collègues des pays hors de France, auxquels j'en exprime ici toute ma reconnaissance, que j'ai établi le tableau suivant. que je fais suivre d'une liste des noms des exposants pour chaque pays, avec indication des principaux articles exposés, ainsi que d'un tableau des récompenses obtenues pour l'industrie du papier peint aux expositions de Paris et de Londres.

Statistique de la fabrication des papiers peints en 1831.

PAYS.	NOMBRE de TABLES.	NOMBRE de MACHINES.	NOMBRE d'ouvriers	NOMBRE DE ROULEAUX produits.	VALEUR en millions de francs.	MOYENNE d'un ROULEAU.
Angleterre	600		1,900	2,300,000	7,5	3 25
		20 [1]	100	3,200,000	2,5	» 75
France.........	1,200		4,500	6,000,000	8,2	1 35
		20	50	200 000	0,2	1 »
Zollverein	400	14	1,500	1,500,000	1,5	1 »
Belgique	150	6	600	600,000	1	1 65
Hollande...............	50		200	250,000	0,3	1 20
Suisse.................	36		100	100,000	0,1	1 »
Autriche...............	60	4	250	200,000	0,6	3 »
Piémont	40		150	200,000	0,2	1 »
Russie.......	100	4	400	500,000	1,5	3 »
Suède et Danemarck	30		100	100,000	0,2	2 »
Espagne...............	100	2	400	400,000	0,7	1 75
États-Unis.............	400	50 [2]	1,600	7,750,000	8,9	1 15
			150			
TOTAUX.............	3,160	12 [1]	12,000	23,300,000	32,5	

III. *Régimes douaniers.* — ANGLETERRE. — Jusqu'en 1825 l'industrie du papier peint fut protégée en Angleterre par la prohibition absolue ; elle fut soumise, en outre, jusqu'en 1836, à un impôt du timbre, fort onéreux dans son application : car, avant l'adoption du papier sans fin, chaque rouleau, composé de 24 feuilles, recevait à l'envers 24 timbres, et de plus 2 timbres pour marquer les deux bouts ; ce droit s'élevait à environ fr. 1,55 par rouleau.

En 1825, le ministre Huskinson leva la prohibition et la remplaça par un droit de un schelling par yard carré ; ce qui, pour un rouleau de dimensions françaises, équivalait à près de fr. 7 : ce droit était exorbitant. J'eus néanmoins la curiosité de faire le voyage pour examiner si des importations seraient possibles à ce taux, et, à mon grand étonnement, je pus traiter des affaires assez importantes. « *You beat us com-*

---

[1] Machines à imprimer et à foncer.

[2] Machines à imprimer et à satiner. On n'a fait figurer comme produit de machines que celui des machines à imprimer, les autres machines rentrant dans les opérations préparatoires.

pletely », fut l'exclamation que j'entendis habituellement en montrant nos produits. Cet état de choses continua jusqu'en 1834. Toutefois nos importations poussèrent les fabricants anglais vers le progrès, au point qu'à cette époque le gouvernement anglais réduisit les droits d'entrée à moitié et annula en même temps l'impôt du timbre sur les papiers peints. Nos affaires n'en augmentèrent pas, mais l'industrie anglaise continua à faire des progrès tels, qu'en 1846 sir Robert Peel réduisit les droits d'entrée derechef des deux tiers, c'est-à-dire à 2 pence par yard, soit environ fr. 1 le rouleau. Le choc qui en résulta fut assez violent, mais il devint promptement salutaire : nos importations doublèrent pendant la première année de l'établissement des nouveaux droits, mais elles redescendirent rapidement, *et aujourd'hui, avec un droit six fois moindre qu'en 1825, nous avons de la peine à introduire pour une même somme de marchandises !* C'est que depuis 1846 l'industrie des papiers peints anglais s'est développée d'une manière fort remarquable : l'exposition en fait foi. La fabrication de Londres, qui s'applique de préférence aux articles fins, frise aujourd'hui de très-près celle de France, et la fabrication de Manchester menace déjà de la dépasser pour les articles ordinaires !

Il résulte de ce qui précède :

1° Que sous le régime prohibitif, aggravé à la vérité par un impôt fiscal, l'industrie des papiers peints est restée stationnaire en Angleterre pendant trois quarts de siècle.

2° Que sous le régime de droits protecteurs, graduellement diminués, elle a fait des progrès immenses et incontestables.

FRANCE.— Rien n'est changé dans le régime douanier français, depuis un demi-siècle, à l'égard des papiers peints ; cette industrie est protégée par un droit prohibitif qui n'a jamais permis la moindre introduction de produits étrangers. Les uns diront que c'est grâce à ce régime que cette industrie a pris les développements et le rang qu'elle occupe, au point de pouvoir exporter presque la moitié de son produit. D'autres, au contraire, et je suis de ce nombre, diront que si ce régime a pu lui être utile dans le principe, il a, dans les derniers temps, amené des crises désastreuses, en poussant la concurrence intérieure dans ses dernières limites, et que le moment est venu de le modifier.

Tant que, par l'émulation intérieure, et par les éléments de succès inhérents au pays, cette industrie a pu progresser, la protection exagérée dont elle jouit pouvait être maintenue sans trop d'inconvénients ; aujourd'hui il en est autrement : d'autres pays nous ont dépassés pour la fabrication mécanique ; cette fabrication deviendra importante, pour les affaires d'exportation principalement : si ce ne sont les Anglais qui, pour le moment, nous feront une guerre peu sensible à cause des prix plus élevés qu'ils payent le papier blanc, ce seront les Belges, ce seront d'autres pays, qui s'empareront de ces moyens pour nous enlever des débouchés. D'un autre côté, la fabrication anglaise de papiers fins fera de nouveaux progrès dont nous pourrons peut-être tirer parti : une possibilité d'introduction en France de papiers peints étrangers, sur une faible échelle, à titre d'échantillons et de stimulant, donnerait, j'en suis convaincu, une impulsion salutaire à notre industrie, sans la compromettre en rien ; car jamais la France ne perdra son rang pour les articles de goût : l'exposition de Londres l'a prouvé une fois de plus.

Je ne m'opposerai donc pas, pour ma part, à une forte réduction, à la levée entière même de la protection dont jouit notre article, si, en échange de cet abandon, on peut nous procurer de nouvelles facilités pour nos exportations, et j'en reviens, à cette occasion, à mon ancien dicton : « *Une industrie qui exporte beaucoup est devenue mûre pour le régime de la liberté.* »

ALLEMAGNE.— L'Allemagne n'a protégé l'industrie du papier peint qu'à dater de 1842, époque de la formation du Zollverein. Jusque-là, et sous le régime de la liberté, il s'y était formé et développé une dizaine d'établissements d'importance moyenne ;

la France fournissait une bonne partie de la consommation. En 1842, un droit d'entrée, équivalant à environ 45 centimes par rouleau, fut établi par le Zollverein : ce qui donna une certaine impulsion à l'industrie indigène ; toutefois, les importations françaises purent continuer pour les articles de haute nouveauté. En 1846, ces droits d'entrée furent doublés par suite d'une mesure de représaille contre la France, et, dès ce moment, nos importations cessèrent presque entièrement. La fabrication du pays en reçut une nouvelle impulsion ; la proximité de notre établissement permit d'en débaucher des ouvriers et contre-maîtres, et quelques nouveaux établissements furent ainsi créés dans le Zollverein. Ces établissements se soutinrent depuis cette époque, sans augmenter toutefois ; il arriva là ce qui est arrivé en France : la concurrence intérieure s'établit de façon à faire baisser les prix à leur minimum. Les papiers peints se fabriquent aujourd'hui en Allemagne à aussi bas prix qu'en France ; mais la consommation des articles fins y a beaucoup diminué, puisque la France seule aurait pu, par le bon goût et la nouveauté, en maintenir la vente dans ce pays. *Il y aurait tout à gagner pour les deux pays, si les barrières étaient entièrement levées de part et d'autre.* La France trouverait dans le Zollverein un débouché que celui-ci laisse échapper, et les fabricants du pays profiteraient de cette mesure pour tirer avec avantage de France certains articles de fabrication compliquée, qu'ils établissent par eux-mêmes aujourd'hui, moins bien et avec plus de frais.

Belgique, Hollande, Suisse, Piémont. — Ces quatre pays se trouvent dans des conditions presque identiques : la fabrication s'y est établie et développée sous le régime de la liberté, et les importations peuvent s'y faire sous des droits très-modiques (environ 10 pour 100 de la valeur) et qui n'ont pas toujours existé. Les trois derniers pays ne fabriquent que pour leur consommation ; la Belgique, par contre, exporte un peu, et sa fabrication a presque doublé dans les dernières années. Tous ces pays en sont réduits cependant à copier les articles français et n'ont jamais créé par eux-mêmes ; mais il n'en est pas moins constant que, *sous le régime de la liberté ou d'une très-faible protection, leur industrie s'est développée.*

Autriche, Russie, Espagne. — Je classe ces trois pays dans la même catégorie, les trois ayant protégé l'industrie du papier peint, jusque dans ces derniers temps, par la prohibition plus ou moins absolue, et les mêmes effets en étant résultés pour les trois, c'est-à-dire *un état stationnaire pendant un demi-siècle.* Un à deux établissements ont végété dans chacun de ces pays jusques il y a cinq à six ans ; alors quelques nouvelles fabriques s'y formèrent, sans toutefois prendre de développement. En Russie cependant il y eut plus d'impulsion que dans les autres États, mais ce fut aussi ce pays qui leva le premier la prohibition : il en fit un premier essai en 1820, où les papiers peints furent admis avec un droit d'environ 5 fr. le rouleau. Des introductions eurent lieu avec des droits élevés, mais quelques années plus tard, la prohibition fut rétablie jusqu'en 1841, où les papiers purent derechef entrer, moyennant un droit d'environ 3 fr. par rouleau ; enfin, depuis cette année, ce droit est réduit à moitié.

L'Espagne a suivi cette marche depuis deux ans et s'en trouve bien aussi ; enfin l'Autriche, qui depuis 1845 avait remplacé la prohibition par un droit d'environ 2 fr. et qui a vu depuis cette époque plusieurs nouvelles fabriques se créer dans le pays, est à la veille de réduire considérablement ce droit : ce qui prouverait que son industrie ne s'est pas sentie atteinte par la levée de la prohibition.

Pour ces trois pays je puis tirer les mêmes conclusions que pour l'Angleterre, à savoir : *qu'une protection graduellement diminuée a pu seule donner de l'impulsion à leur industrie.*

États-Unis. — L'Amérique du Nord a pris rang la dernière parmi les pays producteurs de papiers de tentures ; mais le jeune géant y a fait des pas de géant : il y a aujourd'hui des établissements de premier ordre quant à leur étendue. Sa fabrica-

tion ne remonte qu'à huit à dix ans, elle est protégée par un droit primitivement de
15 pour 100, aujourd'hui de 25 pour 100 de la valeur ; mais ce droit est purement
fiscal, et j'ai la conviction que, *même sans protection aucune, cette industrie serait
devenue dans ce pays ce qu'elle est aujourd'hui.* Ce peuple ne s'embarrasse guère
de la concurrence étrangère : il ne s'embarrasse guère non plus de savoir comment
on fabrique ailleurs ; il lui fallait un produit à bon marché, fait par lui-même ; il l'a
fait par ses moyens à lui et sur une large échelle. Les Américains achèteront à la
France le papier de luxe, ils fabriqueront eux-mêmes le papier de grosse consommation, que cette fabrication soit protégée ou non ; car déjà elle livre aux prix de
France les articles ordinaires : seulement, elle fabrique moins bien.

IV. Conclusions. — Ayant ainsi passé en revue tous les pays produisant du papier peint, à l'exception de la Chine (où nous savons cependant que cette industrie
reste complétement stationnaire) ; ayant de plus étudié avec soin les produits figurant
à l'exposition de Londres, je crois pouvoir en déduire les conclusions suivantes :

1° Pour les papiers de luxe, la France restera sans rivale.

2° Pour les papiers ordinaires, elle a besoin d'une impulsion, si elle ne doit voir
diminuer ses débouchés à l'extérieur.

3° Cette impulsion ne peut lui venir que par une forte diminution ou l'abolition
entière de la protection dont elle jouit ; à condition toutefois que le gouvernement se
serve de cette arme pour lui faciliter ses exportations.

V. Sur la prohibition et le régime protecteur. — J'ai terminé le travail spécial
dont vous avez bien voulu me charger ; permettez-moi quelques mots encore pour
rattacher ce travail à la question générale de la *prohibition*, des *droits protecteurs*,
et *de la liberté.* Mes opinions à ce sujet ont été dénaturées dans un écrit publié par
un de nos membres correspondants, je tâcherai de les préciser davantage.

Je crois la *prohibition* absolument contraire à l'intérêt même de n'importe quelle
branche d'industrie, et je la crois contraire surtout à l'esprit de liberté qui aujour-
d'hui a pénétré chez tous les peuples civilisés. Il pouvait y avoir un temps où ce
moyen violent était utile pour provoquer la création d'entreprises industrielles dans
des pays encore vierges d'industrie ; mais je soutiens qu'aujourd'hui l'esprit d'entreprise est suffisamment éveillé de par le monde, et qu'il n'a plus besoin d'un stimulant aussi suranné et aussi inique. Je dis inique, car, je le demande, de quel droit
m'empêche-t-on, moi, citoyen d'un pays qui se dit libre, d'acheter avec mon argent
ce qu'il me plaît et où cela me plaît ? De quel droit me force-t-on *de n'acheter tel objet que chez un tel et au prix qu'il lui plaira de m'imposer ?*

Quant au pouvoir du régime prohibitif de pousser une industrie vers le progrès,
je le nie absolument. Certaines industries, placées dans les conditions voulues, pro-
gresseront *malgré* la prohibition, mais jamais *par* la prohibition. La *prohibition est
un éteignoir,* elle endort ; elle est le *monopole,* et jamais le monopole n'a su engendrer le progrès ! Aujourd'hui, en France, la prohibition devient une véritable entrave
pour bien des industries ; j'en pourrais citer des exemples frappants !

Il en est tout autrement de la *protection.* La protection est indispensable pour certaines branches, que des raisons d'Etat commandent de soutenir. Mais elle est en
même temps un puissant moyen de pousser les industries qui en ont besoin, vers le
progrès ; il suffit, pour cela, *de la graduer avec discernement.* Ainsi, je pose en fait
que jamais l'industrie cotonnière ne pourra se passer entièrement de la protection
en France. Donnez-lui la libre entrée des matières premières ; mettez-la, sous ce rapport, dans les conditions de la Suisse, elle ne pourra pas encore lutter avec elle : elle
n'aura ni ses impositions considérablement moindres, ni la simplicité de mœurs et
de besoins pour sa classe ouvrière ; puis la Suisse elle-même pourra-t-elle toujours
se passer de protection en face de la concurrence anglaise et peut-être un jour américaine ? L'industrie cotonnière est en Europe une industrie factice, car elle ne tient

pas aux entrailles de la terre, elle tire sa matière première d'un pays lointain ; elle aura toujours besoin en France de protection pour pouvoir vivre ; seulement, si vous voulez la rendre forte, vigoureuse, ne la protégez pas outre mesure et diminuez cette protection à mesure qu'elle-même en aura moins besoin.

Je dis donc qu'il faut de la protection pour certaines industries manufacturières et même agricoles. L'Angleterre nous le prouve mieux qu'aucun autre peuple, car, tout en appliquant avec vigueur le régime de la liberté complète, ou celui de la protection graduellement diminuée, aux branches d'industrie pour lesquelles ces régimes sont indiqués, elle couvre d'une protection très-puissante celles des industries qui, par un motif ou un autre, exigent cet autre régime. Je vous ai montré combien elle protége encore aujourd'hui l'industrie du papier peint, après l'avoir tirée de sa mauvaise position avec une sollicitude remarquable. Voyez d'un autre côté comme elle protége encore avec énergie la grande industrie de la bière, en repoussant les vins par des droits inabordables à la consommation, et en stimulant cependant la fabrication de la bière par une forte diminution de protection, réduite, depuis 1846, de liv. s. 3 à liv. s. 1 par baril de 32 gallons.—Parcourez ainsi toutes les séries des dispositions douanières anglaises, vous retrouverez partout l'application de l'un des trois systèmes, à savoir : *protection forte, protection diminuée, liberté entière*, suivant les besoins et la position de chaque industrie. De ce qu'elle ait pu sonmettre au système de la liberté un plus grand nombre d'industries qu'aucune autre nation, il ne s'ensuit pas que, pour cela, elle ait sacrifié, par une mesure intempestive, une seule de ses autres industries, qui ne sont pas susceptibles de ce régime. C'est à imiter ces grands maîtres en industrie qu'il faut nous appliquer, en nous pénétrant bien de la marche qu'ils ont adoptée, et en nous l'appropriant avec discernement. J'ai hâte de terminer, en disant que, dans ma pensée, le régime *de la liberté* ne doit s'appliquer à celles des branches d'industrie qui sont devenues assez fortes pour la soutenir et en profiter, qu'après leur avoir fait traverser l'échelle d'une protection décroissante; mais j'ajoute que, dans ma pensée aussi, ce régime de la liberté, une fois qu'il est devenu possible pour une industrie, *lui donne une impulsion si forte, lui crée une position tellement inexpugnable, que ce sont ces industries seules qui deviennent la véritable richesse d'un pays*. C'est ce que l'Angleterre a parfaitement compris, c'est ce qu'elle a exécuté avec une persévérance digne du succès qu'elle obtient ; et j'en appelle ici au témoignage de tous ceux de mes collègues qui ont récemment visité l'Angleterre, si ces succès ne sont pas immenses et si, particulièrement, ils n'ont pas constaté des progrès inouïs dans toutes celles des branches d'industrie de ce pays qui sont exploitées sous le régime de la liberté. Nous avons sans contredit quelques branches d'industrie en France qui sont mûres pour la liberté, en petit nombre, à la vérité ; mais enfin, je citerai la production de la soie, qui depuis dix ans ne jouit plus d'aucune protection et qui, sous ce régime, a progressé au point de pouvoir exporter, même en payant des droits de sortie. Je citerai la grande industrie des vins ; je citerai les industries dites parisiennes : procurez-leur des débouchés contre le sacrifice d'une protection inutile, elles ne demanderont pas mieux !—C'est au gouvernement à étudier la position de chacune, et à appliquer avec prudence le régime que chacune comporte ou exige. Mais, au nom du Ciel, au nom du progrès et de la liberté : *plus de prohibitions!*

Rixheim, 22 août 1851.   J. ZUBER fils,

Ancien président de la Société industrielle.

Le Comité de l'industrie de la Société de Mulhouse, tout en réservant ce qui, dans le rapport de M. Jean Zuber fils, a trait aux modifications à introduire dans le système douanier de France, approuve ce rapport, comme renfermant les documents les plus intéressants sur l'industrie du papier peint, représentée à l'Exposition par les produits de presque tous les pays qui l'exploitent. Il a en outre proposé l'impression de ce rapport, et séparément celle de l'opinion émise par M. Jean Zuber fils, à la suite du rapport, pour, cette dernière partie, être renvoyée au Comité de la proposition d'une réforme douanière, nommée par la Société industrielle sur la proposition d'un de ses membres.

BOURSE DE PARIS. — *Avril et mai* 1852. — Les variations des cours durant ces deux mois ont été généralement une conséquence de la conversion du 5 pour 100 en 4 1/2 pour 100; les délais auxquels les porteurs pouvaient exiger le remboursement au pair étaient fixés au 5 avril pour la France, au 14 mai pour l'Europe et l'Algérie, et au 14 mars 1853 pour les autres pays; les rentes possédées par de habitants de ces dernières régions étant supposées peu considérables, on ne s'est in quiété que des deux premiers délais; au premier, on a demandé le remboursemen

PAIR.	VERSE-MENTS.	BOURSE DE PARIS. AVRIL-MAI 1852. RENTES, BANQUE, CHEM. DE FER.	1er cours d'avril.	AVRIL. Plus haut.	Plus bas.	MAI. Plus haut.	Plus bas.	Dernier cours de mai
100	Tout.	4 1/2 %, j. 22 mars 1852.....	100 25	101 55	99 90	100 60	99 45	99 9.
100	Tout.	4 %, j. 22 mars 1852.........	94 25	94 25	93 »	93 »	91 »	91
100	Tout.	3 %, j. 22 décembre 1851...	71 »	72 50	69 50	71 40	69 90	71 6
1000	Tout.	Banque de France, j. janv. 52.	2660	2805 »	2660 »	2775 »	2730 »	2742 5
500	Tout.	P. à Saint-Germain, j. avril 52	650 »	725 »	630 »	912 50	730 »	875
500	Tout.	P. à Versailles (R. D), j av. 51	340 »	350 »	337 50	362 50	340 »	360
500	Tout.	————(R. G.)) juill. 51	272 50	290 »	272 50	287 50	267 50	282 5
500	Tout.	P. à Orléans, j. janvier 52..	1130 »	1247 50	1130 »	1205 »	1170 »	1190
500	Tout.	P. à Rouen, j. janvier 52....	708 75	815 »	705 »	790 »	752 50	785
500	Tout.	R. au Havre, j. avril 52......	287 50	315 »	285 »	291 25	285 »	287 5
500	Tout.	Avign. à Marseille, j. janv. 48.	272 50	290 »	262 50	360 »	270 »	352 5
350	Tout.	Strasb. à Bâle, j. janv. 52...	281 25	285 »	230 »	251 25	240 »	242 1
500	Tout.	Centre (Orl. à Vierz.).j.janv.52	545 »	615 »	545 »	595 »	576 25	595
500	275	Orl. à Bordeaux, j. janv. 52..	570 »	637 50	570 »	621 25	610 »	621 5
400	Tout.	Nord, j. juill. 52....	647 50	695 »	580 »	595 »	580 »	590
500	Tout.	P. à Strasbourg, j. janv. 52...	548 75	605 »	548 75	675 »	550 »	561 5
500	425	Tours à Nantes, j. avril 52...	340 »	380 »	340 »	372 50	362 50	372 5
500	150	Paris à Lyon....	595 »	650 »	595 »	620 »	608 75	613
500	Tout.	Mont. à Troyes, j. janv. 52...	165 »	205 »	165 »	180 »	170 »	177
500	Tout.	Paris à Sceaux....	90 »	100 »	75 »	100 »	85 »	90
500	Tout.	Bord. à la Teste....	105 »	162 50	105 »	155 »	132 50	140
500	400	Dieppe, j. mai....	232 50	260 »	230 »	252 50	236 25	240

PAIR.	FONDS DIVERS français et étrangers.	Plus haut.	Plus bas.	PAIR.	SOCIÉTÉS DIVERSES par actions.	Plus haut.	Plus bas.
100	Rentes Villes 5%, j.janv.1852			500	Comptoir nat. d'escompte	625 »	600
1000	Obl.Ville 1832, j. janv.1852	1725 »	1550 »	500	Caisse Béchet....	470 »	450
1000	Obl.Ville 1849, j. avr. 1852	1200 »	1170 »	800	Vieille-Mont., j.janv.1852	820 »	660
1000	Obl. Ville 1852...	1237 50	1225 »	750	Stolberg...	990 »	947
1000	Obl.Seine1849,j.janv.1852	1067 50	1065 »	1000	Monceaux-sur-Sambre..	1375 »	1330
1000	Obl.deMarseil.j.janv.1852	1150 »	1120 »	3000	Aveyron (Decazeville)...	3100 »	2950
1000	Obl. list. civ. j. nov. 1851.	1100 »	1075 »	1000	Grand'Combe...	700 »	680
1000	Obl. lits milit. j. avril...	1015 »	990 »	1000	Glaces d'Oignées....	1477 50	1455
100	Belgiq., 5%. j. 1 nov. 1851	103 3/4	100 »	500	Gaz franç. Brunton, Pille.	1025 »	920
100	————4 1/2 j. 1 nov 1851	99 »	96 »	2500	Gaz angl. Marguer.,Mauby	6000 »	5600
100	————2 1/2 %. j. janv 1851	55 »	54 »	500	Gaz de Belleville, Payn...	»	
100	Naples, 5%, j. janv. 1852.	103 75	103 »	500	Lin Maberly (Amiens)...	850 »	785
100	Piém. 5%, j. janv. 1852...	97 50	94 40	500	Lin Cohin (Frévent)......	555 »	525
1000	————Obl.1834. j. janv.1852	1015 »	1005 »	500	Nationale incendie....	140 »	115
1000	————Obl. 1848. j. avr. 1852	980 »	960 »	5000	————Vie............	14°/b.	7 1/2
1000	————Obl.1851. j. 1 fév. 1852	975 »	955 »	5000	Générale Incendie....	»	
100	Rome, 5%. j. déc. 1851..	98 1/8	95 1/4	7500	————Vie............	50°/b.	50
100	————5%, 1850, j. déc. 1851	99 »	96 »	12500	————Maritime........	44°/b.	20
	Autriche—lois de 1834...	430 »	425 »	5000	Union incendie........	57°/b.	52
100	————5%. 1852........			5000	————Vie............	4°/b.	1 1/2
100	Espag..3,%ext.j.janv.1852	48 3/4	44 1/4	5000	France incendie........	29 »	2
100	————3%,int. j. janv.1852	43 3/8	39 3/4	5000	Urbaine incendie........	28 »	2
100	————dett. diff. nouvelle.	22 »	20 1/4	25000	Providence incendie....	3 1/2°/b.	3
100	————dette passive.....	5 7/8	5 1/4	1000	Phénix incendie........	3400 »	3300
1000	Haïti-Annuités j.janv.1844	355 »	250 »	5000	Lloyd franc. maritimes...	7°/b.	6
100	Holland.2%,j.22janv.1852	61 1/2	61 »	5000	Sécurité maritime......	15°/b.	15
100	Russie, 4%,j.janv.1852..	104 1/8	103 »	5000	Union des ports maritimes	3°/b.	2 1/2

de 1,936,783 fr. de rentes, au capital de 38,735,660; au second, de 1,773,18(capital de 35,463,600, soit en totalité : 3,709,963 fr. de rentes, représentant au une somme de 74,199,260 fr. En face de la faiblesse des cours, il était à craindre qu'une plus forte quantité de rentes ne fussent présentées au remboursement, et la publication de ces résultats eût dû faire naturellement monter les fonds ; mais en même temps que la conversion avait lieu, et à cause de ce fait, un déclassement très-considérable s'opérait. Des capitalistes, ne recevant plus que 4 1/2 pour 100 |de l'Etat, préférèrent les chemins de fer, qui rapportaient généralement 6 à 7 pour 100, et les autres valeurs industrielles donnant 8 à 10 pour 100 de revenu. De là, la tendance à la hausse des fonds français fut contrariée par les offres successives de ceux qui quittaient ce mode de placement, et loin de progresser, les cours furent plutôt faibles. Durant la première quinzaine de juin cependant les cours ont été généralement beaucoup plus fermes.

Les chemins de fer de Paris à Lyon, du Nord, de Paris à Strasbourg, de Strasbourg à Bâle, etc., ont contracté des emprunts en obligations pour entreprendre ou achever les chemins ou tronçons nouvellement concédés. Ces nouveaux titres, après avoir été faiblement recherchés, ont enfin pris faveur et obtenu des primes assez considérables.

A. Courtois.

Banque de France. — *Situation mensuelle aux 13 mai et 10 juin.* — A en juger par les variations que subissent les bilans mensuels de la Banque, le commerce serait loin d'avoir reconquis la prospérité qu'il avait avant février. Pour en juger, il n'y a qu'à exposer en quelques mots très-succincts les oscillations subies par le portefeuille de la Banque centrale. Jusqu'à l'Empire ce portefeuille n'avait pas dépassé 70 à 75 millions ; sous l'Empire, il varia de 149 millions (1810) à 10 millions (1811) ; cependant en 1814 il se réduisait à 1,715,000 fr. ; en 1818 il remonte à 145 millions ; deux ans plus tard, n'est plus qu'à 26 ; en 1826 il atteint 165 ; en 1832 est réduit à 18 ; monte en 1839 à 204 ; les huit années suivantes présentent des moyennes qui varient de 176 (1847) à 88 millions (1844). Le 15 mars 1848, lors de la suspension du remboursement en espèces des billets émis par la Banque, il montait à 252 millions ; depuis ce moment il subit une décroissance presque constante jusqu'en juin 1850, où il n'était plus qu'à 35 millions ; après une reprise momentanée qui l'a porté à 60 millions (oct. 1850), il est retombé à 32 millions (oct. 1851) pour revenir à 61 millions (15 janvier 1852) ; il est actuellement à 47 millions ; on voit donc qu'en somme la dépression du portefeuille de la Banque centrale, *du Comptoir de Paris*, est un fait qui se perpétue de la manière la plus extraordinaire et la plus déplorable. La situation des portefeuilles des succursales n'est guère meilleure ; en 1848, au 15 mars, les portefeuilles réunis, de la Banque de France, de ses quinze comptoirs (non compris, par conséquent, les neuf banques départementales alors libres), montent à plus de 300 millions ; aujourd'hui, la Banque et ses trente succursales ont, en totalité, un portefeuille de 127 millions (le 16 octobre 1851 il ne montait qu'à 92 millions). Cette situation du portefeuille atteste d'une manière trop évidente que les opérations commerciales se font principalement au comptant et que l'élan d'une reprise sérieuse et depuis si longtemps attendue n'est pas encore donné.

Parmi les autres comptes, ce qui offre le plus d'intérêt est la diminution de 42 millions des dépôts sur rentes ; on sait que l'augmentation de ces dépôts provenait de rentes achetées par des maisons de banque, dans l'intention d'aider à la conversion du 5 pour 100 en 4 1/2 pour 100 et déposées à la Banque, qui prêtait 80 pour 100 de leur valeur vénale ; le but n'existant plus, et, en outre, la dernière conversion de 4 millions de rentes de 5 pour 100 en 3 pour 100 permettant à ces capitalistes de rejeter leurs titres sur le marché, sans nuire au cours du 4 1/2, on comprend que les dépôts à la Banque ont dû diminuer, et que cette diminution ne s'arrêtera pas là.

SITUATION DE LA BANQUE DE FRANCE.	AU 8 AVRIL.	AU 13 MAI.	AU 10 JUIN.	AUGMENTAT.	DIMINUT.
ACTIF.					
Argent monnayé et lingots à Paris..	482,947,508 49	494,903,226 60	505,275,821 18	22,328,316 60	»
Idem dans les succursales....	118,406,570 94	106,821,687 »	116,085,188 »	»	2,405,382 »
Effets échus hier à recouvrer ce jour	128,464 94	250,178 48	71,754 22	»	56,700 53
Portefeuille de Paris..	45,128,477 30	47,036,016 48	47,157,276 64	2,028,864 34	»
Idem des succursales....	74,381,454 »	82,173,586 »	80,419,552 »	6,065,095 »	»
Avances sur ling. et monnaies à Paris	490,300 »	2,538,700 »	2,542,800 »	2,052,500 »	»
Idem dans les succursales....	2,879,666 »	2,706,970 »	1,820,451 »	»	1,958,182 »
Idem sur effets pub. franç. à Paris	89,963,536 10	64,840,235 10	47,493,036 10	»	42,496,500 »
Idem dans les succursales....	4,039,207 »	5,501,673 »	5,431,893 »	1,392,826 »	»
Id. sur as. et obl de ch. de fer à Paris	4,215,500 »	6,425,000 »	10,923,000 »	6,707,560 »	»
Idem dans les succursales....	327,200 »	2,372,485 »	3,472,815 »	3,145,615 »	»
Avances à l'État sur bons du trésor	50,000,000 »	50,000,000 »	50,000,000 »	»	»
Idem sur le traité du 30 juin 1840..	75,000,000 »	75,000,000 »	75,000,000 »	»	»
Avances à la ville de Paris....	10,000,000 »	10,000,000 »	10,000,000 »	»	»
Rentes de la réserve..	10,000,000 »	10,000,000 »	10,000,000 »	»	»
Rentes, fonds disponibles..	55,591,766 57	55,635,896 32	55,635,806 32	44,129 75	»
Hôtel et mobilier de la Banque..	7,416,771 »	7,571,772 »	7,880,461 »	263,890 »	»
Indrêts dans le compt. nation. d'esc.	299,900 »	291,906 60	116,692 60	»	182,397 40
Dépenses d'administration..	717,184 95	832,384 41	1,175,851 26	488,666 31	»
Divers..	215,034 76	2,459,814 43	91,855 43	»	173,179 33
PASSIF.					
Capital de la Banque..	91,250,000 »	91,250,000 »	91,250,000 »	»	»
Réserve de la Banque..	12,980,750 14	12,980,750 14	12,980,750 14	»	»
Réserve immobilière de la Banque..	4,000,000 »	4,000,000 »	4,000,000 »	»	»
Billets au port, en circ. de la banq.	501,299,000 »	496,467,700 »	473,650,000 »	»	27,848,400 »
Idem des succursales..	133,905,925 »	139,835,925 »	137,771,175 »	»	643,473 »
Billets à ordre..	5,970,449 19	6,470,243 94	7,123,284 10	1,152,834 91	»
Récépissés payables à vue..	16,418,401 »	17,688,034 »	15,374,931 »	»	31,215,807 16
Compte courant du Trésor, créd.	78,203,062 87	87,005,718 36	92,850,215 04	19,647,152 17	»
Comptes courants des partic. à Paris	173,150,061 30	100,056,013 39	131,943,284 14	»	116,737 »
Idem dans les succursales..	26,903,746 »	31,264,632 »	35,174,310 »	8,096,364 »	»
Dividendes à payer..	370,622 25	300,776 25	351,885 25	1,041,407 24	»
Escomptes et intérêts divers..	2,231,270 60	2,892,485 19	3,316,677 93	1,151 10	»
Rédescompte et bénéfices réservés..	409,881 »	408,691 »	410,042 10	103,471 42	»
Restitués sur les effets en souffrance	595,010 67	536,677 21	701,491 19	1,890,630 96	»
Divers..	563,404 »	3,725,862 24	3,225,890 96	»	»
TOTAL ÉGAL DE L'ACT. ET DU PASSIF	1,048,289,694 11	1,054,891,108 08	1,080,342,696 78	1,716,397 90	11,820,090 38
* Dont provenant des succursales	17,737,139 54	26,489,197 99	10,452,537 63		

·REVUE COMMERCIALE. — *Avril et mai 1852.* —Quoique les affaires commerciales
terme soient toujours très-restreintes, comme l'indique la situation de la Banque.
commerce de gros et de détail (au comptant) est dans un état de prospérité :
tisfaisant ; le travail dans les manufactures est généralement assez actif ; d'une pa
des commandes de l'étranger (de la cour de Faustin I⁽ᵉʳ⁾, dit-on), de l'autre l'épuis
ment des magasins de Paris, à la suite des fêtes qui ont eu lieu dans cette capita
ont imprimé une certaine animation à la fabrique.

La mévente des *farines* à Paris a contribué à faire fléchir les prix. La baisse p
sistante de l'Allemagne, l'encombrement de l'Est, l'abstention du Nord, tout con
bue à rendre cette denrée d'un placement difficile. Les *blés* ont pareillement
d'une défaite très-difficile ; l'état de la température, que l'on regarde généralem⁽ᵉⁿ⁾
comme favorable à la nouvelle récolte, est la principale cause de cette faiblesse.

Peu de chose à dire sur les *vins*, dont les prix ont peu varié, malgré d'assez i
portantes transactions, à Bercy du moins. Dans le Midi on craignait beaucoup ⟨
des gelées qui ont eu lieu n'aient compromis les trois quarts de la récolte ; mais
est revenu de cette panique, et les prix, d'abord fermes, ont été beaucoup plus fail
quand les craintes ont cessé.

Le *trois-six* a eu d'assez nombreuses fluctuations ; en somme, et malgré une légère baisse, il est encore assez bien tenu. Les *eaux-de-vie* n'ont guère que des cours nominaux, et sont plutôt délaissées que recherchées.

Les prix des *huiles* dépendent beaucoup en ce moment de l'état de la récolte ; une gelée a-t-elle fait craindre que les graines en terre ne soient en partie perdues, les cours haussent ; on revient un peu sur ces terreurs prématurées, les cours redeviennent lourds et les affaires calmes. Les *savons*, également recherchés d'abord, sont moins bien tenus actuellement et surtout sans affaires.

Un peu de sécheresse dans le Nord a répandu des craintes sur le sort de la récolte de la betterave et fait rechercher le *sucre* des colonies ; c'est au reste le seul fait à signaler sur cette denrée dont les prix, nonobstant de nombreuses affaires dans nos principaux ports de mer, ont peu varié.

Les cours du *café* présentent trop peu de fixité en ce moment pour que l'on puisse déterminer d'une manière tant soit peu générale la tendance des prix. Cependant à Bordeaux on s'attend à des arrivages assez importants, ce qui fait croire à la baisse sur cette fève.

Les avis de New-York et de Liverpool annonçant des cours successivement en hausse sur les *cotons*, ont produit au Havre une grande fermeté sur cette denrée ; les cours n'ont pas tardé à monter ; des affaires, comme on n'en avait pas vu depuis une douzaine d'années, dit-on, se sont engagées sur les cotons. Depuis, les cours se sont un peu détendus et les affaires ont diminué d'importance.

La température un peu basse de cette saison a retardé la tonte et arrêté l'ardeur des transactions sur les *laines* ; aussi le placement s'en opère-t-il assez facilement, surtout à Marseille.

Ainsi que pour beaucoup d'autres denrées, les gelées du Midi ont imprimé aux cours des *soies et soieries* une certaine fermeté ; depuis, les cours se sont assez bien maintenus. Le travail est régulier dans les fabriques de Lyon et Saint-Etienne. A Marseille, peu d'affaires, par suite de la rareté des existences.

Il y a une activité soutenue dans la demande des *tissus de laine, de coton et de fil ;* à Mulhouse, Roubaix, Tourcoing, Lille, Saint-Quentin, etc., on est assez satisfait des affaires et des prix ; à Rouen, bien que les cours aient été satisfaisants, ils ont fini par être un peu lourds.

La position de l'industrie métallurgique en France continue à s'améliorer ; le travail est de plus en plus actif dans nos hauts-fourneaux et nos forges ; on signale une différence extraordinaire entre le prix de la fonte et celui des fers forgés ; on cite des traités pour la fourniture des rails destinés aux nouveaux chemins de fer, mais les prix sont un peu inférieurs aux derniers.　　　　　　　　A. COURTOIS.

BIBLIOGRAPHIE.

RÉPONSE DE M. ROEDERER à l'article que M. de Molinari a fait insérer dans le *Journal des Économistes*, du 15 septembre 1851, portant réfutation de quelques passages de l'ouvrage intitulé : *Études des deux systèmes opposés du libre échange et de la protection* ; brochure in-8° de 55 pages, chez Guillaumin et C°.

J'ai essayé de réfuter à cette place une grosse brochure protectioniste de M. Rœderer, sans avoir toutefois les moindres espérances de convertir mon honorable adversaire. Harvey disait qu'il n'avait jamais pu faire admettre sa théorie de la circulation du sang par des médecins ayant dépassé l'âge de quarante ans. A cet âge, disait-il, le cerveau ne se débarrasse plus des empreintes qu'il a reçues ; elles font, en quelque sorte, partie de sa contexture. Il faudrait pouvoir enlever, à l'aide de l'opération du trépan, les erreurs qui s'y sont successivement ossifiées. Il faudrait pouvoir *trépaner* l'intelligence.

Je n'ai rien de commun avec Harvey ; en revanche, la doctrine de la liberté du commerce n'est pas moins vraie, à mon avis, que celle de la circulation du sang. La liberté du commerce est-elle, en effet, autre chose que la liberté de circulation de la richesse, ce sang généreux du corps social ? Et les barrières douanières ne peuvent-elles pas être comparées à des ligatures apposées aux veines d'un homme bien portant, — dans la crainte que la masse du sang disponible ne soit absorbée, accaparée par les parties du corps les plus actives ou les plus favorablement situées ? La comparaison n'a certes rien d'exorbitant, et je parierais bien que si des médecins avaient réussi à nous lier comme les protectionistes ont lié la société, ils s'indigneraient fort à la pensée que les hommes pussent marcher sans ligatures. Ils crieraient aux partisans de la libre circulation du sang : Eh ! malheureux, ne voyez-vous donc pas que la concurrence n'est pas égale entre ces parties du corps que vous voulez laisser communiquer librement entre elles ? Est-ce que la tête, par exemple, qui occupe le haut du corps, ne serait pas bientôt privée de tout son sang, si nos ligatures ne l'interceptaient au passage ? Cette masse liquide que *nous* maintenons dans un juste équilibre entre les différentes parties de la machine humaine, ne tomberait-elle pas infailliblement dans les jambes par l'effet des lois de la pesanteur ? Ne serait-ce pas commettre un véritable meurtre que d'abandonner un homme à lui-même sans ligatures ? — Que si quelque Harvey venait démontrer à nos docteurs comme quoi le sang se distribue de soi-même dans les différentes parties du corps, en vertu des lois naturelles de sa circulation, un certain nombre d'entre eux,—les plus jeunes, — abandonneraient probablement le vieux système ; mais les anciens,—ceux surtout qui auraient pu se convaincre des avantages que le système des ligatures présente... aux médecins, — les anciens tiendraient bon, et plus la nouvelle et damnable doctrine de la libre circulation du sang ferait du chemin dans le monde, plus ils mettraient d'ardeur persévérante à démontrer aux hommes la nécessité où ils se trouvent d'être liés.

Je ne comptais donc, en aucune façon, convertir le savant docteur protectioniste dont j'ai réfuté la brochure. Je le connaissais de longue date comme l'un des champions les plus convaincus du système des ligatures commerciales, et je m'attendais bien à être réfuté à mon tour. Mon attente n'a pas été trompée, ainsi qu'on le peut voir par le titre que j'ai cité plus haut, tout au long. Je n'avais fait aucune concession à M. Rœderer ; M. Rœderer, de son côté, ne m'en fait aucune. Comme réponses et répliques pourraient se succéder indéfiniment sur ce pied-là, — à moins qu'on ne s'avisât de faire intervenir le remède suprême indiqué par Harvey, — je me bornerai à présenter quelques simples observations sur la réponse de M. Rœderer, en déclarant que je m'en tiendrai là, et en renvoyant ceux de nos lecteurs qui ne se croiraient pas suffisamment édifiés, aux livres des maîtres de la science, aux discours de l'*anti-corn-law-league*, aux polémiques de l'Association française pour la liberté des échanges, aux articles de la collection du *Journal des Economistes*, etc.

M. Rœderer, reprenant successivement les arguments de sa brochure primitive, me demande, en premier lieu, si un pays n'agit pas avec sagesse en s'imposant des sacrifices « limités et temporaires » pour acquérir une nouvelle industrie.

« C'est ce que les Anglais ont fait, dit-il, pendant plus d'un siècle ; c'est cette répétition de sacrifices successifs sur chaque branche d'industrie nouvellement introduite dans le pays, qui leur a assuré la supériorité dont ils jouissent maintenant.— Il faut savoir semer pour recueillir, et, certes, mieux vaut un sacrifice limité et temporaire pour rester maîtres d'une industrie, que de laisser échapper une masse considérable de main-d'œuvre, faute d'avoir su se résigner à la condition inévitable de son acquisition. »

Remarquons d'abord que M. Rœderer ne parle ici que d'un sacrifice limité et temporaire. Or, chacun sait fort bien qu'aucune nation n'a encore aperçu la limite du système protecteur, ni l'époque fortunée où la protection doit cesser d'être nécessaire. Quand on demande aux protectionistes de fixer enfin cette limite et cette époque bien heureuses, ils se contentent de répéter la réponse pittoresque qu'un des leurs adressait aux commissaires de l'enquête de 1834 : je suis né sous l'arbre du régime prohibitif, disait ce protectioniste bucolique, et je veux mourir sous son ombrage. Voilà pour les sacrifices « limités et temporaires ! » — Maintenant, à supposer même qu'ils fussent tels, serait-il avantageux pour une nation de s'imposer ces sacrifices ? Conviendrait-il de taxer toute la production d'un pays au profit d'une industrie particulière ? Ne serait-il pas préférable d'attendre que cette industrie spéciale pût s'implanter d'elle-même dans le pays, et, en attendant, de s'en procurer les produits au dehors ? Si une nation ne pouvait fabriquer du drap qu'à raison de 30 francs le mètre, et qu'elle pût s'en procurer à 20 francs au dehors, ferait-elle une bonne affaire en prohibant les draps étrangers ? N'imposerait-elle pas une taxe de 10 francs par mètre à tous ses consommateurs de draps ? Ne serait-ce pas une perte, *sans compensation*, qu'elle leur ferait subir ? Or, comme le remarquait spirituellement Bastiat, serait-ce bien en multipliant les pertes de cette espèce par la prohibition successive de la plupart des denrées à bon marché, que l'on finirait par trouver des bénéfices ? Serait-ce en obligeant une nation à payer plus cher toutes choses, c'est-à-dire à en recevoir moins en échange de la même somme de travail, que l'on contribuerait à l'enrichir ? Serait-ce en la réduisant à la disette qu'on lui procurerait les bienfaits de l'abondance ? Quand on voit étaler au grand jour de pareils non-sens, n'est-on pas tenté vraiment de recourir au remède de Harvey ?

M. Rœderer signale ensuite l'imperfection de nos voies de communication, comme l'un des principaux obstacles qui s'opposent à une réforme de notre tarif. Si nos voies de communication étaient plus nombreuses et meilleures, dit-il, nos fers et nos houilles, par exemple, pourraient lutter plus aisément contre les similaires de la Grande-Bretagne. Rien n'est plus vrai ; mais comment donc M. Rœderer ne voit-il pas que le système protecteur est le grand obstacle qui arrête le développement de nos voies de transport ? Si les houilles et les fers anglais avaient pu pénétrer librement en France, nos chemins de fer ne se seraient-ils pas plus rapidement multipliés ? N'est-ce pas la cherté de ces matières premières indispensables qui a surtout contribué à ralentir leur multiplication ?

Ce retard a une autre cause encore, c'est l'insuffisance de notre capital. Or, et ceci est important à noter, — M. Rœderer signale comme l'une des principales raisons d'être du système protecteur, la nécessité de donner un emploi à l'excédant du capital national, lorsque toutes les anciennes industries en sont *saturées*. Nous nous sommes déjà expliqués sur cette saturation prétendue ; mais en admettant même que notre capital national ressemblât à un fleuve qui déborde, ne vaudrait-il pas mieux consacrer son trop-plein au perfectionnement de nos voies de communication plutôt que de l'engager, — à grand renfort de protections, — dans de nouvelles industries ? Si, en 1841, par exemple, on n'avait pas attiré artificiellement le capital disponible dans l'industrie linière, des masses considérables de capitaux ne se seraient-elles pas dirigées vers les entreprises de chemins de fer ? et cette destination n'eût-elle pas été évidemment préférable à l'autre ? D'une part, nous aurions continué à nous pourvoir de toiles belges ou anglaises à bon marché ; et, d'une autre part, nous aurions pu voyager et transporter nos denrées avec plus de célérité et à plus bas prix. N'y aurions-nous pas doublement gagné ?

Si nous n'avons pas un matériel suffisant de voies de communication ; si quelques-

unes de nos industries se trouvent, en conséquence, dans une situation défavorable
vis-à-vis de la concurrence étrangère, c'est au système protecteur, qui a attiré et épar-
pillé à grands frais le capital national dans des canaux artificiels, qu'il faut s'en prendre. Sans l'intervention malencontreuse de ce système, nous aurions peut-être un
moins grand nombre d'industries ; mais celles que nous posséderions seraient plus
largement assises et mieux outillées ; elles produiraient mieux et à meilleur marché.

M. Rœderer insiste encore sur cet argument des Thersites protectionistes, qu'il
faut protéger la production des choses de première nécessité afin de ne pas tomber
sous la dépendance de l'étranger. A quoi nous répliquons de nouveau que si la perfide Albion a cru pouvoir se mettre, pour le blé, sous la dépendance de la Russie et
des Etats-Unis, nous ne risquerions rien, nous autres, en nous mettant sous la dépendance de la perfide Albion pour le fer et la houille. A coup sûr le danger,—si danger il y a, — serait moindre pour nous qu'il ne l'est aujourd'hui pour elle.

M. Rœderer soutient enfin, avec une ténacité digne d'une meilleure cause, que le
système protecteur doit servir à compenser les inégalités de l'impôt parmi les différentes nations rivales en industrie. — S'il en est ainsi, avons-nous répondu, il
faut accorder des primes de compensation aux produits anglais importés chez nous,
car on paye en Angleterre plus d'impôts qu'en France. Le fait n'est pas niable, et cependant M. Rœderer le nie. De plus, il affirme que des drawbacks sont accordés à
l'exportation des produits des manufactures anglaises. M. Rœderer ignore-t-il donc
que la réforme de sir Robert Peel a mis fin au régime des drawbacks en Angleterre?
D'ailleurs les drawbacks ne servent, en tout pays, qu'à rembourser les droits sur les
matières premières. Or, ceux-ci ne forment, comme chacun sait, que la plus faible
partie de la masse des impôts qui pèsent sur la production.—Quoi qu'il en soit, du
reste, la question peut se poser ainsi : Lorsqu'un certain nombre de branches du travail national se trouvent soumises à l'impôt, convient-il d'exonérer quelques-unes de
leur fardeau, pour reporter ce fardeau sur les autres ? ou bien est-il préférable de
laisser à chacune sa charge et d'aviser à diminuer progressivement le fardeau général ? En suivant la première méthode, qui est celle de M. Rœderer, ne risque-t-on
pas d'écraser certaines branches vivaces de la production, en leur faisant porter double charge, pour exonérer complétement les autres? La seconde méthode, qui est la
nôtre, n'apparaît-elle donc pas comme la plus utile, de même qu'elle est évidemment la plus équitable ?

Sans doute, lorsqu'une nation est surchargée d'impôts, ses industries ne peuvent
manquer d'en souffrir, car elles doivent se contenter de profits inférieurs à ceux de
leurs rivales, de tout le montant du surplus des charges qu'elles supportent. Mais
aucune combinaison du régime protecteur ne saurait remédier à ce mal qui est inhérent aux gros impôts. La protection ne peut supprimer le fardeau de l'impôt, elle
ne peut que le déplacer. Le jour où les protectionistes auront su trouver un procédé, moyennant lequel un impôt qui entre dans les caisses de l'Etat ne soit
payé par personne, ce jour-là, seulement, nous aurons confiance dans leurs recettes
et nous admettrons les droits compensateurs.

Nous bornons là nos observations sur la brochure de M. Rœderer, car celle chas-
aux arguments, nous allions dire aux sophismes protectionistes, nous mènent
beaucoup trop loin. Relevons cependant encore une naïveté qui fait honneur à la
loyauté de M. Rœderer, si elle ne prouve pas grand'chose en faveur de son habileté
A propos des droits sur les houilles étrangères, M. Rœderer cite un rapport fait par
son père au Conseil d'Etat, en 1801, dans lequel rapport la nécessité de laisser
houilles étrangères pénétrer librement dans la plus grande partie du pays, se trou-
parfaitement démontrée.

« Une partie du département de la Somme, dit M. Rœderer (le père), celui de
Seine-Inférieure, le Calvados, la Manche, l'Eure, l'Ille-et-Villaine, les Côtes-du-No

le Finistère, le Morbihan, la Vendée, la Charente-Inférieure et la Gironde, possèdent des manufactures importantes qui ne demandent qu'à renaître à la faveur de la paix, et il n'y a de charbon de terre dans aucun de ces départemens, ni dans ceux qui y communiquent par des rivières navigables. Ce n'est pas sur des aperçus vagues que je trace ce tableau ; c'est d'après l'état des mines de charbon de France, fourni par le Conseil des mines, et d'après un état des manufactures à feu de chaque département, qui a été formé par ordre du gouvernement, en l'an V.

« Il est de fait que ni les charbons de la Belgique (alors réunie à la France), ni ceux de la Loire, ne peuvent parvenir dans les ports de ces départemens qu'au prix de 30 à 40 sous le quintal ; tandis que l'Angleterre peut y livrer les siens à 15, 18 ou 20 sous : quelle serait donc la condition des manufactures de ces departemens, si le charbon de terre anglais y était possible ? Elles auraient à lutter, avec un immense désavantage, non-seulement contre les fabriques de l'Angleterre, mais encore contre celles des départemens français de la Méditerranée, de la mer du Nord et du cours de la Loire : elles seraient étouffées et par la concurrence nationale, et par la concurrence étrangère. Or, le gouvernement ne peut vouloir qu'une semblable oppression soit exercée, ni par l'Angleterre, ni par une portion de la France sur la majeure partie de la France même. Assurément la prospérité des mines serait loin de dédommager la nation des sacrifices qu'elles auraient obtenus, ou plutôt leur prospérité elle-même serait un prodige parfaitement impossible à la suite du coup que leur privilège aurait porté aux fabriques. »

Étendez cette argumentation, appliquez-la à l'ensemble de nos industries, et vous aurez la meilleure réfutation possible de la grosse et de la petite brochure de M. Rœderer (le fils). *Bon sang ne peut mentir*, dit un vieux proverbe. Le proverbe a menti cette fois. Le père était pour la libre circulation de la richesse; le fils est, au contraire, pour le système des ligatures. Mais rendons cette justice à M. Rœderer (le fils), qu'il cherche la vérité avec tant de bonne foi et de désintéressement, que nous ne désespérons pas encore tout à fait de le voir rentrer dans la bonne voie où marchait son père, — ceci en dépit de l'aphorisme de Harvey.   G. DE MOLINARI.

———

POLOGNE ET RUSSIE. — *Légende de Kosciusko*, par J. MICHELET. Librairie nouvelle, broch. gr. in-18.

Voilà un bien petit livre ; il n'a que cent quarante pages, et, depuis longtemps, rien ne m'avait fait autant de plaisir. Avez-vous quelquefois revu, dans son premier état, un de vos lieux favoris, par un beau soleil de printemps ou par une vaporeuse soirée d'automne, après qu'il avait été, durant des années, couvert par des eaux bourbeuses ou déchiré par des avalanches? Eh bien, la nouvelle brochure de M. Michelet m'a causé la même joie. Elle m'a rendu l'écrivain des *Précis* et de l'*Histoire de France*, l'écrivain de *Jeanne d'Arc* et du chapitre sur l'*Imitation*, des *premiers temps de Rome* et de *Louis XI*, cet écrivain si profondément original, si Français, de tant de cœur, de tant de savoir et de tant d'esprit. Mais à lui aussi le démon de la flatterie était venu, et il s'était fait écouter. Ses défauts de style — je ne veux faire ici ni de la politique ni de la philosophie — apparents dans le livre *du Prêtre, de la Femme et de la Famille*, devenus plus évidents dans celui du *Peuple*, avaient passé toute mesure dans l'*Histoire de la Révolution*. Et ces défauts ont disparu. M. Michelet est bien redevenu l'auteur que tous nous aimions tant, et qui tient surtout, à mon sens, de Montaigne, de La Fontaine et de Rousseau. Je l'avoue, et je ne crois pas que ce soit pure ignorance, je ne pense pas qu'on ait jamais écrit plus simplement et avec plus de grâce et de malice ; qu'on ait jamais autant écrit comme on parle... quand on sait parler, que M. Michelet dans sa *Légende de Kosciusko*. C'est un tour de force et c'est un petit chef-d'œuvre.

Mais ce n'est pas une appréciation littéraire que j'ai entreprise. Je ne parle de cette brochure que pour appeler l'attention sur les effets du communisme en Russie, sur la justification du droit de propriété individuelle et de Malthus, par M. Michelet. *Et nunc intelligite.* J'engage infiniment, en vérité, nos socialistes, et l'école de l'*Univers* et du *Moniteur industriel*, M. Coquille en tête — la place lui revient de droit, — à lire au moins le chapitre vi de cette légende. Je vais même, à leur intention, l'analyser.

En 1843, un savant agronome allemand, M. Hauthausen, visita la Russie pour étudier les procédés de l'agriculture; recommandé par l'empereur, il a été conduit par les autorités, par les grands propriétaires, partout. Il a connu, dit très-bien M. Michelet, toute la vie intérieure de la Russie, le serf et le village, la condition de la culture et des cultivateurs. Et, après avoir commencé comme M. de Custine, il finit comme lui. Seulement son enquête est bien plus sérieuse et bien plus intéressante, et c'est cette enquête dont M. Michelet reproduit la substance, comme il peut et comme il sait reproduire, bien entendu.

La population augmente rapidement en Russie, dit M. Michelet, et dans ce qui suit je copie, en abrégeant seulement; la production n'augmente pas; l'activité est nulle. Un mot explique tout : la vie russe, c'est le communisme.

Sous l'autorité du seigneur, la commune distribue la terre, la partage à ses membres, ici tous les dix ans, là la sixième année, la quatrième ou la troisième; même, en certains lieux, tous les ans.

Au temps ordinaire du partage, la famille qui se trouve réduite par la mort reçoit moins de terre; la famille augmentée en reçoit davantage. Par suite, les enfants viennent à l'aveugle, en foule, en nombre énorme. Tout enfant qui ouvre les yeux a sa part toute prête, qu'il recevra de la commune; c'est comme une prime pour naître, l'encouragement le plus efficace à la population.

L'homme, non responsable, se reposant sur la commune, reste, lui, comme endormi dans l'imprévoyance. D'une charrue légère, il écorche légèrement un sol ingrat; la terre produira peu; qu'importe ? Il se fera assigner un lot de terre de plus; sa femme est là : il aura un enfant.

Aussi la femme est-elle fort aimée; elle a la vie très-douce. L'enfant apporte la prospérité. Il meurt bientôt, c'est vrai, le plus souvent; mais sa féconde mère ne perd pas un moment pour le remplacer vite et maintenir son lot dans la famille. — Peu de travail, nulle prévoyance, nul souci d'avenir. La femme et la commune, voilà ce qui protège l'homme. L'amour physique et l'eau-de-vie, la génération incessante d'enfants qui meurent et qu'on refait sans cesse, voilà la vie du serf.

Ils ont, d'ailleurs, horreur de la propriété. Ceux qu'on a faits propriétaires retournent vite au communisme. Ils craignent les mauvaises chances, le travail, la responsabilité. Propriétaire, on se ruine; communiste, on ne peut se ruiner, n'ayant rien. L'un d'eux, à qui on voulait donner une terre en propriété, disait : « Mais si je bois ma terre? »

Le paysan russe, ainsi énervé et insouciant, dort sur la commune, comme l'enfant au sein de sa mère. Il y trouve un adoucissement au servage; triste adoucissement, qui, favorisant l'indolence, le confirme et le perpétue.

Dans la profonde misère du serf russe et son impuissance d'amélioration, un seul côté adoucit le tableau, y semble mettre un rayon de bonheur : c'est l'excellence de la famille, c'est la femme et l'enfant. Mais là même se retrouve une misère plus grande et le fond de l'abjection. L'enfant naît, est aimé, mais on le soigne peu. Il meurt pour faire place à un autre, qu'on aime également, qu'on regrette aussi peu. C'est l'eau de la rivière. La femme est une source d'où s'écoulent des générations, pour se perdre au fond de la terre. L'homme n'y prend pas garde. La femme, l'enfant sont-ils même à lui? Le serf, qui n'a pas son corps, n'a ni sa femme, ni ses filles.

Toute génération est pour lui incertaine. Dans la réalité, la famille n'est pas. Voilà ce que dit M. Michelet, d'après M. Haathausen, de la production, de la richesse et de la population, en Russie. Par malheur, le gouvernement russe, qui se pique peu d'éclairer ses sujets et l'Europe sur ce qui se passe dans son empire, n'a encore fourni aucune statistique; et, s'il en publiait, faudrait-il beaucoup y croire? On sait seulement, d'après l'ouvrage estimé de Pauck, que le gouvernement de Cherkow, qui avait, en 1780, 800,000 âmes, n'en comptait encore, en 1838, que 1,150,000, malgré les stimulants à population du partage des terres, tant la misère y est grande, tant la mort y vient vite.

Quand nous autres économistes nous attaquions jusqu'ici le socialisme, dont le dernier terme est toujours le communisme, et que nous défendions Malthus, que disions-nous donc? que prétendions-nous donc qu'il se réaliserait, l'intérêt individuel venant à manquer et l'imprévoyance à régner? Dieu merci, voilà des faits, et des faits recueillis par un homme pratique entre tous, un agriculteur ayant les yeux très-ouverts, mais sans un livre sous le bras, s'inquiétant aussi peu des théories qu'un administrateur russe de la probité, et reproduits par un historien qui tient au moins l'économie politique pour une erreur et le système de Malthus pour une monstruosité. Ce sont là de ces hasards comme n'en ont jamais l'ignorance et la calomnie.

Oui, toutes les fois que l'homme n'est plus placé en face de sa responsabilité, et que ses labeurs ne sont plus excités, inspirés par son intérêt, il devient nonchalant; alors *la culture et le cultivateur*, comme il en est en Russie, selon M. Haathausen, *sont misérables; ils produisent très-peu; l'homme, imprévoyant et sans vue d'avenir, est peu capable d'amélioration.* Oui, quand l'homme s'abandonne à ses instincts, et suit ses passions sans retenue, sans souci du lendemain, sans bonheur, sans moralité, la misère, la plus hideuse encore, l'entoure, et ses enfants ne naissent que pour mourir aussitôt.

Ces nouveaux témoignages arrêteront-ils, feront-ils hésiter les socialistes ou les antimalthusiens? Il y a peu à l'espérer. Il est bon qu'ils les connaissent; mais un témoignage de plus est de médiocre considération pour ceux qui ont en poche une organisation sociale toute prête. Ils débutent par changer l'humanité; que leur importe ce qui s'y passe! et, en fait de leçons, ils ne connaissent guère que celles qu'ils donnent. Je doute d'ailleurs qu'ils lisent plus, malgré toutes les recommandations, M. Michelet et M. Haathausen que les autres. Le socialisme est une religion où chacun est grand-prêtre, et ne connaît le nom de son prochain que pour l'anathématiser. Dieu sait, du reste, comme ils s'en acquittent entre eux!

Pour les détracteurs de Malthus qui ne sont pas socialistes, parce qu'ils ne sont rien, il n'y faut guère compter davantage. Que voulez-vous? ce sont d'excellentes âmes, amis de la vérité, et surtout vertueux, je vous assure: seulement cela fait bien et souvent rapporte d'insulter Malthus, ils l'insultent; de prétendre que son système est profondément immoral, ils le disent; et de soutenir que ses partisans sont d'exécrables imposteurs ou d'infâmes débauchés, ils le jurent. Les bonnes âmes! Si demain la mode changeait, ou que, dès ce soir, il y eût profit à faire le contraire, ils changeraient et le feraient. Il ne faut pas les croire entêtés dans leur opinion. Ils écrivent une fois par jour au moins, à présent, que Malthus, l'homme moral, dévoué, charitable par excellence, ce père de famille admirable, si doux et si noble au milieu de ses *onze* filles, était de mœurs ignobles, prêchait l'égoïsme le plus cruel et demandait des entraves pour la procréation des enfants, sinon leur mort; mais ils sont tout disposés à le louer, qui sait? à se mettre à deux genoux devant lui. Plus haut que personne alors, ils diraient que l'homme ne doit pas agir comme la brute; qu'être raisonnable et responsable, il doit se conduire toujours avec prévoyance, et en songeant à son devoir personnel comme à l'avenir de sa famille. La prévoyance leur apparaîtrait comme une vertu et non plus comme un vice. Pieux surtout, — ils le sont de nature, ils le sont avec passion — ils se souviendraient des paroles de Lactance que je citais un jour dans cette revue, ainsi que de celles que saint Paul adressait dans sa première épître aux veuves qui songent à se remarier, et le christianisme leur semblerait admirable à cause de son amour de la chasteté, comme ils le trouvent admirable aujourd'hui à cause d'un amour tout contraire, à ce qu'ils disent. On ne sait pas tout ce dont ils sont capables ! Il y faut seulement la mode et le profit.

Par malheur, M. Michelet n'a pas partout, dans sa brochure, aussi bien mérité de l'économie politique que dans son chapitre sur le communisme russe ; il y a notamment deux ou trois phrases sur les manufactures qui commencent à se fonder en Russie, que ne signerait peut-être pas M. Coquille, mais que M. Louis Blanc ou M. Cantagrel voudrait assurément avoir écrites. Je n'entreprendrai pas une discussion avec M. Michelet sur ce point ; je lui dirai seulement : Vous savez l'histoire et vous aimez la liberté, vous la croyez inséparable du bonheur des peuples et du progrès des États : eh bien ! citez-moi un peuple industriel qui ne soit pas devenu libre, depuis Venise ou Lubeck jusqu'à la Hollande, l'Angleterre et la France, et citez-moi, par contre, une nation sans industrie qui ne soit restée sans liberté. Ah ! que la flamme qui s'élève des comptoirs et des fabriques russes, si légère et si rare encore, grandisse et rayonne à tous les points de l'empire, et les fers du servage auront cessé d'exister, et les libertés individuelles et politiques naîtront et, quoiqu'on fasse, deviendront souveraines où l'on n'aurait encore pu en prononcer le nom.

Puisque je me renferme dans la sphère économique, je ne saurais finir sans dire que l'appréciation de l'agriculture russe, de M. Hanthausen, est peu faite pour effrayer nos producteurs de blé de la Beauce et du Berri, assez persuadés encore qu'ils ne vivent que grâce à la douane qui les protége contre les envois d'Odessa ; elle demanderait, pour cela, tout au moins un commentaire de M. Thiers. Mais, dans ses *loisirs*, peut-être l'entreprendra-t-il et le présentera-t-il, ainsi que toutes ses opinions, variées pourtant, comme irréfutables. Ne prouvait-il pas, les chiffres à l'appui et la main sur la conscience, l'an dernier, que les blés de Crimée ruineraient nos campagnes, bien que, après une récolte ordinaire, nous eussions déjà exporté, en Angleterre seulement, pour près de 100 millions de céréales, *en concurrence des céréales russes* ?

GUSTAVE DU PUYNODE.

NOTICE SUR L'ÉTABLISSEMENT, EN BELGIQUE, DE CAISSES DE PRÉVOYANCE EN FAVEUR DES OUVRIERS MINEURS. — DE L'ÉTAT ACTUEL ET DE L'AVENIR DES CAISSES DE PRÉVOYANCE EN FAVEUR DES OUVRIERS MINEURS. — MINES, CAISSES DE PRÉVOYANCE. CONVIENT-IL D'OBLIGER, PAR UNE LOI, LES EXPLOITANTS DE MINES A PRENDRE PART AUX CAISSES DE PRÉVOYANCE EN FAVEUR DES OUVRIERS MINEURS ? — CAISSES DE PRÉVOYANCE EN FAVEUR DES OUVRIERS MINEURS. EXAMEN DES COMPTES-RENDUS DE L'ANNÉE 1850. COUP D'OEIL RÉTROSPECTIF, etc., par M. AUG. VISSCHERS, membre du Conseil des mines. Brochures in-8. Bruxelles, imprimerie de Van Dooren.

Les mines de charbon de la Belgique sont particulièrement sujettes aux explosions occasionnées par le gaz hydrogène carboné, dit feu *grisou*. Vainement la lampe de Davy a-t-elle été inventée, vainement les précautions les plus minutieuses ont-elles été prises, le nombre des accidents ne paraît pas avoir diminué, et à mesure que les exploitations s'étendent, ils acquièrent plus de gravité. De 1821 à 1840, le nombre des explosions et autres accidents survenus dans les houillères de Belgique n'a pas été de moins de 1,352, qui ont atteint 2,592 individus, dont 1,710 tués et 882 blessés. Ces victimes d'une industrie dangereuse laissaient, pour la plupart, des femmes, des enfants, de vieux parents dont ils étaient les uniques soutiens et qui tombaient à la charge de la charité publique. Un philanthrope éclairé, M. Aug. Visschers, membre du Conseil des mines, eut l'idée de remédier à un si déplorable état de choses, en établissant des Caisses communes de prévoyance pour les ouvriers mineurs. Cette idée, émise en 1838, répondait à un besoin si vivement senti, qu'elle ne tarda pas à recevoir un commencement d'exécution. Malheureusement, au lieu de s'adresser aux travailleurs eux-mêmes pour l'appliquer, au lieu d'engager les ouvriers mineurs à organiser des associations amicales, comme cela se pratique en Angleterre, pour couvrir le risque particulier auquel la nature de leur industrie les expose, M. Visschers eut recours au gouvernement, aux Conseils provinciaux et aux exploitants de mines, dont l'immixtion dans une affaire qui ne les concernait point, directement du moins, pouvait soulever des objections sérieuses. Mais en Belgique comme dans beaucoup d'autres pays on est encore, hélas! sous l'empire de ce préjugé que rien ne peut se faire sans la direction paternelle, le concours tutélaire, etc., du gouvernement. Quoi qu'il en soit, l'idée était bonne, et, bien qu'elle eût pris un mauvais chemin pour être appliquée, elle ne tarda pas à donner des résultats satisfaisants. En peu d'années, les Caisses communes de prévoyance furent adoptées par le plus grand nombre des exploitations charbonnières. En 1842, sur 370 exploitations, on en comptait 210 affiliées, et 31,971 ouvriers sur 39,277. Aujourd'hui, les exploitations non affiliées ne forment plus qu'une minorité tout à fait insignifiante.

Les associations sont au nombre de six. Chaque association s'étend sur la surface d'un bassin houiller.

Les ressources des Caisses communes de prévoyance se composent :

1° D'une retenue opérée sur le salaire des ouvriers;

2° Des subventions des exploitants ;

3° Des dotations et des subsides du gouvernement ;

4° Des donations et legs des particuliers.

Le taux des pensions accordées par les Caisses n'est pas fixe; il varie d'après les besoins des personnes à secourir. Les veuves des ouvriers qui ont péri par accident, les parents dont ils étaient les soutiens reçoivent une pension viagère, de même que les ouvriers mutilés ou devenus incapables de travailler par suite d'accidents. Les orphelins reçoivent des secours jusqu'à ce qu'ils soient en âge de gagner leur vie. Outre ces secours, que l'on a appelés *ordinaires*, les Commissions administratives sont autorisées à distribuer des secours extraordinaires aux parents des victimes n'ayant aucun droit à la pension, lorsqu'ils sont dans le besoin, aux vieux ouvriers devenus infirmes et aux ouvriers mutilés, mais non incapables de travailler.

A côté des Caisses communes de prévoyance, les statuts ont exigé que chaque exploitation eût une Caisse particulière de secours : la Caisse commune accorde des pensions en cas de graves accidents occasionnant la mort ou une incapacité de travail ; la Caisse particulière pourvoit aux besoins des ouvriers blessés ou simplement malades [1].

Voici quelles ont été, en 1850, les opérations des Caisses de prévoyance et des Caisses particulières de secours. Le total des recettes des Caisses communes de prévoyance s'est élevé à 367,900 fr. 70 c., provenant :

131,679 fr. 86 c. des retenues sur les salaires.

131,679 fr. 86 c. de subventions des exploitants.

43,850 fr. subsides de l'Etat.

60,690 fr. 98 c. autres recettes, telles que dons et legs des particuliers.

Les dépenses ont été de 316,902 fr. 78 c., et elles se sont ainsi distribuées :

291,316 fr. 44 c., pensions et secours.

11,050 fr., instruction et amélioration morale.

14,536 fr. 34 c., frais d'administration.

Les recettes des Caisses particulières de secours ont été, à la même époque, de

---

[1] *Notice sur l'établissement en Belgique des Caisses de prévoyance*, p. 25.

302,689 fr. 93 c., provenant, 302,265 fr. 10 c. de retenues sur les salaires, et 60,424 fr. 83 c. de subventions des exploitants.

Les dépenses se sont élevées à 349,769 fr. 07 c.

Voici encore dans quelles proportions les versements des ouvriers, des exploitants, de l'Etat, etc., concourent à alimenter les deux Caisses réunies :

Versements des ouvriers............	59 fr.	40 c.
— des exploitants..........	26	29
Subsides de l'Etat..................	6	
Recettes diverses..................	8	31
	100	

Le total des recettes par ouvrier a été de 15 fr. 44 c., ainsi réparti :

Versements des ouvriers.............	9 fr.	17 c.
— des exploitants...........	4	06
Subsides de l'Etat..................		93
Recettes diverses..................	1	28
	15	44

Les dépenses se sont élevées pour les Caisses réunies à 14 fr. 09 c. par ouvrier ; en distinguant les deux genres de caisses, elles se répartissent ainsi : Caisses communes de prévoyance, 6 fr. 70 c., caisses particulières de secours, 7 fr. 39 c.

Le versement de l'ouvrier s'élève à 1 3 4 pour 100 de son salaire. Ce versement est uniformément exigé des ouvriers qui font partie des exploitations comprises dans les associations ; mais les exploitants ne sont pas forcés de s'engager dans les associations.

Voici enfin quel est le taux des pensions annuellement distribuées par la Caisse de Mons :

Veuves et parents d'ouvriers..............	182 fr.	50 c.
Veuves et parents de maitres-ouvriers.......	212	90
Ouvriers infirmes........................	182	50
Enfants d'ouvriers.......................	36	50
Enfants de maitres-ouvriers................	39	55

Tout en applaudissant à la pensée qui a présidé à la fondation de ces Caisses, il nous serait difficile d'approuver l'organisation qu'elles ont reçue. Nous croyons que l'intervention des exploitants de houillères et du gouvernement dans une entreprise de ce genre ne présente que des avantages illusoires, et qu'elle est sujette à des inconvénients sérieux. En effet, les exploitants supportent-ils réellement le fardeau de la contribution qu'ils apportent aux Caisses de secours et de prévoyance ? Est-il dans la nature des choses qu'ils le supportent ? est-il dans la nature des choses qu'un *risque* qui tombe sur l'ouvrier puisse être assumé en tout ou en partie par l'entrepreneur ? Nous ne le pensons pas, et voici pourquoi. C'est que le salaire de l'industrie des mines étant un peu plus élevé que celui des autres industries, à cause même du risque auquel la Caisse de prévoyance est appelée à pourvoir, si l'exploitant couvre une partie de ce risque en subventionnant la Caisse, l'inégalité sera atténuée et le salaire du mineur devra en conséquence s'établir à un niveau inférieur pour se retrouver en équilibre avec la rémunération des travailleurs des autres industries. Ce niveau s'établissant (et aucune volonté humaine ne pourrait l'empêcher de s'établir), les exploitants économiseront sur le salaire de l'ouvrier la somme qu'ils verseront dans les Caisses de prévoyance. Leur intervention n'aura donc et ne pourra avoir aucun résultat bienfaisant pour les ouvriers ; elle sera purement illusoire. Quant à la subvention du gouvernement, elle soulève des objections plus sérieuses encore, car elle ne peut, pas plus que celle des exploitants, profiter aux ouvriers, à moins de circonstances tout à fait exceptionnelles : ou bien elle doit entrer dans la poche des exploitants, si ceux-ci sont peu nombreux et s'ils ne se font qu'une faible concurrence, ou bien elle doit se traduire en une réduction du prix de la denrée. Selon toutes apparences, la subvention que le gouvernement belge accorde aux ouvriers mineurs profite aux consommateurs de houilles belges, à Paris et ailleurs; mais on peut affirmer, à coup sûr, qu'elle ne profite pas aux ouvriers eux-mêmes.

Or, la direction des Caisses de secours et de prévoyance est tout entière dans les mains du gouvernement et dans celles des exploitants. Les ouvriers n'exercent aucune influence sur une institution dont ils font, en réalité, tous les frais. Il résulte de là que leurs intérêts dans cette affaire ne sont pas toujours consultés autant qu'ils devraient l'être. Ainsi, par exemple, on n'oblige pas les exploitants à s'affilier aux associations de secours et de prévoyance, et, en cela, on a parfaitement raison ; mais la retenue est obligatoire pour les ouvriers des exploitations affiliées aux associations. Cette obligation est-elle bien justifiable ? S'il plaît à un ouvrier mineur de subir les risques afférents à son industrie, en vertu de quel droit peut-on l'obliger à s'assurer contre ces risques ? L'assurance obligatoire appliquée à la vie de l'ouvrier est-elle plus équitable que la même assurance appliquée aux propriétés mobilières et immobilières ? Est-il bien juste, par exemple, de soumettre un ouvrier sans parents et sans famille, à une retenue destinée, en grande partie, à pensionner les parents et les familles des ouvriers morts par accident? N'est-ce pas comme si on le soumettait à un impôt sur son salaire, et à un impôt qui ne lui vaudrait, en échange, aucun service ?

Ces objections, l'honorable fondateur des Caisses de prévoyance en Belgique semble les avoir pressenties, car il s'est maintes fois opposé à l'extension de l'intervention du gouvernement dans l'institution qui est due à sa généreuse initiative. Il déclare, en outre, dans sa *Notice* (p. 30), que s'il a pris la charité pour point de départ, c'est pour arriver à l'assurance. Nous ne saurions trop vivement l'engager à compléter et à perfectionner son œuvre, en dégageant les Caisses de prévoyance des ouvriers mineurs de l'intervention abusive de l'État et des exploitants ; en modelant, en un mot, leur organisation, sur celle des *friendly societies* de la Grande Bretagne. Il aura donné alors à cette belle œuvre toute l'utilité qu'elle comporte, et les économistes, même les plus chagrins, n'auront plus qu'à y applaudir.

G. DE MOLINARI.

LE CRÉDIT COLLECTIF SUPPLÉANT LE CRÉDIT INDIVIDUEL, par FRANÇOIS COIGNET, in-8°. Paris, 1851.

Voici un livre avec lequel je suis bien en retard, et cependant je ne mérite aucun reproche. Il n'est entre mes mains que depuis six mois ; or, depuis le 2 décembre dernier, la tâche de rendre compte d'un écrit socialiste est devenue bien délicate. Le socialisme n'est-il pas persécuté ? La belle occasion de discuter avec lui que celle où il n'a plus la liberté de répondre !... — Cependant il n'est pas du tout démontré que ceux qui aujourd'hui crient haro contre le socialisme professent des doctrines bien différentes au fond. Si le mot est décrié, la chose qu'il signifie l'est en réalité fort peu ; et, parmi nos compatriotes, le plus grand nombre de ceux qui maudissent le socialisme dans autrui en conservent pour leur usage une assez forte dose, que, de la meilleure foi du monde, ils baptisent d'un autre nom. Il résulte de là qu'il n'est pas inutile de continuer à s'en préoccuper. — D'un autre côté, la qualification de socialiste devient comme un projectile que les partis se renvoient. Personne maintenant n'en est entièrement préservé. N'avons-nous pas vu dernièrement un journal prétendre que les partisans de la liberté des échanges étaient en communauté de doctrines avec les ennemis de la société? La proposition trouvait sa démonstration dans ce puissant syllogisme : La société actuelle repose sur le système protecteur ; donc, vouloir renverser ce système, c'est vouloir la subversion de l'ordre social, etc. Désormais, par la vertu de ce syllogisme, me voilà socialiste à mon tour. Ceci est fait pour apaiser mes scrupules. Dès que tout le monde peut être taxé de socialiste, vous comme moi, moi comme vous, il n'y a donc plus d'imprudence à parler d'un écrit socialiste. Je rappellerai seulement, avant d'entrer en matière, la ligne de démarcation scientifique entre ce qui est ou n'est pas de cette école. C'est une vérité qui ne peut nuire à personne, car elle reste et doit longtemps encore rester méconnue. — Vous êtes animé des meilleurs sentiments, vous voulez de toute votre âme améliorer le sort de vos semblables : cela ne m'apprend rien encore sur l'école à laquelle vous appartenez. Mais dites-moi par quels procédés vous entendez réaliser vos vues, et je vous dirai qui vous êtes. Est-ce la liberté, est-ce la contrainte que vous prenez pour auxiliaire ? C'est de là que tout dépend. La question ne tient pas au but poursuivi ; elle est tout entière dans les moyens employés pour l'atteindre.

M. François Coignet a des intentions excellentes, en proposant d'instituer le crédit collectif, sur lequel il a longtemps médité. Dès le début de son livre, il consacre quelques pages à combattre les utopies. Plus d'utopies ! s'écrie-t-il ; et prenant en mains, contre certains socialistes, la défense de la propriété, il s'exprime en ces termes : « La propriété est la mère de la civilisation ; l'humanité sans la propriété ne « fût jamais sortie de l'état de sauvagerie. La propriété a été jusqu'à ce jour le seul « mobile du travail... Ceux donc qui, par leurs théories, prenant l'effet pour la cause, « ont attribué au principe de la propriété même ce qui ne devait être attribué qu'à « ses abus, ceux-là ont commis plus qu'une erreur, plus qu'une faute ; ils ont com- « mis un grand crime, dont les conséquences funestes pèseront longtemps encore sur « l'humanité... Non-seulement les menaces à la propriété ont été criminelles et « odieuses, mais elles ont été ridicules. En effet, qui n'est pas plus ou moins pro- « priétaire en France? ou, s'il ne l'est pas, qui n'aspire à le devenir? »

Après avoir ainsi fait justice de l'utopie menaçante pour la propriété et de plusieurs autres, M. Coignet, sur le point d'exposer ses vues personnelles, dirigées vers la guérison de la société malade, a compris qu'avant de médicamenter il fallait savoir où est la souffrance, en connaître non-seulement le siége, mais aussi la cause. Le résultat de son examen préalable est le diagnostic suivant, qu'il prononce à la fin de son introduction : *Le mal de la société provient du trop grand nombre de fonctions inutiles.* Ai-je besoin de dire qu'il s'empresse de tirer de là cette conséquence : il faut supprimer de telles fonctions? Mais quelles sont-elles? Qui les a créées? Par quel moyen les détruire? C'est ce que M. Coignet va nous apprendre.

L'usure, l'hypothèque, l'agiotage, la spéculation et l'accaparement, voilà la liste qu'il nous donne des fonctions sociales marquées du sceau de l'inutilité. Puis bientôt rectifiant sa première et trop indulgente appréciation, au lieu de les qualifier d'in- utiles, M. Coignet déclare tout net qu'elles sont le fléau du producteur comme du consommateur. « Et pourtant, ajoute-t-il, quels que soient leurs effets désastreux « la société actuelle ne vit, la production ne crée, les produits ne circulent que par « l'usure, l'agiotage, le prêt individuel sur hypothèque, la spéculation et l'accapare- « ment ; sans eux, le producteur ne produirait pas, le consommateur ne consomme- « rait pas, les produits ne circuleraient pas. »

Arrêtons-nous un peu sur ce passage. Si M. Coignet, après l'avoir écrit, se fût posé la question suivante : Voilà des fléaux dont l'action est bienfaisante en défini- tive, sans eux la vie sociale cesserait et même la vie individuelle ; ils ont conduit société du passé au présent, non pas en empirant son état, mais en l'améliorant ; i ont donc une double action, l'une qui m'apparaît comme mauvaise, l'autre comme bonne, et, avec le temps, c'est cette dernière qui prédomine de plus en plus : sui je alors en droit de traiter de fléaux ces rouages si anciens, si indispensables, si naturellement et progressivement perfectibles du mécanisme social ? Est-il sage à moi de vouloir les supprimer pour les remplacer par d'autres rouages de mon invention ? Je vois bien qu'il serait désirable que les emprunteurs obtinssent le crédit à des conditions plus douces, que les producteurs vendissent à plus haut prix leurs produits, qu'en même temps les consommateurs les achetassent à meilleur marché ; mais est-il bien certain qu'une mesure législative puisse résoudre un tel problème ? Prendrai-je la responsabilité d'une telle mesure en la conseillant ? Empêcherai-je par la loi, c'est-à-dire par la force, des transactions auxquelles les hommes ont librement recouru dans tous les temps, et qui, si elles engendrent quelques abus, rendent d'inappréciables, d'indispensables services? Si, dis-je, M. Coignet se fût adressé à lui-même cette question, je crois qu'il se serait dispensé de proposer un remède souverain aux maux qui affligent la société, un infaillible spécifique pour détruire quoi? — le prêt individuel, qu'il veut absolument flétrir du nom d'usure, et l'acte individuel d'acheter pour revendre, auquel il inflige sans miséricorde le nom d'accaparement.

Il s'est livré à un travail étendu pour établir qu'il fallait transformer la Banque de France en une banque d'Etat, qui couvrirait le pays de ses succursales ; puis qu'à cette banque d'Etat, dont la règle serait de ne prêter que sur gages et de ne faire crédit à personne, devaient être annexées des agences commerciales pour recevoir les marchandises livrées en nantissement et les vendre aux consommateurs. Entre le producteur et le consommateur il n'y aurait bientôt plus qu'un seul intermédiaire, la banque d'Etat, représentée par ses agences commerciales. Voyez quel avantage ! suppression de tous ces parasites qui s'occupent de prêt, de banque, de commerce, c'est-à-dire d'usure, d'accaparement, et qui dévorent annuellement des milliards aux dépens de la production et de la consommation.

M. Coignet a négligé de nous fournir le calcul de ces milliards engloutis par le parasitisme. Il ne nous présente non plus aucun chiffre approximatif sur le nombre des futurs fonctionnaires qui remplaceraient, dans son système, les parasites d'aujourd'hui ; aucun devis sur les dépenses requises pour la construction de tant d'entrepôts, de bazars, de comptoirs et d'agences ; rien, en un mot, sur le personnel à employer et le matériel à créer pour la réalisation de son plan. Cette lacune, de la part d'un homme comme M. Coignet, m'eût surpris si je ne me fusse pas rappelé cette réflexion d'un auteur en qui j'ai grande confiance : « Il est à remarquer que les « utopistes ne se préoccupent jamais de l'immense machine gouvernementale qui « peut seule mettre en mouvement leur mécanique légale [1]. »

Sans entrer plus avant dans l'examen de la conception de M. Coignet, laquelle recommande son auteur à plusieurs titres et fait désirer qu'il consacre désormais sa plume avec le même zèle, le même désintéressement à la défense d'une meilleure cause, je dirai que l'erreur capitale de son livre dérive de la fausse interprétation de plusieurs termes du vocabulaire économique. — La qualité d'intermédiaire, ainsi que celle de producteur et de consommateur, appartient à tout membre de la société. Le marchand de vin est mon intermédiaire par rapport à la satisfaction de ma soif ; je suis, de mon côté, son intermédiaire par rapport au besoin qu'il a de parcelles monnayées d'or ou d'argent. Un commerçant n'est pas plus un intermédiaire qu'un fabricant, un savant pas plus qu'un manœuvre. Le domestique qui apporte la houille de la cave au foyer n'est pas moins un producteur, n'est pas plus un intermédiaire que le mineur qui extrait ce charbon de la mine. Dans l'enfance des sociétés, le nombre des intermédiaires est plus restreint ; les princesses des temps héroïques participaient à des travaux qui sont aujourd'hui réservés aux blanchisseuses. Plus la

[1] Bastiat, *Propriété et Loi*, p. 16.

civilisation s'avance, plus la division du travail s'étend, plus les liens sociaux se multiplient, plus les intermédiaires abondent. Plus aussi seraient aisément satisfaits tous les besoins de l'homme, si ces besoins n'étaient eux-mêmes indéfiniment expansibles. C'est là le progrès, le progrès humain, dans lequel la proportion du mal diminue sans jamais pouvoir entièrement disparaître. M. Coignet ne veut apercevoir de tout cela que le mauvais côté. « La fonction intermédiaire, dit-il, aboutit à ce ré- « sultat honteux que le consommateur du Nord paye une bouteille de vin trois francs, « qui a été vendue cinquante centimes par le producteur du Midi. » Où donc est la honte en ceci ? A moins de planter la vigne sur le même sol où il cultive le houblon, je ne vois pas que l'homme du Nord, s'il tient absolument à boire du vin, puisse se dispenser de beaucoup de frais de transport et de plusieurs intermédiaires. Quant à savoir s'il ferait bien de s'aboucher directement avec le vigneron du Midi, comme je ne connais aucune loi qui l'en empêche, je m'en rapporte à son intérêt personnel, à sa propre sagacité. Savez-vous ce qui serait réellement honteux, non-seulement pour le consommateur du Nord, mais aussi pour le vigneron du Midi et pour le législateur lui-même ? Ce serait de charger celui-ci de formuler une solution impérative pour une question de cette espèce.   P. PAILLOTTET.

DES SALLES D'ASILE EN RUSSIE ET PARTICULIÈREMENT A SAINT-PÉTERSBOURG, POUR SERVIR A L'HISTOIRE DES INSTITUTIONS PUBLIQUES D'ÉDUCATION ET DE BIENFAISANCE DANS L'EMPIRE DE RUSSIE, par ANDRÉ-JOS. LE PAS [1].

M. A.-J. Le Pas a eu l'heureuse idée d'utiliser un séjour de plusieurs années qu'il a fait en Russie, en étudiant les institutions publiques d'éducation et de bienfaisance de ce vaste empire. Adonné lui-même à la pratique de l'enseignement, il a été en position de recueillir des informations précieuses sur les institutions qui s'y rapportent. Dans la brochure que nous avons sous les yeux, il a fait un exposé plein d'intérêt de la situation des salles d'asile, commençant ainsi la série de ses études par le premier échelon de l'enseignement élémentaire.

Les salles d'asile sont, comme chacun sait, d'origine française, et elles datent du commencement de ce siècle C'est en 1837 seulement qu'elles ont été importées dans l'empire russe, mais elles y ont reçu en peu d'années une extension considérable et surtout une organisation qui mérite d'être étudiée. Fondées, comme la plupart des institutions utiles, par l'initiative bienveillante des particuliers, elles ont été soumises à une organisation officielle, en vertu d'un ukase du 28 février 1840. Cet ukase, divisé en huit chapitres et en 137 articles, règle tout ce qui concerne la fondation des salles, leur administration, la gestion de leurs revenus, etc. Nous en analyserons, d'après la brochure de M. A.-J. Le Pas, les dispositions principales.

Les salles d'asile de la Russie sont placées sous la protection de l'impératrice, et leur administration supérieure est confiée à un Comité spécial. Des Comités inférieurs sont organisés dans chaque gouvernement et, au besoin, dans chaque district. Chaque salle d'asile est dirigée par une tutrice ou par un tuteur secondé par un directeur et par un *starchina* honoraire.

Des dames appartenant à la noblesse remplissent ordinairement les fonctions de tutrices. D'après l'auteur de la brochure que nous avons sous les yeux, leurs fonctions ne sont pas purement nominales et honorifiques. « Visiter fréquemment, dit-il, et à différentes heures de la journée, la salle placée sous sa direction pour s'assurer que

---

[1] Brochure in-12 de 126 pages A Bruxelles, à la librairie encyclopédique de Périchon ; à Paris, chez Guillaumin et comp. — Le *Journal des Economistes* a déjà rendu compte d'une brochure du même auteur: *Coup d'œil sur la situation de la classe ouvrière à Verviers*, t. X, p. 305.

rien n'est négligé de ce qui peut contribuer au bien-être physique et à la culture morale de l'enfant ; communiquer au Conseil et soumettre à son examen les mesures qu'elle croit utiles ; s'occuper de la distribution des billets de la loterie qui se tire annuellement au profit des salles d'asile et provoquer en leur faveur des donations ; voilà quels sont les devoirs de la dame patronesse. » Le directeur, choisi de préférence parmi les médecins, est chargé de la surveillance spéciale du local ; il prononce sur l'admission des enfants, à qui il fait subir préalablement une visite médicale en dehors de l'établissement ; il surveille leur nourriture, leur habillement et leurs exercices physiques. Il contrôle encore la recette et la dépense. Il tient un livre dans lequel sont inscrites toutes les donations faites à l'établissement par des visiteurs charitables. Il est également chargé de la tenue du livre appelé le *registre nominal*, dans lequel on inscrit le nom des enfants et de leurs parents, avec l'indication de leur demeure, de la classe à laquelle ils appartiennent, de l'âge des enfants, de leur religion, de l'époque de leur admission à la salle d'asile, etc. Après le directeur, vient le *starchina* ou l'ancien. *Starchina* vient de *staré*, qui signifie vieux, ou de *starché*, aîné. C'est un titre honorifique à peu près équivalent à celui de doyen en français, et qui est attribué à certains dignitaires de la classe marchande et de celle des paysans. Outre la surveillance des salles, qu'il partage avec la dame patronesse, le starchina est spécialement chargé de prendre des informations sur les enfants indigents qui se trouvent dans le voisinage de la salle d'asile ; de se mettre en rapport avec les parents ; de les éclairer sur le but et l'utilité de l'institution et de leur faciliter les moyens d'en faire profiter leurs enfants. Les fonctions de *starchina* dispensent les titulaires des charges municipales qui pourraient les détourner de leur service aux salles d'asile, et elles sont, pour cette cause, fort recherchées. Aussi le titre de starchina n'est-il accordé qu'à certaines conditions. Il faut, pour l'obtenir, avoir fait des dons plus ou moins considérables aux salles d'asile : selon l'importance de ces dons, on reçoit le titre de starchina de première, de deuxième ou de troisième classe. A chacune de ces classes sont attribués des privilèges différents.

Sous la direction supérieure de la dame patronesse, du directeur et du starchina, il y a, pour la tenue de chaque salle et la surveillance des enfants, une directrice, à laquelle on adjoint une sous-directrice quand le nombre des enfants s'élève à cent. L'une et l'autre reçoivent des appointements sur les fonds des salles : ceux de la première se montent à 600 roubles assignats, et ceux de la seconde à 300. Elles sont, en outre, logées, nourries et servies à l'établissement.

Les fonds affectés à l'entretien des salles d'asile se composent :

1° D'une subvention annuelle, qui fut d'abord de 10,000 roubles assignats et qui a été ensuite doublée et même triplée ;

2° Du produit des loteries tirées annuellement au profit des salles d'asile ;

3° Des donations volontaires. Ces donations, qui constituent la plus grosse part du capital de fondation et d'entretien des salles d'asile, affectent un grand nombre de formes. A Saint-Pétersbourg, dit M. A.-J. Le Pas, le Comité central, le Conseil et en particulier chaque salle ont leurs troncs spéciaux destinés à recevoir les offrandes de la charité. Le Comité a mis les siens dans des lieux de grande circulation : sur les ponts, sur les pyroscaphes qui font le service entre la ville et les environs, sous les galeries du Gostinoï-Dvor ; le Conseil, à l'hôtel des postes et dans les boutiques des confiseurs ; enfin, chaque salle d'asile en a au moins deux, l'un placé dans l'intérieur, l'autre, à l'entrée de l'asile ou dans quelque endroit jugé plus favorable aux recettes. De plus avantagées en ont dans certains magasins en vogue, où les a placés le zèle de quelque dame patronesse. — Une deuxième ressource des salles d'asile provient des souscriptions annuelles, des sommes payées par la Société philanthropique, et des dons en argent et en nature qu'elles reçoivent, particulièrement de la libéralité des marchands russes, à l'époque des grandes fêtes de l'année, Noël et Pâques. Telle personne fait don à l'asile de souliers pour les enfants ; telle autre fait présent de mouchoirs, d'étoffes pour robes, de manteaux. Celui-ci fournit de quoi boire, celui-là de quoi manger. Un lavochnik [1] donne du kwas [2], un boucher, quelques pouds [3] de viande, et un pharmacien s'engage à procurer gratis les médicaments.

Tous les fonds versés pour la fondation et l'entretien des salles d'asile sont administrés par le Comité supérieur qui en fait la répartition ; mais les produits des troncs de chaque salle, les dons en nature ou en argent dont la destination est indiquée, appartiennent à qui de droit.

L'admission des enfants dans les salles d'asile est subordonnée aux conditions suivantes. On exige 1° le passe-port ou permis de séjour des parents ; 2° l'extrait de de baptême des enfants, ou un certificat qui en tienne lieu ; 3° un certificat d'indigence signé par des personnes appartenant à la même classe que les parents ; 4° un certificat de vaccine. La simple attestation du starchina suffit, du reste, pour remplacer au besoin toutes les pièces, à l'exception du certificat de vaccine. Tous les enfants qui se trouvent dans les conditions requises peuvent être admis à l'asile, soit qu'ils appartiennent à une classe libre ou à celle des paysans et des serfs.

Les enfants sont reçus à l'asile à l'âge de trois ans, au moins, et les garçons peuvent y rester jusqu'à dix ans, les filles jusqu'à douze. Ils reçoivent à l'asile un vêtement pour le temps qu'ils y passent ; ils reçoivent aussi le dîner et le goûter aux frais de l'institution. Les salles sont ouvertes tous les jours, excepté les dimanches et les jours de grandes fêtes.

La manière dont le temps est employé dans les salles d'asile russes est véritablement digne d'attention. M. Le Pas cite, à cet égard, une *instruction pour les personnes chargées de la direction spéciale des salles d'asile*, qui non-seulement est empreinte d'un excellent esprit de bienveillance et de charité, mais encore qui atteste chez ses auteurs une profonde intelligence des besoins auxquels l'éducation élémentaire doit pourvoir. M. Le Pas ne se borne pas, du reste, à mentionner ces préceptes relatifs à l'enseignement des salles d'asile, il fait mieux : il nous introduit dans une salle au moment de l'entrée des enfants, et il nous rend témoins de leurs divers exercices jusqu'au moment de leur sortie. Une simple analyse ne suffirait pas ici. Citons :

« Les enfants sont tous arrivés ; l'un après l'autre, en entrant, ils ont subi dans le vestiaire l'examen de propreté, revêtu la blouse grise, le tablier blanc et la chaussure d'uniforme, déposés par chacun d'eux, la veille, à leur sortie, sous un numéro particulier, et sont venus s'asseoir, les garçons d'un côté, les filles de l'autre, sur les gradins disposés en amphithéâtre dans la salle. Devant eux sont la petite chaise de la directrice et les objets nécessaires à l'enseignement ; autour d'eux, le long des murs, des tableaux retraçant, ici, les principaux faits de l'histoire sainte ; là, des sujets empruntés à l'histoire naturelle. Déjà ils ont cessé le travail prescrit par l'instruction pour les premiers enfants arrivés, en attendant que tous soient réunis pour faire en commun la prière ; déjà ils ont appelé sur la journée qui commence, sur eux-mêmes et sur leurs bienfaiteurs, la bénédiction de Dieu. Le signal des exercices est donné. Ces exercices, dont l'ordre varie, ne prennent chacun qu'une demi-heure, afin de ménager, tant au moral qu'au physique, la faiblesse des jeunes enfants. Les leçons de religion, de lecture, d'écriture les occupent tour à tour. On leur enseigne la division du temps, les saisons, les mesures, les poids, les monnaies. Ils appren-

---

[1] Épicier.
[2] Boisson de ménage fermentée, faite de plusieurs sortes de farines, et ressemblant à la bière, mais plus aigre.
[3] Le pouds vaut 16 kil. 340 grammes.

nent la division du globe, la division politique de l'Europe et celle de la Russie, ainsi qu'une statistique abrégée de la ville de Saint-Pétersbourg. Des chiffres peints en blanc sur une planche noire leur rappellent les dates de plus de quarante époques remarquables de l'histoire de Russie qu'ils doivent, d'après ces chiffres, reconnaître et raconter. On leur fait aussi expliquer des tableaux d'histoire naturelle. Ils s'habituent à distinguer différentes sortes de graines ; ils savent quel en est l'emploi, quand on les sème, quand on les récolte, et quel terrain leur convient. C'est en chantant qu'ils nomment, en les désignant de la main, les différentes parties du corps ; c'est encore en chantant et en s'accompagnant de mouvements variés et réguliers des membres, qu'ils font les opérations de calcul. Tantôt ils expliquent, d'après les tableaux, quelques-uns des faits de l'histoire sainte les plus propres à éveiller dans leur cœur la crainte du mal et l'amour du bien ; tantôt, mettant en pratique les leçons de diligence qu'ils ont reçues, ils s'occupent de différents travaux manuels : les plus jeunes font de la charpie et fabriquent des cordonnets pour leurs vêtements ; de plus avancés en âge tressent des chaussons et tricotent des bas pour leur famille ou pour la salle ; les petites filles s'occupent de couture. C'est ainsi que la plus grande partie des habillements d'uniforme sont faits par les enfants eux-mêmes... Depuis quelques années déjà une nouvelle branche de travail a été introduite dans les salles d'asile : c'est la confection d'enveloppes pour lettres, que la directrice coupe, et qui sont collées par les enfants. Ils apprennent aussi la broderie au crochet et au tambour. Du reste, toutes ces petites industries (est-il nécessaire de le dire ?) n'ont pas pour but le profit pécuniaire ; mais elles servent à occuper agréablement les enfants, à leur faire apprécier la valeur du temps, à leur donner l'habitude et l'amour de ce qui doit être bientôt pour eux un besoin et un devoir : le travail. Les objets confectionnés par eux au delà des besoins de la salle se vendent à des magasins de la ville le double du prix de la matière première. La première moitié rembourse la dépense et permet de la renouveler ; l'autre moitié forme ce qu'on appelle la petite caisse de travail. On en emploie les fonds à acheter du coton et de la laine dont les enfants font des tricots qu'on répartit entre eux, au moyen d'une loterie, chaque année, le 5 décembre, veille de la fête de l'empereur.

« Mais l'heure du dîner est venue : les enfants passent en bon ordre de la salle d'exercices au réfectoire, et viennent s'asseoir joyeusement tout autour d'une longue table noire, couverte d'assiettes d'étain. Debout, à l'une des extrémités, la directrice distribue alternativement à droite et à gauche, aux deux enfants placés le plus près d'elle, les portions, qui passent de main en main vers l'autre extrémité de la table, jusqu'à ce que tout le monde soit servi... Au dîner succède la récréation, dont nous regrettons de ne pouvoir ici décrire quelques jeux tout empreints du cachet national ; ensuite, les exercices recommencent, s'interrompent de quatre à cinq heures pour le goûter, lequel consiste en un morceau de pain, et, après une deuxième récréation, reprennent de nouveau jusqu'au moment du départ [1]. »

Tel est le régime intérieur des salles d'asile russes. Avant de l'apprécier, empruntons encore à l'auteur de cette peinture, au moins fort attrayante, quelques renseignements statistiques. Au 1er janvier 1850, l'administration des salles d'asile, y compris le Comité supérieur, les deux Conseils de Saint-Pétersbourg et de Moscou et trente-six curatelles provinciales, comptait 71 salles, dont 34 ayant leurs propres maisons et possédant au delà de 520.000 roubles d'argent (2,080,000 fr.) de capital, affectées à l'entretien de ses établissements et au développement de son œuvre charitable. Le mouvement des salles d'asile de la ville de Saint-Pétersbourg, depuis l'année 1839 jusqu'au 31 décembre 1848, a donné les chiffres suivants : 22,522 en-

---

[1] *Les salles d'asile en Russie*, p. 111-116.

fants , dont 8,636 garçons et 13,886 filles , ont fréquenté les salles ; 5,702 en sont
sortis , 1,796 ont passé ensuite dans des établissements d'éducation; 304 sont morts.
3,754,982 portions , valant chacune un peu plus de 2 copecks d'argent, ont été distribuées à 22,522 enfants. D'après les observations du Comité , la mortalité des enfants dans les salles d'asile est trois fois moins grande que celle des enfants des mêmes
classes demeurant chez leurs parents. Les classes auxquelles appartiennent les enfants entrés depuis le 1er janvier 1812 jusqu'au 1er janvier 1849, sont les suivantes :
enfants de nobles et d'employés , 551 ; enfants de membres du clergé , 46 ; enfants
de serviteurs de la maison impériale, 241 ; enfants de militaires subalternes, 2,297 ;
enfants de bourgeois, d'ouvriers et d'autres classes libres, 1,735 ; enfants de paysans,
363 ; enfants de gens de la glèbe venus de l'intérieur, 276 ; enfants de diverses autres conditions, 330. Total , 5,839. Voici encore la classification des entrées par âges :
enfants de trois ans, 168 ; de quatre ans, 486 ; de cinq ans, 919 ; de six ans, 1,322;
de sept ans, 1,326 ; de huit ans, 962 ; de neuf ans, 554 ; de dix ans, 122.

En examinant le relevé des professions des parents , on s'apercevra que l'admission
dans les salles d'asile russes est considérée, le plus souvent, comme une manière
de récompenser des services rendus par les parents, et que la faveur ne doit pas y
être étangère ; mais on n'en demeure pas moins frappé du rapprochement et du
mélange qui s'opère, dans ces institutions charitables, entre des classes appartenant
aux deux extrémités de l'échelle sociale. L'enfant du serf de la glèbe s'y trouve revêtu du même uniforme, assis sur le même banc , servi à la même table que l'enfant noble. Où diable l'égalité va-t-elle se nicher !

D'après le tableau dont nous venons de reproduire les principaux traits, les salles
d'asile russes sont remarquables surtout par la manière dont l'éducation élémentaire
y est comprise. Les exercices physiques, intellectuels et moraux, y sont distribués
avec une rare intelligence de la nature de l'enfant. On n'y cultive pas certaines facultés à l'exclusion des autres ; on ne soumet pas non plus l'enfant à des occupations
dont la longueur le rebute, tout en fatiguant outre mesure ses facultés naissantes.
Sous ce rapport, nos institutions élémentaires pourraient trouver dans les salles
d'asile russes un modèle à imiter. Maintenant , il ne faut pas s'exagérer l'importance
que peuvent acquérir ces institutions en Russie ou ailleurs, aussi longtemps qu'elles
demeureront uniquement basées sur la bienfaisance ; il ne faut pas, non plus, se
dissimuler les inconvénients qu'elles peuvent offrir. Sans aucun doute, les salles d'a-
sile constituent un mode de secours ingénieux et bienfaisant , mais c'est un mode de
secours dont il serait imprudent d'abuser. Il ne faudrait pas que les institutions
charitables destinées à l'enfance s'étendissent assez pour que des hommes fussent
encouragés au mariage , en se disant que leurs enfants, admis d'abord dans les
crèches, aux frais de la charité privée ou publique, passeront de là dans les salles d'a-
sile , où ils seront entretenus de la même manière jusqu'à ce qu'ils puissent être
déversés dans les ateliers. S'il en était ainsi, la prime artificielle d'encouragement
donnée aux mariages hâtifs et à la multiplication des pauvres compenserait et au delà
les bienfaits de l'intervention de la charité. Le mieux serait que les crèches et les
salles d'asile fussent organisées assez économiquement pour que les familles pauvres
pussent en couvrir les frais à l'aide d'une rétribution légère. En y établissant quelques
petites industries, dans le genre de celles que M. Le Pas a observées dans les salles
d'asile de Saint-Pétersbourg, peut-être réussirait-on à résoudre ce problème difficile.

Quoi qu'il en soit , félicitons M. A.-J. Le Pas d'avoir utilisé son séjour en Russie
en étudiant les institutions d'un pays encore si imparfaitement connu dans le reste
de l'Europe ; félicitons-le aussi de la forme attrayante qu'il a su donner à l'exposé
de ses observations, et encourageons-le à faire, pour l'ensemble des établissements
d'éducation et de bienfaisance de la Russie , ce qu'il vient de faire pour ses salles
d'asile.   G. DE MOLINARI.

RACCOLTA DEGLI ECONOMISTI TOSCANI : *Scritti di publica economia del cav.* GIOVANNI FABBRONI. Florence, Luigi Nicolai ; 1847-1848, 2 vol. gr. in-8°. — *Scritti di publica economia, storico-economici e storico-politici del senatore francesco* MARIA GIANNI. Chez le même, 1848-1849; 2 vol. gr. in-8°.

Giovanni Fabbroni et Maria Gianni ont été deux intelligents conseillers de Léopold II, grand-duc de Toscane qui , entre autres services rendus à ce pays, a réformé ses lois économiques dans la voie de la liberté.

Parlons premièrement de Gianni, qui a vécu de 1728 à 1821, et qui était par conséquent plus âgé que Fabbroni. D'abord employé au ministère des finances, puis directeur de la douane à Pise et sénateur, Gianni avait acquis, en 1766, une assez grande réputation de savoir et d'intégrité pour que le grand-duc Pierre-Léopold le chargeât de lui soumettre les moyens de faire cesser la disette qui sévissait dans la province de Sienne. Gianni conclut à la suppression de tous les règlements et bureaux relatifs aux approvisionnements, comme incapables de faire du bien, de remédier au mal, et comme très-coûteux pour le public. Grandes furent les clameurs des ignorants, des intéressés et des trafiquants, qui s'enrichissaient à l'abri de toutes ces entraves commerciales et administratives. Mais le grand-duc et son premier ministre, le comte de Rosenberg, partageant les idées de Gianni, le grenier d'abondance de Sienne fut supprimé, et, le 18 septembre 1767, fut promulguée la célèbre loi céréale, proclamant la liberté du commerce des grains et de la boulangerie, dont la Toscane s'est si bien trouvée.

Gianni devint ensuite un des conseillers de ce grand-duc Pierre-Léopold, dont le gouvernement a laissé de si glorieux souvenirs en Italie, et qui, en partant, en 1790, pour aller s'établir à Vienne comme empereur d'Allemagne, le nomma membre du Conseil de régence. La disette des grains survint peu après ce départ, et les adversaires des réformes s'empressèrent de mettre cette circonstance à profit, d'accuser les lois léopoldines de la hausse des prix et d'en rendre responsable leur promoteur Gianni, dont la populace mit la maison au pillage et la vie en danger, le 9 juin 1790. Nous publions plus bas une assez curieuse lettre de Léopold au sujet de cet événement.

Après la conquête de l'Italie, Gianni se rangea du parti des Français, qui était alors celui des idées libérales et des réformes. Il prit sa retraite en 1801, pour aller se fixer à Gênes, où il est mort en 1821, dans un âge très-avancé.

Gianni a laissé de nobles souvenirs en Toscane , tant à cause de ses lumières que de son caractère. On trouve dans ses écrits les faits les plus importants de l'histoire politique et économique de la Toscane à la fin du dernier siècle, à l'époque du gouvernement de ce grand-duc Pierre-Léopold, qui a si bien mérité de la civilisation.

Les deux volumes du *Recueil des économistes toscans* contiennent différents discours, mémoires et morceaux de Gianni, mis en ordre et publiés, en très-grande partie pour la première fois , par M. Joseph Ponsi, sur les manuscrits de l'auteur. Ces écrits se rapportent aux événements de la fin du dix-huitième siècle, et sont presque tous relatifs à des sujets économiques et financiers : impôts, monnaie, papier-monnaie, dette publique, agiotage, travail des pauvres , corporations, éloge du grand-duc Léopold, situation de la Toscane, etc., dont quelques-uns avaient été publiés et la plupart étaient restés inédits.

Ce sont des mémoires, des discours, des lettres, des fragments, où toutes ces questions sont traitées par un philosophe instruit, par un savant honnête et versé dans la pratique de l'administration.

Fabbroni, né en 1752 et mort en 1822, a été non-seulement un des hommes les plus importants de la Toscane, un physicien et un naturaliste très-estimé, mais aussi un intelligent et laborieux défenseur de la liberté du commerce à la fin du dix-huitième siècle. Il fut délégué par son pays à cette Commission des savants de tous les pays, formée par la Convention pour établir un nouveau système des poids et mesures ; il a été correspondant de l'Académie des sciences, directeur de la Monnaie à Florence ; député, sous l'Empire, au Corps législatif par le département de l'Arno, et sous-intendant de l'administration des ponts et chaussées pour les quatorze départements au delà des Alpes, etc. Ses écrits ont été recueillis et mis en ordre par son neveu, M. Joseph Fabbroni, et forment deux volumes dans la Collection des Economistes toscans.

Le premier volume se compose de divers morceaux ou traités, dont le premier est relatif à un fait français, à la refonte des louis d'or, en vertu d'un édit de Louis XVI du 30 octobre 1785. Tout le sujet de la monnaie y est traité sous divers aspects très-instructifs, ainsi que dans le morceau suivant, qui est une lettre sur le système monétaire napolitain ; ainsi que dans le troisième morceau, publié en 1805, sous forme de brochure anonyme, sur le prix élevé de l'argent ; ainsi que dans le cinquième morceau, relatif à l'unité de l'étalon monétaire. — Viennent ensuite, dans le même volume, une série de lettres sur le système douanier (1780) et sur les privilèges accordés aux manufactures, sur la liberté du commerce des grains, sur les effets du libre commerce des matières premières ; sur l'importance de l'industrie de la soie, de la laine, en Toscane ; sur les mines d'or, sur les pauvres (1804). Ce sont de courtes dissertations toutes publiées, à l'exception de la première et de la dernière, en 1791, sur des questions à l'ordre du jour, sous forme de lettres supposées traduites de l'espagnol, qu'il est encore intéressant et profitable de lire aujourd'hui.

Ce premier volume des écrits de Fabbroni est terminé par un discours sur les moyens d'encourager le mariage, et par des calculs statistiques, d'après des relevés faits dans les historiens et les voyageurs modernes. Dans ce discours à propos du mariage, Fabbroni va à la recherche des moyens de diminuer le célibat et les désordres qu'il entraîne, et de conserver dans l'union conjugale la fidélité et le désir d'accroître la famille ; et ces moyens, il ne les trouve pas dans les primes et les autres encouragements donnés par plusieurs gouvernements du siècle dernier ; mais dans l'abolition des restrictions qui s'opposaient à l'extension du nombre des propriétaires, dans la réduction des contributions et des frais de perception, dans la liberté du travail et la liberté du commerce.

Une bonne partie du second volume est consacrée à un écrit de plus longue haleine, intitulé *les Oisivetés de la campagne*, ou *Réfutation libre de quelques arguments populaires*. C'est un traité sur toutes les questions d'approvisionnements, du commerce des grains et du pain, dans lequel le système réglementaire est examiné et combattu par beaucoup de science et avec beaucoup d'originalité. On trouve notamment dans cet écrit une table du prix du blé, depuis le commencement de notre ère jusqu'en 1804.

Le même volume contient un autre écrit assez étendu sur les inconvénients des mesures prohibitives en matière de forêts ; un mémoire sur la libre exportation de la soie grège ; un autre sur le système monétaire introduit en Toscane en 1803 ; un examen d'un projet de loterie de bienfaisance ; une lettre sur la peine de mort ; la réfutation d'un libelle écrit contre Léopold II, et une curieuse lettre de ce même grand-duc, relative à l'émeute de 1790 que nous venons de rappeler en parlant de Gianni, et dans laquelle on lit, écrites en style familier, les tribulations d'un prince philosophe et libre-échangiste.

Vienne, 10 octobre 1790.

« Je vous renvoie Mazzinghi (courrier) avec un paquet contenant une longue dépêche pour la Régence, dans laquelle je dis mon fait. J'ai reçu vos lettres, et vous êtes le seul qui ayez regardé avec sang-froid et jugement toutes ces affaires ; il eût fallu que le Conseil eût montré du courage, comme vous le lui avez proposé à temps. Vous ne pouvez croire la colère et l'inquiétude que me causent toutes ces affaires.

« Je vois quelques coquins (*birboni*) de la lie du peuple, quelques fanatiques et quatre à six imbéciles (*coglioni*) détruire en deux jours le fruit de mes peines et fatigues de vingt-cinq ans, et qui n'ont pas eu d'autre but que l'intérêt et le bien du pays.

« On voit bien que dans le principe, à Pistoja, tous ces gens-là ont eu du goût pour la cause de l'évêque ; patience. Rendre les diocèses uniformes pour les fonctions ecclésiastiques était chose juste et prudente ; mais on a montré de l'empressement, on a accoutumé le peuple à se mettre en mouvement, à demander les plus grandes extravagances, et on lui a tout promis.

« A Livourne on a fait pis : le peuple commence à saccager ; on lui permet tout, on lui accorde tout, et Seratti (gouverneur de Livourne) promet des vivres, des fours, etc. A Florence, soixante coquins prennent des cocardes : on les laisse faire ; et puis, quand avec dix personnes et deux coups de bâton on pouvait porter remède et empêcher la dévastation, on va au-devant de leurs désirs, on accorde tout, on laisse saccager, et non-seulement on promet à la canaille, mais dans le plus sot édit on accorde, contre mes instructions expresses, l'abolition du libre commerce ; on établit le poids et le prix du pain, source infinie de maux, d'inquiétudes, d'ennuis et de la ruine du pays ; le tout pour être applaudi de la canaille. Je ne sais que dire ni que penser ; je suis très-dégoûté, et ils me le payeront.

« Continuez à m'écrire avec détail tout ce qui va suivre : bavardages, rumeurs, faiblesses et sottises (*coglionerie*) du Conseil ; s'ils font autre chose ; que fait la troupe à Florence ; comment vont ces fours et les marchés ; ce qu'on dit en province ; s'ils font des processions, si les sociétés continuent, si les prêtres les animent, si on arrête les coupables et si on leur fait leur procès ; et quel effet feront au Conseil et sur le public mes ordres sévères et ma dépêche d'aujourd'hui ; comment va Ricci ; à qui le peuple en a encore ; ce qu'il en est du sénateur Gianni et de sa famille ; de l'évêque de Pistoja, qui murmure avec ses amis.

« Animez les gardes, les employés et Fontebuoni (directeur des ouvriers maçons des fabriques royales) avec ses hommes, lequel dans le Conseil vaut mieux pour remettre l'ordre, et ne souffrez pas d'attroupement. — Signalez-moi encore qui, parmi les prêtres, les frères, etc., a le plus de crédit sur le peuple, est le plus loué, le plus accrédité auprès des ministres pour avoir fait obtenir toutes ces belles choses. »

Jos G.

DES CHAMBRES DE COMMERCE ET DU CONSEIL D'ETAT EN BELGIQUE ET EN FRANCE, par H. F. MATTHYSSENS, négociant et membre de la Chambre de commerce d'Anvers. Brochure in-8° de 33 pages. Anvers.

L'auteur de cette brochure s'est proposé pour idéal l'organisation représentative des intérêts agricoles, industriels et commerciaux de la France. Il aspire après le jour où la Belgique possédera, comme la France, avec des Chambres de commerce issues de l'élection directe, des Comices agricoles, des Conseils généraux de l'agriculture, des manufactures et du commerce, puis, enfin, un Conseil d'Etat où les questions « soient examinées au point de vue le plus élevé de l'intérêt national et de l'ensemble des institutions économiques. » Il attribue à cette organisation représentative et officielle des intérêts les vertus les plus merveilleuses.

« En France, dit-il, chaque intérêt légitime est régulièrement consulté, chaque homme spécial est appelé à un titre quelconque à apporter sa part de lumières à la confection des lois, et l'autocrate de toutes les Russies y régnerait demain, qu'encore l'opinion publique compétente y prendrait à la législation des intérêts matériels une part si large et si réelle, que l'arbitraire du gouvernement, au contraire de ce qui a lieu sous notre régime libéral, n'y entrerait tout au plus que pour une part nominale. Et notons, en passant, que le rôle du gouvernement n'en devient que plus bienfaisant et plus élevé ; car ce que le pouvoir y possède de moins en arbitraire, il le récupère largement en autorité. »

Notre intention n'est pas de faire la critique de l'organisation représentative des intérêts en France. Cette organisation a certainement son bon côté. Cependant, nous ne conseillerions pas trop à la Belgique de l'importer chez elle. Voici pourquoi. C'est qu'il est matériellement impossible de donner à tous les intérêts une représentation équitable et suffisante ; d'où il résulte que les intérêts qui sont représentés pèsent d'une manière fâcheuse sur ceux qui ne le sont pas. En France, par exemple, où sont les Chambres consultatives des consommateurs? Où est encore ce *Conseil inférieur du travail* dont parlait Bastiat dans un de ses charmants sophismes ? Ni la classe immense des consommateurs, ni la classe presque aussi nombreuse des salariés n'ont leurs Chambres consultatives spéciales et officielles. Aussi que se passe-t-il en France depuis trente ans? N'avons-nous pas vu notamment les Conseils généraux des manufactures s'opposer systématiquement à toutes les réformes utiles, et condamner la France à l'immobilité économique, alors que la plupart des autres nations ont successivement perfectionné leur vieil outillage réglementaire et fiscal? En Angleterre, au contraire, où ce mandarinat de la production n'existe point, où chaque intérêt se manifeste et s'organise de lui-même, où nul ne possède une organisation qui soit refusée aux autres, combien le progrès des institutions économiques a été plus facile et plus rapide !

Quant à l'organisation des Chambres de commerce de la Belgique, elle pourrait, sans doute, être modifiée avec avantage. Voici de quelle manière ces corps consultatifs sont actuellement constitués. Il y a des Chambres de commerce à Anvers, Bruxelles, Louvain, Gand, Saint-Nicolas, Bruges, Ostende, Courtray, Ypres, Mons Charleroy, Tournay, Liège, Verviers et Namur. Le roi peut en établir d'autres, sur la demande des villes et l'avis du Conseil provincial. La première nomination des membres d'une nouvelle Chambre se fait par le roi, sur l'avis de la députation permanente ; le sort règle, pour les deux premières années, l'ordre de sortie. Le renouvellement a lieu annuellement par tiers. La Chambre forme, pour le renouvellement du tiers sortant, une liste triple de candidats. Le roi choisit parmi les candidats désignés les membres du nouveau tiers.

Les attributions des Chambres de commerce de Belgique sont à peu près les mêmes que celles des Chambres de commerce de France. Elles consistent :

1° A présenter, soit au gouvernement, soit aux Chambres législatives, leurs vues sur les moyens d'accroître la prospérité industrielle, commerciale et maritime du pays ;

2° A faire connaître aux autorités compétentes les causes qui arrêtent les progrès industriels, commerciaux et maritimes ;

3° A fournir, tant au gouvernement qu'aux Chambres législatives, les renseignements et rapports qui leur sont demandés ;

4° A donner, relativement au commerce et à l'industrie, à l'administration provinciale, ainsi qu'aux administrations des villes de leur ressort, les avis et renseignements qui peuvent être nécessaires ou utiles à l'administration ;

5° A faire, chaque année, dans le cours du mois de mars, au ministre chargé du commerce et de l'industrie, un rapport général sur la situation de toutes les branches commerciales et industrielles de leur ressort.

Telle est l'organisation qu'un arrêté constitutif du 17 septembre 1841 a donnée aux Chambres de commerce de Belgique. Il est évident que cette organisation est susceptible de recevoir des modifications utiles, et que les Chambres de commerce belges gagneraient, par exemple, à être une représentation plus directe des intérêts de leurs cités ; mais il ne faut se faire aucune illusion sur la portée d'un changement de cette nature; il ne faut pas lui attribuer plus d'importance qu'il n'en a. En outre, on doit toujours craindre qu'en renforçant l'organisation de certains intérêts, on ne leur donne plus de facilités pour opprimer ceux qui ne sont pas organisés.

Voilà l'écueil à éviter, et cet écueil, M. Matthyssens ne semble pas l'avoir suffisamment aperçu. Sa brochure n'en est pas moins l'œuvre d'un esprit laborieux et distingué, et c'est à ce titre que nous la recommandons à l'attention de nos lecteurs.

G. DE M.

ORGANISATION DE L'INDUSTRIE, par M. T. C. BANFIELD, ouvrage rédigé sur les *Leçons d'économie politique* professées en 1844 à l'Université de Cambridge, traduit et annoté sur la deuxième édition anglaise, par M. E. Thomas, ingénieur. Paris, Guillaumin, 1851, un vol. in-8°, faisant partie de la *Collection des Economistes contemporains*.

Le titre de ce livre est beaucoup trop modeste. Ce n'est pas un traité didactique sur les formes matérielles du travail; c'est l'exposé des lois naturelles et nécessaires du progrès humain. L'ouvrage appartient à ce qu'on peut appeler la philosophie de la science économique; il se recommande spécialement à l'étude de ceux qui savent. On a souvent, et souvent à tort, reproché aux économistes la sécheresse du point de vue utilitaire, qui semble réduire toute question sociale à une arithmétique de produits et de valeurs. Le caractère qui frappe d'abord chez M. Banfield est, au contraire, une tendance spiritualiste prononcée, un élan naturel vers la généralisation, qui se rattachent visiblement à la philosophie allemande, et aussi (il ne faut pas l'oublier) à la belle école morale et politique de nos physiocrates. Mais ce sentiment élevé est soutenu par une solide connaissance de l'industrie, de l'histoire et de la statistique; les chiffres et les faits viennent à chaque instant vérifier le raisonnement; et toute cette philosophie prend peu à peu un caractère remarquable de réalité pratique, sans qu'on puisse dire précisément si c'est le penseur qui a devancé et prévu l'observation, ou l'observateur qui a résumé après coup ses recherches historiques en formules abstraites.

Le livre se divise en sept chapitres: Introduction.—Principes généraux. — Rente du sol. — Industrie manufacturière. — Commerce. — Monnaie. — Circulation. — Impôts. — Son esprit et sa tendance, c'est d'asseoir la science utilitaire « au-dessus de la sphère étroite des combinaisons matérielles. » M. Banfield fait ressortir sans cesse le parallélisme du beau, du juste et de l'utile; ses aphorismes économiques étendent leurs contenus et projettent leurs corollaires jusque sur les domaines de la morale et de la religion. Dans la richesse, il voit seulement une forme du développement spiritualiste; dans le perfectionnement des instruments, l'émancipation du travailleur; dans l'esprit physique, l'acheminement à l'activité purement intellectuelle. Son but est, en un mot, de montrer comment l'homme s'affranchit sans cesse, par la pensée et la volonté, *de la servitude des circonstances matérielles*.

Dans cette voie, M. Banfield, comme M. Carey, comme Bastiat, rencontrait un obstacle à écarter avant tout [1].

« Il n'y a pas, dit-il dès la première page de son introduction, de système moderne qui soit plus entaché de l'erreur ridicule et dangereuse du matérialisme que

---

[1] Nous ne cherchons pas à recommencer ici indirectement une polémique à propos de la Rente et de Ricardo.

Nous ne sommes que simple rapporteur; nous laissons à chacun l'appréciation du système de M. Banfield. Mais nous sommes obligé de dire que ce système est le contre-pied absolu de ceux de Ricardo, J. Mill, etc.; que tout l'ouvrage a été dirigé contre cette école, et que la première moitié est tout entière consacrée à la réfutation des opinions que nous avons nous-même combattues ailleurs à propos de la Rente. R. F.

celui que M. Ricardo a, sinon fondé, du moins contribué à asseoir et à répandre...
Admettre, sur la simple notion que la vie de l'homme dépend de son pain quotidien, que, par ce fait, son créateur l'a condamné à être esclave des conditions physiques de la fertilité végétale ; déduire de cette hérésie sa conséquence immédiate,
que le genre humain tout entier dépendrait fatalement des heureux possesseurs
des sols les plus avantageux, voilà une doctrine tout à fait digne de l'école qui proclame son incompétence à distinguer entre l'âme et les nerfs qui lui servent d'a-
gents... »

« L'homme, ajoute-t-il ailleurs, n'est lié à aucun usage spécial des choses. Toutes
lui ont été données pour qu'il les utilise à son gré ; et dans presque tous les cas,
*c'est moins la force naturelle que l'emploi de cette force qui détermine le degré d'u-
tilité que nous en tirons.* »

M. Banfield se prononce aussi énergiquement contre la base première du système
de Ricardo, *la mesure de la valeur par l'effort de production.* « Non, dit-il, il est
faux que l'homme qui ne livre que de la force musculaire ait droit, en échange, à
recevoir autant ou plus que celui qui, en employant les agents naturels, parvient à
s'exempter du travail physique... La puissance de l'homme est entièrement de nature intellectuelle... La force du corps en est l'agent le plus faible, celui qui vaut le
moindre prix ; elle est insignifiante, sans le concours d'un outil ; et le salaire que reçoit l'ouvrier s'élève ou s'abaisse proportionnellement à la perfection de l'instrument et à son habileté à le mettre en œuvre, etc... »

La valeur, suivant M. Banfield (qui en cela se rapproche beaucoup, comme il le
dit lui-même, des idées de J.-B. Say), la valeur résulte du développement des besoins, et se mesure principalement sur les moyens qu'a acquis le consommateur
pour satisfaire ses désirs, sur *la puissance de consommation du milieu social.* C'est
sur cette base que l'auteur construit sa théorie de la production et de la consommation, le point le plus saillant de son cours :

Les premiers besoins, dit-il (et les plus grossiers sont communs à l'homme et aux
animaux), sont la nourriture, la préservation du froid et du chaud, logement, vêtement, etc... « Tant qu'un besoin primordial n'est pas satisfait, aucun produit correspondant à un besoin d'un rang plus avancé n'a de valeur. La satisfaction de chaque
besoin primordial éveille un désir d'un ordre supérieur, et donne de la valeur au travail qui cherche à satisfaire ce nouveau désir : — C'est ainsi que l'abondance d'une
nourriture commune n'excite pas seulement le désir d'aliments délicats, mais encore
celui de meilleurs vêtements, etc... Les besoins du degré le plus élevé, ceux qui se
rapportent aux plaisirs du luxe et de l'intelligence, sont réservés ordinairement à des
hommes qui sont exempts de toutes les privations inférieures. »

Cette théorie est très-belle et riche en conséquences de toute espèce. Voici celle
que l'auteur tire immédiatement contre le système de la cherté progressive des aliments.

Puisque c'est la *satisfaction plus complète* d'un besoin primordial qui seule donne
naissance à des besoins plus développés, et confère une valeur aux nouveaux produits que réclament ces besoins ; puisque c'est *l'économie de puissance* réalisée dans
les travaux inférieurs qui seule donne le moyen de diriger à un but nouveau et de
rémunérer la partie de l'activité humaine libérée des obstacles primitifs ; — l'aliment
étant le *premier besoin* ; il a fallu nécessairement que l'aliment fût relativement *plus
abondant,* et qu'il s'obtînt avec une économie de puissance, *avec un travail moindre,*
pour que l'industrie humaine s'attaquât à d'autres obstacles, poursuivît la satisfaction d'autres désirs.

L'argument est d'une simplicité merveilleuse : « Il est évident, dit M. Banfield,
que puisque le manufacturier a besoin d'aliments aussi bien que le laboureur, il ne
peut y avoir de place pour lui au soleil, avant que la production d'un *excédant de*

nourriture soit assuré à son profit et affecté à son entretien. » *Excédant* de nourriture obtenu par *moins* de bras, c'est ce qui s'appelle production plus facile et moins coûteuse de la subsistance.

Quant à cet abaissement du prix et du travail nécessaires à chaque groupe de produits premiers, il résulte, selon M. Banfield, de l'intervention des agents naturels, et de la production sur une grande échelle qui permet au fabricant *d'accroître la somme de ses profits*, tout en en *diminuant le taux*. L'illustre économiste fait un large usage de cette belle loi de l'accroissement du *bénéfice absolu* par la réduction du *taux*, de l'augmentation de la *valeur totale* de la production par la diminution même du *prix fractionnel* de chaque produit : il la regarde comme la formule même de tout le progrès industriel. L'école qui n'a voulu expliquer le bénéfice que par la cherté, a fait fausse route. Le vrai, c'est que si vous diminuez de moitié le prix d'une espèce de produit, vous en vendrez, en général, plus du double ; — si vous augmentez, au contraire, la valeur de chaque objet, la somme totale de vos ventes représentera une valeur moindre qu'avant. Il y a longtemps que la pyramide des pouvoirs de consommation de J.-B. Say a traduit aux yeux ces résultats ; mais on n'avait pas su en faire l'application ; et il y a des gens qui trouveront peut-être encore un air de paradoxe à la conséquence qu'en tire M. Banfield. « Si la valeur et le revenu d'une terre se sont progressivement accrus, ce n'est pas à cause de la difficulté d'en tirer des subsistances, mais au contraire parce qu'il est devenu plus facile à chaque époque d'en obtenir plus d'aliments. »

C'est dans le deuxième chapitre sur la rente, que, prenant corps à corps le système qui classe les rentes suivant l'aptitude des terrains pour les céréales et la cherté progressive des aliments, M. Banfield renverse toutes les catégories de Ricardo par les données les plus certaines de la science agricole, — montre que c'est l'industrie et l'intelligence de l'homme seules qui font et changent la productivité de la terre ; — que les rentes les plus hautes du sol correspondent précisément aux cultures alimentaires, plantes tinctoriales et industrielles, jardinage de luxe, fleurs, etc., toutes productions qui exigent une très-grande avance de capital ; — que le bon marché est une condition tellement inhérente aux denrées de nécessité première, et que la civilisation est si loin d'en accroître le prix, que, partout où la population s'agglomère, on voit invariablement les céréales céder la place à des cultures plus chères et reculer de plus en plus vers les points où l'homme, n'ayant mis dans le sol que peu de capital et de travail, peut se contenter de la faible rémunération que lui donne le grain, etc., etc.

Je renvoie le lecteur à ce chapitre de la rente, le plus important et le plus travaillé de l'ouvrage. Notre économiste ne veut pas même laisser à la théorie de la rente la ressource du monopole des positions avantageuses. « Prétendre, dit-il, qu'un terrain situé près d'une ville, d'un canal ou d'un chemin de fer, possède un monopole par le fait de sa situation, c'est nier en propres termes que le choix de la position de la ville, du lit du canal, ou du tracé du chemin de fer ait pu résulter d'un calcul réfléchi ; c'est nier que, par suite d'une combinaison différente, il soit possible de transférer en d'autres lieux la ville, le canal, le chemin ou l'activité qui les animent... » C'est, comme on voit, toujours la même philosophie : mettre en relief l'homme, l'intention, la pensée, l'esprit, — là où une autre école veut n'apercevoir que la chose, le résultat brut, la fatalité du fait et de la matière.

Partout M. Banfield fait ainsi prédominer le principe intellectuel ; partout il établit le développement progressif de l'industrie sur la satisfaction des besoins les plus matériels ; partout il montre l'identité complète des profits manufacturiers et de l'intérêt des capitaux avec la rente du sol ; partout, enfin, il procède par une vive et savante étude historique, d'où ressort la loi économique avec la double sanction du raisonnement et des faits.

Nous n'avons pas la prétention d'analyser un ouvrage qui est lui-même déjà un précis extrêmement condensé. Quelques indications suffisent. Dans le chapitre IV, après avoir montré comment le commerce maritime, — qui le premier a émancipé certaines races de la dépendance d'un sol infertile, — s'est partout développé sur les points que leur position topographique isolait des guerres continentales et dotait d'une sécurité relative, M. Banfield fait observer très-justement que maintenant les chemins de fer et les idées de paix vont niveler ces conditions du grand commerce, transmettre aux continents une partie des avantages de la navigation, et « les affranchir de la mer, comme autrefois les puissances maritimes se sont affranchies de la terre par leurs vaisseaux. » — Il y a, à l'article sur la monnaie, une remarque curieuse sur la singulière constance de l'étalon monétaire à des époques fort éloignées ; et une explication, aussi juste qu'elle nous a semblé neuve, de la nécessité où se sont trouvés les gouvernements d'altérer le titre métallique du seul agent de circulation alors employé, — à mesure que le développement de la population et de l'industrie, en rendant trop rare l'instrument des échanges , en accroissait démesurément la valeur. Sur quoi l'auteur ne manque pas d'ajouter avec raison que l'élasticité donnée à l'agent de circulation par le perfectionnement moderne du crédit et du papier de banque, met désormais les nations de notre époque à l'abri de ces moyens désastreux et des ébranlements brusques que l'épuisement ou la découverte des mines précieuses imprimaient autrefois forcément à toutes les valeurs et à toutes les transactions. — Un dernier chapitre sur l'impôt expose la supériorité de l'impôt indirect, l'impôt à la consommation, sur l'impôt direct : le premier ne portant que sur le produit terminé le plus possible, tandis que le second frappe la production même dans sa source et peut la paralyser. M. Banfield dit que les théories de Ricardo sur la rente ont servi d'arguments pour accroître et maintenir la taxe foncière qui pèse si fatalement sur la plus importante des productions dans beaucoup de pays, et particulièrement dans les Indes Orientales qu'elle écrase. « Nous ne devons pas oublier, dit-il noblement à ce sujet, que comme maîtres de la péninsule indienne, nous sommes responsables de la cinquième partie de la population du globe ; ce qui est un chiffre beaucoup trop sérieux pour en faire abstraction, et ne voir là qu'un champ d'expériences à tenter ou une mine de bénéfices à exploiter. »

La manière de M. Banfield est à la fois puissante et mouvementée. Il excelle à condenser une grande donnée en quelques lignes vigoureuses. A chaque pas, vous trouverez de ces mots heureux qui résument toute une doctrine : « L'association, dit-il par exemple, est à la liberté ce que le capital est au revenu, la cause à l'effet. » (On reconnaît ici une des plus belles thèses de Quesnay). — Ailleurs, ce sont des élans de foi qui étonnent par leur audace : — « Je crois pouvoir espérer (c'est une idée qu'il a répétée) qu'avant peu la plupart de ces opérations, qui aujourd'hui dépriment le physique et restreignent l'intelligence de nos ouvriers, pourront être confiées aux machines, et que le seul travail pour les hommes sera celui de leur cerveau. » — Quelquefois un aperçu politique : « Dans les pays où la propriété n'est pas assurée et où l'organisation du travail est mal établie, quelle que soit la richesse du sol, la tendance au progrès qui existe partout, attisée par l'instinct vague de sa force et des obstacles qui la compriment, crée de dangereux ferments qui n'attendent que le moment de faire explosion. » — Souvent le philosophe, au moment où il atteint par son analyse une vérité longtemps poursuivie, rencontre la religion qui s'en est emparée avant lui : « Ici, comme partout, dit-il en s'inclinant, le précepte chrétien résume toute la loi économique. »

Je n'ai pas besoin de dire quelles analogies on découvre à chaque pas entre ces idées et celles de Bastiat : l'expression en est quelquefois identique. La parenté est frappante entre ces deux intelligences : même spiritualisme, même foi au progrès, même recherche de l'harmonie, même respect de la dignité humaine, même tendresse ardente et contenue à la fois. L'enveloppe et la forme sont différentes ici sévère et un peu tendue dans son élégance : là, plutôt flexible, coquette et causeuse. — M. Banfield jette sa pensée de toute sa hauteur, avec un certain retentissement : l'idée chez Bastiat coule si calme et si limpide qu'on ne la soupçonne ni puissante ni profonde. —L'un s'arrête volontiers sur un mot qui fait penser ; on voit qu'il a l'habitude d'un cercle d'élite qui le devinera : l'autre n'est pas sûr d'être écouté, son auditoire est ignorant et distrait, aussi il retourne chaque face de son raisonnement à la pleine lumière, il réduit tout son génie en bon sens. — Bastiat, avec la simplicité et la ferveur d'un apôtre, acceptait tous les rôles, se pliait à toutes les formes, s'identifiant à la passion du moment, vivant dans l'atmosphère des masses et parlant leur langue : l'économiste anglais a écrit pour une aristocratie intelligente, sa philosophie guide de grandes manières, et sous la robe du professeur vous apercevez toujours le gentleman. — Je croirais qu'à l'aide de ses vastes connaissances en histoire et en politique, M. Banfield embrasse et circonscrit peut-être plus largement les questions. Mais Bastiat, plus purement économiste, pénètre plus intimement un sujet déterminé, et en développe avec plus de précision les causes et les effets. — Enfin, l'*Organisation de l'industrie* me paraît une collection de très-belles esquisses ; mais c'est dans les *Harmonies* que je chercherais les tableaux finis. Je dois cependant ajouter que si, sur les points communs de doctrine, Bastiat me semble, en général, plus complet, M. Banfield a quelquefois repris l'avantage. Ainsi, la loi de l'échelle progressive des besoins et des valeurs, quoique entrevue par Bastiat [1], par la précision de sa formule, par l'importance de ses résultats, appartient à M. Banfield. Ici, c'est lui qui a complété notre grand économiste.

Après avoir parlé de l'ouvrage, un mot sur le traducteur. Il faut d'abord remercier M. E. Thomas de nous avoir fait connaître une des œuvres les plus remarquables de l'Economie contemporaine. Ce choix seul dénote chez M. Emile Thomas l'intelligence et un sentiment élevé du but de la science sociale, qualités sur lesquelles d'ailleurs les notes ne laissent aucun doute. Je n'aime pas beaucoup son système de traduction trop littérale. Sans doute il a voulu conserver ainsi plus fidèlement la couleur de son modèle ; mais était-il bien nécessaire de conserver des anglicismes aussi inacceptables que ceux-ci : *suppléer à* la consommation (pour : fournir à la consommation), —la puissance que *nous commandons* (dont nous disposons), etc.? Ailleurs il écrit : *preuve* de la puissance (il faudrait : épreuve), p. 155 ; — produit qui *réussit* (au lieu de : qui succède, qui vient après), p. 339 ; — *s'amodier* (pour : se prêter à, se modifier suivant), p. 89. On comprend que dans des sujets abstraits, au milieu de formules très-concises, de pareilles négligences jettent une obscurité fâcheuse. Il faut que ces taches disparaissent à la seconde édition.

Les commentaires de M. E. Thomas sont généralement fort bien faits ; — quelquefois plutôt *prétextés* que *nécessités* par le texte peut-être. Mais il y a de la richesse d'idées dans cette abondance, et on aurait mauvaise grâce à chicaner cette spontanéité d'intelligence qui, en croyant développer un thème, improvise un motif original. Le but de ces notes est du reste excellent ; c'est de montrer la portée des principales idées de son auteur, leurs rapports avec celles de nos maîtres et de Bastiat surtout, leur application aux intérêts qui nous occupent, aux utopies qui nous travaillent, aux questions qui nous divisent. M. Banfield a écrit pour l'Angleterre ; son traducteur l'a voulu actualiser et franciser. Il y a, dans ces fragments de M. E. Thomas, des aperçus fins, des aspirations élevées, des applications pratiques bien comprises,

---

[1] L'homme ne saurait diriger ses efforts vers la satisfaction des besoins de l'ordre le plus noble et le plus élevé, qu'après avoir pourvu à ceux qui concernent la conservation et l'entretien de la vie... Une remarque *fondamentale en économie politique*, c'est que les besoins sont progressifs par nature, etc. (*Harmonies économiques*, chap. III).

une facilité dans la forme qui n'ôte rien à la précision scientifique : les qualités d'un écrivain et d'un économiste.

Ce qui n'empêchera pas que j'aie avec lui une petite querelle. Comment M. Thomas, qui a souvent rapproché avec beaucoup d'intelligence les formules de Bastiat de celles de M. Banfield, s'est-il imaginé de les opposer, à propos de la richesse ? Et cela au moyen du mot *valeur*, que chacun des deux économistes prend dans une acception différente [1], — car l'antagonisme n'existe pas le moins du monde dans l'idée. Bastiat dit que le progrès, — accroissement de la richesse d'*utilité*, la richesse vraie, — consiste à diminuer l'onérosité de chaque service, dans sa valeur. « L'obstacle diminue, donc la valeur diminue », telle est la proposition de Bastiat, et elle est inattaquable. M. E. Thomas veut qu'on dise : « L'obstacle diminue, donc *le prix diminue*, donc *la valeur augmente*. » Ceci, dans la langue ordinaire, serait purement et simplement absurde. Dans le vocabulaire de M. Thomas, non ; mais pourquoi ? Parce que M. Thomas entend par prix : *la valeur de l'unité vénale d'un produit*, — et par valeur : *la somme des prix de vente de tous les produits de cette époque*. Soit ; mais si vous refaites le dictionnaire à votre usage particulier, si vous ne voulez pas prendre, comme vous le dites, le mot de valeur « *dans le sens vulgaire* » (le *sens vulgaire*, c'est tout simplement le *sens commun*), vous devez comprendre pourquoi vous vous entendez difficilement avec ceux qui parlent comme tout le monde, et pourquoi le tort n'est pas précisément de leur côté.

J'ajoute qu'encore que la formule : *baisse sur le prix de chaque produit, hausse sur la somme totale des ventes*, soit généralement vraie, elle n'est ni *nécessairement* vraie, ni indispensable surtout à la notion de richesse. Je me contente de renvoyer là-dessus M. E. Thomas à la brochure de Bastiat : *Ce qu'on voit et ce qu'on ne voit pas*, p. 54.

M. E. Thomas blâme deux ou trois fois l'*individualisme* de Bastiat et même de M. Banfield. C'est un reproche sur lequel il est bon de s'expliquer ; car il y a, à ma connaissance, deux écoles qui ont sans cesse à la bouche cette accusation banale d'*individualisme* contre tous les économistes passés ou présents. Les économistes accordent, j'en conviens, une grande action au libre jeu des intérêts individuels. Mais ont-ils pour cela méconnu ou rabaissé l'importance du mobile sympathique, moral ou religieux ? Non, car, au contraire, ils se sont attachés à prouver que les tendances de l'intérêt individuel bien compris sont harmoniques avec les principes plus élevés du juste et de l'utile social, dans une infinité de cas ; et c'est à raison même de cette naturelle harmonie, qu'ils ont dit que, dans ces circonstances et tant qu'il n'y a pas injustice, le mieux est de laisser agir l'intérêt privé, de laisser fonctionner librement le grand ressort de la responsabilité personnelle. Voilà tout l'individualisme économique ; il s'appelle, en d'autres termes : liberté, sentiment de la dignité personnelle.

M. E. Thomas, sans aucun doute, ne prétend pas en attaquer le principe. Mais il semble en voir l'exagération (p. vii et ailleurs) dans la résistance que nos maîtres ont toujours faite à l'intervention de l'État dans l'industrie, l'éducation, la bienfaisance, etc. M. E. Thomas appelle cela système *individualiste*, par opposition au système *communiste*, au système de l'omnipotence de l'État. Ici, je suis fâché de le dire, le mot *individualisme* est faux. Il ne s'agit pas d'action individuelle et d'action commune ; — mais d'actes *libres et volontaires*, et d'actes *obligatoires et forcés par l'État*. Il s'agit de *services privés*, c'est-à-dire volontairement isolés ou réunis sous la seule pression de leurs intérêts, — et de *services publics*, c'est-à-dire de groupement entre intérêts dissemblables ou d'isolement entre intérêts homogènes, imposé par la *loi* et maintenu par la *force*.

[1] Pages 65, 66, etc.

Quand l'économie politique veut donner le plus d'extension possible au premier genre de services, elle ne fait pas de l'*individualisme* le moins du monde : il n'y a rien de moins individuel qu'une société de secours mutuels, une compagnie d'assurances, etc., qui appartiennent pourtant à la catégorie des services et des intérêts privés. Au contraire, à bien voir les choses, ce qui individualise, dissout, paralyse une société, c'est bien plutôt cette exigence inflexible de l'État, cette obéissance inintelligente et mécontente du sujet à l'action uniforme, raide, aveugle, d'une sorte de colosse qui n'est même plus un homme, mais une chose inerte et irresponsable. — Ce qui unit réellement les hommes, ce qui fait naître l'esprit de famille, de corps, de cité, le patriotisme, l'opinion publique, etc., ce sont précisément ces associations naturelles, où l'on n'est attiré que par les avantages qu'on y trouve; où chacun a son importance et sent son devoir, où chacun apprend à se sacrifier, quand il le faut, à l'intérêt commun, parce qu'il a expérimenté que l'intérêt commun se résoudra en avantages partiels pour chacun.

M. E. Thomas a exprimé plusieurs fois des opinions toutes pareilles à celles-ci. Qu'est-ce donc que ce mot qu'il ramasse dans l'arsenal socialiste, et pourquoi a-t-il l'air de fronder Bastiat (p. 305, etc.), pour conclure identiquement comme lui, en fin de compte?

Je n'ai rien voulu passer à M. E. Thomas, précisément parce qu'il m'a semblé marcher dans une excellente voie. On doit exiger beaucoup de lui, je le dis hardiment; son talent nous paraît de la nature de ces arbres pleins de sève, qu'il faut émonder pour qu'ils portent fruit plus vite. R. DE FONTENAY.

LES ASSOCIATIONS OUVRIÈRES. — *Histoire et théorie des tentatives de réorganisation industrielle opérées depuis la révolution de 1848*, par ANDRÉ COCHUT. Brochure in-8, de 112 pages. — *L'Association ouvrière, industrielle et agricole*, par N. FEUGUERAY. Brochure in-12, de 276 pages, chez Gustave Havard, 15, rue Guénégaud.

M. André Cochut a publié, dans un journal quotidien, une série d'études pleines d'intérêt, sur les Associations ouvrières. Il a réuni ensuite ces études en une brochure, qui présente un aperçu à peu près complet des Associations les plus importantes que le mouvement de 1848 ait fait surgir. Nous ne partageons pas toutes les espérances de M. Cochut au sujet de l'avenir réservé à ce genre d'associations. Nous ne croyons pas cependant que le principe en soit mauvais, comme quelques-uns l'affirment, et nous n'avons pu nous empêcher d'être émus au récit des efforts et des sacrifices que se sont imposés les dignes et braves ouvriers qui ont fondé celles dont M. Cochut raconte l'histoire. Des prodiges de dévouement et de foi ont été accomplis, dans la fondation de quelques-unes de ces entreprises, et cela seul suffirait, à défaut du principe de la liberté du travail, pour les rendre respectables. — La brochure de M. Cochut se divise en trois parties. Dans la première, l'auteur expose l'origine et les prem¡ers développements des Associations ouvrières avant 1848, et il raconte de quelle manière ont été employés les fonds prêtés par l'État. La seconde partie renferme l'histoire et l'exposé de la situation des Associations ouvrières proprement dites des tailleurs, — des ferblantiers-lampistes, — des menuisiers en fauteuils, — des ouvriers en limes, — des facteurs de pianos, — des tourneurs en chaises, — des corroyeurs. Enfin, la troisième partie est consacrée aux Associations pour la consommation, et à une réfutation du rapport de M. Thiers sur l'assistance publique. Nous recommandons la lecture de cette brochure intéressante à tous ceux qui veulent avoir des renseignements positifs sur les Associations ouvrières.

Nous recommandons moins la brochure de M. Feugueray. Celle-ci ne contient guère, en effet, qu'une dissertation sur 'Association ouvrière, et cette dissertation a le malbeur d'être fortement entachée de socialisme. M. Feugueray pense que les Associations doivent viser surtout à se constituer un fonds indivisible, afin d'échapper à la nécessité de payer un intérêt pour leurs capitaux. Il ne s'aperçoit pas que la constitution de ce fonds indivisible serait précisément la pierre d'achoppement des Associations. La cause principale qui arrête le développement des Associations ouvrières, c'est—M. Cochut et M. Feugueray sont d'accord pour en convenir,— l'insuffisance de leur capital. Or, est-ce bien en offrant 0 intérêt et 0 dividendes à leurs prêteurs et à leurs actionnaires qu'elles réussiront à le grossir, ce capital ? Qu'elles se résignent donc à subir la loi commune, qu'elles se soumettent à la tyrannie du capital, et nous leur garantissons qu'elles ne s'en trouveront pas plus mal.

La brochure de M. Feugueray contient, au surplus, diverses pièces intéressantes, telles que des contrats d'association entre ouvriers, et un règlement d'atelier des ouvriers tourneurs de chaises, qui est un modèle d'organisation disciplinaire.

G. DE M.

ANNALES DE LA COLONISATION ALGÉRIENNE. *Bulletin mensuel de colonisation française et étrangère, publié sous la direction de* M. HIPPOLYTE PEUT, *avec le concours, etc.* Paris, bureaux de la Compagnie algérienne, rue Richer, 1852, nᵒ 1 à 6; 1 vol. in-8ᵒ.

Ce recueil, que nous avons déjà signalé à nos lecteurs, a pour but de faire connaître l'Algérie à la France et à l'Europe ; de travailler à faire cesser les fautes et les abus nombreux qui y ont été commis depuis vingt ans ; de rendre l'Afrique moins coûteuse en hommes et en argent pour la métropole, et celle-ci plus intelligente pour la prospérité de la colonie ; de faire dévier, enfin, une partie de l'émigration des capitaux et des hommes qui vont chercher l'emploi et la prospérité sur des terres lointaines.

« L'Australie est à 5,000 lieues des côtes de l'Angleterre, et, depuis vingt ans, l'Australie est devenue une riche et prospère colonie ; l'Algérie n'est qu'à trente-six heures des côtes de France, et l'Algérie est pour ainsi dire encore à créer. En 1830, l'Australie exportait en Angleterre 8,000 balles de laine, valant 4 millions de francs ; en 1830, elle en a exporté 200,000, représentant une valeur de 100 millions de francs. Dans cette même année 1850, après vingt ans d'occupation, l'Algérie, aussi féconde que l'Australie, aussi heureusement dotée pour l'élève de la race ovine, exportait à peine 5,000 balles, représentant une valeur de 1 million de francs ! »

Frappé de ces différences, M. Hippolyte Peut a entrepris une réaction en faveur de l'Algérie, et la publication, dont nous venons d'inscrire le titre, est une des manifestations de ses efforts qui méritent de fixer l'attention de ceux qui s'occupent des problèmes que soulève la colonisation algérienne en particulier, la colonisation en général, ainsi que les émigrations et les autres questions qui touchent au vaste problème de la condition des populations européennes déjà si denses en certains points.

La place d'un pareil recueil était toute marquée parmi les plus utiles publications qui se font de nos jours. Les intérêts matériels, intellectuels et moraux de l'Algérie avaient besoin d'un organe scientifique peu occupé de razzias, de combats, de mouvements militaires, mais beaucoup de la nature du pays, de la condition de ses habitants, de ses produits, de ses ressources, de ses progrès, de son avenir, et qui recueillît et groupât tous les éléments de connaissances qu'on peut tirer de l'histoire ancienne et contemporaine, de la statistique, de la géographie, des voyages, de l'histoire naturelle, de l'industrie, de l'agriculture et du commerce qui sont à l'état naissant, ainsi que des faits nombreux et remarquables qui se produisent dans les colonisations qui s'accomplissent de nos jours en Asie et en Amérique.

Le volume que nous avons sous les yeux montre que M. H. Peut a non-seulement bien compris le plan d'une pareille revue, mais qu'il l'exécute dans toutes les conditions du succès. Il a su grouper autour de lui une collaboration d'écrivains spéciaux, dont les préoccupations sont dirigées vers les choses de l'Afrique ; et déjà on trouve dans son Recueil divers travaux remarquables, tels qu'un Précis de l'histoire de la colonisation française, par lui-même, en cinq articles ; un Exposé de la situation actuelle de la colonie, par M. J. Cohen, en deux articles ; un petit Traité de la naturalisation des végétaux sous le climat d'Afrique, par M. Hardy, directeur de la Pépinière centrale à Alger ; une Notice sur la production et le commerce des laines, par M. Berbrugger, correspondant de l'Institut et conservateur de la Bibliothèque et du Musée d'Alger, et de nombreux écrits relatifs aux colonies françaises et étrangères : la Californie, l'Australie, etc.

S'il est donné à la colonisation de l'Afrique de recevoir de nos jours une forte et sérieuse impulsion, une part de l'honneur de cette tâche féconde reviendra certainement au directeur et aux auteurs des *Annales de la colonisation.*

SOCIÉTÉ D'ÉCONOMIE POLITIQUE.

L'INSTRUCTION PUBLIQUE. — SI LA PROTECTION A ÉTÉ UTILE A L'ORIGINE.

Réunion du 10 mai.

M. J. Arrivabene, membre du Conseil provincial du Brabant, et M. David, professeur à l'Université de Copenhague et membre de la Chambre des députés du Danemarck, avaient été invités à cette réunion présidée par M. Ch. Renouard, conseiller à la Cour de cassation, l'un des vice-présidents de la Société.

Deux sujets, à peine effleurés, ont d'abord appelé l'attention de la Société : l'Enseignement public, qui a été l'objet d'un décret récent (10 avril), et qui va donner lieu à la présentation d'un projet de loi ; le régime des colonies pénales, qui présente au gouvernement anglais et au gouvernement français de graves problèmes à résoudre. D'abord des observations pleines d'intérêt ont été échangées sur ce dernier point entre M. Léon Faucher, ancien ministre de l'intérieur, et M. Horace Say, ancien membre du Conseil général de la Seine, qui tous deux, dans des sphères différentes de l'administration, ont eu à se préoccuper des difficultés que présente le système de répression.

La question de l'enseignement a ensuite donné lieu à diverses observations présentées successivement par MM. Michel Chevalier, Léon Faucher, Ch. Renouard, Horace Say, La Farelle, Quijano, Joseph Garnier.

Un membre manifeste la crainte que l'abandon des études littéraires ne fasse baisser le niveau intellectuel en France.

M. MICHEL CHEVALIER, sans se faire illusion sur le système dans lequel on vient d'entrer en France, et tout en pensant qu'il y a beaucoup à perfectionner, croit néanmoins qu'il vaut mieux que le système précédent ; car, sans repousser les études classiques, il donne plus de facilité aux autres études sacrifiées jusqu'ici, et que le corps enseignant avait en médiocre estime. Désormais les parents du jeune homme ont le choix, passé une première préparation littéraire, allant jusqu'à la quatrième, de choisir, soit la série des études classiques et littéraires, d'où les études scientifiques ne seront pas complètement'exclues, soit la série des études scientifiques et professionnelles, accompagnées, elles aussi, d'une certaine quantité d'études littéraires; et chacune de ces deux séries, ainsi tempérée, sera terminée par un cours d'études logiques, qui sera certainement un cours de philosophie comprenant tout ce qu'il y a à enseigner à des jeunes gens dans cette grande branche des connaissances humaines.

M. Michel Chevalier est ensuite entré dans quelques développements pour établir que les sciences mathématiques, physiques et naturelles, ont été à tort accusées de matérialiser les intelligences. Sans doute, elles contribuent à mettre une certaine dose de positivisme dans l'esprit, en le faisant pénétrer dans la connaissance des lois réelles de la nature; mais cette action est-elle bien à regretter, et peut-on traiter de matérialisme la constatation de la manière dont le monde est fait et obéit aux lois du Créateur? et puis, ajoute M. Michel Chevalier, il ne faut pas croire que ces sciences ne parlent pas à l'imagination : la poésie n'a qu'à gagner avec l'histoire naturelle; elle ne perd rien non plus à saisir les merveilles que nous dévollent l'astronomie, la physique, la chimie, et le calcul infinitésimal lui-même dans lequel l'imagination a sa part et sa place.

M. RENOUARD, président, dit que si la discussion doit continuer sur ce sujet, il ne devrait pas tant s'agir de l'appréciation spéciale des mesures récemment prises que de la question préliminaire de savoir dans quelle mesure il faut prendre les lettres et les sciences pour donner une première instruction générale à la jeunesse. Quant à lui, il ne pense pas qu'il faille systématiquement exclure et interdire, soit les études classiques en partant d'un certain point de vue exclusif, soit les études professionnelles en partant d'un autre point de vue non moins exclusif. En ce qui touche le côté qui intéresse plus spécialement la réunion, c'est-à-dire l'enseignement de l'économie politique, M. Renouard croit que la philosophie est un meilleur vestibule, pour ainsi dire, une meilleure préparation que l'algèbre ou la géométrie.

M. HORACE SAY pense que, quelle que soit la proportion d'études littéraires et classiques que l'on préfère, il est dangereux de baser ces études sur des textes qui ont mille et quinze cents ans de date, et qui reflètent des idées, des passions, des préjugés dont l'esprit des jeunes gens s'imbibe, et qui vicient leur jugement dans la pratique de la vie.

M. Say se trouve en cela d'accord avec un très-regrettable et très-judicieux membre de la Société, Frédéric Bastiat, qui a montré comment le baccalauréat est devenu une grande route vers le communisme; il se trouve même d'accord, mais en ce point seulement, avec un membre du clergé catholique (M. l'abbé Gaume), qui a signalé le danger d'enseigner le paganisme; c'est-à-dire la glorification des mœurs féroces, pillardes,'oppressives, qui régnaient dans l'ancien monde où la masse était esclave et le travail méprisé.

M. QUIJANO appuie les observations de M. Say, et fait remarquer que les études littéraires et philosophiques, dont personne ne peut méconnaître l'importance et l'utilité, pourraient très-bien être poursuivies sans les auteur grecs et latins, avec l'aide et les ressources de la langue et de la littérature nationales. Pour ce qui est des exercices grammaticaux, on peut s'y livrer avec avantage, en France par exemple, au moyen de l'anglais et de l'allemand, qui sont de langues très-répandues, tandis que le grec et le latin n'ont pas grand usage.

Un membre ayant fait remarquer que les avocats et les médecins avaient besoin de connaître à fond les langues de l'antiquité, M. JOSEPH GARNIER répond que, si les futurs avocats et médecins doivent apprendre le grec et le latin, ce n'est pas une raison pour forcer tous les Français, allant au collége, de passer les plus belles années de leur vie à les étudier, pour ne pas les savoir. M. Joseph Garnier nie d'ailleurs que les médecins français sachent, pour la plupart, le latin autrement que les jardiniers et les pharmaciens, dont toute la science consiste à latiniser les noms des plantes ou des drogues, à la manière de Molière. Les plus renommés et les plus expérimentés d'entre eux lisent fort peu Hippocrate, Celse et Galien, lesquels ont aussi fort peu à leur apprendre; et d'ailleurs ces auteurs sont traduits, notamment Hippocrate que M. Littré a si savamment fait passer dans notre langue, et qu'aucun autre médecin français ne pourrait certainement consulter dans l'original. De même, il n'y a qu'un très-petit nombre d'avocats capables de lire et de comprendre à fond les textes latins pour lesquels ils consultent les érudits. Ce n'est pas une critique que M. Joseph Garnier veut faire à qui que ce soit ; c'est un fait de division du travail utile et rationnel qu'il constate.

M. DE LA FARELLE, ancien membre de la Chambre des députés, et correspondant de l'Académie des sciences morales et politiques, revenant au système inauguré par le décret du 10 avril, propose à M. Michel Chevalier quelques doutes sur l'utilité des quatre années de latinité pour ceux des élèves qui se prononceront pour les études professionnelles.

M. MICHEL CHEVALIER répond que si l'on admet que l'étude du grec et du latin soit du temps à peu près perdu, il y a tout profit à s'arrêter à quatre ans, et à rattraper trois ans sur sept ; — que dans les idées contraires, c'est-à-dire dans l'hypothèse de l'utilité de cette espèce d'études, ces quatre années sont la première partie des classes et une bonne préparation aux études professionnelles et scientifiques.

— Sur la proposition de quelques membres, la Société passe à la discussion d'une question formulée par M. Quijano et ainsi conçue :

« Dans les discussions avec les protectionistes, n'y a-t-il pas plus d'inconvénient que d'avantage à leur concéder que, dans l'origine, la protection a été utile pour amener le pays à être manufacturier? — Ne serait-il pas plus d'accord avec les principes de déclarer toujours et hautement que l'intervention protectioniste a été mauvaise et fâcheuse? »

M. HORACE SAY propose, avant d'aborder les réflexions que cette question fait naître, de remercier M. Michel Chevalier du nouvel écrit qu'il vient de publier sur la théorie du système protecteur, sous le titre de *Examen du système commercial connu sous le nom de système protecteur* ; ainsi que du talent et des connaissances variées dont il a fait preuve en répondant, au nom de la Société, aux attaques dont l'économie politique a été l'objet, aux paradoxes et aux inexactitudes énoncés l'an dernier à la tribune par les orateurs protectionistes à l'occasion de la proposition de l'honorable M. Sainte-Beuve. — Cette proposition est accueillie par un assentiment unanime.

M. RENOUARD traduit la question proposée en ces termes plus précis : Il s'agit de déterminer si, dans un commencement d'industrie et de société, la Protection est utile.

M. Michel CHEVALIER. Au milieu du dix-neuvième siècle, il n'est possible de répondre à une pareille question autrement que non. Mais on manquerait à son rôle d'historien et de juge si l'on répondait de même pour toutes les époques du développement industriel et surtout pour les époques où on ne se doutait pas qu'il y eût des principes de Droit commun et des principes de Liberté civile. Sully, Cromwell, Colbert, par exemple, ignoraient ces principes-là ; il est impossible de leur faire le moindre reproche pour les avoir quelquefois méconnus dans la rédaction des lois et règlements économiques et commerciaux qu'ils ont édictés ou inspirés.

C'est la Révolution de 89 qui a proclamé la liberté politique, la liberté civile et l'égalité devant la loi. Certainement Colbert était un esprit éminent, de beaucoup supérieur à son temps. Sans doute il avait, plus que ses contemporains, la notion intime de l'idée de justice se traduisant par la Liberté et l'Egalité, et ce qui le prouve c'est la modération de son tarif; mais il ne faut pas omettre le milieu dans lequel il opérait, comme il ne faut jamais séparer le législateur du légiféré, pour bien juger la portée d'une législation.

Voilà un premier élément d'appréciation. En voici un second. Chez un peuple avancé en civilisation, le principe de liberté humaine est développé; il en est de même de la force d'initiative, de la justesse et de la promptitude d'appréciation de l'intérêt individuel. De sorte que les institutions politiques et économiques qui conviennent à un tel peuple, je dirai plus, qui sont nécessaires à un tel peuple de nos jours, n'auraient pu convenir à ce même peuple il y a deux siècles. La Constitution de Washington n'aurait rien valu, il y a deux siècles, pour la nation la plus avancée ; elle ne vaudrait rien encore pour les peuplades d'Afrique. Il en est de même dans le domaine économique; depuis deux cents ans les intérêts commerciaux ont progressé comme les intérêts politiques. Au milieu du dix-neuvième siècle, les capitaux, l'instruction, la force productive en un mot est devenue telle que la liberté économique est actuellement une nécessité réelle, beaucoup plus réelle encore qu'il y a soixante ans, lorsqu'elle fut proclamée par l'Assemblée constituante.

M. Chevalier croit donc pouvoir absoudre Colbert en tous points ; mais il croit que la postérité sera plus sévère et aura droit d'être plus sévère pour ceux qui auront fait ou laissé faire les aggravations des mesures économiques et protectionistes de Colbert.

M. PAILLOTTET distingue la question historique de la question de science. Au point de vue historique, il ne doute pas que M. Michel Chevalier n'ait toute raison. Mais au point de vue scientifique, il ne peut y avoir deux vérités, une plus ancienne et une plus moderne. S'il est une fois vrai que les angles d'un triangle soient égaux à deux angles droits, cette vérité persiste, comme disait Bastiat, jusqu'à la fin du monde et même au delà. La liberté du commerce est-elle la vérité, le droit ? Si elle l'est de nos jours, elle l'était aussi du temps de Colbert.

M. RENOUARD juge aussi comme M. Michel Chevalier, s'il s'agit du point de vue historique; et il est tout disposé à applaudir les Sully et les Colbert modernes, si on peut lui en montrer. Mais la question lui paraît devoir être traitée d'une manière abstraite et en dehors pour ainsi dire de ce dernier point de vue. Pour ne pas suivre des routes parallèles, il est vrai, mais sur lesquelles n'est pas possible de se rencontrer, il faut se demander si la protection, qui est à l'industrie, comme on l'a dit avec raison, ce que les lisières sont à l'enfance est une pratique utile et profitable. Cette concession, doit-elle être faite au partisans de la théorie protectioniste, ou bien faut-il nier l'utilité de l lisière?

M. Michel Chevalier. Aujourd'hui, oui ; mais jadis, non.

M. Renouard. Je dirai, même jadis, oui.

M. Joseph Garnier. Admettons, par hypothèse, que le ministre de Louis XIV ait eu la notion de la justice, du droit commun et des avantages de la liberté du travail, comme un ministre économiste peut l'avoir de nos jours ; admettons aussi qu'il ait été assez puissant pour se dégager des influences que l'on pourrait appeler ambiantes ; ce ministre aurait-il mal fait de proclamer la liberté du commerce ?

M. Michel Chevalier. Non.

M. Léon Faucher. Je répondrais de même. La vérité économique, comme toutes les vérités, dont l'ensemble constitue la perfection, est absolue. Mais si, en théorie, on peut concevoir la perfection, cette perfection n'est pas possible en pratique ; et l'application de la vérité économique ne peut se faire d'une manière de plus en plus complète qu'au fur et à mesure que les esprits s'éclairent.

Chez nous, par exemple, il y avait à peine une quarantaine de partisans de la liberté commerciale à l'Assemblée constituante ; il y en avait moins encore à la Législative. Malgré cette infériorité, et grâce au côté fiscal de la question des sucres, nous étions parvenus à ouvrir une porte à la réforme. Le gouvernement qui a suivi le 2 décembre a cru devoir refermer cette porte. M. Faucher ajoute qu'il constate le fait sans le blâmer, comme sans l'approuver ; mais en faisant observer que, dans notre pays, plus on pénètre vers les couches inférieures de la population, et plus on trouve de résistance à l'établissement des libertés. Et la conséquence de cette observation est que, pratiquement, l'erreur de la protection ne peut être extirpée que d'une manière progressive.

Quant à la question historique, M. Faucher répète qu'il est impossible d'accorder que Colbert ait bien fait d'introduire dans le régime économique le principe de la protection ; mais il faut reconnaître qu'il n'a pas en cela fait violence à l'opinion de son temps ni à celle de son pays.

M. Horace Say admet bien que le tarif de Colbert a été libéral, très-libéral même, en comparaison du tarif que nous ont fait les lois de 1816 et 1822 ; il admet encore que le régime actuel et exagéré de la protection et de la prohibition est tout à fait moderne ; mais a-t-il été d'une part juste et d'autre part profitable d'appliquer ce régime à un moment quelconque ? c'est ce que l'honorable membre ne croit pas. Sans le régime protecteur, on eût filé plus tard le coton en France ; mais cette industrie et les populations qu'elle a agglomérées en certains points se fussent développées plus lentement, plus normalement ; avec moins de rapidité, mais avec moins d'instabilité et de misère. C'est incontestable, et il en est des industries comme des plantes ; il est plus sûr de les laisser venir lentement au soleil que de les pousser en serre chaude. — En ce qui touche la protection modérée et temporaire, telle que l'entendait Colbert, il est évident qu'il n'y a pas lieu à la blâmer ; mais on peut dire et on doit dire qu'il eût mieux valu qu'elle n'eût jamais existé : de modérée, elle est devenue exagérée ; de temporaire, définitive.

M. Louis Leclerc parle dans le même sens. Selon lui, la science doit être d'autant plus circonspecte avec les hommes historiques dont il vient d'être question, qu'ils ont cru travailler dans un intérêt général : ce qui n'a pas toujours été la même chose plus tard. M. Leclerc demande, en outre, ce qui serait advenu si le système protecteur n'avait pas été pratiqué. Est-ce que, par hasard, on pourrait supposer que la France et l'Angleterre n'auraient pas d'industrie manufacturière ? Est-ce que les diverses branches de travail seraient dans l'enfance ? Assurément non ; car tout se réunit pour nous faire croire que les diverses nations en seraient déjà arrivées à une période plus brillante et plus prospère. Cette assertion paraîtra tellement vraie quelque jour, que nos enfants ne pourront croire comment nous avons eu tant de peine à renverser un régime d'entraves et de liens si nuisibles.

Réunion mensuelle du 10 juin.

SI L'IMPOT FONCIER EST PAYÉ PAR LE PROPRIÉTAIRE DU SOL.

La réunion du 10 juin a été présidée par M. Dunoyer, membre de l'Institut. Sur la proposition de M. Michel Chevalier et de M. Joseph Garnier, M. Ch. Alfieri, rédacteur en chef du *Risorgimento*, journal quotidien de Turin, invité par la Société, a été prié de porter à son honorable parent M. de Cavour, naguère ministre des finances dans le cabinet des Etats sardes, l'expression de sa reconnaissance pour les efforts, le talent et la persévérance avec lesquels, soit comme député, soit comme conseiller de la couronne, il a défendu les principes économiques, notamment dans la discussion de la loi des douanes, récemment revisée en Piémont.

Le secrétaire de la Société ayant appelé l'attention de la Société sur les nouvelles mesures fiscales projetées par le gouvernement français, la conversation s'est d'abord divisée sur plusieurs sujets : l'opportunité et l'importance des divers impôts sur les voitures, les chevaux, les chiens et le papier ; puis sur les moyens d'établir l'équilibre entre les recettes et les dépenses, et enfin sur un point très-délicat de théorie financière, la question de savoir sur qui retombe l'impôt foncier.

Les divers membres qui ont pris la parole n'ont pas paru attendre des revenus sérieux de la taxation des voitures, des chevaux et des chiens ; mais il ne leur a pas semblé mauvais que cette source de revenus publics fût essayée, surtout pour donner satisfaction à cette partie de l'opinion publique qui croit à la fécondité des impôts dits de luxe, et par l'effet moral qui doit résulter de cette contribution.

L'impôt sur le papier a été examiné et désapprouvé, comme frappant une matière première, qu'il y aurait tout lieu de dégrever si l'impôt l'avait atteinte jusqu'ici, parce qu'il se traduira par une diminution d'instruction, par une diminution de fabrication et d'exportation de gravures et de livres, et de papier peint, dont l'usage s'étendait chaque jour davantage dans les demeures les plus modestes.

M. MICHEL CHEVALIER ayant émis l'avis que le dégrèvement de 27 millions sur les propriétés foncières lui avait toujours paru regrettable, la conversation s'est fixée sur l'impôt foncier.

M. BOUTOWSKI, M. WOLOWSKI et M. DUPUIT ont soutenu que l'impôt foncier n'était pas payé par le propriétaire. MM. d'ESTERNO, DUNOYER et de LAFARELLE se sont refusés à admettre ce principe.

M. BOUTOUWSKI, conseiller au ministère des finances de Russie, pense que l'impôt foncier ne frappe pas les propriétaires du sol ; qu'il passe dans le fermage, et de là dans le prix des grains.

M. D'ESTERNO, membre du Conseil général de Saône-et-Loire, ayant opposé

à cette thèse le fait de l'impôt des 45 centimes décrété par le gouvernement
provisoire, avec cette condition que nonobstant toute clause ce serait le propriétaire qui le payerait;

M. Boutowski a répondu que c'était là un fait exceptionnel, et que le principe
qu'il avait émis portait sur l'impôt ordinaire, tout à fait consacré par le temps
et véritablement assis.

M. Boutowski établit ensuite une grande différence entre l'impôt foncier et
l'impôt sur le revenu, et dit que le propriétaire ne peut être atteint que par
cette dernière espèce de taxe.

M. Dunoyer, membre de l'Institut, rappelle que Destutt de Tracy a soutenu
la même opinion, dans son Commentaire de Montesquieu ; mais qu'il se refuse
cependant à la partager. — En fait, la plupart des propriétaires français, par
exemple, ont peine à tirer trois ou deux pour cent, moins même de leurs
terres ; et quand il s'agit de satisfaire le percepteur, ils s'aperçoivent bien que
c'est eux qui sont atteints, et que c'est dans leur poche que puise le fisc.

M. de Lafarelle, ancien député, correspondant de l'Académie des sciences morales, appuie l'opinion de M. Dunoyer et cite les rapports qui s'établissent dans
le Midi entre les propriétaires et les fermiers. Ce sont ces derniers qui payent
l'impôt au percepteur ; mais ils se le font rembourser par le propriétaire et le retiennent en payant les termes de fermage. — Comme M. Dunoyer, M. de Lafarelle trouve le revenu du propriétaire assez bas pour qu'on ne le surcharge
pas de nouveau.

M. Wolowski, membre des Assemblées constituante et législative, montre
que le petit revenu des propriétaires fonciers n'est pas l'effet de l'impôt foncier, mais de l'accroissement du prix vénal du sol. Quand on étudie ce qui
s'est passé depuis plusieurs années, on voit que pour la plus grande quantité
des terres, le revenu absolu est resté le même ou a notablement progressé.

M. Wolowski a eu occasion de consulter les documents qu'on recueille depuis deux ans pour arriver à une évaluation nouvelle de la valeur des propriétés foncières; et il a vu que le revenu de la terre s'était souvent accru de
1 à 2, à 3, à 4... à 14 même dans certains cas exceptionnels ; mais cela n'a pas
empêché le revenu relatif du propriétaire de décroître et d'arriver même plus
bas que les taux cités par MM. Dunoyer et de Lafarelle. Pourquoi? Uniquement parce que les terres sont recherchées, parce que les acquéreurs du sol
se font une vive concurrence.

Ces acquéreurs, ces propriétaires n'ont donc pas à se plaindre du fisc. Ils
peuvent vendre et retrouver un capital qui, dans tout autre placement, leur
produira davantage.

Au reste, la plupart de ceux qui achètent calculent bien, car ce sont des
cultivateurs qui ne tardent pas à bénéficier de l'augmentation du prix du fermage.

M. Wolowski n'hésite pas à dire que le dernier dégrèvement des 27 millions a été un véritable cadeau aux propriétaires. Ce dégrèvement a profité
aux détenteurs actuels, qui en font l'objet d'une augmentation de prix pour
les acquéreurs subséquents.

M. Dupuit, ingénieur en chef de la ville de Paris, partage tout à fait cette
opinion, et il explique, par des exemples, comment l'acquéreur d'une propriété n'acquiert que la différence de l'impôt à la rente du sol; et que c'est
sur ces deux éléments que sont basés le prix demandé et le prix offert des terres.

D'où il résulte que la *péréquation* ou égalité d'impôt qu'on pourrait établir entre les départements, les localités, les propriétaires, est la pierre philosophale qu'il est d'abord impossible de trouver, et qui serait une injustice si on la trouvait.

M. Dupuit n'est donc pas partisan des dégrèvements sur l'impôt foncier.

M. de Fontenay fait remarquer qu'en admettant la justesse des propositions avancées par M. Dupuit, le fisc doit toujours chercher à ne pas pousser trop avant ses prétentions sur la rente, sans quoi le propriétaire finirait par ne plus trouver assez de stimulant et préférerait ne pas être propriétaire. — M. de Fontenay dit ensuite que la péréquation se fait d'elle-même au fur et à mesure que les propriétés changent de mains, et que c'est encore là une raison d'affirmer que tout impôt foncier ancien est juste, et tout impôt nouveau injuste.

M. Joseph Garnier partage l'opinion émise par MM. Boutowski, Wolowski et Dupuit ; mais il pense que MM. Dunoyer et Lafarelle ont aussi raison dans certains cas exceptionnels relativement à de grands pays, mais généraux relativement à de petits pays. Ce cas se présente lorsque pour une raison ou une autre, politique ou commerciale, par un changement de route, etc., le propriétaire voit baisser son revenu, tandis que l'impôt se maintient. Tant que ce propriétaire reste propriétaire, il ne laisse pas son terrain en friche pour se faire dégrever, il paye bien seul tout ou partie de l'impôt.

RAPPORT

DE LA

COMMISSION DU BUDGET DE 1853.

Nous extrayons les passages les plus saillants du rapport de M. Prosper de Chasseloup-Laubat, membre du Corps législatif et rapporteur de la Commission du budget de 1853.

Dépenses. — Recettes. — Déficit. — Réductions proposées.

« Le budget de 1853, vous l'avez sans doute remarqué, fait ressortir de notables augmentations de dépenses sur le projet de budget présenté à l'Assemblée législative pour l'exercice 1852.

« Le chiffre des dépenses proposées était alors de 1 milliard 447 millions 91,096 francs, dont 1 milliard 372 millions 978,828 francs pour le service ordinaire, et 74 millions 112,268 francs pour les travaux extraordinaires. Et aujourd'hui le budget réclame, pour le service ordinaire.. 1,409,603,024 fr.

« Et pour les travaux extraordinaires.................. 79,738,334

Total................ 1,489,341,334 fr.

« C'est un excédant de 42 millions 250,262 francs sur les propositions de 1852. Mais comme la conversion a produit une économie d'environ 18 millions, c'est en définitive un excédant de dépenses de 60 millions 250,262 francs.

« Il est vrai que dans l'intervalle un budget nouveau, pour 1852, a été réglé par décret du prince Président, en date du 17 mars; et que le chiffre des dépenses a été fixé à 1 milliard 513 millions 808,846 francs, dont 1 milliard 440 millions 803,244 francs pour les dépenses ordinaires, et 73 millions 35,603 francs pour les travaux extraordinaires; ce qui établit une allocation de crédits supérieure de 66 millions 807,750 francs à celle demandée, pour 1852, par le premier projet du budget.

« Ainsi, comparé au projet de budget de 1852, le budget qui nous est soumis présente une augmentation réelle de dépenses de 60 millions 250,262 francs, qui, déduction faite du montant de l'économie résultant de la conversion, se traduit par un chiffre de crédits de 42 millions 250,262 francs.

« Et, comparé au budget réglé par le décret du 17 mars, il offre une diminution de dépenses de 24 millions 557,488 francs.

« Quant aux *recettes*, en acceptant les évaluations telles qu'elles sont établies par le décret du 17 mars et par le projet que nous examinons, évaluations qui nous paraissent d'ailleurs suffisamment justifiées par l'état actuel de la France et par l'accroissement successif des produits des contributions indirectes, nous trouvons qu'en 1852 elles doivent s'élever à 1 milliard 449 millions 413,604 francs, et, en 1853,, à 1 milliard 446 millions 129,431 francs.

« Ce qui présenterait un découvert de 64 millions 485,242 francs pour 1852, et de 40 millions 825,917 francs pour 1853, malgré la diminution de dépenses résultant de la conversion.

« C'est là, Messieurs, une chose qui mérite d'autant plus de fixer votre attention et celle du gouvernement, que, d'un côté, on fait figurer dans les recettes pour 1852 : 62 millions 628,333 francs (15 millions pour aliénations de bois de l'Etat, et 47 millions 628,333 francs provenant des remboursements des Compagnies de chemin de fer), et pour 1853 : 40 millions 872,635 francs provenant également de remboursement des Compagnies de chemins de fer, ressources qu'on ne saurait évidemment considérer comme ordinaires; et que, d'un autre côté, une somme de 78 millions, montant du fonds d'amortissement, n'en reste pas moins (ainsi que cela se fait depuis 1848) détournée de sa destination primitive et affectée aux besoins du service ordinaire et des travaux extraordinaires.

« De sorte que, si l'on voulait rendre ce fonds à sa destination, le découvert de 1853 ne serait plus seulement de 40 millions 825,207 francs, mais s'élèverait à une somme bien plus considérable, et il y aurait encore lieu de se préoccuper du vide que devrait laisser un jour dans les recettes l'extinction des engagements contractés par les Compagnies des chemins de fer.

« Dans l'exposé des motifs, le gouvernement nous dit bien que cette différence de « 40 millions entre les recettes et les dépenses sera couverte par les « annulations de crédit que présente habituellement chaque exercice, à la « condition qu'on renfermera dans les plus strictes limites l'ouverture des cré- « dits supplémentaires ou extraordinaires qui tomberaient, dans le cas con- « traire, à la charge exclusive de la dette flottante. »

« Sans doute quelques-uns des différents services, bien plus largement dotés en 1852 et 1853 que dans les années précédentes, devront, il faut l'espérer, avoir à réclamer moins de suppléments de crédits; mais il nous est impossible de partager cette confiance du gouvernement, que l'année 1853 présentera, toute compensation faite, un excédant d'annulations de crédits de 40 millions : il ne serait pas prudent d'y compter.

« Les prévisions les plus favorables, messieurs, qu'on ait jusqu'à présent admises lorsqu'on a réglé les budgets, c'est que les annulations de crédits, réunies aux augmentations de recettes, estimées chaque année à plus de 20 millions à une époque normale et prospère, compensent les demandes de crédits supplémentaires et extraordinaires que l'inconnu des éventualités ne manque jamais de nécessiter chaque année.

« Maintenant, si l'on jette les yeux sur la dette flottante, on voit qu'au 1er avril dernier elle s'élevait (exposé des motifs, p. 10) à 630 millions, auxquels il faudra ajouter 74 millions 705,600 fr. pour les remboursements demandés par suite de la conversion, et 65 millions 985,000 fr. montant des découverts de 1852. Ainsi, le chiffre total des découverts serait, au 31 décembre 1852, de 770 millions, si rien ne venait d'ici là en modifier l'importance.

« Cette situation, messieurs, d'une dette flottante aussi considérable et d'un budget présenté avec un déficit de 40 millions, malgré une ressource extraordinaire de 40 millions, a sa gravité, et nous aurions manqué à notre devoir si nous ne vous l'avions pas signalée.

. . . .

« Il est évident, messieurs, que les traitements des hauts fonctionnaires auraient pu convenablement être fixés au taux auquel ils étaient portés en 1847. Il est évident que pour ceux de ces fonctionnaires qui reçoivent de l'État une habitation et tout ce qu'elle comporte, que pour les présidents du Sénat et du Corps législatif, du Conseil d'État et de ses sections, ainsi que pour les ministres, il y a peut-être un peu de luxe dans la manière dont ils sont rétribués. Il est évident que quelques-uns des chefs de la magistrature, que quelques agents supérieurs des administrations centrales, qu'enfin quelques préfets ont vu augmenter leurs traitements dans une proportion assez forte.

« Encore une fois, on aurait pu, pour la rétribution des hauts fonctionnaires, ne pas dépasser ce qui existait sous la dernière monarchie.

« Mais, aujourd'hui que cela est fait, doit-on revenir sur ce qui se trouve réglé ?

« La majorité de la Commission ne l'a pas pensé.

« Elle n'ignore pas, messieurs, quel est dans notre pays le sentiment qui tant de fois s'est prononcé contre ce qu'on appelle les gros traitements; mais elle n'a pas voulu, quelque populaire que cela puisse être, s'en rendre l'interprète auprès de vous. Si elle s'est trompée, c'est à vous de le déclarer !

« Mais alors, qu'on nous permette de le dire, ce qui a contribué à nous entraîner dans notre erreur, c'est le profond sentiment de la position si indépendante dans laquelle la Constitution a placé le Corps législatif, pour toutes ces questions de traitements.

« Il nous a paru que, mieux que toutes les assemblées qui vous ont précédés, vous pouviez dire au pays qu'il était assez grand pour rétribuer généreusement ses fonctionnaires.

« Après un examen aussi approfondi qu'il nous a été possible de le faire, après quelques conférences avec MM. les commissaires du gouvernement, tout en repoussant bien des demandes de réduction qui nous étaient présentées, nous sommes arrivés à proposer une diminution de 18 millions sur les services généraux...

« C'était peu, sans doute, mais enfin c'était presque la moitié du déconvert de 1853, et cela permettait peut-être d'attendre que l'accroissement successif des revenus publics eût diminué encore l'intervalle qu'il s'agit de combler entre les recettes et les dépenses publiques.

« Le Conseil d'Etat, messieurs, n'a point admis toutes nos propositions. Il a cru seulement devoir retrancher des crédits primitifs une somme de 9 millions 233,133 fr., dans laquelle sont compris : 1° 7 millions de francs demandés pour les chemins de fer du Cherbourg et de Cette ; 2° 598,133 fr. relatifs à une diminution d'intérêts à payer sur les rentes inscrites. De sorte que, en dernière analyse, l'économie proposée par le Conseil d'Etat sur les services généraux se réduit à 1 million 635,000 fr.

« Pour votre Commission, qui avait la conscience d'être restée au-dessous des réductions de dépenses qu'elle aurait pu demander, qui avait chargé son rapporteur de vous déclarer que ce travail si rapide que nous vous présentons aujourd'hui était loin de faire ressortir toutes les économies qu'on eût pu désirer, elle a profondément regretté la réponse qui a été faite à ses propositions. »

Parmi les principales réductions proposées par la Commission, on remarque : Une réduction de 2 millions sur le crédit de 6 millions demandés pour les travaux du Louvre, — une réduction de 800,000 francs pour les dépenses secrètes du ministère de l'intérieur ; 70,000 fr. pour indemnités aux commandant et chef d'état-major des gardes nationales ; 100,000 francs sur la subvention des théâtres Italien et de l'Opéra ; le crédit total demandé pour les frais *d'inspecteurs généraux de police* dans les départements ; 1,500,000 francs sur les approvisionnements de la flotte, etc.

Réduction des rentes 5 pour 100 en 4 1|2 pour 100.

« Nous vous avons dit, messieurs, que par suite du décret sur la conversion, les rentes inscrites, dues à des particuliers, qui figuraient au projet de budget de 1852 pour 232 millions 231,271 fr., n'apparaissaient plus au projet de 1853 que pour 211 millions 336,499 fr.

« Un des articles de cette dette, celui relatif au 3 pour 100, a dû attirer d'une manière toute particulière notre attention. En effet, tandis qu'au budget de 1852 il n'était porté que pour 46 millions 21,505 fr., il s'élève, pour le budget de 1853, à 50 millions 424,941 fr., et cependant aucun emprunt en rentes de cette nature n'avait été négocié dans l'intervalle.

« Une note explicative, placée dans les développements du budget (ministère des finances), faisait bien connaître que cette augmentation représentait les rentes 3 pour 100 inscrites au grand-livre de la dette publique en échange des rentes 4 1/2 pour 100, conformément au décret du 27 avril dernier, pour une somme de 4 millions 403,436 fr.

« Mais ce décret avait été rendu après le jour où le prince Président de la République avait remis ses pouvoirs législatifs, et il est de règle que le grand-livre de la dette publique ne puisse être ouvert qu'en vertu d'une loi ; enfin cet acte paraissait contraire aux prescriptions formelles du décret du 14 mars, dont l'art. 7 n'avait autorisé le ministre des finances, pour les remboursements

qui pouvaient être demandés, qu'à « négocier des bons du Trésor ou à faire
« inscrire sur le grand-livre de la dette publique des rentes dont la négociation
« devait être faite avec publicité et concurrence. »

« Le devoir de la Commission du budget, messieurs, était donc de demander des explications sur cette nouvelle inscription en 3 pour 100 d'une rente
de 4 millions 403,436 fr.

« Puisque le gouvernement réclamait le crédit nécessaire pour payer les
arrérages de cette nouvelle rente 3 pour 100, il fallait que le Corps législatif en
connût la cause; et il ne pouvait suffire de déclarer que cette inscription de
4 millions 403,436 fr. grevait moins la dette publique que celle de 4 millions
475,000 fr. donnée en échange; car, à ce point de vue même, il faut remarquer
qu'après tout, s'il y a une bonification annuelle de 72,219 fr. sur les intérêts,
le capital nominal dont l'Etat se reconnaît débiteur s'est élevé de la somme
de 99 millions 459,000 fr. à celle de 146 millions 781,200 fr. Et d'ailleurs, dès
que le décret sur la conversion n'avait pas offert à tous les rentiers d'échanger
leurs rentes 4 1/2 en 3 pour 100 au taux auquel on inscrivait ces 4 millions
403,436 fr., et avec une jouissance remontant au 22 décembre, il était nécessaire de faire connaître la cause de l'exception qui avait été signalée.

Voici, messieurs, les explications que le gouvernement nous a données :

« Peu de jours après que le décret du 14 mars sur la conversion a été rendu,
le cours des rentes, fort agité, comme cela devait être, par cette mesure, descendit au-dessous du pair de quelques centimes à peine, il est vrai, et presque
un seul instant; mais, si faible que fût la différence, si courte que fût la durée de cette baisse, il en pouvait résulter une commotion assez grande pour
multiplier les demandes de remboursement, et causer les plus sérieux embarras.

« Le cours des rentes n'eût pas été le seul à souffrir des difficultés qu'auraient produites ces demandes; toutes les autres valeurs en auraient ressenti
le contre-coup, et la crainte des dangers réels de la situation de la place, augmentée, comme toujours, de l'appréhension de dangers imaginaires, aurait pu
amener de véritables catastrophes.

« Dans ces circonstances, le devoir du gouvernement était de prévenir d'aussi
fâcheuses conséquences d'une mesure qu'il avait jugé utile de prendre dans
un intérêt public.

« Du 19 au 25 mars, il passa donc, avec des banquiers, divers traités par lesquels ceux-ci s'engageaient à acheter des rentes pour une somme pouvant s'é-
lever à environ 140 millions; aux termes de ces traités, après l'acquisition de
ces rentes, les banquiers avaient la faculté d'en demander le remboursement
ou de conserver les inscriptions; de plus, il leur était alloué pour droit de
commission 75 centimes par chaque 5 francs de rentes achetées. (Ce qui a produit, pour ce qui a été acquis, environ 700,000 francs.)

« Enfin, pour pourvoir à toutes les nécessités de l'opération, un décret, en
date du 26 mars (et qu'on a communiqué à la Commission du budget) avait
été rendu.

Ce décret porte :

« Considérant que, par suite des opérations que la conversion a rendues né-
« cessaires, il pourrait y avoir lieu de substituer des rentes Trois pour 100 à
« une certaine quantité de rentes Quatre et demi pour 100,

« Décrète :

« Il pourra être substitué des rentes Trois pour 100 à des rentes Quatre et « demi, à la condition que les rentes Trois pour 100 à créer n'imposent à « l'Etat qu'une charge d'intérêts inférieure à celle des rentes Quatre et demi « pour 100 qui rentreront au Trésor pour être annulées. »

« C'est, nous a-t-on dit, en exécution de ce décret du 26 mars, que le décret du 27 avril a été rendu ; ce n'est plus, dès lors, qu'un simple acte administratif d'exécution, dans lequel le gouvernement n'a pas usé de toute la faculté que lui réservait le décret du 26 mars, puisque, pouvant inscrire en Trois pour 100 une rente égale à celle qui lui était remise en Quatre et demi, il a fait bénéficier la dette publique d'un intérêt annuel de 72,219 fr.

« Quant au décret du 26 mars, on comprend qu'il a dû rester secret jusqu'au jour où l'opération était terminée. La publicité en eût détruit tous les avantages, et il n'eût conjuré aucun des dangers qu'on pouvait redouter. »

Le rapporteur termine son travail par les paroles suivantes :

« Nous voici, messieurs, arrivés au terme de notre tâche. Vous savez à présent, tout comme nous, quelle est notre situation financière. Vous savez que, sur un budget de 1 milliard 489 millions 341,358 francs, nous avions cru pouvoir réduire les crédits demandés d'une somme de 18 millions, et que le Conseil d'Etat n'a admis nos propositions que pour 9 millions 233,133 francs. Vous savez enfin quelle est notre opinion sur les points principaux sur lesquels vous êtes appelés à délibérer.

« Maintenant c'est à vous de prononcer...

CHRONIQUE ÉCONOMIQUE.

Recensement de la France en 1851 ; population de ce pays comparée avec celle des Etats-Unis et de l'Angleterre. — Décrets sur les rentes 4 1/2 et 3 pour 100. — Loi sur la refonte des monnaies de cuivre. — Retrait de la pièce de 25 centimes. — Le budget de 1853. — Les nouveaux impôts et la loi de douanes proposés. — Les débuts financiers et économiques de 1852. — Curieux aveux de M. Disraëli. — Comment lord John Russell pose la question économique aux électeurs. — Traité additionnel de commerce entre la France et la Sardaigne. — Démission de M. de Cavour. — Congrès des douanes à Berlin. — Réouverture du cours d'économie politique au Collége de France. — Mort du général Condorcet-O'Connor. — Inauguration du chemin entre Commercy et Nancy. — La situation faite au *Journal des Economistes* par les nouveaux décrets sur la presse.

Depuis notre dernier numéro, l'administration du ministère de l'intérieur a fait connaître les résultats du recensement de la France en 1851, dont la population est de 35,781,821 habitants, c'est-à-dire de 381,335 habitants de plus qu'en 1846. — Nous reproduisons, dans un article spécial, les réflexions faites, dans les bureaux de l'administration, sur les causes de ce faible accroissement et du retard qu'a éprouvé la publication des faits recueillis dans le recensement.

Il est intéressant de citer, à côté de ces chiffres, ceux qui ont été recueillis en Angleterre, pendant cette même année 1851, et aux Etats-Unis en 1850.

La France avait, il y a dix ans, en 1841, une population de 34 millions 240,178 habitants, et, en 1851, elle en a 35 millions 781,821.

L'Angleterre avait, il y a dix ans, en 1841, une population de 18 millions 664,761 habitants, et, en 1851, elle en avait 20 millions 936,468.

Les Etats Unis avaient, en 1850, une population de 17 millions 62,566 habitants, et, en 1850, de 23 millions 331,207 habitants.

Tandis que la population des Etats-Unis s'est accrue de plus de 6 millions, ou d'environ les trois huitièmes, celle de l'Angleterre s'est accrue de plus de 2 millions, ou de plus du neuvième, et celle de la France de 1 million et demi, ou d'un vingt-troisième ; ce qui revient à dire que pendant ces périodes décennales les Etats-Unis ont suivi une progression d'accroissement capable de doubler la population en vingt-six ans environ ; l'Angleterre a suivi une progression capable de doubler la population en moins d'un siècle, et la France a suivi une progression capable de doubler la population en deux siècles et un tiers.

Nous n'avons pas compris dans le chiffre de l'Angleterre celui de la population de l'Irlande. Celle-ci a perdu en dix ans ce qu'elle avait gagné en trente ans. Elle était, en 1841, de 8,175,124 habitants, et, en 1851, de 6,515,794 habitants.

Il est aussi nécessaire de faire remarquer que la population du Texas, de la Californie, du Nouveau-Mexique et de l'Orégon, non recensée en 1841, n'entre que pour un demi-million d'habitants dans le total de la population des Etats-Unis en 1850.

— Un décret présidentiel du 27 avril, que nous reproduisons (V. au *Bulletin*), a autorisé le ministre des finances à rayer environ 4 millions et demi de rentes quatre et demi pour cent et à les remplacer par des rentes trois pour cent.— Le rapport de la Commission du budget, dont nous reproduisons plus haut divers extraits, présente à cet égard des explications qu'on n'avait point encore données.

Nous publions également la première loi un peu importante votée selon le mécanisme de la nouvelle Constitution ; nous voulons parler de la loi sur la refonte de la monnaie de cuivre. L'exécution de cette loi va donner lieu à une expérience économique qui ne manque pas d'intérêt ; elle va prononcer entre ceux qui ont vu d'assez graves dangers dans la circulation d'une monnaie d'appoint à valeur intrinsèque très-réduite, et ceux qui n'y ont vu que des avantages. Les nouvelles pièces de cuivre, ou plutôt de bronze, seront de 1, 2, 5 et 10 centimes et auront le poids de 1, 2, 5 et 10 grammes.

En outre, les pièces d'argent de 25 centimes cesseront d'avoir cours légal et forcé, pour leur valeur nominale actuelle, par suite d'un décret présidentiel du 30 avril ; elles ne seront plus reçues dans les caisses publiques que jusqu'au 1er octobre prochain, et elles seront remplacées dans la circulation par des pièces de 20 centimes. On sait que ces dernières pièces, dites de quatre sous, existent déjà depuis quatre ans, par suite d'un des derniers décrets du gouvernement provisoire (2 mai 1848), portant que les pièces de 5 francs, 2 fr. et 1 fr., de 50 centimes et 20 cent. étaient les seules monnaies nationales d'argent. Servent-elles plus ou moins dans la circulation ? C'est ce qu'il serait difficile de préciser. On dit, en style d'administration, qu'elles sont plus conformes à la série 1, 2 et 5, essentiellement décimale ; car elles sont, avec les pièces de 10 centimes et celles de 50, la seconde série 1, 2 et 5 décimes. Mais c'est là une maigre raison : la coupure 2 est, à tout prendre, beaucoup moins décimale, et en général moins commode que celle de 2 1/2. Il est vrai que

2 est exactement le double de 1 ; mais, d'autre part, il est les deux cinquièmes de 5, fraction moins commode que 2 1/2, qui en est exactement la moitié.

Mais peut-être qu'en dehors de la raison si mal tirée du système décimal, la pièce de 20 centimes est préférable à celle de 25, parce qu'elle est plus petite, qu'elle est, par conséquent, propre à remplacer en partie la monnaie de cuivre, qui n'est qu'une monnaie de confiance, et à diminuer les inconvénients que l'on a pu redouter de la refonte du billon.

— On se rappelle que le budget de 1852 a été fixé par décret présidentiel, avant la réunion du Corps législatif. Nous avons publié ce décret et l'exposé des motifs du ministre des finances dans notre dernier numéro. Le budget de 1853 a été présenté au Corps législatif, et, au bout de peu de jours, une Commission nommée par les divers bureaux a été en état de faire son rapport par l'organe de M. Prosper de Chasseloup-Laubat. Ce rapport est à la fois politique et financier. Nous publions les principaux passages traitant des recettes, des dépenses et du déficit. La situation n'y est pas précisément présentée sous couleur de roses.

En résumé, les dépenses ordinaires s'élèvent à 1,409 millions, auxquels il faut ajouter 80 millions de travaux extraordinaires ; total 1,489 millions. Ce total est de 67 millions plus élevé que le projet de budget présenté à l'Assemblée législative pour l'année 1852, et de 25 millions de moins que ce même budget réglé par décret du Président le 17 mars dernier. — Le déficit est de 40 millions, malgré l'emploi de 40 millions de recettes extraordinaires. La dette flottante était de 650 millions au 1er avril. Le découvert sera probablement, au 31 décembre 1852, de 770 millions.

Pour atténuer la différence entre les dépenses et les recettes, le gouvernement a songé à la création de nouveaux impôts, qu'il a soumis au Corps législatif dans la séance du 12 juin. Ces impôts sont : 1° de nouveaux droits proportionnels d'enregistrement sur certaines transmissions d'immeubles ; 2° l'élévation du droit de consommation sur l'alcool ; 3° un impôt sur le papier ; 4° un impôt sur les voitures, les chevaux et les chiens.

L'impôt sur le papier, qui frappait sur une infinité d'industries intellectuelles, si l'on peut ainsi parler, et qui avait en dernière analyse pour effet d'apporter des entraves à la diffusion des lumières, a vivement éveillé l'opinion publique qui s'y est montrée très-défavorable. D'un autre côté, il a paru à peu près impossible que le Corps législatif pût examiner avec une suffisante maturité les objections qui lui ont été immédiatement transmises par les industriels directement plus intéressés, les fabricants de papier, les fondeurs en caractères, les imprimeurs, les libraires éditeurs, etc., et il a été annoncé que la discussion serait ajournée à une autre session.

On s'est beaucoup moins occupé des autres impôts. Ceux dits de luxe, sur les voitures, les chevaux et les chiens, n'ont pas paru aux hommes sérieux devoir fournir grande ressource au Trésor public ; mais on sent qu'il est bon que l'expérience en soit faite, tant sous le rapport financier que sous le rapport moral : une grande partie de l'opinion publique n'est pas éloignée de penser qu'il y a là une Californie pour le fisc.

Toutefois, le gouvernement n'attend de l'impôt des chiens que 3 millions de francs, 5 millions également de celui sur les voitures et 4 millions de celui sur les chevaux ; total, 10 millions. Il compte, en outre, sur 10 millions de l'impôt sur le papier, et 7 millions de l'élévation des droits sur l'alcool : total,

27 millions, non compris ce que peut donner le remaniement des droits d'enre gistrement. C'est peu, si on compare cela aux besoins auxquels il faut faire face: encore les arithméticiens du gouvernement ne sont-ils pas d'accord avec les fabricants de papier, qui n'évaluent pas à 3 millions l'impôt dont on les menace. Il y aura bien aussi quelque mécompte sur les autres taxes, sur la capitation des chiens, par exemple, dont le recensement ne sera pas peu difficile à faire.

Tout cela n'est que de l'art financier en petit, et nous croyons qu'il faudra songer à d'autres mesures si l'on veut arriver à une situation plus normale. En ce qui touche les dépenses, il y a beaucoup à faire dans le budget de la guerre; et, en ce qui touche le revenu, il y a surtout à remanier la branche des recettes de la douane avec cet art dont Huskisson et Robert Peel nous ont appris la théorie et la pratique.

Le Conseil d'État a été saisi, il est vrai, d'un projet de loi de douanes; mais quoique les améliorations proposées fassent pousser des sanglots, *vitulina* au *Moniteur industriel* et verser des larmes de crocodile au *Constitutionnel*, ce sera beaucoup si, renouant la chaîne des temps, le Corps législatif de 1853 nous donne ce que M. Cunin-Gridaine proposait à la Chambre des députés de 1847-48. Ce n'est pas que nous en fassions fi : rien n'est à dédaigner dans un pays comme celui-ci. Nous disons seulement qu'il faut autre chose au Trésor public, au consommateur et à l'industrie elle-même.

Dans le projet de loi soumis au Conseil d'État, il y a une vingtaine de pro- hibitions remplacées par des droits très-élevés, et une soixantaine d'articles dont les droits sont réduits; mais ce ne sont pour la plupart que des articles peu importants. Toutefois, parmi les prohibitions levées se trouvent celle des bâtimens de mer au-dessus de 60 tonneaux, et celle des poteries. Parmi les articles réduits, on remarque les aciers, les objets destinés à l'armement et au gréement des constructions navales, le poivre, la potasse, les tissus de soie, les foulards écrus et autres.

— Nous publions, au *Bulletin*, le résultat du commerce extérieur pendant les quatre premiers mois de l'année courante, d'où il résulte une augmenta- tion de recettes, pour le fisc, de 10 millions sur les résultats des années pré- cédentes aux époques correspondantes. Ce signe d'amélioration dans la situa- tion générale s'est retrouvé dans le produit des impôts et revenus indirects perçus pendant le premier trimestre, et qui est de 6 millions supérieur au produit de la même époque, en 1851.

M. le préfet de la Seine, en s'adressant, le 9 juin, aux notables commerçants de Paris, réunis à la Bourse à l'effet de procéder au renouvellement intégral du tribunal de commerce, a trouvé d'autres symptômes de prospérité dans les faits suivants: Paris a exporté, pendant le premier trimestre de l'année, pour près de 55 millions de francs, ou 8 millions de plus que l'année dernière. On a demandé, en cinq mois, 836 brevets, tandis qu'on n'en avait demandé en 1851, pendant l'année entière, que 1,716. La Caisse d'épargne de Paris a reçu, en cinq mois, 16 millions de francs en dépôt; elle n'avait reçu que 25 millions en 1851, pendant l'année entière.

— La cause des *free-traders* a eu la plus remarquable consécration de la part de ceux-là même qui l'avaient toujours combattue, et qui étaient, en partie, arrivés aux affaires par suite de cette opposition. Appelé à faire l'ex- posé de la situation financière, M. Disraëli a été amené, par la logique des cir- constances, par l'évidence des faits, à formuler de sa propre bouche de chef du parti protectioniste, que la situation était excellente, et que cela était dû aux diverses réformes introduites dans les finances de la Grande-Bretagne depuis dix ans. — Et la Chambre d'applaudir, tantôt ironie, tantôt avec sincérité, pour le talent, la franchise et la bonne grâce que M. le chancelier, l'un des plus sarcastiques opposants à toutes ces réformes, mettait à s'exécuter. Finalement, M. Charles Wood, chancelier de l'Echiquier sous le ministère de John Russell, et le continuateur de la politique réformatrice de Robert Peel, s'est levé et a dit : « Je suis heureux d'avoir à adhérer à presque tout ce que vient de dire le chancelier de l'Echiquier, qui a rendu un ample hommage au mérite de ses prédécesseurs, et me dispense de l'obligation de défendre le système financier de nos dernières années. J'espère que nous n'entendrons plus prononcer de paroles décevantes sur la prospérité décroissante de notre pays. »

Le Parlement ne tardera pas à être dissous ; et déjà les lettres électorales circulent, et l'opinion publique se met en agitation au sujet des personnes qui briguent l'honneur de la représenter. Parmi ces circulaires on a remarqué celle de lord John Russell. Elle se termine par ce petit résumé statistique, dont on peut dire, comme du sonnet dont parle Boileau, qu'il vaut à lui seul un long poëme.

« Résultats financiers des dix dernières années qui viennent de s'écouler, depuis 1842 :

« 1° Suppression ou réduction des droits de douanes, 900,000 liv. sterl. ;

« 2° Suppression ou réduction des droits d'accise, 1,500,000 liv. sterl.;

« 3° Réduction des droits de timbre, en 1850, 500,000 liv. sterl.;

« 4° Droits sur les fenêtres convertis en une taxe sur les maisons : allégement de 1,200,000 liv. sterl. ;

« 5° Le produit des douanes de l'accise, du timbre et des taxes était, en 1842, de 48,000,000 liv. sterl. En 1851, il était de 46,600,000 liv. sterl. Le dégrèvement a donc été, pour le pays, de 12,000,000 liv. sterl. Le revenu n'a perdu que 1,400,000 liv. sterl.

« Ces faits ainsi exposés devant vous, pour vous éclairer et vous guider, j'accepte sans balancer, dit lord John Russell, le défi qui est porté de décider d'une manière définitive, complète et péremptoire, la lutte entre la protection et la liberté du commerce. »

La circulaire de M. Disraëli n'est pas moins remarquable. L'honorable candidat rappelle d'abord qu'il a voté pour les réformes jusqu'en 1845, c'est-à-dire jusqu'à l'abrogation des lois céréales. Reproduisons ces paroles, ne fût-ce que pour montrer aux protectionistes d'en deçà de la Manche le chemin qu'ils ont à faire pour arriver au protectionisme illustré où sont parvenus les modèles qu'ils invoquent.

« En 1842, sir Robert Peel, qui était à la tête du parti conservateur, convertit en un excédant un déficit considérable et continu dans le revenu public, en imposant une taxe sur les revenus des particuliers, qui lui permit aussi d'adoucir beaucoup notre tarif de douanes. Ces mesures réalisèrent tout le succès que le parti conservateur en attendait. Dans le cours de quatre années il y eut une suppression de 7 millions de liv. sterl. sur les droits de douanes, sans aucune diminution matérielle du revenu produit par cette branche du service, et nul intérêt dans le pays ne souffrit de ce changement.

« Les principes sur lesquels furent effectués ces changements étaient la suppression de toutes les prohibitions, la réduction des droits à une proportion qui admettait une juste concurrence avec les produits de l'intérieur, et la libre admission de toutes les matières premières. J'ai eu la satisfaction de voter en faveur de ces mesures avec les hommes mêmes qui aujourd'hui font au gouvernement actuel l'honneur de l'appuyer. »

M. Disraëli déplore ensuite, à l'aide d'une logique assez boiteuse, l'abrogation des lois céréales et la nouvelle législation des sucres, puis il fait le remarquable aveu qui suit :

« Le temps n'est plus où le tort souffert par les grands intérêts producteurs peut être soulagé ou peut disparaître par un recours aux lois qui avant 1846 les protégeaient contre de telles calamités. L'ESPRIT DU TEMPS ACTUEL TEND A LA LIBERTÉ COMMERCIALE, ET NUL HOMME D'ÉTAT NE SAURAIT IMPUNÉMENT DÉDAIGNER LE GÉNIE DE SON ÉPOQUE. Mais tout principe de justice abstraite, toute considération de haute politique veulent que le producteur soit aussi bien traité que le consommateur, et lorsque le producteur indigène est jeté dans une concurrence illimitée avec des rivaux du dehors, il est du devoir de la législature de diminuer autant qu'il est possible, et nullement accroître les sacrifices imposés à la production. L'intention des ministres de S. M. est de recommander au Parlement, dès qu'ils le pourront, des mesures propres à atteindre ce but. L'un des meilleurs moyens, entre autres, d'accomplir ce résultat, c'est la révision de notre système d'impôts. »

En d'autres termes, il n'y a plus à revenir sur l'abrogation des lois céréales, sur celle des lois de navigation, sur la levée des prohibitions, sur l'affranchissement d'un grand nombre d'articles du tarif, sur les réductions notables opérées pour les autres. Au contraire, l'esprit du temps veut que nous continuions ce système de réductions de tarifs et de révision d'impôts qui a produit de si excellents résultats.

Ne pourrait-on pas dire que le loup prohibitioniste se présente aux électeurs avec une peau libre-échangiste ? O perfide Albion !

— Le traité additionnel de commerce entre la France et les Etats sardes, dit du 14 février 1852, et négocié par les soins de M. His de Butenval, pour la France, et de M. de Cavour, pour la Sardaigne, a été promulgué par un décret présidentiel. Voici quelles sont les facilités accordées par cet acte diplomatique au commerce des deux pays.

Les cocons et les soies écrues, gréges ou moulinées, les petites peaux brutes d'agneau et de chevreau, sont affranchies de tout droit à leur entrée dans les deux pays. Les vins et vinaigres français ne payeront, en Sardaigne, que 5 fr. 30 cent. par hectolitre, et 10 centimes par bouteille ; les eaux-de-vie au-dessus de 22 degrés, 10 francs par hectolitre ; celles de 22 degrés et au-dessous, 5 fr. 50 cent., et toutes les qualités 10 centimes par bouteille. Les huiles d'olive sardes payeront, en entrant en France, un droit uniforme de quinze francs les 100 kilogrammes. Les droits sur les fromages de pâte molle sarde sont aussi réduits de moitié, à 3 fr. 30 cent. les 100 kilogrammes. Il sera, en outre, ouvert deux bureaux d'admission de plus, à de certaines conditions, et selon le tarif du traité du 5 novembre 1830, ou pour les bestiaux ou pour les fontes de Savoie. En résumé, ce sont des avantages nouveaux pour les vins français entrant dans les Etats sardes, et pour les huiles sardes entrant en France.

L'honorable M. de Cavour, auquel il n'a pas tenu, ainsi qu'à M. de Buten-

val, que ce traité ne s'étendît à un plus grand nombre de produits, est sorti
du ministère par suite de quelques dissentiments avec M. d'Azeglio, président du Conseil, survenus il y a environ un mois, et qui se sont formulés par un
vote différent de la part de ces deux hommes d'Etat, au sujet du remplacement
à la présidence de la Chambre des députés, de M. Pinelli, enlevé récemment
par la mort à la cause du progrès en Piémont. Cette modification du cabinet
sarde est tout à fait regrettable à tous égards, et particulièrement sous le
rapport économique. M. de Cavour avait entrepris le remaniement général
du système financier, et il sera plus malaisé à tout autre qu'à lui-même de
poursuivre son œuvre. Au reste, c'est M. de Cavour qui a, pour ainsi dire,
désigné pour son successeur au ministère des finances M. Cibrario, membre
du Sénat, connu par ses écrits, et notamment par une savante Histoire de
l'économie politique au moyen âge.

— Le Congrès douanier des Etats allemands, convoqué à Berlin, fonctionne
depuis deux mois et demi et ne semble pas trop avancer en besogne. On y a
longtemps discuté, à l'aide de toutes les rubriques de la diplomatie, si le Zollverein serait reconstitué en 1853, pour ensuite admettre l'Autriche, ou si
l'Autriche serait admise dès à présent comme puissance constituante du
futur Zollverein. Où en est-on en ce moment ? Sur quoi est-on d'accord ou
en désaccord ? C'est ce qu'il n'est pas possible de dire, d'après les détails passablement enchevêtrés que donne la presse allemande.

— M. Henri Baudrillart, que l'Académie française a couronné une fois pour l'é-
loge de Turgot, une autre fois pour l'éloge de Mme de Staël, a été nommé suppléant
de M. Michel Chevalier, et a recommencé le cours d'économie politique au collége de France. Il traite cette année des principes généraux de la science.

— Le général Condorcet-O'Connor, auteur d'un ouvrage en trois volumes intitulé : le Monopole cause de tous les maux, dont il a été rendu compte dans le
Journal des Économistes (t. XXVI, p. 198), est mort le 25 avril, à l'âge de quatre-
vingt-neuf ans. Après avoir, vers la fin du dernier siècle, énergiquement défendu les libertés de son pays, il s'était réfugié en France, où il avait épousé la
fille de Condorcet et reçu un commandement dans l'armée. Mais il n'avait
pas tardé à rentrer dans la vie privée, pour s'occuper de travaux agricoles et
d'études. Il s'était fait connaître et hautement apprécier par la libéralité de
son esprit, par la noblesse et l'indépendance de son caractère.

— La section du chemin de fer de Paris à Strasbourg, comprise entre
Commercy et Nancy, a été inaugurée le 17 juin, avec le cérémonial d'usage,
par M. le ministre de l'instruction publique.

Paris, ce 26 juin 1852.   Joseph Garnier.

P. S. Ce Numéro est en retard par suite des formalités qu'a nécessitées le
versement du cautionnement, bien que la direction du Journal se fût mise en
mesure depuis longtemps.

Depuis qu'il existe, c'est-à-dire depuis plus de dix ans, le *Journal des Économistes* n'avait eu rien à démêler avec le fisc. Il avait été exempt du timbre
et du cautionnement, simplement à titre de journal scientifique. La loi de 1850
nous avait imposé l'inutile condition de la signature ; mais elle nous exemptait
des deux autres entraves, au même titre que les légi-lations précédentes. Le
décret du 17 février ayant omis cette clause d'exception, il a d'abord été décidé, par le ministre des finances, qu'on la ferait revivre à l'avantage des publications scientifiques, en ce qui concernait le timbre.

Quant au cautionnement, ce décret nous a positivement astreints à un dépôt de 30,000 francs.

Nous croyions en être quittes pour ce sacrifice, lorsque parut, le 28 mars, le décret suivant :

Louis-Napoléon, président de la République française : — Vu le décret du 17 février 1852 sur la presse ; — Considérant que , si des conditions restrictives ont dû être imposées à la presse politique, il convient, au contraire, de favoriser le développement des publications consacrées aux sciences et aux arts ; — Sur le rapport du ministre des finances, — décrète :

Art. 1er. Sont exempts du droit de timbre les journaux et écrits périodiques et non périodiques, exclusivement relatifs aux sciences, aux arts et à l'agriculture.

Art. 2. Ceux de ces journaux et écrits qui , même actuellement, s'occuperaient de matières politiques ou d'économie sociale, seront considérés comme étant en contravention aux dispositions du décret du 17 février 1852, et seront passibles des peines établies par les articles 5 et 11 de ce décret.

D'où il résulte , qu'outre le cautionnement, notre journal serait soumis à l'impôt écrasant du timbre et nos volumes maculés par le fisc si nous voulions continuer à paraître tous les mois. Et pourtant nous doutons qu'il y ait un ordre de publications scientifiques dont il serait plus utile , plus nécessaire même, de « favoriser le développement », que celui auquel appartient notre revue !

En présence de la situation qui nous est faite par ce décret, nous avons pensé que nos abonnés préféreraient recevoir un numéro double tous les deux mois avec plus de matière , au lieu d'un numéro simple tous les mois avec moins de matière et l'empreinte du timbre.

———————

Erratum. Dans un compte-rendu de la publication de M. Ferrara, insérée dans le dernier numéro, p. 485, à la fin du 2e alinéa, dans cette phrase : « je serais très-peiné, si, séduit par la splendeur et le brillant de son livre (*Les Harmonies*), le lecteur passait avec indifférence *sur ce qui vient d'être dit* ; » lisez : *Sur tout ce qui vient ensuite.*

———————

Le Gérant responsable, GUILLAUMIN.

MÉMOIRE

SUR

LES ASSOCIATIONS ENTRE OUVRIERS

OU

ENTRE PATRONS ET OUVRIERS,

FONDÉES EN FRANCE

AVEC UNE SUBVENTION DE L'ÉTAT.

I.

Il s'est fait, en 1848, au milieu des entraînements d'alors, une expérience à laquelle s'attache un intérêt de curiosité et dont je me propose d'entretenir l'Académie. Cette expérience fut, il est vrai, une concession à l'esprit du moment; mais elle se distingue des aventures analogues par un caractère à la fois législatif et administratif, une surveillance de tous les jours, une durée notable et des résultats constatés avec un soin impartial. Je veux parler des essais d'association entre ouvriers ou entre patrons et ouvriers, dont la loi du 5 juillet consacra le principe et détermina la forme. Plus de trois années se sont écoulées depuis la mise en vigueur de cette loi; on peut donc en parler avec quelque assurance et sans encourir le reproche d'émettre un jugement prématuré.

Que l'Académie me permette de lui rappeler en peu de mots comment des témérités pareilles, à peine dignes, en des temps réguliers, d'éclore et de mourir dans le giron d'une secte, en arrivèrent, par la force des choses, aux honneurs d'une expérience publique et purent pénétrer dans notre législation. Même sous l'empire d'un vertige universel et d'un de ces aveuglements qu'amènent les circonstances, de tels incidents ont, pour se produire, des motifs particuliers; autrement ils resteraient inexplicables.

L'Académie n'a rien à apprendre ni sur les mauvaises doctrines dont notre malheureux pays a été infesté depuis vingt ans, ni sur les ravages qu'y ont faits des écoles insensées, d'accord pour la destruction, si elles ne l'étaient pas pour le partage du butin. Je n'insisterai que sur un point, c'est que parmi leurs armes de guerre aucune n'a eu d'effet plus meurtrier que le continuel et perfide rapprochement de la condition de l'ouvrier et de celle du patron, des salaires de l'un et des profits de l'autre. Au lieu de voir dans le salaire la part naturelle de l'ouvrier, déterminée par le prix même des choses et à l'abri de toute éventualité, dominée d'ailleurs, soit en bien, soit en mal, par la grande loi de l'industrie, la concurrence, l'esprit de secte n'a voulu y reconnaître qu'un mode de rétribution arbitraire, humiliant, oppressif, bien inférieur au service rendu, hors de proportion surtout avec les bénéfices qui en résultent pour l'entrepreneur. De là, ces sorties virulentes contre le régime du travail manufacturier; de là ces ferments de jalousie et de haine répandus dans le cœur de l'ouvrier, et ce terrible mot d'exploitation qui devait, à un jour donné, servir de ralliement aux colères et aux convoitises déchaînées.

Sur ce point, d'ailleurs, nulle dissidence entre les écoles qui se partageaient le domaine des aventures. Le salaire était de leur part l'objet d'une condamnation unanime. Toutes, elles y voyaient une dernière forme d'asservissement, peu distincte de l'esclavage et du servage, même pire aux yeux des chefs de secte et des esprits forts qui les entouraient. Et en même temps qu'elles repoussaient le salaire comme un legs de la barbarie, toutes ces écoles s'entendaient pour y substituer un mode de rétribution qui liait la destinée de l'ouvrier aux chances aléatoires des industries, tantôt sous la forme de la communauté, tantôt sous la forme de l'association. Les procédés variaient : ici l'association était libre, là elle empruntait le concours et les subsides de l'Etat. Mais, au fond de ces combinaisons, la même pensée se retrouvait, celle d'affranchir l'ouvrier de la servitude du salaire pour l'élever aux honneurs et aux bénéfices de l'association.

Voilà où en étaient les choses lorsque la fatalité mit le gouvernement à la merci des passions populaires; voilà de quelles idées les ouvriers étaient imbus, et quels thèmes on agitait devant eux avec une hardiesse sans cesse accrue. C'était les prendre par les points sensibles, la vanité et l'intérêt; aussi le bon sens du plus grand nombre en fut-il ébranlé et l'ivresse d'un triomphe inespéré entraîna ceux qui résistaient encore. Je ne rappellerai pas à l'Académie des faits trop récents et trop tristes, pour qu'aucun de ses membres en ait perdu le souvenir, surtout ce grotesque et sombre spectacle que donna à l'Europe un congrès d'ouvriers délibérant sur le régime du travail et les conditions du salaire, s'installant dans un palais pour y régler le sort des ateliers, et, quand toutes les industries se mouraient, décrétant, avec une gravité puérile, des conditions pires pour elles, meilleures pour eux. Ce n'est pas là mon sujet, et il a d'ailleurs été traité par de plus habiles que moi.

La seule conclusion que je veuille en tirer, c'est qu'au moment où fut portée devant l'Assemblée constituante de 1848 cette question si

retards. Mais l'ouvrier, comment le pourrait-il? comment lui serait-il possible de subordonner son existence aux délais de l'inventaire et aux chances aléatoires qui y sont inhérentes? Les besoins de sa famille sont urgents, quotidiens, et ne s'accommoderaient ni d'un attermoiement ni des incertitudes d'une exploitation.

Aussi le premier acte de ces associations créées en vue de l'abolition du salaire, fut-il l'aveu formel, la reconnaissance explicite que, sans le salaire aucune industrie ne peut marcher. Non-seulement on l'y établit comme point de départ, comme agent essentiel, mais encore, au grand scandale des écoles, on le gradua, on l'éleva ou on l'abaissa en raison de l'aptitude, des forces, de l'intelligence et de l'expérience des ouvriers. C'était un double démenti que se donnait à ses débuts l'esprit de système, et on verra dans la suite de ce travail que la série n'en était pas close.

Tels furent les préludes de ces associations fondées à l'aide des subsides du Trésor. Il me reste maintenant à les suivre et dans leur constitution et dans leur action. Les éléments ne m'ont pas manqué pour le faire avec quelque sûreté. J'ai fait partie du Conseil d'encouragement dans la seconde période de son existence, c'est-à-dire lorsqu'il n'avait plus de largesses à faire, mais seulement un contrôle à exercer. Je profiterai donc des documents que j'ai eus sous les yeux pour décrire la marche de ces sociétés d'un caractère si nouveau et les juger avec une entière impartialité.

II.

J'ai déjà indiqué à l'Académie de quelle nature étaient les projets de statuts qui accompagnaient les demandes de prêts formées par les ouvriers. Les uns, émanés d'eux, portaient surtout l'empreinte de l'inexpérience; les autres trahissaient au contraire la main exercée de leurs docteurs. J'aurais éprouvé quelque scrupule à reproduire ici un ou deux échantillons de ces curieux documents, si un membre du Conseil d'encouragement [1] ne les eût déjà livrés à la publicité. Ils sont d'ailleurs essentiels pour bien fixer le caractère de l'expérience et le sens qu'y attachaient les principaux intéressés.

Voici ce qu'on lisait dans un projet d'association entre ouvriers, au milieu d'un ensemble très-savant et très-compliqué de statuts :

« ART. 1er. La société a pour but l'amélioration du sort des travail-
« leurs et pour moyen le perfectionnement progressif des produits.

« ART. 4. L'association est essentiellement démocratique, et son
« but est la propagation du bien-être divisé.

« ART. 28. La fraternité, étant le lien fondamental de l'association,
« établit des devoirs réciproques dont les premiers sont :
« 1° Une coopération active ;

---

[1] M. Paillottet, dans un travail fort intéressant publié par le *Journal des Economistes*, t. XXIV et XXV.

« 2° Le perfectionnement progressif des produits. »

Et ainsi du reste. Pour justifier et appuyer leurs demandes d'argent, les ouvriers se croyaient astreints à fournir des déclarations de principes, et ils ne s'y épargnaient pas : du moins avaient-ils recours à des plumes qui faisaient cette besogne en conscience et se montraient prodigues de grandes phrases et de grands mots. Même dans les modèles d'associations entre patrons et ouvriers, ce penchant à l'emphase et cette prétention à la profondeur se sont retrouvés, et plusieurs de ces sociétés, jalouses de se révéler dès le début par un acte de quelque éclat, avaient adopté le préambule suivant :

« Les patrons et ouvriers, considérant :

« Que les remises faites aux intermédiaires placés entre les produc-
« teurs et l'acheteur *ne peuvent être prélevées*, ainsi que tous les faux
« frais auxquels la concurrence oblige les marchands, *que sur le prix*
« *de la main-d'œuvre de l'ouvrier :*

« Considérant que les marchands sont trop souvent forcés, *pour*
« *soutenir leurs maisons*, de céder à toutes les offres de rabais et de
« règlements douteux qui leur sont faites par les acheteurs et surtout
« par les commissionnaires de province et de l'étranger ;

« Que, par suite, les patrons sont contraints à livrer au commerce
« des produits d'une qualité inférieure et les ouvriers à soigner d'au-
« tant moins leurs pièces, qu'ils doivent en faire une quantité plus
« grande pour le même prix ;

« Considérant qu'à l'étranger cet état de choses a pour effet la dé-
« préciation de nos produits, et à l'intérieur une opposition d'intérêts
« toujours croissante entre les patrons et ouvriers ;

« Que la conséquence de cette opposition d'intérêts est l'association
« (au moins tacite) *des entrepreneurs contre les ouvriers et celle des*
« *ouvriers contre les patrons*, ainsi que le chômage, les grèves, les
« coalitions, les inimitiés qui conduisent les patrons à la ruine et les
« ouvriers à la misère ;

. . . .

« D'autre part, considérant que si les patrons et les ouvriers s'as-
« sociaient pour l'exploitation, ils n'auraient à supporter aucuns des
« faux frais auxquels oblige la concurrence ;

« Que, par l'exploitation d'un atelier commun, ils pourraient réu-
« nir à toutes les capacités intellectuelles et manuelles nécessaires à
« la perfection du travail, les conditions les plus avantageuses au
« prix de revient ;

« Qu'ils rendraient la confiance aux acheteurs en mettant sur tout
« article qui sortirait de leur manufacture une estampille indiquant
« sa valeur réelle et relative ;

« Que, par suite, les intérêts des patrons et des ouvriers se trouve-
« raient parfaitement conciliés, etc.,

« Soumettent à M. le ministre le projet de société suivant. »

Tels étaient l'esprit et les termes de la plupart des projets d'association dont le Conseil d'encouragement fut saisi. Quelques-uns de ces projets semblaient aspirer à l'éternité et n'assignaient de limites ni à la durée du contrat ni au nombre des contractants; d'autres prenaient le caractère d'un acte d'accusation dirigé contre les entrepreneurs d'industrie; tous se ressentaient des vertiges du jour et renfermaient au moins un levain des mauvaises doctrines qui aigrissaient alors les cœurs.

En présence de ces propositions informes, incohérentes, quelquefois hautaines, qui ne tenaient compte ni des droits de l'Etat, ni des devoirs des associés, qui laissaient tout dans le vague, surveillance, garanties, responsabilité, qui ne réglaient ni les rapports des intéressés entre eux, ni leurs rapports avec l'administration, on devine que le Conseil d'encouragement dut éprouver quelque embarras et reconnaître, dès le début, les difficultés de la tâche qu'il avait entreprise. Rien de tout cela n'était acceptable, et il fallait y suppléer. C'est seulement alors et presque à son corps défendant qu'il se décida à dresser lui-même deux modèles, deux types de statuts, l'un pour les associations entre ouvriers, l'autre pour les associations entre patrons et ouvriers. Il y avait pourtant un double inconvénient à prendre ce parti. Le premier était de soumettre au même traitement et de jeter pour ainsi dire dans le même moule des associations diverses quant à l'objet et susceptibles des combinaisons les plus variées; le second et le plus grave était de s'exposer à ce que la responsabilité des échecs, s'il en survenait, fût repoussée par les associations en souffrance et imputée uniquement à l'initiative du Conseil. Malgré ces motifs de s'abstenir, celui-ci n'hésita pas, et, à vrai dire, s'il se fût arrêté à ce premier scrupule, rien n'était possible. Il passa outre résolument.

D'autres difficultés l'attendaient; elles se succèdent toujours, quand on est engagé dans une voie fausse. Et d'abord, sous quel régime allait-on associer ces ouvriers? Le Code de commerce en admet, en consacre plusieurs qui, évidemment, ne leur étaient point applicables. Impossible de songer à la société anonyme qui ne convient guère qu'à de grandes entreprises désignées par leur nature même, portant en elles leur crédit, assujetties d'ailleurs à des formes d'enquête et d'autorisation dont ces petites sociétés d'ouvriers n'auraient pu s'accommoder. Quant à la société en commandite, était-ce le cas d'en faire usage? Parmi des ouvriers qui se présentaient au même titre, et qui n'avaient guère que leurs bras pour apport, comment établir des distinctions et des catégories? Où trouver dans leurs rangs des associés en nom et des associés commanditaires? Comment faire peser une responsabilité plus lourde sur les uns, moindre sur les autres, sans altérer l'objet même du contrat, et détruire l'égalité de conditions qui en était la base? C'était là un écueil réel. Peut-être aurait-on trouvé, dans l'article 47 du Code de commerce qui règle la forme des sociétés en participation, un texte plus élastique, et un mode d'association où le sort de chacun des contractants eût été moins étroitement lié aux chances de l'entreprise ; mais l'article 47 n'a évidemment en vue que des associations temporaires, relatives à une ou plusieurs opérations déterminées, et le Conseil d'encouragement ne voulut pas marquer ses débuts par une fiction ; il se décida à donner aux choses leur véritable caractère.

Il plaça donc ces associations entre ouvriers sous l'empire de la société en nom collectif ; c'est-à-dire qu'aux termes mêmes du Code, les associés devenaient tous solidaires pour tous les engagements de la société. Que l'Académie me permette de suspendre ici cet exposé des faits par une réflexion qui se présente naturellement à l'esprit. En adoptant cette forme, le Conseil d'encouragement n'avait pas à prévoir des résultats bien fâcheux. Les sociétés qu'il instituait de ses mains étaient destinées à n'avoir, pendant longtemps encore, que l'Etat pour créancier et pour bailleur de fonds. Or, l'Etat ne devait pas être, vis-à-vis de ces ouvriers, un créancier bien rigoureux. En cas de désastre, il n'exercerait pas à leur égard la somme entière de ses droits ; du moins n'irait-il jamais jusqu'à la poursuite corporelle ou mobilière. La nature même de l'expérience ne comportait pas de pareilles sévérités. Mais, au lieu de ce prêteur tolérant, qu'on imagine d'autres porteurs de titres, des tiers moins accommodants sur leurs intérêts ; qu'on fasse rentrer ces sociétés dans les conditions ordinaires du commerce, qu'on les replace dans la vérité des faits et du droit commun. Voici trente, quarante ouvriers, je suppose, qui se sont associés entre eux pour l'exploitation d'une industrie ; ils sont tous en nom dans l'acte social, tous solidaires, tous responsables jusqu'au dernier centime des dettes de la société. Un revers arrive, et pourquoi les ouvriers n'en essuieraient-ils pas ? Sont-ils, plus que les entrepreneurs, à l'abri des faux calculs, des fausses spéculations, des créances véreuses, de la fluctuation des prix et de l'incertitude des débouchés ? Non, comme industriels, ils sont assujettis aux chances de l'industrie. Un revers arrive donc, et à l'instant ces quarante associés deviennent tous, au même titre, passibles des mêmes poursuites ; ils sont tous contraignables par corps et sous le coup d'une saisie ; ils perdent jusqu'à la liberté de leurs bras et de leurs mouvements ; ils sont enchaînés par les rigueurs et les délais d'une liquidation judiciaire ; ils sont à la merci de créanciers mal disposés et d'hommes de loi plus intraitables encore. Et c'est là le sort auquel de prétendus amis ont convié les ouvriers ; c'est là le but qu'ils ont désigné à leur ambition, avec l'insolvabilité comme dénoûment éventuel, et la prison pour dettes en perspective !

Vraiment, plus on y songe, moins on s'explique le goût qu'ont récemment montré les ouvriers pour ces expériences pleines de hasards.

Si le salaire est modique, il a du moins cet avantage d'offrir une entière sécurité; quelles que soient les destinées d'une industrie, le salaire est acquis sans retour, acquis par privilége, et ne peut être l'objet d'aucune répétition. L'homme laborieux qui s'en contente sait du moins qu'il n'en doit compte à personne, et que, s'il y trouve l'élément d'une épargne, cette épargne est bien à lui. Tel est le caractère du salaire, modeste mais sûr; s'il n'enfante pas de rêves, il ne trouble pas le repos; s'il ne flatte pas l'orgueil, il n'expose pas la liberté. En est-il de même quand l'ouvrier veut entrer dans la carrière périlleuse des profits? Non, tout change à l'instant même. L'ouvrier ne sait plus dès lors si le pain qu'il mange lui appartient réellement, et s'il ne l'a pas acquis de deniers sujets à restitution. Plus de sécurité, le voilà solidaire de tout ce qui se fait autour de lui. Il n'avait autrefois à répondre et à souffrir que de ses fautes personnelles, désormais il répondra et souffrira des fautes collectives. En élargissant le cercle de ses prétentions, il a élargi celui de ses soucis; il devient moins propre à ce qu'il fait bien à mesure qu'il cherche à faire autre chose. Et, quand la fortune le servirait pendant une année ou deux, n'a-t-il pas à craindre ces brusques retours dans lesquels elle frappe ceux qu'elle a le plus favorisés? Ainsi, même avec des chances heureuses, le profit industriel ne le conduira pas ailleurs ni plus loin que le salaire; seulement, avec le salaire il avait la première part du prix des choses, avec le profit industriel il en aura la dernière, et une part souvent contestée.

Il y eut donc, de la part du Conseil d'encouragement, une certaine hardiesse à placer ces associations d'ouvriers sous le régime de la société en nom collectif. J'ajoute que ce fut aussi un acte de justice. Dès que les ouvriers aspiraient à la condition du patron, l'équité la plus stricte voulait qu'avec les honneurs et les avantages de l'emploi ils en connussent les inconvénients et les charges. Il fallait également leur faire comprendre par un essai personnel que, dans l'échelle des fonctions sociales, les devoirs s'élèvent en raison des droits, et qu'une puissance plus grande ne s'acquiert qu'au prix d'une plus grande responsabilité. De là le mérite de cette disposition qui fut la sanction morale de cette épreuve administrative, et qui, je le répète, offrait de moindres inconvénients avec l'Etat pour créancier. Les associations entre ouvriers furent, en conséquence, toutes soumises à ce régime; on y dérogea seulement pour les associations entre patrons et ouvriers, dont j'aurai à parler dans la suite de ce travail.

Ce point une fois fixé et appliqué sans exception, il fut facile au Conseil d'encouragement de se montrer moins absolu pour le reste, et de laisser les associations se mouvoir à leur gré dans des clauses plus secondaires. Ainsi, il se montra fort accommodant pour la durée des sociétés entre ouvriers, et ne voulut pas troubler les illusions de celles qui se promettaient quatre-vingt-dix-neuf ans d'existence. S'il intervint sur ce chef, ce fut plutôt pour imposer des prolongations quand le contrat se renfermait dans des délais trop courts. En effet, les avances de l'État devant être remboursées avant l'expiration des conventions sociales, les associés se seraient créé des obligations trop difficiles à remplir en les répartissant sur un petit nombre d'années, et il convenait de les défendre contre des embarras et des charges exagérées. La durée la plus généralement admise fut celle de vingt ans; c'était un terme raisonnable et placé à égale distance des deux excès. Il en fut de même des apports fournis par les ouvriers associés. En thèse générale, on reconnut que l'ouvrier n'avait qu'un apport à faire, celui de ses bras, et au besoin de ses instruments de travail. Cependant, les statuts ménagèrent une place aux épargnes de l'associé. et au capital dont il pouvait disposer. Il était sage et naturel de lui laisser la faculté de verser ses fonds dans une société où ils étaient soumis à sa surveillance, et dont ils pouvaient servir la prospérité.

Mais ici une double difficulté se présentait. Voilà l'ouvrier lié par un contrat formel à une société commerciale ; il lui doit le concours de ses bras, d'une manière absolue et exclusive. C'est bien tant que la société aura du travail à lui fournir ; mais, si le travail manque, si les jours de chômage arrivent, que fera l'associé? Evidemment, il fallait pourvoir à cette éventualité par une clause exceptionnelle, et permettre, dans ce cas, à l'ouvrier, et sous de certaines conditions, de s'employer momentanément ailleurs. C'est ce que régla un article des statuts. D'un autre côté, et dans la situation inverse, il pouvait arriver que le nombre des membres associés se trouvât ou constamment, ou temporairement insuffisant pour exécuter tous les travaux confiés à l'association. Que faire alors? Se restreindre eût été une sorte de suicide, ou tout au moins une faute industrielle. Il est sans exemple qu'un établissement se refuse à accroître son travail. La force des choses commandait donc d'ouvrir une porte aux auxiliaires.

Ici, la position du Conseil d'encouragement fut des plus étranges que l'on puisse imaginer. L'Académie a pu voir que, pris en masse, il ne manquait pas d'une certaine sagesse, et que d'excellentes intentions l'animaient. Choisi, en grande partie, dans les divers Conseils de prud'hommes de la ville de Paris, il comptait beaucoup d'hommes versés dans les affaires, et auxquels toutes les branches de l'industrie étaient familières. Livrés à leur seule impulsion, ceux-ci n'eussent pas hésité sur la résolution à prendre ; mais près d'eux un autre élément existait dans le Conseil, et y exerçait une domination évidente : c'étaient les hommes de théorie, appartenant à la politique officielle ou à la politique libre, qui poussaient jusqu'à l'idolâtrie leur culte pour l'association, et ne voulaient à aucun prix, sous aucun prétexte. admettre de dérogation à ce principe. Or, des auxiliaires, des collaborateurs, pour parler le langage des statuts, n'étaient, ne pouvaient être autre chose que des ouvriers salariés, et ces mots blessaient sin-

gulièrement les oreilles des auteurs et des promoteurs de la réforme.
Comment justifier, en effet, le spectacle qu'allaient offrir ces associations, où les ouvriers de la même industrie seraient appelés à concourir au même travail, les uns à titre d'intéressés, les autres à titre
de salariés? Quelle contradiction flagrante! Quelle atteinte à l'égalité!
C'était dire ouvertement qu'on ne poursuivait pas l'abolition, mais le
simple déplacement d'un privilége; et que la guerre aux patrons
n'avait qu'un but, celui d'usurper leur rang. Aussi, avant d'introduire
dans les actes de société cette faculté d'employer des auxiliaires, n'y
eut-il point de précautions qu'on n'employât, point d'artifice de langage auquel on n'eût récours, pour pallier les effets de cette mesure et
en déguiser le caractère réel. Deux articles des statuts sont un témoignage de cet embarras et de cette contention d'esprit. Par l'un d'eux,
les associations sont autorisées à appeler des collaborateurs, sans que
ceux-ci puissent avoir la qualité de simples salariés; mais, par un
autre article, ces collaborateurs ne doivent devenir associés qu'après
un temps d'essai déterminé; de telle sorte que les mêmes statuts posaient la règle et fournissaient le moyen de l'éluder. Ce moyen était
des plus simples; il suffisait pour cela d'employer les ouvriers à salaire jusqu'a la limite du temps d'essai, et de les congédier alors pour
en embaucher d'autres. Ainsi, le Conseil d'encouragement n'échappait à une contradiction qu'en tombant dans une puérilité; à deux
lignes de distance il condamnait le salaire en principe et le consacrait
en fait; et, dans son horreur de l'exploitation de l'ouvrier par le patron, il en arrivait le plus naturellement du monde à celle de l'ouvrier
par l'ouvrier.

J'ai déjà dit à l'Académie comment ces sociétés, formées en vue d'un
bénéfice industriel fraternellement partagé, commencèrent par l'inégalité dans le salaire. Il est temps d'ajouter que ce salaire, variable
d'une industrie à l'autre, fut, en général, porté à un taux égal, sinon
supérieur à celui des ateliers régis par les patrons. Pour ne citer qu'un
exemple, l'association des ouvriers typographes, dont les statuts ser-
virent de type, obtint, comme moyenne de salaire, 30 francs par semaine, c'est-à-dire 5 francs par jour. C'était se payer largement, et
de ses propres mains. On conçoit, dès lors, qu'après avoir prélevé ce
tribut, les associés se soient montrés fort coulants sur la répartition
des bénéfices. Comme point de départ, ils maintenaient ou amélio-
raient leur situation; le reste n'était, à leurs yeux, qu'un avantage
hypothétique, et dont ils pouvaient faire bon marché. Aussi, les membres des associations consentaient-ils facilement à ce que les profits
industriels, résultant de l'inventaire, fussent partagés également entre eux, sans distinction d'aptitude; mais, par une dérogation nouvelle, le Conseil d'encouragement voulut que la distribution des profits se fît en raison des services rendus, et un article des statuts décida que ces profits seraient répartis dans la proportion des salaires.

Le monument d'égalité et de fraternité disparaissait ainsi pièce à pièce, pour faire place à des règles de justice distributive, fort anciennes dans le monde, et qui n'avaient pas le mérite de la nouveauté.

Quand il s'agit d'instituer une gérance, le même retour se fit dans l'esprit du Conseil, et, il faut le dire, dans celui des ouvriers. Gérant ou patron, c'était tout un, quant aux fonctions et en dehors des parts d'intérêt. Le gérant devait être l'âme de ces associations, en régler la marche, leur imprimer le mouvement, les gouverner au dedans, les représenter au dehors, contracter pour elles, ordonner, surveiller, répartir le travail, conduire, en un mot, et diriger l'entreprise. Or, qu'est-ce que cela, sinon la tâche d'un patron? On pouvait échapper au mot, on n'échappait pas à la chose. L'une des préoccupations du Conseil d'encouragement fut de donner à cette gérance un caractère sérieux, et de l'investir d'une certaine autorité; autrement l'indiscipline eût éclaté dès le début, et détruit en germe les sociétés nouvelles. D'un autre côté, il y avait lieu de craindre qu'un gérant malhonnête n'abusât de pouvoirs trop étendus et ne s'en servît pour conduire une association à sa ruine. Le Conseil eut à se préserver de ce double écueil; en fait d'attributions, il ne fallait faire verser la mesure ni d'un côté ni de l'autre. Les statuts décidèrent donc que la gérance serait confiée à l'un des associés, élu en assemblée générale, et qu'il serait assisté d'un Conseil d'administration, électif également. Ces règlements laissaient, d'ailleurs, aux contractants, une très-grande latitude, afin que chaque association pût conformer sa conduite aux éléments qui la constituaient, étendre ou limiter la gérance, la diviser ou la concentrer, en prolonger la durée ou la restreindre, le tout en raison des besoins du moment et des circonstances qui pourraient survenir.

Cependant la marche des choses amena alors un résultat facile à prévoir, et sur lequel il est bon d'insister. Parmi ces associations, il en est où l'on voulut appliquer, dans toute leur pureté, les principes abstraits qui y avaient donné naissance. Les choix des gérants ne s'y firent qu'au milieu d'orageux débats et de dissentiments profonds. Le candidat des uns devenait suspect aux autres ; et, dans plus d'un cas, l'association fut partagée en deux camps ennemis. On devine ce que dut être l'autorité d'un agent élu dans de pareilles conditions : ses ordres n'étaient pas obéis, sa voix n'était pas écoutée. D'autres associations eurent, au contraire, le bon esprit de déroger à leur principe, et d'investir le gérant qu'elles instituaient d'une force réelle, efficace, presque despotique. On lui conféra non-seulement le gouvernement des intérêts sociaux, mais on lui remit, en outre, des pleins pouvoirs pour réprimer les écarts de conduite des associés. Il eut le droit de faire des règlements intérieurs, de frapper des amendes, de prononcer des exclusions. Jamais patron n'aurait osé imposer à ses ouvriers une discipline aussi sévère. L'insoumission, les injures ou violences, la paresse, l'incapacité, l'ivrognerie, l'inconduite, furent des motifs suffisants pour évincer un membre de l'association, et plus d'un exemple témoigna que le gérant ne laisserait pas ce droit s'énerver dans ses mains. Rien ne demeura impuni, pas même les mauvaises habitudes. C'est ainsi que les absences du lundi, tolérées ailleurs, furent frappées d'une amende, et, en cas de récidive, de l'exclusion. Il n'y avait pas d'exemple que les ateliers eussent été conduits avec cette vigueur.

L'Académie prévoit sans peine quels furent les résultats de ces deux méthodes. On peut les résumer en quelques mots. Les associations, fondées aux dépens du Trésor, n'ont duré qu'en raison des habitudes de discipline qui y ont prévalu. Celles qui sont encore debout le doivent à une stricte observation de leurs règlements ; celles où l'esprit de désordre s'est introduit n'ont eu qu'une existence éphémère ; plusieurs d'entre elles ont déjà disparu, en emportant les avances de l'Etat ; d'autres se consument en de vains efforts, et dévorent peu à peu les ressources qui leur ont été confiées. Mais le vrai signe de vitalité pour toutes, celui qui trompe le moins, c'est l'ascendant du gérant sur ses associés. Là où cet ascendant est manifeste, on peut être certain de rencontrer quelque succès. Le gérant devient alors un véritable chef de maison, agissant dans les conditions régulières de l'industrie, maître de ses opérations, pouvant traiter en toute sûreté, et contracter des engagements avec la certitude qu'ils seront tenus. Ses associés ne sont plus, dans sa main, des instruments rebelles, mais des agents dociles et animés du désir de bien faire. On ne discute pas ses ordres, on y obéit ; on ne conteste pas ses pouvoirs, on s'y soumet. Telle est la marche des associations qui se soutiennent autrement qu'au préjudice de leur capital d'emprunt. Mais il n'y a là ni fait imprévu, ni phénomène particulier ; toutes ces nouveautés ressemblent beaucoup à de l'imitation. Après avoir fait un procès bruyant à l'industrie, c'est l'industrie qu'en fin de compte l'on copie ; après avoir promis des miracles, on n'en fait ni plus ni moins que le commun des hommes. L'Académie a pu suivre et apprécier ces démentis successifs et ces mouvements de retraite de l'esprit de système, aux prises avec les réalités. On s'était promis d'abolir le salaire, et c'est par le salaire qu'on entre dans l'association ; on s'était flatté de mettre un terme à l'exploitation de l'ouvrier par le patron, et l'on y substitue l'exploitation de l'ouvrier par l'ouvrier ; enfin, on s'était dit bien haut, et sur bien des tons, que le rôle du patron était désormais fini ; et, pour obtenir des sociétés viables, il a fallu créer et maintenir une autre espèce de patrons, avec une main plus lourde et des attributions plus étendues. Etait-ce la peine de faire tant de bruit ?

Reste la question des bénéfices ; l'Académie va voir à quoi ils se réduisent en examinant la partie des statuts qui s'y rattache, et les prélèvements auxquels ils sont assujettis. En premier lieu figure un fonds de réserve destiné à couvrir les pertes commerciales, ou à payer, par anticipation, les dettes non exigibles, ou bien encore à accroître le matériel de la société. Ce fonds de réserve varie d'une association à l'autre, mais la moyenne paraît être de 40 pour 100. Ensuite vient un fonds de retenue indivisible, que l'acte constitutif fixe à 10 pour 100, et qui est bien l'une des inventions les plus étranges qui aient pu éclore dans un cerveau humain. On se demande comment des hommes sérieux, des hommes d'affaires ont admis dans un acte émané d'eux une énormité si voisine de l'utopie, et comment l'administration a souffert qu'elle se produisît à l'abri de son nom et sous sa responsabilité. Ce fonds de retenue indivisible appartient à tout le monde, excepté aux associés; il est le produit de leur travail, et pourtant il ne leur profitera jamais. A peine auraient-ils le droit d'y toucher pour empêcher la société de tomber en déconfiture ; encore, dans ce cas, le fonds de retenue indivisible devient-il à son tour le créancier de l'association, jusqu'à parfait remboursement. C'est un dépôt mystérieux qui ne doit et ne peut jamais périr, et qu'à l'expiration de son terme la société qui finit doit transmettre à la société qui lui succède. Et si, à travers un texte ambigu, on cherche à savoir quelle est la destination de ce fonds, voué à un cumul éternel, on découvre que c'est au principe même de l'association qu'il appartient, ou, à défaut, au principe de l'assistance publique. Les statuts le déclarent le plus sérieusement du monde, et un article 36 a pour unique objet d'assurer et de régler cet emploi : en raison de l'originalité, il mérite d'être cité en entier :

Art. 36. « Au cas où la société ne serait continuée d'aucune ma-
« nière par les associés, le fonds de retenue indivisible serait remis
« au gouvernement, s'il existe à cette époque un fonds public d'en-
« couragement pour les associations entre ouvriers ou entre patrons
« et ouvriers.

« Si ce fonds public n'existe pas, le fonds de retenue indivisible
« sera mis à la disposition du Conseil général du département, pour
« être par lui appliqué à des institutions ayant pour objet l'amélio-
« ration du sort de la classe ouvrière, ou à défaut aux hospices du
« chef-lieu. »

En vérité, en lisant cette disposition si bizarre et si inexplicable, on éprouve quelque confusion à la rencontrer dans un document administratif. On conçoit très-bien qu'à propos d'une entreprise de théâtre, concédée par privilége, il soit réservé une part sur les recettes, à l'intention et au profit des indigents; c'est une obole que la misère prélève sur le plaisir, un impôt frappé sur une exploitation publique. Mais ici rien de pareil. Il s'agit d'une industrie libre, ouverte à la concurrence, d'une spéculation privée, qu'aucun privilége ne défend. Les bénéfices qui en découlent appartiennent aux associés, au même titre que le produit d'un champ appartient à celui qui en est propriétaire ; dans un cas comme dans l'autre, toute dîme prend un caractère de spoliation. En vain, pour excuser cette mesure, se prévaudrait-on du prêt du Trésor : ce prêt n'ouvrait à l'Etat qu'un droit, et n'imposait aux associés qu'une obligation, le service des intérêts et de l'amortissement ; hors de là il y avait usurpation et excès ; il y avait surtout une violence morale exercée sur les sociétés qui souscrivaient à de si singulières conditions. Est-il croyable qu'aucune d'elles les ait librement et volontairement acceptées ? A quoi les conviait-on ? A se dessaisir de légitimes profits, fruits de l'ordre et du travail, lentement et laborieusement amassés, et en faveur de qui ? D'un principe abstrait, nuageux, et si insaisissable qu'en désespoir de l'atteindre, on lui substituait les hospices. Certes, avec plus de liberté de mouvements et une moindre contrainte, aucune de ces associations n'eût accepté cette charge ridicule et inique, et pour s'y résigner il fallait que l'attrait d'une subvention fût bien puissant et rendît les volontés bien faciles.

C'est que, il faut le répéter, les ouvriers, en se liant de la sorte, ne voyaient dans cet engagement qu'un salaire et un travail assurés ; les bénéfices ne les touchaient guère. Dans tous les cas, le Conseil s'appliquait à leur laisser là-dessus peu d'illusions. L'Académie sait maintenant à quels prélèvements ces bénéfices étaient assujettis ; 40 pour 100 de fonds de réserve et dix pour 100 de retenue indivisible. Ce n'est pas tout ; une autre charge avait été imposée aux associations. Il était naturel que l'Etat, en sa qualité de prêteur, soumît leur gestion à un contrôle et à une surveillance : or, cette surveillance et ce contrôle ne pouvaient s'exercer gratuitement. On eût pu en mettre les frais à la charge de l'administration, on aima mieux les mettre à la charge des sociétés. Dans leur contrat, elles s'engagèrent à payer une redevance annuelle, destinée à couvrir le traitement de deux inspecteurs ; c'était 3/4 pour 100 sur le montant du prêt, qu'il y eût ou non des profits au bout de l'inventaire. Il y a mieux, ces 3/4 pour 100 devaient porter sur une somme fixe, pendant toute la durée de la société, c'est-à-dire sur la totalité du prêt et sans en déduire les sommes remboursées et amorties ; de telle sorte que ces 3/4 pour 100 peuvent un jour, si l'engagement subsiste, se convertir en 5, 6 et jusqu'à 8 pour 100 dans la dernière période sociale. D'où il faut conclure qu'il n'y a eu, dans tous ces engagements, rien de sérieux de la part de ceux qui y souscrivaient, et qu'en le faisant avec une si grande facilité, ils semblaient n'avoir eux-mêmes aucune confiance dans leur réussite.

Telles furent les principales clauses de l'acte constitutif des associations entre ouvriers : société en nom collectif, salaire proportionnel, bénéfice en raison du salaire, voilà le point de départ. Dans l'acte qui constitua les sociétés entre patrons et ouvriers, il y eut des modifications sensibles, une surtout qui touche à l'essence même du contrat. Cette modification était dans la nature des choses. La plupart des associations entre patrons et ouvriers avaient leur siége dans nos départements et se rattachaient à des établissements anciens, que la crise manufacturière avait ébranlés. A nommer les choses par leur nom, c'était un secours que l'on accordait à ces établissements; seulement on les obligeait à se soumettre, pour l'obtenir, à de certaines conditions et à de certaines formes, dont la plus essentielle était d'associer désormais les ouvriers à leurs profits. Plutôt que de périr, les entrepreneurs d'industrie s'y résolurent et supportèrent avec une résignation silencieuse toutes les charges qu'il plut au Conseil d'encouragement de leur imposer. Dans cette situation, il devint évident que la forme de la société en nom collectif n'avait plus d'objet et ne pouvait plus être appliquée. La responsabilité devait rester où elle était, dans la personne du patron, et si l'ouvrier allait être appelé, par le fait des circonstances, à participer aux bénéfices, il eût été imprudent et dangereux de le soumettre en même temps aux chances de perte. De là, une nouvelle forme d'association qui, sans être d'une légalité rigoureuse, avait pour elle l'autorité d'usages établis et la sanction de la jurisprudence. Les ouvriers y furent traités comme de simples intéressés dans les bénéfices, comme peuvent l'être et le sont souvent les employés des maisons de commerce et des établissements industriels. Le profit qui leur revenait était considéré, dans ce cas, comme un supplément de salaire, non sujet à rapport.

C'était l'expédient le plus naturel, mais dans des termes pareils on ne conçoit pas que le Conseil d'encouragement ait encore pesé sur le patron par des conditions réglementaires, imaginées à l'avantage des ouvriers. Quoi ! le patron fournit seul le capital social, il est seul responsable des destinées de l'entreprise, il engage ses deniers et sa personne, et l'on veut néanmoins qu'il subordonne ses opérations aux caprices de salariés qui n'engagent rien, ne compromettent rien et peuvent ruiner l'établissement sans qu'il en résulte aucune responsabilité pour eux ! En vérité, c'était trop accorder à l'esprit de système; c'était obliger les entrepreneurs à se mouvoir dans un cercle vicieux, et mettre leur fortune et leur honneur à la merci des bonnes ou mauvaises inspirations de leurs ouvriers. Si l'on cherchait un témoignage du vertige qui pesait alors sur les esprits, c'est là qu'il faudrait l'aller chercher ; aussi n'y insisterai-je pas.

Je viens de faire connaître à l'Académie les diverses formes sous lesquelles ont été contractées ces associations entre ouvriers et entre patrons et ouvriers ; elle connaît les clauses principales de ces conventions, elle a pu en apprécier et le principe et les détails ; je vais lui dire maintenant comment se fit la répartition des largesses de l'Etat, et quelles en furent les parties prenantes.

III.

Je touche à la partie la plus délicate de la tâche que je me suis assignée. Il s'agit en effet d'examiner la situation d'établissements industriels dont la plupart sont encore en cours d'exploitation, et qui commandent, à ce titre, des ménagements infinis. En dehors du crédit que leur a ouvert l'Etat, quelques-uns de ces établissements s'appuient sur le crédit privé, toujours défiant et sur la défensive. C'est là un double motif de réserve. Aussi me suis-je efforcé, dans cette partie de mon travail, de citer les faits sans y attacher de noms propres, avec ce problème en vue de ne négliger aucun des éléments fournis par l'essai officiel, tout en respectant les intérêts qui y sont engagés.

Ainsi que je l'ai dit, dès que la notoriété publique se fut attachée au vote de l'Assemblée et au crédit des 3 millions, il y eut affluence de demandes et concours de solliciteurs. On ne peut pas évaluer à moins de six cents le nombre des dossiers qui parvinrent au Conseil d'encouragement ; Paris en fournit le contingent le plus considérable, près de trois cents, et émanés d'ouvriers en très-grande partie. La Seine-Inférieure et l'Eure venaient après Paris, par ordre d'importance, puis le Nord et le Rhône. En classant ces demandes par groupes d'industrie, il était facile d'y reconnaître les corps d'état où le sentiment de l'association avait le plus profondément pénétré. Les uns n'avaient adressé au Conseil qu'un petit nombre de propositions; mais ces propositions ne tendaient à rien moins qu'à réunir en un faisceau tous les ouvriers de la même profession. Les cordonniers, entre autres, se présentèrent avec une véritable armée d'associés, trente mille personnes, hommes et femmes, et les tailleurs d'habits n'eussent pas été fâchés de pouvoir recomposer, avec les fonds du Trésor, une société qui rappelât par ses bases la formidable Société de Clichy. Dans d'autres corps d'état, les demandes comprenaient des groupes moindres et se rapprochaient davantage des conditions ordinaires du travail manufacturier. Alors ces demandes devenaient plus nombreuses. La seule industrie du bâtiment en fournit plus de trente ; la filature de la laine et du coton fut l'objet de vingt-cinq propositions; la typographie en compta vingt, la construction des machines dix-huit, le tissage des étoffes seize. En évaluant d'une manière approximative le nombre des ouvriers ou patrons sciemment, ou à leur insu, intéressés à ces demandes, on arriverait à un chiffre de cinquante à soixante mille individus.

Il fallait se hâter de choisir entre eux ; il fallait surtout écarter dès le début cette masse de parasites et d'aventuriers qui se portent du côté de l'argent et s'imposent à force d'obsessions et de bruit. Le Conseil d'encouragement y mit du zèle et de la conscience; mais les

difficultés d'une pareille tâche le dominaient. De bons choix, une dis-
·tribution judicieuse n'auraient pu avoir lieu qu'à la suite d'une instruction longue et précise, et le temps manquait pour cela. C'eût été
autant d'enquêtes à ouvrir, et sur l'objet même de chaque association et sur les personnes qui devaient la composer. Or, comment y
procéder autrement que d'une manière sommaire, défectueuse par
conséquent? Les erreurs, les surprises étaient inévitables, et il y en
eut. Une foule avide frappait aux portes du Conseil et n'admettait ni
hésitation, ni délais; l'essentiel était d'aller vite. L'esprit du décret y
portait aussi; il avait été voté d'urgence et demandait à être appliqué
de la même façon. Ces circonstances expliquent et excusent les choix
qui furent faits; comme en toutes choses, il y eut une part laissée au
hasard, une autre aux influences. D'ailleurs les vrais, les bons éléments industriels n'étaient pas des plus ardents à s'offrir, et il fallait
se contenter de ceux qui se produisaient avec un empressement suspect.

C'est ainsi que s'opéra la répartition du crédit des 3 millions, à la
hâte, à l'aventure, sur des renseignements incomplets et quelquefois
contradictoires. Loin de moi la pensée d'en faire un reproche à qui
que ce soit : il n'en pouvait pas être autrement; c'était dans la force
des choses. Telle affaire offrit cet incident que les informations furent
d'abord favorables, puis contraires, pour devenir favorables de nouveau; telle autre, vidée par un rejet à la majorité d'une voix, dans
le cours d'une séance, fut reprise au début de la séance suivante et
terminée par une adoption, à la même majorité d'une voix. L'une
des préoccupations du Conseil était de distribuer le fonds de manière
à y intéresser le plus grand nombre possible d'industries et de localités; et pourtant il comprit dans ses largesses trois Sociétés d'imprimeurs typographes, et n'en voulut admettre aucune d'ouvriers en
bâtiments; puis, tandis qu'il fondait quatre associations dans le seul
département de l'Eure, il laissait en dehors de l'expérience soixante-
seize départements, et des villes aussi importantes que Marseille,
Lille, Toulouse et Strasbourg.

Quoi qu'il en soit, voici le tableau de la répartition du crédit, avec
tous les détails qui sont de nature à répandre quelque lumière; quand
je l'aurai fait passer sous les yeux de l'Académie, il me sera plus facile d'en tirer des conclusions.

Associations encouragées à Paris.

Imprimeurs typographes	......	Desoye et comp.....................	65,000 fr.
—	—	.... Prève et comp.....................	18,000
—	—	.... Remquet et comp.....................	80,000
Menuisiers en fauteuils	....	Auguste Antoine.....................	25,000
Ebénistes	....	Cordonnier et comp.....................	75,000
Fabricants de registres	....	Beaugrand et comp.....................	35,000
— de châles	....	Bontils, Michel, Souvraz et comp........	200,000
— de tricots	....	Durand et comp., à Suresne...........	15,000

Fabricants de tissus........... Mallard et comp....................... 30,000 fr.
— d'instr. de musiq.... Houzé et comp......................... 24,000
— de bronze factice.... Finino et comp....................... 10,000
— d'instr. de chirurg.... Faugère et comp....................... 47,000
— d'appar. pour le gaz... Picard et comp....................... 17,500
— de cannes à fouets... Lambert et comp....................... 14,000
Dessinateurs pour étoffes...... Quéru et comp....................... 10,000
Mécaniciens.................. Cabanis et comp....................... 30,000
— .... Faure, Darche et comp............... 25,000
— .... Guillemain et comp.................... 35,000
Fondeurs en cuivre........... Colin et comp....................... 16,000
Tailleurs de limes.............. Wusthern et comp..................... 10,000
Peintres en bâtiments.......... Canonical et comp................... 8,000
Lingères..................... Mlles Goreska, de Bruges et comp........ 15,000
Teinturiers dégraisseurs........ Camus, Picheré, Schindler et comp...... 6,000
— en soie.......... Petit et comp....................... 10,000
Peintres sur porcelaine........ Pion et comp....................... 6,000
Potiers de terre...... Mauny et comp....................... 21,000
Horlogers.................... Perrenoud et comp.. 3,000
Arçonniers................ King, Rousselet, Chamiot, Clerc et comp... 20,000
Bijoutiers en faux............. Leroy, Thibault et comp............. 24,000
Relieurs... .... Janet, Blumenthal et comp........... 6,000

Total........... 890,500

Associations encouragées dans les départements.

Filateurs de laine........... Sentis et comp. (Reims).............. 250,000 fr.
— .... Roger et comp. (Trye-le-Château, Oise). 120,000
— de coton........... Vaussard et comp. (Rouen)........... 125,000
— de laine et coton..... Lenoir et comp. (Clisson, Loire-Infér.). 60,000
Fabricants de drap........... Courtin, Prestat et comp. (Louviers)... 100,000
— de toiles. .... Lescarcel et comp. (Lisieux)............. 20,000
— de soieries.......... Martin et comp. (Lyon).............. 100,000
— de velours.......... Brosse et comp. (Lyon).............. 200,000
— de mét. pour draps... Mercier et comp. (Louviers)........... 100,000
Tisserands en coutil.......... Noyon, Couturier et comp. (Gravigny-
sur-Eure) 120,000
Teilleurs de lin.............. Le Bonniec et comp.(Lannion, Côtes-du-
Nord)....................... 10,000
Moulliniers en soie........... V. Bouchon et comp. (Bornaz, Ardèche). 25,000
— .... Guigon père et fils (Nyons, Drôme).... 36,000
Forges d'Arcachon.......... Brothier et comp. (Gironde)........... 120,000
Verriers.................... Védrine et comp. (Haute-Loire)....... 45,000
— .... Marre, Sourd et comp. (Auich, Nord).. 50,000
Sculpteurs et tailleurs de pierre. Giraudou et comp. (Bourges).......... 6,000
Imprimeurs typographes....... Metreau (Bordeaux)................ 18,000
Fabriques de coutellerie....... Georges et comp. (Biesle, Haute-Marne). 50,000
— de noir animal.. ... Lelong et comp. (Sotteville, près Rouen) 25,000
— de chauss. de tresses.. Marsollet et comp. (Louviers)......... 10,000
Scieurs à la mécanique....... Richou, Arnaud et comp. (Angoulème). 16,000
Constructeurs de vaisseaux..... Dupuy, Fourquet et comp. (St.-Esprit)... 16,000
Société pour l'extraction de la
marne en Sologne.......... Chartier, Defontaine, Dubus et comp.
(Souvigny, Loir-et-Cher).......... 40,000
Colonisation des landes de Gas-
cogne.................. Blacas de Charost et comp. (Gironde)... 155,000
Plafonneurs................ Bavois, Nageotte et comp. (Troyes).... 8,000

Total......... 1,700,000

RÉCAPITULATION.

30 associations encouragées à Paris.............................   800,500 fr.
26   —   —   dans les départements................. 1,700,000 »

                                    Total.................. 2,500,500 »
Frais d'administration, impressions, etc........................   10,024 40
          Excédant et credit annúle.......................   399,475 51

                    Total du crédit.......................   3,000,000 »

Onze associations avaient d'abord obtenu des allocations supérieures aux chiffres qui figurent dans cet état; ces allocations ont été réduites avant le versement définitif, les unes par suite d'abandon, les
autres pour inexécution des clauses du contrat, dans les proportions
suivantes :

Perrenoud et comp........................   2,000 fr.
Giraudon et comp..........................   6,000
Lelong et comp...........................   25,000
Durand et comp...........................   15,000
Dupuy, Fourquet et comp.....................   6,000
Finino et comp...........................   10,000
Picard et comp...........................   7,500
F. Martin et comp........................   100,000
Vaussard et comp.........................   125,000
Lescarcel et comp........................   5,000
Bavois, Nageotte et comp....................   3,000

                    Total des réductions...........   384,500

Le Conseil d'encouragement avait en outre voté pour d'autres associations des allocations auxquelles il n'a pas été donné suite, et qu'il
n'est pas sans intérêt de rappeler :

Deroy, Guénard et comp., brocheurs-satineurs......................   6,000 fr.
Pierre Leroux, Nettré et comp., imprimeurs typographes............   20,000
Meslier, Muller et comp., fabricants de papier de paille..............   100,000
J. Ligonesche et comp., filateurs de soie fantaisie.................   25,000
Huret et comp., colleurs de papier...............................   6,000
Crépin, Fronteau et comp., fermiers..............................   5,000
Vernier et comp., fabricants de draps.............................   100,000
Dames Gay et comp., lingères....................................   8,000
Wursthorn et comp., tailleurs de limes (supplément)................   8,000
King, Rousselet et comp., arçonniers (id.)......................   15,000
Houzé et comp., fabricants d'instruments de musique (id.)..........   16,000

                    Fr..................   309,000

Ainsi l'administration s'est tenue en deçà des crédits qui lui ont été
ouverts par l'Assemblée nationale, et n'a réellement engagé dans ces
essais d'associations qu'une somme de 2,590,000 fr.

Encore faut-il ranger dans une catégorie à part, quant aux risques
courus par le Trésor, les établissements suivants qui ont joint aux engagements personnels des associés la garantie d'une hypothèque immobilière :

Courtin, Prestat et comp., fabricants de draps, à Louviers............	100,000 fr.
Colonisation des landes de la Gascogne...........................	155,000
Lenoir et comp., à Clisson.......................................	60,000
Vaussard et comp., à Bondeville (Seine-Inférieure).................	125,000
Mercier et comp., à Louviers....................................	100,000
Sentis et comp., à Reims.........	250,000
Total..........	790,000

Ce qui réduit à 1,800,000 fr. environ le risque vraiment sérieux du Trésor et la somme engagée dans l'opération. Le reste, en effet, a plutôt le caractère d'un prêt hypothécaire, assujetti à de certaines conditions, et placé, dans tous les cas, à l'abri de fâcheuses éventualités.

Maintenant, en décomposant le tableau que je viens de faire passer sous les yeux de l'Académie, on y reconnaît sur-le-champ un contraste très-marqué entre les associations de Paris et celles des départements. A Paris, sur 30 sociétés, 27 ont été contractées entre ouvriers seulement, et 3 au plus entre patrons et ouvriers. Dans les départements sur 26 sociétés, 15 sont entre patrons et ouvriers, 11 entre ouvriers seulement. Les 30 établissements de Paris réunissaient à l'origine 434 associés; mais il est survenu depuis lors, dans leur constitution intérieure, des changements si nombreux, qu'on ne saurait vraiment aujourd'hui faire quelque fond sur ce chiffre. D'une part, plusieurs associations se sont dissoutes; d'autre part, il y a eu emploi d'auxiliaires dans les associations qui prospéraient. Ce qui frappe néanmoins et ce qu'il est utile de constater, c'est que les allocations du Conseil d'encouragement n'ont pas eu pour proportion et pour règle le nombre des ouvriers engagés dans les associations. Ainsi, à Paris, sur les 434 associés, 194 se groupaient dans 6 associations, tandis que les 240 autres en formaient 24. La somme allouée aux 6 était de 178,000 fr., tandis que les 24 avaient reçu 612,500 fr., c'est-à-dire, dans le premier cas, 922 fr. environ par tête, et dans le second, 2,250 fr. Il y a même telle association qui a reçu du Conseil 200,000 fr. de subvention, et qui ne compte pas plus de 18 membres; c'est plus de 11,000 fr. par associé.

Quant aux départements, il est difficile de connaître d'une manière très-précise le nombre des ouvriers qui ont été compris dans les associations favorisées. Celles qui portent le nom d'associations entre ouvriers, au nombre de 11, ont reçu 480,000 fr. sur les 1,700,000 fr. d'allocations départementales; encore sur ces 480,000 fr., 300,000 ont-ils été accordés à 2 associations d'ouvriers en soie de la ville de Lyon, ce qui réduit à 180,000 fr. la part des 10 autres associations; c'est-à-dire à 18,000 fr. en moyenne. Si, à l'aide de quelques données approximatives, on porte à 300 le nombre des ouvriers compris dans ces 10 associations, on a une moyenne de 600 francs par tête. Restent maintenant les 15 associations entre patrons et ouvriers, qui ont absorbé à elles seules 1,220,000 fr., ou soit la moitié à peu près de la somme employée. C'est une moyenne de plus de 80,000 fr. **par établissement.** Ici la position des ouvriers est évidemment subordonnée : ils ne sont que de simples intéressés aux bénéfices, et leur nombre n'a plus un caractère permanent; il est variable comme le **travail,** comme les besoins de l'industrie, et ne saurait être fixé, même par approximation. Mais toujours est-il que sur aucun point et en aucun mode, le nombre des ouvriers n'a servi de base aux allocations du Conseil d'encouragement.

Un autre grief lui a été reproché et avec quelque fondement, c'est d'avoir pris comme type d'essai plusieurs industries d'un essor très borné et qui ne répondent pas à de grands besoins. J'ai déjà cité les ouvriers typographes, compris pour trois associations, à Paris seulement. Il y a en outre les dessinateurs pour étoffes, les fabricants de fouets et de registres, les relieurs, les lingères, les peintres sur porcelaine, les fabricants de tricots, qui ont usurpé une place sujette à revendication, et qui eût été certainement mieux remplie par ces professions utiles auxquelles est attaché le sort d'une nombreuse population, comme les maçons, les serruriers, les menuisiers, les charpentiers, les tailleurs, les cordonniers, les tanneurs, les corroyeurs, etc. Il convient néanmoins d'ajouter, à la décharge du Conseil d'encouragement, que si ces corps d'état ne figurent pas sur le tableau des allocations, c'est moins par sa faute que par la leur. Les ouvriers qui en font partie étaient de ceux que l'esprit de révolte avait le plus profondément atteints, et ils se présentaient avec des projets dont le but avoué était de poursuivre, sur la plus grande échelle, une révolution complète dans l'industrie. C'était à faire reculer tous les membres du Conseil, même les plus hardis. On écarta donc ces plans ambitieux au profit de plans plus modestes, et dès lors il ne fut plus possible de faire de la profession même le principal motif de détermination.

Quoi qu'il en soit, la répartition est terminée. Nous voici en face de 56 associations, dont 30 ont leur siége à Paris, 26 dans les départements. Les conditions du prêt sont des plus douces et des plus simples. Par un nouveau décret, l'Assemblée nationale vient d'accorder un dernier témoignage de sa bienveillance. Elle a décidé que les actes et les constitutions d'hypothèques, concernant les associations ouvrières, seront enregistrés au droit fixe, et que les intérêts a servir au Trésor seront de 3 pour 100 pour les prêts de 25,000 fr. et au-dessous, et de 5 pour 100 pour ceux qui excéderont 25,000 fr. Quant à la durée du prêt, il n'a, en général, d'autres limites que la durée même de l'association. Le remboursement doit s'effectuer d'année en année ; seulement il ne commencera qu'à la fin de la seconde, à raison des charges exceptionnelles du début. Il est d'ailleurs gradué; faible à l'origine, il s'élève à mesure que l'établissement prend de la consistance, et se trouve suspendu lorsque les inventaires ne présentent plus de bénéfices. A moins de convertir le prêt en donation, il était impossible de se montrer plus libéral.

Rien ne s'opposait dès lors à ce que l'expérience suivît son cours ; les sociétés étaient organisées, elles recevaient leurs fonds des mains du Trésor au fur et à mesure de leurs besoins. Le Conseil d'encouragement, n'ayant plus de subsides à répartir, se transforma spontanément en Conseil de surveillance et se partagea l'inspection supérieure des nouvelles associations. Il put ainsi suivre son œuvre de l'œil, en apprécier les résultats, en diriger la marche par de sages conseils, intervenir dans les différends, signaler les infractions à l'acte constitutif, remplir, en un mot, l'office d'un tuteur éclairé et bienveillant. Son rôle était de guider les associations sans peser sur elles, de s'en faire aimer en leur inspirant du respect. D'un autre côté, l'attention publique ne demeurait pas indifférente à ces essais, et il s'ensuivit une sorte de vogue, à laquelle se mêlaient un peu de calcul et un peu de curiosité. Des ministres, des hommes d'Etat voulurent s'assurer par eux-mêmes de la situation de ces sociétés, interroger les ouvriers, les surprendre au travail et s'enquérir de leurs règlements intérieurs. Dans le monde officiel, il fut souvent question d'eux ; on s'y faisait un titre de les avoir vus, ou l'on se promettait de les voir ; c'était un tribut payé à la nouveauté.

Que l'Académie me permette à ce sujet quelques réflexions, et elles seront communes à tous les établissements que l'engouement crée et et qui ne se soutiennent qu'à l'aide du bruit et de l'apparat. Je n'hésite pas à dire qu'il ne sort de là que des institutions mensongères, altérées dans leur germe, vivant d'artifice et condamnées à périr le jour où on les abandonne à leurs propres éléments. La première des conditions à exiger pour une expérience vraiment sérieuse, c'est que rien n'en fausse l'esprit et ne la fasse dévier de ses lois naturelles. Or, était-ce ici le cas, avec une pression exercée du dehors, avec un concours de personnages officiels et les bruyantes fanfares de la presse ? Tant d'éloges et de tels honneurs devaient infailliblement inspirer à ces ouvriers une idée exagérée de leur importance, les jeter hors de leurs instincts, leur faire jouer un rôle d'emprunt. Ils posaient devant le public et s'étudiaient à paraître sous un beau jour. Au bout de l'essai, il y avait un problème indiqué et qu'il importait de résoudre. Il fallait savoir si les hommes d'élite qui s'élèveraient du sein de ces associations, livreraient longtemps leurs services sur le même pied et aux mêmes conditions que le gros des associés, et s'il n'y aurait qu'un seul niveau pour celui qui serait l'âme de l'entreprise et celui qui en serait le bras le plus inexpérimenté. Il fallait savoir ensuite, l'inégalité une fois admise, jusqu'où elle irait et quelles en seraient les proportions. C'était là le fond de l'expérience. Eh bien ! avec une existence en relief, les termes en sont dénaturés. Les choses ne se passent alors ni sûrement, ni sincèrement. Dans la marche des associations, dans la conduite des associés, il y a une part pour le public, pour l'effet extérieur. On est autre chose que soi-même ; on échappe aux mobiles ordinaires de la vie, on représente. De là, des vertus de position et des indemnités d'amour-propre qui servent à couvrir les sacrifices d'intérêt. Evidemment, d'expériences pareilles, il n'y a point de conclusion à tirer ; il faut attendre que le bruit ait cessé autour d'elles et que, ramenées à leurs véritables conditions, elles aient subi la sanction et l'arrêt du temps.

Cependant cette influence du dehors ne s'exerça pas sur toutes les associations dans une mesure égale, et il est possible de se former aujourd'hui une opinion sur l'ensemble de la tentative, à l'aide de résultats administrativement constatés. J'ai eu sous les yeux, pour exécuter ce travail, les dossiers de toutes ces sociétés, avec les rapports mensuels des inspecteurs salariés et les inventaires dressés à la fin de chaque exercice. Ce qui m'a d'abord frappé dans ces documents, ce sont les changements nombreux survenus au sein des associations dans la première période de leur existence. A chaque instant leur constitution est modifiée, au milieu de conflits et d'orages sans fin. Les traces s'en retrouvent dans les mutations de gérance et de raison sociale [1]. Telle association a déjà porté quatre noms, telle autre trois ; dix sur trente ont subi à Paris une modification de ce genre, et toutes ont éprouvé dans leur personnel de sensibles variations. Au fond le fait s'explique ; ces ouvriers s'étaient pris au hasard, et une fois à l'œuvre ils se surveillent, se jugent et s'épurent ; de là, des mouvements dans la gestion et des éliminations nécessaires. Il ne faut donc pas tirer de cette circonstance des conclusions trop absolues.

Un moyen plus sûr d'appréciation, c'est l'examen des livres et des écritures de commerce : en voici un aperçu succinct. Les inventaires des deux premières années constatent des situations bien diverses parmi ces associations. On voit les unes dévorer leur capital, sans fournir de travail utile ; tout se résume pour elles en des salaires payés aux associés et des produits qui demeurent invendus. Les autres écoulent quelques marchandises, mais en si petite quantité que les frais généraux pèsent sur les prix, de manière à les rendre onéreux pour l'établissement. Dans l'un et l'autre cas, la ruine est au bout, plus ou moins prochaine, mais inévitable. Il est des associations où les pertes et les profits se balancent ; d'autres enfin qui soldent leur inventaire par un bénéfice important. Mais ici encore, il convient de se défendre des illusions et ne pas tenir ces chiffres pour plus concluants qu'ils ne le sont en réalité. Il y a dans ces écritures deux points qui se dérobent à tout contrôle sérieux, la valeur des marchan-

---

[1] Dans les premiers six mois, il y a eu 74 démissions, 15 exclusions, 52 admissions nouvelles, 11 changements de gérants. (*Rapport de M. Lefebvre-Durufté à l'Assemblée nationale.*)

dises qui restent en fin d'inventaire et la solidité des créances sujettes
à recouvrement. On sait à combien de mécomptes donne lieu cette
double évaluation dans le commerce et l'industrie ordinaires. Pour
se prémunir contre les fictions et les erreurs, on a soin de s'y tenir
en deçà des résultats apparents. Or, ces ouvriers avaient-ils pris les
mêmes précautions, et n'est-il pas naturel de penser qu'avec une entière bonne foi ils s'en étaient tenus aux données les plus favorables?
Ce doute pouvait s'élever dans les esprits les moins prévenus.

Il s'est élevé dans le mien et j'ai cherché si, dans les pièces mêmes,
on ne trouverait pas quelque indication d'un caractère plus précis et
la preuve d'un véritable succès. Voici où cette recherche m'a conduit. En thèse générale, ces établissements étaient condamnés, par
leur nature même et par les circonstances de leur origine, à se mouvoir dans le capital que l'Etat leur a fourni et à ne pas étendre leurs
opérations au delà de cette ressource. Nouveaux dans l'industrie, ils
ne pouvaient pas prétendre à s'y faire sur-le-champ la position dont
jouissent des maisons anciennes et accréditées. Leurs opérations allaient donc rouler dans un cercle restreint, c'est-à-dire qu'après avoir
employé leur fonds social à créer des produits, ils couraient la chance
d'une suspension forcée si la vente immédiate de ces produits ne leur
procurait pas des fonds nouveaux. En un mot, ils devaient vivre uniquement et longtemps encore sur les avances du Trésor, s'en servir
avec plus ou moins de bonheur, mais, dans tous les cas, y rester em-
prisonnés. Or, dans cette situation, il n'y avait pour eux qu'un signe
d'affranchissement, qu'un titre d'indépendance, c'était la faculté
d'user du crédit privé comme ils avaient usé du crédit de l'Etat, d'en
user librement, régulièrement, comme des établissements qui possèdent et méritent la confiance; c'était de prouver, par leurs livres, qu'à
côté des sommes versées par le gouvernement, il en était d'autres
versées par des créanciers volontaires et qu'ils ne devaient qu'à leur
propre solidité. Voilà un témoignage décisif, concluant pour les institutions nouvelles, et qui pouvait donner la mesure de l'estime où
les tenaient les hommes compétents.

C'est dans cette circonstance que j'ai cherché la force réelle, la vir-
tualité pour ainsi dire, des associations récemment constituées. Il me
coûte beaucoup d'ajouter que, sur les trente sociétés de Paris, quatre
ou cinq au plus jouissent de quelque crédit privé et personnel, et encore dans une limite fort modérée. Le reste n'a pour créanciers que
l'Etat ou des associés. Dans les départements, aucune société d'ouvriers ne jouit et n'use du crédit privé; mais en revanche, il entre
pour une grande part dans le mouvement d'affaires des établissements
que le gouvernement a secourus et qui restent placés sous la direction
de leurs anciens propriétaires. Ainsi, partout où les ouvriers sont
livrés à eux-mêmes, la main des capitalistes se retire ou ne s'ouvre
qu'à demi; l'appât même d'un intérêt élevé ne les décide pas. Aux

yeux des amis passionnés de l'association, c'est là un véritable complot, une exclusion systématique et préméditée; pour les hommes de bonne foi, c'est tout simplement un fait inévitable et qui est dans la nature des choses.

L'Académie va d'ailleurs connaître un détail plus concluant encore et qui n'est pas susceptible d'interprétations équivoques. La majeure partie des contrats de prêt avait été passée dans les six premiers mois de 1849. Vers le milieu de 1851, c'est-à-dire deux ans après, l'administration fit dresser un état des révocations de prêt. C'était, à nommer les choses par leur nom, la table mortuaire des associations qui avaient succombé. Par un sentiment que l'Académie comprendra, je m'abstiendrai de copier ce document; je me bornerai à l'analyser dans ses traits essentiels. Il constate que, dans cette période, dix-huit établissements ont, pour divers motifs, cessé d'exister; dix à Paris, huit dans la province. Les dix établissements de Paris avaient reçu une somme de 142,000 fr.; les huit établissements de province, une somme de 447,000 fr.; en tout, 589,000 fr. pour les dix-huit établissements. La proportion était, pour Paris qui compte trente associations, d'un tiers en nombre et d'un cinquième en somme; pour les départements, qui en comptent vingt-six, d'un quart en somme et d'un tiers en nombre. Ce chiffre de 589,000 fr. ne constituait pas, il est vrai, une perte équivalente pour le Trésor; il y avait là-dessus des rentrées possibles et des hypothèques prises; mais le fait grave, le fait saillant, c'est qu'à l'expiration de l'année, dix-huit établissements sur cinquante-six étaient en pleine dissolution, c'est qu'après une première campagne le tiers de l'armée était déjà hors de combat[1].

Rien n'est plus curieux ni plus significatif que la page d'observations où sont consignés les motifs à raison desquels ces prêts ont été révoqués. Ici, c'est un gérant qui emporte la caisse et les registres de comptabilité; ailleurs, ce sont des infractions multipliées aux statuts. Dans beaucoup de cas, il n'y a ni travail réel ni association sérieuse : deux ou trois personnes se partagent les avances du Trésor et en disposent pour leurs besoins jusqu'à épuisement. Parfois la société est abandonnée de tous ses membres, et quand on se transporte au siège qu'elle a choisi, il ne s'y trouve personne pour la représenter. En d'autres occasions, il y a dol réel, mauvais emploi de matières ou supposition de signatures dans les souscriptions d'actions; ici des ouvriers sans gérants, là des gérants sans ouvriers; enfin trois faillites légales, ouvertes et déclarées six mois après des versements importants faits par l'administration. Une circonstance est encore à noter pour s'être plusieurs fois reproduite, c'est que des ouvriers eux-mêmes, convaincus de leur impuissance et voyant leurs fonds s'en

---

[1] Depuis lors, 12 nouvelles révocations de prêt ont eu lieu; 8 à Paris pour une somme de 202,000 fr., 4 en province pour une somme de 163,000 fr.

aller sans profit, ont demandé à l'Etat de vouloir bien dissoudre leur société et procéder le plus tôt possible à une liquidation. Ils sentaient leur responsabilité engagée et, dans leur bonne foi, ils cherchaient à la mettre à couvert.

Telle est la part des mécomptes et des échecs : depuis lors elle n'a fait que s'accroître, et je suis fondé à dire qu'à la date où nous sommes, sur les trente associations de Paris, il en reste à peine sept ou huit douées de quelque vitalité, et cinq ou six tout au plus sur les vingt-six que comptaient les départements. Dans les dernières séances qu'a tenues le Conseil d'encouragement, il s'est même produit plus d'un trait de lumière sur ces établissements, qui prétendaient se trouver dans une situation florissante et dont les inventaires se résumaient par des profits. D'après les termes de leurs contrats de prêt, ces établissements auraient dû, à la fin de l'exercice, rembourser à l'Etat, outre l'annuité d'intérêt, une première annuité d'amortissement. Eh bien ! à part quelques rares exceptions, ces établissements ont fait solliciter, à Paris par les inspecteurs, dans les départements par les préfets, les uns la remise des deux annuités, les autres celle de l'annuité d'amortissement. Il y a mieux, ces associations en voie de prospérité s'appuyaient sur leur prospérité même pour implorer de nouvelles allocations, et pour tenir compte de ces demandes, il eût fallu au Conseil d'encouragement une somme au moins égale à ce qu'il avait déjà distribué. Ainsi le succès même ne parvenait pas à créer à ces établissements des conditions d'existence régulière, et après avoir emprunté à l'Etat les moyens de vivre, elles semblaient attendre encore de lui les moyens de se développer.

J'ai essayé de recueillir, dans le dossier volumineux que j'ai eu entre les mains, et à l'appui de mes impressions personnelles, les témoignages d'hommes sensés, judicieux, impartiaux, qui ont pu et dû suivre la marche de ces associations, en apprécier l'état financier et moral, pour en rendre compte dans des rapports officiels. A Paris, sous les yeux du Conseil d'encouragement, ces rapports ne pouvaient être que sommaires; mais dans les départements, ils comportaient plus d'étendue, et plusieurs d'entre eux forment de véritables mémoires. Les préfets en déléguaient le soin tantôt à des ingénieurs, tantôt à des inspecteurs de finances ou à des comptables, ou bien à des présidents des tribunaux de commerce ou des tribunaux civils, toujours à des hommes experts et capables d'émettre sur les faits soumis à leur jugement une opinion éclairée et consciencieuse. Il ne m'est pas permis d'user de ces documents avec une liberté entière, et même, en leur empruntant quelques extraits, suis-je obligé de m'en tenir à des points généraux et communs qui n'impliquent pas une désignation spéciale. Néanmoins, tout en les restreignant ainsi, ces rapports sont des éléments d'information trop précieux pour que je ne communique pas à l'Académie ce qui peut en être communiqué sans inconvénient.

Un point sur lequel tous les inspecteurs des départements sont d'accord, c'est que l'ouvrier y est resté en général assez indifférent aux bienfaits de l'association. Voici ce que dit un rapport émané d'un comptable :

« Je dirai simplement que je n'ai remarqué, pas plus chez les ou-
« vriers que chez les gérants, aucune des marques constitutives d'une
« société entre patrons et ouvriers. On dirait que, des deux côtés, ils
« ont le bon esprit de sentir tout ce qu'il y a de chimérique dans
« une pareille idée. Cependant, sans conviction et partant sans résul-
« tat utile dans le sens de la loi, la chose se pratique. L'ouvrier ne
« demande pas à être associé, c'est incontestable; mais si on lui pro-
« pose de le devenir, en lui faisant ressortir que, quoi qu'il arrive,
« il sera payé de sa journée; qu'il prendra part aux bénéfices sans
« contribuer aux pertes; que, d'un autre côté, quand cela lui plaira,
« il pourra quitter l'établissement en renonçant à ses bénéfices, qui
« pour lui sont chose bien éphémère, on conçoit parfaitement qu'il
« accepte. Mais pour le bien de la chose, que fait-il? Rien. Il n'en ar-
« rive pas cinq minutes plus tôt à l'établissement, et il tirerait lui-
« même le cordon de la sonnette plutôt que de rester une minute
« après l'heure où il lui est permis, comme simple ouvrier, de partir.
« On n'a pas besoin, je crois, de prouver que, dans une telle situa-
« tion, les principaux associés ne doivent pas être fort animés du
« désir de se procurer de semblables cointéressés. »

Un inspecteur des finances, traitant le même sujet dans un rapport qui touche à d'autres ateliers et à un autre département, s'exprime ainsi :

« On concevra facilement, d'après ce résultat, que l'association
« entre patrons et ouvriers n'offre à ces derniers qu'un trop faible
« avantage pour avoir exercé une influence sur leur bien-être et leur
« moralité. Du reste, il ne paraît pas que, sauf quelques exceptions,
« les ouvriers aient pris l'association au sérieux, ni qu'ils aient agi
« en intéressés, en apportant à leurs travaux plus d'activité et de soins
« depuis qu'elle est formée, car les produits ne sont ni plus abondants
« ni de meilleure qualité. »

Il me serait facile de multiplier les citations, toutes dans le même esprit et dans le même sens. Les choses en sont allées au point que, dans l'une des associations entre patrons et ouvriers, ces derniers se sont refusés un moment à accepter une part dans les bénéfices, en raison de la crainte où ils étaient qu'on ne les rendît en même temps passibles des pertes. Ceux même qui, au début, avaient conçu quel-ques illusions paraissaient en être revenus; un rapport insiste entre tous sur cette circonstance; voici ce qu'il en dit :

« Dans l'origine, les associés étaient pleins de zèle et d'ardeur. Sou-
« tenus par l'espérance de réaliser de gros bénéfices, persuadés que

« les maîtres sous lesquels ils avaient travaillé avaient fait des gains
« élevés, ils avaient accepté avec autant de patience que de rési-
« gnation des privations et une gêne qu'ils n'éprouvaient pas sous
« leurs anciens patrons; ils consentaient même à ne point toucher,
« aux jours indiqués, la totalité des journées dues et acceptaient fa-
« cilement des à-compte. Mais de la gêne, de la contrainte, car les
« règlements sont sévères; des privations et des sacrifices sans com-
« pensation réelle et immédiate, sont beaucoup pour de simples ou-
« vriers aux prises avec des besoins incessants; aussi le nombre des
« associés a-t-il considérablement diminué. »

Ce dernier rapport se rattache à une société entre ouvriers, et l'auteur
y juge avec un bon sens, pour ainsi dire élémentaire, les motifs qui
en éloignent et en entravent le succès.

« Dans toute entreprise, dit-il, l'unité de direction est nécessaire.
« Un maître, ayant des ouvriers sous ses ordres, se trouve dans les
« conditions les plus favorables; son action est libre et entière; il
« dirige suivant son intelligence, commande suivant ses besoins et
« fait exécuter, sous sa responsabilité personnelle, tout ce qu'il croit
« utile à la prospérité de son établissement. Dans les associations
« ouvrières, et surtout dans celles qui sont organisées sur une petite
« échelle, cette unité de direction devient bien difficile. Appartien-
« dra-t-elle à tous? Comme tous sont responsables et participants aux
« pertes et aux bénéfices, tous y ont un droit incontestable, au moins
« indirectement. Alors, il ne faut pas se le dissimuler, c'est la confu-
« sion, c'est la ruine dans un avenir plus ou moins prochain. Cette
« unité de direction est-elle déléguée à l'un des associés ? Alors, sous
« le rapport de la liberté et de l'indépendance, le gérant sera pour
« l'ouvrier un véritable maître, un patron.

Il est un autre point sur lequel les rapports des agents des finances
sont d'une fâcheuse unanimité. Aucun des établissements secourus
ou fondés dans les départements, ne semble avoir un capital social en
rapport avec le mouvement de ses affaires.

« Que les demandes cessent, dit un inspecteur, qu'il faille aller
« chercher la vente, solliciter les acheteurs, se créer des débouchés,
« étudier des modifications à introduire dans la fabrication pour sa-
« tisfaire aux besoins des localités et aux nécessités du moment, re-
« chercher et appliquer les moyens d'économie pour lutter contre la
« concurrence, toujours redoutable, quand les écoulements sont diffi-
« ciles, alors seulement, l'inexpérience des affaires se fera sentir et
« pèsera sur l'exploitation. Les produits s'accumuleront dans les ma-
« gasins, les capitaux employés ne permettront plus de jouir des
« bénéfices de l'escompte; on produira toujours, et quand les fonds
« viendront à manquer aux salaires, à l'acquisition des matières, on
« expédiera des marchandises en consignation, on se mettra à la merci
« des intermédiaires et on vendra au-dessous des prix de revient, pre-

« mier pas vers la ruine. Tel peut être le sort réservé à ces établisse-
« ments, si les affaires industrielles avaient à supporter quelques-
« unes de ces crises difficiles, auxquelles elles se trouvent si fréquem-
« ment exposées. »

La crainte exprimée dans ce rapport se trouve reproduite dans
beaucoup d'autres et en des termes non moins énergiques. J'ajoute
qu'elle se manifeste, même au sujet de grands établissements, qui ont
un crédit étendu et n'empruntent pas au gouvernement seul leurs
éléments d'activité. Qu'on juge où en sont les autres, ceux dont l'u-
nique ressource consiste dans le prêt qui leur a été fait! Il est évident
que la moindre crise suffirait pour les renverser et joncher le sol de
leurs ruines.

Telle est, dans le moment actuel, la situation des associations, que
l'État a fondées de ses mains et aux frais du Trésor dans le courant
de 1848 et 1849. Beaucoup ont succombé, et celles qui résistent ne le
doivent qu'à une sorte d'abandon de leur principe et à une transformation de leurs éléments. Pour obtenir un succès tel quel, il a fallu
se rapprocher, autant que possible, des formes consacrées par le
temps, c'est-à-dire imiter ce qu'on voulait détruire; il a fallu emprunter à l'industrie régulière ses méthodes de gestion, son unité, sa stricte
discipline. Pour durer, il faudra aller plus loin encore dans cette voie
d'assimilation, il faudra mériter et conquérir le crédit personnel qui
est l'apanage des établissements vraiment viables. Je craindrais de
passer pour un esprit enclin au pis-aller, si je disais à l'Académie quel
est le nombre de ceux que je crois, après un examen attentif des faits,
susceptibles de franchir heureusement cette dernière épreuve.

IV.

Il me semblerait que j'ai négligé une partie essentielle de mon
sujet, si je n'y ménageais une place aux associations libres, qui se
sont fondées et se maintiennent par leurs propres ressources et en
dehors des subventions de l'État. Pour deux motifs, cette mention
est nécessaire. Le premier, c'est que, entre tous les essais, aucun n'est
plus concluant, puisque le principe d'association y agit seul et sans
force d'emprunt; le second, c'est qu'on a singulièrement exagéré
ce qui s'est fait dans cette voie et qu'il importe de rétablir les choses
dans leur réalité.

Ici pourtant le terrain est moins sûr et les renseignements sont
moins précis. Je n'aurai pas, pour juger et faire connaître ces associations, des documents analogues à ceux que m'a fournis l'expérience
officielle. Je n'aurai ni des rapports d'inspecteurs, ni des inventaires
basés sur des données rigoureuses. Investis d'une entière liberté d'action, ces établissements n'ont point de comptes à rendre, et les détails qui en transpirent proviennent de confidences volontaires, obte-

nues des personnes intéressées et qui n'impliquent ni contrôle, ni débat. Aussi m'en tiendrai-je à un travail de rapprochement. Déjà l'un de nos honorables confrères, M. Villermé, a traité cette portion de mon sujet, avec le talent et l'impartialité qui le distinguent, dans l'une des publications qui sortirent du sein de cette Académie, en 1848 et 1849, sur les instances du gouvernement. Plus tard, un écrivain que recommandent des travaux consciencieux, M. Cochut, a recueilli et publié des renseignements très-circonstanciés sur l'état de ces associations, où ses sympathies politiques lui assuraient un libre accès. Je vais résumer ces divers éléments d'information et en présenter à l'Académie une analyse rapide.

Avant que les événements de 1848 eussent jeté le désordre dans notre régime industriel, les tentatives d'association n'avaient pas revêtu un caractère bien sérieux. C'était un texte à déclamations, rien de plus ; le bon sens des ouvriers, l'abondance du travail, le taux croissant des salaires en avaient éloigné ou amoindri les applications. Il n'y eut, en ce genre, qu'un essai important et des plus curieux ; la date en remonte aux premières années qui suivirent la révolution de 1830. L'une des principales imprimeries de Paris, celle de M. Everat, ayant été atteinte par la crise d'alors, il se forma, entre les plus habiles et les plus robustes ouvriers de cet établissement, compositeurs ou pressiers, une association qui avait pour base l'égalité de conditions, et pour moyen une retenue sur le montant des salaires. On peut affirmer, sans courir le risque d'être contredit, que c'était la fleur des ouvriers de cette industrie, qui s'unissait pour la lutte et le succès, et les magnifiques éditions sorties de ces ateliers, célèbres sous le nom de Lacrampe, rendirent bientôt manifeste aux yeux du public ce degré éminent et supérieur du talent professionnel. Rien ne manqua à cette association, si digne d'estime, ni la faveur du public, ni celle des libraires ; elle eut une vogue soutenue, et, pour ainsi dire, le choix dans la meilleure clientèle de Paris. Citée pour les ouvrages de luxe, elle en réglait presque les prix, et au lieu de recevoir la loi elle la dictait.

Quelle association devait réussir, si ce n'est celle-là ? Ouvriers d'élite, clients nombreux, travaux surabondants, réputation assise, que de conditions réunies ! Eh bien ! cela n'a pas suffi pour assurer la durée de l'établissement et la fortune des associés : après quelques années d'existence, l'association a été dissoute. J'ai entendu attribuer ce résultat à diverses causes ; il n'y en a qu'une de vraie et de fondamentale, c'est que le principe de l'association, ainsi compris, ainsi appliqué, porte en lui un germe d'anéantissement qui persiste, et se développe même au milieu des plus belles apparences.

A côté de cet essai remarquable, et qu'on égalera difficilement, je n'en vois pas d'autre à citer dans la période antérieure à 1848. Il y eut bien une association de bijoutiers en faux, fondée par les soins et sous l'inspiration de M. Buchez, dans les données les plus pures de la fraternité évangélique; mais cette association est au nombre de celles que l'Etat a comprises dans la distribution des trois millions, et dès lors elle entre dans une catégorie à part, et ne relève plus de ses propres ressources. On cite également l'exemple d'un entrepreneur de peinture en bâtiments qui, longtemps avant 1848, avait associé ses ouvriers à ses bénéfices, et obtenu à ce propos les plus bruyants éloges de la part des utopistes en crédit; mais je ne saurais dire si cette association est encore debout, et si elle a tenu ce qu'en attendaient ses panégyristes.

Quoi qu'il en soit, le mouvement éclate après la révolution de Février, et c'est le gouvernement qui en prend l'initiative. Il crée d'une main les ateliers nationaux, c'est le droit à l'aumône ; de l'autre, l'atelier de Clichy, c'est le droit à l'égalité des salaires. Sans enchères publiques, sans adjudication, sans cautionnement, il livre à des ouvriers ameutés une fourniture d'habillements pour une valeur d'un million et demi, et un local appartenant à l'Etat, la prison de Clichy. Voilà quelle fut la première forme d'association issue du sein de ce désordre. Il n'en fallait pas davantage pour que la manie de l'imitation s'en mêlât, et qu'on vît s'élever sur mille points, et de proche en proche, ces établissements auxquels l'équerre et le niveau servaient d'enseigne et de décoration. Associations de cuisiniers, de coiffeurs, de bottiers, de chapeliers, de cafetiers, qui n'en a rencontré sur son chemin, et qui ne s'en souvient? Ce fut une triste bouffonnerie. Les femmes mêmes y prirent part : on eut des associations de modistes, de lingères, de couturières, et jusqu'à l'association fraternelle des blanchisseuses, comme l'a constaté notre confrère M. Villermé. Au fond de chacune de ces associations qu'y avait-il de réel? Deux ou trois personnes se jouant de la crédulité publique.

Si le principe de l'association, agissant dans sa liberté, n'eût fourni que de pareils travestissements, je n'aurais pas à en entretenir un auditoire aussi grave que celui-ci. Mais quelques sociétés entre ouvriers ont été constituées à Paris sur un pied moins équivoque et plus digne d'attention. Il y a eu des efforts tentés, des sacrifices accomplis, des résultats obtenus, et c'est sur ce point seulement que j'insisterai.

La première association libre qui se présente dans l'ordre des dates est celle qui se constitua entre ouvriers tailleurs sur les débris des ateliers de Clichy. Vers les derniers jours de juillet 1848, ces ateliers avaient été fermés par l'ordre de l'autorité; il n'y restait plus qu'un petit nombre d'ouvriers, et des meilleurs, sur qui reposait la liquidation du marché passé avec le gouvernement. Quand cette liquidation eut été achevée, ces ouvriers, au nombre de cinquante-quatre, et appuyés d'un beaucoup plus grand nombre d'adhérents, contractèrent une association nouvelle dont la mise de fonds se composa des bénéfices réalisés dans l'ancienne opération, 37,000 fr. environ. La

forme sous laquelle ils se constituèrent fut la société en nom collectif
à l'égard du gérant, et en commandite à l'égard des autres associés.
Cependant, en imposant au gérant la responsabilité, l'acte social ne
lui attribua qu'un pouvoir restreint. Nommé pour un an seulement,
il resta dominé par une assemblée générale, réunie deux fois par an,
et par une Commission de surveillance investie d'un rôle actif. Le capital social fut fixé à 200,000 fr., divisibles en actions de 50 fr., personnelles et inaliénables, et ne portant point d'intérêts. Chaque associé
devait en posséder une au moins, et pouvait l'acquérir par un versement de 1 fr. par mois : le reste était destiné aux adhérents ou aux
souscripteurs de bonne volonté. Il est inutile d'ajouter que ce fonds
social est demeuré en très-grande partie à l'état de lettre-morte, et s'est
réduit à d'insignifiants versements.

Il semble néanmoins, si les renseignements dont j'ai indiqué la
source sont exacts, que les opérations de cette société se sont développées, surtout avec les départements. Dans le cours de sa première
année elle aurait fait, dit-on, pour 160,000 fr. de vente, et l'actif se
serait élevé à 66,000 fr. dans l'inventaire qui a été dressé. J'indique
ces chiffres sans les garantir ; ils n'ont pu être l'objet d'aucune vérification. Mais, ce qu'il est essentiel de constater, c'est que ces ouvriers,
réunis d'abord par la pensée et le désir d'appliquer entre eux l'égalité
des salaires, et qui s'en étaient fait un titre aux faveurs du gouvernement, n'eurent rien de plus pressé, une fois rendus à leur indépendance, que d'en revenir à un mode de rétribution plus conforme à
leurs instincts naturels et à leurs saines habitudes. Non-seulement ils
repoussèrent le principe d'un salaire égal, mais ils n'admirent même
pas le salaire à la journée, qui peut donner lieu à des abus et servir
d'abri à la paresse et à l'incapacité. Ils décidèrent que le travail serait
payé aux pièces, c'est-à-dire en raison des objets confectionnés, et du
mérite de la confection. On ne pouvait se donner un démenti plus
complet, ni plus heureux. Ce n'était plus dès lors cette fameuse
maxime : *à chacun selon ses besoins,* qui, sortie du Luxembourg, avait
eu l'atelier de Clichy pour terrain d'essai ; c'était un retour à ce bon
sens vulgaire, qui veut que toute œuvre soit rétribuée suivant sa valeur, et que le salaire se mesure au service rendu.

Dans l'association libre des ouvriers lampistes se retrouvent des circonstances et des faits analogues. Là aussi le salaire est payé aux pièces, c'est-à-dire par le mode de rémunération qui s'écarte le plus de
l'égalité ; là aussi le gérant est seul engagé, seul soumis aux chances
de la société en nom collectif ; les autres associés n'ont que la qualité
de commanditaires. Aucune association ne se fonda sous des auspices
plus bruyants, ni avec des ambitions plus grandes. De l'aveu même
de l'écrivain dont je suis le récit, ce fut au début une véritable manifestation politique, où le corps entier des ferblantiers-lampistes se
fit un honneur de figurer. On y nomma au scrutin des décurions et

des centurions; on s'y livra pendant huit mois à des dissertations qui n'avançaient les affaires de personne, pas plus celle des patrons que celle des ouvriers; enfin on y recueillit, aux moyens de quêtes, la somme nécessaire pour un premier établissement. C'est de là, qu'après des vicissitudes multipliées, est sortie une véritable société, composée d'un certain nombre de membres actifs et d'un nombre plus grand de simples actionnaires. Le fonds capital, fixé à 50,000 francs, devait se constituer au moyen de petits apports de trois francs par mois, comme dans l'association des tailleurs; ce capital, sauf quelques à-compte, n'a pas été sérieusement versé. Du reste, la forme des statuts ne s'écarte guère de ce que nous connaissons déjà; seulement il y a luxe et surabondance de fonctions. Au gérant et au Conseil de surveillance, les ouvriers lampistes ont jugé utile d'adjoindre un sous-gérant et un censeur. Tout ce personnel électif est perpétuellement révocable. Jusqu'ici les choses ont marché, nous assure-t-on, non-seulement sans encombre, mais encore avec un certain succès. Il y a des résultats acquis et des inventaires fructueux. Le temps dira jusqu'à quel point cette situation est durable.

L'association libre des facteurs de pianos et celle des ouvriers corroyeurs sont les seules qui se soient assujetties, pour l'ensemble des contractants, aux obligations et aux formes de la société en nom collectif. Les ouvriers y sont tous solidairement engagés, comme dans les associations protégées par l'Etat. Choisis parmi les meilleurs ouvriers de la profession, ils sont parvenus à réunir un capital de 30,000 francs à l'aide de retenues exercées sur leurs salaires. Leurs produits sont appréciés, à ce qu'il semble, et ils ont tenu à honneur d'envoyer à l'exposition de Londres un piano sorti de leurs ateliers. Le travail chez eux est payé aux pièces, et les résultats correspondent à ce que les bons ouvriers obtiennent dans les autres maisons. Dans nulle association il ne règne autant d'émulation et de concorde; nulle part aussi il n'a fallu plus de patience et plus d'abnégation pour lutter contre des débuts ingrats. Tel est le témoignage que leur rend l'écrivain auquel j'emprunte ces renseignements; s'ils sont exacts, ils prouvent beaucoup en faveur de la sagesse des associés. Cette sagesse doit corriger sans doute ce que leurs statuts renferment de dangereux et d'incompatible avec une gestion suivie. En effet, la société des facteurs de pianos a non-seulement cédé comme les autres à la manie de diviser les pouvoirs; mais elle a en outre décidé, pour empêcher tout abus, que ces pouvoirs seraient incessamment révocables. Ainsi elle a un gérant, des surveillants et trois contrôleurs à la réception des travaux; mais ces contrôleurs, surveillants et gérants sont soumis chaque mois à une réélection; on peut les maintenir ou les changer, c'est le scrutin qui en décide. Il est facile de comprendre quels inconvénients s'attachent à une autorité aussi précaire, et combien l'exercice en est gêné par ce perpétuel assujettissement.

Quant à l'association des ouvriers corroyeurs, son caractère est celui d'une démocratie industrielle, sans mélange ni contre-poids. Tous les membres y sont responsables, et la direction appartient à des chefs d'ateliers dont le salaire est fixé à la moyenne de ce que gagnent les ouvriers. A côté d'eux, et non au-dessus, sont trois commis aux ventes, un caissier et un teneur de livres, dont les appointements ne peuvent dépasser la moyenne de ceux des chefs d'ateliers. Ce personnel administratif est perpétuellement révocable et n'a que des pouvoirs restreints. Dans l'origine, quelques membres de la société avaient essayé de lui donner une organisation plus forte et moins sujette aux fluctuations; mais la majorité en prit ombrage et les obligea à se retirer. Depuis lors, l'esprit d'indépendance a continué de prévaloir au sein de l'association, tempéré sans doute par le zèle et l'amour du devoir. Cependant, toute démocratique qu'elle est, la société des ouvriers corroyeurs n'a pas poussé l'obéissance à son principe jusqu'à admettre l'égalité des salaires. Le travail y est rétribué selon les usages et les tarifs des bonnes maisons de Paris, tantôt aux pièces, tantôt à la journée, suivant les convenances, non des ouvriers, mais de l'établissement. Dans ces termes, les affaires paraissent s'y être développées : le total des ventes en 1850 s'est élevé à plus de 200,000 fr.: c'est le chiffre que je relève dans les comptes fournis par les associés eux-mêmes. Il est vrai qu'à côté de cette indication il s'en trouve une autre moins favorable aux yeux des hommes versés dans l'industrie. Ce mouvement considérable de ventes n'a donné lieu qu'à une répartition de 3,700 francs environ de bénéfices, ce qui est hors de proportion avec les sommes engagées et les risques courus, et semblerait prouver que ces ouvriers n'ont pas le sentiment bien net de l'opération qu'ils poursuivent.

La dernière association libre dont j'aie à parler est celle des ouvriers tourneurs en chaises; elle occupe le plus haut rang dans l'estime de ceux qui ont suivi ces nouveautés avec quelque chaleur. Cela tient à ce que, dans ses débuts, elle ne mit point de limite à ses projets de réforme. Elle se proposa d'embrasser toutes les industries et demanda qu'on lui fît une part convenable dans l'entreprise alors en vogue du bonheur universel. C'était un programme un peu vaste, il fallut y renoncer. Quinze ouvriers se réunirent donc avec 300 francs de capital, et se constituèrent dix-huit mois plus tard en société en nom collectif à l'égard des gérants et en commandite vis-à-vis des autres associés. Les gérants sont au nombre de trois et leurs pouvoirs sont contrôlés par trois Conseils ; Conseil de gérance, Conseil de surveillance, Conseil de famille. On voit qu'en aucune de ces sociétés les contrôles ne font défaut, et qu'un nombreux personnel y est attaché. Celle-ci n'y déroge pas, sur un point cependant elle diffère des autres. L'Académie sait quel éloignement a partout éclaté pour l'égalité du salaire; les tourneurs de chaises sont les seuls qui n'aient pas renoncé à ce principe d'une manière absolue. Sans admettre l'égalité, ils ont posé une limite à l'inégalité. Ainsi d'un ouvrier à l'autre, il peut y avoir de la différence dans les prix de la journée ; mais cette différence ne doit pas excéder 50 centimes : là où l'ouvrier habile gagnera 3 francs, le plus médiocre ouvrier de l'atelier gagnera nécessairement 2 fr. 50 centimes. Il est vrai que pour pallier les abus de ce mode de rétribution, la société a imaginé de marquer chaque pièce d'une estampille qui équivaut à la signature de l'ouvrier ; mais les faits ont prouvé que c'est là une garantie illusoire, même entre ouvriers de choix, et tôt ou tard il faudra avoir recours à des procédés plus conformes à la nature des choses.

Cette société des tourneurs en chaises offre encore une circonstance digne d'attention ; c'est celle où le sacrifice et le dévouement sont le mieux caractérisés. Par exemple, les gérants ne reçoivent que 25 cent. de haute paye, allocation évidemment insuffisante et qui ne couvre pas les dépenses auxquelles leurs fonctions les obligent. Les bons ouvriers de l'atelier se trouvent tous dans le même cas ; ils ne maintiennent l'association qu'au détriment de leurs intérêts. Tandis qu'ils pourraient gagner, en travaillant aux pièces chez les patrons, de 5 à 6 francs par jour, ils ne gagnent dans leur propre atelier que 3 francs au maximum. A ce salaire, il est vrai, viennent s'ajouter les bénéfices de l'exploitation ; mais jusqu'ici ces bénéfices n'ont donné qu'un prorata de 40 centimes par journée, et encore ce supplément a-t-il servi à améliorer le fonds commun au lieu d'être affecté à un partage entre associés. D'où il résulte qu'au demeurant les sacrifices sont réels et les avantages hypothétiques. Tant que cette situation n'aura pas changé, il n'y aura pour l'établissement, ni régime régulier, ni existence durable.

Voilà quelles sont les principales associations libres entre ouvriers, qui se sont formées au sein des ateliers de Paris. A dessein j'ai omis d'y comprendre d'autres associations, comme celles des paveurs et des formiers, qui relèvent plus directement des entrepreneurs, et n'ont pas un caractère spontané et indépendant. Je me suis attaché à celles où l'initiative de l'ouvrier est évidente et son action bien marquée. C'est tout ce qu'il y a eu de vraiment sérieux dans ce mouvement dont on a tant exagéré l'importance. En effet, à en croire des esprits ardents, l'association allait envahir l'industrie entière, et les ouvriers, réunis dans une immense ligue, ne devaient plus laisser debout aucun des anciens établissements. C'était, pour le personnel des manufactures, une révolution analogue à celle que l'emploi de la vapeur avait imprimée au matériel. Ainsi disait-on de toute part et avec le bruit qui accompagne les thèses populaires. Voyons où en sont arrivées les choses dans la réalité, et dans quelles limites ce mouvement a été circonscrit.

J'ai déjà fait connaître à l'Académie le chiffre exact des ouvriers engagés dans les trente associations que l'Etat a encouragées à Paris et pourvues d'un premier capital ; il est de 434. Si à ce chiffre on ajoute ceux que présentent les cinq associations libres dont j'ai exposé la situation, on trouve pour les ouvriers tailleurs, 54 associés ; pour les ferblantiers-lampistes , 43 ; pour les facteurs de pianos, 35 ; pour les corroyeurs et selliers, 86 ; pour les tourneurs en chaises, 85 ; en tout 303 associés, qui, réunis aux 434 des associations subventionnées, forment un total de 737 ouvriers. Pour avoir un dénombrement complet, il convient d'ajouter encore 400 ouvriers environ compris dans les associations que l'Etat a encouragées dans les départements, ce qui élève, en mettant les choses au plus haut, à douze cents ouvriers l'ensemble des individus qui, à un titre direct, ont pris part à cette expérience. Il est vrai qu'il existe en dehors de ce nombre des adhérents, des auxiliaires, des collaborateurs, des actionnaires, des souscripteurs ; mais c'est là un élément mobile, variable et qui ne saurait être déterminé, même par approximation. Toujours est-il que cette levée de boucliers, appuyée d'un subside considérable, n'a pu détourner des voies habituelles de l'industrie que douze cents ouvriers, dont la plupart étaient plutôt entraînés que convaincus, et qui cédaient moins à leur propre élan qu'à une impulsion étrangère.

Maintenant je n'hésite pas à reconnaître qu'il y a eu, dans les associations indépendantes de l'Etat, un effort plus réel et plus sérieux que dans celles qu'il a prises sous son patronage direct. Forcées de se composer, à l'aide du travail et de l'épargne, une première mise de fonds, ces associations libres y ont puisé le courage et la vigueur qui s'attachent aux difficultés vaincues. Dans les rudes épreuves d'un début, elles ont pu distinguer et choisir ce qu'il y avait de meilleur et de plus sûr dans les éléments dont elles étaient composées, se retremper par la lutte, s'épurer à l'aide du temps, acquérir cette confiance réciproque qui naît d'un contact assidu. Les ouvriers s'y sont attachés à leur œuvre en raison même des peines et des mécomptes qu'ils y ont essuyés. Plus d'un trait vraiment touchant a marqué leurs premiers pas et il s'est dépensé, dans cette poursuite ingrate, un dévouement et une abnégation dignes d'un moins fragile emploi. J'ai bien peur, en effet, qu'après des efforts plus ou moins longs, plus ou moins heureux, toutes ces associations ne se dissolvent si elles ne se transforment pas : j'ai peur qu'il n'y ait, en tout ceci, un vice d'origine qui, caché ou apparent, lent ou prompt, n'en agit pas moins avec une persistance invincible et altère, dans sa source même, la vie de ces établissements. Des exemples sont là pour attester que cette crainte n'est pas sans motif ; j'en ai fait passer beaucoup sous les yeux de l'Académie et des plus concluants ; mais à côté ou au-dessus des faits, il existe des considérations d'un ordre général, puisées dans l'étude du cœur, suggérées par l'expérience, qui fournissent des éléments d'appréciation non moins décisifs. Je croirais laisser mon travail incomplet, si je ne leur donnais pas une place et ne les résumais pas rapidement. Ce sera la dernière partie de ce mémoire.

V.

. Voici plus de vingt ans que le mot d'association défraye les projets des coureurs d'aventures, et qu'on en veut faire un de ces mots magiques, pareils à ceux des contes orientaux, à l'aide dèquels les portes s'ouvrent, les obstacles s'aplanissent, et les merveilles succèdent aux merveilles. C'est à qui en étendra le sens et en exagérera la portée. Au contact de l'association, toutes les plaies de l'humanité doivent être guéries, toutes ses douleurs soulagées, tous ses désordres réparés : il y a en elle des vertus universelles et souveraines. Tel est le thème ; on sait qu'il n'a manqué ni de commentaires, ni de développements.

Non pas que les esprits sages aient méconnu ce que le principe de l'association renferme de fécond en soi, et d'utile aux intérêts de la communauté. Il est une limite où l'effort individuel s'arrète, et où commence l'effort collectif ; c'est le véritable domaine de l'association. Que cette association soit l'Etat lui-même, ou une compagnie privée, il lui appartient d'exécuter les grandes choses qui se dérobent à l'activité individuelle, et exigent le concours d'un personnel considérable et de capitaux puissants. Banques, chemins de fer, canaux, mines, industries du premier ordre, que d'objets entrent dans son ressort! et je n'en cite qu'un aperçu. Voilà où le principe de l'association peut s'exercer avec fruit et rendre d'incontestables services. Les membres de cette Académie n'ont pas été des derniers à lui rendre ce témoignage, et il en est qui y ont joint une étude approfondie du sujet. Je citerai d'abord un homme que l'Académie regrette à plus d'un titre, Alexandre de Laborde, qui a consacré un volume entier à examiner le principe de l'association, et à indiquer les applications dont il est susceptible. Parmi nous, d'autres encore s'en sont occupés avec l'autorité qui s'attache à leur nom ; M. Thiers, dans son beau travail sur l'assistance publique ; M. Dupin aîné, dans un curieux Mémoire sur l'association des Jault ; MM. Dunoyer, Vivien, Passy, Blanqui, Léon Faucher, Duchâtel, Michel Chevalier, en plus d'une circonstance et dans divers écrits ; enfin plus récemment M. Villermé, dans l'un des petits traités que l'Académie a publiés. Moi-même, s'il m'est permis de me citer ensuite, j'ai parlé de l'association en homme qui en attend beaucoup, et la juge à travers les illusions du temps. Des observateurs plus sévères, comme J.-B. Say, ont également fait à l'association une part très-ample, et lui ont assigné une place dans l'économie des sociétés. Tous ont compris de quelle utilité elle pouvait être, et de combien de formes elle pouvait se revêtir, soit qu'elle servit de ciment aux plus grandes spe-

culatiòns, soit qu'elle s'adaptât aux plus humbles institutions charitables, changeant de mobile suivant l'emploi et relevant tantôt du
calcul, tantôt du dévouement, sans être pour cela ni moins fructueuse, ni moins efficace.

Ainsi, le principe même de l'association est hors de cause; ici et
ailleurs nous lui avons tous donné des gages suffisants. Ce principe est
accepté, reconnu, et c'est à tort qu'on nous accuserait d'y être systématiquement hostiles. A tout prendre, les véritables amis du principe
d'association sont plutôt ceux qui cherchent à le maintenir sur son
terrain que ceux qui le poussent vers des excursions chanceuses et
mal justifiées. Dès lors, la question est facile à poser. Ces tentatives
récentes, ces expériences, soit libres, soit officielles, sont-elles du
vrai domaine de l'association, ou faut-il y voir des déviations condamnées d'avance à un échec? Est-ce une conquête naturelle, légitime,
ou bien un empiétement malheureux? Voilà le point à examiner.

Dans la sphère des intérêts, aucune association n'est possible ou
durable du moins, qu'à la condition d'une rigoureuse justice. Il faut
que chacun y reçoive en raison de ce qu'il apporte, et y trouve le
rang que lui assignent ses facultés. C'est l'instinct humain qui le veut
ainsi; les rêveurs n'y changeront rien. Je sais bien qu'ils ont imaginé un homme à leur guise, se contentant de peu quand il pourrait
recevoir beaucoup, s'oubliant pour ne songer qu'à autrui, laborieux
et n'exigeant rien de plus que l'indolent, habile et se résignant au
salaire de l'incapable. Je n'ignore rien de tout cela; mais je sais également que l'homme, tel qu'il nous est donné de le connaître, est fort
éloigné de cette perfection. Il ne s'abandonne pas, il ne s'oublie pas
de la sorte; il ne fait pas si bon marché de sa personne et de ses talents; il ne dédaigne pas d'en tirer profit pour lui et pour les siens.
Voilà l'homme, voilà le cœur humain pris dans la généralité : ce qui
y déroge n'est que l'exception. Là même où l'intérêt personnel semble s'effacer, il serait aisé de prouver qu'il se déguise seulement;
dans tous les cas, ce serait s'exposer à de graves mécomptes que de
demander à l'homme l'oubli de son propre intérêt et d'élever sur
cette base fragile tout un système industriel.

Justice donc et respect de la valeur individuelle, tel est le fondement de toute association qui prétend durer. Quand il ne s'agit que
d'un apport de capitaux, cette justice est facile à établir : le droit de
l'associé se mesure à la somme qu'il verse; rien de plus équitable, de
plus simple et de plus net. De là, le succès de ces grandes commandites où tout se compose de valeurs appréciables, exactes dans leur
relation, et, sauf de petits abus, donnant lieu à des résultats d'une
équité rigoureuse. Mais quand il s'agit d'un apport de facultés personnelles, de travaux et de services personnels, où est l'étalon de la
valeur? Comment déterminer, d'une manière exacte, ce qui a plus
de prix et ce qui en a moins? Comment, avec des éléments inégaux

en puissance et d'une appréciation insaisissable, fonder un ensemble où chacun soit satisfait de son lot, et qui ne blesse pas par quelque point le sentiment de la justice? A quel signe certain, infaillible, reconnaître la proportion des mérites pour dresser l'échelle des rétributions? Tel est l'écueil de ces associations où l'apport consiste en travaux et en services personnels; les droits y sont toujours mal réglés, mal définis; une large part y est laissée au vague et à l'arbitraire.

Quand l'association ne roule que sur deux ou trois individus, la difficulté est moindre et l'équilibre s'établit sans effort. Presque toujours, ceux qui s'engagent ainsi ont pu se connaître et s'apprécier; ils font entre eux la part des facultés, la part des capitaux mis en commun, et y conforment les résultats de l'opération. C'est un marché libre, sérieux, débattu en connaissance de cause. S'il y a eu erreur, à l'expiration du premier délai, cette erreur se répare : le contrat est rompu ou modifié. S'il y a incompatibilité d'humeur, dissentiment sur la conduite de l'entreprise, l'association peut se dissoudre même avant le terme assigné. Partout le remède est à côté du mal. En tout cas, c'est là, je le répète, un engagement souscrit par des hommes qui ont la conscience de ce qu'ils font, et dont ils ont pesé les termes mûrement et librement; si ce n'est la justice absolue, c'est ce qui s'en rapproche le plus.

Mais quand l'association s'applique à un grand nombre de contractants, quand elle embrasse vingt, trente, quarante et jusqu'à cent individus, en peut-il être de même? Où sont alors les garanties d'une appréciation préliminaire et d'un débat sérieux? où est la liberté du contrat au milieu de ce rassemblement fortuit et aveugle? où est la règle des intérêts dans cette confusion d'éléments? Quoi! il suffirait d'aller chercher, à droite et à gauche, des ouvriers qui ne se connaissent pas ou se connaissent à peine, de les grouper, de les réunir dans le même projet, pour former une association vraiment digne de ce nom? Non, c'est là un abus de mots, et j'en trouve la preuve dans les faits mêmes. Comment ont procédé ces prétendues associations? Elles ont cherché un mode distributif en dehors de leur propre principe, et l'ont trouvé dans le salaire, en l'élevant ou en l'abaissant suivant les facultés et les services de chacun. Puis quand il s'est agi des profits, si éventuels qu'ils fussent, c'est sur les salaires qu'on les a réglés. Voilà un premier et impérieux retour vers des sentiments de justice; voilà en outre un démenti formel. Eh bien, ni ce retour, ni ce démenti ne suffisent; il faut aller plus loin pour rétablir la vérité des situations.

En effet, il est un élément dont on semble faire bon marché dans les associations entre ouvriers, soit libres, soit officielles, c'est celui qui touche à la direction de l'entreprise. Supposons qu'un homme appartenant aux classes libérales se montrât inopinément

ans un atelier et y saisit un rabot ou une lime, avec la prétention
'y exécuter un travail manuel, sans noviciat, sans apprentissage, y
.urait-il assez de rires pour accueillir cette tentative? Et pourtant les
ouvriers n'ont pas fait autre chose, lorsqu'ils ont cru pouvoir, du
our au lendemain, tirer de leur sein des comptables excellents, des
spéculateurs judicieux, des commerçants exercés. A voir l'entraîne-
nent qui les poussait vers cette usurpation, on eût dit vraiment qu'ils
ne considéraient le rôle d'un patron, d'un entrepreneur d'industrie,
que comme un simple jeu, à la portée du premier venu. Leurs statuts
en faisaient même une fonction mobile, accessible à tous, pouvant se
transmettre d'une main à l'autre, au gré du caprice des associés. Il
était impossible d'y mettre plus de légèreté et de, dédain. Le châtiment ne s'est point fait attendre ; il est inscrit à chaque page de mon
exposé. Faute de bons guides, presque tous les établissements ont
croulé, et ceux qui résistent ne le doivent qu'à des choix heureux
pour la direction et la gérance. Ceux-là ont eu à leur tête des hommes plus habiles et plus fermes, investis de pouvoirs moins contestés.
Ainsi s'explique leur maintien, au milieu de ruines accumulées.

C'est que la carrière d'un entrepreneur d'industrie n'est pas d'un
accès aussi facile qu'on se l'imagine communément. Elle demande des
connaissances étendues, un coup d'œil sûr, une activité sans bornes.
Ecoutons J.-B. Say qui avait été lui-même commerçant et manufacturier, et pouvait juger mieux qu'un autre les qualités nécessaires à
ces professions. « Ce genre de travail, dit-il, exige des qualités mo-
« rales dont la réunion n'est pas commune. Il veut du jugement, de
« la constance, la connaissance des hommes et des choses. Il s'agit
« d'apprécier convenablement l'importance de tel produit, le besoin
« qu'on en aura, les moyens de production ; il s'agit de mettre en jeu
« quelquefois un très-grand nombre d'individus ; il faut acheter ou
« faire acheter des matières premières, réunir des ouvriers, chercher
« des consommateurs, avoir un esprit d'ordre et d'économie, en un
« mot, le talent d'administrer. Il faut avoir une tête habituée au
« calcul, qui puisse comparer la valeur de la production avec la va-
« leur que le produit aura, lorsqu'il sera mis en vente. Dans le cours
« de tant d'opérations, il y a des obstacles à surmonter, des inquié-
« tudes à vaincre, des malheurs à réparer, des expédients à inventer.
« Les personnes chez lesquelles ces qualités ne se trouvent pas réunies
« font des entreprises avec peu de succès. » Telles sont, au dire d'un
excellent juge, les qualités de l'entrepreneur d'industrie, et, si exigeant qu'il se montre, j'irai plus loin. J'ajouterai que pour s'y élever
à un certain rang, il faut une éducation et des études qui, en général, manquent aux ouvriers et des relations qu'il leur est difficile d'acquérir. Il faut, en outre, s'y vouer entièrement et ne pas se partager
entre la plume et l'outil, comme le font quelques chefs d'association.
La conduite d'un établissement n'est pas chose si aisée qu'elle puisse

se concilier avec d'autres travaux; elle suffit pour occuper le temps et la pensée d'un homme.

Ainsi le succès d'une association réside surtout dans le chef qui la dirige, et quand c'est une association entre ouvriers, il faut qu'ils trouvent dans leurs rangs un homme d'élite doué de qualités nombreuses, et qui sont ordinairement l'apanage d'une autre classe que la leur. Ces qualités même doivent avoir un degré de plus quand il s'agit d'établissements pareils où les attributions sont mal définies et greffées les unes sur les autres, où les pouvoirs sont précaires, chancelants et constamment menacés. Au souci des affaires se joint alors pour le chef élu le souci de se maintenir; il doit réussir et lutter, peser d'une main sur ses associés et leur montrer de l'autre ses états de services. Du sein de ces rouages compliqués, de ces contrôles multipliés à dessein, de ces conseils de famille, de discipline, de surveillance, de ces assemblées générales accompagnées de scrutins, de tout ce temps perdu, de tous ces éléments orageux, il a pour mission de faire sortir un peu d'ordre, un peu de discipline, de l'unité dans le commandement, de l'harmonie dans les travaux, de l'esprit de suite dans la gestion, en un mot, tout ce qui peut donner de la vie à un établissement qui renferme tant de germes de dissolution. Quelle tâche! et n'avais-je pas raison de dire que la remplir en entier serait le fait d'un homme supérieur?

L'alternative est donc celle-ci: ou les associations entre ouvriers se livreront à des chefs incapables, ou bien elles rencontreront des chefs expérimentés. Dans le premier cas, la ruine est infaillible, et on l'a bien vu. Ce qu'il y a, là-dedans, de faux, d'incohérent, d'éphémère, prend alors le dessus et les choses inclinent vers la plus étrange confusion. Mécontents de leur chef et d'eux-mêmes, ne sachant à qui ni à quoi se prendre, les ouvriers abandonnent l'atelier et vont chercher de l'emploi ailleurs; ou bien ils provoquent des assemblées générales et se donnent le plaisir de changer tous les mois de gouvernement intérieur. Les dignitaires se succèdent sans que la situation s'améliore, et de coup d'état en coup d'état la société en arrive à cette limite fatale où il n'y a plus dans son sein ni fonds pour le salaire, ni aliment pour le travail. Elle se disperse alors en ne laissant après elle que le souvenir d'un avortement. Tel est le sort des associations dont les chefs demeurent au-dessous de leur tâche.

Voyons maintenant ce que deviennent celles qui naissent sous des astres plus heureux et ont le bon esprit de se pourvoir de meilleurs guides. Et d'abord, c'est le petit nombre, une exception. N'importe, assurons-nous si cette exception a un caractère durable, ou si elle doit se dérober sous la main comme un dernier débris. Voici une association qui prospère; elle a pour gérant un ouvrier qui réunit toutes les perfections, intelligent, habile, heureux, dévoué. Il a non-seulement les qualités de l'emploi, mais encore celles qui lui ouvriraient l'accès des fonctions les plus élevées. Avec un tact parfait, il a su conjurer les animosités et les rivalités intérieures ; il a su se faire tout pardonner, même sa supériorité, même le succès. Sous sa main l'établissement marche à une grande fortune, il en a créé et dévelopé les éléments ; c'est son œuvre à lui, personne ne le conteste. Les ouvriers qui lui sont associés ne valent ni plus ni moins que ceux des ateliers voisins ; mais il a su les diriger avec tant d'habileté, les employer si utilement, varier, innover, créer avec tant de bonheur, qu'il moissonne là où les autres glanent, et qu'il est au premier rang pour le nom, pour le crédit, pour la richesse. Voilà ce que peut un homme, voilà ce qu'il a fait : Et pourtant cet homme dont la valeur se multiplie par des résultats si évidents et si merveilleux, ne compte dans l'association que comme la plus humble unité ; et les cinquante ouvriers qu'il gouverne auront tous, sur les fruits de son travail, un droit égal au sien ; et s'il y a, au bout de cet heureux effort, un million à partager, il ne trouvera dans son lot que 20,000 francs, comme le plus indolent et le plus gauche d'entre eux !

J'ai supposé tout à l'heure à cet homme de grandes facultés ; il faut maintenant que je lui suppose une bien plus grande vertu. Quoi ! il verra s'enrichir à ses côtés des entrepreneurs qui ne le valent ni pour le mérite, ni pour le succès, et il se résignera silencieusement à la triste et modique part que lui fait l'association ! Non, un tel détachement n'est pas de ce monde ; à peine se prolongerait-il dans la limite des engagements pris, il n'irait pas au delà. Il n'y a là d'ailleurs rien de régulier, ni d'équitable ; c'est un point de départ faux, qui aboutit à des conséquences plus fausses encore. Il s'agit toujours de soumettre au même traitement, de mesurer à une échelle commune deux ordres de travaux qui se refusent à cette assimilation : le travail intellectuel et le travail manuel, l'œuvre de la tête et l'œuvre des bras. Tel est le vice radical, irrémédiable de ces associations entre ouvriers : on y règle la part de l'intelligence sur celle de la matière. Qu'en résultera-t-il ? C'est que l'intelligence, une fois maîtresse du terrain, y modifiera les rôles ; c'est que l'ouvrier, élevé aux fonctions du patron, en revendiquera les droits et les usurpera si on les lui refuse. Ainsi finiront ces associations. Bien conduites, elles sont destinées à se transformer ; mal conduites, à s'anéantir : aucune d'elles n'échappera à l'alternative.

Il est des esprits judicieux qui attendent un meilleur résultat de l'association entre patrons et ouvriers, et s'appuient de quelques exemples, notamment des dispositions prises par certaines compagnies de chemins de fer, vis-à-vis de leurs employés. En examinant de près les choses, il m'est impossible de partager ces illusions. L'association entre patrons et ouvriers ne deviendra pas, ne peut pas devenir un fait général dans l'industrie ; elle ne s'y produira que comme un accident et s'y réduira à des cas isolés.

Et d'abord, restituons aux choses leur véritable nom; il n'y a point là d'association, il y a une libéralité volontaire de la part des entrepreneurs. Y souscriront-ils? c'est la question. Si les uns le font et que les autres s'y refusent, c'est une force de moins pour les premiers et un avantage pour les seconds dans les luttes de la concurrence. Ainsi, sauf quelques établissements privilégiés, tous s'abstiendront dès qu'un seul s'abstiendra, afin de maintenir leurs avantages relatifs. A cela, il est vrai, on répond que le sacrifice n'est qu'apparent, et que la libéralité cache un calcul adroit. On dit qu'associés aux bénéfices de la manufacture, les ouvriers y aideront plus qu'ils ne l'ont fait jusqu'ici, et feront recouvrer à l'entrepreneur, par un meilleur emploi du temps ou des matières, bien au delà des sommes dont il se sera volontairement dessaisi en leur faveur. On ajoute que ce système créera entre le patron et l'ouvrier des liens indissolubles, et attachera aux établissements où il sera mis en vigueur une élite de bras qui en feront infailliblement la fortune. Voilà ce que j'ai entendu répéter souvent, et ce que j'ai lu dans beaucoup d'ouvrages ; il me serait doux d'y croire si les faits y répondaient.

L'Académie sait comment les choses se passent en réalité ; je lui ai fait connaître les rapports des inspecteurs de finances qui ont vu et suivi les choses de leurs propres yeux. Dans les établissements secourus par l'Etat, et auxquels il a imposé en retour l'abandon d'une part des profits en faveur des ouvriers, ceux-ci ne semblent pas avoir répondu à cet acte de largesse par un zèle plus grand, ni un travail plus fructueux. Pour rappeler les termes mêmes de l'un de ces rapports, ils n'en arrivent pas une minute plus tôt à l'atelier, et sonneraient eux-mêmes la cloche, s'il le fallait, pour en sortir plus vite. Il s'en faut d'ailleurs que ces établissements, où un profit éventuel s'ajoute au salaire, soient recherchés par la masse des ouvriers, et que les autres ateliers y versent leurs meilleurs sujets. Rien de pareil n'a été constaté, et s'il s'est produit un mouvement, c'est plutôt dans le sens inverse. D'ailleurs, puisqu'il s'agit de calcul et non de sacrifice, on peut s'en remettre aux industriels eux-mêmes; ils ne laisseront pas échapper l'occasion de faire une opération avantageuse, dès qu'ils le pourront. Si vraiment, dans l'intérêt de leurs entreprises, il y a utilité à abandonner à leurs ouvriers une portion de leurs profits, ils le feront spontanément, sans avoir besoin pour cela ni d'exemple, ni de conseil; et si déjà ils ne l'ont fait, s'ils n'ont pas employé ce moyen si facile et si beau de s'enrichir en s'honorant, c'est, il faut le croire, qu'à côté d'avantages hypothétiques, ce moyen offre des inconvénients très-nombreux et très-réels.

En effet, ces inconvénients se révèlent d'eux-mêmes aux esprits les moins attentifs. Le plus grave est d'ouvrir une action permanente à l'ouvrier contre l'entrepreneur ; voici comment. Tant que le pacte qui les lie ne repose que sur un salaire déterminé, l'ouvrier n'a pas à 'immiscer dans la conduite de l'établissement auquel il est attaché. Lorsqu'au bout de la semaine il a touché la somme qui lui est due, son droit est épuisé, son action éteinte : le reste n'est plus de son essort et n'entre pas dans ses soucis. Que les opérations de la manufacture soient heureuses ou non, qu'il y ait profit ou perte pour le patron, peu importe à l'ouvrier, pourvu que la paye ne soit pas arriérée. Mais là où une part des profits lui est déléguée ou promise, sa situation est tout autre ; dans ce cas, son action contre l'entrepreneur ne s'éteint jamais, elle est toujours ouverte, toujours présente à son esprit ; elle y éveille des convoitises et des défiances sans limites. L'ouvrier se demande alors si vraiment on lui fait son juste lot, s'il n'est pas lésé, s'il n'est pas trompé : il s'inquiète de la conduite de l'établissement, et y trouve sujet à plus d'un blâme ; il s'en entretient avec ses camarades d'atelier, et de là naissent des préoccupations qui peuvent aller jusqu'à l'effervescence. Dans les entreprises où les bénéfices sont constants et assurés, où l'étendue seule en est variable, l'inconvénient est moindre, on le conçoit aisément. C'est le cas des chemins de fer qu'on cite en exemple. Il y a là des profits certains pour tout le monde, pour les compagnies et pour les employés, tellement certains qu'aux yeux des derniers la petite part qui leur en est dévolue n'a pas d'autre caractère que celui d'une augmentation de traitement. Mais, dès qu'il y a incertitude et intermittence dans les bénéfices, et c'est le régime général de l'industrie, les écueils de cette combinaison deviennent si nombreux, si évidents, si inévitables, que la prudence conseille de n'en pas multiplier les applications. Voyons en effet ce qui se passe. Voici une manufacture où les ouvriers sont associés aux profits ; la première année de l'exploitation est heureuse ; elle permet de faire une répartition. Grande joie parmi eux ; pour les uns c'est une épargne, pour les autres un surcroît d'aisance ; tous y comptent désormais. Cependant, la seconde année de l'exploitation ne présente pas les mêmes résultats ; les affaires n'ont pas prospéré ; aucune répartition n'est possible. Comment les ouvriers vont-ils prendre ce changement de condition ? Comment leur faire croire que c'est là le jeu naturel de l'industrie ? Monter en bien-être est chose facile ; descendre, non. N'est-il pas à craindre qu'ils n'élèvent des plaintes, des récriminations, qu'ils ne s'abandonnent à des soupçons injustes, et, sans aller jusqu'à des désordres, qu'ils ne se livrent au moins au découragement ?

D'ailleurs, il y a encore là un point où l'équité se trouve profondément blessée. Les ouvriers auraient une part dans les profits, et les pertes ne les atteindraient pas ? Est-ce de la stricte justice, non-seulement vis-à-vis des entrepreneurs, mais vis-à-vis des tiers qui contractent avec l'établissement ? Les entreprises, assujetties aux chances du hasard, ressemblent à une partie de jeu où tout s'enchaîne, et dont le dernier mot se trouve dans la liquidation finale. Tout ce qui se fait avant ce temps n'a qu'un caractère provisoire, et nécessairement approximatif. Aussi, entre associés vraiment sérieux, le partage annuel se borne-t-il à des prélèvements insignifiants; le reste est un dépôt et une réserve pour les chances à venir. Or, dans les associations entre patrons et ouvriers, cette réserve, ce dépôt, ne demeurent point intacts; ils sont entamés par des distributions irrévocables et non sujettes à rapport, de sorte qu'un établissement pourrait se trouver dans cette triste situation de s'être volontairement dessaisi de sommes considérables dans une période de prospérité, et quand viendraient des temps malheureux, ces sommes lui feraient défaut pour éteindre les engagements les plus pressants et les plus sacrés.

Non, à quelque point de vue qu'on les envisage, toutes ces expériences, filles de la nouveauté, ne soutiennent pas l'examen; non, il n'y faut pas voir une conséquence naturelle, légitime, du principe d'association, dans le sens qu'y attachent les bons esprits, mais une déviation funeste et formelle de ce principe. Si je ne m'abuse pas, l'Académie en a eu, dans le cours de ce travail, la preuve irrécusable sous les yeux. Je lui ai exposé comment les essais tout récents, accomplis aux frais du Trésor, ont trompé l'espoir de ceux mêmes qui y apportaient l'illusion la plus grande; je lui ai dit à quelles exagérations à donné lieu l'étude de ces associations libres dont nous étions naguère assaillis; j'espère lui avoir démontré qu'en principe, pas plus qu'en fait, il n'y a rien à attendre de ces tentatives qui procèdent d'une méconnaissance complète du cœur humain; je lui ai fait voir tout ce qui s'en dégage, esprit de système ou intérêts mal définis, illusions calculées ou naïves, mécomptes et impossibilités. C'est un procès désormais instruit; il n'appartient qu'au temps de le vider d'une manière souveraine; mais je suis malheureusement convaincu que sa sentence ne fera que confirmer et fortifier mes conclusions.

LOUIS REYBAUD,
Membre de l'Institut.

L'IMPOT [1].

I.

Les sociétés humaines ne subsistent qu'à la condition de subvenir, dans la mesure nécessaire, aux besoins de la chose publique. Toutes ont à donner aux gouvernements qui les régissent les moyens de remplir leur destination ; toutes ont à pourvoir aux dépenses à effectuer dans l'intérêt de la défense du territoire national ou du maintien de l'ordre intérieur, et chez toutes l'impôt existe sous des formes appropriées à l'état plus ou moins avancé de la civilisation.

Les tribus sauvages, par exemple, tant qu'elles sont en paix avec leurs voisins, n'imposent à leurs membres aucune sorte de charges ou de contributions. Mais, à l'approche de l'ennemi, elles exigent que tous aillent en armes à sa rencontre ; et c'est en sacrifice de temps, de fatigues et de sang, qu'elles les forcent à acquitter envers l'Etat une dette que nul d'entre eux n'oserait méconnaître. L'impôt, à cet âge de civilisation, c'est l'obligation de combattre, et, au besoin, de mourir pour le salut de la communauté.

Tant que les sociétés demeurèrent ignorantes et pauvres, l'impôt ne consista qu'en services personnels. En temps de guerre, les populations se levaient en masse et servaient à leurs propres frais sous les drapeaux de leurs chefs ; en temps de paix, elles s'unissaient pour bâtir les temples et les citadelles, pour ouvrir des routes et construire les édifices publics. Elles cultivaient de leurs mains les champs réservés aux prêtres, aux magistrats, aux dépositaires de la puissance publique : des corvées suffisaient à tous les besoins de l'Etat. Ce système se modifia sous l'influence des progrès successifs de l'industrie et de

---

[1] Nous empruntons l'article suivant de l'honorable M. Passy, ancien ministre des finances avant et après la révolution de Février, et un des hommes qui ont le plus médité sur ces graves matières, à une des prochaines livraisons du *Dictionnaire d'économie politique*. Nous rappellerons, à cette occasion, divers travaux publiés récemment par le *Journal des Economistes : Essai sur la théorie de l'Impôt*, par M. Cherbuliez, t. XX, p. 381 et 419;— *l'Impôt direct et l'Impôt des revenus*, par M. David (du Gers), représentant du peuple, tom. XXI, p. 121 ; — *Impôt sur l'intérêt de l'argent*, par M. Rau, t. XXIII, p. 328 ;— *Relation qui existe entre l'Impôt foncier et le prix des Produits agricoles en général, et des Denrées alimentaires en particulier*, par M. Jean Arrivabene, t. XXV, p. 353 ; — *Nature des impôts actuels et principalement de l'Impôt sur le Capital*, par M. David (du Gers), t. XXVI, p. 122 ; — *Réflexions sur les Impôts communaux*, par M. Horace Say, t. XX, p. 147 ; — *Considérations sur les Impôts*, par M. de Colmont, ancien inspecteur général des finances, t. XX, p. 201 ; — *des Impôts directs et indirects*, par M. Du Puynode, t. XXXI, p. 142, etc. Voyez la *Table alphabétique générale*, t. XXVII, p. 413.

la richesse. L'impôt s'étendit graduellement des personnes aux choses : des dîmes furent prélevées sur les troupeaux, sur les récoltes, sur la plupart des fruits du travail, et ce fut au moyen de ressources réalisées en nature que s'effectua le solde d'une partie notable des dépenses collectives. Plus tard, l'usage croissant des métaux monnayés amena de nouveaux changements dans les modes de perception en pratique. Beaucoup de contributions durent être payées en numéraire, et le temps vint où, grâce à la facilité d'en réaliser le montant sous une forme à la fois plus commode et plus simple, les Etats en voie de prospérité parvinrent à obtenir des revenus non-seulement assez considérables pour couvrir les charges annuelles, mais pour laisser des excédants thésaurisés en vue des éventualités que l'avenir pourrait amener.

Ainsi se transformèrent, à mesure que la civilisation étendit son essor, les systèmes de contribution en usage aux époques antérieures; et, du jour où les taxes purent être obtenues en numéraire, elles se multiplièrent avec une remarquable rapidité. Aux impôts anciens en furent sans cesse ajoutés de nouveaux, et l'histoire atteste que des peuples, récemment sortis de l'enfance, ne tardèrent pas à découvrir toutes les sources auxquelles il était possible de puiser dans l'intérêt du fisc, et que parmi les taxes qui, de nos jours, ont été proposées à titre de nouveautés, à peine il en est une seule qu'ils n'aient imaginée ou essayée.

A Athènes, par exemple, subsistaient, plus ou moins développés, à peu près tous les modes de perception auxquels les peuples modernes ont recours. Taxe territoriale, basée sur les contenances en cultures, taxe personnelle à la charge des étrangers admis à la résidence, droits de licence et de patente imposés à l'exercice de certaines professions, droits de douanes à l'importation, droits sur les marchandises au moment de la vente, tous ces impôts étaient connus et perçus au profit de l'Etat. Il y a plus : les Athéniens avaient inventé l'impôt sur le revenu et même l'impôt sur le capital, l'un et l'autre réservés pour les époques de luttes et de périls. Le premier n'était prélevé que sur les 1,200 citoyens les plus riches, et le produit en était entièrement affecté à l'armement et à l'entretien de la flotte; le second s'acquittait d'après des tables où figurait, au compte de chaque redevable, l'évaluation de tout ce qu'il possédait en terres, en maisons, en objets de prix, en valeurs mobilières.

Sous l'empire romain, pas une matière imposable n'échappa aux atteintes du fisc, et vainement, l'impôt du timbre excepté, on cherait une seule taxe qui n'ait pesé sur les populations des provinces. Les sujets de Rome ne pouvaient naître, se marier et mourir, travailler ou mendier, hériter ou léguer, acquérir, vendre, transporter, posséder sous quelque forme que ce fût, entretenir des chevaux ou des chiens, sans avoir à compter avec les agents du Trésor. C'était aussi e l'Etat seul qu'ils pouvaient acheter un grand nombre de denrées, 'étoffes même, dont le débit constituait des monopoles. Jamais soiété ne fut pressurée autant ni sous des formes aussi diverses, aussi ompliquées que la société romaine, et ce ne fut pas là une des moinres causes de sa décadence et de sa ruine.

Durant les longs siècles qui suivirent la chute de la domination omaine, les systèmes d'impôt subirent les conséquences du déclin es arts et de l'industrie. A peine subsista-t-il quelques restes de l'anienne circulation métallique; le commerce même disparut presque out entier, et force fut aux gouvernements de retourner au régime es corvées et des prestations en nature. Mais aussitôt que la civilisaion eut repris un peu d'essor et rendu quelque activité au travail, avec e numéraire revinrent des impôts à la fois plus nombreux et plus prouctifs, et peu à peu s'organisèrent les systèmes de perception en viueur de nos jours. Quelque compliqués que soient ces systèmes, il st bon de remarquer toutefois qu'ils ne contiennent rien de vraiment euf, tant les financiers du monde romain avaient porté loin l'art 'exploiter les moindres filons accessibles à leurs entreprises.

Rien, au reste, dont il faille s'étonner dans la multiplication des mpôts là où grandit la civilisation. C'est un résultat naturel des beoins émanés des progrès mêmes de l'ordre social. Jamais l'industrie t la richesse ne se développent sans que les populations réclament, n faveur des biens et des personnes, de plus amples garanties de séurité. Justice, administration, police, voies de communication, créaions d'utilité générale, toutes ces choses deviennent l'objet d'extenions et de perfectionnements coûteux, et plus les sociétés avancent et eurissent, plus s'élèvent graduellement les dépenses à leur charge. e fait, toutefois, est loin d'agir comme obstacle à leur prospérité ontinue; car d'ordinaire les causes qui l'enfantent ont pour effet l'augmenter le bien-être public dans une proportion bien supérieure . celle des sacrifices réclamés dans l'intérêt de l'Etat. L'empire ronain succomba sous le poids de charges que les provinces dont il se omposait tiendraient aujourd'hui pour fort légères : de même la 'rance et l'Angleterre, toute compensation faite quant à la valeur et .u pouvoir de l'argent aux deux époques, payent à présent au moins [uatre fois autant de contributions que dans la première moitié du lix-septième siècle, et cependant, grâce aux progrès accomplis dans eur sein, le fardeau leur est devenu moins lourd.

Mais si c'est pour les sociétés une nécessité absolue de pourvoir aux rais des divers services publics dont elles sentent le besoin, cette néessité n'en pèse pas moins sur le cours de leurs destinées. En enleant aux populations des richesses qui, laissées à leur disposition, ccroîtraient soit le bien-être qu'elles obtiennent, soit les épargnes ont l'emploi reproductif imprime au travail un surcroît d'activité, 'impôt agit comme obstacle à l'amélioration de leur sort. Aussi,

abstraction.faite du but auquel il répond, est-il naturellement un
mal, et l'art, en ce qui le concerne, consiste-t-il, d'une part, à le réduire au minimum compatible avec les besoins véritables de l'Etat;
de l'autre, à l'établir de manière à ne pas ajouter à la somme des
dommages qui s'attachent inévitablement à son existence.

Que l'économie soit un devoir pour les gouvernements ; qu'ils
soient tenus de laisser aux peuples la totalité des ressources dont il
leur est possible de se passer, ce sont là des assertions sur lesquelles
n'existe aucun dissentiment. Mais à quels impôts faut-il donner la
préférence? à quels signes reconnaître ceux qui, à produit égal, nuisent le moins à l'intérêt général? Ces questions ont justement préoccupé les économistes, et les complications qu'elles présentent en ont
longtemps retardé la solution. A l'illustre Adam Smith appartient
toutefois le mérite bien réel de les avoir suffisamment éclaircies, et,
comme les règles dont il a réclamé l'observation en matière de taxation sont en quelque sorte devenues classiques, il suffira de les rappeler en les accompagnant de quelques observations destinées à en
fixer le véritable sens.

Voici ces règles :

1° L'impôt doit être proportionnel, c'est-à-dire réparti de façon à
n'exiger de chaque contribuable qu'une quote-part proportionnée au
chiffre total de son revenu particulier.

Cette règle est de beaucoup la plus importante. Ce qu'elle prescrit,
c'est l'obéissance aux principes les plus élémentaires de l'équité.
L'impôt réclame au profit de l'Etat une portion donnée des richesses
réparties entre tous; il ne doit prendre à chacun que dans la mesure
du lot qu'il a en partage, et, toutes les fois qu'il n'opère pas ainsi, il
ménage les uns aux dépens des autres, et compense des immunités
par des spoliations.

Et ce n'est pas seulement au point de vue de la justice purement
distributive que la proportionnalité est nécessaire, c'est dans un intérêt économique de l'ordre le plus élevé. C'est une des conditions du
progrès social que l'absence de tout obstacle au cours naturel des
richesses. L'impôt, chaque fois qu'il pèse inégalement sur les diverses
parties de la population, qu'il prend aux unes plus et aux autres
moins qu'elles ne doivent à raison de la part qui leur revient dans le
revenu général, dérange l'équilibre qui devrait exister entre leurs
forces et leurs situations relatives, et par là met obstacle à des développements qui ne peuvent plus s'accomplir avec l'ensemble et la régularité désirables. Le mal est grand surtout quand c'est sur les
classes nécessiteuses que tombe le principal poids de l'impôt. Ces
classes ne s'élèvent, même dans l'ordre intellectuel et moral, qu'à
mesure que leur condition matérielle s'améliore, et on ne saurait les
priver d'aucune des portions du fruit de leurs labeurs, qu'elles ont

droit de conserver, sans appesantir sur elles le joug de l'indigence, dont elles ont peine à se défendre.

2° La quote-part d'impôt demandée à chacun, ainsi que l'époque et la forme du payement, doit être suffisamment connue de tous pour exclure toute contestation et toute décision arbitraire.

Ce serait un grand mal, en effet, si les contribuables avaient à débattre, avec les agents du fisc, soit le montant des droits à acquitter, soit la date et la forme des payements. A l'époque où Adam Smith écrivait, bon nombre de taxes, mal assises et mal réparties, entraînaient des discussions fréquentes et souvent aussi des décisions dans lesquelles l'équité n'était pas toujours respectée. Il ne reste aujourd'hui, dans les contrées où l'administration s'est éclairée, que bien peu d'impôts qui laissent quelque place aux abus de cette sorte, et de jour en jour ils deviennent plus rares.

3° L'impôt doit être perçu aux époques et sous les formes les moins incommodes pour les redevables.

Rien de plus simple que cette maxime. N'en pas tenir compte, ce serait aggraver, sans bénéfice pour l'Etat, le poids des charges publiques. Aussi est-il peu nécessaire d'en recommander l'observation, tant il y va de l'intérêt même des gouvernements.

4° L'impôt doit être organisé de manière à n'entraîner que les moindres frais de perception possibles.

Cette règle mérite beaucoup d'attention. Il y a des impôts qui coûtent plus à recueillir que les autres, et ceux-là sont les plus onéreux de tous. Aux sommes qu'ils prélèvent pour les verser dans les caisses de l'Etat, ils en ajoutent de considérables qui ne servent qu'à couvrir les frais de la perception, et par là ils assujettissent les contribuables à de véritables taxes additionnelles. C'est donc, chaque fois qu'il y a à opter entre des modes divers de taxation, un point à considérer sérieusement que la différence des prix auxquels pourront s'effectuer les rentrées à réaliser. De même, un mode de taxation étant donné, il importe encore d'éviter dans l'application toute dépense excessive ou inutile. Ce qui rend ces observations importantes, c'est que beaucoup de gouvernements inclinent à se regarder comme d'autant plus fermement établis, qu'ils tiennent à leur solde un plus grand nombre de fonctionnaires. Ce n'est qu'avec regret qu'ils se déterminent à ramener au chiffre strictement nécessaire le personnel qu'ils emploient, et de là pour les populations des surcroîts de charges qu'il serait juste et facile de leur épargner.

A ces règles, il convient d'en ajouter une cinquième, mentionnée aussi par Adam Smith, mais à laquelle il n'a pas attribué toute l'importance qu'elle mérite : c'est que l'impôt ne doit pas offrir à ceux qu'il atteint la possibilité d'échapper à l'accomplissement des obligations qu'il prescrit.

Et en effet, tout impôt qui laisse aux efforts tentés pour en éluder le payement de nombreuses chances de succès entraîne des inconvénients de la pire espèce. Aux yeux des populations, les prescriptions du fisc n'ont jamais assez d'autorité morale pour qu'elles les regardent comme complétement obligatoires, et, du moment où il ne leur est pas impossible de s'y soustraire, il est rare qu'elles ne s'efforcent d'en venir à bout. De là, entre elles et les agents de l'Etat, des luttes de ruse, de mensonge, de violence, éminemment corruptrices. On ne s'accoutume pas à transgresser les lois, à dérober à l'Etat ce qui lui est dû, sans contracter des penchants dont quelque chose se reporte dans les actes de la vie privée. C'est un fait que, dans tous les pays où la contrebande est largement exercée, l'état moral des populations s'en ressent dommageablement.

Telles sont les règles à consulter en matière d'impôt ou de taxation. Les plus importantes sont assurément celles qui réclament la proportionnalité et l'absence de toute possibilité pour les redevables de se soustraire aux charges dont la loi les déclare passibles. L'une se rapporte à des devoirs de justice que les gouvernements sont tenus d'accomplir; l'autre à la nécessité d'écarter du sein des sociétés toute cause factice de perversion morale. Quelque attention que réclament les autres règles qui viennent d'être énoncées, elles ne sont auprès de celles-là que d'ordre secondaire, et au besoin elles doivent leur être sacrifiées.

Maintenant quels sont les impôts qui, dans l'intérêt économique et moral des peuples, méritent la préférence? Quels sont ceux qui se concilient le mieux avec les prescriptions.de la justice et mettent le moins d'obstacles aux progrès continus de la prospérité publique? Les détails dans lesquels nous allons entrer sur les principaux d'entre les impôts le montreront suffisamment.

C'est un usage reçu de diviser les impôts en deux catégories distinctes. On appelle directs ceux que les contribuables acquittent eux-mêmes pour leur propre compte; on appelle indirects ceux dont certains d'entre eux ne font que l'avance, et dont ils obtiennent le remboursement des mains d'autres personnes. En France, on range parmi les impôts indirects tous ceux qui ne sont pas perçus en vertu de rôles nominatifs arrêtés annuellement, et qui ne produisent que suivant le cours accidentel, quant aux choses ou aux personnes, des circonstances. Toutes ces classifications, au fond, laissent infiniment à désirer, et il est douteux, au reste, qu'on puisse en établir une qui réponde complétement au but. C'est l'incidence définitive de l'impôt qui devrait lui assigner sa place, et, s'il est des taxes d'un effet constamment certain et semblable, il y en a d'autres dont l'incidence non-seulement n'est pas celle qu'on leur attribue, mais varie en raison du degré d'élévation des tarifs. C'est ce qui ressortira des explications que nous allons donner.

II.

IMPÔTS DIRECTS.

Le nombre des impôts classés sous ce titre est assez considérable. Voici ceux qu'il importe de mentionner :

Impôts sur les personnes.

Ces impôts, connus sous le nom de capitation et de contribution personnelle, ont un vice radical : au lieu de s'adresser aux choses, ce sont les personnes mêmes qu'ils frappent, et cela sans égard à la diversité des forces contributives. Pauvres et riches, tous le payent également, uniquement à titre de sujets du même Etat, en quotité exactement pareille ; de tels impôts, contraires à toutes les règles de la proportionnalité, ne subsistent que grâce à leur modicité habituelle ; il suffirait de les élever pour faire immédiatement ressortir tout ce qu'ils ont d'inique en principe, et combien leur existence est défavorable aux intérêts de la société tout entière.

On a dit pour justifier la taxe personnelle que, tous ayant un égal besoin de la protection de l'Etat, il est juste que tous aient à la payer d'un même prix. L'excuse n'est valable à aucun point de vue. Elle suppose que les familles dépourvues des avantages de la propriété ne contribuent en rien aux dépenses publiques ; or, le fait est inexact. Ces familles, outre que leurs enfants répondent aux appels pour le service militaire, payent et les taxes qui pèsent sur les loyers d'habitation, et celles qui atteignent les objets de consommation à leur usage, et conséquemment tout autant qu'elles doivent à proportion de leur part de revenu ; en second lieu, il n'est pas même vrai que les frais de protection montent au même chiffre pour tous. Ce ne sont pas les personnes qui coûtent beaucoup à protéger, ce sont les fortunes dont elles jouissent. Parmi les délits que les lois ont à prévenir ou à châtier, on trouve en bien petit nombre ceux qui n'ont pas pour motif la convoitise du bien d'autrui, et plus les individus possèdent, plus l'Etat a à faire pour les défendre des offenses et des spoliations.

Impôts sur la terre.

Les impôts sur la terre, à moins que l'assiette n'en soit tout à fait vicieuse, ne donnent lieu à aucune objection. Soit qu'ils portent directement sur le revenu net des exploitations rurales, soit qu'ils aient pour base, comme en France, les qualités naturelles et les contenances, ces impôts, payés dans la mesure même des avantages attachés à la propriété du sol, répondent à toutes les exigences de la proportionnalité.

Ces impôts ont, en outre, des caractères et des effets qui leur sont propres : c'est le revenu net des propriétaires qu'ils attaquent, ils en saisissent une partie et la convertissent en rente foncière au profit de l'Etat ; mais là s'arrête leur incidence : ni les frais de la culture, ni le prix des produits n'en sont affectés. Il n'en serait autrement que si l'impôt, après avoir absorbé la rente du fonds tout entière, demandait davantage encore ; dans ce cas extrême, l'industrie agricole même aurait sa part de taxes à fournir, et la valeur vénale des récoltes ne tarderait pas à monter assez haut pour dédommager ceux qui l'exercent des charges dont leurs capitaux et leurs labeurs deviendraient passibles. Pareil état de choses serait funeste : le passé pourtant en a offert quelques exemples.

Mais s'il est constant que, sauf le cas extrême qui vient d'être signalé, l'impôt foncier tombe tout entier à la charge des propriétaires ; s'il est constant encore que son poids originaire tende toujours à s'affaiblir par suite de l'accroissement naturel des fermages à mesure que les populations étendent leurs demandes et que l'art rural se perfectionne, il y a néanmoins des ménagements à garder envers la propriété foncière. L'état plus ou moins florissant de l'agriculture influe sensiblement sur les progrès de la richesse publique ; or, l'agriculture a besoin, pour multiplier les subsistances, d'améliorations dispendieuses. Les changements qui lui profitent le plus ne s'opèrent qu'avec l'aide de capitaux fournis par les propriétaires, et, quand ceux-ci sont trop chargés, non-seulement l'épargne leur est difficile, mais le peu de revenu qu'ils tirent de leurs biens affaiblit chez eux le désir de sacrifier à des entreprises dont le succès d'ailleurs n'est jamais complétement assuré. Ainsi l'exagération de l'impôt tourne au détriment de la production même, et le tort fait aux propriétaires devient préjudiciable à l'intérêt social.

Une remarque essentielle en ce qui concerne l'impôt territorial, c'est qu'il finit par ne plus être constitué à titre véritablement onéreux pour ceux qui l'acquittent. Cet effet résulte des transmissions dont la terre est l'objet. Sur chaque fraction du sol pèse, par l'effet de l'impôt, une rente réservée à l'Etat : acheteurs et vendeurs le savent ; ils tiennent compte du fait dans leurs transactions, et les prix auxquels ils traitent entre eux se règlent uniquement en vue de la portion de revenu qui, l'impôt payé, demeure nette, c'est-à-dire affranchie de toute charge ; aussi le temps arrive-t-il où nul n'a plus le droit de se plaindre d'une redevance antérieure à son entrée en possession, et dont l'existence connue de lui a atténué proportionnellement le montant des sacrifices qu'il a eus à faire pour acquérir.

Cet effet de la durée commande de ne toucher à l'impôt territorial qu'avec infiniment de réserve. On ne peut en élever le taux sans ravir aux propriétaires, non-seulement une portion des revenus dont ils jouissent, mais encore du capital même du nouveau tribut annuel

ois à leur charge ; on ne peut, au contraire, abaisser ce taux sans leur
aire don d'une rente appartenant à l'Etat, et en même temps du ca-
oital de cette même rente. De tels changements ne s'opèrent pas sans
entraîner de graves conséquences. Dans un cas, ils occasionnent à la
classe en possession du sol des pertes qui l'appauvrissent, dans l'au-
re, ils l'enrichissent en quelque sorte gratuitement ; dans tous deux,
ls déplacent les situations existantes et altèrent les rapports de puissance et de fortune établis entre les diverses classes de la population.

C'est la fixité qu'il faut à l'impôt foncier plus qu'à tout autre ; jamais il n'est bon d'en modifier ni le chiffre général, ni surtout la répartition. Ce n'est pas que, dans sa marche, le temps ne finisse toujours par déranger les rapports primitivement établis entre les revenus
tirés de chaque fraction du sol et la portion qui en revient à l'Etat.
Rien n'est mobile comme le produit des domaines et des terres : des
routes qui s'ouvrent, des foyers de population qui se forment ou
grandissent, des découvertes scientifiques dont l'application améliore
des terrains de qualité particulière, mille causes diverses déterminent,
sur certains points du territoire, des progrès qui ne sauraient s'accomplir également sur d'autres ; et à côté ou dans le voisinage de propriétés qui croissent en fécondité, il en est qui demeurent stationnaires. Eh bien ! rien, dans ces faits inévitables, n'autorise à changer
la répartition des taxes, et à reporter sur les fractions du sol devenues
plus productives une partie des charges qui pèsent sur celles dont la
fertilité n'a pas augmenté.

Il est essentiel de s'en souvenir : l'impôt territorial a pour effet d'asseoir sur le sol des rentes dont l'Etat devient le titulaire, et il importe
que ces rentes, demeurant invariables, passent des personnes qui
dans l'origine en ont subi la charge, aux terres elles-mêmes. Or, en
changer la répartition afin de dégrever les parcelles qui rapportent le
moins et de recharger celles dont le produit s'est accru, c'est arrêter
ce mouvement, c'est en réalité prendre aux uns pour donner aux autres, et, sous une apparence trompeuse de justice faite aux choses,
commettre une véritable injustice envers les personnes.

Tout, dans les péréquations, est mauvais et vicieux, et des intérêts,
autres que ceux de l'équité, concourent à les interdire formellement.
Dans un pays où l'Etat se croirait autorisé à remanier l'impôt territorial, la sûreté manquerait aux transactions ; nul ne saurait, au moment d'acheter, si le revenu net dont le chiffre détermine le prix de la
propriété ne sera pas amoindri prochainement, et de là des inquiétudes
dont se ressentirait la circulation des terres ; d'un autre côté, la crainte
des surcroîts de taxe pèserait lourdement sur les entreprises agricoles.
Chacun appréhenderait de perdre une partie des bénéfices dont l'espoir excite à dépenser en améliorations de fonds, et l'agriculture ne
marcherait pas avec la liberté et la promptitude dont elle a besoin
pour devenir plus féconde.

Impôts sur les maisons et les constructions.

Il y a deux impôts distincts sur les maisons et les constructions : l'un qui porte sur le terrain bâti, l'autre sur les bâtiments ; le premier est foncier et n'a rien qui le distingue des impôts payés par le sol ; l'autre, au contraire, a son caractère propre, et mérite beaucoup d'attention.

L'impôt sur les maisons, bien que qualifié de direct, retombe en réalité sur la valeur locative, et c'est l'occupant des lieux imposés, propriétaire ou locataire, qui l'acquitte définitivement. Voici ce qui détermine cette sorte d'incidence : les maisons ne sont pas limitées en nombre comme la terre l'est en étendue ; on en bâtit à son gré : seulement l'œuvre a son prix, et n'est exécutée qu'en vue des avantages qu'elle promet. Avant de construire, l'entrepreneur examine s'il pourra tirer du capital à immobiliser un revenu suffisant, et d'ordinaire il n'agit qu'avec la certitude de recouvrer, indépendamment de l'intérêt de ses avances, la part que l'impôt en prélèvera, c'est-à-dire qu'avec la certitude de mettre cette part, s'il n'habite pas lui-même, à la charge du locataire. Ce qui assure ce résultat, c'est que le mouvement naturellement croissant de la population augmente de plus en plus le besoin de maisons et de bâtisses, et qu'à moins que le pays ne souffre et ne se dépeuple, le prix des locations tend à hausser progressivement.

L'impôt sur les maisons n'a pas d'inconvénients particuliers. Il est proportionnel et facile à percevoir. Sans doute, il ajoute aux dépenses que nécessite la satisfaction des nécessités de la vie, celle d'être logé, mais dans une mesure assez conforme à l'état différent des fortunes et des revenus.

A l'impôt sur la valeur locative ou sur le revenu des maisons se joint, dans beaucoup de pays, un impôt additionnel sur les portes et fenêtres. Celui-ci est essentiellement reprochable. Le pauvre n'a pas moins que le riche besoin d'air et de lumière, et comme, pour en obtenir autant, il lui faut donner, à pareil espace occupé, le même nombre d'ouvertures, il s'ensuit qu'il a ou à sacrifier proportionnellement une plus forte part de son revenu, ou à se priver de satisfactions nécessaires à son bien-être. C'est là, au reste, ce qu'on peut observer partout où les portes et les fenêtres sont taxées. Le pauvre n'éclaire et n'aère sa demeure que le moins possible, et sacrifie souvent sa santé au désir d'avoir moins à payer.

Impôts sur l'exercice des professions.

Ces impôts portent le nom de licences et de patentes. Il y a des pays où certaines professions, particulièrement celles qui consistent à ouvrir des lieux publics, sont assujetties à l'obtention de permissions

dont la concession force celui qui en jouit à payer à l'Etat une redevance annuelle. La licence, c'est-à-dire l'autorisation d'exercer, peut
être refusée ou retirée, et souvent n'est pas moins un moyen de police
qu'une source de revenu public.

Les patentes ont un tout autre caractère. C'est un impôt qui s'étend
à tous les états, métiers et professions, et dont deviennent passibles
tous ceux qui veulent embrasser l'un de ces états. En France, outre
le principal des droits à la charge de la profession, les patentés ont à
acquitter un droit proportionnel, réglé d'après la valeur locative des
logements et constructions qu'ils occupent. C'est le moyen adopté afin
de différencier, dans chaque profession, le taux des contributions suivant la diversité des revenus. On suppose avec raison que les patentés
les plus riches sont mieux logés et ont de plus grands ateliers ou magasins que les autres, et qu'en imposant subsidiairement les locaux à
leur usage, on en obtient un supplément de droits en rapport avec la
supériorité de leurs bénéfices et de leurs ressources. On agit d'après
le même principe en différenciant les tarifs selon le chiffre de la population du lieu où le patenté réside. Le marchand établi dans un
village paye une moindre rétribution que ses confrères établis dans
une ville moyenne, et ceux-ci payent à leur tour moins que s'ils
étaient établis dans de grandes villes. De tels classements sont conformes à la justice; car, en fait, l'étendue du débouché local exerce
une influence décisive sur la grandeur et l'activité des affaires.

Le défaut de l'impôt des patentes, c'est de ne pouvoir devenir suffisamment proportionnel. Ce qu'il a en vue, c'est d'atteindre les profits
et les revenus tirés de l'exercice d'un métier ou d'une profession dans
la mesure même où ils se produisent, et il ne saurait y réussir. Les
petites patentes, celles qui pèsent sur les états qui, employant le
moins de capitaux, demeurent accessibles au plus grand nombre,
sont toujours comparativement les plus lourdes; car l'impôt serait
peu productif s'il n'en était pas ainsi. Plus on remonte l'échelle des
professions, plus, compte fait des bénéfices qu'elles donnent, s'amoindrit le chiffre de la taxation, et ce que l'Etat prend au menu détaillant
de son revenu annuel est proportionnellement bien plus considérable
que ce qu'il prend du sien au banquier et au grand commerçant. Ces
inégalités si visibles de classe à classe se rencontrent encore dans les
mêmes classes, en partie du moins, de personne à personne, et vainement essayerait-on de les faire complétement disparaître.

Ce qui, au reste, atténue le mal, mais seulement à l'égard des patentés eux-mêmes, c'est qu'ils ne font qu'avancer à l'Etat le montant
des taxes qu'il en exige. Ces taxes constituent une addition aux frais
divers afférents à l'exercice d'une industrie, et comme nul ne se dé-
voue à une profession imposée qu'à la condition d'y réaliser des bénéfices rémunératoires, si les exigences du fisc empêchaient qu'il en fût
ainsi, le nombre des patentés se réduirait bientôt de manière à élever

le prix de leurs services. Aussi est-ce à la charge des consommateurs que finissent par retomber les taxes qui semblent prises sur ceux qui mettent à leur disposition les objets dont ils ont besoin ; les consommateurs payent plus cher les choses à leur usage, et les fabricants, marchands ou détaillants qui les approvisionnent s'indemnisent à leurs dépens des avances qu'ils ont faites. Cette incidence de l'impôt ne suffit pas toutefois pour le rendre proportionnel. Outre que les industries à petits capitaux sont les plus courues, et conséquemment celles où la restriction de la concurrence opère moins efficacement, il arrive que les classes de la population dans les dépenses desquelles l'achat d'objets de petit commerce entre pour la plus forte part ont plus que les autres à subvenir à l'allégement de ce qu'il y a d'excessif dans le poids de l'impôt qui pèse sur la fabrication et le débit de ces objets.

Impôts sur les revenus.

Ce n'est pas, comme on l'imagine, de nos jours seulement qu'on a songé à taxer les revenus. De tout temps il a été fait effort pour les atteindre, et s'il n'y a pas eu beaucoup de suite dans l'application des systèmes essayés, il faut l'attribuer non à des défauts inhérents à la nature même de l'impôt, mais au mauvais choix des moyens employés pour l'asseoir.

L'impôt sur les revenus, considéré en lui-même, est le plus proportionnel, le mieux approprié aux facultés réelles des contribuables, et par cela même celui qui répond davantage aux prescriptions de l'équité; et nul doute que s'il était aussi facile à percevoir que juste en principe, il ne tarderait point à obtenir partout une préférence décidée. Jusqu'ici l'obstacle à surmonter s'est rencontré dans la difficulté de constater régulièrement la quotité des revenus possédés. Se contenter des déclarations des contribuables, c'était les laisser libres de dissimuler leur situation et de priver le Trésor d'une partie du produit auquel il avait droit; recourir à des enquêtes, c'était armer les agents de la perception d'un pouvoir abusif, tracassier, soumettre les particuliers à des recherches de nature inquisitoriale. Ces considérations, d'autant plus puissantes que les populations, moins éclairées, sont plus disposées à voir dans le fisc un ennemi aux atteintes duquel il leur est licite de se soustraire toutes les fois qu'elles peuvent en venir à bout, ont commandé une certaine réserve dans les pays où l'impôt sur le revenu est établi, et ont empêché de le mettre en pratique dans plusieurs autres.

Toute la question cependant se réduit à savoir s'il est possible d'assigner à l'impôt une base dont l'admission puisse mettre le Trésor à l'abri des fraudes et les redevables à l'abri de recherches incommodes et pénibles. Or, cette base, il n'est nullement impossible de la trouver, en la cherchant dans celle des dépenses des particuliers, ayant signe

certain, qui se conforme le plus complétement à l'état de leurs revenus. Evidemment c'est la dépense de logement qui, plus que toute
autre, a ce caractère. Dans sa généralité, elle se proportionne assez
fidèlement à l'état des fortunes, et si on la prenait pour point de départ, pour mesure des droits à imposer, on se rapprocherait de la
vérité tout autant que le réclament les règles de la justice distributive.

Ce n'est pas qu'il n'y ait partout un certain nombre de personnes
qui, dans leurs dépenses d'habitation, s'écartent de la moyenne générale. Les unes sont des personnes riches, mues par un amour excessif
de l'épargne, s'imposant volontairement des privations, et qui, dépensant moins qu'elles ne peuvent le faire, échapperaient aux prescriptions du fisc en matière de contribution locative comme elles y
échappent en matière de droits de consommation. Les autres, au contraire, sont des personnes chèrement logées, soit parce qu'elles
comptent beaucoup d'enfants, soit à raison de convenances professionnelles, et celles-là ont droit à n'être pas surtaxées. Or, rien de
plus facile que de les mettre à même de ne payer que leur juste part.
Il suffirait, pour cela, d'admettre en principe que telle quotité du
prix des loyers est considérée comme type représentatif d'une quotité
donnée de revenu, et d'autoriser tous ceux à qui l'impôt demanderait
au delà de la proportion fixée à faire preuve qu'ils ne jouissent pas du
revenu supposé, et à obtenir le dégrèvement qui leur serait dû. Grâce
à ce mode d'évaluation, l'impôt aurait une base simple et connue; il
se prêterait dans son application à toutes les modifications que requiert l'équité; l'Etat n'aurait aucune recherche à faire, aucune déclaration à demander aux contribuables; et la perception, peu dispendieuse, s'effectuerait avec toute la célérité désirable.

Il est d'autant plus nécessaire de rechercher les moyens d'écarter
de l'impôt sur le revenu les embarras qui jusqu'ici en ont accompagné
la perception, que déjà cet impôt est établi dans une partie des Etats
de l'Europe, et qu'il est aisé de prévoir qu'il prendra de plus en plus
place dans les systèmes généraux de la taxation. C'est l'impôt proportionnel par excellence; c'est en outre le seul qui, demandant à chacun
dans la mesure la plus vraie de ses facultés contributives, puisse désormais être appliqué sans apporter de trouble dans la situation res-
pective des industries ou des propriétés, sans appauvrir réellement et
relativement telle ou telle classe de la population, et c'est là un avantage d'un prix considérable.

Impôts sur les transmissions par voie de succession et de donations.

Ces impôts ont pour effet d'attribuer à l'Etat une portion plus ou
moins grande de la valeur des choses léguées, données ou transmises
à titre successif. Ce sont les plus directs des impôts; car il est impossible à ceux qui les acquittent d'en rejeter la moindre partie sur des
tiers. Envisagés dans leurs conséquences économiques, ils n'ont rien

qui soit particulièrement regrettable. Il n'y a jamais qu'un accroissement à la fortune déjà acquise qui en rende passible ; ils ne font
qu'atténuer l'avantage attaché à l'entrée en possession d'un surcroît
de richesse, et ne viennent peser en aucune manière ni sur l'industrie
ni sur la situation de ceux qui les acquittent.

Un point essentiel, toutefois, c'est que l'impôt ne soit exigible
qu'avec des délais calculés de manière à ce qu'il puisse être versé tout
entier au moyen des revenus fournis par les propriétés données ou
transmises. Dans ce cas, l'impôt ne soumet les redevables qu'à des
retards d'entrée en jouissance, et il leur est facile de l'acquitter sans
embarras et sans gêne. Toutes les fois, au contraire, que l'Etat ne
leur laisse pas assez de temps pour se libérer, il les contraint soit à
contracter des emprunts onéreux, soit même à aliéner des portions de
l'héritage, et par là à en détériorer fréquemment la valeur.

Un inconvénient grave des droits de succession, c'est l'extrême difficulté d'évaluer, pour en établir le montant, le chiffre exact des engagements dont peuvent être grevées les propriétés transmises. En
France, on a pris le parti de régler la somme due à l'Etat d'après la
valeur vénale des biens, et sans tenir compte des charges qui en atténuent le produit et le prix réels. Un tel système, adopté afin de prévenir les abus qu'entraînerait l'usage du dégrèvement pour cause
de dettes afférentes aux biens dont se composent les héritages, a le tort
considérable de répartir l'impôt très-inégalement. Ceux qui héritent
de possessions sur lesquelles pèsent des créances appartenant à des tiers
payent, proportionnellement à la valeur qui leur tombe en partage,
plus que ceux qui héritent de possessions libres de toute hypothèque.
Il est impossible de concilier cette manière d'opérer avec les règles de
l'équité.

Impôts sur les transmissions à titre onéreux.

Ces impôts consistent dans un prélèvement opéré, au profit du fisc,
sur la valeur des propriétés foncières vendues ou échangées, ainsi que
sur les valeurs immobilières mentionnées dans les actes souscrits
entre particuliers et portant à divers titres obligation de payement.

L'impôt sur les mutations dont la propriété foncière est l'objet
n'est direct qu'en apparence. C'est bien l'acheteur qui en acquitte le
montant; mais, en réalité, c'est sur le vendeur qu'il retombe. La raison en est simple : tout acheteur calcule ce que lui rapportera le capital qu'il place en maisons ou en terres, il met en ligne de compte le
chiffre des droits à payer en cas d'acquisition, et réduit proportionnellement le prix qu'il consent au profit du vendeur.

Il est essentiel toutefois que les taxes sur les mutations ne soient
jamais excessives. Les mutations à titre onéreux ont pour effet habituel de faire passer la propriété des mains qui la détiennent à des
mains plus aptes à la faire fructifier, et cet effet cesse de se produire

dans l'étendue désirable, toutes les fois que la taxe des droits affaiblit trop le prix que les vendeurs obtiennent. Dans ce cas, ceux-ci, faute de pouvoir, à raison de la forte part que l'Etat s'est adjugée, réaliser, en échange de leurs biens, un capital suffisamment productif, n'aliè-nent que sous la pression de la nécessité. Or, c'est une des conditions principales du progrès de la richesse agricole que la facilité des mu-tations, et tout ce qui l'entrave ou l'empêche nuit fortement à l'un des intérêts les plus considérables de la société tout entière.

De même, il y aurait de fâcheux inconvénients à trop charger les transmissions de valeurs mobilières. Outre la gêne qu'ils apportent à des transactions indispensables à l'activité des affaires commerciales, les droits, quand ils sont exagérés, ne manquent pas d'enfanter des dissimulations et des fautes non moins préjudiciables à la morale pu-blique qu'aux intérêts financiers de l'Etat.

Impôt du timbre.

Cet impôt est d'origine récente. C'est la foule de transactions, de publications, d'effets de commerce qui, dans l'Europe moderne, ont pris naissance sous l'incitation des progrès de l'industrie et de la ri-chesse, qui seule en a fait concevoir l'idée et permis l'établissement.

L'Etat, afin de réaliser cet impôt, contraint les particuliers à n'em-ployer, pour les actes et les transactions dont la loi garantit l'exécu-tion, que des papiers et des formules revêtus d'une marque apposée par ses agents et qu'il vend à des prix calculés de façon à lui assurer un bénéfice considérable. L'impôt est dit fixe ou proportionnel, sui-vant que le prix des coupons du papier timbré est invariable pour les actes de même nature, ou qu'il s'élève avec l'importance des engage-ments mentionnés. En France, par exemple, le timbre des passe-ports est fixe, attendu que tous sont délivrés à taux égal; le timbre des ef-fets de commerce, au contraire, est proportionnel, attendu qu'il faut le payer depuis 15 centimes jusqu'à 10 francs, selon le chiffre des sommes souscrites.

Dans beaucoup de pays, l'impôt du timbre s'étend aux journaux, aux imprimés, aux annonces, aux affiches, et cette extension ajoute sensiblement au produit. C'est au reste un impôt qui soulève moins d'objections que beaucoup d'autres : il répond à son but; les actes qu'il taxe sont à même de supporter la charge : seulement il importe qu'il demeure assez modéré pour ne pas peser sur les transactions, et qu'il le soit surtout en ce qui touche ceux des actes de la vie civile que la loi exige également de tous.

C'est à leur incidence que ces impôts doivent leur dénomination. Ils frappent certains produits agricoles ou manufacturiers, et les droits dont ils exigent le payement sont perçus soit à l'origine, soit pendant la circulation, soit à l'entrée dans les villes, soit à l'arrivée ou à la vente chez les marchands ou débitants; mais quels que soient les producteurs ou commerçants que le fisc déclare redevables, en fait, ceux-ci n'ont à effectuer que des avances dont les consommateurs les remboursent au moment même où la marchandise taxée passe dans leurs mains. A prendre les choses sous leur véritable jour, le montant des droits imposés vient s'ajouter à celui des frais divers au moyen desquels les produits peuvent être livrés à la consommation; ils se confondent avec ces frais, ils en deviennent partie intégrante, et c'est à la charge du public qu'ils retombent. Il ne saurait en être autrement: c'est pour toute industrie une condition d'existence que d'être rémunérée dans la mesure ordinaire, et celles qui ont à supporter des taxations ne pourraient se soutenir si leurs produits ne se plaçaient au prix nécessaire pour les indemniser des sacrifices particuliers que l'Etat en exige. Il se peut, toutefois, qu'au moment même où l'impôt est établi, les rapports entre l'offre et la demande ne changent pas assez promptement pour rejeter immédiatement la charge tout entière sur les consommateurs; mais bientôt les producteurs, essuyant des pertes ruineuses, réduisent leurs fabrications jusqu'au point où l'insuffisance de l'offre rétablit l'équilibre entre les charges et les bénéfices de la production. Dans tous les cas, les impôts indirects, par cela même qu'ils ont pour effet inévitable de renchérir les denrées et marchandises qu'ils atteignent, en resserrent le débit, et de là pour les industries productrices plus de gène et moins d'essor.

Les impôts indirects, pris dans leur généralité, ont, comme tous les autres, leurs avantages et leurs inconvénients. L'avantage, c'est que d'ordinaire ils sont acquittés avec une grande facilité. En effet, ceux qui en comptent avec l'Etat, fabricants ou marchands, sont assez éclairés pour savoir qu'ils ne sont obligés qu'à une avance dont ils recouvreront la valeur à l'instant où les produits pour lesquels ils acquittent des droits passeront à d'autres mains que les leurs. Quant aux consommateurs qui, à la fin, remboursent tout le monde, la commodité de payer en détail, par somme minime, au fur et à mesure de leurs achats, leur fait illusion, et il n'est pas rare d'en trouver qui ignorent jusqu'à l'existence d'impôts qui ne les mettent pas en contact avec les agents du fisc, et qui, en payant les choses dont les exigences de l'Etat élèvent le plus la valeur vénale, croient encore n'en donner que le prix naturel. C'est là, sans doute, un avantage au point de vue de la politique ; ce n'en est pas toujours un au point de vue de l'équité.

Les inconvénients qui s'attachent aux impôts indirects, abstraction faite de l'influence qu'ils exercent sur la condition économique des diverses classes de la population, influence que nous mentionnerons plus loin, consistent principalement dans les excitations à la fraude qu'ils engendrent, et dans la cherté extrème des frais de leur perception. Il y a pour ceux qui sont tenus de les acquitter de tels profits à s'en dispenser, que beaucoup d'entre eux ne négligent rien pour y parvenir. De là, des luttes continues entre les agents du fisc et les particuliers ; de là, de fausses déclarations à la sortie des marchandises ; de là, des efforts pour les faire entrer dans les villes sujettes à l'octroi, et les vendre sans payer les droits ; de là, un commerce de contrebande souvent fort étendu et souvent aussi tellement lucratif, que ceux qui y prennent part regretteraient vivement l'absence de l'impôt auquel ils doivent des bénéfices fort considérables. C'est la nécessité d'obvier à la fraude qui rend la perception si dispendieuse. Il faut un personnel fort nombreux pour surveiller la circulation des marchandises, pour contraindre les fabricants et les expéditeurs à l'observation des formalités destinées à garantir les droits du Trésor, et il n'y a pas d'impôts qui ajoutent autant que les impôts indirects à la partie des recettes auxquelles le public subvient sans bénéfice pour l'Etat lui-même.

Le meilleur palliatif à ces inconvénients, c'est de taxer, autant que possible, les produits à l'origine. Lorsqu'il en est ainsi, les choses sujettes aux droits n'entrent dans la circulation qu'après avoir acquitté leur dette fiscale ; il n'est pas nécessaire d'en suivre les déplacements, d'en surveiller le débit : il y a moins de frais à la charge de l'Etat, moins de gênes et de pertes pour les contribuables, et aussi moins de facilités et d'occasions de contrebande.

Les impôts indirects constituent deux catégories distinctes. La première se compose des impôts perçus sur les produits mêmes du pays avant le moment où ils arrivent à la consommation, et prend le nom d'excise, de contributions indirectes, de droits-réunis ; la seconde se compose d'impôts perçus aux frontières, soit sur les produits étrangers destinés aux marchés intérieurs, soit sur les produits nationaux expédiés au dehors, et prend le nom de douanes. Voici les observations à faire sur l'une et sur l'autre de ces catégories.

Excise ou contributions indirectes.

Il n'est pas une des considérations générales qui viennent d'être exposées qui ne soit applicable aux impôts dont il s'agit ici. Tout ce qui a été dit de l'incidence des impôts indirects, des avantages attachés aux facilités avec lesquelles les consommateurs les acquittent, des in-

convénients résultant des chances de succès qu'ils offrent à la fraude
et de l'énormité des frais de recouvrement qu'ils entraînent, est vrai
en ce qui concerne les impôts classés sous le titre d'excise ou de contributions indirectes, et il serait inutile d'entrer dans de nouvelles explications.

Mais ce qui importe, c'est de constater le degré de proportionnalité
de ces impôts, et d'en saisir nettement l'influence au point de vue
économique.

Comme nous l'avons dit, les taxes indirectes ont pour effet inévitable d'élever la valeur vénale des produits, et ce sont les consommateurs qui définitivement en acquittent le montant. Il s'ensuit que la
répartition plus ou moins égale, plus ou moins proportionnelle des
charges, dépend de la nature même des produits soumis à l'impôt.

Règle générale, plus les produits dont l'impôt accroît le prix sont
indispensables à la satisfaction des besoins de l'homme, et moins l'impôt qui les frappe se proportionne aux facultés de ceux qui le payent,
plus il prend aux familles pauvres des faibles revenus dont elles jouissent. Autres, à ce point de vue principal, sont les effets des taxes qui
portent sur le sel, les farines ou les boissons, et les effets des taxes qui
portent sur le sucre, le savon, le papier, les matériaux de construction, ou encore sur les voitures de maître ou sur d'autres consommations de luxe. Il y a des dépenses communes à tous, dont personne ne
peut s'abstenir ; il y en a d'autres, au contraire, que chacun est libre
de n'effectuer qu'en raison de l'étendue de ses ressources particulières, beaucoup même que les riches seuls sont dans l'usage de faire ;
or, les impôts indirects, suivant qu'ils s'adressent de préférence à
telles ou telles de ces dépenses, équivalent tantôt à des capitations ou
à pis que des capitations, tantôt, au contraire, à de simples charges
somptuaires.

Prenez, par exemple, l'impôt du sel, c'est une capitation, ou pis
qu'une capitation. Rien de plus simple à démontrer. Le sel est de ces
choses dont personne ne peut se passer, et dont chacun use en quantité à peu près pareille. Qu'en résulte-t-il ? C'est que chacun paye la
même somme à l'État, à l'occasion du sel dont il a besoin. Il y a plus.
Partout, ce sont les pauvres que la nature même de leur alimentation
force à acheter le plus de sel, et parmi les pauvres, ce sont les nécessiteux, ceux qui ont à leur charge le plus grand nombre d'enfants, qui
en consomment davantage. Ainsi, l'impôt de classe à classe, et, dans
chaque classe, de personne à personne, pèse en raison inverse des facultés ou des revenus, et une taxe personnelle qui rapporterait autant
à l'État nuirait moins aux intérêts des masses, et serait moins contraire aux règles de la proportionnalité et de la justice. L'impôt indirect qui, sous le nom de droit de mouture, élève dans quelques pays le
prix des farines, agit exactement comme l'impôt du sel ; il prend plus

aux pauvres qu'aux riches, et souvent exerce une influence fâcheuse sur le choix de leurs moyens de nutrition.

Prenez, en revanche, les impôts qui renchérissent les produits dont la consommation n'est pas d'une nécessité absolue, ceux-là n'ont plus les mêmes effets. C'est le degré de la fortune acquise qui généralement détermine le chiffre des dépenses qu'ils affectent, et ceux qui pèsent sur les bois de chauffage, sur le café, sur le thé, sur les étoffes, sur les chevaux, se rapprochent de plus en plus de la proportionnalité désirable.

On le voit, autant d'impôts indirects, autant de degrés de proportionnalité différents. autant même d'incidences plus ou moins en rapport avec la situation des classes, des familles et des personnes. Aussi, s'il était possible que ces impôts atteignissent toutes les sortes de dépenses, tous les produits destinés à l'usage, et en même temps s'élevassent à mesure que les choses moins nécessaires aux besoins de l'existence deviennent l'objet de consommations plus exclusivement réservées aux riches, agiraient-ils comme impôts sur le revenu et n'auraient-ils, quant à la proportionnalité, aucun reproche sérieux à encourir.

Malheureusement, il n'en a jamais été ainsi. Parmi les impôts qualifiés d'indirects, les seuls qui puissent rapporter amplement sont ceux qui s'adressent aux produits de première et universelle nécessité, et voilà pourquoi les substances alimentaires ont été taxées avec une si regrettable préférence. Ainsi a été rendue plus chère la vie des classes ouvrières, et sur elles est retombé le principal poids du fardeau. C'est là surtout ce qui a conduit beaucoup d'économistes à comprendre dans une sorte de réprobation générale les impôts indirects, quelles que fussent les différences réelles qu'en présentât l'application. Evidemment, si le système qui a prévalu à leur égard était le fruit de la force même des choses, cette réprobation serait méritée; mais rien ne prouve qu'il en soit ainsi; et il est certain, au contraire, qu'en multipliant et graduant les taxes sur une foule de produits d'un usage facultatif, ou croissant avec les fortunes, on leur rendrait une proportionnalité dont, par essence, l'impôt indirect n'est pas particulièrement privé. Resterait toutefois encore, dans ce cas, à compter, d'une part, avec les frais de la perception, de l'autre, avec les incitations à la fraude qu'enfanterait la multiplicité des taxes, deux circonstances qui méritent toujours une attention fort sérieuse.

Douanes.

C'est uniquement en vue des recettes qu'elles assurent au fisc, que nous envisageons les douanes. Toutes les questions que soulève la liberté des échanges, l'appréciation du degré de mal que se font les populations dans la crainte de rencontrer sur leur propre marché la concurrence de similaires étrangers, ont leur place dans d'autres articles de ce dictionnaire. Ici, nous n'avons à signaler que les effets mêmes des impôts levés indirectement sur les produits venant du dehors ou y allant, et nous laisserons de côté tout ce qui, en matière de douanes, se rattache aux maximes de l'école protectioniste.

Ce qui caractérise les droits de douanes, c'est d'être réservés pour les marchandises qui passent d'un Etat dans un autre. C'est à la frontière qu'on les paye; et, comme tous les droits perçus sur des objets donnés, ils en accroissent proportionnellement la valeur vénale aux dépens des consommateurs. Aussi, la règle que nous avons posée en parlant des contributions directes levées à l'intérieur s'applique-t-elle aux douanes. Leurs effets, sur la répartition de la charge, dépendent du degré de nécessité des denrées taxées. Autre chose est, quant à la proportionnalité de l'impôt, de le faire porter sur des grains ou du sel, ou de le faire porter sur des épices, des étoffes de luxe, des produits recherchés que les classes opulentes seules consomment en abondance, et que chacun en général n'achète qu'en quantité conforme à l'étendue de ses revenus. Dans le premier cas, l'impôt surcharge les masses; dans le second, il les ménage et respecte le principe éminent qui veut que personne ne contribue aux besoins de l'Etat que dans la mesure même de ses forces contributives.

Comme les contributions levées sur les marchandises de fabrication intérieure, les droits de douanes coûtent beaucoup à recueillir et ont aussi l'inconvénient d'offrir, à ceux qui veulent s'abstenir de les acquitter, des chances de succès nombreuses. Aussi nécessitent-ils et l'emploi d'un personnel chèrement rétribué et des frais de service énormes, et voit-on, dans beaucoup de pays, les charges qui en accompagnent la perception dévorer jusqu'à 25 et 30 pour 100 du montant brut des recettes qu'ils procurent à l'Etat.

C'est un mal sérieux que l'exagération des tarifs de douanes. Rien qui favorise autant l'exercice funeste de la contrebande et en propage aussi activement le goût et l'habitude. Partout où les tarifs sont trop élevés, la contrebande devient une profession adoptée par des hommes qui soumettent au calcul le prix des risques à courir et des dépenses à effectuer pour l'introduction en fraude des marchandises taxées, et qui, moyennant une indemnité suffisante, se chargent de l'opération. Aussi est-ce une folie que de maintenir des droits d'entrée supérieurs au chiffre de cette indemnité; on ne peut le faire sans imprimer à la contrebande un vaste développement et sans occasionner au Trésor des pertes de plus en plus considérables. Pas d'autre remède au mal que l'abaissement des tarifs au-dessous du taux auquel les primes réclamées par les entrepreneurs de contrebande sont acquittées; mais il est rare que les gouvernements renoncent à des luttes impossibles à soutenir avec avantage et sachent se résigner, dans l'intérêt de la morale publique, comme dans l'intérêt de leurs finances, à n'exiger que des droits dont le recouvrement soit assuré.

Les droits à la sortie ont cessé de tenir beaucoup de place dans les tarifs de douanes. C'est une fausse appréciation des intérêts économiques qui a déterminé à traiter différemment les marchandises, suivant qu'elles vont chercher des consommateurs au dehors ou viennent en chercher au dedans. A prendre les choses dans l'intérêt réel et vrai du fisc et des populations, il n'y a pas une raison valable à donner en faveur des ménagements particuliers dont les produits exportés sont ainsi devenus l'objet. Les droits à la sortie n'ont d'autre effet que de faire payer un peu plus cher aux destinataires étrangers les choses qu'on leur expédie et dont ils ont besoin. Sans doute, en en augmentant le prix, ils en diminuent le débit, et par là resserrent le champ ouvert à la production. Mais vainement chercherait-on un impôt indirect qui n'entraîne des conséquences pareilles. Taxer les articles de fabrication et de consommation intérieure, n'est-ce pas aussi les rendre plus coûteux? n'est-ce pas aussi en restreindre la vente et empêcher les industries qui les préparent et les façonnent d'acquérir tous les développements dont elles sont susceptibles? Au fond, renoncer à tout droit de sortie quand on conserve des droits d'excise chez soi, ce n'est que traiter les consommateurs étrangers avec des égards qu'on refuse aux consommateurs nationaux. Il est à remarquer d'ailleurs que les droits de douanes à l'importation opèrent de la même manière que les droits à l'exportation. Les produits ne s'échangent, en définitive, que contre des produits, et tout impôt qui réduit l'usage d'un produit étranger se convertit infailliblement en obstacle à l'extension de la demande extérieure en produits nationaux.

Ce qui prête quelque importance à ces observations, c'est que, du moment où le service des douanes existe, il est essentiel qu'il obtienne des recettes assez fortes pour réduire le chiffre proportionnel de la dépense, et que, sous ce rapport, les perceptions à la sortie seraient d'un incontestable avantage. Envisagées uniquement comme moyen de revenu public, les douanes l'emportent sur les autres contributions indirectes. Les marchandises ne payent les taxes qui les grèvent qu'au moment où elles traversent la frontière, et, ces taxes une fois acquittées, elles circulent librement et sans donner lieu aux embarras et aux fraudes multiples qu'il est impossible aux agents du fisc de prévenir suffisamment toutes les fois qu'ils ont à suivre des marchandises depuis le moment de la fabrication jusqu'à celui où, après être entrées dans les villes, elles passent aux mains des consommateurs.

Impôts de consommation sous forme de monopoles et de régies.

Parmi les impôts dits indirects, il en est qui se perçoivent au moyen de monopoles, de régies et de prohibitions atteignant la production intérieure. En Angleterre, la culture du tabac est défendue; on reçoit ce produit des pays étrangers, et les droits considérables dont il est chargé à l'importation fournissent à l'Etat un ample revenu. En

France, le gouvernement n'autorise la culture que dans un petit nombre de localités; seul il achète la récolte, et seul aussi il en opère la fabrication et le débit. Dans le même pays, les poudres à feu, les cartes à jouer constituent des industries également réservées à l'Etat. En général, les monopoles au profit du fisc sont l'objet de reproches mérités. Toutefois, quand ils n'embrassent que des produits faciles à soustraire à la concurrence habituelle, et d'un apprêt qui, grâce à sa simplicité, n'est susceptible que de perfectionnements de peu d'importance pour le mouvement général des arts industriels, les monopoles n'entraînent pas plus d'inconvénients que d'autres systèmes de taxation, non moins compressifs, non moins contraires à l'intérêt public. Le monopole du tabac, par exemple, vu la nature du produit et l'espèce des besoins auxquels il subvient, ne fait que le mal inhérent à l'existence de tout prélèvement d'argent pour le compte de l'Etat, et comme il faudrait, si on le supprimait, suppléer par de nouvelles taxes ou des augmentations d'impôts anciens au vide que son absence laisserait dans les caisses, il est plus que douteux que le public se trouvât bien d'un changement qui n'amoindrirait ses charges d'un côté que pour les grossir d'un autre.

Cette revue des principaux d'entre les impôts maintenant connus et employés, montre combien sont nombreuses et diverses les sources auxquelles les Etats puisent les revenus nécessaires à leurs besoins. Il est, en Europe, des contrées où coexistent à peu près tous les impôts qui viennent d'être caractérisés; il en est bien peu qui n'aient à en supporter à la fois le plus grand nombre. On serait en droit de s'en étonner si tout, dans cet état de choses, n'était le fruit de circonstances à l'empire desquelles il a fallu longtemps se soumettre. Pressés par des besoins croissants, les gouvernements n'ont cessé, durant les siècles passés, de travailler à grossir leurs recettes, et à mesure que la richesse se réalisait sous des formes antérieurement inconnues, ils ont cherché à l'atteindre dans ses manifestations nouvelles. D'autre part, la constitution des sociétés et l'ignorance égoïste des contribuables n'ont que trop contribué à les pousser en avant dans les voies où ils se trouvaient entraînés. La terre était aux mains de classes privilégiées et puissantes, jouissant d'immunités qu'elles savaient défendre, et le peu qui en restait sous le coup des taxations n'aurait pu supporter tout le poids du fardeau : c'était donc aux actes civils, à l'industrie, aux consommations qu'il fallait demander les ressources additionnelles dont la nécessité se faisait sentir, et de là cette multitude d'impôts qui vinrent successivement, sous les noms les plus divers, frapper les opérations du commerce, entraver la circulation, et accroître le prix de la plupart des produits essentiels à l'entretien de la vie humaine.

Ce fut un grand mal social que l'existence simultanée de tant d'impôts divers de formes, de buts, d'incidences, se contrariant ou se combinant dans leurs effets, et tantôt ménageant des revenus qu'il aurait été juste d'atteindre, tantôt, au contraire, prélevant sur d'autres des quote-parts excessives. Le fisc lui-même n'y trouvait pas son compte; car le grand nombre des administrations et des agents qu'il avait à solder ne laissait arriver dans les coffres de l'Etat qu'une partie des sommes enlevées au public, partie, à certaines époques, tellement réduite, qu'avant l'administration de Colbert elle équivalait à peine en France à 30 pour 100 du chiffre acquitté par les redevables. Aussi, du moment où, grâce aux progrès des connaissances, l'impôt fut devenu l'objet d'études sérieuses, en entendit-on réclamer de toute part la réforme. Mais là encore se rencontrèrent, dans l'application, des difficultés parfois insurmontables. Rien qui ait davantage à se heurter contre les habitudes acquises et contre des préjugés reçus que les propositions de changement en matière de subsides. Autant les populations applaudissent à l'abolition de chacune des contributions qu'elles ont à payer, autant elles sont disposées à se courroucer contre toute contribution nouvelle ; et, comme on ne peut supprimer les plus malfaisantes sans les remplacer immédiatement par d'autres contributions qui, bien que moins défavorables à l'intérêt public, soulèvent des résistances souvent opiniâtres, on a vu plus d'une fois les gouvernements les mieux intentionnés forcés de s'arrêter dans leurs œuvres et de renoncer au bien qu'ils désiraient faire.

De nos jours, cependant, les idées, au sujet de l'impôt, ont pris un cours plus hardi et plus éclairé; quelques-unes des lumières qui jusqu'ici ont manqué au grand nombre, se sont répandues, et il est facile de prévoir que le temps approche où les populations attacheront une grande importance à tout ce qui concerne les formes et l'incidence des taxes. Déjà, en Angleterre, elles s'en sont vivement préoccupées, et leurs réclamations ont obtenu plein succès. Ainsi, la plupart des impôts dont le poids retombait principalement sur les classes salariées ont subi de larges réformes; les droits sur le sel, les droits à l'entrée des céréales et des produits alimentaires, ont été supprimés ou réduits; c'est aux revenus que l'income-taxe est venu demander de suppléer à l'insuffisance des recettes, et peut-être même a-t-on, sur quelques points, dépassé la limite véritable des exigences de la proportionnalité.

L'exemple donné par l'Angleterre sera tôt ou tard imité dans les autres contrées de l'Europe. Partout les progrès inévitables de l'esprit démocratique amèneront l'examen des questions d'impôt, et il deviendra de plus en plus difficile de maintenir les systèmes de taxation dont l'existence ne se concilie pas avec le droit appartenant à chacun de n'avoir à contribuer aux dépenses publiques que dans la mesure même de ses ressources.

C'est aux gouvernements à compter avec le mouvement naturel des esprits, et à savoir se prêter aux innovations qui deviendraient nécessaires. Il y avait, dans les systèmes en pratique durant les siècles passés, bon nombre d'erreurs et d'iniquités inaperçues par ceux-là mêmes qui en souffraient davantage, mais qu'il a fallu supprimer lorsqu'enfin elles commencèrent à être visibles aux yeux de tous. Il y en a bon nombre dans les systèmes qui prévalent aujourd'hui : elles auront le même sort ; car si l'ancienneté est, en général, pour les impôts, un titre à la durée, ce titre cependant n'est pas, comme tant de personnes le supposent, assez valable pour devoir l'emporter sur toutes les considérations de justice et de raison.

Ce qui atteste à quel point les questions d'impôts émeuvent maintenant les populations, c'est le grand nombre de projets de réforme éclos depuis quelques années. Jamais, à aucune époque antérieure, on n'en avait vu naître autant, et, comme parmi ces projets il en est qui ont séduit quelques imaginations, peut-être ne sera-t-il pas inutile de consigner ici les réflexions qu'ils suggèrent. Ces projets sont ceux qui se rapportent, soit à l'établissement d'un impôt unique, soit à celui de l'impôt progressif.

Au premier aspect, l'idée de l'impôt unique a un côté très-séduisant. S'il n'existait qu'un seul impôt, la perception, confiée à un seul corps d'agents financiers, s'opérerait à bon marché, et les contribuables, exonérés d'une partie des sacrifices qu'ils ont à faire aujourd'hui, seraient fort soulagés. Mais est-il une matière imposable qui, à elle seule, puisse subvenir à la totalité des dépenses publiques ? Quelques-uns ont proposé de choisir la propriété foncière, d'autres, en plus grand nombre, le revenu.

L'impôt unique sur la terre a été, comme on le sait, au nombre des propositions faites par l'école du docteur Quesnay. Cette école n'admettait d'autre élément de richesse que le produit ou revenu net du sol, et il était naturel qu'elle voulût chercher les ressources nécessaires aux besoins de l'Etat dans ce qu'elle croyait en être la source exclusive. Elle se trompait, et ceux qui maintenant adoptent ses maximes en matière d'impôt se méprennent également.

D'abord ce serait, à l'égard des personnes, une injustice monstrueuse que de changer la répartition de l'impôt de telle sorte que le fardeau tout entier serait rejeté sur une seule classe de citoyens : un tel changement bouleverserait toutes les existences, et aucune société ne résisterait à la violence du choc. Assurément la terre peut payer beaucoup, sans qu'il en résulte d'autre mal que la diminution des rentes ou fermages qu'elle produit en faveur de ceux qui en sont les maîtres : mais il serait impossible de lui arracher la totalité des subsides dont l'Etat ne peut se passer, et, si on l'essayait, l'agriculture ne tarderait pas à être frappée d'une langueur fatale aux intérêts de tous. C'est qu'il n'est pas de progrès rural qui ne réclame des dépenses préalables, et que, du jour où les propriétaires seraient contraints à livrer au fisc la majeure partie des revenus dont ils sont en possession, ils perdraient à la fois le goût et la possibilité de l'épargne, et cesseraient de sacrifier la moindre partie du peu de fruits qu'ils tireraient encore de leurs biens à des améliorations trop peu productives. Les Etats sont appelés par le cours naturel de la civilisation à grossir progressivement leurs dépenses; c'est à la terre qu'ils demanderaient sans cesse de nouvelles ressources, et c'en serait assez pour achever d'éteindre chez ses possesseurs tout désir d'ajouter à ses forces productives. L'impôt unique sur le sol, en frappant l'industrie agricole de stagnation, arrêterait infailliblement l'essor de la prospérité sociale.

L'impôt unique sur les revenus n'aurait pas, à beaucoup près, autant d'inconvénients. Ce n'est pas un impôt qui choisisse, au risque de l'accabler, un seul genre de richesse et d'industrie; c'est un impôt qui, s'adressant à la fois à toutes les sources de la production, ne rompt pas violemment tout rapport de puissance et de fécondité entre elles, et qui, ne prenant à chacun qu'au prorata de sa part personnelle dans le revenu général, demeure exempt de partialité et d'injustice. Mais cet impôt serait-il aussi facile à asseoir et à recueillir qu'il l'a été peu jusqu'ici, qu'il n'y aurait pas de raison pour en faire le seul moyen de remplir les caisses publiques. Il y a pour tous les impôts un degré d'élévation au delà duquel il ne faut pas les pousser, et des taxes trop fortes sur les revenus auraient, à coup sûr, le double inconvénient, d'être fort incommodes pour les contribuables tenus de les acquitter à des jours ou échéances fixes, et d'exciter à des fraudes et à des dissimulations qui, dans l'état présent des idées et des habitudes, ne sont pas l'objet d'un blâme bien prononcé. D'un autre côté, parmi les impôts en usage, il en est qui ne sont ni moins proportionnels, ni moins faciles à recouvrer que l'impôt sur le revenu, et dont la suppression ne serait nullement motivée. L'impôt foncier, par exemple, est juste en principe comme dans l'application, et comme, toutes les fois qu'il est d'origine suffisamment ancienne, il a, par l'effet naturel des transmissions opérées, cessé d'être à la charge personnelle des propriétaires des biens grevés, son abolition n'aurait d'autre résultat que de priver l'Etat d'une recette qui lui appartient à bon droit. L'impôt sur le revenu, à le considérer dans sa véritable destination, sera appelé à remplacer successivement la plupart des impôts qui coûtent trop cher à obtenir ou qui ont le tort réel de manquer de proportionnalité. Si la simplicité en matière de taxation doit être recherchée avec soin, elle n'est pas le seul but auquel il faille viser, et, suivant toute apparence, l'unité de l'impôt demeurera un idéal dont on pourra se rapprocher de plus en plus, mais sans pouvoir l'atteindre et le réaliser complétement.

L'impôt progressif est d'invention assez récente. Dans le passé, les classes en possession du pouvoir ont fait un effort continu pour échapper aux charges publiques et en rejeter le poids sur le reste de la société. De nos jours, où les idées démocratiques ont pris un cours mal réglé encore, les hommes qui les poussent à l'extrême veulent un effort en sens opposé, et c'est dans l'espoir de faire porter aux classes riches plus que leur part du fardeau, qu'ils réclament l'établissement de l'impôt progressif.

Voici le système dans toute sa simplicité : il consiste à taxer les revenus privés à des taux qui diffèrent et croissent à mesure que ces revenus eux-mêmes deviennent plus considérables. Ainsi, tandis que les revenus de la dernière catégorie n'ont à payer qu'une certaine quotité pour cent, les revenus de la catégorie supérieure payent une quotité plus élevée, ceux de la catégorie qui suit une quotité plus forte encore, et autant de catégories, autant de quotités distinctes, montant sans cesse et appelant les particuliers à subvenir aux dépenses publiques dans des proportions dont l'augmentation relative marche plus vite que l'augmentation même de leurs fortunes.

Assurément, au premier aspect, on pourrait être tenté d'approuver un mode de taxation qui, demandant peu aux contribuables les moins aisés, réserve ses rigueurs pour les plus riches, et les appelle à contribuer d'autant plus aux nécessités de l'Etat qu'ils sont moins exposés aux atteintes du besoin ; en y regardant de près, on ne tarde pas à reconnaître combien tout, dans une pareille combinaison, est impraticable et illusoire.

Au nombre des objections élevées contre le système, il en est une qui a attiré particulièrement l'attention : c'est qu'aux points extrêmes où finissent et commencent les catégories, il y aurait des augmentations de fortune qui ne compenseraient pas l'effet de la hausse du taux des droits réclamés par l'Etat, et qui conséquemment se traduiraient en cause d'appauvrissement. L'objection n'a pas toute la valeur qu'on lui a attribuée. L'impôt progressif se prête à des combinaisons assez variées : il peut s'appliquer aux revenus, à des taux divers, suivant les additions qu'ils reçoivent, les séparer en portions distinctes, et ne s'élever graduellement que pour celles qui excèdent la première ; et, dans ce système, l'inconvénient signalé ne se ferait pas sentir. Aussi est-ce à des considérations plus sérieuses qu'il faut recourir pour repousser le régime en question.

L'impôt progressif a un vice radical : il sévit contre les qualités mêmes qu'il importe le plus de propager au sein des populations, et s'il lui était donné d'atteindre pleinement son but, ce serait au prix de la stagnation des richesses et de l'industrie. Deux choses, en effet, sont essentielles au développement des forces productives d'un pays : l'une, c'est que les efforts de chacun, pour améliorer sa position, trouvent la récompense qui leur est due ; l'autre, c'est que le goût de l'épargne subsiste et s'étende ; or, l'impôt progressif, par cela même qu'il s'attache à réduire les avantages attachés à l'accroissement des fortunes, affaiblit nécessairement les mobiles dont la puissance opère le plus heureusement sur la marche des sociétés. En marquant à la richesse privée des degrés au delà desquels son augmentation cesse d'être suffisamment profitable, il ôte au travail une partie des rétributions dont il a besoin pour conserver toute son énergie ; il atténue le désir d'amasser, et met obstacle à la formation de capitaux qu'il condamne, à mesure qu'ils grossissent, à devenir de moins en moins productifs. Ce sont les sources mêmes de toute prospérité sociale qu'il atteint et resserre de manière à en diminuer l'abondance.

Là ne s'arrêteraient pas les inconvénients inséparables de l'établissement de tout impôt progressif. Les hommes veulent tirer de leurs ressources et de leurs facultés le meilleur parti possible ; ils sentent que c'est leur droit comme leur intérêt ; et de là la recherche qu'ils font sans cesse des moyens d'utiliser les richesses à leur disposition. Aussi les capitaux affluent-ils toujours dans les voies où leur placement rencontre à la fois le plus de sûreté et les plus hauts bénéfices ; de légères différences d'intérêt suffisent pour en déterminer l'emploi, et, comme l'attestent les transactions qui s'accomplissent sur toutes les places commerciales de l'Europe, ils n'hésitent pas même à aller recueillir au dehors les avantages qu'ils ne trouvent plus sur le sol natal. Aussi dans tout pays où l'impôt, venant prendre à une portion des capitaux concentrés dans les mêmes mains plus qu'au reste, en ferait descendre le produit au-dessous de la mesure normale, verrait-on bien peu de personnes se résigner à la perte qui leur serait infligée. C'est en dissimulant la possession des parts de richesse sur lesquelles le fisc pèserait le plus, ou en les envoyant chercher à l'étranger un meilleur sort, qu'on échapperait à des exigences contraires à des intérêts toujours écoutés, et les capitaux ne tarderaient pas à se cacher ou à émigrer en partie, au détriment de l'activité nationale. Rien ne saurait les forcer à se montrer ou les empêcher de fuir un sol inhospitalier. Le capital, l'argent est par essence rebelle aux injonctions qui s'opposent à ce qu'il obtienne toute la rémunération à sa portée ; il arrive toujours là où il rencontre les rétributions les plus lucratives : nulle loi, si sévère qu'elle soit, ne saurait le retenir en captivité ; il prend toutes les formes que requiert sa libre circulation, et quand il ne peut traverser les frontières sous le nom même de son maître, il finit toujours par les passer sous des noms d'emprunt.

Nulle part encore n'a été faite l'épreuve d'un impôt largement et vraiment progressif ; mais cette épreuve, si quelque contrée la tente, on peut hardiment en prédire les résultats. Les fortunes acquises se dénatureront afin d'échapper à l'excès des taxes ; les fortunes nouvelles ne se réaliseront en apparence que jusqu'à une hauteur donnée ; les capitaux se dissémineront et iront, en partie, fructifier à l'étranger : bientôt les entraves mises à leur emploi au grand jour, ainsi que l'émigration des épargnes, auront comprimé l'essor nécessaire du travail et châtié l'imprudence commise.

En matière d'impôt, il est un principe fondamental dont on ne saurait s'écarter impunément : c'est le principe de la proportionnalité. L'impôt ne doit peser que sur les choses et non sur les personnes, et toute combinaison qui se propose d'appeler les individus à concourir aux dépenses publiques, dans une mesure autre que celle de la part même dont ils jouissent dans le revenu général, ne peut produire que des résultats à la fois injustes et pernicieux.   H. PASSY.

ÉTUDES ÉCONOMIQUES

SUR

L'INDUSTRIE DE LA SOIE

DANS LE MIDI DE LA FRANCE[1].

SECONDE ÉTUDE.

DES CLASSES LABORIEUSES VOUÉES A LA FILATURE ET A L'OUVRAISON DE LA SOIE.

I.

Filature du cocon[2], sa nature, révolution produite par l'emploi de la vapeur.

Sera-ce dans le domaine de l'industrie agricole, ou dans celui de l'industrie manufacturière, que nous placerons la filature de la soie ou dévidage du cocon ? Elle est sur la limite de l'un et de l'autre, et si cette question m'avait été posée, il y a trente ou quarante ans, j'aurais été, j'en conviens, fort embarrassé pour la résoudre. Selon toute apparence, je l'eusse tranchée à l'avantage de la première, considérant cette opération comme un simple complément de l'éducation du ver et de la production du cocon, comme une dernière façon donnée par l'éducateur lui-même au produit de sa récolte : et il en était bien réellement ainsi à cette époque. Aussitôt que cet éducateur avait détaché ses cocons de la bruyère, et après les avoir passés au four pour en étouffer les chrysalides, il se mettait, sans désemparer, à les filer dans un petit atelier domestique, établi tantôt sous un hangar, tantôt

---

[1] Voir le n° précédent, mai et juin 1852, tome XXXII, p. 17.
[2] La filature de la soie devrait porter le nom de dévidage des cocons : on l'appelle dans l'idiome languedocien *tirage* ; nous lui conserverons son appellation la plus commune, qui n'amène, après tout, aucune confusion.

dans une simple tente, mais presque toujours attenant à sa demeure.
— Composé de un à cinq ou six *tours* (c'est le nom indigène du métier
à filer le cocon), principalement desservi par la femme, les filles et les
autres auxiliaires accoutumés de l'éducateur, cet atelier domestique
fonctionnait pour l'ordinaire et suivant l'importance de la récolte,
pendant un, deux ou trois mois ; après quoi tout rentrait à la ferme
dans l'ordre accoutumé, et l'éducateur ne songeait qu'à se défaire au
plus vite de son petit ballot de *trame* : c'est ainsi que l'on nomme la
soie un peu commune et forte, qui se produisait le plus habituellement dans ces sortes d'ateliers. Les tours à filer que l'on y employait
avaient chacun une petite cuve en cuivre, dite bassine, chauffée au
moyen d'un petit fourneau à charbon de pierre, pour y détremper le
cocon dans l'eau bouillante avant d'en détacher le brin, et puis, en
avant du fourneau qui supporte cette bassine, une petite roue pour
recevoir le brin de soie et le réunir en écheveau. Une première ouvrière, appelée *fileuse*, détachait et détache encore aujourd'hui le
brin avec une merveilleuse dextérité ; une seconde ouvrière faisait
tourner la roue et portait le nom de *tourneuse*. Telle était la pratique
générale, mais non pas universelle cependant des pays séricicoles ;
car il y avait dès lors, dans les localités les plus adonnées à la production du cocon, quelques établissements de filature de nature un peu
différente : ils étaient établis sous de plus vastes hangars, possédaient
depuis dix jusqu'à cinquante *tours*, construits du reste et desservis
comme ceux qui viennent d'être décrits, et produisaient en général
les soies plus fines, connues sous les noms de *tramettes* et *d'organsins*.
Ces ateliers, qui fonctionnaient jusqu'aux approches de l'hiver, c'est-
à-dire pendant quatre à cinq mois, et qui fonctionnaient pour le
compte d'un entrepreneur d'industrie appelé fileur ou plutôt filateur,
constituaient bien déjà des espèces de fabriques ou usines manufacturières, à l'état rudimentaire : mais elles ne formaient, en quelque
sorte, que l'exception, non la règle, et ne pouvaient, ce me semble,
prétendre à l'honneur de caractériser, de qualifier la seconde opération de l'industrie de la soie. Mais, dès les premières années de la
Restauration, et dans un fort court espace de temps, cet ordre de
choses fut gravement modifié par un fait qui a depuis lors révolu-
tionné aussi nos systèmes de viabilité, de navigation, et nos trois
grandes industries textiles du coton, de la laine et du chanvre. Je
veux parler, comme on l'a sans doute pressenti, de l'emploi de la
vapeur. La vapeur, avant même de devenir le moteur des mécanismes
consacrés au dévidage du cocon, fut très-ingénieusement employée à
chauffer l'eau des bassines, au moyen de son calorique latent. On y
gagne une économie des trois quarts dans les frais de chauffage, et
la suppression de tous les inconvénients de la fumée du petit fourneau
pour la beauté et le lustre de la soie.

Plus tard, la machine à piston, ou à son défaut une double et puissante manivelle, mue par quatre hommes qui se relayent, vint à son tour bannir et remplacer la *tourneuse* : or, c'étaient là des perfectionnements qui n'étaient applicables, on le comprend tout de suite, qu'à des ateliers de quelque importance, et qui exigeaient l'emploi d'un capital assez considérable, c'est-à-dire d'avance qu'ils durent nécessairement amener, par une concurrence écrasante, la suppression presque instantanée de tous les petits ateliers domestiques, leur remplacement par les nombreuses et vastes usines qui fonctionnent de nos jours, et le passage définitif du dévidage du cocon, du domaine de l'agriculture dans celui de l'industrie proprement dite.

Cette transformation radicale que je ne flétrirai pas du nom de révolution, puisqu'elle a été pacifique et bienfaisante, quoique brusque et complète, ne s'accomplit pas, néanmoins, sans susciter beaucoup d'alarmes et sans provoquer beaucoup de clameurs soit de la part de la classe ouvrière, soit de la part de tous les producteurs de cocons. Par la suppression subite de toutes les tourneuses, la classe ouvrière se crut inévitablement et profondément atteinte dans ses intérêts les plus chers, dans son plus précieux moyen de subsistance; mais grande était son erreur, qui fut bien vite dissipée, du reste. Tel fut, en effet, le prodigieux accroissement des tours à desservir, que les tourneuses, bien loin d'être renvoyées des ateliers, passèrent toutes fileuses d'emblée, ce qui éleva tout à coup leur salaire quotidien de 1 fr. à 1 fr. 50 c. Or, cet avantage n'était auparavant obtenu qu'après trois ou quatre années d'apprentissage. Et cela ne suffit même pas encore aux besoins du marché; si bien qu'une foule de familles soit de la campagne, soit des bourgs et des petites villes, qui étaient restées jusqu'alors étrangères à la filature de la soie, furent amenées, par l'appât d'un gain aussi considérable, à y faire participer leurs femmes et leurs filles. La saison de la filature de la soie s'étendit d'ailleurs, de trois mois, sa durée moyenne jusqu'alors, à six ou sept mois tout au moins. Il y a même bon nombre d'ateliers aujourd'hui qui, bien vitrés, bien clos et bien éclairés, filent durant l'année entière ou ne se ferment que pendant le court espace de l'éducation du ver à soie. Ainsi furent donc heureusement et promptement dissipées les tristes appréhensions de la classe ouvrière.

Il en fut absolument de même de celles encore plus bruyamment manifestées par la classe des éducateurs. A les en croire tout d'abord, la disparition forcée de la filature domestique et à domicile les devait livrer pieds et poings liés à la merci des entrepreneurs de la filature en grand, de la filature manufacturière. En effet, comment résister dorénavant à l'avantage que donnaient à ceux-ci leurs capitaux, leur habileté, et leur inévitable concert! Comment débattre avec eux, à conditions tant soit peu égales, le prix de la matière première, de ces cocons qui ne sauraient être ni emmagasinés, ni conservés, qu'il faut livrer à tout prix dans les quarante-huit heures de leur maturité! Ils se voyaient donc déjà pressurés, opprimés, exploités par ces monopoliseurs de la production de la soie. Mais, ici encore, cette fantasmagorie si effrayante en théorie se dissipa sans retard devant la réalité des faits. On n'avait tenu compte, dans cette émotion des intérêts menacés, ni de la concurrence inévitable qui allait se déclarer entre un si grand nombre d'entrepreneurs de filature, ni de la nécessité d'acheter, que leur imposerait le gros capital par eux immobilisé dans une usine coûteuse et dans son tout aussi coûteux outillage; on n'avait pas prévu non plus que des ateliers nombreux seraient construits tout exprès et à cette seule fin de filer les cocons de tout éducateur qui, peu satisfait du prix courant du marché, voudrait les faire filer pour son propre compte et moyennant un prix de façon. En somme, les producteurs de cocons, contre leur attente et en dépit de leurs alarmes prématurées, ont obtenu et conservent évidemment tout l'avantage du marché.

Tout est donc pour le mieux jusqu'ici, puisque les deux classes laborieuses qui nous occupent, celle vouée à l'éducation du ver, et celle consacrée à la filature du cocon, ont vu se maintenir ou même s'accroître, l'une ses bénéfices, et l'autre ses salaires, ce qui leur a permis d'ajouter graduellement à leur bien-être et même à leurs jouissances. Que de jeunes artisannes nous avons pu voir, depuis lors, parées le dimanche, de ce fil précieux qu'elles ont filé pendant les six jours de la semaine! que d'éducateurs qui se rendaient modestement à pied vers le marché hebdomadaire, y sont arrivés depuis à cheval ou en char! Mais il est une dernière question qui restait à résoudre, et qui a bien son importance après tout : c'est la question de moralité et de dignité personnelle; examinons-la.

II.

Ateliers de filature; état moral de leur élément personnel.

J'étais bien jeune encore lorsque les changements capitaux racontés ci-dessus s'accomplissaient dans mon pays natal, l'un des points du midi de la France où la culture du mûrier et la production du cocon sont le plus répandues et le plus perfectionnées. J'étais bien jeune, sans doute, mais j'étais déjà le fervent disciple des Adam Smith, des Baptiste Say, Malthus, de Sismondi, Droz, etc.; j'avais vu, d'ailleurs, de mes propres yeux, nos principaux centres de production manufacturière, et les populations qui s'y accumulent ou qui les environnent. Ce fut donc avec un véritable sentiment d'effroi que je retrouvai tout à coup mon pays natal, après quelques années d'absence, envahi par le dieu des temps modernes, le génie manufacturier. Bien volontiers j'aurais admiré, sans doute, ainsi que je le fais aujourd'hui, cette multitude de constructions nouvelles, toutes éclatantes de blancheur, qui s'étaient élevées comme par enchantement au milieu de nos verts massifs, aux bords de nos torrents, sur les

flancs de nos coteaux. Leurs cheminées gigantesques, s'allongeant
bien au-dessus des plus grands arbres, avec leur constant panache de
fumée; leurs façades percées à jour par de nombreux et hardis portiques qui laissent voir à l'intérieur l'éblouissant coup d'œil de l'atelier; ces longues files de dévidoirs alignés, dont l'écheveau doré ressemble si fort, dans sa rapide évolution, à une flamme tournoyante,
à un éclair circulaire et continu; le bruit strident et monotone de tous
ces rouages de fer que l'on dirait être l'accompagnement obligé du
chant presque jamais interrompu des fileuses; ce chant lui-même
rustique, plaintif et lent, mais qui devient à distance singulièrement
doux et mélodieux; tout enfin donnait au paysage une animation,
une originalité, une couleur locale, bien faites pour émouvoir un
cœur et une imagination de vingt ans; mais je me sentais trop préoccupé de sentiments et d'images d'une nature toute différente, pour
pouvoir être alors accessible à une si charmante émotion. C'en est
donc fait! me disais-je, en contemplant ce spectacle si vivant et si
nouveau; voilà nos belles, nos heureuses, nos innocentes campagnes
devenues la conquête, pour ne pas dire la proie de l'industrialisme
contemporain; voilà nos bons et robustes paysans, jusqu'à ce jour
économes, rangés et étrangers à la débauche et à l'ivrognerie, sains
de corps et d'esprit en un mot, les voilà sur le point de se transformer
en population manufacturière! Et nos mères de famille, nos jeunes
filles jusqu'ici modestes, réservées, pudiques, les voilà prêtes à se
métamorphoser en ouvrières de fabrique! En ouvrières de fabrique!
oh! que ce seul mot éveillait en moi de pénibles souvenirs et de
cruelles alarmes! qu'il faisait naître dans ma pensée assombrie de
tristes pressentiments, de fâcheuses prévisions et de désolantes images!
Eh bien! fort heureusement, et Dieu merci, moi aussi je me trompais
comme l'avaient fait tous les autres. Trente ans se sont écoulés depuis
lors, et de bien bon cœur je dois le reconnaître, moi aussi je n'avais
pas tenu compte de tous les éléments du problème économico-social
qui allait se résoudre dans mon pays. Voici ce que je n'avais pas
fait entrer dans mes prévisions spéculatives, et ce qui explique comment en dernière analyse les populations vouées à la production séricicole ont pris à l'industrie ce qu'elle a de bon : le mouvement, l'aisance, la vie, sans subir ce qu'elle a de mauvais, la corruption des
mœurs et l'invasion du paupérisme. C'est d'abord et surtout la succession constante et périodique des travaux agricoles et des travaux industriels, leur combinaison ou association perpétuelle, l'emploi que
font ces deux natures de travaux du même élément personnel.

. Et puis encore, la constitution et les habitudes de l'atelier où se file
le cocon, si différentes, comme on va le voir, de celles de tout autre
atelier manufacturier proprement dit.

Mais ceci mérite, exige même quelques développements plus particuliers et plus spéciaux, car nous sommes, à vrai dire, au cœur même

de la question économique et sociale la plus délicate de notre temps.

Si donc la filature de la soie présente un tableau à ce point différent de celui qui nous est offert par la population des usines consacrées à l'œuvre correspondante de toutes les autres industries textiles, cela tient, selon moi, aux circonstances et conditions suivantes :

1° À un très-petit nombre d'exceptions près, la filature de la soie ne dure pas toute l'année. Pendant toute la belle saison, pendant trois ou quatre mois, tout au moins, elle rend ses ouvrières à la vie fortifiante et moralisatrice des champs. C'est au sein du labeur agricole que les esprits et les corps vont annuellement se retremper.

2° La filature du cocon n'interrompt pas non plus, d'une façon absolue pour ses ouvrières, la vie de ménage et d'intérieur. Sans doute les fileuses se rendent à l'atelier dès quatre heures du matin pour n'en sortir définitivement qu'à sept heures du soir ; mais, dans cet intervalle, elles rentrent deux fois chez elles pour y passer une heure chaque fois ; or, cette heure, dont leur repas emploie le quart tout au plus, est consacrée à préparer les aliments de la famille, soigner les enfants, vaquer, en un mot, aux soins ordinaires du ménage ; on voit même beaucoup de fileuses qui, après leur rentrée du soir au logis conjugal ou paternel, et en dépit d'un travail antérieur de treize heures, ont encore le courage de veiller jusqu'à dix ou onze heures, pour blanchir, réparer ou confectionner les vêtements domestiques.

3° Quelques-unes de ces ouvrières, venues de la campagne ou des hameaux les plus voisins, ne rentrent chez elles que le soir et prennent leur repas à l'atelier ; d'autres enfin, mais c'est à beaucoup près le plus petit nombre, appartenant à des villages un peu plus éloignés, ne retournent dans leurs demeures que le samedi soir, pour revenir à l'usine le lundi matin. Alors elles prennent domicile chez de bons et honnêtes artisans du bourg ou de la petite cité qui renferme l'atelier. Là, on leur fournit une modeste chambre où elles couchent plus ou moins nombreuses, et on leur donne, comme au soldat de passage, place au feu et à la lumière. Je n'ai jamais ouï dire que cette pratique eût rien de contraire au maintien de leur moralité et de leur bonne santé.

4° La composition de l'atelier contribue, en outre, singulièrement aux heureux résultats que je constate. D'abord, les mères et leurs filles s'y trouvent presque toujours réunies, et je n'ai pas besoin de faire remarquer tout l'avantage moral qui en résulte, tant pour les unes que pour les autres.

Ensuite, les fileuses n'appartiennent pas exclusivement, bien s'en faut, aux classes pauvres de la société : ce ne sont pas seulement les femmes et les filles des ouvriers terrassiers, des prolétaires agricoles qui peuplent l'atelier ; elles s'y trouvent confondues avec celles de tous les artisans ruraux ou citadins, tels que maçons, charpentiers, menuisiers, serruriers, ébénistes, horlogers même, comme aussi avec celles d'une foule de bons petits propriétaires, fermiers et colons partiaires des environs.

5° Enfin, il arrive assez communément que la femme et les filles de l'entrepreneur de la filature, qui sont, pour l'ordinaire, de véritables dames et demoiselles, ayant reçu une éducation soignée, passent elles-mêmes la journée entière dans l'atelier pour le surveiller et le diriger, de concert avec le patron. Sans doute, cette présence et cette surveillance ont pour principal objet l'assiduité et la bonne qualité du travail; mais on comprend sans peine combien elles doivent avoir une heureuse influence sur le maintien de la décence et la préservation des bonnes mœurs. Irai-je jusqu'à prétendre que la vie de l'atelier, même dans des conditions aussi favorables, demeure innocente de tout abus, de tout désordre et de toute chute? non certes, et mon optimisme ne saurait aller jusque-là. Mais ce que je crois pouvoir affirmer, c'est que le nombre de ces chutes est relativement petit, que le développement anormal de la filature du cocon l'a faiblement accru, et que la plupart de *celles* qui succombent aux périls de l'atelier y étaient probablement fort prédisposées par leurs penchants naturels ou par leurs antécédents moraux.

Avant d'abandonner ce sujet, je dois prévoir et prévenir quelques objections qui pourraient bien être faites à la vérité de mes peintures et à la justesse de mes appréciations. Je ne l'ai point dissimulé, le principal siége de mon étude a été le pays où la culture du mûrier et le dévidage du cocon sont tout à la fois le plus répandus et le plus avancés; mais n'était-ce pas là mon droit et mon devoir d'observateur économiste? m'était-il même possible de décrire minutieusement, et l'un après l'autre, tous les lieux qui servent de théâtre à l'un et à l'autre dans nos dix-huit départements séricicoles du Midi?

Il est donc bien vrai que les choses ne se passent pas d'une manière tout à fait aussi satisfaisante dans toutes les localités où l'on récolte de la feuille de mûrier et où l'on produit de la soie. Les grandes et belles usines où de puissantes machines à vapeur chauffent des centaines de bassines et meuvent tout autant de dévidoirs, ne s'y rencontrent pas encore partout; elles n'ont point remplacé et banni partout les modestes ateliers domestiques, avec leurs petits fourneaux à charbon et leurs dévidoirs mus par des tourneuses: ce n'est pas même un grand malheur, à mon sens, puisque ces ateliers, pour la production des soies communes, tout au moins, parviennent à soutenir la concurrence écrasante des vastes ateliers, et conservent à la filature du cocon quelque chose de sa nature agricole. Ce que je regrette infiniment moins de voir disparaître, je l'avoue, ce sont certains ateliers, derniers restes d'une industrie locale en complète décadence, que l'on trouvait encore, il y a peu d'années, dans quelques centres manufacturiers depuis longtemps voués au tissage de la soie, et où l'élément personnel de la filature manquait à peu près totalement. Là, cette industrie s'opérait trop souvent dans des conditions tout à fait opposées à celles que j'ai décrites. Les ouvrières qu'elle employait, bien loin d'être du pays même et d'appartenir aux familles aisées de la localité, étaient racolées au loin et transportées par troupes dans la cité populeuse, siége de la filature. Elles quittaient leur domicile, leurs parents, leurs maris, leurs enfants, leurs habitudes, tout ce qui pouvait les protéger contre le péril de leur nouveau séjour, pour y venir vivre de la vie des plus pauvres et des plus malheureuses ouvrières de fabrique. C'est dans les plus misérables cantons séricicoles des hautes Cévennes (Lozère), ou du Vivarais (Ardèche), que certains entrepreneurs de filature allaient recruter le personnel de ces ateliers, et c'est dans la partie la plus besoigneuse de la population que s'opérait ce recrutement. Il ne pouvait pas en être autrement, en effet. Nos fileuses des bons pays séricicoles ne quitteraient pas leur famille et leur maison, leur offrît-on des salaires quotidiens de 2 f. et 2 f. 50 c.; mais les pauvres créatures que l'on exportait du sein de leurs montagnes dans la grande ville de la plaine étaient un véritable *caput mortuum*, même aux lieux où on les avait prises, et se contentaient d'un salaire égal et le plus souvent inférieur à celui que j'ai signalé plus haut. Comme c'était pour réaliser une petite épargne qu'elles consentaient à tous les ennuis d'une émigration annuelle de quatre ou cinq mois, elles se résignaient à un genre de vie qui ne serait rien moins que supportable pour les fileuses des bons endroits. Elles s'entassaient au nombre de dix, de douze, de vingt et même de trente, dans de misérables galetas fournis par le chef de l'établissement, ou loués chez des logeurs ; elles y couchaient deux ou trois dans le même lit, et le plus souvent sur de la paille fraîche étendue par terre, ce qui est, du reste, évidemment préférable pendant la chaude saison, sous un climat aussi ardent. Elles prenaient tous leurs repas à l'atelier, vivant de mauvais fruits, de légumes de rebut, d'aliments cuits dans la bassine même où surnageaient les chrysalides des cocons filés par elles. Quant à leurs vêtements et à leur linge, elles attendaient le plus souvent d'être revenues au bord du torrent de leurs montagnes pour les y purifier des souillures et de l'odeur de l'atelier. Il faut croire, du reste, que ces usines dont l'aspect affectait péniblement les yeux et le cœur de l'économiste, ne fonctionnaient pas non plus dans des conditions industrielles très-favorables, car le nombre en a toujours été diminuant. Nîmes filait jadis beaucoup de soie : aujourd'hui, le tissage et ses nombreuses variétés en ont presque banni le dévidage, et l'on n'y rencontre pas une seule usine de moulinage. Il n'y reste plus que cinq établissements de filature, possédant ensemble 150 bassines, et, par conséquent, desservis par 150 fileuses. Ces ouvrières sont toutes prises sur place aujourd'hui ; elles sont recrutées au sein d'un certain nombre de familles séricicoles des Cévennes ou du Vivarais, qui ont émigré tout de bon de leurs vallons de montagnes pour se fixer dans là cité industrielle où elles se sont créé, outre cette ressource, quelques autres moyens d'existence permanents. D'autres sont de jeunes filles qui, servant dans les maisons bourgeoises de la ville et originaires des mêmes contrées, ont appris, dans leur enfance, à filer le cocon. Elles abandonnent leur place par l'appât d'un salaire quotidien de 1 fr. 50 c. [1], qui se continue pendant 100 à 120 jours, et, après la clôture de l'atelier, elles se remettent en service jusqu'à l'époque où il doit se rouvrir. Tout cela ne constitue pas, sans doute, un élément personnel comparable à celui que j'ai fait précédemment connaître; mais ce nouvel état de choses est cependant fort supérieur sous tous les rapports, c'est-à-dire tant au point de vue moral et économique qu'au point de vue industriel lui-même, à celui qu'il a remplacé. Des améliorations d'un autre ordre sont, d'ailleurs, venues se joindre à celles-là, et la propreté comme la discipline ont fait dans les ateliers de sensibles et satisfaisants progrès [2].

Je dirai donc, pour me résumer en peu de mots et en partant de cet adage si connu, *l'exception confirme la règle*, que si la filature du cocon est bien réellement devenue, dans ces derniers temps, une œuvre tout industrielle, toute manufacturière, la classe laborieuse qui l'accomplit a, du moins, eu la sagesse ou la bonne fortune de demeurer, par ses qualités physiques, intellectuelles et morales, population agricole et, qui plus est, population agricole de premier ordre. C'est dire qu'elle a su se maintenir à un niveau relativement très-élevé de bien-être matériel, de connaissances spéciales ou professionnelles, de moralité et de dignité.

---

[1] Les fileuses gagnent 1 fr. 50 c. à Nîmes, comme à Alais, Anduze, Saint-Jean-de-Gard, etc.; elles ne gagnent que 1 fr. 25 c. à Uzès et en beaucoup d'autres localités.

[2] Ces heureux changements, qui ne remontent pas au delà de cinq ou six ans, expliquent l'infidélité apparente et actuelle du tableau tracé de l'industrie du dévidage dans le midi de la France, par un observateur en général sage et consciencieux, M. le docteur Villermé. Lorsque après avoir décrit à mon tour les ateliers consacrés à la filature du cocon dans les pays séricicoles, tels qu'on peut le voir dans les arrondissements d'Alais, d'Uzès, du Vigan, dans la Drôme, dans Vaucluse et dans l'Ardèche, je me suis remis sous les yeux ce qu'en dit le docte académicien dans son estimable ouvrage sur l'état physique et moral des ouvriers, je me suis d'abord *effrayé* de notre complet désaccord; mais je n'ai pas tardé à reconnaître qu'il s'expliquait en très-grande partie par l'*époque* et le *lieu* de ses observations: l'époque (1838), était antérieure aux changements sus-mentionnés; le *lieu*, Nîmes, était on ne peut plus mal choisi, c'était inspecter les *goujats* de l'armée au lieu de ses *grenadiers*; et même, après tout cela, je trahirais ma conviction si je n'exprimais la pensée que le savant voyageur a été ou très-malheureux, ou très-mal dirige dans le choix des ateliers qu'il a visités à Nîmes en 1838, et qu'il nous décrit aux pages 344, 345 et 346 de son premier volume. A l'appui de cette conjecture, je ne citerai *qu'une pièce*, c'est la note qu'il a mise au bas de la page 345: « J'ai vu, y dit-il, à « Nîmes, dans un atelier de tirage de la soie où il y avait *quatre* fourneaux ou *bassines*, « une vieille femme bossue et trois jeunes filles très-pâles, dont *deux* contrefaites, qui « servaient chacune de moteur aux dévidoirs. » Quel atelier, bon Dieu! et combien n'a-t-il pas fallu jouer de malheur pour le choisir au milieu de tant d'autres!

III.

Influence des événements de 1848 sur la situation des pays séricicoles.

Tout ce qui précède est vrai, mais l'était plus encore, il y a quatre ans. Convenons-en, toutefois, la révolution de 1848 n'a point réalisé, à l'endroit de l'industrie séricicole, toutes les tristes prévisions qu'avaient pu et dû concevoir les esprits les plus calmes et les plus sensés. Il leur avait d'abord paru que cette industrie, toute de luxe, serait inévitablement la plus vite et la plus fortement atteinte, ou, pour mieux dire, qu'elle allait être frappée à mort; il leur avait paru que sa condition était beaucoup plus mauvaise, dans de telles circonstances, que celle de toutes les autres branches de la production nationale, chargées de pourvoir aux besoins fondamentaux et de première nécessité du corps social, tels que l'alimentation, le vêtement commun, le logement, etc. Ils ne doutaient pas, par conséquent, que les producteurs de céréales, de vin, de viande, d'étoffes de coton ou de laine, n'eussent bien moins à souffrir et à perdre dans cette grande et universelle commotion, que les producteurs de la soie de toutes les classes. Or, comme chacun le sait aujourd'hui, c'est précisément le contraire qui est arrivé. Les céréales, les vins d'ordinaire, la viande, le bétail, le fer, les tissus communs de laine et de coton, voilà précisément les produits le plus gravement et le plus universellement dépréciés par la grande crise politique et sociale de 1848. Phénomène économique vraiment curieux, qui peut d'abord paraître on ne peut plus singulier et presque inexplicable, mais dont j'oserai cependant proposer les explications suivantes. -

Ne serait-ce pas, d'abord, que les denrées fondamentales et les autres articles de première nécessité pour l'existence physique des populations, alimentent surtout le marché intérieur ou national, lequel a été profondément troublé, tandis que les objets de luxe, de confort et de goût s'écoulent bien plus facilement à l'extérieur, et vont alimenter un marché qui était demeuré à peu près intact? Nos soieries, par exemple, n'ont-elles pas précisément, pour leurs principaux débouchés, les États-Unis, l'Angleterre, l'Espagne et la Russie, qui n'ont jusqu'ici payé aucun tribut aux perturbations de l'Europe centrale? Ne peut-on pas supposer, en outre, relativement au marché intérieur, que les révolutions agissent sur le commun des hommes comme le font les autres fléaux les plus terribles de l'humanité, comme la peste et le choléra qui surexcitent, au lieu de les éteindre, tous les besoins sensuels, et ceux du luxe comme les autres?

Quoi qu'il en soit, et pour en revenir à mon sujet, la révolution de Février a beaucoup plus épargné l'industrie de la soie qu'il n'était rationnellement permis de l'espérer. Des trois principales classes intéressées à sa prospérité, une seule, à vrai dire, a sérieusement souffert, celle des éducateurs du ver à soie ou producteurs du cocon, classe très-intéressante et très-nombreuse à la vérité, puisqu'elle embrasse tous les propriétaires, grands ou petits, et tous les fermiers ou colons partiaires. Ils ont été frappés dans leurs revenus ou leurs bénéfices, en ce que le prix du cocon s'est abaissé. Cette dépréciation avait même eu lieu d'abord dans une proportion bien effrayante et tout à fait inouïe, même pour les plus âgés de nos éducateurs vétérans. L'abaissement du prix des cocons fut en effet, en 1848, de *près des deux tiers*; en 1849 et 1850, la diminution n'a plus été que d'un quart environ; et, en 1851, d'un cinquième. Mais les producteurs de cocons ont payé tribut à la détresse générale à bien d'autres titres, car ils sont aussi producteurs de blé et de vin, éleveurs et nourrisseurs de bétail, et, sous tous ces rapports, ils n'ont été ni mieux, ni plus mal traités que toutes les autres classes agricoles de France. Tel n'a pas été, au contraire, le sort des entrepreneurs de la filature du cocon et celui des ouvriers des deux sexes employés dans leurs ateliers.

Les premiers ont tout d'abord fait une magnifique campagne industrielle en 1848. Et voici comment les cocons de cette récolte leur furent vendus vers la fin de juin, au bruit terrible de la canonnade et de la fusillade des rues de Paris, dont les échos épouvantaient la France entière : aussi en payèrent-ils 2 fr. le kilog., ou moins encore, au lieu de 5 fr., prix ordinaire et moyen des années précédentes. Mais quelques mois après, le pays se reprenant à la vie et à l'espérance, les commandes arrivant à Lyon d'Angleterre et des Etats-Unis, la valeur vénale des soies se releva, et les entrepreneurs de filature, qui avaient beaucoup acheté, non sans craintes graves cependant, obtinrent d'énormes profits ; depuis lors, ils n'ont pas, à la vérité, obtenu d'aussi beaux bénéfices, mais enfin, ils ont toujours trouvé le jour de vendre à un prix rémunérateur.

Quant aux ouvriers des filatures, et particulièrement aux fileuses qui en composent le personnel dans la proportion de plus des 5/6es, leur sort a été plus heureux encore. En effet, tandis que tous les objets de leur consommation usuelle baissaient considérablement de prix, leur salaire quotidien demeurait absolument le même, n'était pas affaibli d'un centime. Il y a mieux : le nombre de leurs journées de travail augmentait, grâce à un fait commercial nouveau dont il me reste à rendre compte. Jusqu'ici, les ateliers de filature avaient exclusivement opéré sur de la matière première achetée sur place ou dans un rayon très-restreint. Le cocon passait à bon droit pour une marchandise on ne peut plus difficile à transporter ; c'était tout au plus un voyage de quelques heures, d'un jour, de deux jours, au maximum, que l'on se hasardait à lui faire accomplir ; on ne saurait, en outre, se faire une juste idée de toutes les précautions exigées pour ce transport : 1° le cocon ne devant jamais être pressé ou comprimé, à cause de la chrysalide qu'il renferme et qui en tacherait, en se dissolvant, le délicat tissu, on a grand soin de ne pas trop l'accumuler dans les vastes corbeilles d'osier, faites tout exprès pour servir à son charroi ; 2° il ne doit pas être non plus exposé aux ardeurs du soleil qui, en faisant *fondre* la chrysalide, produiraient le même fâcheux résultat qu'une trop forte compression ; 3° il doit, sur toute chose et à tout prix, être tenu à l'abri de la pluie et même du brouillard. Des cocons mouillés et humides sont une marchandise profondément avariée, pour ne pas dire perdue. Voilà où l'on en était, il y a trois ou quatre ans à peine, touchant la question du transport des cocons à petites distances. Eh bien! depuis lors, tout cela se trouve changé ou prêt à changer, et nos ateliers de filature, à la grande stupéfaction de nos éducateurs, dévident aujourd'hui des cocons récoltés dans les plaines de la Syrie et dans les vallées du Liban. Expliquons ce fabuleux événement industriel et commercial.

Des spéculateurs européens (je le suppose, du moins, et ne puis en faire honneur à l'esprit inventif des Turcs, des Druses ou des Maronites) ont trouvé le moyen de rendre les cocons une marchandise essentiellement transportable, par le procédé suivant, qui est aussi simple qu'ingénieux. Les cocons de l'Asie Mineure sont étendus sur le sol en couches légères et demeurent exposés aux rayons de ce soleil brûlant jusqu'à ce que la chrysalide en soit, non pas seulement asphyxiée, comme dans nos fours et étouffoirs indigènes, mais réduite à l'état le plus complet, le plus absolu de dessiccation. Ce résultat une fois obtenu et le tissu soyeux du cocon mis, par conséquent, à l'abri de toute souillure, ces cocons, au moyen de je ne sais quel procédé mécanique, sont pressés, aplatis, exactement ramenés, en un mot, à l'état de ces figues sèches que l'on voit étalées dans tous nos magasins d'épiceries. Bientôt après, ils sont disposés par couches superposées et fortement tassées dans des caisses ou des saches qui prennent passage, aux Echelles du Levant, sur nos navires de commerce, et ceux-ci viennent les débarquer à Marseille, où nos entrepreneurs de filature vont les acheter lorsque les cocons indigènes commencent à leur faire défaut.

Si cette nouvelle branche du commerce d'importation, appliquée aux matières premières, qui est, je le répète, d'une date toute récente et encore à l'état d'essai, s'établit et se développe, nous ne tarderons pas à voir, selon toute apparence, nos ateliers de dévidage filant, outre les cocons nationaux, ceux de l'Asie Mineure et de l'Afrique française, les cocons du Liban et de l'Atlas ; que dis-je, peut-être les verrons-nous un jour occupés à dévider les cocons venus à travers les Océans Pacifique et Atlantique, de la patrie originelle et primitive du ver à soie, du Céleste Empire lui-même.

Oui, quelque jour, peut-être, les cocons chinois, embarqués à Canton, débarqués à Marseille, dévidés à Alais ou à Ganges, tissus à Nîmes, Saint-Etienne ou Lyon, s'en reviendront, sous forme de damas, de velours, de gaze ou de rubans, décorer les palais ou parer les princesses tartares de la cour de Pékin. Et pourquoi n'en serait-il pas ainsi ? Le coton, recueilli dans la Virginie, n'a-t-il pas été vu traversant l'Atlantique pour être cardé, filé, tissé à Manchester, et puis reprenant la même voie pour être livré à la consommation des planteurs virginiens eux-mêmes ?

Mais laissons là ces châteaux en Espagne industriels pour arriver à la seconde opération que doit subir la soie grége une fois sortie des ateliers de filature, avant d'arriver jusqu'à ceux de la teinture et du tissage.

IV.

Ouvraison ou moulinage de la soie.

Au sortir de l'atelier où se dévide le cocon, l'écheveau de soie grége se compose de fils trop déliés, trop fragiles, trop inégaux et trop souvent rompus pour pouvoir, en cet état, se prêter aux diverses façons du tissage. On le soumet donc à une nouvelle opération qui consiste à tordre, d'abord séparément, et puis ensemble plusieurs de ces brins si ténus, de manière à les unir en un seul fil plus fort, plus uni et continu. Ce fil devient la matière première employée par toutes les fabriques de soieries.

L'opération dont je viens de dire l'objet s'exécute au moyen d'un système mécanique assez compliqué, dont les principales pièces sont de grands dévidoirs qui portent le nom de moulins à soie, de là le nom de moulinage donné à l'opération elle-même ; lorsqu'elle s'applique aux qualités de soie les plus fines appelées organsins, l'ouvraison se nomme à son tour *organsinage*.

Les moulins à soie sont mis en mouvement ou par une machine à vapeur, ou, bien plus communément encore, par une chute d'eau, moteur infiniment plus économique. Ils sont assez souvent annexés aux grands établissements de filature de cocons, mais bien souvent aussi ils en sont séparés. Le plus grand nombre des usines de moulinage sont établies dans l'Ardèche, sur les bords de ces nombreux cours d'eau dont ils utilisent les chutes. Cette industrie est même devenue une sorte de spécialité pour l'ancien Vivarais, que favorise d'ailleurs beaucoup, à cette fin, le voisinage de Lyon, la grande et véritable métropole de toute l'industrie française de la soie.

L'ouvraison de la soie, résultat d'un travail tout mécanique, où l'homme est purement et simplement au service d'une machine, de même que dans la filature du coton, de la laine ou du lin, et à la différence de la filature de la soie où la machine n'est, au contraire, que l'auxiliaire de l'homme, l'ouvraison emploie un élément personnel relativement fort restreint.

La classe laborieuse qui le constitue tient tout à la fois, par sa condition et ses habitudes, à l'élément personnel de la filature de la soie et à celui de la fabrique de tissage. Il appartient au premier par son origine rurale comme par son séjour habituel à la campagne ou au milieu des montagnes; il appartient au second par la nature de ses travaux, par sa présence continue et de toute l'année au sein de l'atelier. Sa condition matérielle et morale ne tranche, du reste, que fort peu avec celle de la population même dont il émane, et varie, par conséquent, selon les départements où se pratique l'industrie qu'il dessert. On peut remarquer que les salaires sont, en général, un peu inférieurs à ceux des ouvriers et des ouvrières qui filent le cocon; et c'est justice, après tout, puisque sa coopération toute mécanique exige bien moins de dextérité, d'intelligence et d'apprentissage. Toutefois, le principal désavantage des ouvriers employés au moulinage vis-à-vis de ceux voués à la filature, c'est que leur présence dans l'usine, ainsi que je le disais tout à l'heure, dure pendant toute l'année; qu'ils ne vont point, par conséquent, se retremper dans la vie agricole, et participent infiniment plus, dès lors, à l'existence des ouvriers de fabrique, avec tous ses inconvénients et tous ses périls. Ici se rencontre bien plus fréquemment l'habitude, toujours un peu fâcheuse pour les femmes et les filles surtout, d'abandonner le domicile conjugal ou paternel, non-seulement pendant toute la journée, mais encore pendant toute la semaine; de se loger en commun dans des chambres louées, où l'on s'entasse, et de rompre presque entièrement avec la vie si précieuse et si préservatrice du ménage au logis.

Telles sont les seules observations spéciales qu'il me paraît nécessaire et utile de consacrer à la classe laborieuse qu'emploie le moulinage de la soie.

V.

Statistique de la filature et de l'ouvraison de la soie.

Je terminerai cette étude, comme la précédente, par quelques documents et tableaux statistiques empruntés au second volume de la publication officielle du ministre de l'agriculture et du commerce, sur l'industrie française (1).

Ici encore, bien des observations pourraient sans doute être faites touchant l'exactitude de certains chiffres, mais l'on ne rencontre cependant pas de ces quiproquos *renversants*, tels que j'ai dû en signaler au sujet de l'agriculture séricicole proprement dite.

Les départements du midi oriental de la France, où la filature de la soie se pratique sur une assez grande échelle pour qu'il y ait lieu d'en tenir compte, sont au nombre de onze. On les trouvera disposés, selon l'ordre d'importance de leur production, dans le tableau n° 1. Les six premiers sont : le Gard, Vaucluse, la Drôme, l'Hérault, l'Ardèche et le Var.

_____

1 Pages 275, 276 et 277.

Le Gard, que l'on trouve toujours en tête, et l'on pourrait même dire hors ligne, pour tout ce qui tient à la production séricicole de nature plus ou moins agricole, opère sur des matières premières (les cocons) évaluées à 4,819,162 fr., qu'il transforme par le dévidage en produits fabriqués, c'est-à-dire en soies gréges estimées 5,964,183 fr. Cette opération a lieu dans 81 établissements, qui renferment 884 tours ou machines, et occupent 3,790 ouvriers de tout sexe et de tout âge. Le salaire moyen de ces ouvriers est, pour les hommes, 1 fr. 86 c.; pour les femmes, 1 fr. 23 c.; pour les enfants, 0 fr. 75 c.

Au second rang, et toujours à une assez forte distance, se présente non plus la Drôme, comme en fait de production de cocons, mais bien Vaucluse, qui opère sur des matières premières valant 2,962,812 francs, les transforme en soies gréges évaluées à 3,719,742 fr., emploie dans 34 établissements 407 métiers et occupe 1,309 ouvriers. Leur salaire moyen est, pour les hommes, 2 fr. 11 c.; pour les femmes, 0 fr. 98 c. seulement, et 0 fr. 76 c. pour les enfants.

Les chiffres propres à la Drôme et à l'Hérault se rapprochent beaucoup de ceux de Vaucluse, ainsi qu'on peut le voir au tableau n° 1.

L'Ardèche, que nous allons voir tout à l'heure remplir le premier, et de beaucoup le principal rôle dans l'ouvraison, n'est ici qu'en cinquième ordre : 25 établissements seulement y opèrent sur des matières premières évaluées 1,449,375 fr., leur donnent une valeur de 1,699,898 fr., au moyen de 201 métiers ou machines, et de 1,018 ouvriers. Le salaire moyen des hommes y est de 1 fr. 96 c., celui des femmes, de 0 fr. 98 c., et celui des enfants, de 0 fr. 64 c.

Inutile de poursuivre ces détails, pour lesquels je renvoie au tableau tout lecteur qui sera curieux de les connaître. En somme, l'industrie du dévidage du cocon dans le midi oriental de la France, d'après la statistique officielle, aurait été représentée en 1840 par les nombres que voici :

Matières premières par elle employées.		15,436,573 fr.
Produits fabriqués, c'est-à-dire soies gréges.		19,064,220
Nombre des établissements de filature.		200
Nombre des machines et métiers.		2,404
Nombre des ouvriers. . . . { Hommes. . . . 688		
Femmes. . . . 8,626	10,358	
Enfants. . . . 1,044		
Salaires moyens pour les. . { Hommes.		2 fr. 17 c.
Femmes.		1 08
Enfants.		0 67

(Voir le tableau n° 1, page 208.)

La soie grége est ouvrée, selon sa finesse et le genre de tissu auquel on la destine, en trame ou en organsin.

Le moulinage en trame s'exécute dans sept départements, dont voici les noms rangés par ordre d'importance de leur production : l'Ardèche, la Drôme, Vaucluse, l'Isère, le Gard, la Loire, l'Hérault. L'organsinage ne se pratique que dans trois départements : l'Ardèche, la Drôme et la Haute-Loire. L'Ardèche, qui prend ici un rôle tout à fait hors ligne, mouline en trame des soies gréges valant 9,311,536 fr., que cette opération élève à une valeur de 10,330,963 fr. Elle s'exécute dans 76 établissements, employant 323 moulins ou métiers, et 2,282 ouvriers de tout sexe et de tout âge. Le salaire moyen y est, pour les hommes, de 1 fr. 32 c.; pour les femmes, de 0 fr. 66 c., pour les enfants de 0 fr. 50 c. L'organsinage de l'Ardèche opère sur 12,446,705 fr. de soies gréges, les porte à 13,793,356 fr., et cela dans 95 établissements où fonctionnent 517 métiers ou machines servis par 3,072 ouvriers. Leur salaire moyen est un peu plus élevé, mais bien peu, et toujours assez inférieur à celui du personnel de la filature, savoir : 1 fr. 65 c. pour les hommes, 0 fr. 73 c. pour les femmes, et 0 fr. 52 pour les enfants.

La Drôme vient immédiatement après l'Ardèche. Elle mouline en trame et en organsin.

Voici ses chiffres en trame : elle mouline 5,987,200 fr. de soies gréges qu'elle porte à une valeur de 7,140,958 fr., et cela dans 63 établissements, où fonctionnent 3,981 métiers ou machines servis par 2,061 ouvriers. La Drôme mouline en organsin 3,312,800 fr. de soies gréges qu'elle porte à une valeur de 3,848,430 fr., et cela dans 25 établissements où fonctionnent 290 métiers ou machines servis par 794 ouvriers.

Les chiffres totaux relatifs à l'ouvraison de la soie dans le midi oriental de la France sont les suivants :

Matières premières moulinées	Trame	22,137,383
	Organsin	16,502,005
Ensemble		38,639,388 fr.
Produits fabriqués	Trame	25,506,587
	Organsin	18,323,650
Ensemble		43,830,237 fr.
Nombre d'établissements	Trame	196
	Organsin	130
Ensemble		326
Nombre de machines ou métiers	Trame	5,343
	Organsin	808
Ensemble		6,151

Nombre des ouvriers				
	Trame	Hommes	447	
		Femmes	4,403	6,102
		Enfants	1,252	
	Organsin	Hommes	370	
		Femmes	2,732	4,101
		Enfants	999	
Ensemble				10,203

TABLEAU N° 1.

FILATURE SOIE GRÉGE ET OUVRÉE.

NOMS des DÉPARTEMENTS.	VALEUR des MATIÈRES premières.	VALEUR des PRODUITS manufacturés.	NOMBRE des MACHINES.		NOMBRE des ouvriers.	SALAIRES MOYENS.		
	fr.	fr.	métiers	autres		HOMMES fr. c.	FEMMES fr. c.	ENF. fr. c.
N° 1. Gard.....	4,829.162	5,964.185	206	678	3,790	1 86	1 23	0 75
2. Vaucluse.	2,962.812	3,719,742	347	60	1.309	2 11	0 98	0 76
3. Drôme ...	2,574.702	3,152,502	216	332	1.507	1 96	0 95	0 55
4. Hérault ..	2,195.527	2,641,044	90	00	1,396	2 19	1 32	0 91
5. Ardèche..	1,449.375	1,690,898	176	30	1,018	1 96	0 98	0 64
6. Var......	625,000	755,160	00	10	710	1 92	1 17	0 67
7. Isère.....	370.500	569.400	45	10	250	2 56	1 21	0 77
8. Bass.-Alp.	362.645	456,601	80	00	214	2 35	0 97	0 58
9. Aveyron..	51.000	75,350	00	104	95	2 50	1 12	0 00
10. Aude.....	24,850	37 000	00	00	49	2 09	0 50	0 40
11. Pyrén.-Or.	25,400	37,500	20	00	40	2 50	1 50	0 00
TOTAUX....	15,456,575	19,064,580	1,180	1,224	10,358	2 17	1 08	0 67
			2,404					

TABLEAU N° 2.

SOIE GRÉGE, MOULINÉE, OUVRÉE EN TRAMES.

NOMS des DÉPARTEMENTS.	VALEUR des MATIÈRES premières employées.	VALEUR des PRODUITS manufacturés.	NOMBRE des établissemens	NOMBRE des MACHINES.		NOMBRE des ouvriers.	SALAIRES MOYENS.		
	fr.	fr.		métiers	autres		HOMMES fr. c.	FEMMES fr. c.	ENF. fr. c.
N° 1. Ardèche..	9,311,536	10,330,963	76	68	255	2,282	1 52	0 66	0 50
2. Drôme ...	5,987,200	7,140,958	63	3,165	816	2 061	2 39	0 80	0 50
3. Vaucluse	4,034,200	4,565,860	31	129	82	1,154	1 70	0 91	0 62
4. Isère.....	1.129.960	1,390,740	12	10	280	262	1 90	0 80	0 64
5. Gard.....	1,103.232	1,243.006	5	00	00	182	1 67	0 86	0 70
6. Loire....	531.600	588,500	6	500	00	117	1 73	0 95	0 00
7. Hérault ..	39,655	46,560	3	36	2	44	2 50	1 50	1 00
TOTAUX....	22,137,383	25,306,587	196	3,908	1,435	6,102	1 89	0 93	0 66

TABLEAU N° 3.

SOIE OUVRÉE, ORGANSIN.

N° 1. Ardèche..	12,446,705	13,793,356	95	50	467	3,072	1 65	0 73	0 52
2. Drôme ...	3,312,800	3,848,430	25	141	149	794	1 84	0 79	0 55
3. Hte-Loire.	742,500	881,864	10	00	1	235	1 20	0 80	0 50
TOTAUX....	16,502,005	18,523,650	130	191	617	4,101	1 56	0 77	0 52

TABLEAU N° 4.

SOIE TEINTE, MOULINÉE, A COUDRE, LACETS.

Gard	1,982,000	2,842,330	12	119	63	818	2 08	0 94	0 58

Le salaire moyen des hommes pour le moulinage de la trame est de. 1 f. 89 c.

Pour celui de l'organsin. 1 56

Celui des femmes : { Trame. 0 93

{ Organsin. . . . . , ... 0 77

Celui des enfants : { Trame. 0 66

{ Organsin. 0 52

(Voir les tableaux nᵒˢ 2, 3 et 4 ci-joints.)

Dans le département de l'Ain la statistique constate un établissement de filature, moulinage et tissage-satin, tout à la fois, dont voici les chiffres :

Département.	Matières premières.	Produits fabriqués.	Nombre d'ouvriers.
Ain. . . .	1,060,000 fr.	1,188,000 fr.	230

Enfin, à ces tableaux, tous applicables à la région dite Midi oriental, il faut ajouter le document suivant, applicable à la Côte-d'Or (région du Nord-oriental).

MAGNANERIE.

Département.	Valeur des matières premières.	Valeur des produits fabriqués.
Côte-d'Or. . .	1,550 fr.	5,615 fr.

FILATURE.

Idem.	18,000 fr.	25,200 fr.

DE LAFARELLE.

DE L'ORIGINE

ET DE LA FILIATION

DU MOT ÉCONOMIE POLITIQUE

ET DES DIVERS AUTRES NOMS

DONNÉS A LA SCIENCE ÉCONOMIQUE.

———

Sommaire : Des mots : Economie et Politique chez les anciens. — Emploi du mot Economiste au dix-huitième siècle et de nos jours. — Origine et filiation du mot Economie politique. — Des significations successivement données à ce mot. — Autres dénominations proposées pour désigner la science économique.

Parmi les nombreux obstacles qu'ont rencontrés la découverte et la vulgarisation des notions fondamentales de la science économique, ceux qui tiennent au nom regrettable dont on l'a baptisée méritent une attention spéciale, et il n'est pas sans intérêt de rechercher l'origine et la filiation de ce nom, et de le rapprocher des synonymes par lesquels on a tenté de le remplacer à diverses époques.

On pourrait à cet égard établir d'abord ce qu'est l'Economie politique, quel en est l'objet et le but, quelles en sont l'étendue et les limites; et discuter sur la question de savoir si au point où elle est arrivée de nos jours, elle est une Science ou un Art, ou bien encore une science et un art à la fois. On pourrait dire comment l'ont entendue les divers écrivains marquants qui ont traité des principes généraux de cet ordre de connaissances, et les définitions qu'ils en ont données; mais le sujet serait ainsi démesurément agrandi. Nous nous sommes simplement proposé dans ce travail de résumer quelques recherches philologiques et bibliographiques sur la question que nous venons d'énoncer.

I. LES MOTS ÉCONOMIE ET POLITIQUE CHEZ LES ANCIENS.

Bien que le terme d'ÉCONOMIE-POLITIQUE soit tout à fait moderne, les deux mots qui le composent sont très-anciens : les Grecs les ont transmis aux Romains.—Les Grecs disaient : *Oiconomia* (οικονομια), et les Latins *Œconomia*, de *Oicos* (οικος) maison, et de *Nomos* (νομος) loi [1], ou de *Nemo*

———

[1] Rousseau, article *Economie politique* de l'Encyclopédie.

(νεμω), j'administre[1], pour signifier la loi et l'administration de la maison. Les plus illustres disciples de Socrate ont traité de ce sujet dans leurs œuvres. On a attribué à Aristote, qui vivait trois siècles avant notre ère, un écrit intitulé : Οικονομικος, l'*Economique*, contenant des réflexions sur l'économie domestique, en deux livres, dont le second cependant paraît apocryphe.

Ce philosophe entendait par l'*oiconomia*, l'administration de la famille sous le rapport moral comme sous le rapport matériel, c'est-à-dire, l'Economie domestique, comme nous la définissons aujourd'hui, plus la direction intellectuelle et morale de la famille. Xénophon, qui écrivait avant lui, a également laissé des *Economiques* [2].

Le mot *politique* est encore plus ancien. Les Grecs disaient : *politikos, politikè, politikon*, de πολις ville, cité, ensemble de citoyens, et les Romains : *politicus, politica, politicum*, dans le sens de civique, de politique, de relatif à la chose publique.

Mais l'assemblage des deux mots *économie-politique* ne paraît pas avoir été employé dans l'antiquité, ni pour désigner la science économique, alors tout à fait inconnue, ni pour désigner la science du gouvernement que les Grecs appelaient *Politeia* (Πολιτικα), et les Romains *politica* ou *politica scientia*, comme le faisait Rousseau dans l'Encyclopédie, il y a un siècle; il désignait ainsi l'administration gouvernementale ou la politique, qu'il appelait aussi du nom d'*économie-publique*, par opposition à l'*économie domestique* ou simplement l'Economie [3], l'*oiconomia* de Xénophon et d'Aristote.

Il est assez curieux que cette formule (économie politique) ne se soit pas présentée à l'esprit des écrivains anciens, car rien n'est plus simple que la conception d'une économie *publique*, politique ou générale, étant à la cité ce que l'économie *domestique* est à la famille. Il est, au contraire, tout naturel que cette expression n'ait pas été appliquée à la science économique, puisque cette science n'existait pas, et qu'il est très-problématique que les philosophes les plus éminents en aient même soupçonné l'existence.

Assurément, il s'est passé dans les sociétés anciennes, comme il s'en passe dans toutes les sociétés, des phénomènes économiques; sans

---

[1] Dictionnaire de Bescherelle.

[2] Xénophon, né en 445 avant J.-C., mort en 356, à 90 ans.
   Platon,   vers 430   —   348 à 78 ans.
   Aristote, né en   384   —   322, à 62 ans.

[3] Ce mot s'est d'abord écrit en français Œconomie. La troisième édition du *Dictionnaire de l'Académie* (1740) dit : *Economie ou Œconomie*; la quatrième édition (1772) ne dit plus qu'*Economie*. Dès la première édition (1694), le mot est défini dans le sens le plus général : « L'ordre, la règle qu'on apporte dans la conduite d'un ménage, la dépense d'une maison »; c'est-à-dire à peu près comme dans la sixième et dernière édition (1835) qui dit : « L'ordre, la règle qu'on apporte dans la conduite d'un ménage, la dépense d'une maison, l'administration d'un bien. Il signifie plus ordinairement une épargne dans la dépense. »

doute les gouvernements de ces sociétés ont fait des essais économiques ; sans doute leurs écrivains, leurs hommes politiques, leurs orateurs ont dû préconiser des idées, des plans et des systèmes que leurs gouvernements ont plus ou moins appliqués ; mais on ne peut pas dire néanmoins qu'il y ait eu ni dans l'antiquité ni dans le moyen âge, et avant les écrivains du dix-huitième siècle, un corps de science, un ensemble de connaissances raisonné et dogmatisé. Il y a bien quelques rudiments scientifiques dans la *Cyropédie* de Xénophon, dans la *République* de Platon, et dans la *Politique* d'Aristote surtout : Platon[1] et Xénophon[2] ont bien aperçu les avantages de la division du travail, par exemple, et Aristote, chose remarquable, a défini exactement la monnaie et le rôle de cette marchandise intermédiaire ; mais de là à l'ensemble des notions découvertes, éclaircies, classées par les philosophes économistes du dix-huitième siècle qui ont jeté les bases de la science, il y a toute la différence du crépuscule obscur à la lumière du jour.

Ici on pourrait nous objecter qu'Aristote a positivement entrevu la science économique, et que la preuve en est dans le nom qu'il lui a donné de *chrématistiké* (Χρηματιστική), science des richesses, de *chréma* (Χρημα), richesse.

Il est très-vrai que ce mot se trouve dans la *Politique* d'Aristote, qu'il se trouve déjà dans Platon, comme a bien voulu nous le confirmer une de nos plus savantes autorités en cette matière, M. Barthélemy Saint-Hilaire, et aussi dans Xénophon, sous forme d'adjectif[3]. Toutefois, en y regardant de près, on s'aperçoit qu'Aristote n'a pas appelé du nom de Chrématistique, une science, la science des richesses, mais simplement le métier, l'industrie, le travail, la production enfin du père de famille, par opposition à l'*oikonomia*, ou l'administration des fruits de ce travail, des résultats de cette production et des ressources de la maison. Dans le § 2 du chap. ɪɪɪ du livre I de sa *Politique*, Aristote, après avoir énuméré les trois éléments de la famille : l'autorité du maître sur l'esclave, l'autorité conjugale et l'autorité paternelle, dit : « (nous copions la traduction de M. Barthélemy Saint-Hilaire) : « A ces trois éléments on pourrait bien en ajouter un quatrième, que certains auteurs confondent avec l'administration domestique, et qui, selon d'autres, en est une branche fort importante ; nous l'étudierons aussi ; c'est ce que l'on appelle l'acquisition des

---

[1] *République*, second livre.

[2] *Cyropédie*, liv. VIII, chap. ɪɪ.

[3] Le mot de *chrématistiké* est déjà dans Platon (le *Gorgias* et l'*Euthydème*) dans le sens où Aristote l'emploie. — Dans Xénophon, on ne trouve pas cette idée aussi nettement exprimée. Il n'emploie que l'adjectif *chrématistikos*, qui signifie « relatif à l'acquisition des biens, désireux de la fortune, habile à se procurer la fortune. » (Note de M. Barthélemy Saint-Hilaire.)

biens(λέγω δὲ περὶ τῆς καλουμένης χρηματιστικῆς) ». — M. Barthélemy Saint-
Hilaire interprète chrématistique par « acquisition des biens »; dans la
traduction de Champagne, revue par M. Hoefer, ce mot est traduit
par cette autre périphrase : « Spéculation ou industrie qui pourvoit au
bien-être des individus qui occupent la maison » ; dans le Dictionnaire d'Alexandre, il est traduit : « l'art de s'enrichir par les affaires, par le négoce ».

Evidemment, ce mot *chrématistikè* n'était pas pour Aristote le nom
d'une science, le nom de la science économique. Ni le nom, ni la
chose n'existaient dans l'antiquité; et ce n'est pas sous un titre exact
(l'*Economie politique des Romains*[1]) que M. Dureau de Lamalle a groupé
ses savantes recherches sur divers faits relatifs à la vie économique
des Romains ; car ceux-ci n'avaient point une économie politique, et
la preuve, c'est que M. Dureau de Lamalle n'a pas, ce nous semble,
rencontré de doctrines sur son chemin. M. Bœckh, qui avait fait un
travail analogue pour les Athéniens, n'a pas intitulé son livre l'*Economie politique des Athéniens*, comme le lui fait dire son traducteur;
mais *Staats-Haus-Halt der Athener*[2], c'est-à-dire, mot à mot : soutien
ou ressources de la maison de l'Etat des Athéniens; ce qui s'applique
assez bien à la nature des recherches du savant auteur allemand.

II. EMPLOI DU MOT ÉCONOMISTE AU DIX-HUITIÈME SIÈCLE ET DE NOS JOURS.

Mais quoique le nom d'Economie politique soit moderne, il l'est
beaucoup moins que la science qu'il désigne aujourd'hui.

Car ce mot a été imprimé dans le titre d'un ouvrage français, 150
ans avant les publications des philosophes du dix-huitième siècle,
qui ont porté les premiers la dénomination d'*économistes*[3], dérivant
tout naturellement des titres donnés aux écrits de Quesnay et de ses
disciples, titres où on retrouve le mot *économie politique*, et pour lesquels il est fait un fréquent usage de l'adjectif *économique*, fort employé
à cette époque parmi les publicistes s'occupant de questions politiques, administratives ou sociales. Et, en effet, cette qualification d'E-
conomiste n'a été appliquée ni à Vauban, dont la *Dixme royale* a été
publiée en 1707; ni à Boisguillebert, dont le *Factum de la France* parut la même année, et dont le *Détail de la France* avait paru dix ans
auparavant (1697); ni à Jean de Witt, dont les Mémoires célèbres
n'ont été publiés qu'en 1709[4]; ni à Law, dont les *Considérations sur le
numéraire*, datent aussi à peu près de la même époque; ni à Sully,

---

[1] Paris, 1840, 2 vol. in-8°.
[2] *Staats-Haus-Halt der Athener*. Berlin, 1817, 2 vol. in-4°; traduits par M. Laligant
sous ce titre : l'*Economie politique des Athéniens*, Paris, Sautelet, 1828, 2 vol. in-8°.
[3] Il semble que Quesnay et ses disciples aient été désignés par le nom d'*économistes*
aussitôt après la publication de leurs premiers écrits (Voyez plus loin). En effet, dès 1768,
Mably faisait imprimer ses *Doutes proposés aux philosophes économistes*.
[4] Jean de Witt était mort en 1672.

qui écrivait et imprimait sous la minorité de Louis XIII, au commencement du dix-septième siècle, les *Mémoires des sages et royales
OEconomies d'Estat, domestiques, politiques et militaires de Henry le
Grand*; ni à Forbonnais, dont les *Eléments du commerce* remontent
à 1734; ni à Melon, dont *l'Essai politique sur le commerce* est de la
même année; ni à Dutot, dont les *Réflexions politiques sur le commerce et les finances* sont de 1738; ni à Locke, qui publiait son
Traité des monnaies en 1691; ni à une série d'écrivains, qui depuis
le commencement du siècle dissertaient sur des matières économiques,
tels que ce libre-échangiste d'il y a cent soixante ans, Dudley North,
qui publiait en anglais, la même année (1691), ses *Discours sur le commerce*; Thomas Mun, qui publiait en anglais, en 1664, le *Trésor de
l'Angleterre par le commerce étranger*; Josiah Child, qui publiait
en anglais, en 1668, des *Observations sur le commerce* et l'intérêt de
l'argent; Thomas Culpeper, qui présentait, en 1623, au Parlement
un *Traité contre le taux élevé de l'usure*; Antonio Serra, qui publiait en italien, en 1613, son *Court traité des causes qui peuvent faire
abonder l'or et l'argent dans les pays qui n'ont pas de mines*; Jean Bodin,
qui, près de deux siècles avant les physiocrates, défendait en France
le principe de propriété et luttait contre l'altération des monnaies en
1576, dans sa *République*, en 1568 dans sa « Réponse aux paradoxes de
M. Malestroit, etc. »; tel enfin l'auteur d'un Traité d'économie politique imprimé à Rouen, en 1615, et sur lequel nous allons revenir.

Ce n'est qu'après coup que les éditeurs de la *Collection des principaux économistes* (1843) ont classé sous la dénomination commune
d'*économistes du dix-huitième siècle*, Vauban, Boisguillebert, Law, Melon et Dutot.

Cette dénomination d'*Economistes* s'applique actuellement à tous ceux
qui cultivent ou qu'on suppose cultiver la science économique, et l'on
appelle plus spécialement aujourd'hui les disciples et les amis de Quesnay
du nom d'économistes du dix-huitième siècle, et mieux encore du nom
de *physiocrates*, à cause du titre de PHYSIOCRATIE donné par Dupont de
Nemours à la collection des écrits de Quesnay. C'est ainsi que
Say les appelait dans son dernier livre (1829); c'est ainsi que les désignait M. Rossi, et que les a désignés l'Académie des sciences morales
et politiques, dans une question mise au concours pour 1847 ¹, et ainsi
formulée : « Rechercher... quelle a été l'influence de l'école des physiocrates sur la marche et le développement de la science économique, ainsi que sur l'administration des Etats, en ce qui touche les
Finances, l'Industrie et le Commerce. » Smith disait, en parlant d'eux
(livre IV, chapitre IX) : « Ils formaient, il y a quelques années (Smith
publiait son livre en 1776), une secte assez considérable, distinguée en

¹ La question avait été proposée par Rossi et le prix a été remporté par E. Daire.

France, dans la république des lettres, sous le nom d'*économistes*. »
C'est par cette dénomination de « secte des économistes » que
J.-B. Say les désignait encore dans la seconde édition de son Traité
de 1814; ce qui déplaisait fort à Dupont de Nemours, qui lui écrivait
dans une lettre du 22 avril 1815 : « Vous ne parlez pas des économistes sans leur donner l'odieux nom de *secte*, qui suppose un mélange
de bêtise, de folie et d'entêtement. Cette injure n'offense point de
la part d'un Grimm; mais les expressions d'un Say sont d'un autre
poids. » Dans une lettre précédente, pleine de verve et de bonhomie,
le vieux disciple de Quesnay disait au continuateur et au futur
émule d'Adam Smith : « Vous êtes un *économiste*, mon cher Say; je
me garderai bien de vous excommunier. De votre côté, n'excommu-
niez ni mes frères, ni les vôtres, ni nos instructeurs, ni moi. — Que
vous portiez un panache ou un pompon, cela ne fait rien du tout;
vous êtes brave et savez l'exercice. Je vous reçois avec joie comme un
bon officier dans notre bataillon... et sur ce, mon jeune frère d'armes,
le vieux sergent à moustaches blanches vous embrasse de tout son
cœur. » J.-B. Say, on le voit, tout auteur qu'il était d'un traité d'économie politique, laissait encore, à cette époque, la qualification
d'Economistes aux physiocrates. On peut faire la même observation
en lisant le premier ouvrage de Sismondi, qui, en intitulant son
écrit *De la richesse commerciale ou Nouveaux principes d'économie politique*, souligne le mot *économistes*, et ne l'applique qu'aux disciples
de Quesnay. Il dit notamment, page 5 du premier volume : « Le
docteur Quesnay et M. Turgot fondèrent la secte des économistes
vers 1760. » Toutefois, il est à remarquer que Canard, auteur de
Principes d'économie politique, publiés en 1801, applique la dénomination d'*économistes* dans un sens général : néanmoins, cette ré-
pulsion qu'avaient encore Sismondi et J.-B. Say, dans leurs premiers écrits, a été jusqu'à ces derniers temps le sentiment de ceux
qui se sont occupés d'économie politique; car ils s'appelaient économistes politiques (V. le *Cours complet de Say*), ou même évitaient de
se donner un nom, parce que, d'une part, le qualificatif de *politiques*
les contrariait, comme induisant en erreur et inspirant la méfiance,
et parce que, avec celui d'*économistes* tout court, ils craignaient d'être
confondus avec les amis de Quesnay. Cependant, les disciples de
Fourier et de Saint-Simon vulgarisaient cette expression en s'en servant pour désigner les partisans des idées économiques ou libérales, et
Fourier avait même imaginé le substantif *économisme*, comme pour
mieux exprimer son dédain pour cette science de *civilisés!* Et, d'autre
part, la publication en France du *Journal des Economistes*, de la *Collection des principaux économistes*, et en Angleterre celle du Recueil
hebdomadaire *the Economist* sont venues généraliser tout à fait, depuis
dix ans, cette expression qui n'est plus le dénominateur spécial des
adeptes de la *secte* de Quesnay ni des partisans d'un système exclu-

sif, mais le dénominateur commun de tous ceux qui s'occupent scientifiquement de questions économiques.

La cinquième édition (1814) du dictionnaire de l'Académie française ne contient pas le mot *économiste*. Une seconde édition du dictionnaire de Lavaux (1828) le porte comme un terme récent et avec une explication incomplète : « On a désigné, depuis quelques années, par ce mot, une classe d'écrivains qui s'occupaient spécialement de l'économie politique administrative et de tous les moyens de soulager le peuple. » Mais la sixième édition du Dictionnaire de l'Académie, publiée en 1835, le consacre définitivement avec son véritable sens, en disant : « Economiste, qui s'occupe spécialement d'économie politique. »

III. ORIGINE ET FILIATION DU MOT ÉCONOMIE POLITIQUE.

Le plus ancien écrit dans lequel nous trouvons le nom d'Economie politique, est un livre aujourd'hui fort rare qui a été imprimé à Rouen en 1615, cinq ans après la mort de Henri IV. Nous voulons parler du *Traicté de l'œconomie politique*, par Antoyne de Montchrétien, sieur de Vateville, lequel contient, sous cette dénomination, quatre discours au roy et à la reine mère sur l'utilité des arts mécaniques, sur la navigation, sur l'exemple et les soins principaux du prince et sur le commerce. Ce livre présente un assemblage de réflexions diverses, très-emphatiques, très-peu scientifiques, émises sans ordre et n'ayant en résumé qu'une médiocre valeur. L'auteur Montchrétien, sieur de Vateville, se fit connaître par ses poésies, ses pièces de théâtre et surtout par son humeur querelleuse et de tragiques aventures[1]. Il est remarquable que l'ouvrage soit désigné dans l'autorisation royale d'imprimer, donnée le 12 août 1615, par ce titre : *Traicté œconomique du trafic;* et que le terme d'œconomie politique ne se trouve pas dans le texte.

Ce mot d'économie politique était-il déjà dans la langue, ou bien Montchrétien l'a-t-il imaginé au moment de faire tirer son titre? a-t-il été totalement oublié depuis, ou bien y a-t-il des auteurs qui l'aient cité et employé avant le milieu du dix-huitième siècle? c'est ce que nous ne saurions préciser.

En 1755, Rousseau écrivait dans l'Encyclopédie, avons-nous dit,

---

[1] *Traicté de l'œconomie politique, dédié au roy et à la reine mère du roy, par Antoyne de Montchrétien, sieur de Vateville. A Rouen, chez Jean Osmont, dans la court du Palais,* 1615, *avec privilége du roy.* Deux tomes in-4°, joints en un.

Montchrétien mourut en octobre 1621. Il était, dans les premiers jours de ce mois, chez un hôtelier du village de Tourailles, à cinq lieues de Falaise, où son père avait été pharmacien. Le seigneur du lieu, instruit de son arrivée, vint l'assiéger le 7 octobre. Montchrétien se défendit énergiquement, mais il succomba, après avoir tué deux gentilshommes et un soldat. On transporta son corps à Domfront, où les juges le condamnèrent à avoir les membres rompus, à être jeté au feu et réduit en cendres ; ce qui fut fait.

l'article Économie politique; mais il n'y faisait que de la théorie politique analogue à celle qu'il mit plus tard dans son *Contrat social*, et il ne parlait que de l'administration gouvernementale; qu'il appelait aussi du nom alors déjà usuel d'*économie publique*[1], par opposition à l'*économie domestique*, ou *oiconomia* des anciens.

Quesnay et les physiocrates n'employèrent d'abord pas cette dénomination pour désigner l'ensemble des notions qu'ils professaient sur l'Economie de la société.

Chose à remarquer, ce n'est pas Quesnay, le père ou l'aïeul de la science, qui se chargea du mot Economie politique dans l'Encyclopédie; et les deux articles qu'il fournit à ce recueil (1756-1757), sur *Fermiers* et *Grains*, qui furent la première manifestation de ses idées, déjà répandues à la cour et parmi quelques hommes appartenant à la haute administration, et qui, au dire de Dupont de Nemours, eurent « un retentissement extraordinaire »; ne contiennent pas ce mot. Les titres de ses écrits subséquents témoignent de l'adoption qu'il avait faite du mot *économique*: à la fin de 1758, il consigna sa doctrine d'une manière plus précise dans son célèbre *Tableau économique*; in-4° fort peu volumineux, imprimé avec luxe sous les yeux et dans le palais du roi, qui en tira des épreuves de sa main; dans cet écrit se trouvaient les *Maximes générales du gouvernement économique d'un royaume agricole*. Plus tard il écrivit les trois *Problèmes économiques*.

En suivant l'ordre chronologique, nous trouvons que cinq ans après le Tableau économique, un employé de l'administration des finances, homme de savoir et d'esprit, Faiguet de Villeneuve, publiait, en 1763, un petit livre ayant pour titre l'*Econome politique* (et non l'*Economie politique*, comme on l'a imprimé quelquefois dans les bibliographies). L'auteur de ce livre fait plusieurs calculs pour montrer qu'avec une légère épargne placée annuellement, pendant 20 ou 30 ans, les moindres particuliers peuvent s'assurer une petite rente. Il développe ensuite divers moyens de perfectionner l'espèce humaine : ce sont de sages et parfois curieuses réflexions sur le danger des mariages précoces, sur la concurrence que se font les artisans et les villageois dans les arts libéraux, sur la dignité de toutes les professions, etc. Dans une troisième partie, l'auteur fait ressortir les inconvénients des jurandes et des maîtrises; et enfin dans un petit nombre de pages finales il s'élève contre l'excès de latinité dans l'instruction.

Douze ans après la publication de l'article *Fermiers* dans l'Encyclopédie, Dupont de Nemours, l'un des plus ardents propagateurs de la doctrine de Quesnay, la désignait presque simultanément par le mot de SCIENCE NOUVELLE dans une brochure (1768) sur son origine

---

[1] Dans ce même volume, à l'article *Epargne*, signé Faiguet (nous ignorons si c'est le même que celui cité plus bas), le mot *économie publique* est entendu comme « ministère, menagement des affaires publiques »; et il est dit : « Il paraît que, depuis la paix de 1748, le goût de l'économie publique gagne insensiblement l'Europe entière. »

et ses progrès; par le mot de PHYSIOCRATIE (de *phusis* (φυσις), nature, et *cratein* (κρατειν), commander, gouvernement de la nature); et par le mot D'ÉCONOMIE POLITIQUE dans le recueil qu'il publiait la même année des écrits de Quesnay. En effet, le premier volume de ce recueil est intitulé: PHYSIOCRATIE, *ou constitution naturelle du gouvernement le plus avantageux au genre humain* (Leyde et Paris, 1768); — et le second volume, dans lequel Dupont recueillait divers écrits du maître, dont les uns avaient déjà paru dans le *Journal de l'agriculture, du commerce et des finances*, et dont les autres, autant qu'on peut le croire, étaient restés inédits, a pour titre : *Discussions et développements sur quelques-unes des notions de l'économie politique*[1]! — Dans un discours préliminaire, Dupont de Nemours donne même à la science un quatrième nom emprunté au titre du livre de Mercier de La Rivière, en disant: « S. M. l'impératrice de toutes les Russies vient d'appeler M. de La Rivière à sa cour, pour introduire et répandre la SCIENCE DE L'ORDRE NATUREL parmi les habitants de son vaste empire, qu'elle veut gouverner comme gouverne la raison, par l'évidence de l'intérêt commun. »

Parmi les autres économistes, un seul, Mirabeau le père, avait donné, en 1763, à son meilleur ouvrage, une inscription qui contient à peu près le nom actuel de la science : nous voulons dire l'ouvrage qu'il a intitulé: la PHILOSOPHIE RURALE, OU ÉCONOMIE *générale et* POLITIQUE *de l'agriculture réduite à l'ordre immuable des lois physiques et morales qui assurent la prospérité des empires.* La Rivière intitulait son livre: *l'Ordre naturel et essentiel des sociétés politiques*; Baudeau intitulait le sien : *Première introduction à la philosophie économique ou Analyse des Etats policés*; et Le Trosne, le sien : *De l'Intérêt social par rapport à la valeur, à la circulation, à l'industrie et au commerce intérieur et extérieur.* Tous ces ouvrages présentent, sous divers aspects, les développements de la théorie des *philosophes économistes,* comme les appelait Mably déjà en 1767[2]; mais ils ne la nomment pas ECONOMIE POLITIQUE.

Toutefois, il semble que ce nom n'ait pas tardé à être préféré dans l'école. En effet, quatre ans après la publication des œuvres de Quesnay, avec le titre général de *Physiocratie,* et un sous-titre pour le second volume, indiquant les « notions de l'économie politique», le tome Ier des *Ephémérides du citoyen,* alors dirigées par Baudeau, insérait un résumé de la doctrine en tableaux synoptiques, qu'on a attribué à Dupont de Nemours, et qui était signé du nom du margrave de Bade, esprit distingué, appartenant aussi à la pléiade physiocratique, avec ce titre significatif : *Abrégé des principes de l'économie politique*; 1772.

---

[1] La fin du titre est : *pour servir de seconde partie au recueil intitulé Physiocratie.* Leyde et Paris, Merlin, 1767. Cette date est une erreur d'impression, car le premier volume porte 1768. A-t-on voulu mettre 1768 ou 1769?

[2] *Doutes proposés aux philosophes économistes,* Paris, 1768.

Mais il est remarquable que Turgot, dans son important petit Traité : *Réflexions sur la formation et la distribution des richesses*, écrit pendant son intendance, et publié pour la première fois en 1766, dans les *Ephémérides*[1], c'est-à-dire avant le recueil intitulé *Physiocratie*, ne se serve pas du mot Economie politique. Une fois, le mot Economie vint sous sa plume dans cette proposition : « L'esprit d'Economie dans une nation augmente sans cesse la somme des capitaux. » A cela, Dupont de Nemours ajoutait, dans son édition des œuvres de Turgot, 1809-1811 : « Les lecteurs ne manqueront pas de se rappeler que le mot l'*Economie* doit être pris dans le sens de bonne administration, qui proscrit les dépenses folles, pour s'occuper avec intelligence des dépenses conservatrices et productives[2]. »

D'autre part, il n'est pas moins remarquable que James Steuart publiât à Londres, en 1767, un peu avant le recueil intitulé PHYSIOCRATIE, les *Recherches (an inquiry) sur les principes d'économie politique (of political economy), ou Essais sur la science de la police intérieure des nations libres*, qui a été traduit par Senovert, en 1789. James Steuart n'y devance pas les économistes, comme on a pu le dire ; il traite de l'administration intérieure des Etats, soutient le colbertisme et la balance du commerce, et toute la théorie mercantile pratiquée longtemps avant la naissance de la science économique, et en complète opposition avec ce qu'elle nous enseigne. Mais ces mots : *principes d'économie politique*, n'ont-ils pas frappé Dupont et ses amis? ne serait-ce pas là la cause de la modification du titre du second volume de la *Physiocratie*, publié en 1768? Cette modification et l'adoption de la formule *économie politique* n'auraient-elles pas été inspirées aussi soit aux physiocrates, soit à James Steuart, par le fréquent usage que faisait le comte Verri des formules *économie politique* et *économie publique*, dans un écrit publié en 1763, huit ans avant les *Méditations sur l'économie politique*, qui ne parurent qu'en 1771, à Livourne, et intitulé : *Mémoires historiques sur l'économie publique de l'Etat de Milan*, par Pietro Verri, Milanais[3]; et encore, par l'emploi des formules *économie civile* et *économie publique* que faisait Genovesi dans ses leçons d'*Economie civile*, publiées en 1765, et professées depuis dix ans à la chaire de commerce et de mécanique créée à l'Université de Naples par son ami l'abbé Intieri, avec cette triple condition qu'elle serait occupée

---

[1] Publié à part à la fin de la même année, et en 1771. Eugène Daire, après avoir vance, p. XLV de son introduction aux *Œuvres de Turgot* dans la *Collection des principaux économistes*, que cet écrit a été imprimé en 1766, incline à croire, dans la Notice sur Mercier de La Rivière (tome II de la même *Collection*, p. 430), que cette date n'est pas exacte et que le Traité de Turgot n'a paru que plus tard. Eugène Daire se trompait à seconde fois : nous avons sous les yeux un exemplaire de l'édition de 1766, in-12.

[2] Voy. *Œuvres de Turgot*, dans la *Collection des principaux économistes* de Guillaumin ; *Réflexions sur la formation*, etc., p. 55.

[3] *Memorie storiche sulla economia publica dello stato di Milano di Pietro Verri*. Milanese, 1763. Voy. ses *Œuvres* dans les 15e, 16e et 17e volumes de l   ·ustodi.

par Genovesi, que le professeur parlerait en italien, et qu'il ne serait pas remplacé par un ecclésiastique [1] ?

Une particularité non moins curieuse, c'est qu'Adam Smith, qui publiait sa première édition en 1776, mais qui professait depuis 1750, à l'Université de Glasgow, et qui consacrait la quatrième partie de son cours aux questions traitées dans son célèbre *Essai sur les causes de la richesse*, nomme très-peu souvent l'économie politique. Il intitule le IV° livre : *Des Systèmes d'économie politique*, et il y traite longuement, dans huit chapitres, du système mercantile, et dans un neuvième et dernier chapitre, « des systèmes agricoles ou de ces systèmes d'économie politique, disait-il, qui représentent le produit de la terre comme la principale source du revenu et de la richesse nationale. » C'est seulement au début du quatrième livre qu'il donne une définition de la science, et il n'en prononce ensuite plus le nom qu'un très-petit nombre de fois, notamment à la fin du chapitre 1er et dans le chapitre IX. Adam Smith succédait à son professeur Hutcheson, qui occupa la même chaire de philosophie morale de 1729 à 1747, et qui donnait une petite place dans son enseignement à l'économie politique, qu'il appelait au latin *economices*, en anglais *economics*, comme nous dirions en français *l'économique* [2].

« L'économie politique de Hutcheson est peu de chose en elle-même, dit M. Cousin, dans son cours de l'histoire de la philosophie moderne ; et pourtant elle est digne d'intérêt, car c'est peut-être à cette partie du cours d'Hutcheson, que l'Europe doit le plus grand économiste du dix-huitième siècle. »

Nous pensons, avec l'illustre écrivain, qu'il est difficile de déterminer si c'est à Smith ou si c'est aux physiocrates qu'appartient la priorité des principes essentiels de l'économie politique, puisque les idées des *économistes* étaient arrêtées avant le voyage de Smith à Paris, en 1764, et que, d'autre part, si Smith n'a publié ses recherches qu'en 1776, un manuscrit cité par Dugald Stewart atteste qu'en 1755 Smith était en possession des opinions les plus importantes développées dans son livre. Cette opinion a été aussi partagée par J.-B. Say, en ce qui touche Adam Smith et James Steuart, auquel on a prétendu, à la fin du siècle dernier, que Smith avait de grandes obligations, bien qu'il ne l'ait pas cité une seule fois, même pour le combattre. « Smith, dit J.-B. Say (dans son *Traité*, 1803, *Introduction*), plane au-dessus

---

[1] Genovesi fit sa première leçon le 23 novembre 1754. Voy. ses *Œuvres* dans les 7e, 8e, 9e et 10e volumes de la collection Custodi. Genovesi disait souvent *economia*, et *scienza economica*.

[2] *Philosophiæ moralis institutio compendiaria, ethices et jurisprudentiæ naturalis elementa continens.* Glasgow, 1742, a eu plusieurs éditions et a été traduite par l'auteur lui-même en anglais, sous ce titre : *A short introduction to moral philosophy, in three books, containing the elements of ethices and the law of nature, with the principles of economics and politiks*, Glasgow, 1747.

d'un terrain où l'autre se traîne. Steuart a soutenu un système précédemment adopté par Colbert, par le gouvernement anglais, constamment suivi par la plupart des Etats de l'Europe, et qui fait dépendre les richesses d'un pays, non du montant de ses productions, mais du montant des ventes à l'étranger. Les *économistes* sont venus, qui fondaient à leur tour les richesses sur les seules productions de l'agriculture... Smith a montré les véritables fondements de la richesse. Les obligations qu'on lui a sont beaucoup plus évidentes que celles qu'il a aux autres. S'il n'a pas réfuté Steuart en particulier, c'est que Steuart n'est pas chef d'école, et qu'il s'agissait de consulter l'opinion générale d'alors plutôt que celle d'un écrivain qui n'en avait pas de personnelle. » Cette dernière explication ne nous paraît pas suffisante. D'une part, Smith mettait assez volontiers un nom aux thèses qu'il combattait; et d'autre part, il est impossible d'admettre qu'un livre portant dans son titre les mots *principes d'économie politique*, etc., en deux volumes in-4°, publié dans sa langue, dès 1667, n'ait pas attiré son attention d'une manière toute particulière.

Mais, revenant au point spécial qui nous occupe, nous résumerons cette partie de notre discussion en constatant :

1° Que, bien que le mot d'*économie politique* se trouve en tête d'un ouvrage français publié au commencement du dix-septième siècle par A. de Montchrétien ; bien que Rousseau ait fait, sous cette désignation, un article dans l'*Encyclopédie*, en 1755, on peut dire que ce n'est que dans un écrit du comte Verri, publié en 1763 à Livourne, qu'il semble employé pour la première fois pour désigner un peu positivement la science relative à la richesse, à l'échange, au travail;

2° Que Genovesi a professé dès 1754, à Naples, un cours scientifique sur ces matières, en se servant des mots *Economie civile, économie publique*, ou simplement *économie*;

3° Que James Steuart a publié à Londres, en 1767, un traité sur ces mêmes matières, et sous ce titre : *Recherches sur les principes d'économie politique;*

4° Que ce mot d'*économie politique* ne se trouve que l'an d'après dans le recueil des écrits de Quesnay, publié par Dupont de Nemours;

5° Que Beccaria, dans son discours d'ouverture du cours des *Sciences camérales*[1], à Milan, en janvier 1769, se servait du mot *Economie publique*; que Verri préférait celui d'*Economie politique* pour intituler ses *Méditations*, imprimées en 1771, et que le Margrave de Bade ou Dupont de Nemours éditait, en 1772, les notions fondamentales de la doctrine physiocratique, sous le titre de *Principes d'économie politique;*

6° Que la science des *économistes* a reçu le nom qu'elle porte de Dupont de Nemours, avec le consentement, selon toute probabilité, de Quesnay,

[1] Créé à Milan par le comte Firmiani, gouverneur autrichien de la Lombardie, esprit libéral, philosophe et protecteur éclairé des arts et des sciences.

qui n'est mort que le 16 décembre 1774, six ans après la réunion de
ses écrits sous le titre général de *Physiocratie*, deux ans après la publication des *Principes de l'économie politique* par le margrave de Bade.
Son disciple avait pour lui trop de vénération pour baptiser d'un nom
qui ne l'aurait pas satisfait « la science nouvelle » dont il le pro-
clamait l'inventeur, non sans quelque emphase.

7° Quoi qu'il en soit du point de départ, la formule était imprimée
en 1776 dans le grand ouvrage d'Adam Smith, qui a définitivement
élevé, comme dit M. Cousin, cette partie de la philosophie morale à
la hauteur et à la dignité d'une science[1], et vingt ans après, il était
inscrit dans la loi organique de l'Institut[2], qui créait une section
d'économie politique dans la classe des sciences morales et politiques.
On le trouve ensuite dans une série d'écrits, de traités généraux, publiés dans les dernières années du dix-huitième et les premières
années du dix-neuvième siècle[3]. Il fut adopté notamment par Germain Garnier, qui publiait, en 1796, un petit volume intitulé
Abrégé élémentaire des principes de l'économie politique, et en 1803,
par deux hommes qui devaient puissamment contribuer à l'avancement de la science, J.-B. Say et Simonde de Sismondi, qui publiaient
simultanément, circonstance remarquable, l'un le *Traité d'économie
politique*, et l'autre *la Richesse commerciale ou Principes d'économie
politique*. A partir de ce moment, l'usage du nom actuel de la science
fut définitivement consacré.

IV. DES SIGNIFICATIONS PRIMITIVEMENT DONNÉES AU MOT ÉCONOMIE POLITIQUE.

Mais il est bien malheureux que le mot accepté par les physiocrates
ait prévalu; car il n'a cessé d'être l'objet d'une série de confusions,
soit à cause du mot *économie*, soit à cause du mot *politique*. Celui-ci
rappelle à l'esprit l'art ou la science du gouvernement, l'organisation
des pouvoirs publics, la diplomatie, l'administration, la police! Le mot
économie rappelle premièrement l'*économie domestique*, l'*oikonomia*,
l'*œconomia* des anciens, c'est-à-dire l'ordre et l'entente dans l'administration de la famille; deuxièmement, une des manifestations de

---

[1] *Cours d'histoire de la philosophie moderne*, 1re série, t. IV, 1846, p. 178.
[2] Loi du 3 brumaire an IV, 25 octobre 1795.
[3] On trouve vers cette époque : *Essai d'économie politique*, par le baron A. F. de Hei-
nitz, Bâle, 1785, in-4°; — *Réflexions sur la nécessité d'établir l'enseignement de la science
de l'économie politique*, par Ch. Gilloton de Beaulieu, Paris, 1789; — *De l'économie politique moderne ; Discours fondamental sur la population*, par J.-F. de Herrenschwand,
Londres, 1786, et Paris, 1795 ; — *De l'économie politique et morale de l'espèce humaine*,
par le même, Paris, 1796 ; — *Traité d'économie politique, dédié à la France*, par le vic.
de la Maillardière, Paris, 1800 ; — *Traité d'économie politique et de commerce des colonies*, par P.-F. Page. Paris, 1801–1802 ; — *Introduction à la science de l'économie politique et de la statistique générale*, par A. de Bourbon-Busset, Paris, 1801 ; — *Princ ipes
d'économie politique*, par N.-F. Canard, Paris, 1801 ; — *Analyse raisonnée des principes
fondamentaux de l'économie politique*, par J.-M. Dutens, Paris, 1804, etc.

cet ordre, l'épargne par l'abstinence, qui conduit au capital; troisièmement le résultat de cette action, l'épargne faite, le capital produit.
Destutt de Tracy a dit, en parlant des choses épargnées: «C'est ce qu'on
appelle ordinairement des capitaux, et que moi je nomme tout simplement des *économies* [1]. Enfin le mot *économie* rappelle, soit dans
l'ordre des choses physiques, soit dans l'ordre des choses morales, la
disposition des parties, des qualités, l'ordonnance des détails, un tout
systématique, et aussi l'ensemble des parties qui constituent l'homme
et les animaux. On dit : économie de la création, l'économie animale,
économie d'un monument, économie d'un système, d'un discours,
d'un plan, etc.

Cette confusion n'existait pas dans l'antiquité, et ce n'est que postérieurement et, pour ainsi dire, de nos jours [2], qu'*économie* est devenu dans les langues modernes synonyme d'épargne-acte et d'é-
pargne-résultat. Les Grecs appelaient l'épargne *phéido* (φιδω), et les
Romains *parcitas*, *parcimonia*, dont nous avons restreint le sens à
la petite économie, à l'économie minutieuse, même à l'économie
malentendue et exagérée. En anglais la confusion n'est pas seulement
dans le mot *économie* (*economy*), mais dans le dérivé *economist*, qui
veut dire aussi économe, ce qui nécessite forcément l'adjonction de
political, politique.

J.-B. Say avait compris ces inconvénients, et il regrettait encore
en 1829, dans son cours complet (IXᵉ partie, *Histoire abrégée de
l'Economie politique*) qu'Adam Smith eût adopté cette expression.
Rossi a également regretté que la science économique telle que Quesnay, Turgot, Smith, Say, Malthus, Ricardo, etc., nous l'ont faite, ne
se trouvât pas plus heureusement dénommée.

Cela a tenu à ce que la science n'est pas sortie un beau jour complète
et achevée d'une seule tête de philosophe, comme Pallas de la tête de
Jupiter; qu'elle s'est formée successivement par la découverte des vérités et l'éclaircissement des notions qui la constituent, et qu'il était difficile de la bien nommer avant d'en bien connaître l'objet, l'étendue et
les limites. La même chose s'est passée pour la plupart des autres
sciences : pour la physique, qui s'est ainsi inexactement appelée de φυσις,
nature, puisqu'elle n'est qu'une des sciences qui se partagent l'étude

[1] *Traité d'économie politique*, petit volume, édition de 1823, p. 99.
[2] Cette signification usuelle du mot *Economie* ne se trouve que dans le dictionnaire
de Bescherelle (1848), qui lui fait signifier entre autres choses : « Ce qui est épargné,
mis en réserve ». La sixième édition du dictionnaire de l'Académie (1835) dit vaguement : « Economie signifie plus ordinairement épargne dans la dépense ». Ce mot *épargne* n'apparaît dans ce dictionnaire que dans la troisième édition de 1740, avec cette
explication : « Parcimonie, ménage dans la dépense. On appelait ainsi autrefois le Trésor royal ». Toutefois le dictionnaire de Bescherelle, en lui faisant dire comme à *économie* : « Ce qui est épargné, économisé », cite une phrase de Mᵐᵉ de Sévigné qui prouve
qu'*épargne* signifiait déjà de son temps une économie faite : « Elle prétend jouir de ses
épargnes et vivre sur sa réputation acquise ».

de la nature; pour la chimie, fille de l'alchimie ou science des *sucs*, selon une étymologie arabe, et qui est devenue bien autre chose depuis; pour la géographie et la géologie, qui ont un domaine très-distinct et dont les noms ont pourtant une même signification étymologique.

Il est fâcheux qu'on n'ait pas pris un seul mot, comme cela a eu lieu pour statistique; ou deux expressions plus courtes, que l'usage aurait réunies et que l'on emploierait sans songer au sens littéral et étymologique; ce qu'il n'a pas été permis de faire avec ces deux termes d'*économie politique*, de quatre syllabes chacun, qu'il est impossible d'amalgamer dans une langue qui n'a pas la complaisance de l'allemand, et dont il est difficile que la masse du public oublie le sens séparé, parce qu'ils sont très-usuels et qu'ils désignent des choses qu'on ne peut autrement appeler.

A tout prendre, Voltaire suivait la filiation logique des termes lorsqu'il entendait dans sa *Raison par alphabet*, fondue dans le *Dictionnaire philosophique*, que l'Economie publique était à l'Etat, à la grande famille, ce que l'Economie domestique est à la petite. « C'est ce qui porta, disait-il, le duc de Sully à donner le nom d'*Economies* à ses mémoires. » Voltaire appelait un Etat bien administré, un Etat bien *économisé*[1]. Il circonscrivait le sujet traité dans son article par les paroles suivantes : « Les différentes sortes de gouvernement, les tracasseries de famille et de cour, les guerres injustes et mal conduites, l'épée de Thémis mise dans les mains des bourreaux pour faire périr l'innocent, les discordes intestines sont des objets étrangers à l'économie. » Voltaire disait clairement que l'Economie publique n'est pas la Politique, à cela près qu'il y a eu beaucoup de guerres causées par des préjugés économiques, et beaucoup de discordes intestines qui ont pris racine dans des vices économiques.

Rousseau commence ainsi l'article *Economie politique* de l'Encyclopédie (1755) : « Le mot d'Economie ne signifie originairement que le sage et légitime gouvernement de la maison pour le bien commun de toute la famille. Le sens de ce terme a été dans la suite étendu au gouvernement de la grande famille, qui est l'Etat. Pour distinguer ces deux acceptions, on l'appelle, dans ce dernier cas, *économie générale* ou *politique*, et dans l'autre, *économie domestique* ou *particulière*. Ce n'est que de la première qu'il est question dans cet article. » On voit par cette définition et par la lecture du morceau que Rousseau qui écrivait avant Quesnay, chargé de l'article *Fermiers*, avant les discussions des physiocrates, avant Adam Smith, avant la fondation de l'économie politique enfin, et de plus avant qu'on eût sur l'organisation des pou-

---

[1] Ce mot n'est pas dans la première édition du dictionnaire de l'Académie de 1694: il est dans la deuxième, celle de 1717 et dans toutes celles qui suivent, avec cette signification « Gouverner, administrer avec économie », qui n'est plus exacte, car ce mot signifie évidemment aujourd'hui faire des épargnes.

voirs publics et politiques proprement dits les idées qui n'ont été éclaircies que plus tard, a fait une dissertation philosophico-politique, qui
n'a pas grand rapport avec la science économique, et, oserai-je ajouter,
qui n'a pas grande valeur aujourd'hui, bien qu'elle en ait une encore
supérieure à celle de l'article de Voltaire, écrit quelque temps après,
lorsque déjà les *économistes* avaient fait parler d'eux (1770), et auxquels
peut-être il lance ce trait final de son premier alinéa : « Il ne s'agit pas
ici des déclamations de ces politiques qui gouvernent un État du fond
de leur cabinet par des brochures. »

Voilà quel était, parmi l'élite du monde intellectuel, le sens du mot
économie politique, au commencement de la seconde moitié du dix-
huitième siècle. Mais il est remarquable que ce mot ne se trouve pas
une seule fois dans l'*Esprit des lois*, où Montesquieu a pourtant traité
en détail de plusieurs sujets économiques, tels que le commerce, la
monnaie, les impôts, les dettes publiques, la population; et même
qu'on n'y trouve qu'un petit nombre de fois le mot *économie* dans un
sens tout à fait restreint. En parlant du commerce, Montesquieu distingue un commerce d'économie « fondé, dit-il, sur la pratique de gagner peu, et même de gagner moins qu'une autre nation, et de ne se
dédommager qu'en gagnant continuellement.»

Ne peut-on pas en conclure qu'à cette époque, l'expression d'*économie politique* n'était pas encore usitée, même dans le sens que lui ont
donné, quelques années plus tard, Voltaire et Rousseau? Car il est
évident que Montesquieu, qui a beaucoup travaillé son livre, et qui
était au courant du mouvement des esprits de son temps, aurait été
amené à se servir d'une formule appliquée à des questions rentrant si
naturellement dans son sujet. Une note [1] nous apprend que Montesquieu écrivait sur ces matières en 1744. Le volume de l'*Encyclopédie*
où se trouve l'article de Rousseau est de 1755 ; celui de Voltaire était
écrit en 1770 [2]. Nous avons vu que ce n'est qu'en 1768 que l'expression
économie politique se retrouve pour la première fois dans les publications des physiocrates.

Le silence des premières éditions du dictonnaire de l'Académie
française vient à l'appui de ce que nous disons. Le mot *Économie
politique* ne se trouve ni dans la première édition de 1694, ni dans les
trois autres, 1717, 1740, 1772, faites dans le courant du dix-huitième
siècle, et on le voit seulement apparaître dans la cinquième édition
(1814), avec une des significations données dans les dictionnaires
précédents au mot *Économie* tout seul. L'édition de 1694 dit, et les
éditions subséquentes répètent : « (économie), se dit figurément de
l'ordre par lequel un corps politique subsiste principalement. » L'édi-

---

[1] *Esprit des lois*, livre XXII, chap. x.
[2] D'après une indication donnée en note dans le *Dictionnaire philosophique*, au mot
ECONOMIE POLITIQUE.

tion de 1814 répète la même chose ainsi : « *Economie*, se dit figurément, et dans une signification plus étendue, de l'ordre par lequel un
corps politique subsiste principalement ; elle s'appelle l'*économie politique*. » Enfin, l'édition de 1835 fait une subdivision distincte, ainsi
conçue : « Economie politique : science qui traite de la formation, de
la distribution et de la consommation des richesses. » C'est la définition inspirée à J.-B. Say par Turgot [1].   JOSEPH GARNIER.

(*La suite au prochain numéro.*)

DE L'IMPOT SUR LE REVENU.

EXPÉRIENCE FAVORABLE FAITE DANS LE GRAND-DUCHÉ DE LUXEMBOURG.

Parmi les questions d'organisation intérieure qui ne manquent jamais de surgir à la suite des grandes commotions sociales, les questions d'impôt occupent incontestablement le premier rang. Ainsi en
fut-il après 1789 et après 1848.

Serrés dans l'étreinte populaire, les gouvernements ne font aucune
difficulté à indiquer les questions qu'ils ont à résoudre, à faire connaître ce qu'ils appellent leur programme ; mais, aussitôt le danger
disparu, la routine ne tarde pas à reprendre son empire.

N'en déplaise aux financiers à courte vue, qui s'imaginent avoir
accompli leur tâche quand, par des expédients plus ou moins ingénieux, ils réussissent à faire arriver l'argent au Trésor, les questions
d'impôt attendent encore une solution satisfaisante ; elles se trouvent
absolument dans le même état qu'il y a soixante ans, et tel est l'effet
d'une fausse sécurité, qu'après un si long espace de temps nous
sommes forcément ramenés au point de départ.

Qu'il me soit permis d'entrer à cet égard dans quelques développements théoriques.

L'idée que le produit du sol doit seul l'impôt, appartient en propre
aux physiocrates, école célèbre qui, ayant succédé à l'école mercantile ou de la balance du commerce, a été elle-même remplacée par
l'école industrielle, créatrice de la science moderne.

Ce fut en 1758 que François Quesnay publia à Versailles son *Ta-

---

[1] Turgot a publié dans les *Ephémérides du citoyen*, en 1766, ses *Réflexions sur la formation et la distribution des richesses*. J.-B. Say a publié pour la première fois, en 1803,
son Traité, dans lequel il définit l'économie politique : « la science qui montre comment
se forment, se distribuent et se consomment les richesses » ; d'où est issue la formule
« Science de la production, de la distribution et de la consommation des richesses »,—qui
a été le plus généralement adoptée.

au économique, qui forme la base du système des physiocrates. ns ce système, il n'y a que la terre seule qui soit instrument de oduction, source unique de toute richesse. Les habitants sont visés en deux classes : productive et stérile. A la classe productive partiennent les propriétaires fonciers, les fermiers, les chasseurs et pêcheurs, les gardiens de troupeaux, les exploitants des mines, s intendants ruraux, les ouvriers des champs; à la classe stérile, les bricants et les artisans, les commerçants, les artistes, les savants, s serviteurs de l'Etat, les domestiques. Un pareil système, on le mprend facilement, devait provoquer les critiques; aussi les cla eurs des contemporains ne l'épargnèrent-elles pas, au point de faire iblier les services réels que l'école a rendus malgré ses idées exclu ves et ses erreurs.

Ce n'est que depuis sept ans qu'elle a été réhabilitée par Eugène aire, dans son *Introduction* à la nouvelle édition des Œuvres des hysiocrates (édition Guillaumin), et dans son *Mémoire couronné* par Académie des sciences morales et politiques. Le système d'impôt des hysiocrates est omis dans le Mémoire de M. Daire : c'est une lacune rt regrettable, car, ainsi que M. Passy l'a fait observer dans son apport à l'Académie, ce système valait bien la peine qu'on l'exa inât.

C'est cependant sous l'influence de ces idées que furent établis les mpôts en France et dans tous les pays qui, par la suite, furent sou nis à la domination française; leur empreinte toute physiocratique 'est maintenue jusqu'à nos jours, malgré le renversement du système l'économie politique qui leur sert de base.

On doit rendre cette justice aux physiocrates qu'en matière d'impôt ls étaient parfaitement conséquents avec leurs principes : du moment ļu'ils admettaient l'agriculture comme la seule source de toute :ichesse, il était naturel, logique, qu'ils fissent peser sur elle tous les impôts.

Mais sommes-nous conséquents avec les principes que nous profes sons aujourd'hui ? C'est ce que je vais examiner.

En 1776, c'est-à-dire dix-huit ans après la publication du *Tableau économique*, parut à Londres le célèbre ouvrage d'Adam Smith *sur la nature et les causes de la richesse des nations*; les premières traductions françaises furent celles de Blavet et de Roucher; mais ce n'est réelle ment qu'à partir de 1802 que les idées du savant écossais commen cèrent à s'infiltrer dans les esprits et dans la littérature de la France, par la traduction de Germain Garnier qui, par son *Abrégé élémentaire des principes d'économie politique*, publié six ans auparavant, en 1796, avait essayé de concilier les deux systèmes, de Quesnay et de Smith.

On comprend que les idées des physiocrates eurent tout le temps de jeter de profondes racines, favorisées qu'elles étaient par la révo lution de 89, où l'on marchait encore plus vite qu'aujourd'hui.

Voilà donc les impôts établis et maintenus d'après les principes des physiocrates. Cependant, une nouvelle école a surgi, et avec elle des principes nouveaux, aujourd'hui généralement acceptés.

Il n'y a plus de classe stérile, et toutes les richesses procèdent de trois sources au lieu d'une, savoir : 1° le revenu foncier que le propriétaire perçoit du fermier et du locataire ; 2° le profit des capitaux en numéraire et en créances actives ; 3° le salaire produit par le travail manuel ou intellectuel.

Ces principes étant admis, et les bons esprits, je crois, n'en reconnaissent pas d'autres, quelle doit en être la conséquence par rapport aux impôts ? Poser la question, c'est la résoudre. Ici se révèle une injustice qui saute aux yeux : en traduisant les faits en chiffres, on arrive à ce résultat que les intérêts des propriétaires fonciers sont sacrifiés aux intérêts des capitalistes et des autres producteurs non agricoles. Il existe, sous ce rapport, un véritable antagonisme entre les trois branches de la richesse publique, un défaut d'équilibre qui doit nuire à chacune d'elles.

Peut-on, après cela, soutenir qu'il y ait justice à maintenir les impôts avec leur inégalité actuelle ? Ceux qui répondraient oui n'échapperont pas à ce dilemme : ou bien ils professent les doctrines surannées des physiocrates, en faisant abstraction du mouvement progressif qui s'est opéré dans les idées ; ou, s'ils reconnaissent les idées nouvelles, ils commettent sciemment une injustice flagrante.

Pour nous, nous tenons avec l'école fondée par Adam Smith, que toutes les branches de revenu soient traitées sur un pied de parfaite égalité. Notre conviction à cet égard se fonde non-seulement sur le raisonnement que nous venons de faire, mais encore sur le développement historique et pratique des idées que nous défendons.

Comparons entre elles la France et l'Angleterre, ces deux patries, l'une de l'école physiocratique, l'autre de l'école industrielle. Le ministre Turgot est le premier homme d'Etat qui, en France, ait entrepris, avec trop de succès peut-être, l'application immédiate des doctrines de Quesnay ; il les soutenait encore dans la retraite, comme le prouve l'ouvrage qu'il publia en 1779, deux ans avant sa mort, sous ce titre : *De l'administration provinciale et de la réforme de l'impôt.* Plus tard, les mêmes doctrines dominèrent à l'Assemblée constituante et au Conseil des anciens, où siégeait Dupont de Nemours, un de ceux qui, par leurs écrits, illustrèrent le plus l'école des physiocrates qui, à la même époque, comptait parmi ses adhérents plusieurs souverains de l'Allemagne, le grand-duc Charles-Louis-Frédéric de Bade, l'empereur Joseph II, son frère le grand-duc Léopold de Toscane.

En Angleterre, le ministre Pitt, disciple de l'école écossaise, fait décréter, en 1798, l'impôt sur toutes les branches de revenu : cet impôt, tour à tour supprimé et rétabli, est aujourd'hui en pleine vigueur. Ce qui s'est passé depuis sur le continent, et ce qui s'y passe sous nos yeux, mérite notre sérieuse attention ; nous allons voir que partout où les impôts sont mis en question, ce ne sont pas les principes français qui prévalent, mais bien les principes anglais.

En 1793, la Convention avait décrété l'impôt sur le revenu, mais il ne fut pas appliqué : un ex-député de l'Assemblée nationale, Jollivet, s'était prononcé avec énergie contre le nouvel impôt; l'expérience n'a pas justifié ses appréhensions, fait observer avec raison M. Blanqui dans sa *Bibliographie d'économie politique*.

L'Allemagne fut plus heureuse que la France : les professeurs d'économie politique les plus distingués se sont efforcés depuis longtemps d'y faire triompher le principe de l'impôt sur le revenu. Aussi cet impôt, établi en Prusse depuis 1820, en Saxe-Weimar depuis 1821, dans les villes libres, en Suisse et ailleurs, ne cesse-t-il de s'étendre au delà de toutes les prévisions : dans ces dernières années, il a été établi dans les royaumes de Bavière, de Saxe et de Danemarck, dans les grands-duchés de Bade, de Hesse-Darmstadt et de Luxembourg.

L'impôt doit porter sur le revenu des citoyens. Tel est le principe que personne ne conteste; mais on recule devant son application, sous prétexte de difficultés qui n'existent que dans l'imagination.

Les exemples ne manquent pas pour prouver le peu de fondement de ces préventions; un des plus récents est celui qui fait l'objet du présent article.

Le grand-duché de Luxembourg, avec la ville de Luxembourg pour chef-lieu, forme le point de jonction entre la France, la Belgique et les provinces rhénanes de la Prusse. Politiquement , il relève du royaume des Pays-Bas, dont il est séparé par le Luxembourg belge et la province de Liège. Son étendue est de 279,370 hectares, et sa population de 186,500 habitants. Le grand-duché de Luxembourg n'a pas de dettes.

Une loi du 12 juillet 1821, tout en maintenant, pour le royaume des Pays-Bas, l'impôt foncier tel qu'il résultait de la loi française du 3 frimaire an VII, avait créé deux autres contributions directes : la personnelle et les patentes.

La contribution personnelle, réglée par une loi spéciale, en date du 28 juin 1822, avait pour bases : 1° la valeur locative ; 2° les portes et fenêtres ; 3° les foyers ; 4° le mobilier ; 5° les domestiques ; 6° les chevaux.

La loi des patentes est du 21 mai 1819 ; elle a été modifiée et étendue par celle du 6 avril 1823.

Une loi du 29 décembre 1842 a remplacé, pour le grand-duché, celle de 1822 sur la contribution personnelle, par un impôt sur la fortune présumée, en maintenant au fond la législation sur les patentes. « Voulant, dit le préambule de la nouvelle loi, faire cesser les plaintes qui se sont élevées dans notre grand-duché, contre les bases de l'impôt personnel établi par la loi du 28 juin 1822, et lui substituer un système plus conforme aux mœurs, aux habitudes des habitants, *et en rapport avec leurs facultés.* »

Le montant de l'impôt, fixé par la loi à 100,000 florins des Pays-Bas, y compris 700 additionnels attribués aux communes, fut réparti annuellement entre les villes et les communes par le Conseil du gouvernement, d'après les bases suivantes : 40 pour 100 sur la contribution foncière ; 15 pour 100 sur les patentes ; 25 pour 100 sur la population ; 20 pour 100 sur les portes et fenêtres (art. 1 et 2). Les années suivantes, ces bases furent modifiées de manière que les 100,000 florins formant l'impôt personnel se sont trouvés répartis entre les communes ainsi qu'il suit :

50,000 florins sur la contribution foncière,
20,000 florins sur les portes et fenêtres,
15,000 florins sur le droit de patente,
15,000 florins sur la propriété bâtie.
_____
100,000 florins.

Le contingent total de chaque ville et commune étant déterminé ainsi qu'il vient d'être dit, la sous-répartition en a été faite entre les contribuables d'après leur fortune présumée (art. 4).

Un Conseil de répartiteurs, pris dans les diverses classes des contribuables, était chargé de dresser annuellement, dans le dernier trimestre de l'année, dans chaque ville et commune, une matrice destinée à la formation du rôle de la contribution personnelle de l'année suivante, et devant comprendre tous les individus susceptibles d'être imposés (art. 6 et 7).

Le Conseil de répartition, assisté du contrôleur des contributions, tenant la plume, ou, à son défaut, du receveur, était autorisé à appeler dans son sein tel nombre de contribuables qu'il jugerait utile pour fournir des renseignements propres à éclairer ses décisions (art. 9).

Etait passible de l'impôt tout individu ayant dans la commune sa résidence habituelle et jouissant de revenus à lui propres. Les hommes mariés, non séparés de biens, ont été imposés à raison de leurs facultés réunies à celles de leurs femmes. Les indigents, naturellement non imposables, ont néanmoins dû être inscrits dans la matrice du rôle, avec le mot *indigent* à la suite de leur nom (art. 10 et 11).

Le contribuable n'habitant pas la commune de son domicile actuel depuis le 1er janvier de l'année qui précédait celle de la cotisation, a dû être imposé, non dans cette commune, mais dans celle de son domicile précédent. Le propriétaire non domicilié dans une commune, mais y faisant exploiter une propriété rurale ou toute autre industrie pour son compte personnel, y était passible de la contribution à raison des bénéfices de cette exploitation (art. 13 et 14).

La liste des contribuables étant arrêtée, le Conseil de répartition a procédé à la fixation du chiffre indicatif de la fortune présumée de chacun d'eux. La matrice de rôle, arrêtée par les répartiteurs et visée par le contrôleur, a été transmise par ce dernier au directeur des contributions, chargé d'opérer la répartition du contingent de la commune entre les contribuables et de faire procéder ensuite à la confection du rôle. Le rôle ainsi formé a été rendu exécutoire par le Conseil de gouvernement et renvoyé au directeur, qui l'a fait parvenir, par l'intermédiaire du contrôleur, à l'administration communale, à l'effet d'être publié, et mis en recouvrement par les soins du receveur (art. 12, 15 et 16).

Les réclamations pour cause d'erreurs ou de surtaxes ne dispensaient pas du payement des termes à échoir. Au Conseil de gouvernement appartenait le droit de statuer sur les réclamations, après avoir entendu le Conseil de répartition, le contrôleur, le commissaire de district (sous-préfet) et le directeur des contributions (art. 19 et 20).

Telle était la nouvelle loi sur la contribution personnelle, qui, tout en renversant l'ancien système, n'était encore qu'un acheminement vers un ordre de choses meilleur. En 1849, l'impôt sur la fortune présumée fut remplacé par l'impôt sur le revenu ; la contribution spéciale des patentes a été en même temps supprimée.

Je sortirais des limites qui me sont assignées, si j'entreprenais de retracer, même rapidement, les diverses phases d'élaboration et de discussion par lesquelles cet important projet a passé avant d'être converti en loi. On en trouvera tous les détails dans les documents officiels : l'exposé des motifs et le compte-rendu des séances de la Chambre des députés [1].

Disons seulement que, dans l'exposé des motifs qui était joint au projet de loi, l'administrateur général des finances, M. Norbert Metz, a fait en peu de mots la déclaration des principes du gouvernement en matière d'impôts. « Avant de se livrer à l'examen de cette question, a-t-il dit, le gouvernement a besoin d'indiquer les principes qui le guideront. Le gouvernement n'admet pas les principes de l'impôt progressif ; il admet que tout habitant qui n'est pas indigent doit à

---

[1] I. *Projet de loi portant modification des impôts directs*, cahier in-folio de 39 pages, ainsi divisé : 1° Exposé des motifs ; 2° projet de loi ; 3° rapport de la Commission de législation ; 4° réponse de l'administrateur général des finances aux observations de la Commission de législation ; 5° projet de loi arrêté définitivement pour être soumis à la Chambre.

II. *Compte-rendu des séances de la Chambre des députés du grand-duché de Luxembourg*. Session de 1849 ; Luxembourg, 1850. 1 fort vol. in-8°, p. 12 de la première partie ; présentation à la Chambre d'un projet de loi sur les impôts directs ; p. 17, renvoi aux sections. Page 59 de la seconde partie, dépôt du rapport de la section centrale ; p. 81, discussion générale ; p. 143 à 290, discussion des articles et votes partiels ; p. 300, second vote et nouvelle discussion ; p. 309, vote sur l'ensemble et adoption ; p. 314, teneur du projet adopté.

l'Etat un impôt pour la protection que celui-ci lui accorde, soit pour le maintien de son travail, soit pour la conservation de ce qu'il possède. Cet impôt, pour chaque contribuable, doit être proportionnel au produit de son travail et à la valeur de ce qu'il possède. C'est donc aux principes de l'impôt proportionnel que le gouvernement se rallie. Ces principes, qui sont les plus justes, ne peuvent pas être observés dans tous les impôts; les impôts indirects n'en tiennent pas toujours compte. S'il est vrai qu'il est des impôts indirects qui atteignent plus le riche que le pauvre, il en est d'autres, tels que l'impôt sur le sel, dont la consommation est forcée, et qui atteignent le pauvre plus que le riche. »

Et plus loin : « Le gouvernement, pour la répartition des impôts directs, admettra les bases qui lui paraîtront les plus naturelles et les plus équitables Il abordera franchement le contribuable, et il repoussera toutes les bases qui peuvent égarer, tromper le contribuable, et qui ne lui laisseraient qu'un droit de réclamation illusoire. Le gouvernement ne s'arrêtera pas devant les difficultés que l'introduction de bases nouvelles pourra rencontrer, et laissera à un avenir prochain le soin de les apprécier et de les juger. »

Après avoir fait la critique du système d'impôts existant, M. l'administrateur général conclut à une augmentation de 25 pour 100 de l'impôt foncier, et à la création d'un impôt de 2 pour 100 du revenu de toute fortune mobilière, en y comprenant le bénéfice qu'elle peut fournir au delà du revenu ; de 2 pour 100 du gain des professions et de 1 pour 100 des traitements et pensions de tout genre. Par ce moyen la loi proposée remplacerait l'impôt personnel en ce qu'elle atteindrait la fortune mobilière, et elle remplacerait l'impôt sur les patentes, en ce qu'elle atteindrait le bénéfice que le commerce, l'industrie et les professions peuvent produire. Le revenu et le bénéfice du commerce, et le gain des professions d'une année serviraient de base pour établir l'impôt de l'année suivante.

« Le gouvernement est persuadé, dit en terminant M. l'administrateur général des finances, que toute personne qui voudra comparer l'impôt nouveau avec la législation actuelle, trouvera qu'il n'est aucun inconvénient dans la loi nouvelle qui ne se rencontre à un plus haut degré dans la législation actuelle. »

Dans son rapport du 17 août 1849, la Commission de législation (Conseil d'Etat) s'est prononcée en faveur du projet, à la majorité des voix. Cependant, parmi les objections faites par la minorité, il en est une qui paraît juste et méritait d'être prise en considération ; c'est que, par la division des impôts directs en contribution foncière et en contribution mobilière, l'impôt foncier n'a pas égard aux dettes et charges, d'où il résulte que le propriétaire dont les biens sont hypothéqués devra supporter la même augmentation d'impôt foncier que le propriétaire dont les biens sont libres de toutes charges. Il y a là, il faut bien en convenir, une inégalité choquante, dont ceux que la chose concerne auront le droit de se plaindre. Après tout, il eût bien mieux valu fondre également l'impôt foncier dans l'impôt sur le revenu ; c'eût été le meilleur moyen de prévenir les injustices que la disjonction signalée ne manquera pas de faire naître dans l'application.

Je ferai, en passant, une autre remarque sur un des principes fondamentaux de la loi : on y a substitué l'*impôt de quotité* à l'*impôt de répartition* consacré par la législation de 1842. L'impôt de répartition doit toujours être préféré, parce qu'il rend les mécomptes impossibles ; c'est tellement vrai, que la nouvelle loi, par son article 26, a prévu le cas où le montant perçu n'atteindrait pas le *minimum* de 140,000 francs, ou dépasserait le *maximum* fixé à 160,000 francs.

Le projet de loi, suivi de l'avis de la Commission de législation, fut présenté à la Chambre des députés dans sa séance du 3 octobre 1849. Les séances des 8, 9, 10, 12, 13, 14, 15 et 16 novembre furent consacrées à sa discussion, et la loi, portant la date du 28 novembre 1849, a été publiée, le 5 décembre suivant, dans le *Mémorial législatif et administratif du grand-duché de Luxembourg*, année 1849, n° 99.

L'analyse d'un document de cette importance ne pourrait qu'être imparfaite ; c'est ce qui m'engage à le reproduire ici textuellement.

« Nous GUILLAUME III, par la grâce de Dieu, roi des Pays-Bas, prince d'Orange-Nassau, grand-duc de Luxembourg, etc., etc., etc.; — Voulant satisfaire au vœu de l'article 127 de la Constitution, en ce qui concerne la révision du système des impôts directs ; — Revu la loi du 28 juin 1844 sur la contribution personnelle, ainsi que les lois des 21 mai 1819, 6 avril 1823, 27 décembre 1842 et 26 décembre 1848 sur les patentes ; — Attendu que la loi du 28 juin 1844, qui a eu pour objet de soumettre à l'impôt, dans une juste proportion, tous les genres de fortune, et de suppléer ainsi aux lois spéciales sur la contribution foncière et les patentes, n'atteint qu'imparfaitement ce but, en ce qu'elle établit, pour la répartition entre les communes, des bases autres que pour la sous-répartition entre les habitants ; d'où il résulte que des contribuables à fortunes égales ne sont pas également cotisés lorsqu'ils habitent des communes différentes ;

« Attendu que, pour faire supporter à chaque genre de fortune une part équitable de l'impôt personnel, il devient nécessaire d'assigner directement à la fortune foncière le contingent qu'elle y apporte, au lieu de comprendre ce contingent dans les bases servant à la répartition du même impôt ;

« Considérant que l'impôt personnel atteint en outre les revenus des capitaux mobiliers, les revenus et les bénéfices du commerce et de l'industrie, les gains de certaines professions, les traitements et les pensions, et qu'une partie de ces matières imposables est aussi atteinte par le droit de patente ;

« Considérant qu'en admettant une base uniforme d'imposition pour les revenus mobiliers en général, on peut réunir les lois sur la contribution personnelle et les patentes, en les modifiant conformément à ce système d'imposition ;

« De commun accord avec la Chambre des députés ; avons ordonné et ordonnons :

« ART. 1er. A partir du 1er janvier 1850, la contribution foncière sera augmentée de 20 p. 100.

« Cette augmentation portera sur le principal et les additionnels actuellement existants.

« Il sera prélevé sur le produit de la contribution foncière, ainsi majorée, 7 p. 100 au profit des communes où les biens sont situés.

« Art. 2. Egalement à partir du 1ᵉʳ janvier 1850, l'impôt personnel et le droit de patente seront remplacés par une seule contribution mobilière, du produit de laquelle il sera prélevé 4 p. 100 au profit des communes, et qui sera assise sur les revenus, bénéfices, gains, traitements, pensions, ou autres émoluments payés par le Trésor, de la manière déterminée ci-après, toutefois en n'y comprenant pas les revenus fonciers.

« Art. 3. La contribution mobilière, mentionnée à l'article précédent, est fixée à 2 p. 100 des revenus, bénéfices et gains présumés, et à 1 p. 100 des traitements, pensions ou autres émoluments, payés par l'Etat, les communes, les établissements publics et les particuliers. Elle ne pourra dépasser 160,000 fr.

« Les rentes viagères sont assimilées aux pensions.

« Sont cependant exempts de l'impôt les bénéfices produits par la distillation des marcs de raisin et des lies de vin, ainsi que des autres produits agricoles qui seraient distillés par le producteur lui-même.

« Art. 4. Tout capital mobilier est censé produire au moins un intérêt de 5 p. 100. Ce qu'il produit en plus est imposé comme bénéfice.

« Art. 5. Le capital mobilier ne comprend pas la valeur des meubles servant à des exploitations agricoles.

« Art. 6. Dans chaque commune un conseil d'experts-répartiteurs détermine les bénéfices, les revenus et gains présumés de chaque contribuable. Ce conseil est composé de sept experts-répartiteurs dans les communes au-dessous de mille habitants, et de neuf dans les autres, à l'exception de la ville de Luxembourg, où le nombre des experts-répartiteurs est de quinze. Il sera en outre nommé trois experts-répartiteurs suppléants pour les conseils de sept membres, et quatre suppléants pour les conseils composés de neuf membres et plus. Le bourgmestre, ou son suppléant, est de droit membre du conseil des experts-répartiteurs. Le bourgmestre, ou son remplaçant, prêtera serment devant le juge de paix du canton, et recevra le serment des autres experts-répartiteurs et des experts-répartiteurs suppléants. Les procès-verbaux sont reçus sur papier libre et enregistrés gratis.

« Le serment est prêté en ces termes : « Je jure de remplir mes fonctions d'ex- « pert-répartiteur en mon honneur et conscience.—Ainsi que Dieu me soit en aide ! »

« Art. 7. Les experts-répartiteurs sont nommés par l'administrateur général des finances, sur des listes doubles de candidats, présentées par les conseils communaux respectifs. A défaut de présentation de candidats dans les délais fixés, les experts-répartiteurs sont nommés d'office par l'administrateur général des finances. Les conseils d'experts-répartiteurs seront renouvelés par moitié tous les ans : les membres ne pourront être ni parents, ni alliés entre eux, jusqu'au deuxième degré inclusivement.

« Art. 8. Le conseil des experts-répartiteurs, qui sera assisté du contrôleur ou du receveur des contributions, dressera, pour la première fois au mois de décembre 1849, et ensuite tous les ans à pareille époque, la matrice des contribuables de la commune, à porter au rôle de la contribution mobilière de l'année suivante. La liste des habitants de la commune est fournie à cet effet au contrôleur des contributions par l'administration communale, avant le 1ᵉʳ décembre.

« Art. 9. Outre la matrice dont il est question à l'article précédent, le conseil des experts-répartiteurs dressera à la même époque une matrice supplémentaire, comprenant tous les habitants qui, dans le courant de l'année, seront devenus passibles de l'impôt, ou d'une majoration d'impôt, du chef d'un commerce, d'une profession ou d'une industrie, ainsi que les contribuables qui auraient été omis dans la matrice principale de la même année. — Cette matrice sera dressée pour la première fois au mois de décembre 1850.

« ART. 10. Les experts-répartiteurs seront convoqués par le bourgmestre et, à son défaut, par le contrôleur des contributions, qui, indépendamment de la réunion annuelle pour la formation des matrices, pourront les réunir chaque fois que le besoin s'en présentera dans le courant de l'année.

« ART. 11. Les experts-répartiteurs ne pourront délibérer que lorsqu'il y aura au moins cinq membres présents, pour les conseils composés de sept membres, et plus de deux tiers, pour les autres conseils. Si, après deux convocations successives, cette majorité n'a pu se former, le conseil des experts-répartiteurs sera complété provisoirement par le conseil communal. Si les experts-répartiteurs non comparants n'allèguent point de motifs admissibles de leur absence, le conseil communal proposera des candidats pour être nommés définitivement en leur remplacement conformément à l'art. 7 ci-dessus.

« ART. 12. Le conseil des experts-répartiteurs est autorisé à appeler dans son sein tel nombre de contribuables qu'il juge utile, pour fournir des renseignements. Ces contribuables n'ont pas voix délibérative. Lorsqu'il s'agit de cotiser un expert-répartiteur, ou son parent ou allié jusqu'au second degré inclusivement, cet expert-répartiteur doit s'abstenir de prendre part à la délibération, et se retirer du collége pendant cette délibération, sans que l'abstention et la retraite puissent arrêter la marche de la délibération, à raison du nombre des experts-répartiteurs présents.

« ART. 13. Le travail des experts-répartiteurs achevé, il restera déposé pendant dix jours à l'inspection des contribuables, au secrétariat de la maison commune. Ce dépôt sera annoncé au public, et les contribuables qui auront des observations à faire les consigneront dans un cahier ouvert à cet effet. Après l'expiration du déla de dix jours, le conseil des experts-répartiteurs arrêtera son travail, après avoir eu égard, s'il y a lieu, aux réclamations faites.

« ART. 14. Le contrôleur ou receveur des contributions remplit près du conseil des experts-répartiteurs les fonctions de secrétaire, pour la formation des matrices, avec voix consultative. Si lors de la confection des matrices, le contrôleur ou le receveur n'est pas d'accord avec les experts-répartiteurs sur la fixation des revenus, gains ou bénéfices d'un contribuable, il déduira, de même que les experts-répartiteurs, ses observations dans une colonne réservée à cet effet dans la matrice.

« ART. 15. La matrice principale comprendra tout individu qui figure sur la liste des habitants remise par l'administration communale, et qui jouit d'un revenu, d'un bénéfice, d'un gain, d'un traitement, d'une pension ou d'un autre émolument, imposable d'après la présente loi, sauf ce qui est réglé ci-après pour les contribuables qui ont des établissements commerciaux ou industriels dans diverses communes, ainsi que pour les étrangers. Sur la liste des habitants seront portés tous les individus résidant dans la commune au 1er novembre.

« ART. 16. Les hommes mariés, non séparés de biens, sont imposés à raison de leurs revenus réunis à ceux de leurs femmes, ainsi que des bénéfices du commerce et de l'industrie qu'ils exercent en commun avec elles.

« ART. 17. Les revenus, bénéfices, gains, traitements, pensions ou autres émoluments dont jouit un seul et même contribuable, sont évalués distinctement dans les matrices des rôles.

« ART. 18. Le contribuable qui a des établissements commerciaux ou industriels dans différentes communes est imposé du chef des revenus et bénéfices que produisent ces établissements, ainsi que du chef de ses autres revenus, gains, traitements, pensions ou autres émoluments, dans la commune de sa résidence habituelle.

« ART. 19. Toute société commerciale indigène est imposée dans la personne de son représentant légal.

« ART. 20. L'étranger, non domicilié dans le grand-duché aux termes du Code civil, n'y est imposable que pour autant qu'il y exerce lui-même, ou y fait exercer en son nom, un commerce, une profession, une industrie, un métier ou un débit, et seulement à raison des revenus et bénéfices qu'il en retire.

« ART. 21. L'étranger qui a des établissements commerciaux ou industriels dans diverses communes du grand-duché est imposé dans la commune où il a son principal établissement. En cas de contestation à ce sujet, la décision appartient à l'administrateur général des finances. Les sociétés étrangères sont imposées dans la commune la plus populeuse de celles où elles ont des agents principaux, de la manière indiquée à l'article précédent.

« ART. 22. Les revenus, bénéfices, gains, traitements, pensions ou autres émoluments de l'année dans laquelle les matrices sont formées, serviront de base d'appréciation pour l'année suivante. La matrice supplémentaire ne comprend néanmoins que les bénéfices et gains présumés de l'année même de sa formation, en ce qui concerne les habitants devenus passibles de l'impôt ou d'une majoration d'impôt dans le courant de l'année.

« ART. 23. Celui qui entreprend un commerce, une profession ou une industrie dans le courant de l'année, doit en faire la déclaration au bureau du receveur des contributions de la commune où il s'établit. La cessation avant la fin de l'année doit être déclarée de même. Le contribuable qui néglige cette formalité est imposé sans égard au temps d'inactivité.

« ART. 24. Les receveurs des contributions se transmettront mutuellement, par l'intermédiaire de leurs contrôleurs, les renseignements nécessaires pour l'imposition des contribuables qui auront changé de résidence depuis la formation des matrices précédentes. Les administrations communales sont tenues, de leur côté, de fournir, en ce qui les concerne, aux receveurs des contributions, les renseignements propres à faire atteindre le même but.

« ART. 25. Les matrices de rôles, arrêtées par les experts-répartiteurs et visées par le contrôleur, sont transmises par ce dernier à l'employé supérieur des contributions, qui fait procéder, d'après la matrice principale, à la confection d'un rôle primitif, et, d'après la matrice supplémentaire, à la formation d'un rôle supplétif. Pour les articles où il y a désaccord entre les experts-répartiteurs et le contrôleur ou le receveur, l'employé supérieur des contributions a la faculté de choisir entre les deux opinions, ou d'adopter un chiffre intermédiaire, sauf à consigner ses motifs dans la matrice.

« ART. 26. S'il résulte des matrices que le produit de l'impôt est inférieur à 140,000 francs, les cotes respectives des contribuables seront proportionnellement élevées de manière à atteindre ce chiffre; elles seront au contraire diminuées jusqu'à concurrence de la somme de 160,000 francs, dans le cas où ce dernier chiffre se trouverait dépassé.

« ART. 27. Les rôles sont rendus exécutoires par l'administrateur général des finances et renvoyés à l'employé supérieur des contributions. Celui-ci les fait parvenir à l'administration communale, qui les fait publier le dimanche suivant, et les envoie immédiatement après cette publication, et au plus tard dans les trois jours, au receveur, pour en opérer le recouvrement.

« ART. 28. Il sera annuellement dressé une liste générale de tous les contribuables imposés par les conseils des experts-répartiteurs, avec l'indication de la somme à laquelle ils sont imposés. — Cette liste sera publiée par la voie du *Mémorial*.

« ART. 29. La contribution mobilière est payable par douzièmes. Néanmoins le contribuable qui quitte la commune avant la fin de l'année pour laquelle le rôle est formé, est tenu de solder sa cote entière avant son départ. Les cotes portées aux rôles supplétifs sont exigibles dès l'émission de ces rôles.

« Art. 30. Le mode de poursuites usité pour le recouvrement de l'impôt foncier est applicable au recouvrement de la contribution mobilière.

« Art. 31. La contribution mobilière jouit des mêmes priviléges que l'impôt foncier.

« Art. 32. Les réclamations des contribuables doivent être présentées dans les trois mois de la date des avertissements, s'il s'agit d'erreurs ou de surtaxes, et dans les quinze jours de l'événement, si elles out pour cause des pertes par accident. Elles peuvent être rédigées sur papier non timbré. Les réclamations pour cause d'erreurs ou de surtaxes doivent être appuyées d'un duplicata de l'avertissement à délivrer gratis par le receveur, et contenant la quittance du payement des termes échus. Elles ne dispensent pas du payement des termes à échoir.

« Art. 33. Les réclamations pour cause de surtaxes seront remises, avec l'avis du conseil des experts-répartiteurs, à un conseil cantonal de révision, composé des délégués de toutes les communes du canton, sous la présidence du commissaire de district, qui n'aura que voix consultative. Chacune de ces communes y enverra un délégué nommé par le conseil communal et pris en dehors du conseil des experts-répartiteurs, sauf que, pour la ville de Luxembourg, le nombre des délégués à nommer de la même manière est fixé à trois. Les membres du conseil cantonal de révision prêteront entre les mains du juge de paix le serment prescrit par l'art. 6. Ils jouiront d'une indemnité de 3 francs par jeton de présence. Le contrôleur des coutributions assiste au conseil de révision en qualité de secrétaire et avec voix consultative. Le conseil ne pourra délibérer à moins que les deux tiers des membres ne soient présents. Toutefois, si après une deuxième convocation, le conseil n'était pas en nombre, il pourra opérer, même à moins des deux tiers des membres présents.

« Art. 34. En cas de recours de la part du contribuable contre la décision du comité cantonal, l'administrateur général des finances décidera en dernier ressort.

« Art. 35. Est exempt de la contribution mobilière tout individu dont les revenus, gains et bénéfices mobiliers sont inférieurs à 100 francs. Les cabaretiers sont imposés pour leur bénéfice de ce chef, sans que le minimum puisse être inférieur à cinq francs. Ils feront au commencement de chaque année, ou bien à l'époque où ils commenceront leur débit, une déclaration au bureau du receveur des contributions de la commune où le débit sera établi ; ils payeront en même temps le minimum de cinq francs, dont il sera tenu compte lors du règlement de leur cote. Ils ne pourront commencer le débit avant l'accomplissement de ces formalités préalables, sous peine d'encourir les pénalités prévues par l'art. 37, lesquelles seront prononcées conformément à l'art. 42.

« Art. 36. Sont encore exempts de la contribution mobilière les pensions et traitements inférieurs à 200 francs, la solde du militaire au-dessous du grade de sous-lieutenant, le salaire de l'ouvrier, du manœuvre et du journalier, ainsi que les gages des domestiques à demeure. Sont encore exempts de cette contribution les revenus des communes, des hospices et des établissements de bienfaisance, ainsi que des fabriques d'églises.

« Art. 37. A partir du 1er janvier 1850, tout étranger qui exercera dans le grandduché un commerce, une profession, une industrie, un métier ou un débit, sans y être domicilié aux termes du Code civil, en fera la déclaration chez le receveur des contributions directes de la commune de sa résidence, sous peine d'une amende de 10 à 100 francs, et de la confiscation des objets qu'il exposera en vente ou qui serviront à l'exercice de sa profession.

« Art. 38. Le receveur des contributions évaluera provisoirement, d'après les indications qui lui seront fournies par le déclarant, les gains et bénéfices que celui-ci lui paraîtra pouvoir réaliser dans ladite commune, durant le temps qu'il y séjournera dans le courant de l'année, et en percevra immédiatement les 2 p. 100 fixés par l'art. 3 ci-dessus, sauf, en cas de contestation, à faire déterminer provisoirement la cotisation par le contrôleur. Il sera dressé du tout un procès-verbal sur papier libre, en deux exemplaires, dont l'un sera remis au déclarant pour sa justification, et l'autre au conseil des experts-répartiteurs, dans sa plus prochaine réunion. Ce procès-verbal sera signé par le receveur et par le déclarant. Si ce dernier ne sait pas signer, mention en sera faite. Le conseil des experts-répartiteurs évaluera définitivement, à la fin de l'année, les mêmes gains et bénéfices présumés, et ce que le déclarant serait reconnu avoir payé en trop lui sera restitué, de même qu'il devra, le cas échéant, compléter la cotisation.

« Art. 39. Au commencement de chaque année, et à chaque changement de résidence, le déclarant devra, sous les peines statuées ci-dessus, renouveler sa déclaration chez le receveur des contributions directes de la commune où il résidera, dans le premier cas, et où il s'établira, dans le second. Pareille déclaration sera encore faite, sous les mêmes peines, lorsque les indications données d'abord viendront à changer, et pourront faire présumer une augmentation de gain ou de bénéfice. Un supplément de cotisation est alors immédiatement perçu par le receveur. Il en sera dressé chaque fois procès-verbal, selon ce qui est réglé par l'article précédent.

« Art. 40. Le déclarant qui fournira une caution personnelle, à la satisfaction du receveur des contributions, pour le payement de l'impôt, sera dispensé d'effectuer immédiatement ce payement, et sa cotisation sera établie dans le dernier mois de l'année, de même que celle des indigènes. La caution qui devra signer en ce cas le procès-verbal avec le déclarant, sera portée pour celui-ci à la matrice et au rôle.

« Art. 41. Les procès-verbaux requis par les art. 38 et 39 de la présente loi devront être produits par le déclarant à la réquisition des agents des administrations communales, des agents de la force publique, ainsi que des fonctionnaires, employés et agents de l'administration des contributions. A défaut de cette production, les objets soumis à la confiscation seront immédiatement saisis et mis sous la main de la justice, et le contrevenant sera mis en état d'arrestation, à l'intervention d'un officier de la police judiciaire, à moins qu'il ne fournisse une caution à la satisfaction de l'administration des contributions.

« Art. 42. Un procès-verbal constatant la contravention sera rédigé par les fonctionnaires, employés ou agents qui en ont fait la découverte, et remis au ministère public, afin de poursuivre l'action devant le tribunal de police correctionnelle dans le ressort duquel la contravention aura été constatée. Les procès-verbaux seront dressés sous la foi du serment prêté, et ne sont pas sujets à affirmation. Ils feront foi en justice jusqu'à preuve contraire. Ils seront exempts du timbre et de l'enregistrement. Pour le surplus, seront observées les dispositions du Code d'instruction criminelle.

« Art. 43. Le produit des amendes et des confiscations est attribué au trésor, et les frais de poursuite sont liquidés comme frais de justice criminelle.

« Art. 44. L'entreprise ou l'établissement de jeux et amusements est assimilé à l'exercice d'une profession, pour l'application de la présente loi.

« Art. 45. Les cotes de contribution personnelle qui, d'après la loi actuellement en vigueur, seraient à réimposer aux rôles de l'exercice 1850, sont annulées.

« Art. 46. Nous nous réservons d'arrêter un règlement pour l'exécution de la présente loi. En attendant, notre administrateur général des finances est chargé de prendre toutes les mesures nécessaires pour son exécution.

« Art. 47. A dater du 1er janvier 1850, toutes les dispositions actuellement en vigueur et contraires à la présente loi, sont abrogées.

« Mandons et ordonnons, etc. »

La loi dont le texte précède a été favorablement accueillie par la population du grand-duché. Pour le prouver, il suffira de dire que, sur 112 communes, 83 ont émis, après une année d'épreuve, l'avis de maintenir la loi sans aucune modification, et les 29 autres en ont approuvé le principe, sauf quelques changements peu importants dans les détails. Pour la même année, la répartition de l'impôt dans toutes les villes et communes du grand-duché n'a soulevé que 42 réclamations à l'adresse de l'administrateur général des finances.

En présence d'un pareil résultat, n'est-on pas fondé à dire, une fois de plus, que l'impôt sur le revenu est le seul vrai, le seul juste, le seul qui soit désormais possible dans les Etats modernes, capable de répondre à toutes les exigences des gouvernements, sans froissement comme sans injustice pour les contribuables? C'est bien à lui que peut s'appliquer ce passage d'un article de M. Cherbuliez : « Existe-t-il, oui ou non, un ou plusieurs impôts qui réunissent les trois conditions suivantes, savoir : 1° de procurer à l'Etat des revenus suffisants ; 2° d'atteindre réellement les contribuables désignés, sans que ceux-ci puissent en secouer la charge sur d'autres personnes ; 3° de ne pouvoir être éludés en tout ou en partie par aucune pratique frauduleuse? S'il existait seulement un impôt capable de remplir complétement ces trois conditions, la solution du problème n'en serait que meilleure. Quelle économie sur les frais de perception et quelle simplification des rouages administratifs n'obtiendrait-on pas, en substituant cet impôt unique aux innombrables taxes qu'a inventées la fiscalité moderne ! » XAVIER HEUSCHLING.

---

[1] Journal des Economistes, tome XXIX, page 199.

DES PRIMES A LA PÊCHE.

En jetant les yeux sur le bilan des douanes on voit figurer, comme dépense à titre de primes données à l'industrie, la somme de 25,458,572 fr. pour une seule année. Il faut encore ajouter à ce chiffre 3,500,000 fr. que le ministre du commerce a payés, pendant la même période, pour encourager la pêche.

L'Etat protége la pêche de deux façons : en lui réservant exclusivement le marché de la France et de ses colonies, puis en la dotant d'un riche budget de secours, au moyen duquel le Trésor fait presque tous les frais de l'entreprise.

Je ne dirai rien du premier moyen, de la protection ; la question est trop importante pour que je me permette de la résoudre incidemment. Je trouve donc fort bon qu'on nous condamne à la mauvaise morue pour la plus grande prospérité de nos escadres. Je ne me plains pas qu'on nous la fasse payer trop cher. Mais ce que je ne puis souffrir, c'est qu'on ne s'en tienne pas là et qu'il faille encore payer impôt pour en venir à un si méchant résultat.

Franklin disait : « Tirer un poisson de l'eau, c'est pêcher une pièce de monnaie » ; et il engageait, de toutes ses forces, ses compatriotes à labourer sans relâche le champ sans limites que livrait la Providence à leur aventureuse activité. Cela était sage et bien pensé. Mais je doute qu'il eût encore donné le même conseil si, pour pêcher un dollard, il en avait fallu jeter deux à la mer. Or, c'est là pourtant ce qu'on fait en France depuis nombre d'années avec une persévérance digne d'un meilleur sort. Si le sacrifice que s'impose l'Etat profitait exclusivement aux Français consommateurs de morue, on pourrait jusqu'à un certain point considérer la prime comme une récompense nationale donnée à leur dévouement. Mais il n'en est pas ainsi ; c'est surtout aux étrangers qu'on s'adresse : 1,410,600 kil. aux Italiens, 1,218,800 kil. aux Turcs, etc., etc. [1] ; on trouve aujourd'hui que ce n'est plus assez ; à la longue liste des nations auxquelles nous payons cette dîme, on ajoute l'Amérique du Sud, l'Inde, que sais-je, le reste du monde. On dit aux étrangers : Prenez, nous vous en prions, notre poisson. Il n'est pas bon, cela est vrai.— Grâce à un système savamment combiné de protection et de compression, nous faisons la plus mauvaise morue du monde. — Si vous voulez bien nous en débarrasser, la France recon-

---

[1] Voyez *Tableau du commerce de la France pendant l'année* 1850, p. 57.

naissante s'engage à vous subventionner. Les Américains vendent leur morue 20 fr.; eh bien ! nous, nous vous donnerons 20 fr. si vous mangez la nôtre.

Qu'on se félicite ensuite avec M. Thiers[1] de voir nos exportations s'accroître : cela est glorieux, peut-être; mais, en vérité, c'est payer la gloire un peu cher.

S'il faut absolument consommer cette mauvaise morue qu'on a bien tort de pêcher, puisqu'on ne sait comment la vendre, ne vaudrait-il pas mieux s'adresser aux pauvres ouvriers de nos campagnes ? Assurément, si on leur offrait une rente constituée de 5 à 600,000 fr., à la charge par eux de consommer 7 à 8,000,000 kil. de mauvaise morue, ils s'y prêteraient tout aussi bien que des Napolitains ou des Grecs.

L'habile rapporteur de la loi de 1851 a fort bien compris combien était faible ce côté de la question. Il condamne les primes en général; il dit même nettement que *les industries qui ne peuvent prospérer qu'aux dépens du Trésor n'ont pas de raison d'être.* Singulières prémisses, sans contredit, pour les conclusions du rapport. N'importe, c'est par un argument d'un autre ordre qu'il entend défendre ses conclusions : l'utilité que la marine militaire retire de la grande pêche.

A la bonne heure, la marine c'est quelque chose; on peut payer cela. Il y aurait pourtant un compte à faire : utilité, tant; prix de cette utilité, tant; et puis si la balance s'établit, payons, je le veux bien, des primes d'armement, des primes de retour, des primes d'exportation, et d'autres encore si l'on en peut inventer.

L'Etat, dit-on, ne sait pas former lui-même ses matelots. Je l'en blâme, vraiment; le vieux Colbert le savait fort bien, lui. L'Etat s'arrange donc avec un dresseur de matelots qu'on nomme un armateur et il lui propose, moyennant subside, d'ouvrir une école. Voilà la chose, je crois. Quand il s'agit de pêcher des morues, ce subside est de 12 à 15,000 fr. pour quelques mois de navigation; mais pour la pêche de la baleine, il s'élève jusqu'à 70,000 fr. Le pêcheur de morues, celui du moins qu'on favorise surtout, embarque une dizaine de marins qui n'ont plus rien à apprendre et qui déjà sont aux ordres de l'Etat, puis trois ou quatre jeunes gens qui deviendront un jour des marins, et enfin des *sécheurs,* gens qui ne le deviennent jamais. Quant au baleinier, il consent tout au plus à s'embarrasser de deux ou trois novices; ce sont des marins achevés qu'il lui faut. Ainsi, dans le premier cas, quatre élèves coûtent à l'Etat, pour un commencement d'études, 5,000 fr. Dans le second cas, c'est plus cher, chaque éducation revient à 20,000 fr.!

On doit supposer que pour un si beau prix on a des éducations parfaites ? Point du tout. Ces pêcheurs tant vantés, nos officiers ne les peuvent souffrir; toujours ils sont malpropres et indisciplinés. La

---

[1] *Discours contre la proposition de M. Sainte-Beuve,* juin 1851.

classe d'hommes que recrutent les baleiniers ressemble quelque peu
à celle qui montait les corsaires et plus tard les négriers. Ce sont gens
fort bons pour un coup de main, mais trop accoutumés à une vie de
hasards et de liberté pour savoir se plier à la discipline et n'avoir pas
souvent maille à partir avec elle.

Il semble cependant que si l'Etat le voulait bien, il trouverait dans
sa marine militaire une meilleure école et pour le moins aussi économique.

Les primes à la grande pêche ne sont donc en réalité justifiées ni
par l'avantage de vendre à l'étranger nos produits, puisque nous ne
les livrons qu'avec une perte réelle; ni par l'avantage de former de
nombreux et bons matelots. C'est la petite pêche et non la grande qui
les forme. C'est elle qui dresse les hommes qu'emploie plus tard la
grande pêche ; voilà la véritable pépinière où se recrute la flotte. Cette
pêche côtière est d'une incontestable utilité; aussi on se garde bien
de la protéger. Au contraire, on s'efforce de la détruire. C'est ainsi,
au reste, que procède tout notre système économique. Une industrie est-
elle bien vivace, pleine de santé et d'avenir, aussitôt lois et circulaires
pleuvent sur elle, l'enserrent et l'enlacent de tous côtés. Le fisc s'attache à son flanc et fait tout ce qu'il peut pour la dévorer. Au contraire,
imagine-t-on quelque part de faire au rebours du bon sens, de créer
un de ces commerces rachitiques et malingres qui ne peuvent se tenir
debout, à lui toutes les faveurs; on lui fait une serre chaude, on le
soigne, on le vante, on le choie ; on veut à tout prix lui conserver sa
vie artificielle, jusqu'à ce qu'enfin la force des choses emporte la chétive créature et avec elle bon nombre de millions qu'on a donnés pour
la maintenir en santé.

Cette préférence charitable que l'on éprouve ici pour les industries
improductives est si grande que, dans la question qui nous occupe,
c'est surtout la plus mauvaise pêche qu'on prétend développer : celle
des havres. La pêche du Banc, qui a quelque intérêt, est moins bien traitée; et quant à la pêche d'Islande, la seule qui soit dans une bonne voie,
la seule qui fournisse quelques marins de grande qualité, on l'a placée
dans une situation d'infériorité qui ne peut manquer de compromettre
son existence. Mais aussi pourquoi les gens de Dunkerque s'avisent-
ils de faire de la morue passable et qui trouve acheteurs? Il est clair
qu'on ne peut tolérer cela, ni leur permettre de sécher en Islande; ils
seraient capables d'obtenir de très-bons produits, tant ils sont soigneux, et cela dérangerait tout le monde.

Il est un encouragement auquel les bureaux n'ont jamais songé, un
encouragement qui ne coûte rien et qui fait des miracles, un encouragement préférable à toutes les primes du monde; le dirai-je? C'est
la liberté. Oui, la liberté pleine, entière, absolue, pour l'armateur,
d'agir et de se mouvoir comme bon lui semble, de vendre où il veut,
de composer son équipage comme il l'entend ; quant au succès, on en

peut répondre : on a pour garant l'intérêt personnel. Comme à cette grande liberté d'action on joindrait encore le riche présent du monopole du vaste marché de la France et de ses colonies, la pêche d'aucun pays du monde ne serait dans d'aussi bonnes conditions.

Il est un juge compétent en pareille matière : c'est l'armateur qui a fait renaître, en France, la pêche de la baleine, et qui, depuis trente ans, n'a jamais cessé ses armements, l'honorable M. Winslow, du Havre. Il a dit bien souvent qu'il donnerait toutes les faveurs du monde pour un peu plus de liberté.

On argumente toujours de la prétendue infériorité de la France pour les armements. Nos armements, dit-on, sont plus chers. Plus chers que quoi? Non pas, je pense, plus chers que ceux des Anglais, puisqu'un baleinier anglais de 500 tonneaux coûte 13,000 liv. sterl., tandis qu'on ferait aujourd'hui cet armement, dans nos ports, pour moins de 300,000 fr. [1]. On ajoute que nos stations de pêche sont moins bonnes que celles des étrangers. Pour la baleine, cependant, les stations sont les mêmes pour tous les peuples, et nos harponneurs sont de tous les plus adroits.

Dans la pêche de Terre-Neuve, il est vrai qu'après le honteux traité auquel la Monarchie condamna la France pour un intérêt de famille, nous avons été obligés de prendre les plus mauvaises stations; mais il est tout à coup survenu des changements dans les habitudes du poisson, et nos stations, jadis si mauvaises, sont peut-être les meilleures aujourd'hui. De ce côté, nulle infériorité permanente. Dans tous les cas, si cette infériorité était réelle, est-ce qu'elle ne serait pas amplement compensée par la différence du prix de vente? En Angleterre, la morue vaut 28 fr. le quintal; l'huile de morue 800 fr. le tonneau; l'huile de baleine 600 fr. En France, la morue vaut 40 fr.; l'huile de morue 1,200 fr.; l'huile de baleine 1,000 fr. N'est-ce pas là une fort belle prime?

Ce qui fait tout le mal en cette affaire, je vais le dire . c'est que tandis qu'en Amérique le capitaine de pêche est souvent le propriétaire, ou du moins le principal intéressé du navire ; ici, il y a un négociant qui arme pour compte d'actionnaires, et qui souvent est bien plus soucieux de pêcher de grosses commissions que des baleines. Quand il n'en est pas ainsi, quand l'affaire est habilement, sagement menée, elle est la plus belle du monde. Je pourrais citer un baleinier rentré l'année dernière à Nantes, qui donne plus de 80 pour 100 de bénéfice à ses intéressés. Est-ce que cela n'est pas suffisant? Est-il donc besoin de primes d'encouragement à une pareille industrie ?

A quoi bon vouloir donner à la pêche le grand développement qu'elle

---

[1] Un navire neuf de 600 tonneaux de jauge, construit dans les meilleures conditions de solidité et de marche, armé au Havre pour la pêche de la baleine, revient, au moment de prendre la mer, à la somme de 300,000 fr. (Bouet.)

a eu à certaines époques chez certains peuples? Il est des obstacles naturels qu'il n'est pas sage de chercher à vaincre, des causes de déclin auxquelles il faut se résigner.

Quelque chose qu'on fasse, on ne rendra pas à la morue la consommation des couvents ou celle des esclaves, on ne fera pas que l'huile de colza ne soit préférée à celle de baleine, la bougie stéarique, moins chère que celle de spermaceti. Si la pêche de l'Amérique est si florissante, c'est parce que précisément les produits rivaux ne s'y fabriquent pas bien encore. Mais le jour vient, il est proche où cette grande pêche doit périr comme celle des Basques, comme celle des Hollandais. Elle aura au moins, avant que de disparaître, puissamment contribué à l'accroissement du capital national, au lieu de lui imposer de ruineux sacrifices.

Si la pêche n'était point encouragée, elle ne, serait pas pour cela condamnée à périr. Elle se transformerait et tendrait à se mettre en équilibre avec les besoins réels de la consommation, consommation très-considérable, quoi qu'on en dise; et elle aurait encore une rémunération convenable, puisqu'elle pourrait prétendre, comme nous l'avons dit, à des prix de monopole. Les primes ne sont donc pas indispensables, à sa conservation; ce qu'il faudrait à cette industrie, ce serait le droit de transborder et de vendre partout, le droit de prendre du fret, le droit de faire des opérations mixtes de trafic et de pêche; en un mot, ce serait la liberté.

Le système de la protection et des primes n'a produit, partout où on l'a essayé: en Espagne, en Prusse, en France, en Angleterre même, que de très-médiocres résultats, et c'est à des causes purement naturelles qu'il faut attribuer la prospérité de la pêche des Basques, des Hollandais, des Américains du Nord. Je vais essayer de le démontrer.

On a débattu la question de savoir quelle est, parmi les nations maritimes, celle qui, la première, a fait la pêche de la baleine. Les Flamands, les Islandais, les Normands et les Basques se disputent cette sorte d'honneur. Cela n'a guère plus d'intérêt ici que de savoir si les Phéniciens, qui ont imposé à la baleine son nom[1], n'en sont pas eux-mêmes les premiers pêcheurs. Ce qu'on sait positivement, c'est que la première pêche importante, la première qui ait atteint les proportions d'une grande industrie, fut, sans contredit, celle des Basques.

Plusieurs documents prouvent que, dès le treizième siècle et non pas vers le seizième siècle, comme l'a supposé M. le rapporteur de la loi du 22 juillet 1851, les habitants des petits ports du golfe de Gascogne armaient déjà, pour cette pêche, un grand nombre de navires. Cela résulte d'un acte de 1261, qui établit un *droit de dîme* sur toutes

---

[1] *Baleine*, semble venir de deux mots phéniciens, *Baal*, *nan*. (poisson, seigneur). SAMROCHART (*Opera omnia*, Leyde, 1675).

les langues de baleine introduites dans le port de Bayonne. L'étendue qu'avait prise la pêche est encore mieux démontrée par l'abandon que fit Edouard III à Pierre de Poyanne d'un droit de 6 livres sterling par chaque baleine amenée *dans le port de Biaritz*. Cette donation était faite en compensation des dépenses extraordinaires de l'amiral gascon et pour le payer surtout d'avoir armé, de ses propres deniers, une flotte pour le service du roi d'Angleterre. Une telle libéralité faite dans une pareille intention montre assez combien était florissante la ·pêche des Basques. On assure que dans le quatorzième et le quinzième siècle, 10 à 12,000 marins y trouvaient une occupation lucrative. Plus tard, les ports de La Rochelle, de Dunkerque et d'autres encore, s'associèrent à la fortune des Basques. La poursuite devint si assidue, l'attaque si meurtrière, qu'on finit par éloigner les baleines de nos côtes, et la pêche bientôt marcha vers son déclin.

Pendant cette première période, on le voit, la pêche n'eut d'autres causes de succès que des causes naturelles, puisqu'elle n'était protégée en aucune façon, mais payait, au contraire, dîmes et redevances aux seigneurs et aux abbayes. Voyons s'il n'en fut pas de même dans la seconde période, celle des Hollandais.

En 1610, au moment où la pêche des Basques se perdait, le capitaine Jonas Poole fut envoyé par la Compagnie moscovite de Londres à la recherche du fameux passage au nord-ouest. Arrêté par les glaces, il tourna vers le Spitzberg, et fut surpris du nombre de morses et de baleines qu'il rencontra dans ces parages. Il fit, à son retour, un rapport tellement encourageant sur ce qu'il avait observé, que la Compagnie s'empressa d'armer deux navires : la *Maria Margarita* et l'*Elisabeth*, et les expédia au Spitzberg. La Compagnie avait eu le soin de tenir le but secret et de s'assurer, indépendamment de grandes immunités, le monopole de cette entreprise.

Malgré ces précautions, la nouvelle que les baleines étaient fort communes au Spitzberg se répandit promptement dans le monde marchand. Et les Hollandais, toujours prompts à saisir ce qui pouvait accroître leur commerce, armèrent de leur côté plusieurs navires pour le nord. Cette rivalité devint la source de luttes sanglantes, qui durèrent pendant longues années entre les deux peuples. Tantôt la flotte baleinière des Anglais brûlait ou s'emparait des pêcheurs hollandais ; tantôt, au contraire, ceux-ci avaient le dessus, et ils chassaient alors les Anglais de toutes les stations. Dans cette lutte, la persévérance Néerlandaise devait finir par triompher. Malgré le gros capital de la Compagnie moscovite, malgré les priviléges que lui avait accordés le gouvernement, elle fut obligée de quitter la partie et de laisser le champ libre aux pêcheurs des Provinces-Unies, qui pourtant n'étaient pas protégés.

La pêche des Hollandais ne tarda pas dès lors à prendre un prodigieux accroissement. Les baleiniers étaient si nombreux et si riches qu'ils fondèrent, au Spitzberg, une véritable ville apportée de toutes pièces de la Hollande, la ville de Smoovenberg (*montagne de graisse*). Au printemps, on y amenait toute une population qu'on ramenait chaque hiver ; car toutes les tentatives d'hivernage n'avaient produit que d'affreux désastres. Les Hollandais, à cette époque, expédiaient, chaque année, 1,200 navires au Groënland et au Spitzberg, et ils occupaient à ce commerce 30,000 marins. Ils le faisaient dans des conditions d'économie qu'il serait bien désirable de voir introduire dans notre pays. Un armement n'était autre chose qu'une société formée par un maître charpentier, un tonnelier, un voilier, etc., et de plus un équipage. Dans cette association d'ouvriers, il n'y avait aucune commission, aucun salaire d'inutiles intermédiaires. L'économie et le soin régnaient partout, parce que tous étaient intéressés au succès.

La même cause qui avait détruit la pêche des Basques vint aussi, après un siècle et demi de prospérité, anéantir celle des Hollandais. Les baleines devinrent plus rares ; elles s'enfoncèrent au nord, se perdirent dans les banquises. Bientôt le produit ne couvrit plus les frais de l'armement, et la guerre maritime de la fin du siècle dernier acheva de ruiner cette industrie.

Les Anglais alors essayèrent de s'emparer de la pêche délaissée, en embauchant les pêcheurs hollandais, en leur offrant le droit de cité et d'autres immunités de tout genre, enfin en favorisant les armements par des primes élevées. Ils parvinrent ainsi, à force de sacrifices, et après avoir donné même, parfois, à des armateurs des navires de l'Etat, à déterminer un certain nombre d'armements. Mais ces armements n'atteignirent jamais les larges proportions de la pêche hollandaise ; et, comme cette industrie n'était, après tout, qu'artificielle, elle déclina bientôt et s'éteignit. Aujourd'hui, elle n'a guère plus d'importance en Angleterre que de ce côté-ci du détroit.

Tandis que les Anglais se ruinaient en primes inutiles et s'efforçaient, par des règlements, de vaincre des obstacles naturels, l'Amérique, au contraire, qui ne donnait à ses pêcheurs d'autre aide que la *liberté*, voyait se renouveler, à son profit, les merveilleux succès des Hollandais.

Les Américains, au lieu de lutter contre la nature, abandonnaient de bonne heure la pêche du Nord, devenue improductive, pour se répandre dans toutes les mers. Ils allaient aux côtes de Patagonie, du Chili, du Pérou ; trouvaient le cachalot au Japon ; entremêlaient les opérations de la pêche d'échanges avec les naturels des îles de l'Océanie ; allaient vendre toute une cargaison aux Chinois ; au lieu de rapporter forcément de l'huile, revenaient quelquefois chargés de thé ou de bois de Santal.

C'est avec ces allures si vives et si libres qu'ils développèrent leur flotte baleinière, au point qu'en 1847 cette flotte comptait 725 navires montés, en moyenne, par 35 hommes d'équipage et susceptible, par conséquent, de fournir, en temps de guerre, une réserve de 25,000 marins.

Dans le même temps, en France, où nous avons conservé de notre longue vie réglementaire, la funeste habitude de n'oser marcher que lorsque l'Etat nous donne la main, nous avons épuisé la protection sous toutes ses formes, et nous sommes arrivés à posséder, après trente ans d'efforts et bien des millions perdus..., 17 baleiniers montés par 600 hommes [1]. Encore le ministre des finances, qui, l'année dernière, défendait le projet de loi devant l'Assemblée, assurait-il que ces 17 baleiniers désarmeraient si l'Etat ne leur donnait à chacun environ 100,000 fr. de subvention.

Pour en venir là l'Etat, bon an, mal an, a dépensé quelques 5 ou 600,000 fr. depuis l'ordonnance de 1816, c'est-à-dire plus de millions que nous n'avons de baleiniers!

Il est vrai que ce serait une grande humiliation pour notre amour-propre national de ne pas avoir une pêche *française*. On n'a pas voulu exposer le pays à un pareil affront. La majorité de l'Assemblée, qui a fait la loi du 22 juillet 1851, a pensé, sans doute, que ces 17 vieux navires étaient une des gloires de la patrie, puisque, sans rien vouloir entendre, elle a voté tout ce qu'on lui a demandé, dans l'intérêt de leur conservation.

Si l'Assemblée n'avait pas été entraînée par un de ces élans d'amour-propre national, qui sont irrésistibles quand ils sont si bien justifiés, elle aurait certainement reconnu qu'il était temps de se soustraire à la pression qu'exerce sur cette question l'étroit égoïsme de certains armateurs. Elle se serait convaincue qu'après tant d'inutiles efforts, après tant de ruineux mécomptes, il fallait enfin essayer de ce qui donne à toutes les entreprises des hommes la durée et la vie : « du régime de la liberté! »   PAUL DE LAJONKAIRE.

---

[1] Le nombre des baleiniers, aujourd'hui encore stationnaire, ne peut manquer de s'accroître. Félicitons-nous: quelques armateurs sont assurés de faire fortune! Les primes pour cela suffisent, et il n'y a pas en France de plus beau placement de capitaux.

Ils l'avouent eux-mêmes, avec une precieuse naïveté, dans une brochure publiée au Havre, dans le but de monter une large opération d'armement. Je cite textuellement : « *Les nouveaux encouragements sont tellement au-dessus de ce que le commerce pouvait RAISONNABLEMENT demander*, qu'il n'y a pas de spéculation plus brillante. » Après avoir établi mathématiquement qu'on a la certitude de pouvoir gagner dans le délai de dix années, en quatre voyages seulement, plus de 16,000,000 de francs au minimum avec 3,500,000, l'auteur termine ainsi : « A l'œuvre donc! il faut se hâter; chaque jour de « retard nous fait perdre un bénéfice assuré, puisqu'il nous rapproche de l'époque où le « gouvernement cessera de payer les primes si riches que tout le monde peut gagner « maintenant; car, surtout dans ce cas, vouloir, c'est pouvoir. A l'œuvre donc, à l'œu- « vre! Que jusqu'au 30 juin 1861, chaque jour soit pour nous un jour de succès et de « fortune. A l'œuvre! »

ÉTUDE SUR L'AGIOTAGE.

« La loi, c'est la justice. »
(FRED. BASTIAT. *La loi.*)

I.

L'AGIOTAGE AU POINT DE VUE ÉCONOMIQUE.

SOMMAIRE : L'extension du jeu proportionnelle à la sévérité des lois sur l'agiotage et à l'état d'agitation du pays. — Déduction à tirer de ces faits. — Indécisions de quelques économistes à propos de l'agiotage. — J.-B. Say. — Mac Culloch. — Division du sujet. — Définition de l'agiotage.

I. — *L'agiotage au point de vue économique.* — Les jeux de bourse n'affectent pas illégalement les cours des rentes. — L'agiotage n'attire pas les capitaux ; ce sont les capitaux désœuvrés et timides qui vont trouver l'agiotage. — Réfutation de quelques autres reproches faits à l'agiotage. — Les jeux de bourse ne profitent ni à l'industrie ni à la production ; ils lui nuisent même quelquefois, mais très-faiblement. — Rossi. — Conclusion.

Depuis bien longtemps, les opérations dites jeu de bourse ont été l'objet de la malédiction des écrivains qui ont traité ce sujet ; à presque toutes les époques, dans presque tous les pays, le pouvoir a cherché à empêcher ce qu'il trouvait d'immoral dans ces transactions, et jamais, quelque draconiennes qu'aient été ses dispositions réglementaires, il n'est parvenu au but qu'il se proposait. Loin de là, les époques où les lois furent le plus sévères coïncident avec celles où le jeu prit la plus grande extension.

D'où cela peut-il provenir ? Serait-ce, par hasard, parce que la fureur du jeu, le désir de mettre au sort ses moyens de bien-être et souvent d'existence, est en raison directe des peines infligées à ceux qui s'y livrent ?

Si cela était, loin d'interdire les opérations de jeu, loin même d'y rester indifférent, le gouvernement devrait s'empresser de leur accorder toutes les sécurités désirables, de les entourer de toutes les garanties possibles, de donner au créancier contre son débiteur autant de droits pour dette de jeu que pour dette commerciale.

On a aussi remarqué que les époques où le jeu se répand davantage, sont celles où le pays est moins tranquille et moins prospère que de coutume. Y aurait-il donc, entre la tranquillité et la prospérité d'un pays et l'état de la plaie que l'on appelle agiotage, une relation si intime que la diminution des unes engendre nécessairement l'augmentation de l'autre, et réciproquement ?

Si cela était, au lieu de s'en prendre directement à l'agiotage, le remède le plus simple, le plus court, le plus radical, serait de travailler à rétablir la tranquillité du pays, et à augmenter son bien-être moral et matériel.

Nous nous proposons, dans cet écrit, d'envisager la question des jeux de bourse sous ce double point de vue ; heureux si nous parvenons à démontrer que la marche à suivre est contraire à celle adoptée jusqu'à ce jour, puisqu'une simple disposition législative pourra diminuer chez les hommes la funeste passion du jeu.

Le sujet que nous nous proposons d'approfondir a été fort peu étudié jusqu'alors par les économistes : sans se rendre un compte bien exact des effets véritables produits par les jeux de bourse, tous ceux (et le nombre en est fort restreint) qui ont traité cette question, les ont condamnés, et ont souvent même réclamé du gouvernement la répression immédiate et directe de l'agiotage.

Des économistes, proprement dits, qui ont traité la matière, celui qui l'a fait avec le plus d'étendue, me semble être J.-B. Say ; dans son *Cours complet d'économie politique pratique*, il consacre un chapitre entier (le xv° de la huitième partie), à l'agiotage, et la conclusion à laquelle arrive cet illustre économiste est celle-ci :

« Tous ces jeux (jeux de bourse sur les effets publics ou sur les marchandises) qui entraînent beaucoup de malheurs, et dont l'industrie et la production ne profitent jamais, pourraient, je crois, être *supprimés, si le gouvernement le voulait.* »

Supprimés ! comment ? directement ou indirectement ? par répression immédiate ou par des moyens détournés ? Pour savoir l'opinion de Say à cet égard, il faut remonter plus haut dans le chapitre, et la phrase suivante que nous y trouvons laisse peu douter que ce ne soit une répression immédiate et directe dont il s'agit.

« Il semblerait, en conséquence, que le gouvernement devrait rester indifférent à l'agiotage, ou *plutôt s'efforcer de le réprimer.* »

Quand un homme aussi clair, aussi lucide, aussi dépourvu de préjugés que l'était ce grand économiste, arrive à une conclusion si peu précisée, il ne faut pas s'étonner que tant de gens prennent ses paroles à la lettre et demandent à grands cris la fermeture de la Bourse, en tant que lieu de réunion de joueurs proprement dits.

Cependant, si J.-B. Say a eu la pensée qu'on lui prête, n'a-t-il pas empiété ici sur la morale ? La limite entre l'économie politique et la morale est bien difficile à saisir, témoin nos nombreux philanthropes modernes, socialistes pour la plupart, plus ou moins logiques, ou plutôt illogiques.

L'un des économistes modernes les plus distingués, M. Mac Culloch, a

suivi une opinion analogue à celle de J.-B. Say. Voici le passage auquel
nous faisons allusion :

« On a supposé que les contrats ou les obligations résultant de transactions purement aléatoires appartenaient à cette dernière classe (celle des
transactions manifestement préjudiciables aux intérêts généraux), et il est
passé en coutume de leur refuser toute sanction légale. *La sagesse de cet
usage nous semble d'une évidence surabondante.* On ne peut mettre en doute
que l'empire du jeu, en arrachant ceux qui s'y livrent aux transactions de
l'industrie, et en leur faisant placer leur confiance dans le hasard, au lieu
de compter sur l'activité et l'économie, comme moyens de s'élever dans
l'échelle sociale, ne soit excessivement funeste, au point de vue général et
particulier. Et nous ne sachions pas qu'on ait imaginé, pour contrarier le
développement de cette funeste habitude, aucun moyen *aussi facile* à adopter, et en même temps *aussi efficace* que celui qui consiste à *placer tout
engagement aléatoire en dehors de la loi,* et à priver les parties intéressées
de toute autre garantie que celle de leur propre honneur. Il serait *peut-être*
inopportun d'intervenir dans une limite plus étendue ; mais il ne paraît y
avoir *aucun motif raisonnable de penser que l'intervention du gouvernement
ne puisse,* avec avantage, *aller jusque-là* [1]. »

Nous espérons prouver, dans la suite de cet écrit, que *placer tout engagement aléatoire en dehors de la loi* n'est pas *aussi facile* ni *aussi efficace* que le
prétend le savant professeur, et que, tout en reconnaissant avec lui les funestes effets de la passion du jeu, nous avons des *motifs très-raisonnables
de penser que l'intervention du gouvernement* doit s'appliquer d'une tout
autre manière que l'entend l'économiste anglais.

Nous nous proposons d'examiner la question au point de vue économique
d'abord, puis au point de vue moral, dans ses effets et dans ses causes.
Nous passerons ensuite en revue l'état actuel de la législation relativement
au sujet qui nous occupe, et nous terminerons par l'examen des réformes
trop peu étudiées dont notre pays a besoin à cet égard.

Cependant, avant d'entrer en matière et afin de circonscrire le débat
dans ses limites rationnelles, définissons bien le sujet qui nous occupe. Nous
appelons *agiotage* ou *jeux de bourse* (les deux expressions sont synonymes)
les opérations à terme faites avec *l'intention* de ne les liquider que par des
différences, que l'on soit ou non en position de les régler autrement. L'intention suffit, à nos yeux, pour faire d'une spéculation à terme une affaire
de jeu. En outre, nous ne comprenons pas plus sous la dénomination
d'agiotage les faux bruits et autres moyens frauduleux de spolier autrui,
de quelque sorte que ce soit, que l'on ne comprend sous celle de commerce
les fraudes commises par quelques négociants soit sur les dimensions, soit
sur la qualité des objets vendus. Les uns et les autres sont des vols que la

---

[1] *Principes d'économie politique,* par Mac Culloch, traduits par Aug. Planche; 1851,
tome Ier, page 303.

législation est appelée à réprimer directement, par tous les moyens que la société met à sa disposition : ni l'économiste, ni le moraliste ne doivent tenir compte de ces faits exceptionnels.

Parmi les reproches que les personnes qui se sont occupées de la matière adressent aux opérations de jeu, nous en remarquons (au point de vue économique) deux principaux :

Elles affectent le cours des rentes et par suite le crédit public d'une manière illégale ; en d'autres termes, elles faussent les prix des fonds publics ;

Elles attirent des capitaux qu'elles retirent à la production des richesses, pour les appliquer à des opérations improductives.

Examinons d'abord la valeur du premier grief.

Je me suppose détenteur d'une certaine somme de rentes ; je désire les vendre dès aujourd'hui, non par besoin d'argent, quant à présent du moins, mais parce que je n'ai plus autant de confiance dans l'emprunteur, dans l'État. D'autre côté un acheteur se présente, mais ses fonds ne lui rentreront qu'à une certaine époque déterminée ; cependant il me propose d'acheter mes rentes sous cette condition, qu'il ne me payera qu'à cette époque, et qu'en attendant je garderai les titres. Voilà une opération assurément fort licite et dont personne ne contestera la légalité.

Supposons maintenant que l'acheteur à terme n'ait pas l'intention de garder mes rentes, et qu'il se propose de les revendre au comptant le jour même où je devrai les lui livrer. Il est évident que si j'ai confiance en lui, si je le crois capable de combler la différence en cas de perte, il est évident, dis-je, que l'effet économique n'en est pas changé pour cela. Seulement la revente, au lieu d'être faite de suite, sera encore à faire ; et cette idée paralysant la hausse que l'achat fictif aurait pu produire, l'influence sera nulle.

Mais, dira-t-on, jusqu'au moment de la vente au comptant, on croira à un placement sérieux ; puis, le moment de la livraison arrivé, on saura que ce n'était qu'une opération de jeu, et alors il y aura eu d'abord hausse, puis baisse ; par suite les cours de la rente et le crédit public, comme conséquences, en auront été affectés.

Pour qui connaît la Bourse, cet argument est sans valeur. En effet, si l'on croit, pendant quelque temps, l'acheteur à terme capable de prendre livraison, c'est qu'on lui suppose (et, en termes d'affaires, pour qui sait combien il est difficile de cacher au public intéressé sa position réelle, on peut dire, c'est qu'on lui sait), c'est qu'on lui suppose une fortune suffisante pour payer au besoin le montant de son achat, ou, ce qui reviendrait au même, un crédit assez étendu pour trouver des capitalistes disposés à prendre livraison à ses risques et périls (en termes de bourse, cela s'appelle se faire reporter) ; or, c'est là une question de crédit personnel du genre de celles qui se présentent dans les opérations commerciales qui se font chaque jour. Par conséquent, l'influence est légitime ; le joueur peut n'être qu'un spéculateur comme l'acheteur que nous avions d'abord supposé, et il n'y a par suite rien à dire contre son opération. Si, au contraire, on ne le croit pas capable de prendre livraison des titres, ou si on ne lui suppose pas assez de crédit pour se faire reporter, la hausse produite par l'achat fictif sera immédiatement annulée par l'idée que les rentes reviendront sur la place à l'expiration du marché, et il en résultera que l'effet sera nul, comme nous l'avons déjà dit plus haut.

De même, si un joueur vend des rentes sans les avoir, il sera obligé de les racheter plus tard, et l'effet produit par la vente sera annulé par le *contre-effet* produit par le rachat. De plus, ou on le saura détenteur de rentes, et alors l'influence sera, comme tout à l'heure, fort légitime ; ou on saura qu'il ne possède pas de titres, et en ce cas l'effet sera immédiatement annulé par le contre-effet ; par conséquent, les prix n'en seront pas affectés. Si, par l'effet du crédit, et au moyen d'un déport, un autre se substitue à sa place, le raisonnement n'en sera pas changé pour cela. On voit donc que, dans ces deux cas, les opérations de jeu, lorsqu'elles se mêlent aux opérations réelles, n'ont, au point de vue économique, et quant à l'influence exercée sur les cours, rien de répréhensible ; ou elles affectent les prix des rentes, et c'est qu'on leur suppose la faculté de devenir spéculations réelles, et par suite leur influence est légitime ; ou elles sont et restent des opérations de jeu, et en ce cas leur influence est complétement nulle.

Mais il n'en est pas toujours ainsi ; il est, par exemple, à la Bourse un marché spécial appelé *coulisse* [1], où l'on fait profession de ne jamais lever ni livrer de rentes ; on achète ou on vend *livrable suivant règlement* [2] ; et au moment fixé pour la liquidation, on règle par la *différence* entre le prix auquel l'opération a été faite et celui dit de compensation, qui n'est autre que le cours moyen du jour. Ici, on le voit, l'opération n'est, pour employer l'expression de J.-B. Say et des auteurs du Code pénal, qu'un véritable pari, dont la perte ou le gain est proportionnel à l'importance des variations.

Or, qu'on le remarque bien, ce marché est séparé du parquet [3] où les opérations de jeu sont mêlées à celles au comptant ; par suite, son influence ne réside que dans les esprits ; l'offre et la demande se balançant par une différence à payer ou à recevoir, le prix des rentes n'en est nullement affecté [4].

La coulisse ne s'est pas toujours liquidée au cours moyen ; avant la révolution de Février, elle se compensait par le parquet de la manière sui-

---

vante : selon que les ventes avaient excédé les achats ou les achats les ventes [1], la coulisse revendait ou rachetait la différence au parquet au moment de chaque liquidation. Mais, si l'on se rend bien compte de cette façon d'opérer, on verra qu'elle rentre dans la catégorie des opérations de jeu mêlées aux opérations réelles, et on comprendra, comme nous l'avons précédemment démontré, qu'il n'y a rien à y redire au point de vue économique.

Toutes les opérations de jeu ne résident pas dans des ventes ou des achats simples de rentes à livrer ; il en est d'une nature particulière que nous allons examiner : nous voulons parler des *marchés à prime*.

On appelle à Paris marché à prime un marché par lequel l'acheteur peut ne pas prendre livraison des rentes, en abandonnant en ce cas au vendeur une certaine somme fixée d'avance et que l'on appelle prime. On conçoit qu'alors on vend les rentes un peu plus cher, puisqu'on court risque de garder ses titres en cas de baisse, et qu'on est sûr qu'en cas de hausse on vous en prendra toujours livraison, puisqu'en les revendant, à la rigueur, le jour même, on réaliserait un bénéfice. De plus on conçoit que le prix de vente doit être d'autant plus élevé que la prime est plus faible ; car la prime n'est qu'une indemnité donnée au vendeur en cas de baisse, pour l'engagement qu'il prenait de livrer quelle que soit la hausse ; or, plus l'indemnité est faible, plus on doit naturellement vendre cher.

Nous avons dit à Paris, car sur certains marchés, à Londres, par exemple, c'est tantôt le vendeur, tantôt l'acheteur qui paye la prime ; en ce cas, on appelle *prime pour livrer* ou *prime pour lever*, selon que c'est le vendeur ou l'acheteur qui la paye.

Si l'on s'est bien rendu compte de la nature de cette sorte d'opération, on verra qu'elle est décomposable en deux : l'une est un *marché ferme* [2], et l'autre un véritable pari, dont les enjeux sont la prime d'une part et la différence à payer en cas de baisse d'autre part ; en cas de hausse, le pari se trouve annulé.

Or, le marché ferme, qui forme la première partie de notre opération, ou n'a pas d'influence sur les prix, n'étant qu'une simple opération de jeu, on en a une, parce qu'il est susceptible de devenir une spéculation sérieuse ; dans le premier cas, il est innocent de toute variation dans les prix, et dans le second les fluctuations qu'il peut faire subir aux rentes sont aussi légitimes que pour toute affaire au comptant. Cette première partie de notre opération se trouve donc complétement justifiée.

Quant à la seconde, c'est un simple pari qui ne peut avoir aucune influence directe sur les prix : les rentes peuvent bien varier à cause de ces

---

cours du parquet sont souvent fort différents de ceux de la coulisse ; cela résulte évidemment de ce qu'au parquet il peut y avoir excès ou abondance de titres (influence parfaitement légitime, comme nous l'avons établi plus haut), tandis que dans la coulisse, où il n'y a jamais de livraisons de titres, les mêmes causes n'existent pas.

[1] Relativement à chaque joueur, bien entendu, puisqu'entre deux particuliers il ne peut y avoir de vente sans achat, ni réciproquement.

[2] On appelle marché ferme toute transaction à terme autre que les marchés à prime.

paris ; mais cela ne peut être dû qu'aux relations que chacun croit découvrir entre l'opinion personnelle du joueur et celle du public, et non à des offres ou des demandes directes. Cette seconde partie se trouve donc complétement innocentée du reproche d'influencer illégitimement les cours.

On voit donc que les marchés à terme, qu'ils soient fermes ou à prime, ne jouissent d'une influence sur les cours qu'à proportion de ce qu'on les suppose sérieux, c'est-à-dire, devant ou pouvant se résoudre par des livraisons de titres. Le reproche que l'on fait aux opérations de jeu de fausser les cours est donc tout à fait injuste : ce n'est pas fausser les cours que produire la hausse par des achats au comptant et la baisse par des ventes également au comptant (et c'est le cas analogue pour les opérations dont il est question, c'est-à-dire dans le seul cas où elles exercent une certaine influence sur les prix, lorsqu'elles sont ou deviennent sérieuses); car, qu'est-ce que le cours d'un effet, si ce n'est le rapport de l'offre à la demande ?

On va voir si le second reproche est mieux fondé que le premier.

Le second grief est celui-ci : l'agiotage soutire des capitaux aux opérations productives de l'industrie, du commerce, etc., pour les appliquer à des opérations improductives.

Rappelons d'abord qu'en économie politique le mot improductif[1] ne s'applique pas à beaucoup de services que le vulgaire qualifie ainsi. Par exemple, le nankin que l'on transporte de Chine en Europe, n'a pas subi de transformation matérielle durant le trajet ; et cependant il vaut plus après le transport qu'auparavant, puisqu'il trouve un acheteur à meilleur compte que sur le lieu de fabrication : le consommateur qui trouve en définitive à l'utiliser pour son propre usage l'a à sa portée après le transport, tandis qu'auparavant il ne pouvait se le procurer qu'en le faisant venir lui-même, c'est-à-dire, en lui donnant lui-même la nouvelle façon (façon purement immatérielle) que lui donne celui qui se charge du transport ; or, il trouve plus d'avantage à payer le transport en sus du prix de revient à celui qui apporte une grande quantité de cette étoffe, qu'à faire venir directement, et à son propre compte, ce qui lui en serait nécessaire. Le transport qui a porté le nankin du lieu de fabrication au marché a donc donné à cette denrée une valeur qu'elle n'avait pas auparavant ; ce transport, qui a créé une utilité de plus, est donc un service productif, quoiqu'il n'ait rien ajouté ni changé matériellement à l'objet transporté. D'après le même ordre d'idées, on comprendra pourquoi les services rendus par les notaires, les agents de change et courtiers, les banquiers, etc., sont productifs ; c'est

---

[1] Voir la distinction qu'Adam Smith établit entre le travail productif et le travail improductif (Tome II, pages 410 et suivantes de la *Richesse des nations*, édition Guillaumin). Nous avons préféré à cet égard suivre, avec presque tous les économistes modernes, l'opinion de J.-B. Say (Voir le *Traité d'économie politique* de ce dernier, livre premier, chap. VII et XIII, p. 84 et 123 de l'édition Guillaumin).

qu'ils créent des utilités, qu'ils ajoutent une valeur aux objets en les mettant plus à la portée du consommateur.

D'après cela, on peut voir que la circulation des effets publics à la
Bourse est productive ou improductive, selon le résultat final. Si des titres,
après avoir quitté les mains d'un spéculateur, y reviennent, évidemment
le public n'y gagne rien. Si, au contraire, ils n'y reviennent plus, c'est
qu'ils ont trouvé à se caser ailleurs, et l'état du marché se trouve en ce
cas amélioré. « Une circulation n'a rien de favorable par elle-même, a dit
J.-B. Say ¹, c'est le mouvement d'une meule qui tourne à vide. » C'est
donc le résultat final seulement qu'il faut envisager.

Si nous retournons maintenant au grief que nous avons énoncé plus
haut, on reconnaîtra d'abord qu'il y a, dans son énoncé, une pétition de
principe assez singulière ; en effet, qui dit agiotage, dit opération de jeu se
soldant par de simples différences ; or, on lui reproche de détourner les
capitaux des usages productifs ; ce n'est évidemment pas cet agiotage qui
a l'*infamie* de ne se liquider que par de petites sommes qui est le grand
coupable ; ce sont les spéculations sérieuses qui attirent les capitaux. Mais
nous passerons par-dessus cette observation, qui, à la rigueur, pourrait
passer pour une réfutation du grief en question, en raison des considérations importantes que ce sujet nous amène naturellement à traiter.

Dans toute opération, le profit du capital (numéraire, outils, talents, etc.),
qu'il résulte d'un prêt ou d'une commandite, se divise en deux parts bien
distinctes. L'une, égale, au même instant pour toutes les industries, est
le prix réel du service occasionné par l'apport des capitaux, qui ne varie
qu'en raison de la plus ou moins grande abondance de capitaux. L'autre,
variable suivant les individus à qui l'on confie son capital et l'industrie
dans laquelle on l'emploie, est la prime pour risques de non-remboursement ou de perte de tout ou partie du capital engagé. Les variations de
cette dernière part peuvent être amenées par une foule de raisons : l'état
plus ou moins paisible du pays, les progrès plus ou moins rapides de l'industrie, etc., etc.

La prime de risques varie, comme nous l'avons dit, avec chaque individu
et avec chaque industrie ; de là il résulte que les capitalistes peuvent choisir dans le placement de leurs capitaux depuis ceux rapportant le moins
et étant moins aventurés, jusqu'à ceux qui rapportent le plus, et dont les
risques sont aussi les plus grands.

L'intervention du gouvernement dans ce choix des placements est la
chose la plus funeste qui puisse arriver. « L'homme d'Etat, a dit Adam
Smith, qui essayerait de diriger les particuliers dans l'emploi qu'ils doivent
faire de leur capital, non-seulement se donnerait l'embarras d'un soin
inutile, mais il s'arrogerait une autorité qui ne peut être confiée sûrement,
non-seulement à une seule personne, mais à aucune Assemblée ou à aucun Sénat, de quelque manière qu'ils fussent composés, autorité qui ne

---

¹ *Traité d'économie politique*, liv. III, chap. xi, page 544 de l'édition Guillaumin.

serait jamais aussi dangereuse que remise aux mains d'un homme doué d'assez de présomption et de folie pour se croire propre à l'exercer. » L'interdiction de tel ou tel placement comme trop aventureux est également très-contraire à la prospérité publique.

En effet, outre que toute mesure de ce genre amortit l'esprit d'entreprise, comme nous le verrons plus loin, elle a pour résultat de ne pas remédier au mal. Pourquoi se livre-t-on aux placements aventureux ? C'est parce que les placements qui le sont moins sont plus recherchés et, partant, rapportent peu : il y a donc là une question d'équilibre, dans laquelle le gouvernement ne doit jamais s'interposer, sous peine de rompre l'harmonie naturelle des transactions. Souvent aussi les capitaux se portent vers les placements aventureux, parce que le pays n'est pas tranquille, ou parce qu'il y a une crise industrielle ou commerciale ; mais ces deux maladies sociales ne sont la plupart du temps produites que par de fausses lois économiques qui, voulant rectifier les rapports naturels des hommes en matière de production, d'échange, de distribution ou de consommation, ne font que brouiller les lois de la Providence ; or, est-ce en s'interposant de nouveau, que le gouvernement peut remédier au mal ? Non certes, il agira plus sûrement en réformant la cause même du mal ; c'est-à-dire, en rappelant les lois qui ont porté le trouble dans l'état économique du pays.

De là aux opérations de Bourse, il n'y a qu'un pas ; en effet, qu'est-ce que le jeu sur les fonds publics, si ce n'est une opération plus hasardeuse que les autres, dans laquelle on peut gagner beaucoup plus, mais dans laquelle on risque aussi davantage ? Faudrait-il donc, en supposant que cela fût possible, interdire les opérations de jeu ? Non, car le mal n'est pas dans les opérations hasardeuses, mais bien dans l'état politique ou économique du pays qui fait rechercher cette nature de transactions. En un mot, l'agiotage n'attire pas les capitaux, ce sont les circonstances ambiantes (comme on dit en physique) qui portent plus ou moins les capitaux vers l'agiotage.

Ceux qui réclament contre l'agiotage, parce qu'il attire les capitaux, prennent l'effet pour la cause, les souffrances du malade pour la maladie elle-même. En voulant supprimer l'agiotage directement et violemment, ils ne font que donner une potion calmante à leur malade, et reculent ainsi la guérison, loin de supprimer le mal ; heureux quand ils ne l'aggravent pas !

Que l'on ôte les entraves que la législation vicieuse d'un pays fait naître dans les transactions ; que l'on respecte la propriété dans tous ses mouvements plus ou moins apparents, que le pays ne soit pas troublé par des révolutions, et on aura ôté à l'agiotage ses principaux aliments.

Souvent on a vu reprocher à la Bourse la sensibilité des prix ; le moindre événement arrive-t-il, ou menace-t-il seulement d'arriver, dit-on, et aussitôt les cours, miroir fidèle, réflètent l'impression qu'il a causée sur le pays : est-ce là, ajoute-t-on, un marché sérieux que celui où le moindre bruit [1], vrai ou faux, peut faire baisser ou hausser les fonds ?

---

[1] Nous empruntons à J.-B. Say l'anecdote suivante, que nous copions textuellement : « Un jour (c'était sous l'Empire), à l'heure de la Bourse, un orage lointain fit enten-

Ici il y a plusieurs erreurs : d'abord les événements n'influent sur les rentes qu'en raison de l'effet qu'ils ont produit sur les personnes qui utilisent *à ce moment* leurs capitaux en achats ou ventes de fonds publics ; ces personnes n'ont pas qualité pour représenter le pays, et pour que les cours des rentes fussent l'expression véritable de la confiance du pays dans son gouvernement, il faudrait que les événements eussent eu le temps de produire leur effet dans toutes les couches du monde commercial, de même que pour juger du dérangement de niveau dans un bassin dans lequel on a ajouté ou puisé de l'eau, il faut attendre que la tranquillité se soit rétablie dans les diverses couches du liquide. Ensuite, lui reprocher la mobilité des cours, c'est faire de la Bourse un éloge dont nous nous garderons bien de la disculper ; c'est dire qu'il y a beaucoup de transactions, que les échanges s'y font avec la plus grande facilité, etc., etc. Autant vaudrait préférer les routes ordinaires aux chemins de fer, le télégraphe de Chappe au télégraphe électrique, la stabilité au progrès !

Mais, tout en réfutant les erreurs dans lesquelles on est tombé, selon nous, à l'égard de l'agiotage, et en le justifiant des reproches qu'on lui adresse, nous ne pouvons nous dissimuler que les jeux de bourse en eux-mêmes « ne profitent jamais à l'industrie ni à la production [1]. » Ils causent même, jusqu'à un certain point, des dommages à la société. Au premier abord, comme ce que l'un perd l'autre le gagne, comme « le profit de l'un est le dommage de l'autre » , selon l'expression de Montaigne (juste dans le cas exceptionnel du jeu), on pourrait penser que l'agiotage est à peu près dépourvu d'influence sur l'état social d'un pays ; mais il n'en est pas exactement ainsi : écoutons à cet égard l'illustre Rossi : « Quant à la société, pourrait-on dire que c'est pour elle chose indifférente, que peu lui importe que les uns perdent et les autres gagnent de quoi compenser ces pertes ? Messieurs, ce serait là un mauvais raisonnement, non-seulement en morale et au point de vue de l'ordre social, mais même en économie politique, car *la compensation ne se fait jamais.* Quand il y a une grande perturbation dans la distribution de la richesse nationale, il y a perte pour tout le monde, parce que vous avez toujours une grande masse de travailleurs et de capitaux qui chôment. Croit-on qu'en pratique, les masses de travailleurs passent en un moment d'une occupation à une autre occupation, d'un pays à un autre pays ? croit-on que les capitaux puissent tout d'un coup passer ainsi d'un emploi à un autre emploi ? Non, messieurs, tout le monde sait bien le contraire [2]. » Ceci est d'une exactitude mathématique. La déperdition, dans ce cas, est analogue à celle causée par le frottement dans les machines. Cependant, dans le cas particulier qui nous occupe, l'influence

---

dre quelques coups de tonnerre. On crut que c'était le canon qui annonçait le gain d'une bataille ; les fonds montèrent aussitôt. C'était probablement la première fois, ajoute l'illustre économiste, que le tonnerre avait fait monter le cours des effets publics ! »

[1] J.-B. Say, *Cours complet d'économie politique pratique,* VIIIe partie, chap. xv.

[2] *Cours d'économie politique fait au Collége de France,* par P. Rossi, tome III, *De la distribution des richesses,* p. 173.

est peu considérable. Les fonds destinés aux jeux de bourse se renouvellent peu ; presque toujours ce sont les mêmes ; et ce n'est qu'à de rares intervalles que de nouveaux capitaux viennent s'engouffrer à la Bourse. On dira, vraisemblablement, que les agents de change prélevant, par leurs courtages, une dîme sur ces capitaux (dîme assez considérable, puisque M. Coffinières ne l'évaluait pas, en 1825, à moins de 12 millions par an pour les affaires à terme, et 6 pour celles au comptant), il faut que le mouvement des fonds soit au moins égal au montant de cette dîme ; il y aurait là erreur, car on doit déduire de la somme des courtages payés aux agents de change, les pertes qu'on leur fait subir, soit par impuissance de payer, soit par mauvaise foi ; et le fait est, qu'à considérer le petit nombre d'agents de change qui se retirent en bonne position, il est permis de douter que sur la masse des capitaux employés dans les charges des soixante agents de change de Paris, il en sorte plus qu'il n'en entre [1].

On voit donc que l'observation de l'illustre économiste, qui a jeté tant d'éclat sur la science, tout en étant d'ailleurs rigoureusement exacte, est de peu d'importance pour l'objet qui nous occupe.

Nous croyons avoir embrassé, au point de vue économique, les principales objections que l'on élève journellement contre l'agiotage, et si l'on veut bien réfléchir aux opinions séparées que nous avons émises sur chacun de ces griefs, on reconnaîtra, ce nous semble, que nous sommes actuellement en droit d'affirmer que le gouvernement, non-seulement n'a pas le droit d'interdire les jeux de bourse ; mais même ne produirait aucun dommage à la société en leur assurant le concours de la loi.

Nous examinerons, une autre fois, les mêmes opérations au point de vue de la morale.   A. COURTOIS.

(*La suite au prochain N°.*)

---

[1] Nous trouvons dans l'ouvrage de M. Coffinières (*De la Bourse et des spéculations sur les effets publics*), Paris, 1825, p. 460, la confirmation de ce fait.

« Le même agent de change a appris au public que, sur cent vingt-un individus qui « avaient figuré au tableau des agents de change depuis vingt-deux ans, —« Quatre s'étaient « suicidés de désespoir de ne pouvoir remplir leurs engagements, et soixante-un avaient « failli, en faisant éprouver une perte considérable à leurs créanciers, ou avaient aban- « donné leur état, étant à peu près ruinés, ou du moins avec un avoir moindre que « celui qu'ils avaient apporté. »

DU RENOUVELLEMENT

DU TRAITÉ DE COMMERCE ENTRE LA FRANCE ET LA BELGIQUE.

> Les traités de commerce offrant à une nation étrangère des faveurs spéciales, sont des actes sinon hostiles, du moins odieux à toutes les autres nations. On ne peut faire valoir une concession qu'on fait aux uns qu'en la refusant aux autres. De là des causes d'inimitiés, des germes de guerre toujours fâcheux. Il est bien plus simple et il serait bien plus profitable de traiter tous les peuples en amis. (J.-B. SAY, *Traité d'économie politique*.)

I.

Il est rare qu'un traité de commerce ait, en réalité, l'importance que l'opinion lui attribue. Ceux qui le sollicitent, aussi bien que ceux qui le repoussent, s'en exagèrent volontiers la portée. D'un autre côté, les diplomates qui ont la mission de régler une si grave affaire, et qui consacrent de longues séances à se surprendre mutuellement des concessions, chacun défendant son mur douanier et s'efforçant de pratiquer une brèche au mur douanier du voisin, les diplomates, dis-je, ne manquent pas de faire sonner bien haut les avantages qu'ils ont pu obtenir. Ecoutez-les : A force d'habileté et de persévérance, en employant tour à tour la séduction et la menace, en flattant leur amour-propre national et en les alarmant sur leurs intérêts les plus chers, ils ont réussi à leur arracher des *concessions* d'une portée incalculable, en échange desquelles ils n'ont cédé que des faveurs insignifiantes. Grâce à cet admirable savoir-faire diplomatique qu'ils ont déployé, les produits nationaux vont « inonder le marché » de la partie adverse, tandis que le « marché national » demeure comme auparavant fermé, muré aux produits du dehors. Le résultat, vous le devinez ! C'est que le pays pourra vendre davantage à l'étranger sans augmenter la somme de ses achats, et qu'il recevra, en conséquence, le solde en numéraire. C'est qu'il finira par dépouiller de son numéraire, c'est-à-dire de sa richesse, la nation qui a eu la faiblesse de lui accorder des concessions imprudentes. C'est qu'il s'enrichira à ses dépens jusqu'à ce qu'il l'ait complétement épuisée, jusqu'à ce qu'il ait soutiré à cette victime infortunée du savoir-faire diplomatique jusqu'à sa dernière pièce de monnaie. Or, n'est-il pas évident que des hommes qui ont su procurer à leur pays une si bonne aubaine méritent au plus haut degré la reconnaissance de leurs concitoyens ? Ne leur doit-on pas des statues après leur mort, et, pendant leur vie, de l'avancement, des pensions, des rubans et des crachats ?

C'est grâce à ce genre de *réclames* diplomatiques, si merveilleusement servies par la publique ignorance, que la valeur des conventions douanières internationales a été généralement surfaite. On a considéré l'art de conclure de bons traités de commerce comme une des branches principales de la science de l'homme d'Etat, et chaque nation s'est efforcée de rendre ses rivales tributaires de son industrie, en concluant avec elles des traités destinés à faire pencher en sa faveur « la balance du commerce. »

La Belgique est aujourd'hui un des pays du monde qui ont le plus de traités de commerce. Elle en a avec la France, l'Angleterre, la Prusse, la Hollande ; elle en a même avec des royaumes nègres de la Guinée et du Congo. C'est une manie particulière de son gouvernement, d'ailleurs si digne d'éloges pour ses tentatives de réformes douanières [1], et cette manie, l'opinion publique la favorise au plus haut degré. On est généralement convaincu en Belgique que l'industrie nationale serait perdue, si les traités de commerce n'étaient pas exactement renouvelés à échéance, et l'on est disposé à considérer les hommes d'Etat qui connaissent l'art difficile de mener à bonne fin ces négociations essentielles, comme les sauveurs de la patrie.

En ce moment, la Belgique est en train de renouveler avec la France la plus importante de ses conventions douanières, celle du 13 décembre 1845, et des deux parts, les diplomates, secondés par les préjugés de l'opinion, ne se font pas faute d'exagérer la valeur et la portée de ce traité de commerce. Essayons donc de le ramener à ses proportions véritables.

Exposons d'abord, brièvement, l'histoire des relations commerciales des deux pays.

La bonne intelligence commerciale n'a pas toujours régné entre la France et la Belgique. Après la séparation des deux pays et l'union de la Belgique avec la Hollande, leurs relations furent sinon interrompues, du moins singulièrement entravées par une *guerre de tarifs*. C'était en 1823. L'année précédente, le gouvernement des Pays-Bas avait mis en vigueur un tarif des plus modérés, car il avait pour base des droits d'entrée de 6 pour 100 au maximum. Ce tarif rencontra les répulsions les plus vives dans les provinces méridionales où dominait l'esprit prohibitioniste, et il ne passa que grâce au concours unanime des députés hollandais. Un économiste distingué, membre de la seconde Chambre des Etats-Généraux, le comte de Hogendorp, contribua surtout à le faire adopter. Mais à quelques mois de distance, la France, alors livrée pieds et poings liés à l'influence de la grande propriété, exhaussa considérablement ses barrières douanières. Plusieurs dispositions de son nouveau tarif atteignirent les produits du royaume des Pays-Bas. A ces dispositions restrictives, le roi Guillaume, ému des doléances des agriculteurs et des manufacturiers des provinces méridionales, crut devoir répondre par des représailles. En vertu d'un arrêté du 20 août 1823, divers produits de provenance française, les verres et verre-

---

[1] Nous avons donné dans le numéro de janvier un aperçu des réformes économiques qui ont été accomplies depuis quatre ans par le gouvernement belge.

ries de toute sorte, à l'exception des glaces à miroirs, les draps et casimirs, les acides nitrique, muriatique et vitriolique, les eaux-de-vie de grains furent prohibés à l'entrée. Les autres boissons distillées et le vin provenant de France ne purent être admis désormais que par la frontière maritime. Les porcelaines, les poteries, les vêtements de coton et de laine, les ardoises, furent soumis à des droits exceptionnels. Cette guerre de tarifs fut acclamée par les députés belges et subie par les députés hollandais. Les députés des provinces du Hainaut, de Liège et d'Anvers se distinguèrent surtout par leur enthousiasme prohibitioniste. Un député d'Anvers, M. Geelhand, allait jusqu'à affirmer que :

« La France, jalouse de notre prospérité, avait voulu, en nous imposant ses marchandises, nous rendre ses tributaires, *soutirer notre numéraire* et anéantir, s'il eût été possible, nos fabriques. »

Et

   . . . d'un forfait si noir justement irrité,

Ce champion fougueux de la prohibition ajoutait aussitôt :

« Il importe d'exécuter avec sévérité les mesures proposées. Il faut, s'il est nécessaire, établir une triple ligne de douanes, former même une espèce de cordon sanitaire pour repousser les marchandises françaises, *avec la même rigueur qu'on écarterait la peste de notre sol.* »

Les vœux de ce digne prohibitioniste furent exaucés : la peste des marchandises françaises fut écartée du sol des Pays-Bas. Le projet du gouvernement fut adopté à l'unanimité par les Chambres, et la guerre de tarif devint l'état normal des relations commerciales des deux pays. Cette guerre ne dura pas moins d'une dizaine d'années, comme celle de Troie ; et nul ne saurait dire quand elle aurait pris fin, si les dieux protecteurs de la liberté du commerce n'avaient suscité, pour la terminer, une révolution en France et une en Belgique. Issus d'une commune origine, les nouveaux gouvernements des deux pays se rapprochèrent, et ils voulurent cimenter leur cordiale entente par une étroite alliance commerciale. Sous l'influence de ce sentiment, le Congrès national de Belgique abaissa, par un décret du 29 juin 1831, les droits qui entravaient l'importation des produits français. Toutefois, le régime de guerre, inauguré en 1823, ne disparut complétement que quelques années plus tard : ce fut seulement par une loi rendue le 7 avril 1838, que les produits des deux pays furent admis pleinement au bénéfice du droit commun.

Dans l'intervalle, le gouvernement français avait quelque peu modifié son tarif : les droits sur les houilles, notamment, avaient été abaissés ; mais ces réductions de droits avaient un caractère général ; elles n'étaient point destinées à favoriser spécialement les produits belges. C'était une pointe que faisait le gouvernement français sur le terrain des réformes douanières, —pointe libérale qui devait être, hélas ! bientôt suivie d'une reculade prohibitioniste.

A la guerre douanière succéda donc, entre les deux pays, le régime du droit commun. Un troisième régime, celui des faveurs douanières réciproques, fut inauguré par la convention du 16 juillet 1842.

La question d'une union douanière avait été vivement agitée dans l'intervalle, et ce Zoll-Verein franco-belge aurait, selon toutes apparences, été conclu, si la coalition des manufacturiers du Nord ne s'était mise en travers. Mais cette coalition prohibitioniste manœuvra avec tant d'habileté, elle sut si bien insurger les égoïsmes contre une mesure d'intérêt national, que l'union douanière fut indéfiniment ajournée. Tout enorgueillie de son succès, la coalition ne se borna plus alors à jeter son *quos ego!* aux vagues timides de la liberté du commerce, elle entreprit d'élever de nouvelles digues contre « l'inondation » des produits étrangers, et elle exigea impérieusement l'exhaussement du tarif des fils et tissus de lin. Le gouvernement courba la tête devant cette exigence superbe d'un tout-puissant vainqueur, et il rendit quasi-prohibitifs, par l'ordonnance du 24 septembre 1840, la loi du 6 mai 1841 et l'ordonnance du 26 juin 1842, les droits à l'entrée des fils et des toiles de chanvre et de lin. La transformation progressive de la filature et du tissage du lin en Angleterre, et l'inondation qui s'en était suivie sur les marchés français, tels étaient les motifs allégués en faveur de ces exhaussements de la muraille douanière. La Belgique, qui ne s'était pas encore rendue coupable du progrès reproché à l'Angleterre, sollicita une exemption pour son industrie linière. Le gouvernement français, charmé de laisser ainsi une porte ouverte à l'union douanière, — à laquelle, rendons-ui cette justice, il n'avait renoncé qu'à contre-cœur, — le gouvernement français agréa la demande de la Belgique. Une convention douanière, signée le 16 juillet 1842, exempta les fils et toiles de lin, de provenance belge, du doublement de droits opéré par l'ordonnance du 26 juin 1842, et les assujettit simplement au tarif du 6 mai 1841. La Belgique accorda, en retour, à la France les concessions suivantes : les droits de douane à l'importation des vins français furent réduits à 50 cent. par hectolitre pour les vins en cercles, et à 2 francs pour les vins en bouteilles, et les droits d'accise abaissés à 25 pour 100 ; en outre, il fut stipulé que les droits d'octroi à l'entrée des villes ne pourraient, en aucun cas, être aggravés ; les droits sur les soieries françaises furent, en même temps, réduits de 20 pour 100, et le rendement des sels de provenance française relevé de 7 pour 100. Les deux gouvernements se réservèrent, à la vérité, la faculté d'étendre ces faveurs douanières à d'autres pays, et la Belgique usa de la latitude qui lui était laissée, en admettant aux droits réduits (par un arrêté du 28 août 1842) les vins et les soieries d'Allemagne ; mais la supériorité des produits français rendit cette concession illusoire. Les Belges continuèrent à préférer les soieries de Lyon aux soieries de Crefeld, et le vin de Bordeaux au vin de Moselle, si renommé cependant pour ses vertus laxatives!

La convention de 1842 n'était conclue que pour quatre années. En 1845, on s'occupa de la renouveler. Mais, dans l'intervalle, l'industrie linière s'était rapidement développée en France, et, en se développant, elle n'avait pas manqué aussi de devenir plus exigeante. Elle n'avait demandé d'abord qu'un peu de protection provisoire, pour n'être pas étouffée sous l'étreinte de ses trop puissantes rivales. On avait fait droit à sa supplique ; on l'avait protégée aux dépens des consommateurs, et elle s'était fortifiée au point d'aller défier la concurrence sur les marchés étrangers. Pourtant, elle ne parlait point de renoncer à sa *protection provisoire*. Au contraire, elle insistait plus que jamais pour obtenir l'exploitation exclusive du marché national. Sous la pression continue du Comité prohibitioniste, le gouvernement français fut obligé, en conséquence, d'amoindrir la faveur qu'il avait accordée aux fils et tissus de lin et de chanvre de provenance belge. Un nouveau régime, véritable chef-d'œuvre de complication, fut inauguré par la convention du 13 décembre 1845. Les fils de lin belge ne furent plus admis au bénéfice du droit différentiel établi en leur faveur, que jusqu'à concurrence de deux millions de kil.; passé ce chiffre et jusqu'à trois millions de kil., les droits devaient être augmentés de la moitié de la différence existant entre le tarif spécial à la Belgique et le tarif général; au delà de trois millions de kil., l'augmentation devait être des trois quarts. Pour les tissus, la Belgique devait bénéficier du tarif différentiel jusqu'à concurrence de trois millions de kil.; passé ce chiffre, les droits du tarif général devenaient applicables à ses importations.

Les concessions accordées en 1842 se trouvèrent donc amoindries. En outre, les négociateurs français les firent payer plus cher. Les faveurs précédemment accordées en Belgique aux soieries et aux vins de France furent maintenues, et le déchet au raffinage des sels fut porté de 7 pour 100 à 12 pour 100. Des taxes supplémentaires avaient été établies en Belgique (par un décret du 14 juillet 1843) sur les fils de laine, les habillements neufs et les articles de mode. Ces taxes cessèrent d'être applicables aux produits français. D'autres droits supplémentaires de 9 et de 6 3/4 pour 100 avaient été établis aussi sur les draps, les casimirs, etc. : les provenances françaises en furent encore exemptées. Enfin, les droits sur les tissus de laine français furent réduits d'un quart.

La nouvelle convention, signée le 13 décembre 1845, fut conclue pour six années, à dater du 10 août 1846; elle a donc expiré le 10 août 1852.

II.

Recherchons maintenant quelle a été l'importance réelle des conventions du 16 juillet 1842 et du 13 décembre 1845 ; recherchons de quels avantages et de quels inconvénients elles ont été la source pour les deux pays.

Examinons d'abord la question au point de vue des *intérêts belges*.

En concluant les deux conventions précitées, la Belgique n'avait d'autre but que de maintenir intact le débouché de son industrie linière. Ce but a-t-il été atteint? On en jugera par le tableau suivant des importations des fils et tissus de lin et de chanvre de provenance belge de 1840 à 1850.

	Fils de lin et de chanvre.		Tissus de lin et de chanvre.
1840...................	1,321,201 fr.	....	19,001,166 fr.
1841...................	1,875,092	....	20,772,412
1842...................	1,852,586	....	16,084,421
1843...................	3,902,000	....	15,377,000
1844...................	6,125,000	....	17,257,000
1845...................	7,692,000	....	16,233,000
1846...................	6,043,000	....	14,577,000
1847...................	3,735,000	....	10,968,000
1848...................	770,000	....	5,350,000
1849...................	2,395,000	....	5,496,000
1850...................	2,541,000	....	4,380,000

On voit que les faveurs accordées à l'industrie linière belge n'ont pas
empêché ses importations de baisser, en dix ans, de près des quatre cinquièmes. En revanche, l'importation des fils de lin et de chanvre a presque
doublé, et celle du lin et du chanvre bruts, qui n'était que de 3,242,644 fr.
en 1840, et pour laquelle aucune faveur douanière n'avait été stipulée, s'est
élevée à 8,767,000 fr. en 1850. Ce changement dans la nature des importations des produits liniers de Belgique a été causé par le développement extraordinaire que l'industrie linière a reçu en France, à dater de 1840.
Transformée par l'adoption de la filature et du tissage mécaniques, protégée contre la concurrence des produits belges par un droit élevé et contre
la concurrence des produits anglais par un droit prohibitif, elle a pu s'emparer successivement de la plus grande partie du marché national et en chasser les tisserands belges, encore voués à la routine du tissage à la main.

Au moins, le privilége accordé à l'industrie linière belge lui a-t-il été
favorable, en ralentissant sa chute ? Il est permis d'en douter. Supposons, en
effet, qu'aucune convention douanière n'eût été conclue ; supposons que les
producteurs belges eussent été obligés de soutenir, sans privilége aucun,
la concurrence de leurs rivaux anglais, que serait-il arrivé ? Les fileurs et
les tisserands des Flandres n'auraient-ils pas été obligés d'abandonner plus
promptement leurs vieux procédés routiniers pour adopter les machines
nouvelles qui permettaient aux Anglais de produire à meilleur marché ? Et
n'auraient-ils pas gagné à accepter des premiers un progrès devenu nécessaire, au lieu de s'y soumettre les derniers? Sans doute, cette transformation
de leur industrie eût été accompagnée d'une crise, mais chacun sait que la
convention douanière n'a fait que retarder la crise de l'industrie linière.
Chacun sait aussi que cette crise, à contre-temps ajournée, a coïncidé d'une
manière funeste avec la maladie des pommes de terre, et qu'elle a été l'une
des plus longues et des plus intenses qu'aucun progrès industriel ait jamais
suscitées.

Le but spécial en vue duquel la convention douanière avait été conclue,
ce but a donc été manqué.

· La convention n'en a pas moins imposé aux deux parties contractantes,
et à la Belgique plus encore qu'à la France, toutes les gênes et tous les inconvénients inhérents aux traités de commerce.

C'est, en premier lieu, l'augmentation des risques de la production, résultant de l'état essentiellement précaire des faveurs douanières. Ordinairement les traités de commerce sont conclus à courte échéance ; les conventions douanières qui nous occupent, par exemple, ont dû être renouvelées deux fois en dix ans. Les industries favorisées ne peuvent, en conséquence, compter que sur un débouché précaire. Qu'à l'époque fixée pour le renouvellement du traité, les dispositions de l'une des deux nations contractantes aient changé, que ses hommes d'État, le regard fixé sur les girouettes de l'opinion, refusent dédaigneusement de reprendre les négociations, et voilà des industries privées de leur débouché et d'autant plus à plaindre qu'elles étaient plus favorisées. Or, cette éventualité permanente du retrait d'un débouché privilégié ne doit-elle pas exercer la plus fâcheuse influence sur la situation de l'industrie ? On a été étonné de l'hésitation que les capitalistes ont mise à apporter à l'industrie des Flandres les fonds nécessaires à sa transformation ; mais quelle sécurité pouvait leur présenter une industrie dont le principal débouché allait dépendre désormais du plus ou moins de modération de la coalition prohibitioniste des manufacturiers du Nord ? Qui n'aurait pas hésité à placer ses fonds sur un tapis vert, dont MM. Lebeuf et Mimerel tenaient le râteau ?

C'est, en second lieu, la complication coûteuse du tarif. En Belgique, où l'abus des traités de commerce a dépassé toutes les limites permises, le tarif est devenu une véritable monstruosité fiscale. « Le tarif, disait M. Frère Orban, ministre des finances [1], présente une nomenclature d'environ sept cents articles. Le nombre des droits applicables à chacun d'eux varie de trois à sept ; admettons une moyenne de quatre droits, et nous obtenons un total de 2,800 taxes différentes. C'est bien assez déjà ; mais les traités de commerce sont venus en augmenter démesurément le nombre. Nous avons, en effet, un tarif pour les produits français, et un autre pour ceux du Zollwerein ; un troisième, plus compliqué, pour notre commerce avec les Pays-Bas ; un quatrième pour les Deux-Siciles, un cinquième pour la Russie, un sixième pour la Bolivie, et enfin un septième tarif pour les Etats-Sardes. Pour connaître le droit qu'il faut appliquer, la douane doit savoir, quant aux importations par mer, d'où la marchandise est originaire, où elle a été chargée, si le navire est venu directement en Belgique, s'il a relâché en route ; où, quand et pendant combien de jours, etc., etc. »

On conçoit combien ce labyrinthe douanier, qui obstrue les frontières de la Belgique, doit faire obstacle au développement des relations commerciales, et augmenter les charges du Trésor public. La douane est, en Belgique, le plus coûteux des impôts. Sur un produit brut d'environ 12 millions, les frais de perception n'absorbent pas moins de 4 millions, c'est-à-dire 33 pour 100. N'est-ce pas scandaleux ?

C'est, en troisième lieu, l'impossibilité d'échelonner les droits conformément aux intérêts du Trésor. Quand un pays veut obtenir une « faveur douanière », il est obligé d'en concéder une autre en échange. Il abaisse donc partiellement son tarif, souvent bien au-dessous du taux fiscal, tandis qu'il le maintient au-dessus de ce taux, pour les nations non favorisées. Dans le discours que nous venons de citer, M. le ministre des finances de Belgique n'évaluait pas à moins d'un million et demi la perte annuelle que cette mauvaise économie du tarif inflige au Trésor public.

Ce sont, enfin, les gênes douanières, plus ou moins onéreuses, qu'une nation est obligée de s'imposer en échange du privilége qu'on lui concède. La Belgique, par exemple, a été obligée de dresser le long de ses frontières le tarif exorbitant qu'il a plu à la coalition des manufacturiers du Nord d'imposer aux consommateurs français, — ceci comme une précaution destinée à empêcher l'infiltration des fils et tissus anglais par la frontière de Belgique. Qu'en est-il résulté ? C'est que les filateurs belges, protégés à la fois sur le marché national et sur le marché français, ont augmenté les prix de leurs produits, au grand dommage des malheureux tisserands. Ceux-ci, dont les souffrances étaient arrivées au plus haut point, ont réclamé, à grands cris, une modification dans le tarif. Mais le traité avec la France était formel sur ce point : on n'a pu la leur accorder. On a été obligé de prendre un biais pour apporter quelque soulagement à leurs souffrances, et voici ce qu'on a fait : on a autorisé l'importation en franchise des fils de lin étrangers, à la condition qu'ils seraient réexportés sous forme de tissus. Les tisserands se sont empressés de faire usage de cette faveur, malgré les gênes et les formalités qu'elle leur impose ; mais n'est-il pas évident qu'un tarif modéré et uniforme leur serait infiniment plus profitable ?

Voilà donc toute une série de sacrifices et de gênes que la Belgique s'est imposés pour conserver un débouché, dont elle n'a pas moins fini par être presque entièrement dépouillée.

Si maintenant l'on envisage la question au point de vue des *intérêts français*, les avantages de la convention douanière paraîtront tout aussi illusoires.

Sans doute, les faveurs douanières, stipulées pour les vins, les soieries, les fils et tissus de laine français, ont augmenté le débouché de l'industrie française sur le marché belge. Cependant, il ne faudrait pas attribuer à ces concessions douanières plus d'importance qu'elles n'en ont. Si l'on veut apprécier exactement l'influence qu'elles ont pu exercer sur le développement des relations commerciales des deux pays, que l'on consulte le tableau des importations de France en Belgique, depuis la fin de la *guerre des tarifs*, dont nous avons raconté l'histoire.

En 1831, fin de la guerre des tarifs, mais époque de crise révolutionnaire, les importations de France en Belgique n'ont été que de......... 13,641,438 fr.

En 1833, commencement du régime du droit commun, et fin de la crise révolutionnaire, elles se sont élevées à............ 33,004,593

En 1838, régime du droit commun, à......... 41,748,688

En 1850, régime des faveurs douanières, à.................... 50,856,000

Ces chiffres attestent que les importations de France en Belgique ont progressé autant en six années du régime du droit commun (1832-38) que dans les douze années suivantes du régime des conventions douanières (1838-50). On peut dire, à la vérité, en faveur des conventions douanières, que si elles n'avaient pas servi de correctif aux excès des prohibitionistes français et belges; si elles n'avaient pas atténué, en France, les interdictions fulminées contre les fils et tissus de lin étrangers, qui se permettaient d'envahir le *marché national*, — en Belgique, les pénalités édictées contre les fils et tissus de laine, les draps, les casimirs, etc., qui se rendaient coupables d'un semblable méfait, la progression des importations françaises, de 1838 à 1840, eût été encore bien plus ralentie. Sans doute! mais, d'un autre côté, le dessein bien arrêté de conclure une convention douanière destinée, en France, à favoriser certains produits belges, — en Belgique, à favoriser certains produits français, n'a-t-il pas influé sur l'exhaussement du tarif général? Si les hommes d'Etat français ne s'étaient pas réservé *in petto* d'accorder une exemption de droits aux fils et aux toiles de lin belges, en échange d'autres faveurs douanières, auraient-ils porté le tarif général à un taux aussi exorbitant? De même, si les hommes d'Etat belges n'avaient pas été préoccupés de l'idée de faciliter le renouvellement de la convention douanière avec la France, d'obtenir un supplément de concessions de leurs adversaires, etc., etc., auraient-ils relevé autant, en 1843, les droits sur les fils de laine et les articles de mode? Les traités de commerce peuvent avoir pour résultat de remédier, partiellement, aux maux causés par l'exhaussement du niveau général des tarifs, mais l'histoire ne nous apprend-elle pas que les tarifs ont été trop souvent relevés en vue de faciliter la conclusion des traités de commerce?

La France n'a donc pas retiré de bien merveilleux avantages des faveurs douanières qui lui ont été accordées en Belgique; elle n'en a pas moins subi sa part des gênes et des inconvénients attachés à ce régime exceptionnel. Pour ne citer que deux faits, on sait que les fontes et les houilles belges jouissent à leur entrée en France du bénéfice d'un tarif différentiel. Le droit sur les fontes n'est que de 4 fr. au lieu de 9 fr., et le droit sur les houilles de 15 cent. au lieu de 30 et de 50 cent. Ce tarif différentiel n'a pas été établi en vue de favoriser spécialement la Belgique, car il existait déjà à l'époque où le roi Guillaume de Hollande déclarait à la France une guerre de tarifs, et il n'a pas été relevé alors [1]; il a été établi simplement en vue

---

[1] En vertu du tarif de 1822, les fontes entrant par les frontières du Nord, de l'Aisne, une partie du département des Ardennes, de Solre-le-Château à Rocroy, n'étaient assujetties qu'à un droit de 4 fr. les 100 kilogr., tandis que les droits sur les fontes importées par les autres frontières de terre s'élevaient à 6 fr., et les droits sur les fontes importées par mer à 9 fr. Plus tard, le droit de 4 fr. fut étendu aux autres frontières de terre (par une ordonnance du 24 septembre 1840); mais il fut restreint ensuite aux pays limitrophes de Blancmisseron et de Mont-Genèvre. (Loi du 9 juin 1845.) — Le droit différentiel sur les houilles est beaucoup plus ancien. En 1664, un droit général de 24 sols par baril de 250 livres avait été établi sur les houilles étrangères; le 19 juin 1703, ce droit fut réduit à 10 sols pour les charbons venant de la Flandre et du Hainaut, par les frontières de Champagne et de Picardie. Telle fut l'origine des zones, régime qui a été maintenu dans tous les tarifs subséquents.

de proportionner la protection aux besoins présumés de l'industrie nationale. Mais, à mesure que l'industrie s'est développée, on a ressenti plus
vivement la faute que l'on avait commise en grevant outre mesure les fontes
et les houilles anglaises. Les manufacturiers prohibitionistes de Rouen,
eux-mêmes, ont réclamé un abaissement du droit sur les houilles anglaises,
en arguant que la houille de New-Castle est indispensable à leurs teintureries. Les entrepreneurs de chemins de fer se sont joints à eux, en dé-
montrant que la privation du coke anglais, bien supérieur au coke français
ou belge, leur porte un préjudice considérable. On n'a écouté ni les uns
ni les autres; et l'une des principales raisons alléguées en faveur du maintien du *statu quo*, c'est qu'il importait de ne pas altérer les bonnes relations
de la France avec la Belgique.

Quand on examine, au double point de vue des intérêts français et belges,
les conventions douanières du 16 juillet 1842 et du 13 déc. 1845, on s'aperçoit donc que l'importance de ces deux conventions a été singulièrement
surfaite; on s'aperçoit qu'en regard de quelques avantages insignifiants ou
illusoires, elles ont présenté des inconvénients sérieux, et l'on acquiert la
conviction que les deux nations gagneraient à se débarrasser d'un régime
d'exception et de privilége, pour réformer leurs tarifs généraux dans un
sens libéral. La Belgique n'aurait-elle pas avantage à abaisser le niveau de
son tarif général à la limite des droits de faveur accordés aux fils et aux
tissus de laine français? Ne gagnerait-elle pas aussi à démanteler le tarif
prohibitif que la convention douanière l'a obligée d'établir sur les fils et
tissus de lin étrangers? La France, de son côté, ne trouverait-elle pas profit
à réduire les droits sur les fils et tissus de lin, les fontes et les houilles de
provenance anglaise, au niveau des droits établis sur les similaires belges?
Si les deux nations s'entendaient pour simplifier et pour abaisser simultanément leurs tarifs, les diplomates et les douaniers auraient peut-être
moins de besogne à l'avenir, mais ne serait-ce pas tout bénéfice pour l'industrie et pour le Trésor public [1] ?

Malheureusement, il y a peu d'apparence que l'on essaye de sortir de la
vieille ornière des traités de commerce pour se lancer à toute vapeur dans
la voie perfectionnée des réformes douanières. Certains esprits, même, ne
voient pas de milieu entre le renouvellement de la convention du 13 décembre 1845 et une nouvelle *guerre de tarifs*. Un écrivain, trop connu
pour qu'il soit nécessaire de le nommer, ne signalait-il pas récemment, au
nombre des éventualités souhaitables, une déclaration de guerre douanière

---

[1] Au nombre des nouvelles conditions stipulées pour le renouvellement de la convention du 13 décembre 1845, se trouve la suppression de la contrefaçon. C'est une condition que nous approuvons fort ; mais est-il bien nécessaire qu'un traité de commerce
intervienne pour que la contrefaçon soit abolie? N'est-ce pas l'affaire d'une convention
spéciale, dans le genre des traités d'extradition, qui ont pour objet d'étendre et de fortifier les garanties protectrices de la vie et de la propriété des membres des États
civilisés ?

de la France à la Belgique? Comme M. Geelhand en 1822, ce belliqueux apôtre de la prohibition trouvait apparemment que les produits étrangers sont une « peste » dont il importe de désinfecter le sol national? Avons-nous besoin de faire ressortir la barbarie d'une mesure de cette sorte? Avons-nous besoin de démontrer aussi qu'elle n'affecterait pas les intérêts de la France moins sensiblement que ceux de la Belgique? Chacun sait que la France achète principalement à la Belgique des matières premières nécessaires à son industrie. Sur une somme totale de 66 millions de marchandises belges qu'elle a importées en 1850, nous voyons figurer pour 26,349,000 francs de houille ; 8,767,000 francs de lin et de chanvre brut ; 2,053,000 fr. de fils de lin ; 3,527,000 fr. de zinc ; 1, 782,000 fr. de fonte ; 1,527,000 fr. de bois de construction ; 1,035,000 fr. de charbon de bois, etc. En un mot, pour les deux tiers environ de matières premières. Or, la privation soudaine de ces aliments indispensables de la production ne causerait-elle pas une perturbation des plus dangereuses dans l'industrie française? Pourrait-on remplacer immédiatement et sans perte les houilles, le lin et le chanvre bruts ou filés, le zinc, etc., de provenance belge, par des similaires nationaux ou étrangers? En même temps, les propriétaires de vignobles, les fabricants de soieries, de draps, de fils laine, d'articles de modes, qui expédient annuellement en Belgique pour 50 millions de leurs produits, ne seraient-ils pas rudement frappés? Sans doute, les extracteurs de houille et les fabricants de zinc, les cultivateurs et les filateurs de lin de la Belgique subiraient, de leur côté, toutes les souffrances attachées à la privation inattendue d'un débouché important ; mais n'y aurait-il pas bien des deux parts compensation de ruines et de misères, égalité de maux? Et où serait le bénéfice? Un expédient si odieux ne soulèverait-il pas l'opinion du monde civilisé, et ne tournerait-il pas infailliblement à la confusion de ceux qui y auraient recours?

On raconte qu'au Japon, tout homme qui croyait avoir à se plaindre d'une offense était tenu, en vertu d'une vieille coutume peu à peu tombée en désuétude, d'aller trouver l'offenseur pour lui demander une réparation. Si on la lui refusait, la coutume exigeait qu'il s'ouvrît aussitôt le ventre avec un coutelas : sous peine de forfaire à l'honneur et d'être mis au ban de l'opinion publique, l'offenseur était obligé d'en faire autant. N'y a-t-il pas, je le demande, une certaine ressemblance entre les guerres de tarifs et le duel japonais? Refuser de recevoir des denrées dont on a besoin, en vue de faire tort au vendeur, n'est-ce pas déchirer ses propres entrailles pour endommager celles d'autrui? Et quoique l'ère féconde de la liberté du commerce commence seulement à poindre, les guerres de tarifs ne sont-elles pas, de nos jours, un anachronisme que l'on ne supporterait plus, même au Japon?   G. DE MOLINARI.

PRINCIPES D'ÉCONOMIE POLITIQUE

SUIVIS

DE QUELQUES RECHERCHES RELATIVES A LEUR APPLICATION,

PAR MAC CULLOCH,

Traduit de l'anglais sur la quatrième édition, par M. Augustin Planche [1].

Cet ouvrage du savant professeur de Londres parut pour la première fois en 1825; il a eu, depuis, trois autres éditions, dont la dernière a été publiée en 1849.

M. Mac Culloch a divisé son livre en quatre parties : la première, et la plus considérable, traite DE LA PRODUCTION ET DE L'ACCUMULATION DE LA RICHESSE ; la seconde, DE LA VALEUR ET DU PRIX ; la troisième, DE LA DISTRIBUTION, et la quatrième, DE LA CONSOMMATION DES RICHESSES. C'est dans le même ordre que nous en rendrons compte.

I.

Après une introduction déjà connue de nos lecteurs [2], et au début de la première partie de son traité, l'auteur pose en principe que le travail est l'unique source de la richesse (*valeur échangeable*); puis, il ajoute :

« La nature n'est pas, comme on a voulu souvent le supposer, avare et « envieuse; elle offre libéralement à l'homme ses produits, ses forces, ses « moyens variés. Ses services sont d'une utilité inestimable, mais étant accor- « dés libéralement et sans conditions, ils sont complétement privés de valeur « et, par conséquent, privés de la faculté de communiquer cette qualité à une « chose quelconque.

« ... Ceux qui prétendent, *comme presque tous les économistes du continent,* « que l'intervention des forces de la nature *ajoute* à la valeur des denrées, « confondent constamment l'utilité et la valeur, propriétés qui sont cepen- « dant aussi différentes que le sont la pesanteur et la couleur. Confondre de « pareilles choses, c'est trébucher au seuil même de la science. »

Deux choses nous ont frappé à la lecture de ces lignes : d'abord, le défaut de fondement du reproche adressé aux économistes du continent; ensuite, la coïncidence parfaite qu'elles semblent annoncer entre la doctrine de l'auteur et celle si ardemment soutenue par Bastiat, M. Carey et autres, sur la gratuité absolue et inaltérable du service de tous les agents naturels sans exception, doctrine qui a été récemment débattue au sein de la Société des économistes de Paris.

---

[1] Paris, 1851, Guillaumin et comp., 2 vol. in-8.
[2] *Journal des Économistes*, t. XXIII, p. 113 et 56.

Mais nous n'avons pas tardé à reconnaître que M. Mac Culloch est fort éloigné d'adopter, sur ce point, les opinions de MM. Bastiat et Carey, car voici ce qu'il ajoute peu après ce que nous venons de citer : « Il est vrai que « les forces agissantes de la nature peuvent quelquefois être possédées par « un ou plusieurs individus, à l'exclusion de tous les autres, et ceux qui s'ap-« proprient ces forces *peuvent exiger un prix pour les services qu'elles rendent*; « mais cela démontre-t-il que ces services coûtent quelque chose aux pro-« priétaires ? »

Assurément on ne peut exiger et obtenir un prix que pour ce qui a une va-leur échangeable, et il est clair que M. Mac Culloch reconnaît ici qu'une valeur peut s'attacher aux services naturels appropriés; or, les économistes du continent, ceux d'entre eux, du moins, qui méritent d'être connus, n'ont pas soutenu autre chose que ce qu'il affirme lui-même; ils n'ont jamais dit, d'une manière générale, ainsi qu'il le suppose, que l'intervention des forces agissan-tes de la nature *ajoutât* à la valeur des denrées; ils ont, au contraire, expressé-ment reconnu que la valeur s'abaisse à mesure que cette intervention gran-dit; mais en même temps, ils ont constaté que le prix obtenu par les denrées produites à l'aide de services naturels appropriés, quelque réduit qu'il puisse être, comprend ordinairement quelque chose pour le payement de ces services entre les mains de celui qui en dispose, et c'est ce que M. Mac Culloch recon-naît formellement lui-même. Qu'importe, après cela, que la valeur qui s'at-tache aux services naturels dont il s'agit soit un don gratuit pour le proprié-taire? en est-elle moins une valeur ?

M. Mac Culloch est donc, sur ce point, entièrement d'accord avec les écono-mistes qu'il désavoue, et ce désaveu ne résulte évidemment que d'un simple mal-entendu. Son opinion nous paraît se réduire à ceci : toutes les forces agissantes de la nature sont essentiellement gratuites *pour la société*, pour le genre hu-main considéré dans son ensemble et abstraction faite des individualités; or, ceci n'a jamais été contesté par personne; mais les lois naturelles des sociétés et l'intérêt du genre humain ayant rendu indispensable l'appropriation privée d'une partie de ces forces, celles-ci n'agissent gratuitement que pour ceux qui les possèdent, les autres ne pouvant s'en servir, lorsqu'il n'en reste plus de disponibles à leur portée, qu'à la condition d'en payer l'usage aux premiers; et ceci encore est généralement admis en économie politique. Les dissidences qui se sont récemment manifestées sur cette question de fait sont peu nom-breuses, et elles ne sauraient tenir longtemps contre les témoignages que peut facilement accumuler l'observation.

L'auteur recherche ensuite quelles sont les conditions qui contribuent le plus à donner au travail humain toute sa puissance. Il en signale trois prin-cipales : 1° la garantie de la propriété; 2° la faculté d'échanger, qui produit la division du travail ; 3° la tendance à l'accumulation, qui détermine la for-mation des capitaux.

Il établit que la propriété ne pourrait être privée de garanties sans que la terre fût dépeuplée et l'espèce humaine ramenée à la barbarie des premiers âges, et, comme tous les économistes, il juge ces garanties aussi légitimes, aussi nécessaires pour la libre application des facultés humaines, lorsqu'elles s'exercent en respectant la liberté et la propriété d'autrui, que pour la libre jouissance des propriétés extérieures. Ainsi, tous les monopoles concédant à des individus la faculté de se livrer à certains travaux, à l'exclusion de tous autres individus; toutes les prescriptions légales imposant des directions forcées, ou des obstacles, au légitime et libre emploi des forces industrielles, lui paraissent constituer des violations de propriété aussi injustes, aussi préjudiciables à la société, que celles qui affectent les autres propriétés.

En énumérant les avantages de la division des travaux, il fait remarquer que ces avantages sont nécessairement réduits par tout ce qui restreint la faculté d'échanger, et qu'ils peuvent d'autant mieux être portés à leurs dernières limites que les produits obtenus par des travaux susceptibles d'une grande division ont des *débouchés* ou un *marché* plus étendus. Cette vérité est l'une de celles qui font le mieux sentir combien sont absurdes et dommageables les obstacles législatifs apportés aux échanges internationaux, et par conséquent, à l'extension de tous les marchés et à une division plus complète et plus efficace des travaux entre les diverses fractions du genre humain.

« Le capital d'un pays, dit M. Mac Culloch, consiste *dans ces portions du pro-*
« *duit de l'industrie y existantes qui sont immédiatement utilisables, ou pour l'en-*
« *tretien des êtres humains, ou pour faciliter la production.* »

Cette définition ne nous a paru ni plus heureuse, ni plus exacte que toutes celles qu'on a essayé de donner jusqu'ici du capital : la véritable portée des termes employés semble lui faire comprendre tous les produits de l'industrie sans exception, et l'on ne voit pas quelle est la *portion* de ces produits que l'auteur a entendu réserver comme ne constituant pas un capital, à moins que par *produits immédiatement utilisables pour l'entretien des êtres humains*, il n'ait voulu désigner que ceux servant à la subsistance, à l'alimentation de l'homme ; mais alors nous ne verrions pas la raison qui lui aurait fait excepter les produits affectés au logement, au vêtement, à l'instruction, ou tout autre produit à notre usage. L'auteur pense, d'ailleurs, que le sens donné par sa définition au mot *capital*, pourrait encore être étendu, et qu'il n'y a pas de bonne raison pour ne pas considérer l'homme lui-même, l'homme en état de travailler, comme formant un capital.

Adam Smith et la plupart des économistes qui l'ont suivi divisent la masse des produits de l'industrie d'un pays en *capital* et *revenu* ; le premier, formé des portions du fonds général employées à la reproduction ; le second , composé de tout ce qui est appliqué à la satisfaction des besoins personnels des habitants et que l'on suppose consommé *improductivement*. M. Mac Culloch fait observer que ces distinctions manquent de bases précises , et qu'il est toujours extrêmement difficile de dire dans quelles circonstances l'emploi des produits de l'industrie est ou n'est pas reproductif; il signale, à ce sujet, les fonds appliqués par Arkwright et Watt à leur usage personnel, lesquels, d'après la définition de Smith, auraient été employés d'une façon improductive, tandis qu'il est certain, au contraire, qu'en leur permettant de subsister et de poursuivre leurs investigations, ces fonds ont contribué à accroître leurs richesses et celle de leur pays ; on trouve dans le grand et excellent ouvrage de M. Ch. Dunoyer (*De la liberté du travail*) des observations analogues.

Le fait est qu'il y a ici, comme dans quelques autres parties de la nomenclature et des classifications économiques, un peu de confusion; cependant, la notion du capital est l'une de celles dont la netteté importerait le plus à l'exactitude des principes de la science et de leurs déductions, et nous croyons devoir saisir cette occasion d'indiquer brièvement quelques résultats , auxquels un examen antérieur de la question dont il s'agit nous avait amené.

Les économistes ont voulu faire désigner au mot *capital*, toute la portion des produits existants de l'industrie qui se trouve appliquée au travail, à la reproduction, par opposition à la portion de ces produits qui se trouve employée aux satisfactions personnelles. Cette distinction était essentielle en économie politique, car, dans l'ensemble des produits accumulés de l'industrie, les seuls qui puissent contribuer à la création de richesses nouvelles, et par conséquent, fournir un revenu, sont ceux appliqués au travail ; les autres servent à l'entretien de l'homme, à la satisfaction de ses divers besoins, et bien qu'on ne puisse pas dire d'une manière absolue que ce dernier emploi soit improductif, puisqu'il sert à entretenir des forces généralement productives, il n'est pas moins certain qu'il n'en résulte pas autre chose que cet entretien et qu'il n'ajoute rien à la somme des richesses extérieures. Tandis que les emplois industriels sont la source de toutes les accumulations, les emplois personnels sont, au contraire, le principal obstacle à ces accumulations ; l'office des premiers est de créer des utilités valables, et celui des seconds de détruire ces utilités : il y avait donc pour distinguer les uns des autres les mêmes motifs que pour ne pas confondre la *production* avec la *consommation*.

Mais à quels caractères sera-t-il possible de reconnaître, dans le fonds général des produits de l'industrie, ce qui appartient au capital et ce qui ne doit pas y être compris ? Ni la nature, ni la destination des produits ne peuvent servir de base à cette classification ; car, à l'exception des *instruments* de travail proprement dits, tous les produits ont la même destination finale, celle des emplois personnels, et néanmoins, une portion considérable de ces produits, composée des matières premières approvisionnées par les fabricants, des articles confectionnés, emmagasinés par les marchands, fait incontestablement partie du capital ; la farine ou le pain chez le boulanger, l'habit chez le tailleur, le meuble chez l'ébéniste, sont encore des capitaux, quelque voisins qu'ils soient de l'emploi personnel ; ils ne perdent ce caractère que lorsqu'ils sont parvenus au consommateur et qu'ils ont ainsi cessé de se trouver *dans la circulation*. C'est cette dernière condition qui doit déterminer leur classification, car elle permet de distinguer facilement, dans le fonds général des produits, ce qui est capital de ce qui ne l'est pas. Ainsi, tous les instruments de travail : valeurs engagées dans le sol, usines, ateliers, bâtiments d'exploitation, routes, canaux, ponts, machines, outils, monnaie employée aux échanges nécessités par la production, font partie du capital ; tous les produits inachevés et tous les produits complets, mais se trouvant dans la circulation et non encore parvenus aux familles ou aux individus qui doivent les appliquer à leur usage personnel, font également partie du capital. Tous les produits *actuellement* voués aux usages personnels, ou parvenus au consommateur, tels que les bâtiments servant uniquement à l'habitation, les meubles et ustensiles, les provisions d'aliments, de linge, de vêtements, de combustibles, etc., existant dans chaque ménage, et le numéraire employé au renouvellement journalier des provisions, ne font point partie du capital ; ils composent ce que l'on pourrait appeler le *fonds appliqué aux consommations personnelles*. Plus ce fonds est considérable relativement à la population, et mieux les besoins *présents* sont satisfaits. Mais il se détruit rapidement et il faut qu'il soit constamment renouvelé ; or, la facilité de ce renouvellement, de même que l'accroissement du fonds *pour l'avenir*, dépendent surtout de l'importance du capital. Il nous semble que ces indications suffisent pour donner une idée assez nette de ce qui constitue le capital et pour faire distinguer aisément ce qui n'en fait pas partie.

Le besoin d'éviter tout ce qui, dans le langage économique, peut amener de la confusion, nous paraîtrait exiger encore que l'homme ou ses facultés ne fussent plus rangés parmi les capitaux. Ce sont des forces productives essentiellement différentes des autres instruments de l'industrie, et il convient de leur laisser la dénomination spéciale qui leur a été donnée par J.-B. Say, celle de *fonds de facultés industrielles*. Pour faire juger combien il est nécessaire de ne pas confondre ces facultés avec les capitaux, il nous suffira de rappeler ces axiomes de la science : *La demande du travail des ouvriers est en raison de l'abondance des capitaux ; — le taux du salaire est d'autant plus élevé que cette demande de travail est plus considérable relativement à l'offre*. N'est-il pas évident que si l'on voulait comprendre parmi les capitaux les ouvriers eux-mêmes, ou leurs facultés, ces propositions deviendraient inintelligibles ? et si elles pouvaient signifier que la demande du travail et le taux du salaire s'accroissent avec le nombre d'ouvriers, elles exprimeraient le contraire de la vérité.

Sans doute, les facultés humaines et les approvisionnements servant à les entretenir sont aussi indispensables à la production que les capitaux ; mais il ne résulte pas de là que ces facultés et les produits appliqués aux besoins personnels doivent être confondus avec les capitaux.

M. Mac Culloch, recherchant comment le capital augmente la puissance productive de l'homme, fait d'abord observer que la division des travaux ne saurait être poussée à un degré considérable sans l'accumulation antérieure d'une masse de capitaux (instruments et matières premières), et d'une certaine quantité de produits applicables à la satisfaction des besoins personnels ; car toute production nouvelle exige du temps, il faut vivre pendant ce temps, et l'on ne peut vivre qu'au moyen de provisions préalablement accumulées ; puis, il établit que le capital épargne le travail humain en y substituant les forces naturelles qu'utilisent les outils et les machines, qu'il rend par là nos facultés disponibles pour d'autres emplois et développe ainsi dans d'énormes proportions la puissance industrielle.

La tendance qui nous pousse à l'épargne, à l'accumulation, s'est développée dès les premiers âges du monde : le poisson séché, les canots et les lances des misérables habitants de la Terre-de-Feu, manifestent suffisamment l'existence, même chez les peuples les plus primitifs, de cette passion énergique et persévérante à laquelle nous devons toutes les richesses de l'univers. M. Mac Culloch établit ici que l'accumulation est d'autant plus facile que l'excédant des produits du travail sur les consommations qu'il comporte est plus considérable : c'est à cet excédant qu'il donne le nom de *profit*, et il pose en principe que les accumulations sont d'autant plus rapides et plus importantes que le taux général des profits est plus élevé, non-seulement parce qu'elles sont alors plus facilement réalisables, mais parce qu'il pense que le penchant à l'épargne acquiert plus de force dans les masses de la population et les dispose davantage à restreindre leurs consommations personnelles, à mesure que, par l'élévation du taux des profits, elles sont plus assurées de conquérir une position indépendante.

Ce n'est pas seulement l'espoir de se procurer des jouissances nouvelles qui porte l'homme à accumuler ; c'est encore, et plus fortement peut-être, la

crainte de manquer un jour des moyens de subvenir à ses besoins acquis.
L'auteur tire de cette observation vraie des conséquences qui ne nous semblent pas fondées : il prétend que des impôts considérables sont un stimulant
pour la passion de l'accumulation ; qu'ils excitent les individus à redoubler
d'activité et d'économie pour réparer les brèches qu'en reçoit leur fortune,
et qu'il arrive souvent que, leurs efforts triomphant de l'impôt, la richesse
nationale est augmentée malgré l'accroissement de cette charge ; et il entend
bien que cette augmentation de richesse est attribuable, en partie, à l'élévation de l'impôt, car il met en doute que le capital existant en Angleterre eût
été plus considérable qu'il ne l'est, sans les dépenses énormes imposées à ce
pays par la guerre terminée en 1815. M. Mac Culloch nous semble avoir un
peu cédé ici à cette disposition banale qui porte à considérer deux faits comme
étant la conséquence l'un de l'autre, uniquement parce qu'ils se sont produits
en même temps : les richesses de l'Angleterre s'étant accrues pendant que
les prodigalités et les dilapidations de son gouvernement suivaient une marche
progressive, les gens irréfléchis et les partisans intéressés des grosses dépenses gouvernementales se sont hâtés d'en conclure que de lourds impôts étaient
particulièrement favorables à la prospérité des nations. M. Mac Culloch est
assurément bien loin de vouloir appuyer une telle erreur ; il sait mieux que
personne que l'Angleterre n'a dû l'accroissement de sa richesse qu'au développement prodigieux de sa puissance industrielle ; mais il ne nous paraît pas
moins s'écarter de la vérité en attribuant une partie de ce développement à
une cause qui était, au contraire, de nature à le ralentir. Bien qu'il soit incontestable que la crainte de déchoir est l'un des principaux stimulants de l'activité humaine, on ne serait pas fondé à en conclure que ce stimulant est
d'autant plus énergique et plus efficace que les obstacles à la conservation des
positions acquises sont plus considérables ; les éventualités naturelles de déchéance sont assez multipliées pour maintenir cette crainte salutaire, sans qu'il
soit besoin de la surexciter par les dilapidations gouvernementales ; si ce moyen
de surexcitation peut réveiller l'activité d'un petit nombre d'individus déjà riches, en les mettant dans l'impossibilité de maintenir leur position sans travailler, il est, au contraire, une cause de découragement pour l'activité des masses,
car il diminue le degré de certitude et d'importance de la récompense que
chacun peut attendre de ses travaux. M. Mac Culloch ne vient-il pas d'établir
lui-même que la passion de l'accumulation était d'autant plus active et plus
puissante que l'excédant des productions sur les consommations qu'elles nécessitent, ou ce qu'il appelle le *taux des profits*, était plus considérable ? or, il
n'est pas possible que les dépenses des gouvernements, dont la majeure partie
est toujours stérile, ne réduisent pas cet excédant dans la proportion de leur
importance. M. Mac Culloch ne devait donc pas méconnaître que le seul effet
général qu'elles puissent produire sur le penchant à l'accumulation est de le
décourager et de l'affaiblir.

Par les mêmes motifs, nous ne saurions admettre que, comme l'auteur paraît le penser, le bas prix des fermages soit un obstacle au perfectionnement
des cultures et à l'amélioration de la condition des fermiers. Ceci nous semble
également en contradiction avec ce qu'il vient d'établir relativement aux effets
de l'élévation du taux des profits ; car, s'il est vrai qu'un fermier soit plus
mauvais cultivateur à mesure que le fermage qu'il paye est plus au-dessous
de sa valeur réelle, c'est-à-dire à mesure *qu'il pourrait plus facilement élever ses*

profits, il ne faut plus dire que les conditions qui permettent d'obtenir des profits élevés sont l'encouragement le plus puissant au penchant à l'accumulation, penchant qui se satisfait également par les perfectionnements de l'industrie et par l'épargne.

Après les chapitres que nous venons d'examiner, l'auteur s'occupe du crédit et de la circulation des billets. Cette partie de son travail nous a paru traitée avec une concision et une netteté parfaites. Nous ne croyons pas possible d'exposer avec plus de clarté et en moins de pages les véritables effets du crédit, et, tout en faisant la part de ses avantages réels, de démontrer d'une manière plus saisissante l'erreur de ceux qui croient voir une multiplication des capitaux dans le mouvement qui les fait passer d'une main dans une autre.

La même netteté se fait remarquer dans le chapitre suivant, qui traite de la monnaie, du monnayage, de l'usage du papier-monnaie et des lettres de change.

L'auteur aborde ensuite l'examen des principales questions qui se rattachent à l'industrie commerciale, et il les traite avec une justesse de vues et une lucidité d'exposition qui mettent dans tout son jour la vérité des principes posés par la science en cette matière. Après avoir fait justice des pitoyables préjugés qui voient dans le commerçant un intermédiaire parasite entre le producteur et le consommateur ; après avoir fait remarquer le défaut de portée des dissertations ayant pour objet la question de savoir quel est le plus avantageux du commerce intérieur ou du commerce extérieur, il établit que ce dernier commerce est une condition de la division du travail entre les différents peuples, comme le commerce intérieur est la condition de la division du travail entre les provinces, les communes et les individus d'un même pays ; en sorte que les échanges internationaux contribuent à l'accroissement de la richesse des diverses nations qui y prennent part, absolument de la même manière que le commerce et la division du travail à l'intérieur contribuent à l'accroissement de la richesse des diverses fractions d'une même nation ; qu'en conséquence, les obstacles législatifs apportés au commerce international sont autant de restrictions à la division des travaux, c'est-à-dire à la condition qui contribue le plus à la puissance et à la fécondité de l'industrie ; ils sont, tout au moins, aussi dommageables que ceux qui empêcheraient les transactions entre les diverses provinces d'un même État.

M. Mac Culloch fait voir clairement que s'interdire la faculté d'acheter certaines denrées aux lieux où on les trouve au meilleur marché, c'est réduire stupidement la valeur et l'utilité de ce que l'on produit soi-même ; car la valeur d'un produit se mesure par la quantité de tout autre objet valable qu'il peut faire obtenir en échange, et se priver de la faculté de vendre ce que l'on a, ou, ce qui revient absolument au même, de la faculté d'acheter ce que l'on veut avoir à ceux qui offrent en retour la plus grande quantité de ces derniers objets, est une duperie évidente et tout aussi humiliante pour les nations qui s'imposent volontairement une telle privation en croyant, par là, servir leurs intérêts, qu'elle le serait pour des particuliers.

Les prohibitions ou les droits protecteurs fondés sous le prétexte de favoriser le développement d'une branche de production à l'intérieur, ont pour premier effet de détourner une portion des capitaux et des facultés industrielles du pays vers un emploi qu'ils n'eussent pas choisi sans cela, c'est-à-dire de les détourner d'un emploi où ils trouvaient naturellement leur rémunération, sans rien prendre à personne, vers un autre emploi où ils ne peuvent compléter cette rémunération qu'au moyen d'une véritable taxe prélevée sur les consommateurs, taxe égale à toute la différence qui se trouve entre le prix du produit indigène et le prix de son similaire exotique. M. Mac Culloch démontre très-bien que si ces restrictions peuvent fournir, dans les commencements, aux premiers producteurs qui en profitent, la faculté de maintenir la taxe sur les consommateurs à un taux assez élevé pour y trouver des bénéfices exceptionnels, leur résultat ultérieur est de rendre cette taxe perpétuelle, en l'affaiblissant un peu, mais sans qu'elle profite à personne, attendu que la concurrence entre les producteurs nationaux qui s'engagent successivement dans la branche d'industrie ainsi protégée, ne tarde pas à ramener les profits qu'elle donne au taux général des profits dans le pays; que, dès lors, elle n'offre plus à ceux qui l'exercent aucun avantage exceptionnel, bien que les consommateurs continuent à payer ses produits plus cher qu'ils ne les payeraient aux étrangers. Cette différence de prix tient alors, ou à l'infériorité relative des procédés de production employés par les entrepreneurs protégés, procédés que la protection leur permet de laisser dans un état arriéré, ou bien, à des conditions naturelles moins avantageuses dans le pays qu'elles ne le sont au dehors ; et, dans ce dernier cas, on a la preuve irrécusable que l'industrie en question ne convient pas au pays dans lequel on a voulu l'implanter. Enfin, l'auteur démontre que chaque peuple, alors même qu'il ne consommerait que des denrées étrangères, n'appliquerait jamais ainsi à ses besoins que les produits de sa propre industrie, puisque les denrées étrangères ne lui seraient pas livrées pour rien, et qu'il ne pourrait les obtenir que contre des équivalents provenant inévitablement de son industrie ; qu'ainsi, la consommation à l'intérieur d'un produit étranger procure *nécessairement* tout autant d'emploi au travail national que la consommation d'un produit indigène.

Tout cela est d'une évidence à faire espérer que les populations ne resteront plus longtemps encore aveuglées sur ces grands intérêts, et que les ténèbres répandues par l'esprit réglementaire et restrictif, aidé de tous les efforts des intérêts cupides qui trouvent ou croient trouver leur compte dans le régime spoliateur qu'il a fondé, finiront bientôt par se dissiper.

Ce qui vient d'être établi amène M. Mac Culloch à examiner la question controversée de la dépense faite à l'étranger par ceux qui s'absentent de leur pays : « S'il est vrai, dit-il, qu'un *gentleman* anglais, vivant en Angleterre et « ne consommant dans sa demeure que des articles étrangers, encourage l'in-« dustrie au même degré que s'il ne consommait que des articles anglais, *il* « *est clair* qu'il en est de même de ce gentleman en voyage. Quelque produit « qu'il achète à l'étranger, lorsqu'il se trouve à Paris ou à Bruxelles, il faut « qu'il le paye directement ou indirectement en articles anglais, tout comme « s'il résidait à Londres. Et il est difficile de trouver des motifs quelconques « pour affirmer que, dans ce dernier cas, *ses dépenses sont moins profitables à* « *son pays que dans le premier.* »

Cette conclusion couvre un sophisme échappé à la sagacité de l'auteur ; car, de ce que le voyageur consomme des valeurs provenant du travail anglais, il n'en résulte pas que ses consommations soient *profitables* à son pays. Le profit ne consiste pas dans le travail, mais dans ses produits.

Remarquons d'abord que l'Anglais résidant ne saurait, quoi qu'il fasse, borner ses consommations à des produits étrangers ; son logement, son chauffage, son blanchissage, ses besoins de communication et de transport, la plus grande partie de ses besoins d'alimentation, etc., ne pourront être satisfaits que par des produits indigènes ; tandis que, s'il est en voyage hors de son pays, tous ses besoins, sans exception, seront satisfaits par des produits étrangers. Les deux positions ne sauraient donc être identiques sous ce rapport, non plus que sous celui de l'accumulation, c'est-à-dire de l'emploi d'une partie du revenu à la reproduction ; accumulation qui est en général plus facile pour celui qui réside que pour celui qui voyage, et qui, d'ailleurs, ne profite qu'au pays où elle est appliquée.

Il reste vrai, toutefois, que si les revenus de l'Anglais en voyage sont fournis par l'industrie anglaise, la valeur qu'il consomme à l'étranger, sous diverses formes, est toujours un produit de cette industrie ; mais il ne s'ensuit nullement que ces consommations soient profitables à *l'Angleterre* ; évidemment elle n'en profite pas plus que si elle en jetait la valeur à la mer, puisqu'il ne lui en revient pas davantage. Que le voyageur transporte son revenu sous forme de monnaie, de quincaillerie ou de tissus de coton, il est certain que la valeur de ce revenu est fournie par le travail de son pays ; mais il n'est pas moins certain que si cette exportation n'amène aucun retour, elle constitue une perte de richesse pour le pays ; tandis qu'un produit étranger, amené en Angleterre pour y être consommé, fait partie des richesses de l'Angleterre aussi longtemps qu'il n'est pas anéanti, absolument au même titre que les produits de fabrication anglaise ; et il ne faudrait pas conclure de ce qu'il est voué, comme ces derniers, à une destruction plus ou moins rapide, qu'il est indifférent qu'il soit consommé dans le pays ou au dehors, car la richesse, le bien-être d'une contrée sont précisément en raison de son pouvoir de consommer ; et il est clair que ce pouvoir est restreint dans la proportion de ce que l'on en sort sans y rien rapporter. Si toutes les riches familles anglaises étaient constamment en voyage, le revenu qu'elles tireraient ainsi du pays, sans restitution aucune, équivaudrait exactement, pour l'Angleterre et sa population résidente, à un tribut payé à une nation étrangère.

Il est donc hors de doute que si un pays ne s'appauvrit pas en échangeant ses propres produits contre des produits étrangers, il s'appauvrit infailliblement de toutes les richesses qu'il exporte sans rien importer en retour, et c'est principalement par cette raison que l'*absentéisme* est justement considéré comme une des causes de la misère des Irlandais.

On a souvent discuté la question de savoir à laquelle des trois grandes divisions de l'industrie, agriculture, industrie manufacturière et commerce, on devait accorder la préférence, comme offrant plus d'avantages que les autres. Les économistes de l'école de Quesnay, et après eux Smith , Malthus et d'autres, ont soutenu que l'agriculture offrait plus d'avantages généraux que les manufactures et le commerce. M. Mac Culloch prouve que ces distinctions sont oiseuses ; que les trois grandes divisions de l'industrie générale sont intimement liées entre elles et ne pourraient fonctionner et se développer l'une sans l'autre. Il pense que le plus ou moins d'avantages offerts par divers genres de travaux ne peut s'apprécier que par la comparaison du taux moyen des profits donnés par chacun d'eux. Ceci l'amène, toutefois, à considérer avec sollicitude les conditions extraordinaires dans lesquelles se trouve placée la population anglaise, par suite du développement prodigieux de son industrie manufacturière, et ce n'est pas sans anxiété qu'il se livre à cet examen. Il nie, avec tous les observateurs exacts, que les travaux manufacturiers soient nuisibles au développement de l'intelligence des ouvriers, et il combat également, par des observations qui nous semblent un peu moins concluantes, l'accusation portée contre ces travaux d'altérer la constitution physique et la santé des populations ; mais il voit dans l'accroissement rapide et presque effrayant de la population ouvrière, que détermine, en Angleterre, l'extension progressive de l'industrie manufacturière ; dans l'organisation de cette industrie en entreprises colossales, qui rendent impossible la concurrence des petits établissements, et opposent ainsi un obstacle infranchissable à tous les ouvriers salariés qui pourraient aspirer à la position de maître ou entrepreneur ; dans le mécontentement que cette position inspire aux ouvriers les plus capables ; dans les dispositions hostiles qu'elle entretient, etc., de graves motifs d'inquiétude pour l'avenir. « Cependant, dit-il, dans un état de choses si nou-« veau et qui n'a point encore de précédents, l'expérience ne nous donne que « peu ou point de lumières pour raisonner sur le cours probable des événe-« ments et sur les résultats qui naîtront d'un tel état de société..... Il est ce-« pendant permis d'espérer qu'un système qui, à son début, a produit un si « grand accroissement de richesse, de prospérité et de jouissance, n'amènera « pas, finalement, la ruine et le malheur de la nation. »

M. Mac Culloch traite fort judicieusement la question des machines ; il établit que l'accumulation progressive des capitaux, sous cette forme, ne peut qu'augmenter, et non réduire, d'une manière durable, la demande du travail humain, dont les applications sont très-diversifiées et indéfiniment variables et extensibles, comme les besoins. L'accroissement continu de l'emploi des machines a pour effet général d'utiliser de plus en plus les forces naturelles gratuites, et, par conséquent, d'abaisser la valeur des produits à la création desquels elles concourent ; l'acquisition de ces produits n'exigeant plus alors qu'une portion des ressources qu'elle nécessitait auparavant, le surplus forme un moyen d'échange, un *débouché* pour de plus grandes quantités des mêmes produits, ou pour d'autres produits sollicitant d'autres travaux. Chaque nouvelle substitution de forces naturelles gratuites aux services humains laisse ainsi une portion des ressources générales disponible pour salarier de nouneaux services ; et comme les masses de la population *n'ont jamais assez* de tout ce que peut fournir le travail humain, la demande du travail s'accroît nécessairement en même temps que les ressources disponibles. L'exemple de l'Angleterre, depuis un siècle, donne à cette assertion la sanction de l'expérience ; car en même temps que l'emploi des machines y a reçu un développement immense, le nombre des travailleurs y a presque triplé. Il est vrai, néanmoins, que les nouvelles applications de machines entraînent fréquemment des pertes et des souffrances partielles et passagères, des pertes sur les capitaux engagés dans les procédés abandonnés, des souffrances pour les ouvriers dont l'industrie spéciale est rendue inapplicable ou moins utilisable, et qui sont obligés de se former pour d'autres travaux.

L'auteur examine ici les causes de l'encombrement des marchés : les plus générales sont, ou l'altération de la confiance, qui ralentit la masse des transactions ; ou un déficit éprouvé dans les branches principales de la production, qui restreint chez le grand nombre le *pouvoir* d'acquérir ; ou des changements survenus dans les modes, dans la manière de pourvoir à certaines classes de besoins ; ou enfin de mauvaises applications des fonds productifs, c'est-à-dire des applications disproportionnées à l'étendue des besoins auxquels elles répondent, eu égard aux ressources applicables à ces besoins. L'auteur donne à ces dernières causes d'encombrement la dénomination de *calculs erronés des producteurs*, et il fait remarquer que ces erreurs sont ordinairement provoquées par une augmentation survenue dans la demande des produits auxquels elles s'appliquent, augmentation qui, en élevant les profits de cette branche de production, y attire presque toujours plus de capitaux et de facultés industrielles qu'il ne serait nécessaire pour ramener les profits au taux moyen. Les spéculations des producteurs sont d'ailleurs rendues plus incertaines par l'intervention des gouvernements dans le commerce international, et par les fluctuations dues à la diversité des mesures qu'ils prennent successivement. Un régime de véritable liberté commerciale réduirait la fréquence et l'intensité des encombrements, en donnant aux spéculations des producteurs des bases moins variables et en étendant le marché de tous les produits.

M. Mac Culloch admet les doctrines de Malthus sur la population ; seulement, il fait observer que Malthus n'a pas suffisamment insisté sur les modifications que recevait l'action des lois qu'il a décrites, de l'influence des diverses circonstances au milieu desquelles les populations sont placées, et qu'il n'a pas assez apprécié la puissance de l'obstacle que la prudence humaine peut apporter et apporte effectivement à une multiplication excessive de population. L'étude des faits démontre que les hommes font de la *contrainte morale* un usage beaucoup plus général qu'on ne le suppose : tandis qu'aux Etats-Unis la population double tous les vingt-cinq ans, la progression dans les anciens Etats de l'Europe est incomparablement plus lente et ne produirait le doublement que dans des périodes de quatre-vingts, cent, cent cinquante ans ou plus ; or, il est prouvé qu'elle se proportionne ainsi à la plus grande difficulté que l'on trouve en Europe pour se procurer des moyens d'existence, non par le fait d'une plus grande mortalité, mais par celui de l'infériorité relative du nombre des naissances ; d'où résulte incontestablement que ces énormes différences dans la progression des populations, dont les unes ne peuvent accroître leurs moyens d'existence qu'avec beaucoup plus de difficulté que les autres, sont principalement dues à la prévoyance, à la contrainte morale. Les conseils de la science, à cet égard, ne sauraient donc être aussi impuissants qu'on se plaît à le répéter ; dès que la prudence humaine est déjà assez efficace pour rendre les naissances deux fois moins nombreuses en France qu'aux Etats-Unis, pour un même chiffre de population, il n'est pas déraisonnable de compter qu'elle pourrait faire davantage encore, si elle en reconnaissait la nécessité.

Quant au reproche adressé aux doctrines de Malthus, de contrarier les décrets de la Providence, de mettre en doute la bonté divine, etc., il est tout simplement absurde : la Providence ne nous a doués de la faculté de prévoir que pour que nous en fissions usage ; or, si la prévoyance est légitime lorsque nous l'appliquons, par exemple, à la formation d'approvisionnements qui puissent nous préserver de la faim et du froid, comment deviendrait-elle coupable lorsqu'elle nous porte à éviter de faire naître plus d'êtres humains que ces approvisionnements ne pourraient en faire subsister ?

Après un chapitre fort intéressant sur les *assurances*, qui ont acquis en Angleterre une énorme importance [1], M. Mac Culloch termine la première partie

---

[1] « Il résulte de documents imprimés par ordre de la Chambre des communes, que « le droit perçu sur les polices d'assurances contre l'incendie pour le Royaume-Uni, « s'est élevé, en 1845, à 1,032,188 liv. st. ; le droit étant généralement de 3 schellings

de son ouvrage par un examen de l'action utile des gouvernements, des conditions qui rendent leur intervention nécessaire et des limites dans lesquelles cette intervention doit se renfermer. Il paraît d'abord s'écarter, ici, de la doctrine généralement admise par les économistes ; car il pose en principe que le devoir des gouvernements n'est pas simplement de garantir la sécurité et la liberté, mais d'*assurer le progrès du bonheur ou de la prospérité publique ;* cependant, la dissidence est, au fond, beaucoup moins prononcée que ne le ferait supposer un tel début, car, à l'exception de ce qui concerne l'assistance légale et l'enseignement par l'Etat, les opinions de l'auteur sur les attributions que les gouvernements peuvent utilement exercer, et sur les limites de leur intervention, concordent généralement avec celles des principaux économistes. Les conclusions que voici témoignent suffisamment de cette concordance :

« On ne peut trop fortement persuader à ceux qui ont en main le pouvoir
« que la *non-intervention* doit être le principe dominant de leur politique, et
« que l'intervention ne devrait être que l'exception ; que dans toutes les cir-
« constances ordinaires, on doit laisser les individus diriger leur conduite
« selon les inspirations de leur jugement et de leur prudence personnels, et
« qu'on ne doit jamais intervenir pour des motifs théoriques ou douteux,
« mais seulement lorsque la nécessité en est bien évidente, ou lorsqu'il
« est clairement démontré que l'intervention produira un avantage pour le
« public. La maxime *ne pas trop gouverner* ne devrait jamais être perdue de
« vue par les législateurs et les ministres. »

On voit que si l'auteur admet le principe socialiste, que les gouvernements doivent avoir pour but et pour mission le progrès de la prospérité publique, il entend que cette mission est d'autant mieux remplie qu'ils respectent davantage la liberté des travaux et des transactions et qu'ils limitent plus étroitement leur intervention. Cette portion de son livre est d'ailleurs l'une des plus importantes, car il y traite de presque toutes les questions qui se rattachent à l'exercice de l'autorité publique. Bien que nous n'adoptions pas toutes ses conclusions, notamment celles relatives aux conditions d'hérédité et aux avantages, fort contestables selon nous, qu'il croit reconnaître dans la consécration légale du droit de primogéniture, nous signalerons comme très-dignes d'être méditées ses observations sur la législation des faillites, sur l'emprisonnement pour dettes et sur les banques à émission de billets au porteur.

II.

La deuxième division de l'ouvrage est consacrée à l'examen des lois naturelles qui déterminent la valeur et le prix des produits de l'industrie. A part de judicieuses observations sur le commerce de spéculation en général, et sur le commerce des grains en particulier, cette partie du travail de M. Mac Culloch ne nous a pas paru offrir la netteté de vues et d'exposition qu'il a su apporter ailleurs. Cela nous paraît tenir, en grande partie, à la nomenclature très-défectueuse dont il a fait usage. Ainsi, par exemple, le mot *prix*, qui, pour la généralité des économistes, est l'expression de la valeur échangeable des produits, pour une quantité de monnaie déterminée, est employé plusieurs

« pour 100 sur les propriétés assurées, on en tirerait la preuve que la valeur de ces
« dernières s'est élevée à la somme prodigieuse de 668,125,133 liv. st. » (17 milliards
567 millions de francs). Tome I. p. 289.

fois dans cette même acception par M. Mac Culloch ; mais en même temps, et parfois dans la même phrase, il l'emploie dans un sens entièrement différent, lui faisant désigner ce que Smith appelle le *prix naturel* ou *nécessaire* des produits, c'est-à-dire la quantité de travail qu'ils ont exigée. Ainsi encore, le mot *valeur* reçoit tantôt cette dernière acception donnée au mot *prix*, désignant la quantité de travail employée dans un produit, tantôt celle de *valeur échangeable*; seulement M. Mac Culloch distingue quelquefois l'espèce de valeur dont il entend parler, en se servant, dans le premier cas, des mots *valeur réelle*, et, dans le second, des mots *valeur de marché*, bien que cette dernière soit évidemment la seule valeur *réelle* ou effective[1]. Ces applications de mots identiques à des idées très-différentes répandent de l'obscurité et de la confusion sur toute cette dissertation et la rendent difficilement intelligible.

L'auteur, admettant l'une des théories de Smith, sans tenir compte des corrections très-fondées et très-nécessaires qui y ont été apportées depuis longtemps par J.-B. Say, suppose que le travail humain est, comme base des valeurs, un élément uniforme, et que pour expliquer la différence de valeur *réelle* existant entre deux produits, il n'y a pas à apprécier autre chose que la différence dans la *quantité* de travail exigée par chacun d'eux ; en sorte que la valeur serait toujours exactement proportionnelle à la quantité de travail employée. Cependant M. Mac Culloch reconnaît que ceci n'est vrai que des produits dont l'offre ne se trouve soumise à aucun monopole naturel ou artificiel ; et il a admis lui-même, ailleurs, que la production agricole, qui fournit la plus grande masse des produits, n'est pas dans cette condition ; qu'il faut d'autant plus de travail pour obtenir les mêmes denrées, qu'on s'adresse à des terrains moins fertiles ; qu'alors une partie de la valeur *de marché* des denrées obtenues sur les terrains les plus fertiles, rémunère cette supériorité de fertilité entre les mains du propriétaire, et par conséquent n'est pas due au travail, etc. Il y a bien là un aveu formel que la valeur échangeable d'une multitude de produits ou denrées n'est pas proportionnelle à la quantité de travail qu'ils ont exigée, et néanmoins M. Mac Culloch raisonne comme si cette proportionnalité était la règle constante et universelle, et comme si l'exception de la production agricole ne méritait pas d'être comptée.

Au surplus, et même pour les cas placés hors de cette exception, hors de tout monopole naturel ou artificiel, et où la quantité des produits peut toujours s'accroître dans la proportion du travail qu'on veut y consacrer, la prétendue proportionnalité dont il s'agit n'est jamais exacte : la valeur est une quantité essentiellement relative et constamment variable dans tous les objets auxquels elle s'attache, et c'est ce que M. Mac Culloch lui-même a démontré mieux que personne ; mais le travail humain ne fait point, comme il semble l'admettre, exception à cette règle ; sa valeur propre est soumise à autant de causes de fluctuation que celle de toute autre chose valable. Non-seulement une même quantité de travail de même espèce a une valeur qui varie dans le temps et dans l'espace, mais le travail humain se divise en des milliers d'espèces diverses, dont chacune a une valeur spéciale, différant plus ou moins de celle des autres espèces. Ce sont là des vérités qu'il suffit d'énoncer, car chacun peut en trouver facilement la confirmation dans les faits qui l'entou-

---

[1] J.-B. Say a fort bien établi que la distinction entre le prix *naturel* et le prix *courant* est tout à fait chimérique, et qu'il n'y a d'autre prix réel que le prix courant. (Voir notamment ses notes sur les *Principes* de Ricardo, t. I, p. 111 et suivantes.)

rent; et s'il est vrai, s'il est incontestable que deux travaux d'espèce différente n'ont presque jamais la même valeur ; qu'en outre, la valeur de chaque travail varie sans cesse selon les lieux et le temps, comment serait-il possible d'admettre que la valeur des produits est toujours proportionnée à la *quantité* du travail absorbé? En vérité, il ne serait guère plus déraisonnable d'affirmer que cette valeur est toujours proportionnée à la quantité de la *matière* employée.

Ce qui doit être admis, c'est que les valeurs spéciales des différents produits *tendent* sans cesse à se proportionner, non pas seulement à la quantité de cette chose complexe, composée d'éléments très-divers, que l'on nomme le *travail*, mais à l'ensemble des frais de chaque production, c'est-à-dire à la valeur des services de tout genre qu'elle exige : services de facultés industrielles, de diverses espèces et de valeurs très-différentes, services de capitaux, services d'agents naturels appropriés. Les frais de production, ainsi composés, déterminent le niveau dont la valeur échangeable des produits ne saurait s'écarter considérablement d'une manière durable ; parce que, sous un régime de libre concurrence, les capitaux et les facultés industrielles tendent sans cesse à se porter vers les applications qui offrent le plus d'excédant de valeurs en sus des dépenses de production, et à se dégager des emplois les moins profitables, ce qui ne permet pas qu'il y ait pendant longtemps, dans une branche de production, des résultats inférieurs aux frais, ou donnant des bénéfices exceptionnels.

Cette théorie nous semble représenter fidèlement les faits tels qu'ils se passent ; elle est aussi simple et aussi claire que possible ; elle a été exposée depuis plus de trente ans, avec toute la lucidité désirable, dans les dernières éditions du traité de J.-B. Say, et elle n'a jamais été réfutée. D'où vient donc qu'elle ne soit pas encore généralement acceptée? Serait-ce, comme quelques-uns l'ont dit, parce qu'elle explique *la valeur par la valeur*, la valeur des produits par celle des services employés à leur production? Mais comment pourrait-il en être autrement pour une *qualité* essentiellement relative, qui n'existe et ne peut se concevoir que par des comparaisons, au point qu'on ne peut indiquer la valeur d'un objet sans exprimer en même *temps* celle d'un autre objet? Il est donc bien évident qu'une valeur quelconque ne saurait s'expliquer que par la décomposition d'autres valeurs dont elle est formée, et c'est précisément ce que fait la théorie dont il s'agit. Nous serions presque tenté de penser que cette théorie aurait été admise avec moins d'hésitation, si J.-B. Say ne l'avait pas rendue si facilement intelligible ; car il est beaucoup d'esprits disposés à faire peu de cas des vérités assez lumineusement exposées pour ne pas exiger de grands efforts d'attention, et qui n'admettent pas volontiers que ce qui est clair puisse être profond.

M. Mac Culloch termine cette deuxième partie de son livre par un examen des effets qu'exercent sur la valeur des produits l'emploi des diverses natures de capitaux, et les variations dans le taux des salaires et des profits ; il reproduit, en l'appuyant, une théorie de Ricardo, au moyen de laquelle celui-ci prétendait démontrer que les variations dans le taux du salaire n'affectent pas la valeur des produits formés à l'aide de capitaux d'*une durée identique*, et que l'effet des variations de salaire sur la valeur relative des produits formés à l'aide de capitaux d'*inégale durée* est tout autre qu'on ne le suppose généralement ; une hausse de salaire devant, selon lui, dans le plus grand nombre des cas, amener une *baisse* dans le prix de certaines catégories de produits, tandis qu'une baisse de salaires devrait amener une *hausse* dans le prix d'autres produits.

Voilà assurément des résultats qui paraissent peu d'accord avec les principes de la science les plus universellement admis; car le salaire étant une partie des frais de production, et la valeur des produits tendant constamment à se rapprocher du niveau de ces frais, on ne comprend guère comment une hausse réelle de salaire pourrait amener une baisse dans la valeur des produits, *et vice versâ*. Ricardo et M. Mac Culloch se donnent beaucoup de peine pour justifier ces paradoxes; ils supposent que la hausse ou la baisse de salaire sont alors compensées, ou plus que compensées, par des réductions ou des augmentations dans le *taux des profits* (on sait que les économistes anglais désignent par là l'intérêt des capitaux et le bénéfice des entrepreneurs). Les raisonnements au moyen desquels ils prétendent établir que cette supposition est une déduction logique des principes de la science ne se comprennent pas facilement, et ils nous semblent plus subtils que fondés; dans tous les cas, ils mènent à des conclusions qui ne sont nullement justifiées par les faits.

Sans doute, il peut arriver qu'une hausse de salaire coïncide avec une réduction dans le taux des profits, et que, les frais de production réduits par cette dernière cause dans une proportion égale ou supérieure à l'augmentation qui résulte de la hausse du salaire, la valeur des produits ne soit pas affectée, ou même qu'elle soit réduite; mais ce qui nous paraîtrait inadmissible, ce serait que l'on voulût voir dans ces faits exceptionnels le résultat d'une loi constante; ce serait la prétendue nécessité d'une compensation à la hausse ou à la baisse du salaire par des variations *en sens inverse* dans le taux des profits. Ce qui se voit, au contraire, le plus fréquemment, c'est que les profits et les salaires haussent et baissent ensemble, et cela, par suite d'une augmentation ou d'une diminution temporaire survenues dans la valeur des produits, et qui sont elles-même la conséquence de variations dans le rapport entre les quantités offertes et demandées de ces mêmes produits. Il est très-rare que les capitaux et les facultés industrielles attachés à une même branche de production ne soient pas affectés *dans le même sens* par les circonstances qui influent sur la valeur de ses produits; aussi n'est-ce pas là, peut-être, ce que M. Mac Culloch a entendu contester, bien que la manière dont il a présenté ses observations semble leur donner cette portée. L'une de ses conclusions autorise à penser que son intention a été surtout d'établir qu'un pays où les capitaux sont très-abondants et où, par conséquent, le prix de leur usage est faible, peut payer des salaires élevés et, néanmoins, fournir des produits à aussi bas prix, ou même à plus bas prix qu'un autre pays où le taux des salaires sera inférieur, mais où, en raison du peu d'abondance des capitaux, le prix de leur service sera comparativement plus élevé; or, ceci peut être parfaitement fondé, et l'exemple de l'Angleterre, où beaucoup d'objets sont produits à plus bas prix que sur le continent européen, malgré l'élévation relative des salaires, prouve suffisamment la possibilité du cas; mais ce fait n'autorise nullement à affirmer que le bas prix du service des capitaux soit, en Angleterre, la conséquence de l'élévation des salaires, car ce bas prix peut fort bien s'expliquer par la grande abondance des capitaux.   A. CLÉMENT.

REVUE

DE L'ACADÉMIE DES SCIENCES MORALES

ET POLITIQUES.

SOMMAIRE : Rapport sur la répression pénale, ses formes et ses effets (chiffres d'émigration), par M. Bérenger. — *Mémoire sur les origines, le développement et la décadence de la démocratie athénienne* (renseignements statistiques sur cette république), par M. Filon. — Résultats des travaux récents d'assainissement dans les villes manufacturières, par M. Blanqui.

Le *Journal des Economistes* a déjà eu l'occasion, par de fréquentes publications, de témoigner de sa sollicitude pour les diverses questions qui se rattachent au régime de la répression pénale, et notamment aux moyens de la rendre rassurante pour la société, et moralisatrice pour ceux qui sont l'objet de ses sévérités. Aussi n'est-il pas sans intérêt d'insister, avec quelques détails, sur un rapport présenté à l'Académie par M. Bérenger, à la suite d'une mission qu'elle lui avait confiée l'année dernière, à l'effet d'étudier les différents établissements de répression de France et d'Angleterre. L'Académie, par une semblable mission, ne faisait que persister dans la voie qu'elle a si utilement inaugurée par différents concours et plusieurs publications successives sur le même sujet, et en chargeant M. Bérenger d'ouvrir sur un pareil sujet une enquête en son nom, elle assurait par avance le succès de la mission.

Le rapport de M. Bérenger n'est pas encore complétement terminé ; l'honorable membre n'a lu à l'Académie que la partie relative à l'Angleterre, et dans cette première partie, le point intéressant est celui qui concerne la déportation, éprouvée depuis plus d'un siècle par nos voisins, et dont ils semblent aujourd'hui contester les bons effets, au moment même où nous commençons à l'introduire dans notre système de répression pénale.

Dans l'antiquité, le bannissement était une peine fréquemment appliquée. Sous le nom d'ostracisme, il frappait, à Athènes, les citoyens les plus illustres; leur gloire et leur vertu n'étaient pas à l'abri des soupçons d'une démocratie inquiète et jalouse. A Rome comme en Grèce, l'on vit souvent l'éloignement momentané infligé à des citoyens; mais la déportation proprement dite, c'est-à-dire l'éloignement de la mère-patrie, joint à l'obligation de séjourner dans un lieu déterminé, n'apparaît que dans une loi d'Auguste, et il est probable qu'elle fut peu pratiquée dans ces conditions.

En France, la déportation était remplacée autrefois par le bannissement à perpétuité ou à temps, soit hors du royaume, soit seulement hors du ressort du Parlement : celle prononcée hors du royaume entraînait la mort civile et la confiscation des biens.

En Angleterre, loin d'admettre la déportation, la loi commune garantissait à tout sujet anglais, même au criminel, le droit de rester dans le royaume. Blackstone rapporte qu'un statut d'Elisabeth établit pour la première fois l'exil comme punition, en ordonnant que les fripons reconnus dangereux seraient bannis du royaume. Un autre statut de la même reine laisse aux juges la faculté de prononcer ou la peine du dernier supplice, ou le transport en Amérique pour la vie, contre les brigands du Cumberland et du Northumberland. Mais ce n'est vraiment que sous Jacques Iᵉʳ que la mesure de la déportation est réellement exécutée.

En 1718, un bill du Parlement appliqua la déportation à tous les condamnés à une détention de trois ans et plus; chaque année, la province du Maryland en recevait trois ou quatre cents. Les capitaines des navires qui les avaient transportés pouvaient les louer à des colons, s'ils n'avaient pas été indemnisés par eux de leurs frais; dans le cas contraire, les convicts étaient libres en mettant le pied sur le sol américain. Ces différentes mesures étaient inspirées autant par le désir de favoriser les colonies, que dans le but d'ouvrir une voie nouvelle de pénalité. La déportation en Amérique était pratiquée depuis cinquante-six ans, lorsque l'insurrection des colonies obligea, en 1775, le gouvernement anglais à suspendre l'envoi des condamnés, jusqu'au moment où la découverte récente de la Nouvelle-Hollande et la pensée de faire de cette terre le centre de relations nouvelles avec l'Amérique, la Chine et les Indes, fit substituer cette possession à l'Amérique. Le 13 mai 1787, onze bâtiments portant 757 condamnés, dont 565 hommes et 192 femmes, avec une force militaire de 160 soldats de marine, partirent d'Angleterre et arrivèrent à Botany-Bay le 18 janvier 1788, après un voyage de plus de cinq mille lieues et huit mois de navigation. Port-Jackson, Sidney, l'île de Norfolk, l'île de Van-Diemen, reçurent des convicts.

Averti par des plaintes sérieuses, le gouvernement anglais crut devoir, en 1808, envoyer des émigrants à la Nouvelle-Galles du Sud; mais les bons exemples que l'on espérait de cette classe de colons volontaires ne produisirent pas des effets bien satisfaisants, et, de 1810 à 1847, les voix les plus éloquentes, celles de Samuel Romilly, d'Abercromby, du comte Grey, s'élevèrent dans le Parlement pour signaler les déplorables résultats de la déportation. Différents systèmes ont été suivis dans la colonie à l'égard des condamnés. Dans le principe, ils étaient placés chez des particuliers qui profitaient de leur travail et les tenaient dans un état assez semblable à l'esclavage. Ils n'avaient pas de gages, et étaient seulement nourris et habillés. Le refus du travail et de l'obéissance était puni par le fouet; c'était le système des *assignations*. En 1837, ce système fut soumis a l'appréciation d'un Comité dont faisaient partie sir Robert Peel et lord John Russell. Tous les membres de ce Comité le déclarèrent vicieux et entaché d'inégalité et d'injustice : le caractère du maître rendait la peine légère ou très-dure. Le Comité fut d'avis d'abolir le système d'assignation, et, après quelques hésitations, il fut décidé par les Chambres, en 1843, que tous les condamnés continueraient à être transportés à Bermude, à Van-Diémen et à Norfolk, en exceptant seulement ceux enfermés à Pentonville, à Parkhurst et à Milbank, ainsi que ceux dont la santé ou l'âge feraient obstacle à cette mesure.

Un système nouveau, appelé de *probation*, remplaçait ainsi le système d'*assignation*. Par ce système, le déporté devait subir dans la colonie un temps d'épreuves, renfermé dans des stations pénales, et occupé à des travaux pour le compte du gouvernement. Le temps d'épreuves fini, le condamné pouvait, en vertu d'un traité passé sous l'autorité du gouverneur de la colonie, entrer au service d'un colon, moyennant salaire. Ce nouveau système, à quelques-uns des inconvénients du précédent, en joignait qui lui étaient propres, suivant la remarque de M. Bérenger. Le premier, du moins, au moment du débarquement, comprenait dans son action tout prisonnier qui se trouvait doué d'assez de force d'âme pour travailler à sa régénération morale, ou assez de souplesse de caractère pour se laisser docilement conduire dans le cercle social ; au lieu que, par le second, le convict demeurait encore, longtemps après son arrivée, sous toute la rigueur de son jugement.

Si le système d'*assignation* n'a pas atteint le but proposé, on peut penser qu'il a failli moins par un vice dans ses principes que par la négligence et l'inaptitude apportées dans l'exécution des détails ; tandis que le système de *probation*, exécuté dans une pleine conviction de son importance et de la grandeur des intérêts en jeu, au moyen d'une organisation perfectionnée, et tenant compte de tout ce qui peut faciliter le travail des agents et empêcher les abus, avec tous ces avantages échoue, et laisse après lui une bien plus faible portion de bien général et un beaucoup plus grand poids de maux positifs que ne l'a fait le système précédent.

Le système actuellement suivi est dû en grande partie à l'initiative du comte Grey, qui, en présence de l'abolition du système d'*assignation*, avait été amené à conclure que la vraie partie pénale de la transportation n'était autre chose que l'emprisonnement et le travail forcé, et qu'on pouvait les infliger aux criminels avec bien plus d'efficacité dans la mère-patrie qu'à une grande distance. C'est ainsi, comme le dit M. Bérenger, que le gouvernement a été amené à prescrire que tout condamné à la déportation subirait l'emprisonnement séparé pendant un temps plus ou moins long, suivant la nature de son crime, dans des prisons cellulaires comme Pentonville, s'il est adulte, comme Parkhurst s'il est enfant, et qu'il subirait ensuite une seconde période de punition, consistant dans son application à des travaux publics dans la mère-patrie ; la transportation ne vient qu'après, et alors elle est moins admise comme punition que comme un avantage offert au condamné, afin qu'à l'expiration de sa peine il puisse, au moyen de son industrie et de sa· bonne conduite, se faire dans l'une des colonies une situation meilleure que celle qu'il aurait pu obtenir dans son pays, où la qualité de libéré l'aurait fait repousser de toutes parts.

Telle est aujourd'hui la situation des choses en Angleterre : faut-il en conclure que la déportation soit en elle-même une institution mauvaise et qui, dans un temps donné, doit produire des résultats dispendieux pour les gouvernements et fâcheux pour la morale publique ? M. Bérenger n'a pas encore formulé ses conclusions ; il les réserve sans doute pour la seconde partie de son travail ; mais on peut voir, dès à présent, qu'il incline à partager l'opinion généralement répandue en Angleterre, et qui est maintenant bien éloignée de l'engouement avec lequel la déportation était accueillie autrefois et auquel Bentham ne voyait d'autre cause que le désir irréfléchi de débarrasser la métropole des condamnés qui étaient pour elle un sujet d'inquiétude. Les arguments à l'appui de cette opinion sont habilement résumés par M. Bérenger.

« Ce moyen de répression, dit-il, manque le but principal que le législateur doit se proposer : celui d'être *préventif* et de servir d'*exemple* ; la déportation n'a rien d'exemplaire ; c'est là son vice radical ; elle ne montre pas le châtiment, elle le cache ; elle le soustrait à la vue de ceux à qui elle devrait servir de leçon. Une scène qui se passe à mille lieues de nous ne produit pas plus d'impression sur l'imagination du peuple que celle qui s'est passée il y a mille ans. Comment, d'ailleurs, cette peine inspirerait-elle quelque crainte aux malfaiteurs? Ils ont en perspective un voyage aventureux et lointain, un pays nouveau, des compagnons nombreux, un établissement où, avec le temps, ils pourront acquérir quelque fortune; de telles images, loin de les intimider, se présentent à leurs yeux avec un certain charme.

« D'un autre côté cependant, et dans beaucoup de cas, la peine dépasse le but : le législateur, en l'infligeant, n'a sans doute pas voulu aggraver outre mesure la condition du condamné, ce qui'ne peut manquer, par les souffrances d'une longue navigation et d'un changement de climat auquel toutes les natures ne peuvent également s'habituer ; les fortes organisations résistent, les faibles succombent ; et c'est ainsi que se trouve violé le principe de l'égalité des peines, cette première règle de toute bonne législation.

« Un autre but que doit se proposer le législateur est d'ôter aux délinquants le pouvoir de commettre de nouveaux crimes. A la vérité, la déportation met la mère-patrie à l'abri de cette crainte; mais, si elle en est affranchie, ne sera-ce pas au préjudice du lieu assigné aux condamnés ? Si ce lieu renferme une population libre, elle y sera continuellement menacée par eux ; les crimes nouveaux ne feront donc que changer de théâtre : si le lieu est désert, les déportés, à moins d'être contenus par une force suffisante, ce qui sera difficile à une si grande distance, se déchireront entre eux, et la colonie périra par les excès auxquels elle sera livrée; enfin, la déportation est une peine qui augmente considérablement les charges d'un Etat; car, outre les frais de transport des condamnés, elle exige dans la colonie un grand établissement civil et militaire. »

L'augmentation des crimes en Angleterre semble, jusqu'à un certain point, donner raison à Bentham et aux criminalistes qui partagent son opinion sur la déportation. Ainsi, en Angleterre et dans le pays de Galles, en laissant de côté l'Irlande et l'Ecosse, le nombre des condamnations pour crimes qualifiés est monté, depuis 1805 jusqu'en 1830, de 2,783 à 21,001. La peine de mort, qui n'avait été prononcée en 1805 que 350 fois, l'avait été 1601 en 1831, époque à laquelle un adoucissement apporté dans la législation avait considérablement réduit les cas où elle était appliquée. Enfin, le nombre des condamnés à la transportation dans la Grande-Bretagne, avait presque triplé dans le cours des douze dernières années ; de 2,386, chiffre de 1839, il atteignait, en 1851, celui de 6,191. Le développement de la criminalité est un fait si complexe qu'il ne serait pas rationnel de l'attribuer exclusivement au système de répression suivi par un pays. La mauvaise direction de l'instruction publique, l'accroissement de la fortune publique et privée, sont des causes provocatrices pour les délinquants ; les événements politiques qui surexcitent les passions, la législation pénale, la sévérité des tribunaux, les procédés de la statistique peuvent amener dans le bilan de la criminalité des variations qu'on ne doit pas faire remonter à une seule et unique cause.

Le rapport de M. Bérenger contient aussi, relativement au recensement de la population et de l'émigration en Angleterre, des données d'une date récente et ayant un caractère officiel. On voit que l'émigration a lieu en Angleterre dans des proportions qui ne se rencontrent dans aucun autre pays ; chaque année 250 à 300,000 individus s'expatrient. Deux causes expliquent ce fait économique : d'une part la misère, de l'autre l'exubérance de la population. La misère est en effet une des plaies les plus vives de la riche et puissante Angleterre. 198,500,000 fr. sont annuellement consacrés à soulager 3,561,000 pauvres, sur une population de 26,839,885 habitants en 1841, et de 27,452,262 en 1851. La répartition de cette somme n'est pas faite d'une manière égale entre l'Angleterre et le pays de Galles, l'Ecosse et l'Irlande. Dans le premier de ces royaumes, chaque pauvre reçoit 63 fr., dans le second 38 fr., et en Irlande 21 fr. seulement. Aussi la population est-elle décroissante en Irlande. Le recensement de 1841 constatait pour cette contrée 8,175,124 habitants, tandis que celui de 1851 n'en donnait plus que 6,515,794, diminution, 1,659,330 habitants ; et ce n'est pas l'émigration qui produit cette différence ; loin d'augmenter, elle décroît en Irlande. De 05,756 individus, chiffre de 1847, elle est descendue, en 1848, à 59,701 ; elle s'est relevée, en 1849, à 70,247, pour retomber, en 1850, à 51,083.

En Ecosse, il y a eu accroissement de la population, mais il a été peu considérable ; le recensement donnait, pour 1841, 2,628,957 habitants ; dix ans plus tard, on arrivait au chiffre de 2,870,784. L'émigration tend aussi à se développer ; elle était de 3,427 en 1846 ; de 8,616 en 1847 ; de 11,505 en 1848 ; de de 17,127 en 1849, et de 15,154 en 1851.

En Angleterre et dans le pays de Galles, la population a pris un essor rapide ; elle s'est élevée, en dix ans, de 15,911,725 à 17,922,768 habitants. L'émigration a suivi une progression analogue ; en 1846, elle était de 87,611 ; en 1850, de 214,612, et depuis elle s'est considérablement accrue.

La majorité de l'émigration ne se porte pas, comme on pourrait le croire, vers les colonies anglaises, l'Australie par exemple ; elle se dirige de préférence du côté des Etats-Unis, dans les régions les plus voisines des frontières. En 1846, sur 129,851 émigrants, 82,239 s'y sont rendus ; 43,439 sont allés aux colonies anglaises de l'Amérique septentrionale et 2,277 en Australie. En 1847, sur 258,270 individus sortis également des trois royaumes, 142,154 sont allés aux Etats-Unis ; 109,680 aux colonies anglaises de l'Amérique septentrionale, et 4,949 en Australie. En 1848, sur 248,089 émigrants, 188,233 sont allés aux Etats-Unis, 31,065 aux colonies de l'Amérique septentrionale, et enfin 31,065 en Australie.

—Un Mémoire de M. Filon sur les origines, les progrès et la décadence de la démocratie athénienne, indépendamment de l'intérêt historique et politique qui s'y rattache, renferme des données statistiques intéressantes sur la population de cette partie de la Grèce, que nous considérons comme le berceau des lettres et des arts.

Le territoire de l'Attique, en y comprenant les îles de Salamine et d'Hélène, ne s'élevait pas à plus de 400 killomètres carrés. La population, resserrée dans ces étroites limites, se divisait en trois classes : 1° les Athéniens proprement dits, les citoyens qui seuls participaient au gouvernement ; 2° les *Métèques*, ou étrangers domiciliés à Athènes avec leurs familles ; 5° les esclaves, les uns d'origine grecque, les autres d'origine étrangère. M. Filon ne recherche pas à quel chiffre s'élevaient les deux dernières classes qui étaient exclues des droits politiques ; il ne s'occupe que des citoyens participant au gouvernement. Si l'on ajoutait foi à l'allégation de Philochrore, qui comptait 20,000 citoyens sous le règne de Cécrops, on prendrait pour la réalité une fable calquée sur ce qui exista plus tard. Pollux dit que les quatre tribus anciennes comprenaient 360 familles, et que chacune de ces familles se composait de 30 hommes ; ce qui faisait monter le nombre des citoyens à 10,800. En supposant que ce nombre ait existé réellement à une certaine époque, il a dû s'augmenter plus tard, surtout au moment où Clisthènes porta le nombre des tribus à dix et y fit entrer des étrangers et des esclaves. A une époque voisine de Clisthènes, au commencement de la guerre médique, Hérodote parle de 30,000 Athéniens, qu'Aristagoras de Milet implore en faveur des Ioniens. Ce nombre est évidemment exagéré ; et c'est entre le chiffre de Pollux et celui d'Hérodote qu'il faut chercher la vérité. A une époque postérieure, sous l'archontat de Lysimachide, qui correspond à l'année 444 avant Jésus-Christ, on fit une révision sévère du registre des citoyens. Suivant Philochrore, il ne se trouva que 14,240 Athéniens en possession légitime de leur titre ; 4,760 furent vendus comme esclaves, pour avoir usurpé un titre qui ne leur appartenait point. Plutarque, rappelant le même fait, porte à 14,040 ceux qui furent maintenus sur les registres civiques, et à près de 5,000 ceux qui furent éliminés. Du témoignage de ces auteurs il résulte qu'avant l'épuration, le nombre était de 19,000. Par conséquent, on est autorisé à croire qu'à l'époque de Clisthènes il pouvait être de 12 à 13,000, et ces 12 ou 13,000 citoyens, qui régnaient en commun dans Athènes, appartenaient à des professions différentes. Les uns vivaient à la campagne de la culture de leurs terres ou du produit de leurs troupeaux, les autres exerçaient dans la ville des professions industrielles.

— L'Académie doit se féliciter d'avoir provoqué à plusieurs reprises, par d'intéressantes discussions et par la mission donnée en 1848 à un de ses membres d'étudier la situation des classes ouvrières, les travaux d'assainissement qui s'accomplissent dans les principales villes manufacturières. M. Blanqui a signalé les derniers résultats obtenus sous ce rapport à Nantes, Lille et Rouen. A Nantes, une Commission spéciale a commencé ses visites dans les six arrondissements, le 5 octobre 1850, et les a continuées depuis sans interruption ; les membres qui la composent ont pénétré dans près de 2,000 logements pauvres. L'inspection de ces logements a donné lieu à 556 rapports, s'appliquant à 556 maisons, et comprenant 724 cas pour lesquels la Commission a prescrit des mesures d'assainissement. Parmi les causes d'insalubrité signalées par la Commission, il faut mettre en première ligne les fosses d'aisances. L'adoption d'un nouveau système de vidanges est urgente. Tandis que le commerce de Nantes importe à grands frais des masses d'engrais étrangers, il se perd annuellement dans cette ville 28,000,000 de kilogrammes de substances fertilisantes, qui contiennent 840,000 kilogrammes d'azote pouvant subvenir à la formation de 40,000,000 kilogrammes de froment, ou 45,000,000 de kilogrammes d'orge. De ce qui est constaté pour Nantes, on peut évaluer approximativement ce qui se passe à Paris.

A Lille, la Commission chargée de l'assainissement des quartiers insalubres a déjà déposé 1116 rapports, et les habitations qu'elle a jugées malsaines et condamnées comme n'étant pas susceptibles [d'assainissement, sont : 207 caves ; 176 pièces de rez-de-chaussée ; 36 chambres d'entre-sol. 10 maisons ou corps de bâtiments sont dans un tel état de dégradation, que la Commission en réclame la reconstruction. Les causes d'insalubrité des caves viennent de l'humidité, du défaut d'élévation de la voûte, qui empêche le locataire de se tenir debout, et ne permet ni au jour ni à l'air de pénétrer.

Les logements pour lesquels des mesures d'assainissement ont été prescrites sont au nombre de 1,160 : 322 caves, 385 pièces de rez-de-chaussée, 443 chambres, pièces d'entre-sol ou greniers. Ces mesures sont de diverses natures, suivant les localités auxquelles elles s'appliquent.

M. Blanqui a terminé, en signalant des progrès plus rapides encore à Rouen et à Paris, ce qui s'explique par les ressources financières de ces deux municipalités.

— Deux discussions d'un vif intérêt ont occupé l'Académie pendant les deux mois qui viennent de s'écouler ; la première a été motivée par la lecture d'un Mémoire de M. Léon Faucher et est relative à la production de l'or et à ses conséquences économiques ; MM. Michel Chevalier, Léon Faucher, Blanqui, Charles Dupin, Dunoyer y ont pris part. La seconde s'est élevée à la suite de la communication d'un travail de M. Dunoyer sur le *Gouvernement* destiné au *Dictionnaire de l'Économie politique* ; elle a porté sur la définition et les limites de l'économie politique, et s'est engagée entre MM. Cousin, Dunoyer, Blanqui et Michel Chevalier. Nous les reproduirons dans notre prochain numéro.

M. Louis Reybaud a lu un Mémoire sur les associations subventionnées par l'Etat. Nous le reproduisons dans ce numéro.

Dans la dernière séance, M. Léon Faucher a communiqué une partie de l'article *Intérêt*, qu'il a fourni aussi au *Dictionnaire de l'économie politique*, et dans lequel il défend avec force la liberté du prêt à intérêt. Ch. Vergé.

CORRESPONDANCE

AU SUJET DE FRÉDÉRIC LIST. — RÉCLAMATION DE M. RICHELOT.

Monsieur,

Le dernier numéro du *Journal des Économistes* publie sur le *Système national* de Frédéric List et sur son traducteur un article de M. Blanqui, dont j'ai sujet de me plaindre. On peut porter sur le mérite de mes travaux le jugement qu'on voudra ; mais il n'est permis à personne d'en contester la sincérité. Réclamer contre une odieuse accusation, c'est un devoir envers moi-même, et c'est mon droit. Je pourrais me prévaloir de ce droit légal ; mais votre loyauté m'accordera sans doute d'elle-même la faculté de répondre dans le même Recueil où j'ai été attaqué.

Voici les faits : List a écrit dans la préface de son *Système national* que M. Blanqui avait borné son ambition à *délayer J.-B. Say qui lui-même avait délayé Adam Smith*. Cette épigramme a justement blessé votre collaborateur, qui l'exagère du reste en la qualifiant d'*injure brutale* ; et il m'a fait l'honneur de m'adresser à ce sujet, en octobre dernier, une lettre vive. Je me suis empressé de lui répondre poliment. Mes explications, apparemment, ne l'ont pas satisfait ; car, dans ses *Lettres sur l'Exposition de Londres*, qui ont paru peu après, on lit sur Frédéric List une note regrettable et qui dépare le volume. M. Blanqui avait annoncé en outre qu'il publierait un article terrible. Le foudre vengeur était depuis si longtemps suspendu sur ma tête que je n'y pensais plus : il est tombé enfin ; mais, heureusement pour moi, il a raté ; cette fois, quelque maligne influence avait paralysé le bras du Jupiter économique. L'article du *Journal des Economistes* n'est guère qu'une répétition de la lettre et une amplification de la note ; il se distingue néanmoins de l'une et de l'autre par une amertume particulière contre le traducteur.

J'admets le grief de M. Blanqui contre List, bien que je trouve notre pauvre compatriote bien acharné dans sa rancune ; mais je ne puis m'expliquer sa malveillance à mon égard.

M. Blanqui trouve mauvais que j'aie traduit le *Système national*. Etrange reproche en vérité ! singulier libéralisme ! Vous voulez ouvrir notre marché aux laines et aux bestiaux d'Allemagne, et le fermer aux produits de la pensée allemande ! Vous réclamez la concurrence étrangère pour les éleveurs français, et vous n'en voulez pas pour vous-même, économiste français ! Que toutes les barrières tombent ; mais qu'on en élève une nouvelle à votre profit contre la science d'outre-Rhin ; vous suffisez si pleinement, en effet, aux besoins de la consommation française !

M. Blanqui aurait désiré que certain passage de la préface de l'auteur fût omis dans la traduction. « Ce n'est pas ainsi qu'on traduit quand on est Français », m'a-t-il fait l'honneur de m'écrire en octobre dernier. Je ne savais pas que la qualité de Français dispensât un traducteur de l'exactitude et de la fidélité. Le passage dont il s'agit, je l'ai traduit littéralement comme tous les autres ; mais j'en ai décliné la responsabilité par la note suivante : « Mon rôle de traducteur m'impose ici, quoiqu'il m'en coûte, une fidélité scrupuleuse. Le bon sens des lecteurs reconnaîtra aisément ce qu'il y a d'injuste et de passionné dans ces jugements et dans quelques autres. » Ce correctif suffisait, certes ; l'idée ne m'était pas venue un instant qu'un homme d'esprit pût attacher de l'importance à de pareilles misères ; mais il y a des amours-propres maladifs que rien ne satisfait.

Cet ouvrage, dit M. Blanqui, « semble avoir été traduit avec amour par un *complice*. » Complice de quel crime, s'il vous plaît ? Ce crime, c'est celui de la modération ; on avait inventé sous la Terreur le crime de modérantisme ; M. Blanqui le ressuscite, et, Fouquier-Tinville du libre échange, il s'engage à le poursuivre de ses réquisitoires impitoyables ; il aura, nous le craignons, comme son prédécesseur, de nombreux procès à instruire.

Mais voici quelque chose de plus fort : « M. Frédéric List, dit M. Blanqui, a trouvé dans M. Henri Richelot un traducteur à la hauteur de ses principes. Tant vaut la préface de l'un, tant vaut la préface de l'autre. C'est la même incertitude de doctrine, *le même trouble de la conscience ; ils sentent bien tous deux qu'ils ne sont pas dans la bonne voie*; pourtant, *si j'avais à décider quel est celui des deux qui me paraît le plus sincère, je préférerais l'Allemand*; et je crains bien que le traducteur n'ait publié sa traduction qu'en vue de plaire aux astres qui brillaient naguère sur l'horizon républicain, filateurs, maîtres de forge et autres coryphées de cette brillante Assemblée législative qui se pâmait d'admiration devant les discours prohibitionistes de M. Thiers. »

A de telles insinuations, ma réponse sera facile. N'ayant jamais soutenu d'autres doctrines commerciales que celles que je professe dans ma préface, et ce sont les doctrines qui prévalent dans les grandes administrations du continent, je crois pouvoir être cru quand j'affirme que j'ai fait une œuvre de bonne foi, que ma conscience est parfaitement tranquille, et que j'ai l'intime conviction d'être dans la bonne voie.

Dès 1843, avant que le libre échange eût arboré son drapeau en France, j'avais eu occasion d'exprimer le cas que je faisais du *Système national*. En mettant ce beau livre à la portée des lecteurs français, j'ai suivi ma propre inspiration ; je n'ai reçu commission de personne : absolument de personne : dans l'accomplissement de cette tâche laborieuse et d'un mince profit, je n'ai été mû, je n'ai été soutenu que par un sentiment élevé d'intérêt public ; et je repousse avec mépris une calomnieuse accusation.

Si M. Blanqui en veut aux morts, à List pour ce que nous savons, à la défunte

Assemblée législative pour n'avoir pas goûté ses statistiques, il en veut bien davantage aux vivants, et je suis le préféré de sa colère : « On peut pardonner bien des choses, dit-il, à un esprit aigri par la souffrance et par le malheur ; mais qu'ont donc fait à M. Richelot, heureusement bien portant, les économistes de son pays pour qu'il se soit associé, dans sa préface de traducteur, aux haines et aux bizarreries de cet Allemand nébuleux et atrabilaire ? »

Je remercie M. Blanqui de l'intérêt qu'il veut bien prendre à ma santé, et j'aime à croire, de mon côté, que l'émotion que lui a causée la publication du *Système national* n'aura pas altéré la sienne. Quoi qu'il en soit, je n'hésite pas à le reconnaître, les économistes de mon pays, tant les économistes *dignes de ce nom*, suivant M. Blanqui, c'est-à-dire les libre-échangistes, que les économistes *indignes*, ne m'ont jamais fait aucun mal ; mais je suis tout aussi innocent à leur égard qu'ils sont irréprochables envers moi, M. Blanqui excepté, bien entendu. Est-ce qu'on nuit aux gens pour n'être pas de leur avis en tout point ? Est-ce qu'on est l'ennemi de ceux dont on combat les doctrines avec courtoisie ? Tous ceux qui liront ma préface la trouveront calme et polie ; tous ceux qui liront mes notes, témoigneront du soin que j'ai mis à rectifier quelques jugements erronés de l'auteur allemand, de mon culte pieux pour la mémoire des fondateurs d'une science que je cultive, quoique indigne. Dans deux de ces notes, j'ai cité M. Blanqui, l'ingrat !

C'est moi qui ai le droit de dire à mon adversaire : Qu'est-ce que je vous ai donc fait pour être en butte aux traits de votre haine ? Qu'est-ce que je vous ai fait pour que vous cherchiez par tous les moyens à dénigrer un honnête homme ? ou plutôt comment êtes-vous ennemi de vous-même à ce point de descendre par un tel langage des hauteurs de l'Institut ?

En terminant cette réponse, je ne puis assez m'étonner de la légèreté avec laquelle un professeur parle d'un livre sérieux qu'il ne paraît pas même avoir lu. Que trouve-t-on dans ce compte-rendu ? L'éternelle plaisanterie sur *les cornes de cerf et les langues de vipères*, qui constitue le fond de la polémique de M. Blanqui depuis vingt-cinq ans ; des invectives contre l'auteur et contre le traducteur : voilà tout, absolument tout. M. Blanqui déclare List prohibitioniste, lorsqu'il n'y a pas dans tout l'ouvrage un seul argument en faveur de la prohibition. A l'en croire, l'auteur du *Système national* serait un homme obscur ; de bonne foi, M. Blanqui aurait-il été piqué au vif par la boutade d'un homme obscur, et conterait-il sa peine à tous les échos, comme ces maris trompés qui font du scandale afin d'apprendre leur mésaventure à tout l'univers ?

Je vous serai obligé, monsieur le Directeur, de vouloir bien insérer la présente lettre dans votre plus prochain numéro, et de recevoir l'assurance de ma parfaite considération.   H. RICHELOT.

RÉPONSE DE M. BLANQUI.

Monsieur,

Vos lecteurs viennent de lire la lettre de M. Richelot. Je commence par avouer mon tort, c'est celui d'avoir attaché quelque importance à la préface dont il a fait précéder sa traduction du livre de F. List. J'aurais dû ne m'occuper que de l'auteur ; j'ai fait au traducteur de cet étrange livre un honneur qu'il ne méritait point. Je me suis commis avec un homme qui ne parle ni la langue des sciences, ni celle des plus vulgaires convenances. Il m'a répondu par de gros mots : Je ne m'arrêterai point à les relever ; les injures n'ont de poids qu'en raison de la hauteur d'où elles tombent. Mais j'ai soutenu que toutes les insinuations de ce traducteur étaient entachées d'une perfidie assez habituelle à l'espèce d'écrivains que nous avons de temps en temps à combattre, et je profiterai de l'occasion toute naturelle qui s'offre à moi pour signaler jusqu'à la dernière évidence, par des citations textuelles et irrécusables, le caractère de ces hommes. On les reconnaît dans les moindres détails, à leur allure et à leurs procédés. Vous allez en juger.

M. Richelot trouve blessant le compte succinct que j'ai rendu du livre qu'il a traduit et de sa préface, dans le *Journal des Économistes*. Que fait-il? Comme il prétend ne pouvoir rester un mois sous le coup de *calomnies*, le mot y est, et de calomnies qu'il *méprise*, le mot y est aussi, il s'adresse à un journal du soir et il y fait paraître par anticipation la lettre qu'il vous destine. Ce journal du soir retient ma réponse pendant *trois jours*, et la fait suivre d'une réplique où l'auteur redouble d'invectives et d'insinuations, sans répondre un seul mot au sujet principal. Je regrette d'être obligé de reprendre cette misérable polémique; mais il y a des choses qu'on ne peut pas passer sous silence.

« M. Blanqui voulant intéresser, dit-il, tous les économistes libre-échangistes à sa rancune particulière, signale dans ma préface des insinuations perfides à leur égard. Dans cette préface, je les appelle des hommes *consciencieux et recommandables*. Voilà mes insinuations perfides ! voilà comment je manque de sincérité à l'égard des économistes ! » Qui ne croirait, monsieur, en lisant ces lignes virginales, que je me suis oublié jusqu'à prêter au loyal traducteur de List des opinions qui ne sont pas les siennes? Voici pourtant ce qu'il écrit en parlant des économistes partisans de la liberté du commerce : « Le moyen de se contenir en présence de tarifs et de règlements qu'on ne peut envisager qu'avec dégoût, *comme autant* « *d'abominations arrachées ou surprises par les intrigues de la cupidité privée à* « *la faiblesse ou à l'ignorance des gouvernements !* Dans l'élan d'une indignation « vertueuse et patriotique contre de pareils scandales, *le moyen de n'être pas pressé* « *de faire table rase !* »

C'est toujours, comme vous voyez, le même système de signaler tous les économistes comme des utopistes radicaux et violents, qui veulent forcer les portes et *faire table rase*, au lieu de réclamer un progrès régulier, prudent et soigneux de tous les intérêts. À quoi bon les appeler *consciencieux et recommandables*, pour les présenter aussitôt comme des brouillons sans consistance et sans frein ? « La cam- « pagne du libre-échange, continue le traducteur, a nui peut-être aux intérêts de « la réforme commerciale ; *elle a servi plus mal encore ceux de la science*. Beau- « coup de personnes n'ont vu dans l'économie politique qu'une théorie de la liberté « individuelle *sans règle et sans mesure*, et dans le libre échange qu'une *variété de* « *ces mêmes utopies du jour*, contre lesquelles les économistes ont rompu tant de « lances. »

Que dites-vous de cette honnête insinuation ? N'est-ce pas une indignité que d'assimiler ainsi les économistes qui ont combattu pour l'ordre au moment où il y avait quelque péril à le faire, à ces écrivains qui le troublaient par des utopies anti-sociales ? Que faisait M. Richelot quand du foyer même des centres industriels insur-gés, en 1848, l'auteur de ces lignes réclamait l'abolition des clubs et le retour aux lois naturelles de l'économie politique? Il siégeait philosophiquement à son bureau, où il prétend m'avoir fourni des documents *pour ma leçon du lendemain*. Je déclare ici de nouveau que je n'ai jamais connu M. Richelot, quoiqu'il assure m'avoir vu plusieurs fois, et que si je suis allé au département du commerce pour y recevoir des documents de sa main, c'est sans le connaître personnellement que je les ai demandés, et en sa seule qualité d'employé qu'il me les a remis. Je n'ai d'ailleurs cité cette circonstance que pour prouver qu'aucun sentiment de rancune personnelle contre M. Richelot n'avait dirigé ma plume, quand j'ai commis la faute d'attacher à son opinion l'importance qu'elle ne mérite point.

Vous allez juger maintenant, monsieur, de l'exactitude du passage suivant d'une des lettres de M. Richelot. Je le cite textuellement tout entier, et je le réfute au moment même par une citation également textuelle de List. « M. Blanqui prétend, dit M. Richelot, que Frédéric List l'a accusé de l'avoir empêché d'obtenir un prix à l'institut. Or, List *n'accuse personne* du résultat d'un concours dont il se déclare satisfait. Voici comment Frédéric List s'exprime à ce sujet : « Pour rétablir ma « santé altérée par le travail et par des chagrins inouïs, je fis au printemps de 1837 « le voyage de Paris. J'y appris par hasard qu'une question relative à la liberté et « aux restrictions en matière de commerce, déjà une fois proposée, avait été remise « au concours par l'Académie des sciences morales et politiques. Là-dessus, je me « décidai à mettre par écrit la substance de mon système ; mais, réduit, faute d'a- « voir avec moi mes travaux extérieurs, *aux seules ressources de ma mémoire*, et « n'ayant devant moi qu'un délai rigoureux de quinze jours, mon œuvre dut être « naturellement très-imparfaite. Néanmoins, la Commission de l'Académie la « rangea parmi les trois premiers Mémoires, sur vingt-sept qui lui avaient été « adressés. »

A la suite de ce passage, l'excellent M. Fréderic List ajoute : « J'eus lieu d'être satisfait de ce résultat, pour un travail fait si rapidement, *le prix n'ayant pas été décerné*, et surtout les juges *appartenant tous* par leur foi scientifique à l'Ecole cosmopolite : Rossi, homme d'un rare mérite, mais élevé dans *de petites cités de l'Italie et de la Suisse, où il est impossible de comprendre et d'apprécier l'indus- trie et le commerce dans les proportions nationales ;* où l'on est obligé par consé- quent de fonder toutes ses espérances sur la mise en pratique de la liberté générale du commerce, comme ceux qui ne trouvent plus de consolations ici-bas, ont *cou- tume de mettre tout leur espoir dans les joies de l'autre monde.* M. Blanqui, connu en Allemagne par son *Histoire de l'économie politique*, a borné, depuis, son ambition à délayer J.-B. Say, qui lui-même avait délayé Adam Smith. *Ce n'est pas de ces deux hommes, assurément, qu'émane le jugement favorable porté sur mon Mé- moire...* »

Que dites-vous, monsieur, de la loyauté du traducteur affirmant publiquement que List n'a *accusé personne* du résultat de ce concours ? Il est aisé de comprendre aux paroles du saint Allemand, dont M. Richelot a fait son patron, qu'il avait sur le cœur le petit échec académique, auquel je n'ai pu contribuer, puisque je n'ai été admis à l'Institut qu'un an plus tard. Je n'étais donc pas un de ses juges ; mais avec quelle amertume et quelle naïveté d'orgueil il accuse M. Rossi ! Voyez-vous le grand économiste allemand lui reprocher d'avoir été élevé dans de *petites cités* de l'Italie et de la Suisse, c'est-à-dire à Bologne, à Florence et à Genève, ces villes de rien en effet, quand on les compare à la ville libre de Reuttlingen en Souabe, qui a donné le jour à Frédéric List, traduit par M. Henri Richelot ! Comment peut-on savoir quelque chose de l'industrie et du commerce, dans de méchantes petites cités telles que Bologne, Florence et Genève ! Parlez-nous de Reuttlingen, en Souabe, pour apprécier ces choses-là dans *des proportions nationales !*

« Il y avait dans ce concours, ajoute List, d'autres juges que MM. Rossi et Blan- « qui ayant écrit sur l'économie politique ; mais si l'on feuilletait leurs ouvrages pour « y chercher quelque chose qui ressemblât à une pensée originale, on n'y trouvait « rien de plus que *political economy made easy* [1], comme parlent les Anglais, des « choses à l'usage des *dames qui se mêlent de politique, des petites maîtresses pari-*

---

[1] L'économie politique mise à la portée de tout le monde.

« *siennes et autres amateurs*, enfin les paraphrases des paraphrases d'Adam Smith.
« De pensées originales, il n'en était pas question ; *cela faisait pitié.* » Voilà dans
quel style parlait M. List des membres du premier corps savant de l'Europe qui venaient de lui accorder la *troisième* place dans un concours, et voilà l'homme que
son traducteur et son complice m'accuse d'avoir attaqué pour une épigramme
perdue dans ce déluge d'invectives et de personnalités, qu'il a pris pour un livre
d'économie politique !

Tout le livre de List, en effet, sa préface et celle de son traducteur sont de cette
force. C'est ce que M. Richelot appelle un écrivain *vigoureux, incisif* et point nébuleux. Qu'est-ce donc, je vous prie, que l'idée d'un livre qui traite des intérêts de
l'industrie et du commerce *dans les proportions nationales*, sinon une idée nébu-
leuse ?. qui dénie à la ville des Médicis et à la ville de Genève le don de créer des
économistes, au nom et au profit de la ville libre de Reuttlingen, en Souabe ? Qu'est-
ce que vous entendez par *les proportions nationales*, si ce n'est du galimatias germanique, déjà cent fois réfuté par les économistes sensés de l'Allemagne ? Mais
Frédéric List n'avait pas seulement en pitié Genève et Bologne : il ne pensait pas beaucoup plus de bien des Français. « *Ces gens-là ne s'intéressent qu'au théâtre et à la
guerre* », lui fait dire M. Richelot dans sa biographie ; je cite toujours textuellement, et List ajoutait : « Sitôt que j'aurai fini mon premier volume, je retournerai en
Allemagne, j'y prêcherai une *économie nationale* pratique, fruit de mon expérience
de vingt années, et *je me brouillerai avec tous les savants.* »

C'est cette *économie nationale allemande pratique* que M. Richelot a la prétention de faire prévaloir en France, ainsi qu'il ressort de plus de vingt passages de sa
préface et de ses notes, et c'est surtout cette prétention qui explique la vivacité de
mon premier article. Je désire que rien ne manque à celui-ci, en fait de preuves, et
c'est pourquoi je citerai encore de nombreux et curieux passages, qui achèveront
de caractériser la véritable mal de dénigrement dont l'infortuné List était atteint, et
dont il est mort. On vient de voir comment il a traité Rossi ; voici comment il parle
d'Adam Smith après avoir traité, en passant, Quesnay de *rêveur ignorant* : « J'ai dit
« que l'économie politique avait dans ses parties les plus importantes, celles qui trai-
« tent du commerce international et de la politique commerciale, *immensément re-
« culé* sous l'influence d'Adam Smith ; que par lui le sophisme, la scolastique,
« l'obscurité, *le mensonge et l'hypocrisie* avaient pénétré dans cette science ; que la
« théorie était devenue l'arène de talents douteux, et qu'elle avait effarouché la
« plupart des hommes d'intelligence, d'expérience, *de bon sens* et de rectitude d'es-
« prit ; que Smith a pourvu les sophistes d'arguments, *pour frustrer les nations de
« leur présent et de leur avenir.* »

Mais la bête noire de List, c'était l'homme éminent qui a rendu le plus de services
à l'économie politique, et qui y a laissé d'impérissables souvenirs, c'était J. B. Say.
« Si du système nous passons à l'auteur, dit M. List, nous trouvons dans celui-ci
« un homme qui, sans connaissance étendue de l'histoire, sans études politiques et
« administratives approfondies, sans coup d'œil d'homme d'Etat ou de philosophe,
« n'ayant en tête qu'une idée et *une idée d'emprunt*, remue l'histoire, la politique,
« la statistique, les relations commerciales et industrielles, pour y trouver quelques
« témoignages et quelques faits qui puissent lui servir et pour les façonner à son
« usage. D'abord négociant, puis manufacturier, puis *homme politique malheureux*,
« Say s'adonna à l'économie politique, comme on essaye une nouvelle entreprise
« lorsque l'ancienne ne peut plus marcher. » Ainsi parle M. List d'un homme qui
avait assisté aux grandes scènes de notre première révolution, qui en avait connu
intimement les acteurs les plus éminents, et qui, de l'aveu de M. Richelot lui-même,
a appris au continent à peu près tout ce qu'on y sait en économie politique. « Il n'a
« manqué à sa gloire, dit List en finissant son portrait, que de se voir confier par

« Louis XVIII ou par Charles X le portefeuille du commerce ou des finances. Nul
« doute que l'histoire eût inscrit son nom à côté de celui de Colbert, celui-ci comme
« le créateur, *celui-là comme le destructeur de l'industrie nationale.* »

Nos lecteurs doivent maintenant commencer à comprendre la portée véritable du
livre de List et la pensée de M. Richelot, son traducteur. Nous la ferons ressortir
bientôt en caractères plus tranchés ; mais je veux vous prouver mon impartialité
par quelques citations nouvelles, afin que personne ne doute de leurs sentiments
respectifs. List n'a pas traité ses compatriotes mieux que les Français et les Anglais ;
il avait déclaré la guerre au genre humain. Voici à quelle époque il fait remonter les
aventures économiques de sa chère Allemagne : « Le malheur de la nation alle-
« mande, dit-il, fut complété par l'invention de la poudre *et par celle de l'impri-*
« *merie*, par la prépondérance du droit romain et par la réformation, enfin par la
« découverte de l'Amérique, et de la nouvelle route de l'Inde. » — Et plus loin :
« Toute la civilisation actuelle des Allemands est pour ainsi dire théorique. De là, le
« *défaut de sens pratique*, cette gaucherie que de nos jours l'étranger remarque
« chez eux. Ils se trouvent aujourd'hui dans le cas d'un individu qui, ayant été
« jusque-là privé de l'usage de ses membres, a appris théoriquement à se tenir de-
« bout et à marcher, *à manger et à boire, à rire et à pleurer*, et s'est mis ensuite à
« exercer ces fonctions. De là, leur engouement *pour les systèmes de philosophie* et
« pour les rêves cosmopolites. Leur intelligence, qui ne pouvait se mouvoir dans les
« affaires de ce monde, a essayé de se donner carrière dans le domaine de la spécu-
« lation. Nulle part aussi la doctrine d'Adam Smith et de ses disciples n'a trouvé
« plus d'écho qu'en Allemagne. »

Ainsi, ni les Français, ni les Anglais, ni les Allemands eux-mêmes, ni Adam
Smith, ni Turgot, ni J.-B. Say n'ont trouvé grâce devant le génie réformateur de la
ville libre de Reuttlingen. M. Richelot attribue surtout mon humeur contre lui à
l'accusation d'avoir délayé J.-B. Say qui avait délayé Adam Smith ; mais je soutiens
que List était tout simplement un apostat malade qui avait trahi ses dieux, et qui
est mort du désespoir de n'avoir pu fonder de religion sur une apostasie. Il avoue
lui-même dans sa préface, avec plus de franchise que M. Richelot, qu'il a longtemps
professé des idées contraires ; il a eu des doutes ; il a voyagé aux Etats-Unis, et il
a passé par une foule d'incertitudes et d'hésitations, comme les gens d'une instruction incomplète et de convictions mal assurées. Ecoutons-le toujours : « J'avoue,
« dit-il, que les chapitres de cet ouvrage *ont été écrits à diverses époques* et sou-
« vent avec rapidité. J'avoue franchement et sans affectation qu'en relisant mes
« meilleurs chapitres, après l'achèvement du dernier, je n'en fus pas satisfait, et que
« je fus sur le point de sacrifier mon œuvre allemande. »

Qu'y a-t-il donc au fond de cette œuvre allemande dont l'auteur était moins satisfait que le traducteur ! Il faut encore l'entendre lui-même : « Le trait caractéris-
« tique du système que j'expose, dit-il, c'est la *nationalité*. Tout mon édifice est
« construit sur l'idée de la nation, *comme intermédiaire entre l'individu et le genre*
« *humain* : j'ai longtemps balancé si je ne l'appellerais pas *système naturel* d'éco-
« nomie politique, dénomination qui aurait pu se justifier tout autant, et peut-être
« mieux à quelques égards que celle que j'ai choisie ; je représente, en effet, *tous les*
« *systèmes antérieurs* comme n'étant pas fondés sur la nature des choses, comme étant
« en désaccord avec l'histoire : mais j'ai été détourné de ce projet par la remarque
« d'un ami, que des hommes superficiels qui jugent les livres principalement d'après
« l'étiquette qu'ils portent, pourraient y voir une exhumation pure et simple du
« système physiocratique. » M. List ajoutait avec non moins de candeur le passage
suivant qui n'a pas dû être sans influence sur la détermination du traducteur, et
qui renferme toute la pensée du livre : « Il y a lieu de croire que je rends à la bu-
« reaucratie allemande un service assez signalé, *en lui fournissant une théorie con-*

« *forme à sa pratique*, et en faisant ressortir les erreurs de gens qui ne l'ont jamais
« traitée avec beaucoup de respect. »

M. Richelot a voulu rendre sans doute à la bureaucratie française le même service
que Frédéric List comptait rendre à la bureaucratie allemande, *en lui fournissant
une théorie conforme à sa pratique*. Mais List a de plus que M. Richelot le mérite
de la franchise et de la loyauté. Il ne ménage pas la chèvre et le chou ; il ne traite
pas les économistes de *consciencieux* et de *recommandables*, pour les assassiner avec
un fer sacré. On ne trouve pas chez lui des notes comme celle-ci : « C'est cependant
« au nom de la théorie combattue par List que s'est accomplie la réforme anglaise,
« réforme capitale assurément ; mais si Adam Smith a *fourni des arguments* pour
« l'abolition du système protecteur au delà du détroit, l'honneur de sa chute *revient*
« *surtout* à ces inventions des Watt, des Arkwright et de tant d'autres qui ont
« porté si haut la puissance productive de la Grande-Bretagne, *de sorte que la ré-
« forme anglaise est une éclatante confirmation de la doctrine de List.* »

Ce *de sorte que* est vraiment admirable, et me permet d'espérer que si nos efforts parviennent quelque jour à obtenir la liberté commerciale en France, M. Richelot en attribuera tout l'honneur à MM. Mimerel et Lebeuf. Si quelque preuve manquait à cette démonstration de la bonne foi scientifique de M. Richelot, elle serait,
assurément, dans cet aveu précieux à recueillir. F. List, tout injuste, inculte et rude
qu'il puisse être, ne dissimule jamais sa pensée ; il déclare ouvertement la guerre à
tout le passé, à tous les écrivains et surtout à ceux qu'il appelle l'*Ecole cosmopolite.*
C'est un *monomane de protection* qui se repent d'avoir jadis pensé autrement et qui
le dit sans réticence et sans hypocrisie. Il hait la France et l'Angleterre, et il s'est
imaginé qu'il pourrait inventer de toutes pièces une *économie politique allemande*
dont il serait le législateur :

. . . . Si quà fata aspera rumpas,
Tu Marcellus eris !

Mais on sait toujours, avec lui du moins, à quoi s'en tenir. « Un âge d'homme ne
« s'est pas écoulé, dit-il, depuis que toutes les côtes maritimes de l'Allemagne por-
« taient le nom de départements français, depuis que le *fleuve sacré* de l'Allemagne
« donnait son nom à la fatale confédération des vassaux d'un conquérant étranger,
« depuis que les fils de l'Allemagne versaient leur sang dans les sables brûlants du
« Midi, comme sur les champs glacés du Nord, pour la gloire et pour l'ambition d'un
« étranger. Nous voulons parler d'une *unité nationale* qui nous préserve, nous,
« notre industrie, nos dynasties et *notre noblesse*, du retour de pareils temps ; nous
« n'en demandons pas d'autre. Mais vous, si décidés contre le retour de *la domina-
« tion gauloise*, trouvez-vous donc tolérable ou glorieux que vos fleuves et vos
« ports, vos côtes et vos mers continuent d'être assujettis à l'influence britan-
« nique ? »

Que de citations pareilles je pourrais faire encore, monsieur, s'il n'était temps de
s'arrêter ! Si cette prétendue *économie politique allemande*, destinée à fournir
à la bureaucratie allemande *une théorie conforme à sa pratique*, en valait la peine,
que de preuves textuelles [1] je pourrais produire du caractère nébuleux de ses
tendances et de son absurde subdivision en *économie politique du peuple, économie
de l'état, économie nationale, économie politique!* Vraiment, quand un pays tel
que le nôtre, le pays de la clarté par excellence, possède des traités qui ont servi de
base aux études de l'Europe entière, vouloir lui imposer les hallucinations maladives
d'un auteur Allemand qu'on essaye d'élever au-dessus de tant d'illustres noms, *uniquement parce qu'on l'a traduit* et qu'on se complaît en ses excentricités, serait une

---

[1] Voir surtout le chapitre v de la traduction, pages 302 et 303.

œuvre pardonnable, si l'on était sincère et juste envers les gens qu'on sacrifie à ce Dieu inconnu. Mais sous couleur d'impartialité et de faux éclectisme, attaquer sournoisement toute une grande école, j'ose dire toute une science, pour la mettre, en réalité, aux pieds de quelques puissants intéressés au maintien du système de protection qui retient et comprime l'élan manufacturier et commercial de la France, c'est trop fort!

Telle est la cause véritable de l'attaque que j'ai dirigée contre l'ouvrage de List et des reproches mérités que j'ai pris la liberté d'adresser à son traducteur. Mon premier article aura eu du moins, pour effet, de le forcer à lever sa visière et de se déclarer franchement notre adversaire : je le savais. Seulement, au lieu d'un chevalier courtois, j'ai eu affaire à un champion armé de gros mots, qui ne m'a pas montré sa lance, mais ses deux poings. C'est une leçon que j'accepte : il ne faut jamais se commettre avec les inférieurs. Si je l'ai fait, c'est que List était mort et qu'il a bien fallu s'adresser à son répondant. Il m'a paru d'ailleurs qu'il était nécessaire de tenir à distance et de traîner au grand jour ces esprits soi-disant pratiques qui ont rendu toutes les réformes impossibles dans notre pays, et qui, sous couleur de sagesse et d'impartialité, ne sont réellement que les soutiens de la routine et du régime prohibitif. M. Richelot ne manque pas de dire : « J'aime Cobden, c'est le « grand Cobden que j'aime, et non le *Cobden imitation*. » Il a cru être bien méchant ; mais si nous triomphions ici comme Cobden a triomphé en Angleterre, je sais bien qui serait le premier à nous féliciter. Ainsi, les puissants d'avant 1848 nous disaient : « Soyez forts et nous vous protégerons » ; et en attendant, ils nous combattaient.

En résumé, le livre de Frédéric List est un aussi mauvais ouvrage d'économie politique que l'*Histoire de Napoléon* par Walter Scott est un mauvais pamphlet en buit volumes. C'est le même esprit de dénigrement, de violence, d'offense à la vérité. Quand on s'est approprié autant que faire se peut, au talent près, une pareille énormité, et qu'on n'a pas à mettre dans la balance le poids de services rendus et de travaux plus importants que ceux du traducteur de List, on le prend de moins haut avec les hommes qui ont été, en France, les précurseurs de Cobden en Angleterre, et qui seraient heureux et fiers d'être ses successeurs, en dépit des gens qui fournissent à la prohibition *une théorie conforme à sa pratique*.

Agréez, etc.   BLANQUI, de l'Institut.

P. S. On m'annonce, monsieur, qu'à l'occasion de cette polémique, un journal obscur a redoublé ses attaques habituelles contre moi. Je ne le lis jamais, et je ne lui ferai pas plus ici qu'ailleurs l'honneur de lui répondre. Ce journal ne discute pas : il insulte, et vous savez qui le paye.

LA PANACÉE GOUVERNEMENTALE. — LA RENTE DU SOL. — LE DROIT A L'ASSISTANCE.

Un économiste hollandais très-distingué, M. A. Elink Sterk Jᵒʳ, a adressé à M. Horace Say, l'un des principaux fondateurs et collaborateurs de notre Revue, une lettre où nous trouvons de véritables encouragements pour nos efforts. Comme cette lettre témoigne en outre de la communion d'idées et de sentiments qui unit les économistes des deux pays, nous pensons être agréables à nos lecteurs en la publiant.

Je vous suis doublement reconnaissant, Monsieur, et pour le bienveillant accueil que vous avez bien voulu faire à mes amis l'année dernière, et pour votre gracieuse lettre. J'espérais toujours trouver une occasion favorable pour vous faire parvenir l'expression de ma gratitude.

Ce que vous m'avez écrit m'a vivement intéressé : l'erreur capitale de l'esprit public en France que vous m'avez signalée, l'idée vraiment absurde que du gouvernement doit descendre toute lumière, toute prospérité, tout bonheur pour le peuple, et que l'action gouvernementale doit le garantir de toutes calamités et fournir un remède à tous ses maux, m'a fait une impression d'autant plus vive, que j'y ai reconnu les traits caractéristiques d'une tendance qui s'est manifestée aussi parmi nous. Elle s'est prononcée surtout depuis deux ou trois ans, lorsque ce nouveau genre de philanthropie a trouvé un appui dans certains traités d'économie politique de nouvelle façon, qui veulent tout raccommoder et tout accommoder, et, entre autres belles choses, se proposent de mettre un terme au paupérisme, au moyen de fort séduisants projets de charité officielle, sans toutefois se soucier le moins du monde des avis sérieux de la bonne science économique sur cette matière. Il y a là-dedans un mélange singulier de libéralité, de prétentions protectionistes et d'illusions socialistes ; mélange mystérieux et incohérent, qui convient à la fois aux novateurs et aux philanthropes de profession. Quelles que soient leurs divergences à d'autres égards, ils s'accordent au moins sur un point, c'est de demander à l'État ce qu'il lui est impossible d'accomplir. La réfutation de leurs erreurs nous donne d'autant plus de besogne, que nous combattons avec des armes inégales, eux sur le terrain spéculatif et métaphysique, nous sur le terrain de la logique expérimentale ; les économistes peuvent être tranquilles sur les résultats définitifs de la discussion, mais combien n'y a-t-il pas lieu cependant de se décourager en voyant sans cesse reproduire des sophismes cent fois réfutés !

Sans vouloir exagérer le danger de tels égarements, il faut bien reconnaître qu'ils font grand tort à l'humanité, parce qu'en ébranlant la foi en ce qui est vrai, en ce que l'on regardait comme surabondamment constaté, ils nuisent aux progrès véritables, et font poursuivre des chimères trompeuses. C'est ce qui fait, mon cher monsieur, que l'espèce d'affinité que nous remarquons dans le dérangement des esprits dans nos pays respectifs me semble mériter une attention particulière et nécessiter une vigilance redoublée. Je pense au reste que s'il y a une certaine communauté d'erreurs chez les peuples, il y aussi solidarité d'intérêts et communauté de devoirs de notre part à réunir nos efforts pour combattre l'erreur chaque fois qu'elle se présente, pour tenir toujours bien haut le drapeau des saines doctrines, et pour défendre en toute circonstance la vérité. La France surtout se doit à cette grande œuvre ; elle ne peut oublier la puissante influence de sa littérature si universellement répandue, si influente en bien comme en mal, suivant la direction dans laquelle elle s'abandonne. Sa responsabilité sous ce rapport est grande, puisse-t-elle ne pas l'oublier !

D'après les sentiments que je vous exprime, vous comprendrez aisément, mon cher monsieur, combien je m'intéresse à ce que, dans ces moments de crise intellectuelle, la France produit en économie politique, et je n'ai pas besoin de vous dire quelle source de consolations me fournissent les intéressantes investigations, les sincères et solides démonstrations de vérités utiles, qui se présentent sans cesse dans votre *Journal des Economistes*, dans le nouveau *Dictionnaire de l'economie politique*, et dans d'autres publications qui ont la même tendance. Vous admettez souvent des controverses, sur quelques-uns des points où la science paraissait depuis longtemps fixée ; j'admire même votre tolérance à cet égard : votre intention est sans doute de développer l'enseignement par la discussion même, mais j'attends toujours dans ce cas-là avec anxiété les conclusions, redoutant tout ce qui pourrait laisser des lacunes réelles ou apparentes dans la série des principes, sur lesquels nous avons besoin de nous reposer, pour combattre les utopistes visionnaires.

J'ai remarqué dernièrement et suivi avec intérêt certains nouveaux débats sur la question de la rente et sur les droits de la propriété foncière, rattachés à la question subsidiaire de savoir si le propriétaire se fait payer l'action du fonds naturel, ou ce qu'on appelle l'utilité gratuite, en sus de la valeur produite par le travail de l'homme. — Un de vos économistes soutient la thèse que les utilités gratuites fournies par la nature ne sont jamais payées; que l'effort seul qu'il a fallu faire pour les utiliser est rémunéré, et que ce payement a lieu à mesure que le service est rendu. Un contradicteur a contesté ces assertions; mais il m'a paru qu'il y avait vérité des deux côtés : la contestation vient de ce qu'on a pris des routes différentes au point de départ.

Mon opinion sur cette matière est arrêtée depuis longtemps, elle s'appuie sur l'observation des faits les plus palpables, que j'ai été à même de recueillir. Elle me donne l'espoir qu'en effet les théorèmes divergents dont il s'agit sont très-conciliables. — Essayons :

L'homme a commencé à exploiter et cultiver quelques portions de la terre pour pourvoir à ses besoins individuels : c'était en vertu de la reconnaissance du droit de propriété, sans quoi rien n'eût été fondé ni cultivé. Celui qui a étendu sa culture au delà de ce que réclamaient ses besoins personnels y a pu faire participer les autres, soit en vendant ses produits, soit en affermant une portion du terrain approprié dont il pouvait se passer. Le fermage répond à la valeur cédée. Cette valeur s'accroît lorsque les prix des produits sont en hausse, par suite de l'augmentation de l'aisance et des besoins de la société. C'est alors que de temps en temps des terres de qualités inférieures sont mises en réquisition, qui avant cela ne valaient pas les frais et les peines de l'exploitation et du labourage. Si la hausse des prix continue, ces terres, à leur tour, ont pu valoir aussi un fermage à proportion de l'utilité qu'on en a tirée.

Dans notre état social, l'utilité reconnue des terres décide de ce qu'on appelle leur valeur. Le sol, avec ses capacités naturelles, a réellement une valeur en soi, quoique de beaucoup dépassée par le montant des valeurs ajoutées, sous forme de travaux et de capitaux pour mettre ce sol en exploitation. Chaque terre cultivée renferme l'une et l'autre de ces utilités, quoiqu'à proportions fort inégales, et ce sont des valeurs, à cause du prix que la société y attache. Nul doute que le propriétaire y trouve un avantage. La proportion d'utilité primitive ou gratuite de la nature, qui se trouve dans sa propriété, ne se trouvant plus à la portée de tout le monde, fait partie de cette richesse individuelle, qu'il peut se faire payer si cela lui convient par ceux qui désirent en avoir la jouissance. Mais pour déterminer ce qu'il y a de gratuit dans cet avantage, il faudrait avoir égard d'abord à tous les soins, à tous les sacrifices et à ce qu'il en a coûté, en définitive, au dernier occupant [1]. Il faudrait s'enquérir, d'un autre côté, du prix auquel la valeur de la jouissance produite est estimée par la société : ce qui dépend de la valeur d'échange des produits, déduction faite des frais de culture et autres accessoires. La valeur des agents naturels appropriés, de même que les valeurs consacrées à l'exploitation, font un ensemble qui ne profite à celui qui les met en œuvre, qu'à *mesure qu'il a su les cultiver*, pour arriver à une production abondante et demandée. Sous ce rapport, les propriétaires du sol se trouvent dans la même condition que les entrepreneurs d'une manufacture ou de toute autre grande industrie.

Frédéric Bastiat, en disant qu'un propriétaire ne vend pas les dons de la nature, ne donne pas une solution complète. Il devait s'attendre à l'objection qu'au moins il vend des valeurs créées à *l'aide* des secours de la nature, en utilisant les avantages physiques du sol, son instrument *approprié*. Ainsi, la transmissibilité de l'ins-

---

[1] En Hollande surtout les dessechements et autres premières operations ont été extrêmement dispendieux, et les propriétés cultivées sont tellement recherchees et **bien payées**, que les propriétaires se contentent ordinairement d'en retirer un revenu de 2 1/2 pour 100, tandis que les fonds hypothecaires en rapportent 4 et au delà. Les hauts prix se sont maintenus, bien que les avantages ou privileges de la feodalité soient absolument abroges et que le commerce soit libre depuis quelques années.

trument naturel, qui se nomme fonds de terre, est notoire. Cédées, prêtées ou affermées pour un temps déterminé ou indéterminé, soit par l'autorité publique ou par d'autres propriétaires, il fallait que les terres eussent une valeur pour être appropriées. Eussent-elles été l'objet de dons, elles avaient un prix pour mériter ce nom. L'utilité, qui dans l'état social est devenue *valeur*, doit pouvoir se faire payer pour rester *valeur*; sinon, il faudrait en conclure que l'acquéreur n'avait pas bien calculé. Cependant, si l'on demande combien vaut l'utilité primitive dont il s'agit, personne ne saurait le dire. Elle s'est trouvée tellement amendée par les travaux de l'homme, les valeurs y consacrées de différentes manières se sont tellement confondues, qu'aujourd'hui il est de toute impossibilité d'analyser exactement les différents éléments qui entrent dans la composition de la propriété.

L'essentiel, pour bien nous entendre sur les raisons majeures de *justice* et d'utilité *générale*, ne dépend pas de ces distinctions subtiles. On en trouvera le motif avec moins de peine et plus de sécurité dans l'appréciation des grandes vérités qui protégent les principes constants de droit établis en vue des besoins du *salut public*. Même dans le cas où il serait possible d'analyser et de séparer dans la production les éléments naturels et industriels ou artificiels, cela n'infirmerait encore en rien la nécessité de reconnaître la légitimité du droit de propriété tel qu'il est consacré par le *droit positif*.

En détournant un instant les yeux de l'analyse, pour considérer l'ensemble des faits collectifs, on trouvera encore moyen de concilier les idées et les arguments des auteurs estimables qui se sont spécialement occupés de ces recherches. Lorsque M. de Fontenay appuie la thèse de Bastiat, en affirmant « qu'on ne paye les utilités gratuites qu'à mesure de l'effort qu'il a fallu faire pour les utiliser », je pense qu'il faut s'entendre sur le sens des mots pour tomber parfaitement d'accord avec lui. L'utilité gratuite, appropriée, n'est plus gratuite pour tout le monde, c'est le bien du propriétaire; mais le sacrifice fait pour l'acquisition, soit primitive ou ultérieure, doit être compté au nombre des efforts, aussi bien que les travaux subséquents; il est évident que toutes les acquisitions se font aujourd'hui par contrats réguliers, d'une légalité incontestable; il faudrait remonter loin pour trouver la moindre apparence douteuse dans la reconnaissance du droit, et il serait facile de constater de même la question de l'utilité générale [1]. Contentons-nous de remarquer le grand bienfait social, incontestable, qu'a amené cette succession de travaux, commençant par les appropriations et les exploitations primitives, et se perpétuant sans interruption d'année en année, pour fournir des productions toujours renaissantes dont, sans cela, on serait resté dépourvu. Partant de ces considérations, personne ne se fera scrupule de souscrire à la formule « qu'il ne se paye que des services », sauf peut-être la réserve mentale de la possibilité pour certains cas de « surpayements », si les mesures administratives ne sont pas impartiales, ou si d'autres interventions anormales s'en mêlent.

Le propriétaire qui apprête et soigne son fonds productif prépare et fournit une ressource salutaire à toute la société [2]; il a le droit de faire ses conditions; les autres ont le droit d'accepter ou de refuser; la concurrence et le libre exercice des droits mutuels garantissant l'utilité qu'en recueille la société entière. Les droits de propriété sont aussi indispensables que le bienfait qui en résulte est immense, et ces deux vérités se tiennent inséparables. Sans *droits reconnus*, nul n'aurait ex-

---

[1] Même au moyen âge, on donnait pour corollaire aux contrats le vœu de l'autorité d'encourager des travaux *impérieusement réclamés* par les *besoins* de la population.

[2] Le premier exploiteur était, pour ainsi dire, le père de la société. Il a procuré un fonds de nourriture, comme il a procréé des enfants. Je n'oserais dire ce qui était le plus méritoire.

ploité ni cultivé ; sans direction *utile* donnée à la production, toute propriété cesserait de rapporter des revenus. La démonstration que les droits de propriété actuels sont bien établis, serait plutôt du ressort de la jurisprudence que de l'économie politique. Mais il est fort improbable qu'il y ait à changer ou à innover à cet égard, sans courir le risque d'une dissolution de la société.

Si l'on voulait savoir finalement si je suis d'avis « qu'il ne se paye que des services » ; si cela peut être hardiment prononcé en France et ailleurs en *présence de tous les faits* ; s'il n'y a rien qui empêche de proclamer *dans tous les cas*, que le propriétaire n'abuse pas et ne peut abuser de la force de sa position, j'éprouverais quelque embarras à faire une réponse catégorique, en présence du spectacle déplorable des systèmes arbitraires qui existent encore en matière de douanes et qui gênent la liberté des transactions dans plusieurs pays. La position de la France, sous ce rapport, n'est pas comparable à celle d'un pays comme la Hollande, parvenu à s'affranchir à peu près totalement du système de la protection ; et il me semble que le plus ou moins d'égard qu'on a eu à cette circonstance de fait, a influencé aussi sur les différents jugements portés par vos économistes, dans les débats récents.

Votre propriété agricole a le tort de tenir encore aux protections résultant de forts droits d'importation ; maintenant qu'il est bien prouvé qu'à la longue ce système tourne à son propre désavantage, n'est-ce pas là, à tout prendre, un abus réel ? Tant que les propriétaires du terrain veulent faire un monopole [1] des utilités qui se produisent par leur intervention ; tant que, par leur organe, les produits du sol national réclament l'exclusion d'un commerce libre, au lieu de s'y associer et d'en accepter la concurrence, au plus grand avantage des consommateurs, on ne voit plus en eux seulement des producteurs utiles, et ils sont forcés d'accepter la qualification de privilégiés égoïstes, perdant une bonne partie du titre qu'ils auraient à la reconnaissance nationale. Cette circonstance fait inévitablement tort au respect qu'on doit à leurs droits, et ils ont le tort de donner à penser qu'ils tiennent, non pas seulement à ce qui est juste, mais encore à ce qu'ils peuvent arracher injustement aux consommateurs, sans égard à ce que le bien public réclamerait.

Lorsque M. de Fontenay, dans la dernière lettre insérée au *Journal des Economistes*, a chaleureusement soutenu les vraies doctrines d'utilité et de droit, par rapport à la question de la propriété foncière, il a très-bien fait de les appuyer de tous les arguments possibles ; mais, si je l'ai bien compris, une partie de ces arguments reposait aussi sur ce que serait l'état normal d'un ensemble de justice et d'équité. Ce serait donc le cas de pourvoir d'abord au point essentiel qui manque encore à la réalisation de ces conditions supposées, si l'on veut que ces bonnes démonstrations ne soient pas contredites ou repoussées par l'opinion publique, et qu'elles aient toute leur force. Lorsqu'il a dit : « On peut me demander d'une chose beaucoup moins, on ne peut jamais me demander plus que le simple effort que j'aurais été obligé de faire moi-même pour l'obtenir », cela n'était certainement admissible dans toute sa force, qu'avec le sous-entendu d'échanges non entravés ; système libéral dont, en différents endroits, l'auteur s'est montré le partisan, mais que la France est loin encore de posséder.

Le moment n'est-il pas venu de gratifier votre beau pays d'un si grand bienfait ? Si je ne me trompe, le besoin de la liberté commerciale a trouvé aujourd'hui un nouvel et très-puissant appui dans ce fait que la liberté est nécessaire pour raffermir les bases de l'utilité et de l'inviolabilité des droits de propriété foncière : cette coïncidence heureuse ne vous échappera pas ; elle pourra servir à double fin et préparer une double conquête à la vérité. Les droits appuyés par les libertés, et les libertés

---

[1] Je ne dis pas *monopoles naturels appropriés*, ce qui est pour moi une expression inintelligible ; mais je dis *monopole qui résulte d'un abus de la possession*.

fondées sur les droits, c'est le beau idéal de la politique ; nous en faisons une expérience tout à fait satisfaisante chez nous.

Permettez-moi, mon cher monsieur, en passant à un autre sujet, de m'en référer
encore à vous pour une autre question qui m'intéresse vivement et qui se rattache
aussi à des principes importants d'économie politique. Le Cours théorique et pratique de droit public et administratif de M. Laferrière m'en fournira le sujet. Ce livre,
dont la troisième édition a paru en 1850, m'est tombé récemment dans la main et j'ai
voulu le consulter sur la question vivement agitée du plus ou moins d'obligation de
l'Etat de se charger de l'entretien des pauvres. J'y ai bien trouvé la démonstration de
la nécessité de reconnaître le droit de propriété ; j'y ai vu combattues avec succès les
prétentions du socialisme au travail garanti ; la preuve est bien établie qu'admettre
ce droit au travail, ce serait renoncer au droit de propriété. Jusque-là j'étais charmé.
Mais que devais-je penser ensuite de l'approbation très-prononcée de l'auteur pour
les termes de l'article 13 de la Constitution française de 1848, portant : « Que la
République doit, par une assistance fraternelle, assurer l'existence des citoyens
nécessiteux, soit en leur procurant du travail dans les limites de ses ressources, soit
en donnant, à défaut de la famille, des secours à ceux qui sont hors d'état de travailler »? Je me suis demandé ce que cela signifie. M. Laferrière est un auteur très-
accrédité et souvent consulté ; j'y ai mûrement réfléchi, j'ai pesé ses expressions dans
le but de savoir à quelle bonne application pratique cela pourrait mener, et je n'ai
pu en venir à bout. *Comment peut-on assurer* l'existence de tous, comment seulement le promettre sans que ce soit un encouragement à la fainéantise ? Puis : qu'entend-on par les *limites* des *ressources* pour donner du travail ? Les gouvernements,
pour l'ordinaire, ont peu d'autres ressources que la bourse des contribuables. Si le
gouvernement a le droit et l'obligation d'entretenir une portion de la société aux
dépens de l'autre, et que la portion qui réclame le travail alimenté ou l'alimentation
gratuite s'accroisse, où sera la limite des sacrifices qu'il imposera aux autres? Je
crois bien que l'action personnelle des nécessiteux contre un gouvernement qui, à
défaut de moyens, refuserait l'entretien promis, serait moins à craindre avec la formule adoptée, que si l'on eût adopté le régime du socialisme pur sang, et qu'on pro-
céderait d'une autre manière ; mais cela regarde plutôt la forme que le fond, qui
est encore ici le *principe d'entretien obligatoire*. La promesse, si elle est rendue
impossible à tenir, n'est autre chose qu'une tromperie. La distinction qui se fait
entre un *droit* pour l'*individu* et un *devoir* de la part de la société, et celle qu'on n'a
pas entendu reconnaître une obligation étroite, absolue, fondée sur la stricte justice,
mais un devoir de charité, d'assistance et d'humanité, un devoir de l'ordre moral et
religieux, ne sauraient me contenter. Si l'Etat s'en mêle par suite des garanties que
donne une loi fondamentale, il y a toujours, selon moi, infraction *à ce qui est* et doit
rester purement de l'ordre moral et religieux.

Les mesures de police pour la sûreté publique sont une chose à part, tant en principe que pour l'application, et ne doivent pas être confondues avec la charité.

Puisque l'apologie qui m'a tant étonné s'est trouvée dans une troisième édition,
je me demande si c'est bien là un principe consacré par l'Ecole de droit en France ?
Smith, Say, Ganilh Rossi, Ricardo, Marest, Droz, Cherbuliez, etc., etc., n'en auraient
donc rien su lorsqu'ils ont dit que rien n'est plus funeste que l'aumône forcée et la
charité officielle. Stuart Mill deviendrait peut-être désormais le seul économiste re-
commandable. Que serait donc la science humaine, si elle devait se nourrir de telles
 contraditions ? S'il en était ainsi, je préférerais les romans qui peuvent au moins avoir
le mérite de nous amuser ou de nous endormir. Mon seul espoir est de n'avoir pas
bien compris; et il y a là de quoi me décourager.

Je termine cette longue lettre en vous priant d'agréer, mon cher monsieur, etc.

La Haye, 10 juillet 1852.

A. Elink Sterk Jor.

BULLETIN.

LOI PORTANT FIXATION DU BUDGET GÉNÉRAL DES DÉPENSES ET DES RECETTES DE L'EXERCICE 1853.

TITRE PREMIER. — BUDGET GÉNÉRAL.

§ Ier. — Crédits accordés.

ART. 1er. Des crédits sont ouverts aux ministres pour les dépenses ordinaires de l'exercice 1853, conformément à l'état général A ci-annexé.

Ces crédits s'appliquent :

A la dette publique et aux services généraux des ministères, constituant effectivement les charges de l'État pour la somme de . . . . 982,220,423 fr.

Aux dépenses d'ordre et aux frais inhérents à la perception des impôts, pour la somme de 430,054,568

Total général conforme à l'État A ci-annexé. . . . . 1,412,274,981 fr.

ART. 2. Des crédits sont ouverts aux ministres, pour travaux extraordinaires de l'exercice 1853, conformément au même état A ci-annexé.

Ces crédits s'appliquent :

Aux dépenses à la charge de l'État, pour la somme de . . . . . . 61,238,334 fr.

Aux dépenses dont le remboursement figure au budget des voies et moyens, pour 11,500,000

Total général conforme au même état A ci-annexé. . . . . 72,738,334 fr.

§ 2. Impôts autorisés.

ART. 3. Les contributions foncière, personnelle et mobilière, des portes et fenêtres et des patentes, seront perçues pour 1853, en principal et en centimes additionnels, conformément à l'état B ci-annexé et aux dispositions des lois existantes.

: Le maximum des centimes facultatifs, pour des dépenses d'utilité départementale, que les Conseils généraux sont autorisés à imposer par l'art. 22 de la loi du 17 août 1822, est fixé à 7 centimes six dixièmes pour 1853.

Ces impositions pourront être élevées, dans le département de la Corse, jusqu'à 14 centimes six dixièmes.

Le contingent de chaque département, dans les contributions foncière, personnelle et mobilière et des portes et fenêtres, est fixé en principal aux sommes portées dans l'état C annexé à la présente loi.

ART. 4. Lorsqu'en exécution du paragraphe 4 de l'art. 39 de la loi du 18 juillet 1837, il y aura lieu par le gouvernement d'imposer d'office, sur les communes, des centimes additionnels pour le payement des dépenses obligatoires, le nombre de ces centimes ne pourra excéder le maximum de 10, à moins qu'il ne s'agisse de l'acquit de dettes résultant de condamnations judiciaires, auquel cas il pourra être élevé jusqu'à 20.

ART. 5. En cas d'insuffisance des revenus ordinaires pour l'établissement des écoles primaires communales, élémentaires ou supérieures, les Conseils municipaux et les Conseils généraux des départements sont autorisés à voter, pour 1853, à titre d'imposition spéciale destinée à l'instruction primaire, des centimes additionnels au principal des quatre contributions directes. Toutefois, il ne pourra être voté à ce titre plus de 3 centimes par les Conseils municipaux, et plus de 2 centimes par les Conseils généraux.

ART. 6. En cas d'insuffisance des centimes facultatifs ordinaires pour concourir, par des subventions, aux dépenses des chemins vicinaux de grande communication et, dans les cas extraordinaires, aux dépenses des autres chemins vicinaux, les Conseils généraux sont autorisés à voter, pour 1853, à titre d'imposition spéciale, 5 centimes additionnels aux quatre contributions directes.

ART. 7. Continuera d'être faite pour 1853, au profit de l'Etat, des départements. des communes, des établissements publics et des communautés d'habitants dûment autorisés, la perception, conformément aux lois existantes, des divers droits, produits et revenus énoncés au tableau D annexé à la présente loi.

§ 3. Évaluation des voies et moyens, et résultat général du budget.

ART. 8. Les voies et moyens du budget de l'exercice 1853 sont évalués à la somme de 1,450,820,531 fr., conformément à l'Etat E ci-annexé, savoir :

Recettes d'ordre dont l'emploi ou la restitution figure au budget des dépenses
. . . .   441,554,568 fr.
Recettes applicables aux charges réelles de l'Etat.   1,009,265,963
                                                                              ―――――――――
                                      Total général. . . . . .   1,450,820,531 fr.

ART. 9. Les dépenses ordinaires et extraordinaires, d'après les art. 1 et 2 ci-dessus, s'élevant

	Budget total.	Recettes et dépenses d'ordre.	Charges et ressources de l'Etat.
à.	1,485,013,325 fr.	441,554,568 fr.	1,043,458,757 fr.
Et les voies et moyens, d'après l'article 8, à.	1,450,820,531	441,554,568	1,009,265,963

Le budget de l'exercice 1853 présente, dans son ensemble, un excédant de dépenses qui est arrêté provisoirement à la somme de. . . . .   34,192,794 fr.

TITRE II. — Services spéciaux.

ART. 10. Les services spéciaux rattachés pour ordre au budget de l'Etat sont fixés, en recette et en dépense, pour l'exercice 1853, à la somme de 21,426,905 fr., conformément au tableau F ci-annexé.

ART. 11. L'affectation aux dépenses du service départemental des ressources spécialement attribuées à ce service par la loi du 10 mai 1838, et comprises dans les voies et moyens généraux de 1853 pour 104,210,700 fr., est réglée conformément au tableau G annexé à la présente loi.

ART. 12. L'affectation aux dépenses du service colonial comprises dans le budget général de 1853 pour 21,562,200 fr. des ressources spéciales de ce service et des fonds généraux de l'Etat qui doivent y être appliquées, est réglée conformément au tableau H annexé à la présente loi.

TITRE III. — Dispositions spéciales à quelques impôts et revenus (contributions directes).

ART. 13. Les dispositions de l'art. 5 de la loi du 2 messidor an VII (20 juin 1799) et de l'art. 2 de l'arrêté des consuls du 24 floréal an VIII (14 mai 1800), concernant les mutations de cote en matière de contribution foncière, seront appliquées à la contribution des portes et fenêtres.

ART. 14. A partir du 1er janvier 1853, il sera ajouté, pour dégrèvement et non-valeurs, au produit des centimes additionnels départementaux et communaux ordinaires et extraordinaires, savoir : 1 centime par franc de ce produit sur les centimes afférents aux contributions foncière et personnelle-mobilière ; 3 centimes par franc sur les centimes afférents aux portes et fenêtres, et 5 centimes par franc sur ceux afférents aux patentes.

TITRE IV. — *Moyens de service et dispositions diverses.*

ART. 15. Le ministre des finances est autorisé à créer, pour le service de la trésorerie et les négociations avec la Banque de France, des bons du Trésor portant intérêt et payables à échéance fixe.

Les bons du Trésor en circulation ne pourront excéder 150 millions de francs. Ne sont pas compris dans cette limite les bons délivrés à la Caisse d'amortissement en vertu de la loi du 10 juin 1833, ni les bons déposés en garantie à la Banque de France et aux comptoirs d'escompte ; n'y sont pas non plus compris les bons qu'il serait nécessaire de créer pour l'exécution du décret du 14 mars 1852.

ART. 16. L'effectif à entretenir en Algérie, au delà duquel il y aura lieu à l'application du deuxième paragraphe de l'art. 4 de la loi des finances du 11 juin 1842, est fixé, pour l'année 1853, à 70,966 hommes et 14,615 chevaux.

ART. 17. Il sera rendu un compte spécial et distinct de l'emploi des crédits ouverts à chacun des paragraphes des chapitres XXIII, XXVIII et XL du budget du ministère de la guerre, pour travaux extraordinaires civils et militaires à exécuter, en 1853, sur divers points de l'Algérie. Ces crédits ne pourront recevoir aucune autre affectation.

ART. 18. Il est ouvert au ministre de la guerre un crédit de 1,500,000 fr., pour l'inscription au Trésor public des pensions militaires à liquider dans le courant de l'année 1853.

ART. 19. Les dispositions de l'art. 17 de la loi du 10 mai 1838, en ce qui concerne la portion du fonds commun distribué, à titre de secours, afin de compléter les moyens de pourvoir aux dépenses pour constructions neuves, ne recevront pas leur application pour les budgets départementaux de 1853.

ART. 20. La faculté d'ouvrir par décrets, en l'absence du Corps législatif, des crédits supplémentaires, conformément à l'art. 3 de la loi du 24 avril 1833, pour subvenir à l'insuffisance dûment justifiée d'un service porté au budget, n'est applicable qu'aux dépenses concernant *un service voté*, et dont la nomenclature, pour les exercices 1852 et 1853, est fixée par l'état I annexé à la présente loi.

ART. 21. Les décrets qui, en l'absence du Corps législatif, auront ouvert aux ministres des crédits supplémentaires, en exécution de l'article précédent, ou des crédits extraordinaires, dans le cas déterminé par l'art. 12 de la loi du 23 mai 1834, pour dépenses urgentes n'ayant pu être prévues ni réglées par le budget, seront réunis par le ministre des finances, comme le prescrit l'art. 5 de la loi du 24 avril 1833, en un seul projet de loi, pour être soumis à la sanction du Corps législatif, dans sa plus prochaine session.

ART. 22. L'art. 10, la disposition finale de l'art. 11 et le premier paragraphe de l'art. 12 de la loi du 15 mai 1850, la disposition finale de l'art. 2 et l'art. 4 de la loi du 16 mai 1851 sont abrogés.

ART. 23. La retenue de 1 1/2 pour 100, rétablie au profit de la Caisse des invalides de la marine par le décret du 13 février 1852, sur les marchés à passer pour les dépenses du matériel de la marine et des colonies, est portée à 3 pour 100, à compter du 1er juillet 1852.

ART. 24. La somme que l'Etat pourra affecter, en 1853, à l'encouragement des premières opérations des Sociétés de crédit foncier, en exécution de l'art. 5 du décret du 28 février 1852, est fixée à 10 millions.

L'avance sera faite à ces Sociétés, sous la garantie du Trésor, par la Caisse des dépôts et consignations, contre la cession de leurs lettres de gage, en vertu d'une décision du ministre des finances.

ART. 25. Le transfert ou la mutation au grand-livre de la dette publique d'une inscription de rente provenant de titulaires décédés ou déclarés absents ne pourra être effectué que sur la présentation d'un certificat délivré sans frais par le receveur de l'enregistrement, et visé par le directeur du département, constatant l'acquittement du droit de mutation par décès établi par l'art. 7 de la loi du 18 mai 1850.

Dans les départements autres que celui de la Seine, la signature du directeur de l'enregistrement devra être légalisée par le préfet.

ART. 26. Les droits de mutation, par décès, des inscriptions de rentes sur l'État, et les peines encourues en cas de retard ou d'omission de ces valeurs dans la déclaration des héritiers, légataires ou donataires, ne seront soumis qu'à la prescription de trente ans.

ART. 27. Les décrets des 13 mars et 12 août 1848, relatifs au cumul des traitements et pensions, sont abrogés.

ART. 28. Les professeurs, les gens de lettres, les savants et les artistes peuvent remplir plusieurs fonctions et occuper plusieurs chaires rétribuées sur les fonds du Trésor public.

Néanmoins, le montant des traitements cumulés, tant fixes qu'éventuels, ne pourra dépasser 20,000 fr.

ART. 29. Le droit de timbre fixé pour les lettres de gage des Compagnies de crédit foncier à cinquante centimes par mille francs, conformément à l'art. 1er de la loi du 5 juin 1850, pourra être perçu par voie d'abonnement annuel, à raison de deux centimes par mille francs du total des lettres de gage en circulation, suivant le mode réglé par l'art. 57 de la loi du 5 juin 1850.

ART. 30. A partir du 1er août 1852, toute affiche inscrite dans un lieu public, sur les murs, sur une construction quelconque, ou même sur toile, au moyen de la peinture ou de tout autre procédé, donnera lieu à un droit d'affichage fixé à 50 centimes pour les affiches d'un mètre carré et au-dessous, et à 1 fr. pour celles d'une dimension supérieure.

Un règlement d'administration publique déterminera le mode d'exécution du présent article.

Toute infraction à la présente disposition, et toute contravention au règlement à intervenir, pourront être punies d'une amende de 100 à 500 fr., ainsi que des peines portées à l'art. 464 du Code pénal.

TITRE V. — *Dispositions générales.*

ART. 31. Toutes contributions directes ou indirectes autres que celles autorisées par la présente loi, à quelque titre et sous quelque dénomination qu'elles se perçoivent, sont formellement interdites, à peine contre les autorités qui les ordonneraient, contre les employés qui confectionneraient les rôles et les tarifs, et ceux qui en feraient le recouvrement, d'être poursuivis comme concussionnaires, sans préjudice de l'action en répétition, pendant trois années, contre tous receveurs, percepteurs ou individus qui auraient fait la perception, et sans que, pour exercer cette action devant les tribunaux, il soit besoin d'une autorisation préalable. Il n'est pas néanmoins dérogé à l'exécution de l'art. 4 de la loi du 2 août 1829, relatif aux centimes que les Conseils généraux sont autorisés à voter pour les opérations cadastrales ; son plus qu'aux dispositions des lois du 10 mai 1838, sur les attributions départementales ; du 18 juillet 1837, sur l'administration communale ; du 21 mai 1856, sur les chemins vicinaux, et du 28 juin 1833, sur l'instruction primaire.

La présente loi, revêtue du sceau de l'Etat, sera promulguée et insérée au *Bulletin des Lois* [1].

Fait au palais de Saint-Cloud, le 8 juillet 1852, etc.

LOI RELATIVE AU CHEMIN DE FER DE LYON A LA MÉDITERRANÉE.

ART. 1er. La convention passée, le 19 juin 1852, entre le ministre des travaux publics et la Compagnie du chemin de fer de Lyon à Avignon, est et demeure approuvée.

En conséquence, l'entreprise concédée à cette Compagnie comprendra à l'avenir les chemins de fer :

1° De Lyon à Avignon ;
2° De Marseille à Avignon ;
3° D'Alais à Beaucaire ;
4° D'Alais aux mines de la Grand'Combe ;
5° De Montpellier à Cette ;
6° De Montpellier à Nîmes ;
7° De Rognac à Aix ;
8° De Marseille à Toulon.

Toutes les clauses et conditions stipulées dans ladite convention, soit à la charge de l'Etat, soit à la charge de la Compagnie du chemin de fer de Lyon à Avignon, recevront leur pleine et entière exécution.

La Compagnie ne pourra contracter aucun traité de fusion ou d'alliance avec la Compagnie du chemin de fer de Paris à Orléans et de ses prolongements.

ART. 2. Toutes les dispositions des lois, ordonnances, décrets et cahiers des charges, relatives tant à la concession du chemin de fer de Lyon à Avignon qu'à la concession des chemins de fer de Marseille à Avignon, d'Alais à Beaucaire, d'Alais aux mines de la Grand'Combe, de Montpellier à Cette, et au fermage du chemin de fer de Montpellier à Nîmes, qui sont contraires aux dispositions contenues dans la présente loi, et dans la convention et le cahier des charges y annexé, sont et demeurent abrogées. (Voir le texte de ladite convention et du cahier des charges au *Moniteur* du 23 juin, page 924.)

ART. 3. La subvention d'un million de francs offerte par la ville d'Aix pour la construction de l'embranchement de Rognac à Aix est acceptée au nom de l'Etat et demeure acquise au Trésor public.

La présente loi, revêtue du sceau de l'Etat, sera promulguée et insérée au *Bulletin des Lois*.

Fait au palais de Saint-Cloud, le 8 juillet 1852, etc.

LOI SUR LE CHEMIN DE FER DE BORDEAUX A CETTE ET LE CANAL LATÉRAL A LA GARONNE.

Article unique. Le ministre des travaux publics est autorisé à concéder directement le chemin de fer de Bordeaux à Cette, et le canal latéral à la Garonne, aux clauses et conditions du cahier des charges ci-annexé. (Voir ce cahier des charges au supplément F, page XIV du *Moniteur* du 27 juin 1852.)

---

[1] Voir au dernier numéro, p. 139 de ce volume, le formulaire actuellement adopté pour la promulgation des lois.

La présente loi, revêtue du sceau de l'Etat, sera promulguée et insérée au *Bulletin des Lois.*

Fait au palais de Saint-Cloud, le 8 juillet 1852, etc.

LOI RELATIVE AU CHEMIN DE FER DE PARIS A CHERBOURG.

ART. 1er. Il sera établi un chemin de fer de Paris à Cherbourg par Evreux et Caen, avec deux embranchements dirigés, l'un de Mézidon sur le Mans, l'autre de Serquigny sur Rouen.

ART. 2. Le chemin de fer de Paris à Cherbourg s'embranchera sur le chemin de fer de Paris à Rouen, en amont du souterrain de Rolleboise ; il se dirigera sur Evreux, passera à ou près Conches, Serquigny , Bernay, Lisieux et Mézidon. Il arrivera à Caen et se dirigera de Caen sur Cherbourg, suivant le tracé qui sera ultérieurement déterminé par l'administration.

L'embranchement dirigé de Mézidon sur le Mans se détachera de la ligne principale à Mézidon ; il passera par ou près Saint-Pierre-sur-Dives , Argentan, Séez et Alençon et se rattachera au chemin de fer de Paris à Rennes au point qui sera déterminé par l'administration supérieure.

ART. 3. La convention provisoire conclue le 19 avril 1852 entre le ministre des travaux publics, au nom de l'Etat, et MM. de l'Espée, Benoist d'Azy, E. Simons, vicomte N. Duchâtel, Ed. Blount, de Kersaint, John Easthope, agissant tant en leur nom personnel qu'aux noms de MM. William Chaplin, John Moss, William Reed, Georges Lawrence et Joseph Locke, de Londres , pour la concession du chemin de fer de Paris à Cherbourg par Evreux et Caen, est approuvée.

En conséquence, MM. de l'Espée, Benoist d'Azy, E. Simons, vicomte N. Duchâtel, Ed. Blount, de Kersaint, J. Easthope, William Chaplin, John Moss, William Reed, Georges Lawrence et Joseph Locke sont et demeurent concessionnaires dudit chemin, aux clauses et conditions du cahier des charges coté A, annexé à la présente loi. (V. ce cahier des charges , inséré au supplément A, page II, du *Moniteur* du 27 juin.)

ART. 4. Les conventions provisoires conclues les 16 et 23 juin 1852 entre le ministre des travaux publics, au nom de l'Etat, et la Compagnie du chemin de fer de l'Ouest, pour la concession de l'embranchement de Mézidon à Caen, sont approuvées.

En conséquence, la concession de cet embranchement sera réunie à la concession du chemin de fer de l'Ouest, aux clauses et conditions du cahier des charges coté B, annexé à la présente loi.

Est également approuvée la convention conclue, le 23 juin 1852, entre le même ministre et les concessionnaires du chemin de Paris à Cherbourg, déjà nommés dans l'art. 3, pour la concession éventuelle dudit embranchement.

ART. 5. Les subventions offertes par les localités intéressées, 1° pour l'exécution du chemin de fer de Paris à Cherbourg ; 2° pour l'exécution de l'embranchement de Mézidon sur le Mans, sont acceptées au nom de l'Etat et acquises au Trésor public.

ART. 6. L'embranchement de Serquigny sur Rouen , classé par l'art. 1er, sera l'objet d'une concession ultérieure. Son tracé sera déterminé par la loi à intervenir. Les subventions s'élevant à 3 millions de francs, offertes par les localités intéressées pour l'exécution de cet embranchement, sont acceptées au nom de l'Etat avec attribution spéciale à cette exécution.

La présente loi, revêtue du sceau de l'Etat, sera promulguée et insérée au *Bulletin des lois.*

Fait au palais de Saint-Cloud, le 8 juillet 1852, etc.

Produit des impôts et revenus indirects en France pendant les deux premiers trimestres de 1852. — Voici les résultats que nous extrayons des tableaux publiés par l'administration des finances :

I. Impôt direct.

L'impôt direct qui doit être perçu cette année s'élève, suivant les rôles, à 412,452,000 francs ; il s'élevait, pour 1851, à 412,217,000 francs, sur laquelle somme il restait à recouvrer, à la fin de l'exercice, 32,319,000 fr., dont 728,000 appartenant à l'exercice de 1850.

Il avait été perçu pendant le premier semestre de l'année courante :

	Exercice de 1852.	Exercice de 1851.
Janvier.........	4,587,000 fr.	17,678,000 fr.
Février.........	22,869,000	5,472,000
Mars	45,908,000	2,765,000
Tota du premier trimestre...	73,164,000	25,915,000
Avril	39,129,000	1,230,000
Mai	31,709,000	917,000
Juin...........	38,864,000	670,000
Total du second trimestre...	109,702,000	2,817,000
Total du premier semestre..	182,866,000	28,732,000

Il ne reste plus à recouvrer, sur les rôles de 1851, que 3,587,000 fr. La perception effectuée pour 1852 représente 44 pour 100 du montant des rôles et dépasse de 11 millions les termes échus. A la même époque de 1851, les revenus s'élevaient à 43 pour 100 du montant des rôles, et l'avance sur les termes échus n'était que de 4,811,000 fr.

Les frais de poursuites faites en 1852 sont, avec les recouvrements, dans la proportion de 2 fr. 09 c. pour 100. L'annnée dernière, cette proportion était de 2 fr. 40 c. pour 100.

II. Impôts indirects.

Les impôts indirects ont produit :

En janvier.......	56,872,000 f.	En avril..........	70,340,000 f.
En février.......	59,084,000	En mai...........	64,255,000
En mars........	69,310,000	En juin..........	69,636,000

Pendant le 1er trimestre. 185,266,000 Pendant le 2e trimestre. 204,231,000

Total des recettes effectuées jusqu'au 30 juin et pour la moitié de l'année, 389 millions 1/2. Ce total n'était que de 363 millions 1/2 en 1851, et de 350 millions 1/2 en 1850.

Voici le détail par chaque branche d'impôts :

	1852.	1851.	1850.
Droits d'enregistrement, de greffe, d'hypothèques, etc........................	104,279,000	99,614,000	99,256,000
Droits de timbre........................	22,283,000	21,323,000	17,402,000
Droits d'importation sur les céréales...........	7,000	3,000	6,000
— — marchand. diverses..	47,300,000	38,920,000	38,197,000
— — sucre des col. franç.	12,713,000	7,594,000	11,706,000
— — sucres étrangers....	9,060,000	8,141,000	7,659,000
Droits de douanes à l'exportation.............	1,248,000	1,713,000	1,222,000
A reporter.........	196,820,000	177,308,000	175,448,000

	1852.	1851.	1850.
Report	196,820,000	177,306,000	175,448,000
Droits de navigation	1,547,000	1,394,000	1,200,000
— et produits divers de douanes	1,181,000	1,411,000	1,414,000
Taxe de consommation des sels perçue dans le rayon des douanes	11,838,000	9,295,000	8,360,000
Droits sur les boissons	51,733,000	49,350,000	47,476,000
Taxe de consommation des sels perçue hors du rayon des douanes	2,352,000	2,118,000	2,149,000
Droit de fabrication sur les sucres indigènes . . .	17,126,000	18,688,000	14,455,000
Droits divers et recettes à différents titres	19,348,000	18,909,000	18,383,000
Produit de la vente des tabacs	63,377,000	61,757,000	58,911,000
— de la vente des poudres	1,999,000	1,823,000	2,279,000
— de la taxe des lettres	21,228,000	19,644,000	18,316,000
Droit de 2 pour 100 sur les envois d'argent	556,000	550,000	553,000
Droits de transport des marchandises et des matières d'or et d'argent par les paquebots	»	240,000	221,000
Produit des places dans les malles-postes	815,000	482,000	528,000
— des places dans les paquebots	40,000	664,000	690,000
Droit de transit des correspondances étrangères.	8,000	19,000	36,000
Recettes accidentelles	29,000	8,000	12,000
	389,497,000	363,660,000	350,457,000

Le Trésor a donc reçu cette année près de 26 millions de plus qu'en 1851, et 39 millions de plus qu'en 1850.

Cette augmentation de près de 26 millions provient surtout d'augmentations sur les douanes (8 millions), sur les sucres exotiques (6), sur les droits d'enregistrement (4 1/2), sur les sels (2 1/2), sur les boissons (2,4), sur le tabac (1,6), sur les lettres (1,6), sur le timbre (près de 1 million), lesquelles neutralisent des diminutions de plus de 3 millions de francs, dont 1,5 millions sur les sucres indigènes, 624,000 fr. pour les places dans les paquebots, 465,000 fr. sur les droits de douane à l'exportation, 240,000 fr. pour les transports des matières d'or et d'argent par les paquebots, etc. Mais il est à remarquer que ces diminutions pour les paquebots proviennent de la remise à la Compagnie des Messageries nationales du service des paquebots de la Méditerranée. Sans cette circonstance, l'augmentation finale des six premiers mois, comparée au premier semestre de 1851, serait de 26,701,000 fr., et de 39,901,000, comparée au premier semestre de 1850.

La diminution sur les droits perçus sur les sucres indigènes concorde avec le ralentissement dans la fabrication et la mise en consommation que nous faisions remarquer dans notre dernier numéro (page 146 de ce volume), en indiquant la situation de l'industrie du sucre de betterave au milieu de la campagne courante.

La diminution sur les droits à l'exportation annonce un certain ralentissement dans l'activité du commerce extérieur.

III. *Impôt sur le sel.*

L'impôt sur le sel a produit :

Pendant le premier semestre de	1852...	14,186,114 fr.
—	1851...	11,412,856
—	1850...	10,501,660
—	1849...	15,621,493

Il faut toujours se rappeler qu'au commencement de 1849 le commerce dut opérer des achats plus nombreux, pour compléter des approvisionnements qu'il n'avait pas faits en 1848, en vue de la réduction du droit, décrétée à partir du 1er janvier 1849.

L'an dernier, l'impôt du sel a produit 26 millions 1/2 ; si les rapports ci-dessus se maintiennent, il aura produit presque autant qu'en 1849, près de la moitié de ce qu'il a produit en 1848, avant la réduction des deux tiers du droit.

COMMERCE EXTÉRIEUR DE LA FRANCE PENDANT LES SIX PREMIERS MOIS DE L'ANNÉE 1852, COMPARÉS AUX ÉPOQUES CORRESPONDANTES DES ANNÉES 1851 ET 1850. — Les droits perçus à l'importation, pendant les six premiers mois, s'élèvent cette année à 69.003.000 fr., c'est-à-dire 4 millions 1/2 de plus qu'en 1851, et 11 millions 1/2 de plus qu'en 1850. La douane n'avait perçu, pour les six premiers mois, que 54,635,000 fr. l'an dernier, et que 57,561,000 l'an d'avant.

Cette augmentation provient toujours, d'une part, des cafés et des sucres exotiques ; et d'autre part, des cotons en laine, des laines, des houilles, des toiles de lin et de chanvre et des marchandises diverses.

Les cafés ont fourni 10,2 millions ; 1,7 millions de plus qu'en 1851, 4 millions de plus qu'en 1850.

Les sucres des colonies, qui n'avaient produit que 7,6 millions en 1851, et 11,7 millions en 1850, ont dépassé ce dernier résultat de 1 million, et produit 12,7 millions. — Les sucres étrangers continuent également à être en progrès : ils ont produit 7,6 millions il y a deux ans, 8,1 million il y a un an, 9 millions pendant le premier semestre de cette année.

La houille, qui n'avait produit que 2,7 millions en 1851 et 1850, a fourni plus de 3 millions.

Les toiles de lin et de chanvre, qui avaient produit 752,000 fr. en 1850, et seulement 594,000 fr. en 1851, ont produit 844,000 fr.

Il a été perçu 10 millions 1/2 sur la nombreuse catégorie des marchandises diverses ; 1 million de plus qu'en 1851, près de 2 millions de plus qu'en 1850.

Deux autres articles principaux du tarif présentent des diminutions : ce sont les graines oléagineuses et l'huile d'olive. Les graines de sésame, qui avaient produit 1,1 million en 1850 et 1,5 en 1851, n'ont donné cette année que 977,000 fr. — La recette sur l'huile d'olive a baissé de 1 million sur les deux années précédentes, pendant lesquelles il avait été perçu 5,5 millions en 1850 et et 3,1 millions en 1851. — Les fontes, qui se trouvaient dans cette catégorie décroissante il y a deux mois, tendent à en sortir : elles ont produit un peu plus de 1 million ; elles avaient produit 1 million en 1851 et 856,000 fr. en 1850.

Le total des droits perçus en mai s'élève à 10,4 millions ; ils s'élevaient seulement à 9 millions en 1851 et à 10,5 millions en 1850.

Le total des droits perçus en juin s'élève à 11,7 millions ; ils s'élevaient seulement à 9,1 millions en 1851 et à 10,4 en 1850.

Le total des droits perçus à l'exportation, que nous trouvons dans les relevés des recettes de l'administration des finances pendant le premier semestre, est inférieur de 465,000 fr. au chiffre de 1851 pour la même période, et il accuse une diminution dans cette branche du commerce extérieur.

Le mouvement de la navigation de la France avec l'étranger, les colonies et la grande pêche, pendant les six premiers mois des trois années, se mesure par les chiffres suivants :

	Navires entrés et sortis.	Tonnage.
1er semestre 1852........	8,178	954,000
— 1851........	8,858	970,000
— 1850........	7,501	798,000

qui indiquent aussi un peu moins d'activité comparativement au premier semestre de l'année dernière.

REVENU PUBLIC EN ANGLETERRE PENDANT LE PREMIER SEMESTRE DE 1852
ET LA PÉRIODE ANNUELLE FINISSANT AU 5 JUILLET 1852.

	Au 5 avril 1851.	Au 5 avril 1852.	Au 5 juillet 1851.	Au 5 juillet 1852.
Douanes................	4,548,266	4,615,025	4,318,218	4,502,164
Excise (I. indirects).......	1,980,536	2,070,064	3,419,810	3,443,516
Timbre.................	1,548,008	1,515,985	1,525,492	1,626,825
I. Directs (*Land and assessed taxes*)................	167,784	295,048	2,045,234	1,503,707
I. Sur la propriété et le revenu..................	2,089,950	2,068,827	976,881	1,056,991
Poste...................	272,000	259,000	240,000	230,000
Terres de la couronne......	40,000	80,000	30,000	60,000
Divers.................	21,974	41,733	91,241	202,189
	10,668,518	10,945,682	12,646,873	12,627,393

	Année finissant au 5 juillet 1851.	Année finissant au 5 juillet 1852.
Douanes	18,715,072	19,011,774
Excise (I. indirects)......	13,219,609	13,206,404
Timbre................	6,040,249	6,002,860
I. Directs (*Land and assessed taxes*)............	4,322,684	3,149,702
I. Sur la propriété et le revenu................	5,353,425	5,363,910
Poste.................	891,000	1,041,000
Terres de la couronne....	150,000	220,000
Divers	162,333	302,948
	48,854,369	48,298,598

Le revenu du premier trimestre de cette année est supérieur à celui de l'année dernière de 277,000 livres, ou près de 7 millions de francs ; mais celui du second trimestre est un peu inférieur à celui de l'année précédente ; et cette diminution provient surtout des impôts directs, à cause de la conversion de l'impôt sur les fenêtres.

La douane était en progrès pendant le premier et le second trimestre ; il en est de même de l'excise. Le timbre avait fléchi pendant le premier trimestre de 1852 ; il a repris le dessus pendant le second trimestre. En considérant la période annuelle du 5 juillet 1851 au 5 juillet 1852, on trouve une diminution de 1,173,000 livres sterling sur les taxes directes, qui, malgré des augmentations sur les douanes et d'autres branches, produit, dans le total, une diminution de 556,000 liv., ou 14 millions de francs environ.

BOURSE DE PARIS. — *Juin-juillet* 1852. — Les fonds français et valeurs industrielles (chemins de fer et autres) ont éprouvé à la Bourse de Paris, durant ces deux mois, une hausse très-considérable dans leurs prix, et (chose rare) sans que ce mouvement ait été suivi de réaction, durant ces deux mois du moins. Cette impulsion est due à une cause bien simple. Privés depuis plusieurs années de la situation qui convient aux affaires de bourse, savoir, d'une sécurité parfaite durant le temps suffisant pour consommer une opération, les différentes catégories d'acheteurs, capitalistes, spéculateurs et joueurs n'osaient, malgré l'appât des bas prix, se risquer à reprendre le courant de leurs affaires : rassurés plus tard pour le temps nécessaire pour réaliser, ils se sont jetés sur tout ce qui était avantageux à acheter ; les rentes d'abord, puis les chemins de fer, lorsque celles-ci étaient trop chères , et enfin les actions industrielles diverses. Mais comme dans un mouvement aussi désordonné on va toujours plus loin que ne le veut le strict raisonnement , on n'a pas tardé à se rapprocher des exagérations de 1845. L'inspection de la colonne des plus hauts cours de juillet dans le tableau ci-dessous suffira pour le prouver.

Grâce à cette impulsion, des Compagnies de chemins de fer qui avaient quelque peine à trouver des souscripteurs pour leur capital, soit en actions, soit en obligations, sont parvenues à se mettre à flot, et ont même suivi le mouvement d'ascension ; tels sont le Lyon à Avignon, l'Ouest, le Gray.

PAIR.	VERSE-MENTS.	BOURSE DE PARIS. JUIN-JUILLET 1852. RENTES. BANQUE. CHEM. DE FER.	1er cours de juin.	JUIN. Plus haut.	JUIN. Plus bas.	JUILLET. Plus haut.	JUILLET. Plus bas.	Dernier cours de juill.
100	Tout.	4 1/2 °/₀, j. 22 mars 1852.....	100 05	102 10	99 75	104 90	101 95	104 90
100	Tout.	4 °/₀, j. 22 mars 1852.......	91 »	91 »	90 »	92 »	90 50	92 »
100	Tout.	3 °/₀, j. 22 juin 1852	71 50	71 95	70 »	75 20	70 70	75 20
1000	Tout.	Banque de France, j. juill. 52.	2745 »	2800 »	2722 50	2885 »	2720 »	2885 »
600	Tout.	P. à Saint-Germain, j. avril 52	880 »	922 50	875 »	1120 »	920 »	1120 »
500	Tout.	P. à Versailles (R. G.) j. juill. 51	282 50	310 »	282 50	332 50	308 75	325 »
500	Tout.	P. à Orleans, j. juillet 52....	1200 »	1257 50	1200 »	1430 »	1250 »	1430 »
500	Tout.	P. à Rouen, j. janvier 52....	792 50	882 50	792 50	950 »	867 50	932 50
500	Tout.	R. au Havre, j. avril 52......	290 »	360 »	290 »	380 »	332 50	380 »
500	Tout.	Avign. à Marseille, j. janv. 48.	350 »	460 »	320 »	480 »	447 50	480 »
350	Tout.	Strasb. à Bâle, j. janv. 52...	245 »	270 »	243 75	300 »	268 75	300 »
400	Tout.	Nord, j. juill. 52...........	592 50	621 25	592 50	675 »	615 »	675 »
500	Tout.	P. à Strasbourg, j. juill. 52..	562 50	590 »	561 25	661 25	590 »	660 »
500	250	Paris à Lyon...........	613 75	675 »	613 75	772 50	657 50	772 50
500	125	Lyon à Avignon, j. avril 52...	» »	» »	» »	610 »	568 »	607 50
500	Tout.	Mont. à Troyes, j. janv. 52...	177 50	212 50	177 50	225 »	205 »	225 »
500	150	Ouest, j. juill. 52..........	» »	562 50	530 »	635 »	560 »	625 »
500	Tout.	Paris à Sceaux.............	90 »	100 »	90 »	100 »	95 »	» »
500	Tout.	Bord. à la Teste	140 »	165 »	140 »	160 »	250 »	160 »
500	400	Dieppe, j. mai.............	240 »	258 75	240 »	275 »	258 75	270 »
500	Tout.	Montpellier à Cette.........	» »	625 »	575 »	630 »	625 »	» »
500	»	Blesme et S.-Dizier à Gray....	» »	530 »	520 »	575 »	516 25	570 »

PAIR.	FONDS DIVERS français et étrangers.	Plus haut.	Plus bas.	PAIR.	SOCIÉTÉS DIVERSES par actions.	Plus haut.	Plus bas.
100	Rentes Villes 5°/₀ j. juill. 1852	100 »	100 »	500	Comptoir nat. d'escompte	665 »	608 75
1000	Obl. Ville 1849, j. avr. 1852	1230 »	1182 50	500	Caisse Béchet............	490 »	465 »
1000	Obl. Ville 1852...........	1320 »	1322 50	160	Vieille-Mont., j.juill. 1852	1000 »	795 »
1000	Obl.Seine 1849, j.juill.1852	1067 50	1042 50	750	Stolberg. j. juill. 1852....	1205 »	960 »
1000	Obl.de Marseil. j.juill 1852	1155 »	1125 »	1000	Monceaux-sur-Sambre...	1525 »	1350 »
1000	Obl. list. civ. j. mai 1852..	1097 50	1085 »	3000	Aveyron (Decazeville)...	» »	» »
1000	Obl. lits milit , j. avril ..	1015 »	1000 »	1000	Grand'Combe, j. janv. 1848	1145 »	975 »
100	Belgiq., 5°/₀ j. 1 mai 1852.	102 1/2	100 1/2	500	Glaces d'Oignies	1615 »	1490 »
100	——5°/₀ nouv.......	102 1/4	101 »	500	Gaz franç. Brunton, Pille.	1190 »	1005 »
100	——4 1/2°/₀. 1 mai 1852	97 »	95 3/4	2500	Gaz angl. Marguer., Mauby	6500 »	5800 »
100	——2 °/₀ °/₀ j. juill. 1852	» »	» »	500	Gaz de Belleville, Payn...	» »	» »
100	Naples, 5 °/₀ j. juill. 1852.	105 »	103 »	500	Lin Maberly (Amiens)...	895 »	822 50
100	Piém. 5°/₀.juill. 1852	98 55	95 50	500	Lin Cobin (Frévent).....	555 »	535 »
1000	——Obl.1834, j. juill. 1852	1015 »	995 »	5000	Nationale Incendie.......	140°/₀.b.	137°/₀.b.
1000	——Obl. 1848, j. avr. 1852	987 50	970 »	5000	——— Vie.........	13¹/₂°/₀.b.	12 °/₀.b.
1000	——Obl.1851,j. 1 fev. 1852	977 50	960 »	5000	Générale Incendie.......	460°/₀.b.	440°/₀.b.
100	Rome, 5°/₀, j. juin 1852..	96 1/2	94 1/2	7500	——— Vie.........	47°/₀.b.	44°/₀.b.
100	——5°/₀1850, j. juin 1852.	96 1/2	95 »	12500	——— Maritime......	28°/₀.b.	24°/₀.b.
100	Autriche—lots de 1834...	455 »	450 »	5000	Union incendie.........	55¹/₂°/₀.b.	55°/₀.b.
100	——5°/₀ j juill. 1852...	95 3/4	90 1/2	5000	——— Vie.........	2³/₄°/₀.b.	2¹/₄°/₀.b.
100	Espag..3.°/₀ext.j.juill.1852	50 »	47 1/2	5000	France incendie.........	26°/₀.b.	24°/₀.b.
100	——3°/₀int. j. juill. 1852	46 »	43 3/8	5000	Urbaine incendie........	39°/₀.b.	30°/₀.b.
100	——dett. diff. nouvelle...	22 7/8	21 »	25000	Providence incendie......	10°/₀.b.	4°/₀.b.
100	——dette passive.....	6 »	5 1/2	1000	Phénix incendie.........	3500 »	3450 »
1000	Haïti-Annuites j.janv.1844	340 »	322 50	5000	Lloyd franç. maritime....	10°/₀.b.	8°/₀.b.
100	Holland.2°/₀ j. 22juill.1852	61 »	61 1/2	5000	Sécurité maritime.......	17°/₀.b.	17°/₀.b.
100	Russie, 4°/₀ j. juill. 1852..	104 »	101 1/2	5000	Union des ports maritimes	3°/₀.b.	3°/₀.b.

Depuis le commencement d'août, la hausse s'est arrêtée, et les cours semblent même disposés à baisser fortement. La liquidation de juillet, durant laquelle l'argent s'est fait payer très-cher, ou (pour nous servir des termes en usage) les déports sur chemins de fer ont été très-considérables, semble un indice de baisse qui n'est pas à négliger.

Nous ferons remarquer que le 3 pour 100 a beaucoup plus monté que le 4 1/2 pour 100, et que l'écart entre les prix de 4 fr. 50 c. de revenu dans ces deux valeurs a augmenté de 5 fr. 27 c. (30 juin) à 9 fr. 01 c. (31 juillet), soit de près de 4 fr.

ALPH. COURTOIS.

BANQUE DE FRANCE. — *Situation mensuelle au 8 juillet.* — La situation que la Banque publie, arrêtée au deuxième jeudi de chaque mois, n'a pas encore paru au *Moniteur* ; nous sommes donc forcés, pour cette fois, de ne donner que la situation au 8 juillet dernier; le lecteur aura ainsi la série non interrompue des situations officielles que publie cet établissement.

SITUATION DE LA BANQUE DE FRANCE ET DE SES SUCCURSALES
Au jeudi 8 juillet 1852.

ACTIF.

Argent monnayé et lingots.....................................	498,305,305 34
Numéraire dans les succursales...............................	102,637,657 »
Effets échus hier à recouvrer ce jour.......................	198,905 79
Portefeuille de Paris, dont 25,460,681 fr. 32 c. provenant des succursales..	61,789,880 04
Portefeuille des succursales, effets sur place...................	95,435,077 »
Avances sur lingots et monnaies.....................	4,125,800 »
Avances sur lingots et monnaies dans les succursales...	889,929 »
Avances sur effets publics français.......................	42,492,336 10
Avances sur effets publics français dans les succursales........	5,930,012 »
Avances sur actions et obligations de chemins de fer........	19,542,400 »
Avances sur actions et obligations de chemins de fer dans les succursales...	4,432,377 »
Avances à l'État sur bons du Trésor........................	50,000,000 »
Idem (traité du 30 juin 1848).............................	75,000,000 »
Rentes de la réserve.......................................	10,000,000 »
Rentes fonds disponibles.................................	55,635,896 32
Hôtels et mobiliers de la Banque...........................	7,673,948 »
Intérêt dans les comptoirs nationaux d'escompte.............	99,000 »
Dépenses d'administration de la Banque et des succursales......	70,876 »
Divers...	2,886,923 40
	1,037,142,352 99

PASSIF.

Capital de la Banque.......................................	91,250,000 »
Réserve de la Banque..................................	12,980,750 14
Réserve immobilière de la Banque............................	4,000,000 »
Billets au porteur en circulation, de la Banque.................	481,651,800
Billets au porteur, en circulation, des succursales...............	165,100,375
Billets à ordre payables à Paris et dans les succursales........	7,149,610 89
Récépissés payables à vue à Paris et dans les succursales......	14,519,635 »
Compte courant du Trésor, créditeur.....................	119,677,217 30
Comptes courants de Paris...................................	130,171,631 06
Comptes courants dans les succursales.......	26,092,412 »
Dividendes à payer.....................................	2,969,308 25
Escomptes et intérêts divers à Paris et dans les succursales.....	403,300 90
Réescompte du dernier semestre à Paris et dans les succursales.	289,074 »
Rentrée excédant l'évaluation des effets en souffrance.........	124,692 10
Divers...	862,646 35
	1,037,142,352 99

On voit par cette situation que le portefeuille de Paris , qui n'était que de 47 millions au 10 juin dernier, a augmenté de plus de 14 millions et demi. Celui des succursales a augmenté de 15 millions. La circulation est également plus considérable.

REVUE COMMERCIALE. — *Juin-juillet* 1852. — Les affaires commerciales se ressentent un peu de la saison : il n'y a pas d'entrain, et si ce n'étaient les manufacturiers qui ont de l'occupation, grâce aux commandes pour les saisons d'automne et d'hiver, il n'y aurait à peu près rien à dire sur la situation actuelle.

Les *céréales* ont été généralement faibles et leurs prix presque tout le temps lourds ; cependant, depuis quelques jours, une certaine amélioration s'est manifestée dans le cours des avoines, des seigles, des orges et des issues.

La moisson des blés n'est pas encore terminée partout. Les plaintes sur son rendement viennent particulièrement de l'Ouest et du Centre. L'Est et le Nord paraissent satisfaits.

Les *bestiaux* ont eu de la peine à se vendre, en raison de l'élévation de la température ; cependant Poissy a été plus favorable que Sceaux pour le placement de cette source d'alimentation.

Les prix des *vins* ont été lourds pendant longtemps par suite de craintes sur l'état de la *récolte* et l'étendue des ravages de la maladie : vers le commencement d'août, les cours avaient une tendance prononcée à la hausse.

Les *trois-six* ont d'abord éprouvé un moment de hausse très-considérable ; sur la fin, il y avait un peu de faiblesse. Les *eaux-de-vie* ont également été très-fermes, quoique avec peu d'affaires.

L'*huile* d'olive à fabrique et celle de graines oléagineuses ont monté et se soutiennent ; les graines de colza sont faibles. Les *savons* ont repris après un peu de faiblesse.

Les *sucres* se sont raisonnés avec fermeté, et encore à présent les prix sont bien tenus.

Les *cafés* ont été également recherchés ; aujourd'hui les affaires sur cette fève sont plus calmes, quoique les prix tendent toujours à la hausse.

Les affaires ont été assez actives sur les *cotons* ; généralement les prix ont beaucoup oscillé ; en définitive, la hausse a triomphé.

Il y a peu d'affaires dans les *laines* ; et point de variation des prix de cette marchandise.

Les cours des soies et des soieries inclinent à la baisse ; les fabriques de Lyon et du Midi sont généralement alimentées de commandes.

Les *tissus de coton, de fil et de laine* sont placés à de bons prix à Rouen, à Mulhouse, à Elbeuf ; dans toutes ces villes la fabrique est très-occupée.

Il y a peu de variations dans les prix des métaux.

ALPH. COURTOIS.

SOCIÉTÉ D'ÉCONOMIE POLITIQUE.

———

LETTRE DE M. WALKER, ANCIEN MINISTRE DES FINANCES DES ÉTATS-UNIS, SUR LA RÉFORME
DOUANIÈRE. — DISCUSSION SUR LES BANQUES FONCIÈRES.

Réunion du 10 juillet.

La séance a été présidée par M. Charles Renouard, conseiller à la Cour de
cassation, l'un des vice-présidents de la Société.

La réunion s'est d'abord entretenue de la discussion engagée à l'Académie
des sciences morales et politiques, entre MM. Cousin et Dunoyer, à la suite de
la lecture faite par ce dernier de l'article *Gouvernement* du *Dictionnaire d'économie politique*. En l'absence de M. Dunoyer, le secrétaire de la Société a donné
quelques détails sur la manière précise et lucide dont M. Dunoyer avait posé la
question de l'analogie de la productivité des arts libéraux et autres qui s'appliquent aux hommes en général, et de l'art du gouvernement en particulier,
avec la productivité des arts qui s'appliquent aux choses; ainsi que sur la
nature des objections que M. Cousin avait annoncées, et renvoyées, faute de
temps, à une autre séance.

La conversation a porté sur la tendance d'esprit, sous le rapport économique, des hommes d'Etat qui ont gouverné les affaires de la France après la
Révolution de 1830 et avant la Révolution de 1848. L'ensemble de cette discussion a présenté le plus vif intérêt; mais, bien qu'elle ne soit jamais sortie
du domaine historique et scientifique, elle avait un caractère d'intimité qui
ne nous permet pas de la reproduire.

La conclusion à tirer des diverses appréciations auxquelles se sont livrés les
membres qui ont pris la parole, pourrait être ainsi formulée : s'il ne suffit pas
d'être économiste pour prendre part légitimement au gouvernement d'un
pays, il faut absolument avoir une forte instruction économique pour mériter
le titre d'homme d'Etat dans la véritable acception de ce mot.

Réunion du 10 août.

M. de Salmour, député au Parlement du Piémont, connu par un remarquable écrit sur les établissements de crédit foncier, avait été invité à cette
séance, présidée par M. Charles Dunoyer, membre de l'Institut, et à laquelle
assistait aussi M. Cieszkowski, député à la diète de Prusse, un des membres
étrangers de la Société.

M. Walker, ex-ministre des finances aux Etats-Unis, sous la présidence de
Polk, qui a si vivement et si savamment défendu la liberté du commerce pendant son administration, et à qui l'Amérique doit en grande partie le tarif
de 1846, avait été également invité à la réunion par le bureau de la Société.
L'honorable étranger, retenu à son hôtel par une indisposition assez grave,
a écrit à la Société une lettre, dont M. Horace Say a donné la traduction, et qui
sera lue avec un vif intérêt. Voici cette lettre :

Paris, 9 août 1852.

« Messieurs,

« J'ai reçu l'invitation que vous avez bien voulu me faire parvenir pour le dîner de la Société d'économie politique du 10 de ce mois. Je regrette vivement que l'état de ma santé ne me permette pas de profiter de cette occasion de me trouver avec vous et d'assister à une réunion si intéressante.

« La doctrine de la liberté du commerce, défendue avec tant de talent par les membres éminents de votre savante Société, a pour but et pour résultat de lier l'homme à l'homme, les nations aux nations, et doit, avec le temps et les progrès de la civilisation, finir par prévaloir. Le retour d'un ministère tory en Angleterre en est devenu un éclatant témoignage, puisque ce ministère n'a pas même osé tenter de revenir à la politique de la protection.

« Vous aurez pu voir que dans mon propre pays le système protecteur a été battu dans un scrutin par 108 voix contre 66. L'opinion publique chez nous est maintenant éclairée : on sait généralement que tout droit d'importation retombe sur le consommateur, et que l'illusion d'une protection de l'industrie nationale se traduit en un impôt prélevé sur tous au profit de quelques-uns. Jamais un pareil système ne pourra se relever en Angleterre ou aux Etats-Unis.

Quelques mots maintenant, si vous le permettez, sur ce qui concerne plus particulièrement la France.

Lorsque, sur la demande du Congrès, j'ai, comme ministre des finances, préparé le tarif de 1846, je m'étais procuré les différents tarifs de tous les Etats de l'Europe et j'avais fait établir les divers droits perçus relativement à la valeur des produits, et je déclare que le plus onéreux, le plus restrictif, le plus prohibitif était celui de la France.

J'avais même fait alors le calcul que si les prohibitions étaient abandonnées et remplacées par des droits imposés dans la seule vue de procurer un revenu fiscal, le produit de votre douane aurait pu tripler.

J'ai été depuis lors confirmé dans mon opinion à cet égard, par les résultats de l'application de notre tarif de 1846. Mes prévisions ont été dépassées : le revenu des douanes, qui avait été de 26 millions de dollars cette année-là, avec application du tarif de 1842, s'est élevé, pour 1851, avec application des droits réduits, à 50 millions de dollars ; et en même temps nos exploitations ont doublé.

Sur la demande du Sénat américain, j'ai repris en 1847 l'examen de la question, et le rapport officiel que je lui ai fait arrive à cette démonstration que, d'après les prix courants étrangers, le renchérissement sur les produits importés, par suite de l'application du tarif de 1842, était tel, qu'entre les droits perçus et versés dans les caisses du gouvernement, il y avait encore une surélévation des prix, équivalant à une autre taxe prélevée sur le consommateur américain, dont la charge totale annuelle pouvait être évaluée à 80 millions de dollars : cette somme énorme représentant la dépense de protection résultant d'un tarif trop élevé.

« Et cependant, notre tarif de 1842 lui-même était bien moins élevé que votre tarif de France, et il ne contenait aucune prohibition. Il est évident pour moi que si les droits étaient ramenés chez vous à la juste proportion nécessaire au revenu fiscal, les importations seules tripleraient le produit des douanes, en soulageant en même temps le commerce et même l'industrie.

« Si je considère ensuite que la population de la France est presque le double de la nôtre, et que d'un autre côté les droits imposés à l'entrée sont sur l'ensemble beaucoup plus élevés que n'étaient ceux de notre tarif de 1842, j'arrive à cette conviction que la surcharge des prix à l'intérieur est telle, qu'outre les sommes entrées dans les coffres de l'Etat, le peuple français supporte encore pour les articles protégés une sorte de taxe additionnelle, dont le montant annuel dépasse peut-être 200 millions de dollars, ou un milliard de francs.

« Je suis persuadé que si le gouvernement français voulait instituer une Commission d'enquête composée d'hommes impartiaux et intelligents, en lui donnant mission de recueillir même au dehors des documents et des dépositions, de comparer ensuite le prix courant des choses sur les marchés extérieurs et intérieurs, on arriverait à trouver, sans doute, que la taxe additionnelle sur les articles protégés monte bien au moins à la somme énorme que je viens d'indiquer, prélevée sur l'ensemble de la population au profit de quelques classes favorisées de monopoles.

« Je crois aussi que cette étude comparée du prix montrerait que la plus forte partie de cette énorme surtaxe porte sur les articles les plus essentiels à la vie, et pèse surtout sur les classes laborieuses du pays. Tandis que le renchérissement des consommations courantes enlève peut-être le tiers ou le quart des salaires reçus par les ouvriers, le revenu des gens riches n'en est atteint seulement peut-être que dans la proportion de un ou de deux pour cent. Cette taxe, étant en proportion inverse du revenu, est souverainement injuste.

« L'injustice devient plus apparente encore lorsque l'on considère que cet accroissement de charges n'a pas pour effet d'accroître le revenu public, mais de diminuer les revenus privés en général, et de profiter seulement à quelques privilégiés.

« Je crois l'avoir démontré dans mon rapport au Congrès en 1817, de semblables taxes en Angleterre, en Amérique et en France ne sont, en principe et en résultats, que de mauvaises lois agraires.

« Prendre de l'argent aux hommes, sans que ce soit pour subvenir aux dépenses du gouvernement, que l'argent soit pris en vertu d'une loi ou par la force brutale, ce n'est toujours qu'une spoliation, et une loi de partage ou de spoliation de la propriété privée ne change pas de caractère pour avoir été votée par des Parlements réguliers.

« Ce n'est pas seulement le raisonnement et la logique qui montrent que le renchérissement des choses utiles à la vie a pour effet une diminution dans les salaires ; le fait a été prouvé en Angleterre et aux Etats-Unis : la réforme des tarifs a eu pour effet de relever le prix du travail dans les deux pays.

« En France, avec un territoire plus étendu, une population moins serrée qu'en Angleterre, avec un sol plus fertile, un plus beau climat et d'autres avantages naturels, le mauvais effet du système protecteur ressort du prix comparativement moins élevé des salaires.

« Si l'Angleterre a échappé aux secousses révolutionnaires de 1848, elle le doit surtout à sa réforme de 1846, et au bien-être général qui en est résulté pour les classes laborieuses.

« Le système prohibitif et protectioniste a été repris en France en 1793 ; il se ressent de l'esprit révolutionnaire et spoliateur de l'époque. Depuis lors, le pays a été successivement agité par des commotions nouvelles et par de perpétuels changements dans la forme de son gouvernement ; cela doit tenir surtout aux causes de mécontentement résultant, pour les classes laborieuses, de l'application de ce mauvais système. On n'obtiendra de tranquillité et de sécurité que lorsqu'on l'aura abandonné et aboli.

« Le gouvernement actuel de votre pays, en remplaçant par des droits fiscaux tous les droits prohibitifs et toutes les prohibitions, triplerait le revenu des douanes ; il procurerait en même temps l'abondance et le contentement pour les classes laborieuses ; il ferait diminuer le prix des objets les plus nécessaires à la vie ; il ferait monter les salaires ; il délivrerait de toute entrave votre commerce et votre industrie. En entrant largement dans cette voie de réformes, il se consoliderait et trouverait un appui dans l'approbation du pays, du monde entier et de la postérité; il recueillerait une gloire non moins brillante, mais plus durable, que celle de tous les hauts faits dont la nation conserve le souvenir.

« Je présente aux membres de la Société l'assurance de mes respectueuses sympathies.   R.-J. WALKER. »

Après cette lecture, écoutée avec un vif intérêt, M. le président, interprète des sentiments de la Société, a dit qu'il se chargeait de porter, en compagnie de M. Say, à l'honorable malade l'expression de tous ses regrets de le savoir souffrant, et d'avoir été privée du plaisir de sa présence.

Quelques réflexions sont échangées au sujet du mouvement économique libéral aux Etats-Unis. M. Michel Chevalier dit qu'il y a tout lieu d'espérer, d'après sa conversation avec quelques hommes éminents de la république américaine, que les tarifs vont être de nouveau améliorés dans ce pays ; que tel semble être le désir des populations de l'Ouest, qui ont aujourd'hui une si grande importance dans l'Union ; et que des membres influents du Congrès ou de l'administration songent même déjà au moment où le revenu de la douane pourra être remplacé par un impôt direct proportionnel à la fortune.

M. le secrétaire de la Société communique ensuite un vœu émis par la Chambre consultative d'agriculture d'Autun, et qui lui a été adressé par un membre de la Société. Ce vœu est ainsi conçu : « Que les prohibitions à la sortie soient supprimées ; et que les prohibitions à l'entrée soient remplacées par des droits protecteurs suffisamment élevés. »

Quelques membres pensent que la hardiesse de la Chambre consultative d'Autun n'est pas bien grande ; mais d'autres font observer que dans l'état où se trouvent les esprits dans notre pays, relativement à ces questions, c'est là une velléité de progrès et d'amélioration qu'il faut accueillir avec satisfaction.

La Réunion ayant ensuite prié M. Wolowski de donner quelques explications sur la nature de la Banque foncière, autorisée par décret du 28 mars, et dont il est le directeur et le fondateur, la conversation s'est fixée sur ce sujet important.

M. WOLOWSKI a signalé deux modifications notables qui différencieront la Banque foncière de Paris des institutions de crédit analogues existant en Allemagne et en Pologne : la première, relative à la solidarité des emprunteurs ; la seconde, à la négociation des lettres de gage.

En ce qui touche le principe de solidarité, il eût été difficile de le faire adopter par les propriétaires qui eussent été effrayés de se voir ainsi engagés et responsables du défaut d'exactitude de leurs coemprunteurs, et on a dû songer à la remplacer par une autre combinaison. Cette combinaison, on l'a trouvée dans la formation d'un fonds de garantie, souscrit par des actionnaires, et pouvant répondre des erreurs d'appréciation dans l'évaluation des terres des emprunteurs, et garantir l'exactitude du service des intérêts et des avances du capital aux époques et aux conditions stipulées. — Or, ce capital, il a fallu lui offrir un attrait, un bénéfice, une part dans les affaires, et de là résultera dans le taux de l'intérêt du prêt un tiers p. 100 environ de plus que si l'affaire eût été organisée sur le principe de la solidarité mutuelle de tous les emprunteurs.

En second lieu, la négociation des lettres de gage ne sera pas laissée aux soins des propriétaires emprunteurs, comme cela se passe à l'étranger, aux risques et périls de ces derniers. Ceux-ci recevront, s'ils veulent, le montant du prêt en numéraire, que la Banque se procurera par des négociations qu'elle conduira elle-même. Par ce moyen, les propriétaires éloignés du marché du change, ou peu aptes à opérer cette transformation de leurs titres, recevront leur capital en nature, pour ainsi dire, et ne seront pas exposés à être exploités par l'usure. Quant à la Banque, son administration se trouvera toujours au courant des circonstances du marché, et elle fera ces négociations dans les meilleures conditions, soit en France, soit à l'étranger, où ces papiers ne tarderont pas à être reçus avec faveur.

Moyennant ces deux modifications dans le mécanisme, qui ne changent pas le rôle fondamental des institutions de crédit foncier, ces établissements pourront facilement se nationaliser en France et produire, dès le début, un notable abaissement du taux de l'intérêt. La Banque foncière de Paris offrira la facilité d'emprunter un capital en monnaie, moyennant un intérêt de 6 p. 100, y compris les frais d'administration et l'amortissement calculé pour une période de quarante ans. Or, il est bien avéré que généralement la propriété foncière emprunte aujourd'hui, à peu près partout, à des conditions plus onéreuses. Mais en supposant, par hypothèse, que les emprunts les plus ordinaires se fassent à 6 p. 100, voyez quels avantages présenteront les nouvelles institutions. Aujourd'hui, le prêt n'est contracté que pour quatre ou cinq ans en moyenne. Au bout de cette courte période, l'emprunteur doit songer à un remboursement toujours impossible, à moins qu'il ne réemprunte, ce qui n'est qu'une aggravation de sa situation, ou qu'il n'acquière par héritage ou autrement un excédant de fortune tout à fait accidentel. Au contraire, et par le moyen du mécanisme de l'amortissement, les banques foncières permettent d'effectuer le remboursement par petits payements annuels, confondus avec l'intérêt et qui correspondent aux augmentations successives de la propriété. De là, deux avantages considérables : le remboursement en quarante ans, au lieu d'un remboursement au bout de quatre ou cinq ans ; et le remboursement en quarante fois, au lieu du remboursement en une seule fois.

Ici M. Wolowski s'arrête pour montrer la différence qu'il y a entre l'amortissement dans les institutions de crédit foncier, et l'amortissement des administrations financières dites caisses d'amortissement, et qui ont donné lieu à tant d'illusions. La Banque de crédit foncier rembourse positivement les capitaux qu'elle échange contre ses lettres de gage pour les donner aux emprunteurs, travaillant réellement et productivement.

Enfin, un autre avantage qu'offriront les Banques de crédit foncier, c'est la faculté permanente de remboursement, partiel ou total. Un propriétaire aura-t-il la chance d'une récolte fructueuse, d'un héritage, d'une heureuse spéculation, il pourra se libérer à l'instant. Actuellement, une pareille facilité ne lui est pas ouverte, et il est obligé d'attendre l'échéance des engagements qu'il a contractés, de rester emprunteur à titre souvent très-onéreux, et de se faire prêteur et de courir des risques pour avoir des intérêts.

M. Dunoyer fait remarquer que beaucoup de terres ne produisent que 2 ou 3 pour 100, souvent moins à leurs possesseurs, et que ces derniers ne tireront, par conséquent, aucun bénéfice de l'établissement des nouvelles institutions.

M. Wolowski répond en disant qu'il y a une distinction importante à faire

entre le taux du fermage revenant au propriétaire qui loue sa terre et le taux
du revenu que retire un cultivateur intelligent et habile qui emploie son
capital dans la production agricole. En effet, plusieurs agronomes, et parmi
eux M. Boussingault, affirment positivement que les capitaux engagés dans la
culture rapportent des profits aussi élevés, moyennement, que les capitaux
engagés dans les autres industries. De sorte que la Banque foncière rendra des
services au cultivateur-propriétaire, en lui permettant de se procurer à
6 pour 100 des capitaux, à l'aide desquels son instrument de travail pourra
être amélioré, et fournir non-seulement l'intérêt et l'amortissement (l'amortissement qu'il ne faut pas perdre ;de vue) de la somme prêtée, mais encore
le fermage proprement dit et des profits de culture très-augmentés.

M. Horace Say craint que, dans les premiers temps surtout, les propriétaires
ne s'adressent pas à la Banque foncière en vue de l'amélioration du sol, mais .
pour arriver à désintéresser le vendeur et solder le prix d'acquisition.

M. Wolowski répond que, même à ce point de vue, les institutions de crédit
foncier seront favorables aux propriétaires; car elles leur offriront des facilités d'emprunt et de libération qu'ils ne trouvent pas actuellement. Mais il ne
faut pas oublier que le sol a une tendance bien marquée à passer, des mains
du propriétaire oisif (en tant que propriétaire), au propriétaire-cultivateur, au
paysan; or, ce paysan trouve dans le mécanisme des Banques foncières le
moyen de « payer pension », selon l'expression de M. Mauny de Mornay, et de
subir la transformation, qui est l'objet de ses plus vifs désirs, d'une manière
régulière et sûre.

. M. Cieszkowski, revenant à la différence établie par M. Wolowski entre la
Banque foncière de Paris et les institutions d'Allemagne et de Pologne, trouve
qu'en ce qui touche à la solidarité, cette différence est plus apparente que
réelle. En Pologne et en Allemagne, la condition de solidarité existe bien,
comme principe, mais elle n'est pas appliquée, et, dès lors, elle n'existe
pas de fait. C'est un principe abstrait, théorique, qui n'est nullement invoqué
dans la pratique; de sorte que, à bien prendre les choses, cette première différence signalée par M. Wolowski n'en est pas une. Toutefois, le système français lui paraît différer du système allemand ou polonais en ce que, par l'effet
de l'admission du principe de mutualité, il n'y a pas, dans les institutions
d'outre-Rhin, de bénéfice possible. Or, M. Cieszkowski voit à cela un avantage
notoire; c'est qu'il ne vient, en aucun temps, à l'esprit de personne de penser
que l'institution peut et veut profiter de la gêne de l'emprunteur. Sans doute
cette croyance serait déraisonnable avec une organisation comme celle de la
Banque foncière de Paris, mais elle n'en pourrait pas moins, dans de certaines
circonstances qui ne se présenteront peut-être pas, faire naître la défaveur.
Sous ce rapport, M. Cieszkowski rappelle que la proposition faite par M. Wolowski à l'Assemblée législative était plus favorable à la propriété que les dispositions auxquelles on s'est définitivement arrêté.

En ce qui touche l'appréciation qu'on peut faire des services que rendront
les nouvelles institutions, M. Cieszkowski partage l'avis de M. Say, et ne serait pas étonné que les emprunts ne fussent d'abord plus particulièrement
employés à solder le prix de vente et beaucoup moins à améliorer le sol.

M. de Salmour émet une préférence pour les institutions de crédit basées sur
le principe de mutualité entre emprunteurs seulement; et pour celles où un
fonds de réserve et de garantie est constitué au moyen de deux annuités d

plus payées par l'emprunteur, qui se libérerait ainsi en quarante-deux ans, au lieu de quarante.

M. de Salmour craint aussi que le taux de l'intérêt du prêt, fixé à 6 pour 100, en soit trop élevé. Les emprunteurs payent bien actuellement les capitaux à 7, 8 et même 10 pour 100, tous frais compris ; mais, comme ces frais sont d'abord prélevés, le taux de l'intérêt ne ressort plus annuellement qu'à 5 pour 100, qui est le taux légal. N'y a-t-il pas à craindre qu'en réclamant 1 pour 100 de plus par an, et, malgré le meilleur marché relatif, on n'éloigne les emprunteurs.—M. de Salmour pense aussi que les demandes de capitaux destinés aux améliorations seront beaucoup plus faibles que celles de capitaux pour solder des contrats d'acquisition. Mais il voit néanmoins, dans les facilités de libération et d'achat présentées par les banques foncières nouvelles, un but très-utile à poursuivre.

Sur la demande d'un membre, l'honorable député piémontais a ensuite donné quelques détails sur la manière dont s'établissent les cessions du sol dans le nord de l'Italie, et il a particulièrement signalé le système usuraire de ventes à réméré, moyennant lequel le propriétaire se réserve le droit de reprendre sa propriété, si les conditions de la vente ne sont pas remplies dans un temps déterminé. M. H. Say a fait observer que ce système est à peu près inconnu en France pour les propriétés foncières.

M. DUNOYER, après avoir constaté que les nouvelles institutions de crédit faciliteront particulièrement les substitutions de créanciers et les acquisitions de terres, et qu'elles fonctionneront beaucoup moins en vue des améliorations du sol, demande quel avantage retireront les cultivateurs qui auront à payer à la Banque foncière un intérêt de 6 pour 100, qui sera souvent l'équivalent des résultats de leur exploitation.

M. WOLOWSKI, admettant la question ainsi posée, répond que ces cultivateurs gagneront à cela la disposition et la propriété du capital emprunté, qu'ils seront ainsi parvenus à rembourser tant en principal qu'en intérêts.

M. Wolowski fait remarquer que, quelle que soit la manière d'entrevoir les services des institutions de crédit foncier dans les pays où elles sont établies, il est un résultat général sur lequel tout le monde tombe d'accord et qui sera atteint : la facilité des échanges de propriétés et l'abaissement du taux de l'intérêt. Sous ce rapport, les établissements allemands, auxquels on pourra comparer ceux plus nouvellement créés, n'ont pas toujours été ce qu'ils sont aujourd'hui ; et actuellement ils fonctionnent dans des pays où des mœurs de crédit sont toutes faites, tandis que chez nous ces mœurs sont encore à créer. Dans le principe, ce n'est pas à 4 pour 100, ni à 6, que ressortait le taux des prêts, mais à des chiffres bien plus élevés ; car le taux de l'intérêt perçu par l'institution était purement nominal, et il faut tenir compte, pour avoir le taux réel, de la perte à laquelle les lettres de gage étaient négociées.

La même chose probablement se serait passée en France, si nous y avions transplanté ces établissements sans les précautions qui ont été prises. En France, la négociation des lettres de gage ne sera pas compromise dès le début par les emprunteurs, et chacun d'eux recevra directement le capital dont il a besoin et sur lequel il compte. Or, cet avantage, dont l'importance ne peut échapper à personne, le propriétaire ne trouvera pas trop cher de le payer 1/3 pour 100 de plus que le taux des emprunts en Allemagne. Au reste, au fur et à mesure que les prêts de la Banque et le placement des lettres de gage prendront de l'extension, les frais de toute espèce subiront une diminution, et [l'on verra les nouvelles institutions concourir, par le jeu même de leur opération, à la diminution de l'intérêt de l'argent.

~~~~~~

BIBLIOGRAPHIE.

———

LES ETATS-UNIS D'AMÉRIQUE. *Aperçu statistique, géographique, industriel et social;* par M. S.-G. GOODRICH, consul des Etats-Unis d'Amérique à Paris. 1 vol. in-8°, 1852 ; chez Guillaumin et compagnie.

On ne peut mieux faire, je crois, pour donner une juste idée du caractère de cet ouvrage, que de montrer l'objet que l'auteur s'est proposé, tel qu'il l'expose lui-même dans sa préface.

En sa qualité de consul des Etats-Unis à Paris, M. Goodrich est fréquemment consulté sur diverses particularités relatives à son pays. Il ne se passe pas de jour, dit-il, que des demandes de renseignements lui soient adressées, soit verbalement, soit par écrit, non-seulement pour la France, mais encore pour la Belgique et pour la Suisse. Sans renoncer pour l'avenir, autant qu'il nous semble, à répondre à ces demandes d'une manière particulière quand les circonstances l'exigeront, M. Goodrich a voulu y répondre d'avance d'une manière générale, en publiant un corps de renseignements complet et précis, que chacun puisse interroger à son loisir. L'ouvrage n'est donc pas autre chose qu'un recueil de faits ou de renseignements à consulter. En le publiant, l'auteur a cru sans doute remplir un des devoirs que sa charge lui impose; mais il a voulu aussi, dit il, s'acquitter d'une dette de reconnaissance, ayant toujours trouvé en France, soit dans les administrations publiques, soit dans les institutions scientifiques et littéraires, un grand empressement à répondre aux demandes de renseignements qu'il a pu leur adresser lui-même.

Il n'était pourtant pas donné à tout le monde de remplir une pareille tâche ; il ne suffisait pas pour cela d'être Américain et homme instruit ; il ne suffisait pas même d'être consul ou fonctionnaire public. Combien y a-t-il parmi nous de fonctionnaires, nous disons même des plus instruits, qui soient en mesure de fournir sur la France un ensemble d'informations précises, à la fois statistiques, historiques, géographiques, industrielles et sociales, qui embrassent d'abord l'ensemble du pays, puis, une à une, chacune des portions du territoire? De tels hommes sont rares partout ; à plus forte raison se rencontrent-ils plus difficilement aux Etats-Unis, pays bien plus vaste que la France ; pays neuf, d'autre part, encore presque inconnu, dans une grande partie de son étendue, pour ceux mêmes qui l'habitent; pays morcelé, divisé en un grand nombre d'Etats distincts, et où par conséquent les renseignements de toute nature sont bien plus difficiles à rassembler.

Heureusement, M. Goodrich s'était préparé de longue main à ce travail. Une partie considérable des matériaux qui composent son livre avait été déjà, comme il l'annonce lui-même, recueillie et arrangée dans un ouvrage récemment publié par lui aux Etats-Unis. Il n'a donc eu qu'à reprendre son premier travail, à le remanier, à le compléter, à le disposer probablement dans un nouvel ordre pour le mieux approprier aux besoins de ses lecteurs d'Europe. C'est ainsi qu'il est parvenu à nous donner un ouvrage aussi satisfaisant, aussi complet dans son genre qu'il était peut-être permis de l'espérer.

Ce qui fait le mérite essentiel de cet ouvrage, c'est, après l'abondance et l'exactitude des informations qu'il contient, une bonne division des matières, un ordre méthodique et régulier, qui facilite les recherches et permet à chacun d'y trouver sans peine tous les renseignements dont il peut avoir besoin. A cet égard, le livre de M. Goodrich ne laisse rien à désirer : le plan en est très-simple, la division des matières très-méthodique, et les subdivisions à la fois si multipliées et si régulières, que chaque détail de fait y vient pour ainsi dire à la place qui lui est marquée d'avance. Aussi, à l'aide des deux tables de matières, l'une analytique, l'autre alphabétique, que l'ouvrage contient, est-il facile à chacun de mettre à l'instant le doigt sur les renseignements qu'il cherche. — Donnons une idée de ce plan et des principales divisions ou subdivisions qu'il comporte.

Dans un premier chapitre, l'auteur jette d'abord un coup d'œil général sur l'Amérique, qu'il considère tour à tour, soit en elle-même et par rapport aux circonstances qui lui sont propres, soit par comparaison avec les autres parties du monde. Il divise ensuite le continent américain en deux parties, l'Amérique du Sud et l'Amérique du Nord, qu'il étudie l'une après l'autre, en commençant par la première, et en leur consacrant à chacune un chapitre spécial. Après avoir considéré l'Amérique du Nord dans son ensemble, il passe aux Etats-Unis, qui en forment, comme on sait, la partie la plus importante, et qui sont aussi l'objet spécial de son ouvrage. Ici un chapitre ne suffisait pas; il en fallait deux, et qui devaient être même, comme ils le sont, les plus importants de tous. Dans le premier, qui forme le chapitre ɪv de l'ouvrage, l'auteur énumère toutes les circonstances propres à l'Union américaine prise dans son ensemble ; dans le second, il nous présente une histoire sommaire de ce pays, depuis sa découverte par les Européens et les premiers établissements des colons, jusqu'à nos jours. Il passe ensuite aux Etats particuliers, en leur consacrant à chacun un chapitre spécial. Cependant, en tête de ces chapitres se trouve une introduction ayant pour objet de montrer la place que ces Etats occupent dans l'Union, la manière dont ils s'administrent et leurs relations avec l'ensemble. Ajoutons que l'auteur divise ces Etats, selon l'usage, en plusieurs groupes, le groupe de la *Nouvelle-Angleterre*, ceux des *Etats du Centre*, des *Etats du Sud* et des *Etats de l'Ouest*, et qu'il consacre à chacun de ces groupes, pris en masse, quelques considérations destinées à faire connaître le caractère particulier qui les distingue. Après les Etats viennent les simples *territoires*, parmi lesquels se trouve encore la Californie, qui n'a que tout récemment été élevée au rang d'Etat. L'ouvrage se termine enfin par un appendice où se trouvent réunis plusieurs tableaux précieux, fournissant des relevés officiels ou quasi-officiels sur les objets suivants : commerce extérieur des Etats-Unis, du 30 juin 1849 au 30 juin 1850; importations et exportations de chaque Etat, pendant la même période; nombre et tonnage des navires construits dans tous les ports de l'Union; manufactures des Etats-Unis, nombre et genre des établissements en activité; agriculture, nombre des acres en culture, importance et valeur des instruments, du travail et des produits ; banques, leur nombre et leur capital dans chaque Etat; chemins de fer, étendue approximative d'après le *Rapport du surintendant du recensement*, des travaux achevés et des travaux en cours d'exécution.

Ce serait cependant donner une idée encore imparfaite de l'esprit de méthode qui a présidé au travail de M. Goodrich, et du soin qu'il a pris de faciliter les recherches, que de s'arrêter à cette simple division en chapitres ; il faut ajouter que chacun de ces chapitres est lui-même subdivisé en un certain nombre de paragraphes indiqués par des sous-titres, qu'il a trouvé moyen de rendre très-nets, très-visibles, sans leur faire usurper une place sensible sur le texte. Pour faire connaître la nature de ces sous-divisions et donner en même temps une juste idée de l'étendue et de la variété des matières que l'ouvrage embrasse, nous ne pouvons mieux faire, à ce qu'il nous semble, que de relever un à un les sous-titres dans un des principaux chapitres, pour mieux dire, dans le plus important de tous, le quatrième, celui qui se rapporte aux Etats-Unis en général ; le voici : *Caractère général, étendue, climat et productions, sol, montagnes, fleuves et rivières, lacs, navigation à vapeur, régions physiques, versant de l'Atlantique, versant du Pacifique, vallée du Mississipi, habitants, idiomes, Indiens, gouvernement, division en quatre sections, les Etats séparés, gouvernement central, membres du gouvernement central, division des pouvoirs, ministères, religions, travail, capitale des Etats-Unis, villes principales, éducation, territoire, progrès de la population, revenu, dépenses, dette publique, monayage, post-office, droits de poste, domaine public, armée, flotte, chemins de fer, canaux, télégraphes électriques, presse périodique, commerce, navigation, manufactures, agriculture, produits minéraux, émigration, divisions politiques, population et représentation des Etats, population des Etats-Unis à diverses époques, étendue de chaque Etat et territoire, etc., admission des Etats dans l'Union, population progressive des principales villes, l'esclavage aux Etats-Unis, progrès des Etats-Unis en cinquante-sept années, établissement des Etats, mœurs et coutumes.* Cette subdivision est, il est vrai, en raison de l'importance du chapitre, la plus étendue, la plus complète et peut-être aussi, par cela même, la plus difficile à bien saisir ; mais elle est au fond, et sauf quelques circonstances en plus ou en moins, pareille à celle que l'on trouve dans les chapitres suivants. L'exemple que nous venons de donner permet donc de juger à la fois des facilités que cet ouvrage présente pour les recherches et de la variété des matières qu'il embrasse.

Il est à peine nécessaire d'insister sur l'utilité d'un tel travail. Combien de gens en France, et même dans l'Europe en général, tournent leurs regards vers les Etats-Unis ; ceux-ci parce qu'ils y ont des relations d'affaires ; ceux-là parce qu'ils y ont des parents, des amis, emportés par ce grand courant d'émigration qui verse tous les ans, par masses serrées ou en détail, une notable partie de la population européenne sur le continent de l'Amérique ; d'autres enfin, parce qu'ils trouvent dans le peuple américain, dans ce peuple si jeune et déjà si grand, dans ses institutions, ses lois, ses coutumes, ses mœurs, si différentes de la vieille Europe, ou un sujet de méditations utiles, ou un spectacle curieux à observer. Les ouvrages français sur les Etats-Unis d'Amérique ne manquent pas, il est vrai ; nous avons ceux de MM. Michel Chevalier, Al. de Tocqueville..., de Beaumont, major Poussin, etc., qui ne sont pas à coup sûr dépourvus d'utilité et de mérite. Mais outre que plusieurs de ces ouvrages datent déjà d'assez loin et ne contiennent pas des informations assez récentes, ils sont pour la plupart d'un genre tout différent de celui-ci. Ce sont plutôt des traités philosophiques que des recueils de faits ; que si des informations précises s'y rencontrent, ce qui n'est assurément pas rare, elles s'y entremêlent souvent avec les théories, et s'y présentent rarement dans un ordre tel qu'il soit possible de les retrouver à volonté. Après tout, nous n'entendons pas dire, à Dieu ne plaise ! que l'ouvrage de M. Goodrich rende inutiles ceux des écrivains que nous venons de nommer ; mais nous pensons qu'après la lecture de ceux-ci, on sera très-heureux encore de pouvoir consulter l'autre.

Le style de M. Goodrich, style rectifié pour le langage, et d'après la déclaration même de l'auteur, par un Français, M. Jules Delbruck, est toujours simple, clair, précis et élégant ; il est ordinairement d'une concision extrême, ce qui convient à la nature de l'ouvrage, mais d'une concision sans sécheresse. On en jugera par le passage suivant :

« Le climat de l'Amérique Méridionale offre des particularités remarquables. Dans les parties basses et unies, aux environs de l'équateur, la température est toujours celle de l'été. Les arbres y sont revêtus d'une verdure perpétuelle, les plantes sont toujours en fleurs et les fruits mûrissent en toutes saisons. Dans les parties bien arrosées, la végétation devient exubérante ; les animaux croissent avec vigueur, les reptiles et les insectes se multiplient sans fin. Animaux et végétaux, que l'hiver ne vient jamais surprendre, vont se produisant et se reproduisant à tel point, que le souffle de la nature semble partout imprégné de vie animale et végétale. Les exhalaisons qui proviennent des marécages et des végétaux en putréfaction rendent l'air très-malsain. Sur les plateaux ou plaines élevées, la température est fraîche et délicieuse. Pendant toute l'année, le climat y présente les charmes du printemps. Sur les montagnes, le froid se montre à son tour, et à la hauteur de 15,000 à 16,000 seet (pieds anglais), l'hiver établit sa domination perpétuelle.

« Ainsi, à la même latitude, et dans l'espace de quelques centaines de milles, il y a trois zones distinctes, ayant chacune leur température propre et leurs espèces particulières d'arbres, de plantes et d'animaux.

« Les tremblements de terre sont communs au nord et à l'ouest[1]. »

Après les justes éloges que je viens de donner au livre de M. Goodrich, me sera-t-il permis de hasarder quelques observations d'un autre genre? Ce n'est pas une critique que j'entends faire ; en admettant l'exactitude des détails, et cette exactitude je n'ai aucune raison pour la mettre en doute, l'ouvrage n'en mérite pas. Je voudrais seulement signaler à l'auteur certaines omissions qui sont, à mes yeux du moins, de regrettables lacunes. On cherche vainement dans ce livre certains détails sur le régime économique des Etats-Unis, que bien des gens seraient fort aises d'y rencontrer. En ce qui me concerne, par exemple, j'ai été un peu désappointé, je l'avoue, de n'y rien trouver sur la constitution des banques américaines et sur les lois qui les régissent. L'auteur nous donne bien un relevé général des banques pour toute l'étendue de l'Union, et même pour chaque Etat en particulier, avec le montant du capital qu'elles possèdent ; mais ce n'est point assez. Il aurait dû nous dire encore comment ces banques se gouvernent, de quelle somme de liberté elles jouissent et à quelles restrictions elles sont assujetties ; et, comme la législation qui leur est applicable varie d'un Etat à l'autre, il aurait dû nous apprendre quelle en est la substance dans chaque Etat. Ces renseignements eussent été d'autant plus précieux, et d'autant mieux à leur place ici, qu'il est plus difficile de les rencontrer ailleurs. Nous n'aurions pas demandé à M. Goodrich d'entrer à ce sujet dans de longs détails, encore moins de s'appesantir sur les conséquences bonnes ou mauvaises de l'institution des banques, ce qui eût altéré le caractère et la simplicité de son ouvrage ; tout ce que nous lui aurions demandé, c'est qu'il nous donnât quelques indications sommaires, quelques indications de fait sur le régime actuellement en vigueur dans chaque Etat.

Il y a d'autres points encore sur lesquels l'ouvrage nous paraît laisser quelque chose à désirer. En général l'auteur est trop sobre d'explications ou d'indications de fait sur les institutions économiques des Etats-Unis, qui sont pourtant un des objets d'étude les plus intéressants pour notre Europe, et dont il aurait dû tout au moins nous faire connaître les principaux traits.

Répétons-le pourtant, ceci n'est pas une critique. Tel qu'il est, le livre de M. Goodrich contient déjà un ensemble de renseignements si considérable et si varié, qu'il était peut-être impossible à un seul homme d'en produire davantage. A celui qui se met en quête de certains renseignements, il est toujours assez facile de dire ce qui lui manque ; à celui qui doit les fournir, il n'est pas aussi facile d'y suppléer. Sans donc nous préoccuper davantage des lacunes plus ou moins réelles qui peuvent se trouver dans le travail de M. Goodrich, sachons lui gré de la masse de faits déjà si satisfaisante qu'il a mise sous nos yeux. Quiconque lira son ouvrage, en apprendra plus sur les Etats-Unis d'Amérique, qu'il n'en eût appris ailleurs dans un ouvrage de vingt volumes.   CH. COQUELIN.

---

[1] Chap. II, page 9.

CHRONIQUE ÉCONOMIQUE.

SOMMAIRE. — Mort de M. Charles Coquelin. — L'impôt ; lettre de M. Walker, ministre des États-Unis. — Loi des recettes et dépenses de 1853. — Nouvelles concessions de chemins de fer. — Le traité avec la Belgique. — La récolte de 1852 et l'echelle mobile ; lettre de M. de Coninck. — Il est de nouveau question d'exproprier les compagnies d'assurance. — Le Conseil municipal de Versailles d'accord avec M. Ch. Dunoyer, préfet d'Amiens, sur l'imprévoyance conjugale. — Triomphe définitif du *free-trade* en Angleterre. — Inauguration du chemin de fer de Paris à Strasbourg. — Mort de M. Nicolas Kœchlin, et de M. Michel Delaroche. — Une nouvelle publication de M. Proudhon. — Résultats de la Caisse d'épargne de Paris en 1852.

Au moment où nous prenions la plume pour accomplir notre tâche de chroniqueur mensuel, nous avons reçu une navrante nouvelle qui, nous en sommes sûr, impressionnera bien douloureusement nos amis et tous ceux qui connaissaient notre bon et excellent collègue Charles Coquelin.

M. Coquelin était alité depuis quelques jours et souffrait cruellement d'un rhumatisme goutteux ; mais il avait franchi la période la plus dangereuse, et son médecin le croyait sur le point d'entrer en convalescence, lorsque jeudi matin 12 août, vers quatre heures, le mal s'étant porté vers la région du cœur, il a succombé presque instantanément, après avoir poussé un cri déchirant. Nous l'avions vu, l'avant-veille, très-satisfait de son état, plein d'espérance, et se faisant une grande joie de se remettre, sous peu, aux travaux qu'il avait entrepris, et qui auraient bien certainement illustré son nom déjà si favorablement connu de ceux qui ont pu apprécier son savoir et son remarquable talent soit dans le *Journal des Economistes*, soit dans la *Revue des Deux-Mondes*, soit dans le *Dictionnaire de l'Economie politique*, dont il était le rédacteur en chef.

C'était un esprit lucide et ferme, un caractère plein de droiture et de noblesse ; il mettait au service de la vérité en général et des idées économiques en particulier, une âme ardente, un cœur généreux et d'éminentes facultés. Peu de temps lui eût encore été nécessaire pour être reconnu comme une des illustrations scientifiques de notre époque... Mais il succombe à quarante-sept ans, et la mort emporte avec elle toute une vie d'études, d'observations et de précieux travaux !

La perte de Coquelin nous rappelle toutes celles que l'Ecole économique a faites depuis six ans : Théodore Fix en 1846 ; Eugène Daire en 1847 ; Rossi en 1848 ; Alc. Fonteyraud en 1849 ; Bastiat en 1850 ; Coquelin en 1852 ; tous morts dans la vigueur de l'âge¹ et sans compter ceux qui, comme Dutens et Joseph Droz, étaient arrivés au terme de leur carrière.

Nous avons conduit hier soir, à quatre heures, notre ami à sa dernière demeure, au cimetière de Batignolles. Sa famille qui habite Dunkerque avait été avertie par le télégraphe électrique, et trois de ses frères étaient venus lui rendre les derniers devoirs en compagnie de quelques autres amis, et des membres de la Société d'économie politique présents à Paris, ayant à leur tête MM. Dunoyer, H. Say, Renouard, Louis Reybaud, Wolowski, etc.

M. Dunoyer a exprimé en quelques paroles pleines de noble simplicité et de doux sentiments, à Coquelin, un touchant adieu, aux assistants, l'étendue de la perte que la science vient de faire.

— Les questions d'impôt sont de nouveau à l'ordre du jour en France : le déficit s'aggrave et devient menaçant. Ce sujet occupe une grande place dans notre numéro. D'abord, nous avons reproduit un travail que M. H. Passy, ancien ministre des finances, a fourni au *Dictionnaire d'économie politique*, et dans lequel il expose sur l'Impôt, et avec la lucidité qu'on lui connaît, le résultat de ses études et de ses réflexions. Dans un autre article , M. Heuschling, secrétaire de la Commission centrale de la statistique belge, nous fait connaître les résultats d'une expérience curieuse exécutée dans le duché de Luxembourg, où sur cent douze communes, quatre-vingt-trois ont été d'avis de maintenir l'impôt sur le revenu, après une année d'essai. Nous donnons en bulletin la loi des dépenses et recettes de 1853, votée par le Corps législatif, contenant quelques dispositions financières nouvelles, et notamment l'inauguration de l'impôt sur les affiches, proposé par M. Véron.— Enfin nous recommandons à ceux qui ont voix au chapitre, au ministère des finances, de lire et de méditer la remarquable lettre que M. Walker, ancien ministre des finances des Etats-Unis, et une des plus grandes notabilités financières de l'Union, a adressée à la Société d'économie politique. M. Walker parle d'une branche de recettes qui vaudrait bien celle de M. Véron, y compris l'impôt sur le papier, sur les voitures, les chevaux et les chiens !...

A la suite de cette loi de finances, nous publions celle qui autorise la concession des lignes de Bordeaux à Cette, et de Paris à Cherbourg, à des compagnies particulières ; et celle qui autorise la concentration dans les mains d'une seule compagnie, des lignes de Lyon à Avignon, de Marseille à Avignon, d'Alais à Beaucaire, d'Alais aux mines de la Grand'Combe, de Montpellier à Cette, de Montpellier à Nîmes, de Rognat à Aix, de Marseille à Toulon. Nous n'augurons pas bien de ce système de concentration ; mais, à beaucoup d'égards, il est utile que l'expérience se fasse.

— On s'est beaucoup occupé, dans ces derniers temps, soit en Belgique, soit de ce côté de la frontière, du renouvellement du traité belge, qui stipule des conditions exceptionnelles pour les relations commerciales entre les deux pays ; et cela avec d'autant plus d'intérêt, qu'à ce renouvellement se rattache enfin la question de la suppression de la contrefaçon littéraire.

Par suite des susceptibilités politiques, et aussi de la dislocation du cabinet belge, les deux diplomaties ne sont point parvenues à s'entendre avant le 10 courant, même pour une convention provisoire de quelques mois ; de sorte que , depuis ce moment , les relations commerciales ont lieu , aux bureaux de douane, conformément au régime commun de la France et de la Belgique avec les autres pays qui n'ont pas de traités spéciaux. Il paraît que les négociations entamées pour une convention provisoire auraient échoué, parce que le gouvernement français voulait que l'abolition de la contrefaçon y fût posée en principe. Il a paru au cabinet belge que, dans sa position de ministère démissionnaire, il ne pouvait assumer la responsabilité d'un acte aussi important. Au fond, les Belges sacrifieraient fort volontiers un droit qui jette de la défaveur sur leur pays ; mais ils veulent profiter de cette circonstance pour faire abaisser un peu plus quelques-uns des tarifs français. A Paris, on ne veut pas avoir l'air de céder à une petite puissance ; et puis on a peur du Travail se disant national.

Nous n'avons pas besoin d'entrer dans d'autres détails sur cette question de circonstance : un de nos collaborateurs, M. de Molinari, y a consacré un intéressant article. Après avoir fait l'historique des relations des deux pays, avant et depuis la révolution de 1830, et une spirituelle critique des traités de commerce, M. de Molinari fait le relevé des résultats obtenus, soit par la France, soit par la Belgique, et met le lecteur à même de se prononcer sur cette question de politique commerciale.

En même temps que la question de la contrefaçon s'agitait en Belgique, elle était discutée au Parlement hollandais. Un traité analogue à ceux déjà passés entre la France, le Piémont et le Portugal, avait été rédigé de concert par les gouvernements français et néerlandais, et ce dernier l'avait soumis aux États-Généraux; mais ceux-ci l'ont rejeté à l'unanimité. Évidemment, les législateurs de La Haye ne sont pas des partisans du pillage de la propriété littéraire; mais il a dû y avoir dans les rapports diplomatiques quelque acte qui aura blessé la susceptibilité hollandaise. C'est une opération a reprendre en sous-œuvre.

— Par suite de la pluie tombée pendant la floraison des blés, et de l'excessive chaleur qui a précipité la maturité du grain, plusieurs parties de la France ont à craindre une récolte au-dessous d'une récolte moyenne. Et ce n'est pas seulement de la récolte du froment que l'on se plaint, mais aussi de celle des seigles, des légumes secs et des pommes de terre. Cette situation impose dès à présent, ce nous semble, au gouvernement l'obligation de supprimer l'échelle mobile, et de laisser au commerce toute latitude pour un approvisionnement régulier des points du territoire où le blé peut venir à manquer. On se rappelle que cette mesure a été prise en 1847 trop tardivement pour porter ses fruits. A ce sujet, M. de Coninck, armateur au Havre, a adressé à un journal quotidien des observations fort justes auxquelles nous nous associons complétement.

« Dans les dix années, de 1842 à 1852, dit M. de Coninck, il a été importé en France 21 millions d'hectolitres de froment et exporté 11 millions, ce qui prouve que dès que notre récolte reste au-dessous d'une récolte moyenne, la quantité de blé que nous avons à demander à l'étranger se compte par millions d'hectolitres. Elle s'est élevée en 1846 et en 1847 à près de 15 millions d'hectolitres pour les deux années.

« Quand le commerce voit qu'il y a grande probabilité pour qu'une denrée hausse de prix, il est de son essence d'en faire venir des pays où elle est à bon marché; et si l'importation du blé était restée libre en France, comme elle l'était sous l'ancienne Monarchie, sous la première République et sous l'Empire, et comme elle l'est en Angleterre, des ordres d'achat pour compte français seraient déjà donnés à l'étranger. Mais en face de notre système de droits dits *à échelle mobile*, qui peut faire varier les droits de 25 c. à 6 fr. par hectolitre de froment, quel négociant faisant du commerce une industrie et non un jeu de hasard, oserait se livrer à des opérations qui, en cas d'insuccès, seraient frappées à la fois par la baisse du prix et par la hausse du droit?

« Le commerce français, par l'effet de notre vicieuse législation, est donc forcé d'attendre, pour demander du blé à l'étranger, qu'une hausse générale et considérable vienne prouver que l'opinion sur l'insuffisance de la récolte ne trouve plus de contradicteurs. Mais en attendant que les prévisions des clairvoyants se réalisent, les Anglais auront eu tout le temps de prendre les devants, et ils auront pu acheter à l'étranger encore à bon marché, alors que, arrivant tardivement, nous serons forcés de payer cher. Or, la différence pourra éventuellement s'élever à bien des millions, qui seront perdus pour le pays.

« La concurrence des blés étrangers, ou bien plutôt la seule crainte de cette concurrence, empêche à l'intérieur ces spéculations qui, dans les années de courte récolte, contribuent bien plus que la rareté même à l'élévation exagérée des prix. Le défaut de cette concurrence crée donc des hausses qui profitent, il est vrai, aux producteurs et aux spéculateurs, mais qui froissent essentiellement les droits sacrés des consommateurs ; car on ne saurait comprendre pourquoi, aujourd'hui comme autrefois, chacun n'est pas admis à acheter son pain là où il le trouve au meilleur marché.

« Dieu, dans sa sagesse infinie, met la production annuelle du blé dans le monde en rapport avec la consommation générale des populations ; mais, de même qu'il ne fait pas produire chaque année à chaque partie de la France la quantité de blé nécessaire à sa consommation, que les unes ont des excédants alors que les autres ont des déficits, de même il rend les récoltes surabondantes dans un pays et insuffisantes dans un autre, et il laisse aux peuples à faire, de pays à pays, ce qui se fait presque tous les ans d'un département à un autre.

« Entraver le commerce libre des blés par des lois de douane, c'est donc contrarier les vues de la Providence et faire une œuvre que l'ignorance et l'égoïsme ont seuls pu dicter, et contre laquelle on a déjà maintes fois, et à bien juste raison, réclamé au nom de la religion et de l'humanité. — De Coninck. »

— Il paraîtrait qu'on songe de nouveau à la reprise des assurances par l'Etat, sur laquelle M. Duclerc, ministre des finances, avait proposé, en 1848, un projet de loi à la Constituante, qui fut retiré par son successeur M. Goudchaux. La Bourse s'est émue de ces bruits plusieurs fois répandus, qui ont pris ces jours derniers plus de consistance et ont fait naître de sérieuses inquiétudes. On a dit à ce sujet que le directeur d'une des Compagnies de Paris, fort habile sur la matière, mais dont la Société passe pour être dans une mauvaise position d'affaires, aurait été consulté, et on a tout lieu de craindre qu'il n'ait été influencé, dans l'opinion qu'on lui prête, par l'intérêt personnel qu'il aurait à se voir exproprié de son industrie.

Les assurances contre l'incendie étaient inconnues en France jusqu'en 1816. Il a fallu depuis beaucoup de persévérance de la part des fondateurs de Compagnies, pour en faire comprendre l'utilité et pour en développer l'usage ; il y aurait donc une injustice véritable à s'emparer, même avec indemnité préalable, de cette industrie, qui n'eût jamais été créée sans l'activité de l'intérêt privé.

Cette considération en vaut bien une autre dans un pays où le respect de la propriété n'est pas précisément poussé jusqu'au fanatisme. On trouverait ensuite dans une semblable mesure plus d'une illusion financière. On voudrait, à ce qu'il paraît, diminuer la contribution foncière, et l'on compterait trouver, dans une prime obligatoire sur toutes les propriétés, un autre impôt direct équivalent ; car on croit que la crainte de n'être pas complétement indemnisé, en cas d'incendie, amènerait la sincérité dans la déclaration des valeurs, et influerait même sur le produit de l'impôt foncier. C'est ce qu'il est bien difficile d'affirmer à priori ; mais ce qu'on peut annoncer à l'avance, c'est l'impossibilité pour l'Etat de proportionner la prime à l'importance du risque. Les Compagnies savent varier le tarif de la prime de 3/4 à 30 pour 1,000, suivant les chances plus ou moins grandes que présentent les immeubles d'une part, les meubles de l'autre; chances qui dépendent d'une infinité d'éléments à peu près inappréciables pour un agent de l'administration qui n'aura jamais, quoi qu'on fasse, le stimulant nécessaire. On invoque, nous dit-on, l'exemple de la Suisse; mais d'abord, à Genève, l'État administre simplement, sans y puiser un revenu, une mutualité d'assurances sur les immeubles; et dans les autres cantons, on en est venu à commencer par mettre en prison tout propriétaire dont la maison brûle, tant il est difficile de se garantir contre les fraudes ! Assurément ce n'est pas là un progrès très-désirable pour notre pays.

Après avoir entrepris de donner la sécurité aux particuliers contre l'incendie, l'État serait conduit à la lui donner, ou plutôt à la lui promettre contre les explosions, les inondations, la grêle, l'émeute, le pillage, les tremblements de terre, les épizooties, etc.; et, avant tout, il serait conduit à faire les assurances sur la vie humaine. Mais alors quelle vaste administration ne faudrait-il pas établir ! et croit-on que les citoyens seraient bien assurés par les temps de gêne et de déficit, assez fréquents pour devenir la règle générale? — Ah! que l'État agirait bien mieux en se perfectionnant dans ce qu'il a à faire plus naturellement, plutôt que de se charger de nouvelles fonctions auxquelles il est si peu propre, et qui ne lui procureraient pas l'argent qu'il doit chercher ailleurs.

—Nous avons lu dans les journaux quotidiens l'avis suivant, qui nous semble devoir être reproduit dans le *Journal des Economistes* :

« M. Vauchelle, maire de Versailles, vient de faire placarder dans la ville un avis, en date du 3 de ce mois, par lequel il prévient les habitants de Versailles que, dans sa séance du 5 juillet dernier, le Conseil municipal a pris une délibération qui a été approuvée le 26 par M. de Saint-Marsault, préfet de Seine-et-Oise, par laquelle une somme de 1,000 fr. a été votée pour composer dix prix de tempérance.

« Cinq de ces prix appartiendront au quartier Notre-Dame, trois au quartier Saint-Louis, et deux au quartier de Montreuil. Il y en aura un onzième offert par une personne qui veut rester inconnue, et de plus il y aura des mentions honorables. Une Commission, nommée par quartier, aura pour mission de chercher les lauréats.

« Elle prendra en considération le nombre modéré d'enfants du candidat, l'absence du chômage volontaire, sa fidélité à rapporter son salaire au ménage, s'il envoie ses enfants à l'école et les a fait vacciner, s'il est déposant à la Caisse d'épargne et s'il est adhérent aux Caisses de secours mutuels.

« La distribution des prix aura lieu en séance publique. »

Le nombre modéré d'enfants ! Mais si nous ne nous trompons, c'est de la morale malthusienne ! Le Conseil municipal de Versailles ne sait peut-être pas qu'en prenant une excellente mesure, et en s'inspirant de son gros bon sens, il a fait un acte très-audacieux ; et nous le prévenons afin qu'il ne s'étonne pas s'il lui arrive d'être vivement attaqué.

Il nous souvient qu'en 1833, un illustre membre de l'Institut, alors préfet d'Amiens, M. Charles Dunoyer, souleva contre lui un *tolle* général pour avoir dit aux maires de son département, en leur annonçant l'établissement d'une Caisse d'épargne, les sages paroles que voici :

« Il n'est pas donné à l'aumône de détruire la pauvreté. L'aumône n'a jamais élevé une famille. Si des hommes, placés dans les rangs les plus obscurs et les plus à plaindre de la société, parviennent à se tirer de cette position misérable, c'est par la peine qu'ils se donnent plus que par les dons qu'on leur fait.

Deux choses seulement peuvent offrir aux familles indigentes un moyen sérieux d'améliorer leur condition : le Travail et la Prévoyance. Elles ne parviennent à s'affranchir de leur douloureux état qu'à force d'activité, de raison, de prudence, de prudence surtout dans l'union conjugale, et en mettant un soin extrême à éviter de rendre leur mariage plus prolifique que leur industrie...»

Si nous avons bonne mémoire, l'évêque de l'endroit protesta des premiers; car il ne possédait pas bien son saint Paul, le grand apôtre selon l'Eglise, lequel a dit : « Les personnes qui se marient imprudemment souffriront dans leur chair des afflictions et des maux... »

— Nous parlions, dans notre dernière chronique, des circulaires électorales en Angleterre. et notamment de celle de M. d'Israeli. Depuis, la lutte a suivi son cours; on s'est expliqué sur les hustings et les électeurs ont prononcé. Bien que la politique, et pis encore la religiosité, soit venue lancer ses boules de discorde, le *free-trade* a obtenu une majorité incontestée. Les protectionistes ont fait grand bruit de la non-réélection de députés libre-échangistes, en quelques points du royaume, à Liverpool, par exemple ; mais ils ont oublié de dire que ces députés, trop libéraux, trop philosophes au sujet de la question papale, ont été éloignés parce qu'ils ne se disaient pas assez anglicans, et parce que les électeurs sentaient d'ailleurs que le triomphe du *free-trade* était désormais assuré. Maintenant, que le ministère ci-devant protectioniste demeure ou s'en aille, cela importe peu au sujet des réformes économiques : s'il reste, ce sera pour les continuer! Cela a été annoncé aussi adroitement que possible par les deux chefs de ce cabinet, lord Stanley et M. d'Israeli. En vérité, une cause n'eut jamais de succès plus éclatant.

— La ligne entière de Paris à Strasbourg a été inaugurée le 18 juillet, par M. le Président de la République, et cette solennité a été l'occasion de grandes fêtes à Strasbourg. La création de ce chemin avait été décidée par la loi du 21 juin 1842. La totalité de son développement est de 699 kilomètres, y compris les embranchements. La ligne principale a une étendue de 500 kilomètres, c'est le chemin le plus long qui ait encore été établi en France. Il permet de se rendre de Paris à Strasbourg en douze heures.

— L'industrie française a perdu un de ses plus glorieux représentants, M. Nicolas Kœchlin.

Fils de Samuel Kœchlin, un des trois fondateurs de l'industrie des toiles peintes en Alsace, Nicolas Kœchlin avait à peine vingt ans quand il jeta les fondements de sa maison à l'aide de laquelle il aida successivement l'établissement de ses frères et beaux-frères, formant à eux seuls toute une pléiade d'habiles munufacturiers. En 1813, Nicolas Kœchlin, colonel de la garde nationale de Mulhouse, ferma ses ateliers, s'offrit pour la défense du territoire, et servit comme officier d'ordonnance au quartier impérial. Après l'abdication de Fontainebleau, il rentra à Mulhouse, rouvrit ses ateliers, et, secondé par ses frères, il leur imprima de nouveau cette direction habile dont l'exemple a tant servi à la prospérité et à la réputation de l'Alsace. Vingt ans après, il se retirait de l'industrie pour entreprendre la construction du chemin de fer de Strasbourg à Bâle, qui lui a valu bien des soucis et bien des déboires.

Nicolas Kœchlin a longtemps représenté le Haut-Rhin à la Chambre, où il siégeait à côté de Jacques-Laffitte. En 1834, il fit, à l'Enquête relative aux prohibitions, une déposition très-libérale, et les désagréments qu'il essuya à cette époque de la part des manufacturiers ses confrères, dont plusieurs étaient ses proches parents, ne l'empêchèrent pas, en 1846, de faire partie du Conseil de l'administration de l'Association pour la liberté des échanges.

Nicolas Kœchlin laisse un nom vénéré dans l'Alsace. « Ce fut, a dit le docteur Penot sur sa tombe, pour donner à la Société industrielle, dont il prévoyait tout l'avenir, cette force et une stabilité qu'elle n'avait pas alors, que Nicolas Kœchlin la dota généreusement du vaste hôtel qu'elle occupe depuis plus de vingt ans. Cet acte, d'une si grande libéralité, ne surprit personne, venant de lui. Quelque soin qu'il pût mettre à s'en cacher , qui ne savait parmi nous quelques-uns de ses nombreux bienfaits, qu'il répandait d'une main si prodigue et si discrète ? Quel homme fit plus de bien et avec plus de discernement? »

Il y a cinq jours, la ville du Havre perdait, de son côté, une de nos plus belles illustrations commerciales, M. Michel Delaroche, qui, après avoir fait par son activité et ses talents une fortune honorable, a longtemps été député de la Seine-Inférieure et président de la Chambre de commerce de cette ville même du Havre.

— Toutes les fois que M. Proudhon prend la parole depuis cinq ans, on se met généralement à la fenêtre pour écouter le mordant pamphlétaire. Sous ce rapport, son dernier livre a eu le succès des précédents. Le titre de cet écrit (*La Révolution sociale démontrée par le coup d'Etat du 2 décembre*), ne correspond pas exactement à son contenu : l'auteur a remué beaucoup de questions qui nous regardent et sur lesquelles nous reviendrons.

M. Proudhon a accusé, en d'autres temps, les libres-échangistes d'être vendus à la perfide Albion. Il rompt cette fois des lances en faveur de la liberté du travail. Aurait-il été acheté aussi?   JOSEPH GARNIER.

Paris, 14 août 1852.

Errata à faire dans le dernier numéro, présent tome.—Dans une citation de Rœderer, page 163, ligne 12, *au lieu de ces mots* : « Si le charbon de terre y était possible », *lisez* : « Y était prohibé... »

A la page 181, ligne 25 de l'article, *lisez* : « Effort physique », *au lieu de* : « Esprit physique » ; et dans la citation de M. Banfield, *lisez* : « Radicales », *au lieu de* : « Ridicules. » — A la page 185, ligne 28, *lisez* : « Cultures non alimentaires »; *au lieu de* : « Cultures alimentaires.»—A la page 186, ligne 15, *lisez* : « Produits de même espèce », *au lieu de* : « Produits de cette époque. »

Dans le bulletin sur le budget pontifical, p. 140, *il faut aussi lire* 1851, *au lieu de* 1848, en tête de la seconde colonne. La comparaison est établie entre les deux exercices 1847 et 1851 séparés par la période révolutionnaire.

RÉSULTATS DE LA CAISSE D'ÉPARGNE DE PARIS EN 1852.

A la fin de l'année 1850, le solde, dû aux déposants était de 37,746,794 fr. 94 cent.

La Caisse d'épargne de Paris a reçu, en 1851, pour le compte des déposants, savoir :

En 205,751 versements, dont 26,516 nouveaux, la somme de. . . .	25,305,434 fr. »
En 835 transferts-recettes provenant des Caisses d'épargne départementales	381,335 89
En intérêts capitalisés et arrérages de rentes.	2,173,670 48
Ensemble.	27,860,440 25

Elle a payé, par contre, aux déposants :

En 65,403 remboursements en espèces, dont 21,399 pour solde, la
somme de. 19,048,957 11
En 1,065 transferts-payements envoyés aux Caisses
d'épargne des départements 390,598 08
En 6,831 achats de rentes faits pour compte et sur
la demande volontaire des déposants. 6,349,522 40
En intérêts annulés, etc. 19,668 37
                                                     ──────────
                                                     25,808,745 96   25,808,745 96
Excédant pour 1851 des recettes sur les payements. 2,051,691 39
A quoi il faut ajouter le solde dû aux déposants au 31 décembre 1850
ci-dessus mentionné. 37,744,794 94
                                                                    ──────────
Ce qui donne pour solde dû à 175,995 déposants au 31 décembre 1851   39,798,489 33

Pour pourvoir à ce solde de 39,798,489 fr. 33 c., nous avions à notre
compte à la Banque et en caisse, au 31 décembre 1851. . . . .   244,300 56
En compte courant à la Caisse des dépôts et consignations. 39,575,267 31
                                                                       ──────────
                                                                       39,819,567 87

Mais il faut déduire de cet actif, pour établir notre situation générale, indépendamment de celle de nos déposants, 92,697 fr. 74 c., tant
pour les réserves et les frais de rémunération des employés, que pour
annulation d'intérêts déjà mentionnée. 92,697 74
                                                                   ──────────
                                                                   39,726,870 11
et ajouter pour un arriéré de loyers restant à recevoir. 6.785 23
                                                                       ──────────
              Total de l'actif. 39,733,655 36
Le passif dû aux déposants, ainsi que nous l'annonçons ci-dessus,
étant de. 39,798,489 33
                                                               ──────────
Il en résulte une insuffisance de moyens de. 64,833 97

Cette insuffisance de 64,833 fr. 97 c. est imputable sur la valeur des 20,000
francs de rente appartenant à la Caisse et qui sont le reste de l'ancienne réserve de 31,000 fr. de rente dont on a été obligé de vendre une partie
pour subvenir à l'insuffisance des ressources pendant les années, si difficiles pour la Caisse d'épargne, de 1848, 1849 et 1850.

Les versements ont été à peu près les mêmes dans les deux années :

        En 1850.   25,600,000
           1851.   25,300,000

Mais les retraits ont présenté cette grande différence que, tandis que ceux de
1850 ne s'élevaient qu'à.   9,800,000
Ceux de 1851 ont été de.   19,000,000

On trouve encore ici une nouvelle preuve des observations qui ont été
faites si souvent depuis l'établissement des Caisses d'épargne, sur les effets
produits sur les versements et les retraits par les inquiétudes politiques.

TABLE DES MATIÈRES DU TOME TRENTE-DEUXIÈME.